WALTER LEISNER · STAAT

Schriften zum Öffentlichen Recht

Band 668

Walter Leisner

STAAT

Schriften zu Staatslehre und Staatsrecht 1957-1991

Herausgegeben von

Josef Isensee

Duncker & Humblot · Berlin

Die Deutsche Bibliothek – CIP-Einheitsaufnahme

Leisner, Walter:
Staat : Schriften zu Staatslehre und Staatsrecht
1957 - 1991 / von Walter Leisner. Hrsg. von
Josef Isensee. – Berlin: Duncker und Humblot, 1994
(Schriften zum öffentlichen Recht ; Bd. 668)
ISBN 3-428-08102-1
NE : Isensee, Josef [Hrsg.] ; GT

Satz: W. März, Tübingen
Druck: Berliner Buchdruckerei Union GmbH, Berlin
Printed in Germany

ISSN 0582-0200
ISBN 3-428-08102-1

Gedruckt auf alterungsbeständigem (säurefreiem) Papier
gemäß der ANSI-Norm für Bibliotheken

Vorwort des Herausgebers

I.

Der 65. Geburtstag Walter Leisners gibt Anlaß, eine Sammlung seiner Schriften aus vier Jahrzehnten vorzulegen, 51 an der Zahl, die älteste 1957, die jüngste 1991 erschienen. Eine stattliche Sammlung, und doch weit entfernt von dem Anspruch, „Gesammelte Werke“ zu präsentieren. Die Abhandlungen, die der vorliegende Band umschließt, bieten nur eine schmale Auswahl aus dem Gesamtwerk Walter Leisners und vermitteln nur ein unvollständiges Bild seines stupenden literarischen Schaffens. Gleichwohl tritt in jedem einzelnen der hier erneut veröffentlichten Texte der Autor ganz und unverwechselbar in Erscheinung.

Der Fachkenner wird auf Vertrautes und auf Unbekanntes stoßen. Nicht wenige Texte waren bislang nur schwer zugänglich, publiziert an entlegener Stelle. Drei ursprünglich in italienischer und französischer Sprache geschriebene Abhandlungen liegen hier erstmals in deutscher Fassung vor.

Andere Schriften gehören längst zum Kanon deutscher Staatsrechtslehre. Sie haben Entwicklungen erspürt und Entwicklungen angestoßen, Probleme entdeckt und erstmals auf den Begriff gebracht: Gesetzmäßigkeit der Verfassung, Gewaltenteilung innerhalb der Gewalten, Regierung als Macht kombinierten Ermessens, Gesetzesvertrauen des Bürgers, Pressegleichheit, Schwächung der Landesparlamente durch grundgesetzlichen Föderalismus, Gebühr als Verwaltungspreis, nicht Verwaltungssteuer. Kategorien sind Gemeingut geworden. Stellungnahmen haben wissenschaftliche Diskussionen ausgelöst und Kontroversen entzündet. Sie bleiben fortdauernd wirksam in dem Zuspruch wie in dem Widerspruch, den sie finden. So sind mit der Untersuchung über die Gebühr im Jahre 1967 zuvor ungeahnte dogmatische Dimensionen der Rechtsmaterie sichtbar geworden, die seither Wissenschaft und Praxis beschäftigen: die Struktur der nichtsteuerlichen Abgaben und ihre Einbettung in das steuerstaatliche Konzept der Finanzverfassung. Eine ganze Rechtsdisziplin ist inauguriert worden.

Die Themen sind vielfältig. Der Bogen spannt sich vom positiven Recht bis zur Staatsphilosophie. Das Staatsrecht wird repräsentiert wie das Verwaltungsrecht, die Allgemeine Staatslehre wie die Verfassungstheorie, die Verfassungsgeschichte wie die Methodenlehre.

Unterschiedliche literarische Genres sind vertreten: der juridisch strenge Problemaufsatz und der Vortrag, der den (in Deutschland raren) rhetorischen Duktus auch in der Druckfassung erkennen läßt, der elegante Essay und der nüchterne, enzyklopädische Handbuchbeitrag, der komprimierte Lexikonartikel und die weitgreifende monographische Studie. Die Auswahl beschränkt sich allerdings auf die „kleinen" Formen. Außen vor bleibt die große Form der Monographie, die gerade Walter Leisner meisterlich beherrscht und die qualitativ wie quantitativ gleiches Gewicht in seinem Œuvre besitzt. Nicht berücksichtigt werden auch die Rechtsgutachten.

II.

Daß ein Autor derartiger Vielfalt und Spannweite fähig ist, weckt in der Ära der fortschreitenden wissenschaftlichen Spezialisierung und fachlichen Verengung Staunen. Zugleich erhebt sich die Frage, ob den einzelnen Schriften mehr gemeinsam ist als die Person ihres Urhebers und ob sie einen übergreifenden Sachzusammenhang erkennen lassen. Die Frage ist nicht einfach zu beantworten, schwieriger wohl als sonst bei einem Staatsrechtslehrer von Rang.

Walter Leisner läßt sich keiner wissenschaftlichen Schule zurechnen, und er gründet auch keine Schule. Er ist nicht leicht zu verorten zwischen den trigonometrischen Punkten des Faches, die durch die drei Gipfel der Weimarer Verfassungstheorie markiert werden, die Reine Rechtslehre Hans Kelsens, den Dezisionismus Carl Schmitts, die Integrationstheorie Rudolf Smends. Walter Leisner bewegt sich bewußt in diesem Spannungsfeld, wenn er sich hier dieser, dort jener Grundposition nähert oder von ihr entfernt. Es wäre eine reizvolle Aufgabe, seine Arbeiten daraufhin zu untersuchen, was sie aus den Systemen und vom Denkstil der drei Gründer aufgenommen und wie sie es verarbeitet haben. Zu welchen Ergebnissen eine solche Untersuchung auch käme, eindeutig bliebe, daß er von keiner der Doktrinen abhängig ist. Er geht seinen eigenen Weg. Ihn läßt er sich nicht vorschreiben, nicht durch eingefahrene Übungen, nicht durch Richtungskämpfe und herrschende Lehren des Faches, nicht durch die Mächte des Tages.

Walter Leisner legt sich nicht auf das Prokrustesbett eines Systems, weder eines vorgefertigten noch eines selbstentworfenen. Er scheut sich nicht, die Widersprüche, auf die er stößt, in ihrer ganzen Härte aufzuzeigen: Widersprüche zwischen dem rigiden rechtlichen Geltungsanspruch der Verfassung und den fragilen Bedingungen ihrer Wirksamkeit, zwischen der Punktualität der juristischen Entscheidung und der creatio continua der Norm, zwischen der Antigeschichtlichkeit und der Geschichtlichkeit des öffentlichen Rechts, zwischen Sollen und Sein, zwischen Rationalität von Staat und Verfassung und ihrem unauslotbaren Geheimnis. Leisner arbeitet These wie Antithese sorgfältig heraus, er spitzt den Widerspruch idealtypisch zu; aber er verschmäht es, dem Leser sogleich die bequeme Synthese in die Hand zu drükken.

Die Rechtsinterpretation Leisners ist auf die Idee eines Rechtssystems ausgerichtet. Gleichwohl erkennt er die Gefahren des Systemdenkens: daß es sich abkapsele von der Entwicklung, daß es zu fachlicher Introvertiertheit und zur Versteinerung des Rechts führe. Früh schon, im Jahre 1961, beschreibt er das Dilemma der wissenschaftlichen wie der richterlichen Verfassungsinterpretation zwischen Ordo und Leben: „Die Staatsrechtswissenschaft erliegt so nur zu oft der in den anderen Geisteswissenschaften schon weitgehend erkannten und überwundenen Gefahr des Überinterpretierens. Der Jurist, der ja immer und heute – unausgesprochen – besonders der Erscheinungen Flucht mit Systemen entgegentreten will, hat die unschädliche römisch-rechtliche Geheimsprache, im öffentlichen Recht wenigstens, nur zu oft mit der noch bedenklicheren, schon dem nicht-systemgläubigen Spezialisten meist unverständlichen Geheimsprache der ‚systematischen Interpretation‘ vertauscht. Die vielberufenen Schulkinder, denen die – glücklicherweise nichtinterpretierte! – Verfassung auf den Lebensweg mitgegeben wird, sollten eigentlich mahnen: ‚mit jeder Interpretation‘ entfernt man sich von Unbestreitbarkeit, von Allgemeingültigkeit. Und die Verfassung, jene interpretationsbedürftigste aller Normen, sollte ‚eigentlich am wenigsten interpretiert‘ werden — darin liegt wohl die tiefste, ‚vorjuristische‘ Antinomie jeder Verfassungsauslegung“ (S. 219).

III.

Wenn es ein geistiges Band gibt, das die hier unter einem Buchdeckel vereinten Abhandlungen von innen zusammenhält, dann ist es der allen gemeinsame Bezug zum Staat. „Staat“ aber erscheint hier nicht lediglich in dem heute geläufigen, engen Verständnis als Herrschafts- und Leistungsorganisation, sondern auch und vornehmlich in dem der frühen Tradition Europas gemäßen, umfassenden Sinne als res publica, welche Bürgerschaft und Staatsorganisation, Freiheit und Gesetz, Einung und Einheit umschließt. In jeder der Schriften ist die Polarität erkennbar zwischen der staatlich unverfügbaren Würde und Freiheit des Menschen und der dem Menschen verfügbaren und von ihm zu verantwortenden staatlichen Ordnung. Staatsorganisatorische Themen wie Demokratie, Gewaltenteilung und Föderalismus finden ihren letzten Grund in der Würde und Freiheit des Individuums. Die Freiheit wird ihrerseits gedacht auf den Staat hin, in dem sie Wirklichkeit erlangt und in dessen Organisation sie ihren notwendigen Garanten wie ihren potentiellen Widersacher findet. Die Polarität kommt eindrucksvoll zur Geltung in den zwei thematischen Schwerpunkten im Werk Leisners, dem Eigentum und dem Berufsbeamtentum. Dort nimmt die Freiheit dingliche Gestalt an, hier tritt die staatliche Ordnung durch Menschen als Amtsträger den Menschen als Bürger tätig entgegen. Hier wie dort setzen sich rechtliche Abstraktionen und Garantien um in Handlungsfähigkeit. Den Themenkreisen des Eigentums wie des Beamtentums werden eigene Bände gewidmet.

Die einzelnen Abhandlungen haben ihre je eigene Sicht auf den Staat. Aber es ist doch eine – wenn auch in einem sehr weiten Verständnis – gemeinsame Sache, auf die sie im Wechsel der Perspektiven blicken. Das tertium comparationis rechtfertigt es, die Schriften nach ihrem jeweiligen Bezug zum Staat zu gruppieren und zu gliedern, beginnend mit der Frage nach dem Menschenbild, das der Staatsverfassung zugrunde liegt, endend mit den Staatsfunktionen der Verwaltung und Rechtsprechung. Die Unterschiede der rechtlichen oder meta-rechtlichen Maßstäbe, der normativen oder historischen Methoden treten zurück. Auch die Chronologie der Beiträge erweist sich als zweitrangig.

IV.

Vier Jahrzehnte, auf die sich Leisners Schriften verteilen, waltet in der Bundesrepublik Deutschland Verfassungskontinuität im Zeichen des Grundgesetzes. Abhandlungen zum positiven Verfassungsrecht behalten ihre Aktualität, so etwa der Aufsatz von 1962 über die verfassungsrechtlichen Grenzen der Meinungsfreiheit, eine der ersten Arbeiten, die das Problem der thematischen Reichweite der Grundrechte, des grundrechtlichen Schutzbereichs, aufgreift. Insoweit zeigt sich das Verfassungsrecht hier in seiner Zeitlosigkeit.

Zugleich läßt es seine andere Seite erkennen, die Geschichtlichkeit. Beide Seiten sind Gegenstand verfassungstheoretischer Betrachtungen. Beide werden in den rechtsdogmatischen Arbeiten exemplifiziert. In den vergangenen Jahrzehnten hat sich die Gesellschaft von Grund auf gewandelt, mit ihr das allgemeine Rechtsbewußtsein und Verfassungsverständnis. Leisner nimmt die Herausforderungen der Zeit auf, beobachtet die Entwicklungen des Verfassungslebens und analysiert ihre rechtlichen Folgen für das Verfassungsrecht, wie sie ein neues Gleichheitsdenken für die liberalen Grundrechte zeitigt, die Sozialgestaltung für den Vertrauensschutz, die Unitarisierung für den Föderalismus.

Dennoch lassen sich die vorliegenden Schriften nicht als Spiegel ihrer Epoche deuten. Sie sind es nicht, weil sie sich nicht mit der Epoche identifizieren. Ihr Autor folgt nicht den Konjunkturen des Zeitgeistes. Er hält sich auf Distanz. Die Distanz bietet Schutz vor dem Sog der fachlichen Moden, der gesellschaftlichen Aufgeregtheiten, vor dem Sog des Politischen. Sie sichert den Standort des wissenschaftlichen Beobachters, die ruhige Sicht auf die Dinge, die Klarheit der Untersuchung, die Sachlichkeit des Urteils, die Freiheit zum unzeitgemäßen Wort. Leisner beschreibt und rügt die Hypertrophie des Gesetzesstaates, während die Staatsrechtslehre noch, in überzogener Auslegung des rechtsstaatlichen und demokratischen Gesetzesvorbehalts, der Ausdehnung und Verfeinerung der Regelungen das Wort redet. Er verteidigt den Föderalismus und sucht nach zeitgerechten Entwicklungsmöglichkeiten, als alle Welt ihn für hoffnungslos überlebt erklärt. Inzwischen hat der Zeitgeist dazugelernt.

Distanz hält Leisner auch zu den Denkgewohnheiten und Lehrtraditionen der Zunft. Eben dadurch vermag er, altvertraute Prinzipien und Institutionen in neues Licht zu rücken, ihnen überraschende Aspekte abzugewinnen, sie neu zu sehen: die Gewaltenteilung, den Föderalismus, den Bereich der Regierung, den Abgabentypus der Gebühr.

Aus der Distanz heraus vermag er, die politischen Ideale und rechtlichen Schlüsselbegriffe scharf zu beobachten, unbestechlich zu analysieren, Wert und Unwert abzuschätzen, Gewicht und Kosten zu wägen. Das gilt für „progressive" wie für „konservative" Leitbilder, für Frieden, Demokratisierung, Chancengleichheit, Ausgewogenheit, Abwägung, Sachgerechtigkeit, Effizienz. Er nimmt Sallusts Klage über den Verlust der wahren Wörter auf: „Nos vera rerum vocabula amisimus." Auf der Suche nach dem verlorenen Wort stößt er auf „Effizienz": „In ihm schwingt alles mit, was der Bürger der technischen Welt liebt: daß die Maschinen laufen, daß alles und jedes funktioniert, daß Mathematik sei in den Dingen, im Staate. Aus den endlosen Diskussionen unserer parlamentarischen Demokratie heraus ... sehnen wir uns nach dem Indiskutablen, wir nennen es — Effizienz. ... Im Effizienzstreben liegt die ganze Rationalität des Erbes der Aufklärung, die jugendliche Fortschrittsoffenheit des technischen Zeitalters, eine populäre Wendung gegen Traditionen und Vergangenheiten, vor allem aber eines: Wer effizient sagt, meint im letzten Freiheit von Ideologie, ein Konstruieren und Wirtschaften ohne hemmende Überzeugungen, eine Politik ohne Wertdiktat. In diesem Wort treffen sich alle, die vom Glauben enttäuscht sind und vom atheistischen Sozialismus, die romantische Träume verloren haben, deren liberalistische Gedankenkonstruktionen an der Wirklichkeit gescheitert sind ..." (S. 100). Doch Leisner weist nach, daß Effizienz nicht den eigentlichen Grund der staatlichen Gemeinschaft bilden kann und daß auch die postmodernen Effizienz-Verweigerer, die Konsens-Störer, die Zurück-zur-Natur-Flüchtlinge auf ihre Weise im Recht sind.

V.

Walter Leisner liebt es, seine Themen in einen größeren Kontext zu stellen: das Verwaltungsrecht in den Zusammenhang des Verfassungsrechts, dieses in den der Allgemeinen Staatslehre, die querelles allemandes in den des Rechtsvergleichs mit Frankreich, die „moderne" Doktrin in den der Geistesgeschichte und der staatsphilosophischen Tradition. Mit dem weiteren Horizont weiten sich die Fragen. Aber sie werden auch relativiert. Die Gefahr der fachlichen Introvertiertheit wird gebannt. In der Außensicht und in der Vogelschau treten die Sachen plastisch in Erscheinung. Das Blickfeld ist frei, sie auf ihren Sinn hin zu befragen.

Alle Schriften sind unverkennbar imprägniert durch Bildung, Bildung im klassischen, im vor-sozialstaatlichen Sinne, die unter den Wissenschaftlern des 20. Jahrhunderts auszusterben droht. Die (zuweilen geradezu einschüchternde) Bildung Leisners schöpft aus Wissen von ungewöhnlicher Weite und Tiefe, aus offener sensibler Welt-Anschauung, aus virtuoser Beherrschung vieler Sprachen, vor allem: aus der deutschen Sprache. Bildung ersetzt nicht fachspezifische Könnenschaft, sondern lebt mit ihr in Symbiose. Das Fachliche aber zeigt sich gerade im außerfachlichen Horizont seiner selbst sicher, als souverän. Leisner hat die Kraft zum Engagement und bewahrt sich die Freiheit zum Spiel, dem Spiel einer „fröhlichen Wissenschaft".

Eine selbstgenügsame, kleinkarierte Gegenwart setzt er dem Kulturschock der Vision von historischer Größe aus, wenn er die sozial-rechtsstaatlich gepflegte Reihenhausgesellschaft kontrastiert den Kuppeln der römischer Monumentalstaatlichkeit. Das ist seine Art der Ironie. Remedium des Bildungsaristokraten, die soziale Umwelt auszuhalten, die sich der Größe, auf welchem Felde auch immer, verweigert und, so sie ihr dennoch begegnet, vor ihr flüchtet und die nach dem Motto lebt, das zu Beginn des 19. Jahrhunderts Karl Immermann vorwegnahm, als er in seinem Epos „Tulifäntchen" eine gute Fee prophezeien ließ: „Jetzo ist die Zeit der Kleinen! / Große Taten kleiner Leute / will die Welt."

VI.

Das Bildungsimperium Walter Leisners hat drei Metropolen: München, Paris und Rom. Alle drei haben ihre biographische Bedeutung. München ist die Geburts- und Heimatstadt. München, Paris und Rom sind die Orte seines Studiums, das jeweils mit einer Promotion gekrönt wurde. Alle drei bilden auch die politische und kulturelle Basis seines Werkes.

Die bayerische Hauptstadt steht für Bodenhaftung des Denkens, für juridisches Handwerk und rechtspraktisches Gespür, für das föderalistische Credo, Respekt auch vor monarchischer Tradition, für barocke Sinnenhaftigkeit, für urbane Katholizität. — Paris verkörpert die kontinentale Tradition des Verfassungsstaates und seiner Freiheitsidee. Die große Revolution ist das Schlüsselereignis, von dem Leisners verfassungshistorisches Denken ausgeht und zu dem er immer wieder zurückkehrt. Frankreich bedeutet auch: Anspruch cartesianischer Rationalität und Möglichkeit, Verfassung aus vielfältigen Traditionen zu speisen, der revolutionären, der cäsarischen, der gewaltenteiligen, der des hochzentralisierten Verwaltungsstaates. Die angelsächsische Tradition des Verfassungsstaates wird deshalb nicht mißachtet. Sie wird in ihrer Eigenart nur um so deutlicher erfaßt. — Rom schließlich repräsentiert eine Tradition, die über den Verfassungsstaat des 18. Jahrhunderts hinausgreift, auch über den modernen Staat des 16. Jahrhunderts, und zurückführt in das Heilige Reich des Mittelalters und das Reich der Antike. Rom steht für die Erhabenheit der Macht und ihrer staatlichen Form, für deren historische Hinfälligkeit und für die Möglichkeit einer Renaissance. Rom bedeutet auch universales Christentum, damit die Quelle, die alle verfassungsstaatlichen Freiheiten speist.

Ein vierter Ort darf nicht fehlen: Erlangen. Seit 1961 gehört Walter Leisner der Friedrich-Alexander-Universität zu Erlangen-Nürnberg an als ordentlicher Professor für Staats-, Verwaltungs- und Völkerrecht. Sein akademisches Wirken ist hier nicht zu würdigen. Doch bietet es mir persönlich willkommene Anknüpfung, dem Erlanger Staatsrechtslehrer Walter Leisner, dessen Assistent ich gewesen und dessen Schüler ich geworden bin, zu danken. Ein kleines Zeichen meines Dankes sei die Herausgabe des hier vorgelegten Bandes seiner Schriften.

Bonn, im September 1994 *Josef Isensee*

Inhalt

I. Menschenbild

II. Staatszweck

III. Verfassungstradition

IV. Verfassungsnormativität

V. Staatsführung

VI. Gewaltenteilung

VII. Föderalismus

XI. Verwaltung

XII. Rechtsprechung

Teil I

Menschenbild

Das Ebenbild Gottes im Menschen — Würde und Freiheit*

„Die Würde des Menschen ist unantastbar. Sie zu achten und zu schützen ist Sinn aller staatlichen Gewalt." Dieser erste Satz des Grundgesetzes für die Bundesrepublik Deutschland ist kein Befehl, sondern eine Erkenntnis. Das höchste Gesetz des Staates beginnt mit einem Bekenntnis. Die ganze Verfassung, die gesamte Staatsordnung ruht auf dieser einen Menschenwürde. In ihrem Namen sind die Völker Europas nach der Sintflut der Weltkriege zum Neuaufbau angetreten — mit einem Blick nach oben.

Denn dies ist ja der Sinn dieses Bekennens: Es spricht vom Menschen und meint den ganz Anderen. Eine staatliche Ordnung soll nicht nur geschaffen, sondern gerechtfertigt werden — aus einem Bereich, der über dem Recht steht, den das Recht nicht schaffen kann, den es vielmehr vorfindet und anerkennt.

Dies ist kein Weg zurück. Die Zeit der Staatskirche ist vorüber. Kirche und Staat mögen Partner bleiben, sie sind nicht eins, nicht im Namen der Macht verbündet. Doch in dem Bekenntnis zur Menschenwürde hat eine neue Verbindung begonnen: zwischen Glauben und Recht.

Menschenwürde ist die höchste Norm des Rechts — doch sie ist zugleich die große Brücke, die Staat und Recht mit Glauben und Jenseits verbindet.

Die Menschenwürde ist nicht ganz von dieser Welt. Was sie dieser Welt bringt, was die Menschen in ihrem Namen vom Staat verlangen dürfen und müssen, das wird nie voll erfassen, wer nur diese Erde kennt. Das Religiöse allein legitimiert den Satz von der Würde des Menschen, nur aus ihm kann er sichere Inhalte gewinnen.

Um diese Inhalte ringt das Recht seit Jahrzehnten. Kein Gesetz, kein Akt der Verwaltung, kein Urteil des Richters darf ja die Menschenwürde verletzen — müßte da nicht jeder Bürger wissen, was Würde sei, jeder Beamte sie definieren können? Sie können es nicht. Das Höchste ist nicht das Klarste. Viele mühen sich vergeblich, denn sie sehen nicht die Öffnung nach oben. Aus Erfahrungen wollen sie nehmen, was nicht erfahren werden kann, was geglaubt werden muß, aus rechtlichen Begriffen soll klar werden, was mehr ist als Recht.

---

* Erstveröffentlichung in: *Walter Leisner* (Hrsg.), Staatsethik, Köln 1977, S. 81–85.

Daß Menschenwürde die Lager nicht kenne, das Quälen von Menschen, die Pein, daß sie Versklavung, Erniedrigung, Ächtung verbiete, mochten die Richter verkünden — doch was soll das heute dem Bürger zivilisierter Staaten bedeuten? Ein Staat, der so weit geht, kommt ohnehin mit Gewalt, er wird auch nicht von der Würde des Menschen reden. Und wer sie nur dort verletzt sieht, wo Lager und Gaskammern drohen, der beruhigt die Menschen zu leicht — als ob außerhalb der Lager überall nur menschenwürdiges Leben wäre!

Menschenunwürdig ist manchen alles, was Menschen zum Objekt erniedrigt, zum Gegenstand fremden Beliebens. Doch so sicher auch Menschenwürde Selbstbestimmung verlangt — zum Objekt wird der Mensch überall, sein Leben ist nichts als der Versuch, seinen Willen durchzusetzen, ihn anderen eben doch, irgendwie — aufzuzwingen, sie damit zum „Gegenstand" seines Willens zu machen. Jeder Vertrag, jeder Anspruch — was wären sie anderes. Kein Bekenntnis zur Menschenwürde kann hindern, daß der Mensch des Menschen Objekt werde. Sie muß aber sagen *wie weit* dies geschehen darf!

Würde ist Freiheit — so sagen andere. Wer unfrei ist, hat den höchsten Wert dieser Welt verloren. Und in der Tat: Menschsein bedeutet Selbstverantwortung, freie Entscheidung für Wert oder Unwert. Ohne Freiheit kann Menschenwürde sich voll nie entfalten, was ohne Freiheit bleibt, ist ein kleines, enges, mühseliges Menschentum, nicht die große Menschlichkeit eines Wesens, das sich die Erde untertan macht. Menschenwürde ist nicht Macht und Reichtum — aber in ihr muß auch die Chance liegen, dies beides zu erwerben und zum Guten zu gebrauchen. Wer Freiheit nimmt, stimmt Menschenwürde niedriger, und nicht zu Unrecht erinnern Juristen daran, daß in jedem Grundrecht ein Kern von Menschenwürde sei, der nie und nimmer verletzt werden darf, daß Menschenwürde das erste und größte sei unter den Grundrechten. In einem Staat, der keine Freiheit kennt für seine Bürger, mag noch immer etwas von jener unauslöschlichen Würde in stillen Herzen bleiben — doch wenn das alles nicht offen zu Recht wird, droht es unterzugehen. Der Staat der Unfreiheit ist der Staat ohne Menschenwürde, der Unrechtsstaat.

Menschenwürde aber ist noch mehr als Freiheit, Würde behält der Mensch auch in Ketten, Würde hat er im Mutterleib bereits, im Sarg noch immer, wo alle Freiheit aufhört, seine Würde gebietet uns, sein Andenken zu ehren. Denn die Würde des Menschen „ist", sie „handelt" nicht, sie existiert auch dann, wenn sich die Freiheit in geistiger Umnachtung selbst aufhebt. Höchste Würde beweist der Mensch, wo er im bewußten Opfer des Lebens für andere mit diesem seinem Leben auch all seiner Freiheit ein Ende setzt, Würde auch, gerade dort, wo er im Gelübde der Orden für Höheres auf Freiheit verzichtet. Denn Menschenwürde ist Freiheit — ja, aber Freiheit zu Höherem. Und sie ist nicht nur Freiheit, sondern ein Abglanz des Höheren, der auf jedem Menschen liegt, ein Glanz von Dem, der den Menschen schuf nach seinem Bild und Gleichnis.

Ohne das Ebenbild Gottes im Menschen ist Menschenwürde ein leeres Wort, ein inhaltsloser Begriff der Juristen. Das „reine" Recht, das über sich nicht hinaus blickt, kann mehr als Freiheit nicht geben, es fehlt ihm das Urbild, von dem in der Menschenwürde etwas in uns alle gelegt ist. Freiheit ist die Möglichkeit zu allem, Würde ein Wert, ein Gutes.

So verliert denn die politische Freiheit, für die unsere Staaten, unsere Kultur seit Jahrhunderten kämpft, ihren letzten Sinn, wenn sie nicht auf Menschenwürde gerichtet ist, wenn sie nicht im Menschen den ganz Anderen sieht. Und der Jurist bleibt ein „arm Ding", wenn er nur Freiheiten verteilt, wenn er sich nicht als Diener dieser höheren Werte weiß. Im Satz von der Menschenwürde werden Recht und Theologie wieder eins — nicht in der gemeinsamen Gewalt im Diesseits, sondern im gemeinsamen Blick ins Jenseits.

Der Jurist aber will Folgen sehen. Der Staat muß Gesetze schaffen, in denen diese Menschenwürde, die aus dem Jenseits ins Recht ragt, in dieser Welt Wirklichkeit wird. Was bedeutet die Öffnung nach oben für das Recht hier unten?

Eines zuerst: Den Blick auf den Einzelnen. Menschenwürde liegt in der Einmaligkeit jedes einzelnen Menschen. Allein ist er geschaffen, allein kommt er in diese Welt, unters Recht, allein verläßt er sie wieder. In allen Momenten, in denen es um seine unverlierbare Würde wirklich geht, ist er mit sich und seinem Gott allein. Diese Menschenwürde also gebietet, daß stets der Mensch am Anfang und am Ende stehe, nie die Gemeinschaft. In ihr entfaltet sich der Mensch, dazu dient sie ihm, doch er ist nicht für sie da, nicht für sie gekommen. Gemeinschaft hat keine Würde, das Kollektiv ist kein Ebenbild des Ewigen. Menschenwürde meint, daß jeder von uns so unauswechselbar, so endgültig ein Einzelner sei und bleibe, wie ihn der eine, einzige Gott nach seinem Vorbild geschaffen hat.

Nur soviel also darf ein Staat der Menschenwürde für die Gemeinschaft tun, nur soweit darf er in sie den einzelnen binden, wie diese Gemeinschaft noch Dienerin der vielen einzelnen Menschen bleibt. Würdelos ist und bleibt ein Kollektivismus, der den einzelnen zwingt, für die Gemeinschaft zu leben. In der Entscheidung zur Würde des Menschen findet all der ewige Streit um Staatsraison und Individualismus, um die Gemeinschaft und ihre Glieder eine letzte Lösung — zugunsten des einzelnen Menschen. Daß Gerechtigkeit herrsche — ja, aber nur zwischen einzelnen Menschen; daß Gutes geschehe — ja, aber für den einzelnen Bruder, in seiner unvergleichlichen einzelnen Not. So ist denn der Blick nach oben zugleich der Blick nach unten: doch nicht auf die unabsehbare Masse, sondern auf die vielen einzelnen Menschen. Alles was der Staat tut, um sie zu erhalten, zu fördern in ihrem unverwechselbaren, einmaligen Gottesbild, all das ist gut. Der Rest ist von Übel.

Und ein Zweites hinzu: Achtung und Schutz erweist der Staat der Menschenwürde nur dann, wenn er sich nicht zurückzieht von allen Werten, wenn er nicht alles in vollem Relativismus der blinden Entwicklung überläßt. Menschenwürde legitimiert kein staatliches Moraldiktat, keinen Gewissenszwang, eine politische Gewalt, die vermessen das Gute allein bei sich sieht. Der würdevolle Mensch ist und bleibt das Wesen der freien Entscheidung. Der würdige Bürger bleibt der mündige Bürger — mündig auch zum Verderben. Doch was der Staat diesem Bürger schuldet, im Namen der Würde, ist eines: daß ein Raum bestehe, in dem jeder einzelne leben und handeln kann „mit Blick nach oben", so wie derjenige, dessen Bild er in sich trägt. Die Wege dahin sind viele und kein Staat hat sie vorzuschreiben — auf all diesen Wegen muß er die Menschen fördern: In ihrem individuellen Willen zum Guten vor allem, den er nicht bis ins letzte durch Abgaben und Wohlfahrtsstaat kollektivieren sollte. Der Staat darf dem einzelnen Menschen den Weg zum Guten nicht im Namen angeblicher Gerechtigkeit versperren, denn dieses eigentliche Gute schafft immer der Mensch, nicht der Staat.

Hilfe im Namen seiner Würde braucht der einzelne Mensch vom Staat aber auch da, wo ihn Unglück niederdrückt, wo ihm erbarmungslose Mitmenschen den Blick nach oben versperren. Dieses Soziale ersehnen wir alle im Namen der Würde des Menschen: daß unsere Welt gegründet sei auf die Leistung der Starken *und* auf die Hilfe für die Schwachen, die alle *ein* Menschsein verbindet.

Und nicht zuletzt eines noch: Menschenwürde verlangt von jedem Staat, daß *er* dem Bürger den Blick nach oben freigebe, daß er sich zurückziehe, wo die Gedanken an die andere Welt beginnen, daß er dem Menschen helfe, über den Staat hinauszudenken. Was immer der einzelne dann im Jenseits erstreben oder finden mag — einen Gott, eine Harmonie oder das Unbekannte: Menschenwürde verlangt vom Staat die Dimension des Jenseits für seine Bürger. Denn im Namen seiner Würde steht jeder Bürger im Gedanken ans Jenseits höher als die höchste Macht dieser Erde.

Der Mensch allein hat von sich sagen können, er sei etwas, das überwunden werden muß — auch dies, gerade dies ist Menschenwürde. Doch eines muß in ihrem Namen stets bleiben — Götterdämmerung, vielleicht; Menschendämmerung — niemals!

Das „Menschenbild“ des Grundgesetzes*

Die Verfassung deklamiert, die Politik regiert — das mögen viele Bürger resignierend feststellen, und wenn sie sich, wie heute, abzuwenden beginnen von den politischen Parteien, so werden sie sich kaum zum Grundgesetz flüchten in großer Zahl oder zum Bundesverfassungsgericht. Die Verfassungsskepsis ist im ganzen wohl kaum geringer als die einsetzende Staats- und Parteienverdrossenheit; allgemeiner Konsens besteht schon weithin darüber, daß sich die Verfassungswirklichkeit immer weiter vom Verfassungsrecht entfernt. Und der vielbeschworene „Verfassungspatriotismus“ wird den früher so wirksamen Staatspatriotismus kaum voll ersetzen können.

Dennoch — das Grundgesetz und seine Grundsätze sind das beste, was uns geblieben ist, nach dem Verlust von Reich und Staatlichkeit. Auf diesen Grundlagen haben wir zwar wohl nicht ein volles neues National- oder gar Staatsgefühl entwickeln können, doch die Verfassung ist heute unser politischer Minimumstandard, in ihrem Namen finden wir uns immer wieder zusammen, wenn wir auch nicht, wie es einst *Smend* wollte, in ihrem Namen schlechthin einig sind.

Hier soll über das „Menschenbild“ des Grundgesetzes gesprochen werden, und damit auch über die Grundlagen von Recht, Staat und Gesellschaft. Das Thema „Menschenbild des Grundgesetzes — Orientierung für Recht und Politik“ soll mit einem Fragezeichen versehen werden. Denn vom „Menschenbild des Grundgesetzes“ zu sprechen, ist weder selbstverständlich noch ist dies überzeugend begründet worden.

1. Viel, allzuviel ist vom „Menschen“ im Verfassungsrecht und in der Politik die Rede. Alles soll nun, wie in einer glücklichen Entdeckung, auf ihn bezogen werden, das natürliche Wesen, das sich mit seinesgleichen im ebenso natürlichen Volk zusammenfindet. Darauf beruhen Ethos und Pathos der Demokratie, sie spricht nicht mehr vom Staatsbürger, sondern ganz einfach vom „Bürger“ — weil sie eben „ihre Menschen ansprechen will“.

Das Grundgesetz eines solchen Staates — muß es nicht von einem Menschenbild ausgehen, ein solches gar normativ fixieren? Und doch hat das Wort keine verfassungsrechtliche Tradition im deutschen Staatsrecht, es konnte allenfalls früher beschreibend verwendet werden. Erst das Bundes-

---

* Erstveröffentlichung in: *Klaus Weigelt* (Hrsg.), Das Grundgesetz — Verfassung des geeinten Deutschland (Vorträge und Beiträge der Politischen Akademie der Konrad-Adenauer-Stiftung e.V., Heft 15), 1991, S. 7–16.

verfassungsgericht hat in frühen Grundsatzentscheidungen das „Menschenbild des Grundgesetzes“ beschworen, wenn nicht als einen rechtsdogmatischen, so doch als einen rechtsgrundsätzlichen Begriff: Dieses Bild sei nicht das des isolierten Individualismus, sondern das Bild des Bürgers in der Gemeinschaft, der er sich mit seiner Freiheit und mit seinem Eigentum verpflichtet fühlen müsse. Das Spannungsverhältnis Individuum–Gemeinschaft also ist es, von dem das Bundesverfassungsgericht zur Bestimmung dieses Menschenbildes ausgeht, mehr hat es, soweit ersichtlich, ausdrücklich zu dem Begriff nicht beigetragen. Wenn es ihn aber nun schon gibt, wenn er etwas wie eine alleroberste Rechtskategorie unseres Verfassungsrechts sein soll, in deren Licht jedenfalls alle anderen Verfassungsnormen zu interpretieren sind, so stellen sich eine Reihe von Fragen:

- Kann eine Verfassung überhaupt ein Menschenbild haben?
- Wenn es ein solches Menschenbild gibt — was beinhaltet es in der Bundesrepublik Deutschland?
- Welche normativ-rechtlichen Folgen sind daraus zu ziehen?
- Welche politischen Orientierungen gibt ein solches Menschenbild?

Diesen Problemen will ich im folgenden in der gleichen Reihenfolge nachgehen.

2. Kann eine Verfassung überhaupt ein Menschenbild zeichnen oder ein solches auch nur, aus außerrechtlichen Realitäten heraus, in sich rezipieren? Wo könnten sich im Grundgesetz Züge dieses Menschenbildes finden?

Sieht man das Wesen der Verfassung, liberalem Denken entsprechend, in der Festlegung der organisatorischen Grundstrukturen des Staates, insbesondere von dessen obersten Organen, so könnten gewiß Zweifel aufkommen, ob es überhaupt etwas wie ein verfassungsrechtliches Menschenbild geben kann. Allenfalls wäre dann etwas wie ein Menschenbild der Organwalter dieses Staates vorstellbar. Hier aber ergeben die demokratischen Verfassungen der letzten Jahrhunderte nur wenig, und auch das Grundgesetz: Amtseide legen den obersten Organträgern gewisse Verpflichtungen auf, sie sind höchst allgemein; Art. 33 des Grundgesetzes betont das Leistungsprinzip für die Beamten, das persönliche Substrat der Staatsgewalt, doch auch dies ist eine Selbstverständlichkeit, von einem Menschenbild kann man hier kaum reden. Treibt man dieses liberale Staatsverständnis auf die Spitze, so kommt der Mensch als solcher in der Verfassung sozusagen nur negativ vor, der Staat hat seine Freiheit zu achten, ihn im übrigen in Ruhe zu lassen, damit er sein Menschenbild selbständig, autonom entwickle. Dem Liberalismus müßte ein verfassungsrechtlich verordnetes Menschenbild ein Greuel sein.

Nun wirkt aber dieser Bürger in den Staat hinein, nachdem ja von ihm und seinem Volk alle Macht ausgeht, zumindest im allgemeinen und gleichen Wahlrecht. Doch das Grundgesetz und die übrigen demokratischen Verfassungen bieten auch kein Menschenbild des Wählers, der dieses höchste Privileg genießt — jedermann hat eben, von einem gewissen Alter an, mit nur eng begrenzten, traditionellen Ausnahmen, dieses Recht. Das Menschenbild läßt sich nicht aus der Negativbestimmung ableiten, daß kein Schwerkrimineller und kein Geisteskranker wählen darf.

Auch auf der Seite der Gewählten – oder zu Wählenden – der Abgeordneten also, findet sich kaum ein Ansatzpunkt für die Beantwortung unserer Frage. Zwar verlangt das Grundgesetz offensichtlich in Art. 38 von dem Abgeordneten etwas wie ein „Gewissen“, doch abgesehen davon, daß dies wohl jedem Menschen eigen sein sollte, ist schon sehr fraglich, ob das in diesem Zusammenhang mehr bedeuten kann als eine Unterstreichung der Freiheit des Gewählten, der eben nicht fremdbestimmt werden darf.

Die große traditionelle Kritik der Demokratie zielt doch gerade darauf, daß diese Staatsform „jedermann“ die größten Entscheidungen des Staates, die Bestimmung der Herrschenden, anvertraue, eben gerade ohne daß dies auch nur irgendwie an ein besonderes Menschen- oder Bürgerbild gebunden wird.

Dies führt bereits zu einem ersten Ergebnis: Wenn eine demokratische Verfassung Grundrechte nicht ausdrücklich und in Einzelheiten sichert, so kann sie ein „Menschenbild“, selbst in einem sehr weiten Sinn, nicht bieten. Die Grundrechte sind es, welche den Menschen in den Staat hineintragen, diesem Staat menschliche Werte aufprägen, dort müssen wir also das Menschenbild des Grundgesetzes zuallererst suchen, wenn es ein solches gibt. Allein in ihrem Zusammenhang spricht denn auch das Bundesverfassungsgericht vom Menschenbild des Grundgesetzes.

Doch auch hier ergeben sich Bedenken: Grundrechte sichern Freiheiten des Bürgers, primär sind sie zum Schutze staatsfreier Räume normiert. Dann aber liegt doch ihr Wesen darin, daß der Mensch sich dort, in dieser Freiheit, nach seinem eigenen Willen bilden und fortbilden, sein eigenes Menschenbild in voller Individualität soll entwickeln können. Die Grundrechte könnten aber nur insoweit Züge eines Menschenbildes zeigen, als die Verfassung damit zu erkennen gibt, welche Betätigungen ihrer Bürger ihr besonders wichtig erscheinen, was sie eben in spezieller Weise deshalb auch in Freiheit belassen will. Auch dann aber ist die Ausbeute wohl enttäuschend: daß der Mensch sich verheiratet, Kinder erzieht, sich versammelt, redet und Informationen aufnimmt, daß er einen Beruf ausübt und Eigentum erwerben will — all dies sind nur Selbstverständlichkeiten, daraus läßt sich noch nicht eine spezielle Rechtsanthropologie des Grundgesetzes entfalten.

Weiter führen uns schon die Einschränkungsmöglichkeiten, welche unsere Verfassung dem Staat gegenüber diesen Freiheiten eröffnet. Hier in der Tat erscheinen Züge einer Persönlichkeit, welche, und zwar in besonderem Maße, frei sein soll in ihrer religiösen Betätigung, in ihren wissenschaftlichen und künstlerischen Aktivitäten, denn diese Grundrechte sind vorbehaltlos vom Grundgesetz garantiert. Dieser grundgesetzliche Mensch soll aber, auf der anderen Seite, im wirtschaftlichen Bereich weit stärker dem Zugriff der staatlichen Gemeinschaft sich öffnen müssen, hier also seine Verantwortung für das Gemeinwohl in besonderer Weise bewähren. Wo immer also eine Verfassung nicht nur Grundrechte allgemein proklamiert, sondern deren Einschränkungsmöglichkeiten im einzelnen fixiert, hat sie damit auch Akzente gesetzt, wie sie sich ihren idealen Bürger vorstellt, in welchen Bereichen er besonders wertvolle, daher in spezieller Weise privilegierte Aktivitäten entfalten kann. Hier ist also wirklich der Ausgangspunkt für unsere folgenden Betrachtungen.

Allerdings muß man sich vor Überzeichnungen hüten. Nach traditionell herrschender Lehre bedeuten Grundrechtsverbürgungen – und die entsprechenden Einschränkungsmöglichkeiten seitens der Staatlichkeit – immer nur einen punktuellen Kernschutz der menschlichen Freiheit, die allgemeine Handlungsfreiheit konnte im Grundgesetz auch nicht in der Form der allgemeinen Persönlichkeitsentfaltung wirklich als „Freiheit schlechthin" gesichert werden. Die Verfassung begnügt sich also damit – und muß dies als Grundcharta unseres Zusammenlebens notwendig – einzelne Tupfer eines Menschenbildes uns vorzugeben, die dann im Leben der Staatlichkeit erst mit Linien zu verbinden sind, sich dadurch allein zu einem echten Bild schließen. Gewisse Farbigkeitsvorstellungen kommen hier allerdings auch zum Ausdruck, sie lenken das Auge auf die Bereiche, in denen unsere Verfassung das Zentrum des Menschlichen, seinen höchsten Wert sieht. Doch hüten wir uns davor, ein volles Menschenbild auch nur zu erhoffen; wichtige Seiten und Teile werden stets in einem geheimnisvollen Schatten bleiben.

Hinter der Vision des Bundesverfassungsgerichts vom Menschenbild des Grundgesetzes steht sicher die Vorstellung von einer „systematischen Grundrechtlichkeit", von einem Grundrechtssystem, das lückenlos überall seine Freiheitsordnung verbreitet. Doch in der Praxis ist dies weithin Illusion geblieben, „ein System von Freiheit" läßt sich eben kaum aufrichten, wir sind schon zufrieden, wenn punktuell die wichtigsten Autonomien gesichert werden; deswegen muß es auch bei einzelnen Punkten und Lichtern des grundgesetzlichen Menschenbildes bleiben.

Von den Staatsgrundsatznormen des Grundgesetzes könnte man vielleicht auch noch Antworten erwarten zu unserem Thema. Kaum gilt dies allerdings für die republikanische Staatsform, für einen Föderalismus oder eine Rechtsstaatlichkeit, die doch mit ihrem ausgebauten Rechtsschutz nicht etwa das Idealbild des Querulanten aufrichten will, eher schon das des seiner Rechte bewußten, des selbstbewußten Bürgers — doch dies ist nicht allzuviel.

Mehr wäre an sich wohl zu erwarten gewesen von der Sozialstaatlichkeit, der neuartigen Staatsformbestimmung unserer Verfassung, in deren Art. 20 und 28. Wenn sie hätte bedeuten und normativ als oberstes Prinzip in unser Recht hätte einführen sollen, daß jeder Mensch sich dem anderen als solchem in Nächstenliebe verbunden fühlen soll, daß alle Bürger und vor allem der Staat menschenwürdige Not und Sorge zu lindern habe, so wären hier wirklich Züge der humanen Demokratie deutlich geworden, und mögen es auch letztlich nur christliche Selbstverständlichkeiten sein — wie schwer werden sie uns nicht täglich.

Doch hier liegt eine der großen Sünden des Sozialismus: Es ist ihm – und nicht ohne Schuld auch der anderen großen Volksparteien in unserem Lande – gelungen, im politischen und rechtlichen Bewußtsein diese Züge eines grundgesetzlichen Menschenbildes total zu verzeichnen: allein in Richtung auf einen ewigen, immer mehr gesteigerten Schwächerenschutz und auf nichts anderes mehr. Es ist eine der schlimmsten Pervertierungen unserer Sprache, daß das schöne Wort sozial, das den Menschen zum Menschen führen sollte, heute fast nur mehr verstanden, von unseren Verwaltungen und Gerichten angewendet wird als ein Befehl zu irgendeiner Form der Umverteilung und Nivellierung. Sozialstaatlichkeit als das große Rechtsprinzip zugunsten des „kleinen Mannes“ — das sind, daran führt kein Weg vorbei, eben letztlich doch Auswirkungen spätmarxistischer Verkrustungen, die überall in Kategorien von Ausbeutung und Schwachheit denken lassen. Dies aber gerade kann nicht das Menschenbild einer Verfassung sein, die ersichtlich den selbst- und rechtebewußten Bürger will, diesem Bürger das Wahlrecht verleiht und ihm so viele Rechte und Freiheiten anvertraut.

Fassen wir zu diesem Punkt zusammen: Ein volles Menschenbild werden wir nicht finden im Grundgesetz, wir können es wohl in einer Verfassung nicht erwarten, welche sich liberalen, freiheitlichen Grundsätzen verpflichtet fühlt. Menschenbilder mögen autoritäre, noch besser totalitäre Regime in ihren Grundnormen zeichnen, heute muß der deutsche Junge in unserem Staat nicht mehr, wie es uns noch gepredigt wurde, „zäh wie Leder und hart wie Kruppstahl“ sein. Systematische, flächendeckende Antworten gibt unsere Verfassung nicht auf die zentralen Fragen des menschlichen Lebens: ob man eher aktiv oder passiv sich verhalten soll, allein oder mit anderen im Zweifel zu handeln hat, was man tun oder meiden sollte.

Wir wollen auch gar nicht den Versuch unternehmen im folgenden, etwas wie ein solches ausgemaltes Menschenbild zu finden, wir würden mehr Verfassungsmoral als Verfassungsrecht vorstellen.

Zufrieden sind wir schon, wenn wir einzelne Aspekte des Menschenbildes entdecken können, eine provisorische Verfassung wie die unsere hat mehr mit Sicherheit nicht bringen wollen. Seien wir zufrieden mit einer Menschenskizze!

3. Was sind nun die wichtigsten Züge einer solchen grundgesetzlichen Skizze des Menschen und Bürgers? Gehen wir aus von den Feststellungen des Bundesverfassungsgerichts, in der Tat hat es den zentralen Zug dieser Skizze getroffen: Das Grundgesetz blickt auf den Menschen zuallererst, nicht auf die Gemeinschaft, es sieht den Menschen in der Gemeinschaft, die Gemeinschaft nur als eine solche aus Menschen.

Die Verfassung von Bonn hat sich aber nicht für den Gemeinschaftsmenschen entschieden, sondern letztlich für den individualistischen Menschen, der der Gemeinschaft gibt, was der Gemeinschaft ist, selbst aber höchster Wert in seiner Unauswechselbarkeit stets bleibt, in ihr im letzten und im Zweifel immer zu achten. Art. 1 des Grundgesetzes ist in diesem Sinne ein Bekenntnis zu einem individualistischen Menschenbild, von Menschenwürde nicht nur ist dort die Rede, sondern zugleich von jenen Grundrechten, die eben nur Ausstrahlungen der Menschenwürde des Individuums sind, welche zwar eingeschränkt werden können in der Gemeinschaft und durch sie, die aber immer das Primäre bleiben, während nie die Gemeinschaft ein Höchstwert ist.

Hier ist nun das Grundgesetz recht beredt. Aufträge zur Kollektivierung kennt es nicht. Nur in engen Grenzen und wahrhaft punktuell gibt es dem Staat die Möglichkeit, das Individuum in Pflicht zu nehmen, in die Gemeinschaft einzubinden. Mit großem Nachdruck muß betont werden, daß nichts im Grundgesetz es rechtfertigt, den Bürger als ein „Gemeinschaftswesen“ zu behandeln, es im Zweifel mit anderen zusammenzuschließen, nicht im Zweifel in seiner eigenen Freiheit zu belassen. Dazu nur einige Beispiele:

- Von der Sozialstaatlichkeit war schon die Rede, die bedauerlicherweise auf Schwächerenschutz reduziert worden ist. In Wahrheit sollte sie einen Begegnungsstaat bringen, nicht ein Nivellierungsregime. Schon gar nicht läßt sich auf sie die Einbindung des Individuums in alle möglichen Gemeinschaften gründen, diese muß immer im Zweifel auf den freien Willen des Bürgers zurückzuführen sein.
- Art. 14 Abs. 2 des Grundgesetzes mit seiner berühmten Formulierung „Eigentum verpflichtet“ und dem Gebot, bei dessen Gebrauch stets auch

an das Gemeinwohl zu denken, wird zu Unrecht gelegentlich so verstanden, als solle hier der „Mensch in der Gemeinschaft“ gezeigt werden. Ganz im Gegenteil: Das Eigentumsgrundrecht ist die stärkste Bewehrung dcs Individuums, das sich grundsätzlich, wie es ja auch unser Bürgerliches Gesetzbuch garantiert, von anderen abgrenzen, andere vom Gebrauch seines Eigentums ausschließen darf. Die Verfassung wollte nur hinzufügen, daß dieses selbe Individuum, das ein solches bleibt, unauswechselbar und in sich ruht, eben auch an seine Umwelt denken sollte, das Grundgesetz will den Bürger, der „auch auf die Gemeinschaft zurückschaut“, sie „berücksichtigt“, er muß sich seine Ruhe, seine Freiheit, in der er grundsätzlich zu belassen ist, auch mit seinem Eigentum, mit einem Teil desselben von dieser selben Gemeinschaft erkaufen. Der ganze Art. 14 ist nicht eine Kollektivierungsnorm, sondern der Schlußstein in einem Gewölbe des Individualismus.

- Art. 15 Grundgesetz mit seiner Sozialisierungsmöglichkeit wollte wohl etwas ganz anderes bringen, dies ist nun wahrhaft ein störender Zug im Grundgesetz, der möglichst bald verschwinden sollte. Die Norm, ein Zugeständnis an den Spätmarxismus, ist ebenso antiquiert wie die Inhalte und Formulierungen, welche sie im einzelnen bringt. Die SPD hatte all dies in ihren klassischen Grundsatzprogrammen niedergelegt, inzwischen hat sie es in ihrer Programmatik bereits überwunden, nur im Grundgesetz fristet dieses vergemeinschaftende Bürgerwesen noch sein unbeachtetes Leben. Dies sind wahrhaft tote Buchstaben unserer Verfassung, und zwar schon aus einem Grund: Wer soll das bezahlen, wenn man zu derartigen Vergemeinschaftungsschlägen übergehen, ganze Wirtschaftszweige sozialisieren wollte — wo doch das Grundgesetz, nach herrschender Lehre, auch für diese Nationalisierungen grundsätzlich volle Entschädigung verlangt?

- Art. 9 Abs. 3 Grundgesetz gewährleistet die Koalitionsfreiheit, die Freiheit, sich zu Gewerkschaften und Arbeitgebervereinigungen zusammenzuschließen — oder dies eben nicht zu tun, denn die negative Koalitionsfreiheit ist genauso stark gesichert wie die positive. Daraus ergibt sich nichts für das Bild eines „Gemeinschaftsmenschen im Grundgesetz“, Bild und Ideal dieser Verfassung sind gerade nicht die des „Gewerkschaftsmenschen“. Wäre dies nämlich anzunehmen, so müßten wir auch wieder ein Staatskirchentum einführen, nur weil der Bürger ja auch die religiöse Freiheit genießt. In Wahrheit ist all dies völlig individualistisch gedacht: Der einzelne soll sich als Individuum zu diesen Bindungen entscheiden und diese zu jeder Zeit auch rückgängig machen können, weil er eben nicht zum Gemeinschaftsmenschen wird, sondern auch in diesen Zusammenschlüssen stets Individuum bleibt. Dies garantiert die Verfassung, daran liegt ihr.

Das Grundgesetz bietet – und dies ist oft genug kritisiert worden – ein fast vollständiges Defizit von Grundpflichten, welche in der Weimarer Verfassung noch eine so große Bedeutung hatten. Über sie hätte man in der Tat weitere Züge eines Menschenbildes zeichnen können. Denn viel weitergehend als Freiheiten konstituieren ja Pflichten etwas wie ein Menschenbild, in der Verantwortlichkeit, im Aufruf zu Aktivitäten. Die Wehrpflicht vermag derartiges sicher nicht zu leisten, insgesamt hat sie doch Marginalcharakter, durch die Gewissensfreiheit wird sie weitgehend wieder relativiert.

Das Ergebnis ist zu diesem Punkt eindeutig: Der Mensch wird vom Grundgesetz gerade nicht „primär in der Gemeinschaft gesehen", sondern als Einzelmensch, als Individuum, das allenfalls „beschränkt" werden darf — mehr nicht. Das Grundgesetz kennt nur in diesem Sinne ein Menschenbild, kein Massenportrait. Dies ergibt sich schon eindeutig aus der Antithese des Grundgesetzes zum – hier nun sehr deutlichen – Menschenbild des Nationalsozialismus. Diese Zeit war geprägt durch nun wirklich sehr anschauliche und, wenigstens zuzeiten, propagandawirksame „Menschenbilder", bis hin zum äußeren Erscheinungsbild der blonden germanischen Hochrasse. Das ist es, womit unsere Verfassung am ersten und am radikalsten hat brechen wollen, ebenso wollte sie das Bild jenes „in Reih' und Glied-Menschen" zerschlagen, der nichts war, während sein Volk alles sein sollte. Von all dem soll und darf auch nicht ein Stein auf dem anderen bleiben.

Der Mensch des Grundgesetzes hat kaum Pflichten, nur sehr begrenzt muß er gehorchen, der Untertan ist sicher nicht das „Bild des Grundgesetzes". Die Antwort zu dieser Frage lautet also: Der Grundzug des Menschenbildes des Grundgesetzes ist der Mensch als Individuum, in gemeinschaftsverträglichen Grenzen, der Mensch eben, der auch andere als Individuum leben lassen muß.

4. Rechtliche Grundkonsequenzen aus einem solchen Menschenbild.

Ein System rechtlicher Orientierungen läßt sich aus einem mit nur so wenigen, aber deutlichen Zügen angedeuteten Bild naturgemäß nicht gewinnen. Wiederum können es nur einzelne, große Orientierungen sein.

Das erste Gebot ist sicher: Der so gezeichnete Mensch ist vom Staat grundsätzlich und zuallererst in Ruhe zu lassen, „bei sich selbst". Dieser Mensch ist nicht ein ständig und überall zu regelndes und zu verwaltendes Wesen. Gelegentliche, möglichst punktuelle Abgrenzungen und Hilfen sind ihm zu gewähren, der Regelungs- und Planungsstaat als solcher widerspricht einem solchen Menschenbild. Die Deregulierung ist heute mit Recht als eine der ganz großen Aufgaben erkannt worden, dies ist eine der wichtigsten Antworten des Staates im Respekt vor einem Bürger, der in grundsätzlicher Autonomie ihm gegenübersteht. Die vor allem durch sozialstaatliche Übersteigerungen hervorgerufenen Normierungsfluten, die sich heute als Antwort auf die Umweltängste immer noch weiter ausbreiten, verwischen völlig das Bild des Bürgers, den das Grundgesetz im Auge hat.

Die nächste, ebenso wichtige Folgerung ist: Wenn schon geregelt werden muß, so ist der Bürger in seiner individuellen Freiheit überall und möglichst weitgehend abzudecken, damit er selbstbewußt, und dieses Wort gilt es zu unterstreichen, seine Rechte wahrnehme. Daraus ergibt sich die klare Orientierung des Vorrangs der Rechtsstaatlichkeit vor allen anderen Staatszielbestimmungen, insbesondere auch vor der Sozialstaatlichkeit, was heute ohnehin herrschender Lehre wohl entspricht. Die Einschränkungen der Freiheit müssen klar, präzise und vorausschaubar sein, und nicht zuletzt muß immer das große Wort gelten: im Zweifel für die Freiheit. Die Züge eines Menschen, der so gesichert ist und sich selbst sichern kann — sie werden schon um einiges deutlicher im politischen Leben.

- Die notwendige Folge daraus ist sogleich eine Absage an die „totalitäre Mehrheit“: Das demokratische Mehrheitsprinzip muß stets seine Schranke an der Achtung anderer finden, welche dasselbe Menschenantlitz tragen, daher auch nur in Grenzen majorisierbar sind. Dies ist dann nicht die schwächliche, relativierende Toleranz, unter der so häufig unser politisches Leben heute leidet. Hinter dieser Achtung der anderen steht die Bereitschaft, immer wieder auch das Mehrheitsprinzip zurückzudrängen, zur ältesten und schönsten Regel zurückzukehren, zur Einstimmigkeit oder einer Entscheidung, die ihr besonders nahekommt. Wie wir es, in der Grundstimmung des Föderalismus, in Deutschland in schöner Weise seit langem gewohnt sind.
- Schließlich, aus diesem Menschenbild heraus, noch eine Bemerkung zur sogenannten „Demokratisierung der Gesellschaft“: Sie war vor 20 Jahren das große Programm, hinterlassen hat all dies nicht viel mehr als Reformruinen. Eine Gesellschaft ist nicht zu demokratisieren, sie demokratisiert sich allenfalls selbst. Den anderen privaten Bürgern die eigenen Demokratievorstellungen aufzwingen wollen — dies ist eine Majestätsbeleidigung der Demokratie selbst. Was in der Familie geschieht und in privaten Vereinen, das entscheiden die Bürger, nicht die politischen Parteien und der Staat. Nur im Parteienbereich mag die Staatsgewalt ihre demokratischen Spielregeln durchsetzen, in gewissen Grenzen, welche auch hier die Freiheit umhegen, denn die Parteien reichen eben bereits in den Staat hinein, der demokratisch verfaßt ist. Im übrigen aber muß Privatheit überall herrschen, die Bürger brauchen nicht in ihren Häusern als zwangserzogene Demokraten ständig abzustimmen, sie dürfen dort auch anders leben, patriarchalisch oder anarchisch.

5. Politische Folgerungen aus diesem großen rechtlichen Individual-Liberalismus, wie er dem Menschenbild des Grundgesetzes entspricht — wir wollen hier nur einige von ihnen, thesenhaft, am Ende aufzeigen:

- Die Politik, wenn man ein solches Wort schon so undifferenziert und für viele Bestrebungen verwenden will, kann sich nicht über diese rechtlichen fundamentalen Vorgaben des Menschenbildes des Grundgesetzes hinwegsetzen, sie hat es zu respektieren, nur in den Räumen, welche die Verfassung ihr, insbesondere in der Gesetzgebung, läßt, kann sie zusammenschließen, kollektivieren. Darüber aber muß sie sich im klaren sein, daß es hier nicht einfach eine „offene Verfassung" gibt, welche sie mit ihren aufschäumenden Kräften in völlig andere Richtungen biegen könnte. Die Achtung vor der Verfassung und ihrem liberalen Individualismus ist zuallererst und unbedingt gefordert.

- Seit Jahrzehnten lassen sich in der Bundesrepublik Deutschland Versuche beobachten, das von uns angedeutete Menschenbild des Grundgesetzes weiter- und auszumalen, von seinen individuellen Fixpunkten weg es zu korrigieren, hin zu immer stärkeren Gemeinschaftsbindungen. Da sehen wir Entwürfe von wahren „Gemeinschaftsbildern" bis hin zu „Bildungsinhalten in der Gemeinschaft", auf welche die Bürger und ihre Familien vom Bildungsstaat verpflichtet werden sollen.

Dies alles ist durchaus nicht von vorneherein verfassungswidrig. Das Grundgesetz läßt dem Staat und seiner Politik, vor allem in der Gesetzgebung, einen weiten Gestaltungsspielraum, in diesem mag er auch, wenn er nur die einzelnen Fixpunkte beachtet, welche das Grundgesetz setzt, im übrigen ein weithin ent-individualisiertes Menschenbild zeichnen — solange es nicht zur Karikatur des grundgesetzlichen wird.

- Wir aber sollten, wollen wir beim Grundgesetz bleiben, hier vorsichtig sein, besser wäre es doch, die einzelnen Züge des Grundgesetzes weiterzuzeichnen als sie zu verzeichnen, in drei Grunderkenntnissen, welche gerade unserer Zeit heute deutlich sind:
  - In einer gewissen Demut zunächst vor dem „Geheimnis Einzelmensch", das keine Politik erjagen kann.
  - In der Erkenntnis, daß es in den westlichen Ländern und in unserem keine „Masse" (mehr) gibt, sondern nur „viele Individuen", die sich immer noch mehr individualisieren, nicht etwa vermassen, kollektivieren.
  - Vor allem aber vor dem historischen Großphänomen der mächtigen Menschenrechtsbewegung unserer Tage, welche die gewaltigsten Ideologien und Staatsapparate ins Wanken bringt. Wir erleben glückhafte

Atomexplosionen: die der Freiheiten der vielen Bürger, in wahren Kettenreaktionen, die Rückkehr zum Individualismus der Menschen, der Minderheiten, der Völkerschaften. Zum individualistischen Menschenbild kommt nun das individualistische Volksgemeinschaftsbild.

Überall ist heute der Staat im grundsätzlichen auf dem Rückzug, mag er auch mit seiner Verwaltung unverdrossen weiter maulwurfshaft vordringen. Setzen wir also auf den stärker werdenden Menschen, auf seine siegreichen Bataillone, suchen wir nicht überall nur den Schwachen und noch Schwächeren! Mischen wir uns nicht ständig ein mit unserer Politik in das, was andere genausogut verstehen, besser dann, wenn es um sie selbst geht!

Wir sollten keine Angst haben, uns vielleicht sogar langsam aber sicher auf die alte, gute, beschränkte Staatlichkeit der „Polizey“ zurückzuziehen, die Gefahren abwehrt, dem Menschen in seinen Notlagen hilft, ihn im übrigen mit seinem großen, glückhaften Individualismus allein läßt.

Natürlich nehmen die Bürger und wir alle ständig Geschenke von jenen Unverantwortlichen an, die sich damit ihre politische Stellung erhalten wollen, wir rufen nach dem Staat, der uns hilft, und sind bereit, mit Stimmen in der Wahl zu bezahlen. Aber in Kürze wenden wir uns dann gerade von jenen politischen Einmischern in unsere Privatheit doch ab.

Das Jahr 1989 mahnt uns: Suche zuerst den *freien* Menschen; das *grundgesetzliche* Menschenbild ist ein geheimnisvolles, es verlangt die Achtung vor diesem Menschen und seiner Würde, die als Geheimnis auch und vor allem der Politik vorgegeben bleibt.

Teil II

Staatszweck

Friede auf Erden — um jeden Preis?*

Noch nie hat man mehr vom Frieden gesprochen — kaum jemals war er mehr durch Krieg und Gewalt bedroht.

Und Friede den Menschen auf Erden, die guten Willens sind: Ja, vom Frieden kann ernsthaft nur sprechen, wer guten Willen hat — und wann je hätte dieser in großer und kleiner Politik überall Heimat gefunden! Die einen haben in gutem, aber hilflosem Willen das hohe Wort leer geredet — anderen, die bösen Willens sind, ist es in die Hände gefallen; sie sprechen vom Frieden und meinen Gewalt und Zerstörung. Wort- und Geistesverwirrung breitet sich aus — im Kampf um den Frieden geht der Friede unter. Diese unsere friedenshungrige Welt droht durch das Friedensgerede friedensmüde zu werden.

Die größte Gefahr für den Gedanken des Friedens war von jeher, daß er in Gegensatz zu geraten droht zur Idee der Gerechtigkeit. Wenn Friede bedeutet, daß einer über den anderen herfällt, ihm sein Gut, seine Rechte nimmt, beide lautes Geschrei erheben und sodann jeder beim Erreichten stehen bleiben muß — im Namen der Friedfertigkeit, so ist der Friede nichts als eine Atempause für Räuber, nichts als eine Prämie für rasche, übermächtige Gewalt. Nur zu oft wird so der Friede zwischen den Völkern verstanden. Wo immer das Recht sei — nur keine Gewalt mehr! Über den Nationen gibt es ja keine Instanz, die stets verbindlich erklärte, was Recht sei, wohl aber gibt es Mächte, die Streitende ohne Rücksicht auf Recht zum Frieden zwingen können.

Hier also steht die große Frage: Friede auf Erden — ja, wer wünschte ihn nicht? Doch Friede auch um jeden Preis? Ohne Rücksicht auf Menschenschicksale, auf Freiheit, auf staatliche Existenz? Muß alles, alles geopfert werden, nur damit die Waffen nicht sprechen — oder wieder schweigen? Wann wird der Friedensruf zur Erpressung für Schwache, zum Diktat der Mächtigen? Was kann getan werden, damit die Frage nach dem Preis des Friedens sich nicht stelle; und wenn sie sich stellt — wie hoch darf der Preis sein?

Aufgerufen sind hier alle Instanzen, die heute Ordnungen tragen — vor allem die Staaten und die Kirchen, das Recht und der Glaube. Das Recht: Jede wahre Rechtsordnung ist wesentlich Friedensordnung, soviel Frieden

---

* Erstveröffentlichung in: *Walter Leisner* (Hrsg.), Staatsethik, Köln 1977, S. 223–227.

gibt es auf der Welt wie Recht. Und selbst dort, wo das Recht die Gerechtigkeit opfert, geschieht dies nur, weil ihm der Friede noch mehr wert erscheint. In der großen, internationalen Welt ist heute noch weithin Friedlosigkeit — eben weil die Ordnung des Völkerrechts unvollkommen geblieben ist und die Staaten nur selten Sanktionen fürchten müssen.

Und aufgerufen ist zum Preis des Friedens auch der Glaube, der christliche zumal. Er ist einst gekommen im Namen des Friedens auf Erden, Er wollte Seinen Frieden geben, Seinen Frieden hinterlassen, das Schwert stieß Er in die Scheide zurück. Die Kirchen sind im ganzen stets für den Frieden gestanden, Religionskämpfe und gesegnete Waffen sind eben doch Episoden in ihrer großen, langen Geschichte geblieben. Lauter als sie in diesem Jahrhundert für den Frieden gerufen haben, können sie ihre Stimme nicht mehr erheben. Doch auch für sie muß es einen „Preis des Friedens" geben: Krönen wollte Er ja nur, wer den guten Kampf gekämpft hat, und mit Gewalt trieb Er die Händler aus dem Heiligtum.

Wo liegt aber die Grenze, an der der Christ den Frieden dieser Welt für den höheren Frieden seines eigenen Gewissens opfern muß?

Wenn es überhaupt eine staatsethische Frage gibt, so ist es die nach dem Preis des Friedens — des inneren Friedens im Staat wie des äußeren Friedens zwischen den Nationen. Wieviel kann, wieviel muß der Mensch ertragen, bis sein Widerstand, sein Kampf moralisch gerechtfertigt, moralisch vielleicht gar zur Pflicht wird? Denn es gibt ihn ja noch immer, den „guten Kampf", in unser aller Bewußtsein: vom Widerstand gegen den „Unrechtsstaat" im Innern, bis zum Befreiungskrieg nach außen.

Wo setzt die Staatsethik des Christentums die Grenze?

Zunächst: Was ist denn „Friede"? Bricht ihn nur der bewaffnete Krieg — oder auch der harte Konflikt ohne Blut und ohne offene Gewalt? Das Völkerrecht hat in unserer Generation seinen klaren Kriegsbegriff verloren. Früher endete der Friede nur mit der Erklärung des Krieges, geordnet traten dann Uniformierte auf begrenztem Schlachtfeld zur Entscheidung an — die meist rasch zu neuem Frieden führte. Es gab ein wahres Kriegsrecht, Friede war selbst noch im Kriege. Heute ist der Krieg überall, in den Löchern der Untergrundkämpfer und in der Hungerblockade, im Wirtschaftskrieg und im geistigen Kampf der Propaganda. Nur sehr unvollkommen kann das internationale Recht überhaupt kriegerisches Geschehen regeln, die vielleicht gefährlichsten Phänomene erfaßt es nicht — die, welche Kriegsstimmung schaffen, den Krieg einleiten.

So ist es denn das erste, wollen wir den Frieden erhalten, daß wir uns einig werden, was denn Krieg sei. Nicht jeder Konflikt bricht den Frieden und auch der edle Wettstreit ist Kampf. Mit Gewalt allein läßt sich Krieg nicht erfassen — gewaltlose Feinde können die gefährlichsten sein. Nie wird mit logischer Schärfe die Grenze zu ziehen sein. Doch der Vernunft entspricht es, dort den Schritt vom Frieden zum Krieg zu sehen, wo der Gegner nicht überholt, sondern geschlagen werden soll, wo der Angriff sich letztlich auf seine Existenz richtet, wo der Konkurrent zum Feind wird.

Darf dies für christliche Staatsethik wirklich nie geschehen, steht Friede stets höher als Krieg? Das Problem des „gerechten Krieges" hat seit Jahrhunderten christliche Politik, christliche Theologie beschäftigt. Was muß man nicht opfern, wofür darf, muß man kämpfen? Nur der Böswillige kann in dieser Frage der Christen schon Unfriedlichkeit sehen. Sie wird ja täglich und überall gestellt. Und niemand ist da, für den es nicht irgendwo diesen „gerechten Krieg" doch gäbe: Die Vereinten Nationen bemühen sich, noch immer vergeblich, um die Bestimmung der Aggression — eben weil der Verteidigungskrieg der „gute" Krieg ist. Doch wer verteidigt sich nicht? Der Volksbefreiungskrieg ist selbst jenen gut, die sonst viel vom Frieden sprechen.

Der einzige Weg zur Lösung ist die Frage: Was kann, was muß man im Konfliktfall opfern, aus christlicher Verantwortung heraus, auf daß aus Streit nicht Krieg werde, was müssen vor allem Staaten und Völker aufgeben, damit Frieden bleibe?

Die ersten Antworten scheinen leicht: Geld und Gut selbstverständlich; was sind sie gegen menschliches Leben? Prestige, „Gesicht" — nicht anders; Macht? Ganz sicher, denn ist sie nicht böse, wenn sie auf Blut nur steht? Doch dann beginnt schon das Zaudern: Ist ein Wirtschaftssystem, eine Gesellschaftsordnung Krieg wert — schon hier schweigen die meisten Friedenspropheten. Ist das Staatsgebiet heilig — ist es besser, daß viele sterben als daß ein Meter verloren gehe, eine Provinz, das Ganze? Und wie halten wir es mit der Freiheit? Wollen wir lieber unter fremder Besatzung leben als uns verteidigen? Wer den Kriegsdienst verweigert, hat die Antwort gegeben — wenn alle so handeln, kann es diesen Krieg nicht geben. Nur — handeln alle so?

Nie wird, nie kann zwischen Menschen und Völkern Einigkeit darüber herrschen, was noch, was nicht mehr Schlachten und Menschenleben, was den Krieg wert ist. Keine Kirche kann eine solche grausame Liste aufstellen. Sie müßte ja sagen, das eine Gut sei hundert Leben wert, das andere Millionen. Doch da hört die Ethik auf, ist doch dem einen sein Leben so lieb wie den Millionen das ihre, hat Er doch jeden einzelnen, nicht nur Millionen erlöst. Auch wären ja all diese Güter, für die ein Krieg sich lohnen *könnte*, untereinander verbunden: Wer heute Prestige verliert, kann morgen Macht verspielen. Gebiet, Freiheit, alles ist nicht erst in der letzten Schlacht, sondern vielleicht schon beim ersten Rückzug bedroht.

Wer zuviel Opfer für den Frieden verlangt, wird keinen haben. Gebiet, Gesellschaftsordnung, Freiheit werden die Staaten weiter mit Waffen verteidigen. Doch in den *kleinen* Opfern liegt der große Weg zum Frieden: in der Bereitschaft, über alles zu *reden*, bevor der Streit beginnt. In einem Eintreten für eine Grundstimmung der Politik, welche ein *gegenseitiges* Nachgeben für ehrenvoll und ein Zurückweichen in Grenzen für erträglich hält — in der Bereitschaft also, sagen wir es offen, zum „kleinen Opfer“ für den größeren Frieden. Und ein wichtiges, großes Opfer, ein Preis, der für den Frieden gebracht werden muß, ist der eigene frühere Schmerz, der eigene bittere Haß. Wer keine Versöhnung kennt, wer die Hand nicht ausstreckt — gerade wenn er Sieger ist, der hat den nächsten Krieg schon begonnen. Das größte schwerste Opfer aber ist es, sich zu beugen — nicht dem stärkeren Gegner, sondern dem höheren Spruch der Schlichtung, der Gemeinschaft der Völker, der unbeteiligten Dritten. Der Staat, welcher diesen Preis seiner Souveränität nicht für den Frieden zahlt, so wie ihn der Bürger vor dem staatlichen Gericht entrichtet, der verletzt die Grundprinzipien christlicher Staatsethik.

Denn dies ist ja gerade vom Christen zu erwarten, sei er nun Bürger oder Staatsmann: daß er sich auf Erden im Namen einer Ordnung des Friedens einem Spruch unterwerfe, selbst wenn er ihn trifft — so wie er im Jenseits unter höherem Urteil steht; daß er mit seinem Feind sich versöhne, bevor er hingeht, um anzubeten; daß er die andere Backe biete, daß er ein weiteres Opfer bringe, bevor er das Größere verliert.

Dies alles ist nicht in Feigheit, sondern in Ordnung gedacht, nicht in der Mutlosigkeit der Lauen, sondern in der Friedfertigkeit derer, welche das Reich besitzen werden — eben weil sie es nicht im Kriege erobern.

Friede um jeden Preis gibt es auch für den Christen nicht. Er hat keine fertige Antwort, wofür er kämpfen muß. Seine Kirchen zeigen ihm die Richtung. Den Weg aber weist ihm allein sein Gewissen — denn dieses darf er auch für einen „Frieden“ nicht opfern, der nie ein echter sein könnte.

Für den Christen ist der Friede das Höchste — bis zu dem Punkt, wo er bekennen muß: Ich kann nicht anders, Gott helfe mir.

Die Grenzen rechtlicher Fixierung ethischer und sozialer Werte*

Die Frage nach den Grenzen der Fixierung ethischer und sozialer Werte läßt verschiedene Deutungen zu.

Sie kann zunächst verstanden werden als die Grundfrage nach der Wirksamkeit des Rechts schlechthin: Inwieweit kann ein rechtlicher Imperativ die Welt des Menschen, die Bedingungen seines körperlichen Seins „festlegen"? Wie stark ist die Macht des Rechts, wenn es Bestehendes „fixiert" oder Gewünschtes vorwegnimmt — der Gegenwart gegenüber, die für solches noch nicht reif sein mag, oder im Angesicht einer Zukunft, die nur im Worte des Gesetzgebers wahrhaft begonnen hat? Eine menschliche Frage par excellence wird hier gestellt: Sie liegt in jenem Raum des Kampfes mit der fliehenden und mit der verflossenen Zeit, deren Gewalt es zu brechen gilt mit einem menschlichen Befehl, der sich über die „natürlichen" Wirkungen des Entstehens, Alterns und Sterbens stellt. Doch nicht oder nicht so sehr gegen eine abstrakte „Zeit" steht hier der Befehl des Gesetzes — die Fixierung, welche er ausspricht, ist eine Kampfansage an alle Kräfte langsamer Evolution, die nun nur mehr aufgestaut durchbrechen können und so jenen typischen stoßweisen Entwicklungsprozeß des modernen Rechts einleiten, in dem das Herz des Staates stillzustehen scheint — um dann nur mit neuer, stärkerer Kraft das Ganze vorwärtszutragen, einer Kraft aber, die sogleich ihrerseits in die Erstarrung des beharrenden Befehls gebunden wird. In diesem Sinne ist die Frage nach der „Fixierung" von Werten im Recht eine solche nach jenem „konservativen" Charakter einer Ordnung, die gerade deshalb revolutionären Vorstellungen stets entgegensteht, weil in ihrer Stunde die Zeit stillsteht, weil ihr Imperativ einen neuen, eigenartigen Rhythmus in die menschliche Evolution gebracht hat.

Doch die erwähnte Fixierungsfrage als Grundproblem des Rechts überhaupt stellt sich nicht nur der Zeit gegenüber, als die der Fixierung in der Zeit und gegen die Zeit. Sie führt, unabhängig von jedem Zeitfaktor, zu dem noch mehr im Grundsätzlichen stehenden Zweiten: Wo liegen überhaupt die Grenzen der rechtlichen Normierung, was kann, hic et nunc, als Imperativ erfaßt und sozial wirksam werden? Für den Juristen beginnt hier die Frage nach der „Judizierbarkeit" eines Rechtssatzes. Wenn uns die Bayerische

---

* Erstveröffentlichung in: Scritti in onore di Gaspare Ambrosini, Band II, Mailand 1970, S. 1177–1192.

Verfassung belehrt, daß gesunde Kinder das köstlichste Gut eines Volkes seien, so ist dies nicht nur Ausdruck eines bedenklichen Vitalismus, ja Materialismus; der Jurist muß fragen, wie er diesen Satz auch nur irgendwo „anwenden", wie er einen Lebenssachverhalt unter ihn subsumieren soll. Die Frage, ob eine Norm etwa durchsetzbar sei und wie dies geschehen solle, stellt sich hier noch gar nicht — es fragt sich vielmehr, wie sie überhaupt diejenige normative Wirksamkeit erreichen kann, ohne welche sie aufhört, Recht zu sein. Gerade unser neues Verfassungsrecht wirft diese Probleme auf — bis hinauf zu der vielgefeierten Verbürgung der Menschenwürde, die dem bedauernswerten Juristen der Praxis oft ebenso unanwendbar zu sein scheint, wie sie nach der Verfassung unantastbar, ja unabänderlich bleiben soll.

Was hier angedeutet wurde, ist aber nicht der eigentliche Gegenstand dieser Untersuchungen, sondern nur ihr allgemeiner Hintergrund. Stellt man nämlich die Frage nach der rechtlichen Fixierbarkeit so allgemein wie es eben geschehen ist, so liegt kein echtes grenzwissenschaftliches Problem mehr vor — es sei denn, man fasse es als Grenzbestimmung gegenüber einer unklar erweiterten Soziologie auf. Das Problem wird dann vielmehr zu der rechtsimmanenten Frage nach Wirksamkeit und Möglichkeit rechtlicher Fixierung überhaupt.

Davon unterscheidet sich nun deutlich die Verengung, in welcher hier die Fragestellung verstanden wird. Sie kreist um den Begriff des Wertes. Wie und inwieweit können Werte der Ethik und des Gemeinschaftslebens – so soll hier das Wort „sozial" verstanden werden – durch das Recht an sich schon erfaßt und den Wandlungen der Zeit gegenüber „fixiert" werden? Hier entsteht eine echt grenzwissenschaftliche Problematik — nicht so sehr, weil Ethik und Gesellschaftsform ein dem Recht unbekannter Gegenstand wäre, nein: der Begriff des „Wertes" kommt dem Juristen aus einer „anderen Welt", der er seit Jahrtausenden mit ebenso hartnäckiger wie vielgeschmähter und berechtigter Skepsis gegenübersteht — aus dem Bereich der Philosophie. Kann der Jurisprudenz aus diesem philosophischen Wertbegriff eine Bereicherung kommen, kann der Begriff des Wertes rechtsdogmatisch fruchtbar gemacht werden? Oder bleibt es hier doch bei der ganz allgemeinen Frage nach den Grenzen juristischer Normierbarkeit schlechthin?

Diese Frage ist deshalb heute besonders wichtig, weil seit einigen Jahrzehnten von verschiedenen Seiten Versuche unternommen worden sind, den Begriff des Wertes der Normierung rechtlicher Sachverhalte dienstbar zu machen. Das Verfassungsrecht betreffen solche Versuche besonders, weil gerade hier, in einem ideologisch sensiblen Raum und angesichts der Weite der Normierungen, die Versuchung groß ist, dogmatische Hilfsbegriffe zu gewinnen, die in benachbarten Disziplinen bereits mit einer erhöhten Bedeutungskraft angereichert worden sind.

Dieses Problem der sogenannten Wertlehre im Verfassungsrecht, vor allem im Bereich der Grundrechte, würde insbesondere Klarheit darüber voraussetzen, was nun unter einem „Wert" verstanden werden soll, wodurch sich dieser Begriff von dem der „Grundsätze", der „Ideen" oder gar der Lebenssachverhalte unterscheidet. Die Fixierung eines ethischen „Wertes" soll doch offensichtlich etwas anderes und mehr sein als die normative Versteinerung eines beliebigen Lebenssachverhaltes.

Das moderne deutsche Verfassungsrecht und mit ihm auch die anderen Rechtsgebiete sind der philosophischen „Wertlehre" vor allem in derjenigen Ausprägung begegnet, welche sie bei Max Scheler und bei Nicolai Hartmann gefunden hat. In seinem 1928 erschienenen bahnbrechenden Buch „Verfassung und Verfassungsrecht" hat Rudolf Smend die im soziologischen Bereich und in der französischen Doktrin bereits wohlbekannten Vorstellungen der sogenannten verfassungsrechtlichen „Integrationslehre" in das deutsche öffentliche Recht eingeführt. Hier steht nun der Wertbegriff in neuartiger Weise im Vordergrund. Die Verfassung, so lehrt Smend, ist nicht so sehr eine Rubrik von Befehlen, wie sie der Dezisionismus von Carl Schmitt versteht; sie ist auch und vor allem nicht ein Schema abstrakter „formaler" Normen, wie es die Wiener Schule Kelsens und Merkls lehrt — sie bezeichnet die „Werte", in deren Namen ein Volk einig sein will — vom parlamentarischen System bis zu den Nationalsymbolen wie der Flagge, von den Grundrechten bis zur feierlichen Proklamation der Staatsform. In den letzten Jahrzehnten haben diese Smend'schen Gedanken unter verstärktem Hinweis auf die Scheler-Hartmann'sche Wertlehre zu einer umfangreichen „Wertakzentuierung" im Verfassungsrecht geführt.

Es beginnt damit, daß man die Normen der Verfassung nicht mehr als eine gleichgewichtige Schicht von Regelungen sieht, die es nun zu harmonisieren gilt. Stärkere und „schwächere" Normen werden vielmehr unterschieden und so wird innerhalb der Verfassung selbst das Normstufensystem fortgesetzt, welches die Verfassung bereits krönen sollte. So soll die Meinungsfreiheit über dem Recht der Freiheit der Parteien stehen, und dieses nach jener ausgerichtet werden, weil dort der „höhere Wert" verbürgt sei. Bei jedem Grundrecht wird von der Verfassungsrechtsprechung die Frage aufgeworfen, wie der Rang des „Wertes" zu bemessen sei, welcher in ihm verkörpert werde; bis hinauf in die höchsten Bereiche der Staatsgrundsatznormen wird ein eigenartiges „Wertdenken" fortgesetzt, so etwa bei der Abwägung zwischen Rechts- und Sozialstaatlichkeit, deren unlösliche Antinomie doch vor allem Ernst Forsthoff unwiderlegt aufgezeigt hat.

Dies alles gipfelt bei den Dogmatikern der sogenannten „Wertlehre" in dem Versuch, jede bedeutende Frage der Grundrechte — ja überhaupt des

Verfassungsrechts danach zu lösen, wie der jeweilige Standort im „Wert- und Anspruchssystem der Grundrechte" zu fassen sei.

Wir begegnen hier also einer ganz konkreten Auffassung von den „Werten" und ihrer Fixierung, und zwar vor allem in doppelter Richtung: Einerseits führt diese Wertlehre zu einer Hierarchisierung innerhalb der Verfassung, indem etwa die Gewerbefreiheit der Meinungsfreiheit als dem angeblich „höheren" Recht weichen muß. In echt Smendschen Gedankengängen wird hier also nur inhaltlich, materiell etwas nachvollzogen, was Merkl im Gedanken des Stufenbaues allen Rechts vorgedacht hatte. Dennoch — zwischen beiden Auffassungen besteht ein bedeutsamer, ja ein verhängnisvoller Unterschied: Wenn nämlich Kelsen und Merkl eine Stufenordnung allen Rechts entwerfen, vom Richterspruch über Verordnung und Gesetz bis hinauf zur Verfassung, zu Völkerrecht und höchster Grundnorm, so sagen sie bewußt nichts über den Inhalt der jeweiligen Normschicht aus, sie stellen nur die formellen Kategorien bereit. Ganz anders die „materielle Wertlehre", vor allem bei den Grundrechten. Hier wird die Hierarchisierung, die Stufenordnung gerade aus dem Inhaltlichen gewonnen, es wird konkret behauptet, diese oder jene Freiheit gehe der oder jener anderen vor, weil der in ihr verkörperte Wert der höhere sei. Und hier gewinnt diese Wertlehre den Anschluß an Scheler und Hartmann — wenn auch mit dem gebotenen zeitlichen Abstand, weil eben die Jurisprudenz erst die philosophischen Lehren des Vorgestern berücksichtigen kann ...; der Formalisierung des Neuhegelianismus und, bis zum gewissen Grade, auch der Phänomenologie wird ja gerade in der materiellen Wertethik entgegengehalten, daß die Werte in sich und an sich untereinander in einer gewissen systematischen Hierarchie stehen, und daß eine solche entweder unmittelbar einsichtig sei, oder doch in der persönlichen Entscheidung jederzeit einsichtig werden könne. Der Kontakt mit diesen philosophischen Wertkategorien hat also im Recht dazu geführt, daß dieses *unmittelbar* die Werthierarchie des Ethischen, ja des Gesellschaftlichen rezipieren will. Dogmatisch gesehen wird also die Autonomie des Rechtstechnischen weitgehend aufgegeben, das Recht in einer bisher kaum geahnten Weise den außerrechtlichen, ethischen und gesellschaftlichen Wertstrukturen gegenüber geöffnet; diese werden im Recht fixiert.

Die zweite bedeutungsvolle Konsequenz dieser „Wertlehre" neben der Schaffung einer „Wertstufenlehre" ist die der „Systematisierung". Nicht nur in ihrer Stufenordnung, sondern auch in ihrem Nebeneinander stehen ja die Werte in einem bestimmten festen Verhältnis, das ein allseitiges ist und zu einer gewissen Lückenlosigkeit tendiert. Gerade dies nun wird im Verfassungsrecht entscheidend: In der Weimarer Zeit ist die Verfassungslehre immer wieder auf das Problem gestoßen, wie denn die verschiedenen Grundrechtsverbürgungen miteinander in Einklang gebracht werden sollen, wie etwa Eigentums- und Arbeitsfreiheit, Vertragsfreiheit und Wettbewerbsfreiheit koordiniert werden könnten. Darüber hinaus schienen die Freiheitsvorstellungen des Grundrechtsteiles und die Regeln über die Ausübung der Staatsautorität in unlöslichcm Widerspruch zu stehen. Auch hier nun bietet die neue Wertlehre die Lösung an: Wiederum muß nach dem Wertgehalt der jeweiligen Grundrechte gefragt werden. Man scheut nicht davor zurück, die Harmonisierung durch eine rigorose Über-Unterordnung zu erreichen. Im übrigen dehnt man aber die verschiedenen Vorschriften, vor allem die Grundrechte, derart aus, daß das langgesuchte „lückenlose System" daraus entsteht.

Bei genauerer Betrachtung wirkt also die Wertlehre als Harmonisierungshilfe in doppelter Hinsicht: Einerseits wird doch wieder eine Norm – „ein Wert" – der anderen, dem anderen „Wert" untergeordnet. Damit lenkt man zurück zu der oben dargelegten Hierarchisierung. Zum anderen erweist sich die Schaffung des „lückenlosen Systems" als eine breite „Analogiebrücke": Der extensiven Interpretation wird ganz allgemein Tür und Tor geöffnet.

Es mag fraglich sein, inwieweit all das noch in der Konsequenz der Gedanken von Scheler und Hartmann liegt, ob insbesondere die Vorstellung von dem „lückenlosen System" nicht doch weit über ihre elementare Werthierarchie hinausgeht. Sicher ist, daß die Wertlehre im Grunde nur eine Fortsetzung der vielen verschiedenen „Stufenlehren" ist, in denen das Staatsrecht nach dem Verlust der monarchischen Grundlage ein neues und nur allzu akademisches Fundament suchte. Das Recht der Monarchie bedurfte keiner Stufenlehre und keiner Werthierarchie, weil es personifizierte und damit institutionalisierte Werthaftigkeit enthielt.

Dennoch — rein aus dem Grenzwissenschaftlichen läßt sich diese Lehre, die heute das Ohr des Bundesverfassungsgerichts gefunden hat, nicht erklären. Ihr Schwung kommt aus dem Zusammenbruch von 1945.

Als vor 20 Jahren das Deutsche Reich unterging, da ahnten alle, daß mehr zerbrochen war als ein System der Macht oder eine ersetzbare Ordnung des Rechts. Die gewaltigen Verwüstungen, der Verlust eines großen Teiles deutscher „Werte" ließen das Gefühl für die Werthaftigkeit auch der rechtlichen, ethischen, gesellschaftlichen Verluste wachwerden. Die Vernichtung hatte auch die Basis nicht verschont — der Neuaufbau konnte keine Rechtssetzung in der Technizität des alten vielkritisierten „Positivismus" mehr sein. Überdies mußte doch etwas geblieben sein von jenem anderen, früheren Deutschland und seiner Rechtlichkeit; es mußte doch mit den Rechtsvorstellungen von 1945 die Welt und das Recht von 1933 beurteilt werden. Aus dieser Welt von Postulaten entstand die neue Welt des Rechts als eine solche der „Werte", deren Unverlierbarkeit nun vor allem denen bescheinigt wurde, die sich während des Dritten Reiches an die Technizität wechselnden Rechtes gehalten hatten. Sie erfuhren nun von den Richtern, daß Werte nicht untergehen können, daß Normen Werte verkörpern, daß Rechtsregeln den normativen Charakter verlieren, wenn sie sich von den Werten elementar und absolut entfernen. Wieder war eine eigenartige Verbindung Wert–Recht geschlagen, wie sie keine Vergangenheit hätte ahnen können.

Dies alles ist mehr ein Teil der deutschen Politik als ein Teil der deutschen Rechtsgeschichte; aber in dieser Verbindung grenzwissenschaftlicher Betrachtungen zur Wertlehre mit der Werterfahrung der vergangenen Jahrzehnte — darin liegt das Spezifische der heutigen deutschen Wertlehre im Recht. Diese ist unangreifbar allein mit den Mitteln der Rechtsdogmatik, weil ihr politischer Hintergrund sie weiterträgt, und selbst wenn dieser verschwinden sollte, würde sie sich immer noch lange als Ausdruck des Stufendenkens und der systematischen Auffassung im deutschen, vor allem im öffentlichen Recht halten können.

Die Betrachtung dieser Wertlehre zeigt, daß hier unter „Wert" mehr verstanden wird, als ein „Lebenssachverhalt" je geben könnte, mehr auch fixiert wird. Diese Werte sind nicht Tatsachen, es sind bereits Urteile und damit sind sie in ganz besonderer Weise dem Recht kommensurabel. Das Recht öffnet sich also, so kann es scheinen, nicht gegenüber einer unaufbereiteten Wirklichkeit, sondern gegenüber einer philosophisch und politisch bereits gewichteten Welt — es gilt nunmehr allein, diesen Wertungen die rechtliche Form, vor allem die rechtliche Sanktion, das Schwert zu verleihen. Letztlich wird das Recht – und vor allem das Verfassungsrecht – zur Form der Durchsetzung einer außerrechtlich voll geformten und gestuften Ideologie.

Hier nun liegt der Ansatzpunkt für eine grundsätzliche kritische Betrachtung solcher Fixierbarkeit, wie sie in einigen Punkten bereits von den Gegnern der Wertlehre, vor allem von Forsthoff, angestellt worden ist.

Das Recht ist nicht einfach „Rezeption" von Werten, es ist deren Fixierung. Und in dieser Fixierung kommt ihm ein *Selbst*gewicht zu, das nicht nur im Äußerlichen, im Formalen liegen kann, sondern auch bis in die innerliche Gestaltung hineingehen muß. Aus dieser kritischen Betrachtung wird sich daher Wesentliches für das ergeben, was das Recht an sich, aus seinem Wesen heraus, für die Festlegung von Werten leisten kann.

Zunächst ist dem Wertbegriff und seiner Fixierbarkeit im Recht ganz grundsätzlich entgegenzuhalten: das Rechtsdenken der vergangenen Jahrhunderte geht nicht von der Vorstellung fixierter Werte aus.

Wenn man zu Beginn der Digesten lesen kann: Publicum ius est, quod ad statum rei Romanae, privatum quod ad singulorum utilitatem spectat, so zeigt sich in voller Klarheit, was die Jahrhunderte bestimmen sollte: Das Recht ist nicht Fixierung von Werten, sondern Organisation des Staates und „privata utilitas", Ausgleich privater Interessen. Nicht als ob im status reipublicae nicht ideologische Elemente eine Rolle spielen, „Werte" zum Ausdruck gebracht werden könnten — das Recht als Instrument sichert aber doch den status, sichert die utilitas, bewahrt in den Interessen etwas weit weniger Hohes und unendlich viel Wichtigeres als alle Werte. Der Kernbegriff des materiellen Rechtes heißt „Interesse", nicht „Wert".

Diese These erhärtet insbesondere die Entwicklung der neueren Ziviljurisprudenz. Das Ende des vergangenen Jahrhunderts und der Beginn unseres Jahrhunderts war dort geprägt durch den Kampf zwischen der Begriffs- und der Interessenjurisprudenz. Sollten die Formeln des Rechts nach ihrem Wortlaut oder ihrer begrifflichen Geschlossenheit ausgelegt werden, oder sollte das Recht Auslegung und System finden in den „Interessen", welche es regelte? In der Interessenjurisprudenz findet sich die erste große Öffnung des Rechts gegenüber einer Wirklichkeit, welche eben damals schon weiter wirtschaftlich fortgeschritten war, als es die romanistischen Väter des Bürgerlichen Gesetzbuches ahnen konnten. Diese Bewegung hat in Deutschland bis zum Freirecht getragen, welches den Richter von den Fesseln der gesetzlichen Definitionen lösen wollte; in Frankreich sollte der Code civil für die Bewegung „par le code — au delà du code" nur mehr Anlaß, nicht mehr Grundlage juristischer Entscheidung sein.

Doch gerade die Interessenjurisprudenz, bei der dann im wesentlichen die Zivilrechtslehre und Praxis stehen bleiben sollte — sie hat nichts gemein mit den Postulaten der Wertlehre im Verfassungsbereich. Hier wird gerade vom Wortlaut des Gesetzes ausgegangen und nur zu seiner Interpretation hört der Jurist auf die Interessenlage der außerrechtlichen Wirklichkeit. Wirtschaftliche Notwendigkeiten sind es, die hier korrigierend wirken, und damit wird der Norm nur der größtmögliche, der eigentlich gewollte Grad an Wirksamkeit vermittelt. Der Interessenjurisprudenz fehlt völlig jener wertende, ideologisierende Charakter, welcher die Wertlehre in ihrer Intransigenz auszeichnet. Die Wertlehre mag ein öffentlich-rechtliches Gegenstück zur Interessenjurisprudenz sein — es fehlt ihr deren feine Differenzierungsmöglichkeit im einzelnen, wie auch im allgemeinen der elastische Ausgangspunkt, welcher die Wirklichkeit als Material sieht, nicht als Richterin über das Recht.

Darüber hinaus mag die Entwicklung des Kernbereichs allen Rechts, des Zivilrechts, noch ein weiteres allgemeines Bedenken zur Fixierung von „Werten" nahelegen: Das Zivilrecht hat es mit Interessen zu tun, mit Parteien, und wer Interesse und Partei sagt, meint Ausgleich und Abwägung. Das öffentliche Recht ist eine Ordnung des Befehlens, und die Versuchung liegt nahe, an die Stelle des Kompromisses hier die Hierarchie, an die Stelle des teilweise Verzichtbaren das Unbedingte des Wertes zu stellen. Doch hier muß gewarnt werden: Gerade die Gewalt des Rechts, die höchste, die es auf Erden gibt, besteht in der Regel und auf die Dauer nicht in der Absolutsetzung von Werten, sondern in deren vernünftigem Ausgleich. Der Wertlehre, der „Fixierung von Werten" ist die Gefahr immanent, Hierarchisierung und Unterordnung zu fördern, wo Ausgleich am Platze wäre, Unendliches und Indiskutables ins Recht einzuführen, wo gerade Abwägen und Nachgeben geboten wären.

In vielem müßte nämlich – dieser Gedanke drängt sich hier auf – die Fixierung von Werten, insbesondere in ihrer Form der Wertlehre, aus der Erfahrung der nationalsozialistischen Weltanschauung kritisch betrachtet werden. Die Vertreter der Wertlehre wollen im heutigen Verfassungsrecht die Werte der Vergangenheit durch Gegenwerte überwinden. Doch gerade deshalb greifen sie zu denselben rechtsdogmatischen Kategorien. Die erste wirklich konsequente Wertlehre hat gerade im Verfassungsrecht die nationalsozialistische Bewegung vollzogen, indem sie das ganze bisherige Recht in der Unbedingtheit der neuen Werte neu akzentuiert hat. Wie in so vielem läuft also die Entwicklung in den Bahnen der früheren Kategorien weiter, selbst wenn sich die Inhalte in ihr Gegenteil verkehrt haben — aber nicht diese Inhalte zählen, sondern die Formen, welche morgen wieder die Inhalte von gestern aufnehmen können.

Und deshalb ist zu warnen: Die Grenzen für die Fixierung von Werten sollten gerade dort liegen, wo etwas absolut, ideologisierend hierarchisch gesetzt wird, wo der Wirklichkeit nicht mehr Entscheidungsmaterial, sondern Entscheidung entnommen wird, Dezision, die in keiner Weise jenen „Interessenausgleich" zuläßt, in dessen krämerhaftem terre-à-terre die einfache Majestät des Rechts liegt.

Das Privatrecht lehrt in seiner Entwicklung aber noch etwas, das als Kritik der Wertlehre und als Grenze für jede Wertfixierung von Bedeutung wird: Es werden dort, mittelbar oder unmittelbar, nur wenige, keinesfalls systematisierte Werte angesprochen und fixiert. Und wo das Privatrecht zu einer zentralen Wertvorstellung vordringt, da ist es meist das Verfassungsrecht, das, wie beim allgemeinen Persönlichkeitsrecht, Anlaß und Konstruktionsmittel ist.

Das Privatrecht ist, selbst als materielles Recht, weitgehend ein Recht des Procedere, des Verfahrens. Es werden dort wohl gewisse Positionen geschützt, aber das Entscheidende ist die Regelung des Verfahrens, in dem sie aufeinandertreffen. So ist etwa im Kaufrecht nicht irgendeine Wertvorstellung entscheidend, nicht das Recht auf die Sache in Form von Eigentum oder Besitz, sondern die Abwicklung von Rechtsbeziehungen, die letztlich zu einem Übergang der Sache von A auf B führen sollen und die deren Rechtspositionen mannigfach konfrontieren.

Es mag von dort noch weit sein bis zum Beweis der These, daß alles Recht ganz wesentlich Verfahren des Austausches ist — aber wenn ein Akzent des Rechtstechnischen so gesetzt werden kann, so ist es die Negation der Wertlehre im Recht überhaupt. Werte können wohl fixiert werden, aber das Recht hat nicht so sehr die Aufgabe, sie zu fixieren, als ihren Austausch in gewisse Bahnen zu lenken. Das setzt aber freilich voraus, daß die entsprechenden Positionen, etwa die Rechtsstellungen nach bürgerlichem Recht, etwas an sich Unstreitiges haben, dessen Einzelausgleich technisch zu bewältigen ist. Demgegenüber stellt sich die Wertlehre mehr und mehr als ein Versuch dar, gewaltsam Wertvorstellungen in die Gemeinschaft zu tragen und mit den Mitteln des Rechts durchzusetzen, welche dort politisch weitgehend diskutabel sind. Ob dazu im Grunde die Waffe des Rechts, ob das Recht der Wertschaffung *und* -durchsetzung zugleich in vollem Umfang dienen sollte, das wird das ernste Problem der nächsten Jahrzehnte sein. Diese können nicht mehr damit rechnen, daß mit der primitivierenden Berufung auf Unrecht der Vergangenheit Werte der Gegenwart gewonnen werden können.

Die bisherigen Betrachtungen haben also in verschiedenen Punkten dazu geführt, daß die heute vielvertretene sogenannte Wertlehre über die traditionellen Aufgaben des Rechts weit hinausgeht. Gerade dort, wo sie zentral vertreten wird, im Bereich der *Grund- und Freiheitsrechte*, führt sie zu einer ganz verhängnisvollen Entwicklung. Es hat niemals in der Verfassungsgeschichte ein „System von Freiheiten" des Individuums gegen den Staat geben können. Es gibt dagegen überall ein System von Obrigkeit, in der hierarchischen Ordnung wie in dem Nebeneinander der Zuständigkeiten. Dieses System kann nun nicht auf der Gegenseite in einem „System der Freiheit" kopiert werden.

Die ersten grundrechtlichen Verbürgungen – vom Monarchomachentum bis zu den Katalogen der amerikanischen Gliedstaatenverfassungen des 18. Jahrhunderts – waren nicht Freiheitssysteme, sondern punktuelle Verbürgungen gewisser Freiheitsräume. Damit hielten sich diese Proklamationen auch da, wo sie die Freiheit als „Wert" ansprachen, im Rahmen dessen, was das Recht ohne weiteres zu leisten vermag: Rezeption *einzelner* Wertvorstellungen, aber nicht ganzer *Wertsysteme*. Zum anderen zeigt gerade die englische Entwicklung der Grundrechte den entscheidenden Gesichtspunkt, den die modernen kontinentalen Verfassungen außer acht lassen, der aber allein Grundrechte letztlich in einer Gesellschaft ermöglicht: die Beschränkung auf das Verfahrensmäßige in der Tradition der strafprozessualen Habeas-Corpus-Rechte. Hier wird gerade der oben angesprochene Charakter des Procedere gewahrt, ebenso wie in dem punktuellen Schutz ein Zugeständnis an den Ausgleich liegt, der jedem Recht wesentlich ist.

Demgegenüber versuchen neuere Lehren mit der Verwirklichung des Wertes der Freiheit das Unmögliche: Überall soll Freiheit sein, überall soll sie wenigstens grundsätzlich herrschen — in der Freizügigkeit des Kindes von Schulzimmer zu Schulzimmer wie in der Menschenwürde des Untergebenen, der einem scharfen Befehl nicht gehorchen will. Das aber bedeutet nur eines: Die Freiheit, die überall ist, wird überall geschlagen. Werte, die mit einer ans Göttliche heranreichenden Allgegenwart sich umgeben — gegen sie wird in allen Gassen gesündigt. Werte, die das Banale umfassen, können das Hohe nicht mehr sichern. Wenn es noch weiter geschieht, daß in jeder indiskreten Frage eine Verletzung der Menschenwürde, in jeder Auskunftsverweigerung eine Beeinträchtigung der Informationsfreiheit gesehen wird, so werden gerade die Grundfreiheiten unglaubwürdig, an denen die neuere Wertlehre die Möglichkeiten ethischer und sozialer Werte erproben wollte.

Die Grundrechte sollen nach unserer Rechtsauffassung Grundprinzipien für unsere gesamte Rechtsordnung sein. Die Gefahren, die bei ihnen drohen, werden sich also auf das *gesamte* Recht auswirken, sie zeigen deutlicher als irgendein anderes Phänomen, daß es Grenzen für die Fixierung ethischer und sozialer Werte gibt.

Im Vorstehenden ist versucht worden, solche Grenzen aus dem Wesen des Rechts selbst zu gewinnen, das eben doch sehr weitgehend unzugänglich ist für jene Wertvorstellungen, welche die neuere Philosophie bringt. Die grenzwissenschaftliche Bilanz schließt hier eindeutig negativ ab.

Damit gelangen wir nun doch zur allgemeineren *Ausgangsfrage* zurück, welche den Grenzen des Rechts und der rechtswissenschaftlichen Erfassung der Werte gewidmet sein muß. Auch hier aber können uns jene Ergebnisse weiter geleiten, welche wir bei einer Kritik der Wertlehre herausgestellt haben.

Demnach muß sich das Recht verstehen als eine Technik des Ausgleichs von Positionen, die vor allem im Verfahrensrechtlichen im weiteren Sinn liegt. Das bedeutet umgekehrt, daß es seine Machtmittel nicht primär zur Durchsetzung neuer Wertungen einsetzen sollte. Ganz wird es dieser Versuchung nicht entgehen können, und es vergeht kein Tag, ohne daß nicht in kleinen Schritten sich etwa die Durchsetzung des „Wertes" der sozialen, möglichst vollständigen Freiheit vollzieht. Nur eines muß dem Juristen wie dem Außenstehenden gerade nach den jüngsten deutschen Erfahrungen klar sein: Bestehen werden nicht diese Werte, die wir heute verwirklichen wollen — wie oft in unserem Leben mögen sie sich noch ändern? Erhalten bleiben wird aber in der Jurisprudenz das gesamte Instrumentarium, die Kategorien, die Technik, mit der solche „Werte“ in der Gemeinschaft verwirklicht werden.

Gerade hier muß nun für das heutige Recht die These stehen: Die Fixierung der Werte findet überall dort sogleich Grenzen, wird kaum auf die Dauer sich durchsetzen, wo sie sich in großen Proklamationen, in Verfassungseiden und Grundrechten, in Verfassungsgerichtsbarkeit und auf dem Kothurn professoraler Grundrechtsbegeisterung ergeht. Aber die Fixierung ist eine nahezu unbegrenzte nach Mittel wie Ergebnis, wo sie sich im *Instrumentalen* der Rechtsordnung vollzieht: in der Kleinarbeit des Steuerrechts, welches die sozialen Unterschiede in seinen Ermessensentscheidungen noch weiter nivelliert, in der Praxis der Verwaltung, welche wirtschaftliche Werte ebenso fleißig verwirklicht und sichert wie den Wert der öffentlichen Sicherheit und Ordnung, welche in der unverschiebbaren Schwergewichtigkeit ihrer Übung mehr an Werten und Unwerten „fixiert“, als je ein verfassungsgerichtliches Urteil beseitigen kann.

Die heutigen Werte sind technische, wirtschaftliche Werte — sie werden in derselben „technischen“ Art und Weise im Kleinen, nicht mehr im Gesetz, sondern vor allem in der Ausführungsanordnung, im Bereich der Einzeldezision systematisch verwirklicht. Die Wertefixierung geschieht heute mehr und mehr im Raume jenes „Ermessens“, dessen Kontrolle keine Rechtsordnung leisten kann.

Es läßt sich also fast paradox die These aufstellen, daß der Fixierung von ethischen und sozialen Werten um so größere Schwierigkeiten entgegenstehen, um so weniger überschreitbare Grenzen gezogen sind, je höherrangig die Instrumente sind, welche diese Fixierung vornehmen. Am sichersten ist eine Freiheitsverbürgung, wenn sie in der Praxis einer Verwaltung geschieht, im Gesetz mag sie größere Stabilität aufweisen als in der Verfassung – denn in der Höhe des Verfassungsrechts weht der eisige Wind des „Hochpolitischen“, vor dem keine Fixierung von Werten mehr sicher ist — gerade deshalb nicht, weil sie dort ideologisch-systematisch versucht wird, jedes bessere System aber auch die Mittel zur eigenen Überwindung zur Verfügung stellt.

Vielleicht ist auch ganz allgemein ein Rechtssystem von hochrangigen Normen heute zur Fixierung von Werten weit weniger brauchbar als die elastische und zugleich unfaßbare Verwaltungs- und Gerichtsübung. Die Rasanz der technischen Entwicklung läßt gerade jene Vorhersehbarkeit auf fast allen Gebieten vermissen, ohne die ein Rechtssystem kaum in der Ruhe des Zusammenspiels seiner Befehle die Zeit ausschalten kann. Und dann — „Befehle“, abstrakte Anordnungen, Normen — sind das denn noch die Formen der Zukunft? Setzen sie nicht gerade eine Vorausschaubarkeit voraus, welche erst mühsam in unserer technischen Epoche gewonnen werden muß? Ist es also nicht vielmehr das approximative Planen als der starre Befehl, das einer Zeit entspricht, welche alles Festgelegte als Fessel empfindet oder durch die Erosion unvorhergesehener Entwicklung unterspült?

Wenn es die Norm als Plan ist, der die Zukunft gehört, so wird in die rechtliche Fixierung im Gesetzesbereich etwas hineingebracht werden, was in seiner Elastizität der Fixierungsform der Verwaltungs- und Gerichtsübung weit näher steht als den bisherigen Gesetzesbefehlen. Gerade diese Fixierungsform der Zukunft kann aber wiederum schwerlich von der Wertlehre unserer Tage ausgehen, deren Kritik oben versucht worden ist: Ihr Instrumentarium ist auf das Induktive abgestellt, auf das Fortschreiten vom Einzelfall zum Prinzip, auf ein Procedere vom Heute zum tastend geplanten Morgen. Wiederum wird also der Inhalt des ethisch und sozial Fixierbaren weithin durch die Formen seiner Fixierung gerade jenes Ideologische und absolut Lückenlose verlieren, das vielen Anhängern der Wertlehre als deren größte Errungenschaft erscheint.

Doch es war nun immer wieder von den „ethischen und sozialen Werten" die Rede, welche das Recht fixieren soll, welche die neuere Wertlehre an den Himmel unserer normativen Welt zaubern will — gibt es denn überhaupt diesen Dualismus und welche Besonderheiten weist die Fixierung der einen oder anderen Kategorie auf?

Selbst auf die Gefahr weitgehender Verallgemeinerung hin sei hier ausgesprochen: Es besteht eine klare Tendenz dahin, daß ethische Werte nur mehr als soziale, als gesellschaftliche vom Recht aufgenommen und fixiert werden. Gerade unsere heutige Ordnung steht in keiner Weise außerhalb einer Entwicklung, die bereits mit der Aufklärung im Großen begonnen hat.

Die Säkularisierung des staatsrechtlichen Bereiches, die Trennung von der Kirche hat letztlich den Staat und damit die Rechtsordnung unwiederbringlich von einer autonomen ethischen Wertordnung getrennt. Für den großen Liberalismus ist es die Ordnung der Freiheit, und damit letztlich ein gesellschaftlicher Zustand, kein ethischer Wert, der hergestellt werden soll. Wohl haben auch solche gesellschaftliche Zustände Beziehungen zu ethischen Werten, deren Verwirklichung sie dienen sollen, auf die sie ausgerichtet werden. Wichtiger aber wird immer mehr etwas, das im Grunde eben doch keine wirklich nahe Beziehung mehr zu ethischen Werten aufweist: das allgemein gute Funktionieren der Staatsmaschine wie der Rechtsordnung überhaupt. Irgendwie ist seit dem Liberalismus alles Recht, insbesondere alles öffentliche Recht, vor allem Schaffung eines geordneten Raumes für die Betätigung der Freiheit, die dann erst die einzelnen Werte erkennt und verwirklicht. Ein ethisches Wertsystem soll hier nicht als Recht fixiert werden — das Recht soll vielmehr nur die Voraussetzung zu seiner außerrechtlichen Realisierung bereitstellen. Der ethische Wert war seither im Grunde nur mehr die Freiheit zur persönlichen Verwirklichung ethischer Werte — und so ist es letztlich geblieben bis zur neoliberalen Ordnung des Grundgesetzes. Es fragt sich geradezu, ob eine neoliberale Demokratie wie die unsere die Verwirklichung eines ethischen Wertsystems überhaupt auch nur versuchen darf. Die Grundrechte garantieren nur den Freiheitsraum, nicht mehr — und einen wesentlich „instrumentalen" Wert. Die Volkssouveränität, Grundlage unserer Demokratie, darf in ihrer konsequenten Ausprägung die Fixierung eines ethischen Wertsystems durch das Recht gar nicht zulassen, weil ein solches immer die Neigung verstärken wird, ethische Werte auch dem Volkssouverän bald entgegenzuhalten, der ex definitione aber die Quelle aller Macht und aller rechtlich fixierten Werte bleiben muß. Der Volkssouverän muß also zu jeder Zeit alle, auch alle ethischen, vorher fixierten Werte abschütteln können. Wer aber so an die Fixierung ethischer Werte herangeht, für wen diese Festlegung nicht etwas von der „Deklaration" von Grundsätzen hat, die er morgen auch gegen sich wird gelten lassen müssen, und zwar aus höherer Autorität — der sollte keine ethischen Werte, überhaupt keine, fixieren wollen.

Ethische Werte sind also in gewisser Hinsicht der freiheitlich-liberalen wie der volkssouveränen Ordnung inkommensurabel. Gerade deshalb – die Untersuchung kommt so auf die oben herausgestellte These zurück – werden sie in aller Regel nur mehr als „gesellschaftliche Werte" erkannt und vom Recht fixiert. Ethik und Gesellschaftswert fallen zusammen — das will die Volkssouveränität, denn für sie kann nur der Wert fixiert werden, den die volonté générale anerkannt hat oder den die Mehrheit billigt. Dieser Wert ist damit aber zu einer gesellschaftlichen Tatsache, zu einer gesellschaftlichen Willensäußerung geworden. Hat es überhaupt noch Sinn, ihn als einen „Wert" zu bezeichnen? Was kommt ihm denn noch aus dem philosophischen Hintergrund mit seiner unmittelbaren Einsichtigkeit, was hat er noch von dem moralischen Bezug des Geglaubtwerdens, des emotional Erstrebten, des sittlich Gerechtfertigten? Nichts — gar nichts: Es ist der Wille der Mehrheit, die Majestät der Gewalt, nicht die Hoheit des gewaltlosen Geltens, die den Wert ausmacht. Die Volkssouveränität, und damit letztlich auch unsere demokratische Ordnung, kennt eben doch nur das Gewollte, nicht das als gut Erkannte, den gesellschaftlichen Wert, der jetzt im Grunde nur mehr ein gesellschaftlicher Sachverhalt ist, der überwiegend gewollt wird. In diesem demokratisch-volkssouveränen Prinzip liegt die bedeutendste Wertfeindlichkeit überhaupt, die wir uns vorstellen können.

Aber auch die liberale Komponente unserer Rechtsordnung, wie sie in Grundrechten, in all der Freiheitlichkeit des neuen deutschen Rechts zum Ausdruck kommt — auch sie ist wertabgewandt, auch sie darf nur gesellschaftliche Sachverhalte, keine Werte und schon gar nicht ethische Werte an sich fixieren wollen. Der eigentliche Liberalismus kennt keine „streitbare Freiheit", sondern nur eine Freiheit an sich, eine periculosa libertas. Hier liegt für ihn ein echter gesellschaftlicher, ethischer Wert. Darin aber erschöpft sich seine Werthaftigkeit — denn im übrigen fixiert das Recht nach ihm nur mehr indiskutable gesellschaftliche Sachverhalte. Die neue wohlfahrtsstaatlich-soziale Form dieses Liberalismus vollends, der deutsche Rechtsstaat, hilft und betreut, schafft unendlich viele „Mittel" und fixiert unendlich wenig Werte! Nachdem der ethische Wert zum sozialen Wert geworden war, wird nun der soziale geistige Wert zum sozialen materiellen Wert der Hilfe und Fürsorge.

Ob wohl in dieser Fürsorge, die man in großen Lettern über das Gebäude unseres Fürsorgestaates schreiben könnte, die zu einem Rechtsprinzip dieses Staates werden wird — ob wohl in dieser Fürsorge noch etwas liegt von der stolzen Wertfixierung monarchischer und frührevolutionärer Staatlichkeit? Mehr, unendlich viel mehr wird sicher durch diesen Fürsorgestaat fixiert als früher. Das Individuum wird auf den Staat, auf die Mitbürger in einer Weise sozial angewiesen, die bis in die letzten Einzelheiten fixiert ist und im ganzen, als „Gemeinschaftsleben" sogar noch als Wert deklariert ist. Aber nur mehr solche Gemeinschaftswerte, das heißt im Grunde Gemeinschaftssachverhalte, Willensäußerungen von Mehrheiten, keine autonomen Werte werden fixiert — so will es eine Entwicklung, die aber gerade sehr bald in ihr völliges Gegenteil umschlagen kann. Das auf den Staat und die Umwelt in einer nivellierenden Welt angewiesene Individuum ist vollauf in seiner Hilflosigkeit vorbereitet für ein Wertdiktat, das jede folgende Staatsform nun plötzlich mit einer Absolutheit durchführen kann, die wir heute noch gar nicht ahnen.

Das heutige Recht fixiert wenig Werte — aber es bereitet ein Instrumentarium vor, das ihm morgen jede, auch die weitestgehende Wertfixierung gegenüber dem abhängigen Bürger erlauben wird. Über der Zukunft wird also stehen: Die Grenzen ethischer und sozialer Wertfixierung im Recht liegen nur mehr im Gewissen der Regierenden. Wenn aber das Recht Werte fixiert, wie es die Wertlehre will, so wird daraus dann nur ein Ausdruck politischen Machtwillens. Werte fixieren sich selbst, im Raum des Rechts, denn Wert ist nicht, was das Gesetz befiehlt, sondern woran der Mensch glaubt.

Egalisierung — ein Anliegen der Gerechtigkeit?*

„Der Gleichheitssatz ist ein allgemeiner Rechtsgrundsatz, der schon aus dem Prinzip der allgemeinen Gerechtigkeit folgt; wäre die Gleichheit nicht in Art. 3 GG geschriebenes Verfassungsrecht geworden, so müßte auf einen überpositiven Rechtsgrundsatz zurückgegriffen werden“[1] — mit diesen Worten preist das höchste deutsche Gericht den Gleichheitssatz, und mit Recht, denn für die Demokratie gilt: „Einen Bessern kennt sie nicht“, ruht sie doch auf den gleichen Bürgern. Muß diese Staatsform nicht stets dahin unterwegs sein, daß ein Bürger sei wie der andere, soviel habe wie jener?

Über die feinen Unterscheidungen der Gleichheitsdogmatik, die da etwa die „Gleichheit vor dem Gesetz“, die Rechtsanwendungsgleichheit, von der „materiellen Egalität“ trennen wollen,[2] in der alle gleich viel gelten und möglichst gleich viel besitzen — darüber haben sich Politik und auch juristische Praxis längst hinweggesetzt. Die Rechtsanwendungsgleichheit ist zur Selbstverständlichkeit geworden, im Grunde geht es aber nur mehr um eines: um mehr materielle Gleichheit; und selbst die vielberufene Chancengleichheit[3] ist nicht mehr „formale“ Egalität wie die alte „Gleichheit vor dem Gesetz“ der Liberalen, sie verteilt Startchancen, sie ist ein Beginn materieller Egalität, dessen, was früheres Schrifttum „Gleichmachungsgleichheit“[4] genannt hat.

1. Seit nunmehr über 100 Jahren ist eine Egalisierung im Lauf, von der man ohne Übertreibung sagen kann, daß sie das Angesicht der Erde in unse-

---

* Erstveröffentlichung in: Bitburger Gespräche, Jahrbuch 1982, München 1982, S. 81–92.

[1] BVerfGE 1, 208 (233).

[2] Erläuterungen hierzu bei *Dürig*, G., in: *Maunz/Dürig/Scholz*, GG, Kommentar (Stand: Sept. 1980), Art. 3 Abs. I Rdnrn. 135–140; *Herzog*, R., ebenda, Art. 20 Abs. II Rdnr. 8; speziell zur materiellen Gleichheit: *Ipsen*, H.P., Über das Grundgesetz, 1950, S. 15; *Thoma*, R., Ungleichheit und Gleichheit im Bonner Grundgesetz, DVBl. 1951, S. 457 ff.

[3] *Jencks*, Chr., Chancengleichheit, 1973; *v. Krockow*, Chr., Bildungssystem, Chancengleichheit und Demokratie, Schweizer Monatshefte 1963, S. 1061; *Leisner*, W., Der Gleichheitsstaat — Macht durch Nivellierung, 1980, S. 143 ff.; *ders.*, Chancengleichheit als Form der Nivellierung, FS für Klecatsky, 1980, S. 535 ff.; *List*, G., Zum Begriff der Chancengleichheit, Liberal 1975, S. 189; *Malanczuk*, P., Chancengleichheit im Bildungssystem, Frankfurter Hefte 1977, S. 13; *Scholler*, H., Interpretation des Gleichheitssatzes als Willkürverbot oder als Gebot der Chancengleichheit, 1969.

[4] Überblick über die Kontroversen bei *Anschütz*, G., Die Verfassung des Deutschen Reichs, 14. Aufl. 1933, Anm. I–V zu Art. 109; *Leibholz*, G., Die Gleichheit vor dem Gesetz, 1959, insbes. S. 31 ff.

ren Landen verändert hat: Angleichung der sozialen Schichten in der Erfüllung der Grundbedürfnisse Nahrung, Wohnung, Kleidung — wie auch in den neu entdeckten „Bedürfnissen" unserer Zeit, von den Medien bis zum Urlaub, vom Straßenverkehr bis zu Geschenken und Feiern. Es entsteht wirklich etwas wie der „Durchschnittsbürger", und immer häufiger gehört bereits soziologisches Gespür dazu, ihn noch der oder jener „Schicht" zuzuordnen. Im Geistigen setzt sich dies fort. Bildungsunterschiede werden eingeebnet, das Sozialprestige von Titeln, Ämtern,[5] Ehren verliert sich. Die Zeit errichtet keine Denkmale, schon weil sie nur mehr einen Sockel kennt: den, auf welchem alle stehen können, der durch Sockelbeträge[6] in Lohnrunden von unten gehoben wird.

Nicht, als ob nun alle Unterschiede bereits weggefallen wären, noch gibt es sie, und sie werden gerade deshalb so stark gefühlt, weil sie kleiner und kleiner werden, denn die Egalitätssensibilität wächst mit den abnehmenden sozialen Abständen; die ganz großen Revolutionen in Frankreich und Rußland haben es bewiesen. Doch dies gerade täuscht über das Ausmaß der bereits erreichten Egalisierung hinweg: Sie macht die noch verbleibenden gesellschaftlichen Unterschiede besonders fühlbar — aber sie schwächt sie eben doch ständig weiter ab; dies aber wird gar nicht mehr bemerkt, weil die noch sichtbaren Unterschiede vom Gleichheitsbürger überschätzt werden. Wie weit die Egalisierung schon fortgeschritten ist — jeder von uns weiß dazu etwas, und es ist nicht Aufgabe dieses Referats, dies im einzelnen zu belegen. Eindrucksvoll und ein Indikator der allgemeinen Entwicklung ist das sogenannte Spannungsverhältnis der Bezüge im öffentlichen Dienst, das prozentuale Verhältnis der Nettobezüge der höchsten und der untersten Ämter der Besoldungsordnung.[7] Seit zwei Generationen ist es um weit über 50% zurückgegangen, durch Wegfall von Eingangsämtern, Sockelbeträge, Progressionswirkungen verringert es sich jährlich, oft in einer Größenordnung von

---

[5] *Ackermann*, S., Amtsbezeichnungen und andere Individualisierungsmittel in unserer Demokratie, ZBR 1970, S. 147 ff.; *Karl*, F., Zur gesetzlichen Regelung der Berufsbezeichnungen, DÖV 1977, S. 880 (888); *Schütz*, G., Amtsbezeichnungen sind notwendig und zweckmäßig!, DÖV 1970, S. 41 ff.

[6] *Käppner*, W., Das Fünfte Bundesbesoldungserhöhungsgesetz, ZBR 1976, S. 201 f.; *Merten*, D., Zur Problematik der Gewährung einheitlicher Festbeträge bei Besoldungsanpassungen, FS für Ule, 1977, S. 345, 371 f.; *Sträter*, C.L., Die Beamtenrechtsgesetzgebung des 5. und 6. Deutschen Bundestages von 1965 bis 1972, ZBR 1973, S. 43 (49); zum Sockelbetrag bei Auslandszulagen vgl. *Vogelgesang*, K., ZBR 1973, S. 321 (322).

[7] *Käppner*, W., Das Sechste Bundesbesoldungserhöhungsgesetz, ZBR 1977, S. 355 (357); *Millack*, Chr., Das neue Besoldungsrecht, ZBR 1975, S. 177 (182); *Schnupp*, G., Nichtberücksichtigung von Beförderungen bei Festsetzung der Versorgungsbezüge (§ 5 Abs. 3 und 4 BeamtVG), DöD 1979, S. 165 ff.; *Sträter*, C.L., Die Beamtenrechtsgesetzgebung des 7. Deutschen Bundestages von 1973–1976, ZBR 1977, S. 1 ff.; *Streit*, Chr./*Häcker*, R., Ein Vierteljahrhundert Bundesbeamtengesetz — Kernstücke des Beamtenrechts, ZBR 1978, S. 285.

1% im Jahr und mehr. Bei gleichbleibender Entwicklung werden schon zu Ende dieses Jahrtausends zwischen der Masse der Beamten des mittleren, des gehobenen und des höheren Dienstes nur mehr Unterschiede bestehen, die wirtschaftlich kaum mehr ins Gewicht fallen, rechnet man noch die Transferleistungen[8] ein: Hier wird nicht mehr egalisiert, hier muß bereits von Nivellierung gesprochen werden.

Für die anderen Bereiche, für die große Zahl der Bürger, gilt nichts anderes: Der Krankenpfleger erreicht den Klinikarzt, er selbst wird vom Reinigungspersonal eingeholt, im klassenlosen Krankenhaus soll er tätig sein, so wie er in klassenlosen Stadtbahnen zur Arbeit fährt, während sein Großvater noch vier Klassen der Bahn gekannt hatte.

Die Krelleschen Zahlen betreffen allenfalls eine verschwindend kleine, soziologisch unbedeutende Oberschicht — darunter ist Egalisierung, und zwar so stark, daß die Besitzer der in allen Ländern rasch schwindenden Riesenvermögen ihren Reichtum oft nur mehr in fernen Paradiesen versteckt genießen können.

Es hat wenig Sinn, darüber zu rechten, wie weit im einzelnen wir diesen Weg gegangen sind — daß wir ihn dauernd gehen, läßt sich nicht leugnen.

2. Der liberale Staat des Grundgesetzes hält an der Unterscheidung von „Staat und Gesellschaft“[9] fest, mögen beide auch vielfach, oft untrennbar, verklammert sein. Gerade jene Kritiker, welche sonst eifrig die Einheit von Staat und Gesellschaft betonen,[10] können nun hier aber, zugunsten der Egalisierung, aus den Begriffen des liberalen Staatsverständnisses heraus argumentieren: Ist denn nicht diese Einebnung lediglich ein „gesellschaftlicher Vorgang“, den der Staat allenfalls ratifiziert? Hat der Staat die Protestkraft der Kinder gegen die Lehrer geschaffen, die Abwertung der Titel, ist er es denn, der Beschäftigte in großen Betrieben „immer gleicher entlohnt“? Wirken hier nicht – im weitesten Sinne des Wortes – nur jene Marktgesetze, denen sich doch beugen muß, wer nicht alle Freiheit verlieren will?

---

[8] *Plachetka*, U., Staatliche Transferleistungen von 1950–1978, NWB 1980, S. 63 – 66 = Fach 15, S. 363–366; *Zeppernick*, R., Handelsblatt 1978, Nr. 115.

[9] *Böckenförde*, E.-W., Staat und Gesellschaft, 1976; *ders.*, Die verfassungstheoretische Unterscheidung von Staat und Gesellschaft als Bedingung der individuellen Freiheit, 1973; siehe auch *Eschenburg*, Th., Staat und Gesellschaft in Deutschland, 1965; *Herzog*, R., Allgemeine Staatslehre, 1971, S. 38 ff.; *Leibholz*, G., Staat und Gesellschaft, in: Prof. Dr. Yavuz Abadan'a armagan, 1969, S. 153 ff.

[10] *Ehmke*, H., Wirtschaft und Verfassung, 1961, S. 5 f., 23, 36, 39; *ders.*, „Staat“ und „Gesellschaft“ als verfassungstheoretisches Problem, in: Festgabe für Smend, 1962, S. 23 ff.

Sicher — vieles, oft Entscheidendes kommt aus staatsfernen Wertungen und „rein gesellschaftlichen", staatlicherseits kaum steuerbaren Verhaltensweisen. Doch dies ist eben nicht alles — bei weitem nicht. Recht haben gerade hier diejenigen, welche das ständige Ineinanderspiel von Staat und Gesellschaft betonen, besonders in der parlamentarischen Demokratie: Egalisierungsstöße kommen aus der Gesellschaft heraus, erreichen über die Medien und Parteien Parlamente und Verwaltungen, die Zentren staatlicher Macht. Dort wird die Einebnung in Gesetz und Verwaltungspraxis nicht nur verfestigt, sondern erheblich noch verschärft.

Denn daran führt heute kein Weg vorbei: Das Entscheidende für die Egalisierung hat in den letzten sechzig Jahren nicht die Gesellschaft, es hat die Staatsgewalt getan. Auf zwei breiten Straßen vor allem dringt sie vor:

- Im Abgabenrecht im weitesten Sinne — von Progression, Zulagen und Freibeträgen bis hin zur umverteilenden Sozialversicherung.[11] Und durch Steuerbefreiungen wird noch alles privilegiert, was in der Gesellschaft auf Gleichheit hinwirkt, als Mildtätigkeit und Wohlfahrtstätigkeit ist es gemeinnützig.[12]

- Durch Transferleistungen, deren vollen Umfang keine Enquête wird ermitteln können — von BAföG und Wohngeld bis zu Schulgeldfreiheit, Seniorentarifen und Sozialhilfe. Das Netz der sozialen Sicherheit ist vor allem eines: ein Netz der Egalisierung, in dem die Bürger „gleichgeschnürt" werden.

Dies ist eine Entwicklung, die man die schleichende, permanente Gleichheitsrevolution nennen könnte, und mit der unser Jahrhundert in die Geschichte eingehen wird. Erstaunlich aber ist: wie selten und wenig all dies erörtert, kritisiert oder auch gepriesen wird, in der Soziologie, aber auch in der Rechtspolitik. Denn wenn es ein rechtspolitisches Thema gibt, so dieses — die steigende Egalität.

Wo liegen die Gründe dafür, daß es kaum je darum geht, ob nicht zuviel an Gleichheit entstanden sei, sehr häufig aber darum, daß mehr noch kommen müsse — für die Jugend, die Randgruppen usw. usf.? Warum kommt gerade den Gleichen so sehr — der Appetit beim Essen? Die Gründe mögen Legion sein, sie reichen von der mathematischen Eingängigkeit des Prinzips bis zur Selbstbewußtseinspsychologie der Emanzipierten. Ein Grund aber soll uns heute besonders beschäftigen — und damit sind wir mitten im Thema: Ist Egalisierung nicht ein „Anliegen der Gerechtigkeit"?

---

[11] *Isensee*, J., Umverteilung durch Sozialversicherungsbeiträge, 1973.

[12] Vgl. etwa § 5 Abs. 1 Nr. 9 KStG; § 3 Abs. 1 Nr. 12 VStG; § 3 Nr. 6 GewStG; § 3 Abs. 1 Nr. 3 GrStG; § 4 Nr. 18 UStG; § 7 Abs. 1 Nr. 1 KVStG.

Denn nur so erklärt sich letztlich die erstaunliche Selbstverständlichkeit, mit der seit langem die einen nehmen und – mehr noch – die anderen geben; sollte dies ein Indiz dafür sein, daß verbreitet die Vorstellung ist, „mehr Gleichheit bedeute mehr Gerechtigkeit", weil eben Egalität Ausdruck der Gerechtigkeit sei? Wenn allerdings „gerecht ist, was gleich macht", so bedarf die Einebnung als solche keiner Rechtfertigung mehr, während jede Unterscheidung unter ständigem Legitimationszwang steht, als Diskriminierung — sogleich diskriminiert wird. Und so weit ist es bereits gekommen: Grundregel ist die Gleichheit, für sie besteht eine Vermutung, wer sie entkräften will, der mag dafür Nachweise erbringen, Leistungen vorweisen, über *sie* wird dann zu diskutieren sein, nie über die Gleichheit, und der „Nachweis berechtigter Ungleichheit" wird immer schwerer — bis zur probatio diabolica.

Hier entwickelt sich, nur wenig bemerkt, die größte geistige Tabuisierung der gegenwärtigen Rechtspolitik, hier beginnt politisch Indiskutables in Moral umzuschlagen. Am deutlichsten wird es im Wort von der „sozialen Gerechtigkeit"[13] — hat man je darunter etwas anderes verstanden als Egalisierung? Und so bedenklich juristische Gesichter werden, wenn allein das Wort von der „Gerechtigkeit" fällt, so leicht entspannen sie sich, wenn „soziale Gerechtigkeit" genannt wird — mit Recht: Dies ist kein Schlagwort, was das bedeutet, versteht das Recht, kann es erfassen, in Normen und Institutionen gießen: mehr Gleichheit.

So ist denn die Gleichheit dabei, die Gerechtigkeit zu besetzen — fragen wir nur umgekehrt, was es denn sonst noch an Gerechtigkeit gibt außer der Gleichheit! Dem allem wird hier die *These* entgegengesetzt: Egalisierung ist als solche nicht bereits Ausdruck der „Gerechtigkeit". Sie ist zunächst nur eine Herrschaftsmaxime gewisser politischer Richtungen, insbesondere des historischen Sozialismus, dessen Ergebnisse – oder „Errungenschaften" – hier tabuisiert werden sollen. Diese These hat sicher keine Chance rascher Tendenzwende; eine Hoffnung aber bleibt immer, und auch ihr: die der Besinnung.

3. Lassen wir in unseren Überlegungen zu dieser These zunächst beiseite das Wort von der „sozialen Gerechtigkeit", es begründet als solches nichts, es verunklart: Soll es „gesellschaftliche Gerechtigkeit" bedeuten, so fügt es dem Begriff der iustitia nichts Wesentliches hinzu, ja es ist nichts als eine Leerformel, denn wer wollte es denn nicht, dieses „gesellschaftliche Gerech-

---

[13] *Hayek*, F.A., The Mirage of Social Justice, 1976; *Schwankhart*, F., Soziale Gerechtigkeit im sozialen Rechtsstaat, Zentralblatt für Sozialversicherung, Sozialhilfe und Versorgung 1977, S. 80 ff.; *Sperling*, D., Soziale Gerechtigkeit — Umverteilung durch staatliche Leistungen, Die Neue Gesellschaft 1977, S. 308 ff.; *Volanthan*, A., Idee und Entwicklung der sozialen Gerechtigkeit, 1973; *Zippelius*, R., Allgemeine Staatslehre — Politikwissenschaft, 8. Aufl. 1982, insbes. §§ 34, 35.

te", und wer wüßte schon, was es sein soll? „Soziale Gerechtigkeit" hätte rechtspolitisch gar keine Chance, schillert der Begriff nicht in einer anderen Farbe, und dies von jeher: Gerechtigkeit im Sinne des Sozialismus; dies aber ist wieder — nichts anderes als „Gerechtigkeit als Gleichheit". Soziale Gerechtigkeit — das Wort behauptet nur, quod erat demonstrandum: daß Egalisierung ein Anliegen der Gerechtigkeit sei.

Und ein anderes noch kann nicht Ausgangspunkt unserer Überlegungen sein: Die historische Wurzel, aus der die Gleichung Egalisierung – Gerechtigkeit ganz ersichtlich gekommen ist: die Unterschiede des 18. und 19. Jahrhunderts zwischen den Schichten, das Aufbegehren der Arbeiterschaft, das schlechte Eigentumsgewissen der Besitzenden, das bis auf den heutigen Tag andauert und die Kritiker der Gleichheit seit Generationen in die Defensive gedrängt hat. Man mag zwar behaupten, in dieser Art von Konsens zwischen starkem Arm und resignierendem Besitz sei ein Indiz für wahren Gerechtigkeitsgehalt; doch ohne die Bedeutung des Konsenses unterschätzen zu wollen — zuerst gilt es doch einmal kritisch zu fragen, woher diese Zustimmung kommt, ob sie bei vielen nicht nur Ausdruck der Resignation ist, daß einer politischen Herrschaftsform, der der Gleichheitsdemokratie, nichts mehr entgegenzusetzen ist. Die Geschichte mag die Gleichung „Egalität – Gerechtigkeit" erklären, sie allein begründet sie nicht.

4. Keine der heutigen Grundvorstellungen über das „Gerechte" vermag Egalisierung als solche zu erweisen als einen Ausdruck der „Gerechtigkeit" — dies sei hier nur in Beleuchtung einzelner Punkte aus dem weiten Spektrum der Gerechtigkeitsvorstellungen beispielhaft erläutert:

a) *Gerechtigkeit als suum cuique.*[14] Oft und manchmal allzu schnell ist dies als eine Leerformel abgetan worden; gerade wenn nach der Gleichheit als Gerechtigkeit gefragt wird, trifft dies nicht zu, die Formel zeigt deutlich einen gewissen Gehalt, oder wenigstens eine bestimmte Orientierung. Suum cuique, in den beiden Worten liegt doch, wie immer man sie sonst verstehen mag, ein Zweifaches:

- Zum einen ist der „quisque" nicht der Jedermann, der Gleichheitsmensch, es ist „jeder Einzelne", in der Unauswechselbarkeit seiner Individualität wird er angesprochen, nicht in der Schematisierung der Egalität.
- Andererseits das „suum"; in ihm liegt das „Eigene", das anderen nicht gehört, auch nicht den „Gleichen gemeinsam" oder ihrer Gesellschaft. Hier

---

[14] *Coing*, H., Grundzüge der Rechtsphilosophie, 3. Aufl. 1976, S. 209 ff.; *Henkel*, H., Einführung in die Rechtsphilosophie, 2. Aufl. 1977, S. 395 ff.; *Zippelius*, R., Geschichte der Staatsideen, 4. Aufl. 1980, 2 c, 3 d, 7 a, 15 d, 17 a; *ders.*, Rechtsphilosophie, 1982, § 13 II.

werden Eigentumstöne laut, Hinweise auf einen Besitz, der noch immer weit mehr Ausdruck der Ungleichheit war als der Egalität.

Wenn schließlich übersetzt werden soll, so kann suum cuique doch nicht heißen: Gerecht ist, jedem das Gleiche zu geben. Gerecht ist vielmehr, jedem Einzelnen das Seine zuzuleiten oder zu belassen. So aber hat das Wort eine deutlich antiegalitäre, individualistische Spitze. Selbst wenn diese jedoch nicht so fühlbar wäre — mit Egalisierung hat diese Gerechtigkeitsvorstellung, vom römischen Recht bis zum freiheitlichen Liberalismus unserer Tage, gar nichts zu tun.

b) *Gerechtigkeit als Konsequenz*: Hier hat die Weisheit des Zivilrechts unser Gerechtigkeitsdenken geprägt, ihr Zentrum liegt im Verbot des venire contra factum proprium;[15] von dort reicht das Konsequenzdenken weit hinaus, bis in die rechtsstaatliche Forderung nach gesetzgeberischer Folgerichtigkeit,[16] die wie kaum ein anderes Prinzip aus Art. 20 GG als „gerecht“ erscheinen mag. In seinem Formalismus ist es für eine plurale Welt akzeptabel, und es ist doch nicht aussageleer; die Gerechtigkeitsbedeutung des Konsequenzdenkens wird sicher noch steigen.

Doch für „Egalisierung als Gerechtigkeit“ folgt daraus nichts. Einebnung setzt insbesondere voraus, daß bisherige Lagen verändert werden, dies ist an sich noch nicht Ausdruck von Folgerichtigkeit. Konsequent mag manches an der seit Jahrzehnten ablaufenden Egalisierungsbewegung sein — doch es gibt auch Gegenbeispiele, gerade im Abgabenrecht. Und konsequent, damit aber „gerecht“, müßte dann auch das Verhalten derer genannt werden, die sich ständig und überzeugt der Einebnung widersetzen.

Konsequenzdenken als Gerechtigkeit und Egalisierung liegen also auf zwei verschiedenen Ebenen.

c) *Das Konsensgetragene als Gerechtigkeit*: Wird die Einebnung nicht heute schon so allgemein gebilligt, ist sie als solche nicht derart konsensgetragen, daß sie „dem Grunde nach“ als Ausdruck der Gerechtigkeit erscheint?[17]

---

[15] *Griesbeck*, M., Venire contra factum proprium, 1978 (Diss. Würzburg); *Riezler*, E., Venire contra factum proprium, 1912, S. 1 ff.; *Wieling*, H.J., Venire contra factum proprium und Verschulden gegen sich selbst, AcP 176 (1976), S. 223 ff., m. zahlr. Nachw.

[16] *Degenhart*, Chr., Systemgerechtigkeit und Selbstbestimmung des Gesetzgebers als Verfassungspostulat, 1976; vgl. auch BVerfGE 45, 363 (375); 36, 383 (393); 34, 139 (151).

[17] *Habermas*, J., Legitimationsprobleme im Spätkapitalismus, 1973, S. 125, 148, 153; *Isensee*, J., Verfassungsgarantie ethischer Grundwerte und gesellschaftlicher Konsens, NJW 1977, S. 545 ff.; *Vorländer*, H., Verfassung und Konsens, 1981, insbes. S. 157 ff.; *Zippelius*, Rechtsphilosophie (Fn. 14), § 12 II/4.

Auch dies kann nicht behauptet werden. Es steht schon entgegen, daß ein so allgemeiner Konsens nicht beweisbar ist, weder historisch – davon war bereits die Rede – noch aktuell: Soweit ersichtlich, gibt es keinerlei gesicherte Erkenntnisse darüber, ob etwa die Steuerprogression oder die Umverteilungen über die Sozialversicherung auch nur dem Grunde nach allgemeine Zustimmung finden — und „allgemein“ müßte ja bedeuten, daß auch die Betroffenen mehrheitlich ihre Berechtigung bejahen. Doch wenn auch solches noch feststellbar wäre — entscheidend geht es doch um die Höhe, um die Schärfe der Progression, den Umfang der umverteilenden Transferleistungen. Hier aber spricht nun alles dafür, daß in unserer immer stärker in Gruppen und deren Egoismen zerfallenden „Gesellschaft“ auch nicht der geringste Konsens mehr über eine wie immer geartete größere Entwicklungslinie besteht — man beugt sich eben der jeweiligen Mehrheit, muß sich ihr beugen. Für „Egalisierung als Gerechtigkeit“ bedeutet dies aber: Was vielleicht allgemein gebilligt wird, das ist meist nicht die Einebnung als solche, sondern allenfalls eine gewisse „Elementarhilfe für Bedürftige“, oder eine Grenzkorrektur zu Lasten von Riesenbesitz und Riesengewinnen — all dies aber gerade nicht aus Egalitätskonsens heraus, sondern aus einer ganz anderen Einigkeit, die in der Gesellschaft bestehen muß: aus etwas, das man „Integrationskonsens“ nennen könnte — es soll eben alles irgendwie noch in „erträglichen Relationen“ bleiben, damit „Einheit“ in Staat und Gesellschaft möglich sei. Solches hat es immer gegeben, zu modernen Egalitätsufern führt hier keine Brücke.

Und übrigens: Zweifelhaft ist schon, ob aus Konsens überhaupt ohne weiteres auf Gerechtigkeitsinhalt geschlossen werden darf. Demokratischem Denken liegt dies gewiß nahe, allzu nahe vielleicht; denn die Demokratie würde sich selbst aufgeben, wollte sie nicht für „gerecht halten“, was die Mehrheit befiehlt oder was der Mehrheitskonsens trägt. Doch hier ist Unterscheidung geboten:[18] Rechtsgrundsätzliche Betrachtung zum Inhalt der „Gerechtigkeit“ kann nicht ohne weiteres von politischen Staatsformdogmen ausgehen. Dann aber zeigt gerade die Fragestellung „Egalisierung als Anliegen der Gerechtigkeit“: Das oft heute gebrauchte, öfter noch mißbrauchte Wort „Konsens“ verdeckt nur eine Kategorienvertauschung; die Einebnung ist in erster Linie nichts als eine politische Entscheidung, eine unendliche Reihe von größeren und kleineren politischen Dezisionen. Sehr oft steht hinter ihnen gar kein „Gerechtigkeitsstreben“, sondern nur die politische Durchsetzungsfähigkeit einer Gruppe der Gemeinschaft, die eben stärker ist als die anderen. Staatsidylle wäre es, etwa die Abschaffung steuerlicher Privilegie-

---

[18] Zur Unterscheidung von „guten Sitten“ und politischen Grundrechtsentscheidungen vgl. bereits *Leisner*, W., Grundrechte und Privatrecht, 1960, S. 226 f., 362 f.

rungen – denken wir an § 34 Abs. 4 EStG,[19] oder an die Gewährung von Sockelbeträgen bei der Beamtenbesoldung – nur als gerechtigkeitsstrebendes Ratifizieren eines Gemeinschaftskonsenses hinstellen zu wollen. Und selbst eine Grundthese, daß eben insgesamt „in Richtung auf mehr Gleichheit zu marschieren sei", ist nicht Gerechtigkeitskonsens aller, sondern zuerst einmal nichts als ganz massive Interessendurchsetzung der größeren Zahl — wie immer diese sich zu solchem Ausdruck zusammenfinden mag, in mächtigen Gewerkschaften oder angelockt durch die Worte und Versprechungen der Demokratieführer. Über grundsätzliche Berechtigung oder gar über moralische Gerechtigkeitsgehalte ist damit noch nichts ausgesagt.

Mehrheit ist politische Macht, sie bedeutet Teilkonsens, nicht Vollkonsens. Wenn alles, was sie beschließt, mit Gerechtigkeit identifiziert würde, könnte die Erörterung hier schließen — dann würden verschiedene Sprachen gesprochen. Unsere Verfassung verbietet dies aber: Bei aller Bedeutung der Mehrheit — einfach Ausdruck der Gerechtigkeit ist ihre Entscheidung nicht, sonst könnten nicht selbst einstimmig im Parlament beschlossene Gesetze wegen Verstoßes gegen Rechtsstaatlichkeit und Gerechtigkeit aufgehoben werden. Das Bundesverfassungsgericht hat dies aber ausdrücklich für möglich erklärt.[20]

Egalisierung ist also das Werk der politischen Mehrheit, nicht Ratifizierung eines Konsenses aller. Die überstimmte Minderheit wird wieder „ein Stück kleiner" — aber allgemeinen Konsens gibt es darüber nicht und „gerecht" ist es deshalb jedenfalls nicht. Konsens stellt eine politische Kategorie dar, ein Herrschaftsinstrument, nicht Ausdruck oder sicheres Indiz der Gerechtigkeit.

d) *Gerechtigkeit — Abbau „übergroßer Unterschiede"*.[21] Wer den Abbau von Unterschieden schlechthin für einen Ausdruck der Gerechtigkeit hält, hat das Problem nur tautologisch umgangen. Entscheidend und eine „Gerechtigkeitsfrage" kann hier nur sein: Was sind „übergroße" Unterschiede — oder genügen auch „große" Unterschiede, wie groß müssen sie sein? Daß deren Verminderung eine Gerechtigkeitsfrage darstelle, läßt sich nicht beweisen. Warum sollte nicht der Nobelpreisträger ein Vielfaches dessen verdienen, was seine anderen Kollegen, was Studienräte oder Lehrer erhalten, warum sollte der erfolgreiche Unternehmer nicht auf einem „ganz anderen Niveau

---

[19] *Schöberle*, H., Zur Diskussion um die Beseitigung der Steuervergünstigungen für Nebeneinkünfte aus wissenschaftlicher, künstlerischer und schriftstellerischer Tätigkeit (§ 34 Abs. 4 EStG), DStR 1981, S. 95 ff.

[20] Indem es sogar verfassungsändernde Gesetze an den überstaatlichen Gerechtigkeitsmaßstäben mißt, vgl. BVerfGE 30, 1 ff. (abw. Meinung 39 ff.)

[21] Eingehend *Zippelius*, Rechtsphilosophie (Fn. 14), insbes. § 12 I („Verkehrsgerechtigkeit") und IV („Verfahrensgerechtigkeit").

leben" dürfen als seine leistungsschwächeren Konkurrenten? Hier gibt es doch überhaupt keine rationalen Kriterien mehr, mit auch nur einigem Objektivitätsanspruch. Und allenfalls könnte die Gerechtigkeitsfrage an einem anderen Punkt ansetzen: ob denn gerade die Entscheidung des Nobel-Komitees so „gerecht" sei, ob nicht ein anderer den Preis hätte erhalten sollen.

Dies aber verschiebt nun die ganze Problematik: Es geht um die „Gerechtigkeit" von einzelnen Differenzierungsmechanismen, von Prüfungs- oder Marktentscheidungen, nicht mehr um den Gerechtigkeitsgehalt der Gleichheit als solcher. Die Behauptung, es gebe gar keine Auswahlmechanismen, die so viel an Unterschied rechtfertigen könnten, ist nichts als eine völlig unbeweisbare Globalthese; extrem vertreten müßte sie zur Anzweiflung aller Unterscheidungen auf dieser Welt und damit geradezu in den Nihilismus führen — und dies alles im Namen einer angeblichen „Gerechtigkeits-Gleichheit", die doch „aus solchen Gründen", wegen Noten oder Markterfolgen, nicht gebrochen werden dürfe — gerade dies aber erat demonstrandum.

Es bleibt also dabei: „Übergroße" Unterschiede dürfen nur dann im Namen der Gerechtigkeit egalisierend beseitigt werden, wenn definiert werden kann, was denn „übergroß" sei. Dies aber läßt sich, generell jedenfalls, aus der Gleichheitsidee heraus nicht bestimmen, es gibt kein optimales Quantum an Gleichheit, und deshalb ist auch der „Abbau von Sozialgefälle" nicht als solcher Ausdruck der Gerechtigkeit.

Er ist aber etwas anderes, mit Sicherheit, in Grenzen jedenfalls: ein Ausdruck politischer Klugheit, eine weise Regierungsmaxime zur Vermeidung von Unruhen und Revolutionen. Daß die Herrschenden, auch die der Demokratie, all das, was sie möglichst sicher in ihrer Macht hält, als Ausdruck der Gerechtigkeit ausgeben, ist ihr gutes politisches Recht und historisch stets so gewesen. Es ist ein Zeichen der Staatskunst — damit aber noch lange nicht der Gerechtigkeit. Denn etwas ist ja an dem alten „pereat mundus", wenn es um Gerechtigkeit geht, dann kommt es nicht immer auf die Folgen an, dann kann ein Punkt erreicht werden, wo nicht gewichen werden darf. Daß die Demokratie egalisieren darf, daß ihr dies – häufig – gut bekommt, ist eine Sache; daß sie damit der Gerechtigkeit dient, nicht nur sich selbst und ihren Herrschenden, ist eine ganz andere. Und Gerechtigkeit ist nicht identisch mit Staatskunst, sie fordert diese nicht immer, oft verlangt sie sogar, daß dieser Geschicklichkeit widerstanden werde.

e) Der „Abbau der übergroßen Unterschiede" hat also keine Gerechtigkeitslegitimation — wie aber steht es mit dem Anliegen, auf solche Weise „*soziale Gegensätze auszugleichen*", wie es das Bundesverfassungsgericht ausdrückt?[22] Denn das Leben in der Gemeinschaft wird unmöglich, wenn sich diese Gegensätze unerträglich steigern. Doch daraus folgt noch lange keine generelle Gerechtigkeitsbegründung der Egalisierung als solcher: Gegensätze können auch anders ausgeglichen werden als durch Einebnung — etwa durch überzeugende Begründung der Unterscheidungen, durch ein möglichst gerechtes Prüfungssystem,[23] dessen Ergebnisse eben jeder Kritik standhalten. Und das Bundesverfassungsgericht will selbstverständlich mit dieser Formel nicht sagen, daß der Staat überall einebnen müsse oder auch nur dürfe, im Namen so verstandener Sozialstaatlichkeit, wo irgendwelche größeren Spannungen auftreten — dem kriminellen Rechtsbrecher ist nicht etwa ein Teil der Güter der von ihm bedrohten „Reichen" zu übereignen, nur weil es zwischen „beiden Gruppen" zu – übrigens unbestreitbaren – sozialen Gegensätzen gekommen ist, die es nun „auszugleichen" gelte.

Nie kann es eine Forderung der Gerechtigkeit als solcher sein, soziale Gegensätze auszugleichen, dies muß vielmehr – eben in gerechter Weise – geschehen, und es ist zu fragen, ob die Ausgleichsbegünstigten ein Recht darauf haben. Sind sie es selbst, die durch Rechtsbrüche, Gewaltsamkeiten, systematischen Sozialneid diese Spannungen hervorgebracht haben, so wäre es geradezu ungerecht, vor ihnen zurück- und in die Egalisierung auszuweichen. Dann wäre die so erzwungene Egalisierung nichts als der Teilsieg einer „Berufung auf eigenes Unrecht" und eben als solche schon im höchsten Maß — ungerecht.

Jener „Ausgleich von Gegensätzen", zu dem die Sozialstaatlichkeit den Gesetzgeber nach dem Bundesverfassungsgericht verpflichtet, ist also begrifflich etwas ganz anderes als Egalisierung. Er verlangt Entspannung, nicht Angleichung.

Ergebnis: Keine jener Gerechtigkeitsvorstellungen, die heute im Vordergrund der prinzipiellen Diskussion stehen, bietet eine Begründung für „Egalisierung als Anliegen der Gerechtigkeit".

5. *Mehr noch: Grundgesetz und Rechtsprechung des Bundesverfassungsgerichts sprechen deutlich dagegen.* Ganz allgemein hat man sich ja daran gewöhnt, aus dem allgemeinen Gleichheitssatz nur den ersten Teil zu zitieren — Gleiches müsse gleich behandelt werden, vergessen wird immer mehr der zweite: „Ungleiches seiner Eigenart entsprechend ungleich zu behandeln". Beides hat unter „steter Orientierung am Gerechtigkeitsgedan-

---

[22] BVerfGE 22, 180 (204).

[23] *Guhl*, P., Prüfungen im Rechtsstaat, 1979; vgl. auch BVerfG NJW 1978, S. 536; ferner BVerwG NJW 1976, S. 2313; BVerwGE 41, 34 ff.; HessVGH VRspr. 31, S. 279; BayVGH ZBR 1980, S. 91.

ken" zu erfolgen.[24] Dies ist eine Weisung an den Gesetzgeber, so formuliert es das Bundesverfassungsgericht.

Für einen etwaigen Gerechtigkeitsgehalt der Egalisierung bedeutet dies:

- Einebnung kann nie *als solche* ein Anliegen der Gerechtigkeit sein, denn Gleichheit wie Diskriminierung haben eben unter ständiger Orientierung an der Gerechtigkeit zu erfolgen; keine von beiden ist also mit dieser identisch; eine solche Annahme wäre nach der Judikatur des höchsten Gerichts unlogisch.

- Unterschiede anerkennen und verfestigen ist ebenso, mit ganz gleicher Intensität, ein Verfassungsgebot für alle Staatsgewalt, wie die Egalisierung. Eine Priorität für Einebnung gibt es nicht. Eine allgemeine Tendenz, alle Bürger „möglichst gleich zu machen", läßt sich nicht nur aus der Verfassung nicht begründen, sie ist als solche verfassungsrechtlich bedenklich, mag es auch im einzelnen schwer halten, den „Bruchpunkt" zu bestimmen. Das Grundgesetz ist eben grundsätzlich[25] völlig „nivellierungsneutral".

- Das Bundesverfassungsgericht hat schließlich *Unterscheidungen* in keiner Weise der Staatsgewalt erschweren wollen, es hat sie, ganz umgekehrt, *entscheidend erleichtert*: Nur wenn sich „ein vernünftiger, sich aus der Natur der Sache ergebender oder sonstwie sachlich einleuchtender Grund für die gesetzliche Differenzierung *nicht* finden läßt",[26] ist diese willkürlich, verfassungswidrig. Die Staatsgewalt hat also ebenso große Freiheit, Unterschiede anzuerkennen,[27] zu schaffen, wie solche abzubauen. Einen Verfassungsbonus für „mehr Gleichheit" gibt es nicht.

6. Was bleibt also zur Begründung eines „Gerechtigkeitsanliegens Gleichheit"? Nichts als die Behauptung, mehr Gleichheit sei gut, weil — die Menschen von Natur gleich seien, also nur der nackte Zirkel. Dem steht seit vielen Generationen die ebenso apodiktische Behauptung gegenüber, die Menschen seien ungleich. Auf dieser Ebene rechtsgrundsätzlich zu diskutie-

---

[24] BVerfGE 3, 58 (135 f.); vgl. auch BVerfGE 1, 264 (276); 2, 118 (119 f.); 9, 124 (130); 12, 341 (348); 14, 221 (238); 15, 167 (201); 17, 319 (330); 19, 119 (124 f.); 21, 73 (84); 23, 12 (25); 36, 174 (190); 37, 38 (46); 38, 154 (166) usw.

[25] Daß es einzelne, „besondere" Gleichheitssätze gibt (vgl. Art. 3 Abs. 2, 38 GG) steht dem nicht entgegen. Sie treten nicht in solcher normativen Dichte auf, daß daraus auf eine „allgemeine Egalisierungs-Tendenz" geschlossen werden könnte, und es gibt auch einzelne Unterscheidungsgebote (vgl. etwa Art. 33 Abs. 2 GG).

[26] BVerfGE 1, 14 (52); 14, 142 (150); 15, 313 (320); 18, 38 (46); 20, 31 (33); 21, 6 (9); 23, 50 (60); 24, 203 (215); 25, 101 (105); 27, 1 (9 f.); 29, 283 (298); 30, 409 (413); 31, 212 (218 f.); 32, 346 (360); 33, 367 (384); 36, 174 (187); 38, 1 (17); 39, 156 (162 f.); 40, 109 (115 f.) usw.

[27] BVerfGE 3, 225 (240); 6, 55 (71); 31, 212 (218).

ren, hat keinen Sinn. Die Gerechtigkeitsfrage ist eine ganz andere, sie lautet: Wieviel an materieller Gleichheit ist im konkreten Einzelfall „gerecht"? Egalisierung als solche ist kein Gerechtigkeitswert, auch wenn sie unter dem Mantel „sozialer Gerechtigkeit" einhergeht.

Die heutigen Versuche, „mehr Gleichheit" als Lösung der Gerechtigkeit auszugeben, zeigen nur eines: Das Bestreben, die der jetzigen Stufe der politischen Demokratie eigenen politischen Entscheidungen für die ärmere, schwächere Mehrheit moralisch zu verbrämen und global zu rechtfertigen. Nulltarife, Sockelbeträge, Progressionen — das alles braucht dann gar nicht mehr im einzelnen grundsätzlich diskutiert zu werden, wenn der Kritiker mit der Keule der „sozialen Gerechtigkeit" niedergestreckt wird — ein für allemal.

In all dem offenbart sich eine eigentümliche historische Wiedergeburt: Es erscheint eine Form des Gottesgnadentums der egalitären Demokratie. Früher hatten Aristokraten und Monarchen nicht nur die Grundlagen, sondern auch alle Grundtendenzen ihres Regierens als Ausdruck gottgewollter Gerechtigkeit tabuisiert, Kritik abgebrochen oder gar geächtet. Heute versucht die Demokratie ähnliches: die Appropriation der Gerechtigkeit für ihre Egalisierung, die doch im Kern nichts ist als — Machtpolitik. Radikal demokratische Kräfte haben viel Mühe darauf verwendet, frühere Monopolisierungen von Moral und Gerechtigkeit zu entlarven. Kaum ist es ihnen gelungen, beginnen sie das Gleiche — Egalisierung als Anliegen der Gerechtigkeit auszugeben.

Das Fazit ist einfach: Egalisierung kann *im Einzelfall* Ausdruck, ja Forderung der Gerechtigkeit sein, ebenso aber auch ihr Gegenteil, die Unterscheidung. Egalisierung als Anliegen der Gerechtigkeit — das gibt es überhaupt nicht.

Man mag dem allen entgegenhalten, es werde hier ja gar nicht klargelegt, was denn „Gerechtigkeit sei".[28] In der Tat — das war auch nicht Aufgabe dieser Untersuchung. Dieser Beweis liegt hier bei der Gegenseite, bei jenen, die Egalisierung *als solche* als Gerechtigkeit ausgeben. Sie haben einen Definitionsversuch vorgelegt, er schlägt fehl. Wer sie kritisiert, muß nicht seinerseits Gerechtigkeit definieren.

Nur eines ist er allerdings schuldig: Die Begründung, daß nicht jeder Grundsatzwunsch der jeweiligen politisch Herrschenden, hier der numerischen Mehrheit des gleichen Wahlrechts und ihrer Führer, auch schon „Gerechtigkeit" bedeute. Dies wird hier, wie bereits betont, abgelehnt. Wäre dem nämlich so, dann könnten wir das Wort „Gerechtigkeit" überhaupt aus unse-

[28] Zu den Gerechtigkeitstheorien vgl. statt aller *Zippelius*, Rechtsphilosophie (Fn. 14), § 12 Kap. IV.

rem rechtspolitischen Wortschatz streichen. Dann sollten wir einfacher — nur mehr von der Macht und den Mächtigen sprechen. So ist es auch gar nicht, denn für das Grundgesetz selbst ist Mehrheit und politische Macht eben nicht einfach — Gerechtigkeit.

Was Gerechtigkeit ist, das ist eine ganz andere Frage — jedenfalls nicht einfach das Herrschende und deshalb auch nicht die Gleichheit.

Und das ist gut so. Steigen wir nämlich am Ende wieder herab in die Niederungen der praktischen Rechtspolitik, so zeigen sich die Gefahren einer „Egalisierung als Anliegen der Gerechtigkeit" sehr deutlich, schon heute:

- Die Rechtspolitik wird *ideologisiert* anstatt pragmatisiert, vertiefende Diskussionen werden abgebrochen, es stimmt ja die „Richtung" — auf Gleichheit; und doch stellt sich die Gerechtigkeitsfrage in jedem Fall, bei jedem Gesetz immer neu, immer ganz anders. Es gilt, zu *entideologisieren.*
- Übersteigerte, systematisierte Gleichheit führt zur *Entindividualisierung* der Rechtspolitik, damit wird der höchste Wert des Grundgesetzes verfehlt — die unauswechselbare, im letzten unvergleichbare menschliche Persönlichkeit.[29] Es gilt, wieder mehr zu *individualisieren.*
- Ständige Umverteilungen auf oft nur vermeintliche oder ad hoc geschaffene „Schwächere" führen zur Überbeanspruchung des Solidaritätsgefühls in der staatlichen Gemeinschaft, zur Staatsverdrossenheit der aufgezwungenen Nächstenliebe. Es gilt, nicht zu nivellieren, sondern zu *solidarisieren.*
- Jede Egalisierung begünstigt den Quietismus der ausbalancierten Gleichen, erschwert die Anreize, ohne welche gerade unsere Gemeinschaft von immer stärkerer Stagnation bedroht ist. Jenseits aller Gerechtigkeit, vielleicht bald einmal ganz einfach: um nur zu überleben, gilt es daher zu *stimulieren.*

Vielleicht ist die „Gerechtigkeit" wirklich nicht von dieser Welt, jedenfalls haben wir sie zu recherchieren, nicht mit unseren Wünschen zu okkupieren. Machen wir Egalisierung zum Anliegen der Gerechtigkeit, erheben wir sie zum Grundprinzip unserer Rechtspolitik, so könnte über diese einst das böse Wort gesprochen werden vom summum ius …

---

[29] BVerfGE 7, 377 (405); 35, 202 (221); vgl. auch BVerfGE 27, 1 (6).

Effizienz als Rechtsprinzip*

I. Die Fragestellung

1. Effizienz als Modewort

Effizienz als Rechtsprinzip — das Thema bedarf der Verdeutlichung.

„Wirksamkeit“ war von jeher ein Problem der Rechtswissenschaft, von der „Wirkkraft der Normen“ in der Realität bis zur „wirksamen Tätigkeit der Verwaltung“. Diesem letzteren Bereich allein gilt diese Untersuchung, der Frage also, ob es einen normativen Grundsatz des wirksamen Staatshandelns gibt, insbesondere in Regierung und Verwaltung.

Effizienz mag ein fester Begriff der Sozialwissenschaft, insbesondere der Mikroökonomie sein. Im öffentlichen Recht droht sie zum konturlosen Modewort zu werden, noch bevor sie in der Dogmatik einen festen Platz hat. In ihr steckt Programmwirkung und politischer Schwung, vor allem aber ist sie ein „gutes“ Wort, mit dem unsere Zeit sich loben und ihre Wunschziele beschreiben kann. Effiziente Regierung und Verwaltung wird jeder wünschen, keiner ablehnen können, und im vielgefeierten techno-ökonomischen Zeitalter steht Effizienz schlicht für Fortschrittschance, für Erfolg.

Ob ein so allgemeiner und zugleich wertungsgeladener Begriff für das Recht noch zu retten ist, mag schon auf den ersten Blick bezweifelt werden. Trägt er nicht richtungslose Dynamisierung, ungeordnete Ruhelosigkeit in den rechtlichen Raum der klaren Beharrung, kann er anders wirken als auflösend, „politisierend“? Damit dies nicht geschehe, muß die Effizienz als solche dem öffentlichen Recht zum Problem werden — mag dieses dann den Begriff normativ eingrenzend übernehmen oder schlechthin ablehnen.

Diese Untersuchung geht von keiner These aus. Induktiv versucht sie zunächst (II – VIII), in verschiedenen Bereichen des Staats- und Verwaltungsrechts Elemente zur rechtsanalogen Gewinnung eines Effizienzgrundsatzes aufzufinden, um sodann (IX) abschließend dessen etwaige normative Bedeutung wie seine Grenzen zu bestimmen.

---

* Erstveröffentlichung: *Walter Leisner*, Effizienz als Rechtsprinzip, Tübingen 1971 (= Recht und Staat, Heft 402 / 403).

2. Aspekte eines möglichen Effizienzbegriffes

Was wird im folgenden unter „Effizienz“ verstanden?

Eine dogmatische Vertiefung hat der Begriff der Effizienz, soweit ersichtlich, bis jetzt nicht erfahren[1]. Selbst terminologisch tritt er unter vielen Namen auf: Leistungsfähigkeit[2] und optimale Funktionswahrnehmung[3], Rationalität[4] und Optimierung[5], vor allem aber Effektivität[6]. Keiner dieser oder ähnlicher Begriffe, die mit einigem Aufwand jene „Wirksamkeit“ umschreiben sollen, wie sie stets vor allem von der Exekutive verlangt worden ist[7], erscheint jedoch inhaltlich näher oder besser bestimmt als eben jene Effizienz, welche meist mit ihnen synonym gebraucht wird und sie auch hier ersetzen soll.

Weil der Begriff „Effizienz“, wie sich zeigen wird, bisher wenig determiniert ist, muß wenigstens als Arbeitshypothese vorweg hier im Großen umschrieben werden, was im folgenden als „Effizienz“ untersucht werden kann. Als wichtigste Aspekte sind hier etwa die folgenden zu nennen:

a) *Effizienz als wirksame Erreichung vorgegebener Ziele (Zielerreichungseffizienz):* Innerhalb dieses Bereiches können die Effizienzformen weiter nach der *Art der Ziele* (Zwecke) oder nach den *Modalitäten ihrer Verwirklichung* differenziert werden.

– Ziele können entweder normativ gesetzt sein (Wahrung der öffentlichen Sicherheit und Ordnung) oder sich primär aus außerrechtlichen, insbesondere ökonomischen oder technischen Gesichtspunkten ergeben (Gewinnmaximierung), welche allenfalls später global in den Rechtsbereich rezipiert worden sind.

---

[1] Ansätze etwa bei *Hauenschild,* W.D., Wesen und Rechtsnatur der parlamentarischen Fraktionen, Berlin 1969, S. 111 f.

[2] F. viele: *Ellwein,* Th., Einführung in die Regierungs- und Verwaltungslehre, Stuttgart 1966, S. 171.

[3] Z.B. *Ipsen,* H.P., Fusionsverfassung Europ. Gemeinschaften, Bad Homburg v.d.H. 1969, S. 56; *Böckenförde,* E.-W., Die Organisationsgewalt im Bereich der Regierung, Berlin 1964, S. 196.

[4] Etwa *Krüger,* H., Allg. Staatslehre, 2. Aufl., Stuttgart 1966, S. 58 f.; *Morstein-Marx,* F., Einführung in die Bürokratie, Neuwied 1959, S. 48 f.; *Canenbley,* H.-W., Die Zweckmäßigkeit der Verwendung von Ausschüssen in der Verwaltung, Köln 1969, S. 36 f.

[5] Dazu u. a. *Luhmann,* N., VerwArch 51 (1960), S. 97 (105).

[6] Siehe etwa *Hauenschild* (Fn. 1), aaO; *v. Berg,* M., Automationsgerechte Rechts- und Verwaltungsvorschriften, Köln 1968, S. 10 f.; *Hesse,* K., Grundzüge des Verfassungsrechts der BRD, 3. Aufl., Karlsruhe 1969, S. 137; *Lerche,* P., Zum Kompetenzbereich des Deutschlandfunks, Berlin 1963, S. 23.

[7] Vgl. etwa BVerfGE 22, 180 (210); siehe auch *Maunz/Sigloch,* BVerfGG, § 35 Rdnr. 5.

– Bei den *Modalitäten* der Zweckerreichung ist vor allem danach zu unterscheiden, ob das Ziel *rasch* (Beschleunigungseffizienz), *intensitätsmäßig-durchgreifend* (Durchschlagseffizienz) oder *allseitig-umfassend* (systematische Effizienz) erreicht werden soll.

b) *Effizienz als „optimales Zweck-Mittel-Verhältnis"*: Definiert man Effizienz unter Berücksichtigung der zur Zweckverwirklichung eingesetzten *Mittel*, so müssen diese in „optimalem Verhältnis" zum Zweck stehen *(Zweck-Mittel-Effizienz)*. Das Optimum kann wiederum nach rein wirtschaftlichen Gesichtspunkten oder nach anderen Kriterien, etwa nach der minimalen Störung der öffentlichen Ordnung oder nach minimaler Eingriffsschwere bestimmt werden.

c) *„Zielunabhängige" Effizienz*: Sieht man bei der Definition der Effizienz von der Verwirklichung konkreter Ziele ab und verflüchtigt sich die Zielvorstellung auch nicht in den „Zweck der allgemeinen Staatserhaltung", so könnte Effizienz allein in dem optimalen Funktionieren einer bestimmten Organisation gesehen werden. Ganz würde man zwar auch hier nicht von einer Zwecksetzung absehen, ohne die es eben keine „Wirksamkeit", weil keine „Verwirklichung" geben kann. Der Zweck wäre jedoch der Organisation nicht vorgegeben, sondern *mit ihr*, durch ihre Existenz bereits gesetzt. Ein Amt wäre dann wahrhaft „effizient", wenn seine Organisation „voll ausgelastet wäre" und innerhalb seiner Kompetenzgrenzen maximale Veränderungen in Staat und Gesellschaft hervorbrächte. Sicher könnten dann irgendwelche Ziele bezeichnet werden — sie wären jedoch so allgemein, daß man an ihrer Erreichung nicht mehr brauchbare Effizienzmessungen durchführen könnte. Hier würde letztlich doch „aus Organisation auf Kompetenz geschlossen", Effizienz wäre erreicht, wenn sich die Organisation maximale Kompetenz geschaffen hätte, wenn ihrer Tätigkeit maximales „politisches Gewicht im weitesten Sinn" zukäme.

Dieses Modell mag logisch kritikabel sein, seine Rechtsstaatlichkeit ist hier noch nicht zu prüfen. In der Staatsorganisation tritt es jedoch *tatsächlich*, angesichts der verschwommenen normativen Zielvorstellungen, sehr häufig auf. Wichtig ist die Erkenntnis, daß der Effizienzbegriff nicht von Anfang an auf eine normative Zweck-Mittel-Relation festgelegt werden darf, weil diese oft nicht faßbar ist. Dann ist Effizienz mit Blick auf die Organisation zu bestimmen, die sich und damit ihren Zweck entfaltet (Organisationseffizienz).

Schon dieser weder erschöpfende noch auch nur systematische Überblick zeigt[8], daß es einen sozusagen a priori einheitlichen Effizienzbegriff für die

---

[8] Die hier zur Verdeutlichung der Fragenstellung arbeitshypothetisch eingeführten Effizienzaspekte werden teilweise, wenn auch meist nur in Ansätzen, auch im Schrifttum erwähnt. Dazu näher unten, vor allem VI.

Staatstätigkeit nicht gibt. Es ist daher im folgenden jeweils zunächst zu prüfen, welchem Effizienzaspekt die in den verschiedenen Bereichen auftretenden Wirksamkeitsvorstellungen zuzuordnen sind. Daraus wird sich ergeben, ob heute ein dogmatisch einheitlicher Effizienzbegriff gebildet werden kann.

3. Das „Rechtsprinzip" der Effizienz

Als *„Rechtsprinzip"* wird die Effizienz untersucht. Dies soll jedoch lediglich bedeuten, daß sie nicht als eine „starre Norm" mit unveränderlichem Inhalt erscheinen wird, sondern als ein in Grenzen veränderlicher Begriff, dem vielleicht auch je nach Anwendungsgebiet unterschiedliches Gewicht zukommen kann. Eine dogmatisch eindeutige Abgrenzung von „Grundsatz" und „Norm" ist übrigens im deutschen öffentlichen Recht bisher nicht gelungen. Wenn aber „Prinzip" nicht mehr, nichts anderes ist als eine „allgemeine, aber flexible Norm" – und so wird der Begriff hier zunächst verstanden –, so wird sich auf die Dauer ohnehin die Frage nicht umgehen lassen, ob der Begriff des „Grundsatzes" mit der rechtsstaatlichen Ordnung der normativen Berechenbarkeit überhaupt vereinbar ist.

4. Anwendungsbereich der Effizienz

Normativ könnte ein Grundsatz der Effizienz sowohl als „rein" *objektives* Recht wie auch als Grundlage *subjektiver* Rechte wirken. Dazu nur einige Andeutungen:

a) Als Bestandteil des *objektiven* Rechts wäre die Effizienz ein zentraler Grundsatz des Organisationsrechts aller Staatsgewalten. Darüber hinaus müßte sich an ihm auch die gesamte Staatstätigkeit orientieren, welcher „Außenwirkung" gegenüber dem Bürger zukommt, gleich ob dieser sich auf ihn berufen könnte oder nicht.

Die Befolgung solcher Grundsätze ist seit langem nicht mehr allein dem guten Willen der Staatsorgane überlassen oder allenfalls noch über politische, vor allem parlamentarische Kontrollen durchsetzbar: Auf jedem Weg der Organstreitigkeit, bis hin zur abstrakten Normenkontrolle, wird unmittelbar objektives Recht auch gerichtlich sanktioniert. Möglicherweise geschieht dies sogar, über das nobile officium iudicis, als „Annex" im Rahmen aller anderen Normenkontrollklagen. Durch Aufsichtsbeschwerden und Dienstaufsichtsbeschwerden kann auch der Private in geordnetem Verfahren die Beachtung objektiven Rechts erreichen.

Selbst wenn sich also aus der Effizienz subjektive Rechte nicht ableiten ließen, so wäre ein solcher Grundsatz weit mehr als eine unverbindliche Beschreibung von Staats- oder Verwaltungszwecken und -tätigkeitsformen. Es käme ihm schon hier bedeutsames normatives Gewicht zu.

b) Was *subjektive* Rechte anlangt, so könnte Effizienz als Rechtsprinzip vor allem in zwei Formen wirken:

- Als „selbständiger" Rechtsgrundsatz, vergleichbar etwa der Rechtsstaatlichkeit, gegenüber allen oder doch gewissen staatlichen Handlungen, sei es nun, daß man sich unmittelbar und primär auf ihn beriefe, oder daß er nur gewisse Voraussetzungen von Ansprüchen (Rechtswidrigkeit, etwa in Disziplinar- oder Amtshaftungsverfahren) begründen sollte.
- Zur Verdeutlichung anderer anspruchsbegründender Normen, sei es, daß man Effizienz zu deren „Sinnerfüllung" oder nur zu ihrer „Interpretation" heranzöge (etwa bei der Erforderlichkeit des Schußwaffengebrauchs). Vor allem die Grenzen des Ermessens könnten so im Einzelfall näher abgesteckt werden.

In der Praxis würden beide Formen weithin ineinander übergehen, im ersteren Fall würde Effizienz mit Blick auf allgemeinere, im letzteren auf spezielle, durch Einzelnormen bereits determinierte Ziele bestimmt.

Das Prinzip würde, das sei noch erwähnt, jedenfalls sowohl für wie gegen den Staat wirken können: Dieser würde sich gegenüber dem Bürger darauf berufen können, daß er aus Gründen der Effizienz so und so weit in dessen Rechtssphäre habe eingreifen müssen; der Betroffene wiederum könnte nicht nur einwenden, daß der Eingriff rechtswidrig, weil ineffizient gewesen sei, er könnte, umgekehrt, vielleicht effizientes oder doch wirksameres staatliches Handeln erzwingen.

II. Die allgemeinen bisherigen Äußerungen zu einem „Rechtsprinzip der Effizienz" — Prämissen für die Untersuchung

Erstaunlicherweise ist ein „Grundsatz der Wirksamkeit staatlichen Handelns" bisher im öffentlich-rechtlichen Schrifttum, soweit ersichtlich, kaum behandelt worden, von einer wissenschaftlichen Diskussion kann nicht die Rede sein.

1. Die bisherige Behandlung der Effizienzfrage

Soweit bisher überhaupt Effizienz oder synonyme Termini im Sinne eines selbständigen Gesichtspunkts – wenn schon nicht Grundsatzes – erwähnt wurden[9/10], geschah dies fast durchwegs ohne nähere Begründung. Deutliche Abgrenzungen gegenüber vergleichbaren Grundsätzen werden nicht geboten, das Wort erscheint entweder als zufällig gewählt oder als Ausdruck einer Selbstverständlichkeit. Soweit überhaupt hier noch normativ argumentiert wird, verwendet man ganz ersichtlich den Begriff nicht als terminus technicus[11].

Das Problem klingt als solches nur dort an, wo Ergiebigkeit und Rechtsrichtigkeit staatlicher Maßnahmen in einem Spannungsverhältnis gesehen werden und gefordert wird, das Recht dürfe die Bewegung des Staates nicht hemmen, sondern müsse sie fördern, der Staat dürfe nicht als Fahrzeug verstanden werden, dessen wichtigster Teil die Bremsen seien[12]. Neuerdings wird in der Politologie ähnlich argumentiert[13].

Im ganzen bleibt also festzustellen, daß die Frage nach der Effizienz als Norm oder Prinzip allgemein bisher dogmatisch noch nicht gestellt worden ist. Das Material zu ihrer Beantwortung muß daher erst in „analogiefähigen" Bereichen erschlossen werden.

---

[9] Vgl. dazu die Nachw. oben Fn. 1–7 sowie als Beispiele noch: *Heller*, H., Staatslehre, 3. Aufl., Leiden 1963, S. 232; *Klein*, H.H., Bundesverfassungsgericht und Staatsraison, Frankfurt 1968, S. 25; *Thieme*, W., Verwaltungslehre, Köln 1967, Rdnr. 997; *Lerche*, P., Übermaß und Verfassungsrecht, Köln 1961, S. 223; *in 'tVeld*, J., Hebung der Verwaltungsleistung, in: Morstein-Marx, Verwaltung, Berlin 1965, S. 354 ff.; *Stein*, E., Die Grenzen des dienstlichen Weisungsrechts, Recht und Staat 313/314, Tübingen 1965, S. 42 f.; *Risken*, A., Grenzen amtlicher und dienstlicher Weisungen im öffentlichen Recht, Berlin 1969, S. 88 f.; aus der Rspr. etwa BVerfGE 11, 168 (184); BayVGHE 7, 121 (124); BayVGH BayVBl. 1962, S. 118.

[10] Vgl. Fn. 9.

[11] Dies gilt letztlich auch für *Hauenschild* (Fn. 1), aaO, der den „Effekt" allgemein als Zweckverwirklichung behandelt.

[12] So *Krüger*, H., Das besondere Gewaltverhältnis, VVdStL 15 (1957), S. 109 (129), der überhaupt die Effizienzproblematik am deutlichsten gesehen hat (vgl. etwa *ders.*, Das Leistungsprinzip als Verfassungsgrundsatz, Bad Godesberg 1957, S. 6 f., 11 f.).

[13] Siehe etwa *Ellwein* (Fn. 2) aaO; vgl. auch *Laufer*, H., Der Parlamentarische Staatssekretär, München 1969, S. 98.

2. „Auslegung auf Effektivität"

Unter einem Stichwort allerdings werden bereits seit langem allgemeine Fragen erörtert, welche die „Wirksamkeit" des staatlichen Handelns betreffen: bei der *„Auslegung der Normen auf Effektivität"*.

Die vor allem von *Richard Thoma* allgemein aufgestellte Forderung, es sei stets derjenigen Normauslegung der Vorzug zu geben, „die die juristische Wirkungskraft der Norm am stärksten entfaltet"[14], wurde zu Anfang nicht als eine Besonderheit des Staatsrechts, sondern als ein allgemeines Interpretationsprinzip aller Rechtsnormen ins Verfassungsrecht eingeführt. Da es jedoch von jeher und auch heute noch zunächst auf Grundrechte bezogen war[15], wurde es unversehens zu einer verfassungsrechtlichen Grundentscheidung: in dubio pro libertate, im Zweifel zugunsten der Freiheit des Bürgers — gegen die Eingriffsbefugnis der Staatsgewalt. Aus Rechtslogik wurde politische Entscheidung.

Dies ist denn auch mit Recht scharf kritisiert worden[16] — ganz abgesehen davon, daß diese „Grundrechtsauslegung auf Effektivität" nach Thoma eben ganz allgemein zu der Vermutung zu werden drohte, daß die Grundrechte inhaltlich möglichst weit auszulegen seien, was von anderen Verfassungsnormen nicht gelten könne[17]. Aus Geltungsvermutung wurde sogar weithin Inhaltsvermutung.

Wenn es heute im deutschen Staatsrecht eine Vermutung pro libertate und für möglichst weiten Grundrechtsinhalt gibt, so muß diese als solche, unabhängig von einer „Auslegung auf Effektivität" begründet werden. Ob dies gelingen kann, mag dahinstehen. Wichtig ist hier nur, daß die „Auslegung auf Wirkkraft der Normen" im Verfassungsrecht heute, wenn überhaupt, für *jede* Norm, für jeden Grundsatz gelten muß[18], auch für solche also, welche die Staatsorganisation betreffen oder den Staat zu Eingriffen ermächtigen.

Mit einem solchen Interpretationsprinzip jedoch wäre der hier untersuchte Effizienzgrundsatz als solcher nicht identisch. Er betrifft nicht die Tätigkeit

---

[14] In: *Nipperdey*, Die Grundrechte und Grundpflichten der RV, I, Berlin 1929, S. 1 (9).

[15] So bei *Thoma*, aaO (Fn. 14); vgl. auch *v. Mangoldt/Klein*, Das BGG, 2. Aufl., Berlin/Frankfurt 1957, S. 118; BVerfGE 6, 55 (72).

[16] Vgl. etwa *Ehmke*, H., Prinzipien der Verfassungsinterpretation, VVdStL 20 (1963), S. 53 (88); *Graf v. Pestalozza*, Chr., Der Staat 2 (1963), S. 425 (443/4).

[17] Dies wurde bereits von *Carl Schmitt* zurückgewiesen, in: Anschütz/Thoma, Handbuch d. Dt. Staatsrechts, Tübingen 1932, S. 572 (602).

[18] Siehe etwa *Hesse*, K., Die normative Kraft der Verfassung, Tübingen 1959, S. 15, sowie doch auch BVerfGE 6, 55 (72).

des normenanwendenden Interpreten, sondern allein die der Staatsorgane. Allgemeine Normenwirksamkeit ist nicht Verwaltungseffizienz.

Immerhin aber dürfen ja auch die Befugnisse der Staatsorgane und die ihnen gesetzten Ziele „nach Effektivität" bestimmt werden. Nichts anderes würde aber das Effizienzprinzip verlangen. Es wäre also insoweit lediglich die Anwendung der allgemein-normativen „Interpretation auf Effektivität" auf die Staatsorganisation und die Staatstätigkeit. Schon als solches wäre es der speziellen Erfassung und Untersuchung wert — gerade weil sich bisher die „Auslegung auf Effektivität", wie dargelegt, vor allem *gegen* die Staatlichkeit gewendet hat.

Als *Ergebnis* mag für die vorliegende Frage immerhin festgehalten werden: Effektivität als solche muß jeder Normauslegung, also auch dem Verständnis von Organisationsnormen und staatlichen Eingriffsbefugnissen, zugrunde liegen. Daß hier ein staatlicher Effizienzgrundsatz besonders untersucht und präzisiert werde, erscheint schon als Gegengewicht gegen die gängige Grundrechtseffektivität (in dubio pro libertate) erforderlich.

Einen allgemeinen, mehr rechtstheoretischen als staatsrechtlichen locus standi hat die Untersuchung also gefunden. Über konkrete Inhalte eines Effizienzprinzips im staatlichen Bereich aber sagt die „Auslegung auf Effizienz" nichts aus.

3. Wirksamkeitsgrundsatz und Rechtsstaatlichkeit

Eine Grundtendenz der Entwicklung des deutschen öffentlichen Rechts seit 1945 steht der Erkenntnis der Bedeutung der Effizienz, ja der näheren Beschäftigung mit ihr als einem möglichen Rechtsprinzip entgegen: der Versuch des Ausbaus einer möglichst lückenlos normativ determinierten *Rechtsstaatlichkeit.*

Der Zweck darf eben nicht die Mittel heiligen, die Normen müssen nicht nur das Ziel, sondern auch die Befugnisse bestimmen, und zwar in gewissem Umfang sogar zielunabhängig, weil sich hier der Blick nicht ausschließlich auf den verfolgten Zweck, sondern zugleich, ja vor allem, auf die Auswirkung der Maßnahmen auf die möglichen Betroffenen richten muß. Daher ist die Normativierung der Sozialstaatlichkeit letztlich gescheitert[19]. Und was könnte Effizienz anderes sein als eine rein zweckgerichtete Auslegung, welche rechtsstaatliche, insbesondere grundrechtliche Grenzen mißachtet und die Norm völlig aus der Bestimmung der Mittel des staatlichen Handelns

[19] Zur Unterordnung „sozialer" Zweck unter die Rechtsstaatlichkeit vgl. *Zacher*, H., Freiheit und Gleichheit in der Wohlfahrtspflege, Köln 1964, S. 130.

verdrängt? Verlangt nicht die Rechtsstaatlichkeit, daß die „Zweckmäßigkeit" gegenüber den „Normen" zurücktrete, welche als Grundentscheidung heutiger Staatlichkeit menschliche Freiheit und Würde schützen, selbst wenn der Rechtsstaat damit zur „unpraktischen Staatsform" würde[20]?

Rechtsstaatlichkeit fordert all dies, sie schließt jedoch Effizienz als Rechtsprinzip nicht generell begrifflich aus. Deren Problem darf nicht verschoben werden: Wenn Wirksamkeit staatlichen Handelns selbst als Rechtsgrundsatz erkannt wird, so steht nicht Zweckmäßigkeit gegen Recht, sondern Norm gegen Norm[21]. Daß zielgerichtetes Handeln normative Pflicht sein kann, ist im Polizeirecht (Geeignetheit, Erforderlichkeit) seit langem erkannt[22] — und eben darin lag ein entscheidender Fortschritt der Rechtsstaatlichkeit. Ineffiziente Staatlichkeit wäre dann auch nicht „unpraktisch", sondern rechtswidrig.

Immer mehr greift ferner das Verwaltungsrecht des Leistungsstaates auf die Erkenntnis *Fleiners* zurück[23], daß Rechtsverwirklichung nicht Selbstzweck der Verwaltung, daß deren Lebenselement vielmehr das Handeln in den *Grenzen* des Rechts sei. Soweit die Art der Staatstätigkeit durch spezielle Normen bestimmt wird, müßte also auch ein etwaiges Effizienzprinzip zurücktreten — eben gegenüber einer lex specialis. Fehlen aber solche Regeln für Organisation oder Staatshandeln — warum sollte nicht Effizienz als allgemeine Norm für dieses Verwaltungshandeln eingreifen? Voraussetzung wäre nur, daß sie hinreichend rechtsstaatlich bestimmbar wäre. Dies aber kann nur eine vertiefte Untersuchung ergeben, die erst einmal die nähere Bestimmung des Grundsatzes versuchen muß, bevor sie ihn wegen Unbestimmtheit ablehnt.

Rechtsstaatlichkeit ist schließlich begrifflich nicht identisch mit Grundrechtlichkeit. Der Staat muß nicht generell auf Effizienz verzichten, weil dies den Bürger stören könnte. Wenn es ein Effizienzprinzip gibt, so müssen allenfalls die Werte, deren Verwirklichung es dient - oder sein etwaiger Eigenwert - mit den Grundrechtswerten verglichen werden.

Effizienz wird also durch Rechtsstaatlichkeit und Grundrechtlichkeit nicht von vornherein ausgeschlossen. Diese Staatsformbestimmungen sollten auch

---

[20] So *Arndt*, A., Anm. zu BayVerfGHE v. 15.5.1962, JZ 1963, S. 65 (66); ähnlich das BVerfG, E 17, 108 (117 f.), nach dem „auch verfassungsrechtliche Unbequemlichkeiten" in Kauf genommen werden müssen.

[21] Dazu *Jellinek*, W., Verwaltungsrecht, 3. Aufl., Berlin 1931, S. 35.

[22] Für viele: *Drews/Wacke*, Allg. Polizeirecht, Berlin 1961, S. 284 f.; *Rasch/Ule*, Allg. Polizei- und Ordnungsrecht, Köln 1965, § 14 PVG Rdnr. 57; *Maunz/Dürig/Herzog*, GG, Art. 2 Rdnr. 47.

[23] Institutionen des Dt. Verwaltungsrechts, 2. Aufl., Tübingen 1912, S. 7.

keine effizienzfeindliche normative Grundstimmung schaffen. Sie fordern nur die rechtsstaatliche Bestimmtheit des Prinzips.

4. Die Problematik des Schlusses vom Zweck auf das Mittel

Eine generell ungünstige Prämisse für die Anerkennung der Effizienz als Rechtsprinzip liegt in der prinzipiellen Skepsis gegenüber einer normativen Faßbarkeit der Zweck-Mittel-Relation, ohne die es letztlich einen Wirksamkeitsgrundsatz nicht geben kann.

Vor allem bei der Abgrenzung der Leistungsverwaltung von der „reinen" Fiskaltätigkeit, welche meist nach den verfolgten (öffentlichen oder privatwirtschaftlichen) Zwecken erfolgen soll, wird mit Recht darauf hingewiesen, daß die Ziele schwer zu determinieren[24] und überdies noch wandelbar, auswechselbar seien[25]. Dies lenkt zur Frage der Rechtsstaatlichkeit (oben 3) zurück: Soweit Ziele nicht hinreichend bestimmbar sind, scheidet Wirksamkeit als Rechtsprinzip aus. Zunächst muß jedoch untersucht werden, welche Anforderungen gerade aus der Sicht der Effizienz an die Zielbestimmtheit zu stellen sind, und diese kann überdies nach Bereichen verschieden sein. Daß Zweck und Ziel generell normativ irrelevant seien, ist bisher noch nie nachgewiesen worden[26], es wäre dies auch eine unzulässig pauschale These. In der Entwicklung der modernen Staatlichkeit jedenfalls gilt das Gegenteil: Die Zweck-Mittelbindung war stets Ausdruck sachlicher Rationalität und damit gerade wieder — der Rechtsstaatlichkeit[27].

---

[24] U.a. *Stern/Püttner*, Die Gemeindewirtschaft, Stuttgart 1965, S. 90; *Schricker*, H., Wirtsch. Tätigkeit der öff. Hand und unlauterer Wettbewerb, München 1964, S. 34; *Püttner*, G., Die öff. Unternehmen, Stuttgart 1969, S. 205; *Scholz*, R., Das Wesen und die Entwicklung gemeindlicher Einrichtungen, Berlin 1967, S. 111 f.; *Siedentopf*, H., Grenzen und Bindungen der Kommunalwirtschaft, Stuttgart 1963, S. 27 f.; *Schnettler*, A., Öffentliche Betriebe, Essen 1956, S. 102.

[25] Vgl. neben den in Fn. 24 Genannten noch *Klein*, H., Die Teilnahme des Staates am wirtschaftlichen Wettbewerb, Stuttgart 1968, S. 83; *Rüfner*, W., Formen öff. Verwaltung im Bereich der Wirtschaft, Berlin 1967, S. 146.

[26] Es läßt sich kaum allgemein sagen, die Zwecke hätten ihre Wahrheitsfähigkeit verloren, die Explikation des Handelns in Zwecke und Mittel genüge nicht mehr, es müßten auch andere Folgen und ferner die Folgen aller Alternativen berücksichtigt werden (so *Luhmann* [Fn. 5], S. 113). Das Wirtschaftlichkeitskriterium, an dem solches bewiesen werden soll, gründet ja gerade auf der Relation von Mitteln und Zwecken - nur daß diese letzteren differenzierter, alternativ oder kombiniert erfaßt werden. Die Argumentation *Luhmanns* zielt auf eine bessere Erfassung des Zweckes, nicht darauf, ihn aus dem normativen Bereich zu eliminieren.

[27] Dazu grdl. *Krüger* (Fn. 4), S. 58/9.

Die Zweckbindung der Mittel ist, wie bereits (oben 3) nachgewiesen, nicht eine Frage der Zweckmäßigkeit, sondern des Rechts[28]. Dies schließt nicht generell jede Zweck-Mittel-Relation von der normativen Relevanz aus, es verlangt nur eine klare Bestimmung des Zieles wie der Beziehungen zwischen ihm und den Mitteln.

Ob dies – und damit Effizienz – normativ möglich ist, ob es Wirksamkeit als Rechtsprinzip im Rechtsstaat geben kann, ist nun zu prüfen.

III. Ansätze für ein „Effizienzprinzip" aus der Allgemeinen Staatslehre

1. Staatsraison und Effizienz

a) Nahe liegt es, Effizienz allgemein auf Staatsraison zu gründen und zu fordern, staatliche Ziele müßten „auf jeden Fall" oder doch „im Zweifel" wirksam erfüllt werden, staatliche Organisation dürfe nicht brachliegen.

Für einen so allgemeinen Begriff der Staatsraison ist in der rechtsstaatlichen Ordnung kein Platz; er würde auch weit über das Effizienzproblem hinausführen und eine allgemeine Vermutung für staatliche Eingriffs- und Handlungsbefugnisse begründen, während die Effizienz nur deren wirksame Wahrnehmung verlangt. Wer Staatsraison generell ablehnt, kann sich also zur Effizienz bekennen — sie bedeutet *nicht* „im Zweifel für den Staat".

b) Staatsraisongedanken sind heute „in die Reserve" gedrängt, sie werden für den Ausnahmefall[29] bedeutsam, darüber hinaus allenfalls noch dort, wo es um den „Schutz des Ganzen" geht, konkreter des Zentrums jenes Staatsapparates, ohne dessen Existenz es ja auch keine Rechtsstaatlichkeit geben kann[30]. Ein so verstandener „Staatsschutz" ist laufende Aufgabe der Polizei[31]. In der „Normalsituation" kann hier jedoch eine „Interpretation aus Staatsraison" nur stattfinden, soweit Verfassung und Gesetz dies zulassen und insoweit „politische" Notwendigkeiten die Gesetzesstrenge abmildern können[32]. Dies aber wäre wiederum gar nicht der Inhalt eines Rechtsprinzips der Effizienz: Sie

---

[28] Mißverständlich etwa *Kassimatis*, G.G., Der Bereich der Regierung, Berlin 1967, S. 136, der die Bindung des Regierens an seinen Zweck als „außerrechtliche Schranke" auffaßt.

[29] Dazu unten VIII.

[30] Dazu u.a. *Wittich*, P., Der Staat (1969), S. 137 (149); *Klein* (Fn. 9), insbes. S. 37 f.; *Evers*, H.U., Privatsphäre und Ämter für Verfassungsschutz, Berlin 1960, vor allem S. 102/3.

[31] *Drews/Wacke* (Fn. 22), S. 63.

[32] Dazu *Bachof*, O., in: Summum ius summa iniuria, Tübingen 1963, S. 43 f.

würde ja kein Globalziel (Staatsschutz) aufstellen und aus ihm alle möglichen Befugnisse herleiten; es ginge bei ihr auch nicht um die Zurückdrängung von „Norm" durch „Staatsgewalt", sondern darum, daß etwa aus normativ fixierten einzelnen Zielen gewisse (erweiterte) Befugnisse abgeleitet würden.

Insoweit ist „Effizienz" begrifflich nicht „Staatsraison", mag sie auch aus dieser eine ferne politische Legitimation ziehen. Sie hat auch dort nichts mit Staatsraison gemein, wo unter Berufung auf Effizienz staatliche Befugnisse erweitert und damit im Ergebnis der Freiheitsraum der Bürger weitgehend beschränkt wird: Der Wirksamkeitsgrundsatz wirkt ja für wie auch gegen den Staat[33].

Zum Ausdruck echter Staatsraison wird der Wirksamkeitsgrundsatz jedoch dort, wo die Ziele, welche erreicht werden sollen, nicht bestimmt sind, so daß in Wahrheit das „Ziel" — gerade nichts anderes wäre, als eben jene Manifestation effizienter Staatlichkeit, die sich doch nur aus einem konkreten Zweck rechtfertigen läßt! Hinter undifferenziertem Effizienzdenken lauert also in der Tat jene Staatsraison, die jeder Lücke staatlicher Zwecksetzung den großen Reservezweck der Staatserhaltung unterschiebt.

Werden dergestalt Staatsraison und Effizienz verbunden, so ist dies das Ende des Rechtsstaates, des Rechts überhaupt. Umgekehrt mag jedoch eine auf die Erreichung spezieller Ziele gerichtete Effizienz den Ausweg in Staatsraison unnötig machen: Wo wenigstens die gesetzten Zwecke wirksam realisiert werden, wird man weniger versucht sein, auch noch die Zwecke in Staatsraison zu erweitern.

Instrument oder Ersatz der Staatsraison — Effizienzdenken ist nicht schon begrifflich die erste Stufe auf dem Weg zur Staatsallmacht.

2. Wirksamkeitsgrundsatz und Integration

Integrationsprozeß im Sinne der Smendschen Lehre ist nicht nur ganz allgemein Stiftung und Bewahrung staatlicher Einheit[34]. Es geht vielmehr vor allem um die Art, in der dies geschieht. Die „Lebenstotalität des Staates" kann nicht immer in streng verfassungsmäßigen Bahnen hergestellt werden. Die Erfüllung der Integrationsaufgabe rechtfertigt denn auch Abweichungen, welche dem Sinn der Verfassung besser entsprechen als ein normgetreues, aber im Ergebnis unbefriedigendes Verfassungsleben[35].

---

[33] Vgl. oben I, 2.

[34] Dazu *Hesse* (Fn. 6), S. 28.

[35] *Smend*, R., Verfassung und Verfassungsrecht, in: Staatsrechtl. Abhandlungen, 2. Aufl., Berlin 1968, S. 119 (189).

Nach der Integrationslehre, deren bedeutender, wenn nicht beherrschender Einfluß auf die heutige Staatsrechtslehre und -praxis keines Beleges bedarf, ist also das Ziel entscheidend, das normabweichende Mittel rechtfertigen kann. Norminterpretation nach Zweck, ja Normgewinnung aus Zwecken ist ihr zentrales Anliegen.

Nirgends hätte also Effizienz als Rechtsprinzip besseren Stand als gerade in ihr, „Wirksamkeit" erscheint geradezu als Ausdruck der laufenden Integration, als ihre rechtsstaatliche Form.

Vertreter und Epigonen der Integrationslehre werden also immer auch offen oder heimlich in Effizienzkategorien denken, und so werden diese in den nächsten Jahrzehnten im deutschen öffentlichen Recht nicht sterben.

Doch sei hier vor Einseitigkeit gewarnt: Die Integrationslehre bietet der Effizienz eine ebenso einfache wie sichere Legitimationsbasis, indem sie den Zweck normativ erschließt — ist aber wirksame Staatstätigkeit stets einheitsstiftend, integrierend, kann nicht eine Verwaltung cum grano salis liberalis nach der Grundstimmung der Rechtsgemeinschaft integrationsstärker sein, kann nicht auch eine *gewisse* Ineffizienz integrierend wirken?

Im Grunde geht es eben der Integrationslehre nicht um die Durchsetzung von Normen, sondern um deren Gewinnung; und sie sucht nicht *spezifische* Entscheidungen zu begründen, sondern *generell* Legitimationsgrundlagen zu gewinnen. Effizienz als Rechtsprinzip aber könnte durchaus eine bestimmte „politische" Dezision sein, nicht eine rechtslogische Notwendigkeit — insoweit ist sie nach der Integrationslehre *möglich*, gefordert ist sie nur, wenn sie in der konkreten Lage integrativ wirkt.

Die Integrationslehre hat den *Zweck* in den Mittelpunkt gestellt. Sie hat damit eine wichtige dogmatische Voraussetzung für den Effizienzgrundsatz geschaffen. Ihn selbst mag sie begünstigen, systematisch fordert sie ihn nicht.

3. Organisationsspielraum und Effizienz

Die Staatsorganisation ist planmäßiges Zusammenwirken von Menschen und Einrichtungen zur Steigerung der Wirkungskraft menschlicher Einrichtungen[36].

Ergibt sich daraus, und damit unmittelbar aus dem Wesen der Organisation, ein normativ faßbarer Handlungsspielraum *und* zugleich eine Handlungsverpflichtung, welche der Effizienz entspricht? Hier geht es auch um die Grenzen der Organisationsgewalt: Wenn ein solcher Organisationsspielraum

[36] *Heller* (Fn. 9), S. 232.

allgemein über einen Wirksamkeitsgrundsatz normative Bedeutung erlangt, so könnte ihm und damit der Organisation als solcher stets zugleich Außenwirkung zukommen.

Hier wird jedoch heute deutlich unterschieden: Was die *innere* Einrichtung der Behörden und ihren internen Dienstbetrieb anlangt, so darf vom Ziel auf die Mittel geschlossen werden. Ein deutlich faßbarer Zweck soll die Verwaltung sogar ermächtigen, von Rechtsvorschriften abzuweichen, welche sonst für sie gelten. Ob dabei der Zweck als lex specialis vorgeht, oder ob man insoweit eine Auslegung aus der Natur der Sache gelten läßt[37], ist hier ohne Belang. Nicht ganz so weit geht die verwaltungswissenschaftliche Unterscheidung zwischen formalen und informalen Verhaltenserwartungen, welche mit ersteren das gesamte positive Recht der Disposition der Entscheidenden entzieht und damit den „Organisationsspielraum" auf gewisse Verwaltungsstandards (Zeitaufwand, Geheimhaltungsmaß u.ä.m.) beschränkt[38]. Einigkeit besteht jedoch darin, daß bei *Außenwirkungen* ausschließlich spezifische Rechtsnormen Legitimation und Schranke sind. Dazu aber genügt nicht die Berufung auf einen verwaltungsimmanenten Handlungsspielraum; er ist nirgends rechtsstaatlich mit Außenwirkung näher definiert worden.

Ein Effizienzgrundsatz könnte zwar mit organisationsinterner Wirkung „nach der Natur der Sache" anerkannt werden, oder er könnte als „informale Verhaltenserwartung" dort seinen Platz finden, wo das „positive Recht" dafür Raum ließe. Im letzteren Fall wäre er übrigens kein Rechtsprinzip mehr. Jedenfalls müßte aber Effizienz auf „reine" Organisationsinterna zu beschränken sein. Gerade dies aber ist unmöglich: Internes Organisationsrecht und Organisationsrecht mit Außenwirkung lassen sich nicht klar trennen. Die heutige Lehre von der Organisationsgewalt geht immer mehr von deren Außenwirkungen aus[39] und fordert daher ausdrückliche gesetzliche Grundlagen. Gerade bei einem so allgemeinen Grundsatz wie der Effizienz ließen sich „reine Organisationswirksamkeit" nach innen und Handlungseffizienz nach außen nur schwer trennen.

Im *Ergebnis bleibt festzustellen*: Normative Grundsätze, die allein aus dem „Wesen der Organisation" abzuleiten wären, sind bisher dogmatisch nicht anerkannt worden. Die normative Kraft des Faktischen hat noch nicht generell zur Normativierung von Organisationsprinzipien geführt. Effizienz könnte daher allenfalls ein rein organisationsinterner Rechtsgrundsatz sein. Dies aber würde voraussetzen, daß man Organisations- und Handlungseffizienz trennen könnte und damit jedenfalls das Prinzip um seinen wichtigsten Inhalt brächte.

---

[37] Siehe *Evers* (Fn. 30), S. 116.

[38] *Luhmann* (Fn. 5), S. 108/9.

[39] Siehe dazu m. Nachw. *Leisner*, W., BayVBl. 1967, S. 329.

4. „Politische" Ziele

Kann ein allgemeiner Wirksamkeitsgrundsatz daraus abgeleitet werden, daß auch „politische Ziele" durch die Staatsorganisation verfolgt werden und die Normen mit Blick auf diese ausgelegt werden müßten? Könnte so der Begriff einer „politischen Effizienz" gebildet werden, kann eine „Dynamisierung des Rechts durch Effizienz" über das „Politische" erreicht werden?

Die Verwirklichung bestimmter „politischer Ziele" wird zwar als ein möglicher Maßstab für Ermessensentscheidungen – im Rahmen von deren rechtlichen Grenzen – genannt[40]. Selbst die Verfassungsrechtsprechung muß „in bestimmten Fällen politische Interessen als Kriterium der Entscheidung" berücksichtigen[41]. Dennoch ist dies aus mehreren Gründen kein dogmatischer Ansatz für ein Rechtsprinzip der Effizienz: Normen dürfen nur insoweit mit Blick auf ihre möglichen „politischen" Folgen ausgelegt werden, als andernfalls eine Gefährdung der Funktionsfähigkeit des Ganzen evident wäre[42]; dann aber kommen „politische" Gesichtspunkte letztlich doch nur in Betracht, wo die Staatserhaltung selbst in Frage steht. Damit läuft die Argumentation entweder auf die bereits besprochene Staatsraison und Integration[43] oder auf den Ausnahmezustand hinaus[44]. Im übrigen hat sich die „Politik" dem Recht zu beugen, mag sie auch gelegentlich Hinweise auf Rechtssätze geben können, die bisher vielleicht übersehen worden sind und das Auslegungsergebnis korrigieren könnten[45]. Auf die Effizienz aber wird dabei „das Politische" ganz allgemein kaum weisen — im Gegenteil: Zwar wird häufig Durchsetz*bar*keit als eine wesentliche politische Kategorie genannt, dies aber ist gerade nicht identisch mit der Durchsetz*ung*, um die es bei der Wirksamkeit geht. Politische Durchsetzbarkeitserwägungen schwächen meist die Effizienz ab, sie wirken in der Regel – vor allem in der Demokratie – als Effizienzverzicht. Es geht ihnen nicht um „Voll-Effizienz", sondern um den Sinn für das politisch Erreichbare[46]. Insoweit ist das „Politische" Grenze, nicht Legitimation der Effizienz. Wollte man ferner eine Verbindung beider Komplexe darin sehen, daß ihnen das „dynamisch-zielgerichtete Normverständnis" innerhalb des normativen Rahmens oder gar über diesen hinaus gemeinsam sei, so würde dadurch der Wirksamkeitsgrundsatz kaum an Präzision oder Überzeugungskraft gewinnen: „Politik" würde viel weiter tragen und damit für die

---

[40] *Thieme* (Fn. 9), Rdnr. 966.

[41] *Wittich* (Fn. 30), S. 147.

[42] So m. Recht *Wittich* (Fn. 30), S. 149.

[43] Vgl. oben 1, 2.

[44] Siehe unten VIII.

[45] *Bachof* (Fn. 32), S. 46.

[46] Dazu *Bachof* (Fn. 32), S. 52 f. im Anschluß an das Saar-Urteil des BVerfG.

Rechtsstaatlichkeit noch weit gefährlicher sein als jede „Effizienz"; dieser gegenüber würden zu Unrecht alle Bedenken erhoben, die einem derart „politisierten Recht" von jeher entgegenstehen. Effizienz ist schließlich weit enger als eine allgemeine Politikdynamik, sie hat nichts von deren Freiheit, die sich auch laufend neue Ziele setzt, ja sie kann als Gegenprinzip des „Politischen" verstanden werden: sie will bestehende Gestaltungen festigen, nicht frei neue hervorbringen. Geistig steht sie jedenfalls in der Nähe einer „Technokratie", die sich, ebenso wie die Norm, dem politischen Voluntarismus entgegenstellt.

Effizienz ist also nicht politische Dynamik. Aus dieser kommt ihr allenfalls eines: eine gewisse Bewegungsfreiheit in den normativen Räumen, ohne die sie nicht als normativer Grundsatz wirken kann.

5. Rationalität und Effizienz

Effizienz erscheint manchen als Ausdruck der Rationalität[47] — jenes bereits ebenso inhaltsarmen wie wertungsschweren Modeworts, welches einer der Sammelbegriffe für „alles heutige Gute" zu werden droht und neben sich nur noch Chaos und Emotionen kennt.

Vor allem steht „Rationalität" heute, selbst in der Fachdiskussion der Verwaltungswissenschaft, schon schlechthin für Richtigkeit oder technische Perfektion der Verwaltungsabläufe. Rational ist dann etwa ein Handeln in Kenntnis der Fakten und Konsequenzen der Entscheidung[48], rational soll im öffentlichen Dienst ebenso die Einfügungsdisziplin des Beamten wie die Überwindung des Klassendenkens sein[49]. Und so wird die „Richtigkeit" der Entscheidung geradezu zu einem Faktor des Effektivitätsgrundsatzes[50].

Damit aber geht „Rationalität" als Grundlage oder Legitimation der Effizienz verloren. Bei dieser steht nicht die Zielsetzung, sondern die Zielerreichung im Vordergrund, und selbst eine Zielentwicklung aus Entscheidungsmitteln hat mit der „Richtigkeit" des Handelns nichts gemein. Bei so ausufernder Rationalität geht es darum, die Strukturen des Rechts mit solchen der „Wirklichkeit" in Einklang zu bringen. Der Effizienz genügt es, daß die Realität verändert werde.

Effizienz will nicht die technisch richtige, sondern die mittelausschöpfende Entscheidung, die auch, gerade — unrichtig sein kann.

---

[47] Siehe etwa *Ellwein* (Fn. 2), S. 2.

[48] Z. B. *Canenbley* (Fn. 4), S. 36.

[49] *Morstein-Marx* (Fn. 4), S. 48 f.

[50] *Hauenschild* (Fn. 1), S. 117.

Wird allerdings Rationalität so verstanden, daß im modernen Staat ein historisch entwickelter Bestand an Aufgaben und Mitteln durch den „rationalen“ Schluß von der Situation auf den Zweck und vom Zweck auf das Mittel abgelöst wird[51], so ist dies in der Tat nichts anderes als eine Seite eines möglichen Effizienzgrundsatzes. Rationalität in diesem letzteren Sinn aber ist (noch) keine klar abgegrenzte Kategorie der Allgemeinen Staatslehre, sondern nicht viel mehr als eine These zur allgemeinen verfassungshistorischen Entwicklung. Sie könnte allenfalls Effizienz als entwicklungskonform erweisen. Diese ginge allerdings unter Umständen selbst über so verstandene Rationalität noch hinaus, wenn nicht nur vom (unbedingt, vollständig) zu realisierenden Zweck auf die (wirksamen) Mittel geschlossen, sondern aus den bereitgestellten Mitteln sogar der Zweck entfaltet würde.

Zu einem wie immer verstandenen allgemeinen Effizienzprinzip trägt bisher, wie sich gezeigt hat, die Theorie wenig bei. Es fragt sich nun, ob es im geltenden Staats- und Verwaltungsrecht anerkannt wird.

IV. Effizienz als Verfassungsgrundsatz

1. Allgemeines

Ein ausdrückliches Gebot, eine optimale Zweck-Mittel-Relation im staatlichen Handeln herzustellen, findet sich in der Verfassung nicht; eine so allgemeine „Norm“ würde auch nichts aussagen. Aber auch eine Zielerreichungseffizienz wird sich kaum begründen lassen, bei der es um eine besonders intensive Zweckrealisierung ginge.

Nirgends im Verfassungsrecht wird ein Wirksamkeitsgrundsatz des Inhalts allgemein anerkannt oder auch nur gefordert, daß die Organe die ihnen vorgegebenen Ziele besonders durchgreifend, rasch, vollständig erreichen müßten, geschweige denn, daß daraus generell Befugnisse abgeleitet würden. Solche Grundsätze können nicht rechtsanalog aus punktuellen Normen erschlossen werden, die sicherstellen sollen, daß die elementarsten Staatsaufgaben „überhaupt noch erfüllt werden können“ (so etwa beim Polizeieinsatz nach Art. 91 GG). Daß klar gestellte Aufgaben überhaupt erfüllt werden sollen, ist Staatlichkeit, Erforderlichkeit, nicht Effizienz. Diese beginnt erst dort, wo eine gewisse Intensität der Durchführung, insbesondere spezifische darauf zielende Modalitäten erkennbar werden.

Zeigt aber im ganzen die normative Grundstimmung des Grundgesetzes nicht das Gegenteil — Effizienzfeindlichkeit? Eine Verfassung, welche nicht

---

[51] *Krüger* (Fn. 4), S. 58.

mit der Staatsgewalt, sondern mit deren Grenzen beginnt (Art. 1 GG), für die fast ausschließlich Begrenzungen unantastbar sind (Art. 79 Abs. III GG), welche an die Spitze des Staates nicht eine machtvolle Figur, sondern einen Ehrenprotokollanten stellt, die gegenseitige Hemmung zum obersten Organisationsprinzip erhebt (Gewaltenteilung) — eine solche Ordnung ist mindestens insoweit nicht effizienzfreundlich, wie Mißtrauen eben Aktionsfreudigkeit ausschließt.

Doch auch ein Grundsatz der Effizienzfeindlichkeit läßt sich dem Grundgesetz nicht entnehmen. Ihm geht es zunächst um den Schutz der Bürger, dem auch gerade die Effizienz dienen kann. Staatsorganisationsgrundsätze solcher Art sind überdies nicht zentraler Inhalt der Verfassung, die mehr Bestellung und Tätigkeitsrahmen der Organe als deren Tätigkeitsformen und aktionsorientierte Einzelorganisation normiert. Soweit allerdings normative Abgrenzungen, soweit Rechtsstaatlichkeit an sich effizienzfeindlich ist, kann es Wirksamkeit als Rechtsprinzip in der Bundesrepublik Deutschland nicht geben.

Die Verfassung ist im ganzen effizienzneutral — mehr ist auch bei solchem normativen Inhalt nicht zu erwarten. Elemente für oder gegen Effizienz könnten allenfalls der normativen Organisation oder Verfassungspraxis bei einzelnen Verfassungsinstitutionen entnommen werden. Im Vordergrund kann hier weder die klassische Judikative stehen, die weithin von der „Durchsetzung“ und von der „Gestaltung“ abgesperrt ist, noch ein Parlament, das vor allem gesellschaftliche Tendenzen zu Zielen koordiniert, Mittel jedoch vielleicht noch bereitstellt, nicht aber einsetzt.

Die Einsatzgewalt also muß zunächst befragt werden — die Exekutive, vor allem, was die Zweckerreichungseffizienz anlangt.

2. Effizienz im Bereich der Regierung

Die Exekutive ist nach dem Grundgesetz scharf konzentriert: Kein Präsident stört sie, das Kanzlerprinzip mediatisiert die Minister. Doch dies sind allenfalls Voraussetzungen der Effizienz, nicht diese selbst, und auch nur so weit, wie Entscheidungszentralisation mit Wirksamkeit in Verbindung gebracht wird[52].

Daß das Kabinett im übrigen der Hauptträger der Effizienz[53], daß seine Tätigkeit zweckgerichtet sein soll[54] — derartige Aussagen ergeben für die

[52] Dazu noch näher unter 3.

[53] *Ellwein* (Fn. 2), S. 173.

[54] *Kassimatis* (Fn. 28), S. 136.

spezielle Dogmatik eines Wirksamkeitsgrundsatzes nichts. Und auch von der Regierung wird mehr nicht erwartet, als daß sie „funktionsfähig" bleibe zur Erfüllung ihrer verfassungsmäßigen Aufgaben, zur Wahrnehmung ihrer Sachverantwortung gegenüber Volk und Parlament[55]. Dasselbe gilt aber für jedes Staatsorgan, ja für die gesamte parlamentarische Ordnung, die mit solcher Begründung etwa durch Wahlsperrklauseln gegen „Splittergruppen" geschützt wird. Es ist schon fraglich, ob es eine Dogmatik der Funktionsfähigkeit überhaupt geben kann — mehr als ein Effizienzminimum in einer effizienzneutralen Ordnung sichert sie nicht. Mehr als eine „Gerade-noch-Wirksamkeit" läßt sich als Verfassungsgebot auch im Bereich der Regierung nicht auffinden. Und ist das etwas anderes als die „klassische Erforderlichkeit"?

Darin allenfalls könnte also bei der Exekutive erhöhte Effizienzgeneigtheit liegen, daß hier freier, normunabhängiger organisiert werden und daher eine spezielle Zweckanpassung verlangt werden kann[56]. Doch selbst wenn dies noch normativ faßbar sein sollte[57], so wird eben heute solche „Freiheit" durch rechtsstaatliche Erosion laufend zurückgedrängt — von der Organisationsgewalt bis zum Regierungsakt, vom Besonderen Gewaltverhältnis bis zur Verordnungsgewalt. Wenn also Effizienz nur in normfreien Räumen wirken kann, so ist „Wirksamkeit" kein machtvoller Rechtsgrundsatz, sondern ein Trümmerhaufen früherer Staatsideen, den Rechtsprechung und Lehre beseitigen wollen.

Effizienz ist nur für den ein Specificum des Regierungsbereiches, der Exekutive mit normfreier Staatsgewalt gleichsetzt. Wenn sie sich allein daraus ergeben soll, daß die Regierung „Gestaltungsfreiheit" habe, so führt dies weit über die Effizienz in die Zielsetzungsfreiheit hinein — und in Theoreme und Postulate. Es gibt eben in der Bundesrepublik Deutschland keine Theorie von der effizienten Regierung[58], sondern nur eine Dogmatik von deren rechtsstaatlicher Beschränkung.

3. Föderalismus und Selbstverwaltung als wirksame Organisationsformen

Jede Form der Autonomie stellt irgendwie die Effizienzfrage unter all ihren Aspekten: „Zentralisten" haben noch immer aus der angeblich erhöhten

---

[55] BVerfGE 9, 268 (281).

[56] So etwa *Laufer* (Fn. 13), S. 97 f. bei der Figur des Parlamentarischen Staatssekretärs.

[57] Zweifelnd *Kassimatis* (Fn. 28), S. 136 f.

[58] Zur amerikanischen Situation vgl. neuerdings *Meister*, N., Die Reformen der Amerikanischen Bundesverwaltung unter dem Leitgedanken „Economy and Efficiency", Berlin 1970.

Wirksamkeit ihrer Organisationsmodelle argumentiert. Föderalisten legitimieren sich aus größerer Lebensnähe ihrer Einrichtungen — und damit wieder aus Effizienz[59]; die Föderalordnung des Grundgesetzes soll auf „wirksamen Gesetzesvollzug" angelegt sein[60].

Im ganzen aber ist der Föderalismus effizienzmäßig seit langem in der Defensive. Selbst wenn man der Verfassung kein generelles Mißtrauen in seine Leistungsfähigkeit unterstellt[61] und von einer deutlichen Verfassungsänderungstendenz absieht, welche die Länder mit allgemeinen Effizienzargumenten zurückdrängt — in der föderalen Theorie ist Bundesstaatlichkeit seit langem als die komplizierte, ja unwirtschaftliche Staatsform kritisiert worden[62], bei der es jedenfalls „Durchgriffseffizienz" nicht geben könne[63] und Reibungsverluste eben in Kauf genommen werden müßten[64].

Es liegt also weit näher, aus der Föderalordnung des Grundgesetzes – soweit sie noch besteht – auf generelle Effizienzfeindlichkeit des deutschen Verfassungsrechts zu schließen, als aus gelegentlichen Abwehrargumenten eine föderale Wirksamkeitstheorie entwickeln zu wollen. Die wenn nicht beste, so doch herrschende Legitimation des Föderalismus sieht diesen ja auch als Form der hemmenden Gewaltenteilung, nicht als scharfes Instrument der Staatsgewalt. Die vielleicht deutlichste Argumentation aus der Effizienz im Staatsrecht hat gerade am Föderalismus ihre Grenzen gefunden — der Versuch, durch „Interpretation aus Sachzusammenhang" dem Bund neue Kompetenzen zu erschließen[65]. Und selbst die Auslegung aus der „Natur der Sache" ist hier so weit eingeschränkt worden[66], daß sie nicht mehr als vielleicht noch Ausdruck einer „Gerade-noch-Effizienz" sein kann.

Die Diskussion geht also heute höchstens noch darum, die Funktionsfähigkeit der bundesstaatlichen Verfassungsordnung zu sichern[67], nicht aber darum, ihre spezielle Orientierung auf Effizienz zu erweisen. Zu deren Präzisierung kann der Föderalismus zur Zeit nichts beitragen — allenfalls vermögen

---

[59] Siehe neuerdings etwa *Kölble*, J., ZRP 1968, S. 8 (9); *Lerche*, P., Aktuelle föderalistische Verfassungsfragen, München 1968, S. 11.

[60] So zum zentralen Art. 84 GG BVerfGE 22, 180 (210).

[61] Schwächt nicht das GG die Kompetenzvermutung für die Länder durch ein gewisses Leistungsmißtrauen (vgl. Art. 72 GG) schon generell ab?

[62] *Hettlage*, K.M., in: R. Badenhoop, Wirtsch. ö. Verwaltung, Stuttgart 1961, S. 38 (51).

[63] *Lerche* (Fn. 59), S. 7.

[64] *Hesse* (Fn. 6), S. 92.

[65] Dazu BVerfGE 3, 407 (421); 15, 1 (20); *Maunz/Dürig/Herzog*, GG, Art. 70 Rdnr. 26.

[66] Vgl. BVerfGE 11, 89 (98).

[67] *Konow*, G., DÖV 1970, S. 22 ff.

es die Kräfte, welche ihn vernichten wollen. Doch dies ist Politik, nicht Rechtsgrundsatz.

Dasselbe zeigt die Diskussion um die *Selbstverwaltung*. Auch sie erscheint als freiheitsschützende Organisationsform, bei der betriebliche Leistungsfähigkeit und administratives Optimum zurücktreten müssen[68]. Nicht nur im totalitären Staat zeigt sich ihr gegenüber ein Effizienzmißtrauen, das prüfen will, ob die Kommunen nach rationalen Wirtschaftlichkeitskriterien die geeigneten Aufgabenträger seien[69].

So ist denn „gemeindliche Leistungsfähigkeit" ein Rechtsbegriff, der zwar an der Wirksamkeit orientiert ist, jedoch wiederum im Sinn der „Gerade-noch-Effizienz", nicht optimal wirksamer Organisation[70]. Auch diese Leistungsfähigkeit ist nicht mehr als ein dogmatischer Minimal- und politisch ein Defensivbegriff: Sie soll eben nicht auch noch — ausgehöhlt werden[71]. Dennoch stehen übrigens die Kommunen weithin zur Disposition der Effizienz. Gerade bei Umgemeindungen, welche sie in ihrem Kern treffen, werden Kategorien verwendet, welche der Effizienz am nächsten kommen: Die Erfüllung kommunaler Aufgaben muß durch sie erleichtert, verbilligt, im Wirkungsgrad gesteigert (!), in die richtigen Hände gelegt werden[72], im Sinn objektiv vernünftiger Entwicklung muß für „bessere kommunale Betreuung" gesorgt werden[73].

Schließlich beruht das Recht der Selbstverwaltung allenthalben auf einer Unterscheidung zwischen der Legalität und einer Zweckmäßigkeit, deren Beurteilung der Autonomie überlassen wird. Wenn Effizienz ein Rechtsgrundsatz wäre, könnte nicht auf dem Umweg über sie die Zweckmäßigkeit überall der Rechtsaufsicht unterworfen werden? Zeigt sich hier nicht allgemein, daß die Zweck-Mittel-Relation mit dem „Recht" nicht an sich, sondern nur dort etwas zu tun hat, wo sich dies aus *speziellen* Normen ergibt?

Wie immer — das Ergebnis ist eindeutig: Föderalismus und Selbstverwaltung sind Organisationsformen, welche mehr Ineffizienz in Kauf nehmen, als daß sie einen Wirksamkeitsgrundsatz ins Deutsche Staatsrecht einführten, über die „Funktionsfähigkeitserhaltung" jedenfalls führt ihre Problematik nicht hinaus.

---

[68] *Köttgen*, A., Sicherung der gemeindlichen Selbstverwaltung, Münster 1960, S. 24.

[69] Siehe etwa die Amtl. Begründung zu § 67 DGO in: Surén/Loschelder, DGO II, Berlin 1940, S. 88 f. (1 c).

[70] Vgl. f. viele *Helmreich/Widtmann*, BayGO, 3. Aufl., München 1966, Art. 57/1 u. 3 sowie Art. 75 Abs. I S. 2 und Art. 82 Abs. II BayGO.

[71] So auch StGH RGZ 126, Anh. S. 14 (22), zust. BVerfGE 1, 167 (175); 22, 180 (204).

[72] BayVGHE 7, 121 (124); BayVGH BayVBl. 1962, S. 118.

[73] BayVGH BayVBl. 1962, S. 151 (153).

4. „Wirksame" Vollstreckung durch das BVerfG

Bei der Vollstreckung verfassungsgerichtlicher Entscheidungen tritt eine Art von „Effizienzprinzip" in Erscheinung: Nach § 35 BVerfGG hat das Gericht die zur Vollstreckung seiner Entscheidung erforderlichen Maßnahmen anzuordnen. Die Mittel werden also ganz allgemein und ausschließlich nach dem Zweck bestimmt — so generell, wie dies sonst in der rechtsstaatlichen Ordnung nicht vorgesehen ist und gerade von dem Hüter derselben!

Selbst wenn aber hier das Gericht volle Freiheit hat, die jeweils sachgerechte, rascheste, zweckmäßigste, einfachste, wirksamste Entscheidung zu treffen[74], und damit neben Richtigkeits- auch Effizienzkriterien auftreten, so ist doch aus dieser deutlichen Sondergestaltung für einen allgemeinen Wirksamkeitsgrundsatz nichts zu gewinnen: Hier werden nur wenige, außergewöhnliche Fälle erfaßt, nur selten werden spezielle Vollstreckungsentscheidungen getroffen. Die Analogiestütze für einen allgemeinen Grundsatz wäre schwach. Die Vollstreckungsgestaltungskompetenz dient auch vor allem der Abwehr von Gefahren für den Bestand des Staates[75], sie ist insoweit Reserve — nicht Normalgewalt, aus ihr kann keine Norm für Normalgewalten entwikkelt werden. Als Zuständigkeit der Judikative ist sie überdies auf deren wesentlich punktuelle, reaktive Dezision beschränkt, welche sich von der frei-initiativ gestaltenden Exekutivtätigkeit unterscheidet; für diese ergibt sie nichts. Bei der Urteilsvollstreckung ist ferner die Zweck-Mittel-Relation in jedem Fall streng rechtsdeterminiert, das zu vollstreckende Urteil setzt gerade eindeutig das konkret zu erreichende Ziel. Eine typische Problematik effizienter Erreichung von nur allgemein oder nicht eindeutig bestimmten Zielen tritt hier nicht auf. Die Vollstreckungsregelung ist auch nicht so sehr Ausdruck eines Effizienzprinzips, besonderer Exekutionsintensität, sondern nur der „Erforderlichkeit". „Gerade-noch-Effizienz" kann genügen. Die Verfassungsgerichtsbarkeit ist schließlich eine so eindeutige Sondergewalt zum Schutze der Freiheit, daß Effizienzregelungen von ihr nicht auf die wesentlich freiheitsgefährdende Exekutive übertragen werden könnten.

Ergebnis: Im ganzen bietet also das Verfassungsrecht keinen Ansatz für ein Effizienzprinzip. Wenn nicht effizienzfeindlich, so ist es jedenfalls effizienzneutral. Mehr als die Erhaltung der Funktionsfähigkeit der Organe, und damit doch nur eine „Gerade-noch-Effizienz" fordert es nicht.

Wirksamkeit ist von jeher ein Verwaltungsproblem gewesen. Mit der folgenden verwaltungsrechtlichen Prüfung erreicht die Untersuchung ihren Mittelpunkt.

---

[74] *Maunz/Sigloch*, BVerfGG, § 35 Rdnr. 5.

[75] *Klein* (Fn. 9), S. 42.

V. Effizienzformen der Fiskal-, Leistungs-, Hoheitsverwaltung

Die vor allem in der Verwaltungslehre angestellten Versuche, Wirksamkeitskategorien zu bestimmen[76], kommen insbesondere dann über allgemeine, inhaltsarme Begriffe nicht hinaus, wenn sie die Verwaltungstätigkeit als „Einheit“ sehen. Gerade aus der Sicht eines möglichen Effizienzgrundsatzes müssen Fiskaltätigkeit, Leistungsverwaltung und Hoheitsverwaltung unterschieden werden. Es fragt sich dann, ob Wirksamkeitsvorstellungen des einen Bereichs auf den anderen übertragbar sind.

1. Die Produktionseffizienz des Fiskalbereichs

Spätestens seit dem 18. Jahrhundert kommt staatliches Effizienzstreben vor allem im Fiskalbereich zum Ausdruck. Die Flexibilität seiner privatrechtlichen Formen, seine geringe Normativierungsdichte bewahrten bis in neuere Tage gegenüber der vordringenden Rechtsstaatlichkeit eine staatliche Handlungsfähigkeit, die auch neuerdings immer wieder mit der Effizienz in Verbindung gebracht wird[77]. Doch nicht nur darin liegt die Effizienzneigung des fiskalischen Handelns: Bei ihm ist, anders als sonst in der Verwaltung, die Zweck-Mittel-Relation eindeutig. „Zweck“ ist, wie in der privaten Wirtschaft, Gewinnmaximierung, alles steht unter einem Gesetz — mit gegebenen Mitteln wirtschaftlich möglichst viel zu erreichen. Dies ist nichts anderes als das Produktivitätsprinzip der Verwaltungslehre[78], es soll daher auch im folgenden von fiskalischer Produktionseffizienz die Rede sein.

Dieser Produktionseffizienz geht es nun primär weder um den Zweck noch um die zu seiner Verwirklichung eingesetzten Mittel, sie strebt ein optimales, möglichst günstiges Funktionsverhältnis zwischen beiden an. Wesentlich ist sie also weder Schluß von den Mitteln auf den Zweck noch umgekehrt, sie heischt vielmehr maximale Mittelausnutzung. Damit aber ergeben sich bei ihr zwei Aspekte:

a) Der *Zweck* ist fest vorgegeben. Der Produktionseffizienz ist dann genügt, wenn er mit minimalen Mitteln erreicht wird.

---

[76] Vgl. f. viele *v. Heppe*, H. und *Becker*, U., Zweckvorstellungen und Organisationsformen, in: Morstein-Marx, Verwaltung, Berlin 1965, S. 87 (88 a).

[77] Vgl. etwa *Krüger* (Fn. 12), S. 132 LS. 18, 19; *Hesse* (Fn. 6), S. 137; für den Personalsektor (der öffentlich-rechtlichen Kreditinstitute, die bei richtigem Verständnis als Fiskalbetriebe anzusehen sind) *Twichaus*, U., Die öffentlich-rechtlichen Kreditinstitute, Göttingen 1965, S. 51.

[78] *Thieme* (Fn. 9), Rdnr. 997.

b) Der Zweck ist zwar generell, richtungsmäßig bestimmt (Hervorbringung bestimmter Güter oder Leistungen), der konkrete Erfolg (Quantität, Qualität) jedoch bleibt offen, vorgegeben sind vielmehr die *Mittel*, die Effizienz ihres Einsatzes bestimmt den konkreten Zweck. Insoweit ist Effizienz zielbestimmend, sie setzt voraus, daß der Zweck nur tendenziell fixiert, im übrigen aber von der Effizienz der Mittelausnutzung näher determiniert wird.

Im einen Fall sind bei dieser Zweck-Mittel-Relation der Produktionseffizienz also die Mittel, im anderen Fall ist der Zweck je nach Effizienz variabel. Inhalt des Wirksamkeitsgrundsatzes ist stets das Optimum des Zweck-Mittel-Verhältnisses — möglichst viel Erfolg mit möglichst wenigen Mitteln. Das „Möglichste", das Optimum aber setzt einen *Vergleich* voraus, es müssen ähnliche andere Zweck-Mittel-Relationen aufgefunden werden, an denen der Effizienzgrad zu messen ist.

Für den Fiskalbereich ist dies ebenso möglich, wie generell in der Privatwirtschaft: Er steht im Wettbewerb der Märkte, ohne diesen kann es keine allgemeine Vergleichbarkeit und damit keine Produktionseffizienz geben. Der Wettbewerb ist also für sie schlechthin konstituierend. Und wenn im Einzelfall nicht die jeweiligen Tätigkeiten von Fiskus und Privaten als solche voll vergleichbar sind, so läßt sich der Leistungsvergleich doch in Einzelbereichen durchführen (Leistung gewisser Maschinen, bestimmter Mitarbeiter), weil sich hier vergleichbare Relationen jedenfalls irgendwo in der Wirtschaft finden.

Die Effizienzvorstellung des Fiskalbereichs ist also die der Produktionswirksamkeit, bei der durch ökonomischen Vergleich das optimale Zweck-Mittel-Verhältnis ermittelt und auf einzelnen Bereichen oder im ganzen angestrebt wird. Es fragt sich nun, ob dies auf die Leistungsverwaltung übertragen werden kann.

2. Die „Leistungsfähigkeit" der Leistungsverwaltung

Effizienzvorstellungen der Privatwirtschaft wirken in allen Bereichen wirtschaftlicher Staatstätigkeit. Werden sie aber dem Auftrag der Leistungsverwaltung gerecht?

Hier tritt der Begriff der „Leistungsfähigkeit" auf. Ihre Steigerung ist politisches Programm[79/80], sie ist aber auch ein Rechtsbegriff[81], der bei ge-

[79] Vgl. etwa die Regierungserklärung von Ministerpräsident *Goppel*, in: Verwaltungsreform in Bayern I, München 1968, S, 9.

[80] Vgl. Fn. 79.

[81] So etwa die „Leistungsfähigkeit der Schiene", BVerfGE 11, 168 (184).

meindlichen Einrichtungen eine besondere Rolle spielt[82]; von dort aus ist sie wohl zum allgemeinen Begriff der gemeindlichen Leistungsfähigkeit erweitert worden[83], die aber stets wesentlich eine solche der kommunalen Leistungsverwaltung war.

Ist nun diese „Leistungsfähigkeit" identisch mit der Produktionseffizienz, können deren Grundvorstellungen auf Leistungsverwaltung übertragen werden? Davon gehen sicher alle diejenigen aus, welche hier privatwirtschaftliches Management fordern oder gar das ökonomische Produktionsprinzip zum Leitgedanken aller Organisation erheben[84]. Die Leistungsverwaltung ist jedoch, gerade aus der Sicht der Effizienz, ein vielschichtiges Phänomen, das differenziert untersucht werden muß.

Der Begriff der „Leistungsfähigkeit" führt nicht weiter. Er sagt weder aus, ob die Aufgaben „gerade noch" oder besonders intensiv erfüllt werden sollen, noch, mit welchen Mitteln dies zu geschehen habe – mit selbsterwirtschafteten oder möglichst geringen Zuschüssen aus dem allgemeinen Haushalt –, noch schließlich, ob leistungskräftige Staatsbetriebe Gewinn abwerfen oder lediglich sich selbst tragen sollen. Eine einheitliche Vorstellung zu all diesen Fragen gibt es überhaupt nicht[85], sie kann daher auch der „Leistungsfähigkeit" nicht entnommen werden.

Allgemein läßt sich nun sicher sagen, daß das Ziel-Mittel-Verhältnis des Fiskalbereiches auch in der Leistungsverwaltung gilt. Auch hier soll ein Produktionserfolg erzielt, soll mit möglichst wenig Mitteln, die eben effizient eingesetzt werden, der Allgemeinheit möglichst viel an ökonomisch meßbarer Leistung erbracht werden. Woher die Mittel kommen, ist dabei ohne Belang: Wenn etwa infolge von Sozialtarifen laufende Zuschüsse erforderlich werden, so schließt dies nicht aus, daß *im Rahmen* dieser speziellen Konstellation von Leistungsbedingungen und Mitteln eben in vollem Umfang fiskalisch gedacht wird. In der Regel ist das Ziel beweglich, ist es nicht Gewinnmaximierung, so heißt es Leistungsmaximierung, das konkrete Ziel (der etwa in einem Jahr angestrebte Leistungserfolg) kann durch optimale Mittelausnutzung höher gesteckt werden — es gilt eben noch in vollem Umfang privatwirtschaftlich-fiskalische Leistungseffizienz, wenn auch innerhalb der speziellen Marktbe-

---

[82] Siehe zur „Leistungsfähigkeit gemeindlicher Wasserversorgung" BayVGHE 7, 12 (13).

[83] *Helmreich/Widtmann* (Fn. 70), Art. 57/1; Amtliche Begründung zu § 67 DGO (Fn. 69), 1 b.

[84] *v. Heppe* und *Becker* (Fn. 76), S. 88/9.

[85] So wird etwa bei gemeindlichen Wasserleitungen die Leistungsfähigkeit i.S. möglichst weitgehender Selbstaufbringung der Mittel von „fiskalischen Erwägungen" unterschieden, nach denen allgemein Gewinn erwirtschaftet werden sollte (vgl. BayVGHE 7, 12 (13)). Andererseits aber wird weithin behauptet, Leistungsfähigkeit (etwa der DB) verlange, daß auch mit normalem privatwirtschaftlichen Gewinn gearbeitet werde.

dingungen, welche durch den (etwa sozialen) Leistungsauftrag geschaffen werden. Die Ziele sind die wirtschaftlicher „Produktion", und damit sind sie so beweglich, wie es eine der Spielarten der klassischen Effizienz verlangt (vgl. oben 1 b).

Die Problematik der Leistungsverwaltung, ihre eigentliche Unterscheidung vom Fiskalbereich, beginnt aber dort, wo nicht nur der Allgemeinheit ein Maximum von möglichst billigen Leistungen erbracht werden soll – dies wäre ja nichts anderes als subventionierte Privatwirtschaft –, sondern wo damit zugleich *andere* konkrete Zwecke verfolgt werden, welche im öffentlichen Interesse stehen[86]. Dient die Leistungsverwaltung zugleich der Sicherheit des Straßenverkehrs, der Kriegsopferfürsorge, der sozialen Güterumverteilung, so treten damit konkrete Zwecke *neben* das allgemeine ökonomische Ziel der Gewinn- oder Leistungsmaximierung. Dieses ist beweglich – und damit der klassischen Produktionseffizienz zugänglich –, die konkreten Verwaltungszwecke sind es nicht. Soweit sie klar bestimmbar sind, und dies wird ja in der Regel wenigstens angestrebt, sind sie eben zu erfüllen — nicht mehr und nicht weniger.

Produktionseffizienz kann es hier noch insoweit geben, als die vorgegebenen Ziele mit möglichst wenigen Mitteln, unter optimaler Ausnutzung derselben erreicht werden sollen (vgl. oben 1 a). Voraussetzung wäre allerdings, daß diese Zweck-Mittel-Relationen innerhalb der Leistungsverwaltung jeweils isolierbar wären. Schon dies wird auf Schwierigkeiten stoßen, weil die Zwecke manchmal unklar sind und überdies noch vielfach mit anderen im Gemenge liegen.

Eine weitere Schwierigkeit für die Anwendung der Produktionseffizienz auf solche Zweck-Mittel-Relationen der Privatverwaltungswirtschaft liegt aber darin, daß diese „Zwecke" der Leistungsverwaltung im öffentlichen Interesse stehen, also ex definitione nicht mit Zwecksetzungen verglichen werden können, die im privaten Wirtschaftsbereich oder bei der Fiskaltätigkeit auftreten. Wie soll dann aber jenes „Optimum" festgestellt werden, welches die Produktionseffizienz verlangt?

Mit solcher Problematik erreicht die Untersuchung bereits den Bereich „Effizenz in der Hoheitsverwaltung", denn mit den „spezifischen Verwaltungszwecken" der Leistungsverwaltung sind ja hoheitsrechtliche Elemente in diese eingebettet. Ob also in der Leistungsverwaltung Raum für Produktionseffizienz auch insoweit ist, als sie spezielle öffentliche Interessen, vor allem sozialpolitischer Art, verfolgt, kann erst entschieden werden, wenn

---

[86] Dies eben ist die Formel „Leistungsverwaltung = Fiskaltätigkeit + konkretes öffentliches Interesse", die allerdings heute in zunehmendem Maße kritisiert wird, vgl. oben Fn. 24, 25 m. Nachw.

geklärt ist, wieweit Produktionseffizienz im Hoheitsbereich möglich ist (vgl. unten VII). Dasselbe gilt für die Frage, ob es in der Leistungsverwaltung neben der Produktions- noch eine Zweckerreichungseffizienz gibt (dazu unten VI). Eines kann allerdings schon hier festgestellt werden: In der Regel liegen in der Leistungsverwaltung Spezialzwecke öffentlichen Interesses und privatwirtschaftliches Gewinnmaximierungsstreben derart im Gemenge, daß praktisch nur *einer* Effizienzvorstellung gefolgt wird: der der fiskalischen Produktivität. Es sind nämlich auch die – angeblich so „fest" rechtsstaatlich bestimmten – Verwaltungsziele weithin „beweglich", sie sollen realisiert werden, „soweit es die Mittel gestatten", nicht „unbedingt", eben deshalb werden ja privatwirtschaftlich-elastische, nicht aber hoheitliche Formen gewählt.

Im ganzen ist und bleibt daher wohlverstandene Leistungsverwaltung eine Domäne privatwirtschaftlich-fiskalischer Effizienz. Aber es gibt eben noch — die „andere" Effizienz ...

3. Die „wirksame Hoheitsgewalt" — Die beiden Grundformen der Effizienz

Die Hoheitsgewalt produziert nicht, sie verwirklicht das Recht. Im Rechtsstaat ist ihr Ziel unwandelbar vorgegeben: die Anwendung von Normen zu dem vom Gesetz fixierten Zweck, der selbst noch in den Ermessensraum hineinwirkt.

Diese Zwecke ergeben sich aus Einzelnormen, systematischem Gesetzeszusammenhang, Präambeln, höher-, gleich- oder (sogar) niederrangigem anderen Recht. Die Ziele mögen mit den oder jenen Mitteln, „starr" oder „elastisch" verfolgt werden[87], sie sind jedoch als solche keine Funktion der Mittel und deren Ausnutzung. Die Mittel haben sich vielmehr nach ihnen zu richten, wie dies die klassischen Allgemeinbegriffe des polizeilichen Handelns – Bestimmtheit, Geeignetheit, Erforderlichkeit, Verhältnismäßigkeit der Mittel – ausdrücken[88]. Zentralbegriff ist die Erforderlichkeit.

Angesichts der festgesetzten Zwecke hoheitlichen Handelns kann Produktionseffizienz nur insoweit gelten, als die Ziele mit möglichst geringen Mitteln erreicht werden sollen, oder vielleicht doch noch „je nach Mitteln

---

[87] So wurde früher der verwaltungsrechtliche Vertrag als „elastische" (vgl. *Apelt*, W., Der verwaltungsrechtliche Vertrag, Leipzig 1920, S. 6), heute wird er dem Verwaltungsakt gegenüber als „starre" Verwaltungsform angesehen (siehe *Bullinger*, M., Vertrag und Verwaltungsakt, Stuttgart 1962, S. 247 [248]).

[88] *Drews/Wacke* (Fn. 22), S. 284/5.

beweglich" gemacht werden können. Diese bereits für die Leistungsverwaltung aufgeworfene Frage ist unten (VII) zu erörtern.

Hier ist zunächst eine andere Effizienzform zu untersuchen, welche für die Hoheitsverwaltung typisch ist: Die *Zweckerreichungseffizienz*, die andere mögliche Grundform des Wirksamkeitsgrundsatzes. Sie ist vor allem als Rechtsverwirklichungseffizienz denkbar. Es geht hier nicht darum, daß Zwekke mit möglichst geringen Mitteln, sondern daß sie in einer gewissen Perfektion (rasch, durchschlagend, umfassend) verwirklicht werden. Effizienz wäre insoweit eine Frage nicht der Mittelverwendung, sondern der Zweckinterpretation: Ist mit einem mehr oder weniger allgemein gegebenen Zweck (öffentliche Sicherheit, Reibungslosigkeit des Straßenverkehrs, Leichtigkeit des fließenden Verkehrs in Cities) zugleich das (weitere) Ziel vorgegeben, daß dies rasch, rücksichtslos, systematisch usw. erreicht werden soll?

Zweckerreichungseffizienz wäre insofern eine Besonderheit rechtsverwirklichender Hoheitsgewalt, als bei deren Einsatz der Zweckerreichung eine besondere, von allen möglichen Mitteln isolierte selbständige Bedeutung zukäme, wie es der Privatwirtschaft fremd ist: Die normativ fixierten Ziele müßten unbedingt erreicht werden, theoretisch wenigstens kann ja der allmächtige Staat beliebige Mittel bereitstellen. „Intensive Zielverwirklichung an sich", ohne Rücksicht auf Mittel und Verluste, wäre ein typisch hoheitsrechtlicher Selbstzweck.

Um es nochmals klarzustellen: Ein solcher Zweckerreichungs-Wirksamkeitsgrundsatz würde gar nicht die Mittel berücksichtigen, sondern nur das Ziel klarstellen. Weil aber „Wirksamkeit" gemeinhin mit den Mitteln verbunden wird – *sie* eben „wirken", nicht das Ziel –, wird hier bei genauerem Zusehen Effizienz in einem uneigentlichen Sinn verstanden[89], dem der „wirksamen Zielerreichung", nicht als Vorgang, sondern als Ergebnis. Wenn dann der Zweck – etwa mit Hilfe so verstandener Effizienz – klar bestimmt ist, so wird allein im Wege der Erforderlichkeit von ihm auf die Mittel geschlossen.

Im Verfassungsrecht hat sich außer einigen Erforderlichkeitsansätzen nichts ergeben. Gibt es nun einen solchen Zielerreichungs-Effizienzgrundsatz für die Hoheitsverwaltung in jenem (ungeschriebenen) deutschen Allgemeinen Verwaltungsrecht, in dem er dogmatisch anzusiedeln wäre, oder lassen sich wenigstens entsprechende Teil-Prinzipien (Beschleunigung) feststellen?

Eines ist schon jetzt klar: Wenn es einen solchen allgemeinen Grundsatz der Zielerreichungs-Effizienz gibt, so werden durch ihn *alle* normativ fixierten Zwecke in verschiedener Hinsicht erweitert; da sie ja dann besonders

---

[89] Insoweit könnte zwischen der „Effektivität" der Ziele und der (auf die Produktion beschränkten) Effizienz der Mittel unterschieden werden. Eine solche Terminologie hat sich aber noch nicht durchgesetzt.

„intensiv" zu realisieren sind, kommt es jedenfalls zu einer erweiternden Auslegung — mindestens aber zu einer „extensiv-intensiven" Interpretation.

VI. Zweckerreichungs-Effizienz als Grundsatz des Allgemeinen Verwaltungsrechts? — Effektivität der Verwaltungsziele

1. Allgemeines Prinzip

a) Eine Maximalisierung der Verwaltungsziele durch „Ziel-Effektivität" läßt sich aus dem Verfassungsrecht nicht ableiten[90]. Es gibt auch keinen anerkannten Grundsatz des allgemeinen Verwaltungsrechts, der dieses generell ausdrücklich vorschriebe.

Ein allgemeines *Optimierungsprinzip* hat sich bisher nicht präzisieren lassen[91]. Die „Wirtschaftlichkeit" setzt voraus, daß die Zwecke feststehen[92], weil sie dann ja „möglichst wirtschaftlich" erreicht werden sollen, sie ist insoweit eine Spezialisierung der Erforderlichkeit. Hier dagegen sollen die Zwecke erst noch durch Zweckerreichungseffizienz bestimmt werden. Wo von „Steigerung der Leistungsfähigkeit" oder des „Wirkungsgrades" der Verwaltung gesprochen wird, soll *meist* - soweit sich dies nicht überhaupt auf die Leistungsverwaltung bezieht - nur die Wirtschaftlichkeit gesteigert, d.h. das vorgegebene Ziel mit geringeren Mitteln erreicht oder es soll die Mittelausnutzung verbessert werden. Dies aber ist nicht Zweckerreichungseffizienz, sondern eine Form der Produktionseffizienz im Hoheitsbereich[93]. Bei näherem Zusehen steht also *diese Effizienzform* - oder allein die klassische Erforderlichkeit für die Hoheitsverwaltung - in Diskussion, nicht die eigentliche Zielerreichungseffizienz.

Gegen diese zeigt sich sogar gelegentlich offene Abneigung, wenn gegen einen Verwaltungsperfektionismus polemisiert wird, der nach der Erfahrung im Ergebnis die Fehlerquote nur steigern und damit auch wieder die Zielerreichung reduzieren werde[94]. Und wenn sich der Optimierungsgrundsatz zur Lehre von der Mehrzahl der brauchbaren Entscheidungen relativieren soll[95],

---

[90] Vgl. oben IV.

[91] Dazu *Luhmann* (Fn. 5), S. 105; die allgemeinen Aussagen von *v. Heppe* und *Becker* (vgl. Fn. 76), S. 88 f., sind für die Hoheitsverwaltung nicht spezifiziert.

[92] *Thieme* (Fn. 9), Rdnr. 999; vgl. im übrigen zur Wirtschaftlichkeit unten VII.

[93] Dazu unten VII.

[94] *Krüger*, H., Das Leistungsprinzip als Verfassungsgrundsatz, Bad Godesberg 1957, S. 14.

[95] *Luhmann* (Fn. 5), S. 106 f.

so ist dies im Ergebnis das Gegenteil einer intensiven Zweckerreichung, die doch eine gewisse Einheit des Zieles *und* Einheit der Entscheidungsmöglichkeit voraussetzt.

Auch aus dem *Subsidiaritätsgrundsatz*, der gelegentlich[96] mit der Effizienz in Verbindung gebracht wird, läßt sich keine allgemeine Zielerreichungseffizienz ableiten. Er besagt allenfalls, daß der Verwaltung nur diejenigen Aufgaben gestellt werden sollen, welche nicht durch andere, insbesondere gesellschaftliche, Kräfte bewältigt werden können. Zur *Art* der Zielverwirklichung wird hier nichts anderes ausgesagt, als daß sie „gut" sein solle, es geht um die erforderlichen Mittel, nicht um eine erweiternde Determinierung des Zweckes wie im Falle der Zweckerreichungseffizienz.

Schließlich hat sich selbst dort nicht ein Effizienzgrundsatz der intensiven Zweckerreichung entwickelt, wo das Verwaltungshandeln rein zweckdeterminiert erscheint, beim *Ermessen*. Effizienz wird zwar als Handlungsmaßstab innerhalb des Ermessens[97] oder auch als Ermessensgrenze[98] genannt, doch sie erscheint nirgends als eine erweiternde Bestimmung der Zwecke, es wird lediglich die Zweck-Mittel-Relation hervorgehoben. Damit aber kommt nicht Intensität der Zweckverwirklichung, sondern nur Erforderlichkeit zum Ausdruck. Wenn endlich beim polizeilichen Ermessen gerade die Zwecksetzung frei sein soll[99], so wird wohl auf ihre Erweiterung durch einen *normativen* Effizienzgrundsatz völlig verzichtet.

b) Wenn sich nach all dem ein allgemeiner Grundsatz der Zielerreichungs-Effizienz im Verwaltungsrecht nicht auffinden läßt, so ist zu untersuchen, ob er aus grundsätzlichen Regelungen einzelner Verwaltungsrechtsbereiche induktiv erschlossen werden kann. In dem hier gezogenen Rahmen kann dies nur beispielhaft geschehen. Es sollen daher das Besondere Gewaltverhältnis, der öffentliche Dienst und die Automationsfrage als Beispiele erörtert werden.

Das Besondere Gewaltverhältnis sollte sicher der rechtsstaatlich gebundenen Staatsgewalt ein gewisses, vielleicht das „unumgängliche" Maß an Handlungsfreiheit erhalten. Es wird daher immer wieder mit der „Ergiebigkeit" staatlichen Handelns, mit staatlichem „Wirken" in Verbindung gebracht[100]. Es fragt sich jedoch schon, ob es dabei wirklich um Ziel-erreichungs- und nicht doch nur um Produktionseffizienz geht. Diese letztere

---

[96] *v. Heppe* und *Becker* (Fn. 76), S. 88.

[97] So etwa *Thieme* (Fn. 9), Rdnr. 966.

[98] Beispiel: BayVGHE 7, 121 (124).

[99] Siehe dazu grdl. *Jellinek*, G., Gesetz, Gesetzesanwendung und Zweckmäßigkeitserwägung, Tübingen 1913, S. 87.

[100] Grdl. *Krüger* (Fn. 12), S. 129, 132; *Lerche* (Fn. 9), S. 220 f.

nämlich kann durch rechtsstaatliche Bindungen sicher beeinträchtigt werden, ein Prinzip effizienter Zielerreichung aber wäre bei näherem Zusehen kein Gegensatz zu normativer Bindung, sondern eine Form der Präzisierung derselben: Die Zwecke würden „auf Unbedingtheit" ausdehnend interpretiert. Als (weithin) rechtsfreier Raum könnte das Besondere Gewaltverhältnis privatwirtschaftlicher Produktionseffizienz Platz schaffen — so wie jenes Fiskalhandeln, mit dem zusammen es in diesem Rahmen genannt würde[101]. Über die Zielerreichung aber ergibt sich aus der Lehre vom Besonderen Gewaltverhältnis nicht mehr, als daß eben die Zwecke erfüllt, daß das Gewaltverhältnis „funktionsfähig" sein muß[102], so wie es ja auch gegenüber den Grundrechten legitimiert ist, soweit der Zweck es verlangt. Das aber ist die „Gerade-noch-Effizienz" der Erforderlichkeit, nicht die Zielerreichungseffizienz.

Im *öffentlichen* Dienstrecht ist viel von Effizienz und Effektivität die Rede. Häufig wird jedoch nur gefordert, daß die Funktionsfähigkeit des Staatsapparats erhalten bleiben soll — hier geht es dann nicht um Zielerreichungseffizienz, sondern lediglich um den Grundsatz der Erforderlichkeit: Die „nötigen persönlichen Mittel" sollen erhalten werden[103]. Soweit ferner auf das „Leistungsprinzip" hingewiesen wird[104], handelt es sich nur um den Versuch, Formen privatwirtschaftlicher Produktionseffizienz auf den öffentlichen Dienst zu übertragen. Daß nämlich Beamte „möglichst viel leisten" oder daß sie „nach Leistung behandelt" werden sollen, ist eine Frage der Mittelausnutzung; über Umfang oder Intensität der Zielerreichung wird nichts ausgesagt, bei der Leistungsdiskussion geht es im allgemeinen gar nicht um Ziele, sondern nur um Mittel. Nicht anders steht es dort, wo aus Effizienzgründen eine bewegliche[105] oder verwaltungsökonomische[106] Gestaltung des Dienstrechts oder der Personalpolitik verlangt wird — wiederum geht es um die reine Mitteleffizienz der Produktion, nicht darum, daß in irgendeiner Zwecksetzung auch schon die Verpflichtung zu deren „optimaler" oder effi-

---

[101] *Krüger* (Fn. 12), S. 129, 132.

[102] Vgl. dazu *Brohm*, W., DÖV 1964, S. 238 (250); *Wolff*, H.J., Verwaltungsrecht, 2. Aufl., München 1967, II, § 107 III c.

[103] So etwa allg. *Wolff*, aaO; im Zusammenhang mit dem Streikverbot für Beamte u. a. *Scheffer*, K., Grundrechte und Beamtenrecht, Tübingen 1966, S. 146; *Stutzky*, H., Auswirkungen des Sozialstaatsprinzips unter besonderer Berücksichtigung der Fürsorgepflicht des Dienstherrn, Diss. Würzburg 1966, S. 144; zum Eheverbot für die kasernierte Polizei, OVG Koblenz AS 4, S. 115 (117/8).

[104] Siehe z. B. *Morstein-Marx*, F., Einführung in die Bürokratie, Neuwied 1959, S. 60 f.; *Krüger*, Leistungsprinzip (Fn. 12), S. 9 f.

[105] So bereits *Popitz*, J., Der künftige Finanzausgleich zwischen Reich, Ländern und Gemeinden, Berlin 1932, S. 59.

[106] Siehe etwa *Partsch*, K.J., Verfassungsprinzipien und Verwaltungsinstitutionen, Tübingen 1958, S. 21.

zienter Erfüllung liege. Nur selten und sehr allgemein klingt das im Dienstrecht an[107], dogmatisch ergiebig ist es nicht. Dies kann wohl auch gar nicht erwartet werden: Das gesamte öffentliche Dienstrecht hat es nicht mit Zielen, sondern mit „Mitteln" zu tun. Die sedes materiae der Zielerreichungseffizienz ist das Organisationsrecht, nicht das Beamtenrecht.

Was sich im öffentlichen Dienstrecht ergab, gilt im ganzen auch für die *Automation* der Verwaltung[108]. Auch hier wird vor allem Leistungssteigerung erstrebt, dies aber als optimale Mittelausnutzung verstanden und damit Produktionseffizienz, nicht Zielerreichungseffizienz postuliert. Unmittelbar kann die Automation zu dieser nichts beitragen. Auch in einer optimal automatisierten Verwaltung bleibt die Frage offen, in welchem Umfang die Ziele erreicht werden *sollen* (nicht: *können*).

Immerhin — der Weg von der Möglichkeit zur Rechtspflicht ist kurz: Wenn Automation die Mittelausnutzung produktionseffizient steigert, so kann gefordert werden, Zwecke und Ziele der Normen sollten mit „größtmöglicher Wirksamkeit in die Praxis des Rechtslebens umgesetzt werden, es sollten möglichst wenig Abstriche von den ideal konzipierten Vorschriften gemacht werden"[109]. Allerdings — dies ist doch keine eigentliche Zielerreichungseffizienz, die ja *als solche* dogmatisch nicht begründet wird, sondern ein typischer Effekt produktionseffizienten Denkens: Die Ziele werden den Mitteln angepaßt, aus diesen entwickelt.

Im Ergebnis läßt sich also auch in der neueren Diskussion um die Effizienz, die in einigen Bereichen des Verwaltungsrechts intensiv geführt wird, nicht ein Prinzip der Zielerreichungseffizienz, sondern nur ein Bemühen um Steigerung der Produktionseffizienz erkennen. Allerdings liegt dies schon sehr nahe bei der Zweckerreichungseffizienz: Wenn eben die Mittel voller genutzt werden, können die Ziele besser erfüllt werden. Nicht ist jedoch damit das ausgesagt, worum es hier geht: daß es eine den Zwecken als solche immanente Effizienzverpflichtung gibt. „Volle" Produktionseffizienz mag also vielleicht *praktisch* in Zielerreichungseffizienz umschlagen, normativ liegt beides auf verschiedenen Ebenen.

---

[107] *Stein* (Fn. 9), S. 426; *Risken* (Fn. 9), S. 88/9, denen es darum geht, daß Aufgabenerfüllung stets „optimal" sein müsse, daß der Rechtmäßigkeitsbegriff nicht zu eng sein dürfe.

[108] Dazu f. viele *v. Berg* (Fn. 6), S. 11 f.; *in 'tVeld* (Fn. 9), S. 354 ff.

[109] *v. Berg* (Fn. 9), S. 10/11.

2. „Teilgrundsätze“ der Zielerreichungseffizienz?

Die Zielerreichungseffizienz läßt sich begrifflich und praktisch in einzelne Prinzipien auflösen[110] (schnelle, umfassende, durchschlagende Zielerreichung). Das allgemeine Verwaltungsrecht bietet hierzu jedoch noch weit weniger als zu einem etwaigen allgemeinen Effizienzprinzip.

Nirgends wird, soweit ersichtlich, eine vertiefte, systematische Dogmatik der Zielerreichungsformen, des Umfangs der Zielverwirklichung geboten. So fehlt etwa jede Unterscheidung zwischen „umfassend-systematischer“ Zweckerreichung, die nicht nur den Primär-, sondern auch (weil möglichst weitgehend) Sekundärzweck realisieren würde, und „intensiv-durchschlagender“ Zielerreichung, bei der das „Zweckzentrum“ ohne Abstriche verwirklicht werden müßte. Aus dem Begriff der „schlagkräftigen“ Verwaltung[111] kann kein solcher Teilgrundsatz abgeleitet werden, er steht schlechthin für eine (recht unbestimmte) Effizienz. Selbst ein allgemein die Intensität bezeichnender Grundsatz „unbedingter“ Zweckverwirklichung zeigt sich nirgends. Immer wieder steht die Möglichkeit[112] oder die Erleichterung[113] der Zielerreichung im Mittelpunkt; es geht eben um die optimale Zweck-Mittel-Relation und damit um die Produktionseffizienz, nicht um „wirksame Zielerreichung“.

Und schließlich das Gebot der „Schnelligkeit“[114] — es hat sichtlich Ähnlichkeit mit dem der Beschleunigung des Verfahrens in der Gerichtsbarkeit, das auch nicht wirkt, soweit es nicht durch besondere Normen spezialisiert und institutionell gefördert wird. Dies aber läßt sich – jedenfalls *allgemein*[115] – für das Verwaltungsrecht als normatives Prinzip nicht nachweisen.

Es lassen sich also nicht einmal deutlich Teilgrundsätze einer Zielerreichungseffizienz im Verwaltungsrecht belegen. A fortiori kann durch solche Induktion kein allgemeiner Grundsatz gewonnen werden.

---

[110] Vgl. dazu oben I, 2.

[111] Vgl. etwa *Wieseler*, W., Der vorläufige Rechtsschutz gegen Verwaltungsakte, Berlin 1967, S. 54, 135; bedeutsam wäre hier § 80 VwGO.

[112] *v. Heppe* und *Becker* (Fn. 76), S. 88.

[113] BayVGH BayVBl. 1966, S. 28 (29) (Erfüllung kommunaler Aufgaben).

[114] Siehe etwa *Thieme* (Fn. 9), Rdnr. 966.

[115] Im einzelnen könnte man sicher die Fristen auf ihren Zweck untersuchen und käme dabei vielleicht *sektoral* auf einen gewissen Beschleunigungsgrundsatz, der aber durch die Präzision eben dieser Fristen auch wieder begrenzt wäre und kaum selbständig, fristunabhängig zum Tragen kommen könnte.

3. Unmöglichkeit eines Rechtsgrundsatzes der Zielerreichungseffizienz

Nirgends haben sich bisher auch nur Ansätze für die dogmatische Konstruktion eines Prinzips der „effizienten Verwirklichung von Staats- und Verwaltungszielen" gezeigt. Was erörtert wird, ist entweder Ausprägung der Erforderlichkeit oder der Produktionseffizienz.

a) Dies ist nicht verwunderlich. Einen allgemeinen normativen Grundsatz, daß Zwecke durchgreifend, rasch, vollständig, „ohne Rücksicht auf Verluste" erreicht werden sollen, kann es im Rechtsstaat nicht geben. Die Struktur des Staats- und Verwaltungszwecks schließt dies aus mehreren Gründen aus:

Eine Zweckerreichungseffizienz würde voraussetzen, daß die *Zwecke doch so weit „fest" vorgegeben wären*, daß nunmehr der Umfang ihrer Realisierung bestimmt werden könnte. Die meisten Zwecke, gerade im Verwaltungsrecht, sind aber qualitativ und quantitativ einigermaßen veränderlich[116]. Dies gilt nicht nur, wenn man sie allgemein nennt (Volksgesundheit, Rechtspflege), sondern auch, wenn sie „spezialisiert werden" (Sicherung der Volksgesundheit durch sachgemäße Lagerung von Arzneimitteln, Gewährleistung „sauberer" Rechtspflege im Bereich gewerbsmäßiger nichtanwaltlicher Rechtsberatung). Kaum irgendwo findet sich ein Zweck, der so „fest" vorgegeben wäre, daß sich ihm eine solche Zweckerreichungseffizienz überlagern könnte, daß man wüßte, *was* denn nun so „durchgreifend" zu realisieren wäre. Hier zeigen sich übrigens auch Gefahren für die Rechtsstaatlichkeit: Ihre Ziele sind verbal präzisiert, geht es darum, sie „ernst zu nehmen" — so verdämmern sie weithin! Wo aber Ziele nur tendenziell bestimmt sind, scheidet Zielerreichungseffizienz aus.

Selbst wenn Zwecke eindeutig erkannt werden könnten, so lassen sie sich kaum in einem Bereich völlig isolieren, in aller Regel liegen sie mit anderen im Gemenge; wollte man einen „unbedingt realisieren", so würde man andere verfehlen. Wenn etwa die Polizei im Straßenverkehr jedem Unfall durch Sicherheitsprüfungen zuvorkommen wollte, so würde niemand mehr fahren, alle würden an Kontrollpunkten halten. Die Interessen von sicherem und fließendem Verkehr stehen insoweit gegeneinander. Noch deutlicher ist dies, wenn ein Gesetz, eine Genehmigung mehreren „Zwecken" dient (Sicherheit und Ordnung, Volksgesundheit, Raumordnung). Weiterer Beispiele bedarf es hier nicht — die ganze Tätigkeit der Verwaltung ist ein großes Abwägen, ein Auflösen komplexer Zweckstrukturen im Einzelfall. Wollte man ganz allgemein einen besonderen Intensitätsgrad der Zielerreichung verlangen, so müßte stets die Priorität der Ziele eindeutig sein. Selbst wenn dies aber gelänge,

---

[116] Dazu näher unten VII.

müßte jede solche Effizienz an den Sekundärzwecken haltmachen, welche einer wirksamen Erfüllung von Primärzwecken nicht völlig geopfert werden dürfen. Wenn nun aber die Zielerreichungseffizienz ihrerseits wieder mit dem Hinweis auf Sekundärzwecke abgeschwächt würde, so wäre sie meist nur eine Funktion mehrerer Unbekannter.

Dies also ist auch der tiefere Sinn der „Elastizität"[117] des Verwaltungshandelns: Es trifft auf Zweckstrukturen, die sich nie voll und damit wiederum nicht so isolieren lassen, wie eine Zielerreichungseffizienz es verlangt.

Jeder Verwaltungszweck steht schließlich unter dem Vorbehalt, daß er nicht unter Verletzung des *Übermaßverbotes* realisiert werden darf. Dieses soll hier nicht als Ausprägung der Erforderlichkeit, sondern als das Prinzip verstanden werden, nach dem in keinem Fall, selbst wenn es nötig wäre, Rechte der Gewaltunterworfenen in einem Ausmaß verletzt werden dürfen, das in keinem Verhältnis zur Verwirklichung des Verwaltungszweckes stünde. Anders ausgedrückt: Alles Verwaltungshandeln verfolgt *zugleich* auch den Zweck der Freiheitssicherung (Art. 1 GG). Alle Zwecke sind also im Rechtsstaat „wesentlich kombiniert" — und zwar sind letztlich jeweils gegenläufige Zwecke verbunden: der Zweck, der die Freiheitsbeschränkung rechtfertigt — und der der Sicherung eben dieser Freiheit!

Damit aber schließt das Übermaßverbot *begrifflich* eine Zielerreichungseffizienz aus, dies ist vielleicht sogar sein wesentlicher Inhalt: „Durchschlagend", „ohne Rücksicht auf Verluste" realisiert werden kann eben *kein* konkreter Zweck, wenn dies stets dem weiteren „Zweck" dienen soll, daß niemandem zu nahe getreten wird. „Effizient" ist sicher der Polizeieinsatz, der Friedhofsruhe schafft — rechtmäßig ist er nicht immer dann, sondern nur, wenn dies – bei rechter Güterabwägung – erforderlich ist!

Der ex-lege-Zweck der Freiheitssicherung verbietet Zielerreichungseffizienz.

b) Aus der Unmöglichkeit einer normativen Zielerreichungseffizienz ergeben sich wichtige Folgen:

Der Rechtsstaat kennt Erforderlichkeit, allenfalls noch Produktionseffizienz. Selbst die Erforderlichkeit aber, mit ihrem Schluß vom Zweck auf das Mittel, führt nicht immer zu rechtsstaatlicher Eindeutigkeit, eben weil die Zweckstrukturen wesentlich kombiniert sind. *Deshalb* fordert der Rechtsstaat überall dort, wo der „(Gegen-)Zweck der Freiheitssicherung" besonders hervortritt, daß nicht nur der (Eingreif-)Zweck, sondern auch die Mittel speziell normativ bestimmt sind. Aus diesem Grund kann im Polizeirecht nicht allgemein vom Zweck auf die Mittel geschlossen werden. Je allgemeiner die

[117] Dazu *Luhmann* (Fn. 5), S. 108.

Zwecksetzung, je deutlicher der Gegenzweck der Freiheitsbewahrung — desto mehr müssen die Mittel speziell normiert werden. Der Rechtsstaat kennt also nicht nur keine Zielerreichungseffizienz, er muß sogar die „Gerade-noch-Effizienz" der Erforderlichkeit weithin aufgeben und sich „vom Zweck auf die Mittel zurückziehen".

Einen allgemeinen Grundsatz der Interpretation staatlicher Zwecke gibt es nicht. In jedem Einzelfall muß besonders der Wille des Zwecksetzers ermittelt und mit anderen normativen Zwecken kombiniert werden.

Der Staat des letzten Wortes ist kein Durchgreif-Staat, seine Macht ist nicht die steter Unbedingtheit oder virtueller Rücksichtslosigkeit. Hinter seinem Handeln stehen nicht überall letzte Effizienzmächte, dynamische Erzwingungsdrohungen. Von keiner Zielerreichungsfunktion führt ein Weg zur Vermutung für Staatsraison — weil eben staatliche „Existenz" als solche nicht über „Wirksamkeit" zum „Recht" werden kann.

Mit Berufung auf Zielerreichungseffizienz kann weder der Bürger vom Staat noch dieser vom Bürger etwas verlangen. Wohl mag der Gewaltunterworfene rügen, daß ein bestimmtes Verwaltungshandeln einem gesetzten Zweck nicht gerecht geworden sei — er kann nicht geltend machen, hier hätte „effizient" gehandelt werden sollen. Und die Verwaltung vor allem darf sich nicht auf ihre durch Zielerreichungseffizienz erweiterten Rechte berufen, um Freiheiten der Bürger zurückzudrängen. Dies aber ist besonders wichtig: Leichter kann der Bürger eine derart „effiziente" Verwaltung missen, als wenn er unter solcher Effizienz leiden müßte.

Damit also entfällt wohl das Wichtigste von einer möglichen *praktischen* Bedeutung der Effizienz: Weder im Verhältnis Staat–Bürger noch in irgendwelchen staatsinternen Organstreitigkeiten kann sie zur „reinen" Zielinterpretation, ohne Rücksicht auf Mittel, herangezogen werden.

Es bleibt also nur mehr die Frage nach der Bedeutung einer Produktionseffizienz in der Hoheits- und Leistungsverwaltung, welche dort ein Optimum im Verhältnis Mittel-Zweck herstellen, nicht den Zweck „effizient" realisieren würde. Damit aber fällt der Blick wieder und vor allem auf die „wirksam" zu nutzenden Mittel[118].

VII. Mögliche Bedeutung der Produktionseffizienz in der Verwaltung

Produktionseffizienz könnte in der Hoheits- und Leistungsverwaltung in zweifacher Hinsicht wirken: Soweit die Zwecke fest bestimmt sind, sollen sie

---

[118] Siehe oben V, 1 f.

mit möglichst geringem Mitteleinsatz erfüllt werden (im folgenden 1.); soweit sie beweglich oder nur tendenziell festgelegt sind, müssen sie „mit gegebenen Mitteln erfüllt werden“, d.h. der Zweck ist bei fixierten Mitteln variabel (im folgenden 2.). Ein Extremfall der Zweckveränderung durch Mittel wäre es, wenn der Zweck schlechthin aus der Existenz der Mittel abzuleiten wäre (im folgenden 3.).

1. Zweckerfüllung mit geringsten Mitteln — Wirtschaftlichkeit

Grundsätzlich geht die Rechtsstaatlichkeit davon aus, daß Zwecke staatlichen Handelns, vor allem wenn sie im öffentlichen Interesse liegen, normativ fixiert werden können. Liegen sie fest, so verlangt die Wirtschaftlichkeit, daß sie mit möglichst geringen Mitteln erreicht werden. Es kann hier dahinstehen, ob der Wirtschaftlichkeitsgrundsatz voraussetzt, daß die Zwecke fixiert seien[119], oder ob er lediglich allgemein ein Optimum in der Zweck-Mittel-Relation anstrebt[120]. Gelegentlich wird dies letztere auch Leistungsfähigkeit[121] oder Rentabilität[122] genannt — der Wirtschaftlichkeitsgrundsatz wäre dann schlechthin mit dem einer Produktionseffizienz identisch, würde aber u.a. auch die Zweckrealisierung mit den geringsten Mitteln verlangen. Zu unterscheiden davon ist jedenfalls jene Sparsamkeit, bei der es ohne Rücksicht auf Zweckerreichung auf geringen Mitteleinsatz ankommt[123]; sie ist nicht Ausdruck der Produktionseffizienz, sondern Gegenprinzip zum Zielerreichungs-Effizienzgrundsatz, es kann sie daher im Rechtsstaat ebensowenig geben wie diese[124].

Eine Produktionseffizienz der Zielerreichung mit geringsten Mitteln ist stets anzustreben. Wenn eingewendet wird, der Staat gehe nicht immer auf optimale Rentabilität aus[125], so soll damit im Grunde nicht das Wirtschaftlichkeitsprinzip für die Verwaltung geleugnet, sondern auf eine Schwierigkeit hingewiesen werden, die in der Tat staatsimmanent ist: Wie soll das Optimum bestimmt werden? Durch einen Vergleich mit einer Privatwirtschaft,

---

[119] So etwa *Thieme* (Fn. 9), Rdnr. 999.

[120] Vgl. etwa *Luhmann*, N., Recht und Automation in der öffentlichen Verwaltung, Berlin 1966, S. 118 f.; *Hettlage*, K.M., in: R. Badenhoop, Wirtsch. öffentlicher Verwaltung, Stuttgart 1961, S. 38 (51); *Eppe*, F., Subventionen und staatliche Geschenke, Stuttgart 1966, S. 142 f.; *Heller* (Fn. 9), S. 213.

[121] *Canenbley* (Fn. 4), S. 33.

[122] Amtl. Begrd. zu § 67 DGO, in: Surén-Loschelder, DGO II, Berlin 1940, S. 88 f., 1 b; *Thieme* (Fn. 9), Rdnr. 997.

[123] Krit. auch *Hettlage* (Fn. 120), S. 38; *Krüger* (Fn. 94), S. 14.

[124] Vgl. Fn. 123.

[125] *Heller* (Fn. 9), S. 214; *Hettlage* (Fn. 120), S. 51.

welche ja keine öffentlichen Interessen verfolgt? Mögen also auch die in der Verwaltung eingesetzten Mittel (Personal, Maschinen, Geld) mit denen des privaten Wettbewerbs vergleichbar sein — wenn es die Verwaltungs*zwecke* nicht sind, ist die Funktion nicht vergleichbar und daher das Optimum (die Produktionseffizienz) nicht so zu bestimmen, wie dies im privaten Sektor möglich wäre[126].

Kann es dann aber *überhaupt* eine Produktionseffizienz in der Verwaltung geben, wenn die Zwecke nicht vergleichbar sind[127]? Die Antwort muß lauten: Nur soweit, wie das Optimum entweder durch innerverwaltungsmäßigen Vergleich festgestellt, oder die Zweckvorstellungen soweit aufgelöst werden können, daß sie mit denen der Privatwirtschaft vergleichbar sind.

Ein *innerverwaltungsmäßiger Vergleich* ist nicht durchgehend möglich, er würde Vergleichbarkeit der verschiedenen normativ gesetzten Zwecke voraussetzen, dies aber ist gerade dadurch grundsätzlich ausgeschlossen, daß sie eben — als verschiedene gesetzt sind. Hier können also nur ausnahmsweise vorsichtige Analogien helfen, denn wie sollte generell öffentliche Sicherheit mit Volksgesundheit verglichen werden? Hier kommt es ja auch nicht auf Wertpriorität an, die vielleicht noch zu ermitteln wäre, sondern auf die jeweiligen Mittelerfordernisse, die damit nicht identisch sind. Zwar gibt es nun den Vergleich von Land zu Land, von Kommune zu Kommune, mit welchen Mitteln etwa ein wie hoher Sicherheitsgrad hergestellt worden ist. Doch gerade dies ist nur ein kupierter Effizienzvergleich: Die Lage bei den einzelnen Verwaltungsträgern ist nicht notwendig vergleichbar.

Soweit das Effizienzoptimum den Vergleich verlangt, bleibt nur die *Auflösung der einheitlichen Zweck-Mittel-Relationen in „kleinere" Relationen*, die dann innerhalb der Verwaltung und sogar mit der Privatwirtschaft vergleichbar werden könnten. Nichts anderes geschieht ja auch bei Effizienzmessungen in der Privatwirtschaft, wo weniger Produktionsergebnisse als einzelne Produktionsvorgänge verglichen werden.

So sind etwa polizeiliche Zwecke par excellence unvergleichbar mit privater Zielsetzung. Im Zuge der Aufrechterhaltung von Sicherheit und Ordnung müssen jedoch Daten gespeichert und verarbeitet werden — dies läßt sich mit analogen Vorgängen anderer Bereiche vergleichen, und „effizienter" arbeitet eben der Computer als das Menschengehirn, ein Computer als der andere. Die Automation ist also nicht nur ein Anwendungsfeld der Effizienz, sie erschließt diesem Prinzip neue Räume in der Verwaltung, weil sie unterhalb der Ebene des meist unvergleichbaren Gesamtzweckes viele kleine

[126] Dies klingt, wenn auch in anderem Zusammenhang, an bei *Luhmann* (Fn. 120), S. 119, 135.

[127] Siehe dazu auch *Luhmann* (Fn. 5), S. 99/100.

Zwecke instrumentaler Art bildet, die in ihrer Erreichung vergleichbar werden mit ähnlichen Vorgängen innerhalb und außerhalb der Verwaltung. Die Polizei braucht Einsatzwagen und Waffen — „effizienter" ist sie, wenn sie die nötige Zahl mit geringerem sächlichem oder personellem Einsatz beschafft oder wartet. Sicher kann also hinsichtlich der meisten automatisierbaren Vorgänge sowie im Gesamtbereich der technisch-ökonomischen Vorbereitung des Verwaltungshandelns, bei Beschaffung und Wartung also, in aller Regel das Optimum durch Vergleich selbst mit dem privaten Sektor und damit in „vollem Effizienzvergleich" ermittelt werden. Viel schwieriger wird dies, wenn es um nicht automatisierbare Vorgänge geht, wenn etwa gefragt wird, ob komplexe sicherheits-, gewerbe-, baurechtliche Entscheidungen „effizienter", das heißt vor allem unter geringerem Personaleinsatz getroffen werden können. Hier mag ein innerverwaltungsmäßiger Vergleich möglich sein, ein voller Effizienzvergleich mit der privaten Wirtschaft würde einen Vergleich der Tätigkeiten und damit eine job evaluation voraussetzen, die bisher auch noch nicht in Ansätzen gelungen ist.

Immerhin ist auch hier viel mehr vergleichbar, als heute angenommen wird. Geht man von dem Axiom ab, daß in der Verwaltung „alles anders" sei, so lassen sich im Instrumentalen überall ökonomische und damit echte Effizienzvergleiche anstellen. Dies alles allerdings nur, wenn nicht inzwischen der Vergleichsmaßstab, die tatsächlich in Konkurrenz stehende freie Wirtschaft, zugrunde geht! Denn eines muß stets beachtet werden: Der Vergleich darf nicht zu der Zweck-Mittel-Relation stattfinden, die in der Privatwirtschaft „vielleicht gefunden werden *könnte*", sondern nur zu jener, welche dort wirklich existiert. Fast alle auch hoheitliche Staatstätigkeit läßt sich ja in der Theorie privatwirtschaftlich „imitieren". Doch einer echten Effizienzprüfung geht es nicht um einen Vergleich mit fiktiven Modellen, sondern mit funktionierenden, im Wettbewerb bestätigten Organisationen.

„Induktiv", auf „kleineren", untergeordneten Zweck-Mittel-Relationen aufbauend, läßt sich also in weitgehender Annäherung sicher die Produktionseffizienz zum Maßstab des Verwaltungshandelns machen. Wie dies im einzelnen zu geschehen hat, ist eine Frage der Organisationslehre, die Rechtsdogmatik kann ihr nur den Raum abstecken. Ein solcher Versuch ist hier unternommen worden.

Eine Lücke aber bleibt, selbst wenn Verwaltungseffizienz im Vergleich ermittelt wird: Die Verwaltung steht wesentlich außerhalb jenes Wettbewerbs, der die Effizienz auch zum Optimum hochtreibt. Kann effizient bleiben, wer sich nicht bewähren muß? Doch auch das ist keine Frage des Rechts.

2. „Maximaler Erfolg mit gegebenem Einsatz" — Bestimmung des konkreten Zwecks aus den Mitteln

Produktionseffizienz drückt sich auch darin aus, daß bei gegebenen Mitteln, durch deren optimale Ausnutzung, maximaler Erfolg erzielt wird. Im Zweck-Mittel-Verhältnis sind dann die Mittel konstant, der nur tendenziell vorgegebene Zweck ist (in Grenzen) variabel, er soll realisiert werden[128], soweit die Mittel tragen.

Die meisten rechnen auch dies noch zur „Wirtschaftlichkeit"[129]. Wie dem auch sei — kann es solche Zweck-Mittel-Relation, Präzisierung des Zwecks aus vorgegebenen Mitteln, begrifflich überhaupt in einer Staatlichkeit geben, die sich alle Mittel beschaffen kann (Steuerstaat)[130], deren Rechtsstaatlichkeit aber umgekehrt fordert, daß die Zwecke fixiert seien? Normen wie Realität zeigen das Gegenteil. Es gibt im Staat auch diese Form des Zweck-Mittel-Optimums, sie ist sogar für die Verwaltung typisch.

Im „Haushaltsstaat" sind die Mittel genau vorgegeben, sie sind weit präziser, faßbarer bestimmt als die Zwecke, deren Erfüllung sie dienen. Dies ist ja das Wesen der Kameralistik, der Wirtschaft der vorgegebenen Mittel. Der Haushaltsstaat steht insoweit in Spannung, ja im Gegensatz zum Rechtsstaat: Wenn eine der Funktionsgrößen so scharf fixiert ist (Mittel), so *müssen* die Zwecke variabel sein, wenn es überhaupt noch „gute" oder „schlechte" Verwaltung geben soll.

Und dem entspricht ja auch, bei näherem Zusehen, die Struktur der aufwendigen Staats- und Verwaltungszwecke, in gewissem Umfang die aller Verwaltungsziele: *Verteidigung* ist der teuerste Staatszweck — er wird so weit und nur so weit realisiert, wie die Mittel reichen, näher ist er überhaupt nur aus ihnen und damit aus dem Haushaltsplan zu determinieren, der Mittel für Streitkräfte und Waffen bereitstellt[131]. *Sozialleistungen* aller Art verfolgen den öffentlichen Sozialzweck — doch dieser ist nur ein Wort: Die eigentlichen Zwecke finden sich bei den Mitteln im Haushaltsplan. Soweit nicht Ansprüche gegeben sind, stehen sie unter dem Vorbehalt „soweit Mittel bewilligt sind"[132]. Der „Zweck" der *Verbesserung der Bildung* und der *Förderung der Forschung* ist allgemein gesetzt — soweit nicht gerichtlich durchsetzbare Ansprüche bestehen, und dies ist nur in seltenen Ansätzen der

---

[128] Vgl. oben V, 1.

[129] Vgl. die in Fn. 120, 121 Genannten; a.A. wohl *Thieme* (Fn. 9).

[130] Darauf weist *Thieme* hin (Fn. 9), Rdnr. 999.

[131] Dazu *Martens*, W., GG und Wehrverfassung, Hamburg 1961, S. 102.

[132] Wo gesetzliche Ansprüche bestehen, ist der „Zweck" fixiert — es gilt das oben Ausgeführte.

Fall[133], ist der Zweck „je nach Mittellage" zu erfüllen, wiederum gibt der Haushaltsplan auch den konkreten Zweck an. Dasselbe gilt für den Straßen- und Wohnungsbau, für Umweltschutz und Subventionen und schließlich für die gesamte *Leistungsverwaltung* — „Versorgung" ist ihr Generalzweck, konkretisiert wird er aus den Mitteln heraus.

Selbst in der klassischen Eingriffsverwaltung, bis hinein in ihr Herz, die Ordnungsverwaltung, werden Zwecke aus Mitteln präzisiert: Die öffentliche Sicherheit kann nur so weit gewährleistet werden, wie die Mittel reichen, daher ist das Recht auf polizeiliches Eingreifen stets problematisch gewesen. Selbst dort, wo feste Ansprüche gegen die Verwaltung bestehen und insoweit deren Ziel – ihre Befriedigung – fixiert erscheint, gibt es den „Vorbehalt der Mittel", welche eben das Verwaltungshandeln beschränken. Und in der Praxis setzt sich allenfalls bei festen Geldforderungen das Prinzip durch, daß „der Staat eben die nötigen Mittel im Haushalt bereitstellen müsse". Im übrigen sind vorgesetzte Instanzen und Gerichte voll von Verständnis dafür, daß nur mit vorhandenen Mitteln erfüllt werden kann.

Wenn nun aber dergestalt dieser moderne Leistungsstaat eine Ordnung ist, in der Zwecke aus Mitteln präzisiert werden, jedenfalls unter dem Vorbehalt der Mittel stehen, so kommt es entscheidend auf deren Ausnutzung an — damit aber auf die Produktionseffizienz. Der Leistungsstaat müßte zum Effizienzstaat werden. Kann dies geschehen, läßt sich das Optimum der Produktionseffizienz hier messen?

Auch hier kann nur jener „volle" Effizienzvergleich das Optimum bestimmen, der oben (1) beschrieben wurde, und praktisch ist er vielleicht sogar noch weitergehend möglich, als bei den fest normativ bestimmten Verwaltungszwecken, die sich meist im privatwirtschaftlichen Bereich überhaupt nicht finden. Die Besonderheit des Sektors der Staatlichkeit, in dem vorwiegend Zwecke aus vorgegebenen Mitteln präzisiert werden, liegt darin, daß vergleichbare Ziele häufig, wenn auch nicht in derselben Bedingungskonstellation, von Privaten verfolgt werden — Versorgung der Bevölkerung, Versicherung, Bildung. Hier lassen sich vielleicht die speziellen (etwa sozialpolitischen) Leistungsbedingungen der Verwaltung isolieren, im übrigen kann dann ein voller Effizienzvergleich einsetzen.

Ganz wird es allerdings kaum gelingen: „Konkurrent" der bewaffneten Macht ist nur der virtuelle Gegner, wieviel aus gegebenen Mitteln gemacht werden kann, zeigt letztlich nur der Krieg. Das private Schulwesen ist in der Bundesrepublik Deutschland nicht bedeutsam genug für einen Effizienzvergleich, es orientiert sich am öffentlichen Sektor. Soweit private Leistungsver-

133 „Recht auf die Schule" als Entsprechung der Schulpflicht, Ausbildungsbeihilfen u.ä.m.

waltung nur mehr durch Subventionen lebt oder den Bedingungen der öffentlichen Leistungsträger folgen muß, gibt es keine Konkurrenz.

Im ganzen ist also die Vergleichbarkeit auch hier rückläufig, weil der riesige öffentliche Unternehmer den Wettbewerb zurückdrängt und sich so voller Effizienzkontrollmöglichkeit begibt. Diese besteht daher allenfalls noch in dem Maß, das bereits oben (I) aufgezeigt worden ist: Durch die Bildung „kleiner", „technisch-instrumentaler" Zweck-Mittel-Relationen, die auf ihre Effizienz geprüft werden können, in der „Rationalisierung der Verwaltung von unten", von den Instrumenten aus.

Im ganzen ist also, wenigstens dogmatisch gesehen, der Raum für Produktionseffizienz überall derselbe.

3. Der Schluß von der Organisation auf die Aufgaben — Der Umschlag von Produktionseffizienz in Zielerreichungseffizienz

Was vorstehend „Zweckpräzisierung" aus vorgegebenen Mitteln genannt wurde — ist es nicht in Wahrheit meist nur eine volle Zweckbestimmung, wenigstens eine Zweckveränderung, aus den Mitteln? Und wenn dies zutrifft — kann vielleicht sogar ganz allgemein aus dem Bestehen einer Organisation auf deren Zweck geschlossen werden[134]? Gibt Organisation als solche schon Rechte?

Hier läge begrifflich der Übergang von der Produktions- in die Zielerreichungseffizienz: Die vorbestimmten Zwecke verdämmern, die „richtig ausgenutzten Mittel" führen zu — zweckerreichungseffizientem Handeln, der Zweck wird nicht „quantitativ" höhergeschraubt, sondern „qualitativ bestimmt", und zwar gerade in den Punkten, welche für die Zielerreichungseffizienz zentral waren: Durchschlagskraft, Schnelligkeit, Allseitigkeit.

Praktisch würde dies etwa bedeuten: Es werden sehr starke, schwerbewaffnete, hervorragend zur Fahndung ausgerüstete Polizeikräfte bereitgestellt. Dann würde wohl nicht nur „die Sicherheit gesteigert", sondern die Art der Zielerreichung verändert; aus der Einsatzbereitschaft würde der Einsatz. Mit solcher Entwicklung wäre überall dort zu rechnen, wo die Ziele nicht quantitativ, ökonomisch meßbar, sondern praktisch nur nach Intensität zu steigern sind. Bei allen wirtschaftlichen „Leistungen" kann also das Ziel allenfalls höhergesteckt, es wird in der Regel nicht qualitativ verändert werden. Produktionseffizienz schlägt dort nicht in die im Rechtsstaat unzulässige Zielerreichungseffizienz um.

---

[134] Die Frage war oben I, 2 als letzte gestellt worden.

Anders bei den Zwecken der klassischen Eingriffsverwaltung, insbesondere bei Sicherheit und Ordnung. Hier kann Steigerung aus Produktionseffizienz, selbst wenn sie nur bei den „Mitteln“ einsetzt, zur Veränderung des Zweckes und damit zur Zielerreichungseffizienz führen. Die Folge ist Zwecksetzung aus Organisation, dies aber ist nichts anderes als eine Deckformel für — „Recht aus Macht“.

Dem Rechtsstaat droht hier tödliche Gefahr: Produktionseffizienz muß er suchen, zu ihr verpflichtet ihn überall, auch in der klassischen Eingriffsverwaltung, der Grundsatz der Wirtschaftlichkeit. Doch gerade hier verwandelt sich diese Effizienzform in jene Zielerreichungseffizienz, die aus Gewalt Recht machen will. Weil die Produktionseffizienz sich „von unten“, aus den Mitteln heraus langsam entfalten muß, wird dies immer ein Kryptoprozeß bleiben. Und einmal wird der Umschlag von einer Effizienzform in die andere kommen: Der Polizist schießt, weil die Waffe so gut ist …

Das Ergebnis kann nur sein:

- Jeder Schluß *allein* von der Organisation auf ihre Zwecke ist unzulässig. Die Ziele müssen, wenigstens tendenziell, organisationsunabhängig bestimmt werden.
- Die Steigerung der Produktionseffizienz muß stets darauf geprüft werden, ob sie nicht in die rechtsstaatswidrige Zielerreichungseffizienz umschlägt. Dies ist dort leicht möglich, wo Zwecke realisiert werden sollen, die sich nicht in wirtschaftlichen, quantifiziert meßbaren Leistungen ausdrücken.

VIII. Exkurs: Effizienz und Notstand

Im Notstand scheint sich die Effizienzfrage[135] in besonderer Eindringlichkeit zu stellen: „Zweck“ allen staatlichen Handelns ist Bewahrung oder Wiederherstellung der Staatsform oder der Staatlichkeit schlechthin. Allgemeiner kann ein Ziel des Staatshandelns kaum umschrieben werden. Kann hier Erforderlichkeit genügen, ist ein exakter Schluß von dem alerallgemeinsten Zweck auf die Mittel möglich? Gegeben sind doch in einer solchen Lage „nur Mittel“. Es gilt, sie optimal zu nutzen — also im Sinn einer Produktionseffizienz, die eben das *konkrete* Ziel aus den Mitteln ableitet[136], vielleicht gar in einem reinen Schluß von der (noch bestehenden) Organisation auf das Ziel[137]:

---

[135] Zu Notstand und Effektivität vgl. *Klein*, H.H., Der Staat 8 (1969), S. 363 (366).

[136] Vgl. oben V, 1.

[137] Vgl. oben VII, 3.

Die Ausnahmegewalt hat so viel Recht wie ihr noch Macht bleibt.

Fordert also der Notstand Produktionseffizienz bis zum letzten, bis zu einer gewissen Zielerreichungseffizienz? Gehört nicht wenigstens zum Ziel der Staatserhaltung implizit der Zweck, daß dies „effizient", d.h. durchschlagend, rasch, umfassend geschehe?

Soweit Notstand noch unter dem Recht steht, ist beides zu verneinen.

Zielerreichungseffizienz kann es nicht geben. Das Ziel ist hier bestimmt; *gerade weil* es so allgemein „Bewahrung oder Wiederherstellung von Staatlichkeit" ist, verträgt es keine Erweiterung mehr durch eine „Zielerreichungs-Durchschlagseffizienz". Sinn der Notstandsverfassung ist eben die Feststellung, daß um dieses Zweckes willen *nicht* alles erlaubt sein soll, daß insbesondere der „Anti-Effizienz-Zweck" der Sicherung der Freiheit[138], das Übermaßverbot und die Grundrechtlichkeit, nicht verschwinden. Gerade weil der Zweck so allgemein ist, muß er einschränkend ausgelegt werden — solange überhaupt noch nach Recht gefragt wird! Zielerreichungseffizienz würde die Durchsetzung verschiedenartiger „Sekundärzwecke" gestatten, einer „durchschlagenden" Notstandsgewalt müßte die Rechtsstaatlichkeit schlechthin zum Opfer fallen. Diese Effizienzform ist nicht *auch* — sie ist *gerade* im Notstand unzulässig.

Selbst *Produktionseffizienz* hat hier keinen Platz. Wenn der Zweck feststeht - Bewahrung der Staatlichkeit - so kann es im Notstand naturgemäß nicht darum gehen, ihn mit den geringsten Mitteln zu erreichen. Ökonomische Staatsrettung gibt es nicht. Geht man umgekehrt davon aus, daß hier ja die Mittel vorgegeben seien, aus denen heraus der Zweck der Staatsbewahrung „möglichst weitgehend" realisiert werden solle, so wird das Wesen der Staatsrettung verkannt — sie ist keine quantitativ potenzierbare Größe, sie gelingt — oder nicht!

Der Notstand ist also nicht nur kein Spezialgebiet für effizientes Staatshandeln, im verrechtlichten Notstand tritt dieses weiter zurück als sonst. Notstand und Staatsschutz[139] sind Domänen des Erforderlichkeitsprinzips, so sind sie stets verstanden worden[140].

Nur der „außerrechtliche" Notstand ist das Reich „reiner Produktionseffizienz", die in Zielerreichungseffizienz übergeht[141], reine „Zwecke nach

---

[138] Vgl. oben VI, 3.

[139] Dazu *Evers* (Fn. 30), S. 102/3; *Schwagerl/Walther*, Der Schutz der Verfassung, Köln 1968, S. 5.

[140] F. viele *Scheuner*, U., in: FS für Kaufmann, 1986, S. 313 (318/9); *Klein* (Fn. 135), S. 366; *ders.* (Fn. 9), S. 37.

[141] Vgl. oben VII, a.E.

Organisation". Recht hat hier, wem die Mittel der Durchsetzung zur Verfügung stehen. Effizienz wird zum außerrechtlichen Prinzip der Politik — Recht aus Macht.

IX. Ergebnis und Ausblick: Abschied vom Effizienzstaat

Einen Effizienzstaat gibt es nicht, solange Rechtsstaatlichkeit herrscht.

Die Effizienz hat sich in zwei Grundformen gezeigt – Zielerreichungs- und Produktionseffizienz –, die sich im Extremfall des Schlusses von der Organisation auf den Zweck staatlichen Handelns treffen. Zielerreichungseffizienz kann es im Rechtsstaat überhaupt nicht geben, auch nicht im Notstand. Produktionseffizienz ist anzustreben, doch ist sie, in der Hoheitsverwaltung jedenfalls, auf „untergeordnete Zweck-Mittel-Relationen" beschränkt.

Im Rechtsstreit zwischen Staat und Bürger kann somit „Effizienz" kaum normativ bedeutsam werden: Mit Berufung auf sie kann überhaupt nicht verlangt werden, daß gewisse Zwecke besonders intensiv realisiert werden müßten (Zielerreichungseffizienz); wenn sie sich auf ein Optimum in der Zweck-Mittel-Relation beschränkt (Produktionseffizienz), so wird dies gerichtlich nur selten festgestellt werden können und im übrigen kein *Anspruch* des Bürgers oder der Verwaltung auf größere Mittel gegeben sein.

Bei staatsinternen Konflikten, insbesondere im Organstreit, kommt eine Berufung auf die Produktionseffizienz an sich in Betracht, wie auch deren Verletzung als Verstoß gegen die Wirtschaftlichkeit gerügt werden kann. Rechnungsprüfung und Beauftragte für Wirtschaftlichkeit sollen staatsintern die Beachtung des Prinzips sichern. Ein Mehr an Mitteln kann hier jedoch nicht erzwungen werden, sondern nur die bessere Ausnutzung des Gegebenen. Dies aber ist praktisch ein Anliegen laufender interner Kontrolle, nicht spektakulärer Rechtsstreitigkeiten.

Ein allgemeines Rechtsprinzip der Effizienz – welchen Inhalts immer – werden die Gerichte also nach aller Voraussicht nicht anzuwenden haben. Angesichts der rechtsstaatlich-gerichtsförmigen Denkweise, die noch immer das deutsche öffentliche Recht beherrscht, wird daher aller Voraussicht nach Effizienz eine Kategorie der Ökonomie, allenfalls noch der Organisationslehre, bleiben und sich im übrigen allgemein-unklar in politologisierenden Staatsbeschreibungen finden.

Wer den Staat allein oder vorwiegend als Leistungsträger sieht oder gar von einem Reich der Technokratie träumt, in dem Politik stirbt und das Gemeinwesen als Aktiengesellschaft organisiert wird, der mag dies bedauern. In der Tat hat diese Untersuchung unübersteigbare rechtsstaatliche Grenzen für Formen einer Technokratisierung aufgezeigt, die aus Mitteln Zwecke machen oder Zwecke auch nur generell erweitern wollte — in diesem unserem Jahrhundert, das doch „alles immer noch besser machen" kann.

Effizienz hat sich, in all ihren Spielarten, als ein Grundsatz gezeigt, der nicht staatstypisch ist. Er wird, wo er noch (als Produktionseffizienz der Instrumente staatlichen Handelns) gilt, von außen in die Staatlichkeit hineingetragen, aus einer privaten Wirtschaft, die in Konkurrenz das tatsächlich erreichbare Optimum bestimmt. Nur im Vergleich zu ihr kann dies auch im Staat geschehen. Effizienz in der Verwaltung gibt es, soweit der Staat privatwirtschaftsgleich ist. In jedem Bereich, in dem der Staat den Privaten zurückdrängt, bringt er sich selbst um das Richtmaß seiner Effizienz — es sei denn, er eröffne innerhalb reiner Staatswirtschaft neue Wettbewerbsformen. Wettbewerb durch effiziente Staatlichkeit ersetzen wollen, ist ein Widerspruch in sich.

Nun steht aber dieser unser Staat ganz wesentlich *nicht* im Wettbewerb; gerade wo er in Leistungen scheinbar in die Konkurrenz eingeht, lähmt er sie meist in kurzer Zeit. Wenn aber Konkurrenz kein zentraler Begriff des öffentlichen Rechts ist, so ist es auch Effizienz nicht. In den „Randzonen" des fiskalischen Handelns, der Mittelbeschaffung, gewisser Leistungsformen, mag man solche Begriffe rezipieren, assimilieren kann sie das ius publicum nicht.

Im Industriestaat findet zwar eine laufende, meist verborgene „Privatisierung der Macht" statt — auch alle Machtmittel des Imperiums werden in privater Werkstatt geschaffen, auf dem Markt verkauft. Die immanenten Gesetze ihrer Herkunft tragen sie als Produktionseffizienz bis hinein in das Zentrum der Hoheitsgewalt: Polizei wie Gangster handeln nach der Effizienz ihrer Waffen. Dieser instrumentale Bereich, in dem Effizienz herrscht, steigt ständig an Bedeutung, wenn die Macht nicht mehr von oben kommt, sondern von unten, wenn sie mehr nicht wert ist als die physischen Mittel ihrer Erhaltung. Immer wieder wird man denn auch nach dem Staat der Effizienz rufen, nach der Civitas Dei des Produktionsmenschen. Und immer von neuem wird sich zeigen, daß Macht Effizienz nur einsetzt, aber nicht Effizienz ist, daß sie über ihr steht und im letzten ohne sie sein kann. Das Machtbemühen der Privaten heißt Streben nach Effizienz. Der Staat, die Macht „ist", sie kann aus Effizienz nicht werden.

Wirkmacht war ein Begriff der Romantik, Effizienz ist Staatsromantik der Technokratie, in ihr weben sich unklar Zielerreichungs- und Produktionseffizienz zusammen, wie in vergangenen Zeiten Staat und Gesellschaft einend. Doch gegen all das steht heute rationalistische Rechtsstaatlichkeit. Sie macht dem Staat den Machtüberschuß privaten Effizienzstrebens streitig. Sie verbietet es ihm, die Norm zu verdrängen, auf daß er wirke. In aller Effizienz drängt die Macht zu unbegrenztem Erfolg; doch unser Staat ist nicht immer unterwegs, in seinen normgesetzten Zwecken ist er stets, *zunächst*, am Ziel, das er allmächtig erreicht. Und Allmacht ist in ihm, weil er wesentlich nicht Mittel nutzt, sondern Ziele, Grenzen setzt.

Effizienz ist ein bescheidenes instrumentales Prinzip. Auch sie trägt nicht in Hegels Unendlichkeit, in der Macht und Geist sich treffen. Der Abschied vom Effizienzstaat gibt aber auch dem Kaiser, was des Kaisers ist: Der Staat muß sich nicht bestätigen. Er ist nicht, weil er wirkt, er wirkt, weil er ist.

Gibt es für die Gemeinschaft Wichtigeres als Effizienz? Das Erbe Roms: Recht und Frieden*

I.

Nos vera rerum vocabula amisimus — so läßt Sallust in der Catilinarischen Verschwörung den Jüngeren Cato über das Dekadenz-Rom klagen: Wir haben die wahren Worte für die Dinge verloren. Dies ist auch ein viel beklagtes Unglück unserer Zeit: Wir leben mit vielen „guten Worten", von der „Ausgewogenheit" bis zur „Abwägung", von der „Sachgerechtigkeit" bis zum „Frieden" —, und wir sehen nicht mehr hinter sie, auf ihren Sinn, dessen wahre Worte wir vielleicht längst verloren haben. Eines dieser unserer guten modischen Worte ist „Effizienz". In ihm schwingt alles mit, was der Bürger der technischen Welt liebt: daß die Maschinen laufen, daß alles und jedes funktioniert, daß Mathematik sei in den Dingen, im Staate. Aus den endlosen Diskussionen unserer parlamentarischen Demokratie heraus, die immer mehr zu einer Flut gegenseitiger Beschimpfungen werden, sehnen wir uns nach dem Indiskutablen, wir nennen es — Effizienz.

Nicht als ob wir nun gar keine Diskussionen mehr wollten — aber sie sollen doch auf jene Sachlichkeit der technischen Abläufe gerichtet werden, in welcher endlich politische Polemik aufhört. Im Effizienzstreben liegt die ganze Rationalität des Erbes der Aufklärung, die jugendliche Fortschrittsoffenheit des technischen Zeitalters, eine populäre Wendung gegen Traditionen und Vergangenheiten, vor allem aber eines: Wer effizient sagt, meint im letzten Freiheit von Ideologie, ein Konstruieren und Wirtschaften ohne hemmende Überzeugungen, eine Politik ohne Wertdiktat. In diesem Wort treffen sich alle, die vom Glauben enttäuscht sind und vom atheistischen Sozialismus, die romantische Träume verloren haben, deren liberalistische Gedankenkonstruktionen an der Wirklichkeit gescheitert sind — hier treffen sich im Grunde fast alle.

Effizienz ist ein „gutes Wort", vor allem heute in der großen Regimekonkurrenz zwischen West und Ost. Zeigt sich hier nicht die ganze Überlegenheit der westlichen Welt, vor allem in ihrer nordamerikanischen Speerspitze, gegenüber all dem finsteren und nie erfüllten östlichen politischen Glauben?

---

* Erstveröffentlichung in: *Nikolaus Lobkowicz* (Hrsg.), Das europäische Erbe und seine christliche Zukunft (Veröffentlichungen der Hanns Martin Schleyer-Stiftung, 16), Köln 1985, S. 112–120.

Sind die westlichen Länder nicht deshalb höher geachtet, vor allem in der Dritten Welt, nicht weil sie frei sind, sondern weil dort die Efficiency der Amerikaner steht, der Success der westlichen Deutschen?

Der Kommunismus hat die Ökonomie ideologisiert, der liberale Westen hat sie aus diesen Zwängen entlassen, hineingeführt in jenen großen Markt, wo immer einer sich auf Dauer behaupten kann — der Effizientere.

Zum Rechtsprinzip ist schließlich diese Wirkmächtigkeit geworden, für die wir im Grunde kein deutsches Wort haben. Effizienz als Rechtsprinzip — das wird im Verwaltungsrecht diskutiert, es ist eine Zielvorstellung der neueren Verwaltungswissenschaft, es trägt die Bürokratiekritik, es führt wieder hin zum privaten Bürger, seinem Markt und, als eine allerletzte Folge, vielleicht auch zu seiner Freiheit. Das Bundesverfassungsgericht hat eine ganze Theorie der Funktionalität entwickelt: Die Einrichtungen der Demokratie müssen in erster Linie funktionieren, darauf ist die Auslegung aller Verfassungsnormen zu richten, und selbst hohe Prinzipien, wie etwa das der Freiheit des einzelnen Volksvertreters, dürfen gebrochen werden, wenn dies nur die demokratischen Einrichtungen funktionsfähig hält — so etwa rechtfertigt sich der doch zutiefst antidemokratische Fraktionszwang in unseren Parlamenten.

Die Maschine muß also laufen oder stampfen, in den Werkhallen wie auf den Börsen, in den Verwaltungen wie in den Volksvertretungen, und selbst die Universität, die Republik der unfaßbaren Geistigkeit, soll zum effizienten Räderwerk werden, das mit dem neuen heiligen Öl gesalbt wird — mit Effizienz. Ohne es vielleicht zu wissen, haben wir dieses Wort bis an die Spitze unserer Werte gehoben, mit ihm das Menschsein sogar verknüpft: Wir, die aus Staub geborenen Wesen, sehen uns dann zuhöchst als Menschen, wenn wir allen Sand aus jedem Getriebe entfernt haben.

In der Tat — mit diesem Effizienzbegriff haben wir uns die Natur untertan gemacht, haben uns eine wahrhaft eigene Welt aufgebaut, immer mehr wollen wir aus ihr, im Namen der Effizienz, sogar noch die Natur vertreiben. Hier nun schlägt das Pendel zurück, vor allem in der Politik sichtbar: Wir erleben eine neue mächtige „Zurück-zur-Natur-Bewegung", so stark wie seit zweihundert Jahren nicht mehr, der Anti-Konsum-Welle der 60er Jahre und der im tiefsten effizienzfeindlichen Revolutionsbewegung von 1968 folgt nun die grüne Lawine, und allen ist eines gemeinsam: Nicht alle Effizienz ist gut, Effizienz überhaupt ist kein Höchstwert, sie wendet sich, Menschlichkeit zerstörend, gegen die Grundlagen unseres Lebens, gegen das Menschliche, aus dessen Denken sie doch gekommen ist. Existenz statt Effizienz — immer mehr wird dies zum Schlachtruf in unseren Tagen.

So stehen wir denn in einer weithin noch unbewußten und doch schon deutlich sichtbaren großen Effizienzkrise, und sie kann nun wirklich die Grundlagen unserer gesamten ökonomischen und politischen Existenz zerstören, wenn das Pendel zu weit ausschlägt zurück zur Natur, wenn dann die Bäume zwar nicht mehr sterben müssen, wenn wir aber eines Tages auf sie zurückkehren …

Wo ist hier die Mitte? In einer Erkenntnis liegt sie sicher: Es gibt eben nicht nur die „Effizienz", es gibt mehrere, viele Effizienzen. Die jeweils richtige gilt es zu verwirklichen, mit ihren Vorbehalten und in ihren Grenzen. Dies aber kann nicht wieder aus der Selbstgesetzlichkeit der Effizienz heraus geschehen. Hier herrscht immer noch der Primat des Geistigen, damit auch der der politischen Entscheidung. Auch Ideologie kann nicht im Namen der Effizienz einfach verdrängt werden, wir brauchen sie, gerade um uns den Weg zur jeweils guten Effizienz zu zeigen; wollten wir sie aus unserem Denken und Handeln ausscheiden, würden wir nur erst recht in vernichtende Ideologie wieder hineinfallen, in welche sich übersteigerte Effizienz noch immer in der Geschichte aufgelöst hat. Das Zarenreich wollte seine unendlichen Weiten in liberalem Laissez-faire erschließen und beherrschen, es mußte im Primat der kommunistischen Ideologie enden. Wenn wir schon Effizienz sagen, so müssen wir auch Ideologie erfassen, eines löst sich immer wieder ins andere auf, in der Wechselwirkung beider nur kann der Fortschritt liegen. Was wir an Effizienz in unseren Tagen brauchen und steigern müssen, das weist uns nur ein wirklicher Leitwert, in dem Ideologie liegt, wie immer man dieses Wort verstehen mag. Nur aus ihm heraus wird dem Effizienzstreben unserer Tage sein Platz zugewiesen, seine Grenzen.

II.

Kann uns auf diese Schicksalsfrage unserer Zeit das Erbe Roms eine Antwort geben? Rom war ein hochtechnisierter Militärstaat. Alles hat er auf die Effizienz des Militärischen und der von ihm getragenen Technik gesetzt, in Brücken und Straßen, Maschinen und Geräten. Die Technik seiner Bauten haben wir erst nach weit über tausend Jahren wieder erreicht, erst vor kurzem übertreffen können. Die Effizienz seiner militärgeprägten Organisation ist uns bis heute ein Vorbild. Die Wirkkraft seiner lapidaren Befehlssprache hat stürmische Jugend und grübelnden Geist jahrtausendelang fasziniert.

Rom hat das Funktionieren in die Welt gebracht, nach dem griechischen Durchbruch zum Denken kam der römische Durchbruch zur Effizienz. Den göttlichen Gedankenspielen aus der Ägäis folgte der effiziente Geist aus Italien. Noch so viele unserem heutigen Denken vertraute große und kleine

Probleme mögen wir im römischen Erbe aufdecken, soziale Spannungen untersuchen oder Essensgewohnheiten in diesem Staate — entscheidende Kernworte bleiben für das römische Erbe all diejenigen Begriffe, mit denen der Lateinunterricht in einer noch nicht von Militarismusängsten geprägten Zeit viele Generationen lang begonnen hat: Das militärische Vokabular, die Bezeichnungen der Organisationsstrukturen dieses effizienten Militärstaates, der aufhörte zu wirken, als er die Effizienz in seiner Spätzeit verlor.

Kommt also nicht aus dem römischen Erbe doch nur eine große Lehre: mehr Effizienz auch bei uns, immer noch mehr? Die Überschrift dieses Vortrags deutet eine andere Antwort an: daß nämlich die lebendige römische Vergangenheit sich nicht einfach in Effizienzstreben erschöpft habe, daß Roms Welt von Anfang an gerichtet gewesen sei auf zwei zentrale Werte auch unserer Tage: Recht und Frieden. Sicher — das Römische Recht ist unser wichtigstes Erbe aus jener Welt, die Pax Romana war eine Sehnsucht von Jahrhunderten. Und doch muß die Betrachtung wohl noch tiefer eindringen: War denn dieses vielgepriesene Römische Recht nicht doch nur ein Herrschaftsinstrument, eben eine hochentwickelte Technik, mit der man vielleicht in späteren Zeiten den Staat halten wollte, als der Militärstaat niederging? War der Selbstwert, vielleicht gar die metaphysische Bedeutung des Rechtes den Römern wirklich so bewußt wie ihren Verehrern aus pandektistischer Romantik? War dieses Römische Recht nicht doch nur — Rechtseffizienz aus Rechtstechnik?

Und auch den „Römischen Frieden“ mag man hinterfragen: Bedeutete er nicht nur ein schönes Ergebnis, einen Endpunkt, der mit viel Blut und Tränen erkauft war, mit der ganzen Virtus Romana, mit der Tapferkeit und Tüchtigkeit, mit der Leistungsfähigkeit und Effizienz des Militärstaats? Können wir also dieses Recht und diesen Frieden wünschen, wenn wir nicht mehr die Effizienz hinzunehmen bereit sind, welche hinter ihnen steht?

Hier wird noch eine andere These aufgestellt: Im Politischen zumindest, im Staatsrecht, treffen weder Effizienzstreben noch Recht und Friede allein das Zentrum des römischen Erbes, seine Lehre für unsere Zeit. Instrumente sind dies und Aspekte, das Kernwort aber ist ein anderes: das Imperium, jenes unübersetzbare Wort, in welchem die Herrschaftsgewalt zum Reich wird. Wir verlieren uns heute, so mag denn die These lauten, allzusehr in Effizienz, weil wir dahinter das große Ziel nicht mehr sehen, wir den Dingen falsche Bezeichnungen geben, dem wirklichen großen politischen Ding: dem Reich.

Dieses Wort, eines der schönsten unserer Sprache, in dem etwas von Reichtum in das Politische hineinschwingt, von Fülle und Hoffnung, haben wir es nicht verloren vor einem halben Jahrhundert, kann nach dem III. Reich noch ein anderes gedacht, darf dieses Wort noch verwendet werden?

Wiederum — wir haben die richtigen Worte für die Dinge verloren und hier ganz besonders, wir haben sie uns von diesem letzten Reich nehmen lassen. Es ist traurig, vielleicht erbärmlich, daß wir mit einem solchen Wort nur mehr Blut und Gewalt verbinden, daß wir es nicht mehr reinigen können, damit es wieder zu dem werde, was es jahrtausendelang war: zum höchsten politischen Ziel, zur großen staatlichen Sehnsucht. Und zur Antwort auf unser hastendes Effizienzdenken. Ihm nämlich stellt das Reich die große Ruhe entgegen, die ganz große, dauernde Ordnung.

Hier können nur wenige Striche skizzieren, was dieses Reich auch für unser Staatsrecht heute und morgen wieder bedeuten muß: daß eine Vielzahl, die vielberufene Pluralität der Demokratie, nicht Selbstzweck sei, daß sie zwar bestehen, sich aber zu größerer Einheit zusammenschließen muß, wie es gerade in Deutschland vorgedacht ist, in der großen föderalen Idee; daß Ausgewogenheit herrschen müsse in dieser imperialen Ruhe, in einer Mäßigung, welche römische Grundtugend war und alles Extreme nicht begeistert begrüßt, sondern mit Mißtrauen und Zaudern — zurückgestellt hat; daß die Ordnung allumfassend sein muß, daß außer diesem Reich nichts sein kann als Barbaren, daß sie alles in sich hineinnimmt, selbst noch diese wilden Völker; und schließlich, daß unsere Staatlichkeit wieder aus einer mächtigen Reichstradition heraus verstanden werde; wären wir nicht arm, wenn zwölf Jahre genügten, um uns alles deutsche Denken und Träumen vom Reich zu nehmen?

Die Reichs-Angst steckt in uns allen, sie treibt uns in sinnlose Effizienz oder in die Erschlaffung eines Pazifismus um jeden Preis, nur weil wir glauben, wir dürften das römische Reichs-Erbe nicht mehr annehmen, weil es nur mit Weltherrschaftsplänen erworben und besessen werden könne. Es gibt keine ärgere Verkennung der Reichs-Idee als diese. Die große, dauernde Ordnung ist zwar einst von Legionen geschaffen und gehalten worden, doch die Idee war größer, und sie hat länger gedauert als ihre kurzen Schwerter. Völker Europas haben, jedes auf seine Art, Reichsidee erworben und besessen. Das Militärische hat immer eine Rolle gespielt, und ohne diese Kraft gibt es auch keine moderne Staatlichkeit. Ein großartiges Beispiel des imperialen Denkens ist der kleinste aller Staaten — die Schweiz. Dort ist die Gliederung lebendig und über ihr die Einheit im Bunde; dort ist ungebrochene Dauer seit den Freiheitszeiten des Wilhelm Tell; dort herrscht die viel belächelte und doch immer beneidete Perfektion eines Rechtes, das diesen Namen verdient; dies ist noch immer ein Militärstaat, in dem sich Führungselite nicht zuletzt in Militärdienst und Übungen findet und zusammenschließt. Waterloo und Stalingrad haben die Reichsidee nicht umbringen können, die

Idee der gegliederten Ordnung, die ruhig ist, nicht atemlos wird, die sich aus einem englischen Weltreich auf eine Insel hat zurückziehen können, ohne daß dies eine Fischerinsel geworden wäre — weil eben etwas vom Geist des Empire lebendig geblieben ist.

In dieser römischen Reichsidee liegt auch ein Höchstmaß von Flexibilität und Anpassungsfähigkeit, verbunden aber stets und gehalten durch ein Letztes, was sich darüber wölbt — in der römischen Kuppel.

Einer unserer schlimmsten Wort-Verluste war es, als die großartige Wortkombination von „law and order", mit sinnlosen, zelotischen Inhalten verfälscht, in unser politisches Denken eingebrochen und zur Negativformel geworden ist. Dieser Ordnungsbegriff, diese Vorstellung von Recht hat mit der Ruhe der größeren Reichsidee wahrhaft nichts gemein. Recht und Ordnung sind eine Einheit in diesen römischen Reichsvorstellungen, wir lassen sie uns auch nicht durch einige amerikanische Gouverneure nehmen.

Und der Frieden? Er liegt, wie die Idee des Rechts, in eben dieser Reichsvorstellung, in der Ordnung der Einheit über der Vielfalt. Unsere Generation wird sich einst noch vor der Geschichte schämen müssen, daß wir mit der Proklamation eines Friedens um des Friedens willen nichts als eine unintelligente Banalität hinterlassen haben. Sie ist eher noch schlechter als die Effizienz um der Effizienz willen, welche sie bekämpft, aber sie ist aus demselben Holze, Funktionierenszustände werden als Werte verehrt. Das Hinnehmen der Vielheit und ihr Ausgleich in einer Mitte — das müssen wir anstreben, mit oder ohne Effizienz, mit oder ohne das, was man Frieden nennt. Dies ist das eigentliche Kronjuwel des römischen Erbes.

III.

Die parlamentarische Demokratie in Deutschland steht in der Gefahr, sich immer weiter von diesem imperialen Leuchtturm zu entfernen: Mit Föderalismus hat sie günstig begonnen, immer mehr bewegt sie sich in Richtung auf eine Gleichschaltung, die es kaum mehr verstehen will, daß in einem Lande die Ferien zu einer anderen Zeit beginnen als in den übrigen. Die Vielfalt der geistigen Republiken, der Hochschulen, wird in vereinheitlichender Gesetzgebung und Verwaltungspraxis gebrochen, trotz aller Beteuerungen des Bundesverfassungsgerichtes, daß die Gleichheit in der Staatsorganisation nicht gelte — gerade dort wird sie vor allem durchgesetzt. Das Reich will die Einheit über der Vielfalt, bei uns droht die Vielfalt in der Einheit zu erstikken, die Vielfalt wird dem ehernen Gesetz der Demokratie geopfert, der Mehrheitsentscheidung aller Gleichen. Und Ausbrüche aus dieser Entwicklung gibt es nur mehr in Formen wahrer Anarchie.

Die Ausgewogenheit, die Mäßigung, die das Reich ausmacht, wird nicht mehr vorrangig um eine politische Mitte gefestigt, der Verlust der Mitte hat die Demokratie erreicht, hin und her wird sie gerissen von immer radikaleren Thesen, in einer Politik, welche eine Sprache entwickelt hat, wie sie unter gebildeten Menschen nur mehr als Häufung von Beleidigungen verstanden werden könnte. Die Ausgewogenheit der großen Ordnung degeneriert in einem Kompromißdenken, welches zu immer radikaleren Ausgangspositionen drängt, nur damit dann in der Einigung möglichst viel erhalten werde.

Die Traditionsfeindlichkeit unserer Zeit ist, im Politischen jedenfalls, kaum mehr zu überbieten, daran ändert keine Denkmalpflege das geringste. Immer ist der Blick ja nach vorne gerichtet, zur nächsten Wahl, im kurzatmigen Effizienzstreben werden die politischen Geschenke und die Organisationen der Parteien darauf eingestellt, ohne einen Blick zurück, nicht einmal mehr im Zorn. Das Reich aber, das wir suchen sollten, ist ganz Tradition und gerade darin ganz Zukunft. Wenn es keinen Staatsmythos hat, so muß es sich einen schaffen, wie in den legendären Anfangsgeschichten von Rom. Es muß mit der Sicherheit des Triumphalismus antreten, daß alles nur gut werden könne, weil es bisher schon groß und gut war. Wenn wir uns nicht in Effizienzstreben erschöpfen wollen, dann laßt uns zurückblicken in eine Zeit, in welcher Großes ohne unsere Effizienz geschaffen werden konnte, dann wird unser Blick in die Zukunft reflektiert, er wird weiter werden.

Heute stehen wir vielleicht vor einer ganz großen Niederlage unseres Effizienzdenkens, die uns zum Schicksal werden könnte: In seinem Namen könnten wir auch noch Europa verlieren. Über Effizienz und durch Übereffizienz haben wir diese Gemeinschaft hervorbringen wollen, und wir haben uns im Normendickicht verloren. Im Namen der Effizienz der einzelstaatlichen Organisationen ziehen wir uns, umgekehrt, nun aus dem ineffizienten Europa zurück, nicht ohne guten Grund, so scheint es doch, wenn diese Ordnung bald nur noch von schwächer entwickelten Mittelmeerländern beherrscht werden sollte. All dies waren Fehlentwicklungen, wir haben Europa ausgeweitet ohne wahre Effizienzsteigerung, ohne eine Integration unserer nationalen Effizienzen in einem höheren imperialen Denken. So könnten wir denn leicht die größte Idee der Nachkriegszeit verlieren, in moralisierender Gutesturei, in nationalistischen Wirtschaftsegoismen oder in nationalen Sozialismen.

Was bleibt uns in diesen Gefahren, allein gelassen mit unserer übermächtigen und ziellosen Effizienz? Der Blick auf Rom, auch auf das Zweite Rom, die Anstrengung, dieses Zweite Rom wieder zu einem großen, auch politischen Vorbild zu entwickeln.

Das Christentum allgemein und die katholische Weltkirche im besonderen als erste Erbin Roms, sie haben die schwere, hohe Verantwortung, daß sie uns in wahrhaft imperialem Denken aus unserer Effizienzunruhe lösen, ohne uns in die Dekadenz des Mañana-Denkens zu werfen. Was wir brauchen ist kein Dekadenz-Rom, viele Bettler vor verfallenden Kirchen in der milden Abendsonne der Wohltätigkeit. Mehr müßte uns schon die paramilitärische Organisationskraft bedeuten, deren die Kirche immer wieder mächtig war, von den Franziskanern bis zu den Jesuiten. Diese großen Orden haben Imperien des Geistes, Einheit über Vielfalt, über alle Grenzen hinweg errichtet. Diese überwölbende, bewegliche und doch feste Geistigkeit müssen wir von unserer Kirche erwarten, mehr noch: wir müssen sie in ihr schaffen. Dieses Christentum darf sich nicht in Entwicklungshilfe-Effizienz verlieren, es muß die geistigen Grundlagen seiner Liebestätigkeit reflektieren. Dort kann nicht eine Richtung „herrschen", die andere geschlagen werden, heute „Traditionalisten", morgen „Progressisten" und umgekehrt; alle sind sie berufen, nicht die Kirche hat sie auszuerwählen, sondern ihr Herr. Die Kirche muß wieder lernen, sich nicht nur auf irgendetwas zuzubewegen, sondern auch etwas zu bleiben, damit sie im Zusammenklang der beiden etwas sei, keine effiziente Organisation, sondern ein ruhiges Reich. Und für die katholische Kirche zumindest gilt, daß sie nicht nur ein Erbe empfangen hat, das sie nun beliebig verändern könnte, ihre Tradition ist ihr Wesen, sie muß als solche weitergegeben werden.

Der Herr der Christen hat die Reichsidee nicht zurückgewiesen, er hat sie voll und entschieden aufgenommen, als er dem Vertreter des Römischen Reiches sagte, er sei ein König, er herrsche über ein Reich, doch es sei nicht von dieser Welt. Die größte politische Chance des Christentums in unseren Tagen ist es, daß es sich auf eines besinnt: daß es nicht von dieser Welt ist, daß es vielmehr nur mit seinem Glanz hineinragt in diese Welt, daß es in ihr aber etwas wie transzendente Imperialität leuchten lassen kann. Ohne Jenseitsvorstellung werden wir stets — nur effizient bleiben, und wir werden laufen, um immer mehr Land herum, bis uns, wie bei Tolstoi, die Sonne untergeht. Dieses technische Hasten, das sich im Grunde nur um sich selbst dreht, welches politisch nicht einmal die großen Momente technischer Effizienz kennen kann, wir können es nur mit einem überwinden: indem wir uns und unsere politischen Gestaltungen „von außen" sehen, aus einer christlichen Transzendenz, welche das Reich dieser Welt zu Seinem Reich öffnet, in einer großen Analogia Entis.

Effizienz kennt kein Recht und keinen Frieden. Nur wenn, wie es so schön heißt, Gerechtigkeit und Frieden sich umarmen und küssen, nur dann werden wir über alle Effizienz hinweg zwei Bitten des Gebetes verbinden können: Zu uns komme Dein Reich — wie im Himmel, also auch auf Erden.

Privatinteressen als öffentliches Interesse*

I. Fragestellung

In über hundert Jahren der Rechtsstaatlichkeit hat ein Begriff erstaunlich wenig Beachtung gefunden[1], der zugleich alle Staatlichkeit begründet und alle Freiheit bedroht: das öffentliche Interesse. Kein Wort ist häufiger gebraucht worden, um der Forderung nach Rechtssicherheit und Erklärung des Staatswillens ein stat pro ratione voluntas entgegenzusetzen. Und je tönender heute Lobreden auf die Rechtsstaatlichkeit gehalten werden, desto häufiger gebraucht der Gesetzgeber[2] wie der Richter jene magische Formel vom öffentli-

---

* Erstveröffentlichung in: Die öffentliche Verwaltung 1970, S. 217–223.

[1] Ausgangspunkte der Vertiefung sind: *Tezner*, F., Zur Lehre vom freien Ermessen, 1908; *Fleiner*, F., Einzelrecht und öffentliches Interesse, Festgabe für Laband II, 1908, sowie noch *Layer*, M., Prinzipien des Enteignungsrechts, 1902, S. 108 f.; *Nelson*, L., System der philosophischen Rechtslehre, 1920, S. 110 f.; aus dem neueren Schrifttum vgl. vor allem: *Merk*, W., Der Gedanke des gemeinen Besten in der dt. Staats- und Rechtsentwicklung, Festschr. f. Alfred Schultze, 1934, S. 451 ff.; *Dürig*, G., Die konstanten Voraussetzungen des Begriffs „Öffentliches Interesse", Diss. (MSchr.) München 1949; *Külz*, H.R., Das „Wohl der Allgemeinheit" im WHG, Festschr. f. Gieseke, 1958, S. 187 ff.; *List*, F., Über den Begriff und das Tatbestandsmerkmal der Öffentlichkeit, Festschr. f. Giese, 1953, S. 135 ff.; aus den letzten Jahren: *Bernhard*, R.C., Wettbewerb, Monopole und öffentliches Interesse, 1963, S. 8 f.; *Wittkämper*, G.W., GG und Interessenverbände, 1963, S. 26 f.; *Burmann*, H. Fr., in: Wettbewerb in Recht und Praxis 3 (1967), S. 71 f.; *Witte*, E. / *Hauschildt*, J., Die öffentliche Unternehmung im Interessenkonflikt, 1966, S. 43 f.; *Peters*, L.F., Der Gesetzesbegriff Gemeinwohl im deutschen Privatrecht, Diss. Köln 1967, S. 3 f.; *Streissler*, E., in: Zur Einheit der Rechts- und Staatswissenschaften (Ringvorlesung), 1967, S. 1 ff.; *Häberle*, P., DÖV 1969, S. 387; *ders.*, Zschr. f. Politik 16 (1969), S. 273 ff.; *Martens*, W., Öffentlich als Rechtsbegriff, 1969, S. 185 ff.; die beiden letzteren m. Nachw. zum Begriff der „Öffentlichkeit"; *Ryffel*, H., Wohl der Allgemeinheit und öffentliche Interessen, in: Allgemeinheit und öffentliche Interessen, 36. Staatswiss. Fortbildungstagung der Hochschule f. Verw.Wiss. Speyer 1968, S. 13 ff.; *Rupp*, H.H., Diskussionsbeitrag, ebd., S. 118 f.

[2] Obwohl nunmehr häufig das öffentliche Interesse „spezialisiert" wird (vgl. etwa „Finanzinteressen", BLG § 56 I, SchutzberG § 18 II; „Bedürfnisse des Reiseverkehrs", LadenschlG § 8 II; „Interessen des Handwerks", HandwO § 81 I 1, 91 I 1, 9; „höheres Interesse der Kunst und Wissenschaft", GewO § 33 a I; „verkehrliche und betriebliche Belange", EisenbahnkreuzungsG § 4 I 2), findet es sich als solches, als „Belange der Allgemeinheit" o. ä., noch sehr häufig in der Gesetzgebung. Beispiele: BLG § 1 I 1, 3 III 1, 20 I 2; LandbeschG § 5 II, 6 I, 19; SchutzbereichsG § 12 I; GewO § 22 a, 33 g 2, 33 i II 3, 34 a II; LadenschlG § 23; GaststättenG § 2 I 4, 24 I; HandwO § 76 1; EnWirtschG § 4 II, 6 IV, 14 2; AtomG § 7 II 5 u. öfter; 1. StrahlenschutzVO § 4 II 5 u. öfter; WHG § 4 II 3, 6, 8 III, 12 I, 18, 19 I, 31 II; BundesbankG § 32 3; FlurberG § 37 I 1 u. öfter; AußenwirtschG § 10 III 2 u. öfter; TelegraphenwegeG § 5 IV u. öfter; BundesfernstraßenG § 9 VIII, 9 a V, 15 II usw.

chen Interesse, in der eben doch irrationale Urgewalt das Gespräch mit dem Bürger beendet.

Nichts müßte der Gewaltunterworfene besser wissen, als was im öffentlichen Interesse steht: Viele definieren das ganze Zwangsrecht der Hoheitsgewalt allein aus der Verfolgung öffentlicher Interessen; Daseinsvorsorge kann nur dadurch von der „reinen" Fiskaltätigkeit in den Formen des Privatrechts abgehoben werden, daß dort öffentliche, hier „private" Interessen von der öffentlichen Hand verfolgt werden[3]. Im Allgemeinen[4] wie in zahlreichen Sektoren des Besonderen Verwaltungsrechts[5] gilt es vor allem, öffentliche und private Interessen gegeneinander abzuwägen. Entscheidend für das öffentliche Recht schlechthin ist also die Frage nach dem Unterschied zwischen öffentlichen und privaten Belangen. Selbst dort, wo im Einzelfall beide im Gemenge liegen, verlangt die Rechtsstaatlichkeit, daß die Kategorien klar getrennt werden. Und dies ist noch nie gelungen!

Hier geht es nun nicht darum, wie öffentliches Interesse an sich zu definieren sei. Es soll nicht gefragt werden, welches die Belange „der Staatlichkeit als solcher" sind, wie sie kein Privater haben kann. Nicht soll auch die Kritik bei jenem unseligen Begriff des „Abwägens" einsetzen, der tausendmal als Leerformel gebraucht wird, bevor einmal klar die Bezugspunkte der Gewichtung erscheinen: Die Justitia ist so blind, daß sie meist nicht nur nicht sieht, wo sie die Waage aufhängen soll, in der die Interessen des Bürgers sich denen des Staates vergleichen — sie weiß nicht einmal, was in die Schale des öffentlichen Interesses gelegt wird. Die „Interessenabwägung" ist nichts als ein Verunklarungsbegriff im Vorfeld des öffentlichen Interesses, das in noch tieferen Begriffsnebel gehüllt ist.

---

[3] Dazu vor allem *Witte* (Fn. 1), S. 43–52; *Bachof*, O., in: Die Grundrechte III/1, 1958, S. 244/5; *Beinhardt*, G., DVBl. 1961, S. 612/3; *Dürig* (Fn. 1), S. 112 f.; weitere Nachw. bei *Leisner*, W., Öffentlichkeitsarbeit der Regierung, 1966, S. 45 f.; *ders.*, Werbefernsehen und öffentliches Recht, 1967, S. 25 f.

[4] Zur Gemengelage von öffentlichen u. privaten Interessen grdl. *Bachof*, O., Jellinek-Gedächtnisschrift, 1955, S. 287 f.; besonders wichtig ist die Abwägung bei der Rücknahme von (rechtswidrigen) VAen, vgl. hier f. viele *Erning*, A., DVBl. 1960, S. 190 f. m. Nachw.; *Feneberg*, H., DVBl. 1965, S. 224; *Haueisen*, F., DVBl. 1964, S. 13, 713 u. öfter; *Krieger*, H. J., DVBl. 1963, S. 139; *Zschacke*, R., DVBl. 1962, S. 325. Zur Rspr. des BVerwG, das konstant die Abwägungsformel gebraucht, vgl. *Bachof*, O., VerfR, VerwR, Verfahrensrecht II, 1967, S. 339 f.

[5] Bei der Einziehung von Wegen, bei der Namensänderung, bei der Festsetzung von Gebühren für VAe, die im öffentlichen Interesse ergehen, bei der Versetzung von Schülern, im Jugendschutz wird dies zum besonderen Problem. Eine derartige Abwägung muß jedoch überall stattfinden, wo das öffentliche Interesse bestimmt werden soll. Dieses ist insoweit ein „dialektischer Begriff" (*Külz*, Fn. 1, S. 199).

Und hier beginnt das Fragen dieses Beitrags: Unterstellt, es gibt öffentliche Interessen als Belange der Staatlichkeit als solcher — ist dies stets vom Privatbereich völlig getrennt, oder gibt es „Privatinteressen als öffentliches Interesse"? Wenn dies aber zutrifft: Welche privaten Interessen erhalten die Weihe des Öffentlichen, entspricht solche Transformation der Gleichheit, kann der Bürger vorhersehen, wo und wann sie erfolgen wird? Ist nicht einmal dies eindeutig zu beantworten, so gibt es keinen Rechtsstaat, keine Trennung von privatem und öffentlichem Recht, keine Grundrechtlichkeit mehr — es entwickeln sich neue Kryptoformen von Ständestaatlichkeit, ja privater Herrschaftsmacht. Privatinteressen als öffentliches Interesse? Dies ist eine Frage, die das bestehende Verwaltungsrecht an das vergehende Staatsrecht stellt: Ist nicht das Ancien Régime einer „Verwaltungstechnik im öffentlichen Interesse" stärker als der revolutionäre Schwung des Rechtsstaats und jener Demokratie, welche das einzige Forum sein will, auf dem private Belange zu öffentlichen werden können? Stehen wir vor einer Kryptoentwicklung unserer Staatsform?

II. Erscheinungsformen von Privatinteressen als öffentliches Interesse

Wer untersuchen will, welche Privatbelange zu öffentlichem Interesse werden können, darf nicht von einem vorgefaßten Begriff des letzteren ausgehen, soll hier doch gerade die Offenheit des öffentlichen Interesses deutlich werden. Immerhin muß als Arbeitshypothese das am Anfang stehen, was gemeinhin als öffentliches Interesse gilt: die Belange der juristischen Personen des öffentlichen Rechts oder die Interessen einer unbestimmten Vielheit von Rechtsträgern[6].

1. Übergänge von öffentlichem Interesse zu privaten Interessen im Bereich der Staatsorganisation

Eine Reihe von Interessenkomplexen mag den öffentlichen Belangen zugeordnet sein, sie zeigen jedoch bereits Übergänge zu den „eigentlichen privaten Interessen":

a) Die sogenannten *partikulären öffentlichen Interessen* gewisser Teile der Staatsorganisation oder bestimmter einzelner juristischer Personen des öffent-

---

[6] So etwa BayVGH DVBl. 1953, S. 28; Dürig (Fn. 1), S. 93 f.; *Wertenbruch*, W., R. Schmidt-Gedächtnisschrift, 1966, S. 97; *Sieder/Zeitler/Hlawaty/Dahme*, WHG 1965, S. 12.

lichen Rechts, insbesondere der Gemeinden: Es ist anerkannt, daß öffentliche Interessen im Widerstreit zueinander stehen können[7], Interessen eines Verwaltungsträgers müssen nicht mit denen anderer, Interessen der Exekutive nicht mit dem von der Gerichtsbarkeit gewahrten „allgemeinen öffentlichen Interesse“ identisch sein[8] — wären sie es, so könnte es weder Anfechtungssachen noch öffentlich-rechtliche Streitigkeiten auf der Ebene der Gleichordnung geben. Innerhalb des öffentlichen Interesses sind in bestimmten Bereichen Intensivierungen möglich, wenn etwa die sofortige Vollstreckbarkeit von Verwaltungsentscheidungen mit „besonderen öffentlichen Interessen“ begründet werden muß[9]. All diese Belange sind keine „privaten Interessen“, sie bleiben im Bereich der Staatsorganisation selbst dort, wo sie erst durch Spruch eines Verwaltungs- oder Verfassungsrichters in ihrem öffentlichen Charakter bestätigt werden müssen. In Wahrheit stehen hier ja letztlich gar nicht partikuläre öffentliche Interessen allgemeinen öffentlichen Belangen gegenüber; es geht nur darum, ob die von einem Verwaltungsträger verteidigte Interessenlage mit dem „öffentlichen Interesse“ identisch ist. An dessen Einheit[10] kann insoweit festgehalten werden; „das öffentliche Interesse“ wird jedenfalls durch die Vielschichtigkeit „öffentlicher Interessen“ noch nicht privaten Belangen geöffnet.

Nichts anderes gilt für die Interessen von Gebietskörperschaften[11]. Doch hier kommt noch das Problem hinzu, ob nicht doch nur praktisch die Interessen einer kleinen überschaubaren Zahl von Bürgern gewahrt werden. Wenn etwa die ordnungsgemäße bauliche Entwicklung des Gemeindegebietes nach § 35 BBauG durch Beschränkungen gesichert oder die „Volksgesundheit“ in einer Gemeinde durch Anschluß- und Benutzungszwang[12] geschützt werden soll, so mag dies allen Gemeindebürgern zugute kommen, gelegentliche Besucher begünstigen. Dabei ist der Kreis der Interessenträger häufig so klein und überschaubar, daß ihre Belange sich mit privaten Interessen identifizieren mögen. Dennoch bleibt selbständig hier das öffentliche Interesse

---

[7] Vgl. *Külz* (Fn. 1), S. 207/9; *Dürig* (Fn. 1), S. 80; *Haueisen*, W., DVBl. 1957, S. 507; *Bettermann*, K.A., Hirsch-Festschrift, 1968, S. 10; *Bachof*, O., DVBl. 1950, S. 578; HessVGH DÖV 1961, S. 74.

[8] Dazu grdl. BayVGH DVBl. 1955, S. 256.

[9] Vgl. etwa VG Düsseldorf, DVBl. 1965, S. 921; OVG Koblenz, DVBl. 1965, S. 612; OVG Rhld.-Pf. DÖV 1965, S. 677; OVG Münster E 8, S. 40 usw.

[10] *Dürig* (Fn. 1), S. 53.

[11] *Dürig* (Fn. 1), S. 100; hier muß allerdings das gemeindliche Eigeninteresse von dem überörtlichen Wohl unterschieden werden (vgl. dazu *Scholtissek*, H., DVBl. 1968, S. 829; *Salzwedel*, J., DVBl. 1964, S. 23; BayVGH DVBl. 1965, S. 341; DVBl. 1964, S. 670). Erstere stehen bereits vergemeinschafteten privaten Belangen nahe. Vgl. *Wilhelm*, B., DÖV 1965, S. 400.

[12] Vgl. f. viele OVG Münster E 17, S. 401; 18, S. 75.

erhalten: Die Entscheidung zu Föderalismus und Dezentralisation macht selbst aus dem kleinen, leicht zu überblickenden Gemeindevolk ein peuple en miniature, welches Träger eines intérêt public sein kann. Daß dies nicht privaten Interessen diene, mögen die Gemeindeordnungen sicherstellen[13]. Eine dezentralisierte öffentliche Ordnung mag für private Interessen aufgeschlossen sein, begrifflich übernimmt sie diese nicht ins öffentliche Interesse.

b) Die Interessen der *Träger öffentlicher Daseinsvorsorge* werden häufig in den Formen des Privatrechts geltend gemacht, Organisation und Geschäftsgebaren unterscheiden sich kaum von privatem Management, das „moderne" Staatswirtschaftlichkeitsvorstellungen auch diesen Veranstaltungen aufzwingen möchte. Doch für die herrschende Auffassung gibt es hier noch immer nichts als öffentliche Belange, welche ja gerade diesen Sektor der „öffentlichen Verwaltung" von „reiner Fiskalität" abheben sollen, die öffentliche Interessen nicht zum Tragen bringt. Obwohl es gerade hier so scheint, als trenne der Staat in seinem eigenen Organisationsbereich private Interessen klar von öffentlichen Belangen, wenngleich diese geradezu durch den Gegensatz zu jenen definiert werden[14], so hat doch das Verwaltungsprivatrecht auch hier die Grenzen verwischt: Die nur zu oft (angeblich) verfolgten öffentlichen Interessen sind praktisch meist das einzige, was diese potenten Wirtschaftseinheiten noch mit der Staatlichkeit verbindet. Wirtschaftliche Interessen aber sind in der Ordnung der Art. 12 und 14 GG wesentlich privater Natur, selbst wenn sie sozial grenzkorrigiert werden. In der Daseinsvorsorge – darüber täuscht kein Sozialhilfepathos hinweg – ist die begriffliche Einheit des öffentlichen Interesses bereits aufgebrochen, in breitester Front dringen in einen Bereich Belange ein, welche wesentlich privat sind. Öffentliches Interesse ist nicht mehr, was nur der Staat wesentlich verfolgen *kann*, sondern was er *tatsächlich verfolgt*. Vom „Öffentlichen" bleibt lediglich das Interesse der (unbestimmt) vielen Leistungsempfänger. Daseinsvorsorge ist privates Staatsinteresse als öffentliches Interesse.

---

[13] Dazu Beispiele bei *Leisner*, W., Bay. Verwaltungsrecht in der Rechtsprechung, 1968, S. 136 f.

[14] Dies ist wohl der einzige deutliche Ansatz für eine (negative) Bestimmung des öffentlichen Interesses, vgl. etwa *Gross*, W., DVBl. 1955, S. 15; *Wichmann*, K.-H., DVBl. 1965, S. 715; *Häberle*, P., DVBl. 1967, S. 220 (der jedoch Verbindungen sucht); *Ipsen*, H. P., Jahrreiß-Festschrift, 1964, S. 125 f.; *Hoppe*, W., DVBl. 1965, S. 583; *Ule*, C. H., DVBl. 1956, S. 27; OVG Münster DVBl. 1963, S. 67; BGH DVBl. 1966, S. 266; BGH DÖV 1959, S. 541; VGH Bad.-Württ. ESVGH 8, S. 168; zum Enteignungsrecht etwa BGH DÖV 1962, S. 271.

c) *Beliehene Unternehmer* handeln als Private im öffentlichen Interesse[15], insoweit sind sie verlängerter Teil der Staatsorganisation. Doch es kann nicht erwartet werden, daß sie nicht *zugleich* auch ihre privaten, gewerblichen und beruflichen Belange wahrnehmen. Soweit die Beleihung nicht nur einen unwesentlichen Annex ihrer privaten Haupttätigkeit betrifft[16], erfolgt sie doch gerade, *weil* öffentliche Belange mit dem Stimulus des privaten Interesses wahrgenommen werden sollen. Beliehene Unternehmer verfolgen also ihrem Wesen nach private Interessen als öffentliches Interesse. Es mögen sich gerade deshalb verfassungsrechtliche Bedenken gegen solche Konstruktionen ergeben — die ständige Praxis zeigt auch hier eine Staatsgewalt, die *selbst in den Formen ihrer eigenen Organisation* keinen privatinteressenfreien Begriff des öffentlichen Wohls mehr kennt.

d) *Interessen von Rechtsträgern, welche „öffentliche Aufgaben" erfüllen* (Presse[17], politische Parteien[18]), sind zunächst privater Natur, wie die Rechtsform der Personen, denen sie zugerechnet werden oder die sie vertreten. Richtung und Bedeutung dieser Interessen rückt sie jedoch in die Nähe des klassischen öffentlichen Interesses. Der unklare Begriff der „öffentlichen Aufgabe" verdeckt nur den Versuch, massive Privatinteressen wenn nicht mit dem öffentlichen Interesse zu identifizieren, so doch als „eine Stufe in dessen Entstehung" zu verfestigen — Privatinteressen als öffentliches Interesse in fieri.

In diesen und zahlreichen anderen Phänomenen hat die Staatsgewalt selbst in ihrer Organisation den Begriff des öffentlichen Interesses den privaten Belangen geöffnet; mehr noch: beides geht immer mehr bruchlos ineinander über — wie soll es „gegeneinander abgewogen" werden? Noch bedeutsamer aber für unsere Fragestellung sind Fälle, in denen Privatinteressen zu öffentlichen werden, ohne daß dies in der Staatswillenbildung geschähe: Hier versagt auch die Rechtfertigung einer Demokratizität, welche den Staatswillen aus privaten Belangen aufbauen will.

---

[15] Dazu insbesondere *Balser*, H., in: List-Festschrift, 1957, S. 180; *Scheuner*, U., in: Peters-Gedächtnisschrift, 1967, S. 802; *Leisner*, W., AöR 1968, S. 192 m. weit. Nachw.; Angliederung an die Verwaltung ist hier nicht nötig, die Wahrung des öffentlichen Interesses genügt, vgl. zum Energierecht *List* (Fn. 1).

[16] Und darauf sollten eben, das zeigt sich hier deutlich, im Rechtsstaat Beleihungen Privater beschränkt bleiben.

[17] Dazu näher *Leisner* (Fn. 3), Werbefernsehen, S. 191 f. m. Nachw.

[18] Grdl. dazu *Hesse*, K., VVdStL 17 (1959), S. 42 f.; krit. *Dürig* (Fn. 1), S. 102.

2. Öffentliches Interesse als gleichzeitiger Schutz privater Belange

a) Daß im öffentlichen Interesse zugleich private Interessen „mitgeschützt" werden, ist so lange für die Begrifflichkeit des intérêt public unbedenklich, wie dieser den mitgeschützten Privatbelangen gegenüber selbständige Komplexe sichert. So mag die (Versagung einer) Baugenehmigung *auch* den Interessen der Nachbarn dienen[19], die Enteignung *auch* den Privaten begünstigen, dem das Entwehrte zugewiesen wird[20], die Zurückstellung eines Wehrpflichtigen *zugleich*, ja vor allem dessen private Belange fördern[21]. In jedem Fall läßt sich jedoch ein öffentliches Interesse finden, dem die Wahrung solcher Privatinteressen dient, ohne daß beides identisch sein müßte: die allgemeine Ordnung der Bebauung in einem Raum; der durch die Enteignung verfolgte, mit der Eigentumsübertragung nicht zusammenfallende konkrete Zweck; die Sicherung volkswirtschaftlicher – eben nicht betriebswirtschaftlicher! – Belange. Ähnlich kann die Mitberücksichtigung privater Interessen, etwa bei der Einziehung von Wegen[22], bei der Nichtversetzung von Schülern[23], bei der Geheimhaltung der Namen von Gewährsleuten[24], ja selbst noch im Personenbeförderungsrecht[25] gerechtfertigt werden, wo der Konkurrenzschutz der Altunternehmer *nur* den Schutz der öffentlichen Verkehrsinteressen, also den Dienst an den Verkehrsteilnehmern, bezwecken darf.

---

[19] Vgl. *Rüfner*, W., DVBl. 1963, S. 609 f.; *Sellmann*, M., DVBl. 1963, S. 277; HessVGH DÖV 1961, S. 345.

[20] Betont etwa bei *Platner*, E., DÖV 1959, S. 618; zur Erhaltung von Arbeitsplätzen vgl. OVG Rhld.-Pfalz DÖV 1960, S. 316 f.; daß es umgekehrt im öffentlichen Interesse liegt, Private nicht ohne Notwendigkeit zu entwehren, betont *Wilhelm*, B., DÖV 1965, S. 405.

[21] *Reinhardt*, R., DVBl. 1964, S. 70; *Schreiber/Wegener*, WehrpflG, 1962, § 13, 2; siehe auch die Verwaltungsvorschriften hierzu (II, 3), etwa b. *Zwingenbergler*, K., WehrpflR, 1963; vgl. auch VG Düsseldorf DÖV 1963, S. 237.

[22] Dazu etwa OVG Rhld.-Pfalz DÖV 1962, S. 71; für das frühere Recht zeigt deutlich den Übergang von privatem und öffentlichem Interesse: *Germershausen/Seydel*, Wegerecht und Wegeverwaltung in Preußen, 4. Aufl., I. 1955 (Nachdr.), S. 523/4, sowie etwa PrOVG E 56, S. 358 f.

[23] Beispiel: VG Düsseldorf DVBl. 1965, S. 921.

[24] OVG Münster E 18, S. 221 f.

[25] Hier wurde stets der Schutz der Altunternehmer vor Vernichtungswettbewerb erwähnt (vgl. etwa *Wolf*, G., DVBl. 1956, S. 438; OVG Rhld.-Pfalz DÖV 1956, S. 694; *Labs*, W., DVBl. 1959, S. 383), zugleich aber betont, daß nur „im öffentlichen Verkehrsinteresse" geschützt werden dürfe (z.B. Württ-Bad. VGH DVBl. 1952, S. 183: BayVGH DVBl. 1955, S. 253). Das BVerwG erkennt auch in neuester Zeit hier „Privatinteressen als öffentliches Interesse" an: „Gleichzeitig werden auch die Interessen der vorhandenen Verkehrsunternehmer an der Erhaltung der Leistungsfähigkeit ihrer Unternehmen von diesem Schutz umfaßt, weil nur dadurch eine geordnete und zuverlässige Verkehrsbedienung gewährleistet ist" (BayVBl. 1969, S. 173). Leicht kann man so dem Vorwurf der Bedürfnisprüfung entgehen ... Aber auch wenn man nur auf die Verkehrsteilnehmer blickt, können (sehr konkrete!) private Interessen zu öffentlichem Interesse werden (vgl. etwa *Sigl*, R., PersBefG, 1962, Einl. S. 6; OVG Lüneburg E 21, S. 356).

b) Doch überall wird auch die Gefahr sichtbar, daß bereits hier das öffentliche Interesse nichts anderes mehr ist als cachierter privater Nutzen: Die Begründungen für die übergeordneten Belange sind häufig pauschal und formelhaft. Unschwer lassen sich aus jedem konkreten privaten Anliegen hohe öffentliche Interessen abstrahieren, in deren Namen dann eingegriffen werden kann. Und wo soll denn die Grenze gezogen werden? Ein legitimes öffentliches Interesse besteht doch daran, daß privates Zusammenleben sich reibungslos vollziehe. Spätestens im allgemeinen Friedenswahrungsrecht des Staates wird jedes (berechtigte) private zugleich zum öffentlichen Interesse. Dann aber kann doch jede Ordnung privater Interessen mit der Weihe des Öffentlichen umgeben, es kann eben begrifflich das private Interesse des einen gegen den anderen als öffentliches Interesse durchgesetzt werden. Hinter der scheinbaren Selbständigkeit des öffentlichen Interesses gegenüber den „mitgeschützten" privaten Belangen verbirgt sich eine begriffliche Durchlässigkeit, welche es der Verwaltung gestattet, praktisch jedes private Interesse sich als öffentliches zu eigen zu machen.

c) In nicht wenigen Fällen werden bereits offen private Interessen *als öffentliche* bezeichnet, ohne daß noch der Umweg über eine Abstraktion genommen würde, in deren Namen sie geschützt werden sollen: so etwa bei der Ordnung des Wasserhaushalts[26], bei der Flurbereinigung[27], im Außenhandelsrecht[28], wo die „Interessen der Beteiligten" zu Maßnahmen im öffentlichen Interesse genügen sollen. Als gute Transformierungshilfe von privaten in öffentliche Belange erweist sich die „volkswirtschaftliche Bedeutung" der Belange des einzelnen Petenten[29]. Sie kann doch unschwer angenommen und damit das private Interesse zum öffentlichen erklärt werden — ohne daß je die Kriterien solcher Entscheidung eindeutig offengelegt werden könnten, und obwohl häufig die entscheidende Verwaltungsbehörde auch nicht entfernt zur Beurteilung von so schwierigen gesamtwirtschaftlichen Fragen in der Lage ist.

Gewiß wäre es einer Untersuchung wert, welche Abstraktionen aus privaten Interessen bestimmte konkrete Belange der Privaten zum „öffentlichen Interesse" machen sollen. Doch nicht einmal dies würde Erfolg haben: Nur

---

[26] Siehe *Lievers*, R., DVBl. 1965, S. 2; *Külz* (Fn. 1), S. 206 f.; *Gieseke / Wiedemann*, WHG, 1963, § 6 Rdnr. 7, 8; *Sieder / Zeitler / Hlawaty / Dahme*, WHG, 1965, § 6 Rdnr. 9 (anders: § 8 Rdnr. 33); wenigstens private Interessen von volkswirtschaftlicher Bedeutung sollen genügen (*Witzel*, G., Gesetz z. Ordnung des WH, 5. Aufl., 1964, § 31 Rdnr. 6). Jedenfalls gehen private und öffentliche Belange ineinander über, vgl. dazu *Sievers*, R., Wasserrecht, *v. Brauchitsch*, VerwG. VI 1, S. 11–13; scharfe Gegenüberstellung privater und öffentlicher Interessen dagegen in OVG Münster DÖV 1966, S. 870.

[27] *Seehusen / Schwede / Nebe*, FlurbereinG, 1954, § 37 Rdnr. 1.

[28] *Sieg / Fahning / Kölling*, Außenwirtschaftsgesetz, 1963, § 10 Rdnr. 25.

[29] So insbes. auch bei der Rückstellung vom Wehrdienst, vgl. Fn. 21.

selten lassen sich Verwaltung oder Gerichte herbei, den hoheitsvollen Begriff des (allgemeinen) öffentlichen Interesses näher zu präzisieren, spezielle öffentliche Interessen bekanntzugeben. Hinter Fast-Leerformeln wie „Volksgesundheit", „öffentliche Sicherheit", „volkswirtschaftliche Belange" können private Interessen unmittelbar das öffentliche Interesse okkupieren.

3. Schutz privater Belange im öffentlichen Interesse

a) Von jeher hat es zahlreiche Fälle gegeben, in denen *private Interessen als solche* im öffentlichen Interesse geschützt wurden. Hier sieht man von dem Versuch ab, solche Belange in einem inhaltlich selbständigen, qualitativ andersartigen öffentlichen Interesse mitzuschützen. Der Unterschied zwischen privatem und öffentlichem Interesse liegt allenfalls noch darin, daß die Allgemeinheit daran interessiert ist, daß jeder Private solche Belange ungestört wahrnehmen könne. Sie erhebt daher *in jedem Fall* der Bedrohung und Verletzung das konkrete private Rechtsgut in den Rang des öffentlichen Interesses.

Diese volle Identifikation von privatem und öffentlichem Interesse beherrscht den zentralen Bereich des klassischen Verwaltungsrechts, *die Gefahrenabwehr.* Leben und Gesundheit einzelner werden als öffentliches Interesse[30] geschützt — von der Verkehrssicherheit[31] bis zum Atomrecht[32]; Krankenhäusern wird im öffentlichen Interesse im Ergebnis ein besonderer nachbarrechtlicher Schutz gewährt[33]; die Polizei schreitet gegen ruhestörenden Lärm auch dann ein, wenn nur die Interessen weniger, konkret feststellbarer Bürger berührt sind[34]. In all diesen Fällen stehen dem Bedrohten oder Verletzten auch privatrechtliche Abwehr- oder Schadensersatzklagen zur Verfügung. Warum geht der Staat gerade in diesen Fällen präventiv vor zum Schutz dieser „privat-öffentlichen Interessen"? Ihre Besonderheit liegt hier nicht notwendig darin, daß die Gefährdung den Interessen „vieler" Privater droht — auch nicht „massiv gefährdete" Interessen macht sich der Staat so

---

[30] *Schmatz,* H. P., Die Grenzen des Opportunitätsprinzips im heutigen dt. Polizeirecht, 1966, S. 152; *Löwer,* K., DÖV 1963, S. 174, 176; grdl. BayVGH VerwRspr. 14, S. 116 f.; OVG Münster DÖV 1963, S. 478/9; E 18, S. 51. Leicht kann dies, unter Hinweis auf Art. 2 II GG, zur „Volksgesundheit" gesteigert werden (vgl. OVG Lüneburg E 17, S. 403).

[31] So etwa in den zahlreichen Entscheidungen über die sofortige Vollziehung der Entziehung der Fahrerlaubnis, welche mit dem Schutzinteresse der Verkehrsteilnehmer begründet werden.

[32] *Mattern/Raisch,* Atomgesetz, 1961, § 17 Rdnr. 13.

[33] *Landmann/Rohmer/Eyermann/Fröhler,* GewO, 1964, § 33i Rdnr. 15.

[34] OVG Münster DVBl. 1964, S. 123/4; DÖV 1963, S. 478/9; vgl. auch OVG Münster DVBl. 1964, S. 544/45.

zu eigen. Öffentlichen Schutz finden auch nicht nur Interessen, bei denen die Zahl der verletzten Träger unbekannt oder schwer feststellbar wäre — ganz abgesehen davon, daß auch der privatrechtliche Interessenschutz auf eine unbekannte Vielzahl von möglichen Verletzungen zugeschnitten ist und auch bereits gegen Bedrohung gewährt wird. Der Unterschied zu einer Sicherung privater Belange im öffentlichen Interesse liegt nur darin, daß hier der Staat tätig wird, dort der Betroffene handeln muß. Und nach welchen Kriterien greift der Staat im öffentlichen Interesse ein? Die pauschale Begründung, bestimmte Interessen *müßten* eben den Privaten stets erhalten bleiben, ist nur Tautologie; dies gilt für alle privaten Rechte. Aus welchen Gründen wird ein Teil von ihnen ins öffentliche Interesse gehoben? Das Verwaltungsrecht gibt keine Antwort[35].

b) Nicht anders ist es im Recht der *Fürsorge*. Die liberalstaatliche Begründung des öffentlichen Interesses, es werde so der Kriminalität entgegengewirkt, der abstoßende Eindruck des Bettelns vermieden und verhindert, daß die Armen zu bösartigen Revolutionären würden — all dies entspricht dem Fürsorgeverständnis des solidaristischen Versorgungsstaates nicht mehr. Fürsorge wird gewährt, weil ein öffentliches Interesse daran besteht, daß es einzelnen Bedürftigen oder Gruppen von ihnen „besser gehe“[36]. Welches Interesse aber könnte „noch privater“ sein als diese nunmehr öffentlichen Belange? Und nicht einmal die Summierung der privaten Interessen begründet das aliud des „öffentlichen“ — auch dem einzigen Bedürftigen wird geholfen. Die Möglichkeit aber, daß es „vielen schlecht gehe“ — ist sie mehr als eine Vielheit privater Interessenlagen, was schafft hier ein „öffentliches Interesse“?

Die Gemeinschaft kann nicht viel anderes leisten als Gefahrenabwehr und Welfare. In beidem ist sie ein Staat privater Interessen. Je rascher wir uns dem Wohlfahrtsstaat nähern, desto weniger werden wir rational begründen können, warum einzelne private Belange zu öffentlichen Interessen werden.

---

[35] Auch die Formulierung des BVerfG, der Staat „gehe gegen das Eigentum nur vor, um Rechtsgüter der Gemeinschaft – *und damit letztlich auch des Eigentümers selbst* – vor Gefahren zu schützen“ (DÖV 1967, S. 128 - Beschl. v. 17.11.1966 - Hervorh. v. Verf.), bringt keine Klarheit.

[36] Welchen Sinn soll es denn etwa haben, daß dem einzelnen Schwerbeschädigten sein Arbeitsplatz „nicht allein seiner persönlichen Interessen wegen, sondern um der Gesamtheit der Schwerbeschädigten willen erhalten bleiben“ soll (BVerwGE 8, S. 68)? Hier besteht ja kein Gruppeninteresse, der Richter flieht in ein fiktives öffentliches Interesse.

4. Dirigismus und Zwangswirtschaft als Globaltransformation privater Belange in öffentliches Interesse

Die neoliberale Periode hat ein Instrument zurücktreten lassen, durch das einzelne Interessenlagen wie ganze Interessenkomplexe Privater in öffentliches Interesse verwandelt werden können: durch die Intervention, vom punktuellen Dirigismus bis zur vollen Zwangswirtschaft.

Es beginnt mit der Erlaubnis und jenem „privatrechtsgestaltenden Verwaltungsakt", durch den öffentliches Interesse an bestimmten privaten Aktivitäten bezeugt wird[37]. Und es endet etwa in einer Wohnungszwangswirtschaft, in der das doch wirklich höchstprivate Interesse des einzelnen an seiner Wohnung zum öffentlichen Interesse wird[38], in der sogar der Wohnungstausch zweier Bürger öffentliche Belange berührt[39].

Wohl mag hier die Öffentlichkeit des Interesses mit der großen Zahl entsprechender privater Interessen gerechtfertigt werden, doch dies ist nicht in jedem Fall dirigistischer Maßnahmen gegeben. Abgesehen davon, daß auch unklar bliebe, welche Zahlengrenze erreicht sein müßte (dazu unten III e) — selbst dann würde doch nur eine Summe privater Interessen zum öffentlichen Belang werden, eine Vielheit, die sich qualitativ noch nicht vom Einzelinteresse unterschiede.

Im Dirigismus ist es also das Zauberwort der Staatsgewalt, das bestimmte private Interessen *als solche* zu öffentlichen macht, sie vielleicht Privaten völlig entzieht. Dies geschieht meist sogar ohne Berufung auf selbständige „staatliche Belange", die ja doch nur in der Inhaltsleere der „volkswirtschaftlichen Entwicklung" oder der „allgemeinen Ordnung" verdämmern würden.

Jener Staat also, der sich rühmt, in dubio pro libertate zu stehen, ist bereit, sich in allen zentralen Bereichen des Verwaltungsrechts die Interessen seiner Bürger zu appropriieren, um sie ihnen sodann als öffentliches Interesse entgegenzuhalten. Und was heute noch vorsichtige Ausnahme ist, kann morgen alles sein. Bleibt dem Gewaltunterworfenen ein anderer Weg als der des Demokraten über den status activus in die Staatsmaschine, kann er seine privaten Interessen noch anders retten als durch Mitbestimmung des öffentlichen Interesses, anders als durch ein „Appropriiert die Appropriateure"?

Gibt es rechtliche Kriterien für die Verwandlung privater Belange in öffentliche?

---

[37] Vgl. *Wertenbruch* (Fn. 6).

[38] *Hans*, H., DVBl. 1955, S. 700; OVG Münster DVBl. 1952, S. 60; vgl. auch *Köstlin*, R., Das GastG I, 1930, § 2 Anm. 17.

[39] BVerwG DVBl. 1957, S. 732; vgl. zum Verhältnis von privatem und öffentlichem Interesse die Ausführungen von *Roquette*, H., Das Wohnraumbewirtschaftungsgesetz, 1953, § 25 Anm. 6 a.

III. Kriterien für eine Transformation privater Interessen in öffentliches Interesse?

a) Nur dann kann klar entschieden werden, welche privaten Belange zu öffentlichem Interesse werden können, wenn es Anhaltspunkte für die Bestimmung des letzteren gibt. Hier aber ist die Bilanz bedenklich: „Öffentliches Interesse" soll zwar ein von den Gerichten nachprüfbarer unbestimmter Rechtsbegriff sein; die Begeisterung über diesen rechtsstaatlichen Pyrrhussieg vergißt aber, daß an dem „Rechtsbegriff" nichts bemerkenswert ist als seine Unbestimmtheit, daß daher die Fixierung des Begriffsinhalts lediglich von der Exekutive auf die Judikative verschoben ist, in diese sachferne Instanz, welche der Dynamik all jener Belange weit entrückt ist, die das öffentliche Interesse konstituieren. Doch dies beeindruckt eine Lehre wenig, welche das öffentliche Interesse als Blankettbegriff sieht[40], die Grenzen der Normierbarkeit betont[41], oder doch die Wandelbarkeit öffentlicher Belange hervorhebt[42].

Unter diesen Umständen kann auch in der Frage „Privatinteressen als öffentliches Interesse" keine Klarheit herrschen. Bald wird das öffentliche Interesse geradezu aus dem Gegensatz zu privaten Belangen definiert[43], bald erscheinen Privatinteressen generell als möglicher Inhalt des intérêt public[44]. Für manche kann das öffentliche Interesse „objektiviertes Interesse" der Einzelnen sein[45], nach Vertretern einer gewissen Subsidiaritätslehre ist es durch gleitende Übergänge mit privaten Belangen verbunden[46], andere heben die Bedeutung der Verbandsinteressen[47] oder schlechthin von Gruppeninter-

---

[40] *Salzwedel*, J., DVBl. 1964, S. 24; *Ryffel* (Fn. 1), S. 23; *Rupp* (Fn. 1), S. 118 f.

[41] Vgl. dazu *Dürig* (Fn. 1), S. 46; *Erning*, A., DVBl. 1960, S. 188; *Haas*, D., DVBl. 1960, S. 307; *Czermak*, F., DÖV 1966, S. 49, unter Hinweis auf die Skepsis von *Rudolf Stammler*.

[42] *Fleiner* (Fn. 1), S. 32; *Külz* (Fn. 1), S. 211; *Dürig* (Fn. 1), S. 66; *Neis*, K., DVBl. 1968, S. 229; *Ruck*, E., Festgabe für Simonius, 1955, S. 347; OVG Koblenz DVBl. 1964, S. 489.

[43] Für viele: BGH DVBl. 1966, S. 266; *Dürig* (Fn. 1), S. 81.

[44] Z.B. *Wertenbruch* (Fn. 6), S. 103/4; *Czermak* (Fn. 41), S. 49.

[45] *Ryffel* (Fn. 1), S. 21, ähnlich *Külz* (Fn. 1), S. 199.

[46] *Süsterhenn*, A., Nawiasky-Festschrift, 1956, S. 146; zur richtigen Gegenüberstellung von Gemeinwohl und Privatinteresse in diesem Zusammenhang vgl. *Isensee*, J., Subsidiaritätsprinzip und Verfassungsrecht, 1968, S. 271 f., 278 f.

[47] *Wittkämper*, G., GG und Interessenverbände, 1963, S. 28 f.; *Herzog*, R., in: Kummer, K., Gesellschaft u. Politik — Die Verbände und ihr Ordnungsanspruch, Heft 3 (1965), S. 13/4; vgl. auch (zur Verbändeanalyse von Habermas), *Häberle*, P., ZSchr. f. Politik 1969, S. 278 f.; krit. zu Verbandsinteressen als öffentliches Interesse u.a. *Scheuner*, U., DÖV 1965, S. 577; Hess. VGH DVBl. 1952, S. 472; vgl. auch *Dagtoglou*, P., Der Private in der Verwaltung, 1964, S. 67.

essen[48] hervor. Früher vor allem erschien das allgemeine Wohl als Summe privater Interessen[49] oder als ein Maximum an wirtschaftlichen Belangen[50]. Nähere Kategorisierung wird, soweit ersichtlich, nicht versucht. Eine wirkliche These bietet nur Dürig: Öffentliches Interesse könne in der Demokratie nur das Interesse der Mehrheit sein[51]. Doch in welchen Kreisen hat sich jeweils solche Mehrheit zu bilden, wie kann ihre Auffassung mit rechtsstaatlicher Vorhersehbarkeit ermittelt werden? Hier könnte sich Demokratiebegeisterung Lorbeeren erwerben!

b) Allgemeine Kriterien für die Transformation von privaten Interessen in öffentliches Interesse gibt es bisher nicht. Es bleibt daher nur der Versuch, einen Anhalt induktiv[52] aus den Fällen zu bilden, in denen die Transformation bereits erfolgt ist. In einzelnen Bereichen läßt sich hier wohl sicherer Boden gewinnen. Hier aber soll gefragt werden, ob sich *generelle* Canones abzeichnen, welche *jede* Erfüllung des Allgemeinwohls aus Einzelinteressen leiten könnten.

Läßt man die „privaten Staatsinteressen" (vgl. oben II, 1) und das generelle öffentliche Interesse an der streitschlichtenden Friedensbewahrung beiseite, welches sich mit der Durchsetzung der legitimen Privatinteressen identifiziert, so heben sich *drei Komplexe* privater Belange heraus, welche als besonders geeignet erscheinen, in den Rang des öffentlichen Interesses gehoben zu werden; Interessen einer unbestimmten Vielheit von Rechtsträgern (vgl. im folgenden c), besonders vitale private Belange (vgl. im folgenden d), Interessen einer bedeutenden Anzahl von Privaten (vgl. im folgenden e).

c) Die Gleichung „öffentliches Interesse — Interessen einer unbestimmten Zahl von Privaten" entspricht einer Auffassung, welche die öffentlichen Belange als die einer unbestimmten Vielzahl von Rechtsträgern definiert[53]. Abgesehen davon, daß dies vielleicht nichts als eine unreflektierte Übernahme der Abgrenzung von Verwaltungsakt und Verordnung ist — ein solches Kriterium vermag nicht zu überzeugen. Warum müssen die Interessen unbekannt vieler Bürger als öffentliches Interesse gewahrt werden, wenn sie weder für die Rechtsträger besonders bedeutsam sind, noch damit zu rechnen ist, daß sie bei einer bedeutenden Anzahl auftreten? Das Problem der Unbe-

---

[48] Zu den „gruppenspezifischen Interessen" vor allem *Streissler* (Fn. 1), S. 4; *Ryffel* (Fn. 1), S. 21; *Bettermann* (Fn. 7), S. 9 f.; *Hansen*, H., Kraft-Festschrift, 1955, S. 187 f.; *Scheuner* (Fn. 15), S. 812; BGH DVBl. 1964, S. 398.

[49] Vgl. *Merk* (Fn. 1) S. 519; vgl. auch *Germershausen/Seydel* (Fn. 22); *Bellstedt*, Chr., DÖV 1961, S. 816; krit. etwa *Gerber*, H., DÖV 1958, S. 682.

[50] *Külz* (Fn. 1), S. 198, 207.

[51] *Dürig* (Fn. 1), S. 68 f., 118.

[52] *Dürig* (Fn. 1), S. 53.

[53] Vgl. oben Fn. 6.

kanntheit möglicher Interessierter kann doch befriedigend normativ dadurch gelöst werden, daß jedem einzelnen möglichen Betroffenen die Abwehr-, Vorbeugungs- und Schadensersatzansprüche des Privatrechts zur Verfügung gestellt werden. Der Staat ist nicht ein spezieller Schützer der „Unbekannten", sondern allenfalls der unbekannt *vielen* Interessenträger. Bei der Beurteilung der qualitativen Gruppen, deren Belange zum öffentlichen Interesse werden können, mag daher die „virtuelle Anzahl" mit berücksichtigt werden. Die eingängige Vorstellung, daß der Staat sich im eigenen Interesse um alles zu kümmern habe, was „jedermann zustoßen" kann, ist unrichtig, weil sie nur die Frage nach Quantität oder Qualität der Privatinteressen verdeckt, auf die allein es ankommen kann.

d) Daß auch einzelne private Interessen das öffentliche Interesse schlechthin begründen können, wurde bereits (oben II, 3), vor allem für Gefahrenabwehr und Fürsorge, dargetan. Hier kann es also nur die *Qualität* der privaten Rechte sein, welche das allgemeine Interesse an gerade ihrer Erhaltung schafft. Nicht auf das Gewicht dieser Interessen für den Staat, sondern auf die Bedeutung kommt es an, welche sie für ihre Träger *und nur deshalb* auch für die Gemeinschaft haben: Im öffentlichen Interesse werden die elementaren, vitalen Interessen der Gewaltunterworfenen gesichert.

Der unbedingte Schutz von Leben und Gesundheit rechtfertigt Gefahrenabwehr und Elementarfürsorge im öffentlichen Interesse, sie mag sich zur Sicherung einer „Volksgesundheit" steigern, die aber nichts anderes ist, als eine möglichst hohe Lebens- und Gesundheitserwartung für *jeden einzelnen*. Doch sogleich außerhalb dieser unbestritten „öffentlichen Belange der Privatsphäre" beginnen die Probleme. Der Staat mag sich noch Individualinteressen von Moral und Sittlichkeit appropriieren dürfen, wenn je noch einmal über sie Einigkeit erzielt werden kann. Wie weit aber darf der Schutz materieller, wirtschaftlicher privater Interessen als öffentliche Belange gehen? Ist Privateigentum im öffentlichen Interesse allseitig zu schützen[54]? Hier muß es Grenzen geben, an denen der bürgerliche Rechtsschutz einsetzt, der Schutz privater Interessen im privaten Interesse. Sucht man nach privaten Interessen, welche die Rechtsordnung als besonders schutzwürdig heraushebt, so daß ihr Schutz als öffentliche Belange in Betracht käme, so eröffnen sich nur zwei Wege: private Interessen als öffentliches Interesse dort, wo auch das Strafrecht sie schützt oder soweit ihnen die Grundrechte der Verfassung höhere Weihe geben.

Wohl ist die Bedeutung *strafrechtlicher* Normentscheidungen für eine (etwaige) „Wertordnung" des öffentlichen Rechts und speziell für die Sinnerfüllung des öffentlichen Interesses noch längst nicht voll erkannt. Wohl

---

[54] *Wilhelm*, B., DÖV 1965, S. 405.

mag sich allenthalben die Exekutive an jenem strafrechtlichen Canon orientieren, der als einziger Normkomplex nicht nur „Werte" nebeneinanderstellt, sondern sie auch durch seinen Strafrahmen deutlich gewichtet. Doch ist es fraglich, ob man all dies dogmatisch exakt für die Bestimmung von „Privatinteressen als öffentliches Interesse" einsetzen kann: Das Strafrecht sichert mit öffentlicher Gewalt ja auch nahezu jedes Eigentum, jeden Besitz — aber eben nur gegen bestimmte Verletzungshandlungen; sein Sinn, sei es nun Sühne, Besserung oder auch nur eine allgemeine innere Friedenssicherung, mag in der Gefahrenabwehr noch nahe bei den Zielen des öffentlichen Interesses der Verwaltung stehen, Förderung und Fürsorge liegen schon weitab. Auch über die Bestimmung von Privatbelangen als öffentliches Interesse kann also nicht eine – verfassungsrechtlich bedenkliche! – letzte Einheit von Straf- und Verwaltungsrecht geschaffen werden. Was bleiben mag, sind Anhaltspunkte.

Auch die *Grundrechte* sind kein Katalog von „Individualinteressen im öffentlichen Interesse", selbst wenn man von ihrer vollen Drittwirkung ausgehen wollte. Sie schützen ja nicht weniger als alle privaten Interessen, einschließlich jener subjektiven Privateigentumsrechte, die sicher nicht in vollem Umfang im öffentlichen Interesse gesichert werden können. Wären die Grundrechte punktuelle, aber feste Verbürgungen geblieben, so hätte man hier beginnen können. Ihre Verwässerung in einem „lückenlosen Freiheitssystem" macht es unmöglich.

Was also „vitale" private Belange sind, die als Ausdruck des Gemeinwohls zu schützen wären, läßt sich nicht mit hinreichender Eindeutigkeit bestimmen.

e) Nachdem hier gefragt wird, welche privaten Interessen *als solche* – d.h. nicht wegen ihrer Nähe zu *speziellen* feststellbaren Allgemeinbelangen – ins öffentliche Interesse gehoben werden dürfen, bleibt nach dem Ausscheiden des qualitativen Kriteriums nur mehr das der Quantität: Wie groß muß die Zahl der Interessenträger oder der Umfang der privaten Interessen sein, wenn ihnen der spezielle Schutz des öffentlichen Interesses zuteil werden soll?

Daß die privaten Interessen der Mehrheit das öffentliche Interesse konstituieren sollen[55], entspricht an sich dem demokratischen Prinzip. Auch mag es zulässig sein, die Mehrheit in der jeweils zuständigen Verwaltungseinheit (Land, Gemeinde, Körperschaft) als Ausgangspunkt zu wählen. Doch auch hier häufen sich die Bedenken: Solche Bestimmung von Mehrheitsinteressen ist unpraktikabel, sie würde in Schätzungen bis zur Willkür oder in einer Demoskopietyrannis enden. Das demokratische Prinzip der repräsentativen Demokratie steht entgegen: Die Demokratizität erschöpft sich in der Bestim-

---

[55] Vgl. Fn. 51.

mung der Organe, deren Funktion grundsätzlich die Wahrung eines privatinteressenfreien Gemeinwohls ist (vgl. Art. 38 Abs. 1 S. 2 GG). Kleinere Einheiten, in denen die quantitative Interessenfeststellung allein praktikabel wäre, wie etwa Kleingemeinden und Körperschaften, würden sich nicht mehr von privaten Vereinen unterscheiden, wenn sie die Privatinteressen der Mehrheit ihrer Mitglieder wahrnähmen. Trotz aller Demokratie: Solange es eine Trennung von privatem und öffentlichem Recht gibt, kann Mehrheit nicht überall, vor allem nicht im öffentlichen Interesse sein. Bleibt allenfalls für „radikale Demokraten" zu überlegen, welches Recht solcher Demokratie nicht entspräche — das private oder das öffentliche ...

Wenn die Mehrheit der Interessenträger private Belange nicht zu öffentlichen macht, so beginnt das Unvorhersehbare, vielleicht die Willkür. Wie groß muß die Zahl der (möglichen) Interessenten sein, damit sie die „Bedeutung" des öffentlichen Interesses erreiche? Einen Bezugspunkt gibt es nicht, wenn die privaten Belange als solche, um ihres Gewichts in der Gemeinschaft willen, zum intérêt public werden. Hier endet alles Fragen, hier ist nur mehr Staatsraison.

Denn daß der „materielle Umfang" von Interessen nicht allein entscheiden kann, bedarf keiner Begründung. Hier käme kaum anderes als wirtschaftliche Belange in Betracht. Dies aber wäre die institutionelle Verfestigung wahrer Plutokratie. Im übrigen träten die gleichen Bedenken der Feststellbarkeit auf.

Nur ein Ausweg mag bleiben: die Bestimmung der öffentlich relevanten privaten Interessen als organisierte Interessen. Die Bedeutung von (privaten) Verbandsinteressen für die Bestimmung eines sektoralen öffentlichen Interesses in Ehren[56] — darf aber der Staat seine Bürger in private Verbandlichkeit drängen, weil *nur so de iure* ihre Privatinteressen das Gemeinwohl okkupieren können? Freilich geschieht das Tag für Tag in einem großen Paradoxon moderner Demokratie: Dieselben Verbände sind für die Wesensbestimmung des Öffentlichen, des Staates, unentbehrlich — welche dieser Staat als pouvoirs intermédiaires nicht kennen darf. Doch soll dem nun noch der generelle dogmatische Segen gegeben werden? Auch er würde nicht helfen: Kriterien für die Transformation privater Interessen in öffentliches Interesse gibt es nicht.

[56] Vgl. Fn. 47.

IV. Das unbestimmte öffentliche Interesse und die Grundprinzipien der Staatsform

Dies Ergebnis der unbestimmbaren Beziehungen zwischen privaten und öffentlichen Interessen ist mehr als ein Beleg für den Generalklauselcharakter des intérêt public; er zeigt Wege der Veränderung der Staatsform in deren Grundprinzipien: Grundrechtlichkeit, repräsentative Demokratie, Rechtsstaat.

Die *Freiheitsrechte* scheinen sicher vor Privatinteressen im öffentlichen Gewande, solange sie nicht unter dem Vorbehalt des öffentlichen Interesses stehen. Doch wie leicht kann dieses zu jenen höchsten Gemeinschaftswerten gesteigert werden, welche den Raum des Art. 12 GG begrenzen, ja zu jenem obersten Gemeinwohl, das eine letzte, ungeschriebene Schranke für alle Grundrechte sein soll? Privatinteressen als öffentliches Interesse würden dann eine gefährliche, weil verdeckte und unkontrollierbare Grundrechtsdrittwirkung entfalten.

Wo privater Nutzen zum öffentlichen Wohl gefördert wird, da unterwandert neue Ständestaatlichkeit die *repräsentative Demokratie*. Besser könnte ja das Wesen korporativer Staatlichkeit nicht definiert werden als durch die Erhebung kollektiver, privater Standesinteressen zum öffentlichen Interesse. Was aber dort institutionell, offen geschieht, das drängt die Fiktion der gemeinwohlorientierten Repräsentativdemokratie in den Untergrund des undefinierten öffentlichen Interesses. Niemand kennt genau die Zahl der wahren, der potentiellen „Stände“. Sie wirken nicht in Cortes und Senaten, sondern in Verwaltungsentscheidungen und Gerichtsurteilen – im Namen des einen Volkes –, vielleicht nur ein Beweis für die unzerstörbaren ständestaatlichen Substrukturen jeder, eben notwendig „gemischten“ Staatsform.

Öffentliches Interesse legitimiert den Eingriff der Staatsgewalt. Bringt es private Belange zum Tragen, so wird die Gleichheit getroffen. Und wenn nicht feststeht, wann, wieweit dies geschieht, so kommt der *Rechtsstaat* in Gefahr; diese Rechtsstaatlichkeit, höchste Steigerung begriffsjurisprudentieller Klarheitsforderung, erliegt Tag für Tag einer einzelabwägenden Interessenjurisprudenz, die selbst die Grenzen zwischen privatem und öffentlichem Recht niederreißt.

Diese Betrachtung endet mit der Anregung an den Gesetzgeber: möglichst wenig „öffentliches Interesse“, möglichst viel Spezialisierung einzelner öffentlicher Belange; mit der Anregung an Exekutive und Judikative: mehr einzelne Begründung des öffentlichen Interesses, viel Mut zum gleichheitswahrenden Präzedens; und mit einer Resignation: Wieviel ist Illusion in diesem Rechtsstaat, in dem Normen, nicht Menschen herrschen sollten — und in dem sogar Private herrschen, gedeckt durch die Normen, die trojanischen Pferde des Rechtsstaats.

Teil III

Verfassungstradition

Die Aufklärung und die Entwicklung der Grundrechte in Deutschland*

Die besondere, in vielem gegenüber westlichen Vorbildern zurückhaltende Entwicklung der Grundrechtsideen in Deutschland ist vor allem eine der spezifischen Auswirkungen der Aufklärung im deutschen Raum. Im 18. Jahrhundert wurde hier auch das staatsrechtliche Denken mehr von den Ideen des systematischen Naturrechts geprägt, als von den „freiheitlichen", antihistorischen grundrechtsfreundlichen Strömungen der westlichen Aufklärung. Die deutsche Aufklärung verlangt Kodifikation, nicht Revolution.

Der deutsche Idealismus überhöhte alsbald den grundrechtlichen Gegensatz „Staat-Individuum", ebenso wie das rationalistische Denken der Aufklärung, in der sittlichen Pflichtenbindung der Bürger im Staat. Im Historismus und in der Hegelschen Staatslehre endeten geistig zugleich die Aufklärung und die rationalistische Grundrechtsidee. Dennoch trägt jene noch, im Spätnaturrecht des deutschen Liberalismus, mächtig zur vorübergehenden Wiederbelebung der Grundrechte im Jahre 1848 bei.

Gedanken einer „Neo-Aufklärung" stehen im 20. Jahrhundert zunächst hinter den liberalen Bemühungen, die monarchische Idee durch Grundrechtsbegeisterung abzulösen. Mit dem Vordringen ständestaatlicher Gedanken in Universalismus und Nationalsozialismus bricht – in einer späten historischen Umkehrentwicklung – die aufklärerisch-liberale Grundrechtsidee zu Beginn der dreißiger Jahre zusammen.

Die deutsche Grundrechtsrenaissance nach 1945 versucht zum ersten Male, rationalistisch-aufklärerische Ideen durch ein Wertsystem zu überwinden. Gerade dieses aber leitet weitgehend zu Vorstellungen der deutschen Hochaufklärung zurück.

Von all dem, was unser heutiges Recht der Aufklärung verdankt, gelten die Grundrechte nicht zu Unrecht, neben der Kodifikationsidee, als das bedeutendste, wirkmächtigste Erbe. Während aber der Gedanke der Kodifikation, der alles erfassenden, systematisierenden Gesamtschau des privaten Rechts, heute in eine ernste Krise eingetreten ist, hat die Grundrechtsidee in Deutschland, infolge der politischen Entwicklung der neuesten Zeit, ungeahnte Kraft und wahrhaft aufklärerische Entfaltung gewonnen. Die großen

* Erstveröffentlichung in: Festschrift zur 10-Jahresfeier des Deutsch-Japanischen Kulturinstituts, Kyoto 1966, S. 80–94.

Kodifikationen stehen heute in der Kritik der raschen, unvorhersehbaren technischen Entwicklung, der angelsächsischen case-law-Technik, nicht zuletzt aber auch einfach des Überaltertseins, dem sie gerade in ihrer systematischen Geschlossenheit hilflos gegenüberstehen. Eben jener aufklärerische Enzyklopädismus, dem sie entstammen, — seine Logik wie sein Rationalismus schienen oft schwer vereinbar mit jenem Empirismus und punktuellen Pragmatismus, der die neuere technische und ökonomische Entwicklung mit Sicherheit kennzeichnet.

Anders die Grundrechte, vor allem im neuen deutschen Verfassungsrecht. Hier wird der logische Dogmatismus, den man der Kodifikation vorwirft, gerade begeistert gepriesen, hier wird das ideologisierende Pathos des 18. Jahrhunderts als eine höchste Synthese der Gesellschaft gefeiert, in ihm sucht man einen späten Ersatz für die verlorene königliche Idee der Monarchie.

Fast alles, was die Aufklärung des 18. Jahrhunderts, vor allem in Frankreich, prägt, wird heute, an sich betrachtet, in der jungen Bundesrepublik abgelehnt: dem antireligiösen Eifer steht eine durchgehend kirchenfreundliche Haltung aller Parteien gegenüber. Die Begeisterung für das Volk als Masse oder als Gemeinschaft „guter Wilder“ ist der Auffassung von dem Volk als einem Staatsorgan gewichen, das um keinen Preis zu viel unmittelbare Macht im Staate haben sollte und nur selten den Gang zu den Urnen antreten darf. Die logische Komponente ist im deutschen Geistesleben gegenüber irrationalen, voluntaristischen, mystizierenden Tendenzen eher noch schwächer ausgeprägt als schon eh und je, die Rechtswissenschaft macht in einem tastenden Pragmatismus keine Ausnahme. Das systematische Denken wird auch in der deutschen Rechtswissenschaft in zunehmendem Maße gegenüber kommentierenden Einzelstellungnahmen vernachlässigt, die die augenblickliche Lage eher als eine solche der Postglossatoren erscheinen lassen.

Obwohl also die allgemeine geistige Stimmung in der deutschen Rechtswissenschaft sich so weit von allem unterscheidet, was man irgendwie einmal als ein Erbe der Aufklärung angesehen hat – gerade die Grundrechte werden ganz allgemein als Errungenschaft dieser Epoche weit überwiegend nahezu begeistert aufgenommen – soweit man sich überhaupt heute noch am Recht und am öffentlichen Recht im besonderen begeistern kann ... Mag sonst Logik, Dogmatik und System der Aufklärung belächelt werden — die Grundrechte erscheinen als unbestrittene Großtat einer Epoche, welche man lange Jahrzehnte hindurch in allen Schulen als undeutsch kritisiert, als wissenschaftlich überholt verworfen hatte.

Dabei war vielleicht diese Kritik in vielem echter und der deutschen Entwicklung mehr konform als nunmehr die große und späte Bewunderung für diese besondere Seite des aufklärerischen Denkens. Was man nämlich heute an den Grundrechten in Deutschland bewundert, was man im Grunde in ihnen überhaupt sieht, ist gerade nicht das, was die Aufklärung in ihren verschiedenen Stadien, auch in Deutschland, vor allem gebracht hat, sondern cin ganz spätes, ja fast ein Seitenergebnis der Aufklärung, das bereits ihre geistige Überwindung einleitet: das frühstliberale Gedankengut, wie es uns etwa in der französischen Erklärung der Menschen- und Bürgerrechte aus dem Jahre 1789 entgegentritt. Und auch hier sieht man heute nur mehr einen statisch-unbedingten Schutz von Freiheit und Eigentum, wie ihn unser neoliberales System verlangt, man übersieht den unbedingt-revolutionären Schwung, mit dem diese Vorstellungen die politische Ordnung in Europa zertrümmert haben.

Es ist kein Zufall und mehr als ein kontingentes politisches Mißverständnis, daß die heutige Grundrechtsbegeisterung in Deutschland einen Zustand liberaler Gewaltenteilung als Erbe der Aufklärung verehrt, wie er der westeuropäischen Aufklärung letztlich fremd war. Es ist nur eine weitere Stufe eines spezifisch deutschen Verständnisses der Aufklärung, das im folgenden in seiner Entwicklung dargestellt und an einigen Beispielen veranschaulicht werden soll.

An die Spitze läßt sich hier die These stellen, daß es weit mehr der systematische als der explosiv-freiheitliche Gehalt aufklärerischen Denkens war, der schon im 18. und an der Schwelle zum 19. Jahrhundert Deutschland geprägt hat, zu einer Epoche, die als geistige Geburtszeit des modernen Deutschland etwas Unauslöschliches auch dem deutschen Recht aufgeprägt hat.

In der idyllischen Kleinstaatensituation des deutschen Rokoko fehlte es einfach an dem gewaltigen Gegner, an dessen absolutistischer Willkür eine wirkliche Grundrechtsidee sich hätte entzünden können. Die Aufklärung hatte auch das deutsche Rechtsleben auf einer ganz anderen Ebene erfaßt, als dies etwa in Frankreich der Fall sein mochte. Dort stand jene zentrale Epoche des Naturrechts im Vordergrund, welche man als das „systematische" Naturrechtsdenken zu bezeichnen pflegt. Seine staatsrechtliche Ausprägung ist der Obrigkeitsstaat, nicht in der Form des Polizeistaates, wohl aber in der des aufgeklärten Absolutismus eines Friedrich des Großen.

Jener Staat, der nunmehr alles erfaßt, von der Wohltätigkeit bis zum Kirchenregiment, vom geordneten Heerwesen bis zu einer immer gleichmäßigeren Besteuerung — er war in den meisten Kleinstaaten bereits weitgehend Wirklichkeit geworden. Wo aber Mängel auftraten, da erschienen sie als zu beseitigende Unvollkommenheiten, keineswegs als Defekte eines Systems, das im übrigen als der Natur und der Vernunft durchaus konform angesehen wurde.

Dieser Wohlfahrtsstaat — seine Idee ist eine vollkommene Ausprägung des systematischen Naturrechts und, das ist nun entscheidend, in ihm war die Aufklärung in Deutschland vor der großen Revolution der Idee nach bereits vollkommen realisiert. Revolutionäres Freiheitspathos konnte hier, auch aus der Sicht der Aufklärung, gerade aus ihr, nur als ein Mißklang erscheinen. Die Clairons der französischen Legionen konnten ihn mit dem Imperator über den Rhein tragen — das deutsche Rechtsdenken war auf eine Ordnungsidee festgelegt, welche nichts primär Freiheitliches und daher im letzten auch nichts wahrhaft Grundrechtliches in sich barg.

Die vollkommenste Ausprägung dieses deutschen antigrundrechtlichen Aufklärertums ist die Kantsche Staatslehre. Daß der große Königsberger, sonst der große Überwinder der Aufklärung, hier, vor allem in seinen Gedanken zum Ewigen Frieden, zu einer streng obrigkeitlichen Staatsidee zurücklenkt, ist gerade nicht Ausdruck bereits abgeschlossener Aufklärung – im Gegenteil: hier ist Kant in dem Raum stehen geblieben, der seine größten Leistungen gesehen und ermöglicht hatte – in dem der ganz großen, ganz geschlossen systematischen Methode, im Raum des Systems. Und dieses System konnte im Staate nur der geläuterte, ideengefüllte Obrigkeitsstaat sein, nie der explosiv-individualistische Aufschrei der französischen Revolution. Für Kant kann es also auch nicht mehrere, mehr oder weniger unsystematische nebeneinanderstehende Freiheiten, keinen „Grundrechtskatalog“ geben, sondern nur eine systematische Freiheit, die der Staat, ebenso systematisch, zu achten hat. Deshalb aber gerade muß dieser Staat in seiner ganzen Organisation ein allumfassender, alles vernünftig berücksichtigender Wohlfahrtsstaat sein.

Dennoch mag es wundernehmen, daß aus der Lehre von der sittlichen Persönlichkeit und ihrer innersten Freiheit, wie sie die „Kritik der praktischen Vernunft“ zeigt, kaum ein Weg führt zu der individualistischen Grundhaltung, welche im Westen in den Grundrechten ihren dauernden Niederschlag finden konnte.

Der tiefere Hintergrund mag hier in einer traditionellen deutschen Geisteshaltung liegen, welche das deutsche Staatsdenken seit dem 16. Jahrhundert entscheidend beeinflußt hat: es ist die lutherische Auffassung vom Verhältnis des Bürgers zu der Obrigkeit einerseits, die protestantische Freiheitsvorstellung auf der anderen, ja beide gerade in ihrem Zusammenklingen. Diese Vorstellungen haben sicher ihren Einfluß auf den Königsberger Philosophen, gerade in diesen Fragen, ausgeübt, sie prägten die deutsche Aufklärung des 18. Jahrhunderts, über die Kant gerade deshalb und insoweit auch nicht hinauskommen konnte, ebenso, wie sie für die deutsche Grundrechtsidee Motor und Grenze zugleich stets geblieben sind.

In der lutherischen Reformation hatte das deutsche Freiheitsbedürfnis nicht nur im religiösen, sondern auch im politischen Bereich seinen mächtigsten Ausdruck gefunden — aber es hatte sich irgendwie auch in ihm erschöpft. Durch ebendenselben Luther war es in die Richtung auf eine echte religiöse Verinnerlichung gelenkt worden, für die der Welt gegenüber nur die Haltung der Indifferenz blieb. Mehr noch — gerade die mächtige Befreiung des inneren Menschen von jeder Art der Gewissensbindung, so wie sie das 16. Jahrhundert verstand, war nur politisch möglich und menschlich erträglich, wenn der Welt gegenüber die Unterwerfung unter die Obrigkeit mit der Freiheit des Christenmenschen zusammenfiel. Schon Luther hat den plündernden Bauern gegenüber diese Wendung nicht aus politischem Pragmatismus, sondern aus innerer Notwendigkeit vollzogen. Von diesem Augenblick an liegt im deutschen Denken, das tief vom Protestantismus beeinflußt wurde, jene eigenartige, später vom Pietismus verstärkte Duldsamkeit gegenüber der Staatsgewalt, für die grundrechtliche Freiheitsansprüche nicht das Ethos und daher für die deutsche Geistigkeit auch nicht das Pathos aufweisen können, ohne das eine Grundrechtsidee nicht Bestand haben kann.

Ganz anders die Entwicklung in den westlichen Ländern. Dort war es die protestantische Form des Calvinismus, die sich als typische Minderheit gegenüber gewaltiger Überlegenheit durchsetzen mußte und daher „staatsfeindlich" wurde – darin gerade der Ausgangspunkt von Grundrechten, die *gegen* den Staat gerichtet sind –, von Hotman und den Monarchomachen bis zu den Pilgervätern und den holländischen Kämpfern gegen Spanien. Hier entstand das wirkliche grundrechtliche Ethos, von dem auch, in die Form der Aufklärung gepreßt, im 18. Jahrhundert im Westen immer noch das übrig geblieben war, was in der Form der Menschenrechte über die Welt gehen sollte — das Pathos der Grundrechte.

Aus der religiösen Grundhaltung heraus muß also jeweils die verschiedenartige Akzentuierung der Aufklärung und ihres Erbes erfolgen — und in Deutschland war es die Form des Luthertums: seid unterworfen der Obrigkeit, solange sie eure elementarsten religiösen Freiheiten achtet! Das deutsche Freiheitsgefühl ist also erst da sensibel geworden, aus nationalem Leid heraus, wo die Freiheit des Gewissens in Frage stand. Die eigentliche deutsche Freiheitsvorstellung war für Jahrhunderte die der Gewissensfreiheit, und so ist es bis ins 20. Jahrhundert geblieben.

Nicht von ungefähr spiegelt sich diese Vorstellung sogar in den bekannten Versuchen Georg Jellineks, den Ursprung der Menschen- und Bürgerrechte in der Glaubens- und Gewissensfreiheit der Pilgrim Fathers allein zu sehen — obwohl doch deren allgemein-antistaatliche Freiheitskonzeption sicher weit über die Frage der Glaubensfreiheit hinausging und sich auch, wie das Beispiel von Maryland zeigt, bei den Katholiken ebenso findet wie bei den Protestanten.

Immerhin — die deutsche Aufklärung ist, auch in ihrem Kampf gegen den lutherischen Pietismus, im letzten eine vom Luthertum geprägte Bewegung, die aus der Bibelgläubigkeit der ersten Jugend genausowenig völlig hinauswachsen kann, wie aus der Staatsunterworfenheit des großen Reformators. Die Form aber, welche sie der Aufklärung gegeben hat, konnte nicht die der politischen Grundrechte sein, sondern nur die der sittlichen Freiheit des Menschen, die völlig in das Ordnungsbild des Wohlfahrtsstaates paßt.

Der deutsche *Idealismus* trat im Grundrechtsbereich voll und ganz das Erbe einer so geformten deutschen Aufklärung an, wie ja auch sonst seine Kontinuität zu dieser Geistesrichtung stärker ist, als man gemeinhin annehmen möchte. Wie der strenge Empirestil dem noch vielfach verspielten Louis XVI., so folgt und überlagert sich diese Gedankenform der Aufklärung in Deutschland auch im Politischen und Staatsrechtlichen dergestalt, daß all das Experimentierende der logischen Konstruktion vor der Notwendigkeit sittlicher Überzeugung verschwindet. Mit Herder und Humboldt wird die staatspolitische geistige Erziehungssituation des 19. Jahrhunderts in Deutschland geschaffen — es ist eine Reminiszenz des griechischen Geistes, für den die Eleutheria nur in der Freiheit des Staates gegen die Fremden und in der sittlichen Freiheit des Individuums gegen sich selbst bestehen kann, nie in der Unabhängigkeit gegen eine legitime Staatsgewalt. Die aufklärerische Systematik des Wohlfahrtsstaates leitet in Deutschland ohne Bruch über in die Systematik der Pflichten des einzelnen gegen die Gemeinschaft, in die der freien, sittlichen Erziehung, in jene ernste Stimmung der Befreiungskriege und der Restauration, die dann in *Hegel* ihren höchsten geistigen Ausdruck finden wird.

In der sittlichen Pflichtenbindung der Bürger im Staat wird ein etwaiger Gegensatz „Individuum-Staat" in glücklicherer Weise überhöht als in der gewaltsamen Synthese des französischen Cäsarentums. Dem ästhetisierenden Luthertum eines Schleiermacher gelingt der unmittelbare Übergang aus dem Denken der Spätaufklärung in das der Romantik des frühen 19. Jahrhunderts.

Doch nun treten, gerade in der deutschen Rechtswissenschaft, die Extreme der Aufklärung entschieden und weit auseinander, die bislang reformatorische Aufklärung und deutscher Idealismus vereint hatten: in Hegels Staatsdenken wird das System in seiner allesumfassenden Macht absolut — in seiner Geistigkeit wird der Staat zur Verkörperung der sittlichen Idee. Ihm gegenüber kann es ex definitione nur mehr einen Widerstand geben, der mit der schlimmsten aller Verdammungen belegt werden muß, die der Sprachschatz deutscher Geistigkeit im 19. Jahrhundert kennt — der des Unsittlichen. Der Widerstand gegen den Staat wird bei Hegel letztlich zum Widerstand gegen den Geist, dem etwas von der Furchtbarkeit der Sünde wider den Heiligen Geist anhaftet. In seiner letzten Konsequenz schlägt das deutsche Denken der systematischen Aufklärung bei ihm in sein Gegenteil um, in die Vergeistigung und *damit* Verstaatlichung jenes Individuums, mit dessen rationalistischem Zweifel einst die Aufklärung und damit der Turmbau zu Babel an dem rationalen System der Macht begonnen hatte. Von Hegel an erwächst der deutschen Grundrechtsidee in dem traditionell wirkmächtigen systematischen Denken, dem stärksten Erbe der Aufklärung, ein gewaltiger Gegner, bis hinauf zu dem Neuhegelianismus eines Binder und Larenz.

Antiaufklärerisch par excellence ist dagegen die andere große Strömung der ersten Hälfte des 19. Jahrhunderts, welche die Grundrechtsidee in Deutschland lange aufhalten konnte und sie noch heute wesentlich abschwächt — der deutsche Historismus. Auch die historizistischen Elemente des 17. und 18. Jahrhunderts hatte der deutsche Wohlfahrtsstaat in seiner Synthese der ganzen deutschen Tradition zunächst in der alten Anhänglichkeit an die Herrscherhäuser zu bewahren gewußt. Im 19. Jahrhundert tritt der Historismus in klaren Gegensatz zu der grundrechtlichen Ausprägung der Aufklärung, auch hier bricht letztlich in Deutschland das Erbe der Aufklärung auseinander. Der aufgeklärte Absolutismus konnte noch historisierend denken, die Grundrechte waren die Negation dessen, was nunmehr aus der romanischen und gotischen Vergangenheit ausgegraben wurde. In ihrem romantischen Irrationalismus entfernt sich diese Zeit von der logischen Klarheit des 18. Jahrhunderts, wie ihr religiöser Mystizismus die Kirche wiedererweckt, welche die Aufklärung zerschmettern wollte.

Vielleicht ist es aber auch hier eine gewisse Besonderheit der deutschen Entwicklung, daß diese Gegensätze zum Gedankengut der Aufklärung minder scharf hervortraten, als es etwa in der Zeit des Louis Philippe in Frankreich der Fall war. Auch hier ist es wieder das systematische deutsche Staatsdenken, das, aus der großen Tradition des Wohlfahrtsstaates kommend, letztlich keine Unterbrechung erleidet — aber eben ganz und gar antigrundrechtlich gewendet ist. Sogar im Historismus ist die systematische Aufklärung in Deutschland wirksam — aber eben nicht im Sinn individualisierender subjektivierender Grundrechtlichkeit.

Dennoch wäre es übertrieben festzustellen, daß im 19. Jahrhundert die veränderten Kategorien der Aufklärung in Deutschland die Grundrechtsidee getötet haben. Dies zeigt gerade das Jahr 1848. In der Paulskirche wird nicht über die Organisation des romantischen Kaiserreiches der Deutschen gestritten, sondern über die „abstrakten" Grundrechte – in einem merkwürdigen Anachronismus – oder weil nun das erste Mal wirklich westliches Gedankengut, und zwar das von 1789, nicht das französische von 1848, Deutschland erreicht hat. Vielleicht hat gerade das viel dazu beigetragen, daß die Debatten von 1848 im Geist der Deutschen des 19. Jahrhunderts tot geblieben sind, daß sie kein Geburtsgeschenk für das geeinte Deutschland werden konnten

— sie waren letztlich dem deutschen Geist von 1848 völlig fremd, und erst heute versucht man, sie künstlich in eine Welt zurückzuprojizieren, in der die Schlacht von Sedan vielleicht mit Recht mehr für Deutschland bedeutete als die Professorenstreitigkeiten von Frankfurt.

Und doch — diese Abgeordneten stritten wie die französischen von 1789 ff. im Geist und im Ungeist der individualistischen Aufklärung, das erste und vielleicht das letzte Mal auf deutschem Boden. Diesmal war die Grundrechtsfragestellung eine echte und neue. Wie viele Stunden vergingen im Kampf um die vorstaatliche oder staatsgarantierte Natur der Grundrechte der Deutschen! Das Ergebnis war schließlich ein Rechtskatalog, der in seinem frühliberalen Inhalt auf der Höhe von 1789 stand und dem im selben Jahr noch im kommunistischen Manifest das Todesurteil durch eine Welt gesprochen wurde, die schon weiter fortgeschritten war, als einer der romanistischen und germanistischen Professoren ahnen mochte. Dennoch — das Jahr 1848 lenkt auch heute noch den Blick auf eine ganz lange, wenig beachtete Entwicklung der Lehre des sogenannten „Spätnaturrechts", das sich erstaunlicherweise ungebrochen aus der Hochaufklärung bis in die Mitte des 19. Jahrhunderts zieht. Namen wie Welcker und Rotteck werden gelegentlich, gerade in ihrem frühen Liberalismus, in diese Tradition eingereiht und stehen in ihr sicher stärker, als heute noch bekannt ist. Die Restauration hat in Deutschland den Liberalismus in der Staatsphilosophie gezwungen, echt aufklärerisch im Sinn der Grundrechtlichkeit zu werden. Erst in dieser Zeit vollzieht sich also erstaunlicherweise in der deutschen Lehre und 1848 in den Debatten der Paulskirche die echte Verbindung zwischen Grundrechten und Aufklärung, zu einer Zeit, in der diese schon tot ist und jene noch nicht geboren sind.

Und nun folgt die grundrechtslose — allerdings gar nicht etwa die „schreckliche" Zeit des deutschen Staatsrechts. Das deutsche Systemdenken, immer noch in den Kategorien der Aufklärung, wenn auch weit entfernt von ihrer großen Weite, läuft in den Bahnen des staatsrechtlichen Gesetzespositivismus der Schulen Gerber–Laband–Jellinek — und hat sich damit Berühmtheit und Achtung in der Welt erworben, so wie die französische Rechtslehre mit der Lehre der Grundrechte. Die Menschenrechte suchte man nicht mehr in pathetischen Erklärungen zu verwirklichen, sondern in den „einfachen" Reichsgesetzen, die den tatsächlich freiesten Zustand geschaffen haben, den Deutschland wohl je gekannt hat — durch das Reichsvereinsgesetz, das Reichsversammlungsgesetz, das Reichsgesetz über die religiöse Kindererziehung, die Reichsgewerbeordnung. Es waren keine schreienden Proklamationen, sondern einfache „technische" Bestimmungen, die punktuellen Schutz gewährten und eingeordnet waren nicht in ein „System von Grundrechten", sondern in ein System von Obrigkeit. Der systematische Obrigkeitsstaat der Aufklärung schien endlich den Grundrechten ihren kleinen aber sicheren Platz in der deutschen Ordnung gewährt zu haben und mit ihnen eine tatsächlich glückliche Symbiose einzugehen.

Doch auf den Schlachtfeldern des Ersten Weltkrieges zerbrach auch dieser glückliche Zustand, in dem das deutsche Staatsdenken die seit Jahrhunderten ersehnte Synthese gefunden zu haben schien. Und nun traten wieder die beiden Komponenten der deutschen Aufklärung auseinander und gerieten, beide denaturiert, in einen unlöslich scheinenden Konflikt, der das Ende des großen Deutschlands besiegeln sollte: die Weimarer Zeit wurde zugleich zur Periode des „Neo-Naturrechts" grundrechtlicher Prägung, einer Zeit der Neo-Aufklärung — und zur Geburtsstunde des deutschen „wesentlich-autoritären" Staates, der im Gegensatz und allein im Gegensatz zu dieser als falsch empfundenen neo-aufklärerischen Grundrechtsidee entstehen konnte.

Naumanns Versuche, die Grundrechte der neuen Weimarer Reichsverfassung zu den „Heiligtümern des Deutschen Volkes" zu machen, als die sie dann das Reichsgericht bezeichnen zu müssen glaubte, zeigten schon in der Formulierung das Fehlen der aufklärerischen Grundrechtstradition in Deutschland. Sätze wie „Das Eigentum verpflichtet" stehen in ihrer juristischen Unfaßbarkeit in scharfem Gegensatz etwa zu den französischen Menschenrechtserklärungen der Revolutionszeit — eben weil diesen der eminent juristische Charakter der rationalistischen Aufklärung anhaftet, während Naumanns Werk, auch in seiner endgültigen Form, nichts anderes sein konnte, als eine Reminiszenz der Romantik. Romantische Grundrechte aber hat es nie gegeben, kann es auch nicht in Deutschland geben, obwohl sich in dieser Unmöglichkeit zu den Grundrechten wie zur Aufklärung gewissermaßen das unglückliche deutsche Schicksal widerspiegelt.

Die gewaltige Idee der deutschen Monarchie wollte diese Grundrechtsbegeisterung ohne aufklärerischen Schwung ersetzen — armes Unterfangen! Kam doch der monarchischen Idee in Deutschland Kraft nicht nur aus der Romantik, sondern aus eben dieser Aufklärung, welche man vergeblich für die Grundrechte zu monopolisieren versuchte. Die Zeit von Weimar war aufklärerisch nur in einigen ihrer Zielsetzungen, etwa in der Forderung nach parlamentarischer Demokratie, aber nicht in allem, nicht vor allem in der geistigen Gesamtsituation. Diese war noch vom waffenstarrenden Wilhelminismus einerseits geprägt, zum anderen von einem oft unklaren Dynamismus und Vitalismus, der aus den Gedanken von Nietzsche heraus den Machtstaat, jedenfalls aber den gegenüber seinen Bürgern mächtigen Staat postulierte, nicht eine Grundrechtsidee, die nur in der rationalistischen Kälte der wahren Aufklärung gedeihen kann.

Dennoch — die Grundrechte wurden zum obersten Reichsgesetz, aus der Weimarer Verfassung ist ihr Katalog auf viele Verfassungen Europas und der Welt übergegangen. Die heutige Verfassung der italienischen Republik lehnt sich in vielem, in der Einzelredaktion wie in dem systematischen Gesamtschema an das deutsche Grundrechtsvorbild von Weimar an. Denn dort war doch das erste Mal in einem Großstaat die Grundrechtsidee nicht mehr nur in einzelnen disparaten Rechten und deren Proklamation zum Ausdruck gekommen, die dann erst die Verfassungsverbürgung mühsam zur Einheit schmieden mußte — etwas von dem kodifikatorischen Schwung der Aufklärung hatte auch das deutsche Verfassungsrecht gerade im Bereich der Grundrechte ergriffen. Sie eben sollten ein wirkliches „System" werden, nicht nur punktuelle Verbürgungen. Sie sollten, nach Bereichen gegliedert, nicht nur einige Freiheiten des Individuums gegen den Staat sichern, sondern sämtliche Räume gleichmäßig, kodifikatorisch erfassen, die für den Menschen auch in seinen Beziehungen zu anderen von Bedeutung sein konnten. So ist die Rede von Ehe und Familie, von Arbeit und Eigentum und nur in einem Abschnitt auch von dem, was der Ausgangspunkt aller Grundrechtsbewegung war — von der persönlichen Freiheit.

Eigentümlich — vielleicht ist gerade dadurch, gerade in diesem Versuch, die beiden aufklärerischen Strömungen in der Verfassung zu vereinen, das punktuell Freiheitsichernde und das systematisch Kodifikatorische, vielleicht ist gerade dadurch der Keim des politischen Todes in diese Ordnung von Weimar getragen worden. Vielleicht sollte die Grundrechtsidee von Weimar in ihrem Untergang gerade zeigen, daß, auf deutschem Boden wenigstens, eine echt aufklärerische Synthese im Grundrechtsbereich nicht zu finden ist. Denn gerade in ihrer Systematisierung fanden die Grundrechte von Weimar weder das Ohr noch das Herz des deutschen Volkes.

Das begann nicht erst mit der großen Wirtschaftskrise, die der Liberalismus damals nicht meistern konnte. Es setzte bereits längst vorher ein in der Unmöglichkeit, die verschiedenen Grundrechtsverbürgungen wahrhaft aufeinander abzustimmen. Wie sollte die Eigentumsgarantie mit dem Rätesystem der Wirtschaft harmonieren können, wie die Kirchenartikel mit der Gewissensfreiheit? Dort stand liberales Denken in unüberbrückbarem Gegensatz zur sozialistischen Welt, hier war es der Geist des ständestaatlichen Katholizismus, von dem aus kein Weg zum alten Liberalismus führte.

Der deutsche Liberalismus war der eigentliche Hort der aufklärerischen Idee des Westens in Deutschland gewesen, Weimar wurde seine große Niederlage. Es begann mit jenem erwähnten Zweifrontenkrieg – stets dem deutschen Schicksal –, aus dem sich der deutsche Liberalismus nicht mehr zu entstricken vermochte. Sozialismus wie Katholizismus — beides waren Welten, die dem alten Liberalismus gegenüber „ganz andere" waren und blieben. Für sie beide war die Sozialordnung nicht das Individuum mit seiner punktuell gesicherten Freiheit, mit seiner im übrigen unerfaßbaren Initiative.

Sozialismus wie Katholizismus, bald auch politisch geeint, wollten eine neue Sozialstruktur im ganzen aufbauen. Mochte ersterer diese mehr nivelliert, letzterer sie mehr in einer hierarchischen Ordnung sehen – die Kategorien blieben letztlich die gleichen – und es waren keine aufklärerischen Kategorien. Es war, ganz im Gegenteil, eine Welt, die sich verband, weil sie die Aufklärung ablehnen mußte wie die Kirche, oder weil sie sich von dieser betrogen fühlte wie der Sozialismus.

Der politische Katholizismus vor allem war es, der alsbald den zerbröckelnden Ideen einer lahmen Freiheitsbegeisterung die konstruktive Gegenidee bot: die ständestaatliche, die universalistische Ordnung wurde zu Ende der Zwanziger Jahre von der jüngeren Generation der deutschen Staatslehre durchgehend, meist begeistert vertreten. Namen wie Ernst R. Huber, wie Koellreutter, Maunz und andere zeigen es, alle geformt oder doch beeinflußt von dem Denken des großen Othmar Spann. Diese katholisch-ständestaatliche Ordnung, sie ging zurück auf die Enzykliken der Päpste — oder, im protestantischen Raum, auf die Reminiszenzen der dort unvergessenen evangelischen Kaiseridee. Doch in all dem war das, was allein den Deutschen aus ihrer Aufklärung, wie schon mehrfach erwähnt, überkommen war — der Gedanke des Systems, nicht der punktuellen Rechteverbürgung, die Vorstellung von einem System, das eine Art von staatlicher Allmacht voraussetzte; kurz, es war wieder die Systematik des Wohlfahrtsstaates und damit echt aufklärerisches Gedankengut, das zum Vorschein kam — aber eben nicht das freiheitlich aufklärerische, sondern das staatsfreundliche Denken, das sich unter vielen Formen ungebrochen hatte erhalten können.

Der Nationalsozialismus hat wenig erfinden müssen, um seine Vorstellungen von den Grundrechten als Schwächung von Volk und Reich unterbauen zu können. Gerade seine katholischen und sozialistischen Gegner boten reiches Material, boten vor allem die Kategorien eines Wohlfahrtsstaates der Zukunft, den allein der Wille des Führers in ganz veränderter Form zur Wirklichkeit werden lassen konnte. Die völlige Ablehnung der Grundrechte mußte politisch nur mehr mit einem Argument abgeschlossen werden — Hitler legte die Hand auf die schwächste Stelle der liberalen Grundrechtsbegeisterung: auf den wahrhaft unsinnigen Versuch, den Siegfriedshelm des deutschen Kaisertums durch das papierne Instrument der Grundrechte zu ersetzen, die, in eine ungewohnte Atmosphäre verpflanzt, nur als anarchisierende Faktoren in einem geschwächten Reiche erscheinen konnten.

Diesmal nun, nach 1933, da zerbrach wirklich völlig die deutsche Grundrechtsidee — aber es ging auch alles unter, was der Aufklärung im deutschen Raum teuer gewesen war. In der Trias „Jesuiten, Juden, Freimaurer" bekämpfte das Regime die Zentralpunkte dessen, was an aufklärerischem Geist in Deutschland erhalten geblieben war — im Judentum, in der Kirche, in der Gesellschaft.

Es nimmt daher vielleicht weniger wunder, daß nach 1945 das gemeinsam Zerstörte auch gemeinsam auferstehen konnte und daß diesmal der Versuch unternommen wurde, endlich jene zwei großen Strömungen des deutschen Aufklärungsgeistes zu vereinen, die bislang in ihrer Trennung dem Reich der europäischen Mitte die politisch-geistige Mitte gekostet hatten: Nunmehr sollte die freiheitliche Grundrechtsidee als ein Minimumstandard in das deutsche Verfassungsrecht eingehen, als ein unantastbarer Kernbereich, um den und über den sich dann die neuerweckten und geläuterten Ideen des Ständestaates katholischer und des Sozialstaates sozialistischer Prägung frei entfalten könnten.

Es ist ein eigentümliches „Schicht-" und „Stufendenken", in dem allein es dem deutschen Staatsrecht möglich war, diesen geistigen Versuch einer Wiedervereinigung zweier geistiger Deutschlande zu unternehmen. Vielleicht war es erst die Kelsen-Merklsche Idee vom Stufenbau allen Rechts (von der Verordnung bis hinauf zur Verfassung), welche einen ganz neuen Gedanken in das deutsche Verfassungsrecht einführen konnte — den des Kernbereichsdenkens und des Stufendenkens, in dem sich nun beide aufklärerischen Ströme treffen konnten. Die politische Kontingenz tat das ihre hinzu: das Grundgesetz für die Bundesrepublik Deutschland konnte nicht mehr als eine umfangreiche kodifikatorische Verfassung verabschiedet werden, sondern nur mehr als ein Torso, als ein Provisorium — et il n'y a que le provisoire qui dure. Die Grundrechte konnten daher nicht mehr einen systematischen, umfassenden Katalog bilden wie noch in Weimar, sie blieben das erste Mal in der deutschen Verfassungsentwicklung das, was sie für westliche Aufklärung von Anfang an gewesen waren — einzelne, isolierte Rechte des Einzelnen gegen den Staat. Und diese Rechte sollten nun nicht mehr „überall" sein, alles gleichmäßig ergreifen. Sie sollten nur eine oberste, nur eine dünne Normschicht bilden. Der ganze übrige Raum sollte frei bleiben für die dynamische Gesetzgebung, in der sich der Ständestaat der katholischen Soziallehre wie der Sozialstaat der Sozialisten entfalten konnten. Beide konvergieren seither zum Wohlfahrtsstaat neuerer Prägung, der aber seine aufklärerischen Wurzeln nicht verbergen kann.

So scheint nun in der Bonner Verfassung eine echte Synthese zwischen den beiden Hauptströmungen der Aufklärung gelungen zu sein: der Wohlfahrtsstaat auf den tieferen und breiteren Ebenen des ordentlichen Gesetzesrechts, der Steuer-, Sozial- und Arbeitsordnung in ihren Einzelheiten; die Grundrechte dagegen in der Höhe der verfassungsmäßig kaum antastbaren Normschicht, welche alles andere leitet und überhöht.

Läßt sich nun sagen, daß in der heutigen Verfassungsstruktur der Bundesrepublik im allgemeinen und in ihrer Grundrechtlichkeit im besonderen echtes Erbe der Aufklärung lebendig ist? Vieles spricht sicher dafür. Auch den christlichen Strömungen hat der Nationalsozialismus die unbedingte Notwendigkeit wirksamer Habeas-Corpus-Rechte um jeden Preis eindrücklich gezeigt. Auch die sozialistische Geistigkeit ist in einem neuen Humanismus, ihrem geistigen Führer Radbruch folgend, in das Glied der Verteidiger der Grundrechte getreten. Eigenartige Entwicklung — der deutsche Liberalismus, Hauptträger der Grundrechte, ist heute als politische Kraft nur mehr unwesentlich vertreten, doch sein Geist hat auf seine beiden großen Erben, die christlich-sozialen wie die sozialistischen Strömungen übergegriffen.

Mehr noch — eine neuere Schule der deutschen Grundrechtsinterpretation, die vor allem mit dem Namen des Tübinger Rechtslehrers Dürig verbunden ist, versucht erneut und erzielt eine Systematisierung und Erweiterung des Raumes der Grundrechte durch die sogenannte Wertlehre. Hinter jedem Grundrecht, in ihm sollen Werte verkörpert sein, die ausstrahlen; deren sich überschneidende Kreise sollen dem einzelnen den berühmten „lückenlosen" Grundrechtsschutz gewähren. Zugleich soll aus dieser geradezu religiös akzentuierten Sicht heraus den Grundrechten das erst wahrhaft gegeben werden, was ihnen in Deutschland stets gefehlt hat, wo die Aufklärung nie eine wahre Religion hat sein können: das wahre tiefe Ethos.

Doch geht man hier nicht die alten Irrwege von Weimar zum zweiten Mal? Wird nicht wieder der Augenblick kommen, in dem man zu viel hat schützen wollen, vor der natürlichen Staatsgewalt und also das Wertvollste nicht mehr zu sichern vermag? Zwingt man nicht durch eine solche Vertiefung die Gerichte und vor allem die Verfassungsgerichte zu einer laufenden Verfassungsumgehung, nur damit der Staat doch noch die Macht erhält, ohne deren planenden und je nach Bedürfnis, nicht je nach Freiheitsgefährdung helfenden Einsatz das deutsche politische Schicksal einfach nicht gemeistert werden kann?

Alle diese Fragen werden heute im deutschen Recht von einer Seite vor allem wieder gestellt, die auch für sich ein gutes Teil echter Aufklärung vertritt — in der Schule von Ernst Forsthoff, zu der irgendwie jeder deutsche Öffentlichrechtler gehört. Dort wird die Warnung, ja der Cassandraruf laut: Überanstrengt die Grundrechte nicht! Wiederholt nicht den Sisyphusversuch des deutschen Schicksals, die Grundrechte schlechthin mit kodifikatorischem Geist zu erfüllen, sie zu einer robinsonhaften Systematik der Freiheit auszugestalten. Wenn dies geschieht, so wird eines Tages, vielleicht in naher Zukunft und sogar in der Ruhe wirtschaftlicher Prosperität, das Heiligtum, das in Vorhöfe gezerrt worden ist, die Idee der Freiheit, aus einem nichtigen

Anlaß völlig untergehen und mit ihr die Seele der Aufklärung, ihr unsterbliches Erbe.

Die Aufklärung in Deutschland ist unserem Lande zum Schicksal geworden. Den Zug der Deutschen zu allem Systematischen, Geschlossenen hat sie entscheidend gefördert, der Freiheitsruf eben derselben Aufklärung ist im Planetarium des Wohlfahrtsstaates verhallt. Die deutsche Aufklärung war im Staatsrecht eine Konstruktion auf fester Erde, in wohlfahrtsstaatlicher Geschlossenheit. Das Feuer der Freiheit muß in ihr brennen, es darf nicht mit jenem deutschen Versuch zum Unendlichen aus ihr ausbrechen.

Frankreich (Verfassung, Verfassungsgeschichte)*

Frankreich ist eine (zur Zeit V.) Republik. Seit dem Beginn der Neuzeit, vor allem aber im 18. und 19. Jahrhundert, war es das wichtigste „verfassungsrechtliche Experimentierfeld" Europas. In der Ausstrahlungskraft der politischen Ideen wird seine Entwicklung von der keines anderen Landes übertroffen, in der seiner Verfassungsinstitutionen nur von den angelsächsischen Ländern erreicht.

In Frankreich haben sich nicht, wie in England, einzelne Institutionen kontinuierlich entwickelt, sondern zahlreiche, meist gegensätzliche Verfassungssysteme abgelöst, welche dort am reinsten ausgebildet wurden, mag ihnen auch manchmal die volle praktische Wirksamkeit gefehlt haben. Dennoch läßt sich das heutige französische öffentliche Recht nur verstehen aus vielfältigen Traditionen: In ihm verbinden sich vor allem die drei Grundprinzipien der französischen Staatsordnungen (revolutionäre, cäsarische, gewaltenteilende Tradition) mit dem organisatorischen Herkommen des französischen Verwaltungsstaates. Die Verfassungen der französischen Republiken des 20. Jahrhunderts stehen in verschiedener Weise in diesen Traditionen und fügen ihnen, wenn auch in begrenztem Umfang, jeweils neue Akzente hinzu. Das Herkommen überdauert in diesem (soziologisch) konservativen Land weithin die politischen Umwälzungen, es bildet sich sogar eine Art von „Tradition der Revolution".

Die heute noch wirkmächtige französische *Verfassungs-Geschichte* beginnt nicht 1789, sondern mit der machtvollen Ausprägung, durch welche in Jahrhunderten die zentralisierte Einheit eines Landes geschaffen wurde, das sich aus dem Kernland der Ile de France durch konzentrische Angliederung neuer (vor allem kaiserlicher) Territorien entwickelt hat. Vor allem *Ludwig der Heilige* (1226 bis 1270) und *Johanna von Orléans* wurden in Frankreich bis in die neueste Zeit zum Gegenstand politisch-romantischer Verehrung für das große französische Mittelalter. Im Kampf gegen England (1339–1453) setzte sich die Monarchie endgültig gegen die Feudalherren durch und errang die Unabhängigkeit vom Kaiser. *Franz I.* (1515–1547) verstärkte die Autorität der Krone durch die imperialen Gedanken und die Pracht der Renaissance. Die religiösen Wirren des 16. Jahrhunderts beendete der populäre *Hein-*

---

* Erstveröffentlichung in: Evangelisches Staatslexikon, 2. Aufl. Stuttgart/Berlin 1975, Sp. 706–711.

rich IV. (ermordet 1610), indem das Königtum die Adelsmacht wie die beginnenden Volksbewegungen überhöhte. Durch die Außenpolitik des Kardinals *Richelieu* zur führenden Macht des Kontinents geworden, nimmt Frankreich entscheidenden Einfluß auf die Entwicklung der modernen Diplomatie. Nach der Niederwerfung der Adelsfronde schuf *Ludwig XIV.* (1643–1715) erstmals die absolute Monarchie, welche den Adel in den Bann der eleganten Welt ihrer Schloßresidenzen (Versailles) zog und von diesen aus ohne Volksvertretung (Generalstände) durch ein geschultes Beamtentum (Intendants) das Land regierte und Europa ein Vorbild war. In diesen Anfängen des zentralisierten französischen Verwaltungsstaates wurden zwar innere Verwaltung wie Steuersystem verbessert, die französischen Straßen und die Bauordnung vorbildlich, die lokale Selbstverwaltung dagegen entmachtet. Die so gefestigte monarchische Staatsordnung (Ancien Régime), die keine geschriebene Verfassung, nur einzelne (umstrittene) Verfassungsgrundsätze (lois fondamentales du Royaume) kannte, überlebte im 18. Jahrhundert nur der Idee nach, ihre Macht wurde durch unglückliche Kriege (Verlust der Kolonien an England) wie durch das Aufbegehren der Parlements (souveräne Gerichte) geschwächt. Geistig durch die Aufklärung (*Voltaire*) erschüttert, scharfer politischer Kritik ausgesetzt (Begeisterung für den jungen amerikanischen Verfassungsstaat; Forderung der Gewaltenteilung nach englischem Vorbild durch *Montesquieu*; volkssouveräne Theorien *Rousseaus*), ökonomischen Schwierigkeiten nicht gewachsen, versuchte die Monarchie verspätet demokratisierende Reformen (Berufung der Generalstände 1789). Das wirtschaftlich mächtige Bürgertum (Dritter Stand) konstituierte sogleich allein die Nationalversammlung, welche dem Gedanken der individuellen Freiheit in der universellen Erklärung der Menschen- und Bürgerrechte von 1789 einen unvergleichlichen Ausdruck verlieh. Diese (meist frühliberalen) Prinzipien (insbesondere persönliche Freiheit, Meinungs- und Gewissensfreiheit — nicht aber Vereinigungsfreiheit — Eigentumsrecht) wurden zum seither fast ununterbrochen geltenden französischen Gewohnheitsrecht (ausdrückliche Verweisung in den Verfassungen von 1946 und 1958) und zum Ausgangspunkt aller freiheitlichen Bewegungen des 19. Jahrhunderts.

Während der Französischen Revolution entstanden in wenigen Jahren verschiedenste Verfassungssysteme: 1791 die gewaltenteilende Ordnung einer weitgehend durch Parlamentsrechte beschränkten Monarchie: 1793, nach der Hinrichtung des Königs, die erste republikanische (Jakobiner-)Verfassung mit scharfer Unterordnung der Exekutive unter das Parlament (régime d'Assemblée), radikaler Egalisierung und Formen unmittelbarer Demokratie (Volksbegehren, Volksentscheid); 1795 (Jahr III) die wieder stärker gewaltenteilende Directoireverfassung (mehrköpfige Exekutive, strenges Zweikammersystem); 1799 (Jahr VIII) die Konsulatsverfassung, durch die nach römischen

Reminiszenzen (Klassizismus) die Exekutive in einem komplizierten vielorganigen Verfassungssystem weiter gestärkt wurde.

Trotz solcher Verschiedenheiten sind an diesem großen Beginn der „republikanisch-revolutionären Tradition" noch im 20. Jahrhundert fortwirkende Grundsätze des französischen öffentlichen Rechts entstanden: (unter anderem) Allmacht des Parlaments, das als „peuple en miniature" in einer Verbindung von Gedanken *Rousseaus* (Volkssouveränität) und des Abbé *Sieyès* (Volksvertretung, nicht mehr imperatives Mandat) der Exekutive grundsätzlich übergeordnet wird; Anerkennung des Gesetzes als höchster Willensausdruck der Nation (expression de la volonté générale), daher Gleichrangigkeit von Verfassung und Gesetz, das auch an Grundrechte grundsätzlich nicht gebunden ist; Ablehnung der gerichtlichen Verfassungskontrolle, politische Entmachtung des Richterstandes (Reaktion gegen das Richterkönigtum des Ancien Régime); allgemeine Schwächung der Autorität der Staatsorgane durch deren grundsätzlich wahlweise Bestellung, möglichste Kollegialität und kurze Mandatsdauer.

Napoleon I. brach durch Senatsconsulte der Jahre 1801 bis 1813 mit den Verfassungsgrundsätzen der Revolution, von denen nur die Egalisierung und die Entmachtung der Judikative erhalten blieben. Er begründete so die „cäsarische Komponente" der französischen Verfassungstradition, welche sich an die Vorbilder der absoluten Monarchie anschloß. Die Einheit des Landes wurde nach innen und außen durch eine machtvolle Exekutive (Consul auf Lebenszeit, Kaiser) repräsentiert, vor welcher der Corps législatif praktisch verschwand. Der Senat, ein der Regierung gefügiges Notabelgremium, leistete lediglich Unterstützung bei der Bildung des kaiserlichen (Verfassunggebungs-)Willens. Grundsatz war nunmehr: Das Vertrauen kommt von unten, die Autorität von oben. Demokratische Elemente blieben so lediglich in Anfragen der Exekutive an das Volk erhalten, die alsbald zu alternativlosen, gelenkten Plebisziten ausarteten, was die Einrichtungen der unmittelbaren Demokratie in Frankreich lange diskreditiert hat. Das autoritäre Zentrum des Verfassungszustandes wurde die straff hierarchisierte, dreistufige Département-Verwaltung (Sous-Préfet, Préfet, Innenminister). In dieser „Präfektorialverfassung" blieb jedoch die Verwaltung streng dem Gesetz unterworfen (Legalität). Darüber wacht seit 1799 der Staatsrat (Conseil d'Etat), ein weithin unabhängiges Beamtengremium, das sich bald zum Verwaltungsgericht entwickelte, und der Rechnungshof (Cour des Comptes) — beides Vorbilder für entsprechende Einrichtungen in Deutschland und vielen anderen Ländern (Belgien, Italien, Südamerika).

Die *Restauration* (Oktroyierte Verfassung = Charte von 1814/15) ließ diese hierarchischen Elemente unangetastet, führte im übrigen aber nach (mißverstandenem) englischen Vorbild ein System der Gewaltenteilung und eine Zweikammerverfassung mit scharfem Wahlzensus ein, unter der es indes nicht gelang, das Übergewicht des Königs (Chef der Exekutive, Gesetzgebungsveto) zu beseitigen. Die Verletzung der Grundrechte, insbesondere der Pressefreiheit, führte 1830 zur Revolution und danach zu einer Neufassung der Charte von 1814/15, welche nun, als Ausdruck des verfassunggebenden Willens des Volkes, ein Gewaltengleichgewicht schaffen sollte. Die Erblichkeit der Mitgliedschaft in der ersten Kammer wie das Mehrklassenwahlrecht wurden abgeschafft.

Die *II. Republik* lenkte mit der revolutionären Verfassung von 1848 zur republikanischen Tradition zurück. Alle Gewalt sollte vom Volke ausgehen (eine direkt gewählte Kammer, ein vom Volke gewählter Präsident als Chef der Exekutive); nach amerikanischem Vorbild sollte durch diese Verteilung des politischen Wahlprestiges ein Gleichgewicht zwischen den Gewalten hergestellt werden. Die liberalen, herkömmlichen Grundrechte wurden durch „soziale" Bestimmungen (Arbeitsfreiheit, öffentliche Fürsorge, Erziehung) ergänzt.

Nachdem diese Ordnung, weitgehendes Vorbild der Weimarer Verfassung, an der Schwerfälligkeit des Mechanismus der Verfassungsänderung und dem Übergewicht der volksgewählten Exekutive gescheitert war, griff der Prinz-Präsident *Louis Napoleon* (seit 1852 Kaiser *Napoleon III.*) im sogenannten II. Empire auf die cäsarischen Vorbilder des ersten Kaiserreiches zurück (Autorität der Exekutive, Zurückdrängung der Freiheiten, Senat), ließ aber die volksgewählte Legislative bestehen, deren Rechte er durch die Verfassungsänderungen im Empire libéral (ab 1867) sogar verstärkte.

Nach seiner Abdankung (1870) und der Niederwerfung der sozialistischen Commune de Paris beabsichtigte die monarchistische Parlamentsmehrheit zunächst eine Restauration der (legitimistischen) Bourbonen, die jedoch an den Forderungen des *Grafen von Chambord* scheiterte. Die auf eine beschränkte Monarchie zugeschnittenen Verfassungs-Gesetze von 1875 wurden daher, entgegen aller Voraussicht, zu der bis 1940 geltenden Verfassung der III. Republik, welche erst 1884 endgültig proklamiert wurde. Die Gesetze enthalten keine Grundrechte und nur einige Regeln der Verfassungsorganisation: gleichgewichtiges Zweikammersystem (direkt gewählte Kammer der Abgeordneten, indirekt gewählter Senat); Ministerverantwortlichkeit; Parlamentsauflösungsrecht des Präsidenten der Republik, der an die Stelle des Monarchen treten sollte. Die so beabsichtigte Fortsetzung gewaltenteilender Traditionen verschwand mehr und mehr zugunsten der wieder aufgenommenen republikanisch-revolutionären Grundsätze. Das Auflösungsrecht des Parlaments wurde seit unglücklichen Versuchen des Präsidenten *Mac Mahon* (1873–1879) nicht mehr ausgeübt; der Präsident wurde entmachtet, die Regierung durch häufige Vertrauensfragen völlig dem Parlamentswillen unterworfen (Commission exécutive de l'Assemblée). Häufig wechselnde Mehrheitsverhältnisse führten zu dem seither typisch französischen Phänomen der zahlreichen und lang dauernden Regierungskrisen. Im Verlauf der Trennung von Kirchc und Staat (Lois de Combes, ab 1902) wurden durch liberale und radikalsozialistische Mehrheiten Prinzipien der Grundrechte verletzt, deren gesetzliche Wiedereinführung aber mehrmals an der („jakobinischen") Tradition der Parlamentsallmacht scheiterte. Trotz dieser verfassungsrechtlichen Schwierigkeiten folgte die III. Republik beim Erwerb der ausgedehnten Kolonien (Empire colonial) und während sowie nach dem Ersten Weltkrieg außenpolitisch weithin cäsarischen Traditionen. In der Zeit 1919–1939 fiel sie aber durch die Verschlechterung der Wirtschaftslage (Arbeitskräftemangel, konservative Wirtschaftsstruktur) und allgemeine politische Radikalisierung in eine permanente Krise, welche durch die sich häufenden Regierungswechsel einerseits, durch die Abwälzung der Gesetzgebungsverantwortung auf die Regierung (Décrets-lois) andererseits gekennzeichnet ist. Rechte (Action française) und Linke (Volksfrontregierung 1936 unter *Léon Blum*, Vereinigung von Radikalen, Sozialisten, Kommunisten) standen sich unversöhnlich gegenüber. Die Spannungen zwischen dem (konservativen) Senat und der Kammer verstärkten sich. Der Zusammenbruch von 1940 war der eines unpopulären Regimes, in dessen republikanisch-revolutionärem Raum die Freiheit der Bürger nur mehr durch eine nach cäsarischer Tradition wohlorganisierte Verwaltung und die Verwaltungsgerichtsbarkeit des Staatsrates gesichert werden konnte.

Als Reaktion gegen die ständestaatlichen Versuche des Regimes *Pétain-Laval* sollte nach 1944 entsprechend dem Willen der die Widerstandsbewegung gegen Deutschland (Résistance) tragenden Kräfte (vor allem Kommunisten, aber auch Sozialisten und die gemäßigte [christliche] republikanische Volksbewegung MRP) eine stärker sozialistisch ausgerichtete Republik nach revolutionärem Vorbild wieder erstehen. In der Verfassung dieser *IV. Republik* von 1946 kam es aber nach langwierigen Vorarbeiten doch zu einer weitgehenden Rückkehr zur Verfassung der III. Republik, wenn auch Versuche unternommen wurden, die Stabilität der Exekutive zu stärken (Beschränkung des Mißtrauensvotums). Infolge der traditionellen sozial, regional wie ideologisch bedingten französischen Parteienzersplitterung (Vielparteiensystem) folgten aber sogleich wieder langdauernde und häufige Regierungskrisen. Die IV. Republik erwies sich bis in die Einzelheiten des Funktionierens ihrer Verfassungsinstitutionen als nahezu ungebrochene Fortsetzung der III. Republik. Der zur Überwindung der Algerienkrise 1958 zum Regierungschef berufene und im gleichen Jahre zum Präsidenten der Republik gewählte General *Charles de Gaulle* (1940–1945 Chef der provisorischen französischen Widerstandsregierung) ließ durch eine Expertenkommission einen Entwurf ausarbeiten, der am 4. Oktober 1958 durch Volksentscheid als

Verfassung der V. Republik angenommen wurde. Dies entspricht den Vorstellungen, welche *de Gaulle* bereits seit 1940, klarer noch nach 1944 mehrfach geäußert hatte, und wie sie auch Programm seiner „Sammlungsbewegung" (RPF) nach 1946 gewesen waren. Die zentrale Institution der heutigen französischen Verfassung ist der auf sieben Jahre bestellte *Präsident der Republik*, der ab 1965 unmittelbar vom Volke gewählt wird. Er ernennt den Regierungschef (Premier Ministre), hat das Recht, die Kammern aufzulösen (lediglich nach Konsultation mit dem Regierungschef) und kann wichtige Gesetze einem Volksentscheid unterbreiten. Artikel 16 der Verfassung gibt ihm das nur sehr allgemein begrenzte Recht, bei Notständen die nach Lage erforderlichen Maßnahmen zu treffen. Er entscheidet also souverän über den Ausnahmezustand. Durch die Ausübung dieser und anderer herkömmlicher Rechte des Staatsoberhauptes ist er wirklich der oberste Schiedsrichter der Gewalten, der Hüter der Verfassung, der jederzeit die Unterordnung aller anderen Staatsorgane unter seinen Willen erzwingen kann. *De Gaulle* hat von allen diesen Rechten sehr weitgehend Gebrauch gemacht, die Führung der Hohen Politik an sich gezogen und Premierminister wie Regierung in seine völlige Abhängigkeit gebracht. Die *Regierung* kann durch das Parlament gestürzt werden (motion de censure) und von sich aus die Vertrauensfrage stellen. Da ihre Mitglieder nicht Abgeordnete sein dürfen – eine entscheidende, der republikanischen Tradition Frankreichs gänzlich widersprechende Neuerung –, kommen hier nur parteipolitisch wenig profilierte Politiker in Frage, deren totale Abhängigkeit vom Präsidenten so gesichert werden sollte. Die Praxis entspricht bisher diesen Zielsetzungen. Die Ressortverteilung kann im einzelnen wechseln. Das größte politische Gewicht kommt neuerdings, neben dem Innenminister, wohl den Ministern für Finanzen und Wirtschaft zu.

Das *Parlament* besteht aus zwei Kammern: Nationalversammlung (Assemblée nationale) und Senat. Die Mitglieder der ersteren werden in allgemeiner und direkter Wahl von den Bürgern, der Senat von den Vertretern der Gebietskörperschaften (Départements u.a.) gewählt. Gesetze müssen von beiden Kammern verabschiedet werden, doch entscheidet im Konfliktsfalle, wenn auch die Vermittlungskommission nichts ausrichtet, die Nationalversammlung endgültig. Entgegen allem herkömmlichen französischen Parlamentsrecht ist jedoch das Parlament schon durch die Verfassung weitestgehend entmachtet: seine Sitzungen sind auf zeitlich begrenzte Perioden (etwa fünf Monate) beschränkt; die Regierung hat erheblichen Einfluß auf den Gang des Gesetzgebungsverfahrens, insbesondere auf die Tagesordnung. Vor allem aber beschränkt Artikel 34 das Recht des Parlaments zur Gesetzgebung auf gewisse Materien (Freiheitsrechte, Strafrecht, Steuerrecht), während bei anderen nur eine Rahmenzuständigkeit gegeben ist (Arbeitsrecht, Kulturhoheit). Wichtigste Gebiete der modernen Gesetzgebung (Wirtschafts-, Verkehrsrecht) verbleiben so der Regierungsgesetzgebung (Pouvoir réglementaire). Ein *Verfassungsrat* (Conseil constitutionnel) setzt die Tradition der kaiserlichen Senate und des Comité constitutionnel der IV. Republik fort. Seine Mitglieder werden auf Zeit vom Präsidenten der Republik und den beiden Kammerpräsidenten ernannt. Sie entscheiden über die Verfassungsmäßigkeit der Gesetze. Darin liegt aber keine wirksame, insbesondere keine für den Staatsbürger bedeutsame Verfassungskontrolle über den Gesetzgeber: Nur einige Staatsorgane sowie (seit 1974) größere Gruppen von Abgeordneten und Senatoren, nicht die Staatsbürger, können diese Entscheidung beantragen, und ein Antrag ist nach Inkrafttreten des Gesetzes nicht mehr zulässig. Schließlich enthält die französische Verfassung keine Grundrechtsverbürgungen, welche als positivrechtlicher Maßstab der Gesetze gelten könnten. Nur der Vorspruch verweist vage auf die Prinzipien von 1789 und die sozialen Grundsätze von 1946, was zwar gegenüber der Verwaltung von Wichtigkeit ist, im übrigen aber hinsichtlich der normativen Bedeutung (etwa gegenüber dem Gesetzgeber) seit langem umstritten ist. Die übrigen Gerichte lehnen seit jeher eine Kontrolle der Verfassungsmäßigkeit der Gesetze ab.

Schließlich sieht die Verfassung einen Obersten *Richterrat* (Conseil supérieur de la Magistrature) vor, welcher Vorschläge bei der Ernennung hoher Richter unterbreitet, bei der Bestellung anderer konsultiert wird. Das Prestige der französischen Richter erreicht aber bei weitem nicht das der angelsächsischen.

Ein *Wirtschafts- und Sozialrat* (Conseil économique et social) wird von der Regierung in entsprechenden Angelegenheiten konsultiert.

Im ganzen wird also die Regierung, welche völlig in der Hand des Präsidenten ist, von keiner anderen Gewalt zur Zeit wirksam beschränkt oder kontrolliert. Mit Ausnahme des Steuerbewilligungsrechts hält sie praktisch alle politisch gewichtige Macht in Händen. Von einem Gleichgewicht der Gewalten kann nicht die Rede sein. Die Demokratizität des Regimes beschränkt sich auf die Präsidentenwahl und die meist alternativlose Zustimmung zu Gesetzen (Referendum). Nachdem von jeher in Frankreich ein Föderalismus nicht einmal im Ansatz besteht (die *„Regionalisierung“* ist 1969 durch Volksentscheid abgelehnt worden), die Zentralgewalt der Exekutive also auch hier keinem Gegengewicht begegnet, ist ihre Stellung weit stärker als die der Exekutive in anderen präsidentiellen Systemen (etwa in den USA). Zudem befleißigen sich seit der Revolution die französischen Richter einer streng gesetzesgebundenen Auslegung der nicht an Grundrechten zu messenden Gesetze.

Die französische politische Entwicklung war von 1958 bis 1974 entscheidend vom *Gaullismus*, einer Form des Neo-Nationalismus, geprägt. Das

Schwergewicht lag bei der Außenpolitik („La France seule", EG-Krise seit 1965, NATO-Austritt), die Innenpolitik blieb konservativ, soziale Reformen (participation – Mitbestimmung, Steuerreform) blieben aus. 1968 wurde das „Regime" durch die anarchisierenden Maiunruhen schwer erschüttert, die jedoch zu keiner tiefgreifenden Änderung führten. *De Gaulle* trat 1969 zurück, sein Nachfolger *Pompidou* starb 1974 nach hinhaltendem Regieren.

Der Niedergang des Gaullismus wurde bisher überdeckt durch ein Mehrheitswahlrecht, das der Rechts-Mitte-Majorité Wahlprämien brachte, die Parteienzersplitterung jedoch nicht überwinden konnte und zur Verschleierung der Kräfteverhältnisse führte. Die Linksparteien (Kommunisten, Sozialisten, Radikale), durch das Wahlrecht zu Listenverbindungen gedrängt, schlossen sich ab 1971 zu einer neuen *„Volksfront"* zusammen, die heute nahezu gleichgewichtig neben konservativ-bürgerlichen Gruppierungen steht. Deren Exponent, der Rechts-Liberale *Giscard d'Estaing*, wurde 1974 mit knapper Mehrheit zum Präsidenten gewählt. Ob sich die unausgewogene gaullistische Verfassung wieder zu Formen der III. und IV. Republik oder zu autoritären Machtverhältnissen entwickeln wird, ist noch völlig ungewiß.

Der von der Verfassung von 1946 als „Union française" und von der Verfassung von 1958 als „Communauté" geplante, straff organisierte Staatenbund zwischen Frankreich und seinen früheren Kolonien auf der Basis der Gleichberechtigung hat sich nach der Unabhängigkeit der afrikanischen Territorien nach 1958 nur in schwachen Ansätzen verwirklichen lassen. Die freie Zusammenarbeit dieser Länder mit Frankreich ist jedoch bedeutsam und auf dem Kultursektor (Universitäten) sehr eng.

Literatur

L. Duguit/H. Monnier (Hg. G. Berlia), Les Constitutions et les principales lois politiques de la France, Paris 1898 (laufend Neuauflage) — *R. Carré de Malberg*, Contribution à la Théorie générale de l'Etat II, 1920/2 (Neudruck 1960) — *L. Duguit*, Traité de Droit constitutionnel V, Paris 1923 f. 2/3 — *Joseph Barthélemy/P. Duez*, Traité de Droit constitutionnel, Paris 1933 — *G. Burdeau*, Traité de Science politique VII, Paris 1949 f. — *J. Donnedieu de Vabres*, L'Organisation de l'Etat III, Paris 1953 — *W. Ludwig*, Regierung und Parlament im Frankreich der IV. Republik, 1956 — *G. Ziebura*, Die V. Republik, 1960 — *J. J. Chevalier*, Histoire des Institutions politiques de la France moderne 1789–1945, Paris 1958[2] — *M. Göhring*, Artikel 'Französische Revolution', in: Herders Staatslexikon, 1959 (Nachw. zur Verfassungsgeschichte) — *Ehrmann*, Die Verfassungsentwicklung im Frankreich der V. Republik, 1961 — *Lottig*, Die Verfassung der V. französischen Republik, 1961 — *E. Haniel*, Regierungsbildung und Regierungskrisen in der Verfassungsentwicklung der französischen IV. Republik, 1961 — *A. Sattler*, Die Verfassung der V. Republik und das parlamentarische Regierungssystem, AöR 87 (1962) 325–370 — *K. Stahl*, Die Sicherung der

Grundfreiheiten im öffentlichen Recht der V. Republik, 1970 — *M. Waline*, Droit administratif, Paris 1971 — *M. Prélot*, Institutions politiques et Droit constitutionnel, Paris 1972[5] — Revue du Droit public et de la Science Politique en France et à l'Etranger, hg. v. *G. Berlia* — Etudes et Documents, hg. v. Conseil d'Etat (seit 1947).

Volk und Nation als Rechtsbegriffe der französischen Revolution*

Zur „tradition révolutionnaire"

I. Recht und Geschichte in der Begrifflichkeit der französischen Revolution — Allgemeines

Diese Zeilen sind dem Verfasser der Schrift „Das Deutsche Volk als Rechtsbegriff" in Verehrung gewidmet.

Sie werfen nicht ein Problem reiner juristischer Institutionengeschichte auf, ihr Gegenstand führt aber auch über die wichtige, wenngleich stellenweise doch kontingente Kuriosität rechtshistorischer Betrachtung hinaus. Eine entwicklungsgeschichtliche Erörterung von Begriffen, die zugleich einige höchste Verfassungsgrundsätze tragen, die Staatsordnung philosophisch-politisch legitimieren und letzte Produktionsquellen *aller* staatlicher Normativität darstellen, führt weit in Bereiche der Philosophie, ja der allgemeinen Historie hinein, deren grandiose Gliederungslosigkeit allein vielleicht dem Phänomen voll gerecht zu werden vermag.

Rechts-, verfassungsgeschichtliches Betrachten bedeutet hier ein doppeltes Sich-Bescheiden. Werden Begriffe solcher Weite zu seinem Gegenstand, *unter* denen weniger als *für* welche Menschen leiden, die sie mehr verehren oder hassen, als daß sie unter ihnen ständen oder sie „technisch beherrschten", so muß der Historiker und der Jurist auf Anwendung *all* der jeweiligen Kriterien dieser Disziplinen verzichten — oder sie in neuer Weise zusammensehen. Der historische Schatz der Gedanken zum „Volks"-begriff der früheren französischen Neuzeit muß weiterschlummern in den weiß- und goldschimmernden Bibliotheken des 17. und 18. Jahrhunderts, so wie ihn die große Novation der französischen Revolution verschüttet hat. Nur in einigen Spitzen bricht er durch, hinauf in das rationalisierte Reich systematischer Aufklärungsdoktrin: in ihm wird er, in eigentümlicher im folgenden zu klärender Weise, von Historie zu dogmatisch auch heute bedeutsamem Recht. Diese „Spitze" gilt es verfassungsgeschichtlich zu erfassen, als Synthese dessen, was hier „vergessen" bleibt, oder aber als Stilisierung, Verarmung aus vielfachem Reichtum, in der Weniges sorgsamer denn je zu bewahren, rationalistisch Sklerosiertes doch neu anzureichern ist.

---

* Erstveröffentlichung in: Festschrift für Hans Liermann, Erlangen 1964, S. 96–123.

Die zweite Begrenzung trifft den Juristen; er mag gewohnt sein, seine Begriffe fest zu umreißen, den Inhalt ihres Rahmens dann ganz gleichmäßig zu fassen: hier muß er der besonderen Begrifflichkeit Rechnung tragen, ihrer philosophisch-historischen Potenzialität, die in ihrer die Rechtsordnung grundlegenden Funktion auch zu eigenartiger rechtlicher Virtualität erwächst.

Beides ist im Zusammenhang der großen Revolution zu verstehen; sie hebt geschichtlich Gewordenes, unter vielfacher Brechung, in die Höhen eines rationalen Schemas, nähert es so dem „Juristischen" an: Verwandelte Geschichte der Vergangenheit und Historie eines Augenblickes werden zusammen Verfassungsdoktrin. Die gleiche Revolution entrationalisiert aber auch starre Verfassungsdoktrin, erfüllt sie mit philosophischem, historischem Pathos.

Als „terrible simplificateur" wirkt so die explosive Macht eines Augenblickes gegenüber aller Geschichtlichkeit: was ihre Begriffe neu geformt haben, ist nicht mehr „reine" Historie, sondern „Doktrin von Heute — Verfassungstradition von Morgen".

Geschichte und Recht, so zu neuartiger Einheit verbunden, verlieren beide an „Statik", an gleichmäßiger Präzision. „Konzentrisch", auf ein Zentrum hin sind alle Begriffe zu verstehen, dynamisch, in der zeitlichen Entfaltung oder Schrumpfung dieses Kerns, wie es seither entwicklungsgeschichtliche Betrachtung im Verfassungsrecht verlangt, die in eigenartig-neuer Methode nicht „Geschichte des Rechts" sondern „Geschichte *als* Recht" bietet, als Recht von heute!

Doch all dies — war es nicht von jeher Besonderheit staatsrechtlicher Betrachtung, aus der ruhenden Tradition der Monarchien heraus? Sicher — nur eines hat die Revolution ganz neu gebracht: diese „Geschichte als Recht" ist nun nicht mehr „Geschichte menschlicher Zustände", „Historie von *Menschen als Recht"*, sondern *„Geschichte von* (dynamischen) *Rechtsbegriffen, von obersten Normbegriffen als Recht"*. Nicht selbstgewichtig bricht die Historie ein ins Recht, sondern ihre Macht ist schon „transformiert" in jene eigenartigen Entwicklungsbegriffe, von denen zwei der bedeutsamsten im folgenden betrachtet werden.

II. Die „republikanisch-revolutionäre Tradition"

Wie wirken diese „dynamischen Verfassungsbegriffe" und die von ihnen getragenen Normen auf die heutige Dogmatik ein? Über das, was in der französischen Staatslehre „tradition républicaine (et) révolutionnaire" genannt wird, über ein Phänomen, dem Begriffe wie „Volk" und „Nation" gerade entscheidenden Inhalt geben.

Was ist unter dieser „Tradition" zu verstehen? Sie ist eine eigenartige Kategorie der französischen Verfassungslehre, die gerade hier „transformierte Geschichte" dogmatisch wirksam macht.

Ausgangspunkt zu ihrer Annahme waren kontingente staatsrechtliche Probleme zur Zeit der III. Republik. Frankreich hatte im 19. Jahrhundert einen Verfassungswechsel wie kein anderes Land Europas erlebt. Wie sollte die – allgemein angenommene – Fortgeltung mancher wichtiger Verfassungsnorm dogmatisch unterbaut werden[1], wenn, wie die herrschende Lehre annahm, der Verfassungsbegriff rein formal war?[2] War dann „im Zweifel alles Frühere aufgehoben"? Wie stand es vor allem um die in den Verfassungsgesetzen von 1875 nicht erwähnten Grundrechte? Wenn man ihnen nicht „an sich schon" überverfassungsmäßen Rang einräumen wollte[3] oder andererseits ihre Rechtsgeltung überhaupt bestritt[4], so konnten sie Verfassungsrang nur einnehmen – im Rahmen einer „neuen" Verfassung – wenn sie entweder in diese, durch die Präambel wenigstens, rezipiert wurden[5], oder auf Grund allgemeiner Lehren, bis zu ihrer *ausdrücklichen* Abschaffung etwa, ihren Rang behalten durften[6/7].

Sind solche „allgemeine Lehren" Umschreibungen eines besonderen „Verfassungsgewohnheitsrechts"?[8] Zu diesem Begriff werden die verschiedensten Auffassungen vertreten. Die Existenz eines solchen wird nachdrücklich ver-

---

[1] Vgl. z. B. *M. Waline*, Archives de Philosophie du Droit et de Sociologie juridique, 1933, S. 112 ff. (114 f.) — etwa Art. 75 Verf. An VIII, Art. 5 Verf. 1848.

[2] Vgl. *Barthélemy-Duez*, Traité de Droit constitutionnel, 1933, S. 187/8.

[3] So etwa *L. Duguit*, Traité de Droit constitutionnel, Paris 1924, I, S. 487 f., III, S. 564 f.; ebenso *G. Jèze*, Rev. Droit publ. 1913, S. 684; *J. Leblanc*, Du pouvoir des tribunaux d'apprécier, en France, la constitutionnalité des lois, Thèse Paris 1924, S. 55, vor allem aber *M. Hauriou* in seinem Précis de Droit constitutionnel, Paris 1933.

[4] So u. a. *R. Carré de Malberg*, Contribution à la Théorie générale de l'Etat, Paris 1920, II 579 ff.; *A. Esmein*, Eléments de Droit constit., 8. Aufl. I S. 592; *A. Angleys*, Des garanties contre l'arbitraire du pouvoir législatif, Thèse Grenoble 1910, S. 29; *H. Berthélemy*, Rev. polit. et parlem. Bd. 125, S. 355 f.

[5] Vgl. für die IV. Republik *J. Lemasurier*, La constitution de 1946 et le contrôle juridictionnel du Législateur, Thèse Paris 1954, S. 181 f. mit Nachw.

[6] So im Ergebnis u.a. *R. Capitant*, Gazette du Palais, Febr. 1930; *F. Gény*, Science et technique en Droit positif, IV, S. 188; *Barthélemy-Duez*, Traité de droit constitutionnel, Paris 1933, S. 193 (zweifelnd); *Rolland*, Rev. Droit publ. 1924, S. 49.

[7] Die Neueinführung von Grundrechten war mehrfach gescheitert, vgl. Nachweise b. *Lemasurier*, op. cit. S. 180.

[8] So etwa *Rolland*, op. cit. Anm. 6; wohl auch *J. Lafferière*, La coutume constitutionnelle, Rev. Droit publ. 1944, S. 20 ff. (S. 41/2).

teidigt von der Schule *Duguits*[9], für deren soziologisierende Auffassung das Gewohnheitsrecht im Sinne einer „ratification tacite" einzige, oberste Quelle des Rechts überhaupt ist[10]. Durch dieses würden politische Prinzipien angeblich zu obersten Rechtsgrundsätzen[11]. Andere[12] unterstreichen noch stärker das „volksgeistartige" Wirken des Gewohnheitsrechts, betonen jedoch dementsprechend dessen Inferiorität gegenüber allem gesetzten Recht. Noch skeptischer ist *J. Laferrière*[13], der es nur durch Verfassungsorgane im Rahmen der Verfassung entstehen läßt[14]. Die Erschwerungen des Revisionsverfahrens dürften nicht umgangen werden[15], das „Volksgefühl" schaffe nur den formungsfähigen Inhalt künftiger Gesetze, die erst durch das Verfassungsgesetz zum positiven Recht erstarkten. Andere wieder[16] leugnen ein Verfassungsgewohnheitsrecht völlig.

Die Beziehung zu einer „tradition révolutionnaire" klingt zwar an, wenn, in der Schule Duguits, das Gewohnheitsrecht mit dem Volkswirken gleichgesetzt, die Tradition aber in der Volkssouveränität gesehen wird. Auch *R. Capitant*, der *alle* Verfassunggebung, ähnlich wie Duguit, auf einen permanent-constituanten Willen der Gesamtnation zurückführt[17] und das Verfassungsgewohnheitsrecht noch über das Verfassungsrecht stellt, trennt einen derartigen „Willen der Nation" von jenem „politischen Prinzip" der nationalen Souveränität, welches den materiellen Hauptinhalt der „revolutionären Tradition" bilden soll[18]: das Gewohnheitsrecht ist dann nur Interpretationsmittel, Grundlage *und* Ergänzung des positiven Rechts.

---

[9] Traité cit. IV. S. 764; *M. Reglade*, La coutume en Droit public interne, Thèse Bordeaux, 1919.

[10] *Reglade*, op. cit. S. 115 f.

[11] *Reglade*, op. cit. S. 150. Für Duguits Schule bestehen zwischen Verfassung und dem entspr. Gewohnheitsrecht nur entwicklungsmäßige Unterschiede, weil *alles* Recht „conventionellen Ursprungs" ist, aus einer „entr'action" von Regierenden und Regierten entsteht, wobei erstere durch einen „Rechtsvorschlag" das soziologisch in den letzteren schlummernde „Rechts-Gut" sichtbar machen, diese durch Zustimmung Rechtskraft wirken. Damit ist das gesetzte Recht „relativ", das Verfassungsgewohnheitsrecht aber unabdingbarer, ja idealer Übergang von „soziologischem Gemeinschaftsbewußtsein" zum „Recht".

[12] Etwa *Y. Gouet*, La coutume en Droit constitutionnel interne, Thèse Paris 1932, vor allem S. 35 f., 43 f.

[13] op. cit., insbesondere S. 20 f.

[14] op. cit. S. 37.

[15] op. cit. S. 39.

[16] Darunter der Hauptvertreter einer „tradition républicaine", *Carré de Malberg*, Traité I, S. 638, II, S. 582.

[17] Le droit constitutionnel non écrit, Mélanges Gény, Bd. III, Paris 1934, S. 1 ff.

[18] op. cit. S. 5: (Ce) Pouvoir constituant national ... doit être entendu dans un tout autre sens que le principe de souveraineté nationale, non comme un principe politique exprimant l'aspiration vers la démocratie, mais comme un principe d'interprétation juridique.

Die „tradition révolutionnaire" ist jedoch weder Grundlage im Sinn einer Produktionsquelle oder eines Geltungsgrundes, noch erschöpft sie sich in einer Interpretation oder Ergänzung der jeweils geltenden Verfassung — es sei denn in jenem weiteren Sinn, daß sie das Schweigen der späteren Verfassunggeber als Rezeptionswillen früherer Verfassungsnorminhalte deuten läßt[19]. Es wird hier auch nicht induktiv zur Gewinnung einer Rechtsanalogie aus dem jeweiligen Verfassungssystem[20] geschritten: aus der Gleichartigkeit der Grundentscheidungen einer Reihe von Verfassungssystemen wird unter Vermutung eines allgemeinen Anknüpfungswillens an Vorhergehendes der materielle Inhalt früherer Verfassungsgrundprinzipien wie einzelner fundamentaler Normen in das neue System übernommen[21]. Mag man es als „vertiefte subjektive" oder als „konstruktiv-objektive" Verfassungsauslegung bezeichnen: es beginnt so ein versteckter Durchbruch zu einem „materiellen Verfassungsrecht", einem großen republikanischen Staatsrecht, über die zeitlichen Grenzen „einer Republik" hinaus. Die gewaltige Dynamik der französischen Verfassungsänderung wird so in der Ruhe bleibender Grundsätzlichkeit aufgefangen, die nur „punktuell" durchbrochen, kaum allgemein abrogiert werden kann. Frankreich hat also vielleicht heute noch immer keine wahrhaft starre, nach manchen überhaupt keine „Verfassung"[22], dafür jedoch in der tradition républicaine einen elastischen, aber festen Rahmen, solange man sie nicht verläßt! Vor allem aber: die Tradition ist ein praktischer Weg, über den die französischen Juristen, unter Beibehaltung ihrer herkömmlichen oft fast scholastisch anmutenden Auslegungsmethoden, ohne Rückgriff auf ein unklares Verfassungssystem, dennoch den Zugang zu jener „Grundsätzlichkeit" finden, welche für das Staatsrecht typisch ist. Das zivilistisch-kodifikatorische Auslegungsdenken findet den Weg zur Verfassung, indem es, vor allem, aus dem unerschöpflichen Reichtum revolutionärer Quellen und Texte schöpft. Hier findet die „These" des Revolutionären in Frankreich ihre Antithese in einer starken Autoritäts- und Traditionsgebundenheit des französischen Rechtsdenkens, in der sich, in republikanischem Gewande, die tausendjährige zentrale königliche Tradition widerspiegelt.

---

[19] Ähnlich, aber nicht ganz eindeutig, *Waline*, op. cit. S. 115/6.

[20] Vgl. die Praxis des Conseil d'Etat, der „allgemeine Rechtsgrundsätze" induktiv gewinnt, dazu *B. Jeanneau*, Les principes généraux du Droit dans la Jurisprudence administrative, Thèse Paris 1954 (insbesondere die allgemeinen Gründe dazu S. 2 f.). — Der Staatsrat hat das Bestehen von „coutumes constitutionnelles" anerkannt und für deren Feststellung den „Gesetzgeber" als zuständig erklärt (Dalloz 23.3.60).

[21] Typisch für die Entstehung einer „tradition" ist also ein geschichtlicher Ablauf (19. Jahrh.), der durch alternierendes Durchschlagen von republikanischer und autoritär-caesarischer Tradition geprägt ist.

[22] Vgl. die klassischen Ausführungen von *Carré de Malberg*, La loi expression de la volonté générale, Paris 1931, S. 134; *ders.*, La sanction juridict. des principes constit., Annuaire de l'Institut intern. de droit public 1929, S. 144 ff. (vgl. auch S. 155 f.).

Authentische Auslegung, ius suppletivum — die tradition républicaine et révolutionnaire kann dies nur sein, weil und insoweit sie mehr ist: bleibende, höhere Rechtsgrundsätzlichkeit für *alle* Verfassungen, die auf die Revolution sich berufen, und damit ihr höchstes dogmatisches Prinzip. Entscheidungen von damals sind Lösungen von heute.

III. Die Thesen Carré de Malbergs von der „souveraineté nationale" und der „souveraineté populaire"

Darin liegt denn auch die wahre *dogmatische, nicht nur historische Bedeutung* des gestellten Themas: Hauptinhalt der tradition républicaine et révolutionnaire ist die Feststellung des Trägers, des „titulaire" der innerstaatlichen Souveränität, jener zentralen, durch die Revolution geklärten, wenn nicht in ihrem Wesen veränderten Begrifflichkeit. Erst wenn er nicht nur politisch-proklamatorisch, sondern auch rechtsgrundsätzlich herausgestellt ist, können weitere Elemente der „tradition", das Repräsentativsystem, die nur geringe Verfassungsstarrheit, das Fehlen der Verfassungskontrolle, die abgeschwächte Grundrechtlichkeit, die Unabhängigkeit der Richter oder die verwaltungsrechtliche Legalität genauer abgegrenzt und solche Beschränkungen gerechtfertigt und dogmatisch-systematisch ausgebaut werden. Dieser Hinweis auf die Bedeutung der Untersuchung muß genügen, weil die Behandlung einzelner Punkte hier bereits eine Kenntnis möglicher Alternativen voraussetzen würde.

Eine echte „Alternative" mit juristischen Konsequenzen gibt es zur Frage der Trägerschaft der innerstaatlichen Souveränität in voller Klarheit erst seit 1920, als der größte Staatstheoretiker des modernen Frankreichs, *Raymond Carré de Malberg*, der „Nachfolger" Paul Labands auf dem Lehrstuhl von Straßburg, die Behauptung aufstellte, der revolutionären wahren Tradition entspreche lediglich die Souveränität der „nation", nicht die „souveraineté populaire". Damit drohte - einer, wie sich zeigen wird, langen, und im politischen Bereich wenigstens konstanten Terminologie gegenüber - ein Verdrängen des „Volkes" als Rechtsbegriff aus der *zentralen* Stellung des republikanischen ungeschriebenen Rechts. Diese nunmehr zu verdeutlichende Fragestellung *Carré de Malbergs* soll dann Blickpunkt für eine Übersicht über die französische Verfassungstradition sein.

Ausgangspunkt war für *Carré de Malberg*[23] der erste Verfassungstext über den Souveränitätsträger, Art. 3 der Menschenrechtserklärung von 1789[24]: Die

---

[23] Traité Bd. II, S. 167 ff.

[24] „Le principe de toute souveraineté réside essentiellement dans la Nation. Nul corps, nul individu ne peut exercer d'autorité, qui n'en émane expressément." Dieser und die

dort erwähnte „souveraineté de la Nation" sei wichtigster Grundsatz der Revolution, gleichzeitig deren typisch französische Ausdrucksform — im Gegensatz zur „Staatssouveränität" (deutsche Souveränitätsform), zur Parlamentssouveränität Englands und, vor allem, zur „Volkssouveränität" der Schweiz (und der USA).

Der Kerngedanke der „Nationalen Souveränität" ist folgender: Nicht einem bestimmten individuellen oder kollektiven Gewaltträger steht die absolute Herrschaftsmacht zu. Kein menschlicher Wille kann *an sich* ohne Verletzung des Gleichheitsgrundsatzes stärker sein als der eines Mitbürgers. Nur eine „abstrakte, geistige Wesenheit" (entité abstraite, spirituelle) darf die höchste Macht besitzen, ohne daß sie, andererseits, engerer Beziehungen zur politischen Wirklichkeit ermangeln dürfte. Diese beiden Erfordernisse findet Carré de Malberg in der „Nation" verwirklicht, einer „Personifizierung der Bürgergesamtheit", einer „originären juristischen Person", die nicht mit den originären Rechtsträgern der Revolution (Bürgern) „uti singuli", sondern erst mit deren gedachter Einheit zusammenfällt.

Die souveräne Gewalt wird deshalb eigentlich von „niemandem" zu eigen besessen[25], und die Organe der „un- oder überpersönlichen Nation üben die Souveränität zwar aus, besitzen jedoch keinerlei eigenes oder persönliches Recht darauf". Nur die Verfassung verleiht eine engbegrenzte Zuständigkeit.

Hieraus folgt zunächst die Abgrenzung der nationalen von der „Staatssouveränität": Der Staat ist nur die *personifizierte* Nation. Er ist die öffentlichrechtliche Rechtspersönlichkeit, in der sich die „collectivité nationale" ausdrückt[26]. *Der Staat ist somit die juristische Seinsform der revolutionären „Nation".*

Zur Unterscheidung von nationaler und monarchischer Souveränität: der absolute Monarch verliert sein persönliches „Eigentumsrecht" auf die oberste Herrschaft im Staat. Er verkörpert die Nation nicht, ist von ihr vielmehr rechtlich verschieden: „Die Großtat der konstituierenden Versammlung bestand gerade darin, daß der Staat von der königlichen Person geschieden

---

folgenden Verfassungstexte zitiert nach *Duguit/Monnier*, Les constitutions et les principales lois politiques de la France, Paris, vielf. Aufl. mit insoweit unverändertem Text.

[25] Einzelheiten und Zitate auch bei *R. Capitant*, Cours de Doctorat 1953/54, S. 45 ff.

[26] Traité II, S. 69. *Capitant* schreibt hierzu: „Im revolutionären Staatsrecht und im französischen öffentlichen Recht im allgemeinen sind Nation und Staat nicht zwei verschiedene juristische Personen, wie ja Monarch und Staat sich im Ancien Régime nicht unterschieden haben. Die Nation *ist eine geschichtliche und soziologische Realität*, welche in ihrer juristischen Personifikation zum Staat wird. Der Staat ist nicht real von der Nation verschieden, deren rechtliche Verkörperung er vielmehr ist: das ist die französische Auffassung." Principes de Droit public, Cours de Doctorat, Fac. Droit Paris, 1952/53, S. 96 (Hervorhebungen vom Verfasser).

wurde. Deshalb führte die Constituante den Begriff der 'Nation' ein, welche dem König gegenübergestellt wird als das wesentliche konstitutive Element des Staates und, folglich, als alleiniger legitimer Träger der höchsten Gewalt"[27]. Carré de Malberg unterscheidet die Souveränität selbst und ihre „Ausübung" (exercice): „Die Constituante bringt einen großen Fortschritt im öffentlichen Recht: man unterscheidet nunmehr den Souverän von denjenigen, welche tatsächlich (das heißt durch eine Verfassungsdelegation in nicht-originärer Art) die Souveränität ausüben".

Nur so könne ein wirklicher Staatsbegriff entwickelt werden[28]. Gerade darin Nation und Staat nicht gegenübergestellt, sondern – in der angegebenen Art – eng verbunden würden, auf gleicher Stufe ständen und einen gemeinsamen Gegensatz vielmehr dem Monarchen als persönlichem Souveränitätsträger gegenüber aufwiesen, bestehe das Neuartige der Schöpfung der Constituante; man dürfe dies nicht mit der deutschen Auffassung verwechseln, für welche die Nation nur ein „élément constitutif" des Staates sei[29].

In der Verfassung von 1791 findet Carré de Malberg den entsprechenden Verfassungszustand verwirklicht: der König ist nicht mehr souverän, sondern ein „Organ", ein „Vertreter" der Nation, nicht mehr Quelle höchster Macht, nicht „constituant", nur mehr „pouvoir constitué"[30]. Nach eigenem Belieben kann die Nation die höchste Gewalt wieder an sich nehmen, da die Verfassungsrevision dem Prinzip der Erblichkeit vorgeht und unter Ausschluß des monarchischen Willens erfolgt.

Entscheidend ist aber schließlich die Abgrenzung, die gegenüber der sogenannten „Volkssouveränität" vollzogen wird. Es sei zwar allgemeine Auffassung, daß die Revolution dem *Volk* diejenigen Rechte übertragen habe, deren sie den König beraubt habe. Dieses „Volk" aber sei im wesentlichen die Bürgergesamtheit aus individualisierender und sozialvertraglicher – Rousseauscher – Sicht, das heißt die Bürger „uti singuli". Jeder einzelne habe einen realen Anteil an der Souveränität — was in klarem Widerspruch stehe zu der integrierenden[31] Einheit und Unteilbarkeit der „Nation" nach Artikel 3

[27] *Capitant* (a.a.O.): „Im Ancien Régime war der Staat der König. Im revolutionären öffentlichen Recht wird der Staat die Nation. Der Staat war die juristische Verkörperung des Monarchen, er wird nunmehr zur juristischen Verkörperung der Nation."

[28] Traité II, S. 186.

[29] Was unzutreffend ist, weil in der deutschen Staatslehre nie eine „Nation", sondern das „Volk", eher im Sinn der noch zu erörtenden „Volkssouveränität", Staatselement ist.

[30] So heißt es etwa in der Verfassung von 1791 Tit. II, ch. II, sect. 1, Art. 3: „Le Roi ne règne que par la Loi et ce n'est qu'au nom de la Loi qu'il peut exiger l'obéissance."

[31] Traité II, S. 173 sagt er: „Die Nation ist insoweit souverän, als sie 'entité collective' ist, welche, gerade weil sie Subjekt staatlicher Gewalt und Pflicht ist, als eine juristische Person anerkannt werden muß, die eine Persönlichkeit besitzt und eine Gewalt ausübt, welche über die der einzelnen hinausgeht und gleichzeitig von ihnen unabhängig ist."

der Menschenrechtserklärung. Wenn die Bürger originäre Souveränitätsträger seien, so liege darin eine unzulässige Aneignung der „souveraineté inappropriable". Die Bürger besäßen vielmehr nur ein Recht der Wahl (pouvoir électoral). Nicht die „démocratie" sei von der Revolution eingeführt worden[32], die Bürger übten kein „originäres", „natürliches" Recht aus, sondern eine aus der Verfassung abgeleitete Zuständigkeit, die nur einen Ausschnitt aus der Vollgewalt darstelle, welche dem unpersönlichen Wesen „Nation" eigne[33].

1791 sei so der Souveränitätsbegriff bei dem Übergang der höchsten Gewalt vom Monarchen auf das Volk in seinem Wesen verändert, aufgelöst und vergeistigt, aus einem festen Eigentumsrecht in ein „negatives Prinzip", ein „verfassungsrechtliches noli me tangere" umgestaltet worden, das dem Volk wie dem Monarchen gegenüber gleiche Wirksamkeit besitze.

Zusammenfassend: Monarch und Volk sind nur Organe des unpersönlichen Wesens „Nation", das allein souverän ist, als *geistige Einheit der Bürger*. Die Revolution führt aus politischer Opposition zur geistigen Sublimierung des Souveränitätsbegriffes, der allein eine tragfähige theoretische Grundlage des französischen Staatsrechts ergeben soll.

Dieser Carré-sche Begriff der „Nation" als Träger der Souveränität verlangt, anders als der „naturalistische" des im Gegensatz dazu gesehenen „Volkes", noch rechtstheoretisch-kritische Präzisierung, bevor er zum Blickpunkt für die Betrachtung der „Tradition" werden kann. Eine solche hat bei den angeblichen Unterschieden zwischen „Staat" und „Nation" einzusetzen.

Ist der „Staat" juristische „Verkörperung" der Nation, diese aber nur ein „historisch-soziologischer" Komplex — welches ist dann ihre *rechtliche* Bedeutung? Wie vollzieht sich ein Übergang von „Nation" zu „Staat"? Nach Carré de Malberg anscheinend nicht zeitlich, nur logisch: Der Staat „gibt der Nation juristisches Sein". Damit ist er aber ebenso „originär" wie der „soziologisch-historische Nationbegriff" — nur auf einer anderen, der rechtlichen Ebene. Ist letzterer also nicht juristisch unbrauchbar?

Die ganze Lehre von Carré de Malberg wird im Gegensatz zu der damals herrschenden, von Laband und Jellinek vertretenen Richtung entwickelt, die man in Frankreich die Lehre von der „souveraineté de l'Etat" nannte. Carré de Malberg verkannte, daß diese Theorien eng mit der konstitutionellen

---

[32] „Demokratie" wird in der französischen Staatslehre meist – im engeren Sinn – mit der Rousseauschen Volkssouveränität gleichgesetzt, was zu häufigen Verwechslungen führt.

[33] Traité II, S. 294: „Es ist unvereinbar mit dem Grundsatz der nationalen Souveränität, daß die Gewalt der Nation 'organhaft festgelegt', das heißt dauernd auf die einzelnen Bürger übertragen werde, auch wenn es die Gesamtheit derselben ist." … „Weder unten noch oben wollte sie (die Constituante) die persönliche Gewalt."

Monarchie in Deutschland verbunden waren und deshalb für die französische Republik eine Abwandlung erfahren müßten. Er verkannte wohl auch die „unmenschliche" Hegelsche Staatsphilosophie, vielleicht sogar aus „sentimentalen" Gesichtspunkten: Das strenge unpersönliche Staatsideal der Deutschen schien unvereinbar mit dem gelösten, humanitären, menschlich-dynamischen Gesamtbild des republikanischen Staatsrechts. Mit allen Mitteln sucht so Carré de Malberg in der „Nation" einen neuen Ersatzbegriff zu schaffen, der nicht mit dem deutschen „Staat" zusammenfallen soll. Es zeigt sich aber die damals beherrschende Stellung der deutschen Staats(rechts)lehre gerade darin, daß auch ihr theoretischer Gegner und politischer Feind wieder in die gleichen Denkkategorien zurückfällt: die *„Nation" von Carré de Malberg ist nichts anderes als der „Staat" der deutschen Staatstheorie*!

So wird gelegentlich vom „Staat" dasselbe wie von der „Nation" ausgesagt[34] und zu Unrecht der Gegensatz beider darin erblickt, daß der Staat „noch andere Konstitutivelemente" als die Nation habe: die anderen „Staatselemente" aber gehören in die allgemeine Staatslehre, gelten in Frankreich wie in Deutschland und haben nichts mit dem „Träger" der Souveränität zu tun.

In Wahrheit trennt Carré de Malberg, in durchgehendem Gegensatz zur „deutschen Theorie", zwei Entwicklungsstufen derselben nicht hinreichend: den „Herrschaftsstaat", in dem ein „unpersönliches Wesen" die Souveränität in irrational-faktischer Gewaltausübung trägt – die damals in Frankreich verbreitete Auffassung – und, unter dem Einfluß des Rechtsstaatsdenkens, die Ersetzung von „Staat" durch „Normensystem" (Kelsen), welche die rechtliche Unerklärlichkeit des Staates, und damit das Souveränitätsphänomen an sich, nicht aufhebt, sondern dessen *Inhalt* nur rechtsstaatlich rationalisiert.

Diesem letzteren Aspekt der deutschen Lehre vor allem steht, folgt man Carré de Malberg[35], als einem „statischen", der persönlichkeitsbezogene, dynamische französische Nationbegriff entgegen. Der *klassischen* deutschen Staatssouveränitätslehre, damit auch Laband und Jellinek, aber steht er nahe, wird doch auch nach ihm die Souveränität von einem überpersönlichen, metajuristisch entstandenen Wesen ausgeübt.

Carré de Malberg hat allerdings richtig das Verbindende zwischen der „staatssouveränen" und der „rechtssouveränen" deutschen Theorie erkannt:

---

[34] Beide (!) seien vor allem in den sie bildenden Menschen verankert (Confrontation de la Theorie de la formation du Droit par degré etc., Paris 1933, S. 27). Der Staat sei „Collectivité unifiée de nationaux" (ebd.), was im Traité II, S. 173, ausdrücklich von der souveränen Nation behauptet wird.

[35] „Die Revolutionäre haben nicht daran gedacht, den Staat auf ein Normensystem zurückzuführen. Zu sehr waren sie von der Überzeugung durchdrungen, daß der Staat wie die Nation vor allem auf den Menschen aufruht ..." Confrontation 1. cit.

den „überpersönlichen“ „statischen“ Charakter des Souveränitätsträgers, der, einmal entstanden, ein rechtlich unerklärliches Phänomen bleibt und jedes Zurückgehen auf physische, originäre, „natürliche“ Rechtsquellen im Rahmen des positiven Rechtes und seiner Zuständigkeitsverteilung unmöglich macht. Daß hier Unterschiede zum „Recht der Revolution“ bestehen müssen, fühlte Carré de Malberg wohl, erkannte aber nicht, daß mehr geschehen müsse, als nur von einer „menschlichen Grundlage des Nationsbegriffes“ zu sprechen und im übrigen, unter Gleichsetzung von Staat und Nation, zu staatssouveränen Vorstellungen zurückzukehren. Eine Neuartigkeit des revolutionären Souveränitätsbegriffs kann nicht so sehr in der einzelnen *Ausgestaltung*, als vielmehr in der sie bedingenden *Genesis* des souveränen Willens erblickt werden. Es kommt auf das Verhältnis von Faktum und Recht, auf den jeweiligen Rechtsbegriff an.

Liegt der Ursprung des Staates einfach „im Faktum, an das sich das Recht anschließt“[36], wird die Art dieses Überganges nicht geklärt[37], wird nicht einmal versucht, die Rechtsschöpfung „unmittelbarer“ auf den Willen natürlich-originärer Träger (Individuen, konkreter Gemeinschaften) zurückzuführen, so scheitert die versuchte „Humanisierung“ des älteren deutschen „Staats-Begriffes“: weder wird dieser dann wenigstens inhaltlich durch Rechtsregeln „rationalisiert“, noch wird eine „Eigenheit“ französischer Tradition herausgestellt, zu der die Souveränität der „Nation“ eben keine besondere Beziehung aufweist.

Eine solche aber *könnte* gerade in der Souveränität des „realen“, „natürlich“ aufgefaßten Volkes, der Masse der „singuli“, liegen, nicht in der der „Nation“, wenn diese als eine „juristische Person“, von den „einzelnen, die sie bilden“, völlig getrennt aufgefaßt wird. Obwohl Carré de Malberg dies nicht klar zum Ausdruck bringt: *zwischen* den Polen „Volk (= Gesamtheit der singuli)“ und „Nation“ (= „moralische“ juristische Person) könnte, seiner besser geklärten Auffassung nach, noch die „Nation“ der französischen Tradition stehen, die zwar „natürlich“ erfaßt wird, insoweit dem „Volk“ nahesteht, über die singuli aber *generell* hinausgeht, sozusagen das „herkömmliche Erscheinungsbild des Volkes“, die singuli *und* herkömmliche Kollektivwerte *zusammen* beinhaltet. Auch an diesem Begriff soll die „Tradition“ nun gemessen werden, obwohl fraglich ist, ob er rechtstheoretisch – zwischen dem einer „natürlichen“ (Kollektiv-) und einer juristischen Person – überhaupt haltbar ist[38].

---

[36] So nahe G. Jellinek, Traité II, S. 492 f.

[37] Traité I, S. 61.

[38] Dogmatisch wird er lang vor *Carré de Malberg* vor allem in der katholischen französischen Staatslehre vertreten, insb. von *E. Chenon*, Théorie catholique de la Souveraineté nationale, Rev. Canonique 1898 Extrait (vgl. insbes. S. 12–13). Von *dort* dürfte diese

IV. Die vorrevolutionären Auffassungen

Von den vorstehend als mögliche Begriffe herausgestellten Traditionselementen – Nation als „juristische Person“, Nation als „überzeitliches Volk“, Volk im natürlichen Sinn, aber als Einheit, Volk als Summe von Einzelträgern fraktionierter Souveränität – scheint der zweite dem monarchischen Prinzip des Ancien Régime am nächsten zu stehen.

Die früher häufig vertretene Auffassung, der Monarch sei „absolut unteilbar“ souverän gewesen und die revolutionäre Souveränität sei mit aller späteren „unvergleichbar“, weil sie von einem realen, persönlichen Träger auf das „überpersönliche Wesen Nation“ übergegangen sei[39], widerspricht den neueren rechtshistorischen Erkenntnissen[40]: Sicher hat das Königtum stets eine absolute Souveränität angestrebt und in kürzeren Zeiträumen auch verwirklichen können. Nie aber fällt die grundsätzliche Trennung zwischen dem König und „son Etat“, für dessen „bonum“ er handelt (auch wenn er dafür nur Gott verantwortlich ist, dessen „justice divine“ aber, in das allgemeine Rechtsbewußtsein einbezogen, zeitlich wirksame Macht bleibt). Gottesgnadentum schließt mit Sicherheit nur Investitur durch eine rechtlich überlegene Macht aus. Der König bleibt Repräsentant seines „Staates“, er steht einer von ihm nicht geschaffenen, nur zu schützenden, staatlich-ständischen Ordnung gegenüber, welche durch ihre historische Schwerkraft über seine Regierungsmacht hinausgeht. Ihr muß sich der König immer wieder beugen (vgl. Parlamente!), seine „Souveränität“ ist, will man sie mit heutigen Kategorien messen, höchstens zeitweise und de facto absolut[41].

Ein Vergleich zwischen dem „arevolutionären“ Rechtszustand des Ancien Régime und dem modernen, durch die Revolution eingeführten Souveränitätsbegriff verbietet sich also nicht so sehr, weil der Träger der souveränen Gewalt entpersönlicht worden wäre, sondern infolge der neuartigen Zusam-

ganze Lehre kommen, allerdings säkularisiert und von den theologischen Wurzeln getrennt (vgl. Nachw. b. *Chenon*, op. cit. S. 13–16).

[39] Vgl. f. viele *E. Cosse*, Du principe de Souveraineté, Paris 1882, S. 104 ff. (105).

[40] Insbes. *F. Olivier-Martin*, l'Absolutisme francais, Cours de doctorat à la Fac. Droit Paris 1950/1 passim; vgl. auch *M. Deslandres*, Histoire constitutionnelle de la France de 1789 à 1870, Paris 1932, I S. 12 ff. (20 f.); zum Problem auch *B. de Jouvenel*, Du Pouvoir, Genf 1947, S. 293 f.

[41] So meint die Didérot-d'Alembertsche Encyclopédie „Monarchie absolue“ (obwohl sie vorher den staatstheoretischen, nicht französisch-historischen Absolutismus bringt, den Montesquieu dem englischen System gegenüberstellt) doch: „l'origine et la nature de la monarchie absolue est limitée par la nature même, par l'intention de ceux de qui le monarque la tient et par les lois fondamentales de son Etat.“ Auch die oft versuchte „Erklärung“, die etwa *A. Thiers* wiedergibt: „un roi muni d'un pouvoir mal défini en théorie, mais absolu dans la pratique“ (Histoire de la Révolution française, Paris 1962, Bd. I, S. 4), bleibt unbefriedigend.

menballung der höchsten Macht in der Rechtsperson *eines* Trägers sowie eines neuen totalitären Machtanspruchs, der grundsätzlich nicht Gewordenes, sondern nur Geschaffenes anerkennt. Nicht die früher dem Monarchen zustehende „absolute" Herrschermacht wird nun „inappropriable": Ausdrücke wie „les Etats qui représentent la Nation", „Etat et Couronne de France", „le Bien du Royaume" usw. sowie die, wenn auch manchmal bestrittene, Geltung der „Grundgesetze des Königreichs", die auch den Monarchen binden, zeigen, daß der König zwar zeitweise die ganze Gewalt, nie aber ein bedingungsloses persönliches Eigentumsrecht auf die Souveränität besessen hat. Zu einem Verfassungsgewohnheitsrecht im modernen Sinn fehlt es bereits an dem „usus continuus". Immer besteht die Zweiheit „König-Staat"; der Monarch unterliegt historischen und religiösen Bindungen, und, vor allem, zu seinen Gunsten spricht, im Zweifelsfall, nur die Gewalt, nicht aber jene Rechtsvermutung der Souveränität, welche dem revolutionären Souverän zur Seite steht. Der König besitzt die Fülle der „traditionellen Gewalten", überschreitet vielleicht stellenweise legislative Befugnisse (was typisch für eine überstarke Legislative sein mag), macht aber stets vor den letzten Grundlagen des „Staates", und damit seiner eigenen Macht, halt.

Und diese schweigende Macht, die ihm dabei gegenübersteht — ist es die Carrésche „Nation" (als „juristische Person" oder, besser, als „überzeitliches Volk")?

Vieles spricht dafür, daß gerade die so konstruierte „Nation", angebliche Besonderheit der Revolution, nur Projizierung typisch vorrevolutionärer Zustände in spätere Zeit darstellt. Gerade der zweite oben erwähnte Begriff ist doch dem Ständestaatlichen verhaftet, wo ganz wesentlich „Natürliches" in der Weise „verrechtlicht" wird, daß es in die überzeitliche Ruhe von Tradition und Stabilität gehoben ist[42].

Daß für das vorrevolutionäre Rechtsgefühl der „Volksbegriff" in einer heute schwer zu fassenden Weise – den objektivierenden Tendenzen der Zeit entsprechend – von der „naturalistischen" Volksauffassung entfernt gewesen sein mag, ändert nichts daran, daß terminologische Klarheit nicht bestand. Die „Nation" fällt zum Teil, wo sie als selbständiger Begriff auftritt[43], einfach mit dem neueren *Staatsbegriff* der drei Staatselemente zusammen. An anderen Stellen wird Volk und Nation völlig synonym gebraucht — in der

[42] Zur Möglichkeit der Koexistenz anderer Pouvoirs mit der Monarchie, ja der Notwendigkeit, „letztere aus ersteren" zu definieren, vgl. staatstheoret. *Ch. Eisenmann*, i. d. Krit. von *K. Loewenstein*, Die Monarchie i. mod. Staat, 1952, Rev. franç. de Sciences politiques, 1955, S. 138 ff. (insb. S. 142 f.).

[43] So erscheint sie in der Encyclopédie, voce „nation", als „Teil eines Volkes in festen Grenzen, unter bestimmter Herrschaftsmacht".

Encyclopédie[44], wie überhaupt in der Staatsphilosophie der Zeit[45]. Meist jedoch – und hier mag die romanistische Tradition des „populus“, die kanonistische der „plebs Christi“ in die allgemeine Staatslehre und das damals mit dieser eng verbundene, aus ihr sich entfaltende Verfassungsrecht hinübergewirkt haben – dürfte das „Volk“ als soziale Klasse der „Einheit“ aller Gruppenangehörigen gegenübergestellt worden sein[46], welche als „nation“ bezeichnet wird[47]. Diese seit den antiken Vorbildern latente Doppelsinnigkeit des Begriffes „Volk“ (plebs-populus) wird gerade zur großen Macht der Revolution, welche den Volksbegriff immer stärker klassenmäßig akzentuiert. Die „Nation“ ist demgegenüber statisch-neutral, vielleicht zu Beginn der Revolution identisch mit einem „populus“, der alle Klassen umfaßt und neu eint. Sie ist typischer Begriff der „Reformmonarchie“, für das, was das Königtum „hätte schaffen sollen“[48]. Mehr noch: aus dieser Schwäche des „Nation-Begriffes“, der in Wahrheit zwischen den oben dargelegten Spielarten undefinierbar schillert, und der klareren Stärke einer klassenmäßig festgelegten peuple-Konzeption heraus[49] gewann die bereits angelegte Identifizierung beider die Oberhand — in einem Sinn, der, wie sich zeigen wird, „nation“ mit einem abgemilderten „peuple“-Begriff gleichsetzt[50].

Die „Nation“ als „vergeistigtes Volk“ ist also keineswegs ein typischer Revolutionsbegriff, sondern entspricht vielleicht der allerersten Revolutionsphase, während er an sich mehr monarchischem Denken verhaftet ist. Mehr und mehr wird er dann mit dem „Volk“ identifiziert, dessen klassenmäßige Akzentuierung sich – vielleicht dadurch gerade – abschwächt.

---

[44] Z. B. „monarchie“ – „Le peuple peut choisir pour monarque – une nation qui jouit du privilège d'élever à la monarchie un de ses citoyens.“

[45] Vgl. *B. Groethuysen*, Philosophie de la révolution française, 2. Aufl., Paris 1956, S. 82.

[46] So – ganz im Gegensatz zu der Begriffsverwendung voce „nation“ – die Encyclopédie voce „peuple“, die sich damals allerdings auf einseitig polemische Quellen stützt, kaum den allgemeinen Sprachgebrauch wiedergibt.

[47] Wie *Deslandres* belegt (op. cit. S. 20 f.), wurde das Wort „nation“ schon von Ludwig XIV. im staatsrechtlichen Sinn gebraucht, der darunter alle seine „sujets“ verstand, deren selbständigen Corps-Charakter jedoch leugnete.

[48] *Deslandres*, op. cit. S. 22: „La Monarchie, non la nation qui n'existait pas, qu'elle ne suscitait pas, s'arrêta à l'unité politique dont elle bénéficait, sans opérer l'unité nationale qui aurait parachevé son oeuvre.“

[49] Zur „demokratischen Idee“ vgl. *Aulard* 1. cit.

[50] So auch in historisch-politischen Erörterungen, etwa b. *Rivarol*, De la souveraineté du peuple, Ausg. Paris 1831, passim, insbesondere S. 13.

V. Die Entwicklung im Laufe der Revolution

1. Über den Nation-Begriff suchte der Tiers Etat die Macht im Staat zu gewinnen. Aber nicht einmal in der Phase 1789-91 kann sich die „Nation“ als Befriedungsbegriff (als „juristische Person“ oder als „spiritualisiertes Volk“) durchsetzen. Die revolutionäre Dynamik führt zu fortschreitender „Popularisierung“ (die nicht etwa erst mit der Montagne bruchartig einsetzt).

1791 ist der König nicht mehr souverän. Zu einer „Volkssouveränität“ wollen die in ihrer Mehrheit freiheitlich, aber nicht republikanisch gesinnten Deputierten aber auch nicht vordringen. Eine Verbindung von Monarchie und Freiheit konnte nur in der Einsetzung eines „erblichen Vertreters der Nation“ gefunden werden. Dies mochte, für viele, die Einführung eines Dualismus „Monarch – Volk“ unter dem Begriff der durch beide vertretenen „Nation“ nahelegen, bei welchem (unter dem Namen „Staat“) die deutsche Tradition bis 1918 stehengeblieben ist. Der siegreiche Tiers fürchtete die „révolution intégrale“, in Ruhe wollte er einen Staat regieren, dessen Verfassung seine verschiedenen Strukturelemente zu neutralisieren vermochte. 1789 kann also, so mag es scheinen, noch eine „Nation“, ein Inbegriff überpersönlicher politischer Werte und Anschauungen, die ebenfalls traditionsgebundene Königsidee überhöhen, wie später der „Staat“ in Deutschland den Dualismus Monarch-Parlament. Die „Nation als soziologisch-historisches Phänomen“ (R. Capitant) – mehr als ihre Bestandteile, die sie zur Einheit band – sollte vielleicht den Gedanken weiterführen, daß das organisierte Frankreich mehr sei als die Addition seiner Bürger, daß der „organisation“ gegenüber den „organisés“ eigenständige Bedeutung zukomme. Der Nationbegriff – so verstanden – hätte die alte Einheit Frankreichs über 1789 hinaus verkörpert.

Die Übergriffe von 1793 haben die Souveränität des *Volkes*, in der die Revolution eine neue, rationale, dynamische Einheit suchte, oft als Abweichung von solchen „principes sains de 1789“ erscheinen lassen, die in manchem der Deutung von Carré de Malberg entsprechen: ein unpersönliches Wesen überschattet mehrere „Gewalten“, die sich die Waage halten, eine strenge Gewaltenteilung soll die Gegensätze aufheben, die zur Revolution geführt haben[51]. Doch diese Konstruktion ist die der Verfassungsmonarchie, nicht der republikanischen Tradition, für welche Gewaltenteilung, dem natürlich-dynamischen Volksbegriff gegenüber, nur eine unklare Übergangsstufe darstellt — ebenso wie die so verstandene „Nation“.

---

[51] Vgl. z. B. Tit. III, Chap. V, Art. 1: „La justice sera rendue gratuitement par les juges, élus à temps par le peuple et institués par des lettres patentes au Roi“ — zwei unabhängige Gewalten wirken zur Schaffung der dritten zusammen.

Dies zeigte schon die Charta von 1791 selbst: Monarch und Volksvertreter stehen eben nach ihr nicht auf gleicher Höhe[52] — deshalb nicht, weil „Nation" bereits identisch mit „Volk" ist! Von einer Nation als „überpersönlichem Wesen" kann kein „ausdrücklicher Wille" ausgehen, wie ihn schon die Rechteerklärung als Grundlage aller Staatsautorität verlangt[53]. Die Volksvertreter sind Herren der Änderung der Verfassung, die ihrerseits, als alle Organe überhöhende Norm, unmittelbarer Ausdruck des nationalen Willens sein muß, sie sind es als Vertreter des *Volkes*, das im Grund souverän, mit der „Nation" schon identisch ist. Der Begriff des „Verfassungsorgans" wird von Anfang an eingeschränkt: „Organ" der Verfassung ist nur, wer originär „für und wie das Volk will"[54]. Der Abgeordnete vertritt die „ganze Nation"[55] – *das heißt das ganze Volk* –, wie könnte ein „unpersönliches Wesen Nation" teilbar sein, während das Volk gerade erst zur unteilbaren Einheit *werden* muß! Wie also die Volksvertreter „eigentlich" souverän sind, so ist 1791 die Nation „im Grunde" schon das „Volk" der Jakobinerverfassung, die Gesamtheit der Bürger im „natürlichen" Sinn. Die notwendige Gleichung dieser beiden Begriffe besteht von Anfang an.

Es war also sinnlos, daß „les potentats eux-mêmes, tremblant sur leur trône, se sont dits les représentants des nations"[56]: Schon 1791 ist „nation" nur „peuple"[57], der König nur mehr Mandatar des Volkes[58], den Zwischenzustand einer „souveraineté nationale" hat die Revolution einfach übersprungen.

Obwohl „peuple" oder „nation" damals noch keine termini technici des öffentlichen Rechts oder auch nur der einfachen Gesetzgebung waren[59], zeigt die Verfassung bereits das, was die Constituants von 1789 deutlich aussprachen – vor allem E. Sieyès –: daß Volk und Nation identisch seien[60]. Auf

[52] Wenn solches auch im Tit. III, Préamb. vorausgesetzt wird.

[53] „La Loi est l'expression de la volonté générale."

[54] Die anderen Staatsorgane sind „agents" qui ne veulent pas pour l'Etat d'une façon initiale (*R. Capitant*, Principes de Droit public, Cours de doctorat, Fac. Droit Paris 1952/3, S. 71).

[55] Verfassung 1791, Tit. III, Chap. II, Sect. 3, Art. 7.

[56] *Rivarol*, op. cit. S. 8.

[57] *Deslandres*, op. cit. S. 156.

[58] *Groethuysen*, op. cit. S. 262 f.

[59] Sie erscheinen z.B. nicht als Stichworte in der Gesetzessammlung der Revolution 1789 f. (Recueil Seguin, Collection générale des Décrets rendus par l'Assemblée nationale), Avignon 1789 f.

[60] Vgl. über Sieyès vor allem *P. Bastid*, Sieyès et sa pensée, Paris 1939 (hauptsächlich S. 352 f.); *E. Zweig*, Die Lehre vom Pouvoir constituant, Tübingen 1909, S. 116 f.; *L. Rougier*, La France à la recherche d'une constitution, Paris 1952 f. Seine Lehre von der représentation ist Folge der Volkssouveränität (*Zweig*, op. cit. S. 121 ff.). In „Qu'est-ce que

dieser Grundlage allein war ihr berühmtes Argument haltbar, das die Legitimität der Revolution begründete: daß sie nämlich die überwiegende Mehrzahl der Glieder des französischen Volkes verträten. Durch die fast unbemerkte Gleichsetzung beider Begriffe gelang ein bruchlos scheinender Übergang in die neue Ordnung. Die Monarchie hatte weder rechtsterminologisch noch auch, vor allem, politisch den Begriff „peuple“ oder „nation“ verfestigt — nunmehr fielen beide frei dem revolutionären Pathos anheim. Mehr noch: weil sie weitgehend unpräzisiert waren, entstand ein Prinzipienvakuum an der Spitze des Verfassungsgebäudes, bei der Unklarheit der Träger wurde die Souveränität selbst sinnentleert[61], alles Nähere „niederrangigen Prinzipien“ oder gar konkret-institutioneller Ausgestaltung überlassen — die unheimlichen Gefahren von 1793 erklären sich so, in jener typisch revolutionären Stimmung, in welcher das rechtschaffende Pathos alles ist, der konkret-juristische Inhalt nichts.

2. Mit dem *Entwurf der Gironde* bereits präzisiert sich der Souveränitätsbegriff zugunsten der Hoheit des *Volkes*, wie es dem Willen des Schöpfers Condorcet entsprach, wobei allerdings das Volk als (natürliche) Einheit gesehen wurde[62]. Rousseau siegt endgültig über Montesquieu[63]. „Nation“ wird durch „Peuple“ ersetzt[64], ja es wird ausdrücklich von Volkssouveränität gesprochen[65]. Die Souveränität als „originäres“ Phänomen wird nun traditionell in gleicher Höhe mit den Grundrechten behandelt. Wie diese aber, in ihrem Kern, konstitutiv normiert werden, so muß wohl auch der Souveränitätsträger als *natürliche*, nicht als rechtliche Wesenheit in der Welt der Fakten vorausgesetzt und dann vom Recht nur anerkannt werden.

Daß dies zu einer wahren Souveränität des „natürlichen“, nicht des ständestaatlich-traditionellen „Volkes“ führen sollte, zeigt die Repräsentationsausge-

---

le Tiers Etat“ spricht er (Chap. V) von der „assemblée de la nation“. „Si la souveraineté des grands rois est si puissante ... la souveraineté d'un grand peuple devait être bien autre chose encore“; „Le peuple ou la nation ne peut avoir qu'une voix, celle de la législature nationale“ (Sieyès cit. b. *Rougier*, op. cit. 89 und 90).

[61] Zutreffend *G. Lefèbvre*, Etudes sur la Révol. française, Paris o. J., S. 100/1.

[62] Ziel war: „Combiner l'obéissance aux lois, la soumission des volontés individuelles à la volonté générale avec la souveraineté du peuple“ (vgl. Débats de l'Assemblée nationale, Arch. parl. I, Bd. LVIII, S. 583 f.).

[63] *P. Bastid*, Le Gouvernement d'Assemblée, Paris 1956, S. 306 f.: vgl. auch *Deslandres*, op. cit. S. 257 f.

[64] Etwa Art. 25 der girond. Menschenrechte spricht noch von „Souveraineté nationale“, es heißt aber in Art. 27: (La souveraineté) réside essentiellement dans le peuple entier.

[65] Préamb. Tit. I: „La Nation française se constitue en République ... et, fondant son Gouvernement sur ... la souveraineté du peuple ...“. Hier kann nicht, mit Carré de Malberg, gesagt werden, das „abstrakte Wesen Nation verwandle sich in eine Republik“ — wenn durch den revolutionären Akt gerade die nationale Souveränität *geschaffen* werden soll.

staltung im Entwurf: Das „Volk“ *könnte* zwar als besonderes (Verfassungs-) Organ der „Nation“ erscheinen, dies ist aber schon nach der genannten Terminologie zur Souveränität nicht haltbar, so daß entsprechende Texte[66] als Gleichsetzung von Volk und Nation erscheinen müssen. Es entfällt auch die Möglichkeit, das Volk als Organ anzusehen, durch eine Gestaltung, welche es zum „wirklichen Souverän“ macht — die *Ausgestaltung* des Entwurfs entspricht nämlich den erwähnten Prinzipien: So zeigt die Verfassungsrevision (nach dem Entwurf) das Vordringen des *„natürlichen“* Volksbegriffes: das „Volk“ hat alles in der Hand: Es kann jedes *einfache* Gesetz durch Referendum wieder abschaffen[67], wobei *jeder* Bürger die „Zensur“ auszulösen vermag. Ganz beherrscht es die Ausübung des Pouvoir constituant und besitzt damit die verfassungsrechtliche Kompetenz-Kompetenz[68]. Gerade weil in beiden Fällen – bei Verfassungs- und einfacher Gesetzgebung – *derselbe* Souverän spricht, sind die Unterschiede im Verfahren verhältnismäßig gering[69]. Es besteht keine wirkliche „Spezialität“ des Pouvoir constituant, nur eine Verfahrensbesonderheit. Eine Verfassungskontrolle fehlt: die „Volkszensur“ über die Gesetze ist nur eine Aufforderung an den Volkssouverän, „seinen Willen zu koordinieren“[70]. Verstärkt die Gironde so die revolutionäre Gewalteneinheit (entgegen der Verfassung von 1791), so *kann* dies nur bedeuten, daß der Souverän selbst nicht mehr ein geistiges, durch verschiedenste Organe vertretenes oder wenigstens repräsentier*bares* Wesen „Nation“ sein kann; er ist vielmehr im politisch-realen Sinn eines Pouvoir „aufgefunden“, wird identifiziert mit einem „Träger“, der ein „natürlicher“ ist, mit dem „Volk“. Am typisch revolutionären Niedergang des Organbegriffes und der Gewaltenteilung läßt sich das Vordringen zu einem natürlichen Volksbegriff ablesen.

3. Dieser ist allerdings noch schematisch[71], nicht soziologisch-klassenmäßig akzentuiert und beinhaltet (deshalb vielleicht) auch noch eine notwendige kollektive, keine fraktionierte Vorstellung vom „Volk“ als einer „Summe *einzelner* Hoheitsträger“.

---

[66] Die entspr. Titelüberschrift lautet: „De la censure du peuple (!) sur les actes de la représentation nationale (!)“. Sect. II Art. 2, 4o heißt es: „(les citoyens français se réuniront) enfin lorsqu'il s'agit ... d'exercer sur les actes de la représentation nationale la censure du peuple“.

[67] Tit. VIII Entw.

[68] Vgl. dazu Tit. XI Entw., sowie *Zweig*, op. cit. S. 91 f.

[69] Insb. ist die Initiative ähnlich geregelt, Tit. IX, Art. 5.

[70] Vgl. dazu insb. Tit. VIII, Art. 27.

[71] Im mathematischen Geiste Condorcets sieht *Zweig*, l. cit., die Ursprünge des Entwurfs.

In diese beiden Richtungen schreitet aber fort die *Jakobinerverfassung*[72]; entgegen geläufigen Vorstellungen bringt sie nicht erstmals die Volkssouveränität — sie entwickelt dieselbe vielmehr nur in diesem doppelten, in den Anfängen der Revolution angelegten Sinn. Nur *diese Pointierung*, nicht der Volksbegriff als solcher, sollte dann auch in der Folgezeit wieder verlassen werden.

Die Jakobinerverfassung[73] – „elle a rayonné comme un texte sacré porteur de rêves essentiels de la démocratie"[74] – geht nach Prinzip und Ausgestaltung von der Souveränität der zum „Volk" mehr addierten, denn integrierten Souveränitätsträger (Bürger) aus[75]. Souverän ist also weder der Staat noch die Nation[76], aber es *trifft* nicht zu, daß man die „Nation" dem „Volk" geopfert habe[77]; beide Begriffe werden vielmehr, wie *vorher*, synonym verwendet[78]. Die wahre Entwicklung ist also wieder nicht die von „unpersönlich-(juristischem) Wesen Nation" zu „natürlichem Volk", sondern eine Akzentuierung innerhalb des Volksbegriffs auf die Teilbarkeit hin (welche übrigens Voraussetzung klassenmäßiger Schwerpunktbildung darstellt, die, weil weitgehend außerhalb der Texte stehend, hier nicht vertieft werden kann, sich aber aus der Geschichte der jakobinischen Bewegung ergibt).

Dies spiegelt auch die Ausgestaltung der Volksvertretung und der verfassunggebenden Gewalt wider: das Volk wählt wieder „seine Vertreter"[79], die

---

[72] Mit Recht sieht schon *Aulard*, op. cit. S. 282 f. den Unterschied zwischen Gironde- und Montagnetext *nur* im Eigentumsrecht, während der „Nation"-Begriff (schon im suffrage universel) dem des „Volkes" bereits von Condorcet geopfert worden sei. Ein Doktrinunterschied bestehe nicht (ebd. S. 291).

[73] Vgl. dazu u.a. *Aulard*, op. cit. S. 296 f.; *Bastid*, Le gouvernement d'Assemblée cit. S. 304 f.; *J. J. Chevallier*, Histoire des institutions politiques de la France moderne, Paris 1958, S. 71 f.; *Deslandres*, op. cit. S. 274 f.

[74] *Chevallier*, op. cit. S. 276.

[75] Art. 25: „La souveraineté réside dans le peuple; elle est une et indivisible, imprescriptible et inaliénable", und Art. 26 spricht klar von der „liberté de chaque section du souverain assemblée".

[76] *Deslandres*, op. cit. S. 276.

[77] Wie *Chevallier*, op. cit., in Anlehnung an die herkömmliche Ansicht ausführt (S. 77).

[78] Vgl. Art. 29: „Chaque député appartient à la Nation entière" — vgl. dazu die Art. 7 und 8, wo es heißt: „Le peuple souverain nomme ses députés", vgl. Artikel 118 und 119 („Le peuple français est l'ami et l'allié naturel des peuples libres", „Il ne s'immisce pas dans le Gouvernement des autres nations". Eine Verfassung schließlich, von der anerkannt ist, daß sie eine „démocratie intégrale", vor allem in ihrem Wahlrecht, einführen wollte, nennt als Titel dieses Teiles: „De la Représentation nationale".

[79] So allerdings schon der Entwurf der Gironde Tit. VIII Art. 1: das erste Mal „représentants du peuple", auch sollten sie dort zuerst auf der „base de la population" gewählt werden (Tit. VII, sect. 1, Art. 4).

ihm aber schärfer als bisher untergeordnet sind[80] und in der „Aktion aller" zur Verteidigung der Grundrechte ihre Schranke finden sollen[81]. Ihren Schöpfern und treuen Schülern Rousseaus muß eine gewisse „fraktionierende" terminologische Bedeutung dieser „action de tous" (im Gegensatz zu einer „action (de la volonté) générale" klar gewesen sein. Die Verfassung schafft auch nicht das „Organ Volk", sondern erkennt es an[82] als ihren Schöpfer und Inhaber des Pouvoir constituant[83]: Nicht eine „allmächtige Convention"[84], sondern das konkrete „Volk" *allein* – als „natürliches" sogar unter Umständen außerhalb aller Verfassungsschranken[85] – gibt die Verfassung: das Verfahren kann *ausschließlich* von derselben *Anzahl von Bürgern* in Gang gebracht werden, die das Zustandekommen eines einfachen Gesetzes zu verhindern vermag[86], jedes Verfassungsgesetz muß ausdrücklich von der Mehrheit ratifiziert werden[87]. Damit erscheint das „Volk", die „Souveränität" als jeden-

---

[80] Die Jakobinerverfassung spricht von „Ernennung" (Art. 7) u. von „mandataires du peuple" (Art. 31 der Jakobiner-Menschenrechte).

[81] Art. 23 Menschenrechte.

[82] Zwar werden die Rechte der Abgeordneten unter dem Titel „Corps législatif" (Art. 39 f., 53 f. Verf.) „geregelt" — aber eine solche „anerkennende Regelung" findet sich dort auch für die nach jakobinischer Auffassung sicher „originären" Assemblées primaires. Zwischen „Anerkennung von Originärem" und konkret-konstitutiver Ausgestaltung muß übrigens im Revolutionsrecht überhaupt klar unterschieden – hier liegt die dogmatische Bedeutung der Unterschiede von „Déclaration des Droits" und „Constitution" – die Trennung muß aber bis in die Verfassung hinein fortgesetzt werden (vgl. Art. 7–10 Jakob. Verf.: „Natürliche Organisationsprinzipien", Art. 11 f., 21 konkrete Ausgestaltung).

[83] Vgl. dazu u. a. *G. Burdeau*, Essai d'une théorie de révision en droit positif français, Thèse Paris 1930, S. 112 f.; *H. de Bousquet de Florian*, Révision de la constitution, Thèse Paris 1891, S. 27 f.; *Capitant*, Cours de Doctorat, Paris 1953/4, S. 170/1; *M. Fonteneau*, Du pouvoir constituant en France, Thèse Caen 1900, S. 59 f.; *M. Prélot*, Institutions politiques et Droit constitutionnel, Paris 1957, S. 54 f.; *F. Stenfort*, Du Pouvoir constituant et de la révision, Thèse Rennes, 1896, S. 23 f.; *Zweig*, op. cit. S. 373 f.

[84] Dieser „Mythos" von einer repräsentativen Allmacht in der Rechtsauffassung der Montagne, der zu einer Phobie vor Conventions in Frankreich geführt hat, müßte durch eine Spezialuntersuchung zerstört werden. Für die Jakob. Verf. vgl. Art. 116, der auf Art. 53 ff. verweist, so daß Art. 56 ff. (das Mitwirkungsrecht des „Volkes") unberührt bleiben. Vgl. dazu *Zweig*, op. cit. S. 386 f.

[85] Vgl. den Bericht des Moniteur, Bd. XIII, S. 240: in der Legislative schon fragt Crestin am 25. 5. 92, ob der König nicht durch sein Verhalten seit Kriegserklärung die Krone verwirkt habe (Verf. 1791, Tit. III, Chap. II, Sect. 1 Art. 6). Das Volk könne doch stets, auch außerhalb verfassungsmäßiger Formen, seine Verfassung ändern. Der Präsident ruft ihn zur Ordnung, wird aber selbst nach heftigen Angriffen verschiedener, vor allem von Isnard, zur Ordnung gerufen, weil er das „unveräußerliche Recht des Volkes" geleugnet habe.

[86] Art. 115–117.

[87] Beschluß vom 21.9.1792 (vgl. *Aulard*, op. cit. S. 280) „La Convention nationale déclare qu'il ne peut y avoir de constitution que celle qui est acceptée par le peuple". Vgl. *E. Laboulaye*, Questions constitutionelles, Paris 1873, S. 186 f.

falls „natürliches Gebilde", darüber hinaus aber, entsprechend dem Verfassungsprinzip, als „fraktioniert" in dem Sinn, der bei *Rousseau* anklingt[88], von *Carré de Malberg* mit Rousseauscher Lehre schlechthin identifiziert und der „Nation" gegenübergestellt wird[89] — zu Unrecht: Rousseaus Sozialvertrag ist bei völlig naturalistisch-fraktionierter Souveränität ebenfalls unverständlich, er geht ja gerade darin über Locke hinaus, daß die addierte Mehrheit in ein „qualitätsmäßig anderes umschlägt", in die absolute, für alle sprechende volonté générale[90]. Bei dieser „unerklärlichen Integration" aus dem „Willen aller" („Innenverhältnis") in den nach außen allein erscheinenden „allgemeinen Willen" wird – das ist entscheidend – die „natürliche Grundlage" des menschlichen Willens beim Souverän nicht verkannt, die Einheit des Volkes jedoch in dem Maß anerkannt, in welchem sie Raum zur Bildung eines Mehrheitswillens in Gleichheit schafft. Auch die Staats*einheit* wird so – über die natürliche Gleichheit – ihrerseits „natürlich" aufgefaßt. Nicht das Volk als Summe fraktionierter Souveränitätsträger (Bürger), sondern als natürliche Einheit steht Rousseau am nächsten – ersterer Begriff gehört der Genesis, letzterer dem endgültigen Erscheinungsbild der „volonté générale" zu. Unvereinbar damit ist natürlich der *Carré*sche Nationbegriff (= juristische Person), ebenso eine „ständestaatliche Nation", zu deren Integrationsfaktoren auch Tradition oder „bonum commune" zu zählen wären. Was am „Volk" Rousseaus über die Summe der einzelnen hinausgeht, ist *nur* dies: daß es eine Einheit sei, ein fester Raum für Mehrheitsentscheidungen der – im übrigen – allein bedeutsamen, allein „bekannten" natürlichen Personen als Souveränitäts-Mitträger. Im „Raume" dieses Volkes gibt es also *kein* Element, das nicht „natürlich", das heißt sogleich auf den hic et nunc feststellbaren Willen natürlicher Personen zurückführbar wäre. Über diese hinaus geht nur *eines*: die *Tatsache* ihres Zusammenschlusses und damit die Möglichkeit einer Mehrheitsentscheidung auf Grund von quantifizierender Gleichheit. Das Volk ist nichts der juristischen Person Ähnliches, sondern nur Voraussetzung für eine Mehrheitsentscheidung. Der so verstandene Rousseau fällt nicht in traditionelle Staatlichkeit zurück, sein Souverän bleibt „natürlich" — aber geeint!

Und so erklärt sich denn auch die solcher Lehre am nächsten stehende, die Jakobinerverfassung: verstärkte Sichtbarmachung der „Fraktionierung" — ja,

[88] Contrat social, Livre I, Chap. 8, „Le souverain n'est formé que des particuliers qui le composent"; Livre III, Chap. 1: „Chaque membre de l'Etat a pour sa part la dix-millième partie de l'autorité suprême".

[89] Traité II, S. 194.

[90] Das „corps politique", der „Souverän" (vgl. Liv. I, Chap. VI), ist völlige Einheit: „Nous recevons en corps chaque membre comme partie indivisible du Tout". Vgl. dazu *R. Capitant*, Cours de Doctorat, Paris, 1953/54, S. 48.

Aufgabe der „Einheit" — nein[91]. In diesem Sinn (allein) ist auch ein gewisser Rückschritt in der Anwendung der Formen „unmittelbarer Demokratie" – der Gironde gegenüber – feststellbar[92]: jeder Föderalismus sollte im Keim erstickt werden[93].

Durch die Verfassung der Montagne[94] ist also, entgegen allem Anschein, keine völlige Fraktionierung des Volks-Souveräns durchgeführt, sondern nur die revolutionäre Tradition des Volksbegriffs in Fortsetzung von Gedanken der Jahre 1789-91 präzisiert worden: damals war jeder section du peuple, 1793 wird jeder portion du peuple jegliche Souveränitätsanmaßung verboten — ein Gegensatz zwischen (jener) nationalsouveränen und (dieser) volkssouveränen Verfassung besteht nicht. *Beide* machen nur mit einem (mehr und mehr präzisierten) „natürlichen" Volksbegriff im Sinn von Rousseau Front gegen die „Nation" des Ancien Régime, gegen die Aufspaltung in Klassen und Stände, welche nach der neuen Terminologie nur mehr „sections" („portions") des Volkes sind, unter der Herrschaft des Gleichheitssatzes kein, wenn auch noch so beschränktes, „Privileg" im Sinne eines eigen-originären Herrschaftsrechts mehr geltend machen können. Der neue Volksbegriff ist nicht nur Lösungsversuch der demokratischen Verfassungsgrundsätzlichkeit, sondern vor allem des Einheitsproblems der von Separatismus und Föderalismus bedrohten Republik[95]. An dieser politischen Einung muß auch die „natürliche Fraktionierung" ihre Grenzen finden, weil sonst die Republik äußerlich zerbricht und (nach innen) kein Mehrheitsentscheidungsraum mehr vorhanden ist. Bis an diese Grenze aber geht die Revolution mit ihrem so zu verstehenden „natürlichen Volksbegriff". Die große Tat der Revolution ist nicht die Vergeistigung des Souveränitätsträgers, sondern seine Vereinheitlichung und die des Souveränitätsbegriffes.

Die revolutionären Texte, Begründer der „Tradition", verbieten nur, daß sich eine neue „section *du* souverain" ein Recht anmaße, das allein der Gesamtheit[96] zustehen kann — mehr nicht. Das Versammlungsrecht dagegen

---

[91] Die Vertreter „gehören der ganzen Nation zu" (Art. 29 Jakob. Verf.) — so wie sie 1791 die „ganze Nation repräsentierten". Robespierre am 18.6.1793 (Archives parlementaires LXVI, S. 674): „un peuple qui a deux représentations cesse d'être un peuple unique".

[92] So *Aulard*, op. cit. S. 305/6; vgl. dazu auch *Bastid*, Gouvernement d'Assemblée, S. 317/18.

[93] Aus diesem Grunde hatte doch Paris gerade den Entwurf der Gironde abgelehnt, vgl. *Aulard*, op. cit. S. 296.

[94] Vgl. Verf. 1791, Tit. III, Art. 1; Art. 26 Montagneverf.

[95] Wobei „Gewaltenteilung" (Privilegienaufhebung) und „Gebietseinung" (Kampf gegen den Föderalismus) weithin zusammenfällt: vgl. etwa die Entmachtung der Richter, die sich nicht mehr auf „droits immémoriaux" berufen können — waren doch die alten Parlamente zugleich Hauptträger des Föderalismus!

[96] Nicht einer „Gemeinschaft", bei der mehr mitschwingt als die Summierung einzelner.

ist jeder „section du souverain assemblée" gewährt[97]: hier erscheint der entscheidende Gegensatz auch terminologisch: der Souverän ist „einer" („du"), jedoch – im Innenverhältnis – zusammengesetzt (assemblée, nicht assemblé), nicht nur aus seinen natürlichen Teilen, den Bürgern, sondern *sogar* aus deren Zusammenschlüssen[98]. Klar steht dies am Anfang der Jakobinerverfassung[99]: „La République française est une et indivisible." „*Le peuple* francais est distribué, pour l'exercice de sa souveraineté, en ..." In den Verfassungen des 19. und 20. Jahrhunderts mag dies zur Formel erstarrt sein — auch deren Souveränitätsvorstellungen entsprechen der von einem „natürlichen Volk", in dem durch die Einheit der Republik die Bürger verbunden sind.

4. Die *Directoire-Verfassung des Jahres III* geht von diesen Grundsätzen nicht ab, wenn sie aus ihnen auch andere institutionelle Folgerungen zieht.

Gewiß — das Talent ist hier der Mittelmäßigkeit, der Enthusiasmus der Resignation gewichen[100]. Boissy d'Anglas, der Hauptredakteur, spricht den Grundgedanken aus: Festhalten an der Volkssouveränität, aber institutionelle Eindämmung ihrer Äußerungsmöglichkeiten[101]. Dennoch wird bei den Grundsatzartikeln der Ausdruck „Volk" dort geflissentlich vermieden[102], wo er in der Jakobinerverfassung vorkommt: „Volkssouveränität" hatte eben durch die Tätigkeit der Montagne bereits jenen radikalisierenden Unterton erhalten, der in der Literatur nie mehr ganz verschwinden sollte und damals, aus Angst vor den Clubs, heftig bekämpft wurde[103]. Der Ausdruck „nation" erscheint zwar noch, aber nur „versteckt" und dann gleichbedeutend mit dem (bisherigen) „Volk"[104].

---

[97] Art. 26 Déclar. montagn.

[98] Eine vorsichtige Wendung gegen das Dekret vom 2. – 17.3.1791, das die Zünfte aufhob, und die loi le Chapelier (14. – 17.6.1791), welche die Bildung von Arbeitervereinigungen untersagte — wohl um die „Clubs" zu legalisieren, ja zu legitimieren.

[99] Art. 1 und 2.

[100] *J. Fontenaille*, Etude critique du Pouvoir Législatif dans la Constitution de l'An III, Dipl. Et. Sup. Paris, Fac. Droit dactyl. 1957/39, S. 9 f.

[101] Moniteur réimprimé, Bd. 25, S. 109: „Que la volonté du peuple puisse se prononcer sans secousse et se manifester sans obstâcle".

[102] Art. 2: „L'universalité des citoyens français est le souverain" (vgl. auch Art. 17 Déclar. An. III); Art. 18: „nulle réunion de citoyens ne peut s'attribuer la souveraineté".

[103] Vgl. Art. 361: „Aucune assemblée de citoyens ne peut se qualifier de société populaire" (!).

[104] Vgl. Art. 373: „La nation française déclare ..."; Art. 374: „La nation française proclame ..." — in Art. 377 dagegen: „Le peuple français remet le dépôt de la présente constitution à la fidélité du corps législatif ...". Nur der Souveränitätsträger, also das „Volk", kann die „Verfassung jemandem anvertrauen".

Eine Besonderheit der Verfassung des Jahres III ist es dagegen, daß die Souveränität und alle ihr institutionell besonders nahestehenden Ausprägungen (Repräsentation, Gesetzgebende Gewalt, Pouvoir constituant) mit dem Begriff der „Bürger" in Zusammenhang gebracht werden: souverän ist die „universalité des citoyens"[105] – wobei allerdings kaum romanistische Reminiszenzen der „universalitas" mitgespielt haben dürften – das Gesetz ist Ausdruck des Mehrheitswillens der „Bürger"[106]; die Abgeordneten sind nicht Vertreter der Nation oder des Volkes, sondern wieder der Bürger; das Wahlrecht läuft bisherigen demokratischen Vorstellungen zuwider[107], die Verfassung muß zwar vom Volk angenommen werden[108], dieses verliert jedoch sein Antragsrecht. Dieses Verfahren, bisher unmittelbarster Ausdruck des „natürlich-formlosen Volkswillens", zeigt, wie überhaupt die Verfassung des Directoire, eine klare Rückkehr zu verstärkter Repräsentation[109]. Wenn auch das Volk *und* seine Vertreter noch immer eine besondere, mit anderen Gewalten unvergleichbare Stellung (als Herren über die Verfassung, nicht als Geschöpfe derselben) innehaben[110], wird ihre „Kanalisierung" vor allem durch das Mehrkammersystem[111] – das erste Mal in der französischen Verfassungsgeschichte! – erreicht.

Bedeutet dies alles nun, daß der „natürliche Volksbegriff" überhaupt verlassen wird? Liegt hier eine Rückkehr zur „nation" im Sinne von Carré de Malberg (und, im Ansatz, der Texte von 1789–91)? Oder wird, umgekehrt, erst in der Directoire-Verfassung die „Fraktionierung" des Souveränitätsträgers in seine Bestandteile (Bürger) wirklich vorgenommen?

Beide – gegensätzlichen – Auffassungen berufen sich auf diese Charta. *Deslandres* meint[112], der „Bürger-" und der „Souveränitätsbegriff" seien eng

[105] Vgl. Anm. 102.

[106] Art. 6: „La loi est la volonté générale exprimée par la majorité ou des citoyens ou de leurs représentants". — Im Gegensatz zum klassischen: „La loi est l'expression de la volonté générale".

[107] Vgl. dazu *J. J. Chevallier*, Histoire des institutions politiques, S. 95 f.

[108] Art. 343, 346.

[109] Art. 336 sagt vorsichtig: „Si l'expérience faisait sentir les inconvénients de quelques articles de la constitution ...". Vgl. im übr. zum damaligen Revisionsverfahren: *G. Arnould*, De la revision des constitutions, Paris 1896, S. 70 f.; *Bousquet de Florian*, op. cit. S. 33 f.; *Burdeau*, op. cit. S. 116 f.; *Capitant*, op. cit. S. 161 f.; *Deslandres*, Hist. constit. I, S. 340/1; *Fonteneau*, op. cit. S. 71 f.; *Stenfort*, op. cit. S. 27 f.; *Zweig*, op. cit. S. 398 f.

[110] Zwar heißt es in Art. 375: „Aucun des pouvoirs institués par la constitution n'a le droit de la changer" – aber dies gilt ja gerade *nicht* vom Volk und seinen Vertretern, deren Macht auch hier nur anerkannt, vielleicht „kanalisiert" wird (vgl. dazu den typ. terminologischen Unterschied: Tit. V, Art. 44 zur gesetzgebenden Gewalt: „Le corps législatif est composé de ..." –, dagegen aber etwa Art. 132: „Le pouvoir exécutif est délégué à ...").

[111] Dazu neuerdings Näheres bei *Fontenaille*, op. cit. S. 21 f.

verbunden (was vorher tatsächlich nicht der Fall ist). Mehr noch: die Verfassung beschränke sogar den Begriff „citoyens“[113], die früher immerhin noch zur „Nation“ gehörenden „Passivbürger“ seien nun ausgeschaltet: Nicht nur zur Ausübung, sondern sogar zur *prinzipiellen* Innehabung der Souveränität müsse man Aktivbürger in dem von der *Verfassung* bestimmten Sinn sein. Es liege also ein Wechsel in der Titularität des Souveräns vor. — Diese Entwicklung darf jedoch nicht überschätzt werden, insbesondere ergibt sie keine *„Verfassungssouveränität“* im Sinne der Aufgabe des natürlichen Volksbegriffs und einer Annäherung an die Carré-schen Nationvorstellungen, weil das Volk[114] (und seine Vertreter) weiterhin Herr der Verfassung bleibt, und die Beschränkungen der „Bürgerqualität“ durch die Verfassung gering sind, ja, wie bisher, natürlich-Vorgegebenes praktisch nur verdeutlichen. Auch sonst ist keine wesentliche Rückkehr zu angeblichen Prinzipien von 1789/91 festzustellen[115]. Umgekehrt aber bringt die Directoire-Verfassung auch keine über die Jakobinerverfassung hinausgehende „natürliche Fraktionierung“ des Volksbegriffes: nicht einzelne „Menschen“, sondern „Bürger“ stehen im Vordergrund, die also schon durch die Verfassung innerhalb des Rousseauschen „Mehrheitsentscheidungsraums“ (Volk), wenn auch nur geringfügig, mediatisiert sind. Ihre Zusammengehörigkeit wird nicht in Frage gestellt (vgl. Begriffe wie „peuple“, „nation“, ja sogar „universalité“). Institutionell werden die einzelnen (vgl. Verfassungsänderungsinitiative) sogar weitergehend als bisher ausgeschaltet, das Wahlrecht ist „entdemokratisiert“. Überhaupt: die Verfassung des Jahres III kann, mehr als bisher, die „Fraktionierung offenlegen“, weil diese ja in ihr in einem immer festeren institutionellen Rahmen aufgefangen wird, vor allem in der scharfen Gewaltenteilung und der Abwendung von der unmittelbaren Demokratie. So wird die bereits mit der Montagne sichtbare Erschöpfung der ideologisch-verfassungsgrundsätzlichen Produktivität in dieser Verfassung nun zum Umschlag in die seither feststellbare typisch französische Verfassungsentwicklung: unter nur geringfügiger – oder ohne jede – Änderung der obersten Prinzipien, insbesondere der Souveränitätsträgerschaft und damit des Volksbegriffes, wird die weitere Entfaltung fast ausschließlich im konkret-Institutionellen, in der Einzel-Ausgestaltung der Gesetzgebung vor allem und des Wahlrechts vollzogen. Nicht als ob der „natürliche Volksbegriff“, wie er eben herausgearbeitet wurde, auf diese

---

[112] Hist. constit. I, S. 296/7.

[113] Vgl. Art. 8, 9.

[114] Vgl. oben bei Fn. 110.

[115] Vgl. *M. Prélot*, Institut. politiques cit. S. 64 und 65: „La conception directoriale de la souveraineté est donc concrète et individualiste, en opposition avec la conception abstraite et collective de la constitution de 1791 qui attribuait le pouvoir suprême non point aux citoyens, mais à la Nation prise dans son ensemble et formant corps“ (S. 65).

Entwicklung ohne Einfluß geblieben wäre[116]: er schafft aber nur einen Rahmen, der manches endgültig ausschließt, im übrigen aber selbst, in Grenzen durch die in ihm sich abspielende institutionelle Entwicklung weiter-, nachgeformt wird.

Das Jahr III bedeutet so einen Einschnitt: von ihm an hat die Betrachtung der französischen Verfassungsgeschichte sich mehr der institutionellen *Ausgestaltung* der Prinzipien zuzuwenden; von nun an, und gerade in der Napoleonischen Zeit, sind sie es, welche der französischen Tradition wesentliche, vielleicht konkrete Inhalte mitgeben. Ohne daß die Bedeutung weiterer Untersuchung zu „Volk und Nation als Rechtsbegriff" für das 19. Jahrhundert geleugnet werden soll: hier könnte eigentlich die Untersuchung im Hinblick auf die revolutionäre Tradition abschließen.

5. Dennoch einige Worte zum „Auslaufen" der Revolution und ihrer grundsätzlichen Begrifflichkeit in der *Verfassung des Jahres VIII* — gerade weil, und das ist entscheidend, in ihr bereits Grundsätze erscheinen, welche zur zweiten großen französischen Verfassungsgrundströmung, zur „cäsarischen Komponente" des französischen öffentlichen Rechts überleiten. Die Souveränität des revolutionären Volkes erscheint hier gleichzeitig als sklerosiert *und* als pervertiert[117].

Der Verlust an revolutionärer Grundsätzlichkeit, das Abgleiten in rein-Institutionelles zeigt sich zunächst schon in der neuen Grundrechtslosigkeit[118] — und diese ist ja zum wesentlichen Bestandteil der gesamten französischen Verfassungstradition geworden. Dies mag noch mit den Volks-Auffassungen der Jahre 1789–98 vereinbar, ja eine Folge der immanenten Grundrechtsfeindlichkeit des Rousseauschen Volksbegriffes sein: die Verfassungsgrundsätzlichkeit des „Volkes" als Souverän (im *Gegensatz* zu der Nation) schließt eben jede Begrenzung der höchsten Macht aus. Die Volkssouveränität ist höchstes Prinzip nur des institutionellen Teils der Verfassung, das heißt aber in Frankreich: der gesamten Verfassung!

Zwar bleibt die Republik[119], aber es fehlt jede allgemeine Deklaration über die Souveränität. Von der Nation ist (am Rande) die Rede[120], nicht mehr vom

---

[116] Vgl. dazu a.E. dieses Beitrags.

[117] Grundlegend (historisch) die Thèse des Lettres von *J. Bourdon*, La constitution de l'An VIII, Paris 1942.

[118] Die wichtigsten Habeas-Corpus-Rechte, der als solcher verfassungsgeschichtlich sehr interessante, schon damals unanfechtbare Restbestand gesicherter revolutionärer Freiheiten, finden sich als „dispositions générales" am Schluß (Tit. VII, Art. 76 f.).

[119] Vgl. dazu *Prélot*, op. cit. S. 83.

[120] Vgl. u. a. Art. 86, 93, 95.

„Volk“[121], das lediglich als „Akklamationsorgan“ für die Verfassung erscheint[122]. Die terminologische Konfusion zwischen „Volk“ und „Nation“, die sich dann ja bei Napoleon I. – bewußt oder unbewußt – fortsetzt[123], ist deshalb wohl nur mehr politisch, kaum mehr verfassungsgrundsätzlich relevant — eben weil es solche Grundsätze nicht mehr gibt. Die Verfassung schreitet bereits, Aufbau und Sprache der großen Codes vorwegnehmend, auf dem nüchternen Kothurn römischer Formulierungen einher. Wie der Code civil, in verbiegender Fortsetzung der Citoyen-Regelung des An III, setzt sie mit einer genauen Regelung der „verfassungsrechtlichen Rechtsfähigkeit“, des „droit de cité“ ein[124]: dies aber hat nichts mehr mit der „Fraktionierung natürlicher Souveränität“ zu tun, weil deren kollektiver Träger, das souveräne Volk, verschwunden ist. Hier zum ersten Mal vielleicht ist „nation“, „national“ wirklich, im *Carré*-schen Sinn, Ausdruck dafür, daß das „Volk“ auch nur mehr *ein* Organ unter vielen ist, kommt doch nach dem Schöpfer der Verfassung (Sieyès) „la confiance d’en bas, l’autorité d’en haut“.

Die individualistische Volksidee ist aufgegeben[125], „le pouvoir souverain réside essentiellement dans le peuple *représenté*“[126]. Das Sieyès-sche „la représentation est partout“ wird zum trojanischen Pferd, dem die republikzerstörende Allmacht der Cäsaren entsteigt. In der Verfassung des Jahres VIII hat nicht die institutionelle Ausformung die revolutionäre Grundsätzlichkeit umgestaltet, sie hat diese zerstört. Die Revolution fällt, ihre Tradition ist unterbrochen.

VI. Zusammenfassung: die revolutionäre Volkssouveränität — Ausdruck natürlich-originärer Rechtsauffassung

In seiner revolutionären Souveränität ist das *Volk*, nicht die „Nation“, als natürliches Phänomen, als einender Raum der Mehrheitsentscheidung unter den sie bildenden „natürlichen Personen“, den Bürgern, von den Verfassungen nicht konstitutiv normiert, sondern – vorwiegend von deren Rechtserklärungen –, wie die Grundrechte, „anerkannt“[127]. Eine grundsätzliche indivi-

[121] Das Adjektiv „national“ wird gebraucht, z. B. Art. 9, 89, entspricht aber fast nur mehr dem noch farbloseren „public“ (Art. 76).

[122] Art. 95.

[123] Vgl. dazu *Prélot*, op. cit. S. 83/84.

[124] Art. 1–14.

[125] *Deslandres*, op. cit. S. 428.

[126] *Deslandres*, op. cit. S. 427.

[127] Es mag nur daran erinnert werden, wie unzusammenhängend die Carré-sche Konstruktion der „Anerkennung einer überpersönlichen Macht Nation“ neben der von Rechten konkret-natürlicher Einzelpersonen (Grundrechte) wirkt.

dualistische Rechts- und Staatsauffassung kann eben auch die Souveränität nur als einen anderen, den „kollektiven" Aspekt der menschlichen Person begreifen. Die Souveränität ist auch nicht ein selbständig „unerklärlich-originäres *politisches* Phänomen", sondern nur dic „garantie sociale des Droits", denen sie aber in Einzelfällen vorgeht.

So löst sich einer der größten scheinbaren Widersprüche der Revolution: Wie war es möglich, daß man überpositive, vorrechtliche Freiheiten feierlich proklamierte, zu gleicher Zeit aber eine natürliche Macht aufrichtete, deren Aufgabe es nur sein konnte, durch positives (Gesetzes-)Recht das überpositive, „unsterbliche" Recht einzuschränken? Liegt nicht bereits in der Grundrechteerklärung von 1789 ein tödlicher Widerspruch, der in der „Terreur" endet? Mag dies in praxi eine tragische Verirrung gewesen sein — theoretisch ist die Lösung darin zu finden, daß nur ein „Recht gleicher Ordnung", das heißt ein „originäres", den Grundrechten vergleichbares Recht diese auch beschränken kann. Dies ist eben die Souveränität, die, unter gewissen Voraussetzungen, dem Recht der einzelnen vorgeht. Hierin liegt kein Rückfall in Vorstellungen des Ancien Régime: die Revolution will nur, daß kein Einzelwille über einem anderen Einzelwillen stehe, nicht aber, daß der Allgemeinwille dem Einzelwillen nicht vorgehe. Das überraschende Nebeneinander von Souveränität und natürlichen Rechten und die fehlende Beschränkung der gesetzgeberischen Macht beruht nicht nur auf naivem Glauben an eine Unfehlbarkeit des Gesetzgebers, sondern auch auf der Überzeugung, daß ihm im Allgemeininteresse eine gleichartige, manchmal eine höhere Macht zustehen kann, eine Ansicht, die durch gelegentliche Übergriffe problematisch werden mag, im Grunde aber dem französischen Staatsdenken bis heute eigen ist.

Eine weitere Folge der revolutionären Souveränität des Volkes ist ihre voluntaristische Ausrichtung. Die berühmte „volonté générale" ist weder mystisch noch unpersönlich, sondern einfach der Wille aller, im „natürlichen Entscheidungsraum 'Volk'" geeint. Das „revolutionäre Recht", dessen Quelle der konkrete Wille einer „natürlichen" Gemeinschaft ist, kann nicht vom „Normativen", von einer Welt her betrachtet werden, die nach ihrer „Geltung" selbständig und nur in bezug auf ihre „Wirksamkeit" in Verbindung mit der politischen Wirklichkeit steht (Kelsen). Das revolutionäre Recht ist *nur* „Wirklichkeit gewordener Wille", das, was gestern und heute, *wahrscheinlich* auch morgen gewollt ist, wenn die tragenden Kräfte sich nicht ändern. Zu jenem Willen kommt die Schwerkraft des Bestehenden, die ihm für die Zukunft einen „Vermutungscharakter" verleiht. *Sicher ist nur die formale Seite des Rechts: Wer morgen sagen wird, was Recht ist, bleibt das Volk im republikanischen Frankreich.*

Das Verfassungsrecht der Republik beruht auf einer Art von „formellem Naturrecht", ist elastisch und steht technischen Veränderungen offen, ohne daß dadurch seine Grundstruktur verändert würde. So konnte es zu jener „traditionellen Instabilität“ kommen, unter der auch der Verfassungsbegriff und die Verfassunggebung zu leiden hatten. Es darf deshalb nie vergessen werden, daß der Revolutionsakt nicht ein für allemal ausgeführt und damit abgeschlossen ist, sondern daß sich die Revolution in dem Prinzip verfassungschöpfend fortsetzt, das sie geschaffen hat: in der Souveränität des Volkes.

Großbritannien (Verfassung, Verfassungsgeschichte) Commonwealth*

Großbritannien (United Kingdom of Great Britain and Northern Ireland) ist durch Vereinigung Englands mit Wales (1536), Schottland (1707) und Irland (1800) entstanden. 1921 wurde der größere Teil Irlands Dominion, 1949 (Eire) selbständig.

Die eigentliche *Verfassungsgeschichte* Englands beginnt mit *Wilhelm dem Eroberer*, der nach 1066 eine feste Zentralgewalt und ein straffes Lehnswesen schuf. Gegen die Barone konnte sich jedoch die Hausmacht des Königs nicht behaupten. 1215 mußte *Johann ohne Land* in der Magna Charta die Grundfreiheiten des Adels und dessen Großen Rat (später Oberhaus) anerkennen. 1295 wurde ein Reichskonvent (Unterhaus, Vertreter des niederen Adels und der Städte) mit Steuerbewilligungsrecht berufen. Die Tudors (ab 1485) regierten autokratisch. Schon während der religiösen Kämpfe des 16. Jahrhunderts (*Elizabeth I.*, *Maria Stuart*) stieg die Parlamentsmacht (1564 Staatsreligion durch Parlamentsbeschluß!), mehr noch in Kämpfen zwischen König und Parlament im 17. Jahrhundert. Letzteres erzwang 1628 eine Erweiterung der Freiheiten (Petition of Rights), verurteilte 1649 *Karl I.* zum Tode und brach nach der *Cromwell*schen Republik (1649–1660) die Macht der Monarchie, der (Haus Oranien) 1689 die Bill of Rights abgenötigt wurde. Im 18. Jahrhundert festigte sich das „englische System" (Ministerverantwortlichkeit), während Gedanken der Französischen Revolution kaum Eingang fanden. Nach inneren Kämpfen im Zeichen der „industriellen Revolution" wurden von der ersten Hälfte des 19. Jahrhunderts an liberale Reformen durchgeführt (Erweiterung des Wahlrechts, Kommunalverwaltung), welche ohne Erschütterung das Staatswesen demokratisierten und vor allem den Einfluß des Oberhauses zurückdrängten. Die Entwicklung der Freiheitsrechte, der richterlichen Unabhängigkeit und der Gewaltenteilung machen die englische Verfassungsgeschichte zum Ausgangspunkt des freiheitlichen öffentlichen Rechts überhaupt.

Großbritannien ist heute eine parlamentarische Demokratie mit erblicher Stellung des Staatsoberhauptes (König). Als einziger westlicher Großstaat kennt Großbritannien keine geschriebene Verfassung als einheitliche Ord-

* Erstveröffentlichung in: Evangelisches Staatslexikon, 2. Aufl. Stuttgart/Berlin 1975, Sp. 908–914.

nung, sondern nur ein geschichtlich entwickeltes „Regierungssystem“, das aber, insbesondere im 18. und 19. Jahrhundert, vor allem in Frankreich (*Montesquieu*, Gewaltenteilung) und Deutschland vielfach als vorbildlich angesehen wurde. Kein Verfassungsgesetz steht daher nach seinem normativen Rang über den Parlamentsgesetzen, mögen auch einige Gesetze besonders ehrwürdig sein und herkömmliche Rechts- und Regierungsgrundsätze zum Ausdruck bringen (z.B. Magna Charta Libertatum 1215, Habeas Corpus Act 1679, Bill of Rights 1689, Act of Settlement 1701 usw.). Das einzige allgemein anerkannte „Grundprinzip“ der englischen „Verfassung“ ist die unbedingte Souveränität des Parlaments, dessen allmächtigem Willen, aber auch nur ihm, Bürger und Staatsgewalt sich beugen müssen (Rule of Law). Volksbefragungen oder -entscheide waren bisher unüblich, doch wurde 1971 in Nordirland ein Volksentscheid über den Verbleib im englischen Staatsverband durchgeführt, über die Zugehörigkeit Großbritanniens zur Europäischen Gemeinschaft soll ein solcher stattfinden. Das Parlamentsgesetz (Act of Parliament) ist weder an eine Tradition schlechthin gebunden noch an Grundrechte und kann auch von keinem Gericht auf seine Verfassungsmäßigkeit untersucht werden. Ein „Verfassungsrecht“ im eigentlichen Sinne gibt es also nicht. Die „anpassungsfähige“ englische Verfassung entwickelt sich in der einfachen Gesetzgebung und durch die „conventions“, das heißt stillschweigende übereinstimmende Praktiken von Verfassungsorganen und Parteien, die zwar kein Verfassungsgewohnheitsrecht darstellen, wohl aber, unter dem Vorbehalt gleichbleibender politischer Verhältnisse, meist als rechtsverbindliche, manchmal auch nur als politische Regierungsmaximen angesehen werden. Sie betreffen vor allem das Verhältnis von Regierung und Volksvertretung (z.B. Ministerverantwortlichkeit) und das Parlamentsrecht (Diskussionsrecht der Opposition). Aus dieser mit dem englischen Volkscharakter eng verbundenen höchst elastischen Ordnung augenblicklicher politischer Machtverhältnisse nach konstanten Regeln eines „fair play“ lassen sich vielleicht einige Anhaltspunkte, nie aber „Prinzipien“ oder gar ein „System als solches“, in nicht-angelsächsische Länder übernehmen, mag solches auch immer wieder vor allem im 19. Jahrhundert versucht worden sein (z.B. französisches Julikönigtum 1830–1848, italienische Verfassung von 1848).

Der *König*, einst (wenn auch nur als „King in Parliament“) Inhaber der vollen Souveränität und noch im 18. Jahrhundert wirklicher Chef der Exekutive, hat seit 1688 allmählich die meisten effektiven Rechte verloren: sein zivil- und strafrechtlich nicht verantwortliches Handeln („the King can do no wrong“) ist heute praktisch fast nur mehr eine besondere Form der Willensäußerung der parlamentarisch verantwortlichen Regierung (wie etwa bei Ernennungen hoher Beamter, bei der Ausübung des militärischen Oberbefehls, bei der Verordnunggebung, im Falle der Parlamentsauflösung oder bei der Parlamentseröffnung, welche mit der Thronrede praktisch die Regierungserklärung bringt) oder der Parlamentsmehrheit (Gesetzgebungsbefehl, Regierungsbildung). Ein Vetorecht gegen Parlamentsgesetze ist seit 1707 nicht mehr ausgeübt worden. Der Monarch steht auch nicht als Schiedsrichter über den Gewalten. Scinc Bedeutung liegt in seiner Stellung als nationales Symbol der geschichtlichen Kontinuität und der Einheit Großbritanniens und des Commonwealth, als „fountain of honour" (Verleihung von Titeln und Orden) und in der rechtlich schwer faßbaren, praktisch aber bedeutungsvollen Prärogative, stets bei wichtigen Staatsgeschäften informiert und konsultiert zu werden. Nach vielen antimonarchischen Schwierigkeiten, noch in der victorianischen Zeit, konnten sich die Monarchen dieses Jahrhunderts nach den Erfolgen der Weltkriege und durch politische Zurückhaltung („Durchschnittsengländer", „Typ der englischen Familie") allgemein Sympathie im Lande erwerben.

Die durch Gesetzgebung geregelte Thronfolge (Act of Settlement 1701) in direkter Linie (Töchter nach Söhnen) schließt Nicht-Anglikaner und alle aus, die mit einem nicht zum anglikanischen Abendmahl Zugelassenen verheiratet sind. Abdankung kann durch Gesetz genehmigt werden (1936 Eduard VIII.), Regentschaft ist vorgesehen. Seit 1701 regiert das Haus Hannover, seit 1901 Coburg, 1917 in „Windsor" umbenannt.

Das englische *Parlament*, nicht durch Gesetz, sondern gewohnheitsrechtlich in seiner heutigen Bedeutung entstanden und entwickelt, wird meist auf die „Curia Regis" der normannischen Könige zurückgeführt. In jahrhundertelangen Kämpfen (Niedergang der Parlamentsmacht im 15. Jahrhundert, Wiederaufleben unter *Elizabeth I.*, Stuart-Wirren im 17. Jahrhundert) errang es, insbesondere seit 1688, die „souveräne Gewalt", das Recht, selbst den Monarchen zu kontrollieren.

Das Parlament hat die beiden etwa gleichgewichtigen Aufgaben der Gesetzgebung, insbesondere der Steuerbewilligung, und der Kontrolle der Regierung in allen politischen und Verwaltungsangelegenheiten. Letztere wird meist in Form von „questions to ministers" ausgeübt. Das Kabinett ist vom Vertrauen der Mehrheit des Parlaments abhängig, das selbst gelegentlich in die Verwaltung unmittelbar eingreift (etwa durch „private bills", z.B. Lizenzgewährungen in Gesetzesform).

Das Parlament besteht aus *zwei Kammern*, dem House of Commons (Unterhaus) und dem House of Lords (Oberhaus). Das *Oberhaus* besteht aus etwa 850 Mitgliedern, von denen etwa 720 Träger erblicher Peer-Würden sind (davon über die Hälfte im 20. Jahrhundert geschaffen); 26 Lords sind anglikanische Bischöfe, 16 Peers werden vom schottischen, 8 vom irischen Adel gewählt; sieben Lordrichter und seit 1958 auch andere Peers werden auf Lebenszeit ernannt. Die Ernennung erfolgt durch die Krone auf Vorschlag der Regierung aus Kreisen hoher Beamter, Offiziere, Industrieller usw. und wird heute nicht mehr zur Schaffung einer regierungsgefügigen Mehrheit (Peerschub 1832, 1911) eingesetzt. Die effektive Parlamentsarbeit leisten etwa 100 Lords, die Funktion des Oberhauses als oberster englischer Gerichtshof üben die Lordrichter unter Vorsitz des Präsidenten, des Lord-Chancellor, aus. Die Teilnahme an der Gesetzgebung beschränkt sich auf die Gesetzesinitiative (außer bei Steuergesetzen) und ein zeitlich beschränktes Einspruchsrecht gegen Beschlüsse des Unterhauses, das aber von diesem überwunden werden kann. In letzter Zeit werden aus demokratischen Gründen zum Teil heftige Angriffe gegen die Institution des Oberhauses geführt. Das *Unterhaus* besteht zur Zeit aus 625 Mitgliedern. Wählbar sind alle englischen, irischen und Commonwealth-Bürger beiderlei Geschlechts, die nicht Peers, Richter, Geistliche oder civil servants sind. Jeder Bürger hat jetzt nur mehr eine Stimme, nachdem 1948 die letzten Formen des Doppelwahlrechts (auch am Geschäftssitz etwa) aufgehoben worden sind. Die Abgeordneten (Members of Parliament, MP) werden spätestens alle fünf Jahre neu gewählt. Jeder Wahlkreis entsendet einen Vertreter. Zur Wahl genügt relative Mehrheit (Mehrheitswahlrecht). Mehrfach hat eine Partei die Mehrheit der Sitze errungen, obwohl sie im gesamten Land weniger Stimmen hatte gewinnen können als die Opposition. Dieses Wahlsystem führt praktisch zu dem herkömmlichen englischen und auf die angelsächsischen Länder übergegangenen Zweiparteiensystem (Whigs – Tories; Liberals – Conservatives; heute Labour-Party – Conservatives). Neuerdings treten Mehrparteitendenzen auf (Minderheitsregierung *Wilson* 1974). Im Parlament und außerhalb desselben herrscht für die Abgeordneten aller Parteien strenge Parteidisziplin (System der „Einpeitscher"), gemildert nur durch enge Beziehungen der Abgeordneten zu ihren Wahlkreisen. Die Rechte der Opposition im Unterhaus (Diskussionsrecht, Fragerecht) sind durch besondere conventions gesichert, ihr Führer (Leader) hat einen quasi-amtlichen Status. Vorsitzender des Unterhauses ist der Speaker, einer der höchsten Beamten. Die Geschäftsordnung folgt dem Parliament Act, Parlamentsbeschlüssen oder einfach dem Gewohnheitsrecht sowie den conventions. In England hat sich besonders das System der Ausschußarbeit entwickelt, welche den Parlamentseinfluß auch in überwiegend technischen Fragen sicherstellt. Erfolgreich und mehr als in anderen Ländern angesehen ist auch seit langem die Arbeit der parlamentarischen Untersuchungsausschüsse.

Gesetze von 1911 und 1949 sichern das klare Übergewicht des Unterhauses über das Oberhaus in der Gesetzgebung und bei der Ausübung der politischen Kontrolle über die Regierung, die praktisch fast ausschließlich den Commons obliegt.

Die *Regierung* besteht aus dem Premierminister und den Ministern, die alle Mitglieder der regierenden Partei sind und dem Parlament angehören. Der Leader der als stärkste aus den Wahlen hervorgegangenen Partei muß vom Monarchen zum Prime Minister ernannt werden (nach einer convention). (Große) Koalitionsministerien kommen in Krisen- und Kriegszeiten vor. Von den 60–70 Ministern sind nur 20–25 Kabinettsmitglieder („Kabinettsrang"), die übrigen stehen Verwaltungen vor. Die Kabinettsmitglieder werden (mit einigen von Gesetzen oder conventions bestimmten Ausnahmen — der Präsident des Oberhauses etwa ist Kabinettsmitglied) vom Regierungschef aus der Zahl der Minister als seine besonderen Berater bestimmt.

Der *Premierminister* stellt als Chef der Mehrheitspartei eine typisch englische Verbindung von Parlament und Regierung her, welche die Regierung als „Parlamentskommission" erscheinen läßt und die strenge Gewaltenteilung abschwächt. Er berät namens der Exekutive den König, der auf seinen Vorschlag hin das Parlament auflösen muß, welches seinerseits den Ministerpräsidenten zum Rücktritt zwingen kann. In diesen wechselseitigen Gegenrechten liegt der Kern des englischen Regierungssystems, die checks and balances, auch wenn sie nicht häufig zum Tragen kommen.

Seit 1885 besteht, heute unter der zentralen Kontrolle des Civil Service Department, ein „civil service" (öffentlicher Dienst) nach französischem Muster, der in Ministerien aufgeteilt ist. Neuerdings wird freilich die Verwaltung zunehmend von regierungsunabhängigen Corporations, Commissions, Boards u.ä. geführt, wodurch die Kontrollmöglichkeit des Parlaments herabgesetzt und die Ministerverantwortlichkeit bedroht werden kann. Solche Verwaltungskörper, die vor allem auf dem Verkehrs- und Energiesektor, etwa bei den Verstaatlichungen von Unternehmen, geschaffen werden, bilden oft eine Behördenhierarchie in sich. Sie gewährleisten zwar eine technisch elastische, nicht aber stets eine unpolitische Verwaltung (Ernennung von Direktoren auf Zeit). Die Praxis der (Regierungs-)Kommissionen (z.B. Royal Commission on the Press) dagegen dient gleichzeitig der besseren Information des Parlaments und der Erleichterung der Kontrolle der Regierung, wie auch dem Schutze der Bürger, weil dort durch weitgehend gerichtsähnliche Verfahren (hearings) der Anschluß von Gesetzgebung und Verwaltung an die englische Rechtsprechungstradition (vgl. unten) gewonnen wird.

Bis zur zweiten Hälfte des 19. Jahrhunderts war es englischer Stolz, in einem kaum verwalteten Land zu leben. Seither ist der Schwerpunkt der eigentlichen Eingriffs- wie fürsorgenden Verwaltung auf die Instanzen des *Local Government* (Selbstverwaltung) übergegangen, deren demokratische Struktur einen wesentlichen Bestandteil des englischen Regierungssystems bildet. Das Land ist in Grafschaften (Counties) eingeteilt, wobei wiederum großstädtische, kleinstädtische und ländliche Distrikte unterschieden werden.

Dem entspricht ein ein- bis dreistufiger Instanzenaufbau der Selbstverwaltung. Auf allen Stufen liegt die Entscheidungsgewalt bei Councils, deren Mitglieder auf ein bis drei Jahre gewählt werden und die lokalen Beamten überwachen. Eine besondere Verwaltungseinteilung besteht im Großraum von London. In den Counties wiederholt sich so das englische Regierungssystem im Kleinen. Die Zentralregierung hat nur allgemeine Überwachungsrechte, finanziert die Selbstverwaltung aber in steigendem Maße, der gegenüber die Bürger erhöhten gerichtlichen Rechtsschutz genießen. Der Umfang der Selbstverwaltungsaufgaben ist im Steigen, die Bindung des Local Government an die Zentralgewalt verstärkt sich.

Die *Richter* Großbritanniens genießen seit langem nahezu völlige sachliche und persönliche Unabhängigkeit von der Exekutive wie vom Parlament. Zum großen Teil werden sie gewählt. Ihre Gehälter unterliegen nicht der üblichen Kontrolle durch die Exekutive. Ihre Entlassung ist nur nach einem besonders erschwerten Verfahren, bei hohen Richtern nur durch Parlamentsbeschluß, möglich. Eine Kritik an ihrer Tätigkeit in der Öffentlichkeit kann als Contempt of Court strafbar sein und ist auch im Parlament nur unter besonderen Voraussetzungen gestattet. Die Integrität der englischen Richter ist sprichwörtlich und wohl mit der Schaffung der Volksvertretung der größte Ruhm des englischen Systems. Ihr wahres Richterkönigtum kommt vorwiegend aus und bewährt sich in der fortbildenden Anwendung des englischen gewohnheitsrechtlichen Common Law, das durch Billigkeitsrecht (Equity) seit etwa dem 14. Jahrhundert ausgebaut und ergänzt wird. Die Gerichte sind dabei an Vorentscheidungen in gleichgelagerten Fällen (precedent) gebunden. Unterwerfung unter den Willen des Gesetzgebers wird für den englischen Richter erst seit dem 19. Jahrhundert mit der steigenden Zahl parlamentsbeschlossener Gesetze (Acts of Parliament, Statutes) eine Realität, wird aber dadurch abgemildert, daß auch dieses Recht den Auslegungsregeln des Richterrechts unterworfen wird. Dagegen kommt eine offene richterliche Verfassungskontrolle über den Gesetzgeber wegen Fehlens einer geschriebenen Verfassung nicht in Frage. Auch gegenüber Verwaltungsakten gewähren die Gerichte dem Bürger im allgemeinen nur zurückhaltend Schutz (Achtung der weitgehenden Crown Privileges). Eine Ausnahme bildet der energische gerichtliche Schutz der *persönlichen Freiheit* und ihrer Ausstrahlungen, insbesondere gegen Verhaftungen und Zensur. Unter Verzicht auf ein umfassendes und systematisches Grundrechtssystem, insbesondere auf „wirtschaftliche Freiheiten", wird in Großbritannien die Freiheitssphäre der Bürger, im Ergebnis wirksamer, vorwiegend durch punktuelle prozessuale Regelungen (Haft-, Durchsuchungsbefehle, beschränkte Haftdauer, gesetzlicher Richter u. ä.) gesichert.

Einen *Föderalismus* (Bundesstaat) gibt es in Großbritannien nicht. Schottland hat kein eigenes Parlament, wohl aber ein selbständiges Rechts- und Gerichtssystem. Nordirland dagegen sind durch den Government of Ireland Act 1920 cin getrenntes Parlament und ein besonderes, diesem verantwortliches Kabinett zugestanden worden.

Das englische Regierungssystem ist bis in das 20. Jahrhundert kein demokratisches, sondern ein aristokratisches, zugleich aber ein freiheitliches gewesen. Es war Ausdruck des Geistes einer stets sich erneuernden und verbreiternden führenden Klasse, nicht einer egalitären Massendemokratie. Vieles deutet aber darauf hin, daß das System flexibel genug ist, um sich auch dem Aufstieg einer neuen, radikal demokratisierten Gesellschaftsschicht anpassen zu können.

Das *Commonwealth of Nations* ist ein Zusammenschluß von 32 unabhängigen Mitgliedstaaten (Stand 1974: Großbritannien, Australien, Bangladesh, Barbados, Botswana, Cypern, Fiji, Gambia, Ghana, Guyana, Indien, Jamaica, Kanada, Kenia, Lesotho, Malawi, Malaysia, Malta, Mauritius, Nauru, Neuseeland, Nigeria, Sierra Leone, Singapur, Sri Lanka (Ceylon), Swasiland, Sambia, Tansania, Trinidad und Tobago, Tonga, Uganda, West Samoa) und der von diesen (meist von Großbritannien) abhängigen Territorien, vorwiegend Inselgruppen — insgesamt etwa 900 Mio. Einwohner, sowie der sogenannten „Assoziierten Staaten" Ostafrikas.

Es ist eine lose Verbindung derjenigen Staaten, in welche das riesige englische Weltreich (British Empire), dessen Kolonialbesitz vorwiegend im 17. bis 19. Jahrhundert erworben worden war, seit der Mitte des 19. Jahrhunderts langsam, dann (seit 1945) in rascher Folge zerfallen ist. Nach antienglischen Unruhen in Kanada (1839) wurde bis 1847 dort ein weitgehend selbständiges Regierungssystem eingeführt, das bald danach auf Australien, Neuseeland und Südafrika ausgedehnt wurde. Zunächst blieben Außenpolitik, Verfassungsangelegenheiten und Handel dieser „Dominions" unter englischer Kontrolle, doch verschwanden diese Beschränkungen fast völlig bis zum Ende des Ersten Weltkrieges, nach welchem die Dominions bereits als voll selbständige Staaten in den Völkerbund eintraten. Auf der Imperial Conference von 1926 wurde die Verbindung zwischen Großbritannien und den Dominions endgültig als „Commonwealth" proklamiert, das 1931 seine Verfassung durch das Statut von Westminster erhielt. Das englische Parlament verzichtete nunmehr auf jedes Gesetzgebungsrecht in den Dominions, die als gleichberechtigte Mitglieder einer nur durch die Treue zur englischen Krone geeinten Gemeinschaft bezeichnet wurden (Balfour-Report). Chef der Exekutive war der nur mehr vom König ernannte, nicht vom britischen Kabinett abhängige Generalgouverneur, welcher von den verfassungsmäßigen Organen der Dominions vorgeschlagen wurde. Nach 1945 veränderten sich Zusammensetzung und Struktur des Commonwealth völlig. Neufundland trat der kanadischen Föderation bei (1949), Irland verließ 1949, Südafrika wegen der Kritik an seiner Rassenpolitik 1961 das Commonwealth. Durch den Eintritt Indiens, Pakistans und Ceylons (1947/48), ab 1957 vieler weiterer, meist afrikanischer und asiatischer Staaten in das Commonwealth wandelte sich dieses aus einem straffen Bund weniger, von Weißen bewohnter oder beherrschter Länder mit weithin englischem Vorbild entsprechendem Staatsaufbau zu einem losen Verband von Nationen von verschiedenster Rasse und mit unterschiedlichen Regierungssystemen (z.B. bundesstaatlichen Verfassungen in Kanada, Australien, Malaysia, Tansania u. a.). Die Beziehungen zur englischen Krone sind dementsprechend gleichfalls verschieden: Indien, Nigeria, Uganda, Malawi, Singapur, Gambia, Guyana, Nauru, Sierra Leone, Botswana, Ceylon, Bangladesh, Ghana, Cypern, Tansania, Kenia und Zambia sind Republiken (Malaysia ist Monarchie mit eigenem Staatsoberhaupt) und erkennen den englischen Monarchen nur als Haupt des Commonwealth an; in den anderen Commonwealth-Ländern ist der britische Monarch selbst Staatsoberhaupt, wird jedoch weiterhin von einem von der englischen Regierung unabhängigen Generalgouverneur vertreten.

Die heutigen rassischen, politischen und wirtschaftlichen Gegensätze innerhalb des Commonwealth schließen eine zentral geleitete Außen-, Militär- oder Wirtschaftspolitik aus. Nicht selten stimmen die Commonwealth-Mitglieder in internationalen Gremien, selbst in entscheidenden politischen Fragen, in gegensätzlichem Sinn. Das Commonwealth dient daher nur mehr enger gegenseitiger Konsultation und der Förderung der Zusammenarbeit vorwiegend auf wirtschaftlichem und kulturellem Gebiet (Thronrede 1964). Über normalen diplomatischen Verkehr untereinander (durch Hochkommissare) hinaus werden an Stelle der früheren zeremoniellen Empire-Conferences seit 1944 formlose oder periodische (etwa in Abständen von 18 Monaten) Treffen der Regierungschefs abgehalten, auf denen ohne festes Programm gemeinsame Fragen erörtert werden. Es ist bereits Übung (convention), dabei innere Angelegenheiten eines Mitgliedstaates und Streitigkeiten zwischen Mitgliedern nur mit deren Einverständnis zu erörtern. Gemeinsame außenpolitische Erklärungen werden nur selten abgegeben. In ähnlicher Regelmäßigkeit treffen sich Außen-, Finanz- und Verteidigungsminister sowie (jährlich) die Mitglieder des Commonwealth Economic Consultation Council auf Ministerebene.

Die zwanglose Zusammenarbeit der Mitglieder ist das Merkmal dieser Vereinigung, welche man wohl kaum mehr als Staatenbund (Staatenverbindung) bezeichnen kann. Bisher arbeitet sie ohne ständige allgemeine Organisation. Die Errichtung eines Commonwealth-Secretariats wurde 1964 beschlossen. Die Kooperation wird auf allen Gebieten durch zahlreiche Commonwealth-Conferences (z.B. Commonwealth-Education Conferences in Oxford 1959 und Ottawa 1964), die Schaffung spezieller Organisationen (etwa die Commonwealth-Development Corporation, gegründet 1948) sowie durch die Aktivität ständiger öffentlicher und privater Commonwealth-Organisationen gefördert (z.B. Commonwealth-Parliamentary Association, Commonwealth-Press Union). Enge Zusammenarbeit besteht insbesondere auf den Gebieten des Fernmeldewesens, der Atom- und Raumforschung, bei der Entwicklungshilfe (z.B. Special Commonwealth-African Assistance Plan 1960, Colombo-Plan) sowie bei einzelnen gemeinsamen Projekten von Mitgliedstaaten (Indus Waters Project). Eine gemeinsam anerkannte Commonwealth-Nationalität besteht nicht, doch werden häufig Staatsangehörige der Mitgliedstaaten durch das interne Recht bevorzugt.

Das Commonwealth entwickelt sich in letzter Zeit in Richtung auf eine lose internationale wirtschaftlich-kulturelle Interessengemeinschaft, deren Bedeutung aber nicht unterschätzt werden darf; durch die Übertragung soziologischer Club-Vorstellungen auf den zwischenstaatlichen Bereich ist es allein England gelungen, institutionell organisierte Verbindung mit seinen früheren Kolonien zu halten.

Literatur

Verfassungsgeschichte: *R. Gneist*, Englische Verfassungsgeschichte, 1882 — *W. Stubbs*, Constitutional History of England, I–III, Oxford 1896^5 — *F. W. Maitland*, The Constitutional History of England, Cambridge 1909 (Neudruck 1955) — *G. B. Adams*, Constitutional History of England, London 1935 — *C. Stephenson/ F. G. Marcham* (Hg.), Sources of English Constitutional History, London/New York 1937 — *S. B. Chrimes*, English Constitutional History, London u.a. 1953^2 — *J. W. Gough*, Fundamental Law in English Constitutional History, Oxford 1955.

Verfassungsrecht: *W. Blackstone*, Commentaries on the Laws of England, Oxford IV, 1765 f. (1876^4) — *R. Gneist*, Das heutige englische Verfassungs- und Verwaltungsrecht II, 1857 f. — *W. Bagehot*, The English Constitution, Oxford 1867 — *J. Hatschek*, Englisches Staatsrecht II, 1905/06 — *W. I. Jennings*, Cabinet Government, Cambridge 1969^3 — *Ders.*, Parliament, Cambridge 1969^3 — *Ders.*, The Law and the Constitution, 1952^4 — *H. Laski*, Parliamentary Government in England, London 1938 — *H. Finer*, English Local Government, London 1945 — *W. A. Robson*, Justice and Administrative Law, London 1947^3 — *Ders.*, The British System of Government, London u.a. 1940 (Neudr. 1955) — *L. S. Amery*, Thoughts on the Constitution, Oxford 1947 — *K. R. Mackenzie*, The English Parliament, London 1950 — *H. R. Greaves*, Die britische Verfassung, 1951 (englisch The British Constitution, London 1955^3) — *O. Hood-Phillips*, Constitutional Law of Great Britain and the Commonwealth, London/New York 1955^3 — *D. R. Keir/F. H. Lawson* (Hg.), Cases in Constitutional Law, London/New York 1965^3 — *E. C. Wade*, Constitutional Law, London/New York 1970^8 — *C. S. Emden*, The People and the Constitution, Oxford/

New York 1956[2] — *F. Glum*, Die britische Demokratie, 1956 — *G. Radbruch*, Der Geist des englischen Rechts, 1958[4] — *H. S. Morrison*, Regierung und Parlament in England, 1959.

Commonwealth: *K. Wheare*, The Constitutional Structure of Commonwealth, Oxford 1960 — *R. Chaput de Saintonge*, Die Entwicklung des Commonwealth seit 1945, 1960 — *M. Rieser*, Das Commonwealth of Nations, Zürich 1961 — *I. Cox*, Aufstieg und Niedergang des britischen Empire, 1962 — *J. Fawcett*, The British Commonwealth in International Law, London 1963.

Teil IV

Verfassungsnormativität

Betrachtungen zur Verfassungsauslegung*

Daß sich die Staatsrechtslehrertagung[1] 1961 mit den „Prinzipien der Verfassungsauslegung" befassen will, ist Notwendigkeit und Wagnis zugleich: Kein anderer Problemkreis des Verfassungsrechts – und selbst ob es sich um ein einheitliches Gebiet handelt, mag zweifelhaft erscheinen – verschwimmt in ähnlichem Maß beim Versuch klarer rechtskonstruktiver Betrachtung, nirgends entziehen sich in so bedenklicher Weise politische Absichten, gewagte materiellrechtliche Analogien, ja Methodensynkretismen und Kategorienvertauschungen der gefahrenaufzeigenden Kritik, wie in der Einfügung in das „formelle" System der Interpretation, das der Jurist ja als solches anzuerkennen gewohnt ist — und sei es auch mit dem Bedauern eines Zugeständnisses an die Unvollkommenheit menschlichen Ausdrucksvermögens.

Die folgenden Ausführungen gelten den *besonderen* Schwierigkeiten und damit den *spezifischen* Prinzipien der Verfassungsauslegung. Es wird der ansatzweise Beleg der Auffassung versucht, daß hier – der „allgemeinen" Interpretation gegenüber – nicht generelle Verschiedenheiten, sondern nur besondere „Akzentuierungen" vorliegen. Auszugehen ist jedoch dabei von der Erkenntnis, daß die Problematik der Verfassungsinterpretation ebensowohl aus den Unvollkommenheiten der heutigen Auslegungslehre erwächst, wie aus dem Fehlen einer in ihren Grundzügen wenigstens festliegenden allgemeinen Verfassungslehre, eines „allgemeinen Staatsrechts" des Grundgesetzes.

Dennoch befruchtet die Betrachtung des Verfassungsrechts, dieses so „unbewältigten Rechts", in besonderer Weise auch die allgemeine Auslegungslehre: nicht nur, weil seine allgemeinen Prinzipien zum Teil Interpretationsregeln entwickeln lassen, sondern vor allem, indem an ihm als an einem vergrößerten und vielseitigeren Maßstab die Fragen einsichtiger werden, die in der Interpretation von Einzelgesetzen oft unter Verzicht auf jede Zusammenschau „einseitig" beantwortet werden. Daß in der Auslegung gerade Antinomien erkannt und das Interpretationsrecht ein „Synthesenrecht" par excellence sein muß, wird nirgends klarer, als bei einer Bemühung um

* Erstveröffentlichung in: Die Öffentliche Verwaltung 1961, S. 641–653.

[1] Die folgenden Ausführungen stellen gewissermaßen Prolegomena zu verfassungsrechtlichen Studien dar, die hier thesenförmig zusammengefaßt und unter Verzicht auf detaillierten Apparat zur Diskussion gestellt werden sollen, wobei das entscheidende Gewicht auf eine Zusammenschau verschiedenster Fragen gelegt wird.

die „Prinzipien der Verfassungsauslegung“, die aber einzusetzen hat bei der allgemeinen, hier nur „vergrößerten“ Problematik jeder rechtlichen Interpretation.

I. Rechtsauslegung als allgemeines Erkenntnisproblem

Die Notwendigkeit der Auslegung sprengt die große, fiktive Einheit der als „monde clos“ jedem anderen Bereich selbständig gegenüberstehenden Welt des Rechts, — besonders bedeutsam bei dessen „äußerstem Kreis“, dem „es haltenden“ Staatsrecht.

Aus der Ruhe „allgemeinen Geltens“ geworfen, droht es zu versinken in der generellen Problematik des Erkennens des „fremden Gewollten“, das doch *unser* Gesetz sein soll. Kann dieses Gesetz, sein eminent abstraktes, geistiges Sein, überhaupt „erfaßt“ werden? Auch wenn man absieht von der „absoluten“ – oder wenigstens irrationalen – Ferne, die auslegendes und normsetzendes Subjekt trennt — ist es nicht die „Individualität“ der Normaussage, die im Verfassungsrecht die Auslegung bis zur Unzugänglichkeit erschwert, weil bei diesem Recht nicht nur die Entscheidungssituation, aus der es erwuchs, mit erhöhter, formelhafter Abstraktion und historischer Entfernung zu verblassen droht, sondern auch der besondere „Entscheidungscharakter“ jeder Verfassung das „Einmalige“ den Mitteln der Interpretation entzieht? Die Verfassung ist akzentuiertere Dezision als jedes andere Recht, der gnoseologische Zugang zu ihr ist damit besonders gefährdet.

Das Recht aber will nicht nur erkannt sein, es soll in besonderem Maße kommunizieren, in fremde geistige Bereiche regelnd transzendieren. Damit entsteht eine neue, eine besondere, „wirkkräftige Allgemeinheit“ der Erkenntnis fordernde „Auslegungsaporie“, die schon oft als für das Recht typisch erkannt worden ist, aber noch klarer mit der generellen nachkritischen Erkenntnisproblematik – als eine höhere Stufe derselben – verbunden werden sollte. Und wieder steht die Verfassung im Brennpunkt: ihr „Kommunikationscharakter“ sollte ein verschärfter sein, sie erfaßt weiteste, ja alle Bereiche, sie muß in bisher dem Recht kaum wesentlicher Art allgemeinst adaptiert werden, mit ihr wird nicht die Einzelregelung, sondern das System kommunikationsbedürftig.

Die Verfassungsauslegung verschärft also die allgemeine gnoseologische Auslegungsaporie.

II. Die Problematik der Auslegungslehren des positiven Rechts

Nähert man sich nun dem geltendem Recht, so zeigen sich die Folgen dieser philosophischen Ausgangslage sogleich darin, daß sich die bekannten allgemeinen Schwierigkeiten der Auslegungslehre bei der Verfassungsinterpretation besonders zuspitzen.

1. Es gibt heute keine „absolut herrschende" allgemeine Auslegungstheorie (wenn dabei auf die „klassischen" Gegensätze subjektiv – objektiv, historisch – aktuell abgehoben wird). Ob sich hinter diesem Theorienstreit nicht seit langem eine bedenkliche Verengung der Auslegungsproblematik verbirgt, soll hier nicht dogmatisch untersucht werden, wohl aber stellen die folgenden Darlegungen den Versuch einer teilweisen Überhöhung dar. Das „grundsätzliche" Vorherrschen „objektiver" und „aktueller" Betrachtung kann nicht über die Notwendigkeit der immer wieder als Stütze herangezogenen Auslegung aus dem Willen des Gesetzgebers hinwegtäuschen. Es hat keinen Sinn, dies stets mit dem Hinweis auf das „an sich" unwesentliche Gewicht solcher Methoden abzuschwächen, weil damit gerade die Gewichtung unklar und willkürlich wird. Nun zeigt sich aber die Unmöglichkeit eines starren „Entweder–Oder" (die übrigens bereits durch die Anerkennung der „Vorverfassungssituation" als Erkenntnismittel im Staatsrecht neuartig „in Richtung auf das Subjektive" [dem das „Historische" ja nahesteht] durchbrochen wird) im Verfassungsrecht in besonderer Schärfe: hier würde sich der Unterschied von „subjektiver" und „objektiver" Auslegung durch die Weite der zu interpretierenden Formeln zu genereller, nicht nur stufenmäßiger Differenz steigern. Es zeigt sich hier sogleich eine typisch verfassungsinterpretatorische *Antinomie:* rein objektive Auslegung würde durch wahrhaft unheimliche Machtsteigerung der Verfassungsgerichte die Gewaltenteilung gefährden, rein subjektive Interpretation bringt das Bedenken übermäßiger, wirkschwacher Einengung mit sich, weil sonst eine Konstituante wirklich die von den französischen Revolutionären geforderte Versammlung allwissender Gottheiten sein müßte. Deshalb kann dem Verfassungsrecht – das läßt sich bereits hier sagen – nur eine (etwa stufenmäßige) Verbindung beider „Theorien" gemäß sein. Diese Zusammenfassung allein dürfte dem Wesen der Verfassungsauslegung entsprechen, die ja „Systematisierung der Dezision" bedeutet und in der „zu entfaltenden Entscheidung" „subjektive" und „objektive" Elemente gleichmäßig zur Geltung bringen sollte. Dem Verfassungstheoretiker mag dies als contradictio in adiecto erscheinen — aber gerade er hat an den Gedanken von *Kelsen* und *Schmitt* die Pole, die es in der Auslegung der Verfassung zu verbinden gilt: den Norm-ordo des Rechts und die Entscheidung politischer Gewalt. All dies kann, ja muß dann vielleicht einmal für die Interpretation „spezieller" Normen nutzbar gemacht, die Brücke von allgemeiner Staats- zu allgemeiner Rechtslehre geschlagen werden.

Die einzige Art, in der die „objektiven“ Auslegungslehren einen gültigen Anschluß an die neueren Vorstellungen vom philosophischen „entfaltenden Verstehen“ gefunden haben – die Theorien von *E. Betti*[2], insbesondere seine Auffassung vom „geistigen Eigenleben“ der Normen, in der er die klassischen deutschen Lehren verfeinert –, sie leiden gerade bei der Verfassungsauslegung daran, daß das „Angedeutete“ zu unsicher, zu wenig allgemeinverbindlich einsichtig ist und das „Willensmoment“ in der *Betti*'schen Lehre eben durch eine Auslegungsspiritualisierung ersetzt werden soll[3].

2. Wenn aber das „Willensmoment“ „objektiviert“ bei der Auslegung zu seinem Recht kommt, in all den zahllosen Ausprägungen und Fortwirkungen der in Deutschland nie voll überwundenen „Freirechtslehre“, zeigen sich für die Interpretation allgemein, ganz besonders aber für die Verfassungsauslegung, neue Schwierigkeiten. Aus einer – nicht immer bewußten – gnoseologischen Skepsis erwachsen wohl die vielfachen Versuche[4], die Auslegungsarbeit des Richters als „verlängerte Normschöpfung“ zu begreifen. In *Essers* grundlegendem Werk[5], im unbarmherzigen Isolieren und Zerbrechen jeder „Norm-Fiktion“ an der Willensrealität des auslegenden Richters, erheben sie sich zu einer wahrhaft unheimlichen Höhe, zur nahezu völligen Auflösung der Selbstgewichtigkeit legislatorischer Aussage. Und wenn diese letzten Folgerungen nicht gezogen werden: in der jedenfalls unausweichlichen „Gleichartigkeit“ von Richterauslegung und Gesetzgebungswollen bricht das Grundaxiom jeder Interpretation zusammen: ihre Wesensverschiedenheit vom gesetzgeberischen Befehl.

Gerade im Verfassungsrecht mag es fraglich sein, ob hier noch etwas zu retten ist: das Grundgesetz hat eine vielbesprochene Aufwertung der richterlichen Gewalt gebracht[6]. In der besonderen Form der Verfassungsgerichtsbarkeit ist eine unbestrittene Gesetzgebungsnähe erreicht worden[7]. Die organisatorische „Besonderheit“ der verfassungsgerichtlichen Spruchgremien unter-

---

[2] Deutsche Prolegomena zur „Teoria dell' interpretazione“ vgl. i.d. Rabel-Festschrift, II. Bd., Tübingen 1954, S. 79 ff.

[3] Ein gewisses „Rahmendenken“ (das zu Interpretierende als „Rahmen“) ist allerdings dem Verfassungsrecht in besonderem Maß eigen, wie noch anderwärts besonders zu belegen sein wird.

[4] Vgl. Nachweise bei *Leisner*, Grundrechte und Privatrecht, München 1960, S. 289.

[5] Rechtsgrundsatz und Norm in der richterlichen Fortbildung des Privatrechts, Tübingen 1956.

[6] Vgl. dazu neuerdings *Wertenbruch*, DÖV 1960, S. 673 ff.

[7] Die in erstaunlicher Weise viel mehr in der französischen als in der deutschen Diskussion erörtert wird. Vgl. immerhin etwa VVdStL 1950 (1952), vor allem das Referat von *Drath*.

streicht dies in bedenklicher Weise[8]. Die weiten Formulierungen im Grundrechts- und Kompetenzkatalogteil schaffen einen idealen Raum königlicher Willensbetätigung.

Dennoch muß demgegenüber, und gerade aus Grundprinzipien des Grundgesetzes, an dem Weiterbestehen der Auslegungskategorie aus der Verschiedenheit und Ergänzungsbedürftigkeit von Gesetzgeber- und Richterwillen festgehalten werden: Die Gewaltenteilung verlangt nicht nur Geschiedenheit, sondern Verschiedenartigkeit von Gesetzgeber- und Richtertätigkeit. Sie darf nicht zu einer, der Ein- oder Mehrkammerorganisation vergleichbaren, kontingenten Unterschiedlichkeit im Verfassungsaufbau reduziert werden, was allerdings durch *Kelsens* Auffassung vom Richterspruch nahegelegt worden ist. Wenn die Gewaltenteilung, wie im Grundgesetz, unabänderlich festliegt, kann dies nur aus der Auffassung des Verfassunggebers gerechtfertigt werden, daß ihre Grundlegung bis in die allgemeine Staatslehre, und damit in Wesensverschiedenheiten der „Funktionen" zurückreiche.

Neben der so zu einem wichtigen Auslegungsgrundsatz entfalteten Gewaltenteilung steht die Idee des Rechtsstaats, die durch das Gebot der Vorhersehbarkeit staatlicher Eingriffe und deren Verbindung mit dem Gesetzesbegriff eine besondere Auslegung *neben* dem selbstgewichtig bleibenden Gesetzgebungsausdruck erfordert. Wieder erweist sich hier eine gewisse Antinomie der grundgesetzlichen Ordnung: der Verstärkung der Richtermacht steht eine verschärfte, ja unabänderliche Garantie der Selbständigkeit der Interpretation und ihrer Unterordnung unter das Gesetz gegenüber, die nach Grundsätzen der Normhöhe zugunsten der letzteren zu lösen ist[9].

Darf man darüber hinaus sogar noch eine Trennung von „Anwendung" und „Interpretation" des Gesetzes fordern? Gibt es einzelne Fälle, in denen der Richter *doch* zum „Subsumtionsautomaten", zur „bouche de la loi" wird, so daß nur bei einem gewissen „Abstand" von Normaussage und durch sie gestaltete Realität die „Interpretation" begänne?

Eine solche wahrhaft „vorkritische" Schau wird durch eben die erwähnten „Verfassungsprinzipien" unbedingt verhindert: gerade weil Gesetzgeber- und Richterwille aus der Verfassung heraus *wesensmäßig* differieren, kann letzterer ersteren nie sozusagen „unselbständig" fortführen. Wie der „Bereich der Regierung", so muß auch der „Bereich des Richters", die „interpretierende Anwendung", heute von Verfassungs wegen gesichert werden, so daß die rechtstheoretisch schon lang abgefertigten, aus der französischen Revolutions-

[8] Vgl. dazu *Hans Huber*, Die Verfassungsbeschwerde, Karlsruhe 1954, S. 20.

[9] Die Befürworter materieller und prestigemäßiger Stärkung der Richterstellung (sicher ein legitimes Anliegen!) mögen sich bewußt sein, daß so die soziologischen Voraussetzungen für ein Richterkönigtum verstärkt werden.

gesetzgebung herkommenden Vorstellungen vom „ausführenden Richter" durch eben das Verfassungsrecht endgültig überwunden sein dürften[10]. Auch Überschneidungsprobleme der Gewaltenteilung, etwa das Maßnahmegesetz, sind dann wesentlich entschärft, wenn in jedem Fall das verfassungsgarantierte Nebeneinander von Gesetzgeber- und Richterwille berücksichtigt wird. Die richterliche „Interpretationskompetenz kraft Verfassung" gestattet eine gewisse – im „technischen Zeitalter" wohl unerläßliche – Auflockerung des Normbegriffs.

Ergebnis: Das Grundgesetz und das Anliegen der Verfassungsinterpretation legen eine breitest mögliche verbindende Berücksichtigung aller bisherigen Auslegungsmethoden nahe. Verfassung und Verfassungsrecht fordern die „Interpretation" als besonderen Bereich der Rechtsanwendung in wesentlicher Verschiedenheit vom Gesetzgeberwillen.

III. Die besonderen Schwierigkeiten der Verfassungsinterpretation

Es soll nun versucht werden, die verschiedenen bekannten „Formen" der Auslegung unter Berücksichtigung der jeweils besonderen Problematik der *Verfassungs*auslegung zu überschauen. Sie werden dabei in ein gewisses Reihenfolgeschema gestellt, so daß gleichzeitig eine Art von „Interpretationsstufenlehre" angedeutet wird. Beweisthema ist wiederum: Verfassungsauslegung ist nur ein akzentuierter Sonderfall allgemeiner Auslegung, deren Kategorien jeweils ausreichen, auch wenn sie erst und gerade bei der Verfassungsauslegung besonders sichtbar werden, ebenso wie die bei den „Interpretationsstufen" festzustellenden *Grenzen* der Auslegung.

Es wird dabei zunächst von einer gewissen „Gleichartigkeit" der Verfassungsnormen dem Interpretationsproblem gegenüber ausgegangen, Verschiedenheiten sollen bei der Behandlung der Einzelfragen berücksichtigt werden. Diese aus der weitgehenden Normstufengleichheit wie aus der Entscheidungseinheitlichkeit geforderte Ausgangsposition sollte überhaupt m.E. nicht zu rasch durch aprioristische Kategorisierungen durchbrochen werden, durch die leicht Systeme an die Verfassung herangetragen werden können.

Die Frage nach den „Mitteln", den „Stufen" der Verfassungsauslegung hat bei der allgemeinsten Aporie einzusetzen: läßt sich bei Formeln wie „Die Freiheit der Meinungsäußerung wird gewährleistet", „dem Bund steht die konkurrierende Gesetzgebungszuständigkeit im ... zu", „der Bundespräsident

---

[10] Ob das gleiche für einen Bereich der (Hoheits-)Verwaltung zu gelten hat, bedarf noch näherer Untersuchung.

ernennt die Beamten" noch „klassische" Interpretation i.S. eines Erkennens des Willens des Verfassunggebers (und seiner folgenden Anwendung) geben, liegt hier nicht etwas generell anderes, etwa als „Sinnerfüllung" zu Bezeichnendes vor, bei dem in eigenartiger Weise auf „Hilfsvorstellungen" zurückgegriffen wird? Oder sollte nicht – in wieder herkömmlicher Ausdrucksweise – besser von einem „einrahmenden", „nur-ausgrenzenden" Verweis auf andere Norm(komplexe) die Rede sein? „Verfassung als Konstitutivnorm" oder „Verfassung als Verweisungs- und (nur) Garantienorm" — das ist sicher eine Grundfrage des jeweiligen Verfassungsverständnisses überhaupt. Eine Problematik, die auch bei Normen des Bürgerlichen Rechts (etwa §§ 138, 242, 826 BGB) auftritt[11], wird jedoch bei den Verfassungsnormen – wie noch zu zeigen sein wird – dadurch besonders akzentuiert, daß hier außer der „Weite" der Formulierungen und einem „Ausgreifen in andere Rechtsgebiete" auch der „Staatsgrundlegungscharakter" eine ausschlaggebende Rolle spielen muß.

Was berechtigt uns nun, diese Frage des allgemeinen „materiellen" Verfassungsrechts im Rahmen der Verfassungsinterpretation zu stellen? Einerseits die Tatsache, daß die (Nicht-)Anwendbarkeit der (klassischen) Interpretationsstufen und -mittel gerade ein entscheidendes Indiz für diesen Aspekt der Natur der Verfassung abgibt. Zum anderen aber die so vorzubereitende Erkenntnis, daß „Auslegung" überhaupt kein logisch selbständiges Gebiet, sondern eine traditionelle Form der Verschränkung und Durchdringung materiellrechtlicher Vorstellungen ist, die im wesentlichen nicht einmal „besonderen" Kategorien gehorcht, sondern in relativer Gleichartigkeit vom speziellen Rechtsgebiet her jeweils besonders akzentuiert wird — mit Ausnahme wohl nur der rein „subjektiven" Interpretation.

1. Bei dem Versuch, eine Wahl der Verfassungsinterpretation zu treffen zwischen der (traditionellen) Auslegung, der „Sinnerfüllung" oder gar dem „Verweisungscharakter", ist von den bekannten Formen der ersteren auszugehen, die unbestrittenermaßen *zunächst* anwendbar sind. Nur in Beziehung zu ihnen läßt sich eine Besonderheit, etwa der „Sinnerfüllungskategorie", erklären. Sie sind dabei jeweils mit der auszulegenden Verfassungsmaterie und deren anerkannten Prinzipien zu konfrontieren.

a) Man beginnt herkömmlicherweise den Auslegungsvorgang mit der Anwendung von Kategorien der sogenannten „logisch-grammatikalischen" Interpretation und versteht unter ihr und ihren verschiedenen Formen ein erstes „Begreifen" des Normgewollten. Daß dieser Vorgang bereits eine „Interpretation" darstellt, ist ebenso unzweifelhaft, wie es bedenklich erscheint, erst nach Abschluß *jeder* Form derartiger Interpretation aus dem Willen des Verfassunggebers und der Systematik der Verfassung weiter

---

[11] Vgl. dazu *Leisner*, op. cit., S. 223 ff., 361 f. mit Nachweisen.

auszulegen. „Grammatikalische Auslegung“[12] ist nämlich bereits – wie zu wenig erkannt wird – eine Form „objektiver“ Auslegung in dem Sinn, daß (hier außerverfassungsmäßige) *Hilfsvorstellungen* an die Verfassungsnorm herangetragen werden — selbst auf die *Gefahr* – und dies ist entscheidend – einer Korrektur des Willens des Verfassunggebers. Setzt man für „grammatikalische“ den weiteren – und richtigeren – Begriff der „sprachlichen“ Auslegung ein, so wird nicht nur deren sogleich zu erörternde Bedeutung für die Verfassungsinterpretation klarer, sondern auch der ganz außerordentliche Umfang der möglichen und anwendbaren „Hilfsvorstellungen“, die nun nicht nur formal-struktureller, sondern auch inhaltlich-erfüllender Art sind („gewöhnlicher Sprachgebrauch“). Der Wille des Normgebers kann also – soll er überhaupt berücksichtigt werden – nicht erst *nach* der Gewinnung eines so bereits weitgehend objektivierten Ergebnisses beachtet werden, sondern es ist in ihm ein *vorher* anzuwendendes Erkenntnismittel für das zu sehen, was dann erst der vollen „sprachlichen“ Auslegung unterworfen wird.

Es wird also hier die – allerdings noch näherer Umgrenzung bedürftige – These aufgestellt, daß der Komplex der logisch-grammatikalisch-sprachlichen Auslegung zu „trennen“ ist in a) ein erstes, „umrißweises“ Verstehen des „Auslegungsthemas“ und b) die „volle“ sprachliche Interpretation (vgl. unten c), zwischen die sich die Berücksichtigung des Willens des Verfassunggebers einschiebt.

b) Diese *„subjektiv-historische* Methode“[13] erweckt bei der Verfassung besondere Bedenken: bei der Allgemeinheit der Formulierungen und der ja grundsätzlich gerade gewollten Vielschichtigkeit der Normwirkungen wäre ein „Voraussehen“ und damit ein „expliziter Normwille“ nur schwer vorstellbar. Die juristischen Kompetenzen der Verfassunggeber können – ohne daß damit einige rühmliche Ausnahmen übersehen werden sollen – gerade im Fall des Grundgesetzes kaum mit den Fähigkeiten des „gewöhnlichen“ technischen Gesetzgebers verglichen werden, obwohl sie diese doch weit hätten übertreffen sollen. Die politische Situationskontingenz steht in besonderem Gegensatz zur gewollten Allgemeingeltung. Dennoch ist es eine echte Antinomie der Verfassungsauslegung – die gerade bei der „subjektiven“ Interpretation sich zeigt –, wenn einerseits die Verfassung als *Entscheidung*[14] eine Auslegung nicht nur aus der Dezisionssituation, sondern doch auch dem

---

[12] Vgl. etwa das Beispiel des Artikels 18 („insbesondere ...“). Sie führt nur selten zur Entscheidung, steckt vielmehr meist die Entscheidungs*möglichkeiten* ab.

[13] Vom BVerfG bekanntlich „grundsätzlich“ abgelehnt (BVerfGE 1, 14). Als Beispiel diene die Nichterwähnung des Streikrechts und der negativen Koalitionsfreiheit.

[14] Und das ist sie ja im Sinn von *Hans Julius Wolff* vielmehr als eine Sammlung „allgemeiner Rechtsgrundsätze“ (vgl. seinen Beitrag „Rechtsgrundsätze und verfassungsgestaltende Grundentscheidungen“, in: Jellinek-Gedächtnisschrift, 1955, S. 33 f.).

Entscheidungswillen der Constituants in *erhöhtem* Maße postuliert, zum anderen aber ihr ebenso verstärktes Garantie- und damit Kontinuitätsstreben zur Objektivierung und dynamischen Adaptierung drängt.

Die notwendige „verbindende" Lösung liegt m.E. weniger in einer „objektiv-historischen" Auslegung („Vorverfassungssituation"), die gerade diesem Kontinuitätsstreben nicht genügt, zum anderen aber zu Unrecht von dem *konkreten*, aus der Volkssouveränität heraus höchst beachtlichen Willen der représentants du peuple abstrahiert. Es kann vielmehr nur eine „stufenförmige" Verbindung möglich sein: zunächst Berücksichtigung des Willens des Verfassunggebers[15], über den nur bei einem, wohl sehr häufigen, non liquet oder zur Sicherung *überragender* rechtlicher Interessen interpretatorisch hinweggegangen werden sollte, die ja das Bundesverfassungsgericht bei den „überragenden Gemeinschaftsinteressen" bereits zu einer gewissen interpretatio contra legem, gegen den sogar „objektiv feststellbaren" Gesetzeswortlaut und -sinn bei Art. 12 GG[16] geführt haben. Letzteres läßt sich – nicht etwa nur über einen „fiktiven oder hypothetischen Willen" – doch auf die Volkssouveränität und ihre voluntaristische Basis zurückführen, und es stellt nur eine Unterordnung des einzelnen, abirrenden Willensausdrucks unter die durchgehend gewollte Höherrangigkeit anderer Rechtsvorstellungen dar.

Gerade in einer Zeit, in der das Verfassungsverständnis i.S. einer abstrakten, unvoluntaristischen Ordovorstellung übersteigert zu werden droht, ist diese – oder eine andere und bessere – Rückbesinnung und Rückbeziehung auf die dynamische Basis, besonders bei dem eminent akzentuierten Verfassungsrecht, unausweichlich.

c) Und nun setzt die erste wahrhaft „objektive", die *„sprachliche" Auslegung* im oben bezeichneten vollen Sinn ein, die sich auf Textwortlaut wie „subjektive Interpretationsmittel" (b) gleichmäßig zu beziehen hat. In ihr vollzieht sich der erste, entscheidende Durchbruch zur „Allgemeingültigkeit", bei der Verfassung aus der Garantiefunktion heraus speziell akzentuiert und deshalb *an sich* schon besonders wichtig, entscheidend hier bedeutungsgesteigert aber erst durch die Weite der Begriffe und Formulierungen, über die die Vorstellungsinhalte des „Lebens" in bisher noch nicht genug gewürdigtem Ausmaß in die höchste Normstufe einfließen. Was ist „Meinung"? Was bedeutet „Gewissen?" Vor allem der Grundrechtsbereich – aber nicht nur er, wie der Begriff „politische Partei" zeigt – kommt nicht mit einer (noch zu

---

[15] Für dessen Feststellung muß eben, mehr als jetzt, eine eigene Lehre entwickelt werden, die an den Nachweis durchaus hohe Anforderungen stellen soll. *Hier*, nicht „grundsätzlich", sollte die subjektive Auslegung beschränkt werden. — Das BVerfG vertauscht m.E. die Stufen.

[16] BVerfGE 7, 405 ff. (Drei-Stufen-Entscheidung).

erörternden) Erfüllung durch anderweitig bereits normmäßig fixierte Inhalte aus, die zudem überaus gefährlich ist und ferner das Problem nur auf eine niedere Normstufe verlagert, wo es dann doch auftritt. Letztlich ist sehr oft – gerade bei den „ausgreifenden" Verfassungsnormen – der außerverfassungsmäßig, ja außerrechtlich gebildete Vorstellungsinhalt entscheidend. Wichtig ist hier zu erkennen, daß gerade die das ganze Recht dominierende Verfassung dem weiter als jedes andere Gesetz offensteht, daß also die höchste, in ihr scheinbar vollzogene „Verrechtlichung" so antithetisch umschlägt in eine erstaunliche Herrschaft des Außerrechtlichen, der „allgemeinen Vorstellungen". So gewinnt übrigens der mit „demokratischen" (im Rousseauschen Sinn) Konzeptionen scheinbar hier wenig harmonierende Verfassungsbegriff dennoch den Anschluß an die Demokratie zurück, indem durch eine richtige, aus dem Kulturbewußtsein schöpfende Verfassungsauslegung geradezu eine „*Ent*rechtlichung" eintritt und Außerrechtliches wechselnd und plebiszitierend in die Gesamtrechtsordnung über die „sprachliche Interpretation" einbricht.

Damit aber erweist sich *diese* bereits als eine Art von „Sinnerfüllung" (was klarer erkannt werden müßte) von unabsehbarem Ausmaß. Mit jedem Wort, das sie verwendet, verweist die Verfassung, sich unterordnend, auf außerverfassungsmäßige „Hilfsvorstellungen". Nachdrücklich muß deshalb festgestellt werden: ob eine Norm interpretiert wird „mit Hilfe" von „anderen" rechtlichen Inhalten, „Vorstellungen der Straße", oder anderen Konzeptionen *derselben* Verfassung, ist für die logische Struktur der Auslegung ganz gleichgültig. Rechtsauslegung ist immer logisch ein Vorgang der Unterordnung des auszulegenden unter das „auslegende" „Gesetz" (im *weitesten* Sinn der [auch Sozial-] Normvorstellung), materiell eine Übernahme geklärter Inhalte in rahmenmäßig festliegende Formen. Es kann deshalb nie gelingen, eine logisch einwandfreie Grenze zwischen „klassischer Auslegung", „Sinnerfüllung" und „Verweisung" zu ziehen, weil bereits in den eindeutigsten Formen der ersteren eine zweifelsfreie „Sinnerfüllung" vorliegt. Eine Unterscheidung kann also zwar nach „Erfüllung mit rechtlichen oder außerrechtlichen" Vorstellungen getroffen werden, die bei der Verfassungsauslegung nicht von so grundsätzlicher Bedeutung ist, wie man annehmen könnte, weil ja hier der Normstufenunterschied eine weite Entfernung auch zu niederrangigen Rechtsvorstellungen schafft. Eine weitere Differenzierung könnte nur sinnvoll sein, soweit auf den Umfang des „Rahmens" der „aufnehmenden", interpretierten Norm abgestellt wird, der bei Verfassungsnormen, vor allem den Grundrechten, sicher weiter ist, als bei den meisten anderen Rechtssätzen. Aber auch hier kann nur eine gewisse, m.E. sogar unbedeutende, Akzentuierung anderer Interpretation gegenüber angenommen werden — man denke an die gleichliegende Problematik bei allgemeinen Klauseln des BGB oder beim Persönlichkeitsrecht.

Die Betrachtung der ersten „objektiven“ Stufe „klassischer“ Interpretation zeigt also: es gibt keinen generellen, logischen und damit m.E. keinen dogmatischen Unterschied zwischen „Auslegung“, „Sinnerfüllung“ und „Verweisung“ (gerade bei der Verfassung erfüllt ja letztere nicht nur die Aufgabe der Bereitstellung eines *weitesten* Rahmens, sondern auch die Normerhöhungsfunktion). Man sollte hier getrost von einer „Auslegung“ i.w. Sinn sprechen, *wenn* man darunter nicht nur – fiktiv – ein „Verstehen“ des Gesagten, sondern eine Verschränkung verschiedener materieller Normkomplexe (im weitesten Sinn) versteht, bei der eine Priorität nach „Graden des Anerkanntseins“ festzustellen ist. Hält man dagegen an der herkömmlichen Terminologie („Auslegung“ als [isoliertes und isolierendes] *Erkenntnis*bemühen) fest, so ist es zweckmäßiger, davon eine „Sinnerfüllungsstufe“ zu unterscheiden, weil so das Eigengewicht des Aufgenommenen klarer erscheint und die Grenze zwischen dem Rahmen und ihm ehrlicher aufgesucht wird. Wie auch immer man sich aber entscheiden mag: es gibt *keine „besondere* Kategorie der Verfassungsauslegung“ — etwa die Sinnerfüllung. Die Anwendung der allgemeinen Kategorien führt hier nur zu besonderen Ergebnissen, aus deren Bedenklichkeit heraus sie u.U. in spezieller Weise zu kombinieren sind. *Dies* ist *nötig*, weil das *Ziel* (Realisierung der materiellen Verfassungsgrundprinzipien) hier den Einsatz der Mittel zu steuern hat — und letzteres ist wieder dogmatisch *möglich*, weil die Auslegung nicht, wie eben dargelegt, eine „abstrakte“, „dogmatisch selbständige“ Wissenschaft, sondern nur eine Serie von Verschränkungsmöglichkeiten materieller Normkomplexe ist, die *deren* jeweiligen Strukturprinzipien, deren jeweiliger Finalität entspricht. *In diesem* „letzten“ Sinn nur kann von einer besonderen „Verfassungsauslegung“ die Rede sein, so allein wird sie im folgenden verstanden.

d) Der „sprachlichen“ Auslegung folgt die „systematische“, aus *anderen* Normen desselben Gesetzes (aa), aus der Systematik desselben (bb). Sie ist immer noch eine Auslegung „i.e. Sinn“, wird doch der „kodifikatorische“ Kreis nicht verlassen.

aa) Zur Interpretation von Verfassungsnormen *durch* ebensolche („Selbstinterpretation“) mögen etwa folgende Beispiele dienen: Art. 116 GG (Deutscher i.S. dieses Grundgesetzes ist ...); Art. 6 GG – und die etwaigen Möglichkeiten seiner Beschränkung – darf keineswegs so ausgelegt werden, daß dadurch Art. 4 tangiert wird; bei der Interpretation von Art. 72 ff. ist das Bundesstaatsprinzip (Art. 20) heranzuziehen.

Der erste Fall ist der der ausdrücklichen, gewollten „Interpretationsnorm“: eine Norm sagt aus, was die andere mit dem dort verwendeten Ausdruck „will“. In den beiden anderen Fällen sollen „fremde“ Norminhalte bei der Bestimmung des Inhalts einer Einzelnorm verwendet werden — „fremd“, obwohl sie derselben Kodifikation angehören, weil sie hier zunächst *nicht* als

Ausdruck eines „Geistes der Verfassung" (vgl. unten bb), sondern als Regelungen völlig anderen Inhalts erfaßt werden müssen. Selbst unter Berücksichtigung dieser Unterscheidung sind sie als „Interpretationsnormen" anzuerkennen: leges interpretatoriae sind sie nicht mehr in dem Sinn, daß sie das Verständnis der auszulegenden Norm *ausdrücklich* und in *vollem* Umfang erfüllend erleichtern, sondern *nur* dadurch, daß sie inhaltlich mit der zu interpretierenden Verfassungsnorm harmonisiert werden müssen. *Jede* Harmonisierung zweier Normen macht aber, durch die Grenzkollision, die eine Norm zur lex interpretatoria der anderen (Grenzbestimmungsauslegung). Die „Ehefreiheit" darf interpretatorisch nicht so weit ausgedehnt werden, daß ein mit der Gewissensfreiheit unvereinbares Ergebnis erzielt wird.

Der oben erwähnte *dritte* Fall weicht nur scheinbar von dieser Konstruktion ab, wenn nämlich die „auslegende Norm" (Bundesstaatsprinzip), ein *allgemeiner* Grundsatz, als den auszulegenden Normierungen sozusagen „kernimmanent" angesehen wird — sei es, daß er als ein „quantitativer" innerster Bereich erscheint, sei es, was der gängigen Auffassung weit mehr entsprechen dürfte, indem die „Grundsatznorm" als der auszulegenden gewissermaßen „final innewohnend" aufgefaßt wird. „Finale" Beziehungen haben aber im Verfassungsrecht – dogmatisch gesehen – angefangen von der „Staatszwecklehre", eine geheimnisvolle Unbestimmtheit, die m.E. dahin – im vorliegenden Fall wenigstens – aufgehellt werden sollte, daß die Wirkung des „interpretatorischen Prinzips" (Bundesstaat, Bundestreue u.a.) auf die auszulegende Norm (Art. 72 ff.) als dem oben erwähnten Fall der „Grenzbestimmungsauslegung" völlig entsprechend angesehen wird: es ist *zunächst* ein fester Norminhalt des „Prinzips" festzustellen, der dann bei Festlegung des Inhalts der lex interpretanda als „Grenze" beachtet werden muß. Man wende nicht ein, es werde so die Interpretationswirkung eines „Prinzips" unzulässigerweise mit der einer „fremden, aussagefremden" Norm identifiziert. Unterschiede gibt es, aber sie liegen nicht in der logischen Struktur der Interpretation, sondern nur in der Art der Grenzziehung. Beim „Verfassungsprinzip" ist diese „allseitig", „umrahmend", bei den anderen Normen erfaßt sie nur einen Punkt des „Normumfangs" – Probleme, die eine Verfassungsprinzipienlehre noch vertiefen müßte.

So wird die Bedeutung der Smend'schen Aussagen über den Interpretationsregelcharakter der Verfassungsnormen voll sichtbar: als Grenzinterpretationen normstufengleichen Regeln, als „Prinzipien" u.U. niederrangigem Recht oder anderem Verfassungsrecht gegenüber. „Jede Norm des Grundgesetzes ist Interpretationsnorm jeder anderen" – das gilt an sich auch auf anderen Rechtsgebieten – bei der Verfassung aber wird die „Grenzinterpretationswirkung" wegen der Weite der Formulierungen verstärkt (andere Normen „berühren" sich u.U. gar nicht) und ihr aus der Normstufenbesonderheit der „Selbstinterpretation" besonderes Gewicht zukommen: vor *jedem* Rückgriff auf niederrangiges Recht *muß* die Auslegung aus der Verfassung selbst erschöpft werden. Diese ist wieder – dogmatisch – nichts anderes, als eine Form der „Sinnerfüllung", deren grundsätzliche Gleichartigkeit mit der „klassischen" Verstehensauslegung bereits betont worden ist: hier allerdings nicht durch Übernahme außerverfassungsmäßiger, sondern „normaussagefremder" rechtlicher Sinngehalte.

bb) Verstärkt die Weite der Formulierungen im Verfassungsbereich die Bedeutung der „Interpretation aus anderen Verfassungsnormen", so kommt aus verschiedenen Gründen hier der *„Auslegung aus dem Geist"* der Kodifikation größeres Gewicht zu, in welche die „systematische" Interpretation erwächst. (Man könnte dies „vertikale" Verfassungsselbstinterpretation nennen.)

Der von Smend gültig nachgewiesenen erhöhten „Integrationswirkung" einer Verfassung überhaupt entspricht es – als jedenfalls unbestreitbarer Sinn jeder „Integration" –, daß die Interpretation aus dem „Ganzen, dem System", an Aussagebedeutung die Summe der Einzelselbstinterpretationseffekte *generell* überragen muß. Anderen Normen gegenüber ist bei der Verfassung der „Entscheidungscharakter" verstärkt, so daß ein einheitlicher „Geist der Verfassung" postuliert werden muß, zu dem sich die Systematik, wie sie jeder Kodifikation zugrunde liegt, verdichtet. Verfassung ist nicht Résumé, sondern integrierende Dezision. Eine Konstitution entbehrt meist der formellen und – bei beschränkter Naturrechtlichkeit – weitgehend der materiellen „Aufhängung" an höheren Normschichten. Damit verstärkt sich naturgemäß der Zug zu einer die Einzelnormierungen zusammenfassenden „Selbstaufhängung", die wiederum, über einfache Systematik hinaus, einen einzelnormtranszendenten „Geist" fordert — dessen Bedeutung, gerade weil er aus abstrahierender Globalharmonisierung erwachsen ist, sich vor allem bei der „Einzelharmonisierung" der Verfassungsregeln zu bewähren hat, wie sie jede Auslegung darstellt. Die allgemeineren und „ausgreifenden" Formulierungen schließlich sind der Entwicklung eines Geistes der Kodifikation näher, weil sie selbst bereits eine „zusammenfassende Normhöhe" aufweisen, aus der, in erhöhender Analogie, jener „Geist" sich erheben kann — und weil sie, stärker als spröde „technische" Einzelregelungen, zu ihm harmonisierbar sind.

Die *Verfassungsordnung des Grundgesetzes* setzt in besonderem Maße die Existenz des „Geistes" der Verfassung als Ausdrucksmittel „systematischer Interpretation" voraus: Der „Ordogedanke", der mehr ist als Systematik, wird in verschiedenen Formulierungen immer wieder angesprochen (verfassungsmäßige *Ordnung*, freiheitliche demokratische Grund*ordnung*). Art. 79 Abs. 1 GG[17] ist nicht nur ein Ausdruck der „numerus-clausus"-Forderung im Verfas-

---

[17] Zu den Beziehungen von Artikel 79 GG zu einer „materiellen Verfassungslehre" vgl. *H. Ehmke*, AöR 1953/4 (79), S. 386 ff., insbes. S. 396 f., 401 f.

sungsrecht, sondern durch ihn soll der Verfassungsgesetzgeber doch auch zum „systemeinreihenden Denken" gezwungen werden — eine Absage an isolierte, isolierende Punktualregelungen. Innerhalb der Verfassung selbst ist eine gewisse „Stufenrangordnung" der Normstärken eingeführt (wenigstens Art. 1 u. 20, 79 GG), und es soll eine – noch nicht voll geklärte – teilweise Naturrechtsrezeption vollzogen sein — alles „vertikale Kategorien" des Verfassungsrechts selbst, die dessen Ausrichtung an einem „Geist" der Kodifikation nahelegen und durch Wirkung auf alle anderen Verfassungsnormen (vgl. Art. 1 GG) bereits diejenige „Abstraktion" andeuten, welche dann das Wesensmerkmal der Wirkung des „Geistes der Verfassung" darstellt. Dem Grundgesetz ist schließlich, auch in seinen Einzelregelungen, ein gewisses „Rahmenprinzip" eigen (Institutsgarantien, Rahmengesetzgebung, Gesetzesvorbehaltssystem), das hier ebenfalls „nach oben" seine natürliche, interpretatorisch dann rahmenmäßig ja abgrenzende Fortsetzung fände.

Übernimmt man schließlich die neuere „Wertlehre" im Verfassungsrecht, so kann erst recht die erhöhte Potentialität einer solchen (Wertvorstellung) nicht auf eine Einzelregelung einengbar sein, sondern drängt zu noch allgemeinerer, höherer Regelbildung.

Für die Verfassungsauslegung ist daraus zunächst abzuleiten, daß eine solche Interpretationsform eine weitgehende Sperre der Übernahme außerverfassungsmäßiger Vorstellungen sicher darstellt. Die Verfassung bewährt sich hier – auch historisch gesehen zu Recht – als höchster Ausdruck der Kodifikationsidee. Vergeistigte Systematik entfernt die Auslegung weitestgehend vom „Pol" der reinen „Verweisung", so daß die Gegensätzlichkeit zu „Norminhalten" wie denen der §§ 138, 242, 826 BGB klar wird. Auslegung aus dem „Geist der Verfassung" bedeutet ferner eine Absage an *reine* Einzelfortbildung der Grundrechtsbestimmungen, die dem „Glauben an das System", dem Glauben der Unterordnung der „Realität" unter diese höhere Vergeistigung, zu weichen hat. So sollte sie sich als Gegengewicht überspanntem „Richterkönigtum" gegenüber bewähren (obwohl – in eigenartiger Antinomie – gerade sie ihm die Tore zu öffnen scheint), weil der Auslegende nie zur (relativ) freien Entscheidung, sondern immer zur Unterordnung unter den „allgegenwärtigen Systemgeist" der Verfassung aufgerufen ist.

Die unvergleichliche Bedeutung solcher Auslegung, gerade bei der Verfassung, folgt schon daraus, daß sie, an der praktisch bedeutsamsten, normhöchsten Stelle der Rechtsordnung angewandt, zum Vorbild auch für Norminterpretationen werden muß, denen solches, aus ihrer Technizität heraus, ferner steht. Die *Verfassungsauslegung* erscheint damit als Prototyp *jeder anderen Interpretation.* Einer besonders virulenten, dynamischen „politischen" Realität gegenüber bewährt die „Auslegung an dem Geist der Verfassung" eine glückliche, elastische und doch prinzipientreue Leitfunktion des Normativen.

Gerade hier liegt aber auch die Gefahr: der „Geist“ anderer Kodifikationen kann deshalb leichter „variabel gehalten“ werden, weil sie – normativ „aufgehängt“ – keine „Selbstaufhängung“ in einem starren „Geist“ in gleichem Maße nahelegen. Die Gestaltung technisch konkreter Realität „entideologisiert“ sie auch leichter, während bei der Verfassung ein Geist dem anderen das Haus, das doch ein Haus für alle sein muß, versperren kann. Die an sich – in ihrer natürlichen Antinomie – eine gewisse Elastizität gewährleistenden Begriffe „Ordo“ und „Dezision“ drohen dadurch zu einer Erstarrung des Verfassungsbereichs *zusammen*zuwirken, daß zur materiellen „Ruhe des Normordo“ und seines Geistes die formelle Unabänderlichkeit der einheitlichen Entscheidung gestellt wird. Eine Auslegung aus dem „Geist“ kann auch deshalb das Verfassungssystem bis zur Impraktikabilität „zementieren“, weil gerade in ihn, in einem „Kryptoprozeß“, philosophische und ökonomische Systematik leichter einfließen kann als in die „spröderen“ Einzelnormen. Damit aber würde er aus der abstrakten Wirkkräftigkeit in die Vorhöfe eines alles entscheidenden Pragmatismus oder einer ideologischen, bestreitbaren und bestrittenen Kampfsystematik gezogen werden. Der Versuch, eine ganz spezielle Marktordnung aus dem „Geist“ der Verfassung einzelnorminterpretierend abzuleiten[18], ist nur deshalb ein nicht so bedenkliches Beispiel, weil die Wirtschaftsverfassung des letzten Dezenniums tatsächlich viel weniger „modellgetreu“ war, als vielfach angenommen wurde. Außer der Gefahr eines aus dem übermäßigen Abbau der Normdichte heraus möglichen Umschlags in völlige justizstaatliche Interpretationswillkür darf ferner nicht die andere übersehen werden, daß der „Geist“ der Verfassung aus normniederen Schichten entwickelt werden kann, was vor allem bei der Grundrechtsauslegung kaum völlig verhindert werden wird. Dies würde zu dem verheerenden Ergebnis führen, daß niedere Norminhalte – auf dem Umweg über den angeblichen „Geist“ des Systems – sich höherrangigen überlagern. Weil die Verfassung *höchste* Normstufe ist, tritt überdies hier das Bedenken auf, daß der „Geist“ der Konstitution ja dann, möglicherweise, als solcher unabänderlich werden könnte, was, über den Weg der Interpretation, zu einer Unantastbarkeit weiter Verfassungsgebiete und über deren Ausgreiflichkeit wieder zu der größerer Rechtsgebiete erwachsen müßte. Eine solche unannehmbare Entmachtung des Parlaments würde die Gewaltenteilung zerstören. Schließlich aber sollte über allzu großer Systemfreudigkeit und im oft festzustellenden heutigen Überschwang der materiellen Verfassungslehre nicht vergessen werden, daß eine Auslegung aus dem Geist der Verfassung den vorher erwähnten Interpretationsstufen gegenüber grundsätzlich subsidiär sein sollte,

---

[18] Vgl. Nachweise bei *Leisner*, op. cit., S. 186 ff. und neuerdings wieder *H.C. Nipperdey*, Soziale Marktwirtschaft und GG, Köln 1961; vgl. auch *Th. Maunz*, Wirtschaftliche Grundrechte in unseren Verfassungen, Festschrift der Hochschule für Politische Wissenschaften, München 1960, S. 90 ff.

weil die Verfassung ursprünglich *punktuelle* Garantie war (im Grundrechts-, aber auch im Organisationsteil, wo es heute – man denke nur an Art. 93 GG – noch klarer ist) und dies ersichtlich weitgehend bleiben will, weil sie politisch-kontingenter, und damit doch wieder punktueller, *Willensausdruck* bleibt und nur „systematisiert" werden kann, soweit dies jener „Willenscharakter" zuläßt. Der *Wille* ist aber das Primäre, sein Ausdruck ist von jeder Interpretation zu erkennen und anzuerkennen, er hat die Macht des sic jubeo, der, wenn auch systemwidrigen „Sperre", nicht jeder Interpretation, aber der Auslegung aus dem „Geist der Verfassung" — nicht, weil diese positivrechtlich verboten werden könnte, sondern weil sie, wie gesagt, in einem grundsätzlichen Subsidiaritätsverhältnis zu der stufenfrüheren Einzelauslegung zu stehen hat. Es muß hier ganz allgemein die Frage zur Diskussion gestellt werden, ob denn nicht – wenigstens bei der Verfassungsauslegung – ein Fortschreiten von der einen „Auslegungsstufe" zur anderen, von der Anwendung des ersten zum folgenden Auslegungsmittel, vom Subsidiaritätsprinzip beherrscht werden sollte, so daß nur bei non liquet auf früheren Stufen der „Geist der Verfassung" bemüht würde. Hier wird – unter dem Vorbehalt weiterer Vertiefung – diese These aufgestellt, denn ein Nebeneinander der Anwendung von „Interpretationsmitteln" postuliert entweder einen – schwer auffindbaren – anderen Koordinierungsgrundsatz (wenn er materiellrechtlich aus der Verfassung entwickelt wird, führt er das Diktat einer materiellen Theorie „zu früh" ein), oder es tritt die oft festzustellende Auslegungswillkür auf.

Die Auslegung aus dem „Geist der Kodifikation" ist nicht identisch mit der aus dem Geist ihrer Schöpfer, von der sie oft zu wenig geschieden ist. Sie wirft, wie dargelegt, typisch verfassungsrechtliche Probleme auf, läßt besondere verfassungsrechtliche Gefahren entstehen. Daß man Geister nicht rufen soll, gilt wohl auch für diesen „Geist". Das „Kernbereichdenken", das jedes Verfassungsrecht fordert, bewährt sich gerade in vertikaler Hinsicht: je höher man aufsteigt, um so „enger" – aber auch absoluter – werden die abzuleitenden Lösungen.

2. Hat ein Überblick über die Anwendungsmöglichkeiten der herkömmlichen Interpretationsmittel im Verfassungsrecht gezeigt, daß sie hier nur besonders „akzentuiert" erscheinen, und daß es sich dabei bereits um eine Art von „Sinnerfüllung" handelt, so kann nunmehr rascher dargelegt werden, was das Wort „Sinnerfüllung" in dem engeren Sinn bedeuten kann, in dem es bei der Verfassungsauslegung heute bisweilen verstanden wird. Es liegt tatsächlich eine weitere „Stufe" der „Interpretation" vor, auf der, von der sprachlichen und der „Selbstauslegung" getrennt, über deren Hilfsvorstellungen *hinausreichende Inhalte aus anderen Bereichen der Rechtsordnung* in das Verfassungsrecht eingeführt werden. Ausdrücklich sollten hier reine Übernahmen aus philosophischen oder ökonomischen Systemen ausgeschlossen

werden, weil solche m.E. nur im Rahmen der „sprachlichen" oder der Selbstinterpretation zulässig sind.

Daß die Übernahme „andersrechtlicher" Hilfsvorstellungen dabei überhaupt als selbständige Auslegungsstufe erscheinen kann, mag befremden. Die Annahme einer solchen rechtfertigt sich aber aus der besonderen Stellung der normniederen Inhalte zur Verfassung und den spezifischen Gefahren, die aus der Erfüllung der Verfassung mit ihnen erwachsen *können.* Beides steht, wie sich zeigen wird, einer solchen „Erfüllung" nicht generell entgegen, legt aber deren „höchstsubsidiäre" Geltung im Auslegungsbereich nahe. Wieder dient dabei die Verfassungsauslegungsproblematik als Prototyp zur Erfassung der „Sinnerfüllung aus normniederen Inhalten" überhaupt.

Ist denn eine Sinnerfüllung der Verfassung durch Gesetzesrecht nicht schon deshalb abzulehnen (etwa des Begriffes „Religionsunterricht" nach den Grundsätzen des Rechts der religiösen Kindererziehung), weil eine unzulässige Normstufenvertauschung vorliegt? Wird damit nicht die Verfassungsnorm zur reinen Verweisungsregel, oder zur Analogiebrücke? Sagt das Grundgesetz nicht deutlich, wann es eine solche „Verweisung" will (Art. 14 „... werden durch die Gesetze bestimmt"), während im übrigen bei den Gesetzesvorbehalten nur von „Beschränkung" und „Ausgestaltung" die Rede ist? Werden dem Verfassunggeber nicht einfach Blankettentscheidungen, dilatorische Formelkompromisse unterschoben und der Selbstaussagewert der Verfassung dadurch letztlich preisgegeben, daß das Ordoelement – um jeden Preis realisiert – dem Dezisionscharakter kurzweg vorgezogen wird? Gerade die grundgesetzliche Ordnung betont doch den „Selbstand" des verfassungsrechtlich Ausgesagten durch die scharfe vertikale Gewaltenteilung – die so, wie oben die horizontale, zum Auslegungsgrundsatz wird –, durch den der Weimarer Zeit gegenüber feststellbaren Zug zur Spezialisierung der Gesetzesvorbehalte, durch die Verstärkung des Kernbereichdenkens (vgl. Art. 19 Abs. 2 GG), durch die Schaffung einer eigenen, eigenwilligen Interpretationsinstanz (Bundesverfassungsgericht), die nicht mehr Annex des „ordentlichen" obersten Gerichts ist, schließlich durch Verwendung einer eigenen, nicht rein an einzelgesetzlichen Sprachgebrauch angelehnten Terminologie bei der Verteilung der Gesetzgebungszuständigkeiten.

Dennoch kann eine solche „hinaufinterpretierende" Sinnerfüllung bei der Verfassungsauslegung nicht schlechthin ausgeschlossen werden. Aus der ganzen historischen Entwicklung des deutschen Verfassungsrechts ergibt sich, daß die konstitutionelle Aussage in *besonderer* Beziehung zur ordentlichen Gesetzgebung steht. Diese kann nicht einfach als ihre „Ausführung" erscheinen, jene ihr nicht *nur* mit inhaltlichem Selbstaussagewert gegenübertreten. Verfassung ist – historisch – zuallererst Verfestigung gewisser Gesetzgebung, und damit liegt ihre Selbstaussage, gerade im Grundrechts-, aber auch etwa im Kompetenzverteilungsbereich, vorzüglich in der *formalen* Abgrenzung der Normerhöhung, während *inhaltlich* der „Verweisungscharakter" beherrschend bleibt. Neben der „Verfestigungsfunktion" steht zwar in wachsendem Maße die zur Ordo *koordinierende* Verfassungsaufgabe, aber auch sie verlangt nicht stets inhaltliche Neuschaffung, sondern erschöpft sich oft in der Abgrenzung des Bestehenden. Bei dem heutigen, weitgehend noch traditionsarmen Stand des deutschen Verfassungsrechts wäre es einfach eine Fiktion – oder ein Blankett an die Allmacht des Richters –, wollte man den Abstand von allgemeiner Normierung in der Verfassung zur Realität, der doch die wechselnde, dynamische Gesetzgebung viel näher steht, mit dem diese Reaktion „umkehrenden" Postulat überspringen, die Verfassung müsse die Gesetzgebung vollinhaltlich „leiten". Die Verfassung kann eben sehr häufig doch nur „Rahmen" sein, und nichts vermag der Verfassungsinterpretation die schwere, vielleicht im letzten unlösbare Aufgabe abzunehmen, ein Doppeltes, in mühsamer Einzelauslegung, jeweils aus materiellrechtlichen Verfassungsvorstellungen heraus, zu leisten: Selbstaussagewert und Verweisungscharakter bei jeder Norm klar zu scheiden und ein Minimum von ersterem dadurch zu sichern, daß Grundsätze für die „Übernahme" niederrangiger Hilfsnormvorstellungen erarbeitet werden, die dem „höchstsubsidiären" Charakter dieser Auslegungsstufe Rechnung tragen.

Der Anschütz'schen Regel „es ist ja alles gleichgeblieben" ist also eine Absage zu erteilen. Bei der Übernahme ist behutsam zwischen „Begriffsinhaltsübernahme" und der weitergehenden „Regelungsübernahme" zu trennen, wenn auch, rein logisch, erstere immer einen Ansatz zu letzterer schon enthält. Es besteht eine Vermutung dafür, daß – schon aus der oben erwähnten Koordinierungsfunktion heraus – nur Begriffsinhalte („Beamter", „Ehe") übernommen werden können, während regelnde Aussagen („ist frei") gesetzesferner, „typisch verfassungsrechtlich", d.h. auf Grund der vorhergehenden Interpretationsstufen, ausfüllbar sind. Selbst bei einer solchen „Sinnerfüllung" durch Gesetzesaussagen muß ferner eine gewisse „Traditionalität" der übernommenen Begriffe gegeben sein, weil es Sinn der Koordination nur sein darf, „wirklich, fest" Bestehendes zusammenzufügen und Kontingentes auch nicht verfestigt werden kann. Schließlich muß auch hier wieder das Kernbereichdenken zu seinem Recht kommen, indem nur der feststehende, rechtsanalog schon auf niederer Ebene gewonnene Kern eines Regelungskomplexes übernommen wird. Daß der „Institutionsbegriff" nicht genügend geklärt ist, stellt dabei eine schwere Belastung dar. Freilich wäre es lockend, die Übernahme jeweils bei „technischem" Recht zuzulassen, weil bei der Verfassung einzelrechtstechnische Vorstellungen nur in Sonderfällen vorausgesetzt werden können. Der Begriff des „technischen" Rechts ist aber zu unklar und wohl in nächster Zeit nicht klärungsfähig.

Die „Sinnerfüllung" in diesem engeren Sinn ist also ebenfalls keine spezielle Kategorie des Verfassungsrechts, sie ist von den anderen Stufen der Verfassungsinterpretation, die auch „Sinnerfüllungen" – ihrer dogmatischen Struktur nach – sind, nur nach dem speziellen Inhalt des Übernommenen geschieden — eine Folge der bereits mehrfach belegten Tatsache, daß Auslegung nur Verschränkung materiellrechtlicher Norminhalte und also nur nach diesen letztlich einteilbar ist. Verfassungstechnisch bildet sie ein wichtiges Instrument der Normstufenüberwindung, eine ultima ratio gegen die bisweilen drohende Versteinerung ganzer Rechtsgebiete.

Was bisher an Interpretationsstufen dargelegt worden ist, dient, das mag noch zum Schluß angedeutet werden, zur Bedeutungsentfaltung der Verfassung in mehreren großen, unter sich allerdings zusammenhängenden Richtungen: Es gilt, die normierende Aussage selbst ihrem Inhalt nach festzustellen (was bedeutet die „Freiheit der Meinungsäußerung", was ist hier „frei", was „Meinung"), sodann – insbesondere im Grundrechtsbereich – ihren „Titular" und ihren „Adressaten" zu ermitteln und schließlich die innerverfassungsmäßige „Normhöhe" zu bestimmen (Menschenrechtsqualität – Unabänderlichkeit – Verfassungsprinzipienqualität). Alle diese Aufgaben sind bei der Allgemeinheit der Verfassung erheblich erschwert, treten aber genauso bei der Auslegung anderer Rechtsnormen auf — mit Ausnahme der Normhöhenfrage im engsten Sinn (Unabänderlichkeit), die aber nur Einreihung in eine besondere Verfassungskategorie verlangt.

IV. Einige Prinzipien der Verfassungsauslegung

Verfassungsauslegung ist also, was die allgemeinen Mittel anlangt, deren sie sich bedient, die Stufen, auf denen sie sich vollzieht, die Aufgaben, welche sie zu lösen hat, in keiner Hinsicht generell von anderer Normauslegung verschieden. Dagegen entfaltet sich ihr „spezifischer" Charakter, sobald die „Selbstinterpretation" der Verfassung, insbesondere die „systematische" Interpretation, die letzte, aber auch wichtigste Stufe der Verfassungsauslegung (vgl. oben III, 1 a.E.), aus dem Wesen der Verfassung überhaupt und der grundgesetzlichen Ordnung im besonderen heraus *näher* verdeutlicht werden soll, weil eben das Verfassungsrecht hier seine materiell-rechtlichen Besonderheiten zeigt. Ein Beginn zu dieser Erarbeitung von „Kategorien des allgemeinen Verfassungsrechts zur Verfassungsauslegung" soll nunmehr unternommen werden. Dabei wird, um einen möglichst allgemeinen Ansatz zu gewinnen, von den wesentlichen Zügen der grundgesetzlichen Normierung ausgegangen: von der Weite ihrer Formulierung, von der Ausgreiflichkeit ihres Inhalts in andere Rechtsgebiete und von ihrem staatsgrundlegenden Charakter. Es ist klar, daß dabei, dogmatisch gesehen, allgemeines Verfassungsrecht geboten wird — aber in der besonderen interpretatorischen Einkleidung, die zwar keinen dogmatischen Selbstand der Auslegungswissenschaft begründet, wohl aber eine eigenartige, wichtige, höchste Kategorisierung unseres Verfassungsrechts ermöglichen und so jenem dringend nötigen „allgemeinen Verfassungsrecht" vorarbeiten sollte.

1. *Die Weite der Formulierungen* ist eine Besonderheit der Verfassungsnormen, im organisatorischen Bereich wie im Raum der Grundrechte. Eine Interpretation, die hier von Willkür sich freihalten will, muß – auf der erwähnten Auslegungsstufe – mit Kategorien arbeiten (und über sie allgemeines Verfassungsrecht zur Anwendung bringen), für die man den herkömmlichen Terminus „Vermutung" in dem Sinn verwenden kann, daß hier auf bestehenbleibende Zweifel geantwortet werden soll und eine andere Lösung – etwa durch eine „Sinnerfüllung" im engeren Sinn – im Einzelfalle möglich bleibt.

Dieser Weg ist bekanntlich auch bei einem Phänomen bereits beschritten worden, bei dem es zweifelhaft sein kann, ob es zu einer „Einzelinterpretation" aus anderen Normen der Verfassung oder zu einer Auslegung aus dem „Geist" derselben gehört: bei der angeblichen „Vermutung" für den Vorrang der persönlichkeitsbezogenen vor den sachbezogenen Normierungen[19]. — Im folgenden werden nur Kategorien erwähnt, bei denen die Zuordnung zum „allgemeinen Verfassungsrecht" zweifelsfrei und durch eine gewisse weitergehende – wenn auch nur scheinbare – „Formalisierung" die Nähe zu der klassischen „Interpretationsvorstellung" größer ist:

Das *„quantitative Kernbereichdenken"* bedeutet, daß bei der Begrenzung von Begriffen, wie z.B. „Meinungsfreiheit", „politische Verträge", aus dem gesamten, etwa nach „sprachlicher" Auslegung sich ergebenden Norminhaltsbereich ein „Zentrum" (oder mehrere) aufgesucht wird, das „auf jeden Fall" erfaßt wird. Andere, zweifelhaftere Fälle werden dazu in ein Verhältnis der Konzentrik gesetzt — bis zu dem Punkt, an dem – etwa – die „Belästigung" zur quantité négligeable wird. Mit dessen „quantitativem Abstand" vom „Normkern" wird dann der strittige Fall verglichen. Ein sehr schematisches Vorgehen — zugegeben; sein Erkenntnissinn besteht aber m.E. darin, klarzustellen, daß letztlich der „Einschnitt", bei dem die Verfassungsgarantie einsetzt, so ermittelt wird, daß die gesamten möglichen Schutzzonen – we-

[19] Es möge hier, etwa gegenüber *Wintrich*, Zur Problematik der Grundrechte, S. 13, ein Wort der Kritik gestattet sein: mit der Formel „Persönlichkeitswerte gehen Sachwerten vor" läßt sich rechtlich nichts sauber lösen. Sachwerte werden *nie* an sich, sondern immer in Beziehung auf Persönlichkeitswerte geschützt. Ein lärmreiches (etwa öffentliches), reiner Sachwertschaffung dienendes Unternehmen braucht nicht vor den „Persönlichkeitswerten" (Ruhe, Besinnlichkeit, u.ä.) des einzelnen a priori zu kapitulieren. Grenze ist hier nur die Menschenwürde, ein m.E. viel engerer Begriff.

nigstens schichtweise – möglichst auf gleichen Nenner gebracht werden. So ist eine weithin einheitliche Beurteilung möglich und eine Bestimmung der „Erträglichkeitsgrenze“, die dann in sehr vielen Fällen eine „quantitative“ sein wird (Länge des Eingriffs, Zahl der Fälle, Umfang der Fälle, der Belästigung). Auch wird so offen zugegeben, daß Verfassungsnormen *meist* zu „Entscheidungen in der (quantitativen) Mitte“ führen, und es wird eine aprioristische qualitative Verschiedenakzentuierung zwar nicht ausgeschlossen, aber doch beschränkt. Eine solche hat allerdings zu erfolgen unter Berücksichtigung von *gewissen allgemeinen „Akzentuierungen“* inhaltlicher Art. Diese gehören hierher als allgemeinste Maßstäbe für eine „Verschiedengewichtung“. Hier sollte die *„Persönlichkeits*entscheidung“ eingebaut und in einer „Wertgewichtsverstärkung“ in dem Maß zur Geltung gebracht werden, in dem man sich dem Persönlichkeitskern nähert. Die *„politische* Akzentuierung“, etwa ein besonders scharfer Meinungsschutz bei politischen Auffassungen, muß aus dem Wesen der Verfassung als Garantie politischer Freiheit dazu führen, daß „politische“ Fragen als im Zweifel von der Verfassung stets erfaßt und bei einigermaßen vergleichbarer allgemeiner Bedeutung anderen (etwa wirtschaftlichen) Betätigungsformen gegenüber die politische Tätigkeit als von ihr mit Vorrang gesichert erscheint. Hinzu treten dann „spezielle Akzentuierungen“ gewisser Verfassungsabschnitte – etwa der Steuernormen – aus den Grundsätzen, nicht etwa der geltenden respektiven Gesetzgebung, sondern des ganzen „Rechtsgebiets“ heraus (Grundsatz der Steuereffizienz).

Ist im Verfassungsbereich im besonderen Maße eine *traditionsgebundene* oder wenigstens *allgemein-entwicklungsgeschichtliche* Auslegung geboten? Wieder spricht die Weite der sonst oft gar nicht sinnerfüllbaren Vorstellungen (vgl. Begriffe wie „Wohnung“, „Brief- und Postgeheimnis“, „schließt Verträge“) dafür, die revolutionäre oder quasi-revolutionäre Entstehungslage, der Dezisionscharakter dagegen.

Freilich muß Klarheit herrschen über die Art der Anwendung entwicklungsgeschichtlicher Kategorien. Sie können zunächst als Folie dienen, auf deren Hintergrund der Selbstentscheidungsinhalt der heutigen, grundgesetzlichen Ordnung deutlich wird und sogar antithetisch verstärkt werden kann. Die „Vermutung“ für gegensätzliche Einzelinterpretation folgt dann etwa aus dem Vergleich zwischen zwei antithetischen „Verfassungsgrundstimmungen“ — wie etwa der des Nationalsozialismus und der heutigen Verfassungsordnung. Hier ist aber im Grund nicht entwicklungsgeschichtliche Auslegung gegeben – es sei denn, man setze die „Hegelschen Kategorien“ ein[20] –, sondern ein Vergleichen, und damit, im Grunde, ein „dogmatischer“ Prozeß, der von jedem Moment historischer Kausalität absieht. Eine andere Form

[20] Vgl. dazu den interessanten Versuch von *H.J. Kaiser* in der Schmitt-Festschrift, Zur Dialektik der Repräsentation, S. 71 ff.

– diesmal wirklich „entwicklungsgeschichtlicher" Auslegung – erblickt deshalb in der Verfassung die „fortwirkende Entscheidung", das „Glied in der Kette", findet in ihr die nur weiter entfalteten Kräfte und Gedanken der Vergangenheit wieder. Sie bemüht sich dann um das Aufzeigen der „Entwicklungstendenzen" und geht von der Vermutung der Fortentwicklung des Verfassungsinhalts im „Tendenzsinn" aus. Nicht ein Wiederholen, sondern ein beobachtendes Fortsetzen liegt ihr zugrunde.

Die lockenden Gefahren solcher Auslegung sind noch gar nicht erkannt worden — dies ist ihre größte Gefahr! Sie droht so unkritisch angewandt zu werden, in einer Berufung etwa auf die „deutsche Verfassungstradition". Klare Problemstellung ist hier alles: einerseits die ungeahnten Möglichkeiten, den unerschöpflichen Reichtum deutscher, ja europäischer Verfassungsgeschichte interpretierend wieder zu beleben und dieser großen Disziplin die Bedeutung für das geltende Recht zurückzugeben, die sie, im Grunde, seit dem 18. Jahrhundert, trotz des Aufschwungs der Geschichtswissenschaften, immer mehr verloren hat — zum anderen das Gespenst deterministischer Erstarrung und die Bedenken gegen die Übernahme von Denkkategorien, die – wie immer man zu ihnen stehen mag – der Grundhaltung des Grundgesetzes mit seiner indeterministischen Persönlichkeitsentfaltung und dem Geheimnis der Menschenwürde als Selbstentscheidungsgrundlage nicht voll entsprechen.

Es wird hier die These aufgestellt, daß dennoch eine entwicklungsgeschichtliche Verfassungsinterpretation unumgänglich ist, wenn auch die „entwicklungsgeschichtliche Verfassungslehre" in bewußten und eingehenden Einzeluntersuchungen und in entsprechenden Synthesen noch geschaffen und dabei natürlich methodisch und inhaltlich präzisiert werden muß[21]. Dabei ist besonders wichtig die Erkenntnis, daß Entwicklungsgeschichte im Verfassungsrecht stets Klarheit über die jeweilige Verfassungsgrundstimmung voraussetzt und „Tendenzen" grundsätzlich nur aus einer Verbindung von Ordnungen abgeleitet werden dürfen, die, wenngleich vielleicht historisch-kontinuitätsmäßig unterbrochen, dennoch eine ähnliche „Verfassungsgrundentscheidung" aufweisen. In diesem Sinn wäre eine Kategorie wie die französische, von Carré de Malberg[22] entwickelte „tradition républicaine et révolutionnaire" auch für die deutsche Verfassungsauslegung von hohem Erkenntniswert, in der die Verfassungsentscheidungen des heute aus dem Reichtum der revolutionären Konstitutionen und den ihnen innewohnenden Tendenzen heraus ausgelegt werden. „Systemfremde" Ordnungen – so in Frankreich

---

[21] Der Verfasser selbst hat einen Versuch in „Grundrechte und Privatrecht" 1960 zur Drittwirkungsfrage unternommen.

[22] Contribution à la théorie générale de l'Etat, 2 Bde., Paris 1920 passim, sowie vor allem noch: Confrontation de la théorie de la formation du Droit par degré etc., Paris 1933.

etwa noch die Verfassung von 1830 – dürfen allerdings nur auf einer „zweiten Stufe" der entwicklungsgeschichtlichen Interpretation herangezogen werden: nur Einzeltendenzen können „durch sie hindurch" verfolgt werden und unterliegen in ihrem Raum ja der gegengerichtlichen Auslegung aus der damaligen Grundentscheidung. Läßt sich dabei aber ein „Durchlaufen" trotz jener feststellen, so bietet gerade eine solche Evolution ein besonders starkes Indiz für die „Unausweichlichkeit" der betreffenden Entwicklung[23].

Die letzte Rechtfertigung entwicklungsgeschichtlicher Auslegung liegt m.E. in dem durchaus nicht „voll-revolutionären" Wesen der Verfassung und besonders des Grundgesetzes. Aus der stark „ideologischen" Grundhaltung heraus muß eine solche Ordnung stets „Anschluß suchen", um aus der Kontingenz herauszugelangen, muß sie „restaurative Momente" enthalten, die sie nur darstellen kann, wenn sie (entwicklungsgeschichtlich) Gewordenes hinnimmt und damit die diesem innewohnenden Kategorien nicht eliminiert, sondern – auf normhöherer „Ebene" – übernimmt. Die Grundrechte, jene „ewigen Entscheidungen", fordern in ganz besonderem Maß die Verbindung zu einer Vergangenheit, die lebendig zu machen – gerade als Antithese zum „technischen" Charakter unserer Zeit – ein wirkliches nobile officium der Staatsrechtswissenschaft ist.

Einer im neueren Staatsrecht verbreiteten „Auslegungsmethode" muß hier noch gedacht werden, die von der Vermutung einer *„Wertkonformität"* jeder Verfassungsaussage ausgeht. Die Verfassung wird einem „Wertsystem" entsprechend „ausgelegt". Es soll hier nicht auf die Bedenken gegen die „Wertlehre" an sich und ihre geradezu revolutionären Auswirkungen hingewiesen[24], sondern nur auf die „interpretatorische Einkleidung" derselben abgehoben werden, die ja in sich nichts Ungewöhnliches darstellt, wenn, wie dargelegt, Auslegung eine „allgemeinste Verschränkungsform materieller Rechtsgehalte" ist. Werden sie nun unter diesem „allgemeinen", interpretatorischen Aspekt der Wirkung auf die Verfassung betrachtet, so zeigt sich folgendes: weil „Werte" keinesfalls Normen sind, sondern nur dem Realisierenden die „Regelschaffung aufgeben", führt die „Auslegung aus Werten" zu einer „radikalen Interpretation", indem sie die Macht der Interpreten erheblich verstärkt, der die Werte ja erst zur Norm transformieren muß. Sie gerät so an die der Interpretation durch die Gewaltenteilung gesetzten Grenzen (vgl. oben). Werte sind ferner wesentlich nicht gleich-, sondern über- und untergeordnet. In dieser Rangordnung liegt ja für die Befürworter dieser

---

[23] Vgl. in Deutschland etwa die Entwicklung gewisser Aspekte des Gleichheitssatzes oder sozialer Grundvorstellungen zwischen 1933 und 1945.

[24] Vgl. Nachweise bei *Leisner*, op. cit. S. 371 f., sowie vor allem *Forsthoff*, Schmitt-Festschrift 1959, S. 35 ff., insbes. S. 39 f. mit bemerkenswerten Bedenken gegen jede „höherstufige" Auslegung.

Auffassung der entscheidende Vorteil der Wertauslegung. Dies muß im Verfassungsrecht zur Gefahr der „vernichtenden Interpretation" führen, des „Weginterpretierens" einer positivrechtlich „neben" der ausgelegten Vorstellung verankerten Bestimmung — eben weil jene den stärkeren und damit „ohne Abzug zu realisierenden Wert" darstellt (z. B. Gewissensfreiheit gegenüber Berufsfreiheit). Schließlich wird so eine „nivellierende" Interpretation erzwungen – was u.U., wie etwa bei der Drittwirkung, kein Nachteil ist –, weil der „Wert" nach allseitiger Durchsetzung drängt.

Bedenklich ist bei all dem, daß eben Werte nicht Normen sind, daß nicht – wie bei der üblichen sinnerfüllenden Übernahme von Rechtsinhalten – klare rechtliche Entscheidungen ins Verfassungsrecht transzendieren, die in ihrem „Ausgangsgebiet" – als „Rechts- oder Sozialnormen" – schon einen einigermaßen umrissenen, gewichteten Bestand aufweisen. Vielmehr sollen „normferne" Komplexe zu Rechtsregeln werden – denn nichts anderes ist ja die Interpretation: Verschränkung von Rechtsregeln! –, dieser „Übergang" aber gibt dem Interpreten die entscheidende, verhängnisvolle Freiheit: die der willkürlichen Wertakzentverteilung. Der Mantel der Auslegung verdeckt dann die Gefahr einer „Totalüberlagerung" von als „Wertausdruck" deklarierten Norminhalten anderen Verfassungsnormen gegenüber, obwohl bei klassischer Auslegung vielleicht nur der oben erwähnte „Grenzkorrektureffekt" eingetreten wäre.

Die Auslegung aus Werten erscheint daher als dogmatisch unzulässig und als bedenkliche Verwischung der Klarheit des Normbegriffs. Sie sollte auch nicht auf dem Umweg über die „Schaffung eines Geistes der Verfassung aus Werten" möglich sein, der dann seinerseits interpretatorisch angewendet wird, sondern auch hier muß stets „von Norm zu Norm", nicht „von Wert zu Norm" interpretiert werden.

2. Verfassungsnormen unterscheiden sich, mehr noch als durch die „Weite" ihrer Formulierungen, von anderen Rechtsregeln durch die *Ausgreiflichkeit* ihres Geltungswillens auf die verschiedensten Rechtsgebiete, die davon streng zu scheiden ist.

Wieder ist dem durch die Anwendung „vermutungsähnlicher Kategorien" Rechnung zu tragen, die allgemeine Verfassungslehre in der halbformalen Einkleidung der Auslegungskategorie bieten, welche nicht an sich, sondern nur durch Einreihung der jeweiligen Normen unter sie zu voller Wirkkraft gelangt.

Besonderheit der Verfassung ist es, daß sie nicht in „einige", sondern *ganz wesentlich* in *alle* anderen Rechtsgebiete ausgreifen will. Die Verfassung ist also von der Vermutung einer Totalität her zu interpretieren. Ihre Regeln – hier wieder vor allem die Grundrechte – sind „im Zweifel" Grundsatznormen, d.h. materielle, höchste Regelungen nicht (in technischem Sinn) verfassungsrechtlicher Bereiche. Dahin müßten die Leitsätze des Bundesverfassungsgerichts, das es noch zu sehr bei der geheimnisvollen „Natur des Einzelfalles" beläßt, fortentwickelt werden. Die Grundrechte sind auch – so müßte das Lüth-Urteil[25] richtig gefaßt werden – solche „Grundsatznormen" für das Privatrecht, was mit ihrer Auslegungsregelqualität durchaus nicht im Widerspruch steht. Abzuleiten ist aus dem Prinzip dieser ausgreifenden Totalität der Grundsatz der *„Allgegenwart"* der Verfassungsnormierung, die bis in die „verfassungsfernsten" Gebiete hineinwirkt, wobei dem Irrtum entgegengetreten werden muß, als sei das Privatrecht „generell verfassungsferner". Überdies ergibt sich daraus die Allgegenwart der Verfassung *mit allen* ihren Normierungen, nicht nur mit denen, welche sich – aus der Natur des „aufnehmenden" Rechtsgebietes – dazu besonders eignen. Freilich besteht hier eine Grenze aus der „Natur der Sache": Parlamentsrecht kann nicht die Grundsätze für das Familienrecht abgeben; es kann aber u.U. bereits für die Regelung (wenigstens des öffentlich-rechtlichen) „Gesellschaftsrechts" von Bedeutung werden. Des näheren kann die *Art* des Ausgreifens von der Totalität her durch das Prinzip der Durchformung des unterverfassungsmäßigen Rechts nach einer gewissen „analogia entis" bestimmt werden: je weiter ein Rechtsgebiet nach seiner rechtlichen Struktur und sozialen Bedeutung von dem in der Verfassung geregelten Zustand sich entfernt, um so weniger wird es durch Verfassungsformen „verfassungskonformiert", wobei allerdings vor allem Art. 20, insbesondere durch die Sozialstaatsentscheidung, eine Bindung darstellen kann, durch die auch „verfassungsfernere" Gebiete in die erhöhte Wirkungsnähe verfassungsrechtlichen Ausgreifens gehoben werden. Man wende hier nicht ein, aus derart „formalisierten" Kategorien sei eine (deduktive) Entscheidung gar nicht möglich: das ist auch nicht ihr Sinn: Sie sollen nur den Rahmen bereitstellen, in den die bereits als „verfassungsnah" erkannten Gebiete eingereiht werden können und die Folgerungen verdeutlichen, die sich aus der induktiven Erfüllung solcher Kategorien dann, wenn nämlich die „Induktion" in „Deduktion" umschlägt, für die – noch – außenseitigen Rechtsbereiche ergeben. So steht schon jetzt – in diesem Sinn – die besondere „Verfassungsnähe" des öffentlichen Korporationsrechts, des Rechts der „sozialen Gewalten", ja des privaten Gesellschaftsrechts und des Arbeitsrechts fest, während das Schulrecht größere Verfassungsferne aufweist. Indizien für „Verfassungsnähe" sind etwa gesellschaftliche Zustände, staatsähnliche Unterworfenheit, ausdrückliche Verankerung der Grundsatznormen in der Verfassung und endlich die am schwersten festzustellende Bedeutung der Entscheidung auf einem Rechtsgebiet für den Gesamtordo, insbesondere die politische Gleichgewichtslage, die von der Verfassung gesichert werden soll. Die „Verfassungsnähe" der Rechtsgebiete ist so gleichzeitig Auslegungsregel

[25] BVerfGE 7, 198 f. = DÖV 1958, S. 153.

für diese *und* für die in Betracht kommenden Verfassungsnormen, deren ausgreifliche Anwendung so in Frage kommt — ein gutes Beispiel für die Natur der Interpretationsgrundsätze als „materiellrechtliche Verschränkungsregeln".

Wichtig bei der Bestimmung des Umfangs des „Ausgreifens" ist ferner der Grundsatz der *Atechnizität* des übergreifenden Verfassungsrechts: dessen Inhalt ist so zu bestimmen, daß es *im Zweifel* eine andere Begrifflichkeit aufweist[26] als das Recht, in das es transzendiert: im allgemeinen steht eine politisch-direktive Begrifflichkeit der unmittelbaren realitätsbezogenen Regelungsform gegenüber, die damit fast stets die engere ist (vgl. Eigentum, Erbrecht usw.). Die Verfassungsbegrifflichkeit ist *im Zweifel* eine zusammenschauende, mit anderen, aus ganz verschiedenen Problemlagen erwachsenden Grundsatznormen koordinierbare Begrifflichkeit und Normativität. Wieder erscheint es aber als fraglich, ob der Begriff „technisches" Recht an sich besonderen Aussagewert haben kann und in nächster Zeit haben wird.

Eine Übersteigerung der eben dargelegten Grundsätze könnte zu dem Irrtum führen, Verfassungsrecht müsse stets mit „revolutionärer Wirkkraft" interpretiert werden. Weil dies, wie bereits mehrfach erwähnt, in dieser Allgemeinheit nicht zutrifft, muß hier ein Grundsatz der *Kontinuität* angefügt werden, die auch bei dem Übergreifen in „außerverfassungsmäßige" Bereiche zu wahren ist: der „provisorische" Charakter des Grundgesetzes fordert gerade die Bewahrung des uns – noch – Gebliebenen. Die starken bereits erwähnten Ordo-Vorstellungen unserer Verfassung gilt es konservierend – wenn auch nicht notwendig konservativ – zu berücksichtigen. Die Entwicklung der neueren, immer mehr auf die „Gesetzestradition" abhebenden Verfassungsrechtsprechung weist in dieselbe Richtung, die auch durch die Terminologie (Grundsatzentscheidung – Gesamtordnung) gewiesen wird, welche einen gewissen Selbstand des zu ordnenden „Materials" voraussetzt. Kontinuitätsdenken entspricht der deutschen staatsrechtlichen Tradition[27], der jüngsten deutschen Verfassungsentwicklung „von unten nach oben" mit ihrer selbständigen Bedeutung des „unten"[28] und dem traditionellen „integrierenden" Gewicht der großen deutschen Kodifikationen, die in ihrer einengenden Macht für Deutschland geradezu „Teilverfassungen" sind, was eine „materiale Verfassungslehre" stark berücksichtigen muß. Gerade das Privatrecht ist dem Verfassungsrecht – etwa im „Bereichsschutz" des einzelnen im Arbeits-

---

[26] Was *M. Wolff* in der Kahl-Festschrift, S. 5 f., in klassischer Weise für das Eigentum ausgesprochen hat.

[27] Vgl. die Übersteigerung bei der Grundrechtskommentierung im Anschütz'schen Kommentar 14. Aufl., etwa S. 540, 543 f.

[28] Es sollte also hier die – zweifellos vorhandene – „Traditionsstörung" nicht überbewertet werden.

verhältnis[29] – zeitweise weit vorausgeeilt, so daß dieses nun bei seinem Übergreifen die Dynamik nicht stören darf, sondern nach-denkend vollenden muß. Nur so kann schließlich das hohe Gut der Rechtssicherheit[30] aus dem Rechtsstaatsgedanken geschützt werden, der sich wieder als Auslegungsgrundsatz bewährt.

Die Auswirkung des Kontinuitätsgrundsatzes drängt das Verfassungsrecht also in eine gewisse Nähe zu niederrangigem Recht, die natürlich nie bis zur Normstufenverwischung führen darf. Immerhin bedeutet dies etwa: Eine gewisse „Nähe" der Normierungen der anderen Rechtsgebiete zur Grundsatznorm der Verfassung genügt — eine Kategorie, die einer über das bekannte Saarurteil des Bundesverfassungsgerichts[31] hinausgehenden Entfaltung und Anwendung auf die Verfassungsnorm selbst – die nur solche Nähe verlangt – fähig wäre. Bei „ausgreiflicher" Auslegung von Verfassungsnormen dürfen diese nie soweit ausgedehnt werden, daß nicht nur alle Grundgedanken, sondern auch sämtliche Detailregelungen der anderen Rechtsgebiete konformiert werden. Die Selbständigkeit des „überlagerten" Rechtsgebiets bleibt bestehen, der Selbstand einer „Kodifikation" wird auch auf niederer Ebene anerkannt. Es ist deshalb auch zuerst deren „Geist" zur Konformierung der Einzelregelung anzuziehen, und erst nachdem diese Operation erfolglos geblieben ist, kann das „Ausgreifen" wirksam werden — alles Grundsätze, die sowohl der Auslegung der außerverfassungsmäßigen Regelungen wie der der Ausgreiflichkeit der Verfassungsnormen selbst zugehören.

Aus dem Kontinuitätsgrundsatz folgt also ganz allgemein: Die Verfassung *will* das „Ausgreifen" auf alle Rechtsgebiete — aber grundsätzlich *nur* als punktuelle oder als Rahmenkorrektur.

Schließlich muß das „Ausgreifen" stets so ausgelegt werden, daß es eine gewisse *„Staatskonzentrik"* des überlagerten Rechts bewirkt. Die Wirkung der „Grundsatznormen" ist also derart zu bestimmen, diese sind so auszulegen, daß eine gewisse Staatstreue in der Ausübung „anderer" Rechte, eine konstruktive „Staatsnähe", ja ein gewisser „Altruismus" dem Staat gegenüber dadurch erzwungen werden soll.

Grundsatznormen sind also im Zweifel nicht *nur* als Verstärkung individueller Rechtspositionen aufzufassen, sondern stets auch als Erinnerung an die Pflichtigkeit gegenüber der Gemeinschaft (Ehe, Erziehung, Eigentum — aber auch etwa demokratische Gestaltung im Gesellschaftsrecht). Dies muß freilich nicht soweit gehen, daß etwa der Staat stets als „stiller Dritter an Privat-

---

[29] Vgl. *Leisner*, op. cit. S. 249 f. mit Nachweisen.

[30] BVerfGE 3, 225 f.

[31] BVerfGE 4, 157 (169) = DÖV 1957, S. 789 (Sp. 228).

geschäften beteiligt" ist[32] — und dennoch muß es betont werden, weil nicht zu Unrecht heute mehr und mehr der Verfassung der Vorwurf überindividualistischer Sprengung traditioneller Rechtsgebiete gemacht wird. Sicher darf die Souveränität des einzelnen im letzten Kernbereich nicht angetastet werden; wenn aber in weniger „zentralen" Bereichen keine automatische Gemeinschaftspflichtigkeit - aus dem Verfassungsbegriff selbst - in die höchsten, insbesondere die „ausgreifenden" Normen hineininterpretiert werden kann, wird die Verfassung aus mangelndem Realismus unglaubhaft werden.

Die große Gefahr und die Grenze des „Staatskonzentrikgrundsatzes" ist der Staatsegoismus. Die ganze Lehre von der „Staatsraison" muß eben - das wird uns nicht erspart bleiben - aus demokratischem Ethos neu aufgebaut werden. Ergebnis einer recht verstandenen „Staatskonzentrik" durch Verfassungswirkung ist also letztlich vor allem die Berücksichtigung einer grundsätzlichen Subsidiarität: das Individuum soll frei, aber „frei zum Staat" wirken und dies wird durch das hilfsweise Bereitstehen staatlichen Zwangs und staatlicher Hilfe gesichert.

„Ausgreiflichkeit" von Verfassungsnormen und die dadurch geforderte Auslegung bedeutet also weder, daß alles revolutionär von Verfassungs wegen geordnet ist, noch, daß „zu allem" Grundsätze aus der Verfassung herausinterpretiert werden müssen. Die höchste Normstufe muß nur so ausgelegt werden, daß sie „geistig alles durchwirkt", daß ihre weite Form (vgl. oben 1) im Ausgreifen (2) durch elastische, aber allgegenwärtige Inhalte eine weite Wirkung schafft.

Neben der Weite der Formulierungen und der besonderen Ausgreiflichkeit der Inhalte ist es vor allem der *staatsgrundlegende* Charakter der Verfassung, der besondere, allgemeinste „Auslegungsgrundsätze" entwickeln läßt. Tiefer als bisher muß hier in das allgemeine Verfassungsrecht eingetreten werden, wenn auch die Verbindung zur „klassischen" Auslegung m.E. dogmatisch nicht unterbrochen wird. Dennoch muß sie, um den Rahmen dieser Prolegomena nicht zu sprengen, gesonderter Betrachtung vorbehalten bleiben.

Die vorliegenden Darlegungen sollten den Nachweis erbringen, daß es eine „besondere Verfassungsinterpretation" nur insoweit geben kann, als das Verfassungsrecht materiellrechtlich ein eigenes Rechtsgebiet darstellt. „Auslegungslehre" ist kein dogmatisch selbständiger Rechtsbereich. Mit Formeln wie interpretatio secundum, praeter, contra legem läßt sich die Vielschichtigkeit der materiellrechtlichen Verschränkung nicht lösen, nur ungebührlich aus einer Auffassung heraus vereinfachen, für die Auslegungslehre noch ein eigenes Rechtsgebiet war. Aber auch für die einzelne „Auslegung" (etwa die

---

[32] Vgl. zu solchen Tendenzen in früherer Zeit *Schmidt-Rimpler*, AcivP 147/8, 1941, S. 130 f.

Verfassungsauslegung) lassen sich oberste, „vollformalisierte“ Prinzipien (grundsätzliche broad interpretation oder die Thoma'sche Formel von der stärksten Entfaltung der Wirkkraft der Verfassungsnorm) vielleicht von der allgemeinen Rechtslehre, nie aber aus dem Verfassungsrecht selbst – das „sein“ Interpretationsrecht beherrscht – halten.

Ob also eine letzte „Geltungsvermutung“ besteht – bei weiten Formulierungen ein wichtiges Anliegen – kann nur von der allgemeinen Rechtslehre beantwortet werden. Kein Rechtsgebiet kann seine eigenen „Justiziabilitätsgrenzen“ hemmungslos erweitern. Wie weit solches im Verfassungsrecht möglich ist — das suchte die vorstehende Untersuchung im einzelnen wenigstens anzudeuten.

Die heutige Verfassungsinterpretation hat das Staatsrecht in eine latente, aber ernste Krise gebracht. Selbst die eben versuchten Darlegungen – sie müssen deshalb stets unter dem Vorbehalt dieser Selbsterkenntnis verstanden werden – zeigen, daß die Auslegung hier zu einer selbstvernichtenden Inzucht zu werden und durch Anwendung allgemeiner Gedanken auf allgemeine Formeln den raschen Ablauf der heutigen Entwicklung wirklichkeitsfremd zu versteinern droht. Die Staatsrechtswissenschaft erliegt so nur zu oft der in den anderen Geisteswissenschaften schon weitgehend erkannten und überwundenen Gefahr des Überinterpretierens. Der Jurist, der ja immer und heute – unausgesprochen – besonders der Erscheinungen Flucht mit Systemen entgegentreten will, hat die unschädliche römisch-rechtliche Geheimsprache, im öffentlichen Recht wenigstens, nur zu oft mit der noch bedenklicheren, schon dem nicht-systemgläubigen Spezialisten meist unverständlichen Geheimsprache der „systematischen Interpretation“ vertauscht. Die vielberufenen Schulkinder, denen die – glücklicherweise nichtinterpretierte! – Verfassung auf den Lebensweg mitgegeben wird, sollten eigentlich mahnen: „mit jeder Interpretation“ entfernt man sich von Unbestreitbarkeit, von Allgemeingültigkeit. Und die Verfassung, jene interpretationsbedürftigste aller Normen, sollte „eigentlich am wenigsten interpretiert“ werden — darin liegt wohl die tiefste, „vorjuristische“ Antinomie jeder Verfassungsauslegung.

Die Verfassungsrichter haben viel Einzelauslegung geleistet, selten nur zu „Prinzipien der Auslegung“ Stellung genommen, was von der Rechtssicherheit her gesehen bedauerlich und aus der Sicht der Gewaltenteilung bedenklich ist, würde doch gerade dadurch, aus dem Bereich der Richter heraus, eine neuartige Form der „Selbstbindung“ im Verfassungsrecht die dort übergroße Macht der Auslegenden beschränken können. Mögen sie – dennoch – hier zurückhaltend bleiben! Wichtiger als eine so beschränkte Freiheit der Auslegung ist für das „Leben“ der Verfassung, daß der Wille, der sie geschaffen hat, nicht im Ordo sich verliert, daß die tatsächliche creatio continua der verfassungsmäßigen Ordnung einen gewissen, wenn auch beschränkten,

Ausdruck in der Möglichkeit erhält, geltendes Verfassungsrecht wechselnd zu interpretieren. Denn dies ist, richtig verstanden, die letzte, größte, in der Verfassungsauslegung aufzulösende Antinomie, die hinter all diesen Problemen steht: „Ewigkeitsentscheidung erwächst nur aus dem plébiscite de tous les jours“.

Antigeschichtlichkeit des öffentlichen Rechts?*

Zum Problem des evolutionistischen Denkens im Recht

Ist das öffentliche Recht, der Ausdruck bestimmenden Willens, wesentlich „geschichtslos?“ Frühere Regelungen und Zustände mögen gelegentlich für die Erkenntnis des Geltenden von Wichtigkeit sein, bei rechtspolitischer Betrachtung leiten, vielleicht sogar Ergänzendes, „noch Geltendes“ entdecken lassen. Es ist aber die Norm nicht etwa von ihrem Wesen her eingespannt in einen Bezug „Vergangenheit-Zukunft“, der sie, wie viele andere Phänomene, nur als einen logisch kaum faßbaren Punkt zwischen Gestern und Morgen erscheinen ließe. Besonderheit des rechtlichen Befehls ist es eben, daß er sich als etwas Unverrückbares, Beständiges herausheben will aus der Erscheinungen Flucht. Die Vergangenheit soll stillstehen im Befehl heutiger Wertentscheidung — oder die Zukunft hat in ihm schon begonnen. Die Norm ist konservativ oder revolutionär — wird ihr bewußt die Aufgabe gestellt, mit und an ihrer Geschichte zu wachsen? Über ihrem Erlaß liegt entweder etwas wie die kodifikatorische Zufriedenheit der ratio scripta, oder die Illusion eines Voraussehens, das ein wertvolles Erbe zu hinterlassen glaubt. Geschichtslosigkeit im Sinne des Zurücktretens entwicklungsgeschichtlicher Betrachtung, gesteigert bis zur Geschichtsfeindlichkeit — ist das nicht ein Wesenszug des öffentlichen, vor allem des Verfassungsrechts? Dies sei die Ausgangsfrage.

Geschichtslosigkeit, Geschichtsfeindlichkeit wird dabei in einem sehr weiten Sinn verstanden: kommt nicht früheren Normlagen oder ihrer Folge für Entstehung, Auslegung, Fortbildung späteren öffentlichen Rechts nur geringe oder keine Bedeutung zu, weil dieses sich feindlich gegen jene wendet? Wenn Geschichtlichkeit aber die Öffnung des Rechts gegenüber einer Wirklichkeit bedeutet, deren unzweifelhaft historisch-evolutionistische Entfaltung sich im Rechtsbereich widerspiegeln könnte, ist das öffentliche Recht nicht in besonderem Maße „geschlossen“ und damit „antigeschichtlich“?

* Erstveröffentlichung in: Der Staat 7 (1968), S. 137–163.

I.

Das öffentliche Recht ist normativ par excellence. Der Charakter absoluten, irrationalen Befehlens gehört nicht nur (wie im Privatrecht) als ultima ratio zu seinem Wesen, sondern zuallererst und an sich. Hier trägt die *Anordnung,* hic et nunc, ihre Rechtfertigung in besonderer Weise in sich, hier ist das Beste ein Befehl; allein die Existenz einer in sich widerspruchslosen und effizienten Ordnung erscheint vielen als deren selbständige Rechtfertigung. Die Wirklichkeit vermag hier sachgemäße Lösungen nicht über die realitätsverbundene Privatautonomie nahe zu legen: stat pro ratione voluntas! Kann die rechtsblinde Wirklichkeit Bestimmungs- oder gar Entwicklungsfaktor einer öffentlichen Ordnung sein, deren irrationale Wirklichkeitsfremde die privatrechtlichen Gestaltungen trägt und ihnen gerade größere Anpassung, Elastizität und Kontinuität erlaubt — eben weil diese Ordnung selbst volles imperiales Recht ist, und alles Wirklichkeitszugewandte in ihr erst die ins Rechtliche hinaufhebende Stütze findet?

Dem kontinentalen öffentlichen Recht war lange Zeit eine unevolutionistische Starrheit eigen, die bis ins Injustiziable ging und so dem Halt allen Rechts geradezu den juristischen Charakter zu nehmen drohte. Und auch heute noch gilt weithin: Das öffentliche Recht ist, es wird nicht. Sein Kern, das Staatsrecht, ist der Prototyp einer geschichtslosen, ja entwicklungsfeindlichen, weil im Grunde auch wirklichkeitsfremden Ordnung. Diese Lage bestand, im Gegensatz zu manchen Auffassungen sei dies betont, zum Teil schon vor 1789, sie kulminiert in dem Recht der Revolution, um sich dann, trotz mancher Abschwächung, bis heute zu erhalten.

1. Für die Revolutionäre war die Verfassung zwar noch nicht eine durchgehende Fortsetzung der normativen Stufenpyramide nach oben, die durch Verfassungsgerichtsbarkeit die Gesetze verfassungskonform hätte ausrichten können. Dies aber scheiterte wohl zunächst nur an der historisch-kontingenten Angstvorstellung eines Richterkönigtums, denn die Verfassung sollte doch von Anfang an den ruhenden Pol der Monarchie gerade in dem ersetzen, was zeitlos war: in der Allgemeinheit und Ewigkeit der Normgeltung. Im übrigen mochte die Monarchie, konnte eine Art von erblicher Präsident wohl bestehen bleiben. Verfassung bedeutet seit 1789 stets und überall, gerade in ihrem Antagonismus zur Königsgewalt, einen Anspruch überzeitlich beharrender Normwirkung. Während aber der Monarch dieses Bleibende als Persönlichkeit war, mehr noch: als Repräsentant eines Hauses, als Glied einer Kette, die Geschichte war und sich mit all ihren Teilen nur als Geschichte fühlen konnte — die „Normsouveränität" abstrahiert notwendig von solcher Vergangenheit. Einheitlich kommt die Verfassung aus dem Nichts der Revolution, aus der Zeitlosigkeit ihrer Begeisterung. Als Einheit kann sie nur

sterben ohne legitimen Nachfolger, ohne Testament und Erbe. Ihrer Vergangenheit steht sie mit der Ablehnung des Besserwissens gegenüber, nicht mit der Pietät des Sohnes, der ein gegebenes Versprechen einlöst. Vor allem aber: Sie ist als Norm souverän, nicht als Mensch, nicht also in der wechselnden Entwicklung des Individuums, sondern in der Sachlichkeit des Befehls, der „stoßweise“ verändert werden kann, dann aber immer wieder „neu ist“ — ohne Gestern, ohne Morgen. Das ist nicht ein geändertes, das ist ein völlig neues öffentliches Recht!

Zuhöchst ist nun ein Befehl ein „Zustand“, der heute wie morgen gleich sein, in dieser Beständigkeit gerade die Sicherheit des Bürgers gewährleisten soll. Doch ein Befehl kann noch verschieden verstanden werden, seine Ausprägung mag entwicklungsgeschichtlich doch sich wandeln. Irgendwie muß er ja stets zurückzuführen sein auf Willensträger, deren Wechsel seinen Inhalt beeinflußt. Die Verfassung aber ist noch mehr im Recht der Revolution, in dem Schwung, der sie durch das 19. Jahrhundert trägt. Mit der höheren Weihe der Erkenntnis tritt sie auf, über allem Normativen ist sie *Deklaration.* Von ihrem Begriff fällt so alles Kontingente, Augenblickliche ab. Ein Wille wird diskutiert, eine Erkenntnis muß hingenommen werden — und der Verfassung ist dieses Rationale eines höheren Wissens eigen, das mit der Unverrückbarkeit aufklärerischer Wahrheit allem Wandel entgegentritt. Und noch geschichtsloser als Wille und Erkenntnis ist das Bekenntnis, das zum Pathos das Ethos fügt. Mag ein proklamiertes Menschenbild kritisiert werden, wie seine Erkenntnis rational entstand — als begeistertes Bekenntnis wird es schon in seinen Grundlagen indiskutabel, so absolut gültig, daß es kaum mehr jene Revolution als Änderungsgrund anerkennt, die es hervorgebracht hat, daß es, gleich einer Religion, den Gegner in die Häresie drängt. Jene doppelte und gerade in ihrer Verbindung furchtbare Gewalt des bis in eine Offenbarung hinein höchsten Wissens, das zum Geiste spricht, *und* des tiefen Bekennens, wie es die Dominante des Willens ins Gefühl hinabsenkt — dies alles macht die Verfassung von ihren Anfängen her zum ungeschichtlichen, zum übergeschichtlichen Recht. Als Erkenntnis Deklaration, ist sie zugleich als Bekenntnis Proklamation — und in beidem letztlich gerade das, was sie dem ersten Blick nicht bietet: objektiver, unbedingter, entwicklungsfeindlicher Befehl. In ihrem rationalen Gehalt scheint sie freier Erörterung zugänglich, in ihrem Bekenntniswert von bescheiden-subjektiver Beschränkung zu sein. Die Potenzierung und Verbindung beider Elemente schafft den Anspruch objektiver Geltung und drängt die Macht des Zweifels zurück.

2. Weit ist so die Verfassung entrückt der Pragmatik möglicher besserer Lösung, die alle Entwicklungsgeschichtlichkeit umgibt. Im Grunde bringt sie nicht nur Imperative, die ihrem Wesen nach in der Zeitlichkeit der Evolution liegen könnten; sie proklamiert *Werte,* die Befehle leiten, und damit eine

ganz neue Kategorie öffentlich-rechtlicher Normen, denn mit dem normativen Anspruch tritt sie dennoch und gerade auf. Unverrückbar besteht der Wert, auch wenn der Befehl gebrochen wird, er leitet eine Entwicklung, die sich zwar nur in den partikulären Niederungen der Einzelheiten bewegen kann, die aber in jedem Augenblick unmittelbar zu ihm ist. Verfassungsrecht ist grundsätzlich, in der Reinheit revolutionärer Gedanken, entwicklungslos, weil der Wert ist, nicht wird.

Aus der Geschichtlichkeit nimmt die Constitution aber auch das Recht heraus, das von ihr geleitet wird: in jeder Einzelnorm, in der Besonderheit jedes kleinen Befehls macht sie einen Kern sichtbar, der unmittelbar Ausführung ihrer Vorstellungen ist, direkt zum Wert in Beziehung tritt. In allem Verfassungsrecht liegt in diesem Sinn der Zug zu einer ungeschichtlichen Zementierung des gesamten Rechtssystems, das nur als seine Ausführung verstanden wird.

3. So wahr *Ideologie* nicht als Geschichte sich versteht, sondern Geschichte auf Zeit stillstehen lassen oder auf ewig brechen will, so sicher ist die Verfassungskonzeption eine Absage an die Freiheit utilitaristischer Zwecksuche und Zweckverfolgung durch das Recht, und damit doch auch wieder, paradoxerweise, an ein tiefes Freiheitsbedürfnis im Menschen. Gerade weil sie, schon für die Französische Revolution, nicht allein Norm und später häufig nicht reine Norm, ausschließlich befehlender Rechtssatz war, eben deshalb muß sie nicht jenen Zusammenprall mit der Wirklichkeit und ihrer Entwicklung fürchten, der allem „positiven" Recht die Fesseln der Rechtstechnik anlegt und es schon damit allein in eine gewisse Geschichtlichkeit bindet. Verfassungsrecht konnte, es kann noch heute mit der Kraft der Ideologie „schweben" über jenen vielen Ausführungsregelungen, die, in die Zeitlichkeit gebannt, immer von neuem an ihm zu messen sind. Hier wird es zwar zum mächtigen Einbruchsraum des Außerrechtlichen ins Recht, von wirtschaftlichen, soziologischen, kulturellen und anderen Elementen, wie sie durch die Kraft der Ideologie einmalig und damit für die Entwicklung unangreifbar werden. Solange aber wirkliche ideologische Kraft besteht, wie es ein wahrhaft direktes Verfassungsrecht fordert, fließen diese Elemente nicht in geschichtlichem Wechsel in die Verfassung ein, sie werden vielmehr von der Ideologie ebenso ausgewählt wie versteinert. Die Verfassung bietet also versteinerte Politik, verewigte politische Ideale, Modell gewordene wirtschaftliche Zustände. Dies ist ihre größte Kraft: sie hält die Fülle der Geschichte, wie ein Augenblick sie zeigt, der Entwicklung selbst entgegen.

Verfassung als Ideologie kann überhaupt jene halbverdämmernde Geschichtlichkeit nicht kennen, die wie eine mächtige Kulisse hinter den klaren Befehlen des Heute auftaucht, in die sie der Blick des Interpreten einordnen muß. In ihrer Zeitlosigkeit ist sie überall ganz, überall gleichmäßig, weil sie

Rahmen und Spitze des Normativen zugleich ist und in ihrer systematischen Ganzheit weder historische Bewegung noch entwicklungsgeschichtliches Entstehen, Abschwächen, Sterben dulden kann.

4. Zeitlos ist die Verfassung vor allem als *höchste* Normvorstellung. In ihr wird zum ersten Mal jene Fiktion, die alles Recht trägt, daß nämlich der Wille von heute noch der von morgen sei, nicht nur gesteigert, sondern in ihrem Wesen verändert: der Befehl der Vergangenheit bricht den Willen der Gegenwart — weil diese Vergangenheit höher und damit Gegenwart wie Zukunft ist. Ein Gesetz also wird aufgehoben, das auch den absoluten Befehl der Geschichte unterwirft: lex posterior derogat legi priori. Die Stufenordnung im öffentlichen Recht, die so entstand und sich bis in die Höhe des ungeschriebenen Rechts wie in die Tiefe der untergesetzlichen Imperative mit der Notwendigkeit juristischer Logik fortsetzen mußte, ist ihrem Wesen nach völlig antihistorisch: auf jeder Stufe wird hier jener Prozeß der Induktion gebrochen, der die Hauptmethode entwicklungsgeschichtlicher Rechtsbetrachtung und -fortbildung darstellt. Die Evolution der Normen, etwa auf der Höhe der Gesetze, behält wohl ihre Bedeutung, aber diese transzendiert grundsätzlich nicht bis in die übergeordnete Ebene der Verfassung, deren Wertungen die Gesetze gleich einem Rahmen umfassen und ihre Geschichtlichkeit damit auf einer höheren Ebene relativieren. Dasselbe wiederholt sich zwischen Gesetz und Verordnung, vielleicht zwischen diesen Normen und dem Spruch des Richters, so jedenfalls will es das Ideal des verfassungsgekrönten öffentlichen Rechts. Erst wenn die niederrangigen Entwicklungstendenzen, entgegen dem Postulat des Verfassungsrechts, so mächtig werden, daß ihnen die Umprägung der übergeordneten Normschicht, insbesondere ihrer Begrifflichkeit, gelingt, dann allein reißt ihre Entwicklungsgeschichtlichkeit die der nächsten Stufe mit fort. Wie lange mag es dauern, bis ein solcher Vorgang sich Stufe für Stufe erhebt bis zur Umschaffung, „Historisierung" der höchsten Normen — gerade wenn hier noch der Sprung in die anti-geschichtliche Dimension der Ideologie getan werden muß? Dem Spruch des Richters, des Verfassungsgerichts vor allem, mag solche Wirkung unmittelbarer, unter Überspringung vieler Stufen gelingen, doch der Prozeß bleibt retardiert, gebrochen. In der Stufenordnung nimmt das Recht ein unhistorisches Wesen an, weil die Wirklichkeit des Außerrechtlichen, wie des Niederrangigen, nicht mehr „frei", sondern grundsätzlich nur mehr auf dem engen Weg des Verfassungsrechts in die Grundwertungen des Rechts eindringen kann — und gerade hier tritt ihr eine ideologisierende Beschränkung auf historisch Festgelegtes oft achronistisch entgegen. Mag sich gelegentlich die Entwicklung gegen diesen Achronismus durchsetzen, er hebt zunächst prinzipiell das Recht als solches in jene selbständige Dimension, wie sie das Ideal des konstruktiven Staatsrechts – *Kelsen* contra *Gierke* – fordert.

5. Methodisch wie in einzelnen Ergebnissen führt überdies eine solche *Überordnung der Verfassung* zu einem Normverständnis aller, insbesondere publizistischer Befehle des Rechts. Vor der starren Verfassung fand entwicklungsgeschichtliche Auslegung zunächst keine inhaltliche Grenze. Wohl änderte sich die Interpretation meist zunächst in den Randzonen des Norminhalts, um alsdann erst das Prinzip oder wenigstens den Kern der Regelung zu erfassen. Doch eine derartige Entfaltung war aus der Entwicklungsgeschichtlichkeit heraus keineswegs vorgegeben. Ebenso leicht konnte der Prozeß, auf einer gewissen Normstufe, sogleich „deduktiv" verlaufen; die Veränderung des Prinzips oder des Regelungskernes mochte zunächst festgestellt werden, ihr entsprechend konnte man sodann Randzonen korrigieren. Die ideologische Verfassung erzwingt dagegen ein gewisses „Kernbereichdenken". Jeweils das Zentrum der niederrangigen Regelung, auf welcher Stufe immer sie in Erscheinung trete, muß als Ausführung höherrangigen Rechts gesehen und deshalb zunächst einmal gegenüber gleichrangigen Evolutionen abgesichert werden. Ob der Kern zu bestimmen, wie im einzelnen die Grenze zu ziehen ist — all dies bleibt wenig bedeutsam gegenüber dem so entstandenen rechtlichen Denkmodell, das jedenfalls nur mehr mit äußerster Vorsicht und auf induktivem Weg Umprägungen auch bei niederrangigen Norminhalten entwicklungsmäßig vornehmen läßt.

Ein weiteres wird so verfestigt: der *notwendige Umweg* allen entwicklungsgeschichtlichen Denkens im Recht über tastende Induktion, über schleichende Kasuistik erfährt eine Beschränkung, die dem Evolutionismus überhaupt gefährlich wird: die Monopolisierung ideologischer Entwicklung im Verfassungsraum kann zur ideologischen, und damit geistigen, rechtskonstruktiven Verarmung des niederrangigen Rechts führen. Diesem bleibt es unbenommen, sich in Einzelheiten zu entwickeln; seine Grundsätze kommen aus einer starren, kalten Höhe allgemeiner Bekenntnis und Erkenntnis, in die selten, oft zu wenig, die belebende Wärme unideologischer Wirklichkeit hinaufdringt.

Ideal wäre wohl ein Zustand, in dem die Wertungen der Verfassung allgegenwärtig blieben in der normniedersten Einzelheit — und zugleich deren Entwicklung einen sicheren Rahmen böten. Doch dies würde eine eigentliche, durch die Ideologie meist gerade gehemmte Entwicklungsfähigkeit und Geschichtsoffenheit der Verfassung voraussetzen. Vielleicht könnte die Verfassung auch nur dann so wirken, wenn sie Prinzipiendeklaration im reinen Sinne bliebe und nicht verrechtlicht, zur Norm würde. Der eigentümliche, noch zu würdigende Vorgang des Eintauchens der Verfassung in die normative Begrifflichkeit, ihrer Umschaffung zum obersten *Gesetz,* macht den Begriffskern, der im niederrangigen Bereich stets zu achten ist und der Entwicklung gegenüber gehärtet wird, stets zu einem festen, irgendwie abzuscheidenden, zu dem wichtigsten Teil eines gegebenen Norminhalts. Damit aber postuliert im Grunde das Ideal der leitenden Verfassung eben doch die Monopolisierung der gesamten grundsätzlichen Rechtsentwicklung in einem Bereich, der, mit deduktiver Ideologie gefüllt, wesentlich ungeschichtlich und jedenfalls weitgehend wirklichkeitsfern sein muß, will er seine überzeitliche Funktion erfüllen. So aber wird die Zeitlichkeit auf *allen* Stufen aufgehoben oder zu relativer Bedeutungslosigkeit verdammt, dasselbe Denken im kleinen wie im großen erzwungen. Die Wertungslosigkeit der evolutionären Betrachtungsweise hätte, auf den rechtlichen Einzelgebieten, ein glückliches Gegengewicht zur Geschichtslosigkeit der verfassungsrechtlichen Ebene der Werte bilden können — aber nur dann, wenn die Verfassung sich mit *einzelnen* Wertungen begnügt hätte und nicht durch ein ganzes System die Geschichts- und damit letztlich die Prinzipienlosigkeit *aller* Einzelgebiete, insbesondere der des öffentlichen Rechts, zu erzwingen versuchte.

6. Verfassungsrecht war in seinen Anfängen sicher nicht als perfektioniertes *System* gedacht, sondern als eine Zusammenfassung mehr oder weniger isolierter, punktueller Ansprüche im Grundrechtsbereich, einzelner Regeln über die Staatsorganisation im übrigen. Die Souveränität der Volksvertretung befestigen und gewisse Rechte der Bürger sichern; mehr wollten die Constituants des 18. Jahrhunderts nicht, denen Verfassunggebung sicher nicht als eine Flucht in ein Normensystem erschien. Die Verfassung im übrigen „war" eben das Parlament und sein Wille, das Gesetz. Dieses wurde von den Verfassungen stets in Bezug genommen, es stand im Grunde noch auf gleicher Höhe mit den constitutionellen Regeln, eben weil nicht ein starres System geschaffen, sondern etwas von der spielerischen Dynamik des ausgehenden Ancien Régime in die neue Ordnung gerettet werden sollte. Noch die Katalogform der Grundrechte sollte weit mehr die leichte Überschaubarkeit gewährleisten als Systematik oder gar Lückenlosigkeit verbürgen. Dennoch liegen hier und in der revolutionären Verehrung für das geschriebene Instrument die Ansätze des systematischen Denkens im Staatsrecht. Der republikanische Gesetzgeber andererseits enttäuschte bitter, von der Terreur bis zur Weimarer Zeit, die Hoffnung, seine Existenz allein werde Verfassung sein, die Freiheit bewahren. Gegen ihn mehr und mehr begann das Verfassungsrecht Sicherungen zu schaffen, zuerst und lange Zeit nur in der vorsichtigen Form des Rates, dann in den conventions-ähnlichen Vorschriften des Wahl- und Parlamentsrechts, schließlich mit der Waffe der verfassungsgerichtlich bewehrten Charta.

Aus diesen Ansätzen, durch diese Phobien wird die Verfassung zu dem, was ursprünglich nur entfernte pandektistische Reminiszenzen nahegelegt hatten: zur lex legum, zum obersten, allgemeinsten System. Ihr „prinzipieller" Inhalt, wesentlich ausdehnungs-, ausstrahlungsfähig, ließ auch ihre wenigen Formeln zu einer Regelungsdichte sich schließen, wie sie romanistische, später kodifikatorische Gründlichkeit anstrebte. Die gefahrvollen Klippen zivilistischer Interpretation dagegen vermied eine oft großzügige, ja oberflächliche Grundsatzentfaltung, für die es, bei der virtuellen Kraft der Verfassungssätze, Lücken kaum geben konnte. Schließlich wird die Stufenpyramide sogar innerhalb der Verfassung fortgeführt, oberste Verfassungsprinzipien setzen eine pseudo-naturrechtliche Starrheit, und damit einen Achronismus, nicht nur dem niederrangigen Recht, sondern den Normen des Grundgesetzes selbst entgegen, schalten jede wirklichkeitsnahe Dynamik aus.

Systematisches Denken steht an sich schon in unauflöslicher Spannung zur geschichtlichen, evolutionistischen Betrachtung. Die Entwicklungsgeschichte eines Rechtssatzes wird da zurücktreten, wo sein Verständnis sich aus der Vielfalt und Verschränkung sachnaher und ranggleicher Normen erschließt. Subjektive Auslegung muß gerade deshalb immer wieder der objektiven Rechtsfortbildung weichen, weil der Zusammenhang der Gegenwart die Dimension der Geschichtlichkeit zurückdrängt. Solange die Verfassung daher aus wenigen, isolierten Regeln bestand, konnten diese praktisch ohne jeweilige Aufhängung in der konkreten Geschichtlichkeit nicht erfaßt werden. In dem Maße, in welchem sie sich, durch Ausdehnung des Verfassungsinhalts, durch rechtsanaloge Prinzipiengewinnung, vielleicht sogar durch Begriffserfüllung „von unten nach oben", aus niederrangigem Recht, zum allgegenwärtigen System schlossen — in demselben Umfang verschwand die Geschichte aus ihrer Interpretation. Im Grunde ist dieses Phänomen nur eine Seitenerscheinung zur geschichtsfeindlichen Wirkung der Stufenordnung des öffentlichen Rechts: Systematik bedeutet ja eine Weiter-Stufung innerhalb einer gegebenen Normschicht, durch die Wechselwirkung der allein auf diesem Weg einsatzfähigen gleichrangigen Wertungen. In all dem potenziert sich der Achronismus des Verfassungsrechts, der bereits den meisten einzelnen Bestimmungen zugrunde liegt.

Wiederum wirkt dieses systematische Denkmodell nicht nur auf der Stufe der Verfassung, sondern auf dem Gesamtgebiet des öffentlichen Rechts. Dessen Einzelregelungen mochten ursprünglich nur als imperativ verdichtete Opportunitätsregeln erschienen sein, die sich ihrerseits als solche aus einer Vielfalt von Verwaltungspraktiken, aus jenem Vorsorgen, Planen, rechtlosen Lenken heraushoben, wie es der Wohlfahrtsstaat postulierte. Regeln des öffentlichen Rechts als *Normen* waren sicher ursprünglich ganz wesentlich „isoliert" und damit unsystematisch, unvergleichbar mit jener höher entwikkelten Ordnung, wie sie das Privatrecht bot. Darin mag die systematische Unterbilanz des öffentlichen Rechts überhaupt ihren letzten Grund finden, diese Erscheinungen sind auch aus der modernen Verwaltung nicht wegzudenken: auch für sie ist das rechtliche Mittel das letzte, das ausnahmsweise einzusetzende. Auch sie wird immer wieder mit Planungen, Leistungen, Ratserteilung die starren Schemata des Normativen durchbrechen oder elastische Formen finden müssen. Nunmehr hat ihr das öffentliche Recht, auf der höchsten Stufe der Verfassung zum System geworden, das systematische Denkmodell in einer bisher unvorstellbaren Allgemeinheit aufgezwungen. Das Aufsteigen isolierter Praktiken zur Norm, ihr Wiederabsinken zu opportunistischer Praxis, verlangte einst zwingend den Einsatz entwicklungsgeschichtlicher Kategorien, die ein gegebenes Phänomen aus der Tiefe seiner konkreten Vergangenheit verstehen ließen. Die Verfassungssystematik hat all dies völlig gewandelt. Mit dem Dogma der Gesetzmäßigkeit der Verwaltung wird das Normative zum beherrschenden Grundsatz allen Verwaltens. Überallhin muß es dringen können, in jeder Tätigkeit nachweisbar sein. Dies erzwingt auf allen Gebieten in steigendem Maße „kleine Kodifikationen", deutlich sichtbar etwa im modernen Polizeirecht. In sorgsamer Gegenüberstellung von Prinzip und Einzelregelung, von Regel und Ausnahme wie im Anschwellen des Normbestandes und in der Regelungsfreudigkeit hält hier die Systematik ihren Einzug. Mehr noch: wo die „Kleine Verfassung" des Einzelgebietes versagt, greifen die höheren, prinzipiellen Wertungen des Verfassungsrechts ein. Überall scheint so das Ende entwicklungsgeschichtlicher Schau besiegelt zu sein. Wohl erscheint es in manchem versteckt wieder in der Kasuistik unzähliger Entscheidungen, die dieses Recht nun nicht mehr an Zweckmäßigkeit und Realität messen, sondern an Norm und System. Doch diese, wie der Rekurs auf sie, bringen nicht primär entwicklungsgeschichtliches Denken zum Tragen. Sie bleiben systematisch-logische Kombination, nicht geschichtliche Erkenntnis, werden ohne Achtung aufgegeben, wenn dieselbe Logik fortschrittsgläubig anderes verlangt.

Mag so das öffentliche Recht erst im strengen, juristischen Sinn zum Recht geworden sein, es hat damit sein Wesen geändert. Aus einer ausnahmsweisen, punktuellen und damit im Befehlen besonders absoluten Gestaltung ist eine grundsätzlich allgegenwärtige Systematik geworden. Im Privatrecht hat das System, das breit auf einer mächtigen Wirklichkeit aufruht, entwicklungsgeschichtliches Denken zurückdrängen, nicht aufheben können. Im ius publicum ist eine solche Öffnung zur Wirklichkeit, und damit auch zur Evolution, nicht vergleichbar gegeben. Totale Erfassung der Realität ist hier so deutlich Fiktion, die Typisierbarkeit und Vorhersehbarkeit der Lagen bleibt so gering, daß sorgsam ausgesparte Räume von Zweckmäßigkeitserwägungen, Beurteilungsspielraum, Ermessen dem Rechnung tragen müssen. Wie auch immer sich hier Entwicklungsgeschichtliches zu entfalten vermag, vom Normativen wird es stets dadurch abgesperrt, daß die Rechtsregel klarer, scharfer Rahmen sein soll, der, gerade als solcher, eigenen Gesetzen gehorcht und ahistorisch nach oben zur Verfassung gerichtet ist. Durch die Systematik wird die Stufenordnung des Rechts gewissermaßen

„nach unten" fortgesetzt, indem die zu verwaltende Wirklichkeit mit ihren Zweckmäßigkeitsproblemen geradezu als eine neue, selbständige Stufe erscheint, auf der ein Evolutionismus noch etwas stärker wirken mag, soweit ihn das „grundsätzlich systematische Denken" nicht auch in Außerrechtlichem zurückdrängt.

Pyramidale wie systematische Konstruktion des öffentlichen Rechts macht aus dem Einzelbefehl eine allgemeine Befehlslage, in der die Schärfe des individuellen Ordre in einen Gesamtbezug kollektiven, allgegenwärtigen Ordnens tritt, wie er der neuesten Zeit eigen ist. Zuzeiten verliert damit der Befehl in autoritätsloser Abschwächung seine Prägnanz, das System wird zum intellektuellen Ausweg, zum anderen wächst ihm aber die ganze furchtbare Majestät omnipotenter, omnipräsenter Systematik zu. Systematik wie Pyramide heben die Geschichtlichkeit auf in der Gleichschaltung einer durchgehenden „Zentralisierung des öffentlichen Rechts": allen lokalen, partikulären Wertungen tritt irgendwo der einheitliche Letzt-Wert entgegen, wie ihn die höchste politische Einheit vorstellt. Das Niederrangige, die Einzelheit des Randgebiets kann nicht liebevoll entwicklungsgeschichtlich gepflegt werden, wenn alle Bezüge zentral nach oben führen oder zu gleichgegenwärtigen Seitenregelungen, nicht mehr zurück in die Geschichtlichkeit einer bestimmten, individuellen Lage. So wird auch ein Individualismus gebrochen, der Geschichte ist und in die Evolution sich retten will. Über das mächtigste aller Verfassungsprinzipien, den Gleichheitssatz, dringt die systematische Logik mit mehr geistiger Kraft und weniger Wissen als die Historie in alle Bereiche der sozialen Ordnung.

Wenn Verfassung ferner durch ihre ideologische Struktur dem Historischen entgegenwirkt, so bedeutet Systematisierung auf dieser höchsten Stufe eine quantitativ enorme Steigerung eben dieser ideologischen Kraft. Aus wenigen Regeln entstehen unzählige andere; sie alle werden in einer Weise wirkmächtig, daß sie gerade jener Unvorhersehbarkeit rechtlicher Bezüge gerecht zu werden vermögen, der bislang nur geschichtliche Betrachtung entsprochen hatte. Grundsätzlich gestattet das System „stets" die Antwort, auch und gerade dann, wenn die Historie schweigt, und es gibt sie eindeutig, scharf, rechtlich verwertbar. Ideologie ist weit stärker systematisierbar als wirklichkeitszugewandte rechtliche Einzelregelung oder nuancierte entwicklungsgeschichtliche Erkenntnis. Nur die Systematik befriedigt das grundsätzliche Streben der Ideologie nach Allgegenwart, bis in die „unwesentlichsten" Bezüge des Bau- oder Gewerberechts.

In Wahrheit stehen wirklichkeitsverändernde Ansprüche hinter diesem achronistischen Kampf gegen die Geschichte. Die Masse der Wertungen, welche die Ideologie zur Verfügung hält, kann nicht nur die materielle Entscheidung lenken, sondern, über das Inhaltliche, mittelbar sogar die Methode, die Rechtstechnik beeinflussen. Wenn der Samen der Ideologie systematisch auf allen Einzelgebieten verstreut ist, wenn sich überall, der großen Idee entsprechend, „Teilideologien" entwickelt haben, welche eine fruchtbare Verbindung mit der zu gestaltenden Wirklichkeit eingehen — dann verläßt die Ideologie das Empyreum des überrechtlichen Bekennens, schlägt sie tiefe Wurzeln in einer immer gleichen, insoweit geschichtslosen Rechtsordnung, die ihr Sterben überdauern kann. Freilich – und mehr denn je –: „Verfassungsrecht vergeht, Verwaltungsrecht besteht" *(O. Mayer),* aber mit dem Verwaltungsrecht leben weiter die ideologischen Wertungen der aufgehobenen Verfassung! Nur eine klare Gegenideologie, die sich mit vergleichbarer Systematik auf niederrangige Bezüge senkt, kann, das zeigt gerade der Niedergang der Weimarer Ordnung und der radikale Sieg der NS-Idee, frühere Ideologie gerade aus dem „einfachen", dem Verwaltungsrecht, vertreiben. Damit vielleicht am stärksten tötet die im System vervielfältigte Ideologie ruhige evolutionistische Betrachtung: sie schafft in der „Durchideologisierung" des gesamten öffentlichen Rechts einen Sachverhalt, der in seinem unevolutionistischen Entstehen und in seiner absoluten Struktur auch für alle spätere Geschichtlichkeit letztlich unauflöslich bleibt. Nur aus der Sicht der betreffenden Ideologie lassen sich solche Regelungen noch normgeschichtlich deuten. Die großen Schwierigkeiten der Kontinuität nach 1945 zeigen es an einem extremen Fall: Ideologisierendes Denken reißt das Recht aus der Geschichtlichkeit, zerstört, wenn es mehrfach und gegensätzlich auftritt, endgültig jede Tradition. Es kann nicht teilweise, nuanciert verändert fortleben, wie es der Evolutionismus will: es ist ganz, oder es stirbt. Diese Sprünge in der Entwicklung, welche die systematisierte Ideologie bewirkt, nehmen der unideologischen Geschichtlichkeit vor der kommenden Ordnung jede Legitimation, lassen sie als suspekte, als feindliche Rechtstechnik erscheinen. Geschichte wird nicht mehr als unbehilfliche Technik abgelehnt, sie wird als anti-systematische, gegen-ideologische Durchbrechung geordneter Ideologie vernichtet.

7. Die Systematik der Verfassung bewirkt höchste unhistorische *Ordnung* des gesamten öffentlichen Rechts. Sie verstärkt so dessen absoluten Befehlscharakter in der grundsätzlichen *Widerspruchslosigkeit* verschiedenster Normen, ja Normschichten. Entwicklungsgeschichtliches Entfalten eines Normzustandes mag bisweilen, über eine Reihe gleichgerichteter Regelungszustände, Tendenzen feststellen und damit ein interpretatorisches Ergebnis von nicht unbedingter Schärfe, aber doch von relativer Direktivkraft gewinnen lassen. Oft aber reihen sich auch widersprechende Regelungen aneinander, sind gegenläufige Tendenzen festzustellen. Nicht immer können so umfangreiche Zeiträume überblickt, alle Einzelheiten dergestalt erfaßt werden, daß die Relativierung eines Sonderphänomens gelingt, die Bedeutungslosigkeit einer normativen Parenthese eindeutig erkannt wird. Häufig muß also eine

wertende Auswahl getroffen werden, die solche Interpretation mit der Kritik der Willkür belasten kann, ihren Wert sicher in Grenzen herabsetzt. Selbst wenn ihre Ergebnisse aber hingenommen werden, sie bleiben punktuell und oft ohne Verbindung mit anderen Erscheinungen desselben Rechtsbereiches, pflegt doch evolutionistische Betrachtung Geschichtlichkeit häufig als Sonderentwicklung zu verstehen und gerade dieser mit archivarischer Freude nachzugehen. Leicht wird sich also ein Widerspruch zu anderen gleichgeordneten Norminhalten einstellen, regelmäßig ein solcher zu übergeordneten Prinzipien.

Dies wird gefördert durch eine Eigentümlichkeit gerade des öffentlichen Rechts: Nach der Natur der zu regelnden Bezüge fehlt hier der Materie die wesentliche Einheitlichkeit. Baurecht etwa und Gewerberecht berühren sich nur in Randzonen, Fürsorge- und Wasserrecht gar nicht mehr. Die laufende Verrechtlichung dieser Verwaltungsbereiche, von der die Rede war, hat notwendig zur Schaffung übergreifender, meist ungeschriebener Grundsätze geführt, auf daß ein einheitliches Verwaltungsrecht entstehe. Besonderheiten werden nur geduldet, solange der rechtliche Rahmen nicht in Gefahr ist. Evolutionismus aber zeigt eine wesentlich desintegrierende Tendenz, vielfältig, beziehungslos wie eine vergangene Wirklichkeit, die als Einzelheit, nicht im System erkannt wird. Nur mehr als Entwicklungsgeschichte eines systematischen Zusammenhangs kann die verfassungsgeprägte Systematik des öffentlichen Rechts die Historie anerkennen. Zeigt diese nur Sonderentwicklungen einzelner Regelungen, so trägt sie in das System von heute die Gegenläufigkeit der Ordnung von gestern, der Widerspruch der Vergangenheit verstärkt sich vielleicht sogar in der an sich schon ganz anderen Ordnung der Gegenwart.

Diese kontradiktorischen Züge können nicht nur die Rechtssicherheit, die Systemeinheit gefährden, indem eine entwicklungsgeschichtlich interpretierte Norm aus dem Zusammenhang aller anderen gelöst wird, sie liegen meist schon in der Natur des historisch gewonnenen Ergebnisses, soweit hier die Synthese über antithetischen vergangenen Zuständen nicht gelingt. Zu einer solchen aber kann, selbst bei einer gewissen Tiefe des historischen Eindringens, letztlich nur der Einsatz logisch-dogmatischer, teleologischer Kriterien führen, der bestimmte Elemente oder Tendenzen sichtbar macht. Um innere oder äußere Widersprüchlichkeit zu vermeiden, wird in der Regel eine rein evolutionistische Methode ihren eigenen Kategorien auf einer bestimmten Stufe ihres Denkprozesses nahezu zwangsläufig untreu; der Zweck des Demonstrandum, der eben doch ein normativ-dogmatischer bleibt, steuert die Auswahl des Untersuchungsmaterials von einem logisch-systematischen Ausgangspunkt her. Gerade im öffentlichen Recht kann so ein Resultat erzielt werden, das sich unter dem ehrwürdigen Mantel der Geschichte verbirgt, in

Wahrheit aber einen gefährlichen Synkretismus verhüllt: die historisch zementierte Ideologie. Die widerspruchslose Überzeitlichkeit drängt hier nicht mehr Geschichte zurück, sie absorbiert diese vielmehr, nimmt sie in sich auf, um sie zu assimilieren und damit aufzuheben. Geschichte ist non-conformistisch, ein ideologisches System verlangt unbedingte Geltung. Wo die Historie nicht zur Vertiefung der Systemgeltung, bis hinauf in ferne Vergangenheit, Dienerin sein mag, muß sie als Widerspruch gebrochen werden. Evolutionistisch lehren heißt aber auch widersprechen, ja sich widersprechen können — eine Historia magistra kann dieses Recht im letzten nicht dulden.

Geschichtlichkeit ist und bleibt widersprüchlich. Wo deshalb das System eine verfassungserzwungene Notwendigkeit ist wie im öffentlichen Recht, und soweit dieses System nicht als solches in geschichtlicher Bewegung gezeigt werden kann, ist alles historisch Erfaßte ein Fremdkörper, der nicht nur die Reinheit einer geometrischen Konstruktion an sich stört. Das öffentliche Recht, vor allem das Staatsrecht, ist der Plafond der Rechtsordnung. Hier stoßen schließlich alle Kräfte und Tendenzen aufeinander, die in tieferen (Norm-)Schichten machtmäßig nicht gebändigt werden konnten, welche Vernunft und Vereinbarung nicht harmonisieren. Dieses Recht, Aufhängung und Rahmen aller anderen Imperative, darf noch weniger als diese Sprünge und Widersprüchlichkeiten zeigen, die sogleich den rocher de bronze aufbrechen und den Zerfall der Gesamtrechtsordnung einleiten müßten. Der Fiktionsgehalt ist deshalb im öffentlichen Recht am höchsten, die widerspruchslose Einheit des Systems wird zum obersten Selbstzweck, der die Stöße ungebändigter Wirklichkeit aufzufangen vermag. Wohl mag ein öffentliches Recht an sich denkbar sein, das sich, auch in seinen höchsten Schichten, als mit all der Widersprüchlichkeit dieser Realität, und damit auch der Geschichte, belastet versteht. Vielleicht wäre es ein menschlicheres, ein mutigeres Recht als jene Ordnung der Aufklärung, die nur bekennen kann oder sterben muß. Wenn aber das ius publicum durch die Verfassung nicht nur in Freiheitsstreben veredelt, sondern gleichzeitig durch ein immanentes kleinbürgerliches Sekuritätsstreben belastet wird, dann fehlt der Mut zu einer Kontinuität, die Widersprüche gerne in sich trägt, die es vorzieht, Realität und Geschichte zu sein, um von diesen nicht gebrochen zu werden. Dies alles mag auch die besonderen anti-historischen Auswirkungen der Systematik gerade im öffentlichen Recht erklären: Privatrecht ist natürlich ein System, entwikkelt sich natürlicher als System, löst Widersprüche in der Elastizität der Vereinbarung, in der Wirklichkeitsoffenheit des Praktischen, oder es erwartet die Entscheidung von oben, aus jener politischen Höhe, in der, in sich widerspruchslos, jede Dezision fallen muß.

8. Seit die Französische Revolution Licht und Zerstörung der konstitutionellen Bewegung über Europa geschleudert hat, steht die Geschichte auch in

einem anderen Sinn still: das öffentliche Recht verwandelt sich aus einem Instrument grundsätzlichen Beharrens in eine Macht revolutionärer Umgestaltung. Es wird zum *Gestaltungsrecht* par excellence, Form einer Planungsidee für eine *prinzipiell* bessere Zukunft. Diese Fortschrittsgläubigkeit, welche Aufklärung und Liberalismus verbindet, wendet das öffentliche Recht grundsätzlich in die Zukunft. Das alte Recht hatte Zustände der Vergangenheit als unbedingt-unabänderlichen Imperativ der Gegenwart verfaßt, sich aber stets mehr als Ratifikation denn als Schöpfung empfunden. Nach 1789 gibt das öffentliche Recht einem Gedanken mit explosiver Macht Ausdruck, einer Idee, die letztlich die ganze Revolution getragen hatte: der Souveränität des innerstaatlichen Rechts, dem alle Fesseln sprengenden „pouvoir de tout faire". Diese Allmacht aber kann mehr sein als „letzte" Gestaltung, Eingreifen dann, wenn die Schwerkraft der Geschichte, ja die Mächte des Bestehenden sich erschöpft haben. Das neue, revolutionäre öffentliche Recht ist anti-historisch und anti-subsidiär. Wie die Aktion des Zentralstaates nicht die letzte, vorsichtig-helfende bleibt, sondern zur ersten und wichtigsten wird, so ist das öffentliche Recht logisch „zuerst", auf seiner Grundlage oder doch in seinem Raum, durch seine Kraft nur bedingt wirkt alles Gegenwärtige, existiert selbst die Vergangenheit.

Der Liberalismus des 19. Jahrhunderts hat diesen prinzipiellen Planungs-Gestaltungscharakter nur zurücktreten lassen, nicht aber auslöschen können. Nachdem die Französische Revolution das Faktum wie das Rechtsprinzip der grundsätzlichen Neuschaffung mit rechtlichen Mitteln gesetzt und damit die Gestaltungsgewalt des öffentlichen Rechts ins Unendliche gesteigert hatte, mußte alles folgende Recht an dieser Erbsünde – oder der Last dieser creatio continua – tragen: anderweitige, private Gestaltung konnte nun mehr als eine gestattete, in reservierten (wenn auch zeitweise weiten) Räumen möglich bleiben. Dieses öffentliche Recht aber sieht stets zuerst die Aufgabe, die neue Lage. Es entscheidet nicht über Vergangenes, es ordnet Gegenwärtiges für die Zukunft. Sein rascher Wechsel im Verwaltungsbereich war der alten Zeit ein Ausdruck der Opportunität rechtsfernen Vorsorgens gewesen; nunmehr wird er zur Folge von Aufgabencharakter, wechselnden Bedürfnissen, veränderten Zukunftsperspektiven. Diese zukunftszugewandte Kontingenz des öffentlichen Rechts sucht in der Gegenwart schon das Kommende zu erreichen, vorwegzunehmen. Ein solches Recht entzieht sich der Historia magistra, weil es sich selbst als einzigartige, gestaltende Geschichte ständig sieht. Altes Opportunitätsdenken tritt in der neuen Form des normativen Imperativs auf.

Hinter all dem steht ein neuartiger, früher unbekannter Glaube an die Kraft des öffentlichen Rechts als solchen. Durch unzählige Erfahrungen, in jahrhundertelanger, oft romantischer Verehrung der Vergangenheit hatte sich das romanistische Privatrecht die Überzeugungshöhe einer geschriebenen Vernunft erkämpft — im Grunde weniger, weil es Verhältnisse neu geordnet hätte, als vielmehr, weil es sich verschiedensten Lagen anpassen konnte, weil es als eine dem Verschiedensten innewohnende, gemeinsame, die Wirklichkeit im besten Sinn ratifizierende Ratio erschien. Im öffentlichen Bereich war jede neue Gewalt zunächst mehr Zustand, Befehl, dem erst Dauer, Evolution und Wirklichkeit den Charakter der Ratifikation und damit des Rechts verleihen konnten. Nunmehr sollte Befehl sogleich und wesentlich Recht sein, das Recht essentiell *gestaltender* Befehl werden. Das Ius sollte das Factum nicht nur ändern, sondern sogleich *als solches* ein Factum sein. Auch grundsätzlich benötigt es also nicht mehr jene letztlich geschichtliche Rechtfertigung, die zwar wenig wahre Historie voraussetzt, immerhin aber eine Auslegungsdimension in die Entwicklung öffnet. In jedem Augenblick der Gestaltung ist es „zuallererst", wird es gemessen an der gegenwärtigen Aufgabe. Fehler des öffentlichen Rechts ist es nicht mehr so sehr, die Gegenwart nicht als Fortsetzung der Vergangenheit zu sehen, wenn es nur in die Zukunft blickt. Geschichtlichkeit wird hier umgekehrt: Voraussehen ist oberstes Gebot; damit befiehlt die Geschichte vor uns, nicht das tote Geschehen hinter uns. Die tiefe Weisheit einer in der Vergangenheit beschlossenen Zukunft ignoriert ein Recht, das die Zukunft selbst mit gestaltender Kraft an einem Tag hat beginnen lassen und nun auf ewig nur sie mehr kennen darf.

9. So ist das neue öffentliche, das heutige Recht nicht einfach statisch und unbeweglich in jeder Richtung, empfängt es doch wandelnde Impulse aus einer vorgestellten Zukunft und verwirklicht diese in steigender Dynamik seiner Änderungen. So schnell, so kontingent oft vollziehen sich diese, daß allein schon diese Bewegung traditionelle Entwicklungsgeschichtlichkeit vor praktisch schwer lösbare Aufgaben stellt. Rascher, technischer Wechsel hebt hier mehr Geschichtlichkeit auf, als er an Historie bildet. Die einzelnen Glieder verlieren sich mit mangelndem Interesse an ihrem Rechtswert im Vergessen, das eine Kette geschichtlichen Ablaufs nicht mehr durchdringen läßt. Evolutionismus setzt Erkennbarkeit der Bausteine einer Tradition voraus, Erfaßbarkeit nicht nur für den suchenden Wissenschaftler oder den genießenden Antiquar, sondern für den entscheidenden Richter. Im öffentlichen Recht der Planung und Gestaltung fehlt sie mehr und mehr auf den technischen Einzelgebieten, die durch die ideologische Monopolisierung im Verfassungsraum verarmen. Allein eine gewisse nahezu ideologische, jedenfalls rechtsgrundsätzliche Schwerkraft verschiedenster Normzustände fügt sich zu wahrer Evolution, weckt Interesse und Erkenntnis des Interpreten. Schnelle Folge in der Vergangenheit hebt das Gestern auch für die Norm von heute auf.

Dem übermäßig raschen Wechsel auf den unteren Stufen des öffentlichen Rechts, der dessen Ungeschichtlichkeit verstärkt, entspricht im Raum der *Verfassung* ein eigentümliches Beharrungsstreben, das sich nicht minder antihistorisch auswirkt. Faßbar wird es vor allem da, wo auch dieses wesentlich „überzeitliche" Instrument der Zeitlichkeit und damit der Historie seinen Tribut zollen muß, bei der Verfassungsänderung. Daß sich Grundrechte als Ausdruck überzeitlichen und damit im Grunde unabänderlichen Normwirkens verstehen, mag seit den universellen Ansprüchen von 1789 nicht wundernehmen. Diese Seite des Anti-Historismus bedarf gesonderter Betrachtung. Darüber hinaus aber hat die Änderungsfrage den gesamten Konstitutionalismus seit 1789 belastet.

Die Verfassung ist ihrem Wesen nach unveränderlich. Jeder Einbruch in dieses Prinzip bringt sie um entscheidende Gewichte ihrer ideologischen Kraft wie ihrer rechtlichen Existenzberechtigung. Der Ausdruck der Souveränität mag sich ändern, diese selbst muß unwandelbar bestehen bleiben. Wo aber nicht mehr Menschen herrschen, sondern Normen befehlen, liegt in ihnen wesentlich die Unveränderlichkeit des stets gleichen Souveräns. Die Verfassung ist Ideologie zugleich und System. Die Ziellosigkeit unbegrenzter Abänderbarkeit ist damit unvereinbar. Die Ideologie, das Bekennen, das sie trägt, ist geprägt von einer Überzeitlichkeit, die sich nicht in der Entwicklung sieht, sondern nur zu Höherem sich hinaufpflanzen will, dem Ideal der Reinheit, nicht dem wirklichkeitsangepaßter vielfältiger Dynamik zustrebt. Zeitlos nach oben, nicht in der Zeitlichkeit horizontal gerichtet, widerstrebt ihr Inhalt schon der Änderung, was durch ihre Form (System) nur bestärkt wird: hinter allen wahren Verfassungen steht ein einheitlicher Geist und damit eine wesentliche Ganzheit. Verfassungsrevision dagegen bedeutet Teiländerung, Angleichung bestimmter, auch wesentlicher Verfassungsnormen an eine veränderte Wirklichkeit. Ob und inwieweit die Änderung des Teiles die Bedeutung des Ganzen verschiebt — dies zu ermitteln bleibt, nach den allgemeinen Grundsätzen der Normänderung und -fortbildung, Hauptaufgabe des wertenden rechtlichen Interpretierens. Solchen Kategorien, und damit dem Prinzip einer „révision tout court", ohne die Beiworte des „teilweisen" oder „totalen", widerstrebt das neue Verfassungsdenken. Als Wille zur Ganzheit kann das Grundgesetz nur durch den Willen zu neuer Totalität ersetzt, nicht abgeändert werden.

Wahre Revisionen müßten das Zentrum, die höchsten Prinzipien der Verfassungsordnung treffen können. Teiländerungen, die Verschiebungen des Ganzen hervorbringen, setzen eine in sich wesentlich gleichrangige Normschicht voraus. Die Verfassung, als Ideologie wie als System, ist jedoch in sich wesentlich gestuft. Die höchsten Prinzipien wiederum *können* aber in aller Regel gar nicht revisionsmäßig verschoben werden. Meist sind es ungeschriebene, in die Verfassung offen oder implizit rezipierte Vorstellungen, die erst den allgemeinsten Sätzen der Charta Sinn verleihen („freiheitliche Grundordnung" in Deutschland, „republikanische Volkssouveränität" in Frankreich, die „auf die Arbeit gegründete Republik" in Italien). Auch dort, wo auf jede Art überpositiver Normerfüllung verzichtet wird, sind solche Prinzipien, ausdrücklich oder stillschweigend, wesensnotwendig mit dem Verfassungsbegriff gegeben. Sie *alle* aber sind unabänderlich im Gange einer ordentlichen, von der Verfassung selbst vorgesehenen Revision, die insoweit wirkungslose Illusion bleibt: im Wege eines solchen Verfahrens können Einzelnormen oder Gruppen von solchen verändert werden. Die zentralen Wertungen der Ideologie bleiben dem entrückt. Als ungeschriebene lassen sie sich schwer verschieben, aus einer Vielfalt von Normen induktiv gewonnen, bestehen sie weiter, selbst wenn eine der vielfachen Stützen bricht. Und wollte auch rechtliche Auslegung versuchen, die Wirkung einer solchen Teilveränderung mit logisch-dogmatischen Kategorien bis in die Höhen der Prinzipien, des zentralen Bereichs der Ideologie, hinaufzuheben, so könnte doch dieser in aller Regel nur durch eine Metabasis eis allo genos alteriert werden: die Änderung müßte ideologisch gewertet oder wenigstens bis zu ideologischer Wirkkraft generalisiert werden. Dann erst könnte sie eine Verschiebung im Grundsätzlichen bewirken. Zu solcher – im Grunde doch – politischen Tat ist tastende rechtliche Auslegung, selbst verfassungsgerichtliches Urteil, in der Regel nicht bereit, sind die rechtlichen Kategorien vielleicht an sich nicht geschaffen. Dann aber bleibt die übergreifende Macht der Prinzipien, die Gewalt des Achronismus erhalten, jede noch so bedeutende Teiländerung wird sogleich eingespannt in das alte System, juristische Technik leistet den antihistorischen Dienst des Bruchs einer von der Verfassung selbst gewollten Evolution! Doch die Verfassung „will" eben, wie immer die Bestimmungen zu ihrer Änderung gefaßt sein mögen, eine entwicklungsgeschichtliche Änderung nicht. Nur die Tat ändert höchste Normen, nicht das Recht. Die Geschichte nahezu aller nachrevolutionären Verfassungen zeigt diese Geschichtslosigkeit in der seit 1789 immer wieder aufkommenden Erörterung um die Scheidung von *Partial- und Totalrevision.*

Für alle anderen Rechtsbereiche ist „Änderung" zunächst ein quantitatives Phänomen, dessen qualitative Bedeutung für das Ganze der Interpret in meist unnormierter Auslegung erschließt. In unbewußter, aber zutreffender Erkenntnis der inneren Stufung und des ideologischen Gehalts ist schon in den verfassunggebenden Diskussionen der französischen Revolutionszeit immer von neuem die Teilveränderung der Charta von deren Gesamtänderung — oder der Ablösung durch ein neues Instrument geschieden worden. Sicher mochte dies vom Erlebnis der Revolution selbst beeinflußt sein; über der völligen Umschichtung des öffentlichen Rechts lag noch die Majestät der großen Revolution, sie erschien als ein Vorgang sui generis, als eine Äußerung der

Volkssouveränität, die das Recht zu ratifizieren, nicht zu gestalten habe: Das Recht der Revolution mußte die Kategorien seiner eigenen Entstehung anerkennen. Was aus so mächtigen Fakten, aus so einmaligem Bekennen hervorgegangen war, dessen Änderungsbedürftigkeit (inconvénients, „Unannehmlichkeiten") konnte „die Zeit" sicher nur an einzelnen Punkten, in wenigen Bestimmungen fühlbar werden lassen. Deshalb: einerseits eine Totalrevision, die sich bis zur Revolution öffnet, zum anderen eine Partialänderung, die, als normaler Gang der Revision gedacht, nur Randkorrekturen bringen, nur da eingreifen darf, wo die ideologisch schwebende Verfassung doch auf einer niederen, aber unbedeutenden Wirklichkeit aufruht.

Bezeichnenderweise hat diese Trennung die historisch-kontingente Ausgangslage ihrer Entstehungszeit überlebt und findet sich wenn nicht im Text, so doch in Theorie und Praxis der meisten modernen Verfassungen. Hier sind mehrere Entwicklungslinien festzustellen: einmal wird, etwa in der französischen Tradition, die Abänderbarkeit der Verfassung regelmäßig in einer Weise erschwert, welche die explosiven politischen Kräfte des Augenblicks einfach zum Verfassungsbruch treibt. So mag man in Frankreich von einer wahren Tradition der Revolution i.S. der gewaltsamen, totalen Verfassungsänderung sprechen. Die Charta von 1791 wie die des Jahres III, die Verfassung von 1848 wie die Verfassungsgesetze von 1875, ja selbst die Verfassung der IV. Republik — alle diese Regelungen sind aufgehoben worden, weil sie ein überkompliziertes Verfahren zu ihrer Abänderung vorsahen, zu stark qualifizierte Mehrheiten voraussetzten. Das ungeschriebene Prinzip der gewaltsamen Totalregelung griff ein, meist sogar in vergleichbaren „Formen". Teiländerungen sind demgegenüber der französischen Entwicklung kaum geläufig, es sei denn in jener Regierungsform der Napoleone „à coup de révision", die aber nur Ausdruck einer in der Person des Cäsar selbst liegenden Verfassung sein mochte.

Die deutsche Entwicklung zeigt ein gewisses Gegenmodell. Hier war stets eine Praxis von Verfassungsänderungen bekannt. Doch all diese Phänomene, wie auch die frühere Seitenform der Verfassungsdurchbrechung, liegen im Grunde meist in Randzonen, betreffen technische Einzelheiten, entsprechend dem in Deutschland weit entwickelten Verfassungsinhalt und der steigenden Vergesetzlichung der Verfassung. Tendenzen lassen sich aus diesen meist zufälligen Korrekturen nicht ablesen — gerade deshalb reichen sie, schon in ihrer inhaltlichen Kraft, nicht hinauf in den Bereich des ideologisch-prinzipiellen Verfassungszentrums. Ein Maximum ist hier eine „Verfassungsergänzung", wie sie der Einbau der Wehrverfassung ins Grundgesetz gebracht hat. Darin liegt dann aber höchstens ein Ausbau, nicht eine wahre Entwicklung der Charta, der nur deren ahistorische Systemgeschlossenheit verstärkt.

So liegt in der Scheidung von Total- und Partialrevision, wie in den einzelnen Ausprägungen beider Erscheinungsformen, stets dasselbe: antihistorische Verfestigung, Systemausbau, nicht evolutionistische Fortsetzung. Die Ablösung einer Verfassung durch die andere, die Revolution oder Totalrevision, ist der Beginn einer neuen Zeit, die aber sogleich wieder stillestehen wird wie die alte. Sie ist der Beweis für die grundsätzliche Entwicklungsunfähigkeit der höchsten öffentlich-rechtlichen Normen. Diese können ihr eigenes Fallen nicht vorhersehen, weil außerhalb der Mauern ihres Geltungsbereiches nichts bleibt, was sie kennen dürften. Das Parlament, selbst Verfassungsorgan, verliert die Legitimation mit dem Aufhören des alten Zustandes. Selbst da, wo der Verfassunggeber den „Sprung über sich selbst hinweg" wagen möchte, wie in der Schlußbestimmung des Grundgesetzes, verstärken sich Tendenzen, welche in den künftigen Zustand die Grundwertungen von heute hinüberretten, die Zeit von heute der Stunde von morgen aufzwingen wollen.

Im Grunde bleibt eben ein tiefer Unterschied zwischen Verfassunggebung und Verfassungsgesetzgebung — diese deutsche Terminologie führt die französisch-revolutionäre Fragestellung weiter: Jene erfolgt nicht nur durch besondere Gewalten, sie wirkt mit der Legitimation der einmaligen Begeisterung oder des Kampfes gegen unvergleichliche Not, sie schafft Neues im Raum jenes zeitlosen Nichts, den das Zerbrechen des Alten hervorgebracht hat. Die genutzten oder verlorenen Sternstunden voraussetzungsfreier Gestaltung, die Geschichtliches nur als Material aufnehmen und in ihre neue Zeit transformieren — sie kehren nicht wieder in der Engmaschigkeit einer gegebenen Ordnung, in der Teilopposition gegen ein in allem übrigen geachtetes System, wo in den Bedenken schwieriger Abgrenzung der Schwung der ersten – und stets zugleich letzten! – Stunde erlahmen muß. Diese ängstlichen, kleineren Retouchen, meist noch Formelkompromisse müder bestehender Pouvoirs oder Abwehrkämpfe gegen neue Gewalten — diese Partialrevisionen bringen nicht wahre, machtvolle Geschichtlichkeit in den Raum der Verfassung. Sie sind Ausbau der Zeitlosigkeit, Abwehr einer neuen Zeit, oder einfach zeitindifferente technische Detailregelungen, die nur mit systematischen, kaum mit evolutionistischen Kategorien erfaßt werden können, schon weil ihnen die prinzipielle Schwerkraft fehlt, die echte Entwicklung tragen muß.

Derselbe methodische Dualismus der Änderungsformen setzt sich übrigens, in seiner Antihistorizität, auf den „niederen" Stufen des öffentlichen Rechts fort. Auch hier steht die Totaländerung von Gesetzgebungswerken den raschen „technischen" Veränderungen einzelner, isolierter Bestimmungen gegenüber. In beidem wird die Partikularrevolution des jeweiligen öffentlichrechtlichen Teilbereichs mehr und mehr gebrochen: einerseits durch die völligen, prinzipiellen Novationen, die eine „neue kleine Überzeitlichkeit" in diesen Bereichen schaffen, zum anderen in der prinzipienlosen Fluktuation opportunistischer Lösungen, die in Frequenz wie Gewicht keine Evolution mehr erkennen läßt.

10. Brücken von einem Verfassungszustand zum anderen kennt das Verfassungsrecht grundsätzlich nicht. Seinem Antihistorismus ist die übliche Kontinuitätskategorie nicht geläufig. Jede gegebene Verfassung setzt das hinter ihr stehende Sekuritätsstreben der Bürger lediglich für das adynamische Fortbestehen ihrer eigenen Überzeitlichkeit ein. Nur einer ganz großen, einmaligen Begeisterung ist es gegeben, ein „nous ne sommes pas vrais, si nous ne sommes pas discutables" zu sprechen. Wie ihre Vertreter leicht zur Hinrichtung schritten, auch wenn nach ihrer Überzeugung nur der Schatten des Nichts sie erwartete — mit derselben Konsequenz brachten die ersten Revolutionäre einen neuen Grundsatz zum Tragen, der das Ende auch ihres Werkes ahnen ließ, akzeptierte: daß nämlich Verfassungsrecht, wie alles neue Recht, emporwachse aus den Tiefen der *Volkssouveränität,* daß jedes Volk in jedem Augenblick die Fesseln abstreifen könne, die es sich durch die Verfassung angelegt habe. Verfassung nicht als Bindung des Souveräns, sondern als Rat an ihn — dies mußten die letzten Folgerungen der politischen Dynamik Rousseauschen Denkens sein, sie lagen den ganzen Revolutionsverfassungen zugrunde. Ein Widerstandsrecht gegen die Staatsgewalt war hier nicht letzte Ausnahme, sondern systemkonforme Zentralinstitution. Kontinuität lag nur mehr darin, daß außerhalb und über jeder Verfassung, von ihr nur anerkannt, nicht geschaffen, das Volk und seine Realität des Wollens das Bleibende war.

Die Volkssouveränität hat eine neue Kategorik des öffentlichen Rechts, ein neues Normverständnis überhaupt geschaffen. In dieser Antithese zur Normsouveränität wird aber nicht etwa in neuer Form Geschichtlichkeit oder Evolutionismus ins öffentliche Recht eingeführt. Relativierung der konkreten Verfassungsgeltung, nicht deren „Verzeitlichung" oder gar Evolutionierung ist das Ziel. Das übergreifende Prinzip der Volkssouveränität kennt Entwicklungsgeschichtlichkeit als Selbstwert so wenig, wie dies der Normverfassung bekannt ist. Es besteht auch nicht um der Kontinuität willen, oder gar im Hinblick auf eine Stetigkeit, die eines aus dem anderen erklären, oder auch nur eines ans andere reihen wollte. Volkssouveränität bedeutet nichts als die Relativierung der Normbedeutung, ihre Zurückdrängung durch den konkreten Befehl; sie bewirkt so eine Dynamisierung des Rechts, vollzieht eine verstärkte Zukunftswendung, duldet nicht einmal Evolution in den geringen Ansätzen des Aus- oder Fortbaues ideologischer Systematik. *Die Ideologie der Volkssouveränität ist antihistorisch par excellence,* schon deshalb weil sie, im Grunde, nur eine Art von dynamischer Superverfassung darstellt. Sie verstärkt nur die Wesenszüge jener übergreifend-zeitlos-allgegenwärtigen Mächtigkeit, die der Verfassung eigen sind. Die Volksgewalt „ist" in jedem Augenblick, in jedem Befehl ganz, wie in der ersten Stunde; sie bleibt weder an die Entscheidungen ihrer Gegner gebunden, die ihre Ideologie nicht einmal als Fakten anerkennt, geschweige denn als Elemente einer Rechtsentwicklung achtet — noch an ihre eigenen vorgängigen Willensäußerungen, die sie nicht als Sünden bereut, sondern, in platonischen Reminiszenzen, nur als Irrtum zerstört. In einem eigenartigen Umschlag ins Gegenteil verfassungsrechtlichen Normverständnisses trägt die Volkssouveränität der Wirklichkeit, wie sie ihre Existenz widerspiegelt, so weitgehend Rechnung, daß sie sich überhaupt weigern mag, das Morgen ans Heute, die kommenden Generationen an den Willen der augenblicklichen, vorübergehenden zu binden. Aber auch dies ist wiederum kein Wirklichkeitsverständnis, wie es der Historiker sucht. Es trägt ja an die Realität die besondere Voraussetzung heran, daß sie als solche ebenso beziehungslos zu Vorgänger wie Nachfolger sein müsse, wie jener Mensch, der allein geboren wird und isoliert endet, und aus dessen modellhafter Sicht alle Volkssouveränität sich aufbaut. Dieses Prinzip „atomisiert" die zu gestaltende Wirklichkeit in der Zeit genau so, wie sich ihre Macht aus der Gewalt vereinzelter Individuen zusammensetzt, die nur das Wunder der Volonté générale aneinander bindet. Wenn die Verfassung unzeitlich wird in der extremen Verrechtlichung, so erwächst der Antihistorismus des volkssouveränen Denkens aus der Ungeschichtlichkeit des reinen, isolierten Faktums der Gewalt — Recht ebensowenig wie pure Faktizität stehen dem Evolutionismus offen, der nur in vorsichtiger Öffnung des ersteren zu letzterer die ihm eigene Dimension zu gewinnen vermag.

Das öffentliche Recht der Gegenwart, Erbe dieser Denkmodelle, hat ihnen kaum etwas hinzufügen können. Es befiehlt volkssouverän, oder es gilt verfassungsnormativ. In beidem, in der Systematik wie im einmaligen Willen, löscht es die Geschichte aus. Das Recht ist bereit, diese auszubauen, jenen auszuführen, es verliert in beidem nahezu notwendig die selbständige Geistigkeit des Evolutionismus, der die Realität eigenmächtig zum Recht ordnet. Ideologie liegt eben letztlich in beiden Phänomenen, in Norm- wie in Volkssouveränität — nicht weil beides „Recht" und als solches wesentlich antihistorisch wäre, sondern weil auch der Glaube an die oberste Macht des Volkes ein „formales Bekennen" darstellt. Nicht die Unbedingtheit der Entscheidung zu einem Zustand liegt in ihm, der ahistorisch normativ verfestigt würde, wohl aber das Vertrauen zu einer „natürlichen Institution", die ebensowenig grundsätzlich „in der Geschichte ist". Der Volkssouverän ist im Augenblick seines aktuellen Befehlens in seiner ideellen Wesenheit derselbe wie in der fernsten Vergangenheit; aus der Geschichte wächst ihm keine Legitimation zu — im Gegenteil: die Erfahrung lehrt nur, daß seine Rechte in ihr vergessen werden. Geschichte ist ihm nur Gelegenheit, als semper idem aus diesem Vergessen aufzusteigen.

Weil Volkssouveränität im tiefsten antihistorische Ideologie bedeutet, ist in ihr selbst da für Geschichtlichkeit kein Raum, wo sie sich auf eine gewisse *„Tradition"* stützen muß. In Frankreich etwa reiht die „tradition républicaine et révolutionnaire" die Verfassungen der Revolution, die der Zweiten, Dritten und Vierten Republik zu einem solchen Quasigewohnheitsrecht aneinander. So entsteht eine Gemeinsamkeit oberster Prinzipien, die über Jahrzehnte hinweg, auch in der späteren Ordnung, anwendbar bleiben, Einzellösungen oder Interpretationsstützen bieten. Aber gerade eine solche Überlieferung, welche die royalistischen oder cäsarischen Parenthesen überspringt, steht wahrem Evolutionismus fern. Regelungen der Revolutionszeit über die Entmachtung der Richter und den Ausschluß der Verfassungskontrolle werden nach 150 Jahren eingesetzt, als sei der Verfassungszustand der Dritten oder Vierten Republik mehr ein Teil als eine Fortsetzung (des Rechts) der Revolution. Diese „tradition républicaine" ist primär ein dogmatischer, kein entwicklungsgeschichtlicher Begriff. Zwischenzeitliches (etwa napoleonisches) Gegenverfassungsrecht wird ebenso völlig ignoriert wie das Moment der Entfaltung als solches. Die „tradition" ist etwas wie eine große, übergreifende Verfassung, deren inhaltlichen Reichtum gerade die Volkssouveränität als Ideologie des isolierten Befehls nicht entbehren kann. Aber auch in ihr steht die Zeit stille, wird sie negiert. Wenn überhaupt Historie, wird hier nicht Entwicklungsgeschichtlichkeit, sondern jene eigenartige „Renaissance-Geschichtlichkeit" beachtet, die zur (System-)Reinheit tendiert und diese in Anlehnung an ein Idealbild (Revolution) zu verwirklichen trachtet, wobei das Gegenwärtige nicht als deren Fortentwicklung, sondern als systematischer Ausbau erscheint.

Gerade hier zeigen sich auch begriffliche Schwächen des Evolutionismus an sich. Hinter seinem Begriff verbergen sich zwei Phänomene: einmal der Rückgriff der Auslegung auf Zustände der Vergangenheit als solche, zum anderen die Berücksichtigung von eben deren Entwicklung. Letzteres „Tendenzdenken" allein dringt zum Kern des Historischen, der einfache materielle Rückgriff auf Früheres kann ebenso nur als eine Stütze des subjektiven Befehls von heute erscheinen, indem bei diesem die Anlehnung an vergangene Zustände unterstellt wird. So nahe beide Denkformen einander stehen mögen — das Beispiel der traditionsgestützten Volkssouveränität erweist den reinen dogmatischen Rückgriff auf Früheres nur als einen verdeckten Ahistorismus oder doch als eine gefährlich amorphe Kategorie, die historisch wie antihistorisch eingesetzt werden kann.

11. Das voll-formierte heutige Verfassungsrecht, wie es etwa die grundgesetzliche Ordnung zeigt, bringt, wie alles öffentliche Recht, Volks- wie

Normsouveränität im konkreten Inhalt seiner Regelungen zum Ausdruck; jene findet vor allem im klassischen organisationsrechtlichen Bereich, diese in den Grundrechten ihren Niederschlag, stets wesentlich antihistorisch gewendet.

a) Die Gleichung Volkssouveränität = Organisationsrecht ist in Deutschland durch viele kontingente Zusätze, insbesondere aber durch die Sondererscheinung des Föderalismus ungenau geworden, ist aber noch immer bei der Auslegung der Gewaltenteilung und im besonderen im Parlamentsrecht von Bedeutung. Nicht als ob sie eine positive Regelung im Sinne der Parlamentsallmacht gefunden hätte — ihre Denkkategorien nur beeinflussen hier, weit mehr als bei den Freiheitsrechten, Form wie inhaltliche Lösung. Die vielfach, wenigstens theoretisch, gesicherte *Vorrangstellung der Volksvertreter* führt eben doch eine Art von „Volkssouverän en miniature" ein, dessen Pragmatismus wie häufige notwendige Kenntnislosigkeit mächtige Hebel ungeschichtlicher Gesetzgebung werden. Demokratische Gesetzgebung ist in erhöhtem Maße zukunftszugewandt, vergangenheitsfeindlich, schon weil das Verflossene häufig abgelehnt und Gesetzgebung auf künftige Wahlen ausgerichtet wird. Im Idealzustand des balance-ähnlichen Wechselns der Regierungsmehrheiten wird die gesamte, insbesondere die kontinuitätsschwächere öffentlich-rechtliche Gesetzgebung antithetisch ausgerichtet. Nur selten mag es dann gelingen, in historischer Betrachtung den guten Mittelweg oder das in allem Gegensätzlichen liegende Gemeinsame herauszufinden; und sollte es möglich sein, so würde ein Akzeptieren solcher Lösungen für eine neue Mehrheit den Verzicht auf antithetische Neuheit und damit, anstatt aktiver politischer Wertung, gelehrte Müdigkeit bringen. Ein „Historismus nur bei ausdiskutierten Fragen" ist aber nicht mehr wirkliche Entwicklungsgeschichte, sondern nur Begründung dogmatischer Ergebnisse.

Parlamentssouveränität auf der Basis *politischer Parteiungen* ist eminent „politisiert" und damit zweckgerichtet-dynamisiert. Es ist die Negation einer Ruhe, die Tendenzen der Entwicklung erkennbar macht. Wieder ist alles These und Gegenthese. Die Rechtsentfaltung kommt nicht aus der ruhigen oder bewegten Volksseele, wie sie dem Interpreten zugänglich wird oder wie sie der Richter in sich fühlt: jede ihrer Bewegungen und Willensäußerungen, seien diese auch unklar und partiell, wird sogleich zur politischen, expliziten Position verdichtet und geläutert — der die Antithese gegenübertritt. Solche politische, immanente Gegensätzlichkeit im Entstehen und in der Entfaltung jeder Norm bietet einerseits oft so abschließend reiches Material, daß weiterer historischer Rückgriff entbehrlich wird, zum anderen zeigt sie bei vielen Imperativen ein derartig pragmatisch-zukunftsgewendetes Wesen, daß übergreifende Geschichtlichkeit als Vergewaltigung erscheinen könnte.

Das ganze System der *Amtszeiten* schließlich, um noch ein Beispiel zu nennen, mit seinem Mittelpunkt, der parlamentarischen Wahlperiode, führt in das Verfassungsrecht die Zeitlichkeit in einem neuen, durchaus unhistorischen Sinne ein: Zeit wird hier zur dogmatischen Kategorie der Machtbegrenzung. Sie schafft Einschnitte, beschränkt darin mittelbar Norm- wie unmittelbar Befehlsgeltung. In kleinen Abschnitten erscheint sie, nicht als übergreifender Raum ruhiger Entwicklung. Zustände werden so voneinander künstlich isoliert, nicht organisch verbunden. Die vielen „kleinen Geschichten" gegebener Regierungen und Parlamentsmehrheiten sind ebenso viele „neue Stunden", die als Vergangenheit nur den Akt der Wahl kennen und darüber unmittelbar in die zeitlose Volkssouveränität einmünden.

b) *Grundrechte* waren in ihrem ersten Entstehen Proklamationen überzeitlicher, universeller Normgeltung, ja Normsouveränität. Sie sind es bis heute geblieben, werden es stets in ihrem Kern („Menschenrechtskern") sein, wie weit auch immer ihr Aufruhen auf niederrangiger Gesetzlichkeit sie mit deren kontingenter, wechselnder Problematik belasten mag. Das gesamte Recht öffnen sie gerade der wesentlichen Überzeitlichkeit eines wie immer verstandenen Naturrechts; sie werden erkannt oder bekannt, nie im Grunde „gewollt", kennen keine Folge widersprechender oder gleichartiger Befehle oder überhöhen eine solche doch durch ihren zeitlosen Prinzipiengehalt.

Hier kulminiert die Ideologie und das rationale Modelldenken, hier werden bewußt nur enge Räume (Gesetzesvorbehalte) für dynamische Entwicklung geschaffen, weil sich die Norm als grundsätzlich zeitlos versteht. Die wie auch immer „positiv-rechtlich" berechtigte Frage der Abänderbarkeit stellen, heißt dem Grundrecht das Ethos nehmen. „Im System" schließlich sind Grundrechte von der Idee des Katalogs her ansatzweise, sie sind es mehr und mehr mit der Steigerung des Anspruchs auf Regelung der Gesamtordnung einer Gemeinschaft — alle Elemente antihistorischer Gestaltung treten hier in reinster Form auf. Und sie bleiben gerade ganz wesentlich nicht auf das Verfassungs-, ja nicht einmal auf das öffentliche Recht beschränkt, mögen sie dort auch am stärksten wirken. Durch sie vor allem richtet die Verfassung die gesamte Rechtsordnung in ungeschichtlichem Sinn aus. Die oft ausfüllungsbedürftige Weite der Formulierungen mag als Raum der Entfaltung eines begrenzten Evolutionismus erscheinen: doch in der Theorie wenigstens soll hier gerade mit einer überzeitlichen Klammer die freiheitslos wuchernde Normentwicklung zerrissen werden. In jede Norm senkt konsequente Grundrechtlichkeit ein Zentrum der Freiheitlichkeit, das den geregelten Zustand in jedem Augenblick seiner Entwicklung über die Geschichtlichkeit hinaushebt. Weite der grundrechtlichen Formulierung wird hier also zum Anreiz für einen Systemausbau in horizontaler, oder eine Systemüberhöhung des niederrangigen Rechts in vertikaler Richtung. Gerade weil sich die Grundrechte aus punktuellen Ansprüchen mehr und mehr in der Weite wie dem absoluten Charakter der Geltung gesteigert haben, führt historischer Rückgriff hier praktisch meist zu restriktiver Auslegung, etwa beim Rekurs auf Zustände der Weimarer Zeit, was mit dem Bekenntniswert des Augenblicks nicht immer vereinbar ist.

Sogar die Methodenlehre, ja die Rechtstechnik wird hier schließlich antihistorisch geprägt. Zur Verstärkung der Systematik wird nicht nur manches an außerrechtlicher Wertung hereingenommen — die Analogie, der Sprung sogar von einem Rechtsbereich zum anderen, erfährt eine starke Aufwertung in Kategorien wie „Sinnerfüllung" u.ä.m., Entwicklungsgeschichtliches dagegen wird, wo es unter all diesem „Auslegungsmaterial" noch erscheint, dessen anderen Bestandteilen gleich, also im wesentlichen systematisch-dogmatisch bereits erfaßt, sicher aber eingesetzt.

In den Grundrechten freilich wird das Ahistorische auch zum Absurdum seiner letzten Konsequenz geführt; weil auf Geschichte des Rechts verzichtet werden soll, muß häufig das Rechtstechnische selbst fast völlig verschwinden in einem unklaren Nebeneinander von Elementen, die der Wirklichkeit, aber unter Überspringen der Historie, und damit oft völlig ungeordnet, entnommen werden. Nirgends sind historisierende Auslegungsversuche so häufig wie bei einem Recht, das Geschichte überhaupt nicht oder nur zu seiner Rechtfertigung kennen will.

II.

Volkssouveränität wie Normsouveränität, die beiden Aspekte des modernen Verfassungsrechts, verbindet zur Geschichtslosigkeit im Grunde nicht nur der gemeinsame Inhalt der Ideologie, sondern auch die Form dessen, was sie schaffen wollen: in jedem Fall den letzten, *unbedingten* Befehl. Dieser aber muß schon als ein bedingungsloser entstehen, ohne die relativierende Schwäche, wie sie historisches Denken in seine Ergebnisse legt. In ihrer Zeit waren die vergangenen Imperative wohl auch von unbedingter Mächtigkeit — der Historiker sieht ihr Kommen und Gehen, findet in der naiven Kraft gegenwärtigen Befehlens schon den Keim des so oft festgestellten Todes. Und wenn er, in unhistorischem Umschlag, ans Heute begeistert glaubt, er wird ihm doch nur mit entwicklungsgeschichtlichem Relativismus belastete Lösungen bieten können, denen die frühere, lebendige Schärfe fehlt. Das Material vielleicht kann derartige Beachtung finden, ein gestaltendes Mehr würde eine begeisterte Rechtshistorie verlangen, die Entwicklung als Summe früheren Bekennens, des vergangenen Enthusiasmus zu bieten vermöchte. Denken solche Historiker aber noch geschichtlich?

So führt im Grunde das evolutionistische Problem im öffentlichen Recht weit hinaus über Einzelfragen dieses Bereichs. In seinem beispielhaften

Befehlscharakter steht vielmehr das ius publicum für alles Recht, seine Entwicklungsgeschichte für alle Historie. Ihr Zusammentreffen drängt zu der Frage: Ist Geschichte als „Hilfswissenschaft" für dogmatische Rechtswissenschaft möglich, oder bildet sie nur den Juristen; liefert sie tote Materie, der erst der Wille die Seele des Rechts einhaucht, indem er sie, bis zur Unkenntlichkeit verändert, zu einem neuen Wesen schafft — oder dringt die Historie mit eigengesetzlicher Mächtigkeit in den Raum der Normen vor, denen geschichtliches Tendenzdenken die Bewegung zeigt, den Tod vielleicht ankündigt? Kommt aus dieser Dynamik, aus diesem Mut zur geschichtlichen Bedingtheit, den starren Imperativen vielleicht erst Leben und Kraft?

Probleme werden hier sichtbar, deren Lösung deduktiv-systematisch nur die Rechtsphilosophie oder die Philosophie der Geschichte unternehmen kann. Juristische Dogmatik vermag aus dem Bestand ihrer Phänomene nur die Fragestellung zu entwickeln und Elemente dogmatischer Notwendigkeiten beizusteuern. Als „unphilosophischer" Disziplin ist es ihr aber nicht gegeben, ihre eigene, die rechtliche Axiomatik zu überspringen, oder die des Gegenphänomens, der Historie zu transzendieren, um die übergreifende Synthese zu finden. Schon aus diesen zwingenden methodologischen Gründen müssen solche Betrachtungen ein Anfang bleiben. Hier wurde versucht, das Antihistorische im öffentlichen Recht, insbesondere im Verfassungsrecht, aufzudecken. Eine weitere Betrachtung sollte den allem Vorstehenden zum Trotz erfolgten und ständig weiter erfolgreichen Einbruch des Evolutionismus ins moderne öffentliche Recht würdigen und so die Antithese liefern. Das wesenhaft „öffentlich-Rechtliche" aus solcher Verschlungenheit zu entbinden, ist eine letzte, ferne Aufgabe.

Geschichtsloses öffentliches Recht? Das Fragezeichen ist in vielem nicht mehr berechtigt; und darin wird auch der Verehrer der Historie ein bedeutsames, ja bewundernswertes geistiges Phänomen sehen können: Wenn es wahr ist, daß die Geistigkeit einer Erscheinung so groß ist, wie sie den Menschen über die Bedingungen seiner Existenz hinauswachsen läßt, so wohnt hier dem Recht eine wahrhaft transzendente Kraft inne: es zerbricht die Kategorie der Zeit wie die des geschichtlich bedingten Kausalablaufs — aber es sucht nicht das Erkennen einer fernen, gegenüberstehenden Wirklichkeit, es negiert diese vielmehr, um sich in der Vollkraft geistiger Gestaltung eine eigene zeit- und entwicklungslose Welt der Dinge aufzubauen, die nur den Grundsätzen logischer Widerspruchslosigkeit zu genügen braucht. In dieser fernen Berührung mit mathematischem Denken überwindet das Recht des Befehls das eigene Sterben: in der geschichtslosen Auferstehung des Imperativs von gestern im neuen, gleichen Befehl von heute.

Imperium in fieri*

Zur Evolutionsgebundenheit des öffentlichen Rechts

I.

Das öffentliche Recht, Ausdruck bestimmenden Befehls und verteilender Gerechtigkeit, steht gegen Kontinuität, Evolution, Geschichtlichkeit**. Aus der Idee zeitlicher Freiheit und überzeitlicher Volksgewalt kommen seit der Französischen Revolution Vorstellungen, die sich einer außerrechtlichen Welt der Bewegung, der Kontinuität, der Historie kaum zu öffnen scheinen, in der schöpferischen Gewalt des ius publicum die Kadenz der Evolution in eine Kette von Dezisionen verwandeln wollen. Jede dieser Entscheidungen, vom Imperium der Verwaltung bis zur Erneuerung der Verfassung in Legalität oder Revolution — alle Dezision ist stets unmittelbar zu einer „Souveränität", welche die Evolution in der statischen Verfassung des Staates aufhebt. Verfassung aus Naturrecht und Befehl des Augenblicks — gemeinsam ist ihnen eine Entwicklungsfeindlichkeit, die nur ein Monopol institutioneller Veränderung durch neuen, wieder unzeitlichen Befehl kennt.

Doppelgesichtig also ist diese Antigeschichtlichkeit: Nicht nur, daß für solche Staatlichkeit die *außerrechtliche Welt der Fakten* nie in der Fülle ihrer Evolution, sondern nur im formierten Befehl ins öffentliche Recht dringt; wichtiger noch ist ein Zweites: Gerade die *Institutionen* dieses öffentlichen Rechts erscheinen im Licht einer Antigeschichtlichkeit; nicht durch Zeit und Übung, nicht im Gleiten unmerklicher, unfaßbarer Bewegung, sondern wieder nur im deutlichen Schritt der formierten Entscheidung öffnet sich ihnen eine Zukunft ohne Vergangenheit.

Über der Geschichte sieht sich dieses öffentliche Recht der Französischen Revolution — doch keine Ordnung vielleicht hat mehr der Zeitlichkeit der veränderten Entwicklung geopfert. Dies liegt in ihrem innersten Wesen. Der volksrevolutionäre Souverän des Pouvoir constituant steht über Zeit und Geschichte, weil sein unbedingter Befehl Grenzen weder in monarchischer Tradition noch in der ruhigen Entwicklung privaten Beliebens findet. Sein Imperium ist wahrhaft ein ganzer, wesentlicher Befehl. Doch gerade in dieser ungemessenen Erweiterung des Raumes, Vertiefung der Dimension des

---

* Erstveröffentlichung in: Der Staat 8 (1969), S. 273–302.

** Vgl. dazu *Leisner*, Antigeschichtlichkeit des öffentlichen Rechts, Der Staat 7 (1968), S. 137 ff.; in diesem Band, S. 221 ff.

Befehlens — eben darin verliert sich das Imperium in dieser Zeitlichkeit der Evolution: Die Allgegenwart des staatlichen Befehls trifft nun *allenthalben* auf eine außerrechtliche Welt in Evolution, die sich dem staatlichen Willen beugt — und ihn verbiegt; der wesentliche Dialog von Befehl und Gehorsam verändert die Macht der Ordre in der stärkeren Weichheit der Obödienz. Je unbedingter der staatliche Befehl — um so mächtiger wird Geschichte und Entwicklung in der verändernden Verschiedenheit vielfachen Gehorsams. Deshalb also weckt die These von der Antigeschichtlichkeit des revolutionären öffentlichen Rechts die Antithese von der radikalen Geschichtsgebundenheit eben dieser Ordnung.

Doch zunächst eine Klärung: Was soll hier „Geschichtlichkeit" heißen? *„Geschichtlichkeit"* als Kategorie ist dem öffentlichen Recht unbekannt, selbst wenn sie, wie es hier geschehen soll, für evolutionistische Veränderbarkeit steht. Gegenstand rechtlicher Betrachtung sind vielmehr stets die einzelnen Formen solcher Wandlung: institutionelle Arten der Rechtsfortbildung, Gewohnheitsrecht, Lückenfüllung — alle Formen offener und stiller Veränderung, bis hin zur Schwelle der Revolution.

All dies ist bedeutsam, zeigt es doch die einzelnen Tore, welche das öffentliche Recht selbst, institutionell oder parainstitutionell, dem Evolutionismus öffnet. Doch hier ist ein weiterer Schritt zu tun; die Frage lautet: Liegt nicht gerade im Wesen dieses öffentlichen Rechts der Revolution, oder doch in seinen zentralen Bereichen, eine grundsätzliche Evolutionsgeneigtheit, welche all diese vielfachen Formen der Wandlung hervorbringt, bestimmt, begrenzt? Und hier kann die Dogmatik bekannter Veränderungsformen allein nicht genügen. Grundprinzipien und Einzelinstitutionen, vor allem des Staatsrechts, müssen Auskunft geben, ob ihrer ganzen Struktur eine wesentliche Nähe zu entwicklungsgeschichtlicher Veränderung eignet. Nur daraus kann eine Antwort kommen auf die Grundfrage der Wandlungsfähigkeit eines ius publicum, die weit hinausreicht über das Recht seiner einzelnen, bekannten Änderungsformen.

Nur in einigen Richtungen soll dieses Grundproblem hier verdeutlicht werden, damit klar werde, daß durch alle Staatstheorie hindurch das Ziel dieser Untersuchung eine Dogmatik der Evolution bleibt. So stellt denn „Evolutionsgeneigtheit" etwa die Frage, ob das öffentliche Recht als solches wesentlich veränderbar sei, ob seine institutionellen Änderungsformen mithin ausdehnend zu verstehen seien, eine solche Veränderung sich mehr in großen Schritten blockhafter Dezisionen oder in der Kontinuität bruchloser Evolution vollziehen solle, jede Wandlung sich wesensmäßig mit Blick auf ein Vorher und Nachher verstehe, eingebettet in eine Entwicklung, die sich bewußt als Geschichte und in der Historie sieht.

Und all dies trägt zu dogmatischen Folgen, zur Lösung des einzelnen Falles:

Wesentliche *Veränderlichkeit* des öffentlichen Rechts würde bedeuten, daß dieses selbst außerhalb seiner institutionellen Abänderungsformen einem Wandel unterworfen ist, der im Zweifel eine Brücke der Legalität zwischen wechselnden Ordnungen schafft. Legalität wäre aus Evolution zu begreifen.

Kontinuierlichkeit könnte eine Vermutung für unmerklichen, ja stillen Wandel bringen, jede Änderung in diesem Sinne interpretieren, aus der Sicht der Legalität dürfte sie allzu große Neuerungen nur als Umsturz begreifen. Ein Recht in Evolution allein kann Sinn und Bedeutung der Revolution erfassen, ihr sich entgegenstellen.

Traditionsverbundenheit endlich müßte einem sich wandelnden ius publicum *materiell* die Richtung zum Neuen weisen: als einem Glied in der Kette fortschreitender Evolution, herauswachsend aus bisherigem Recht, dessen Gedanken fördernd, vollendend. Nicht aus „Flucht in die Tradition", sondern aus „Tradition als rechtlichem Prinzip aller Rechtspolitik" erwüchse sichere Auslegung, ein Verständnis der Normen von heute aus einem Gestern für die sich wandelnde Zukunft.

Liegt nicht politische Entscheidung in so definierter Evolution? Ist es das Recht wie immer verstandener Reaktion, das hier sich zeigt? In kleinen Schritten scheint es sich stets zu bewegen, mit ängstlichem Blick auf das Vergangene, blind für Revolution und Fortschritt. Doch Rechtstheorie verbietet solch vorschnelle Rechtsideologie: Hier wird gerade ein Recht betrachtet, das aus Revolution und Fortschritt geboren ist. Sollte der Fortschritt nicht jene kleinen Schritte kennen, die rascher zur faktischen Revolution werden als die vergangenheitslose neue Entscheidung, die künftigen Fortschritt versteinert? Antigeschichtlichkeit, Geschichtsgebundenheit — beides ist ambivalent für jene passions humaines, die politisch zum Neuen drängen. Nicht ob mehr oder weniger verändert werde, zeigen sie an — allein bestimmt sich in ihnen die Art dieser Wandlung. Und so sind es eben doch Kategorien des Rechts, Formen rechtlicher Entscheidung, deren Inhalt im letzten Politik bleibt.

Ein Letztes noch zu Kategorie und Methode. Wer so verstandener Evolution im öffentlichen Recht nachforscht, der mag versucht sein, sogleich mit fester Typologie zu beginnen, Formen entwicklungsgeschichtlicher Veränderung an die Materie heranzutragen. So öffnet sich das ius publicum der Entwicklung in jenen Formen der *Delegation einer Entscheidung* auf andere Instanzen, welche die *Verlagerung* des Befehls erkennen lassen; so dringt über *Generalklauseln* (öffentliches Interesse) die Dynamik außerrechtlicher Evolution in die *offenen* Formen der Herrschaft; so mag der Befehl des ius publicum selbst in sich jener *auslegenden* rechtlichen Fortbildung bedürftig sein, die seine *Unvollkommenheit* erweist (Gewaltenteilung); und nicht zuletzt gilt es, irgendwann, die Formen institutioneller Wandlung zu bestimmen, in denen das Recht selbst sich als entwicklungsfähig versteht, und die vielleicht sich erweitern lassen, über sich hinausweisen.

Doch hier ist nicht so zu verfahren — nicht nur, weil dies den Rahmen der Anregung sprengen, eine umfangreiche Theorie und Dogmatik des Evolutionismus voraussetzen würde: All diese und andere Formen der Entwicklungsoffenheit liegen wesentlich im Gemenge. Ein und dieselbe Verfassungsinstitution – etwa die Normenkontrolle – bringt die evolutionistische Dynamik des „verlagerten Befehls" wie der „unvollkommenen Entscheidung" zum Tragen; in dem einen beherrschenden Verfassungsgrundsatz der Volkssouveränität liegt die Öffnung zur Entwicklung des Außerrechtlichen wie die Notwendigkeit zur institutionellen Entfaltung in streng rechtlicher Interpretation.

Nicht die Formen der Entwicklung, sondern deren Gegenstand gilt es daher zu bestimmen. Die erste Frage lautet: Welche Wesenszüge, allgemeine Grundsätze, Einzelinstitutionen jenes öffentlichen Rechts, das aus der Französischen Revolution kommt, sind evolutionsgeneigt? Die zweite: Erwächst daraus eine globale wesentliche Entwicklungsgebundenheit des ius publicum im ganzen? Und darin liegt eine zentrale methodische These: Nicht aus den Änderungsformen (Revision, delegierter Befehl, Verweis auf Außerrechtliches) führt der Weg zum Verständnis der Institutionen und ihrer Entwicklungsgeneigtheit, sondern umgekehrt ist es das Wesen von Prinzipien und Institutionen, das Änderungsformen bestimmt, interpretieren läßt, neu hervorbringt. Nicht aus den Formen der Wandlung (allein) ist die Geschichtsgeneigtheit zu erschließen — die Evolutionsnähe des Rechts leitet die Formen der Evolution.

Nur eine Hypothese mag stets die folgenden Betrachtungen begleiten. Aus der Vielfalt möglicher Wandlungsformen des öffentlichen Rechts ragen zwei als Grundaspekte hervor: Zum einen die Öffnung zum Außerrechtlichen oder doch zum Extrainstitutionellen. Wo immer der staatliche Befehl, offen oder still, über sich hinausweist, da nimmt er eine Dynamik in sich auf, die sich seiner Souveränität entzieht, und daher für den Juristen ebenso leicht festzustellen wie schwer zu definieren ist. Und zum anderen ist es die Entwicklungsgeneigtheit der Prinzipien, der Institutionen selbst: Es wird sich erweisen, daß viele Gestaltungen des öffentlichen Rechts „Befehle in Entwicklung" sind, während mancher Imperativ wiederum nur in neuer massiver Entscheidung gebrochen, nicht in den kleinen Schritten evolutionistischer Kontinuität verschoben werden kann.

In allem ist schließlich den Besonderheiten gerade jenes öffentlichen Rechts nachzugehen, das in ganz anderer Weise zum evolutionistischen Problem wird als das Privatrecht, mag dieses auch in Lückenfüllung und Gewohnheitsrecht, in Kodifikationstheorie und Auslegungslehre letztlich alles vorweggenommen haben — doch immer in einer Feinheit, die das öffentliche Recht bewundern, aber noch lange nicht in seine machtgeprägte Ordnung übernehmen kann.

Die Struktur des kontinentalen öffentlichen Rechts ist im großen und ganzen durch das Spannungsverhältnis dreier Komplexe rechtlich bestimmt: systematische Grundentscheidungen (etwa zum Wesen des öffentlichen Rechts, zur Systematik und Stufentheorie im Verfassungsrecht), verfassungsrechtlich-politische Grundentscheidungen (Volkssouveränität, Gleichheit), Einzelinstitutionen des Verfassungs- und Verwaltungsrechts (Verfassungsgerichtsbarkeit, Autonomie). Auch hier sind die Übergänge fließend, fest nur das Fortschreiten vom Grundsätzlichen zum Konkreten und damit zugleich Kontingenten. In drei entsprechenden Kapiteln sollen denn auch jeweils Beispiele für die Entwicklungsgebundenheit öffentlich-rechtlicher Ordnung gegeben werden. Im Vordergrund mag wieder die Verfassung stehen.

Diese Betrachtung, die Antithese zur „Antigeschichtlichkeit", versucht mehr als die Suche nach einigen theoretischen oder praktisch relevanten Eigentümlichkeiten des öffentlichen Rechts: Wenn sich dieses Recht als ein ungeschichtliches weiterhin versteht, so ist dies hier die Darstellung einer großen Illusion — gerade in den Prinzipien und Institutionen nämlich, welche das ius publicum aus der Zeitlichkeit zu heben schienen, eben in ihnen liegt vielleicht seine stärkste Entwicklungsgebundenheit.

II.

1. Die herrschende Auffassung definiert das ius publicum als Recht der einseitigen souveränen Anordnung oder des Handelns im öffentlichen Interesse. Liegt wirklich in solchem Befehl die wesentliche Entwicklungslosigkeit des Willens eines Augenblicks, im öffentlichen Interesse die Höhe einer Interessenintegration, welche die Dynamik vielfacher Entwicklungen nicht in sich aufnähme? Keineswegs.

Der *einseitige Befehl* steht in der Entwicklung wie die Bindung des Privatrechts, anders und im ganzen stärker vielleicht. Auch er schafft Rechtsbeziehungen, mag man sie nun als Rechtsverhältnisse verstehen oder nicht. Doch nicht so sehr eine Beziehung gegenseitiger Bindung entsteht, als vielmehr eine dynamische Wechselbeziehung, ein steter Dialog von Gehorsam und Befehl. Und gerade in ihm, in seiner starren Aufrechterhaltung oder wohlwollenden Abschwächung, in buchstabentreuer Befolgung oder in der Auswegsuche stillen Ungehorsams — in all dem gibt es ein Fortleben, eine Evolution des Befehls, wie wir die organische Entfaltung eines Rechtsverhältnisses kennen. Hier verbirgt sich die eigentümliche, in sich geschlossene Dynamik der öffentlich-rechtlichen Befehlsbeziehung, wie sie in dieser Form dem Privatrecht nicht bekannt ist. Denn dort trägt den Vertrag der Bindungswille der Partner. Aus ihm mag sich organisch ihr Verhältnis entwickeln, doch es bleibt der historisch fixierte Punkt der Einigung, während der Befehl in seiner Aufrechterhaltung stets neu, stets verwandelt besteht, immer mit Blick auf jenes öffentliche Interesse, das ihn rechtfertigt. Ist es also nicht das Privatrecht, das Recht der Einigung, das die Geschichte stillestehen läßt im Akt des Vertrags? Ist nicht umgekehrt der Befehl das wesentlich Entwicklungsoffene, das stets in objektiver Auslegung zu entfalten, nicht in subjektiver Interpretation versteinert ist?

Auch die außervertragliche Rechtsbeziehung des Privatrechts, etwa im Deliktsbereich, erscheint als solche der Entwicklung weniger geöffnet als der ordnende einseitige Befehl des Imperiums. Denn dort ist es etwas Kontingentes, ein Ereignis, dessen Folgen abgewickelt werden, hier steht der Befehl unter dem Ideal einer Ordnung, die als fortschreitende, als eine wesentlich entwicklungsträchtige zu verwirklichen ist.

Könnte man also nicht die These wagen, daß es der innersten Struktur des öffentlichen Befehls gemäß ist, Ordnung mit Blick auf ein Ganzes evolutionistisch zu entfalten, während das Vertragsrecht den Willen eines Augenblicks verfestigt? Ist nicht gerade in diesem Sinne das ius publicum immer unterwegs?

Ja und gerade in der Beziehung des Befehls zum intérêt public, der ihn – vielleicht im letzten ganz allein – vom Privatrecht abhebt. Was immer die dogmatische Bedeutung des öffentlichen Interesses für die Struktur des öffentlichen Rechts, jedes seiner Befehle, sein mag – Ziel oder Vorbehalt, Rechtfertigung oder Beschränkung – die Anordnung des Rechts der Herrschaft tritt so in Beziehung zu einem höheren Ganzen, zu Werten, welche Einzelinteressen nicht nur summieren, sondern zu höherer Einheit integrieren. Doch sei dieses öffentliche Interesse Summe oder Integration — es ist als solches ganz wesentlich in Bewegung, und zwar in einer typisch evolutionistischen Veränderung. Die besondere Öffnung zur Entwicklung liegt beim öffentlichen Interesse schon darin, daß es seinen Inhalt aus den verschiedensten Bereichen empfängt, die ihrerseits in außerrechtlicher oder institutioneller Veränderung, in ständiger Evolution stehen. Auffassungen der Allgemeinheit, vielfache wirtschaftliche und soziale Interessen, in unzähligen, unfaßbaren Formen von der Staatsgewalt beeinflußt oder unabhängig von ihr sich entfaltend, verbinden sich im intérêt public mit der Rechtsentwicklung aller

Sektoren des öffentlichen Rechts, ja der Rechtsordnung schlechthin. Der Begriff des öffentlichen Interesses ist so ganz wesentlich stets in fieri, er ist gerade deshalb letztlich undefinierbar, weil er aus unzähligen Präzedenzien, mit zahllosen unfaßbaren kleinen und großen Vergangenheiten erwächst, aus ihnen allein sich erklären ließe.

So steht denn auch das öffentliche Interesse, vor allem in den Regionen des wirklichkeitsnahen Verwaltungshandelns, nie ganz zur Disposition einer Ideologie oder sonst einer Grundentscheidung der Macht, die blockhaft-entwicklungsfeindlich herrschen wollte. Auffassungen der Allgemeinheit, technische Notwendigkeiten des Augenblicks, Selbstgewichtigkeit bestehender Institutionen — und die ganze Macht der Tradition dringen durch das öffentliche Interesse ins öffentliche Recht. Mag die Integrationskraft noch so stark, die Selbständigkeit des intérêt public gegenüber dem summierten intérêt de tous noch so weit gediehen sein — die Bewegungen der Einzelsektoren von Recht, Politik, Gesellschaft schlechthin übertragen sich stets auch auf den vereinheitlichten intérêt général. Daneben, darüber steht noch die selbständige Entfaltung des öffentlichen Interesses durch die ständig neu gestaltenden politischen Kräfte der Staatsspitze. So überlagern sich denn diese großen Wellen der staatlichen Interessen den unzähligen kleinen der summierten Einzelinteressen zu einem großen intérêt public in Bewegung, der jeden Befehl virtuell rechtfertigt, leitet, begrenzt.

Eigener Art ist gerade der Effekt solcher Überlagerung von Staatsraison und gebündelten Einzelinteressen in Bewegung: Weil Einzelinteressen nicht als solche, sondern nur in Bündelung, ja Integration wirken (sollen — mögen sie noch so oft in Wahrheit allein die Entwicklung bestimmen –), würde eine Entwicklungsgeschichte des öffentlichen Interesses im ganzen vorwiegend große Bewegungen, langsam-kontinuierliche Veränderung zeigen, in die hinein Einzelbewegungen sich summieren. Damit wird das öffentliche Interesse, das konstituierende Element des öffentlichen Befehls, zum Motor einer echt evolutionistischen Bewegung: in der Allgegenwart der Veränderlichkeit, in den kleinen Schritten der Kontinuität jedenfalls, am wenigsten vielleicht im Geschichtsbewußtsein der Traditionalität, die sich in der Zusammenfassung der Partikularinteressen und -bewegungen zu verlieren scheint.

Wo Befehl und öffentliches Interesse — da ist Geschichtlichkeit, wenn auch nicht notwendig Geschichtsbewußtsein.

2. In *Stufen der Konkretisierung* steigt das öffentliche Recht der französisch-kontinentalen Entwicklung ab von den Höhen der Verfassung bis in die Einzelheit täglichen Verwaltens. In dieser pyramidalen Struktur schien eine Antigeschichtlichkeit zu triumphieren, welche die Formen des Imperiums bis ins letzte auseinander entwickeln und damit nach einer Spitze ausrichten wollte, an der nicht die Zeitlichkeit der Entwicklung, sondern die Überzeitlichkeit der Werte oder des Befehls schlechthin herrschen sollte.

Doch wieder wendet gerade dieser Aspekt sich ins Gegenteil. In der Stufung der Normen, von Verordnung zu ungeschriebenem Recht, siegt allenthalben Evolution über einmalige Anordnung. Gemeinsam ist all diesen Normstufen eine Art von *Delegation:* Von Gesetz zu Verordnung, von Anordnung zu Einzelvollzug – hier also wahrhaft im Kelsenschen Sinn – immer und überall treffen wir Befehl und Vollzug, Gestattung und Gebrauchmachen von vielfacher übertragener Macht. Und darin gerade liegt stets Entwicklungsoffenheit, die aus dem Wesen solcher Stufung im weitesten Sinn und damit aus dem Kreis des öffentlichen Rechts kommt.

a) Deutlich ist dies auf der tiefsten Stufe der Kelsenschen Ordnung — im Sprung von Norm zu Einzelbefehl. Mit der Französischen Revolution wird der Befehl zum Normvollzug — doch damit dringt in ihn, in das blockhafte sic iubeo, bereits der *Dialog von Befehl und Gehorsam innerhalb des Imperiums* selbst. Die Einzelweisung ergeht auf Grund eines anderen, höheren, allgemeineren Befehls. Doch dieser allein ist nichts, er lebt nur in der Konkretisierung. In dieser wesentlichen Dualität allen rechtsstaatlichen Befehlens dringt stille, aber mächtige Evolution ins öffentliche Recht. So wie der Gehorsam des Bürgers den Befehl des Staates in der Evolution der öffentlichen-rechtlichen Bezüge verbiegt, so wandelt die Konkretisierung den allgemeinen, dauernden Befehl in die Praxis tausendfacher Anwendung. Und weil dieses öffentliche Recht ganz wesentlich Recht vollzieht, nicht Interessen abwägt oder beurteilt, insoweit ist in ihm stärker noch als im Privatrecht die Macht einer Evolution, die sich in allem als Entwicklung zeigt: in der dauernden Veränderung der Anwendung, in kleinen Schritten, welche schlechthin die Verwaltungspraxis konstituieren, und diesmal auch in einem Traditionsbewußtsein, das eine Praxis besitzt, die sich an den Gleichheitssatz gebunden weiß und damit veränderte Anwendung nur in bewußtem, besonders zu rechtfertigendem Wandel vollziehen kann.

Jede Anwendung ist Evolution, bringt sie doch, selbst bei stärkster Befehlsbindung, personale, beurteilende Wertung zum Tragen. Auch nicht eine Norm nur wird hier als isolierter Rechtsbefehl verwirklicht, sondern die Norm eingebettet in unzählige andere, ins Ganze der Rechtsordnung. In jede Anwendung hinein übertragen sich so, unmerklich oft, die zahllosen Einzelevolutionen, welche die Rechtsordnung in steter Bewegung erhalten. Ganz zu schweigen von jener vom Recht rezipierten, nicht gestalteten Wirklichkeit, die im Geist des Anwendenden ebenso gegenwärtig ist wie in jenem allgemeinen „Rechtsklima", aus dem seine Auslegung erwächst. Dieser Wandel der Normen in der Anwendung ist um so stärker, notwendiger, je mehr diese allgemeinen Regeln nicht so sehr eine Vielzahl isolierter einzelner Fälle betreffen, als vielmehr Ordnungen verwirklichen wollen, die als etwas Zusammenhängendes begriffen werden; denn hier wird ein Befehl in vielen Fällen und damit in Evolution entfaltet. Wieder ist deshalb das öffentliche Recht anders und stärker als andere Bereiche des Rechts in Bewegung.

Zu solchem gesetzestreuen Dialog zwischen angewendetem und anwendendem Befehl kommen noch die vielen Formen der verändernden, verbiegenden Anwendung — bewußt oder unbewußt, all jene fautes de service, die Lafarrière als conséquences d'un ordre mal donné, mal compris, mal exécuté beschreibt. So wahr faute de service dem öffentlichen Recht typisch ist, so stark wird die verändernde Zeitlichkeit für jede Norm im konkretisierenden Befehl.

Strenger Befehl, ermessenslose Bindung mag all dies abschwächen, den Normbefehl weithin in ursprünglicher, entwicklungsloser Reinheit erhalten wollen. Doch stärker bleibt der Wandel: Vollzug ist Evolution.

b) Die *Konkretisierung* ist schlechthin die Zeitlichkeit der Norm, in ihr siegt allenthalben die Evolution über das rechtssicher-unveränderliche Wollen des Gesetzes. Auch dort, wo Normen andere Normen spezialisierend verengen, allenthalben also in der Gesetzes-Pyramide des öffentlichen Rechts. Mag das Gesetz die Verfassung recht eigentlich „vollziehen" oder nur in ihrem Rahmen sich bewegen, mag die Verordnung das Gesetz nur erklären oder aber weiterdenken, spezialisieren, ergänzen, wie eng immer der Raum ist, den die höhere Stufe der niedrigeren läßt — stets wirkt aus diesem Raum Geschichtlichkeit „von unten nach oben". Schwer veränderlich scheint der Befehl der Verfassung, ein Monument der Rechtsordnung. Doch die Gesetze, die ihn ausdeuten oder beschränken — ihre Zahl ist nicht begrenzt, in ihrer Folge allein liegt schon volle Evolution. So wird das Gesetz zur Geschichte der Verfassung, in der Verordnung vollzieht sich die Evolution des Gesetzes. Jede gestufte Ordnung von Normen ist so ein Versuch, aus der Geschichte auszubrechen in die Überzeitlichkeit des höchsten Befehls — in Wahrheit entsteht auf jedem Niveau eigenartige Evolution, die von Stufe zu Stufe sich fortsetzen, potenzieren mag, die Verfassung sogar in die Zeitlichkeit wechselnder Verordnungspolitik werfen kann. Und wie oft ist alles hier nur mehr Veränderung niederrangiger Normen, bleibt an der Spitze nur die einsame, nutzlose Formel.

3. *Verrechtlichung* ist heute überall Ziel und Schlagwort des öffentlichen Rechts, als ob wirklich der Befehl durch die Norm, konkreter Wille durch abstrakte Anordnung sich ersetzen ließe. Wiederum soll hier die Flucht aus einer Entwicklung gelingen, der in der Folge normaler Befehle weit die Tore geöffnet scheinen, während das Recht all dies in entwicklungsfeindliche Formen und Formeln bannt. Und wieder ein tamen usque recurret der Evolution. Wo immer das Recht vordringt, den Raum der Macht, des Beliebens, Ermessens okkupiert, da zieht nicht nur eine andere, die rechtliche Evolution ein in den Raum der Geschichtlichkeit der Macht, die Entwicklungsoffenheit verstärkt sich schlechthin. Denn die Norm steht ihrem Wesen nach ganz anders, stärker in der Geschichtlichkeit der Evolution als der einfache, ein-

malige Befehl. Der Vorgang ihres Erlasses schafft ihr eine deutliche, weit mehr im Öffentlichen liegende Vergangenheit, in der vielfache Evolution konvergiert, aus der stets, und zwar in deutlicher Entwicklung, interpretiert werden kann: Als Befehl für unbekannt viele – und damit im letzten doch für unbekannte – Fälle nimmt der Normimperativ in seiner *Allgemeinheit* zugleich adaptierende Evolution in Kauf. Wer den allgemeinen Befehl der Norm will, entscheidet sich eben darin für stete Veränderlichkeit seines befehlenden Willens. Der Befehl des Machthabers ist einer und einmalig, in ihm gibt es keine Zeit. Die Norm des Rechtsstaats hat eigenes Leben, wahre Geschichte allein aus ihrer Allgemeinheit heraus, unabhängig von der Veränderung, welche die Konkretisierung ihr bringt (vgl. oben 2a).

Jene Antigeschichtlichkeit, welche die Normierung der Macht im Rechtsstaat hervorbringt — sie mündet wieder in Geschichte. Was die Allgegenwart des Befehls in der Verrechtlichung fixieren will, das fällt in Evolutionismus zurück, weil gerade normatives Imperium stets in fieri ist. So bringt denn Verrechtlichung am Ende nur eine Erweiterung des Raumes, eine Verfeinerung der Technik des Befehlens, wie sie der Norm eignet, und eine Berechenbarkeit, welche nur aus Evolutionismus sich erklärt. Der Triumph der Norm im öffentlichen Recht ist nichts als der Sieg des Imperiums in fieri über den Befehl eines Augenblicks.

4. Nirgends steht das Recht so tief in der Entwicklung wie in der Wandlung durch *Auslegung*. Das öffentliche Recht ist geprägt von jenem *„objektiven“* Verständnis der Rechtsakte, das der Gesetzesauslegung eigen und dem öffentlichen Interesse inhärent ist. Entsteht aber hier nicht der Imperativ der Lex jeden Tag von neuem, ohne Rücksicht auf eine Vergangenheit, die ihn geschaffen hat? Muß nicht die Norm in *diesem* tagtäglich neuen Verständnis alle Einzelakte der Staatsgewalt rechtfertigend begleiten, die sonst den Bürger nicht binden? Ist nicht in der subjektiven Auslegung der privatrechtlichen Einigung allein jene Geschichte, welche die ferne Vergangenheit des Vertragsschlusses als solche in die Gegenwart hineinnimmt?

Auch hier täuscht nur ein Schein von Antigeschichtlichkeit des öffentlichen Rechts. Wohl schaut subjektive Interpretation in die Vergangenheit; geschichtsbewußt ist sie — aber zugleich auch Feind jeder Entwicklung, schafft sie doch gerade unevolutionistische *Einheit* von Gestern und Heute. Umgekehrt mag in der Folge stets neuer objektiver Auslegungsergebnisse gelegentlich das Geschichtsbewußtsein blindem Fortschrittsglauben oder unwissend-robuster Gestaltungskraft erliegen; doch gerade in dieser Folge allein kann Evolution entstehen — es genügt dann der verständige Blick zurück und Neues verbindet sich mit Altem in der wahren Kategorie der Entwicklung.

Wie sollte auch objektive Auslegung nur verbindungslos Block an Block reihen, ist sie doch in Wahrheit stets auch, ja vor allem ein Verständnis aus dem Gesamtklima des Augenblicks, aus dem so viel an aufgestauter Entwicklung in jede Auslegung fließt. Im objektiven Verständnis der Normen, ja der Befehle vollendet sich so nur jene Verfeinerung, Kanalisierung — Institutionalisierung der Evolution, die im Wandel vom Befehl zur Norm begann. Doch Entwicklung ist überall.

5. Öffentliches Recht ist *politisches Recht.* Politische Impulse kommen auch dem verwaltenden Ordnen aus den Höhen einer Verfassung, die, geschrieben oder nicht, meist nur ein rechtlich umschriebener Schwebezustand politischer Machtverhältnisse ist.

Das Politische, sein Wesenselement, hat das öffentliche Recht nie zu definieren gewußt. Doch mag es nun in der Intensität einer Gegensatzbeziehung (Freund-Feind) oder in spekulativer Ausrichtung auf Mögliches, mag es in erratender Vorausschau, in antirechtlicher Gestaltungsfreiheit, oder in höchst generalisierender, klimaschaffender Zusammenschau vielfacher Bezüge erscheinen — stets wirkt es weniger als Präzisierung, Charakterisierung, denn als großer, überall stehender Vorbehalt, als Grenze des öffentlichen Rechts einerseits, zum anderen als Prinzip einer eigentümlichen, wandelnden Dynamik.

Aufgehoben ist im politischen Denken der Gegensatz von außerrechtlicher Wirklichkeit und rechtlicher Form, von lex lata und lex ferenda; künftiges oder heutiges Recht wird nur gewertet als Form, als Faktor der Macht. In voller Breite wie in unkontrollierbarer Vielfalt dringt so die ganze Wirklichkeit des sozialen Geschehens in jedem Augenblick ins öffentliche Recht, als Entwicklung und mit dem Ziel einer Evolution, der die Form des Augenblicks nicht heilig sein darf. Diese Entwicklung gibt nicht einzelnen, isolierten Evolutionen die Form des Rechts; meist faßt sie diese mit Blick auf eine einheitliche Grundentscheidung zusammen. Sei diese Ideal oder Illusion — in ihr potenziert sich vielfache, disparate Veränderung in Wirtschaft und Gesellschaft zu einer mächtigen, gerichteten politischen Bewegung. Diese hat als solche ganz wesentlich ein Ziel und damit eine Zukunft. Sie ist eine Überwindung und findet darin ihre Vergangenheit, aus der allein sie zu verstehen ist, mag sie auch ihre Antithese sein. Evolution ist sie damit nahezu in allem, und die Macht integrierter Veränderlichkeit kann sie dem Recht übertragen.

Dem Politiker ist die rechtliche Form gerade insoweit kontingent, als sie verfestigten Willen antigeschichtlich seiner Passion entgegenstellt. Und die Politik relativiert eben den Gegensatz von heute geltendem und künftig möglichem ius publicum. Hier könnte Antigeschichtlichkeit in Gleichheit, Gleichwertigkeit von Gestern und Morgen entstehen. Doch wieder siegt nicht die Statik des bestehenden Rechts. Letztlich kennt Politik nur *ein* mögliches

Recht: ein Recht in Bewegung, in einer Evolution, die ihrer eigenen Dynamik entspricht. So endet das öffentliche Recht in Rechtspolitik, es steht zur Verfügung, in dauerndem Werden *einer* Gewalt, die es zu beschreiben, nicht aber zu bändigen vermag.

Politik im öffentlichen Recht ist so nicht das Entwicklungslose schlechthin, die kapriziöse Übermacht eines Augenblicks. Sie ist wahrhaft ein breites Tor der Evolution, denn im Wandel steht sie ganz; Kontinuität ist oft politische Notwendigkeit, ja Stärke; Traditionsbewußtsein endlich herrscht im Politischen jedenfalls dort, wo in der Vergangenheit die Rechtfertigung späteren Tuns gesucht wird. Und selbst die politisch-revolutionäre Tat rechtfertigt allein das negative Geschichtsbewußtsein einer Vergangenheit, die zu überwinden ist.

6. Caput et mater des neuen ius publicum ist die *Verfassung*. In ihr scheint das öffentliche Recht aus der Entwicklung kontingenter Bereiche gehoben, in ihren Höhen soll eine Geschichtslosigkeit herrschen, die in der *Allgemeinheit* des Imperativs die Gegensätze ausgleicht, im *System* eigenwillige Bewegung erstickt, den bleibenden Wert über allem Wandel bewahrt, in *Ideologie* illuministisch das Recht hält. All dies soll aus ihr sich in die ganze befehlende Ordnung des öffentlichen Rechts senken, in dieselbe Ungeschichtlichkeit dieses richten, in der die Verfassung selbst lebt. Doch all dieser große Aufbruch gegen die Zeitlichkeit — endet er nicht in anderer, stärkerer Geschichte?

a) Weniges nur bringt die Verfassung und will doch jedem etwas geben. Allgemein bleiben so ihre *Imperative aussagearm*, wenn nicht Entwicklung sie verdeutlichend bereichert. Dies gilt aus ganz verschiedenem Grund für Organisationsrecht wie für die Freiheitsrechte der Bürger.

Grundzüge nur kann meist das organisatorische Staatsrecht bieten, Kompetenzabgrenzung, Delegation. So ist denn der niederen Stufe die eigentliche Entscheidung überlassen, nichts bleibt von jener Verfassung als der Rahmen einer Entwicklung, den diese häufig verbiegt. Und nicht nur auf das Niveau der Gesetzgebung und ihres Wandels sinkt hier die Verfassung herab. In Verordnungen und Organisationsakten der Exekutive vollzieht sich das eigentliche entwicklungsreiche Leben der Institutionen, wenn nicht sogar in einer Staats- und Verwaltungspraxis, in welcher der allgemeine Befehl sich in einer Reihe von Einzelanordnungen auflöst, die in bewußter, kontinuierlicher Entwicklung stehen. Mehr kann auch ein solches höchstes Organisationsrecht auf Verfassungsstufe kaum leisten als eine Delegation, welche nicht die Evolution in der einmaligen Entscheidung aufhebt, sondern nur sagt, in wessen Dezision sich Geschichtlichkeit vollziehe.

Deutlicher noch sind evolutionsoffen, der Entwicklung bedürftig die Freiheitsrechte der Bürger, ja alle jene Normen, in denen in individualistischer Freiheit, in gliedernder Ständestaatlichkeit oder in kollektivierender Zusammenfassung ganze Lebensbereiche, große Materien des Rechts in wenigen Worten höchste normative Prinzipien erhalten. Nichts sind diese Formeln ohne Gesetz oder Richter, in der Folge von Gesetz oder Urteil werden sie erst zum Befehl. Hier ist die Entwicklung kaum noch „gerichtet" durch das wenige, was an Indiskutablem der Verfassungsaussage innewohnt. Eine solche Gestaltung, die das Verfassungsprinzip der Freiheit erst in vielfacher niederrangiger Entwicklung praktikabel macht, ruft die Evolution geradezu auf jeder der vielen Stufen (Gesetz, Verordnung, Urteil), durch die erst die zu ordnende Realität erreicht wird (vgl. oben 2), Stufen, die eine Verfassung durch so allgemeinen Befehl nie wahrhaft veränderungslos binden kann. So liegt in der Idee der Verfassung als höchster Stufe der Normen gerade nicht die Antigeschichtlichkeit eines obersten Befehls – der in einem von oben nach unten dringen müßte –, sondern eine eigentümliche, zusätzliche Öffnung zu schwer kontrollierbarer Evolution.

Mit wenigen Prinzipien große Materien des Rechts, vom Strafprozeß bis zur Kindererziehung, regeln — das kann normativ nicht gelingen. Fast alle Begriffe der Verfassung werden so in jener Bewegung von „unten nach oben" aus Gesetz und Verordnung sinnerfüllt, die wir schon früher als „Verfassung nach Gesetz" bezeichnen konnten. Doch nicht so sehr wechselndes Gesetzesrecht nimmt die allgemeine Norm der Verfassung in sich auf, Gesetze in ihrer jeweiligen Gestalt — was Steuer und Presse, was Gewerbe oder Versammlung ist, entnimmt der Interpret einer ganzen Entwicklung, dem Ergebnis einer Tradition von Gesetzgebung, die als solche in der Verfassung verfestigt wird. Dies zwingt geradezu den Geist bewußter Tradition ins öffentliche Recht: Würde diese auch auf der Stufe des Gesetzes, der Verordnung nicht gepflegt — die Verfassung fordert die Kategorie der Tradition, um „nach Gesetz" sich erfüllen zu können. Mit der Tradition aber erzwingt die Allgemeinheit der Verfassungsnorm bewußte Evolution auf allen Stufen des Rechts; Antigeschichtlichkeit kann ihr nur — aus Entwicklung kommen. Selbst die gänzlich außerrechtliche Wirklichkeit, die Meinungen jenes Publikums, auf welche die höchste politische Entscheidung oft leichter zurückgreift als auf die Technik und die Wertungen bestehenden Rechts — auch und gerade sie werden vom Verfassungsinterpreten notwendig nur in einer Entwicklung gesehen, deren sublimiertes Ergebnis er alsdann dem höchsten Normbefehl unterschiebt. Die Realität wird sogar in Entwicklung gebracht, wenn solche an sich ihr nicht eignet!

Geht es zu weit, wenn so die Verfassung, der höchste, ruhende Befehl, geradezu als Kategorie der Dynamik erscheint, der nur deshalb, nur dann selbst ruhen kann, wenn er alles andere in Evolution sieht, wenn er sogar überall Geschichtlichkeit schafft? Ist die Verfassung nicht nur Verlagerung der Evolution, nie ihr Stillstand?

b) Höchstes *System* will die Verfassung sein, alles öffentliche Recht ins System bringen. Hebt sie hier nicht die Evolution auf in Zusammenhang und Gleichgewicht? Verlangsamt sich nicht jede Bewegung eines Einzelbereichs, vom technisch-gewerblichen Fortschritt bis zur neuen rechtlich verfestigten Konzeption einer Bildung, weil sich das ganze System so rasch nicht bewegt, weil etwa stets Werte der Freiheit und Gleichheit betroffen sind, die auch, zugleich aus anderen Bereichen erfüllt werden, wo mehr an Statik herrscht? Kann überhaupt ein System als solches ein Gestern haben, selbst Ergebnis einer Entwicklung sein?

Doch auch das System der Verfassung, in dem das öffentliche Recht schlechthin seine Einheit findet, schließt Evolution nicht aus, gibt ihr nur veränderte Form und Bedeutung. Das System verlangt Interpretation aus dem Zusammenhang vielfacher Rechtsregeln, und es schließt in sich eine Stufung von schwachen zu starken Normen. Allein schon diese enge Wechselbezogenheit, welche die Imperative nicht als isolierte Proklamation, sondern als Teil eines durch einheitliche Grundgedanken geschlossenen Ganzen erfaßt, setzt in der Verfassung selbst die Pyramide der Normen fort und schafft so Evolution in Stufung (vgl. oben 2) in der Spitze der Rechtsordnung. Und im eng geschlossenen Nebeneinander bringt jeder Akt (gegenseitiger Sinnerfüllung und Gesetzesanalogie) schon als solcher eine Veränderung der horizontal-systematisch interpretierten Norm hervor, die deren zunächst notwendig isoliertes Verständnis verschiebt. Wichtige Wandlung kommt der Freiheit der Presse im Blick auf das volkswillenbildende Recht der Parteien; was das Staatshaupt vermag, folgt aus den Rechten des Kanzlers. Jeder Schritt zum enger verbundenen System ist in sich schon Wandlung, Evolution, wird zur Entwicklung im langsamen, fallbezogenen oder von politischer Kontingenz getriebenen Fortschreiten von der ersten vorsichtigen Analogie zur selbstverständlichen Zusammenschau — bis all dies einmündet in die Anerkennung neuer höherer Prinzipien innerhalb der Verfassung, bis sich im Umschlag von horizontaler Systematik in Stufung auch diese Dimension der Evolution erschließt. Dasselbe gilt für die Gegenbewegung: Jeder Schritt aus dem System ist als solcher Normenverwandlung. In der notwendigen Langsamkeit schließlich der Schritte zum System hin, vom System fort zeigt sich die Kontinuierlichkeit der Evolution; der meist bewußte Blick auf das Ganze kann nur Reflexion über den bisher beschrittenen Weg und darin bewußte Tradition erzeugen.

So ist „System" in sich schon ein Richtungsbegriff für alle verfassungsrechtliche Evolution, auf den zu, von dem weg Evolution geschieht — stets aber mit Blick auf ihn. Mehr noch: Im System öffnet sich den disparaten

Befehlen der Macht ein neuer Kanal eigenartiger Entwicklung. Jede Evolution einer Norm ist virtuell eine Änderung aller, wandelt sie doch die Konstellation der ganzen wie die Auslegungsmöglichkeiten für die einzelne Vorschrift. Im System überträgt sich jede Bewegung auf den Gesamtraum der Verfassung, abgeschwächt vielleicht, aber gerade darin in den kleinen Schritten der Evolution. Und eine Verfassung nach Gesetz zieht die niederrangigen Normentwicklungen wie die Evolution des Außerrechtlichen auf die höchste Normstufe, überträgt sie dort in eigenständiger Entwicklung auf andere Bereiche. Das „System" hält wahrhaft alles in Bewegung, mag sich auch in ihm der Rhythmus bisheriger Evolution der Einzelgebiete verändern und ein Entwicklungsbewußtsein fehlen, das der „Eintritt in das System" nicht duldet.

Doch das System, jedes Verfassungssystem hat als solches eine Vergangenheit, kennt an sich eine Evolution — die des imperialen Willens eben, der das System geschaffen hat und sich nun im Systembereich verbreitet. So ist das System selbst ganz wesentlich ein Evolutionsbegriff, weil es sich nur in Entwicklung bilden, weil es vielfache Evolution stets in sich aufnehmen, in seinem Raum weiterleiten muß. Nur in Evolution schließlich kann das System jene geschlossene Einheit auch *bleiben,* als die es Geschichtlichkeit auszuschließen scheint. Das Ganze muß vielfache Entwicklung in sich aufnehmen und kann so eine Einheit nur sein, solange es selbst dieser Entwicklung mit eigener Evolution folgt.

Das Verfassungssystem kann die Entfaltung technischer Einzelgebiete des Rechts oder des Außerrechtlichen abschwächen, in andere Bereiche transformieren, mediatisieren — allenfalls schafft es ihnen eine „andere Zeit der Entwicklung", nie kann es die Zeitlichkeit als solche brechen. Dort aber, wo eine Evolution in Entscheidendem einsetzt, wo etwa die Freiheit eines wichtigen Grundrechts im Vorbehalt des Gesetzes relativiert wird, da überträgt die Osmose des Systems rasch die Entwicklung auf alle Sektoren — das System kanalisiert und potenziert zugleich die wahrhaft bedeutende Entwicklung.

c) Aus der Welt überzeitlicher, übergeschichtlicher Werte lebt die Verfassung der freiheitlich-parlamentarischen Demokratie nicht nur dort, wo in Grundrechten eine Freiheit verbürgt wird, die nicht mit uns geboren, unserer Geschichte entzogen ist. Alles Recht ihrer Organisation versteht sich als organisatorische Sicherung derselben überzeitlichen Freiheit, nur so rechtfertigt sich das komplexe System vielfacher Teilung der Macht. Menschenwürde und Gleichheit tragen als Werte das Recht der Wahl wie die Teilung der Gewalten.

Was kann, was darf sich hier ändern? Alles — weil eben solcher Wert nicht ist, sondern wird. Diese Verfassung ist kein positiviertes Naturrecht, ius naturale gibt nur den Schwung zu ihrer Schöpfung. Was anderen Regimen die gewonnene Schlacht bedeutet, Anstoß und Legitimierung, ist für diese Verfassung die naturrechtliche Begeisterung zur Freiheit. Nur deshalb, nur soweit kann der Verfassungsstaat die Staatsform der Niederlage sein — 1871 Frankreich, 1948 Italien, zweimal Deutschland. An den einstigen naturrechtlichen Schwung erinnern Dokumente und Daten, demokratische Sedanstage. Doch mit der Normgestaltung in der Verfassung beginnt erst das Werden der Werte. Mag es die Theorie sorgsam als historisches Naturrecht verbrämen, mag sie ein Spannungsverhältnis entdecken zwischen dem bleibenden Wert und der wechselnden Praxis — ein Blick in Kommentare und Lehrbücher zeigt, was die „Werte" geworden oder daß sie schlechthin nichts geworden sind in der normativen Entwicklung. Doch selbst wenn es nicht Illusion sein sollte, daß ein Kern stets bleibt von überzeitlichen Werten — dann gerade ist der „Wert" ein Entwicklungsbegriff par excellence der Verfassung, zwingt er doch disparate Veränderung in die geordneten Bahnen der schrittweisen, traditionsbewußten Evolution. Im dauernden Blick auf den Stern einer festen, überzeitlichen Freiheit kann ein neuer Schritt nicht allzu weit vom heute Erreichten entfernen, schon weil nur bisher bekannte Freiheit das Medium ist, durch das zeitliche Augen das Ungeschichtliche der Idee der Freiheit erkennen. Und wie groß auch der Schritt zu einem neuen Verständnis des Wertes sein mag, die Entfernung des Ideals relativiert ihn. Wieder erringt so die Zeitlichkeit ihren stillen Sieg: Entfaltung der Werte ist nur in Evolution denkbar.

In traditionsbewußtem Entwickeln. Der Wert ist es, seine stete, leitende Präsenz, die dieses Bewußtsein schafft in einer „Richtung" allen Bemühens, die einen „Fortschritt" bringt. Illusion ist es auch, daß der Wert unmittelbar erkannt werde: Er liegt in der Entscheidung von gestern, in dem auch, was ihr fehlt — doch nur darin wird er deutlich.

Wertbewußte Evolution kann antithetisches Geschichtsbewußtsein erzeugen. Doch so wahr ein Wert nur fortschreitend verwirklicht wird, seine Höhe alle positivistische Normbewegung zugleich leitet und relativiert — so wahr gibt es überhaupt nicht Entwicklung der Norm ohne beherrschenden extranormativen Wert. Die Staatsform, welche nur in der Proklamation der Werte ihre Legitimation findet, diese Form des Verfassungsstaates wird so par excellence zum Regime der Evolution.

Wenn die Verfassung heute noch eine Charta der Ideologie ist! Doch selbst wenn idealisierte Bekenntnisse, wenn Weltanschauung im Gewand von Normen sich verliert im täglichen Ordnen eines technischen Funktionalismus – und was spricht nicht dafür! –, auch dann noch bleiben nicht die Inhalte der Werte, wohl aber ihre evolutionsausrichtende Kategorie, ihre „Dimension in die Entwicklung" erhalten. Diese Kategorie nimmt dann eben andere „Wertinhalte" in sich auf. Zum Wert der Verfassung wird — die Entwicklung selbst! Mehr Gleichheit, weil schon so viel an Egalité; überall helfender Sozialstaat, weil schon so viel an Fürsorge. Die Wertkategorie, einmal durch die Verfassung als leitende Kategorie im öffentlichen Recht eingeführt, macht schlechthin jede mächtige bisherige Entwicklung zum Wert; in der Evolution als Wert verliert sich die Überzeitlichkeit der Werte. Wieder schließt sich der Kreis: Was antigeschichtlich begann, endet nicht nur in Historie, es verstärkt deren Macht im Raum der Herrschaft.

In vielem wird so gerade die Verfassung zur Einbruchstelle der Geschichtlichkeit ins öffentliche Recht, im letzten wohl nur, weil sich hier an der Spitze des Staates der Befehl in Normen auflösen soll, die aber nichts anderes bringen als eine Folge geordneter Imperative. Verfassungsstaat als Ordnung geschichtlichen Fortschritts ist *so* nur Ausdruck des Rechtsstaates, der Macht durch eine Kooperation ersetzt, die als solche nur in Praxis, in bewußter Entwicklung stehen kann. Und noch ein Zweifel taucht auf: Ist dieses öffentliche Recht der Verfassung noch ein Recht des wahren Befehls? Hat die Rede vom Normbefehl dort noch Sinn, wo die unzeitliche Ordre in vielfacher Stufung zerbricht, allenthalben der Evolution sich öffnet?

So lautet denn die Antithese zur Antigeschichtlichkeit aus der Betrachtung der Grundstrukturen des kontinentalen ius publicum seit 1789: Dieses öffentliche Recht ist nicht immer bewußt, nicht stets einheitlich, aber es ist immer, wesentlich in Entwicklung. Seine Institutionen, gerade seine Institutionen sind, mehr als in anderen Regionen, nicht Mauern gegen, sie sind Fenster zur Evolution.

III.

Seit 1789 steht das demokratische öffentliche Recht der kontinentalen Staaten vor einer großen Alternative: gewaltenteilender Rechtsstaat in Freiheit — oder Gewalteneinheit in der Volkssouveränität der Demokratie. Doch die bisherige Entwicklung hat diese Alternative vielfach negiert. In allen Staatsordnungen verbinden sich volkssouveräne Dynamik und gewaltenteilendes Sicherungsstreben. In beiden scheint zunächst die Einmaligkeit der Geschichtslosigkeit zu triumphieren. Der Volkssouverän entsteht neu jeden Tag, im plébiscite de tous les jours zerfällt jede Entwicklung in Akte kollektiver Macht, die weder Gestern noch Morgen kennen. Der Pouvoir constituant des Volkes ist stets gegenwärtig, ohne daß eine Form oder Entwicklung ihn hemmt. Und hebt sich nicht im System der geteilten Gewalten jede längere Entwicklung auf in den vielen kleinen Bewegungen des Dialogs innerhalb der Staatsgewalt? Doch auch diese beiden Prinzipien sind ambivalent, für und gegen Geschichtlichkeit im modernen öffentlichen Recht.

1. Die *Volkssouveränität* scheint geschichtslos, soweit sie in jedem Augenblick auf jene suprema potestas zurückgreift, die außerinstitutionell und damit der Idee nach gleichbleiben soll, evolutionslos auch darin, daß sie jede institutionelle Neuerung als eine kleine, rechtliche Revolution versteht. Doch in Wahrheit will volkssouveränes Denken den „Staat in Bewegung", die Institutionen in fieri, immer, ja täglich so neu, wie das außer- und überstaatliche Volk dauernd in Körper und Geist sich erneuert. Veränderlichkeit ist so überall im volkssouveränen Recht, in der Idee wie in den klassischen institutionellen Ausprägungen des Prinzips: Wahl aller Herrschenden, Kollegialität der Herrschaft, Kürze der Amtszeit. Dynamik lebt in der dauernden Prekarietät eines Rechts, das nur gilt, wenn und soweit es sich in Diskussionen zu jedem Augenblick zu ändern vermag. Diese wesentliche Variabilität, diese Absage an supernormative Verfestigung soll die Institutionen öffnen, ja angleichen der fließenden Entwicklung des überstaatlichen Volkswillens. Doch diese globale Transformation des Außerstaatlichen ins Recht — erschöpft sie sich in unkontinuierlicher, traditionsloser Bewegung?

Sicher ist dies das Ideal, eine Möglichkeit jedes Augenblicks. Doch in der Wirklichkeit zeigt sich weithin ein anderes. Das laufende Wirken vielfacher außerinstitutioneller Kräfte auf die Entfaltung des öffentlichen Rechts und damit alle rechtlich überhaupt faßbaren Formen der Volkssouveränität, all dies trägt viele Spielarten außerrechtlicher Kontinuität ins Recht des Imperiums. Dieses „Volk", das jeden Tag neu geboren werden soll, ist in Wahrheit der älteste, konservativste Souverän der kleinsten Schritte, er ist immer ein „Volk von Gestern", wenn ihn nicht die revolutionäre Tat eines im letzten undemokratischen Willens zum Sprung aus der Entwicklung bringt. Abgeordnete und Journalisten, Laienbeisitzer und das wählende Volk bringen Evolution in den Staat, die Entwicklung ihrer Bereiche. Selbst im Akt der Wahl liegt ein institutionalisiertes Urteil über Leistung und Versagen von Jahren, über bewußte Geschichte in einer bewußten Geschichtlichkeit, die positiv Bisheriges fortsetzen oder negativ ändern will.

In all ihren institutionellen Formen, vor allem in der – eben doch! – periodischen Wahl, schafft die Volkssouveränität ihre Art von Geschichte, viele kleine Historien, die antithetisch vielleicht zueinander stehen, doch nur eine Kadenz der Evolution, nicht deren Negation sind. Denn innerhalb all dieser Zeiträume der Amtsdauern und Wahlperioden entsteht eine kleine Geschichte, eine Evolution hin auf das kontrollierende Ereignis der Wahl, der Erneuerung im Amt.

Volkssouveränes Denken steht so zur Geschichtlichkeit in jener eigenartigen Spannung, die mehr als einmal schon in den Grundstrukturen des neueren öffentlichen Rechts deutlich wurde: Einerseits bringt sie in die Evolution eine gewisse Kadenz, die den Fluß der Entwicklung hemmt — ohne ihn freilich wahrhaft neu beginnen zu lassen; zum anderen liegt in volkssouveräner Form der Geschichtlichkeit häufig eine Antithetik, eine negative Evolution, die im Gegensatz zu Bisherigem „neu" beginnt. Aber eben doch mit Blick auf das Entwickelte und seine Tendenzen, und damit letztlich — aus ihm heraus. Volkssouveränität scheint mehr als jede andere Staatsform die Geschichtlichkeit der besonderen Augenblicke zu kennen, in denen der Volkssouverän spricht, die Historie der revolutionären Abwendung von Erreichtem, Unvollkommenem. Aber gerade darin ist sie eigenartige, doch wahre Staatsform der Evolution.

2. *Gewaltenteilung* ist nicht nur eine Form der Regierung, sie ist eine Form eines Regimes, das im ganzen das öffentliche Recht ergreift. Diese Form polyzentrischer Machtverteilung, deren Geheimnis nicht in der Geometrie der Hierarchie, sondern des Nebeneinanders von geteilten, kooperierenden Kompetenzen liegt, ist in ihren Ausläufern im Recht der Verwaltung ebenso spürbar wie in den klassischen Beziehungen der Legislative zu einer Exekutive, welche das gewaltenteilende Prinzip zugleich für die gesamte Administration verkörpert. Doch Gewaltenteilung ist nur scheinbar mathematische Statik, entwicklungslose Ruhe verschränkter Gewalten. Schon wenn sie Kooperationen erzwingt, kommt sie in vielfachem Sinn in evolutionistische Bewegung.

Solche Zusammenarbeit erscheint auf verschiedenen Ebenen. Zwischen Regierung und Parlament findet sie ebenso statt wie zwischen Ministerien, Behörden und einzelnen Kommissionen der Volksvertreter. Regierungsabhängige wie von der Exekutive getrennte Instanzen verbindet gemeinsame Arbeit, und selbst und gerade innerhalb einer Gewalt setzt sich der Gedanke der Gewaltenteilung noch fort im Zusammenhang rechtlich getrennter Kompetenzträger. Formen solcher Kooperation sind vielfältig und nicht immer rechtlich zu fassen. Doch stets findet sich hier ein Element von *Vertraglichkeit,* von einem do ut des, in dem sich das Gleichgewicht einer Teilung von Gewalten bewährt, die vielfach nur in solchem Arrangement zueinander finden. Mag hier echte Sozialvertraglichkeit innerhalb der Staatsorganisation selbst erscheinen, mag sich nur ein Grundcharakter der Vertraglichkeit eines ius publicum zeigen, das aus der Illusion lebt, ein Recht könne nur Hierarchie, Ordnung, Befehl, es müsse in nichts auch Vertrag sein; wie immer — solche Paravertraglichkeit ist eine neue Grundentscheidung zur Evolution, nicht nur, weil sie Evolutionsformen des Privatrechts erscheinen läßt, sondern weil sich von formstrengem Einvernehmen bis zu formloser Zusammenarbeit Kooperation stets nur im wechselseitigen Vertrauen vollziehen kann; in kleinen Schritten, in Rücksicht auf den Partner, in einem speziellen Traditionsbewußtsein, das allen vertragsgeprägten Materien, wie etwa dem Völkerrecht, in besonderem Maße eigen ist, denn Modell, Grund, Rechtfertigung der

Zusammenarbeit von morgen ist meist nur die Kooperation von heute, die fortzusetzen ist.

Und dieses „System“ der Gewaltenteilung bleibt stets elastisch, unvollkommen und gerade darin entwicklungsoffen wie evolutionsbedürftig. Hier vor allem kann auch im kontinentalen Verfassungsrecht etwas wie eine convention entstehen, die nichts anderes ist als „halbverfestigte Entwicklung“, als Tradition ohne die befehlende Macht der strikten Norm. Die geschriebene Verfassung schafft zwar Fixpunkte, die überaus schwer zu versetzen sind — gerade damit ruft sie die Evolution in alle übrigen Räume, weil nicht in einer Folge von perfekten Befehlen das schwebende Gleichgewicht der Gewaltenteilung sich fortbildet, sondern in der eigentümlichen Spannung zwischen rigidem Rahmen und unnormierter Praxis in Evolution. Kontinuierlich wie traditionsbewußt ist solche Entwicklung notwendig, weil ihr das institutionelle Recht zum großen Schritt fehlt, weil sie in bewußt erfaßter Vergangenheit, früherer Praxis allein eine Dimension finden kann, die aus den Niederungen täglich-politischer Praxis deren Ergebnis hinaufhebt bis zum Niveau der Verfassung.

So kommt aus Gewaltenteilung geradezu Entwicklung nicht „in der Verfassung“, sondern „Evolution *als* Verfassung“ zum Tragen. Wieder erscheint hier, was allenthalben der Geschichtlichkeit den Weg ins öffentliche Recht von heute gebahnt hat: Dort dringt sie ein, wo sich trotz aller Proklamation der Befehl auflöst in ein Imperium im Dialog; dort hat sie Platz, wo es der Demokratie, den Institutionen an Legitimation aus sich selbst gebricht, wo sie Festigkeit, ja Form nur finden können aus einer vergleichbaren, doch nicht identischen Vergangenheit. In der Gewaltenteilung schwebt ohne Halt die komplizierte Konstruktion des öffentlichen Rechts — aber nur so lange, wie die Kugeln dieses Werkes weiterrollen in steter, in stetiger Geschichtlichkeit.

3. Keine Grundentscheidung heutiger Staatlichkeit kann sich der *Gleichheit* vergleichen. Gestaltungsprinzip von Gesellschaft und Wirtschaft, Legitimation sonst revolutionärer Veränderung, Strukturprinzip aller Staatsorganisation, und nicht zuletzt Grenze aller Freiheit — aus der Egalité wird dieser Staat noch leben, wenn die alte Liberté in ihm schon lange erstickt sein wird.

Im Idealzustand völliger Gleichheit würde selbst die Entwicklung sterben, denn Egalität wäre dann nichts als die Statik gleicher Rechte. Doch diese Utopie ist fern, und deshalb ist, gerade umgekehrt, kein Begriff des Staatsrechts heute so entwicklungsträchtig, evolutionsstark wie dieser. Die Macht der Gleichheit liegt doch gerade darin beschlossen, daß sie eine große inhaltlich determinierte Zielvorstellung in den sonst öden Funktionalismus der modernen Staatsorganisation bringt. Ein Ziel kann zwar der Schritt der Evolution wie der Sprung der Revolution erreichen. Doch erstaunlich mag es erscheinen: Dieselbe Egalité, Mutter aller Revolution, steht im letzten doch näher bei langsam-sicherer Entwicklung. Denn darin liegt ihre größte Kraft: Ganz wesentlich ist sie in Stufen realisierbar, und so ist denn die ganze Rechtsordnung seit Jahrzehnten nur mehr in Bewegung in Richtung auf dieses schrittweise zu verwirklichende Ideal. Jede erreichte Stufe wird zur „Errungenschaft", die den appetitus aequalitatis stärkt. Darin ist nicht nur schrittweise Evolution, sondern bewußte Tradition lebendig: Widerstände gegen eine Nivellierung in Gleichheit werden heute nicht durch isolierte egalisierende Befehle gebrochen — sie kapitulieren allein vor der großen indiskutablen „Tendenz zur Gleichheit", die, unabhängig von Nuancen verfassungsrechtlicher Regime, alles am Ende einebnet.

So ist denn die Gleichheit Ziel- und Tendenznorm zugleich, Grundentscheidung zu einer schrittweisen Evolution, die aus dem Außerrechtlichen ins Recht führt, in der unaufhaltsamen Geschichtlichkeit einer Entwicklung, welche sich in den Institutionen nur noch verstärkt, vielleicht bald die „Tendenz" zur Kategorie des öffentlichen Rechts werden läßt. Doch nicht nur Grundentscheidungen des öffentlichen Rechts führen in die Geschichte — konkrete Institutionen des deutschen öffentlichen Rechts verstärken hier die natürliche Evolution eines Imperiums in fieri. Wenige Beispiele können genügen.

IV.

1. Ein Allgemeines voraus: In Verfassung wie Verwaltung kennt das ius publicum eine Kategorie, in der ungleich mehr an Entwicklungsmacht steckt als in ähnlichen Phänomenen des Privatrechts: die „Praxis". Sie ist nicht auf jenen gerichtlichen Bereich beschränkt, der dem vertraglichen Willen oder den extravertraglichen Taten der Bürger die Antwort des Rechts folgen läßt. Eine „Praxis des Befehls" entsteht hier in Regierung und Verwaltung, ja im parlamentarischen Raum. Weil der einseitige Befehl in aller Regel das Endgültige bleibt, zum Recht wird, wandelt nicht nur gerichtliche Praxis im Dialog mit Parteien langsam, sicher das Recht; oft kann diese richterliche Reaktion nur mehr registrieren, was die einseitige Praxis des Imperiums hervorgebracht hat; sie mag es vielleicht grenzkorrigierend in den Rahmen der Gleichheit lenken, doch nur zu häufig wird sich gerichtliche Praxis dem fait accompli der „rechtsquellennahen" Staatspraxis eben doch beugen, öfter noch hat Verwaltungspraxis das letzte Wort und findet den Richter nicht mehr.

Ius publicum entfaltet sich so, nicht wie das bürgerliche Recht im Tun der Privaten und in der Antwort des Richters — hinzu tritt als Drittes die „Praxis des Staates". Bis in die einzelnen Institutionen hinein verläuft so Evolution dreispurig, und auf dem dritten Gleis, der Praxis von Staat und Verwaltung, kommt in allen Institutionen, in ganz ruhigem kontinuierlichen Fluß, traditionsbewußte Entwicklung zum Zug.

Je stärker das Regime explosiv-demokratischen Idealen huldigt, um so mehr kann die Verwaltung nur in der ruhigen Beharrlichkeit ihrer Praxis überleben. So stehen denn ihre Gewohnheiten irgendwann sogar jenseits von diesem ewig neuen Recht, als ein zweites, schweigendes Recht, das aber stärker ist als der kapriziöse Imperativ einer erregten Zufallsmehrheit: Hier, in dieser Verwaltung, in diesem Staatsapparat ist nur Kontinuität, Entwicklung, ist wesentlich der kleine Schritt, und Legitimation empfängt diese machtarme, weil normlose Staatlichkeit nur darin, daß sie der härtesten Norm, der schärfsten, antigeschichtlichen Zäsur die Macht einer Gewohnheit und Praxis entgegensetzt. Hier treffen sich die außerrechtlichen soziologischen Evolutionen der Beamtenschaft mit unzähligen, unausgesprochenen Kategorien von Interpretation und Übung, die nicht selten über Jahrhunderte zurückreichen und durch den härtesten, zeitlosesten Befehl nicht zu brechen sind. Reiner findet sich nirgends Evolution im öffentlichen Recht, in all seinen vielverzweigten Bereichen als in dieser „Praxis", die aus „Evolution an sich" allein lebt und diese Geschichtlichkeit zum schweigenden höchsten Prinzip der Staatlichkeit erhebt, das über allem Befehl steht.

2. In der *Verfassungsgerichtsbarkeit* dringt solche Praxis in gerichtlicher Form bis in die Spitze des Staates. In ihr wird Entwicklung in Bereichen erstmals rechtlich faßbar, wo sie bisher Praxis und convention überlassen war. Und hier bedarf es keines näheren Beweises: Was die Verfassung heute ist, was sie in der Rechtsprechung werden konnte, wohin sie die gesamte Rechtsordnung führt, das alles zeigen Kommentare und Übersichten von Urteilen. Hier nimmt das höchste Imperium Form erst an in der Spruchpraxis; hier verblaßt naturrechtliche Überzeitlichkeit vor dem geschichtlichen Augenblick des Urteils.

Jeder Entscheid des Richters weiß sich in der Geschichte und ist ein Stück bewußt gelebter Rechtsgeschichte, in der schwerfällig fortgesponnenen Kette der Präzedenzien. Mag unsere Ordnung diesen Begriff nicht kennen, die Verfassungsrichter bindungslos lassen, sie können doch weniger als jeder Richter des bürgerlichen Rechts aus der Entwicklung der Judikatur fallen, jenes Privatrechts, dem die Kontinuität der Rechtsprechung Entwicklungsgeschichtlichkeit par excellence aufprägt. Stärker sind in diese die Verfassungsrichter gebunden, denn sie entscheiden entweder über das Schicksal von Normen in Prozessen, in denen das Vertrauen der Bürger, die Rechtssicherheit in einem kontinuierlichen Entfalten allein ein Minimum an Voraussehbarkeit findet. Oder sie judizieren in hochpolitischen Staatsprozessen, deren Urteil praktisch normativ die Verfassung weiterentwickelt – wiederum und diesmal wegen der Bedeutung der Sache in einem Entscheid, der ganz wesentlich „à conséquence" ist – und damit in Evolution stehen muß. Selbst dort schließlich, wo kontingente, einmalige Interessen der Bürger in der Verfassungsbeschwerde stehen, trägt jedes Urteil zu Folgerungen, welche äußerste bewußte Traditionsgebundenheit verlangen. Überdies erzwingt dies die gefährliche Weite verfassungsrechtlicher Formeln, wo nur in selbstgeschaffener Tradition der Richter nötigen Halt findet.

Kleine Schritte vorsichtiger Entwicklung, Blick zurück auf bisher Entschiedenes — all dies gehört zum institutionellen Kern der Verfassungsgerichtsbarkeit. Und müßte diese ohne Verfassungsbefehl judizieren, sie würde ihre suprema lex in der eigenen Geschichte finden. Hier ist mehr als „institutionell in Kauf genommene Evolution in notwendiger Anwendung". Das Verfassungsgericht ist nichts als eine Institution gesetzesnaher, gesetzesähnlicher Normentwicklung in Evolution, eine besondere Institution zur Entfaltung des gewaltenteilenden ius publicum in Geschichte. Ob dies eines Tages soweit führt, daß in Krise oder Konflikt die Verfassungsgerichtsbarkeit das juristische Placet zur Änderung des Regimes gibt, außerrechtliche Entwicklung im Recht vollendet? Derjenige mag daran glauben, der schon so manche verfassungsrechtliche Freiheit in dieser Rechtsprechung hat sterben sehen, während andere hier erst geboren wurden. Im kleinen hat darin die Evolution das Regime schon gewandelt; Verfassungsgerichtsbarkeit erscheint als Sklerose der Rechtsordnung nur dort, wo die Entwicklung der Institutionen nicht Schritt hält mit der stürmischen Veränderung außerrechtlicher Bereiche. Doch daß dem so sei, ist Schicksal des Staatsrechts, das in dieser Dritten Gewalt jedenfalls in sicherer, wenn oft auch zu langsamer Evolution steht.

3. In der *Verwaltungsgerichtsbarkeit* ist all dies schon seit langem geschehen. Doch die Verwaltung steht noch weit stärker unter einem ungeschriebenen Gesetz der Entwicklung.

Das *Allgemeine Verwaltungsrecht* ist in Evolution von Gerichten geschaffen und schon darin Geschichte. Doch hier fehlt selbst der Halt der rigiden Norm der Verfassung. In den unzähligen Bewegungen von Rechts- und Gesetzesanalogie dominiert zwar heute die Anwendung höchster Prinzipien des Rechtsstaates, die aus all den disparaten Regeln ein zusammenhängendes, allseits anwendbares System in echter Integration schaffen. Doch in all dem verleugnet das Allgemeine Verwaltungsrecht des Rechtsstaates nicht seine Herkunft aus den vielen, einzelnen Gesetzen, Verordnungen, Richtlinien der Verwaltung. Die Bewegung jedes einzelnen Bereiches schlägt sich auf die Dauer in ihm nieder, es wird so zum Transformator der Entwicklung gewisser Gebiete auf andere. Dies vor allem heute, wo in jedem neuen Verwaltungsgesetz teilweise das der Materie nahe, das „spezifische allgemeine Verwaltungsrecht" kodifiziert wird. In den Einzelgesetzen wird so auch, besser als früher, schon präpariert, was hinaufwirken kann in das ungeschriebene Recht. Doch nicht nur als Öffnung zu den Einzelbereichen des Verwaltungsrechts wirkt das ungeschriebene Recht, es ordnet sie alle ein in den Raum der Verfassung und erschließt sie zugleich deren konkreten Imperativen und Prinzipien, die hier wieder ins Allgemeine, überall in der Verwaltung Anwendbare gehoben werden. Die Evolution des politischen Bereichs und aller höherrangigen Normschichten wird so auch, wenngleich vielfach gebrochen, Entwicklung des Rechts der Verwaltung.

Allgemeines Verwaltungsrecht wird zum Medium von Entwicklung schlechthin in diesem Bereich, und gerade weil es alle Bewegung ins Generelle hebt, verlangsamt sich Partikularentwicklung zur größeren Kontinuität, wird Tradition bewußter, in der Zusammenschau vielfacher Entwicklung, die nur insoweit ins allgemeine Verwaltungsrecht eingehen kann, als sie jeweils dem Stand bisheriger Tradition entspricht.

Entwicklungsoffen an sich ist schließlich dieses ungeschriebene Recht der allgemeinen Prinzipien und Institutionen des Verwaltungshandelns darin, daß es oft zum echten „Rechtserfindungsrecht" wird. Im Schutze dieser Kategorie kann ja nicht nur Verfassungsrecht zum Verwaltungsrecht werden, besonderes Verwaltungsrecht über einen engen Sonderbereich hinauswachsen und andere Sektoren befruchten. Hier kann zum Prinzip erhoben werden, was aus keinem einzelnen Bereich des Rechts kommt, sondern allein der Notwendigkeit geordneten, kontrollierten, effizienten Verwaltungshandelns entspringt. So findet hier die Verwaltung auch ganz „ihr eigenes Recht". Unter der Schicht von großen Verfassungsprinzipien des Rechtsstaats entfaltet sich im Allgemeinen Verwaltungsrecht alles, was im Grunde unabhängig ist von der Entwicklung anderer Bereiche des Rechts, Regeln, die aus dem Wesen des Verwaltens selbst sich ergeben — vom Schutz einmal geschaffener Vermögenswerte bis zu den Grenzen von Beurteilungsspielraum und Ermessen. Hier findet die administrative Effizienz den Raum, wo sie zum elastischen Recht werden kann. Deshalb wirkt hier die wesentliche, beharrende Schwerkraft allen Verwaltens, eine Kontinuität, die aus letztlich extranormativer Erfahrung erwächst, die weiß, daß sie letzte Wirksamkeit nur im bewußten Fortschritt erreicht.

Dreifach ist so das Recht der Verwaltung dem Strom der Entwicklung geöffnet: allgemeinem Willen der politischen Macht in den Prinzipien des Rechtsstaats; regelndem Befehl des Einzelbereichs im Spezialgesetz, das eines der vielen Elemente der Entwicklung des Allgemeinen Rechts wird; schließlich den Notwendigkeiten eines Verwaltens selbst, das in allem Recht stets wirksam bleiben muß. Im Zusammenklang all dieser Evolutionen steht die Verwaltung, aus eigener Kraft wie aus fremdem Befehl, wesentlich stets in vergangenheitsbewußtem, geschichtlich elastischem Wandel.

4. Die Normen des Rechtsstaats finden Schranken in der Macht des *Ermessens.* Hier endet die Macht normativer Vorausschau in einem in Bindung freien Imperium der Verwaltung. Doch der Raum des Ermessens zeigt nur am klarsten die Züge freien Befehls in der Normenwelt des Rechtsstaats. Vielfache Übergänge verbinden ihn mit Bereichen strenger gebundener Normanwendung. Rechtlich verengtes Ermessen, Beurteilungsspielraum, unbestimmte Begriffe des Rechts — wie in einem bruchlosen Spektrum verliert sich der klare, unbedingte Befehl der Norm in das Belieben gestaltender Anwendung.

Wenn schon in dieser, in jedem Vollzug des Normbefehls, Evolution liegt, wenn die Folge der Anwendungen eigene „Geschichtlichkeit" schafft — um wieviel mehr gilt all dies von der freien Macht des Ermessens! Es verbindet sich allgemeine Verwaltungserfahrung mit der Experienz der spezifischen, gerade hier, in diesem gegebenen Kontext von Normen zu entfaltenden Ordnung. Ermessen wird so zum institutionalisierten Auftrag der Entwicklung von Normen in Evolution. Und nur in Evolution ist praktisch all dies zu leisten. Einmal erzwingen dies bereits die vielfachen äußeren Grenzen des Ermessens, Schranken für allzu weite Schritte in normanwendender Entwicklung. Doch mehr noch richten die inneren Grenzen des Ermessens dessen ganze Betätigung „in eine kleine Geschichtlichkeit". Ziele werden hier gesteckt, die eine Verwaltung in Ermessen verwirklichen muß, denen sie mithin in kleinen, bewußten Schritten sich nähern wird. Rechtsstaatliches Ermessen ist nicht freier Raum des Beliebens, sondern Befehl zu elastischerem Normvollzug, der letztlich nur in Entwicklung geschehen kann. Im Ermessen wird jeder Normbefehl zum „Ziel einer Entwicklung im Kleinen".

Daß es wirklich Entwicklung, gleichförmig und bewußt sei, nicht etwa zusammenhangloses Experiment im freien Raum, dies verbürgt das Prinzip der Gleichheit, das in allem Ermessen die bedeutsamste innere Grenze, mehr noch: das Entwicklungsprinzip schlechthin ist. Eine Verwaltung, die an die eigene Praxis durch Gleichheit gebunden wird, sieht sich zugleich in die kleinen Schritte der Evolution gedrängt; stets muß ihr bisherige Praxis bewußt sein, denn sogar dort, wo sie sich von ihr aus „besonderem Grunde" entfernt, liegt eben darin jenes antithetische Geschichtsbewußtsein, das Tradition stets voraussetzt. So wird „Ermessen plus Norm" (Gleichheit) zur Institutionalisierung gerichteter Entwicklung — so wie dies überall dort geschieht, wo der Rahmen des Rechts durch die konkrete Macht des Imperiums erfüllt wird. Gerade diese Rahmenbindung, solche unvollkommenen Schranken, drängen den antigeschichtlichen Befehl in die Historizität des Rechts.

Ermessen der Verwaltung steht hier für viele Gestaltungen des öffentlichen Rechts. Überall dort, wo Rahmen ausgefüllt, Delegationen wahrgenommen werden, wirkt die Kategorie der Evolution in diesen selben institutionellen Räumen.

5. Deutlich sichtbar, stärker als irgendwo sonst in der Verwaltung, wird dies, wo immer *Autonomie* gewährt wird. Hier sind es nicht so sehr spezielle, von außen begrenzende Normen, welche den autonomen Behörden von Gemeinden und Körperschaften das Ziel bieten und geschichtliche Richtung verleihen. Zweck und Ziel der Autonomie mögen sogar, etwa im kommunalen Bereich, so allgemein nur bestimmt sein, daß ihnen die normative Kraft solcher Ausrichtung fehlt. Doch die Autonomie bringt hier nur eine Umakzentuierung der Evolutionierung gegenüber dem, was für das Ermessen gilt: Lex der Autonomie ist dann die Entfaltung eigenen Lebens im Raum, den die Rechtsordnung gewährt. Die Eigenbewegung vieler kleiner Rechtsordnungen unter dem Dach des Staates trägt in dessen Gebäude vielfache Evolution. Sonderbewegungen des Institutionellen sind es, für die im Kleinen alles gilt, was für das große Imperium in fieri der Staatlichkeit zutrifft.

Doch die Autonomie findet noch eine tiefere Rechtfertigung in einem Gedanken, der der Entwicklung Dimensionen eröffnet. Zu wirklichkeitsnäherer Verwaltung wird sie gewährt, zu einer Eigenverantwortlichkeit, welche die Kräfte von Wirtschaft, Kultur, Gesellschaft einbeziehen soll in das staatliche Imperium. Ist sie nur Dezentralisation, so liegt doch schon so in ihr eine besondere Öffnung der einheitlichen, gestaltenden Macht des Staates zu einer vielfältigen Wirklichkeit, die sich in ihren Partikularbewegungen der vereinheitlichenden antigeschichtlichen Ordnung des staatlichen Befehls entzieht. Wieder verliert in ihr dieser Befehl seine Unbedingtheit, wird zum weiten Rahmen, in dem die Evolution einzelne Bereiche umzuprägen vermag. Mehr noch gilt all dies dort, wo Autonomie aus Dezentralisation zu echter Selbstverwaltung erstarkt. Gesellschaftliche Kräfte verbinden sich hier mit staatlicher Macht zu einem Dialog, der auf beiden Seiten Vertrauen, Kooperation und damit wieder einmal für beide — Evolution erzwingt.

Geschichtlichkeit allein, ein Kern eigenständiger Entwicklung, rechtfertigt überhaupt erst die Anerkennung der Autonomie. Nur diejenige Einheit wird sich solche Selbständigkeit auf die Dauer verdienen können, die sie sich selbst stets in bewußter Tradition erhält. So ist lebendige Autonomie, wo einzelne treu bewahrte Traditionen seit jeher sich finden — sie, im Grunde nur sie übernimmt der befehlende Staat. Und dieser Staat selbst wird in seiner Überwachung, in der vielfältigen Kooperation mit den autonomen Trägern seiner Hoheit, in eine „Geschichtlichkeit" gewandelt, die dem wesentlichen Evolutionismus aller Autonomie entspricht.

Autonomie ist so mehr als eine Öffnung zur Evolution — in ihr wird, wieder einmal, Entwicklungsgeschichtlichkeit schlechthin zum Imperium. Der Staat paktiert mit der Wirklichkeit nur dort, wo sich diese im Kleid formierter Entwicklung zeigt. Dann nimmt er sie auf — um selbst in vielem dieses Kleid zu tragen, denn Autonomie kann ja, heute zumal, im deutschen öffentlichen Recht nicht verstanden werden als Ausnahme von einer Regel heteronomen Befehlens. Von den Kammern, von den wenigen bedeutenden Körperschaften und Anstalten bis hinauf in die staatsrechtlichen Bereiche des Föderalismus ist sie ein höchstes Strukturprinzip dieses ius publicum. Wohl mag sich die Komponente der Staatsverwaltung, der Anerkennung eigenständiger extrastaatlicher Entwicklung abschwächen, je näher die Autonomie zur Staatsspitze dringt, bleiben wird vielleicht, vor allem im Föderalismus, nur Dezentralisierung oder gar Polyzentrik der Macht. Doch auch in ihr ist noch Anerkennung eigenständiger Entwicklung. Ein echt föderalisierter, kommunalisierter Staat macht dieses entwicklungsnahe Strukturprinzip der Autonomie sich selbst zu eigen, er versteht sich selbst im letzten als eine Gesamtordnung der Autonomie. Und dann gilt – mutatis mutandis – für ihn als Herrschaftsordnung im ganzen etwas von dem, was Autonomie bedeutet: Öffnung zur Evolution, eigenständige Geschichtlichkeit *als* Recht.

Autonomie ist nicht die einzige Form, in der außerrechtliche Kräfte mit politischer Macht belehnt, zu Trägern einer Staatsgewalt werden, in die sie außerstaatliche Evolution bringen. Parlamentarische Demokratie ist vielleicht die einzige Staatsform, zu deren Wesen dieser institutionalisierte Appell an die Gesellschaft gehört.

Allenthalben erweitert sich der Begriff des Organs zu dem der Träger öffentlicher Aufgaben: Politische Parteien rücken nach Macht – nicht immer nach politischer Verantwortung – in die Höhe der Staatsorgane im weiteren Sinne, Presse und Rundfunk erstarken zur Vierten Gewalt, in Verbandlichkeit wächst privates Interesse in die Institutionen des Staates. Und in all diesen Bewegungen, seien sie nun Ausdruck neu beginnender Ständestaatlichkeit oder einer Demokratie, die Staat und Gesellschaft, wenn nicht identifiziert, so doch gemeinsamen Regeln unterwerfen will — überall dringt autonom-verbandliche, extrastaatliche Entwicklung ins öffentliche Recht. Am stärksten dort, wo im peuple en miniature des Parlaments Gesellschaft und Imperium an der Spitze des Staates zur Einheit werden.

In all diesen komplizierten Formen, in denen die Demokratie unstaatliche Kräfte ins staatliche Imperium hebt, schwächt sich der unbedingte Befehl ab in der Entfaltung eben dieser Kräfte, die nur gerufen werden, weil und soweit ihnen die bewußte Entwicklung in ihrem eigenen Bereich eine Macht gibt, welcher der Staat nicht entraten kann. Das moderne öffentliche Recht sichert das Monopol von Zwang und Befehl dem Staat. Doch es muß erst die Befehlenden finden. Diese legitimieren sich nur in Bereichen, die ohne Zwang Macht entfalten. Solches aber kann dort nur geschehen, wo bewußte Entwicklung private, unprivilegierte Interessen zur staatsnahen Gesellschaftsmacht ballt.

So ersetzt in all den ständestaatlichen und parakorporativen Bereichen, ohne die moderne Staatlichkeit nur Tyrannis sein könnte, lediglich die Evolution, also eine bewußt zur Macht entwickelte Geschichtlichkeit, die Gewalt des Imperiums, die alsdann sogar als Prämie einer Macht gewordenen Geschichte in staatlicher Beleihung zusätzlich noch wirksam wird. Allenthalben erzwingt dieser Staat der Gleichen den Zusammenschluß der Privaten, die in vielen Organen potenzierte Publizistik. Doch nicht dieser Verbund allein könnte wirken, zum gleichberechtigten Helfer des Staates werden, wirkte er nicht mit der Gewalt einer Traditionalität, einer Kontinuierlichkeit, die für sich in Anspruch nehmen kann, einst diesen kontingenten Staat, dieses Regime selbst zu überleben. Wieder ist die große Gruppen-, Verbands-, Ständestaatlichkeit so nicht nur Öffnung des Imperiums zu außerstaatlicher Evolution, sie verankert geradezu diese selbe Staatsgewalt in der legitimierenden Macht einer Geschichtlichkeit, die aus sich selbst heraus mehr Kraft findet als in der normativen Fiktion einer Souveränität. Und diese Historie ist eine Macht, die sicher das heute so sicher scheinende Imperium überdauert ...

So ruht denn alle parlamentarisch-demokratische Staatlichkeit in Strömen der Entwicklung, welche außerhalb ihrer beginnen und durch sie hindurch in eine Zukunft sich wenden, die der Ordnung des heutigen Befehlens vielleicht nicht mehr gehorcht, so wie bereits die Gegenwart die Keime einer extrainstitutionellen Kontinuität birgt.

V.

Diese Demokratie wollte einst groß darin sein, daß sie diskutabel war, daß sie legal sterben konnte. Nur scheinbar übernimmt heute die „streitbare Demokratie" unserer Staatsform diese Legitimation der Bestreitbarkeit. In Wahrheit ist heute das öffentliche Recht dieser Demokratie, dieses parlamentarischen Staates mehr denn je in offene Entwicklung gelegt, als eine Staatsform, die überallhin unterwegs ist.

Unter einer mächtigen Struktur von Normen lebt allenthalben jene Entwicklung, welche die Demokratie überall zur Staatsform der Evolution macht. Und wenn normativ so gegensätzliche Prinzipien wie Volkssouveränität und Gewaltenteilung, einheitliche Staatlichkeit und parlamentarisches Regierungssystem sich noch in einem finden können — es ist die Existenz einer als machtvoll erkannten Entwicklung, die in der Anwendung starr erscheinender Normen ebenso wirksam wird, wie im täglich neuen, der Wirklichkeit nahen Gesetzesbefehl.

Entwicklung ist anonym. Den einen bekannten Befehlenden ersetzt sie durch die Macht vieler kontinuierlicher Dezisionen. Als Staatsform solcher

Anonymität ist die Demokratie des Westens ein einziger großer Versuch, das napoleonische Wort durch tausend leise, doch stete Stimmen zu ersetzen, in der Dauer der Entwicklung zu übertönen.

So ist das heutige öffentliche Recht, in der Komplikation der Machtverteilung seiner Verfassung wie in der Elastizität einer Verwaltung zwischen Rechtsstaatlichkeit und Effizienz, die Staatlichkeit par excellence der Evolution. Immer wieder ist es *ein* Phänomen, das dieses blockhaft erscheinende, pseudonaturrechtliche Imperium in die Entwicklung stößt: der Abbau der Macht persönlichen Befehlens in der Ordnung der Normen, im Dialog zwischen deren Schöpfern wie zwischen Gesetzgeber und Normanwender. Überall löst sich der Befehl auf in Norm und damit die Antigeschichtlichkeit in Dialog und Bewegung. Diese Staatsgewalt kennt eben doch nicht mehr die Einmaligkeit eines Augenblicks: In steter Veränderlichkeit verliert sie ihre imperiale Sicherheit; in kleinen Schritten ist sie ängstlich und stets sich selbst gleich; im steten Blick in die Vergangenheit sucht sie in einer Dauer die Weihe, die ihr keine Krönung verleiht — dies alles eine Staatsform des allmächtigen Befehls einer Mehrheit, die im Grunde ohne Vergangenheit sein sollte!

Den Blick zurück im Zorn lenkt antigeschichtlich nur eine Macht, die wahrhaft eine neue Zeit schaffen will. Ein öffentliches Recht des volksnahen, demokratischen Befehls nimmt ganz wesentlich Geschichte an und in sich auf.

So scheint denn die Antithese zur Antigeschichtlichkeit im Paradox zu enden: Jener Volkssouverän, der täglich neu entsteht, findet Form, Inhalt, Legitimität seiner Entscheidungen nur in einer Geschichtlichkeit, der stets das Aristokratische der Vergangenheit eigen zu sein scheint. Doch gerade dies ist natürlich — nicht festhalten will dieses öffentliche Recht die Vergangenheit, nicht eine unbewegliche Statik des Gestern zur Unbeweglichkeit des Heute machen. Evolution versteht dieses Recht wahrhaft und zuerst nicht als Blick zurück, sondern als dauernde, wirklichkeitsnahe Bewegung. Und in diesem Sinne ist dieses ius publicum ein ruhmlos-mutiges Bekenntnis zur Geschichte — so weit, daß sein Imperium wahrhaft in fieri steht: Befehlsgewalt hat dieser Staat nur, soweit er im vollen Sinne in Geschichte wird. Mag das Imperium sterben, wenn nur ein fieri bleibt.

Die Gesetzmäßigkeit der Verfassung*

I.

Das moderne demokratische Verfassungsrecht ist die Sternstunde des normativen Rechts — und der Beginn seines Untergangs als selbständige ideologische Macht. Mit ihm haben wir den Griff aus der richtungslos rasenden Zeitlichkeit der technischen Epoche in eine überzeitliche Ruhe rechtlicher Unabhängigkeit versucht; in ihm soll die längst verlorene geistige Einheit im Befehl höchster Wertentscheidung wiedergewonnen werden. Seine Formeln endlich sollen die souveräne Macht des Rechts darin zeigen, daß der allgemeinste Wille zugleich der höchste sein kann, sein muß.

Und dies alles mit den Mitteln des Gesetzes, des verfassungsrechtlichen Urteils? Unser Verfassungs*recht* ist darin eine Herausforderung, eine Antithese allem gegenüber, was bisher Juristen Recht nannten, zur vorsichtig tastenden Interessenabwägung des Richterrechts ebenso wie zum Planetarium der kodifikatorischen Normierungen: nicht punktuelle Einzelentscheidungen will es ja, sondern Deduktion aus einem System par excellence, aus einer ideologischen Welt; zur Wirklichkeit strebt es nicht mit der Vorhersehbarkeitssucht großer Gesetzbücher in unendlich vielen Bestimmungen, sondern in wenigen lapidaren Sätzen. Und doch will es alles zugleich mit einigen Worten erzwingen: höchste Kodifikation sein, die der Richter in der souveränen Einmaligkeit eines „neuen" Richterrechts, in der Verfassungsgerichtsbarkeit „anwendet". Unsere Verfassung ist ja nicht nur Ideologie des innerstaatlichen Rechts, nicht nur Programm aller Staatlichkeit, Direktive der Gesetzgebung. Sie ist auch nicht mehr allein „prozessuale" Regelung von Beziehungen zwischen einigen obersten Staatsorganen oder von deren Konstituierung. In doppelter Weise liegt im heutigen Verfassungsrecht ein Sprung in eine neue Dimension: Im Grundrechtskatalog soll die gesamte Staatstätigkeit, vielleicht sogar alles Tun im Staat, zuhöchst geregelt werden; zum anderen wird der Versuch unternommen, die „Zuständigkeit" des Gesetzgebers abgrenzend zu regeln. Hier führt der Bundesstaat besonders zu einem einmaligen Verfassungsperfektionismus.

In diesen beiden Ausweitungen liegt bekanntlich nur eines: der „einfache" Gesetzgeber soll kompetenzmäßig (also formell) und inhaltlich gebunden werden, es soll eine Verfassungswidrigkeit der Gesetze geben können. Und

---

* Erstveröffentlichung in: Juristenzeitung 1964, S. 201–206.

gerade mit dieser Ausweitung des Verfassungsinhalts entsteht das große Problem: entspricht dem eine erhöhte „Selbständigkeit des Inhalts"? Wie kann es sie bei der dadurch notwendigen Allgemeinheit der Formen geben?

Schon beim ordentlichen Gesetz war es nicht leicht gewesen. Mit dem feststehenden Willen des einfachen Gesetzes hatte das Recht bereits ein „Beharren" ins Gemeinschaftsleben eingeführt. Dieses wies aber nicht nur deshalb eine wirklichkeitsnahe Elastizität auf, weil es nicht allzu schwer abänderbar war, sondern vor allem, weil es der Realität als ein – im allgemeinen – in Einzelnormen durch eine lange Tradition so spezialisierter Wille gegenübertrat, daß es die Veränderung dieser Wirklichkeit rasch erfaßte und ihr nicht nur Rechnung tragen konnte, sondern mußte. Ganz anders die Verfassung: Sie ist nur erschwert abänderbar, ihre gesetzesbindenden Formeln sind so allgemein, daß sie für die Bedürfnisse gesetzlicher Regelungen kaum noch „sensibel" sind. Die Verfassung ist ein unbeweglicher Block. Ist sie deshalb das *erhöht* Beharrende, weil sie inhaltlich, begrifflich ganz „in sich" geschlossen ist?

An ihr sollen sich, in der Verfassungsgerichtsbarkeit, die einfachen Gesetze, das Ergebnis riesiger Dokumentation, unendlicher Arbeit tausendköpfiger Bürokratien, „messen" lassen, messen durch einige Richter? In der von diesen festgestellten „Verfassungsmäßigkeit" der Gesetze soll sich, so will es doch wohl die Verfassung, dieses Grundgesetz bewähren als eine „höhere, noch mehr beharrende" Stufe des Rechts. An dem Bau dieser zweiten normativen Etage ist in jahrhundertelangen Versuchen das Ancien Régime mit seinen „Lois fondamentales", das alte Deutsche Reich mit seinen Constitutiones gescheitert. Gelungen ist die Konstruktion des Höchsten und zugleich Beharrenden bisher nur in einem Verlassen des rechtlich normativen Raumes: in der persönlichen Identifizierung des Rechts mit der „Person" des Monarchen, der es schafft und ändert, es aber zugleich „ist". Hier fand diese „personifizierte" Verfassung Beharrung und Selbständigkeit, Elastizität und Allgemeinheit zugleich — die Lösung!

In der Verfassung, in der Verfassungsmäßigkeit der Gesetze suchen wir sie wieder, diese verlorene Idee; und wenn das *Bundesverfassungsgericht* von dem Menschenbild des Grundgesetzes spricht, das höchste Leitnorm sein müsse, so klingt hier der verlorene „Persönlichkeitsgehalt" jenes Rechtssystems an, der citoyen-roi — oder nur der bourgeois gentilhomme? Was ist unsere Verfassung? Kann sie die Zeit stille stehen lassen in der Forderung der Verfassungsmäßigkeit der Gesetze, in der neuen normativen zweiten Etage unserer Verfassung? Mit welchem Inhalt? Aus eigener Kraft?

Das erste Bedenken, ob nämlich die Allgemeinheit einer Regelung nicht ihrem „selbständigen Beharren" widerspricht, erhebt sich schon beim Blick auf die „untere Stufe“, auf das einfache Gesetz und sein Verhältnis zu niederrangigem Recht. Bereits die beharrende Kraft des einfachen Gesetzes wird in dem technisch dynamisierten Leben von heute oft als derart unerträglich empfunden, daß man in zunehmendem Maß auf Verordnungen, Planungen, Adaptierungen ausweicht, die „im Rang unter dem Gesetz“ liegen. Dies geschieht auf all den Sektoren, wo *tatsächlich* Entscheidungen fallen, etwa bei der Höhe der Steuer oder der kommissionsmäßigen Angleichung von Exportquoten. Die „Prinzipien“ stehen noch in Gesetzen — aber wirken nur *sie* auf die niederrangigen Normierungen oder wirken nicht diese *zurück* bei der Neufassung des „Prinzips“? Fällt die wirkliche Entscheidung nicht mehr und mehr unten? Wie weit reicht noch die „Selbständigkeit gesetzlicher Normierung und Prinzipiensetzung“ dem Anwendungs- und Ausgestaltungsspielraum gegenüber? Man nehme hinzu die Arbeitsüberlastung, die geringen technischen Kompetenzen des Parlaments, die Tatsache, daß es mehr und mehr „Ratifizierungsorgan“ technischer Bürokratieentscheidungen wird, daß sich seine Rolle auf die Einführung von „Ausnahmeklauseln“ in das Gesetz zu beschränken droht — das Parlament als „Ausnahmegesetzgeber“, in völliger Umkehr *Rousseau*scher Gedanken. Muß dann die Frage nicht lauten: die beharrend normative Stufe des *einfachen Gesetzes* ist schon in Gefahr — und wir bauen eine noch höhere auf, die der *Verfassung?*

Hat denn die Verfassung plötzlich in so hohem Maß das, was beim Gesetz zu fehlen beginnt: autonom normative Inhalte, mit denen sie auf das niederrangige Recht einwirken kann? Die folgenden Ausführungen sollen zunächst dies zeigen: Die Verfassung hat in ihrer historischen und doktrinären Entwicklung nie in vollem Umfang jene begriffliche, bei ihrer Unbeweglichkeit notwendig gewaltige und höchst potentielle Selbständigkeit besessen, welche allein der Verfassungsmäßigkeit der Gesetze wirklich Sinn verleihen könnte.

Das Gesetz ist schon nach unten geöffnet — der Wirklichkeit gegenüber, die es zu regeln gilt. In einer dialektischen Verschlungenheit hört es deren Ruf und gibt ihr gestaltende Antwort. Bei der Verfassung findet sich, so unnahbar, so blockartig, so „ganz anders“ sie zu sein scheint, dieselbe Dynamik nicht nur in einer „Öffnung“ zur Wirklichkeit, sondern in einer Offenheit gegenüber dem, was die Verfassung doch leiten soll, gegenüber dem einfachen Gesetz. Die These könnte nun lauten: Verfassungsmäßigkeit von Gesetzen ist nur möglich, wenn die Verfassung nicht aus der einfachen Gesetzgebung „erfüllt“ wird, wenn es keine „Gesetzmäßigkeit der Verfassung“ gibt. Und das Problem ist dies: Kann man überhaupt noch von einem „Selbstgewicht“ der Verfassung sprechen, das wenigstens zu einer gewissen „dialektischen Durchdrungenheit“ beider Bereiche führen und damit im Einzelfall doch ein – in Grenzen – selbständiges Verfassungsmaß für einfache Gesetze zur Verfügung stellen könnte; und: zieht die Verfassung aus untergesetzlichen Bereichen unmittelbar eine Kraft, die sie – unter Umgehung der Gesetzesstufe – den Gesetzen wieder entgegenhalten könnte?

Mit diesen Fragen steht und fällt unser ganzes Verfassungsrecht. Wir haben versucht, Höchstes mit den technischen Mitteln des Rechts zu gestalten, mit einigen Sätzen unser ganzes Leben regelnd zu erfassen. Wird es sich zeigen, daß die Grenzen überschritten sind, daß das niederrangige Recht einfach im Kleid der Verfassung auftritt, daß kontingente Normierungen oder gar banale Wirklichkeit auf dem Kothurn ewiger Prinzipien einherschreiten wollen? Dies zu erkennen wäre mehr als das Bedauern, Fiktionen und Unklarheiten aufdecken zu müssen. Die normative Durchformbarkeit der Wirklichkeit, auf höchster Stufe gescheitert, müßte auf jeder anderen unseres so technisierten, von vielen als „rechtsfremd“ bezeichneten Zeitalters zum Problem werden.

II.

Die Entwicklung der modernen Verfassungen ist eine Entfaltung der großen Gefahr einer „Verfassung nach Gesetz“.

1. Verfassung im heutigen Sinn – nicht nur als Regelung gewisser höchster Staatsorganisationsfragen, sondern als Grundnormierung des Lebens in der Gemeinschaft – entstand im systematischen Denken der Hochaufklärung. Diese „neue“ Kategorik des Naturgemäßen und alles Erfassenden, dieses Kodifikationsdenken, konnte im Privatrecht zu dauerhaften, wirklichkeitsnahen Schöpfungen, vom Codex Maximilianeus Bavaricus bis zum ABGB führen, weil sich hier nur eine systematische allgemeine „Form“ einem „Inhalt“ überlagerte, der in jahrhundertelanger Einzelarbeit der Jurisprudenz vorbereitet war. Die Aufklärung durfte hier kodifikatorisch nur glückliche Vereinfachung sein, von der kein Weg führt zu dem, was sie politisch wollte:zur Verfassung. Hier nämlich mußte erst das „Material“ geschaffen, die Begrifflichkeit entwickelt werden. Hier geschah das für jede Jurisprudenz Tödliche: man resümierte nicht eingrenzend, man proklamierte grenzenlos. Die „Unbegrenztheit“ von Formulierungen wie der, daß „alle Menschen frei geboren werden“, ihre Anlehnungslosigkeit an alles bisherige Recht, war gewollt; sie verlieh dem Verfassungsrecht, von der Französischen Revolution bis zur heutigen „streitbaren“ Verfassung, jenen eigenartigen „Doppelcharakter“: Norm und – in ihrer „unbestimmten überschießenden Tendenz“ – zugleich Programm zu sein.

War damit die Verfassung nicht in ihrer Geburtsstunde eigenständige gesetzesunabhängige Norm? Keineswegs! Sie erschien zwar – soweit sie Proklamation war – bewußt „anders“ als eine Norm, soweit sie sich aber der

Normformulierung näherte, wurde gerade damals regelmäßig auf das „Gesetz“ als die notwendige Ausgestaltung verwiesen, ohne daß die Aktion des Gesetzgebers auch nur an die geringste inhaltliche Beschränkung gebunden gewesen wäre. In den französischen Rechteerklärungen, in allen Revolutionsverfassungen Frankreichs, der Schweiz und Italiens war im Grunde das Gesetz souverän, es war der Ausdruck des Willens der Verfassung. Und diese „leitete“ das Gesetz nicht durch eine „selbständige juristische Begrifflichkeit“, sondern durch allgemeinste Gedanken, die nach der Auslegungstheorie der Aufklärung, ja seit *Grotius,* in dem Sinn zu verstehen waren, den ihnen das tägliche, das möglichst untechnische Leben und damit der Bürger gab, der an seine bisherigen „Gesetze“ dachte.

Der Versuch der Schaffung einer selbständigen Verfassungsbegrifflichkeit scheiterte also zwar nicht sogleich an dem Eindringen „gesetzesrangiger“ Begrifflichkeit, wohl aber daran, daß die Verfassung den „Normcharakter“ überhaupt einbüßte und das parlamentsbeschlossene Gesetz praktisch allein Rechtsquelle blieb. Der Bereich der Proklamation verblieb der Verfassung, der des Rechts allein der Begrifflichkeit der Gesetze.

2. In einem ganzen Jahrhundert – bis 1919 – mußte die Verfassung den revolutionären Überschwang büßen: als Proklamation blieb sie hoffähig, ja begeistert verehrt, als Norm nur, soweit sie „gesetzesähnlichen“ Inhalt annahm. Zwar entfaltete sich – vor allem in der ersten Hälfte des 19. Jahrhunderts – ein feststehender Begriff des „materiellen Verfassungsrechts“, dessen, was in einer Verfassung stehen müsse. Wir finden ihn in dem prozessual-traditionellen Begriff der „Verfassungsstreitigkeiten“ wieder, unter denen man nur die Beziehungen der obersten Staatsorgane (Parlament und Regierung) zueinander verstand. Die Verfassung wurde zum technischen „Regierungsgesetz“, im übrigen bestand aber ihre große Bedeutung gerade darin, daß sie keinen Eingriff in Freiheit und Eigentum außer durch ordentliches Gesetz zuließ. In ihrem für die Gesamtordnung wesentlichsten Teil war sie also doch nur Verweisung auf das Gesetz. Noch im Zweiten Reich hielt sich die Auffassung, daß dieses Gesetz die Verfassung derogiere, daß es also verfassungswidrige Gesetze gar nicht geben könne; damit stand auch ein weiteres fest: wenn Regelungen in der Verfassung – etwa Gesetzgebungskompetenzen – Begriffe verwendeten, die in der ordentlichen Gesetzgebung eine Tradition aufwiesen, so konnte ohne weiteres angenommen werden, daß auf diese Tradition von der Verfassung verwiesen werde.

So endete die Vorweimarer Verfassungsepoche mit einer Tradition der Verfassungsbegrifflichkeit, welche eine Eigenständigkeit des Verfassungsrechts nur im engen Bereich des Parlaments- und Regierungs- und vielleicht noch des Wahlrechts hervorgebracht hat.

3. Mit der Weimarer Verfassung und ihrer ausgedehnten Begrifflichkeit von Grundrechten und Kompetenzverteilungen schien nun alles anders werden zu sollen: *Naumanns* Formulierungsversuche der Grundrechte zeigen Ansätze zu einer ganz neuen, höchstpotentiellen, selbständigen Begrifflichkeit, das *Reichsgericht* versuchte eine Verfassungsauslegung von zivilistischer Gründlichkeit. Und wovon ging es dabei aus? Der führende Kommentar von *Anschütz* wiederholt es immer wieder: die Vereins- und die Versammlungs-, ja die Korrespondenz- und die Pressefreiheit der Verfassung, sie geben nur wieder, was „schon vorher", nach den entsprechenden Reichsgesetzen, gegolten hat. Von dort ist der Schritt klein zu der allgemeinen Feststellung von *Anschütz:* „Es hat sich nichts geändert"; was Gewissensfreiheit bedeutet, steht ja bereits im Gesetz über die religiöse Kindererziehung, die wesentlichen Inhalte der Meinungsfreiheit ergeben sich aus dem Pressegesetz.

In einer Verfassungsauslegung nach Gesetz suchte eine politisch gebrochene Zeit die verlorene Kontinuität wieder. Die Formel, daß „Verfassungsrecht vergeht, Verwaltungsrecht (und damit einfaches Gesetzesrecht) aber besteht", führte nur dahin: Verfassungsrecht besteht *durch* Verwaltungsrecht — und damit war die Verfassung schon „vergangen", schon vorweggenommen, bevor sie wirksam werden konnte. Wo hätte man denn auch einen begrifflichen „Selbstand" des Verfassungsrechts hernehmen sollen? Für seine Deduktion aus allgemeinen Formeln fehlte es an jeder geistigen, etwa naturrechtlichen, Einheit des Denkens. Blieb also nur die Auslegung aus dem Willen des Verfassunggebers, und hier stieß man gerade auf die immanente Gegenläufigkeit liberaler, katholischer und sozialistischer Gedanken. Was sollte etwa ein Eigentumsbegriff, der durch Sozialisierung und Rätesystem modifiziert schien? Man wich denn auch sogleich auf das gemeinsame Minimum aus: auf die „traditionelle" Begrifflichkeit des technischen einfachen Gesetzesrechts. Wohl wurden Versuche zur Gewinnung selbständiger Begrifflichkeit unternommen — seit *Martin Wolff* spricht man etwa von einem „selbständigen Eigentumsbegriff" des Verfassungsrechts, unabhängig von dem des BGB. Ohne die Bedeutung dieses bekanntesten Durchbruchs zu selbständiger Begrifflichkeit schmälern zu wollen: hier wurde nicht so sehr ein autonomer verfassungsrechtlicher als ein selbständiger öffentlich-rechtlicher Eigentumsbegriff geschaffen, wie er durch *Otto Mayer* schon vorbereitet war. Und damit zeigt sich schon die größte Gefahr der „gesetzesgemäßen Verfassung": nicht nur einzelne ihrer Begriffe werden erfüllt, sondern normniedere Lehren, ja Systeme werden übernommen.

Weimar erweist in alledem, was auch nach 1945 unser Verfassungsleben bestimmt hat: Deutschlands Staatlichkeit hat Umstürze überlebt, nicht nur, weil seine Beamten dem Kaiser wie der Republik dienten, sondern weil die Begrifflichkeit seiner einfachen Gesetze im Kern ungebrochen erhalten blieb.

4. Einige Bemerkungen nun zu jener allgemeinen Staats- und Verfassungslehre, welche, wenn auch schon in der Weimarer Zeit geschaffen, doch den kategorialen Ausgangspunkt unserer heutigen Dogmatik bildet.

Gerade hier zeigt sich ein merkwürdiges Bild: einerseits ist es das Grundbemühen der gesamten neueren Staatslehre – in ihrer konkreteren juristischen Problemen zugewendeten Form der Verfassungslehre insbesondere –, Kategorien für eine selbständige Verfassungsbegrifflichkeit aufzustellen, zum anderen aber sehen wir, daß sie praktisch weitgehend Schemata gebildet hat, welche die Unterwanderung der Verfassung durch die einfachen Gesetze nur verstärkt haben. *Smends* Integrationslehre versucht wohl, die Verfassung als ein System von Werten zu begreifen, in deren Namen das Volk einig sein will — aber diese „Integrationswirkungen" können eben nach ihm auch einfachgesetzliche Normen entfalten; sie erweisen sich auch in praxi als viel integrationsstärker, weil traditionsreicher, so daß die Verfassung, will sie integrationsmäßig etwas bedeuten, ihnen diese Begriffe geradezu entnehmen muß, oder jedenfalls ihre Prinzipien — ein weiterer gefährlicher Einbruchsraum der einfachen in die verfassungsgesetzliche Begrifflichkeit. Zwar ist nach *Kelsen* das Gesetz gewissermaßen „Ausführung" der Verfassung, was deren eigenständigen normativen Inhalt voraussetzen sollte; aber das System dieser „reinen Rechtslehre" ist rein formal; *wie* der Verfassungsinhalt gewonnen wird, darüber sagt es nichts aus, es postuliert gerade keinen notwendigen Verfassungsinhalt, beschränkt das Kriterium der Verfassung auf die formal erschwerte Abänderbarkeit. Ansätze zu einer materiellen Verfassungsinhaltslehre werden dadurch zerstört.

Carl Schmitts Bild von der „Verfassung als einer Grundentscheidung" schließlich ist der konsequenteste Versuch, eine nicht die Gesetzgebung resümierende, sondern selbständige Begrifflichkeit der Verfassung zu schaffen: diese soll sich nicht mit der allgemein-interessenabwägenden oder technischen „Unentschlossenheit" der vielen einfachen Gesetze begnügen, sondern mit politisch akzentuiertem Griff aus ihnen Wesentliches „auswählen" und so den Rest „politisch ausrichten". Und wohin hat die Anwendung dieser Kategorie *Schmitt* bei der doch gewiß expliziten Weimarer Verfassung geführt? Zu dem Ergebnis, daß hier eine selbständig-inhaltliche Entscheidung nicht getroffen, sondern alles in den letzten Befehl des Reichspräsidenten verlagert worden sei. Die Verfassung ist eben, so sagt uns *Schmitt,* doch nichts als ein verzögernder Kompromiß, der nicht aus selbständig-normativem Inhalt, sondern nur aus politischer Entscheidung heraus wirkt. Will man sich dem nicht beugen und die Verfassung nicht in ihrem normativen Wert überhaupt der politischen Machtentscheidung opfern, so bleibt nur eines: die Macht des „Beständigen" dieser Gewalt entgegensetzen, d.h. die Inhalte der Verfassung weitestgehend aus der einfachen Gesetzgebung gewinnen. Aber gerade dies, würde *Schmitt* uns antworten, ist ja der Beweis dafür, daß die Verfassung „an sich nichts“ ist, daß jede wahre Entscheidung „tagtäglich“, aber auch in der politischen Debatte des Parlaments, in der einfachen Gesetzgebung fällt.

„Verfassung nach Gesetz“ ist also letztlich die einzige Lösung auch für die Grundentscheidungslehre: sie hat uns die Kategorie einer „selbständigen Verfassung“, wie sie sein müßte, so eindrücklich gezeigt, daß man nach der Betrachtung einer gegebenen Verfassung in kantischer Skepsis sagen möchte: „Verfassungsrecht an sich“ ist unvollziehbar; wenn die Verfassung Entscheidung sein soll, kann sie es überhaupt nur „in der Macht“ oder doch nur in dem sein, was diesem „plébiscite de tous les jours“ am normativ nächsten kommt, in dem ihren Formelkompromiß zu Ende entscheidenden Akt der einfachen technischen Gesetzgebung. Die Weimarer Theorie hat uns keine gesicherte materielle Theorie der Verfassungsinhalte hinterlassen — daran kranken wir noch heute!

III.

Die geistige, verfassungspolitische Grundstimmung, die „Vorverfassungssituation“ unserer Bonner Verfassung war sicher einheitlicher, als die von Weimar; man hat bewußt allgemeine Wertentscheidungen und damit einen selbständigen Verfassungsinhalt gewinnen wollen. In einer beispiellos ausgebauten Verfassungsgerichtsbarkeit ist der Wille zum Ausdruck gekommen, den ordentlichen Gesetzgeber in den Raum eines zwar weiten, aber doch durch selbständige Verfassungsbegrifflichkeit begrenzten Ermessens zu spannen. „Die Gesetzgebung ist an die verfassungsmäßige Ordnung gebunden.“

Doch die Frage, die *Carl Schmitt* an die Weimarer Verfassung gestellt hat, erhebt sich auch jetzt: liegt eine letzte Konsequenz im Grundsatz, ist jene selbständige Begrifflichkeit da, oder kann in einem unheimlichen „Zirkelschluß“ erneut die Verfassungsmäßigkeit eines Gesetzes nur an einer Verfassung gemessen werden, deren wesentliche Inhalte aus dem ordentlichen Gesetz kommen? Verfehlt damit die Verfassung erneut ihre eigenen Ziele, das, was sie so feierlich verkündet?

Einige praktische Probleme mögen zeigen, wie bedenklich – eben weil systematisch noch weitgehend nicht bewußt – die Lage schon ist.

1. Nach der Zuständigkeitsabgrenzung sind die Länder ausschließlich kompetent zum Erlaß von Schulgesetzen, der Bund (konkurrierend) zur Gesetzgebung auf dem Gebiet des Strafrechts. Wenn nun allgemeine Strafnormen für den Fall des Nicht-Schulbesuchs erlassen werden, wer ist dazu

kompetent? Das Land als Schulgesetzgeber, oder der Bund im Rahmen des Strafrechts? Man erwidere nicht, diese „Pönalisierungen" können „generell" als Annex der Hauptregelung betrachtet werden — es gibt unendliche Übergangsstufen zum „traditionell selbständigen" Strafrecht! Der Bund hat auch die Gotteslästerung strafrechtlich geregelt, obwohl Kultusangelegenheiten Ländersachen sind. Wenn aber der Bund durch Pönalisierung seine Gesetzgebungszuständigkeit begründen kann — höhlt er dann nicht die Länderzuständigkeit aus? Die Frage muß immer wieder gestellt werden: was ist „Strafrecht" im Sinne von Art. 74 Ziff. 1 GG? Das, was „traditionell", von „jeher" im StGB geregelt war? Was von jeher pönalisiert war? Seit wann? Oder nur die „Grundzüge", der Kern?

Dieselbe Frage kehrt in allen Fällen der umfangreichen Zuständigkeitskataloge wieder. Was ist „Wirtschaftsrecht", „Jagdrecht", „Arbeitsrecht"? Nichts ist noch entschieden. Stets hört man die Antwort: was eben bisher von der entsprechenden „einfachen" Gesetzgebung geregelt worden ist. Verfassung nach Gesetz auf der ganzen Breite der Zuständigkeitskataloge, am gefährlichsten da, wo die Steuerverteilung in Frage steht: denn was anders kann denn die Erbschaftsteuer, die Umsatzsteuer sein, als das, was „traditionell" von den entsprechenden gewöhnlichen Gesetzen – dem Umsatzsteuergesetz etwa – geregelt wird? Damit hat es grundsätzlich der einfache Gesetzgeber in der Hand, die ganze Finanzverfassung dadurch zu ändern, daß er die verschiedenen Steuern anders voneinander abgrenzt — abgesehen davon, daß er durch Bestimmung ihrer Höhe der grundgesetzlichen Verteilung ohnehin erst wirklichen Inhalt gibt.

Was bleibt hier vom „Selbstgewicht" der Verfassung? Bevor wir darauf eingehen, eine zweite Reihe von Beispielen, diesmal aus dem grundrechtlichen Bereich.

2. Nach Art. 9 Abs. 1 GG haben alle Deutschen das Recht, Vereine und Gesellschaften zu bilden. Dem Wortlaut der Verfassung nach kann dieses Recht durch den ordentlichen Gesetzgeber weder ausgestaltet noch beschränkt werden. Es müßte sich also die Frage erheben, ob nicht große Teile unseres manchmal sehr formstreng geordneten Gesellschaftsrechts – man denke nur an das Aktiengesetz – verfassungswidrig seien. Die Praxis stellt diese Frage nur selten. Sie geht unbewußt davon aus, daß der Verfassunggeber beim Begriff „Verein" schon die traditionellen „freiheitsrechtlich unstreitigen" Begrenzungen „mitgedacht" habe, daß das Grundgesetz hier also schon als „Verfassung nach dem Gesetz" entstanden sei. Wo soll dann aber der Punkt erreicht sein, wo das Selbstgewicht der Verfassung neuen Vereinsregelungen gegenüber beginnt?

Viel bedenklicher noch wird das Problem, wo die besondere Anstrengung selbständig-politischer Akzentuierung in und durch die Verfassung gerade nicht in Zweifel gezogen werden kann, wie etwa bei der Pressefreiheit (Art. 5 GG). Was ist die Presse? Gehört der Annoncenteil zum Pressebegriff? Liegt es nicht nahe, hier wiederum auf den „traditionellen" Begriff zurückzugreifen, wie er durch die deutsche Pressegesetzgebung seit über hundert Jahren festgelegt erscheint? Dies mag noch unschädlich sein, solange das daneben stehende Wort „frei" nicht ebenfalls entsprechend dem Freiheitsraum interpretiert wird, den die Tradition der einfachen Gesetzgebung in Pressesachen kennt! *Hier* wird die „begriffliche Unterwanderung" erst zur großen Gefahr: nicht nur „ein Begriff", sondern eine Begriffskonstellation („die Presse ist frei") wird aus der einfachen Gesetzgebung heraus „erfüllt", welche sie doch kontrollieren sollte!

Eine neuere Tendenz unserer Grundrechtslehre leistet dieser Form der „Gesetzmäßigkeit der Verfassung" gefährlichen Vorschub: ältere Lehren aufgreifend, versucht das *Bundesverfassungsgericht* in steigendem Maße, Grundrechte nicht nur als subjektiv-öffentliche Rechte des einzelnen gegen den Staat, sondern als „institutionelle" oder „Institutsgarantien" anzusehen, die also einen Zusammenhang privater und öffentlich-rechtlicher Regelungen garantieren sollen; die Ehe, das Erbrecht, die Familie, das Eigentum sind herkömmliche, in der Verfassung selbst aufzufindende Beispiele. Nun aber soll dem Recht des einzelnen, ungestört in der Presse seine Gedanken aussprechen zu dürfen, eine „institutionelle Garantie einer freien Presse", dem Recht, sich zu Gewerkschaften zusammenzuschließen, die „Institution Koalition" entsprechen. Abgesehen davon, daß damit eine ständestaatliche Entwicklung eingeleitet wird — worin besteht denn der Inhalt dieser institutionellen Garantie? In den Grundzügen der Gesetzgebung, welche diese Bereiche regelt. Welcher Gesetzgebung? Der einfachen, die damit in breiter Front in die Höhe der Verfassung gehoben wird. In welchen Grenzen? Das ist noch völlig offen!

Wie weit der gesamte Grundrechtsbereich – an sich schon und mehr noch durch die institutionelle Garantie – der Unterwanderung durch einfach-gesetzliche Normvorstellungen offen steht, zeigt erst die Hilflosigkeit bei der Auslegung von Begriffen, bei denen derartige Wertungen *nicht* zu Hilfe genommen werden können, wie etwa bei der Meinungsfreiheit: was „Meinung" ist, sagt kein einfaches Gesetz mit hinreichender Tradition, und deshalb liegt der Meinungsbegriff im dunkeln wie kaum ein anderer der Verfassung.

3. Nicht nur einzelne Begriffsinhalte wandern aus dem niederrangigen Gesetzesrecht in die Verfassung hinüber; dasselbe gilt für allgemein dogmatische Vorstellungen, welche die generellen Normen der Verfassung erst vollziehbar machen.

Hier steht das Verwaltungsrecht oft Pate. So arbeitet man etwa mit einem „Ermessen des Gesetzgebers“, dessen Besonderheit – dem Verwaltungsrecht gegenüber – man unklar darin sieht, daß eben sein Raum im Verfassungsrecht „allgemeiner“ bleibe. Ein typisches Beispiel zeigt ferner das bekannte Apothekenurteil des Bundesverfassungsgerichts zur Berufsfreiheit des Art. 12 GG. Hier stand nach dem Wortlaut der Verfassung nur fest, daß ein Aspekt dieses Rechts, die Berufswahl, überhaupt nicht, der andere, die Berufsausübung, dagegen „frei“ durch den ordentlichen Gesetzgeber ausgestaltet werden dürfe. Ohne sich darum viel zu kümmern, entwarf das Gericht eine „Stufenordnung der Einschränkbarkeit des Grundrechts“ lediglich nach den traditionellen, anhand der Gewerbeordnung im Verwaltungsrecht entwickelten Kategorien der Einschränkungsmöglichkeit der Freiheit: Prüfung nach subjektiven und objektiven Bedingungen, d. h. solchen, die der Bewerber selbständig erfüllen kann, wie das Bestehen von Prüfungen, und anderen, die von seinem Bemühen unabhängig sind, etwa das wirtschaftliche Bedürfnis. Ob dies im Einzelfall zu vertretbaren Ergebnissen geführt hat, ist viel weniger bedeutungsvoll, als daß die Verfassung so nach den auf Grund von einfachen Gesetzen entwickelten Vorstellungen ausgelegt wird.

4. Am Schlußpunkt solcher Entwicklung der „Verfassung nach Gesetz“ sehen wir etwa die vielbeachtete Lehre von *Nipperdey,* nach dem die gegenwärtige soziale Marktwirtschaft das nach dem Grundgesetz einzig mögliche Wirtschaftssystem Deutschlands sei. Diese Marktwirtschaft ist aber im wesentlichen und in ihren entscheidenden Einzelheiten nur als ein „Gesetzgebungssystem einfacher Gesetze zu fassen“. Aus ihm ergibt sich also paradoxerweise doch erst, was nach der Verfassung möglich sein soll. Ganze, einfache Gesetzgebungssysteme „erfüllen“ also die allgemeinsten Klauseln der Verfassung (Sozialstaat, Rechtsstaat) ebenso ausschließlich, wie deren Einzelbegriffe nur durch Einzeltradition der einfachen Gesetzgebung bestimmt zu werden scheinen. Damit wird das ganze Problem dieser „allerallgemeinsten“, dieser Grundsatznormen aufgeworfen. Sie zeigen es ganz klar: je weiter die Geltung, je höher der normative Rang, um so geringer ist fast notwendig die inhaltliche Normierungskraft, um so weiter steht die Tür offen, nicht nur für einzelne Elemente, sondern für ganze Normierungssysteme der einfachen Gesetzgebung, die sich doch erst recht nach der Verfassung richten sollten. Denn wenn die Verfassung schon nicht als „Einzelmaßstab“ einfacher Gesetze gelten kann, so sollte sich doch deren systematischer Zusammenhang, ihre Gesamttendenz an der Verfassung messen lassen. Gerade das aber wird unmöglich durch die „Erfüllung“ der allerallgemeinsten Verfassungsformeln mit niederrangiger Systematik.

Das Bild der verschiedenen Einbruchsmöglichkeiten der Gesetze in die Verfassung rundet sich ab, wenn man an die vielfachen offenen „Globalverweisungen“ auf den Norminhalt einfacher Gesetze denkt — so etwa an die herkömmlichen Grundsätze des Berufsbeamtentums in Art. 33 Abs. 5 GG (die doch im wesentlichen nur aus den Gesetzen entnommen werden können) oder an den Inhalt des verfassungsrechtlich geschützten Eigentums, der sich nach Art. 14 GG aus den einfachen Gesetzen ergeben soll.

In steigendem Maß beruft sich die Verfassungsrechtsprechung bei der Auslegung der Verfassung auf eine angebliche deutsche „Tradition", die sich bei näherem Zusehen fast stets als eine solche der „einfachen Gesetzgebung" entpuppt. Und warum sollten die Richter auch nicht niederrangige Norminhalte in die Verfassung übernehmen? Hat sich nicht im Kampf gegen das Freirecht, bei der Auslegung schon der „Generalklauseln" des BGB, die methodische Kategorie „Sinnerfüllung" entwickelt, die es gestattet, Norminhalte „anderer" Bereiche heranzuziehen?

Gewiß — aber gegenüber der Sinnerfüllung der Verfassung durch einfache Gesetzesbegrifflichkeit besteht eben ein großer Unterschied: die Regelungen haben verschiedenen Rang, Höheres wird durch Niederes sinnerfüllt. Damit wird die doppelte Gefahr der „gesetzmäßigen Verfassung" klar:

(1) Sie führt zu einer verschleierten Durchbrechung der vertikalen Gewaltenteilung: was nur der Verfassungsgesetzgeber, die qualifizierte Mehrheit von Bundestag und Bundesrat vermögen sollte, leisten nun die in die Verfassung aufgenommenen Wertungen des einfachen Gesetzgebers und

(2) dadurch, daß diese inhaltlich in die Verfassung einfließen, wird das gesamte Verfassungsrecht auf lange Sicht bis ins einzelne zementiert und die nachfolgenden Gesetze, die sich ja an der Verfassung messen lassen müssen, sind im Grund nicht mehr verfassungswidrig, weil sie der Verfassung, sondern weil sie dem früheren Gesetz widersprechen, das im Mantel der Verfassung auftritt — flagrante Verletzung des Grundsatzes lex posterior derogat legi priori. Die Verfassung droht zu einer reinen Durchgangsstufe zu werden, auf der einfache Gesetze „gehärtet" und für später unaufhebbar gemacht werden.

Damit führt die immer stärker drohende „Gesetzmäßigkeit der Verfassung" diese ad absurdum durch eine völlige „Normstufenvertauschung"! Eine Verfassungsmäßigkeit des Gesetzes kann es nicht mehr geben, weil meist nur mehr eine Gesetzmäßigkeit der Verfassung vorliegt.

5. Was soll nun vor einem solchen Bild - wir haben es bewußt noch schwärzer gezeichnet, um die Gefahren sichtbar zu machen, die heute meist übersehen werden - was kann hier getan werden? Kann auf der höchsten, der Verfassungsstufe, die eigene inhaltliche Kraft und damit die Normierungskraft des Rechts überhaupt noch gerettet werden? Versucht werden müßte es m.E. vor allem in zweifacher Hinsicht.

a) Wenn sich schon die Übernahme von Norminhalten einfacher Gesetze nicht vermeiden läßt, so dürfen es nicht solche sein, die ausschließlich einer bestimmten, etwa der verfassunggebenden Epoche angehören. Es darf nicht eine bestimmte „Situation einfacher Gesetzgebung" verhärtet, sondern es muß eine „creatio continua" von unten nach oben stattfinden. Wie aber soll dann ein einfaches Gesetz an der Verfassung gemessen werden, wenn diese „jeden Augenblick von unten", also auch aus ihm, erstmals ihre Inhaltserfüllung empfängt? Die Forderung, daß dieser Vorgang wenigstens nicht zeitgebunden sein darf, führt also zugleich zur zentralen zweiten: Aus dem einfachen Gesetz in die Verfassung darf nie einfließen die Einzelheit, ja nicht einmal die Gesamtheit aller Einzelheiten der niederrangigen Regelungen, sondern nur „das Wesentliche", die „Grundzüge", die „Prinzipien". Nur der „Rechtsgrundsatzgehalt" jedes Rechtsgebiets darf, wenn überhaupt, in die Verfassung übernommen, in ihr verhärtet werden.

Was ist nun dieses „Rechtsgrundsätzliche" bei der Vertragsfreiheit, der Ehe, was gehört „grundsätzlich" zum „Arbeitsrecht", zum Zollbegriff? Die Verfassungsrechtsspezialisten haben bisher allzu oft den schweren Fehler begangen, sich hier autonom zu fühlen. Nur der Kenner des jeweiligen Rechtsgebietes, der Kriminalist etwa oder der Gesellschaftsrechtler, kann diese „wesentlichen Inhalte" seines Rechtsgebiets zeigen, nur er kann die „kleine Verfassung", das typisch Verfassungsrechtliche, Rechtsgrundsätzliche des Raumes aufzeigen, dessen Einzelheiten man eben beherrschen muß, um zur Allgemeinheit aufzusteigen. Was wir hier nur aufzeigen können, sind die Kategorien dieses „Rechtsgrundsätzlichen", die auf die einzelne Materie angewendet werden müssen. Vielleicht wird es dabei nötig sein – dies sei hier nur angedeutet – jeden Bereich konzentrisch zu gliedern, gewisse Kernbereiche herauszuarbeiten, vielleicht sogar nicht nur nach qualitativen, sondern quantitativen Kriterien, welche die graduelle Verflochtenheit durch einen mutigen Schnitt trennen. Die alten großen Rechtsgebiete sind hier schon weiter entwickelt, als es die jugendliche Entscheidungsfreudigkeit des Staatsrechts glauben möchte.

b) Verzichten wir damit gänzlich auf selbständiges staatsrechtliches Arbeiten? Keineswegs! Selbst dann nicht, wenn wir dabei vorsichtiger werden müssen. Die aus der Einzelgesetzgebung übernommenen Elemente müssen Einzelbausteine bleiben, sollen einen Teil ihres Selbstgewichts verlieren durch die Wirkung eines neuen „Koordinatensystems", in das sie treten, das der Verfassung. Diese wirkt wohl weniger durch selbständige Begrifflichkeit als durch eigenartige Wechselwirkung bekannter juristischer Begrifflichkeiten. Worte wie „Presse", „Versammlung", „Einkommensteuer" werden immer nahe Beziehungen zu einfachen Gesetzen aufweisen. Bei Epitheten wie „frei", „beschränkbar" u.ä.m. kommen schon Gehalte herein, welche „typisch verfassungsrechtlich" werden könnten durch einen doppelten Vorgang der besonderen Verstärkung der Analogie im Verfassungsraum. Was etwa „frei" ist, wird einmal durch Vergleich mit vielen anderen Freiheitsregelungen (auch anderer Bereiche) ermittelt; was „frei“ ist oder welche Zuständigkeitsabgrenzung gewollt ist, wird zum anderen aber nicht nur mit Blick auf „gleichartige“ Regelungen, sondern unter Berücksichtigung auch anderer allgemeinster Normierungen (etwa der Gewaltenteilung, der Ordnung der Verwaltungskompetenzen u.ä.m.) entwickelt.

Wenn das Verfassungsrecht so eine eigene Methode zu entwickeln vermag, so kann sie zunächst nur liegen in der Verstärkung einer gewissen „Analogie“ (etwa einem Schluß von Gewaltenteilung auf Freiheitlichkeit, von dieser auf Kompetenzabgrenzung usw.), welche erstmals einen Ansatz zu einer Beziehungsdichte aufwiese, die Verfassungsrecht erst zum selbständigen Recht machen würde.

Verfassungsrecht ist ein glänzendes Recht — es ist das ärmste, das wir kennen, schmückt es sich doch noch immer mit den Federn des Rechts, das an ihm gemessen werden soll. Wollen wir die Scylla der gesetzmäßigen Verfassung vermeiden, ohne an der Charybdis eines überhaupt nicht mehr judizierbaren, in rein politischer Proklamation sich erschöpfenden Staatsrechts zu scheitern, so müssen wir allen deduktiven Hochmut eines angeblich höheren Rechts ablegen, die Grundsätze der einzelnen Gebiete von den Spezialisten dieser Bereiche entgegennehmen und sie dann durch vorsichtig ausgreifende Analogie selbständig zu verdichten versuchen.

Hier stehen wir, wenn solches überhaupt möglich ist, noch ganz, noch erschreckend am Anfang.

Mit der dem Deutschen vielleicht allgemein eigenen Begeisterung für alles Virtuelle, Entwicklungs- und Systemtragfähige haben wir das neue Verfassungsrecht aufgenommen, an dem wir die Gesetze messen wollen, haben wir rasch und kühn ein neues selbständiges System daraus zu machen versucht, ohne stets zu erkennen, daß die Weisheit des Rechts in der Begrenzung liegt, seine Größe in der bescheidenen Suche der vernünftigen Einzellösungen, wie sie nur die vielfachen Abgrenzungen der traditionsreichen einfachen, nicht der Verfassungsgesetzgebung ermöglichen. Die Warnung des brandenburgischen Juristen der Rezeptionszeit, der römisches vorsichtig abgrenzendes Definitionsdenken der deutschen Vorliebe für systematische Potentialität, ja Unklarheit gegenüberstellte: Nos autem semper in infinitum — sie gilt auch für uns. Das infinitum mögen wir ja suchen in unserem ewigkeitsentscheidenden Staatsrecht — aber nicht nur über das auf ewig unjuristische „indefinitum“ reiner staatsphilosophischer Proklamation! Soll es morgen noch eine wahre Verfassung geben, so muß beides verbunden werden: Gesetzmäßigkeit der Verfassung und Verfassungsmäßigkeit der Gesetze, Ideologie und traditionsreiche Einzelregelung. Nur über die Abgrenzungen einer gesetzesnahen Verfassung geht der Weg in die Unendlichkeit der gesetzesbeherrschenden Freiheit.

Flexibilität als Bewährungsprobe?*

Vom Grundgesetz der Werte zur Verfassung der Möglichkeiten

Nach dreißig Jahren Grundgesetz sollen zwei Fragen gestellt werden:

- Läßt sich heute ein *„Güteurteil"* fällen über das Grundgesetz, etwa im Vergleich zur Weimarer Reichsverfassung, hat es *Belastungsproben* bestanden?
- Ist diese Verfassung, nach einer Generation, zu einer *„Regimegarantie"* geworden — oder führen über sie Wege auch in eine neue Staats- und Gesellschaftsordnung?

I. Güteurteil ohne Bewährungsprobe?

1. Kein Vergleich mit dem „ganz anderen Weimar"

a) Die Weimarer Ordnung war nach wenig über dreizehn Jahren am Ende; das Grundgesetz gilt nach dreißig Jahren fester denn je. Die stolze Bilanz wird noch eindrucksvoller, blickt man über die Grenzen auf die anderen großen europäischen Demokratien. England, Frankreich und Italien stehen in krisenhaften Entwicklungen ihrer Wirtschaft und Gesellschaft, die immer wieder, immer mehr auch zu wahren Verfassungskrisen werden. In der Bundesrepublik Deutschland scheint, wenn nicht die Demokratie, so doch das Verfassungsrecht voll zu funktionieren — das Grundgesetz wird weithin als ein perfektes Werkstück deutscher juristischer Arbeit bewundert. Kann da, bei aller Kritik im Detail, das Güteurteil am Jubiläum anders ausfallen als positiv?

Es kann; schon weil die eigentliche Belastungsprobe noch aussteht.

b) Der so naheliegende *Vergleich mit der Weimarer Reichsverfassung* ist verlockend, aber nicht überzeugend. Verfassungsrechtler haben der Weimarer Verfassung, vor und nach ihrem Untergang, kein schlechtes Zeugnis ausgestellt. Zwar seien in ihr grundsätzliche Spannungen angelegt gewesen[1], die ihr Zerbrechen beschleunigt hätten; doch weithin besteht Konsens, daß das

---

* Erstveröffentlichung in: Bayerische Verwaltungsblätter 1979, S. 518–523.

[1] Vgl. dazu für viele: *Apelt,* W., Geschichte der Weimarer Verfassung, 1946, S. 296; *Hensel,* A., Grundrechte und politische Weltanschauung, 1931, S. 14 f.

Ende vor allem „von außen" gekommen sei, aus einer übermächtigen Vergangenheit und einer unglücklichen Gegenwart. Eine gute Verfassung also — ohne Fortune.

Immerhin, so meinen viele, hat das Grundgesetz eben entscheidende Verbesserungen gebracht und *deshalb* bestanden: Die ausgebaute Verfassungsgerichtsbarkeit und mit ihr das Ende der Verfassungsdurchbrechungen; die Grundrechte als reale Werte; die klare Entscheidung zur parlamentarischen Kanzlerdemokratie, in Abwendung von der konfliktträchtigen Präsidialdiktatur; das konstruktive Mißtrauensvotum — Regierungssturz als Regierungsbildung, anstatt der destruktiven Flügelopposition von Weimar; 5%-Klausel im Wahlrecht und damit das Ende der Weimarer Macht der Machtlosen; und nicht zuletzt die streitbare Demokratie — Freiheit nur für die Freunde der Freiheit.

Das Grundgesetz hat, das ist zuzugeben, das Verfassungsleben weitergehend zu „entpolitisieren" versucht als die Weimarer Reichsverfassung; durch steigende Verrechtlichung sollten politische Konflikte wenn nicht abgebaut, so doch eingegrenzt werden. Doch das reale politische Gewicht der erwähnten und mancher anderer Grundgesetz-Regelungen darf nicht überschätzt werden und läßt sich meist gar nicht einigermaßen exakt bestimmen[2]: Daß die Verfassungswidrigkeit einzelner Gesetze, die eine oder andere Verfassungsdurchbrechung die Weimarer Ordnung wirklich gefährdet haben, ist doch sehr zweifelhaft; das konstruktive Mißtrauensvotum kann unschwer unterlaufen werden, indem Regierungen eben nicht gestürzt, sondern durch Flügelobstruktion aktionsunfähig gemacht werden; und die rechtlichen Instrumente einer „streitbaren Demokratie" sind nur so viel wert wie an Entschlossenheit bei den politischen Kräften vorhanden ist. Ob das Ende von Weimar durch das „bessere Grundgesetz" hätte verhindert werden können, ist völlig offen, im Grunde nichts als metajuristische Spekulation; und vieles spricht sicher dafür, daß man die politischen Stabilisierungswirkungen der neuen Institutionen nicht überschätzen sollte: Sie bringen wieder neue desintegrierende Probleme, der Verfassungsschutz zeigt es[3].

c) Ein Institutionenvergleich Weimar – Bonn nach der politischen Wirksamkeit ist aber nicht aus nur diesen Gründen fragwürdig; er ist unmöglich, weil die allgemein-politischen Konstellationen in beiden Fällen völlig unterschiedlich sind. Über Weimar lag der Schatten einer mächtigen, achtunghei-

---

[2] Vor allem, weil es an entsprechenden Belastungsproben fehlt, vgl. unten 2.

[3] *Stern,* K., Zur Verfassungstreue der Beamten, 1974; *Isensee,* J., Der Beamte zwischen Parteifreiheit und Verfassungstreue, JuS 1973, S. 265 ff.; *Arndt,* G., Die Verfassungstreuepflicht im öffentlichen Dienstrecht und Grundgesetz, DÖV 1973, S. 584 ff.; hier soll der Versuch einer Integration gemacht werden — das Ergebnis ist desintegrativ.

schenden Vergangenheit — für Bonn war die NS-Vergangenheit juristisch ausgelöscht, moralisch abgewertet. Die Weimarer Republik kämpfte vergeblich gegen die verständnislose Revanchesucht der Sieger — Bonn wurde bald zum Partner der früheren Feinde in neuer weltpolitischer Frontstellung. Weimar war immer wieder von wirtschaftlichen Krisen erschüttert — Bonn kennt nur Aufschwung, mit wenigen Phasen der Stagnation, Treppen vielleicht, nicht aber Abgründe.

Und vor allem: Bonn ist errichtet auf einem Jahrzehnt offener, und noch manchem Jahr versteckter Nachwirkung eines Besatzungsregimes. Hier wurde „der Anfang geordnet", das Entscheidende für ein neues Regime, kommen doch, wie Weimar zeigt, aus schlechtem Beginn meist die späteren Krisen. Bonn setzte ein auf der Grundlage von Lizenzparteien und Lizenzpresse, aus begrenzten wirtschafts-, militär- und außenpolitischen Handlungsräumen heraus konnte es sich ruhig entfalten, keine innere Gewalt trat gegen die Ordnung an. Ein Jahrzehnt solcher Ruhe ist eine unschätzbare Chance, trotz aller wesentlichen Defekte einer jeden Besatzung. Die bundesrepublikanische Ordnung kommt so letztlich aus einer wahren durch die Besatzung geschaffenen prästabilierten Harmonie; ihr Konsens ist in einem Raum der unbedingten, der fremden Macht erwachsen — das trägt in vielem noch heute.

Diese verfassungsexternen politischen Unterschiede zwischen Bonn und Weimar sind so groß, daß hinter ihnen die Wirkung dieser oder jener Verfassungsinstitution verschwindet. Auch mit einer Weimarer Verfassung hätte sich Bonn ebenso entwickelt — diese Behauptung läßt sich nicht überzeugend widerlegen. Der Vergleich mit Weimar gestattet daher, jedenfalls global, kein Güteurteil über das Grundgesetz.

2. Bilanz ohne Belastungsprobe?

a) Ob überhaupt ein gesichertes Gesamturteil über die „Güte einer Verfassung" möglich ist, erscheint zweifelhaft. Wissenschaftlich voll gesicherte Resultate kann doch in der Regel nur der Einzelvergleich bestimmter Institutionen ergeben, etwa des Wahlrechts oder der Kabinettsstruktur. Für ein Globalurteil mag es staatsrechtlich Ansatzpunkte geben — der Rest ist politische Wertung.

Doch selbst solche Ansätze sind beim Grundgesetz problematisch, vor allem weil das *Wichtigste wohl doch fehlt: die eigentlichen staatsrechtlichen Belastungsproben der Gesamtordnung.* Dies mag unter einem historischen Vorbehalt stehen: Unsere Entfernung von der Nachkriegsentwicklung ist nicht groß genug für eine abschließende Beurteilung, vieles, was uns tagtäglich dünkt, mag Späteren als großes Ereignis, als Krise erscheinen — nicht nur umgekehrt. Dennoch wird hier die These vertreten, daß es zu jenen großen, typischen Belastungen nicht gekommen ist, die eine Verfassung wirklich auf die Probe stellen.

b) *Keine verfassungsrechtliche Belastungsprobe,* damit aber auch keine „Bewährung der Verfassung" war in den vergangenen Jahrzehnten

- der *Kampf um den Wehrbeitrag*[4]: Eine Opposition, die politisch schon auf dem Rückweg war, führte juristische Nachhutgefechte, die große Konfrontation fand politisch nicht statt, sie wurde, zum Teil bewußt, in den Verfassungsrechtsstreit verlagert; und im übrigen war der Staat eingespannt in Zwänge größerer Weltpolitik und ein noch fortwirkendes Besatzungsregime.
- die *Notstandsverfassung*[5]: Dieser große Streit ist eben doch, letztlich, ein theoretischer geblieben. In ihm wurde zwar unterschiedliches Verständnis vom Staat offenbar; doch dieses Vorgeplänkel des Machtwechsels ist nie zur leidenschaftlichen Frage an den Bürger geworden und es konnte daher unschwer im Formelkompromiß der Großen Koalition entschärft werden. Trotz allem war es eben Verfassungsmanöver, keine Verfassungskrise, ein juristisches Problem, keine politische Bewährung.
- der *Machtwechsel* 1969, das gescheiterte Mißtrauensvotum und die vorgezogenen Wahlen von 1972; sie haben zwar verfassungsrechtliche Einzelprobleme aufgeworfen[6], doch zu großen verfassungspolitischen Spannungen ist es nicht gekommen. Der große Machtwechsel wurde vorbereitet in der Großen Koalition, sozusagen nachvollzogen und ratifiziert in den Vorgängen von 1972. Die Verfassung wurde nicht belastet, kaum bemüht — sie wurde nur, ganz einfach, vollzogen.
- der *Streit um die Ostpolitik;* er kommt der Verfassungskrise vielleicht am nächsten, für viele Bürger stellte sich hier eine moralische, eine staatsethische Regimefrage. Doch die Verfassungsordnung als solche war kaum belastet. Das Bundesverfassungsgericht konnte den Streit über eine weite Interpretation der auswärtigen Gewalt entschärfen[7], der Verfassungsrahmen

---

[4] Den besten Überblick vermittelt: Der Kampf um den Wehrbeitrag, 2 Bde., Veröffentlichungen des Instituts für Staatslehre und Politik in Mainz e. V., 1952.

[5] *Evers,* H.U., Die perfekte Notstandsverfassung AöR 91 (1966), S. 1 ff., 193 ff.; *Ridder,* H.K.J., Notstandsstaat oder soziale Demokratie? Bl. f. deutsche und intern. Politik XIII. Jg., 1968, S. 344 ff.

[6] Etwa *Müller,* M., Das konstruktive Mißtrauensvotum, Ztschr. f. Parlamentsfragen 1972, S. 275 ff.; *Leicht,* R., Mißtrauensvotum und Vertrauensfrage — eine konstruktive Alternative, ZRP 1972, S. 204 ff.

[7] BVerfGE 40, 141 (163 ff., 171 ff., 178).

brauchte nichts zu halten. Überdies war es eben doch „nur" eine außenpolitische Frage, nicht vital für eine immer mehr auf Finanz- und Wirtschaftspolitik konzentrierte Gemeinschaft; und schließlich ging es darum, Veränderungen zu ratifizieren, nicht zu bewirken ...

- die *wirtschaftliche Rezession seit 1973;* sie war insgesamt zu schwach, immer wieder durch Zwischenaufheiterungen und Aufschwungshoffnungen unterbrochen. Sie ist ohne größere politische Begleiterscheinungen — an der Verfassung vorübergegangen[8].

Überall also Verfassungsfragen, nicht Verfassungskrisen. Und so ist es geblieben, bis in die allerletzte Zeit, von der Abtreibungsdebatte[9] bis zum Mitbestimmungsurteil[10]: Die politischen Spannungen waren nicht stark genug, und es ging nicht um vitale Fragen für den Bürger schlechthin. Verfassungsrecht, Verfassungsstreit waren mehr Ablenkung als Zuspitzung; die eigentliche politische Diskussion läuft weithin außerhalb des Verfassungsrechts ab.

c) Ein Beweis dafür ist die politische Ruhe, die rechtstechnische Gelassenheit, in welcher neuerdings sogar die Enquête-Kommission Vorschläge für eine großangelegte Verfassungsreform machen konnte[11]. Hier wurde eben doch letztlich nur eine „Reform an den Gliedern" vorgeschlagen, nicht am Haupt, im wahren Sinne des Wortes — im Vordergrund stand der Föderalismus[12]; ganz ausgespart blieben die Grundrechte, weitgehend die zentralen Staatsgewalten — ein empirischer Beleg dafür, daß es zu eigentlichen Belastungsproben noch nicht gekommen ist, sonst wäre der Bericht auch viel breiter, bereiter, begeisterter diskutiert worden. Geht es hier um mehr als um Abnutzungserscheinungen eines Mechanismus?

Die Voraussetzungen für echte Belastungsproben der Verfassung waren eben auch, in den vergangenen dreißig Jahren, nicht gegeben. Zwar mag es schwer oder gar unmöglich sein, aus der Staatstheorie eine geschlossene, überzeugende „Dogmatik der Belastungsproben" für ein Grundgesetz, einen Verfassungszustand zu entwickeln; doch die Verfassungsgeschichte zeigt

---

[8] Was nicht heißt, daß sie nicht Verfassungsfragen aufgeworfen hätten; man denke nur an die Ausweitung der Teilzeitbeschäftigung für Beamte, über welche die Arbeitslosigkeit bekämpft werden soll, vgl. etwa *Schwandt,* U., Beurteilung der Möglichkeiten einer Ausweitung der Teilzeitbeschäftigung für Beamte, ZBR 1977, S. 81 ff.; *Stahl,* Ch., Teilzeitbeschäftigung — ein Weg zur Gleichberechtigung im öffentlichen Dienst? DÖD 1972, S. 109 ff.

[9] BVerfGE 39, 1 ff.

[10] BVerfG in BayVBl. 1979, 239 ff. = NJW 1979, 699 ff. = DÖV 1979, 251 ff.

[11] Schlußbericht Enquête-Kommission Verfassungsreform — BT-Drucks. 7/5924, S. 1 ff.

[12] Schlußbericht der Enquête-Kommission (Fn. 11), Kap. 7 (S. 95 ff.), Kap. 9 (S. 123 ff.), Kap. 12 (S. 195 ff.), Kap. 14 (S. 228 ff.).

immer wieder, wo sich derartige gefährliche Spannungen entwickeln — vor allem

- im *Verhältnis zwischen Exekutive und Parlament* — der feste politische Zusammenhalt von Regierung und Regierungsmehrheit hat hier stets entspannend gewirkt;
- in *„größerer parlamentarischer Unordnung"*, hervorgerufen durch wechselnde Parteikonstellationen einerseits, politische Radikalisierungen zum anderen — die beiden großen Parteien haben für viel, vielleicht allzu viel Ruhe gesorgt;
- in *föderalen Gegensätzen,* die eine Art von verfassungsrechtlichem Bürgerkrieg in das Zentrum der Staatlichkeit tragen. Die Weimarer Verfassungsordnung ist hier entscheidend geschwächt worden; in Bonn waren die Länder schon zu schwach und sie werden durch die bundesweiten politischen Parteien immer weiter gleichgeschaltet.

Dies eine vielleicht war es im Grunde, was alle Konflikte aufgefangen hat, bevor sie zur Verfassungskrise werden konnten: Die Bundesrepublik Deutschland lebt seit Jahrzehnten unter einem *modifizierten Zweiparteienregime,* und zwar heute als einziger europäischer Großstaat. Damit hat sie auch das Erbe der englischen Stabilitätsprämie angetreten. Immer mehr zeigt sich, daß man eine *spezielle Verfassungsdogmatik des Zweiparteiensystems* entwikkeln müßte: Hier ist alles anders als bei gleichen Normen, aber vielen Parteien; und das Zweiparteiensystem bedeutet eben, daß krisenhafte Belastungen meist schon im Vorfeld der Verfassung, innerparteilich, abgefangen werden.

Dies war vielleicht die neue, ganz große Chance von Bonn; dieser Belastungsschutz ruht allerdings auf politischen Kugeln, die bereits rollen.

d) Verfassungsgeschichte und politische Erfahrung zeigen aber noch eine bedeutsame Quelle von Verfassungsbelastungen: das entschlossene Vorgehen selbst kleiner, dafür aber um so radikalerer Gruppen gegen die politische Grundordnung. Im *Terrorismus* hat der Staat von Bonn dies erlebt; war dies nicht eine echte Bewährungsprobe, steht er nicht noch in ihr?

Politischer Terrorismus ist Attentat auf den Verfassungszustand, an sich also Verfassungsbelastung par excellence. Und so hat denn der Krieg, welcher dem Grundgesetz hier erklärt wurde, schwerwiegende Verfassungsfragen aufgeworfen — von den Rechten der Festgenommenen[13] bis zum Recht auf Leben entführter Persönlichkeiten[14].

---

[13] BVerfGE 42, 243 ff.; 39, 156 ff.; 38, 105 ff.

[14] BVerfGE 46, 160 ff.

Dennoch ist es hier bisher nicht zu eigentlicher, größerer verfassungsrechtlicher Spannung gekommen: Trotz aller verständlichen Aufregung in der „nervösen Demokratie“ waren die Aktionen insgesamt zu schwach, Etabliertes zu erschüttern. Sie mögen spektakulär sein, doch es fehlt ihnen die systematische Kontinuität, die allein eben — ein System, eine Verfassung gefährden könnte. Verfassungsdiskussionen ergeben sich allenfalls um - relative - „technische“ Einzelheiten der Bekämpfung, gemessen an den Sicherungen des Rechtsstaates; es geht um Effizienz, damit aber wieder wesentlich — an der Verfassung vorbei. Daß ein Staat in solcher Herausforderung „ruhig bleibt“, mag bedeuten, daß er eine Bewährungsprobe bestanden hat; wenn er nur — ruhig bleiben kann, so ist sie noch nicht gekommen, und so ist es für Bonn.

Ein Bewährungsurteil für die Vergangenheit läßt sich also, nach dreißig Jahren Grundgesetz, über diese Verfassung noch nicht sprechen; und ein Bewährungsurteil für die Zukunft? Im eigentlichen Sinne ist es ohne Erfahrungen aus der Vergangenheit ebenso unmöglich, reine Spekulation. Sicher — wenn die „Rahmenbedingungen erhalten blieben“ — doch wer will das wissen, wer kennt sie genau?

Sollte daher das Jubiläum des Grundgesetzes nicht Anlaß sein, die Fragestellung umzukehren? Fragen wir einmal nicht danach, wie hart und stark die Verfassung ist, welche Belastungen sie aushält, was sie verhindern kann — sondern ganz umgekehrt: Was kann sie an Änderungen aufnehmen, was ist möglich unter ihrer Geltung, wie flexibel ist sie? Ob wir sie als (deutsche) Eiche sehen dürfen, wir wissen es nicht, denn es kam kein Sturm. Fragen wir daher, ob sie ein normatives Schilfrohr ist, das sich in Flexibilität bewährt.

II. Regimeänderung unter dem Grundgesetz?

1. Das Grundgesetz als „biegsame Ordnung“

In der Allgemeinheit herrscht die Überzeugung, das Grundgesetz sichere die Grundlage der heutigen Staats-, Wirtschafts- und Gesellschaftsordnung. Eine „volle Regimeänderung“ könne es daher nicht geben. „Gesellschaftsveränderer“ erscheinen als Utopisten oder Revolutionäre.

Dies ist ein vorschnelles Urteil. Die absoluten Verfassungsschranken sind theoretisch; das Grundgesetz ist in einem Menschenalter weitgehend „normativ ausgeschliffen“ worden; und wenn man schließlich modellmäßig nachprüft, was sich wohl ohne Verfassungsänderung und Verfassungsbruch ändern ließe, so zeigt sich das Grundgesetz zwar nicht als Verfassung der unbeschränkten Möglichkeiten, wohl aber als möglicher Rahmen von Regimeveränderungen.

a) *Das absolut Unveränderliche* an einer Verfassung, die superrigiden Elemente, sind nicht nur unbedingte Schranken der Verfassungsänderung, jeder politischen Gewalt, damit aber Marksteine der Revolution. Es handelt sich um höchste Werte einer Verfassungsordnung, und sie können daher im täglichen Verfassungsvollzug wirken, die Gesetzgebung schon im Vorfeld der Verfassungsänderung orientieren. Gäbe es solche Normen im Grundgesetz, wären sie faßbar, so wüßte man wenigstens eines: welche neue Ordnung ohne Gewalt nicht kommen kann; dann stünde fest, gegen welchen Druck man Verfassung und Verfassungsorgane schon heute unbedingt sichern müßte, und um sie wäre ein normatives Grabensystem zu legen.

In dreißig Jahren sollte es möglich sein, solche strategischen Punkte des Grundgesetzes zu bestimmen; *es ist nicht gelungen.* Art. 79 Abs. 3 GG[15], der das „Unantastbare" des Grundgesetzes umschreibt, ist, sagen wir es heraus, ein schönes theoretisches Spielzeug geblieben: Grundsätzliche Mitwirkung der Länder bei der Gesetzgebung — doch was ist „grundsätzlich", genügen nicht Rechte wie die des Bayerischen Senats? Dann gäbe es keinen Föderalismus mehr. Unantastbarkeit der Grundsätze der Art. 1 und 20 GG — doch wie wenig ist normativ faßbar geworden von der „Menschenwürde"[16]; wer wird übrigens mit „Folter und Ächtung", mit Konzentrationslagern gegen sie vorgehen! Ob aber die Grundrechte als solche, oder wenigstens über einen „Menschenwürdegehalt"[17] unantastbar sind, ist schon zweifelhaft; und wer könnte sich praktisch auf derart ungeklärte, wahrhaft „theoretische" Begriffe verlassen? Art. 20 GG schließlich: Vom Föderalismus war schon die Rede, Republik ist ein selbstverständliches Wort, Sozialstaat mehr Recht des Staates als des Bürgers. Was bleibt, ist der immer unklarere Demokratiebegriff[18], eine Gewaltenteilung, die aber weitestgehende Verschränkungen nicht ausschließt, und schließlich der „Rechtsstaat", der zwar einige Konturen aufweist[19], die aber vor allem verfahrensmäßiger Art sind. Und was nützt

---

[15] *Dürig,* G., Zur Bedeutung und Tragweite des Art. 79 Abs. 3 GG, Festgabe für Th. Maunz, 1971, S. 41 ff.; *Ehmke,* H., Grenzen der Verfassungsänderung, 1953; *Hesse,* K., Bundesstaatsreform und Grenzen der Verfassungsänderung, AöR 98 (1973), S. 1 ff.; *Harbich,* J., Der Bundesstaat und seine Unantastbarkeit, 1965; *Laux,* J., Bedeutung und Inhalt der Grenzen der Grundgesetzänderung nach Art. 79 III GG des Bonner Grundgesetzes, Diss. Kiel 1956.

[16] BVerfGE 1, 97 (104); 23, 127 (134); 28, 243 (264); 34, 204 (209); 39, 1 (43); 45, 187 (228).

[17] *Dürig,* in: Maunz / Dürig / Herzog, Grundgesetz, Art. 1 Abs. 1 Rdnr. 6, 7.

[18] Vgl. für viele den Überblick bei *von Simson,* W. / *Kriele,* M., Das demokratische Prinzip im GG, VVDStRL 29 (1971), sowie etwa noch *Hellwig,* A., Demokratisierung als gesellschaftliches Ordnungsprinzip, 1973.

[19] BVerfGE 48, 1 (19, 20); 40, 65 (75 ff.); 39, 157 (163); 33, 125 (159), 303 (332); 35, 348 (355); 22, 83 (86).

selbst die Gesetzmäßigkeit der Verwaltung, wenn Parlamentszusammensetzung und Gesetzgebungsverfahren verändert werden?

Der ganze, der große Rest bleibt der politischen Macht überlassen. Der Verfassungsrechtler kann dem Bürger nach dreißig Jahren Grundgesetz nicht sagen, worauf er sich unbedingt verlassen könne. Was absolut geschützt wird, ist sicher kein Regime, keine Staats-, Wirtschafts- oder Gesellschaftsordnung.

b) Doch die Flexibilität geht weiter. Es bedarf gar keiner Verfassungsänderung, um so tiefgreifend umzugestalten. Das „Ermessen", die „Gestaltungsfreiheit" des einfachen Gesetzgebers werden weiter und weiter ausgedehnt; das Grundgesetz ist, an entscheidenden Stellen, bereits nach einem Menschenalter eine *„ausgeschliffene Verfassung"*. Einige Beispiele mögen genügen:

- Die *„freie Entfaltung der Persönlichkeit"* (Art. 2 Abs. 1 GG), ursprünglich wohl doch als ein „Kernbereich allgemeiner Handlungsfreiheit" verstanden, in den der Gesetzgeber nicht eindringen dürfe[20], ist zu einem nahezu inhaltlosen „Grundrecht auf das verfassungsmäßige Gesetz" herabgesunken[21].

- Der *allgemeine Gleichheitssatz* (Art. 3 Abs. 1 GG) wird zwar als überzeitlicher, geradezu naturrechtlicher Grundsatz gepriesen[22], doch bald ist er zu einem Recht verblaßt, vom Staat nicht ohne jeden sachlich einleuchtenden Grund behandelt zu werden[23]. Dieses „Abwehrrecht gegen Unvernunft" hat praktische Bedeutung nurmehr darin, daß es den Verfassungsgerichten freie Nachprüfung gestattet; denn sie entscheiden, was sachlich ist und einleuchtet.

- Das *Privateigentum,* Grundlage jeder marktökonomischen Wirtschaftsverfassung, wird durch Sozialbindungen immer weiter zurückgedrängt. Großformeln des Bundesverfassungsgerichts lassen dem Gesetzgeber weithin freie Hand: Er kann die Entschädigung nach Marktwert unterschreiten[24], das Privateigentum darf „notwendige Reformen" nicht behindern[25]. Eigentum, das fremder Hilfe bedarf, steht unter Mitbestimmungsvorbehalt[26].

---

[20] *Dürig* (Fn. 17), Art. 2 Abs. 1, Rdnr. 9.

[21] BVerfGE 6, 32 (37 ff.).

[22] BVerfGE 1, 208 (333).

[23] BVerfGE 48, 281 (288); 45, 187 (268); 35, 263 (273).

[24] BVerfGE 24, 367 (421).

[25] BVerfGE 31, 275 (285).

[26] BVerfG (Fn. 10).

- Das Grundgesetz soll *keine normative Wirtschaftsverfassung kennen*[27], unterschiedliche Wirtschaftssysteme werden als vereinbar mit der freiheitlichen Grundordnung erklärt, als Grenzen werden nur einige Grundrechte genannt. Ob überhaupt ein Wirtschaftssystem kraft Verfassung ausgeschlossen ist, bleibt offen.
- Die *Steuerbelastung* wird zwar an den Grundrechten gemessen[28]; doch die höchst elastischen Formeln geben dem Gesetzgeber praktisch grenzenlose Freiheit, wenn er nur entschlossen alle Bürger gleichschwer belastet.
- Im *Bund-Länder-Verhältnis* hat der Bund die Kompetenz-Kompetenz, ob er im entscheidenden Bereich der konkurrierenden Gesetzgebung eine Materie regeln will[29]; Art. 72 GG läuft leer. Dadurch vor allem ist das legislative Gleichgewicht zwischen Bund und Ländern gebrochen worden.

Die Aufzählung läßt sich leicht fortsetzen — das Grundgesetz ist wirklich eine „offene Verfassung“[30] geworden. Nur in wenigen Bereichen, etwa bei der persönlichen Freiheit[31], läßt das Bundesverfassungsgericht Strenge walten; doch die gesamtpolitische Bedeutung solcher Sicherungen darf nicht überschätzt werden.

c) Gesetzgeber und Verwaltung haben nicht nur einen weiten Gestaltungsraum, sie *weiten ihn laufend noch aus*, in einem Vorgang, der als *„Verfassungsverbiegung“* bezeichnet werden muß[32]: In vielen kleinen Schritten wird die „materielle Verfassung“, der Verfassungszustand, durch Gesetz oder Verwaltungspraxis auf ein großes Ziel hin, um die geschriebene Verfassung herum, langsam, aber kontinuierlich verändert. Gelegentliche Verfassungsbrüche werden in Kauf genommen[33], damit die Verfassungsgrenzen verschoben werden können. Ein Musterbeispiel ist die Entwicklung des öffentlichen Dienstrechts, vorbei an Art. 33 GG, vor allem an den hergebrachten Grundsätzen des Berufsbeamtentums: In einer laufenden Angleichungsbewegung von Arbeitnehmerverhältnis und Beamtenstatus soll der letztere „praktisch nutzlos“ werden, ein einheitliches Staatsbedienstetenverhältnis entstehen; dort werden dann auch, eines Tages, Tarifverträge und Arbeitskämpfe zulässig sein.

---

27 BVerfGE 4, 7 (17, 18), seitdem std. Rspr.

28 BFH, BStBl. 74, S. 572; 73, S. 163; 71, S. 732.

29 BVerfGE 2, 213 (224 f.).

30 Vgl. *Häberle,* P., Die „offene“ Verfassung, 1979.

31 BVerfGE 35, 185 (191); 20, 45 (49 f.); 17, 108 (114).

32 Dazu neuerdings *Leisner,* W., Verfassungsverbiegung, Verfassungsrecht und Verfassungswirklichkeit, Forum der Hanns-Seidl-Stiftung 1979.

33 Vgl. etwa BVerfGE 39, 96 ff.; 41, 291 ff.

Zusammenfassend bleibt festzustellen: Das Grundgesetz hat vielleicht noch keine Belastungsprobe bestanden; doch in den vergangenen Jahrzehnten ist es so weitgehend flexibilisiert worden, daß es großem Druck vielleicht nicht widerstehen, wohl aber ihm elastisch wird nachgeben können. In dieser Biegsamkeit kann und wird es sich wohl — bewähren, als eine Geschäftsordnung der Demokratie, auch wenn, bemerkt oder unversehens, unter der Geltung seiner hohen Normen eine ganz andere Staats-, Wirtschafts-, Gesellschaftsordnung entsteht.

2. Welche „Regimeänderungen" läßt das Grundgesetz zu?

Darauf vor allem sollte sich die Aufmerksamkeit nach dreißig Jahren Grundgesetz richten: Was nach sechzig Jahren bei Fortgeltung der Verfassung möglich ist. Und nach den bisherigen Flexibilisierungen kann die These lauten: Sehr viel an Belastungen wird man durch Biegsamkeit auffangen können. Dazu wieder einige Beispiele – und es sind nicht nur Prognosen, es sind bereits verfassungsrechtliche Hochrechnungen –: im Bereich der Möglichkeit liegt etwa verfassungsrechtlich:

a) Die *totale Volksversicherung* mit der vollen Abhängigkeit aller Bürger von staatsbezuschußten Renten und anderen Leistungen. Über sozialstaatliche Großformeln kann zumindest versucht werden, den Schwächerenschutz auf alle Bürger auszudehnen.

b) *Massive Sozialisierungen* bei einer Entschädigung, die unter dem Marktpreis der Güter liegt[34], würden die gesamte Marktwirtschaft letztlich aufheben und auch auf grundsätzlich nicht sozialisierbare Bereiche (Banken, Versicherungen) hinüberwirken.

c) Eine *völlig neue, nicht nur Unternehmens-, sondern Arbeitsverfassung* könnte aus dem Mitbestimmungsurteil entwickelt werden, wenn schrankenlos der Grundsatz zum Tragen käme, daß alles Eigentum, das der Besitzer nicht allein nutzen kann, mitbestimmungsbelastet ist.

d) Der *Grundbesitz* könnte durch Intensivierung der Sozialbindung, vom Mietrecht bis zum Naturschutz, praktisch völlig „in den Händen der Eigentümer enteignet", weil entwertet werden; er würde vom Grundrecht zur Grundpflicht.

e) Das *Berufsbeamtentum* geht in einem Einheitsbeschäftigtenverhältnis auf, das sich von dem der „freien Wirtschaft" kaum mehr unterscheidet — oder, besser umgekehrt: Das private Arbeitsverhältnis wird zu einer Form des

[34] Vgl. Deichurteil, Fn. 24.

Staatsbedienstetenverhältnisses, der private Unternehmer wird zu einer Art von öffentlichem Arbeitgeber von den Pflichten her, er wird über seine Arbeitgeberstellung sozialisiert.

f) Die *selbständige Landesgesetzgebung* hört praktisch völlig auf; unnötige Landesparlamente erlassen Verordnungen in Gesetzesform.

g) Die Bundesrepublik Deutschland geht in einem *europäischen Staatenbund* auf — oder sie wird, umgekehrt, vom westlichen Europa isoliert und *neutralisiert*. Auf Verteidigung wird verzichtet.

Dies mag heute als politische Utopie erscheinen — eine verfassungs*rechtliche* Möglichkeit ist es bereits. Und es bedarf keiner Begründung, daß dann, wenn all dies oder auch nur ein Teil davon gelungen ist, eine *neue Staats- und Gesellschaftsordnung verwirklicht ist*. Daß die Verfassung „sich so weit öffnen" wird, ist nach bisheriger Erfahrung wahrscheinlich. Heute scheint dies nur mehr eine Frage der gesetzgeberischen Geschicklichkeit, der Gesetzgebungstechnik zu sein. Geht eine Mehrheit ungeduldig, stürmisch vor, so riskiert sie den Bruch am Bundesverfassungsgericht. Gegen die „kleinen Schritte", die Eingriffe mit Härteklauseln, die Enteignungen unter Subventionsangebot, gegen all diese vielen, bewährten Techniken gibt es heute praktisch keinen Verfassungsschutz.

Die deutsche Verfassungsgerichtsbarkeit hat sicher große Leistungen in den vergangenen Jahrzehnten erbracht: Die Verfassung lebt, das richterliche Nachprüfungsrecht ist praktisch unbegrenzt. Doch der Preis war hoch: Biegsamkeit und Verbiegung. Ob man hier noch härten kann?

Vieles spricht dafür, daß wir nach dreißig Jahren Grundgesetz endgültig von der „Werte-Verfassung" Abschied nehmen müssen, trotz aller verbaler Beteuerungen, uns hinwenden zur Verfassung als prozessualer Technik der Machtverstetigung. Oft mag es scheinen, als bahne sich schon heute, auf das neue Jahrtausend hin, eine kopernikanische Wende an: „Wert" ist nur, was von „unten" kommt und rasch vergehen kann; die Verfassung ist nicht mehr Garantie, sondern Ordnung des Möglichen, politischer Plan, Auftrag.

Dreißig Jahre Grundgesetz — das könnte beruhigen; besser wäre ein anderes, die klare Erkenntnis, daß sich das Grundgesetz, das Verfassungsrecht überhaupt, langsam, aber sicher einem Scheideweg nähert: Lange war es Grundlage, wird es zum Weg werden? Werden die letzten Gedanken der Zeitlosigkeit im öffentlichen Recht, die letzten Spuren des „römischen Reiches" vergehen? Man mag dezisionistisch denken oder nicht — dies *ist* eine Entscheidung.

Teil V

Staatsführung

Der Begriff des „Politischen" nach der Rechtsprechung des Bundesverfassungsgerichts*

Der Begriff „Politisch" findet sich im Grundgesetz an mehreren Stellen: Da ist die Rede von den „Parteien, die an der politischen Willensbildung teilnehmen"[1]. Der Bundeskanzler bestimmt die „Richtlinien der Politik"[2] und der Bund ist zuständig für den Abschluß internationaler Verträge, welche sich auf politische Angelegenheiten beziehen[3].

Ist die Bedeutung dieser Terminologie bereits juristisch geklärt? Verweist sie auf eine ganz bestimmte außerverfassungsrechtliche Begrifflichkeit, welche vom Grundgesetz in die Rechtsordnung rezipiert wird?

Die Untersuchung hat eindeutig Bedeutung für die Allgemeine Staatslehre, – insbesondere die Abgrenzung von „Recht" und „Faktum" –, aber auch für das geltende öffentliche Recht, für das, was man den „allgemeinen Teil des Verfassungsrechts" nennt, in Deutschland wie im Ausland.

Die Beziehungen zwischen dem Bereich des „Rechts" und der „Politik" haben, in einer allerdings oft wenig hervortretenden Weise, Bedeutung für nicht wenige Fragen, welche durch den häufig recht unklaren Charakter der Verfassungsformeln hervorgerufen werden; er insbesondere erfordert eine Abgrenzung gegenüber dem „Außerjuristischen", gleichzeitig auch eine „Sinnerfüllung" der Verfassungsformeln durch Übernahmen aus anderen Bereichen. Gewiß ist es nicht immer das „Politische", um das es bei diesen Klarstellungen geht; doch dieses Wort, mit seinem so unfaßbaren, ja oft unbestimmbaren Inhalt, setzt den modernen Bestrebungen zu einer Verrechtlichung des Verfassungsbereichs einen besonders ernst zu nehmenden Widerstand entgegen: den einer Elastizität, die, wie es scheint, wesentlich „unjuristisch" ist.

So wurden denn, seit der „Rationalisierung" der Verfassungsgewalten, ihre Ablösung von ihren „originären" monarchischen oder anderen Grundlagen,

---

* Erstveröffentlichung in: Revue du droit public et de la science politique en France et à l'Etranger, Paris 1961, S. 754–796 (Übersetzung).

[1] Nicht ganz klar ist hier, ob die „Bildung des politischen Willens" oder die „politische Bildung des Willens" gemeint ist.

[2] Art. 65 GG; siehe dazu *Eschenburg*, Th., DÖV 1954, S. 193 ff.; *Maunz*, Th., BayVBl. 1956, S. 261 ff.; *Maunz/Dürig*, Komm. z. GG, Art. 65 S. 1/2.

[3] Siehe dazu *Leisner*, W., Die Kompetenzverteilung zwischen Bund und Ländern usw., Annuaire francais de D.I.P., 1960.

die Anstrengungen gesteigert, um eine „juristische Theorie des Politischen" zu entwickeln, doch keine der bisher entfalteten Theorien hat sich durchsetzen können[4].

Das Grundgesetz hat unser Problem in neuer Form gestellt. Sicher war es nicht die bereits erwähnte Terminologie der Verfassung, welche die Rechtslage geändert hat; diese bestand seit langem, oder sie wurde stillschweigend zugrunde gelegt. Vielmehr ist es die neue Einrichtung der Verfassungskontrolle, mit ihren gegenüber dem „Staatsgerichtshof" der Weimarer Verfassung entscheidend, gerade im wesentlich „politischen" Bereich der Parteienstreitigkeiten, erweiterten Zuständigkeiten, welche es nicht mehr gestattet, einem Begriff aus dem Wege zu gehen, der verständlicherweise bei Juristen auf Ablehnung stößt. Das Bundesverfassungsgericht wird, in der juristischen Anwendung der Verfassung, das normale Organ einer „Verfassungs-Verrechtlichung"; seine Entscheidungen allein haben die Macht – was auch immer man über ihre rechtliche Bedeutung denken mag – eine allgemeine Meinung in dieser Frage hervorzubringen. Jede Überlegung über die juristische Bedeutung des „Politischen" muß daher von der Rechtsprechung des Bundesverfassungsgerichts ausgehen.

Diese Tendenzen finden sich bereits in den Verhandlungen der Vereinigung der Deutschen Staatsrechtslehrer auf ihrem Münchener Kongreß im Jahre 1950[5], der sich mit der neuen Form der Verfassungskontrolle beschäftigt hat. Erich Kaufmann verwarf dort eine Theorie, welche das „Politische" mit einem gewissen „Intensitätsgrad" irgendeines Verhaltens auf Verfassungsebene identifizieren wollte[6]. „Politisch" ist nach ihm, was durch juristische Normen nicht geregelt ist. Überdies erweitert er erheblich den Begriffsbereich des „Politischen", indem er den normativen Charakter der meisten allgemeinen Verfassungsformeln bestreitet und damit die Zuständigkeiten der Verfassungsgerichtsbarkeit einschränken will.

Bei dieser selben Gelegenheit erkannte man übrigens, daß das „Politische" noch in einem anderen Sinn mit der Einrichtung des Bundesverfassungsgerichts verbunden ist: Der Begriff könnte gerade auf die Zuständigkeiten des Gerichts Anwendung finden, deren Ausübung, weithin außerhalb der herkömmlichen Bestimmungen über die Gerichtsbarkeit ablaufend, sich immer

---

[4] Siehe z.B. *Schmitt*, C., Verfassungslehre, 1928, S. 110 ff., 200 ff. Die gesamte „Integrationslehre" (*Smend*, R., Verfassung und Verfassungsrecht, 1928), ist ein einziger Versuch, die juristische Bedeutung dessen zu bestimmen, was man früher ganz einfach als ein Politikum angesehen hatte. *Kelsen* schließlich verbannt das „Politische" radikal aus dem Bereich des (Verfassungs-)Rechts, dessen Selbstand er damit sichern will.

[5] VVDStRL 9 (1952).

[6] VVDStRL 9 (1952), S. 4, 5.

mehr auf die Höhe von „Regierungsakten“ erhebt[7]. Keiner dieser beiden Aspekte darf bei einer Untersuchung des „Politischen“ vernachlässigt werden, welche von der Institution des Bundesverfassungsgerichts ausgeht[8]; denn nur eine Zusammenschau dessen, was das Bundesverfassungsgericht als „politisch“ ansieht, und des Charakters seiner eigenen Entscheidungen, nach der Rechtsprechung eben des Gerichts, ermöglicht unter Umständen das Auffinden von Definitionselementen des „Politischen“, die nur in dem Maße verwendet werden können, wie die Stellung des Bundesverfassungsgerichts selbst präzisiert worden ist.

In unserer Analyse werden wir versuchen, zugleich derartige „Elemente“ aufzufinden wie auch gewisse methodische Ansätze des Obersten Gerichts zu ihrer Gewinnung herauszuarbeiten. Unser Versuch soll also zugleich ein Beitrag zur allgemeinen Theorie des Verfassungsrechts wie zur Erkenntnis der Bedeutung eines der wichtigsten Organe im Bonner System sein.

Verschiedene Wege der Verrechtlichung des politischen Bereichs gibt es und der Verrechtlichungsprozeß des „Politischen“ in der Rechtsprechung des Bundesverfassungsgerichts läßt sich auf zweierlei Weise erfassen:

- Das Gericht definiert selbst, allgemein oder für einen bestimmten Bereich, materiell, d.h. durch eine Beschreibung der wesentlichen, „inneren“ Elemente, was nach ihm zu dieser Kategorie gehört.
- Das Bundesverfassungsgericht umschreibt sozusagen von außen den Bereich des „Politischen“, indem es ihn möglichst von dem abgrenzt, was unter Umständen in seiner Nähe liegt, indem es die benachbarten Sektoren der „juristischen Ebene“ durch „innere Kriterien“ bestimmt. Das „Politische“ bleibt auf diese Weise eine wesentlich „unjuristische“ Kategorie; es wird definiert im Gegensatz zu dem, was zum Verfassungsrecht, zum Völkerrecht oder zu anderen Bereichen des öffentlichen oder privaten Rechts zu zählen ist.

In diesem letzteren Fall würde das Bundesverfassungsgericht auf jedes „juristische Übergreifen auf die Ausübung der politischen Gewalt“ verzichten, jedenfalls solange sich diese in ihren Grenzen hält; das Gericht würde dann nur einen „excès du Pouvoir politique“ verhindern. Es gäbe keine juristische Direktive innerhalb dessen, was rechtsfreier Bereich eines Ermessensraums im weitesten Sinne wäre.

---

[7] Siehe *Drath*, M., VVDStRL 9 (1952), S. 94 ff., 96, 97.

[8] „Das“ Politische und „die“ Politik unterscheiden sich, jedenfalls in der deutschen Terminologie, nicht so weit, daß sie während unserer Untersuchung ständig klar getrennt werden müßten. Vergessen wir aber nicht, daß „die“ Politik nicht selten auch eine Reihe von Akten bezeichnet, die nicht nur „politischen“, sondern auch Rechtscharakter haben, sich aber auf ein einheitliches Ziel beziehen (Verfassungspolitik). Diese Terminologie lassen wir im folgenden beiseite.

Es liegt auf der Hand, daß in diesem zweiten Fall die Verrechtlichung des „Politischen" recht unvollkommen bleiben muß; das Recht dringt dann nicht, wie eine gewissermaßen allgegenwärtige Seele, in den gesamten Handlungsbereich der Staatsorgane, weder mit seinen Vorschriften, noch durch elastische Orientierungen. In der Rechtsentwicklung ergäbe sich dann keine wesentliche Veränderung: Das Recht würde weiterhin den politischen Bereich lediglich beschränken, ohne auf ihn wesentlich überzugreifen, und der durch die Einrichtung des Bundesverfassungsgerichts als Sanktionsorgan der Verfassungsstarrheit erzielte Fortschritt würde sich auf eine quantitative Beschränkung des politischen Raumes beschränken, entsprechend der Ausdehnung der Verfassungsmaterien, ohne jeden qualitativen Unterschied zu dem, was das Recht von jeher als seine hauptsächliche Zielsetzung angesehen hat.

Von einem Vorurteil darf allerdings keine Untersuchung einer Verrechtlichungserscheinung ausgehen: daß die Einwirkungsmöglichkeiten des Verfassungsrechts auf den politischen Bereich ein für allemal durch unabänderliche Regeln der Allgemeinen Staatslehre beschränkt seien, und daß keine Gesetzgebung, kein Rechtsprechungsversuch daran etwas ändern könne, ohne die „Natur der Sache" zu verändern.

Es mag solche absoluten Beschränkungen in der Theorie geben, und dies ist sogar einer der Gründe, welche diese Untersuchung erforderlich machen. Ohne von einem vollen Determinismus auszugehen, soll hier geprüft werden, auf welche Weise die deutsche Judikative von 1950–1960 versucht hat, diese Schranken zu bestimmen.

Die Analyse dieses geheimnisvollen Freiheitsraums der Verfassungsorgane muß übrigens berücksichtigen, daß der Wille eines bedeutsamen Richtergremiums seinerseits ein Faktor ist, der zur „Natur der Sache" gehört und infolgedessen als solcher, eben als politischer Wille, zugleich auch im nicht-juristischen Bereich seine Wirkungen entfaltet.

Sind diese beiden Wege der Verrechtlichung wirklich und wesentlich verschieden, handelt es sich nicht nur um zwei Aspekte desselben Prozesses? Wir müssen hier einige Ergebnisse unserer Studie vorwegnehmen, um die allgemeinen Grundsätze zu klären, auf welche sie sich stützen wird.

Alles politische Handeln hat, nach neueren Vorstellungen, aus der Sicht des Rechts betrachtet, etwas wie einen Ermessenscharakter. Dieser Begriff bedeutet nicht mehr, weder in Frankreich noch in Deutschland, etwas vollständig Unjuristisches. Der Ermessensbegriff ist dabei vielmehr auf Grundziele der Rechtsordnung bezogen, welche hier auf dem Weg über die politische Handlungsfreiheit verwirklicht werden sollen. Eine derartige Begriffsbestimmung nach dem Ziel genügt zwar wohl nicht allein, um dem Politischen eine juristische Prägung zu verleihen. In dem Maße aber, in welchem sich die Intensität der Beschränkung des Politischen durch das Recht steigert – und dies gerade ist den beiden oben erwähnten Entwicklungen gemeinsam –, werden politisches Handeln und Rechtsbegriffe in stärkerem Maße kommensurabel. Definition des Politischen „von innen her“ und engere Beschränkung „von außen“ durch Schrankenziehungen des Rechts könnten so praktisch zusammenwirken, nach dem Vorbild der Meßbarkeit des Verwaltungsermessens, das seinerseits immer mehr zum Rechtsbegriff wird.

Eine Verfassungsrechtsprechung kann also das Politische nicht nur über Wesenskriterien dieses Bereichs sozusagen von innen her definieren, sie gelangt dazu zugleich dadurch, daß sie die Engmaschigkeit des Netzes rechtlicher Begriffe verstärkt, die diesen Raum umgeben. Dieses immer mehr verfeinerte Begriffssystem bringt Licht auch ins Innere des „unjuristisch dunkeln Raums“ des Politischen; manchmal erleuchtet es ihn nahezu ebenso vollständig „von außen“, wie es ein Versuch der „inneren Wesensdefinition“ vermöchte. Dieser letzteren wird immer der Vorwurf gemacht werden, daß sie unzulässig in den außerjuristischen Raum übergreife, über soziologische, wirtschaftliche oder philosophische Begrifflichkeiten. Andererseits kann auch eine zuhöchst gesteigerte Verfeinerung der Rechtsbegrifflichkeiten niemals die volle juristische Bestimmung dessen leisten, was als solches bewußt außerhalb des Rechts belassen worden ist.

Eine maximale Verrechtlichung läßt sich also nur erreichen in optimaler Verbindung der beiden oben angedeuteten Methoden, unter vorsichtiger Dosierung der Rechtsaussagen über das Wesen des Politischen, und andererseits verstärkte Versuche, über eine steigende Verfeinerung von außen her die juristischen Schranken, vor allem die des Verfassungsrechts, dem Kern des Politischen näher zu rücken.

Das Bundesverfassungsgericht hat den politischen Raum keineswegs vollständig verrechtlichen wollen. Es trennt auch nicht scharf die beiden eben erwähnten Methoden. Darin liegt gerade das besondere Interesse dieser Untersuchung: In jedem Fall muß die Art der Definitionsversuche herausgearbeitet werden, vielleicht sind es auch nur zwei Aspekte ein und desselben Vorgehens, die in einer Reihe von Entscheidungen zudem vermengt werden. Obwohl es sich dabei stets um die Entscheidung von Einzelfällen handelt, muß doch versucht werden, aus ihnen derartige grundsätzliche Folgerungen zu gewinnen, mögen sie auch manchmal nicht nahe liegen.

Diese Vorüberlegungen führen zu drei wesentlichen Fragen, die sich im Verlauf dieser Untersuchung stellen:

- Welche Vorstellung hat das Bundesverfassungsgericht vom „Politischen“?
- Wie bestimmt das Gericht die Bedeutung seiner eigenen Rechtsprechung mit Blick auf diesen Begriff?

– Welches sind die Wirkungen seiner Entscheidungen, die zwar das Politische nicht definieren, sich aber doch in gewisser Weise darauf beziehen, im Hinblick auf eine Abgrenzung des Bereichs der Politik?

Die einzige Möglichkeit, eine gewisse Klarheit in einen so wenig juristischen Bereich zu bringen, liegt in dem Einsatz einer vorsichtig induktiven Methode. So werden wir denn mit der dritten Frage beginnen und den politischen Ermessensspielraum untersuchen, welchen das Bundesverfassungsgericht der Exekutive und der Legislative zuerkennt. Sodann soll die Frage des politischen Status des Bundesverfassungsgerichts selbst untersucht werden, um mit einer Untersuchung der politischen Aktivität der Parteien zu schließen, gewissermaßen in einem Übergang vom politischen Ermessen der Verfassungsorgane zur „freien" politischen Aktivität der Bürger. Am Ende werden einige Bemerkungen über Definitionselemente stehen, welche sich in einer Reihe von Entscheidungen des Bundesverfassungsgerichts finden, die andere Bereiche betreffen.

I. Das politische Ermessen der Exekutive nach der Rechtsprechung des Bundesverfassungsgerichts

Das Bundesverfassungsgericht betrachtet die Gewaltenteilung als einen allgemeinen Grundsatz des deutschen Verfassungsrechts. Es hebt Gesetze auf, welche jene verletzen, selbst ohne Hinweis auf eine Verfassungsbestimmung[9]. Zugleich erkennt es allerdings die grundsätzliche Höherrangigkeit des parlamentarischen staatlichen Willens über den Regierungswillen an[10]. Dennoch bleibt diesem letzteren eine autonome Stellung gegenüber dem Parlament[11]. Dieser „Bereich der Regierung" ist „politisch" in seinen Beziehungen zu dem legislativen Kontrollorgan, politisch zugleich auch nach seiner inneren Struktur.

Die Vertrauensbeziehungen, welche zwischen der Regierung und dem Bundestag bestehen, werden als „politisch" bezeichnet[12], wenn auch die Bedeutung dieses Beiworts nicht klar ist: Die damit angesprochene Verantwortung bleibt doch weitgehend eine rechtliche hinsichtlich ihrer Voraussetzungen[13]. Andererseits dürfte nach gängigem juristischem Sprachgebrauch der

[9] Zum Beispiel BVerfGE 10, 165 (216).

[10] BVerfGE 8, 155 (169); 10, 89 (101).

[11] BVerfGE 10, 4 (17, 19).

[12] BVerfGE 3, 52 (57).

[13] Ein eventueller Ermessensspielraum, der den Abgeordneten bei der Beurteilung bleibt, genügt nicht, um die Tätigkeit, welche die Kontrollen auslöst, als „politisch" zu qualifizieren.

Ausdruck „politische Verantwortung“ hier gar mit Blick auf die Regierung benutzt werden, denn es geht ja nicht darum, die kontrollierte Tätigkeit der Regierung so zu qualifizieren, sondern den Ermessensraum des Parlaments, das eben „politisch kontrolliert“. Über den Regierungsbereich sagt dies also nichts aus.

Daß die Regierungstätigkeit nicht schlechthin eine „politische“ ist, allein wegen der „politischen Verantwortung“ der Regierung gegenüber dem Parlament, ist durch eine andere Entscheidung bewiesen[14]: Der Beamtenkörper hat die Aufgabe, die Verwaltung aufrecht zu erhalten, als ein Gegengewicht zu den „politischen Kräften, die das Leben des Staates“ bestimmen. Zu ihnen gehört zwar die Regierung; nachdem sie aber, gerade dem Parlament gegenüber, für die Handlungen ihrer Beamten verantwortlich ist, zeigt die zitierte rhetorische und wenig genaue Formulierung, daß das Bundesverfassungsgericht auf der Ebene der Exekutive von einem Begriff des „Politischen“ ausgeht, der sich etwa umschreiben läßt mit „dynamischer Tätigkeit auf einem sehr hohen Niveau innerhalb der Exekutivpyramide“. In dieselbe Richtung gehen alle anderen Entscheidungen über den Bereich der Regierung. Die „politische Verantwortlichkeit“ kann also nicht das „politische Ermessen“ der Regierung definieren.

Gewisse Regierungstätigkeiten sind nach dem Bundesverfassungsgericht als „wesentlich politisch“ zu qualifizieren[15], das Gericht hütet sich aber, dies auf alle Akte der Exekutive auszudehnen. Einer solchen Qualifikation unterfallen, nach dem Sinn seiner Entscheidung, zweifellos nicht die Akte einfacher Gesetzesausführung, welche in den allgemeinen Zuständigkeitsbereich der Beamtenschaft fallen, selbst wenn es sich dabei um eine gesetzlich eingeräumte Ermessensausübung handelt[16]. Soweit die Regierung ihrerseits strikt an diese Gesetze gebunden ist, und selbst soweit sie sich hier in einem Ermessensraum bewegt, der ihr durch einfaches Gesetz eingeräumt wird, kann man wohl nicht, folgt man der Auffassung des Bundesverfassungsgerichts, von einem „politischen Verhalten“ sprechen: Alle Entscheidungen des Gerichts in diesem Bereich beziehen sich in der Tat auf Fälle, welche das einfache Gesetz gerade nicht regelt[17]. Dies allerdings gestattet nicht die Schlußfolgerung, daß „politisch“ nur jenes Verhalten der Regierung als Verfassungsorgan wäre, welches überhaupt nicht durch Rechtsnormen geregelt ist, mag diese These auch früher nahegelegen sein.

---

[14] BVerfG NJW 1960, 1445 (1446).

[15] BVerfGE 5, 85 (128 f.).

[16] Fn. 14.

[17] BVerfGE 5, 85 (128 f.); 7, 367 (372 f.); 8, 104 (117); 8, 122 (134) usw.

Eine Unterscheidung zwischen Recht und Politik, welche praktisch mit einer solchen zwischen Recht und reinen Fakten zusammenfiele, entspricht nicht, was die Exekutive anlangt, den Absichten des Bundesverfassungsgerichts. Die politischen Tätigkeiten der Regierung finden auch dort in einem rechtlich bestimmten Ermessensraum statt, wo ein solcher nicht durch den einfachen Gesetzgeber eröffnet worden ist; ein solcher ergibt sich dann nicht aus dem Gesetz, sondern unmittelbar aus der Verfassung[18]: Die Regierung hat das Recht, alle erforderlichen Maßnahmen zu ergreifen, um die Wiedervereinigung zu fördern. Nur was zu diesem Zweck „erforderlich" ist, bestimmt die Regierung.

Der Begriff der „Verfassungsschranken des freien Regierungsverhaltens" – eine Neuheit im gegenwärtigen deutschen Recht – ergibt sich allgemein aus der Regierungsverpflichtung, „die materielle Verfassungsordnung zu schützen"; diese Verpflichtung ist ausschließlich bestimmt durch das Ziel, auf welches alle diese Maßnahmen einer „politischen Polizei" bezogen sein müssen (mag man auch, aus leicht verständlichen Gründen, diesen Ausdruck vermeiden, der eine Verwechslung mit vergangenen Institutionen begünstigen könnte, welche sich wesentlich von dem heutigen Verfassungsschutz unterscheiden).

„Politisch" ist also jedes Regierungsverhalten, das materiell allein durch Verfassungsvorschriften in seiner allgemeinen Zielsetzung bestimmt ist, völlig frei jedoch bleibt hinsichtlich der Wahl der einzusetzenden Mittel. Diese finale Bestimmung des Regierungshandelns greift übrigens, infolge der Verstärkung der Verfassungskontrolle, selbst in Fällen ein, wo keine spezielle Schranke vorgesehen zu sein scheint, wie in der Außenpolitik. Die Bewahrung oder Verwirklichung einer Ordnung, wie sie in den Art. 1 GG (Menschenwürde, fundamentale Freiheiten) oder 20 GG (sozialer und föderaler Rechtsstaat) oder wie sie durch das Endziel der Wiedervereinigung bestimmt ist, stellt eine weit engere und stärker spezifische Abgrenzung der „Regierungspolitik" dar als das herkömmliche Staatsziel der „allgemeinen Bewahrung des Staates", welches ohnehin jedes Exekutivverhalten orientieren muß.

Es gibt also doch eine völlig neue Kategorie der „möglichen Verfassungsverletzungen", welche die Regierung begehen kann: Nicht durch Verstoß gegen rein formale Organisationsnormen, sondern auch gegen materielle Normen, welche den möglichen Aktionsbereich ihrer Tätigkeit beschränken. Es kann daher nicht mehr von einem „freien politischen Ermessen der Regierung" die Rede sein.

Man wende nicht ein, daß diese Entwicklung ohne praktische Bedeutung sein und bleiben werde, weil die juristischen Grenzen eines politischen

---

[18] Vgl. z.B. BVerfGE 5, 85 (128 f.).

Verhaltens der Regierung zuwenig definiert und eine Zielbestimmung hier nicht überprüfbar sei: Die Anerkennung materieller Beschränkungen, welche bisher kaum entwickelt waren, bedeutet an sich schon eine Verrechtlichung des Gesamtbereichs der typischen Regierungsaktivität, für Initiativen, Planungen und ähnliches, für all das, was in einer Periode unumgänglich erscheint, wo diese Formen immer mehr an die Stelle der klassischen hoheitlichen Ausprägungen des „allgemeinen Willens“ treten. Die grundsätzliche Kommensurabilität zwischen Verfassungsnorm und Regierungsverhalten kann durch eine Verfassungsrechtsprechung hergestellt werden, die ja bereits die Zweifel überwunden hat, welche sich aus der Anwendung höchst allgemeiner Verfassungsformeln auf die Tätigkeit des Gesetzgebers ergeben haben. Auf diese Weise öffnet sich der Weg, der prozessual bereits vorgezeichnet ist, zu Organstreitigkeiten, welche voraussetzen, daß es klare materielle Begrenzungen gibt nicht nur für gesetzgeberische Zuständigkeiten, sondern auch für den Bereich der Regierung.

Die eben angeführte Wiedervereinigungsentscheidung ist besonders wichtig für die Bestimmung des „Politischen“, sie hat die Beurteilungsgewalt des Bundesverfassungsgerichts erheblich erweitert, durch die materiellen Schranken, welchen hier das politische Ermessen der Regierung unterworfen wurde; dies reicht bis in die Grundlagen der klassischen Gewaltenteilung hinein.

Bedauerlich ist, daß das Bundesverfassungsgericht die praktische Bedeutung dieser Umschreibung des politischen Bereichs wieder abgeschwächt hat, indem es alle Regierungsmaßnahmen aus seiner Kontrolle ausklammert, deren Eignung zur verfassungsrechtlich festgelegten Zweckerreichung zweifelhaft sein könnte: Es zensiert nur Akte, deren Unvereinbarkeit mit den materiellen Zielsetzungen der Verfassung evident ist[19]. Eine derartige Selbstbeschränkung ist ungerechtfertigt: Das Evidenzkriterium begrenzt keineswegs die Zuständigkeiten des Bundesverfassungsgerichts in allgemeiner Form. Auf diese Weise käme man überdies zu einer neuen Kategorie des Ermessens, für welche dann andere Regeln gelten müßten als für das Ermessen des Verwaltungsrechts, obwohl doch der Sinn des Gebrauchs dieser Terminologie gerade darin besteht, die Grundsätze eines Bereichs des öffentlichen Rechts (des Verwaltungsrechts) auf einen anderen (das Staatsrecht) zu übertragen.

Eine zweite Reihe von Definitionselementen des „Politischen“, die diesmal eindeutig das innere Wesen des Begriffs beschreiben will, findet sich, implizit, in allen vorerwähnten Entscheidungen des Bundesverfassungsgerichts: Die als „politisch“ zu qualifizierenden Akte müssen Wirkungen gewisser allgemeinener Direktivkraft wenigstens in einem Bereich der Verwaltung hervorbringen (im weiten Sinn der Verwaltung als einer Organisation von

---

[19] BVerfGE 5, 85 (128 f.).

Ausführungsorganen, welche der Regierungsgewalt untergeordnet sind). Es darf sich also nicht um rein „technische" Regelungen handeln. Andere Verwaltungszweige oder Ausführungsorgane desselben Bereichs, an die sich solche Akte aber nicht unmittelbar wenden, müssen sich auf diese beziehen können oder geradezu dazu verpflichtet sein, um ihre Exekutivtätigkeiten zu koordinieren, innerhalb ihres Ermessensspielraums oder im Bereich ihrer „freien Initiativen" (wobei der Gesetzgeber seinerseits nicht verpflichtet ist, seine Tätigkeit nach diesen Direktiven auszurichten). Dies trifft im Exekutivbereich zu bei den Maßnahmen der Innenpolitik, welche auf die Wiedervereinigung gerichtet sind[20], für Akte des Verfassungsschutzes oder Regierungsaktivitäten, welche die Wiederbewaffnung der Bundesrepublik Deutschland und die Stationierung von Atomwaffen betreffen[21]. Die Gemeinden haben nicht das Recht, sich in die Entscheidung von Fragen einzumischen, welche den kommunalen Bereich überschreiten und infolgedessen als „hohe Politik" bezeichnet werden[22]; hier erscheint wieder das Kriterium einer „eingeschränkten Allgemeinheit" des Begriffs des Politischen.

Der Richtliniencharakter politischer Regierungstätigkeit begründet zugleich deren dynamische Qualität. Für sie gibt es kein unveränderliches eigenes Strukturgesetz, sie unterscheidet sich aber auch von einem Typ von Verhaltensweisen, welche ihren Ausgangspunkt von einem Gesetz nehmen, das dann ihre innere Logik in strikt normativer Weise prägen kann. Man könnte geradezu sagen, daß das „Politische" in diesem Bereich etwas ist wie der Ausdruck einer sehr „allgemeinen Technik". Das oft zitierte Kriterium der Bedeutung oder Intensität genügt jedenfalls nicht zur Bestimmung des Politischen auf der Ebene der Exekutive, ebensowenig wie im analogen Fall der „politischen Akte" im Verwaltungsrecht.

Was hier dargelegt wurde, schließt wohl aus dem Bereich des Politischen jene Regierungstätigkeiten aus, welche keine Auswirkungen auf die Rechtsordnung haben können. Wenn man aber diesen letzteren Begriff so weit faßt, daß man unter ihn auch jene Staatsziele bringt, welche, bis zu einem gewissen Grad, doch die Auswahl der einzusetzenden rechtlichen Mittel bestimmen, so gibt es schlechthin keine Regierungsaktivität, welche nicht auch „Richtlinien-Bedeutung" haben könnte, damit aber ein wesentliches Element für die Bestimmung der Ermessensausübung durch staatliche Organe aufwiese.

Ausdruck dieser „gelegenheitsbestimmten Dynamik" der politischen Aktivität ist es auch, daß der Bundeskanzler, nach dem Wortlaut des Art. 67 GG,

[20] BVerfGE 5, 85 (128 f.).

[21] BVerfGE 7, 367 (372 f.); 8, 104 (117).

[22] BVerfGE 8, 122 (134).

die „Richtlinien der (allgemeinen) Politik bestimmt“, damit ein „Programm“, welches sämtliche andere Exekutivorgane zugrunde zu legen haben, jeweils innerhalb ihrer Zuständigkeitsgrenzen. Innerhalb dieser Politik können dann „Teil-Politiken“ verfolgt werden, deren Ausstrahlung jeweils der Ausdehnung der betreffenden Zuständigkeitsbereiche entspricht. Die „Politik“ bezeichnet hier aber nur eine Reihe von politischen Aktionen, die nicht einmal notwendig zu einer homogenen Einheit integriert sind; der „gelegenheitsbestimmte“ Charakter verlangt keine derartige Koordinierung, welche etwa einen Unterschied zwischen „dem“ Politischen und „der“ Politik begründen könnte, wenn man diese letztere als Ergebnis einer gewissen Integration sehen wollte.

Politische Exekutivtätigkeit ist also – entfaltet man ein Maximum juristischer Inhalte aus der immerhin nur sporadischen Rechtsprechung – alles, was die Zweite Gewalt in einem Rahmen unternimmt, der lediglich durch die Verfassung begrenzt ist, um einen Einzelfall zu regeln und zugleich Zweckmäßigkeitskriterien zu entwickeln, Handlungsprinzipien, nach denen sich die Verwaltung oder einer ihrer großen Bereiche richtet, in all den Aktivitäten, welche die Rechtsordnung dem Verwaltungsermessen überläßt oder einer sogenannten „freien Initiative“ der Verwaltung.

Diese Systematisierung geht allerdings wohl schon über die wenigen Grundsätze hinaus, welche das Gericht aufgestellt hat. In ihnen finden sich keine systematischen Versuche, eigene Strukturgesetze des „Politischen“ aufzustellen. Dies ist um so bedauerlicher, als das Gericht selbst wohl etwas wie eine „Eigengesetzlichkeit“ des politischen Bereichs annimmt und sie sogar zu einem Entscheidungselement erhebt[23]. Das einzig wirklich Faßbare, die Verbindung des Politischen mit einem gewissen ausstrahlenden, direktiven Ermessen, wird entscheidend relativiert durch die Einschränkung, daß dessen Begrenzungen „evident“ sein müssen, damit die Verfassungskontrolle eingreifen kann. Zwar sind derartige „quantitative Einschränkungen“ in der Rechtsprechung des Bundesverfassungsgerichts durchaus geläufig; doch hier entfernt sich das Gericht allzuweit von dem Geheimnis des Politischen.

II. Das politische Ermessen des Gesetzgebers in der Rechtsprechung des Bundesverfassungsgerichts

Die Bestimmung des Politischen durch Karlsruhe ändert sich, sobald dieser Begriff den Bereich der Gesetzgebung charakterisieren soll.

---

[23] Deshalb versagt sie jeden politischen Druck auf die Exekutivorgane durch außerverfassungsrechtliches Referendum, mit dem Ziel, zu einer anderen „politischen Entscheidung“ zu gelangen (BVerfGE 8, 104 (117)).

Der „natürliche“ Gegner der Judikative ist nicht die Exekutive, sondern der Gesetzgeber. Dieser Antagonismus wird erheblich verstärkt durch jene Verfassungsbeschwerde, welche den Schutz der Individualrechte verstärkt. Auf diese Weise ist das Gericht nun weit weniger der souveräne Garant und Schiedsrichter der Gewaltenteilung als vielmehr ein wesentliches Kontrollorgan des Parlaments zugunsten der Bürger. Wird der Begriff „Politisch“ auf die Zuständigkeiten der Exekutive angewendet, so verstärkt er deren Stellung gegenüber dem Gesetzgeber, denn das „Politische“ ist sicher ein Wesenselement jenes selbständigen „Bereichs der Regierung“, der in einem ausgewogenen Gewaltenteilungssystem nicht fehlen darf. Indirekt wird auf diese Weise sogar die Stellung des Bundesverfassungsgerichts in einer solchen Ordnung gestärkt, und all dies führt zur Steigerung einer Verfassungstechnik in einer bisher nicht gekannten, letztlich vor allem den Gesetzgeber beschränkenden Weise.

Anders wirkt der Einsatz des Begriffs des „Politischen“, wenn er auf das Parlament bezogen wird, dem ein „politischer Raum“ zugestanden wird. Die Parlamentstätigkeit ist stets als eine „wesentlich politische“ aufgefaßt worden, wobei dieser Begriff, im klassischen Verfassungsrecht, kaum juristisch faßbar war, praktisch keinen Rechtsbegriff mehr darstellte. Wendet man den Begriff des Politischen daher neuerdings wieder auf die Gesetzgebung an, so läuft man Gefahr, in die frühere Tradition zurückzufallen, nachdem ja auch keine neue Lage – wie etwa im Fall der „technisierten Exekutive“ – eine Neufassung dessen zu verlangen scheint, was man „parlamentarische Politik“ nennen könnte. Eine derartige Entwicklung würde nun allerdings die Kontrollgewalt des Gerichts gefährden und im Ergebnis seine judikativen Vorrechte entscheidend einschränken. Ganz anders als im Falle der Exekutive, wo die Ausdehnung des politischen Bereichs immerhin einen antiparlamentarischen und pro-judikativen Charakter hat, würde die Restauration der alten Vorstellung des „Politischen“ im Bereich der Legislative zu deren praktisch unbeschränktem Ermessen zurückführen. Der Gesetzgeber könnte dann, wie früher, zu nahezu jeder beliebigen Verfassungsdurchbrechung greifen, in einem konkreten Gesetzgebungsfall, wenn er sich damit nur auf seine „politische“ Zuständigkeit beriefe. In diesem Fall würde also deren Ausdehnung eindeutig zu Lasten des Rechts und zugunsten des Faktischen gehen, also jenem allgemeinen Zug zur Verrechtlichung zuwiderlaufen, der aber doch für die Einrichtung einer verfassungsrechtlichen Kontrolle wesentlich ist.

Sollte also das Bundesverfassungsgericht nicht doch versuchen, diesen Schwierigkeiten durch eine mutige Definition des Politischen für den parlamentarischen Bereich zu begegnen? Andererseits könnte ein derartiges Unterfangen, das wenig bestimmt, aber eben doch wirkmächtig wäre, zusätzliche Einwendungen aus der Sicht der Allgemeinen Staatslehre hervorrufen, um so mehr, als Versuche, den politischen Bereich der Regierung zu umschreiben, jedenfalls problematisch bleiben, wenn sie einfach gegenüber dem Parlament wiederholt werden.

Angesichts dieser Lage kann vom Bundesverfassungsgericht nicht ohne weiteres erwartet werden, daß es leichthin im Falle gesetzgeberischer Tätigkeit den Begriff des „Politischen“ gebraucht. Immerhin qualifiziert es gewisse Kategorien von Legislativakten, im Rechts- und Wirtschaftsbereich, als „politisch“[24], und zugleich sollen sie im „Ermessen“ des Parlamentes stehen. Aber bei diesem Ermessensbegriff stellt man wieder dasselbe fest, was bereits im Falle seiner Verwendung gegenüber der Exekutive kritisiert worden war: Das Gericht bezieht sich nicht, ganz einfach, auf „Grenzen“ dieses Ermessens, sondern meistens nur auf „äußerste Grenzen“[25], so daß auch hier jeder Vergleich mit dem herkömmlichen Verwaltungsermessen problematisch erscheint[26]. Zugunsten des Parlaments scheint es sogar etwas zu geben wie eine wirkliche Zuständigkeitsvermutung. Nachdem der Ermessensraum eines Verfassungsorgans nach dem Bundesverfassungsgericht sogar dem mehr oder weniger „politischen“ Charakter seiner jeweiligen Kompetenz entspricht[27], mag es scheinen, als gebe es gar keinen wesentlichen Unterschied mehr zwischen dieser Rechtsprechung und der klassischen Auffassung von der vollen politischen Freiheit des Gesetzgebers.

Andererseits darf nicht übersehen werden, daß es schon etwas bedeutet, daß das Bundesverfassungsgericht die gesetzgeberische Tätigkeit als Ausnutzung eines Ermessensspielraums bezeichnet, obwohl sie doch ihrem Wesen nach „politisch“ ist und bleibt. Eines jedenfalls hat sich hier geändert: Dieser politische Ermessensraum ist nun nicht mehr eine „ganz andere“ Sphäre gegenüber dem Recht, ohne jede Berührung mit ihm, vielmehr ist er eingegrenzt, und infolgedessen auch bestimmt, durch das Recht.

Wenn man ferner bedenkt, daß das Grundgesetz der Normativtätigkeit des Gesetzgebers klare Schranken gezogen hat, vor allem in den Gesetzesvorbehalten der Grundrechte, so dürften doch wohl die Folgen einer Gleichsetzung von „Ermessen“ und „Politik“ im Falle des Gesetzgebers weniger schwerwiegend sein als im Falle der Exekutive. Andererseits kann dem Gesetzgeber gegenüber das Beiwort „politisch“ nicht dieselbe beschränkende Wirkung hervorbringen wie gegenüber der Regierung. Dort bedeutete das „Politische“ nicht nur, daß sich die Tätigkeit der Zweiten Gewalt innerhalb verfassungs-

---

[24] So z.B. BVerfGE 10, 354 (371). Die Ausdrücke „rechtspolitisch“ und „wirtschaftspolitisch“ werden dabei übrigens nicht im gängigen Sinne der „Rechts- und Wirtschaftspolitik“ für die Zukunft gebraucht.

[25] Siehe z.B. BVerfGE 3, 162 ff.; 3, 225 (232 f.); 4, 7 (18 f.): Der Gesetzgeber hat bei der Koordination der Volkswirtschaft seine äußersten Grenzen nicht überschritten.

[26] Siehe dazu *Bachof*, O., VVDStRL 8 (1950), S. 118.

[27] BVerfGE 6, 132 (154 f.).

rechtlicher Grenzen halten mußte, vielmehr war auch eine gewissermaßen „innere Wesensdefinition" des Begriffs wirksam geworden, der eben auf „allgemeine Richtlinien" bezogen wurde. Ein so als „Politisch" qualifizierter Regierungsakt entzieht sich der speziellen Kontrolle des Parlaments, er unterliegt lediglich einer ganz allgemeinen Kontrolle der Volksvertreter und bewegt sich daher in einem relativ autonomen Regierungsbereich. Im Falle des Gesetzgebers dagegen erweist sich ein ähnlicher Versuch, die Definition des „Politischen" zu vervollständigen und auf diese Weise daraus eine besondere Kategorie von Staatsakten zu machen, als unmöglich: Die normativen Parlamentsentscheidungen – und das ist doch der größte Teil der Parlamentsakte, um die es hier geht – haben ja stets, und zwar schon nach der Verfassung selbst (Art. 19 GG), einen „allgemeinen" Charakter[28].

Sollen also einfach alle normativen verfassungsgemäßen Akte des Parlaments politischer Natur sein? Wenn die Verfassungsgerichtsbarkeit sich damit begnügt hätte, so hätte sie für diesen Bereich dem Begriff des „Politischen" jede Bedeutung genommen; andererseits könnte auf diese Weise eine schwerwiegende Folgerung vermieden werden: Man verbindet ja nicht selten, gerade im Parlamentsbereich, mit dem Begriff des „Politischen" eine besondere Bedeutung der jeweiligen Entscheidung, die letztlich geradezu in einer „außerordentlichen Gesetzgebungszuständigkeit" enden könnte, welche sich von allen Verfassungsfesseln befreien würde, dazu könnte es dann, bei einer Verallgemeinerung des „Politischen" auf alle normativen Parlamentsakte, nicht mehr ankommen.

Gerade eine Parlamentsentfesselung scheint allerdings das Bundesverfassungsgericht gebilligt zu haben in Entscheidungen, in denen es die Verfassungsmäßigkeit verschiedener Gesetze anerkannt hat, welche auf „staatspolitischen Erwägungen" beruhten[29]. Diese normativen Akte griffen in gewisse Grundrechte ein, ohne aber durch spezielle, ausdrückliche Gesetzesvorbehalte in der Verfassung selbst gerechtfertigt zu sein. Das „Politische" wirkt damit geradezu als eine Art von „allgemeinem Gesetzesvorbehalt". So kann etwa der Gesetzgeber verlangen, daß eine politische Partei eine bestimmte Zahl von Unterschriften vorweist, bevor sie sich zur Wahl stellen darf, und aus

---

[28] Wenn das Parlament Beschlüsse faßt, die sich auf „politische Akte der Regierung beziehen", so mag dies allerdings eine Ausnahme von dieser Regel sein, für die Tätigkeit der Ersten Gewalt gilt dann im wesentlichen das, was über die „Regierungspolitik" gesagt wurde; doch auf das Parlament angewendet folgt daraus nicht etwas wie die Selbständigkeit eines Bereichs, welcher vom Verfassungsgericht gegenüber einer anderen Gewalt gesichert werden könnte.

[29] Es dürfte schwer sein, einen wesentlichen Unterschied zwischen „politisch" und „staatspolitisch" zu finden (z.B. BVerfGE 6, 104 [112]; andererseits 6, 84 [92 f.]), was übrigens die Verwendung dieses letzteren Ausdrucks besonders bedenklich erscheinen läßt, der ja auch noch aus einer autoritären Tradition herrührt.

ähnlichen Gründen können Unterschiede zwischen einer bereits zugelassenen und einer zuzulassenden Partei gerechtfertigt sein[30]. Der Gesetzgeber hat schließlich das Recht, Sperrklauseln von 5% oder 10% einzuführen, und dies wird mit ähnlichen „politischen“ Überlegungen gerechtfertigt[31].

Die politische Wahlfreiheit, um die es hier geht, legitimiert sicher den Vorbehalt einer Gesetzgebung, die nach der Natur der Sache unterscheiden darf. Das Gericht rechtfertigt ausdrücklich seine Entscheidung durch einen derartigen Rückgriff auf die Natur der Sache im Wahlrecht, nachdem die Befragung des Volkes nicht nur ein Parlament hervorbringen, sondern eine regierungsfähige Mehrheit schaffen soll[32]. Eine konstruktive Auslegung allgemeiner Rechtsprinzipien hätte wohl zu dem vom Bundesverfassungsgericht gewünschten Ergebnis ohne weiteres führen können. Gefährlich ist dessen Rechtfertigung unter Rückgriff auf „politische“ Überlegungen, weil dieser Begriff hier deutlich im Sinne einer Machtverteilung zwischen den Parteien gebraucht wird, die aber doch der Gesetzgeber gerade weder regeln noch voraussehen sollte[33]. Noch bedenklicher ist der Hinweis auf „politische Gefahren“, der hier eine juristische Unterscheidung rechtfertigen soll[34].

Abgesehen von dieser angeblichen „politischen Zuständigkeit“, welche die Tür für legislative Eingriffe im Wahlrecht zu weit öffnet — die Folgerungen aus einer solchen Terminologie gehen wohl noch weiter: Der Begriff „staatspolitisch“ findet sich auch in einer Entscheidung, die den Entzug eines Reisepasses aus „wichtigem Grund“ (!) rechtfertigt, nachdem diese Maßnahme aus unausweichlichen staatspolitischen Notwendigkeiten ergriffen worden sei[35].

Hier verliert das „Politische“ jede Kontur. Mehr noch: Es enthält kaum mehr als einen Kern, der in einer Rechtsordnung äußerst gefährlich ist, welche auf der Anerkennung von Grundrechten beruht — den allgemeinen Vorbehalt einer Staatsräson, der der Gesetzgeber folgen darf, ohne sich um die speziellen Vorbehalte zu kümmern, welche die Verfassung setzt, sobald das Funktionieren des Staates in seiner Gesamtheit gesichert werden muß. Dieser aus der Theorie der politischen Akte bekannten Formulierung ent-

---

[30] BVerfGE 4, 375; 6, 104.

[31] BVerfGE 6, 104 (112); 6, 84 (92 f.).

[32] BVerfGE 6, 84 (91 f.); wir wollen hier eine mögliche Kritik dieser These nicht vertiefen, gegen die man immerhin vorbringen könnte, daß sie eine ganz neue dogmatische Kategorie der „regierungsfähigen Demokratie“ schaffen will - wenn sie nicht, ganz einfach, aus einer Art von politischem Beharrungsdrang erwächst.

[33] Ebenso wie im Falle des Rundfunks, wo das Gericht es gerade verboten hat, während eines Wahlkampfes zwischen großen und kleinen Parteien zu differenzieren (BVerfGE 6, 99 (107)).

[34] BVerfGE 6, 104 (112).

[35] BVerfGE 6, 32 (42 f.).

spricht eine höchst bedenkliche Rechtsprechung über die prinzipielle Unterordnung von gewissen wichtigen Grundrechten unter den „Schutz der für das Leben der Gemeinschaft wesentlichen Güter“[36].

Wäre es nicht besser, das Gericht vermiede hier überhaupt den Ausdruck „politisch“, der letztlich doch nur, wird er auf Zuständigkeiten des Gesetzgebers bezogen, die Staatsräson verstärken kann, praeter oder sogar contra constitutionem? Gerade in diesem klassischen Bereich des „Politischen“ ist wohl keine rechtlich sinnvolle Definition dieses Phänomens möglich.

Immerhin kann man, faßt man diese Rechtsprechung zur Ersten Gewalt zusammen, drei Elemente herausheben, welche charakteristisch für das Verständnis des „Politischen“ sind:

- Politisch ist jede Parlamentstätigkeit innerhalb der von der Verfassung dem gesetzgeberischen Ermessen gezogenen Grenzen;
- politisch sind gesetzgeberische Entscheidungen, welche sich auf die Machtverteilung zwischen den Parteien und, infolgedessen, innerhalb des Parlaments beziehen;
- politisch sind Akte, welche auf die Bewahrung des Staates als solchen gerichtet sind, als Ausdruck eines impliziten Vorbehalts der Staatsräson.

Das erste dieser Begriffselemente ist sehr allgemein und rein formal[37]. Das dritte Element ist letztlich unvereinbar mit der grundgesetzlichen Ordnung (und übrigens, erfreulicherweise, nur sehr wenig in der Rechtsprechung entwickelt). Es bleibt also, als „Beschreibung des Politischen“, kaum anderes als der Bezug auf die Verteilung der politischen Gewalt zwischen den Parteien[38].

Immerhin dürfen die positiven Aspekte dieser Rechtsprechung nicht übersehen werden. Zwar hat das Gericht, vor allem im Wahlrecht, den Entscheidungsbereich des Gesetzgebers durch die Verwendung des Begriffs „politisch“ erweitert. Andererseits hat es sich aber ein Kontrollrecht über die

---

[36] BVerfGE 7, 377, Leitsatz 6 b.

[37] Es führt übrigens, in gewissem Sinn, auf das zweite Element zurück: Nachdem der „politische“ Charakter einer Verfassungszuständigkeit der Ausdehnung des dort eingeräumten Ermessens entspricht (BVerfGE 6, 132 (154 f.)), könnte die „Politisierung“ gerade darin bestehen, daß die Staatsorgane eben stärker dem Druck der „politischen Kräfte“ ausgesetzt sind, praktisch der parteipolitischen Kräfte. Das war sicher auch die Vorstellung des BVerfG in diesem Fall (Politisierung des öffentlichen Dienstes). Je mehr parteipolitischer Einfluß — desto mehr Politisierung.

[38] Die Natur all dieser Entscheidungen des Gesetzgebers wird als „politisch“ bezeichnet in diesem selben Sinn, daß es hier um eine „politische Verantwortung“ geht, gegenüber den Wählern eben, die darauf gegebenenfalls mit einer anderen Verteilung der „politischen Gewalt“ reagieren (BVerfGE 2, 143 (178)).

Ausübung eben dieser „politischen Gewalt“ vorbehalten: Niemals rechtfertigt es solche Akte gegenüber dem Grundgesetz einfach mit Bezug auf ihren politischen Charakter. Das Gericht geht vielmehr den Gründen nach, und wägt sie sorgfältig ab, die sich meist aus rechtlichen Überlegungen ergeben, so daß man sich sogar fragen könnte, ob der Begriff „staatspolitisch“ wirklich seine alte, rechtsstaatlich bedenkliche Verselbständigung noch bewahren kann. Dieses Vorgehen, welches alles „Politische“ vom unjuristischen Bereich in den eines gesetzgeberischen Ermessens hinüberführt, geht auch hier wieder grundsätzlich von der Kommensurabilität des Politischen und des Rechtlichen aus und führt daher zu einer gewissen Verrechtlichung, weniger durch eine Wesensdefinition als durch die Entwicklung eines Systems von rechtlichen Begrenzungen, also durch eine „Jurifizierung von außen“. Das Gericht behält sich zumindest die Möglichkeit vor, den politischen Bereich zu begrenzen mit Hilfe rechtlicher Schranken, selbst auf der Ebene der Gesetzgebung.

Allerdings haben die Definitionselemente aus der „Natur der Sache“, welche das Gericht für den Exekutiv- und den Legislativbereich entwickelt, miteinander wenig zu tun: Allgemeiner Richtliniencharakter auf der einen Seite und Verteilung der Volksmacht innerhalb der Parteien und des Parlaments liegen auf völlig unterschiedlichen Ebenen. Man mag sich also fragen, ob die Rechtsprechung jemals zu einem einheitlichen Begriff des „Politischen“ in anderen Bereichen noch kommen wird als über die immer wieder versuchte Einbindung der früher „rein politischen“ Zuständigkeiten in Ermessensräume, was eine Kontrolle ermöglicht und damit eine gewisse Verrechtlichung von „außen“.

Die Untersuchung kommt nun zur zweiten Hauptfrage: In welchem Maße sind die Aktivitäten des Bundesverfassungsgerichts selbst als „politische“ anzusehen, welcher Begriff des „Politischen“ wäre hier gegebenenfalls anwendbar? Könnte er einem der Definitionselemente entsprechen, welchen wir bereits begegnet sind, oder werden wir hier noch andersartige Begrifflichkeiten entdecken?

III. Der politische Charakter der Entscheidungen des Bundesverfassungsgerichts

Die Rechtsprechung muß hier unter zwei Aspekten vertiefend untersucht werden:

- Ist die Tätigkeit des Bundesverfassungsgerichts eine „politische“ nach den *Wirkungen* seiner Entscheidungen?
- Ist die *Methode*, nach welcher das Gericht vorgeht, eine „politische“?

Was die erste Frage anlangt, so erscheint die Rechtsprechung, auf den ersten Blick, widersprüchlich. Eine Betrachtung der Politisierung nach den Wirkungen führt übrigens, in gewissem Sinne, wieder zurück auf den „politischen“ Charakter gewisser Kompetenzen anderer Organe, welche das Bundesverfassungsgericht einzugrenzen sich bemüht. Das Gericht geht davon aus, daß es allein nach rechtlichen Gesichtspunkten und mit rechtlicher Wirkung entscheidet[39]. Das Gericht weigert sich, die Verfassungsorgane aus ihrer „politischen Verantwortung“ zu entlassen[40]. Offensichtlich will es auf diese Weise eine „Flucht in antidemokratische Unverantwortlichkeit“ vermeiden; es sieht seine Aufgabe in der „Klärung der juristischen Grundlagen einer politischen Entscheidung“[41].

Warum aber führt dann das Bundesverfassungsgericht in der wesentlich politischen KPD-Entscheidung[42] aus, daß dieses ganze Verfahren einen charakteristischen Zug des Grundgesetzes deutlich werden lasse; die Bedeutung der rechtsprechenden Gewalt, die Tendenz, selbst Erscheinungen, die zum politischen Bereich gehören – die Tätigkeit politischer Organe – in einem sehr weiten Sinne der durch unabhängige Richter ausgeübten Kontrolle zu unterwerfen? Wie können diese politischen Erscheinungen anders überwacht werden als eben auf „politische“ Weise — was das Gericht doch ausdrücklich ausschließt?

Diese unterschiedlichen Stellungnahmen lassen sich allenfalls dann in Einklang bringen, wenn man die verschiedenen Begriffe des „Politischen“ betrachtet, auf denen sie beruhen. In der Entscheidung über die „politische Verantwortung“[43] klärt die Hinzufügung des Begriffs „politisch“ zu dem der „Verantwortung“ nur wenig: Die Verantwortung vor der „Geschichte“ ist juristisch unfaßbar. Was die Regierungsverantwortung anlangt, so sollte

---

[39] Das BVerfG gründet seine Entscheidungen stets auf das Gesetz und auf das Recht. Was die politische Bedeutung seiner Entscheidungen anlangt, kommt es also nicht darauf an, welcher seiner Senate zur Entscheidung berufen ist (BVerfGE 2, 79 (95)). Siehe auch aaO. S. 96: Wer das BVerfG anruft, will eine rechtliche, nicht eine politisch wünschbare Entscheidung. Er muß davon ausgehen, daß das Gericht nur dem Recht dient und nur dem Recht unterworfen ist.

[40] Dieser Begriff ist allerdings kaum mehr faßbar (aaO.): Diese Verantwortung hat das Parlament vor dem Volk und vor der Geschichte (!) zu tragen, BVerfGE 2, 143 (179), unter Verweis auf die Vorarbeiten zum GG — *von Merkatz,* Stenographische Berichte, 213. Sitzung des Bundestags (1. Periode), S. 9396 D: „Das Gericht darf nicht die Verantwortung der Regierung oder des Staatsoberhaupts übernehmen. Eine gerichtliche Überprüfung der Vorbereitungsarbeiten zur Gesetzgebung würde diesen Organen ihre Kontrollfreiheit nehmen, und das juristische Kontrollorgan, das BVerfG, würde sich in eine Instanz verwandeln, welche dafür zuständig wäre, politische Richtlinien zu geben“.

[41] BVerfGE 2, 79 (95).

[42] BVerfGE 5, 85 (139).

[43] BVerfGE 2, 143.

dieser Begriff, wie sich bereits gezeigt hat, eher vermieden werden. Das Staatsoberhaupt ist in keiner Weise „politisch verantwortlich" und überprüft auch die vom Parlament beschlossenen Gesetze nicht in „politischer" Weise. Das Parlament seinerseits ist dem Volk politisch nur bei Wahlen verantwortlich, wenn man diesen Begriff schon verwenden will, d.h. wenn es darum geht, die Verteilung der politischen Kräfte zwischen den Parteien zu verändern. Dies mag dafür sprechen, daß die Veränderung des Volkssubstrats des Parlaments die einzige Erscheinung ist, die man nach dieser Entscheidung wirklich als „politisch" bezeichnen kann. Oder soll sich der Begriff vielleicht auf alle Formen der Anwendung eines Ermessens beziehen können — was übrigens im Falle des Staatsoberhaupts wiederum zweifelhaft wäre? Die erstere Vorstellung würde eher den Urteilen entsprechen, in welchen das Bundesverfassungsgericht klar ausspricht, das Parlament allein treffe eine „politische" Entscheidung[44]; die letztgenannte wird dort sichtbar, wo sich das Gericht auf „politisch wünschbare Entscheidungen bezieht", solche also, welche die „freie Ermessenstätigkeit charakterisieren", wie sie die Verfassung wünscht, sei es im Fall eines Staatsorgans oder eines Einzelnen.

Beide Vorstellungen finden sich in dem KPD-Urteil wieder. Die „politischen Ereignisse" gehören in den Bereich der Parteipolitik, „politische Organe" dagegen sind solche, denen die Verfassung selbst einen Ermessensraum zuerkennt.

Diese beiden Begrifflichkeiten knüpfen an diejenigen an, welche sich bereits für den Bereich der Gesetzgebung und, mit gewissen Veränderungen, auch für den Exekutivbereich feststellen ließen. Man könnte versucht sein, dies alles zusammenzusehen und damit als „politisch" zu definieren: Verhaltensweisen oder Ereignisse, die innerhalb eines verfassungsrechtlich bestimmten Ermessensspielraums stattfinden, sich auf Veränderungen der parlamentarischen Machtgrundlagen beziehen, folglich auch auf die Machtverteilung im Parlament selbst, oder die zumindest derartiges beeinflussen können.

Abgesehen von der weitgehenden Ungenauigkeit dieser beiden „Definitionselemente", entspricht eine derartige Zusammenschau gerade nicht – und dies lenkt auf das Hauptthema dieses Kapitels zurück – den Absichten des Gerichts hinsichtlich des „unpolitischen" Charakters der Verfassungsgerichtsentscheidungen: Das Gericht sieht zwar – das ist der Sinn des KPD-Urteils – die Besonderheit des Grundgesetzes darin, daß eine gewisse Kontrolle über die (parteipolitische) „Willensbildung" stattfindet, und akzeptiert, in diesem Sinn, sogar den politischen Charakter seiner eigenen Entscheidungen. Es widersetzt sich aber andererseits jedem Versuch, seine eigenen Zuständigkeiten dadurch zu politisieren, daß es etwa in den politischen Ermessensbe-

[44] Siehe etwa BVerfGE 2, 79 (95).

reich der Verfassungsorgane eindränge, vor allem in den des Gesetzgebers. Eine Einheit des Begriffs des „Politischen" kann es also hier nicht geben.

Die Unterscheidung zwischen den hier herausgearbeiteten beiden Begriffen des „Politischen" – Partei-Politik und Ermessens-Politik – wirft nun ein weiteres Problem auf: Das Bundesverfassungsgericht verwahrt sich gegen den Vorwurf, seine Entscheidungen dadurch „politisiert" zu haben, daß es in den Ermessensraum des Gesetzgebers eindringt. Andererseits liegt aber doch auf der Hand, daß jede seiner Entscheidungen gegenüber einem Akt des Gesetzgebers sogleich politische Rückwirkungen im Sinne der Parteipolitik zeitigen muß — und umgekehrt[45]. Selbst wenn man davon absieht, so hat doch das Bundesverfassungsgericht, nach seiner eigenen Terminologie[46], die Zuständigkeiten des Gesetzgebers „politisiert", indem es in bedeutsamer Weise dessen Ermessensspielraum ausgedehnt hat. Sind dann aber seine Entscheidungen nicht jedenfalls der Wirkung nach politisch, wie auch immer man den Begriff des „Politischen" bestimmen mag? Diese Schlußfolgerung könnte man nur vermeiden, wenn man jede Konstitutivwirkung der Entscheidungen leugnen wollte.

Diese letztere Erscheinung führt nun zu der zweiten Frage, ob nämlich das Bundesverfassungsgericht nicht „politisch" schon deshalb entscheidet, weil es keine juristischen Kriterien gibt, welche seine Rechtsprechung bestimmen könnten. Dies ist in der Tat das Hauptargument, das immer gegen ein drohendes „Gouvernement des juges" vorgebracht worden ist: Das Verfassungsgericht wird, so befürchtet man, sich nicht nur als Organ an die Stelle der parlamentarischen Staatsorgane setzen, sondern es wird vor allem nicht gelingen, die Herrschaft der Politik durch die Herrschaft des Rechts abzulösen: Die Verfassungsrichter werden ja vielleicht gerade nach denselben Kriterien entscheiden wie die Parlamentarier — eben politisch!

Folgt man einer derartigen Kritik an der Judikative, so bedeutet das „Politische" schlechthin eine Negation des Rechtes, es bezeichnet dann nicht etwa einen Ermessensspielraum, der durch die rechtliche Kontrolle eng beschränkt und gewissermaßen durchdrungen wäre. Eine Kontrolle der Richter gibt es nicht. Das nachdenkliche Wort quis custodiet custodes und das Postulat eines juristischen Charakters der Verfassungsrechtsprechung bedeutet also, in der Theorie jedenfalls, daß alle Entscheidungen des Bundesverfassungsgerichts nur aus striktem Recht kommen, daß es keinerlei Ermessensspielraum für dieses Kontrollorgan geben darf[47].

---

45 Auf erstere scheint sich die in Fn. 44 erwähnte Entscheidung zu beziehen.

46 BVerfGE 6, 132 (154 f.).

47 Dieses Postulat eines strikten Rechtscharakters gerade der Entscheidungen der ober-

Grundsätzlich ist dies denn auch die Auffassung des Bundesverfassungsgerichts selbst[48]. Doch in der Praxis zeigt sich die eben doch nicht ungefährliche Fiktion, auf welcher die ganze Einrichtung dieses höchsten Gerichts beruht: daß die Verfassungsnormen wesentlich justiziabel sind. Ist nicht zu befürchten, daß jenes un- oder gar antijuristische Politische, das man eliminiert zu haben glaubt, jedenfalls aber eingebunden sieht in den modernen Ermessensbegriff, doch wieder unter dem Deckmantel von verfassungsgerichtlichen Entscheidungen zurückkommen könnte? Nachdem die Verfassungsrichter die Kriterien ihrer Entscheidungen nur schwer aus dem Text der Verfassung selbst gewinnen können — müssen sie da nicht diese Lücke in freier Entscheidungsfindung ausfüllen, induktiv oder deduktiv: induktiv durch eine angeblich genaue Analyse der politischen „Lage“ oder „Tendenzen“, deduktiv durch Rückgriff auf Normen oder Wertvorstellungen, die praktisch nur aus dem Gewissen der Richter kommen?

Induktion und Deduktion sind allerdings nicht von gleicher Bedeutung für die beiden großen Bereiche, in denen das Bundesverfassungsgericht entscheidet: Organisationsfragen einschließlich des Wahlrechts und des Parteienrechts einerseits, zum anderen die Grundrechte. Diese letzteren sind meist in sehr allgemein-unklaren Formeln proklamiert — was ist Gleichheit, wie weit geht die Gewissensfreiheit, welche subjektiven Rechte lassen sich aus der Menschenwürde entwickeln? Dies spricht doch dafür, daß hier in besonderer Weise eine induktive Methode in der verfassungsrechtlichen Urteilsfindung angewendet werden sollte. Die Rechtslehre nähert diese Grundrechtsformulierungen, nicht zu Unrecht, den allgemeinen Rechtsprinzipien an, in jenem besonderen Sinn, daß es sich beide Male um wirkliche „Gesetzgebungsprinzipien“ handelt, deren Auslegung – wenn man hier überhaupt von einer solchen sprechen kann – jedenfalls die Auswirkungen auf die materielle Gesetzgebung berücksichtigt und daher mit einer vorgegebenen Gesetzgebungstradition harmonisiert werden muß. Deshalb bezieht sich auch das Bundesverfassungsgericht immer mehr auf die „deutsche Gesetzestradition“. Es findet in dieser Gesetzgebung zugleich den statischen Inhalt und die dynamischen Tendenzen für die Auslegung eines bestimmten Grundrechts. Das könnte dafür sprechen, daß in diesem Bereich nicht nur die Induktion vorherrscht, sondern daß diese Methode auch weitgehend die Gefahr einer „Politisierung aufgrund fehlender rechtlicher Kriterien“ ausschalten kann.

Allerdings gibt es eine Grenze für derartige Konkretisierung von Verfassungsformeln: Würde sie wirklich ernst genommen, so träte an die Stelle der

sten gerichtlichen Kontrollorgane, ohne dessen Erfüllung die Pyramide der „Ermessensräume“ in juristischer Willkür enden könnte, verdient wohl eine vertiefte Untersuchung aus der Sicht der allgemeinen Staatslehre.

[48] BVerfGE 2, 79 (95).

Verfassungsmäßigkeit der Gesetze der Begriff einer „Verfassung nach Gesetz“, welcher der Verfassung jede erneuernde Bedeutung nehmen würde. Es findet sich daher in der Rechtsprechung auch Deduktion in gewissen Überlegungen, welche sich einem Naturrecht nähern. So will das Bundesverfassungsgericht, in seiner Rechtsprechung zur Gleichheit, das Maß an Gerechtigkeit überprüfen, welches ein einfaches Gesetz herstellt[49]. Auch sind die „Schranken“, deren Beachtung das Bundesverfassungsgericht sicherstellen will[50], meist letztlich nur aus dem unkontrollierbaren richterlichen Gewissen gewonnen[51].

In all dem liegt allerdings wohl nicht eine wirkliche Gefahr der Politisierung. Es fehlt vollständig die Dynamik einer beabsichtigten tiefergreifenden und wesentlichen Veränderung. Das Bundesverfassungsgericht hält die herkömmlichen Kriterien der deduktiven Hermeneutik aufrecht, selbst in seinen Vorstellungen von einem Naturrecht. Das Problem eines Richterstaates stellt sich also hier wohl nicht unter dem Gesichtspunkt der Politisierung, sondern vielmehr einer Gewaltenhierarchie, welche eben dem Bundesverfassungsgericht das letzte Wort gibt. Herkömmliche Festigkeit und immerhin doch vergleichsweise starke Verrechtlichung der „induktiven Grundlagen“ in diesem Bereich, nämlich der einfachen Gesetzgebung, wenden auch weithin die Gefahr einer Verwandlung der Verfassungsmaterie in „Politik“ ab, wenn man bei diesem letzteren Begriff das Dynamische, grundsätzlich und immer Wechselnde, für wesentlich hält.

Anders steht es allerdings um die Probleme der politischen Organisation der Gemeinschaft und das Parteiensystem. Nachdem das Grundgesetz hier wichtige Neuerungen gebracht hat, ist die induktive Methode – ausgehend von der herkömmlichen Gesetzgebung – hier sicher weit weniger wirksam. Eine „Deduktion“ aber, welche etwa von überrechtlichen Vorgaben ausgeht, stößt ebenfalls rasch an Grenzen, weil das Bundesverfassungsgericht bisher in keiner Weise ein System des „formellen Naturrechts“ ausgearbeitet hat, das traditionelle materielle Naturrecht aber nur am Rande die Rechtsprechung in Fragen der Verfassungsorganisation beeinflussen kann. Zwar sind die Verfassungsformeln in diesem organisatorischen Bereich greifbarer als im Falle der Grundrechte; dennoch droht eine gewisse „Politisierung“, weil das Bundesverfassungsgericht hier besonders der Gefahr ausgesetzt ist, diese Kriterien-Lücke durch einen, deduktiven oder induktiven, Bezug gerade auf das zu füllen, was eben — politisch ist.

---

[49] Obwohl sich das Gericht gegen den Einwand verteidigt (BVerfGE 3, 162 ff.), es wolle seine Gerechtigkeitsvorstellungen an die Stelle der Auffassungen des Gesetzgebers stellen.

[50] Das Gericht bezeichnet sie bekanntlich als „äußerste“ (BVerfGE 3, 292 f.; 4, 18 f.; 5, 81).

[51] BVerfGE 6, 32 (42 f.): „Der Gesetzgeber muß handeln entsprechend dem ‚freiheitlichen Geist‘ des GG“.

Dabei steht wiederum die Induktion sicher im Vordergrund. Das Bundesverfassungsgericht betont zwar, daß es auch im Organisatorischen nicht als „politische Instanz" entscheide, und es ist bestrebt, die „politische" Bedeutung seiner Entscheidungen herunterzuspielen[52]. Systematisch gründet das Gericht seine Entscheidungen im Organisationsrecht auf eine oft sehr eingehende Analyse der „politischen Situation"[53], welche es derart steigert[54], daß man ihm vorgeworfen hat, rechtliche Konsequenzen aus politischen Analysen zu ziehen[55].

Der Vorwurf, diese Rechtsprechung habe einfach „die Politik normativiert", träfe allerdings nicht zu: Das Bundesverfassungsgericht stützt sich weniger auf das „Politische" als, viel allgemeiner, auf die Tatsachen und ihre historische Entwicklung. Das zeigt sich besonders deutlich in der KPD-Entscheidung: Das Gericht gibt dort den Worten „darauf ausgehen" den Sinn, die bestehende Ordnung solle umgestürzt werden[56]; das Bundesverfassungsgericht ist eben der Auffassung, daß die politischen Erfahrungen der letzten Zeit den Schluß von der Art der Aktionen einer Partei auf die Ziele zulassen, die von ihr verfolgt werden. Im Saar-Urteil[57] betont das Gericht, daß bei der Auslegung von Verträgen, welche die politischen Beziehungen des Bundes regeln (Art. 59 GG), die „politische Ausgangssituation" und die politische Wirklichkeit berücksichtigt werden müssen, welche der Vertrag festlegen oder verändern will. Zwar kann man sich fragen, ob der Begriff des „Politischen" derselbe für die Innen- wie für die Außenpolitik ist[58]; fest steht jedoch, daß das Bundesverfassungsgericht nicht in einer Bezugnahme oder selbst einer Verrechtlichung des „Politischen", sondern in einer einfachen Analyse der „Fakten" nicht nur gewisse Entscheidungselemente, sondern geradezu die juristischen Kriterien seiner Entscheidungen finden will[59]. Dieser nicht ungefährliche Rückgriff auf ein ex facto oritur ius mag die recht problematische Position beleuchten, welche das Bundesverfassungsgericht in

[52] BVerfGE 3, 143 (181): Die politischen Folgen einer Entscheidung kümmern das Gericht nicht, welches allein nach dem Recht entscheidet.

[53] Siehe z.B. das 131er Urteil, BVerfGE 3, 58 ff., das SRP-Urteil (2, 1 ff.) und das KPD-Urteil (5, 85 ff.), vgl. auch BVerfGE 6, 367 (373).

[54] Siehe die Gestapo-Beamten-Entscheidung, BVerfGE 6, 132 (137).

[55] *Forsthoff*, E., VVDStRL 13 (1955), S. 161.

[56] BVerfGE 5, 85 (144).

[57] BVerfGE 4, 157 (168).

[58] Siehe dazu unten, V a.

[59] Es ist eine der Schwächen umfangreicher historischer Analysen in Verfassungsgerichtsurteilen, daß sich nur mehr schwer das „historische Material" von dem „juristischen Kriterium" unterscheiden läßt, das aus der politischen Geschichte abgeleitet wird — weil es dann leicht zu einem unerfreulichen Zugeständnis an wenig klare Begriffe der Politischen Wissenschaften kommt.

der Frage der Abgrenzung von Recht und Tatsachen einnimmt, die im Grunde in die allgemeine Staatslehre gehört; jedenfalls läßt sich daraus nichts für eine Theorie des „Politischen" in der Rechtsprechung des obersten Gerichts ableiten.

Das Ergebnis der Untersuchung hinsichtlich des „politischen" Charakters der Gerichtsentscheidungen selbst ist folgendes:

- Die verfassungsgerichtlichen Entscheidungen sind „politisch" darin, daß sie „politische Fragen" entscheiden, d.h. solche, welche das „politische Ermessen" anderer Verfassungsorgane berühren;
- die Entscheidungen sind ebenfalls „politisch", wenn man damit mögliche Änderungen des Substrats der Gewaltenverteilung der parlamentarischen Kräfte meint, also die „Parteipolitik";
- sie können jedoch nicht „politisch" genannt werden allein schon wegen des Fehlens rechtlicher Entscheidungskriterien, nachdem das Bundesverfassungsgericht dem induktiv und deduktiv über rechtliche Kriterien entgegenzuwirken trachtet, und das „Politische" für diese Instanz sicher nicht ein „normatives Kriterium" darstellt, sondern lediglich einen Gegenstand ihrer Entscheidung, mag ihre Haltung in diesem Punkt auch nicht ganz eindeutig sein.

Fassen wir nun den Ertrag dieser Ergebnisse zu einer „Theorie des Politischen" zusammen:

- Der Bereich des „Politischen" läßt sich nicht vollständig mit dem der „Tatsachen" gleichsetzen. Er weist eine besondere juristische Bedeutung auf.
- Es gibt einen Begriff des „Politischen", der sich auf den verfassungsrechtlichen Ermessensspielraum aller Organe und organähnlichen Gebilde bezieht, welche die Verfassung anerkennt.
- „Politisch" ist alles, was Bezug auf die „Parteipolitik" aufweist.

Sieht man diese Resultate mit dem früher Festgestellten zusammen, so läßt sich folgender Schluß ziehen: Der Begriff des „Politischen" hat einen doppelten Inhalt: Verfassungsermessen einerseits, parteipolitische Aktivität andererseits.

Bevor diese Elemente mit den wenigen Versuchen direkter materieller Umschreibung des „Politischen" in Zusammenhang gebracht werden, welche uns die Rechtsprechung bietet, soll, im folgenden Kapitel, das Problem der „Parteipolitik" noch näher betrachtet werden, nach der neuen Parteienrechtsprechung, ohne Rücksicht auf die Zuständigkeiten eines bestimmten Verfassungsorgans.

IV. Die politische Willensbildung nach dem Bundesverfassungsgericht

Nach Art. 21 Abs. 1 GG nehmen die politischen Parteien an der „politischen Willensbildung des Volkes" teil (oder sie „nehmen an der politischen Bildung des Volkswillens" teil)[60]. Diese Unklarheit, die der Verfassungstext selbst nicht ausräumt, ist bedeutsam und betrifft das Zentrum unserer Problematik: Ist das „Politische" eine bestimmte Materie, mit Bezug auf welche sich der Volkswille bildet, oder handelt es sich dabei allein um eine „Form des Willens", der dann vielleicht auch von anderen Rechtssubjekten ausgehen könnte? Unsere Untersuchung wird versuchen, darauf eine Antwort zu geben.

Dieser Verfassungstext, in welchem das Wort „politisch" vorkommt[61], behält die Bildung des politischen Willens nicht ausschließlich den Parteien vor, nachdem er nur von ihrer „Mitwirkung" dabei spricht. Ist dies nur Ausdruck einer Vorsicht der Verfassunggeber, welche hier das erste Mal in der deutschen Verfassungsgeschichte das Parteienregime konstitutionalisiert haben und möglicherweise einen vollen Übergang von der klassischen Repräsentation in die Parteiendemokratie nicht vollziehen wollten? Dagegen steht aber die Frage: Hat diese Parteiendemokratie nicht eine solche Ausuferung erfahren, daß praktisch „Mitwirkung" und „Bildung" schon nicht mehr zu unterscheiden sind? Beides wäre wohl nur dann schlechthin identisch, wenn sich dieser Wille ausschließlich im Parlament zeigte. Unbestreitbar ist aber, daß pressure groups ebenso wie die Presse an der Bildung wie am Ausdruck des „politischen" Willens in der Wirklichkeit teilhaben, und daß dies auch dem Geist des Art. 21 GG entspricht; wenn der Ausdruck des „politischen Willens" nicht ein Monopol des Parlaments ist, dann kann auch seine Bildung nicht allein den Parteien überantwortet sein. Diese können also lediglich mitarbeiten an der Bildung dieses Willens, der Verfassungstext schließt eine volle Gleichsetzung von „Politik" und „Parteipolitik" schlechthin aus.

Zwar verwendet die Verfassungsrechtsprechung zu den Parteien sehr häufig den Begriff „politisch" in einem untechnischen und auch wechselnden Sinn; dennoch muß geprüft werden, ob sie ihn ausschließlich oder jedenfalls wesentlich mit den Parteien in Verbindung bringt, und ob aus diesem Begriff der „Parteipolitik" Definitionselemente des „Politischen" als solchen abgeleitet werden könnten.

Das Bundesverfassungsgericht sieht politische und Partei-Aktivität durchaus nahe beieinander: Es spricht von dem „Ziel- und Wertpluralismus", der

---

[60] Der Text erlaubt wohl beide Auslegungen, das Beiwort „politisch" kann sich auf „Bildung" wie auf „Willen" beziehen.

[61] Siehe daneben Art. 67 GG, der die „Richtlinien der Politik" betrifft, welche der Bundeskanzler bestimmt, dazu oben I.

in der Tätigkeit der Parteien zum Ausdruck komme[62]; die politische Bewegungsfreiheit ist unumgänglich, um die Rechte der Oppositionspartei zu sichern[63]. Die Führungspersönlichkeiten der Parteien müssen wirkliche „Politiker" bleiben, sie dürfen nicht zu einfachen Amtsträgern werden[64]. Die Parteien beherrschen das Kräftespiel im soziologisch-politischen Bereich[65], sie sind politische Handlungseinheiten, welche unentbehrlich sind zur Integration der Bürgergruppen, welche politisch handeln können und auf diese Weise einen bedeutsamen Einfluß auf das Gemeinschaftsleben ausüben[66]. Schließlich gestattet das Bundesverfassungsgericht den Parteien Aktionen im Bereich der „Kommunalpolitik"[67] und läßt ihnen einen besonderen Schutz angedeihen[68].

Obwohl sich also in der Rechtsprechung des Bundesverfassungsgerichts eine gewisse Annäherung von Parteipolitik und Politik schlechthin vollzieht, hütet sich das Gericht sorgfältig davor – und das ist eines der wenigen klaren Ergebnisse in diesen Fragen –, den Parteien das Monopol der politischen Tätigkeit zuzuerkennen: Die Gewaltenverteilung im politischen Bereich hängt auch von den pressure groups und den Staatsorganen ab[69]. Der Politiker darf nicht einfach mit dem Parteipolitiker identifiziert werden[70]. Der Schutz der persönlichen Ehre mag im politischen Bereich verstärkt sein, dies gilt aber nicht zu Gunsten der Parteifunktionäre als solcher[71].

Wenn also auch der Parteienbereich nicht einfach mit dem politischen Raum zusammenfällt, so versucht das Bundesverfassungsgericht dennoch, die Beziehungen zwischen den beiden Begriffen rechtlich faßbar zu machen, unter Rückbeziehung auf das Verfassungsrecht.

Art. 21 GG hat die Parteien aus der „politisch-soziologischen Ebene" in den Rang einer „Verfassungsinstitution" gehoben[72]. Sie sind damit integrierender Bestandteil des „verfassungsmäßig organisierten politischen Lebens"[73]. Ihre Zuständigkeit als Verfassungsorgane besteht gerade darin, daß sie „den

---

[62] BVerfGE 5, 85 (138 f.).

[63] BVerfGE 5, aaO.

[64] BVerfGE 2, 1 (15).

[65] BVerfGE 8, 104 (113).

[66] BVerfG NJW 1960, S. 1660 f.; aaO., S. 1755.

[67] BVerfGE 6, 367 (373).

[68] BVerfGE 8, 51 (Parteienfinanzierung), ähnlich für den Bereich der Medienpropaganda.

[69] BVerfGE 8, 104 (113).

[70] BVerfGE 2, 1 (15).

[71] BVerfGE 4, 352 (356).

[72] Std. Rspr., siehe z.B. BVerfGE 2, 1 (73); 5, 85 (133); BVerfG NJW 1960, S. 1660 f.

[73] BVerfGE 1, 208 (225).

politischen Willen“ der Gemeinschaft mitbilden[74]. Diese Zuerkennung einer Organqualität, die in der neueren Rechtsprechung präzisiert wird, hat nur ein Ziel, das übrigens die herkömmliche Abneigung der Parteipolitik gegen die Verrechtlichung ihres Status rechtfertigt: sie in möglichst engen Grenzen der Verfassungsrechtsordnung zu unterwerfen und, über dieses Statut der Parteien, durch Recht und Gesetz, den politischen Bereich zu disziplinieren, den die Parteien mehr als jede andere Gruppe beherrschen.

Das Gericht entwickelt, in einer Reihe von Entscheidungen, die sich auf das Parteienrecht beziehen, eine Theorie der Verfassungsordnung als Rahmen des politischen Lebens: Der Einbau des Parteienwesens in die Verfassung muß gebilligt werden als eine Vorformung der Verfassungsordnung[75], immer unter der Bedingung, daß die Parteien innerhalb der freiheitlichen Grundordnung sich bewegen[76]. Eine andere Entscheidung[77] unterscheidet diesen Bereich der „Vorformung“ des politischen Willens des Volkes (soziologisch-politische Ebene) vom Handlungsbereich der Staatsorgane — nicht ohne Widerspruch zur Rechtsprechung desselben Gerichts, das bekanntlich ja die Parteien als Staatsorgane sieht[78].

Die Rechtsprechung ist also bemüht, rechtlich gegenüberzustellen: den Ausdruck des politischen Willens durch die Staatsorgane im engen Sinn des Wortes — und dessen Vorformung durch die politischen Parteien, ohne daß dieser letztere Begriff, gerade weil die Stellung der politischen Parteien doppeldeutig ist, den Begriff des „Politischen“ selbst wirklich näher bestimmen könnte, so daß dessen Verbindung mit der Parteientätigkeit wiederum zweifelhaft erscheint. Nichts desto weniger versucht das Bundesverfassungsgericht gerade mit Bezug auf die Parteiarbeit, immer wieder, zugleich den Verfassungsbereich vom politischen Raum abzugrenzen und doch die Beziehungen zwischen beiden Bereichen zu betonen: Im KPD-Urteil wird festgestellt, daß die Verfassung unter der Vielzahl der zulässigerweise von den Parteien verfolgten Ziele eine Anzahl von Grundsätzen ausgewählt hat, welche die Verfassungsform des Staates charakterisieren; nachdem sie einmal demokratisch gebilligt worden sind, stellen sie absolute Werte dar, welche

[74] BVerfGE 4, 27 (30); vgl. auch BVerfG NJW 1960, S. 1755.

[75] BVerfGE 5, 85 (134).

[76] aaO.; siehe auch BVerfGE 2, 71.

[77] BVerfGE 8, 104 (113).

[78] In derselben Entscheidung erklärt das BVerfG – wenig korrekt nach seiner Terminologie – daß die Bildung des politischen Willens sich entsprechend Art. 21 GG vollzieht — obwohl es sich doch nur um eine „Vorformung“ handeln soll, nachdem die endgültige Willensbildung, und nicht nur die Formulierung des Willens, dem Parlament vorbehalten bleibt.

die politischen Kräfte folglich achten müssen[79], als die in Freiheit entstandene Verfassungsordnung, als einen allgemeinen Rahmen des politischen Lebens[80]. Der Gegensatz zwischen „politischem Bereich" und „staatlichem Willen" in parteipolitischer Hinsicht wird in neueren Entscheidungen aufrechterhalten[81], die allerdings stärker auf die Verbindung der beiden Sektoren hinweisen.

Es hat also den Anschein, daß das „Politische" das hervorbringen soll, was nachher einen „staatlichen", institutionellen und juristischen Ausdruck finden wird, wie eben umgekehrt auch die Institution die „Politik" beeinflußt, daß aber das Politische nach wie vor von diesem letzteren, staatlich-rechtlichen Raum abgehoben bleibt, nachdem es ganz wesentlich dem viel weiteren Bereich der Soziologie zuzurechnen ist[82].

Hier zeigt sich, wie problematisch die Theorie der „Verfassung als Rahmen des politischen Lebens" ist, die in erster Linie mit Blick auf die Parteipolitik entstanden sein dürfte: Es besteht die Gefahr eines Rückfalls in die „klassische" Vorstellung, welche „Politisches" und „Außerjuristisches" eben doch gleichsetzt. Das Bundesverfassungsgericht erklärt in keiner Weise, wie der gegenseitige Einfluß beider Bereiche aufeinander sich vollzieht. Die Vorstellung eines „Rahmens" bleibt rein formal, bei der Parteipolitik ebenso wie im Falle der Parlaments- oder Regierungspolitik, was sich bereits gezeigt hat. Das einzige Element einer Wesensdefinition, das man vielleicht noch entdecken könnte, ist die Pluralität der von den Parteien im politischen Raum verfolgten Ziele, was die Vorstellung einer gewissen Fluktuation wachruft, von einer Dynamik, die mit der Stabilität der juristischen, verfassungsrechtlichen Ordnung nicht vereinbar ist. Eine phantasievolle Auslegung würde hier vielleicht etwas wie den Antagonismus einer Freund-Feind-Beziehung entdekken wollen — alles bleibt aber in dieser Rechtsprechung ferne Andeutung.

Das Bundesverfassungsgericht sieht also wohl seine Hauptaufgabe nicht in einer „inneren, wesentlichen Verrechtlichung" des Bereichs der Parteipolitik, obwohl es sich manchmal auf Strukturgesetze der Parteien bezieht[83], was übrigens zu soziologischen Überlegungen von zweifelhafter juristischer Qualität führt. Letztlich beschränkt es sich aber doch auf eine Abgrenzung von „außen". So sieht sich das Bundesverfassungsgericht in der Lage – und dies ist, trotz aller Kritik, eine positive Seite der Theorie vom Verfassungsrahmen – in den politischen Bereich „einzudringen" mit Hilfe von „Verfassungswerten", deren Allgemeinheit gerade („freiheitliche demokratische

---

[79] BVerfGE 5, 85 (138 f.).

[80] BVerfGE 5, 85 (388).

[81] Z.B. BVerfG, NJW 1960, S. 1755.

[82] BVerfGE 8, 104 (113); BVerfG NJW 1960, S. 1660 f.

[83] z.B. BVerfGE 2, 1 (15).

Grundordnung") sich dazu eignet, eine so elastische, ja schwer faßbare Wirklichkeit zu umgrenzen, ja zu beeinflussen, besser als die punktuellen Begrenzungen des klassischen Konstitutionalismus.

Die unbestreitbare Annäherung von Begriffen des Rechts und der Politik — vielleicht bereits ein Ergebnis der „systematisch materiellen" Vorstellung, die neuerdings im deutschen öffentlichen Recht festgestellt wird[84], könnte immerhin den Selbstand der Rechtsnormen in schwerwiegender Weise beeinträchtigen, wenn man einerseits den politischen Raum nicht von innen her verrechtlicht, ihn auf diese Weise dem Recht annähert — andererseits aber rechtliche Wertungen einzusetzen versucht, um in einen Bereich einzudringen, der aber doch, wesentlich, rechtsfern bleibt und mit diesem seinem unjuristischen Wesen alles infizieren könnte, was sich ihm nähern will.

Diese Soziologisierung des Rechts, eine allgemeine Erscheinung im deutschen Recht, geht über den Rahmen dieser Studie hinaus. Hier soll sie nur für das Parteienrecht festgestellt werden, zugleich mit der steigenden Verrechtlichung des politischen Bereichs „von außen", welche das Bundesverfassungsgericht ersichtlich versucht.

Allerdings bleibt der politische Raum eben doch wesentlich „undefiniert aus seinem inneren Wesen", und gerade auf der Ebene der Parteien dürfte er weiterhin in einigermaßen klarem Gegensatz zu dem stehen, was man als „Recht" bezeichnen kann. Wenn das Politische hier bestimmt wird als Ausübung einer Ermessensgewalt durch die Parteien, so ist die „Organqualität" dieser Ermessensträger dabei so unvollkommen definiert, daß diese Art von „Ermessen" sich praktisch dem Unjuristischen nähert. Dieser Eindruck verstärkt sich noch, wenn man den „Vorbereitungscharakter" der parteipolitischen Tätigkeit gegenüber der der klassischen Verfassungsorgane berücksichtigt, welche ebenfalls als „politisch" bezeichnet werden, gerade weil auch sie Ermessen ausüben. Die Charakterisierung der Parteiaktivitäten als „Ermessensausübung" ist um so weniger geeignet, eine Definition des Politischen zu erleichtern, als dieser Begriff feste rechtliche Schranken voraussetzt; derartiges gibt es aber bei den „Parteien als Organen" gar nicht, so daß die Gefahr einer vollständigen Rechtsferne der „Parteipolitik" sich noch verstärkt.

Das Ergebnis dieser Betrachtung des „Politischen" in der Verfassungsrechtsprechung über die politischen Parteien läßt sich also in folgende Aussagen zusammenfassen:

- Das Bundesverfassungsgericht definiert nicht das „Politische" als ein Wesensmerkmal gerade und ausschließlich der Tätigkeit politischer Partei-

---

[84] Wobei es allerdings nicht ganz eindeutig ist, ob man diese unbestreitbare Entwicklung einem hermeneutischen Bereich zuordnen kann, wie es offenbar *Forsthoff* in der Festschr. für Carl Schmitt, 1959, S. 35 ff. versucht.

en, wenn auch Streit über diese ihm häufig Gelegenheit gibt, sich auf den Begriff zu beziehen.

- Das „Politische" muß sich, nach dem Gericht, innerhalb eines Verfassungsrahmens bewegen, der es als eine teilweise juristische Kristallisierung von Zielsetzungen begrenzt, die früher als politisch frei angesehen wurden.
- „Das Phänomen des Politischen" tritt in einer wesentlichen Vorbereitungsphase der Entscheidungen der Staatsorgane auf. Insoweit ist es klar unterschieden von dem, was „verfassungsrechtlich" bleibt.
- Das „Politische" kann nur „von außen verrechtlicht werden", durch ein Vorschieben juristischer Schranken, nicht aber dadurch, daß die Tätigkeit politischer Parteien als Ermessensbetätigung qualifiziert wird.
- Die politischen Phänomene gehören in den Bereich des Soziologischen. Die einzigen Elemente „innerer Verrechtlichung" – sie sind nur sporadisch und unsicher ausgeprägt – könnten allenfalls in der Pluralität der Ziele gefunden werden, welche von den politischen Parteien wesentlich verfolgt werden. Das mag vielleicht die Vorstellung von einer „Freund-Feind-Beziehung" nahelegen, ohne daß diese allerdings von dem Bedeutungsgrad der „politischen Entscheidung" abhinge.

Die Verfassungsaussage über die politischen Parteien bezieht sich nicht auf eine „politische Materie" als solche, sondern auf die parteipolitischen Handlungsformen allein; denn faßbar werden hier in der Rechtsprechung lediglich diese formalen Elemente, während eine „politische Materie" als solche vom Bundesverfassungsgericht, jedenfalls im gegenwärtigen Zustand seiner Rechtsprechung, nicht angesprochen wird.

Kurz — das „politische Phänomen" erreicht hier eine Art von maximaler Rechtsferne. Dies ergibt sich auch aus einem kurzen Vergleich dieser Resultate mit dem, was in den vorhergehenden Kapiteln festzustellen war.

Die Bezugnahme auf „Parteipolitik" verweist nur auf den eben herausgearbeiteten Begriffsinhalt, der in vollem Umfang ein „formaler" bleibt — nicht in dem Sinn, daß er an die Tätigkeit einer Staatsinstanz anschließt, sondern darin, daß er ausschließlich einen „Ermessensbereich" bezeichnet. Dieser letztere verliert aber an juristischer Faßbarkeit in dem Maße, in welchem die Beschränkungen zurücktreten, welche ihn eingrenzen sollen, insoweit also, als die Bedeutung und die Dichte der juristischen Kriterien abnimmt, nach denen im allgemeinen die entsprechenden Organe (des Staates) handeln.

Man könnte daraus etwas wie ein „Verrechtlichungsschema von außen" ableiten wollen: Je enger der Ermessensbereich wird – wie im Fall des

Bundesverfassungsgerichts und selbst der Regierung –, desto enger wird das „Politische", das hier auftritt, „juristisch durchdrungen", infolge der Nähe von Normen und Kriterien, die es eingrenzen, welche aber jedes politische Verhalten hier beachten muß. Je mehr, umgekehrt, der Ermessensraum sich erweitert, desto deutlicher erscheint wieder der eindeutig unjuristische Charakter unseres Phänomens.

Ist aber dann das „Politische" nicht einfach nur ein anderer Ausdruck für das Unjuristische als solches? Bezieht sich all das, was hier festgestellt wurde, nicht ganz einfach nur auf den traditionellen Bereich der Fakten, nicht des Rechts? Hier zeigt sich eines der wichtigen Ergebnisse dieser Betrachtung: Wenn die Definition des „Politischen" eine rein „äußere", eine „formale" bleibt, mit Ermessenskategorien zu arbeiten versucht, ohne daß eine innere Wesensbeschreibung des Politischen auch nur versucht würde, so wird das „Politische" praktisch einfach in den Bereich der Fakten zurückfallen. Andererseits bezieht sich das Bundesverfassungsgericht in seiner Rechtsprechung so häufig, wenn auch wenig klar, auf diesen Begriff, daß man sich doch fragen muß, ob es nicht von einer Eigengesetzlichkeit der politischen Phänomene ausgeht — und wo es dann eine solche denn finden will. Wenn das „Ermessen" einen Bereich bezeichnet, der durch das Recht nicht nur begrenzt wird, sondern von ihm wirklich durchdrungen ist, dann könnte wohl auch nur eine mit „inneren" Wesenskategorien definierte Qualität dieses politischen Bereichs erklären, wie es denn zu jenen besonders engen gegenseitigen Wirkungen des „Politischen" auf das „Rechtliche" kommen kann, eine Wechselwirkung, von der doch die Verfassung immer wieder auszugehen scheint.

Man wende nicht ein, daß das Phänomen des „Politischen" niemals, und auch nicht zum Teil, „wesentlich von innen" definiert werden könne, durch eine juristische Instanz, weil es eben wesentlich zum außerrechtlichen Raum gehöre. Abgesehen davon, daß gerade im politischen Raum das Verfassungsrecht, vor allem, die Wirklichkeit gestaltet — das „Politische ist eben doch, im Verfassungstext selbst, ein Rechtsbegriff geworden"! Damit das „Politische" verrechtlicht werden kann, selbst in sehr geringem Ausmaß, muß mehr geschehen als eine Abgrenzung „von außen", mag diese auch noch so elastisch sein (Ermessen), denn dies wird immer aus rein juristischen Kategorien heraus erfolgen, also außer-politisch bleiben: Die Verfassung sieht das „Politische" aber doch in einer gewissen „Selbstgewichtigkeit", und das Bundesverfassungsgericht hätte erklären müssen, welches denn die Strukturgesetze dieses Bereichs sind. Eine „Definition", die sich hier nur auf Tätigkeiten eines „Organs" beziehen will, reicht keinesfalls aus, selbst wenn man diesen Begriff auf die politischen Parteien ausdehnt.

Nun sind allerdings die Resultate, die sich bisher im Hinblick auf eine „innere Wesensdefinition“ des Politischen erzielen ließen, durchwegs enttäuschend: Auf der Ebene der Regierung ist „politisch“ ein Beiwort, das Richtlinien bezeichnet, welche eine gewisse Allgemeinheit aufweisen. Das Gericht bezieht sich also auf ein Kriterium des Wirksamkeitsniveaus. Gegenüber dem Gesetzgeber sind innere Definitionselemente kaum faßbar; allenfalls soll es dabei weniger auf das Wirksamkeitsniveau ankommen als, konkreter, auf die Bedeutung einer bestimmten Materie für die Existenz des Staates als solchen. Zu diesen Kriterien des „Wirksamkeitsniveaus“ und der „vitalen Bedeutung“ käme nun hier das Gesetz der „Vielfalt der (durch die Parteien) verfolgten Ziele“, das etwas wie den Antagonismus der „Freund-Feind-Beziehung“ ansprechen könnte.

Wenn sich aber wirkliche „innere“ Begriffseinheit kaum gewinnen läßt, kann dann unter dem Gesichtspunkt einer „inneren Wesensdefinition“ davon ausgegangen werden, daß es einen einzigen Begriff des „Politischen“ in der deutschen Verfassungsrechtsprechung gibt, wo doch dessen Elemente sich als derart heterogen erwiesen haben? Muß man sich damit begnügen, nach wie vor das „Politische“ im Recht zu ignorieren — oder soll man bei einer beziehungslosen Mehrheit von Politik-Begriffen stehen bleiben? Allerdings könnte diese eben erwähnte Verschiedenartigkeit der Begriffe gerade daher kommen, daß bisher die Ausgangspunkte immer die Zuständigkeiten verschiedener Organe waren, und daß es daher verständlich war, die zu vereinheitlichende Seite des Begriffs des „Politischen“ eben auch und allein darin finden zu wollen, was all dem gemeinsam ist: die formale Betrachtung.

Es sollen daher noch Versuche des Bundesverfassungsgerichts untersucht werden, den rechtlichen und den politischen Raum ohne systematischen Bezug auf die Zuständigkeit eines bestimmten „Organs“ zu unterscheiden; vielleicht können sich daraus gewisse innere Strukturgesetze dieses schwer zugänglichen Bereichs ergeben.

V. Rechtlicher und politischer Bereich in der Judikatur des Bundesverfassungsgerichts, ohne Bezug auf die Zuständigkeit eines bestimmten Verfassungsorgans

a) Eine Umschreibung des „Politischen“ findet sich vor allem in der Auslegung des Begriffs „politisch“ in Art. 59 GG[85]: Ein Vertrag ist nicht bereits dann ein „politischer“, wenn er sich allgemein auf öffentliche Angelegenheiten, auf das öffentliche Wohl oder auf Staatstätigkeiten bezieht. Er

[85] BVerfG NJW 1952, S. 970; JZ 1952, S. 557.

muß, darüber hinaus, eine Regelung von Fragen bringen, welche „unmittelbar" das Leben des Staates betreffen, die Integrität seines Territoriums, seine Unabhängigkeit, seine Stellung und Bedeutung in der Staatengemeinschaft, oder schließlich die Rechtsordnung der internationalen Gemeinschaft.

Diese Umschreibung ist derart allgemein – die „Stellung eines Staates in der internationalen Gemeinschaft" wird durch jeden Vertrag berührt –, daß fraglich ist, ob dem auch nur irgendeine rechtliche Bedeutung zukommen kann; überdies könnte die Verwendung des Begriffs „betrifft" es nahelegen, daß das Bundesverfassungsgericht auf jedes allgemeine Bedeutungskriterium, im Sinne der Intensität, verzichtet, und daß es sich hier auf eine einfache Beschreibung ratione materiae beschränkt. Dagegen spricht allerdings, daß die Auswahl der hier aufgezählten Materien sich nur rechtfertigt, wenn ein Kriterium der Intensität, der „allgemeinen Bedeutung" zugrunde liegt; sonst verliert ein derartiger Abgrenzungsversuch jeden Sinn.

Die erwähnte Beschreibung des „Politischen" im internationalen Bereich kann aber wohl nicht auf den Bereich der Innenpolitik übertragen werden: Im Völkerrecht ist sie durch eine lange Tradition von Doktrin und Praxis konkretisiert, die im internen Recht fehlt. Nur ergänzend und vorsichtig kann man hier also Elemente dieser Umschreibung heranziehen. Der Begriff des „Politischen" hat sicher im Grundgesetz nicht stets denselben Sinn.

b) In einigen Erkenntnissen, die nicht eigentlich das geltende Parteienrecht betreffen, wird das „Politische" dennoch in die Nähe der „Parteipolitik" gerückt. In der Entscheidung, nach welcher alle Rechtsbeziehungen der deutschen Beamten mit ihrem Dienstherrn im Jahre 1945 erloschen sind[86], weil der öffentliche Dienst nach 1933 vollständig politisiert worden sei, geht das Bundesverfassungsgericht davon aus, daß diese parteipolitische Grundlage den Beamtenstatus damals unheilbar politisiert habe. Dies ergebe sich aus der totalen Leitung, welcher die Einheitspartei die Beamten unterworfen habe, vor allem in ihrer Ermessensausübung. Man könnte allerdings darüber streiten, ob „öffentlicher Dienst" und „politischer Einfluß", gerade nach demokratischer Überzeugung, in so klarem Gegensatz zueinander stehen. Das Gericht geht wohl davon aus[87]. Problematisch ist allerdings, weshalb dasselbe Gericht sich in einer anderen Entscheidung[88] auf gewisse Gegensätzlichkeiten zwischen autonomer örtlicher und staatlicher Verwaltung bezieht, welche als „politische" bezeichnet werden, wobei hinzugefügt wird, daß sich das liberale Bürgertum der örtlichen Selbstverwaltung als einer „politischen Waffe"

[86] BVerfGE 4, 132 (137 ff.).

[87] Siehe auch BVerfG NJW 1960, S. 1445 f., wo es den öffentlichen Dienst als stabilisierenden Faktor im Spiel jener politischen Kräfte bezeichnet, welche das Leben des Staates bestimmen.

[88] BVerfG NJW 1960, S. 1756.

gegen den Staat bedient; der Begriff „politisch" verliert damit jede Kontur. Überdies widerspricht das Bundesverfassungsgericht in der NS-Beamtenentscheidung seiner eigenen Judikatur über die „Richtlinien der Politik", welche gerade wesentlich die Ermessensausübung im öffentlichen Dienst koordinieren sollen, ebenso wie in zahlreichen anderen Entscheidungen, wo „politisch" ein Beiwort gerade für die Ermessensausübung schlechthin ist. Die Rechtsprechung über die Beendigung der Beamtenverhältnisse im Jahre 1945 ist also nur verständlich, wenn sie sich auf eine spezielle Form der Politisierung des öffentlichen Dienstes bezieht, wie sie sich eben nur in einem totalitären Regime vollzieht. Damit aber hat die Entscheidung für die vorliegende Problematik keine allgemeinere Bedeutung.

Andere Urteile verwenden zwar den Begriff des „Politischen" im Zusammenhang mit „Parteipolitik"[89]; sie fügen jedoch den Ergebnissen des vorstehenden IV. Kapitels nichts hinzu, nach denen der Begriff des Parteipolitischen das „Politische" allgemein nicht schlechthin zu definieren vermag. Einziges Element einer inneren „Wesensdefinition" des Politischen könnte auch hier nur der Hinweis auf eine gewisse „Dynamik" sein – entsprechend der oben erwähnten Vielfalt der Ziele – in einem Bereich, der, anders als der des Rechts, wesentlich auf die Statik der Rechtssicherheit verzichtet.

Ähnliches gilt für eine andere Entscheidung, in der davon die Rede ist, daß das politische System Ostdeutschlands sich auf „politische Herrschaft" gründet, nicht auf das Recht[90]: „Recht" wird dabei im westlich-ideologischen, nicht im juristischen Sinn gebraucht; das Bundesverfassungsgericht hätte sich wohl besser hier nicht auf den Begriff des „Politischen" berufen, um eine unzweifelhaft, im technischen Sinn, juristische Ordnung zu beurteilen. Im Grunde wird hier wieder auf den Begriff des Politischen im Sinne der „totalitären Parteipolitik" abgestellt, der für diese Untersuchung ohne Bedeutung ist, da er keinerlei Beurteilungskriterium für die Definition des Politischen in einem demokratischen Rechtsstaat abgibt.

c) Die Rechtsprechung scheint „rechtliche" Erscheinungen im engeren, herkömmlichen Sinn des Wortes und „Politisches" deutlich zu trennen[91]. Wie erklärt es sich dann aber, daß das Gericht, zumindest in zwei grundlegenden Entscheidungen, ausdrücklich rechtliche Folgerungen aus Voraussetzungen zieht, welche als „politisch" bezeichnet werden, im politischen Bereich liegen — wo doch zugleich die eben erwähnte Unterscheidung auch dort noch betont wird?

---

[89] z.B. BVerfG NJW 1960, S. 2283.

[90] BVerfG NJW 1960, S. 1611 f.

[91] So z.B. in BVerfGE 2, 79 (96); 4, 250 (281); BVerfG NJW 1960, S. 1445 ff.

Im Streit über die Einbeziehung des früheren Staates Lippe in das Land Nordrhein-Westfalen[92] meint das Bundesverfassungsgericht, es sei nicht von entscheidender Bedeutung, ob die Vereinbarung zwischen diesen Bundesstaaten „juristische oder politische Verpflichtungen“ schaffe. Ohne Rücksicht auf etwaige „rechtliche“ Verpflichtungen behalte eine derartige Übereinkunft jedenfalls eine große politische Bedeutung, und keine Regierung (eines Landes) könne feierliche Versprechungen brechen, welche bei Gelegenheit der Einbeziehung eines anderen Territoriums in ihre Staatsorganisation gegeben worden seien. Und das Bundesverfassungsgericht fügt auch noch hinzu[93], es sei nicht zuständig, die Beachtung derartiger politischer Richtlinien zu kontrollieren.

Wenn dies zutrifft, ist fraglich, warum sich das Gericht überhaupt mit der politischen Bedeutung des Vertrages beschäftigt. Um seine rechtliche These zu stützen, beruft es sich auf die „politische Lage“, greift damit aber in die politische Handlungsfreiheit der Regierung von Nordrhein-Westfalen ein, nachdem es dieser „politischen Verpflichtung“ eben doch eine rechtsähnliche Bedeutung zuerkennt. Immer fraglicher wird überdies, ob sich hier überhaupt noch eine „innere Wesensdefinition“ des Politischen finden läßt: Das dynamische Element spielt keine Rolle mehr – es wäre ja gerade schwer vereinbar mit einer Rechtssicherheit, die durch den Vertrag geschaffen werden soll –, wenn ein rein politischer Vertrag dennoch, und sei es auch nur in rechtsähnlicher Weise, die Vertragschließenden binden kann. Wenn aber das Gericht den Begriff „politisch“ hier im Sinne einer Wirklichkeit versteht, die zwar nicht vollständig verrechtlicht ist, sich dem Rechtsbereich aber doch nähert – wie etwa im Falle des politischen Ehrenworts, das aus dem parlamentarischen Bereich bekannt ist –, dann bezieht es sich doch auf eine ganz andere Erscheinung als etwa im Falle des politischen Verhaltens einer Partei; was dann der Begriff „politisch“ an Gemeinsamem überhaupt bezeichnen soll, bleibt unklar. Hier wird das Politische im Grunde so bestimmt, daß eine rechtliche Absicht zwar zugrunde liegen soll, rechtliche Formen jedoch fehlen können. Dies würde es erklären, daß sich das Bundesverfassungsgericht einerseits auf das von der nordrhein-westfälischen Landesregierung gegebene Wort bezieht, andererseits aber daraus doch ein Argument für seine rechtliche Entscheidung gewinnt. Allenfalls handelt es sich hier um einen Begriff des „Politischen“, der in der Nähe anderer Begrifflichkeiten steht, von denen bereits die Rede war, und zwar durch seinen „vorjuristischen“, rechtliche Entscheidungen vorbereitenden Charakter; andererseits wird in der hier analysierten Entscheidung der Gesichtspunkt der Verläßlichkeit besonders betont,

[92] BVerfGE 4, 250 (281).

[93] BVerfGE 4, 250 (293).

der eine derartige politische Übereinkunft doch in die Nähe dessen rückt, was auch im eigentlichen Sinn des Wortes juristisch genannt werden kann.

Noch problematischer erscheint das KPD-Urteil[94]: Es sei „politisch unbestreitbar", daß die Wiedervereinigung ein Ziel von höchster Bedeutung sei. Dies ergebe sich daraus, daß Deutschland als Staat nach 1945 nicht untergegangen sei, überdies aus dem Wortlaut des Vorspruchs der Verfassung; dieser habe vor allem „politische Bedeutung", im Sinne eines politischen Bekenntnisses, zugleich aber liege darin auch eine juristische Aussage, indem den Bundesorganen die Verpflichtung auferlegt werde, mit allen Mitteln das Ziel der deutschen Einheit zu verfolgen, alle ihre Maßnahmen auf dieses Ziel zu richten und in allen Fällen Geeignetheit zur Erreichung dieses Ziels als Kriterium ihren politischen Aktionen zugrunde zu legen.

Warum verbreitet sich ein Gericht, das bekanntlich immer den nicht-politischen Charakter seiner Entscheidungen betont, über das, was „politisch selbstverständlich" ist, und über die politische Bedeutung der Präambel, mit der es sich doch, wenn es konsequent bleiben wollte, überhaupt nicht beschäftigen dürfte? Wenn andererseits alle Handlungen der Exekutive auf die Verwirklichung dieses *politischen* Zieles gerichtet sein müssen, sollen sie nicht *rechtlich* beanstandet werden, so ist schwer ersichtlich, wo es einen rein politischen Ermessensspielraum, folglich eine Selbstgewichtigkeit des Politischen gegenüber dem Recht, geben kann. Die Entscheidung ist also jedenfalls höchst bedenklich wegen dieser Quasi-Identifizierung von Recht und „Politischem", und weil hier eine geradezu politische Kontrolle vom Gericht in Anspruch genommen wird. Wenn es aber die Kategorie dieses „Politischen" zu kennen glaubt — von welcher inneren Wesensdefinition geht es denn hier aus? Darüber schweigt die Entscheidung. Allenfalls könnte sich aus ihr ergeben, daß das Politische eben eine gewisse Stabilität der Zielsetzungen nicht ausschließt, die also nicht notwendig einer Dynamik unterliegen müssen. Die Mittel der Zielerreichung sind, andererseits, wohl weniger klar vorherbestimmt als im eigentlichen Rechtsbereich, nachdem dieser letztere Rahmen und Maß für die politische Aktion zur Verfügung stellt. Das Problem der deutschen Wiedervereinigung ist schließlich von derartig höchstrangiger Bedeutung, gerade für die Existenz eines deutschen Staates, daß ein „Bedeutungskriterium ratione materiae" für das Politische sich aus der Entscheidung ergeben dürfte, und vielleicht doch auch das Kriterium einer gewissen Dynamik, nicht so sehr auf das Ziel als auf die Handlungsformen bezogen, in denen es erreicht werden soll.

d) Die Bedeutung einer Materie und eine gewisse „Dynamik", die sich entweder aus der Vielzahl der verfolgten Ziele oder der Handlungsformen

[94] BVerfGE 5, 85 (126).

ergeben kann, scheinen also die einzigen Elemente zu sein, welche man, wenn auch nicht ohne Schwierigkeiten, aus der erwähnten Rechtsprechung gewinnen kann. Am Ende der Untersuchung sollen nun einige Entscheidungen noch geprüft werden, welche, unter verschiedenen Gesichtspunkten, den „politischen“ Bereich betreffen; es ist zu fragen, ob sie über das bereits Gewonnene hinaus ein neues Kriterium oder gar ein eindeutig entscheidendes beitragen können.

Das Bundesverfassungsgericht hat klar ausgesprochen, was sich bereits aus seiner bisher analysierten Rechtsprechung ergibt: Es bringt das „Politische“ letztlich doch nicht wesentlich mit dem „Freund-Feind-Verhältnis“, mit „Antagonismus“ in Beziehung. Die Schärfe der politischen Auseinandersetzung habe hier keine Bedeutung[95]. Die berühmte dezisionistische Theorie über das Wesen des „Politischen“, immerhin einer der tiefst eindringenden Versuche, das „Politische“ von seinem Wesen her zu erfassen, wenn auch letztlich immer wieder mit formellen Kriterien, wird von der Verfassungsrechtsprechung nicht als solche übernommen. Sollte sich also das „Politische“ vom Recht doch nur dadurch unterscheiden lassen, daß die politische Dynamik eben elastischer wäre, nicht zu erfassen mit den Vorstellungen von einem Antagonismus, der in Herrschaft oder gar in Zerstörung enden muß? Ordnungssuche und der Versuch der Beherrschung des „Feindes“ — beide Aspekte begegnen aber doch im Recht wie in all dem, was „politisch“ ist. Wo könnten hier noch (Akzent-)Unterschiede gefunden werden?

Das Gericht versucht in der KPD-Entscheidung, klar die Grenzen zwischen einer „wissenschaftlichen Theorie“ und einer „politischen Zielsetzung“ zu entwickeln[96]: Sobald die Ergebnisse wissenschaftlicher Untersuchungen – die Geisteswissenschaften eingeschlossen –, welche in einer Art von kontemplativer Form erzielt worden sind, in Handlungsziele einer bestimmten Gruppe sich wandeln, in bestimmende Handlungsgründe derselben, vollzieht sich ein Wechsel von der wissenschaftlichen Betrachtung zu einem politischen Bereich, der auf diese Weise wesentlich durch die „Aktion“ bestimmt erscheint. Könnte dieses Kriterium, welches den Bereich des Wissens von dem des „Aktionistisch-Politischen“ abzuheben scheint, ein neues Element einer inneren Definition des letzteren darstellen? Das Gericht unterscheidet aber wohl gar nicht zwischen der „Theorie“ und dem „Politischen“, sondern zwischen politischer Theorie und politischem Handeln. Abgesehen davon, daß der Begriff des „Handelns“ unbrauchbar ist als Definitionselement, schon weil es eben auch das „politisch passive Verhalten“ gibt — eine solche Unterscheidung ist unbehilflich zur Bestimmung des „Politischen“, weil der „politische“ Charakter auch der „Theorie“ eigen ist.

---

[95] BVerfGE 3, 143 (171).

[96] BVerfGE 5, 85 (146).

Eine letzte Entscheidung aus Karlsruhe, die vielleicht etwas wie eine „innere Wesensdefinition" des Politischen bringen könnte, drückt sich folgendermaßen aus[97]: Obwohl die Frage überaus streitig sei, dürfe man (dennoch) nicht davon ausgehen, daß das Gericht eine politische Willensentscheidung treffe (oder eine Entscheidung politischen Willens), nicht aber eine Rechtsentscheidung. Hier wird das Willenselement in die Beschreibung des „Politischen" eingeführt.

Wenn das höchste Gericht hier (kognitiv-deklaratorische) Rechtsentscheidung und (voluntativ-konstitutive) politische Entscheidung gegenüberstellen wollte, so würde es den Bereich des „Rechts" übermäßig einschränken: Die zweifellos konstitutive Schaffung juristischer Normen ist ein Rechtsakt. Wenn man aber den Begriff „konstitutiv" dem der „Vorbereitung" gegenüberstellt, so verfällt man wieder in die Gleichsetzung des „Politischen" mit der „Parteipolitik", die bereits als problematisch erschien. Schließlich widerspricht es den Ergebnissen der Allgemeinen Staatslehre, auch aus neuerer Zeit, den schöpferischen Willen aus dem Rechtsbereich und insbesondere aus der Rechtsprechungstätigkeit auszuklammern.

Das eben erwähnte obiter dictum ist also eine Bemerkung zur Allgemeinen Staatslehre, die aber unvollständig, ungenau und in ihrem Zusammenhang sogar unnötig ist.

Ergebnis

Die Ergebnisse dieser Untersuchung sind einigermaßen enttäuschend. Man kann nicht, ohne den Rechtsprechungsthesen Gewalt anzutun, behaupten, daß das Bundesverfassungsgericht mit einer hinreichenden Genauigkeit den politischen Bereich „von innen, von seinem Wesen her", hätte definieren oder auch nur beschreiben können. Die Ergebnisse der Rechtsprechung bleiben mehr oder weniger formal, wenn nicht gar, wegen ihrer Allgemeinheit, unverwertbar.

Nachdem das Gericht sich, wie es scheint, nicht auf den Boden der Theorie von der „Freund-Feind-Beziehung" mit ihrem wesentlichen Antagonismus hat stellen wollen, bringen seine Andeutungen zur Vielfalt der verfolgten Ziele nichts Neues im Vergleich zum Begriff des „Ermessens". Die Bezugnahme auf die „Dynamik" und auf das Fehlen von Kriterien der Rechtssicherheit, die bereits in sich einigermaßen unklar ist, wird dadurch noch fragwürdiger, daß in einer Reihe von anderen Entscheidungen das „Politische" und das „Recht" doch wieder einander angenähert werden sollen, denn

[97] BVerfGE 2, 79 (96).

es gibt eben, im politischen Bereich, auch eine gewisse „Ordnung“, insoweit wenigstens dem Recht vergleichbar.

Bleiben die sporadischen und einigermaßen unzusammenhängenden Anspielungen auf die Existenz einer „politischen Materie“. Sie beschränken sich praktisch auf die Außenpolitik und können auf die Innenpolitik kaum angewendet werden, wo jedes Herkommen fehlt, das sie zu konkretisieren vermöchte, wo ja auch die Einheit der Handlungsebene fehlt, welche die außenpolitischen Aktivitäten charakterisiert: Alle Maßnahmen können im auswärtigen Bereich letztlich auf das fundamentale Ziel der Erhaltung des Staates und seiner internationalen Stellung bezogen werden, auf die Unantastbarkeit seiner Souveränität; diese Kriterien passen nicht, wenn man mit ihnen den „politischen“ Charakter des Verhaltens einer kleinen Partei oder gar eines Einzelnen bestimmen will.

Viel spricht also dafür, daß das Bundesverfassungsgericht noch gar nicht systematisch versucht hat, den politischen Bereich anders als durch gewisse Begrenzungen „von außen“ zu definieren; insoweit setzt es sogar rechtliche Betrachtungsweisen wie die des Ermessens und seiner Grenzen ein. Die Gefahren einer solchen Rechtsprechung sind bereits betont worden: Wenn sich nicht Elemente einer „inneren Wesensdefinition“ des Politischen finden lassen, so bleibt der Verweis auf die Ermessenskategorie rein formal; das „Politische“, das durch die Verfassungsterminologie immerhin ein Rechtsbegriff geworden ist, müßte aber doch bestimmt werden durch Kriterien, die nicht nur aus den juristischen Zuständigkeiten von Verfassungsorganen sich ergeben, sondern eigene Strukturgesetze erkennen lassen, das Wesen eben dessen, was nun „politisch“ sein soll.

Mehr noch: Das Gericht scheint gar nicht immer die Bedeutung einer Begriffsklarheit in diesem Bereich gesehen zu haben. Es verweist auch nicht etwa auf einen „außerrechtlichen Begriff“ des Politischen; es ignoriert praktisch die juristischen, soziologischen oder philosophischen Theorien, welche zur Beschreibung politischer Erscheinungen entwickelt worden sind, und nur dann bezieht es sich in fernen Andeutungen auf sie, wenn es besorgt, daß die Grenzen seiner Rechtsprechung erreicht sein könnten.

Das „Politische“ wird auf diese Weise zu einem Aushilfsbegriff, nicht im Sinne einer einigermaßen faßbaren Verweisung, sondern einer Vorstellung, der sogar jenes Minimum an Klarheit fehlt, ohne welches ein Gericht auf einer solchen juristischen Höhe das Wort gar nicht gebrauchen sollte. Das politische Phänomen ist ein wirklicher Proteus in der Terminologie des Bundesverfassungsgerichts; sein Inhalt ist dort noch weniger faßbar als im täglichen Sprachgebrauch, der damit doch immerhin gewisse, mehr oder weniger klare, Vorstellungen verbindet. Nachdem das Gericht nicht zu einer vollständigen Verrechtlichung gelangt ist, beginnt es, sogar die außerjuristische Bedeutung des Politischen zu ignorieren; damit wird der Begriff, in den meisten Fällen, ein geheimnisvolles – oder unverständliches – Beiwort.

Sollte man dann aber nicht Karlsruhe, wie den Vertretern des Verfassungsrechts überhaupt, raten, eine Begrifflichkeit von solcher Unklarheit nicht zu gebrauchen? Der Mißerfolg, der sich in der Entwicklung der letzten 10 Jahre feststellen läßt, muß vielleicht noch nicht zu einer derart radikalen Lösung führen. Immerhin bleibt ein entscheidender Punkt: Klar muß die Frage nach einer „inneren Wesensdefinition" des Politischen gestellt werden, die vielleicht wirklich nur, ihrerseits, aus einem „politischen Rechtsprechungsakt" erwachsen könnte, in einer entschiedenen Auswahl unter mehreren Möglichkeiten. Wenn das Bundesverfassungsgericht vor einem derartigen Akt des Mutes – oder vor einer solchen Unvorsichtigkeit – zurückschreckt, wenn es darin den Perfektionismus eines „Justizstaates", eine „Herrschaft der Richter" oder geradezu eine Diktatur des Rechts sieht, welche mit Notwendigkeit zu einer Sklerose des politischen Lebens führen könnte — in diesem Fall, der uns noch der wahrscheinlichste zu sein scheint, raten wir entschieden von einer allgemeineren Benutzung des Begriffes „politisch" ab. Dann sollte dieses Wort den herkömmlichen Bereichen der „Parteipolitik" und der „politischen Verträge" im Völkerrecht vorbehalten bleiben. Auf diese Weise käme man zu verschiedenen Begriffen des „Politischen", die voneinander zu scheiden wären. Von einem „Politischen" als – wenig klare – Qualifikation all dessen, was dem Recht gegenübersteht, dürfte nicht mehr gesprochen werden. Wir bekennen uns zu Kelsen jedenfalls in dem Sinn, daß das Außerjuristische aus der Sicht des Rechts nur als etwas Unjuristisches qualifiziert werden kann, daß also auch jede Bezugnahme auf das „Politische" gefährlich ist, solange es nicht gelingt, es rechtlich zu definieren. Denn der Begriff ist derart unbestimmt, daß er die unterschiedlichsten Inhalte aufnehmen kann. Am Ende könnte auf diese Weise in das Recht eine Vielzahl völlig unterschiedlicher Tendenzen einfließen, insbesondere „dynamische", und damit die herkömmlichen und bewährten juristischen Formulierungen umprägen zu latenten Formelkompromissen; dann würde es erst recht zu einer Formalisierung des Rechts kommen, wie man sie Kelsen vorgehalten hat, aber unbemerkt.

Eine solche Entwicklung stünde im Gegensatz zu allen neuen Tendenzen einer „Sinnerfüllung" der Verfassungsnormen[98], die aus den materiellen Werttheorien kommen und die Rechtsprechung des Bundesverfassungsgerichts heute beherrschen, indem in das Recht Inhalte übernommen werden, die meist aus dem soziologischen, philosophischen oder wirtschaftlichen Bereich kommen. Diese Rezeption, die an sich nicht ungefährlich ist, darf nur hingenommen werden um den Preis einer klaren juristischen Definition

---

[98] *Leisner*, W., Grundrechte und Privatrecht, 1960, S. 362 ff. m. Nachw.

der so in das Recht transformierten Werte; nur so kann ihnen, über den vielleicht durchaus elastischen, möglicherweise sogar bestreitbaren Inhalt hinaus, den sie in ihrer Ausgangsmaterie haben, jenes Minimum an Präzision zuwachsen, welches das Recht unbedingt fordert.

Muß man in der krypto-formalisierenden Ungenauigkeit des „Politischen" im Recht vielleicht einen Beweis für das Unvermögen der Juristen sehen, sich außerhalb des herkömmlichen Rahmens ihrer Technik zu bewegen, sogar in einer Lage, die doch durch vielfache Versuche bestimmt ist, diese Schranken zu überschreiten? Entspricht es aber nicht den gegenwärtigen Tendenzen, erscheint es nicht geradezu als unausweichlich, daraus Folgerungen für die „materielle Verrechtlichung" des Politischen zu ziehen, in einer Form, welche politische Erscheinungen zugleich formell von außen und wesentlich von innen bestimmen könnte? Die Gefahren der „Werttheorie im Verfassungsrecht"[99] liegen auf der Hand; doch wenn einmal die Rechtsprechung diesen Weg eingeschlagen hat, so muß sie eigentlich diese Methode der Verrechtlichung auch auf das „Politische" anwenden.

Wie könnte nun nach unserer Vorstellung eine „Definition" des „Politischen" aussehen? Wir müssen darauf verzichten, hier eine neue Theorie des „Politischen" skizzieren zu wollen, welche so vielen anderen Versuchen nichts Wesentliches hinzugefügt und auch den Rahmen dieser Untersuchung überschritten hätte. Nur das Bundesverfassungsgericht hat dafür die nötige Autorität. Bisher zeigt die Analyse seiner Entscheidungen noch nicht, daß bei ihm Definitionselemente zu einem „System des Politischen" zusammenlaufen. Andererseits ist nicht zu erwarten, daß das Gericht jemals ein Kriterium aufstellen wird, das definitiv und ausdrücklich zugleich sein kann. Deshalb wird es immer weiter darum gehen, sorgfältig gewisse Bemerkungen in seinen Entscheidungen herauszuarbeiten und zu einem System zusammenzufügen. Wenn es zutrifft, daß die hermeneutischen Regeln des Verfassungsrechts sich wesentlich von denen des Verwaltungsrechts unterscheiden – die Praxis der „Sinnerfüllung" beweist es – so muß dies bei der Analyse der Verfassungsrechtsprechung erst recht beachtet werden. Sie muß vor allem von sporadischen Elementen, von obiter dictis ausgehen und diese entwikkeln. Die Verfassungsrechtsprechung kann, auf diese Weise verdeutlicht, zu einer Verrechtlichung, in einem engeren Sinne des Verfassungsrechts selbst führen, in der Form einer „elastischen Systematisierung"; dieser Begriff enthält keinen Widerspruch, wenn man einen der ersten methodologischen Grundsätze des Verfassungsrechts beachtet, den des „juristischen Rahmens", der gerade in dieser Materie eingesetzt wird.

---

[99] Siehe *Leisner* (Fn. 98), S. 371 ff.

Die hier versuchte Methode einer systematischen Entwicklung von Rechtsprechungsmaximen muß, bei anderer Gelegenheit, durch eine Studie über die interpretative Methodologie im engeren Sinn ergänzt werden. Man kann sicher eine solche Verfeinerung in der Lehre weit treiben, Ergebnisse aus dem Geist der Rechtsprechung gewinnen — entscheidend bleibt, daß das Bundesverfassungsgericht selbst die Bedeutung des Problems erkennt, daß es deshalb entscheiden will, und sei es auch nur für einen Einzelfall. Nur zusammen können Bundesverfassungsgericht und Lehre vielleicht eines Tages aussagen, was in Deutschland das „Politische" bedeutet. Je mehr man die verschiedenen hier herausgearbeiteten Definitionselemente berücksichtigt (Ermessen, Dynamik, Zielpluralität, Antagonismus, Bedeutung, Allgemeinheit, Entscheidungsmaterien), je mehr man materielle (innere) und formelle Elemente zusammen sieht, desto mehr besteht Aussicht, einen allgemein anerkannten Begriff des Politischen aufzubauen.

Eine praktische Lösung ist noch nicht in Sicht. Diese Untersuchung hat ihren Zweck erfüllt, wenn sie auf das Problem und seine Bedeutung aufmerksam macht, das bisher kaum erkannt worden ist, und wenn sie einige Lösungselemente aufgezeigt hat wie, am Ende, die Folgerungen, die sich daraus ergeben könnten.

Verdienen wir den Vorwurf, den man häufig den Vertretern des deutschen öffentlichen Rechts macht, daß wir die Bedeutung des „Normativismus" überschätzen, die außerjuristischen Kräfte ignorieren, daß es uns an Mut fehlt, das Recht nur als eine der unzähligen Arbeits- und Forschungshypothesen zu sehen, auf deren elastischem Gleichgewicht unsere heutige geistige Welt ruht? Soweit der „Geist der Hypothesen" unvereinbar ist mit dem „systematischen Geist", trifft die Kritik zu; doch das deutsche Rechtsdenken ist und bleibt diesem letzterem verpflichtet. Andererseits läßt sich nicht leugnen, daß Deutschland sich heute in der Fiktion eines allgegenwärtigen und elastischen Rechtssystems gefällt, welches der „Natur der Sache" konform sein soll. Vielleicht opfert man dem heute zu oft die harte, aber unumgängliche „selbständige Technik" des juristischen Bereichs, indem man „Expeditionen in außerjuristische Räume" unternimmt, mehr oder weniger unsystematisch in sie einzudringen versucht. Und doch wäre gerade gesteigerte Statik des Rechts eine gute Reaktion gegen die nahezu unbeschränkte Dynamik und eine gewisse Form des „Positivismus", welche Deutschland im „Führerstaat" kennengelernt hat. In Frankreich ist diese technische Statik eine Selbstverständlichkeit. Französische Juristen werden vielleicht in dieser so ganz anderen deutschen Betrachtungsweise eine interessante Ergänzung sehen können – mehr methodisch als materiell – zu ihrem juristischen Denken. Allerdings werden sie möglicherweise eines Tages mit ansehen, daß die deutschen Versuche scheitern, das zu definieren oder gar zu beherrschen, was im Grunde, in seiner geheimnisvollen Ungenauigkeit, weniger dem Bereich der Verstandeslogik zuzurechnen ist als dem der vitalen Kräfte des Menschen — das Phänomen des Politischen.

Zur Legitimität politischen Entscheidungshandelns

Vom Mehrheits- zum Minderheitsprinzip?*

I.

Das Mehrheitsprinzip ist die zentrale Legitimation aller Volksherrschaft[1], der einzige Grundsatz vielleicht, der sämtlichen Formen dessen gemeinsam ist, was man heute Demokratie nennt. Daß Mehrheit entscheide — das ist ein demokratisches Axiom[2], ja ein Tabu, es bedeutet demokratische Ideologie im eigentlichen Sinne des Wortes; und hier zeigt sich eben, daß keine Staatsform ohne derartige ideologische Grundlagen auszukommen vermag.

Die legitimitätschaffende Stärke des Mehrheitsprinzips liegt vor allem in einem Doppelten:

- Zunächst in der politik-philosophischen Begründung, welche ihm Rousseau[3] in klassischer Weise gegeben hat; Mehrheit als eine Form der Einstimmigkeit. Denn daß Einstimmigkeit Legitimität schafft, daß der volle Konsens sie bringt, ist eindeutig. Bekanntlich hat die polnische Einstimmigkeitsproblematik des 18. Jahrhunderts vor allem Rousseau angeregt, Mehrheit als Form der Einstimmigkeit zu begründen: Die Überzahl handelt eben auch für die Minderzahl; sie erkennt das „gemeinsame Beste", das „im Grunde" auch die Minderheit will — in diesem

* Erstveröffentlichung in: *Albrecht Randelzhofer/Werner Süß* (Hrsg.), Konsens und Konflikt: 35 Jahre Grundgesetz, Berlin/New York 1986, S. 287–298.

[1] Vgl. zum Mehrheitsprinzip als Grundlage der Demokratie u.a. *H. Krüger*, Allgemeine Staatslehre, 1954, S. 283 f.; *R. Herzog*, Allgemeine Staatslehre, 1971, S. 293 f., 409 f.; *ders.*, „Mehrheitsprinzip", Ev. StLex, 1975², Sp. 1547; zur geschichtlichen Entwicklung des Mehrheitsprinzips insbesondere *O. Gierke*, Über die Geschichte des Majoritätsprinzips, Schmollers Jahrbuch 39, S. 565 ff.; *F. Elsener*, Zur Geschichte des Majoritätsprinzips, ZRG Kan. Abt. 42 (1956), S. 73 ff.; *M. Heckel*, Deutschland im konfessionellen Zeitalter, 1983, insbes. S. 118 f., 206 f.

[2] Zum Verhältnis Mehrheit – Demokratie vgl. *R. Zippelius*, Allgemeine Staatslehre, 9. Aufl. 1985, S. 121 f.; neuerdings noch *W. Leisner*, Der Gleichheitsstaat — Macht durch Nivellierung, 1980, insbes. S. 89 f., 216 f.; *ders.*, Die demokratische Anarchie — Verlust der Ordnung als Staatsprinzip, 1982, S. 108 ff.; *ders.*, Der Führer: Persönliche Gewalt — Staatsrettung oder Staatsdämmerung, 1983, u.a. S. 273 f.

[3] Dazu *Zippelius* (Fn. 1); *ders.*, Geschichte der Staatsideen, 1976, S. 102 f.

geheimnisvollen mehr Willens- als Erkenntnisprozeß schafft sie den „allgemeinen Willen", dessen Ausdruck dann das Gesetz ist.[4]

– Doch zu dieser philosophischen Legitimitätsgrundlegung kommt die vielleicht entscheidende praktische: Mit keinem Staatsprinzip läßt sich leichter Politik betreiben als mit dem der Mehrheit, es ist der einfachste Grundsatz, nahezu wertungsfrei kann er angewendet werden, sanior-pars-Probleme[5] treten nicht auf, vom wertenden Entscheiden zum einfachen Zählen — was könnte leichter sein?

Das Mehrheitsprinzip liegt nicht nur der Demokratie zugrunde, es gibt ihr auch eindeutiges Profil, hebt sie ab von den anderen Staatsgrundformen, selbst von der Oligarchie. Und dieses Prinzip hat schließlich den Vorteil, daß es überall eingesetzt werden kann, in Staat wie Gesellschaft, vom Parlament bis in die letzte Vereinsversammlung, über unzählige Kommissionen, Arbeitsgruppen und Räte. Hier lag das Zentrum dessen, was einst als die große Errungenschaft einer „Demokratisierung der Gesellschaft" gepriesen wurde, ebenso allgemein und mächtig erscheint dieser Grundsatz wie jenes Führerprinzip[6], in welchem eine Verbindung von Monarchie und Oligarchie ebenfalls in die letzten Verästelungen des Gemeinschaftslebens getragen werden sollte. Und wie das Führerprinzip so soll auch das Mehrheitsprinzip jene Einheit von Staat und Gesellschaft wenigstens an der höchsten Spitze bringen, in einer Lawinenbewegung von Staat zu Gesellschaft und zurück soll Demokratie „hochgeschaukelt" werden.

Doch nun nähern wir uns, nach einigen Jahrzehnten Demokratie in Deutschland, vielleicht bereits den Grenzen des Mehrheitsprinzips. Wenn es etwas gibt wie die vielberufene Krise der Demokratie, so wird sie vor allem dort sichtbar, wo ihr oberster Grundsatz in Zweifel gezogen wird — oder doch nicht mehr so begeistert wie früher verehrt, denn mit dieser Macht allein könnte er die Staatsform tragen.

Die alte Kritik seit dem Dichterwort von der Vernunft der Wenigen hat sich nie widerlegen lassen, ebensowenig wie die demokratische Gegenthese vom gesunden Volksempfinden der Mehrzahl. Doch in unserem Staatsrecht und in unserer Staatspraxis hat sich, von vielen noch gar nicht bemerkt, eine Gegenbewegung wider das Mehrheitsprinzip entfaltet, welche den provozierenden Titel dieses Vortrages wenigstens als Frage rechtfertigt: Setzt heute nicht eine Umkehrbewegung ein — vom Mehrheits- zum Minderheitsprinzip?

---

[4] Klassische staatstheoretische Darstellung bei *R. Carré de Malberg*, La loi — expression de la volonté générale, 1931.

[5] Dazu für viele *Elsener* (Fn. 1); *Krüger* (Fn. 1), S. 981.

[6] Zum Verhältnis dieses Führertums zur mehrheitsgetragenen Demokratie siehe etwa *E.R. Huber*, Verfassungsrecht des Deutschen Reiches, 1939^2, insbes. S. 209 f.

Wir wollen es im folgenden an einigen Beispielen verdeutlichen, vor allem prinzipiell am anti-mehrheitlichen Grundrechtsschutz und, mehr im praktischen Funktionieren verhaftet, beim sich verstärkenden Minderheitenschutz. Doch diese reinen Schutzrichtungen vermögen das Mehrheitsprinzip wohl zu schwächen, nicht aber den Staatsorganisationsgrundsatz in sein Gegenteil zu verkehren. Dieses letztere beginnt erst dort, wo wieder, vor allem praktisch, das Bedürfnis nach der agierenden und zugleich dirigierenden Minderheit hervortritt.

II.

Grundrechte als individualistischer Minderheitenschutz — das liegt in den Freiheitsrechten von ihren Anfängen an.[7] Selbst dort, wo einzelne Adelige geschützt wurden gegen königliche Willkür, war bereits ein Minderheitenproblem gestellt, und sei es auch nur darin, daß die Machtträger im Staat eben eine Minderheit darstellten. Weit deutlicher tritt dieser Aspekt seit dem 18. Jahrhundert hervor: Wenn die Freiheitsrechte das Individuum gegen den Staat schützen sollen, wenn sie als Schranke aufgerichtet werden auch gegen den allmächtigen allgemeinen Willen, werde er nun vom Monarchen oder von der Mehrheit gebildet, so tritt eben der einzelne - die Minderheit par excellence - der „Mehrheit" entgegen, zunächst der größeren Macht des Monarchen, sehr bald aber ganz deutlich der Mehrheit seiner Mitbürger, welche nach Rousseau „auch für ihn mitentscheiden wollen".

„Der einzelne als Minderheit und sein Schutz in den Grundrechten" — das war das große, wenn auch als solches nur selten angesprochene Thema der vor allem in Frankreich geführten Diskussion „Grundrechte wider Demokratie"[8]: Französisch-revolutionärer Radikaldemokratismus erkannte richtig, daß es nicht nur galt, die Zwischengewalten zu brechen, um den Mehrheitswillen legitimierend durchzusetzen, daß ebensowenig der einzelne, die „ganz kleine Minderheit", sich der Mehrheit in den Weg stellen dürfe, geschützt von Grundrechten. Und als ein Widerspruch zum Mehrheitsprinzip, konkret: zum allgemeinen Wahlrecht in seiner Ausprägung der Verhältniswahl, wurde denn auch Grundrechtlichkeit in Frankreich bis in die neueste Zeit hinein stets überzeugt und erfolgreich bekämpft — und man war dennoch demokratisch,

---

[7] Zum Minderheitenschutz als einem „ordnungspolitischen Hintergrund der Grundrechte" vgl. etwa *R. Herzog*, Allgemeine Staatslehre, 1971, S. 363 f.

[8] Darstellung der Entwicklung bei *J. Lemasurier*, La constitution de 1946 et le contrôle juridictionnel du Législateur, 1954, S. 180 f.; zur Ablehnung der Grundrechtsgeltung aus der Doktrin der demokratischen Souveränität heraus grundlegend *R. Carré de Malberg*, Contribution à la Théorie générale de l'Etat, 1920, II, S. 579 ff.

allen angelsächsischen Verbindungsversuchen von Grundrechtlichkeit und Demokratie zum Trotz.

Heute ist die Grundrechtlichkeit, in Deutschland vor allem, so hoch entwickelt, so selbstverständlich geworden durch Erfahrungen der Vergangenheit, daß diese große Diskussion gar nicht mehr aufgenommen worden ist; damit aber wurde auch die gesamte Problematik des „einzelnen Grundrechtsträgers als Minderheit" verschüttet, der hier dem Mehrheitswillen Widerstand leistet, und zwar nicht nur dem der einfachen Parlamentsmehrheit, sondern möglicherweise sogar einer verfassunggebenden Mehrheit. Wagt es doch heute kaum mehr ein Verfassungsgesetzgeber, bei Grundrechtskatalogen mehr anzubringen als freiheitsverstärkende Randkorrekturen.[9]

Entscheidend gesteigert wird all dies noch im Verbändestaat[10], der großen Realität unserer heutigen Volksherrschaft. Hier sind die Zwischengewalten in anderer Form, häufig aber sogar in zünftische Gestaltungen zurücklenkend, wieder entstanden: in Vereinen, Gewerkschaften, in den Medien. Der Verbändestaat ist an sich schon etwas wie ein „Minderheitenstaat", eine Staatlichkeit eben, die weithin von agierenden Minderheiten beherrscht, jedenfalls aber ständig angestoßen wird. Nachdem so häufig das erste Wort auch das letzte ist, gerade im parlamentarischen Verfahren, kann diese Kraft gar nicht unterschätzt werden. Die Verbände als Macht organisierter Interessen werden rasch zur Gewalt organisierter Minderheiten. Wie immer diese Machtzellen der Demokratie intern organisiert sein mögen – wir kommen noch darauf zurück –, ihre Existenz und ihr Gewicht als solche schon schaffen den vielberufenen Gruppenstaat, die pluralistische Demokratie nicht nur der Individual-Minderheit, sondern der Gruppenminderheit. Daß all dies verfassungsrechtlich noch kaum verankert ist, darf nicht verwundern: Hier sperrt sich eben doch die organisierte Großdemokratie noch gegen die offene Anerkennung ihres Gegenprinzips, des Grundsatzes der agierenden Minderheit.

Aktive Minderheiten sind auch die Kirchen mit ihren traditionellen Rechten gegen den Staat: Kaum je werden sie als Minderheitenprivilegien verstanden, doch sie sind im Grunde gerade dies: Die Absage an die Staatsreligion[11]

[9] Bezeichnend ist etwa, daß der Minderheitenschutz in der staatsrechtlichen Behandlung einen Platz im Organisationsteil findet, nicht bei den Grundrechten, siehe etwa *K. Hesse*, Grundzüge des Verfassungsrechts der Bundesrepublik Deutschland, 1984[14], Rdnrn. 153 ff., 225, 276, 679.

[10] Vgl. dazu *K. Stern*, Das Staatsrecht der Bundesrepublik Deutschland, 1977, Bd. 1, S. 344 ff.; *Zippelius* (Fn. 2), S. 221 ff.; *R. Scholz*, in: Maunz/Dürig, GG, Art. 9 Rdn. 1 ff., 100 ff.; *W. Leisner*, Organisierte Opposition in Verbänden und Parteien?, in: ZRP 1979, S. 275 ff., sowie noch *ders.*, Der Gleichheitsstaat, 1980, S. 204 ff.

[11] Vgl. dazu etwa BVerfGE 19, 206 (216); 24, 236 (246); 33, 23 (28 f.); *Th. Maunz/R. Zippelius*, Deutsches Staatsrecht, 1985[25], S. 230 ff.; *Th. Maunz*, in: Maunz/Dürig, GG,

bedeutet in erster Linie das Nein zu einer Mehrheitsreligion, die sonst ja der Logik der Volksherrschaft durchaus entspräche; frühe Beispiele der amerikanischen Demokratie belegen es. Das geltende Staatskirchenrecht ist also ein weiterer und sehr bedeutsamer Ansatzpunkt organisierten Minderheitenschutzes in der heutigen Mehrheits-Volksherrschaft.

Dies alles mag man nun zu relativieren versuchen: Hier würden doch überall nur schützende Schranken um einzelne Bereiche errichtet, hier werde doch letztlich privacy allein geschützt, nicht aber ein Hineinwirken der Minderheiten in die politische Großentscheidung, welche nach wie vor allein vom Mehrheitsprinzip beherrscht sei, und damit könne sich die Minderheit außerhalb dieser individualschützenden Schranken letztlich nicht staatsgestaltend durchsetzen.

Doch diese Sicht trügt, das Minderheitsprinzip ist schon viel weiter vorgedrungen:

III.

Die Minderheit wird in unserer Verfassung nicht deshalb geschützt, damit sie Minderheit bleibe, sondern vor allem, damit sie Mehrheit werden könne, zu jeder Zeit.[12] Aus dieser Chance zum Machtwechsel, aus einer sehr aktiven Einwirkungsmöglichkeit also, mag sie auch in der Zukunft liegen, kommt daher zuallererst die Legitimation des politischen Grundrechtsschutzes überhaupt. Dogmatisch gesehen läßt es sich so formulieren: Die Minderheit von heute wird in erster Linie als Mehrheit von morgen geschützt, Minderheiten- und Mehrheitsrechte sind insoweit untrennbar verbunden.

Hier nun hat das geltende Verfassungsrecht einige gebündelte Instrumentarien des „Minderheitenrechts als Mehrheitsrecht" entwickelt, zum Schutze der Minderheitsrechte als echter Herrschaftsrechte: Die Periodizität[13] der Wahlen steht dabei an erster Stelle, die immer neue Chance der Minderheit, die Spitze des Staates zu besetzen; die weitergehenden Parteienprivilegien[14], nicht

---

Art. 140 Rdn. 43 ff.; *R. Zippelius*, in: Komm. zum Bonner Grundgesetz, Art. 4, 1966 (Zweitbearb.), Rdn. 18 ff.

[12] *Hesse* (Fn. 9), Rdn. 153.

[13] Vgl. BVerfGE 18, 151 (154); 44, 125 (138 f.); *Th. Maunz*, in: Maunz/Dürig, GG, Art. 39 Rdn. 16 ff.; *G. Kretschmer*, in: Bonner Komm. zum Grundgesetz, Art. 39, 1979 (Zweitbearb.), Rdn. 1 ff.; *K. Stern*, Das Staatsrecht der Bundesrepublik Deutschland, 1980, Bd. II, S. 74 ff.

[14] BVerfGE 1, 208 (225 ff.); 2, 1 (73 f.); 11, 266 (273); 17, 155 (166 f.); 20, 56 (100 ff.); *Th. Maunz*, in: Maunz/Dürig, GG, Art. 21 Rdn. 39; *K. Stern*, Staatsrecht I (Fn. 10), S. 173 f., 338 ff.

zuletzt auch im Rechtsschutz vor dem Bundesverfassungsgericht, zeigen die Minderheiten geradezu als „zentrale Verfassungsorgane". Das Recht, Untersuchungsausschüsse zu beantragen, damit aber wahrheitsfindend politisch mitzuregieren, bedeutet eine effektive parlamentarische Unterstützung — wir sehen es gerade heute. Hier aber herrscht nicht allein mehr die Mehrheit, rechtlich wie politisch setzt sich eben die Minderheit weithin durch.[15]

Was immer an Meinungsfreiheit gesichert wird in Staat und Gesellschaft, es hat doch nicht nur den Charakter von Schranken, die ein stilles Kämmerlein umgeben sollen, hier wird in erster Linie Aktionismus[16] geschützt, der den Staat besetzen will. Die Mehrheit entscheidet —, aber was ist sie, wenn man in die Zukunft blickt? Vielleicht nur mehr die Minderheit?

Der ethnische Minderheitenschutz ist in Deutschland noch nicht zum Problem geworden, denn die Frage ist eine insgesamt bewältigte Randerscheinung. Doch wenn größere, agierende Ausländergruppen[17] als Minderheiten, in welcher Form immer, anerkannt werden, so entsteht etwas, was in anderen großen Demokratien schon zu beobachten ist: Staaten im Staat, die ihren eigenen Mehrheitsgesetzen entsprechen; diese kleinere Mehrheit aber ist nichts anderes als eine Minderheit in der größeren Demokratie, wieder verwandelt sich das Mehrheitsprinzip in ein Minderheitenprinzip, und vor allem in Deutschland könnte es ja leicht so kommen, daß auf diese Weise dann die „echten, großen Mehrheiten" hergestellt würden.

Auf diesem Wege des „Staates im Staat" haben wir uns ohnehin von jeher in Deutschland besonders leicht bewegt, in unserem Föderalismus[18] wie in der hochgesteigerten Kommunalisierung. All diese Gestaltungen sind ja, aufs Ganze gesehen, nichts anderes als institutionelle Räume, in denen die Minderheit im Gesamtstaat die Mehrheit in Teilbereichen der Staatlichkeit werden kann, so weitgehend vielleicht, daß der weitaus größte Teil der Staatsbürger einer gestuften Herrschaft unterliegt, in welcher vom Zentralstaat her die Mehrheit des Gesamtvolkes, in den Ländern aber dessen Minderheit Herrschaftsmacht ausübt. Was für den Staatsbürger aber eigentlich bedeutsam ist, kann so sehr leicht die Minderheit werden, wenn er in Gemeinde, Land-

---

[15] Vgl. *Th. Maunz*, in: Maunz/Dürig, GG, Art. 44 Rdn. 4 ff., 8; *H. Rechenberg*, in: Bonner Komm. zum Grundgesetz, Art. 44, 1977 (Zweitbearb.), Rdn. 34; *K. Stern*, Staatsrecht I (Fn. 10), S. 173 f., 338 ff.

[16] Zur Meinungsfreiheit in diesem Sinne vgl. z.B. *R. Herzog*, in: Maunz/Dürig, GG, Art. 5 Abs. 1, 2 Rdn. 56 ff.; *K. G. Wernicke*, in: Bonner Komm. zum Grundgesetz, Art. 5 S. 3; *I. v. Münch*, in: ders., GG, Bd. 1, 1981^2, Art. 5 Rdn. 11 ff.; *H.K.J. Ridder*, in: Neumann/Nipperdey/Scheuner, Die Grundrechte II, S. 274.

[17] Zum Ausländer-Grundrechtsschutz grundlegend *J. Isensee*, VVDStRL 32 (1974), S. 49 ff.

[18] Klar erkannt von *K. Hesse* (Fn. 10), Rdn. 225.

kreis, Regierungsbezirk und Land von der Minderheit regiert wird, während nur im fernen Bonn die Mehrheit noch entscheidet. In vielen Bezügen, vor allem in der Verwaltungswirklichkeit und im schulischen, kulturellen Bereich, ist damit das nationale Mehrheitsprinzip bereits teilweise außer Kraft gesetzt, es regieren die Minderheiten, und, was ganz erstaunlich ist, darin glaubt die Demokratie als solche in Deutschland auch noch ihre Legitimation zu finden, daß eben „Demokratie auf allen Ebenen sei", ohne daß man sich darüber Gedanken macht, daß damit das zentrale Legitimationsprinzip der Staatsform — in sein Gegenteil verkehrt wird. Man mag dies billigen, aber man muß es doch sehen und deutlich gewichten!

In neuester Zeit haben sich allenthalben Formen einer „Betroffenendemokratie" entwickelt[19], welche diese Grundstrukturen des Föderalismus und Kommunalismus noch auf tiefere Ebenen verlagern, bis in die „Gesellschaft" vollends hinein. Da stimmen Kindergartenbenutzer ab und Studenten im Hörsaal — und was ist dies alles anderes als die Entwicklung „kleinerer Mehrheitsprinzipien", welche aber das große, nationale Mehrheitsprinzip immer mehr aushöhlen, häufig in sein Gegenteil verkehren.

Bei all dem kann nicht mehr nur die Rede sein von einem „Schutz passiver Freiheit" — hier werden Instrumentarien aktiver Machtbeeinflussung, ja Herrschaftsausübung gewährt, und das alles noch auf dem Hintergrund der „Minderheit als künftiger Mehrheit", welche jetzt bereits den „Aufstand proben" darf, in ihren kleinen Mehrheitsentscheidungen eben.

Von einem auch nur einigermaßen reinen Mehrheitsprinzip kann in der deutschen Demokratie also schon heute nicht mehr entfernt die Rede sein, wir stehen vor einem Geflecht vielfacher Kombinationen von Mehrheits- und Minderheitenrechten, passiv und aktiv werden sie geschützt wie gefördert, und dies gilt im jetzigen Augenblick ebenso wie in der Zukunftsperspektive der Minderheit als Mehrheit.

IV.

Dies alles aber beschreibt die Entwicklung „vom Mehrheits- zum Minderheitenprinzip" nur unvollständig. Immer mehr, auf allen Ebenen und auch an der Spitze der Demokratie, zeigen sich Entwicklungen, welche etwas näherrücken, was man nennen könnte: „Macht der aktiven Minderheit", einer „Aktiv-Bürgerschaft" in einem neuen Sinn. Vieles daran ist seit langem bekannt und von Demokraten beklagt, doch die Entwicklung fügt Neues hinzu:

---

[19] Als Beispiele für den Einbau plebiszitärer Bürgerbeteiligung in Gesetze seien nur genannt § 2a BBauG, §§ 66 ff., 73 VwVfG.

Die Wahlbeteiligung ist ein Legitimationsproblem, gerade im Mehrheitsstaat: Ist die Mehrheit der abgegebenen Stimmen nicht mehr identisch mit der Mehrheit der Stimmen der Wahlberechtigten, so entsteht, daran gibt es gar nichts zu rütteln, eben doch letztlich ein Legitimitätsproblem, mag es auch in den Medien nur gelegentlich und sehr vorsichtig als solches bezeichnet werden. Das amerikanische Beispiel zeigt es: Wenn bei einer Wahlbeteiligung um 50% sich nicht die jetzigen triumphalen Wahlergebnisse durchsetzen, sondern sich nur eine sehr knappe Mehrheit ergibt, so wird eben das Geschick von drei Viertel der Amerikaner von einem Viertel, einer deutlichen agierenden Minderheit bestimmt. Und ähnliche Entwicklungen bahnen sich ja bereits im deutschen Kommunalwahlrecht mit Wahlbeteiligungen unter 60% an, wo ebenfalls dann zwei Drittel von einem Drittel „regiert" werden.

Daß wir dem nicht mit staatlichem Wahlzwang entgegentreten[20], ist eine politische Grundentscheidung, die Entscheidungsqual wird geachtet, doch damit kann das Mehrheitsprinzip legitimitätsmäßig ins Zwielicht geraten.

Die kleine, oft geradezu verschwindend kleine Minderheit als Zünglein an der Waage nimmt das Mehrheitsprinzip in Kauf, sie ist in der deutschen politischen Realität eine Tageserscheinung. Unproblematisch mag sie noch grundsätzlich erscheinen, wo ein Zweiparteienregime besteht. Doch wenn nun zwei große Blöcke, einigermaßen statisch, sich traditionell die Waage halten, die eigentlichen Ausschläge der Politik aber von kleinen politischen Gruppen bewirkt werden, so vollzieht sich bei ihnen eine unverhältnismäßige Konzentration der politischen Macht und des politischen Interesses der Gemeinschaft; in den vergangenen Jahrzehnten haben wir es in Deutschland erlebt, und es könnte leicht weiter so bleiben. Daran gibt es nichts zu deuteln: Hier wird das Mehrheitsprinzip letztlich unterlaufen, die wahren Entscheidungen werden in erster Linie von einer kleinen Gruppe getroffen; oder doch zumindest hat diese deutliche Minderheit dieselben Möglichkeiten wie eine Quasi-Mehrheit — und auch dies muß ja auf die Legitimationskraft des Mehrheitsprinzips ausstrahlen. Verständlich ist es daher, daß die „Zünglein an der Waage"-Praxis aus demokratischen Legitimitätsgründen immer wieder beklagt worden ist.

Die agierenden Minderheiten finden aber, von alldem abgesehen, noch ganz andere und viel weitergehende Aktionsräume, allenthalben in Staat und Gesellschaft, vor allem im Verbändestaat im weitesten Sinne, unserer eigentlichen Regierungsform. Hier unterscheiden sich Parteien, Wirtschaft, Gewerkschaften, andere Verbände und Medien nur wenig:

---

[20] Zum Nichtbestehen einer Wahlpflicht vgl. z.B. *Th. Maunz*, in: Maunz/Dürig, GG, Art. 38 Rdn. 32; *I. v. Münch*, in: ders., GG, Bd. 2, 1983², Art. 38 Rdn. 30.

Die Konzentration von riesigen Apparaten, welche immer noch anhält, ja sich verstärkt, führt mit Notwendigkeit zur Herrschaft der Wenigen, und zwar meist geradezu alternativlos. In Parteien, Verbänden und Medien mag es Minderheiten geben, am deutlichsten sichtbar noch in den ersteren, doch nirgends können wir eine fest organisierte „Opposition innerhalb der Verbände"[21] feststellen, noch weniger erzwingt das geltende Recht hier eindeutige institutionelle Gestaltungen.

Damit aber ist das Mehrheitsprinzip in diesen staatsentscheidenden Bereichen eben doch, faktisch wenigstens, weitgehend außer Kraft gesetzt: Denn eine Mehrheit hat nur dort Sinn, wo es auch eine einigermaßen organisierte Minderheit gibt, welche Mehrheit werden möchte; so aber stellt sich die Frage nur sehr selten in Parteien und Verbänden, kaum je in den Medien. Akklamationsmehrheiten sind zwar auch eine Mehrheitsform, sie lassen sich aber mit der institutionell verfestigten Mehrheit nicht ohne weiteres vergleichen, und auch nur dann kommen sie ihr nahe, wenn sie nicht auf Dauer in Passivität lediglich Zustimmungsträger sind, wenn nicht aus der Akklamationsmehrheit die übliche Ratifikationsmehrheit unserer Vereinslandschaft wird. Wieviel „echte Abstimmungen" gibt es denn in unserem Verbändestaat schon, horcht man nicht geradezu auf, wenn einmal eine derartige Schilderhebung stattfindet, steht sie denn nicht schon der verbandsinternen Revolution näher als einem normalen institutionellen Vorgang?

Etwas ganz anderes ist also Realität in unserem Verbändestaat: nicht das demokratische Mehrheitsprinzip, sondern eine sich auf laufende Zustimmung stützende Oligarchie von Zirkeln aktiver Minderheiten, welche versuchen, den Kontakt zur schweigenden Mehrheit nicht zu verlieren.

Dieses ist überhaupt ein Kernwort, diese schweigende Mehrheit — im Grunde ist es keine Mehrheit mehr, nimmt man das Ethos der Demokratie ernst. Welchen Sinn hat es, die gegängelte Masse Mehrheit zu nennen? Hier brechen also auf breiter Front Oligarchismus und Aristokratismus in unsere demokratische Ordnung ein, ohne sie könnte die Demokratie gar nicht mehr funktionieren. Früher herrschte die Minderheit offen im aristokratischen Feudalismus, heute übt sie die mehrheitsverbrämte Macht aus, in vielleicht noch weit schärfer oligarchischer Form als in der alten Zeit. Nun zeigt sie sich ja nicht mehr in Schlössern und Karossen offen dem Volk, in Clanbildungen bis hin zu Mafia-ähnlichen Erscheinungen ist sie unter die Decke des Mehrheitsprinzips, unter die schweigende Mehrheit hinabgetaucht.

Daran wird sich in absehbarer Zeit auch gar nichts ändern lassen, wir haben nach außen hin das Prinzip der Mehrheit und damit Demokratie, im

---

[21] Vgl. *Leisner*, Organisierte Opposition (Fn. 10).

Inneren verfestigt sich etwas, was man Oligarchie nennen mag oder, wenn die Wertung positiv ausfällt, als Aristokratie bezeichnen wird.

Von höherer Warte aus betrachtet, aus der Sicht der Staatsformenlehre, erscheint dies als eine ganz natürliche und im Grunde auch begrüßenswerte Entwicklung; Kassandrarufe werden nur enge Radikaldemokraten ausstoßen. Jede Ordnung braucht eben „ihr eigenes Minderheitenprinzip"; in diesem Sinn ist es dann auch richtig, daß bei dieser Minderheit stets allein die Vernunft sein wird. Die parlamentarische Demokratie des Grundgesetzes hat verschiedene Formen der Anerkennung dieses Minderheitsprinzips entwickelt: Schutz wird den Minderheiten in weitem Sinne geboten, vor allem über die Grundrechte. Diese sozusagen „passive Anerkennung" wird jedoch durch einen „aktiven Minderheitenschutz" entscheidend verstärkt, welcher nicht nur Chancen zur Machtergreifung bietet, sondern bereits vielfache Formen einer Mitregierung zusammen mit der Mehrheit oder gar einer Unterwanderung der Mehrheit durch agierende Minderheiten zuläßt.

Die Staatsformenlehre zeigt, daß hier Verschränkung[22], nicht aber Trennung oder Gegensätzlichkeit das Entscheidende ist. Jedes Grundprinzip ruft, gerade wenn es mit einer gewissen Ausschließlichkeit postuliert wird, sogleich gewissermaßen sein Gegenprinzip ins Haus. Und daher können wir hier feststellen: Je mehr in der Demokratie das Mehrheitsprinzip betont wird, desto mehr setzt sich in der Wirklichkeit das Minderheitsprinzip durch, ohne das es vielleicht ein Mehrheitsprinzip gar nicht geben kann. An einem Punkt zeigt sich dies besonders deutlich: Die Vertreter des Mehrheitsprinzips müssen ja stets versuchen, Voraussetzungen der Mehrheitsentscheidung durch laufende Atomisierung zu schaffen, denn nur möglichst Gleiche können dann in Mehrheitsbildungen zusammengefaßt werden. Doch gerade durch diese Einebnung bereitet die Radikaldemokratie den Weg zu immer stärkerem Aufstieg der Minderheiten. In tausend Formen vollzieht er sich, vor allem aber in zwei Großphänomenen: in einer Minderheit, die der Mehrheit gegenübersteht und sie in ihre Schranken weist, in einer Form, welche man „Regierung der Minderheit" nennen könnte, insbesondere aber in jener „Minderheit in der Mehrheit", in der sich das Gegenprinzip im Herzen des demokratischen Zentralprinzips einrichten kann.

Wieder einmal bewährt sich die aristotelische Grunderkenntnis, daß nicht „reine Staatsformen" die besten sind, sondern daß nur in vielfachen Verbindungen der Grundtypen eine gute Staatsform zu finden ist. Und dies ist eben

---

[22] Vgl. für viele *Zippelius* (Fn. 2), S. 148 f. Die Notwendigkeit dieser „Verbindung" zeigt sich hier nicht nur in der Kombination der „klassischen Staatsformen" (Monarchie oder Demokratie), sondern auch in der „Verschränkung der Gewalten", welche jene heute „repräsentieren" — Parlament etwa und Regierung. Zu dieser Relativierung der Gewaltenteilung vgl. etwa BVerfGE 3, 225 (247); 7, 183 (188); 30, 1 (28); 34, 52 (59).

keine Gefahr für die Demokratie, sondern ihre große Chance: daß hinter dem Mehrheitsrausch die Minderheitswirklichkeit steht — nicht eine schutzbedürftige Randgruppe, sondern eine heimliche Regierung. Dann führt der Weg von der schweigenden Mehrheit zur schweigenden Minderheit, die weniger redet und abstimmt — weil sie handelt.

Der Staatspräsident als „demokratischer Führer"*

Mußte der Führer kommen, weil es keine demokratische Führung gab, wird er wiederkommen, wenn die deutsche Volksherrschaft nicht den „demokratischen Führer" schafft?

In entscheidenden Jahren seines Lebens hat *Johannes Broermann* diese deutsche Schicksalsfrage erlebt und erlitten. Er kann mehr dazu sagen als viele seiner Altersgenossen, die Schuld oder Angst im Schweigen hält, Besseres als jene zahlreiche Enkel, die heute urteilen ohne Erlebnis. Seine Erzählungen aus jener Zeit haben manche der Gedanken angeregt, die ihm hier gewidmet werden.

Johannes Broermann hat in seinem langen Leben stets bewiesen, daß Führung kein Privileg der Gewalt ist, daß es freiheitliche Autorität geben kann. Sein Lebenswerk, seine Verlagspolitik, haben viele Vertreter der Wissenschaft als eine Leistung geistiger Führung empfunden. Wer ihm etwas zuschreibt, der kann es wagen, einen Begriff ins Zentrum zu stellen, den viele Demokraten verdrängen wollen, ohne den aber Demokratie nur sterben kann: die Führung, den Führer.

Staatsrecht und Verfassungslehre können die historische Frage nicht beantworten, ob die Weimarer Republik an „zuviel Vergangenheit" oder an „zuwenig Zukunft" sterben mußte, ob sie zerbrochen ist an ihrer unbewältigten Vergangenheit von allzuviel Revolution und Restauration — oder an der persönlichen Führungsschwäche ihrer Herrschenden, vielleicht sogar an einem institutionellen Führungsdefizit. Darum geht ja der wissenschaftliche und politische Streit — und er wird noch lange dauern: Hätte Weimar durch „mehr antiautoritäre Demokratie" geheilt werden können — oder hätten nur stärkere demokratische Führer, mächtigere Führungsinstitutionen dem Führer den Weg in die Macht versperren können?

Doch es bleibt nicht bei dieser historischen Frage. Wie immer man sie für Weimar beantworten mag — Bonn und die modernen Demokratien des Westens stehen vor demselben Grundproblem ihres Staatsrechts, ihrer Verfassungspolitik: Wieviel an „demokratischer Führung" brauchen sie, um der Götterdämmerung der Selbstauflösung zu entgehen, wie können sie den demokratischen Führer hervorbringen, der andere Führer nicht nur illegal, sondern illegitim erscheinen läßt?

---

* Erstveröffentlichung in: Demokratie in Anfechtung und Bewährung. Festschrift für Johannes Broermann, Berlin 1982, S. 433–455.

I. Demokratische Führung — aus Institutionen geboren

Die Demokratie unserer Jahre ist von Anarchie bedroht, diese sitzt ihr im Herzen, wie andernorts ausführlich dargelegt[1]. Es ist das Vorverständnis dieses Beitrags, daß dem nicht durch Radikaldemokratismus, sondern durch Konstitutionalismus zu begegnen ist — d.h. aber: in einer „gemischten Staatsform", welche Elemente von Freiheit und Autorität integriert. Und hier wird davon ausgegangen, daß es gilt, die demokratische Autorität zu verstärken, ehe andere Kräfte dieses Terrain besetzen. Das aber bedeutet: Verstärkung der demokratischen Führung.

Die freiheitliche Volksherrschaft kann nur normativ und institutionell denken. Starke Führergestalten sind für sie ein historisches Glück – oder Unglück – wie für jede andere Staatsform. Die Demokratie wird mehr als alle anderen Regime daran glauben, daß das Amt den Verstand gibt, auch an der Spitze, daß die Institution – sogar – den Führer schafft. Viele mögen an diesem „institutionellen Creationsmechanismus" gerade für die Figur eines „Führers" zweifeln; definiert sich das Wort nicht geradezu als eine völlig oder doch im Kern „extra-institutionelle" Erscheinung, ist „Führung" nicht das Unnormierbare, das „Anti-Normative" par excellence? Kennt die Demokratie nicht doch nur Ämter und Kompetenzen, Führung nie?

Es wäre reizvoll, einem etwaigen Begriffsgegensatz „Führung – Institution", vielleicht sogar „Führung – Norm" nachzugehen, doch dies kann nicht das letzte Wort sein, wenn es darum geht, demokratische Autorität zu verstärken. Demokratische Führung kommt aus Norm und Institution — oder sie existiert nicht. Mehr noch: Die Demokratie muß nach ihrer Legalitätsvorstellung erwarten, daß ihr „Führer" nicht so sehr „im Rahmen" seiner Kompetenzen, als vielmehr „auf Grund" dieser Normen die Gemeinschaft leite; denn Legalität schafft ja keinen normativen Raum zum Ausleben natürlicher Gewaltsamkeit, sie überträgt Befugnisse, die Institution „schafft erst die Macht"[2].

So auch in der demokratischen Führung: Die Volksherrschaft kann nicht erwarten, daß sich irgendein mächtiger Tribun aus den Volkstiefen aufschwinge und bereit sei, sich in ihre kurulischen Sessel zu zwängen, von ihnen aus zu regieren, im Respekt der Lehnen und Stützen. Sie muß versu-

---

[1] *W. Leisner*, Die demokratische Anarchie — Verlust der Ordnung als Staatsprinzip, 1982.

[2] Eine Parallele zeigt sich im Zusammenhang mit der Lehre vom Verwaltungsakt, vgl. BVerwGE 28, 1 (9) — Notwendigkeit einer gesetzlichen Grundlage für Einzelakte; BVerwGE 21, 270 (272 f.) — Befugnis der Verwaltung, Rechtsbeziehungen ohne ausdrückliche gesetzliche Rechtsgrundlage verbindlich zu regeln, allein auf Grund eines allgemeinen Rechtssatzes.

chen, ihn in ihren Spitzen „institutionell zu schaffen“, ihn, den einfachen Bürger, der allein durch die Weihe ihrer Institutionen zum Führer werden soll. Führungskraft aus demokratischer Kompetenz — nur dies ist ein demokratischer Ansatz. Wer nicht von ihm ausgeht, dem bleibt nur die Hoffnung, ein gütiges Geschick werde die Demokratie stets durch verhinderte Diktatoren aus ihren Schwächen retten — ganz außerdemokratisch.

Führung aus Institution — wer so fragt, dessen Blick muß zuerst auf die Spitze des Staates sich richten, solange der Führer noch der Erste ist. Und daß er dort stehen will, wenn er diesen Namen verdienen soll, hat schon *Adolf Hitler* gezeigt, als er sogleich das Amt des Reichspräsidenten übernahm[3] — Reichskanzler ließ er sich noch weiter nennen, als „Führer von Volk und Reich“ aber konnte er sich erst ganz fühlen in der Stellung des Staatsoberhaupts.

Dies ist die Frage dieses Beitrags: Ist der Bundespräsident des Grundgesetzes eine „Gestalt demokratischer Führung“, macht hier eine Verfassungsinstitution den Amtsinhaber zum demokratischen Führer? Nur dies entspräche ja demokratisch-normativem Denken, nicht etwa die Erfüllung weitverbreiteter Erwartungen, Normen und Amtskompetenzen des Staatspräsidenten würden die geeignete Persönlichkeit schon „nicht daran hindern, etwas aus dem Amte zu machen“. Führung an der Institution vorbei, über sie hinaus — das kennt der normative Verfassungsstaat nicht, er kann es nicht einmal anerkennen.

Doch bevor nun die Frage nach dem „Staatsoberhaupt als demokratischem Führer“ vertieft wird, ist noch eine andere zu beantworten: Gibt es einen Begriff der „demokratischen Führung“, kann wenigstens der Begriff „Führung“ „demokratisiert“, rezipiert werden, und mit welchem Inhalt?

II. Der „demokratische Führer“ — ein demokratischer Begriff?

Daß es demokratische Führung geben, daß sie sich verstärken müsse, ist zunächst nur ein politisches Postulat, aus Erfahrungen der Vergangenheit und Ängsten der Gegenwart geboren. Doch nun beginnt das staatsrechtliche Fragen: Gibt es einen solchen Begriff in der Normwelt des Grundgesetzes, ist der „demokratische Führer“ nicht das Gegenbild der Demokratie?

1. „Führung“ ist kein Begriff des Grundgesetzes. Die Organe seiner Ersten und Dritten Gewalt ordnen und koordinieren ganz wesentlich; die Befehlsspitzen einer durchsetzungsfähigen Führung, wie immer man dieses Wort

---

[3] Er wurde noch zu Lebzeiten Hindenburgs am 1. August 1934 durch Reichsgesetz zum Nachfolger des Reichspräsidenten bestellt.

verstehen mag, sind hier weggenommen. In diesen Gewalten liegt das normative Wesen einer Staatsform, die mehr „erkennt“ als „unternimmt“, mehr „ratifiziert“ als „will“. Selbst in der Exekutive, dem Führungszentrum einer jeden Staatlichkeit, fehlt dieses Wort, andere Begriffe stehen im Mittelpunkt: Die wichtigste Leitungsgestalt, der Kanzler, hat nur eine „Richtliniengewalt“ (Art. 65 GG)[4], wie schon sein Weimarer Vorgänger[5] — wieder ist das volitiv-Durchsetzende weggenommen, selbst diese Exekutivspitze ist „vernormiert“, Richtlinien deuten weit mehr auf einen normähnlichen Politikrahmen hin als auf eine Führung, in der die Direktive und der Einzelbefehl zusammengefaßt werden; und nicht umsonst wird ja auch die Einzelanordnung, der „Durchgriff“, vom Begriff der „Richtlinie“ getrennt[6].

Nicht anders die „Verantwortung“, welche Kanzler und Minister tragen. Sie erscheint nicht so sehr als Kompetenz, als Befugnis einer exekutivischen Führung. Vielmehr bezeichnet sie in erster Linie die Sanktion der Überschreitung der „Kompetenzgrenzen“, sie bedeutet mehr Mißtrauen als Auftrag, sie ist Rechtsfolge von Normüberschreitungen, nicht Anspruchsgrundlage. Wäre es überspitzt zu formulieren, das Grundgesetz kenne nicht die Macht, sondern nur deren Grenzen, es verleihe nicht Führungsrechte, es setze nur den Führern Schranken? Der „Bereich der Regierung“[7] ist eine beschei-

---

[4] *Th. Eschenburg*, Die Richtlinien der Politik im Verfassungsrecht und in der Verfassungswirklichkeit, in: DÖV 1954, S. 193 ff.; *E.U. Junker*, Die Richtlinienkompetenz des Bundeskanzlers, 1965; *H. Karehnke*, Richtlinienkompetenz des Bundeskanzlers, Ressortprinzip und Kabinettsgrundsatz, in: DVBl. 1974, S. 101 ff.; *F. Knöpfle*, Inhalt und Grenzen der „Richtlinien der Politik“ des Regierungschefs, in: DVBl. 1965, S. 858 und 925 ff.; *Th. Maunz*, Die Richtlinien der Politik im Verfassungsrecht, II. Inhalt und Anwendung des Begriffs, in: BayVBl. 1956, S. 260 ff.; *E. Menzel*, Die heutige Auslegung der Richtlinienkompetenz des Bundeskanzlers als Ausdruck der Personalisierung der Macht?, in: FS für Leibholz, Bd. 2, 1966, S. 877 ff.; *K. Stern*, Das Staatsrecht der Bundesrepublik Deutschland, Bd. II, 1980, § 31 IV/2, S. 301 ff.

[5] *G. Anschütz*, Die Verfassung des Deutschen Reichs, 1. Teil, 14. Aufl. 1932, Anm. zu Art. 56; *Fr. Glum*, Die staatsrechtliche Stellung der Reichsregierung sowie des Reichskanzlers und des Reichsfinanzministers in der Reichsregierung, 1925, S. 13 ff.; *E.R. Huber*, Deutsche Verfassungsgeschichte seit 1789, Bd. 6, 1981, § 24 I/1; *W. Jellinek*, Verfassung und Verwaltung des Reiches und der Länder, 3. Aufl. 1927, S. 22 ff.; *Frhr. Marschall v. Bieberstein*, Die Verantwortlichkeit der Reichsminister, in: HdbDStR I, 1930, S. 520 (526 — im Zusammenhang mit der Richtlinienkompetenz).

[6] *E.-W. Böckenförde*, Die Organisationsgewalt im Bereich der Regierung, 1964, S. 207 (Anm. 54); *K.H. Friauf*, Grenzen der politischen Entschließungsfreiheit des Bundeskanzlers und des Bundesministers, in: Festgabe für H. Herrfahrdt, 1961, S. 45 ff.; *W. Hennis*, Richtlinienkompetenz und Regierungstechnik, 1964; *F. Knöpfle*, Inhalt und Grenzen der „Richtlinien der Politik“ des Regierungschefs, in: DVBl. 1965, S. 857 ff., 925 ff.; *Stern*, Staatsrecht II (Fn. 4), § 31 IV/2, S. 303 unter Hinweis auf § 3 GO-BTag.

[7] *W. Frotscher*, Regierung als Rechtsbegriff, 1975; *G. Kassimatis*, Der Bereich der Regierung, 1967; *U. Scheuner*, Der Bereich der Regierung, in: Staatstheorie und Staatsrecht. Gesammelte Schriften, 1978, S. 455 ff. = FS für R. Smend, 1952, S. 253 ff.; vgl. auch *W. Leisner*, Regierung als Macht kombinierten Ermessens, in: JZ 1968, S. 727 ff.

dene dogmatische Konstruktion geblieben, keinen Führungsauftrag bezeichnet er, sondern allenfalls einige technische Räume, in denen die Volksvertretung die Exekutive „nicht auch noch stören soll"[8].

„Politische Willensbildung" — liegt sie nach dem Grundgesetz nicht wesentlich im verfassungspolitischen Vorfeld, dort, wo an ihr die politischen Parteien teilnehmen[9]? Bleibt nicht das voluntative Moment, das einer wie immer verstandenen Führung zentral sein muß, im „außerorganisatorischen Bereich" der Gemeinschaft, reicht es nicht nur über das Parlament in die Staatsführung hinein — aber dort sogleich normativ kanalisiert, „ordnend entführerlicht"?

Und „Führung" wird heute selbst in jenem staatsrechtlichen Vorfeld des Parteienrechts als solche kaum noch diskutiert; wenn Organisationen wie diese „von unten nach oben" ihren Willen bilden sollen[10], was bleibt da noch als Führungschance — rechtlich gesehen?

„Führung" wird im Bereich des öffentlichen Rechts, soweit ersichtlich, wohl nur für einen Bereich ausgiebig und zunehmend diskutiert: bei der Personalführung[11]. Es ist, als lasse sich, in der Exekutive wenigstens, das Führungsproblem nicht eliminieren, als trete es verstärkt in den unteren Rängen auf, gerade wenn die Spitze an die normativ-parlamentarischen Transmissionsriemen gefesselt ist. Gäbe es überhaupt ein „Führungsproblem in der Verwaltung", wenn demokratische „Führung von oben" hinreichend wirkte, muß die Demokratie vielleicht sogar „Führung von unten nach oben" versuchen, in einem „Staatsrecht aus Verwaltungsrecht"?

Diese Fragen sind hier nicht zu vertiefen. Klar aber zeigt sich, selbst nach einem kurzen Blick auf das Organisationsrecht des Grundgesetzes: Der Begriff der „Führung" scheint seiner normativierten Welt fremd zu sein, aus ihr läßt er sich kaum entwickeln.

---

[8] BVerfGE 9, 268 (281 ff.); 49, 89 (125).

[9] BVerfGE 1, 208 (225); 2, 1 (73); 44, 125 (145); 52, 63 (82) — std. Rspr.; *E. Forsthoff*, Die politischen Parteien im Verfassungsstaat, 1950; *Hesse/Kafka*, Die verfassungsrechtliche Stellung der politischen Parteien im modernen Staat, in: VVDStRL 17 (1959), S. 11 ff.

[10] BVerfGE 2, 1 (40); *U. Lohmar*, Innerparteiliche Demokratie, 1968; *K. Seifert*, Die politischen Parteien im Recht der Bundesrepublik Deutschland, 1975, S. 190; *H. Trautmann*, Innerparteiliche Demokratie im Parteienstaat, 1975; *B. Zeuner*, Innerparteiliche Demokratie, 1965.

[11] *H.J. Gröben*, Personalführung — ein fortwährender Prozeß, in: Verwaltungsführung, Organisation, Personalwesen, 1981, S. 9 ff.; *H. Lecheler*, Personalpolitik und Personalführung, 1972; *G.B. Müller*, Zum kooperativen Führungsstil in der öffentlichen Verwaltung, in: Recht im Amt, 1981, S. 64 ff.

2. Eine ganz andere Frage ist, ob er in diesen normativ geprägten Raum überhaupt rezipiert werden kann. Daß der Begriff der Führung als solcher außerdemokratisch entstanden ist, daß er sich in feudalem Treue- und Gefolgschaftsdenken entwickelt hat, bis hin zu den neueren cäsarisch-napoleonischen und faschistischen Regierungsformen, das bedarf in diesem Zusammenhang keines Beleges.

Vorschnell aber wäre es, wollte man daraus auf die Unmöglichkeit der Übernahme und Umformung des Führerbegriffs in demokratische Institutionen schließen. Gibt es nicht demokratische Führerfiguren, welche aus den Verfassungen von Bund und Ländern heraus, „durch ihre Institutionen hindurch" geprägt worden sind — vom Bürgermeister bis zum Oppositionsführer, vom wahlkreisführenden Abgeordneten über den „Ministerpräsidenten als Landesvater" bis hin – eben doch – zum Führungskanzler?

Nur dann läßt es sich beurteilen, ob hier etwas wie „demokratische Führung" auf dem typisch demokratischen Weg, eben institutionell, im Entstehen ist, wenn die wichtigsten Wesenselemente des außerdemokratischen Führungsbegriffes deutlich werden. Sie liegen auf zwei Ebenen:

– von „Führung" kann nur gesprochen werden, wenn ein *gewisses Maß von Macht* bei einer Person konzentriert ist, aus dem heraus diese ohne übermäßige Rücksichten nach vorne blicken und zeigen kann. Mag nun Führung individuell oder kollektiv erfolgen, stets verlangt ihr Begriff entscheidende Gewalt für einen entscheidenden Bereich.

  Die Macht muß überdies von bestimmter Qualität, sie muß insbesondere *möglichst unmittelbar durchsetzbar* sein. Die Mechanismen der Gegengewichte und Kontrollen, der Trennungen zwischen dem „ersten und dem letzten Wort" haben hier wenig Platz — im Begriff der Führung fallen vor allem „erstes und letztes Wort" zusammen. Weit mehr als im „normativen Regieren" liegt im Begriff aller Führung auch ein *wesentliches Zeitelement* — sie bedeutet Macht, die sich rasch durchzusetzen vermag, allseitig und auf allen Ebenen, wenn auch nicht notwendig mit der systematischen Allgegenwart der Norm. „Führung" geht den umgekehrten Weg als normative Herrschaft: Sie ist „konkrete Gewalt", sie wächst aus dem einzelnen Fall auffächernd heraus und wird damit zur „systematisierten Einzelgewalt", ihr Legitimationszentrum ist und bleibt der durchgreifende Einzelbefehl. Normatives Regieren kommt aus der allgemeinen Ordnung, will nur sie schaffen und auf den Einzelfall anwenden, bleibt auch darin stets „allgemein". Durchsetzbarkeit ist für sie ein ferneres, im Grund ein „ganz anderes" Problem.

Machtquantum für wahre Entscheidung und Machtqualität zur raschen Durchsetzung — ohne sie kann es keine „Führung“ geben, nur Institutionen, welche all das verleihen, sind führungsgeneigt.

- Führung bedeutet im letzten stets — *persönliche Gewalt* in dem Sinne, daß ihre Ausübung nicht nur „zufällig“ durch die konkrete Gestalt des Führers ihre besondere Prägung erhält — Führung muß als solche die besonderen Wesenszüge des unauswechselbar Persönlichen zum Tragen bringen wollen, nicht die der schematisierend-entpersönlichenden Norm.

Dazu nur einige Andeutungen: Zu solcher Führung gehört die besondere Intensität des durchsetzungsbereiten unbedingten Befehlens; Ermessen ist für sie ein Wesensmerkmal. Doch das „Persönliche“ dieses Herrschens bedeutet nicht nur Machtsteigerung, mit ihm sind auch eigenartige Bindungen vorgegeben — Führung verlangt die besonders enge, eben „persönliche“ Beziehung zu den Geführten, sie fordert die „Herrschaft nach dem Maße des Menschen“, nicht als „Gewalt einer abstrakten Figur“; sie ist Herrschaft, die sich altern fühlt, sich fortpflanzen will, sie steht in allen patriarchalischen Bindungen; Herrschaft ist für solche Führung eine Art von persönlichem Eigentum, sie ist appropriiert, aber zur Verwaltung, nicht zum Verbrauch.

Die „persönliche Gewalt der Führung“ motiviert nicht durch Rechtssicherheit in Normen, sondern durch Hoffnung auf Menschen, sie kann zur begeisternden Gewalt werden, der man sich wirklich verpflichtet; in ihren höchsten Formen erreicht sie etwas wie die Statthalterschaft eines persönlichen Gottes auf Erden, der ihr Charisma verleiht.

Die große, durchsetzungsfähige Macht und die persönliche Gewalt — all das kann aus Institutionen nur wachsen, wenn diese nicht nur begrenzen, sondern auch vertrauen, wenn sie nicht nur Menschen gewähren lassen, sondern gerade auf deren Persönlichkeit setzen.

Vermag dies die parlamentarische Demokratie, gelingt es ihr wenigstens in der Figur ihres Staatsoberhauptes? Sicher — ihre allgemeinen Zeichen stehen dem nicht günstig: Machtkonzentration soll in dieser Staatsform doch verhindert, jedenfalls mißtrauisch betrachtet werden; und „Persönlichkeit“ mag grundrechtlich geachtet — kann sie aber staatsorganisatorisch eingesetzt werden? Und dennoch — wird nicht an einem Punkt, „ganz oben“, ein eigenartiger Versuch „demokratischer Führung“ gemacht, beim Staatsoberhaupt?

Gegenwärtige Vorstellungen von „Führung“ sind auf historische Beispiele festgelegt. Unternimmt die parlamentarische Demokratie nicht ganz eigenartig neue Führungsversuche — und gerade hier?

III. Die mangelnde Legitimation der Volkswahl — ein Führungshindernis?

Wille der Väter des Grundgesetzes war es sicher nicht, den Führer-Präsidenten zu schaffen; die Schatten der präsidentiellen Beerdigung von Weimar lagen über dem Bonner Werk[12]; das Staatsoberhaupt sollte kein Demokratie-Führer sein, deshalb wurde ihm weniger Macht gegeben als seinem Vorgänger, vor allem aber blieb ihm die Legitimation der Volkswahl versagt. Vom Machtverlust wird noch die Rede sein — schließt aber nicht bereits die indirekte Wahl nach demokratischem Credo jede Führerschaft aus?

Hier mag die Verfassung wohl heute klüger sein als ihre Väter, deren Weimarer Demokratismus die Bedeutung der unmittelbaren Wahl so hoch einschätzte. Weimar war eben auf der Legitimitätssuche für denjenigen, welcher einen Kaiser ersetzen sollte. Die Demokratie hatte nur die Volkswahl zu bieten, und so lag es nahe, daß sie dieser auch geradezu charismatische Kraft beilegen wollte. Doch so manche Erfahrung hat gezeigt: Volkswahl bringt Legitimität, nicht Macht; Legitimität aber ersetzt nicht Befugnisse, sie hat sie nicht einmal notwendig zur Folge. Der österreichische Präsident[13] hat insgesamt keine stärkere Position als der der Bundesrepublik Deutschland, obwohl er vom Volke unmittelbar gewählt ist und die unmittelbare Volkswahl des Europäischen Parlamentes[14] sollte zwar größere Macht bringen — doch dies ist Programm geblieben.

Die These „Demokratieführung nur bei Wahl durch das Volk" gründet weithin in radikaldemokratischer Romantik, die dem Gewählten irgend etwas von einer unbestimmten Globalkompetenz zuerkennen will — die es gerade in der rechtsstaatlichen Demokratie gar nicht geben kann. Sie ist nur ein antikisierender Versuch, die Formel „Alle Macht geht vom Volke aus" unmittelbar in Staatsorganisation zu übersetzen[15] — das ganze Staatsrecht der

---

[12] Zu den Entscheidungsgründen des GG für den BPräs. vgl. *Füßlein/Matz*, in: JöR 1, S. 397 ff.

[13] *P. Pernthaler*, Das Staatsoberhaupt in der parlamentarischen Demokratie, in: VVDStRL 25 (1967), S. 95 (151); *H. Schambeck*, Der Verfassungsrang des Bundespräsidenten, in: Österr. Monatshefte 1974, S. 8 ff.; *H. Spanner*, Zur Stellung des Staatsoberhauptes in Deutschland und Österreich seit 1918, in: DÖV 1966, S. 619 ff.

[14] *Grabitz/Meyer*, Die Direktwahl zum Europäischen Parlament, in: NJW 1978, S. 1705 ff.; Europawahl. Pro und Contra. Begründungen und Stellungnahmen zur Direktwahl des Europäischen Parlaments, zusammengestellt von *Th. Läufer* (Materialien zur Europapolitik, Bd. 1), 1977; *P. Chr. Müller-Graf*, Die Direktwahl des Europäischen Parlaments, 2. Aufl. 1977; *Schreiber/Schrötter*, Die Wahl des Europäischen Parlaments in der Bundesrepublik Deutschland, 1978.

[15] Daraus ergibt sich jedoch nicht die Notwendigkeit „totaler Volkswahl", vgl. etwa *R. Herzog*, in: Maunz/Dürig, Kommentar zum GG, Bd. II, Stand: Juni 1978, Art. 20 Rdnrn. 33 ff. (insbes. 37 ff.); *v. Mangoldt/Klein*, Das Bonner Grundgesetz, 2. Aufl. 1957,

Bundesrepublik steht dem entgegen, so wichtige Figuren wie Bundesfinanz- oder Bundesverteidigungsminister lassen sich nur höchst indirekt, in mehrfacher Brechung, auf eine „Volkswahl" zurückbeziehen, zwischen „ihnen und dem Volke" stehen Abgeordnetenwahl, Kanzlerwahl, Ministerwahl durch den Kanzler. Beim Bundesverfassungsgericht schließlich beschränkt sich die Volks-Legitimation auf mehrstufig-indirekte Wahl, die sich praktisch in einem Benennungsrecht erschöpft.

Dann aber gilt auch die Umkehrung: Die indirekte Volkswahl des Bundespräsidenten nimmt ihm keine demokratische Führungskraft. Diese könnte ihm ohnehin nicht von einem „Volk" übertragen werden; sie kommt, wenn überhaupt, aus den Befugnissen seines Amtes und deren Gehalt an „persönlicher Gewalt". Und könnte seine Führungschance nicht gerade darin liegen, daß er nicht direkt gewählt ist, daß er so weit von der fluktuierenden Basis entfernt steht? Denn wer nicht aus ihr herauskommt, dem kann sie nicht morgen den Recall entgegenhalten. Könnte es nicht eine demokratische Führungsaufgabe sein, die Volksherrschaft aus dem wahlfixierten Radikaldemokratismus herauszuführen, in einen demokratischen Konstitutionalismus hinein, dessen Führer sich auf die Verfassung, nicht auf das „Volk" berufen?

Die fehlende Volkswahl als solche ist kein Führungshindernis.

IV. Pouvoir neutre — Absage an Führung?

Die Stellung des Staatsoberhaupts wird in erster Linie durch die „Neutralität" dieses höchsten Amtes im Staat bestimmt[16], das über den Gewalten und den politischen Kräften steht. Bedeutet dies notwendig Führungsverzicht?

Aus radikaldemokratischer Sicht sicher. Für sie kann ja politische Entscheidung nur – aus dem Willen der Basis heraus – über Wahlen in den Staat hineinwachsen. Ein Pouvoir neutre schwebt dann wie der Geist Gottes über den Wassern, seine Schöpfung sich selbst überlassend. Diese Figur beobachtet und vertritt, sie bewegt nicht. Wenn sie sich in ihrer Neutralität mit keiner der politischen Kräfte identifizieren darf, wie könnte sie dann anstoßen, durchsetzen — führen?

Bd. 1, Art. 20 Anm. V/5a (S. 597); *W. Thieme*, „Alle Staatsgewalt geht vom Volke aus", in: JZ 1955, S. 657 ff.

[16] *K. Doehring*, Der „pouvoir neutre" und das GG, in: Der Staat 3 (1964), S. 201 ff.; *R.-R. Grauhan*, Gibt es in der Bundesrepublik einen „pouvoir neutre"?, Diss. Heidelberg, 1959; *W. Kaltefleiter*, Die Funktionen des Staatsoberhauptes in der parlamentarischen Demokratie, 1970; *F. Knöpfle*, Das Amt des Bundespräsidenten in der Bundesrepublik Deutschland, in: DVBl. 1966, S. 713 ff.; *Th. Maunz*, in: Maunz/Dürig, Kommentar zum GG, Bd. II, Art. 54 Rdnr. 4; *H. Winkler*, Der Bundespräsident — Repräsentant oder Politiker?, 1967.

Doch solche Gedanken werden kaum je zu Ende gedacht — an ihm müßte nämlich notwendig die Abschaffung der Institution stehen. Wie man einen untätigen, fernen Gott vergessen muß, so müßte man auf das in tatenlose Neutralität eingesperrte Staatsoberhaupt verzichten, von dem *Napoleon* einmal ohne Respekt gesagt haben soll, er wolle sich nicht wie ein solches Schwein im Schlosse mästen lassen. So absolut gesetzt ließe sich auch das Neutralitätsgebot überhaupt nicht durchhalten. Das Staatsoberhaupt dürfte ja dann keinerlei Erklärung von auch nur einigem politischem Gewicht mehr abgeben, seine aufwendigen Staatsbesuche wären Verschwendung öffentlicher Mittel, ein Komparse stünde an der Spitze des Staates. Zugleich würde Etikettenschwindel betrieben — was im Grunde nur Ausdruck der Regierungspolitik ist, würde mit der Weihe des neutralen, allerhöchsten Staatsinteresses dem Volk und anderen Staaten „zum Glauben vorgestellt". Das Staatsoberhaupt würde damit zur fleischgewordenen Machtprämie für Bundesregierung und parlamentarische Mehrheit, die, mit der Weihe des Neutralen, nichts als Parteiliches verfolgten — und dies möglicherweise noch über die Person eines Politikers, der nicht aus ihren Reihen kommt!

So aber kann die Neutralität nicht verstanden werden, sie kann nicht auf die Alternative „Schweigen — oder Regierungspolitik" schrumpfen. Diese nämlich würde die Institution als solche „willkürlich", verfassungswidrig machen[17] — als schweigende Gewalt würde sie nur sinnlose Kosten verursachen; oder sie müßte mit dem Munde der Regierung reden, dann würde die waffengleiche politische Auseinandersetzung verfälscht – was das Bundesverfassungsgericht doch stets hat vermeiden wollen[18] – durch das Eintreten des obersten Vertreters des Staates für eine Partei.

Was der Bundespräsident sagen, die Interessen, welche er vertreten darf und muß, das „Neutrale" also, was ihn legitimiert, es ist etwas „ganz anderes" als parteigeprägte Regierungspolitik. So allein rechtfertigt sich ja die Institution der „Gegenzeichnung"[19]; über sie soll koordiniert werden, was an sich aber heterogen ist – die neutralen Staatsinteressen und die parteigepräg-

---

[17] Verfassungswidrigkeit infolge von Willkür (Art. 3 Abs. 1 GG) kann es nicht nur im materiellen Verfassungsrecht geben, sie muß auch im Organisationsrecht anerkannt werden, dann nämlich, wenn sich „kein vernünftiger Grund finden läßt", der irgendeine Kompetenzausübung des Organs noch rechtfertigen könnte.

[18] Vgl. z.B. BVerfGE 44, 125 ff.; 20, 56 ff.

[19] *H. Biehl*, Die Gegenzeichnung im parlamentarischen Regierungssystem der Bundesrepublik Deutschland, 1971; *R. Herzog*, Entscheidung und Gegenzeichnung, in: FS für G. Müller, 1970, S. 117 ff.; *J. Kastner*, Die Gegenzeichnung im deutschen Staatsrecht, Diss. Münster 1962; *M. Nierhaus*, Entscheidung, Präsidialakt und Gegenzeichnung, 1973; *W-R. Schenke*, Bonner Kommentar, Art. 58 Rdnrn. 25 ff.; *A. Schulz*, Die Gegenzeichnung, 1978; *K. Servatius*, Die Gegenzeichnung von Handlungen des Bundespräsidenten, Diss. Köln 1960.

ten Regierungsinteressen. Hier mag Einigungszwang sein — Kapitulationszwang des Staatsoberhaupts hat das Grundgesetz nicht normiert. Für einen „Vorrang der Regierung“ bei der Gegenzeichnung gibt es keinerlei verfassungsrechtlichen Anhaltspunkt, es sei denn aus unbeweisbaren Vorverständnissen eines Radikaldemokratismus heraus. Ein Bundespräsident, der nur schweigen oder wie die Regierung reden darf, ist eine unsinnige Figur.

Es ist Zeit, ein ängstliches Fehlverständnis des Grundgesetzes zu überwinden, das nur historisch erklärbar ist: In Jahrhunderten ist der englische König vom Autokraten zum Verleser von Regierungserklärungen abgesunken – ein gewähltes demokratisches Staatsorgan muß man nicht deshalb heute an diesem Endpunkt ansiedeln. Ihm fehlt die historische, traditionsgeladene Integrationskraft. Doch dies gibt ihm auch wieder eine ganz andere politische Mächtigkeit. Schließlich ist er nicht nur geboren, sondern in einem aufwendigen Verfahren gewählt, er ist ein Staatsorgan, das sich und seine Ausgaben rechtfertigen muß; dies aber vermag er nur darin, daß er sich als Vertreter überparteilicher, höherer Interessen darstellt. Wo steht geschrieben, daß diese stets den parteigeprägten Belangen zu weichen haben, welche Verfassungsbestimmung zwingt das Staatsoberhaupt, immer sorgsam jedem „Zusammenstoß mit dem Volkssouverän“ auszuweichen? Daß hier Einigung stattfinden muß, sagt doch nichts aus über die Priorität der Belange, die aufeinandertreffen. Das Grundgesetz stellt ein Richtergremium über die Vertreter des Volkssouveräns, warum nicht auch ein Staatsoberhaupt über die Regierung — gerade wenn das Bundesverfassungsgericht Streitigkeiten zwischen ihnen zu schlichten berufen ist?

Sieht man so die Neutralität des Staatsoberhaupts, so können sich aus ihr nicht neue Führungsrechte ergeben, es folgt aus ihr geradezu eine demokratische Führungspflicht: Der Bundespräsident hat Entscheidungen zu treffen und durchzusetzen, welche die Mittelpunkte der Staatsmacht betreffen, und dies hat aus einem Zentrum echter „persönlicher Gewalt“ heraus zu erfolgen; d.h. aber[20]: Er hat zu führen.

Ob die Amtsinhaber dies wollen oder nicht — die Verfassung will es, und nicht nur über den Amtseid des Staatsoberhaupts[21], sondern indem sie diese aufwendige Institution mit all ihren Kompetenzen geschaffen hat, nicht als eine Schattenregierung, sondern als eine eigenständige Gewalt, die eigenständige Interessen zu vertreten hat. Auch hier muß ja schließlich das Funktiona-

---

[20] Nach dem oben (II) Dargelegten.

[21] *C. Arndt*, Das Prüfungsrecht des Bundespräsidenten, in: DÖV 1958, S. 604 (605); *J. Kniesch*, Die Stellung des Bundespräsidenten nach Grundgesetz und Staatspraxis, in: NJW 1960, S. 1325 (1327); *H. Nawiasky*, Die Grundgedanken des Grundgesetzes für die Bundesrepublik Deutschland, 1950, S. 113; *W. Strauß*, Der Bundespräsident und die Bundesregierung, in: DÖV 1949, S. 272 (274).

litätskriterium angewendet werden, das sich immer häufiger in der Rechtsprechung des Bundesverfassungsgerichts findet[22] — eine Institution, die der Verfassung so teuer ist, darf doch nicht in Staatsnotablierung leerlaufen. Ihr Nutzen, ihre Besonderheit liegt gerade darin, daß sie – ganz anders als Kanzler und Regierung – sehr persönlich führen kann und deshalb auch führen muß.

V. Hat das Staatsoberhaupt die nötige „Führungsmacht"?

1. Der Einwand liegt nahe: Der entmachtete Protokollpräsident des Grundgesetzes habe gar keinen Herrschaftsspielraum. Alle wichtigeren Kompetenzen, welche ihm die Verfassung mehr überlasse als gebe, bezeichneten gerade das Gegenteil dessen, was von einer wie immer verstandenen „Führung" zu erwarten wäre:

- Der Bundespräsident als *Staatsnotar:* Ernennungen, Ausfertigungen und Veröffentlichungen, völkerrechtliche Bevollmächtigungen — wenn in all dem nur ein „formelles Prüfungsrecht" ausgeübt wird[23], so hat diese Tätigkeit allerdings keine Spur von Führungsgehalt. Es ist wohl keine deutlichere Gegenfigur zu der des „Führers" vorstellbar als die des Notars — er ist der vorsichtige, sichernde Begleiter, nicht der gipfelstürmende Initiator. Das Staatsoberhaupt wird hier als eine Art von Großkanzler oder Siegelbewahrer für einen Monarchen verstanden, den es längst nicht mehr gibt.

- Das Staatsoberhaupt als *Überbrückungsgewalt:* Hier sind vor allem jene Befugnisse angesprochen, über welche der Bundespräsident politische Pattsituationen überwinden soll, insbesondere durch Auflösung des Bundestages (Art. 68 GG) oder im Gesetzgebungsnotstand (Art. 81 Abs. 1 GG)[24]. Wird hier das Staatsoberhaupt nicht in einer Funktion tätig, welche wiederum einen Gegenpol zu jeder Form von Führung bezeichnet? Hier wird doch nichts durchgesetzt, keine Macht ausgeübt, ein Machtvakuum

[22] Z.B. BVerfGE 22, 180 (210); 11, 168 (184).

[23] *E. Friesenhahn*, Zum Prüfungsrecht des Bundespräsidenten, in: FS für G. Leibholz, Bd. 2, 1966, S. 679 ff.; *ders.*, in: VVDStRL 16 (1958), S. 71 Anm. 11; *K. Rhode*, Die Ausfertigung der Bundesgesetze, 1968, S. 51 ff.; *W. Wertenbruch*, Für und Wider das materielle Prüfungsrecht des Bundespräsidenten, in: DÖV 1952, S. 202.

[24] *G. Kretschmer*, in: Parlamentsauflösung, 1974, S. 28; *H.C.F. Liesegang*, in: I. v. Münch, GG-Kommentar, Bd. 2, 1976, Art. 68 Rdnr. 6; *Th. Maunz*, in: Maunz/Dürig, Kommentar zum GG, Bd. II, Art. 68 Rdnr. 4 m.w.N.; *H. Nawiasky*, Der Einfluß des Bundespräsidenten auf Bildung und Bestand der Bundesregierung, in: DÖV 1950, S. 161 ff.; *Nierhaus* (Fn. 19), S. 51 ff. m.w.N. zur h.L.; *Schmidt-Bleibtreu/Klein*, Kommentar zum GG, 5. Aufl. 1980, Art. 68 Rdnr. 4.

wird überbrückt. Ein Lückenfüller als Führer? Die Vorschlagsgewalt, der Hersteller vorläufiger Zustände als Leitungsgestalt?

- Der Präsident als *Konsensorgan:* Stellt das Staatsoberhaupt in Reden – und Taten – nur „das Gemeinsame“ heraus, so ist auch dies kaum ein typisches „Führungsverhalten“, welchen Inhalt man immer diesem Begriff geben mag. Einerseits ist daran so vieles selbstverständlich, daß es ungesagt bleiben könnte, jedenfalls trägt dieser gemeinsame Nenner so weniges von politischem Gewicht, daß daraus Führungswirkung nicht erwachsen wird. Vor allem aber fehlt das Bewegende, Durchbrechende, jene Führung, die neue Horizonte eröffnet. „Führung“ ist weit mehr Anstoß – aber damit auch Stein des Anstoßes –, Durchbruchsgewalt, als eine „Ratifikationskompetenz erreichter Konsense“. Abgesehen davon, daß damit wieder eine notarähnliche Festschreibungsaufgabe zu erfüllen ist – das Staatsoberhaupt wird auf diese Weise in eine konservierende, wenn nicht konservative Rolle in einem politisch bedenklichen Sinne gedrängt – in das Gegenteil einer stets zukunftszugewandten, novationsoffenen Führung.

Alle diese Aspekte eines „Minimalverständnisses des Staatsoberhaupts“ lassen sich in einem zusammenfassen: Der Protokollpräsident als bestätigende Kontinuitätsinstanz — denn eine „Gewalt“ kann man das nicht nennen.

Ein solches Präsidentenverständnis ist längst und völlig überlebt. Es schleppt Vorstellungen einer Negativ-Monarchie mit sich fort; die Figur des Staatsoberhauptes ist nur mehr historischer Beweis für die Entmachtung eines Feudalismus, die vor Jahrhunderten begonnen hat und seit Generationen abgeschlossen ist. Hier wird nichts anderes geboten als eine historisierende Auslegung, von einer Dimension, wie sie sonst der Dogmatik des Grundgesetzes völlig unbekannt ist. Man hat häufig die Befugnisse des Staatsoberhaupts im einzelnen aus der Stellung interpretieren wollen, die ihm nach dem Grundgesetz „insgesamt“ zukommt[25] — wobei diese dann, in offenem Zirkel, wieder aus den einzelnen Kompetenzen ermittelt wird; derartige Wortauslegung muß unfruchtbar bleiben. Eine andere Überlegung ist weit einfacher: Wer das Staatsoberhaupt derart einengt, wozu benötigt er es überhaupt — als oberstes Staatsorgan, als Spitze des Staates? Für Ausfertigung und Veröffentlichung kann deren Parlamentspräsident sorgen, Ernennungen von Rang der Kanzler vornehmen – oder die Regierung –, der erste Vorschlag zur Kanzlerwahl mag auch schon aus der Mitte des Bundestages kommen, und Konsenswahrheiten brauchen entweder gar nicht verkündet zu werden, oder sie werden in Resolutionen des Parlamentes deutlicher.

---

[25] *U. Hemmrich,* in: v. Münch (Fn. 24), Art. 54 Rdnr. 3; *Maunz* (Fn. 24), Art. 54 Rdnr. 5; *Stern,* Staatsrecht II (Fn. 4), § 30 III / 2, S. 217 / 8.

Wenn der Bundespräsident nur Vollzugsorgan der Regierung wäre, so hätte er keine einzige Kompetenz, die nicht entweder überflüssig wäre oder nicht von einem anderen Staatsorgan, vielleicht sogar von einem untergeordneten Beamten, besser wahrgenommen werden könnte.

2. Wollte man gar das Staatsoberhaupt dazu zwingen, keine Äußerung zu tun, keine Handlung vorzunehmen, mit welcher es sich in Widerspruch zur Bundesregierung oder zum Bundestag setzen könnte, so entstünde nicht nur die staatsrechtliche Karikatur einer überflüssigen Nachbet-Figur, es würde vom Staatsoberhaupt ein geradezu menschenunwürdiges Verhalten verlangt: Nicht nur im Amt dürfte sein Inhaber nichts Persönliches äußern, selbst in seinem privaten Bereich, der eben hier vom amtlichen so schwer zu trennen ist[26], wäre er nicht der Erste Bürger eines freien Landes, sondern der absolut Fremdbestimmte unter immer stärker Emanzipierten, der „Unfreieste aller".

Die Staatspraxis hat nie den Bundespräsidenten in solche „Organschaft" genommen; weil sie aber doch in unsicherer Sorge nicht ganz von den Minimalvorstellungen des Protokollpräsidenten loskommt, hat sie und hat die öffentliche Meinung den deutschen Staatsoberhäuptern nach 1945 im Grunde Unmögliches zugemutet: In machtverdünnte Atmosphäre gesetzt sollen sie mit einer wahrhaft wundersamen Kraft der Persönlichkeit „aus ihrem Amt etwas machen" — gerade das, wozu man ihnen vorher alle Befugnisse streitig macht, sie zumindest anzweifelt: demokratische Führung.

Darf die Demokratie, die rationale Staatsform par excellence, zu solchen unfaßbaren, transinstitutionellen, moralisierenden, ja geradezu staatsromantischen Gedanken ihre Zuflucht nehmen — sie, die als weltanschaulich neutrale Ordnung doch gerade Staatsmoral nicht kennen kann[27]? Darf sie das Staatsoberhaupt, den „moralischen Führer der Nation", institutionell allein lassen?

VI. Die Führungsmacht des Präsidenten

1. Sie darf es nicht. Und deshalb ist ein Dreifaches von Staatsrechts wegen festzustellen.

- Der Bundespräsident hat in Ausübung aller seiner Befugnisse ein *volles materielles Prüfungsrecht*, wie dies weithin bereits der herrschenden Lehre

[26] Beispiele bei *Schmidt-Bleibtreu/Klein* (Fn. 24), Art. 58 Rdnr. 1; *Maunz* (Fn. 24), Art. 58 Rdnr. 3 m.w.N.; *I. v. Münch*, Grundbegriffe des Staatsrechts II, 1976, S. 162.

[27] *J. Isensee*, Verfassungsgarantie ethischer Grundwerte und gesellschaftlicher Konsens, in: NJW 1977, S. 545 ff.

entspricht[28]. Nur dort bleibt es ihm versagt, wo er nach der Verfassung ausdrücklich handeln, etwa den gewählten Kanzler ernennen muß (Art. 63 Abs. 2 S. 2, Abs. 4 S. 2 GG). Über den klaren Verfassungswortlaut darf man sich nicht hinwegsetzen. Es gibt keine Auslegung, nach der ein Organ seine Kompetenz im Zweifel nach dem Willen eines anderen auszuüben hat. Und der Wortlaut des Gegenzeichnungsartikels (Art. 58 GG) spricht gerade *für* diese Interpretation: Sie geht von einem Handeln des Bundespräsidenten aus, das Kanzler oder Minister zu billigen, nicht jenem vorzuschreiben haben. Mit welcher Begründung sollte auch etwa im Falle der Ernennung, wo das materielle Prüfungsrecht allgemein anerkannt wird[29], etwas anderes gelten als bei Akten der Auswärtigen Gewalt? Und warum sollte sich ein Staatsoberhaupt dem Parlament beugen müssen, das ihn gewählt hat, nicht aber der Regierung? Hier steht nichts als historische Spekulation entgegen, der Wortlaut der Verfassung verlangt das volle materielle Prüfungsrecht.

- Das Staatsoberhaupt hat ein *Initiativrecht*, wo es nicht von der Verfassung ausdrücklich an die Vorschläge und Akte einer anderen Gewalt gebunden ist, wie im Falle der Ausfertigung und Verkündung der Gesetze. Es darf daher der Regierung gegenüber außenpolitisch aktiv werden und ihr seinerseits Ernennungsvorschläge zuleiten. Wo steht geschrieben, daß es reine Blockadegewalt ausübe? Und wenn der Kanzler dafür gegenüber dem Bundestag Verantwortung übernehmen muß[30], so kann er sie doch tragen,

[28] *C. Arndt*, Das Prüfungsrecht des Bundespräsidenten, in: DÖV 1958, S. 607; *W. Härth*, Die Befugnis des Präsidenten des Abgeordnetenhauses zur Prüfung verabschiedeter Gesetze auf ihre Verfassungsmäßigkeit, in: JR 1978, S. 489 ff.; *O. Kimminich*, in: VVDStRL 25 (1967), S. 85; *D. Rauschning*, Die Sicherung der Beachtung von Verfassungsrecht, 1969, S. 160 ff.; *F. Schack*, Die Prüfungszuständigkeit des Bundespräsidenten bei der Ausfertigung von Gesetzen, in: AöR 89 (1964), S. 80 ff.; *H. Schäfer*, Das materielle Prüfungsrecht bei der Ausfertigung von Gesetzen, in: DVBl. 1951, S. 434 ff.; *U. Scheuner*, Das Amt des Bundespräsidenten als Aufgabe verfassungsrechtlicher Gestaltung, 1966; *ders.*, Probleme und Verantwortung der Verfassungsgerichtsbarkeit in der Bundesrepublik, in: DVBl. 1952, S. 293 (298); vgl. ferner die Nachw. zum Streitstand bei *J. Mewing*, Die Prüfungskompetenz des Bundespräsidenten bei der Gesetzesausfertigung ..., Diss. Hamburg, 1977, S. 39 ff. und *Nierhaus* (Fn. 19), S. 92 f.

[29] Ein rechtl. Nachprüfungsrecht nehmen etwa an: *K. Hesse*, Grundzüge des Verfassungsrechts der Bundesrepublik Deutschland, 12. Aufl. 1980, S. 262 f.; *E. Stein*, Staatsrecht, 6. Aufl. 1978, S. 38; *R. Weber-Fas*, Zur staatsrechtlichen Stellung des Bundespräsidenten, in: FS für K. Duden, 1977, S. 697; für ein sachliches Nachprüfungsrecht s. z.B. *Th. Eschenburg*, Die Richtlinien der Politik im Verfassungsrecht und in der Verfassungswirklichkeit, in: DÖV 1954, S. 193 (198 f.); *Hamann/Lenz*, Das GG, 3. Aufl. 1970, Erl. zu Art. 64; *H. Herrfahrdt*, in: VVDStRL 8 (1950), S. 61 f. (ebd. *W. Merk*, S. 61; *W. Schätzel*, S. 61); *H. Kaja*, Ministerialverfassung und Grundgesetz, in: AöR 89 (1964), S. 381 (417); *H. Schneider*, Die Regierungsbildung nach dem Bonner Grundgesetz, in: NJW 1953, S. 1330 (1332).

[30] Wie es überwiegender Lehre entspricht, vgl. *O. Rojahn*, in: v. Münch (Fn. 24), Art. 59

wenn ihm ein Veto über Gegenzeichnung zusteht. Oder gäbe es einen Satz des deutschen Staatsrechts, nach dem parlamentarische Verantwortung nur für das zu übernehmen ist, was die Regierung „ganz allein gestalten kann", nicht auch dort, wo sie immerhin hätte verhindern können? Wäre dem so, dann gäbe es in einem Staat freier Wirtschaft keine wirtschaftspolitische Verantwortung — überhaupt keine parlamentarische Verantwortung mehr. Wo also der Bundespräsident Befugnisse besitzt, welche Initiative ermöglichen, steht ihm das Initiativrecht zu.

– Das *Gegenzeichnungsrecht* der Regierung ist nach dem klaren Wortlaut des Grundgesetzes *auf Anordnungen und Verfügungen des Bundespräsidenten zu beschränken*[31], d.h. auf Maßnahmen mit Rechtswirkungen. Die Ausdehnung dieser Bestimmung auf „jede politisch relevante Äußerung" ist eine unerträgliche interpretatio contra legem in einem normativ geprägten Verfassungsstaat. Das Grundgesetz spricht von der „Gültigkeit" dieser Anordnungen und Verfügungen, nur zu ihr ist die Gegenzeichnung erforderlich, als reine „politische Meinungsäußerungen" sind sie gar nicht gegenzeichnungsfähig und schon deshalb nicht gegenzeichnungsbedürftig. Wer will das Staatsoberhaupt daran hindern, öffentlich zu erklären, es halte den A für den besten deutschen Botschafter in Moskau — selbst wenn die Regierung dem dann nicht zustimmt? Vor allem: Eine „Äußerung" kann begrifflich gar nicht „gültig" sein – schon deshalb scheidet „Gegenzeichnung" ihr gegenüber aus – ganz abgesehen von den abwegigen Konstruktionen einer „stillschweigenden Gegenzeichnung"[32], zu denen sich die Gegenmeinung gedrängt sehen muß.

In seinen Anordnungen muß das Staatsoberhaupt sich mit der Regierung einigen, seine Meinungen sind gegenzeichnungsfrei — auch *seine* „Gedanken sind zollfrei".

2. Warum sollte gegen ein solches Vorverständnis der Befugnisse des Staatsoberhaupts die Angst eines Staats beschworen werden, der „in sich uneins ist und zerfällt"? Bundespräsident und Bundeskanzler, Staatsoberhaupt und Parlament stehen doch ebenso in faktisch-politischem Einigungszwang, keiner von ihnen kann in Konfrontation rücksichtslos überziehen. Die alten Konfliktmodelle, die seit Jahrhunderten die amerikanische Demokratie in

---

Rdnr. 7; *D. Seidel*, Der Bundespräsident als Träger der auswärtigen Gewalt, 1972, S. 151 ff.; *Stern*, Staatsrecht II (Fn. 4), § 30 III/3, S. 224 m.w.N.

[31] Über eine mehr einschränkende Interpretation vgl. *Friesenhahn* (Fn. 23), S. 693 Anm. 27; *K. Kröger*, Die Ministerialverantwortlichkeit in der Verfassungsordnung der Bundesrepublik Deutschland, 1972, S. 89; *v. Mangoldt/Klein* (Fn. 15), Art. 58 Anm. IV 1 d, S. 1112 f.; *H. Maurer*, Hat der Bundespräsident ein politisches Mitspracherecht?, in: DÖV 1966, S. 671 Anm. 25; *Seidel* (Fn. 30), S. 130 f.

[32] Dazu *Maunz* (Fn. 24), Art. 58 Rdnr. 2 (Gegenzeichnung in Form der „Billigung").

unauflöslichen Schwierigkeiten hätten sehen wollen, sind durch diesen Einigungszwang Makulatur geworden, sie entstammen der Verfassungsgeometrie der aufklärerischen Staatstheorie mit ihren Rechenkünsten um das „erste und letzte Wort", die sich bis in die Weimarer Lehre fortgesetzt haben.

Der Einigungszwang bringt sicher erhebliche Anarchiegefahr[33], doch die Demokratie will sie laufen, sie läuft sie überall. Bundestag und Bundesrat haben sich doch auch zu einigen, selbst wenn sie von unterschiedlichen politischen Mehrheiten beherrscht werden, obwohl hier ja die Konfrontationsgefahr politisch weit stärker ist als zwischen Staatsoberhaupt und Kanzler. Ein Staat schließlich, dessen oberstes Gericht es zuläßt, daß der Gesetzgeber zentrale Vorgänge des Gemeinschaftslebens dem Patt der Mitbestimmung überläßt[34] — warum sollte er das Patt an der Staatsspitze als unauflöslich erklären? Und wenn es einmal eintritt — bestimmt die Verfassung, daß es stets ein Nachteil sei?

Entscheidend aber ist noch ein anderes dafür, daß eine „tödliche Staatsgefahr" aus Präsidentenmacht nicht drohen kann. Präsident und Kanzler – denn sie sind doch die Hauptpartner – verhandeln ganz wesentlich konfliktlos, „im Dialog wird erledigt", selbst dort, wo der Präsident de facto ein volles Prüfungsrecht in Anspruch nimmt. Sicher würde dessen allgemeine Anerkennung ihn selbstbewußter machen, manchen Dialog mit Kanzler und Regierung anders wenden. Die meisten Fälle aber würden doch erledigt wie bisher, und die „technische Übermacht" der Regierung mit ihren Beamten und Stäben könnte kein „noch so politischer" Präsident in Einzelheiten brechen.

3. Gerade dann und deshalb würde er durch Befugnisse, wie sie hier verstanden werden, zu dem gebracht, was die Demokratie braucht: zum Staatsoberhaupt als einem demokratischen Führer.

Die Führungsmacht steht ihm dann ja zu: Bei allen Entscheidungen von Gewicht besitzt er zumindest ein Veto – selbst bei der Gesetzgebung – dessen Ankündigung orientierend wirken kann. Initiativen vermag er institutionell in der Außen- und Personalpolitik auf breiter Front zu unternehmen, im übrigen durch politisch relevante Äußerungen. Die Verbindung von ankündigender und kritischer Äußerung, institutioneller Initiative und Veto, sichert ihm ein politisches Gewicht von entscheidender Kraft, trotz allem Einigungszwang mit anderen Staatsinstanzen.

---

[33] Wie bei *Leisner*, Die demokratische Anarchie (Fn. 1), vor allem im Kapitel über die Mitbestimmung nachgewiesen ist (S. 365 f.).

[34] BVerfGE 50, 290 (336 ff.).

Eines allerdings wird einer solchen Führung stets nur sehr abgeschwächt zukommen, was oben (II 2) als ihr Wesen erkannt wurde: die alleinige, unmittelbare Durchsetzungskraft. Und hier beginnt die Besonderheit der „demokratischen Führung“: Sie kann keine „institutionelle Durchbruchsgewalt“ sein, eine solche müßte die Demokratie zerstören. Sie muß sich bewähren als eine „große Anstoßgewalt zu neuen Ufern“, als eine „Macht der Diskussionseröffnung“, in der die Zukunft beginnt. Dies aber bedeutet weit mehr als eine Dogmatik es glauben kann, die noch immer in den Kategorien von Rechtsgeltung und Entscheidung verfangen bleibt, die letztlich rein normativ konstruiert, in allem und jedem.

Aus demselben Grund ist ja auch „Führung“ keine Kategorie des demokratischen Staatsrechts. Wenn es aber wahr ist, daß diese Demokratie eben doch etwas braucht wie Führertum — hier in der Figur des Staatsoberhauptes bietet sich ihr eine institutionelle Chance, sich dem zu öffnen, was sie im einzelnen sicher nicht institutionalisieren darf: im Vertrauen auf ein erfolgreiches Dialogspiel an der Spitze, auf die großen Wirkungen einer „freien Anstoßgewalt“, die sodann demokratisch bestätigt wird.

Ein solches Vorverständnis kehrt die alte Lehre vom nur-repräsentierenden Protokollpräsidenten – ein Relikt aus der Zeit einer „Gesellschaft, in der alles ‚repräsentiert‘, auch der Staat“ – völlig um: Das Staatsoberhaupt ist dann nicht mehr der vorsichtig nachvollziehende Notar, die „ewig abwartende Staatsspitze“, von ihm geht das Leuchten aus, er reflektiert nicht nur. Seine demokratische Führung kann gerade darin wirksam sein, daß sie führen darf, nicht durchführen muß, vor allem aber darin, daß sie unbelastet anstoßen darf, in einer interessenentrückten Höhe, die schon als solche ganz eigenartige Führungskraft verleiht.

VII. Das Staatsoberhaupt als „demokratische Persönlichkeitskraft“

1. Zur Führung genügt nicht die Macht, sie muß in den Formen einer persönlichen Gewalt ausgeübt werden, in demokratischer Persönlichkeitskraft.

Dies bedeutet keineswegs, daß sie sich aus der Person des Präsidenten, aus ihren Eigenschaften, ihrer Vorzüglichkeit legitimieren muß — im Gegenteil! Wer vom Staatsoberhaupt das verlangt, was von ihm nun schon solange erwartet wird, daß er nämlich durch seine persönliche Qualität in einem schwächlichen Amte erstarke, der denkt gerade nicht demokratisch, sondern in den charismatischen Kategorien einer nostalgisch-monarchischen Transzendenz — er will den Präsidenten, der sich „auf sich selbst beruft“, der „mehr ist als sein Amt“ — etwas Gefährlicheres aber gibt es doch nicht für die Demokratie als diesen „Aufruf zur Mächtigkeit aus der eigenen Person“; und die Hoffnung kann ja leicht trügen, daß dies „schon nicht zu weit führen werde“.

Konsequent in der Demokratie ist ein ganz anderes Verständnis von der „persönlichen Gewalt“ als Wesenszug auch demokratischer Führung: Die Macht kommt nicht aus der konkreten Person, sondern aus der besonderen Persönlichkeitsoffenheit der Amtsgestaltung. Sie aber ist kaum irgendwo so deutlich ausgeprägt wie beim Bundespräsidenten, in seiner institutionellen Lage kann er „seine Persönlichkeit voll und als solche“ einsetzen — und zwar ganz gleich, ob sie nun „stark“ sei oder „schwach“. Ein Axiom der Führung ist ja auch hier wieder eine Version von „Verstand durch Amt“: Je mehr „Persönlichkeit als solche“ an der Spitze wirken darf, desto stärker wird sie, desto mehr „wird dort Führung“. Die demokratische Führung schafft den demokratischen Führer.

2. Die Figur des Bundespräsidenten erfüllt alle Voraussetzungen einer solchen Persönlichkeitsentfaltung, sie ergibt nur dann einen tieferen Verfassungssinn, wenn diese persönliche Führung ihre Aufgabe ist, nur dann wird aus ängstlich begrenzendem Verfassungsrecht positive Verfassungskraft, Grundentscheidung zu etwas. Einige Bemerkungen mögen dies nahebringen:

- Das Staatsoberhaupt soll *überparteilich* sein, sich also mit keiner politischen Richtung, mit keiner wirtschaftlichen oder gesellschaftlichen Gruppierung identifizieren[35]. Dies gibt ihm die entscheidende „Führungsdistanz“ zu den politisch relevanten Kräften, welche ihm führende Anstöße aus all diesen Kämpfen und Rücksichtnahmen heraus gestattet. Führung verdient ihren Namen gerade darin, daß sie Verkrustungen durchbricht, über herkömmliche Fronten hinweggeht, keine Rücksicht auf lange eingenommene Positionen nimmt — all dies mit der Kraft der Entscheidung hinter sich läßt. Viele verstehen die Überparteilichkeit nur als Zurückhaltungsverpflichtung. Dieses negative Verfassungsverständnis muß einem positiven weichen: Überparteilich ist der Präsident, weil er über alles Parteiliche hinweggehen darf, über die Rücksicht auf andere, aus seiner Persönlichkeit allein heraus.

[35] *U. Hemmrich*, in: v. Münch (Fn. 24), Art. 55 Rdnr. 8 m.w.N.; *D. Hömig*, Designierter Bundespräsident und Mitgliedschaft in der Bundesregierung, in: DÖV 1974, S. 799; *v. Mangoldt/Klein* (Fn. 15), Art. 55 Anm. II/3, S. 1087; *Stern*, Staatsrecht II (Fn. 4), § 30 II/4, S. 204; *D. Tsatsos*, Die Inkompatibilität zwischen Bundespräsidentenamt und parlamentarischem Mandat, in: DÖV 1965, S. 597 ff.

- Das Staatsoberhaupt ist *nicht verantwortlich*[36]. Das protokollarische Verständnis fügt hier eine negative Verfassungsdeutung zur anderen und widerspricht sich darin selbst: Der Präsident hat nach ihm kaum Befugnisse — und deshalb soll ihn auch niemand zur Verantwortung ziehen dürfen. Als ob dies nötig wäre, wenn er ohnehin nichts zu bewirken vermag! Und ein reiner radikaldemokratischer Zirkel ist es, aus der Unverantwortlichkeit zu schließen, deshalb müsse „er auch politisch gewichtslos bleiben", weil dies sonst „demokratisch unerträglich" wäre. Im Falle der Verfassungsrichter, aller obersten Richter, wird es doch auch und ohne Diskussion hingenommen.

  In Wahrheit sichert diese Unverantwortlichkeit die Führungsrolle des Staatsoberhaupts. Es ist nur seiner Entscheidung, seinem Gewissen, seiner Persönlichkeit unterworfen. Das Wesen der Führung liegt gerade darin, daß sie in ihren konkreten Entscheidungen sanktionsfrei ist, daß die eigentlichen Führungssanktionen ganz anderer Art sind: Sie treffen erst nach einer gewissen Zeit, infolge eines Anhäufungseffekts verfehlter Führungsmaßnahmen, wenn also das „Vertrauenskapital" verbraucht ist — dann aber auch vollständig und endgültig. So hat eben der Bundespräsident fünf Jahre wirkliche Führungszeit zur Entfaltung seiner politischen Persönlichkeit.

- Eine ungeschriebene Voraussetzung für das Präsidentenamt ist *stets die „Persönlichkeit" gewesen*, der Mensch, welcher unabhängig von all den politischen Mächtigkeiten zu wirken vermag, die sonst in der Volksherrschaft den Ton angeben. Gerade diejenigen, welche den Protokollpräsidenten wünschen, könnten die Institution als solche überhaupt nur halten, wenn sie ihrer Persönlichkeit die Kraft zutrauen, ein Defizit an Amtsbefugnissen durch Persönlichkeit auszugleichen. Warum soll diese sich dann im Nachreden von Regierungsmeinungen erschöpfen, und was bleibt denn noch „außerhalb" für die „Persönlichkeit des Präsidenten", wenn er dazu verdammt wird?

  Er ist es nicht, wie dargelegt. Weil aber Konsens jedenfalls darin besteht, daß dies ein „Persönlichkeitsamt" par excellence ist, erhält die ganze Institution ihren Sinn auch nur im Einsatz dieser einen, unauswechselbaren Persönlichkeit — in einer „sehr persönlichen Führung".

Nach diesem Verständnis vom Staatsoberhaupt muß der Bürger diese Persönlichkeit und ihre Führung „eben hinnehmen wie sie ist", mit Licht und

---

[36] *Giese/Schunck*, GG für die Bundesrepublik Deutschland, 9. Aufl. 1976, Art. 58 Anm. II/3; *Hamann/Lenz* (Fn. 29), Anm. zu Art. 58, S. 260; *Maunz* (Fn. 24), Art. 58 Rdnr. 1; *E. Menzel*, Bonner Kommentar, Art. 58 Anm. II/6 b; *Praß*, Die Bundesorgane, in: DVBl. 1949, S. 317 (323); *Stern*, Staatsrecht II (Fn. 4), § 30 II 7, S. 213.

Schatten, mit Größen und Schrullen — als ob er all dies nicht auch täglich bei Abgeordneten und Parlamenten zu ertragen hätte, auch für vier Jahre immerhin. Oder werden die Schwächen Vieler zur Stärke? Hier beginnt radikaldemokratische Mythologie.

Wenn es also eine Gestalt geben kann, die durch ihre Persönlichkeitskraft demokratische Führung bringt, so ist es der Super-Senator der Demokratie, das Staatsoberhaupt. Er schwebt nicht über den Institutionen des Volksstaates und er zerbricht sie nicht im Einzelbefehl, er leitet über sie. In ihm kann die Demokratie eine größere strategische Dimension gewinnen, etwas von der Kraft des Vertrauens zu Menschen, das sie als „neidige Staatsform“ so oft verfehlt.

VIII. Demokratische Führung — nur im präsidentiellen Regime?

Mit ihren protokollarischen Präsidenten hat die parlamentarische Demokratie generationenlang antimonarchische Vergangenheitsbewältigung betrieben — von den höchstkontigenten Anfängen der III. Französischen Republik an. Die Verfassungsfigur hat nie überzeugen können, in Frankreich selbst hat sie sich wenig rühmlich überlebt. Staaten mit monarchischer Tradition sind nicht analogiefähig, hier steht das protokollarische Staatsoberhaupt in einem ganz anderen Zusammenhang. Die Bundesrepublik Deutschland und Italien sind die einzigen größeren Staaten, die sich den Luxus eines Protokollpräsidenten – nach Meinung vieler Interpreten – noch leisten sollen; und doch wird es dankbar begrüßt, wenn die Staatsoberhäupter selbst aus solcher Machtlosigkeit heraus noch Führungskraft zeigen.

Die deutsche parlamentarische Demokratie hat eine Chance: Sie kann schon jetzt und ohne Verfassungsänderung demokratische Führung durch einen Bundespräsidenten entwickeln, der sein Amt voll und entschlossen ausfüllt — es einfach wahrnimmt. Daß dies bisher mit solcher Vorsicht nur nach außen hin geschehen ist, daß man glaubte, auf einen absoluten Vorrang von Parlament und Regierung Rücksicht nehmen zu müssen, den die Verfassung gar nicht kennt, daß es die Staatsoberhäupter dennoch vermocht haben, nicht zu unnötigen, teuren Staffagefiguren abzugleiten — das alles mag sie und ihre Persönlichkeit ehren, vor allem aber ihre demokratische Loyalität.

Doch dieser Staat braucht Autorität und Führung, gerade wenn er die Freiheit bewahren und vergrößern will. Juristische Umbrüche muß es nicht geben, keine präsidentielle Palastrevolution gegen Kanzler und Parlament. Doch Staatsrechtslehre und Staatspraxis sollten dem Staatsoberhaupt den Weg zu mehr demokratischer Führung freimachen, durch eindeutige Anerkennung seines materiellen Prüfungsrechts, seiner Initiativgewalt, seiner vollen politischen Redefreiheit. In Deutschland gibt es heute bereits eine erfahrene Volksherrschaft, sie hat es nicht mehr nötig, am juristischen Reißbrett Konflikte zu fixieren und Prioritäten bei Machtentscheidungen auszuzirkeln. Vielmehr sollte sie nun vertrauen — der Persönlichkeit eines immerhin breit gewählten Staatsoberhaupts, dem Bundesverfassungsgericht, das letztem Mißbrauch stets im Organstreit wehren kann, vor allem aber politischer Dialog- und Kooperationsgesetzlichkeit, welche auch den Präsidenten als demokratischen Führer stets begleiten wird.

So könnte langsam, aber sicher der alte Protokollpräsident aus der demokratischen Ahnenrolle in die demokratische Führung hineinwachsen. Die Bundesregierung aber sollte nicht in ängstlichem Organegoismus jeden Fuß breit bisherigen Staatspraxisbodens verteidigen, sondern erkennen, daß sie selbst aus dieser Führung verstärkte Legitimation, ja Macht für die Exekutive gewinnen kann. Denn sie steht eben doch einem Führer-Präsidenten am nächsten, nicht umsonst haben schon die alten Protokollpräsidenten Frankreichs Ministerräte geleitet.

Gelingt das Experiment in einer günstigen Personalkonstellation, so hat diese Demokratie entscheidend an Kraft gewonnen, an Integrationswirkung auch auf eine junge Generation, welcher der Erste Mann im Staat mehr bedeuten muß als ein Empfangschef der Nation, als ein Medaillenspender, als ein sympathischer Vertreter — früherer Moral. Eines sollten diese Blätter zeigen: daß das Staatsrecht diese Führungschance nicht versperren muß.

Wird sie nicht genutzt, so läßt sich schon heute absehen, wohin auf längere Sicht die Entscheidung laufen wird: hin zum präsidentiellen Regime amerikanischer oder französischer Prägung. Seine Ausstrahlungskraft ist beträchtlich, seine Stabilisierungswirkungen, besonders im Nachbarland, sind unbestreitbar. Die außenpolitische Handlungsfähigkeit vor allem nimmt mit dieser Form demokratischer Führung entscheidend zu — es mußte nicht erst *Ronald Reagan* dies beweisen.

Solange die relative Stabilität des parteipolitischen Gefüges sich hält, welche die vergangenen Jahrzehnte in der Bundesrepublik Deutschland gesichert hat, mag der Kanzler innen- und auch außenpolitisch stärker wirken können, als seine institutionelle Stellung es eigentlich zuläßt. Doch das parlamentarische System führt zum Kanzlerverschleiß, das wird und muß sich immer wieder, immer stärker vielleicht zeigen. Und vor den Schwächen eines Daladier-Effekts ist kein parlamentarisch Regierender sicher.

Hätte *Konrad Adenauer* seinerzeit das Präsidentenamt übernommen, so wäre dort demokratische Führung nicht mehr zum Problem geworden. Noch ist Zeit, diese Führungspotenz aufzuladen, damit so vieles zu reaktivieren, was an monarchischem Denken noch immer in Deutschland lebendig und mit der parlamentarischen Staatsform vereinbar ist. So würde die deutsche Demokratie zu einer Mischung von Staatsformelementen zurückfinden, die allein „gutes Regieren“ ermöglicht, was ein Radikaldemokratismus nur verschütten kann.

Mißlingt all dies, so wird die Demokratie sich von einem parlamentarischen Schwächeanfall zum anderen schleppen — oder sie muß das große Experiment des Präsidentialismus doch wagen. Wäre also die Verstärkung demokratischer Führung über das Staatsoberhaupt des Grundgesetzes, die so gewagt und risikoreich erscheinen mag, im Ergebnis nicht die vorsichtige — die demokratische Lösung?

Geführt muß und wird werden. Wer könnte es gefahrloser für die Freiheit des Bürgers als ein Erster Bürger, der, auf Institutionen stehend, aus sich heraus handelt?

Man hat von ihm erwartet, er solle das Staatsethos predigen. Es gilt aber staatsethisch zu handeln, als Vorbild, in Führung.

Regierung als Macht kombinierten Ermessens*

Zur Theorie der Exekutivgewalt

1. Deutschland ist stets ein Land der Regierung gewesen. Die Lehre vom Regierungsbegriff hat hier ihre bedeutendsten Vertreter gefunden — *Lorenz von Stein*[1], *Rudolf Smend*[2], *Ulrich Scheuner*[3].

Und doch bleibt noch heute offen, diskutabel, unklar, was „Regierung" ist, worin sie sich insbesondere von „Verwaltung" unterscheidet, ob Gubernative und Administrative zusammen die „Exekutive" bilden. Etwas wie ein Geheimnis scheint über einem Begriff zu liegen, in dem sich letzte Bereiche des Herrschens dem rechtsstaatlichen Rationalismus entziehen.

Das Verfassungsrecht des Rechtsstaates hat die Verwaltung aus der vermeintlichen Rechtsferne eines selbständigen Pouvoir[4] in die Überschaubarkeit einer allseits kontrollierten Funktion gestellt. Die Verwaltung ist heute eine definierte Gewalt. Doch ihr Halt, ihre Überhöhung, die Regierung — sie ist es nicht; und dies ist wiederum eine notwendige Folge des Rechtsstaats. Dieser definiert und kontrolliert Staatsgewalt zum Schutz des Bürgers in ihrer Außenwirkung, nicht aber dort, wo sie dafür (angeblich) nur ferne Voraussetzungen schafft. Und die Verwaltung ist und bleibt die Fassade der Regierung, sie liegt im Licht der Normen und Gerichtsentscheidungen, hinter sie, in den Bereich des Regierens, dringen nur obiter dicta, staatliche Theorien oder politische Kritik.

Doch in neuester Zeit ist klar geworden, daß gerade dies Innerste des Staates vom Staatsrecht erfaßt werden muß: Die großen neuen Entwicklungen der Verwaltung – Planung und Leistung – erwachsen aus Impulsen des Regierungsbereichs; Demokratisierung und Politisierung der Verwaltung

---

* Erstveröffentlichung in: Juristenzeitung 1968, S. 727–731.

[1] Verwaltungslehre, 2. Aufl., Bd. I, 1, Die Vollziehende Gewalt, 1869, S. 58 f., 69 f., 135 f.

[2] Vgl. vor allem: Die politische Gewalt im Verfassungsstaat, Festgabe für Wilhelm Kahl 1923, III, S. 15 ff.; Verfassung und Verfassungsrecht, 1928, S. 97 f.

[3] Insbes.: Der Bereich der Regierung, Smend-Festschrift, 1952, S. 253 f.; Das Wesen des Staates und der Begriff des Politischen in der neueren Staatslehre, Smend-Festschrift, 1962, S. 225 f.

[4] Zu dieser Problematik *H. Peters*, Die Verwaltung als eigenständige Staatsgewalt, Kölner Universitätsreden Nr. 33, Krefeld 1965.

machen Regierung in jeder Verwaltung wirksam; politologische Betrachtung sucht aus dem Regierungsraum eine neue Gesamtdynamik der Exekutive zu entfalten; schließlich wird die Bedeutung der Organisation als Vorbereitung administrativer Außenwirkung klar gesehen[5]. Verwaltung und Regierung können nicht mehr getrennt werden. Der Schutz des Bürgers verlangt eine Erfassung der Regierung als Vorbereitung wie als Motor des Verwaltungshandelns.

Doch auch das traditionelle organisatorische Staatsrecht kann dem nicht entraten. Bei aller Achtung vor der politischen Dynamik des Regierungsbereichs: Die Kompetenzabgrenzung innerhalb der Regierung, die zunehmende Schaffung exekutivfreier Räume der Selbstverwaltung, vor allem aber die Abgrenzung der Rechte von Parlament und Regierung verlangen eine neue staatsrechtliche Theorie der Regierung, und damit eine Besinnung auf das materielle Wesen gouvernementalen Handelns.

2. Eine solche Theorie kann nicht allein aus dem kommen, was bisher stets – in zahllosen Schattierungen – Ausgangspunkt der Lehre von der Regierung war: daß diese oberste *Staatsleitung* sei, daß in ihr der Staat *seine Einheit finde* und stets neu bewähre, oder daß sie – im Gegensatz zur gesetzesausführenden Verwaltung – wesentlich *gestaltenden* Charakter trage.

Staatsleitung i.S. der höchsten oder bedeutsamsten Entscheidungen im Staat kommt heute einer Mehrzahl von Staatsorganen in vielfacher Zuständigkeitsverbindung zu[6]: der Regierung, dem Staatsoberhaupt[7], dem Bundestag und Bundesrat, dem Bundesverfassungsgericht, in gewissen Bereichen den Ländern, in mediatisierter Form der Wählerschaft. Eine einheitliche Vorstellung von der Staatsleitung gibt es nicht mehr[8]. Sie ist ein Begriff des monarchischen Herrschens, nicht des gewaltenteilenden Regierens, in dessen scharfe Kategorien sie sich nicht einfügt.

Der Hinweis auf Schaffung und Bewährung der *Staatseinheit* in der Gubernative ist staatstheoretisch fruchtbar, soweit er die eminente Integrationswirkung gerade der Regierungstätigkeit deutlich macht[9]. Dies weist schon auf

---

[5] Vgl. dazu *E.-W. Böckenförde*, Die Organisationsgewalt im Bereich der Regierung, Berlin 1964, passim (z.B. S. 86/7).

[6] Dazu u.a. *U. Scheuner*, Smend-Festschrift, 1952, S. 285; *E. Friesenhahn*, Parlament und Regierung im modernen Staat, VVdStL 16 (1958), 9 (38): Staatsleitung steht Regierung und Parlament „gewissermaßen zur gesamten Hand zu".

[7] Dazu etwa *E. Menzel*, Ermessensfreiheit des BP bei der Ernennung der Bundesminister, DÖV 1965, 581 (vgl. insbes. S. 593).

[8] Bedenklich also BVerfGE 11, 77 (85): Nach allgemeinem Sprachgebrauch soll Regierung ein kollegial gebildetes Verfassungsorgan bezeichnen, dem die Staatsleitung obliegt.

[9] Nur darum geht es übrigens in den klassischen Ausführungen von *R. Smend*, Die politische Gewalt, Staatsrechtliche Abhandlungen, Berlin 1955, S. 68 (79/80); *U. Scheuner*, Smend-Festschrift, S. 272.

das Wesen der Exekutive als Zusammenfassung heterogener Kompetenzen (vgl. unten 3) hin, ist jedoch für staatsrechtliche Begrifflichkeit noch zu allgemein: Auch die Staatseinheit bewährt sich laufend in Akten anderer Organe, insbesondere des Parlaments und des Staatsoberhauptes. Vieles spricht dafür, daß auch die Definition des Regierens aus der Staatseinheitsbewahrung wieder eine Fortsetzung früheren Staatsrechts ist, in dem Exekutive und Staatsrepräsentation ganz wesentlich in einer Hand lagen – in der des Monarchen –, oder sie ist eine Übernahme präsidentieller Theorien. Eine föderalistische Ordnung findet nicht allein oder vor allem in ihrer Exekutive die Staatseinheit: gerade hier ist die Gewaltenteilung zwischen Bund und Ländern noch Wirklichkeit[10].

Regierungstätigkeit kann schließlich nicht als *Gestaltung* definiert werden. Rechtlich relevante Gestaltung obliegt auch dem Parlament, dem Richter: „Gestaltung" ist vieldeutig und verschwommen. Soll sie nur einen Raum bindungslosen freien Handelns bezeichnen, so ist dies mehr eine Besonderheit des Parlaments[11] als der Exekutive. Vor allem aber kann nicht Regierungstätigkeit vom Verwaltungshandeln dergestalt unterschieden werden, daß Regierung die freie Gestaltung, Verwaltung die gebundene Gesetzesausführung im Bereich der Regierung sein soll[12]: Die leistende Verwaltung[13] schafft, plant[14] — gestaltet heute wie die Spitze der Exekutive. Sie ist darin – wie in der streng gebundenen Gesetzesausführung – nichts als die äußere Form der Regierung[15]. Örtliche wie nationale Regierung haben rechtlich dasselbe Wesen, „technische" Verwaltung gestaltet ebenso wie „politische" Regierung[16].

---

[10] Zum Verhältnis der Gewaltenteilung auf Bundesebene zur Gewaltenteilung in den Ländern vgl. *W. Leisner*, DÖV 1968, 389 f.

[11] Gerade dort spricht das BVerfG laufend von Ermessen und Gestaltungsfreiheit, vgl. etwa BVerfGE 12, 319 (337); 14, 221 (238); 15, 167 (202); 17, 122 (130); 17, 210 (220) = JZ 64, 321 (322 r. Sp.); 18, 121 (124) usw. Vgl. allerdings dazu die ber. Kritik von *P. Lerche*, AöR 90 (1965), 341 (344).

[12] Der Versuch einer Bestimmung der Regierungstätigkeit aus der typisch französischen Lehre vom Regierungsakt hat sich immer als unglücklich erwiesen. Angesichts der heute nahezu vollständigen Eliminierung der Kategorie ist er ohnehin nicht mehr erfolgversprechend. Vgl. dazu *Smend* (Fn. 9), S. 79; *Scheuner*, Smend-Festschrift 1952, S. 277.

[13] Zur besonders weiten Gestaltungsfreiheit des Gesetzgebers in der Leistungsverwaltung vgl. BVerfGE 17, 1 (23); 17, 210 (216) m. Nachw.; diese Ungebundenheit wirkt sich auch zugunsten eines weiten Verwaltungsermessens aus.

[14] Vgl. *Böckenförde* (Fn. 5), S. 216/7.

[15] Vgl. BVerfGE 4, 2 f. = JZ 54, 548. Bedenklich daher *H.-W. Bayer*, Zur Richtlinienkompetenz des Bundeskanzlers, DÖV 1965, 753 (754).

[16] *H. Peters* sieht im Ergebnis wenigstens Regierung und Verwaltung in ihrer Ungebundenheit doch als Einheit; vgl. etwa: Verwaltung ohne gesetzliche Ermächtigung, Festschrift für Hans Huber, Bern 1961, S. 206 (214/5); vgl. dazu auch *M. Drath*, Die Gewaltentei-

3. Die Theorie der Exekutive im deutschen Staatsrecht leidet von jeher unter einem grundlegenden Mißverständnis, das nur im Land der allgemeinen Staatslehre aufkommen konnte: Was die allgemeine Staatslehre zur Regierung als Gesamtleitung des Staates, zum „Gouvernement" entwickelt hat, kann nicht einen Pouvoir (Exekutive) oder gar ein Staatsorgan (Bundes-, Landesregierung) definieren[17]. Um ihren Selbstand zu sichern, bedarf aber die deutsche Exekutive heute, wie sich zeigen wird, gar nicht jenes beliebten, aber gefährlichen Synkretismus, der der Exekutive als „Regierung" zugleich auch etwas von der Freiheit und Souveränität der Staatsleitung sichern will.

Auch aus unkritischen völkerrechtlichen Reminiszenzen droht dem Staatsrecht diese Gefahr: Als Träger der Auswärtigen Gewalt hat die Exekutive *nach außen* viele oder alle jene Prärogativen der Staatsleitung, Staatseinheitsbewahrung und Gestaltungsfreiheit[18]. Dieser Aspekt ist bedeutsam für das Wesen der Regierung, er ist nicht mit ihm identisch[19]. Der Januskopf der Regierung schaut nach innen wie nach außen. Doch nur die Bindung nach innen macht die Freiheit nach außen erträglich.

4. Alle Einwände gegen staatstheoretische oder völkerrechtliche Begriffe, welche im Staatsrecht keine Aussage über die Regierung ergeben, gelten verstärkt gegenüber dem Versuch, die Exekutive als eine „politische" Leitungs- oder Führungsfunktion zu begreifen[20]. Dem Wesen der demokratischen Staatsform widerspricht es schlechthin, das Politische nur im Bereich der Exekutive zu sehen: es ist heute Motor der gesamten parlamentarischen Gesetzgebung wie ratio decidendi der Verfassungsgerichte. Selbst eine Abgrenzung Regierung / Verwaltung kann nicht mehr aus dem „Politischen"

---

lung im heutigen deutschen Staatsrecht, in: Faktoren der Machtbildung, Berlin 1952, S. 132 f.

[17] *Smend* und *Scheuner* haben ihre gültigen Aussagen nicht zum Begriff der Exekutive, sondern zur Gewaltenteilung, zum „Gouvernement" i.w.S. gemacht. Weithin unkritisch hat man versucht, sie für das Verständnis der Exekutivfunktion fruchtbar zu machen (vgl. etwa *G. v. Wick*, Kompetenzwahrnehmung im Bereich der Bundesregierung, Düsseldorf 1957, S. 86 f.). Zu den Auffassungen der Staatsrechtslehre des 19. Jahrhunderts, in der dieses Mißverständnis durch die enge Verbindung von Staatstheorie und Staatsrecht bereits Ansatzpunkte findet, vgl. *E.-W. Böckenförde*, Gesetz und gesetzgebende Gewalt, Berlin 1958, insbes. S. 104 f., 187 f.

[18] *Smend* (Fn. 9), S. 80 f.

[19] Die einzelstaatliche Verfassung bestimmt die staatlichen Organe, die zur völkerrechtlichen Vertretung des Staates berufen sind (*F. Berber*, Lehrbuch des Völkerrechts I, München 1960, S. 267). Das Völkerrecht mag weithin den Umfang ihrer internationalrechtlichen Kompetenzen festlegen: Nach internem Recht kann jedoch die Regierung viel weitergehenden Beschränkungen unterliegen.

[20] Dieser Versuch, das Wesen des Regierungshandelns mit dem „Politischen" in Zusammenhang zu bringen, findet sich heute auch in den gehaltvollsten Arbeiten über die Regierung, etwa bei *F. Knöpfle*, DVBl. 1965, 857 ff., 925 (926); *Böckenförde* (Fn. 5), S. 170 / 1; vgl. *Smend* (Fn. 9), S. 80 f.

gewonnen werden. Zwar mag es noch immer als ein Ideal erscheinen, daß die Demokratie die Verwaltung nicht erfaßt, weil sie ihr Zentrum im Parlament findet und aus diesem allein auf die Exekutive wirkt[21]. Doch eine Staatsform, welche ihre Bürokratie von „politischen Beamten" leiten läßt und die Kommunalverwaltung durch Wahlen weithin „politisiert" – die trotz aller feinen Unterscheidungen eben doch „politische" sind –, sie kann keine apolitische Verwaltung mehr kennen. Wenn jede Angelegenheit zu jedem Augenblick, aus sich selbst oder durch Evokation seitens der Regierungsspitze, „politisch" werden kann[22], so ergibt dieser Begriff in einem Rechtsstaat nichts für eine Bestimmung der Regierungstätigkeit[23]. Er zerreißt die Einheit der Exekutive[24] und kommt meist aus einem frührepublikanischen Mißtrauen, welches den Staat durch eine Phalanx früherer königlicher Beamten gegenüber den republikanischen Parvenus auf den Ministersesseln schützen wollte.

Es kann hier also offenbleiben, ob sich überhaupt aus einem Begriff des „Politischen" staatsrechtliche Definitionen ableiten lassen, ob es mehrere solcher Begriffe gibt, und ob ihnen allein oder nur in Verbindung mit anderen Begriffen – etwa als deren besondere Akzentuierung – definitorisches Gewicht zukommt: Der Bereich der Regierung ist so „politisch" wie der jedes anderen Pouvoir[25].

5. In der Tätigkeit der Exekutive finden sich Elemente, welche eine verfassungsrechtliche Regierungstheorie nicht vernachlässigen darf — doch auch sie sind nicht nur der Regierung eigentümlich:

a) Die Exekutive ist par excellence die *informierte Gewalt.* Ihr Apparat sichert ihr zu jedem Augenblick eine Informationsintensität, welche die des Parlaments weit übertrifft[26]. Gerade als *Informationsgewalt* des Staates wird die Exekutive notwendiger Helfer des Gesetzgebers. Doch darin liegt keine begriffliche Besonderheit: Abgesehen davon, daß die Information der Legislative zu verbessern wäre — grundsätzlich ist jeder Pouvoir, jedes Organ nur soweit informationsbedürftig, wie es seine Aufgaben verlangen. Die Informa-

---

[21] *H. Kelsen*, Vom Wert und Wesen der Demokratie, 2. Aufl., Tübingen 1929, S. 70 f.

[22] Zur Situationsgebundenheit des materiellen Regierungsbegriffs *A. Köttgen*, DÖV 1954, 4 (9); *Scheuner*, Smend-Festschrift 1952, S. 275/6.

[23] Mögen sich aus ihm auch gewisse Akzente gewinnen lassen, vgl. dazu *Scheuner*, Smend-Festschrift 1952, S. 272.

[24] Zu diesem Begriff *E. Menzel*, DÖV 1965, 581 (592); *F. Knöpfle*, DVBl. 1965, 858 (860).

[25] Zur Unmöglichkeit, aus dem „Politischen" oder gar „Hochpolitischen" die Gubernative zu definieren, vgl. m. Nachw. *W. Leisner*, Öffentlichkeitsarbeit der Regierung im Rechtsstaat, Berlin 1966, S. 69 ff.; vgl. ferner vor allem *Scheuner*, Smend-Festschrift 1952, S. 279/80.

[26] Vgl. dazu *Leisner* (Fn. 25), passim, insbes. S. 86 f.

tionsintensität der Exekutive entspricht deren Aufgabe; aus dieser allein, nicht aus einer Konsequenz, kann die Gewalt näher bestimmt werden.

b) Die Regierung hat vielfache Rechte des ersten Anstoßes[27]: Bei ihr liegt weitgehend die Initiative zum Normerlaß, zur leistenden Verwaltung, zur Aufrechterhaltung der Sicherheit und Ordnung nach Opportunität, zur Gestaltung der Staatswirtschaft. Sie ist wesentlich die *„Initiativgewalt"* des Staates. Doch auch diese hat sie nicht allein inne. Mag die Judikative die „abwartende Gewalt" bleiben – solange noch etwas von parlamentarischen Impulsen sich erhält, kommt Neues nicht nur von der Regierung –; wohl aber könnte dem Initiativmonopol der Regierung die verfassungsrechtliche Zukunft gehören.

c) Das *Unvorhersehbare* mag tatsächlich meist im Bereich und mit der Macht der Exekutive zu bewältigen sein[28] — hier liegt allenfalls ein Aspekt, nicht das Wesen dieser Gewalt. Regierung als *Gewalt des Unvorhersehbaren* wird heute auch vom Parlament ausgeübt. Im übrigen liegt darin nur die Aussage, daß Normkonkretisierung und „letzte Gewalt" stets der Exekutive zustehen (vgl. unter d, e).

d) Die Exekutive hat *„Einzelaktgewalt"* — doch dies gilt auch für die Gerichte und für den Maßnahmegesetzgeber, und umgekehrt wird die Regierung in Gesetzesinitiative und Verordnunggebung normschöpferisch tätig. Mehr und mehr schafft heute die Exekutive in Normvorschlag und Verwaltungspraxis die „Regel", die Legislative die maßnahmehafte Ausnahme.

e) Die Regierung hat das *Monopol der letzten Gewalt.* Doch für ihre Gesamttätigkeit kann dies in einem Rechtsstaat kein Definitionselement ergeben, in dem gerade die manus militaris streng gesetzesunterworfen ist, und ein Recht zur Befehlsverweigerung wiederum das allerletzte Wort dem Richter gibt.

In all diesen und ähnlichen Aussagen mögen sich Charakteristika der Regierungstätigkeit finden — ihr Wesen bestimmen sie nicht.

6. Eine Lehre vom Wesen gouvernementalen Handelns kann hier nicht entwickelt werden. Doch wird versucht, ein Element herauszustellen, das die Eigenart typischer Regierungstätigkeit gerade in ihrer Verbindung mit der Verwaltung sichtbar macht und damit zugleich zur Klärung und Präzisierung von Begriffen beitragen kann, die heute dem Staats- und Verwaltungsrecht gemeinsam sind: *Regieren ist Koordinierung und Kombination vielfachen*

---

[27] Dazu allgemein bereits *Th. Eschenburg*, Staat und Gesellschaft in Deutschland, Stuttgart 1956, S. 664/5.

[28] Vgl. *Scheuner*, Smend-Festschrift 1952, S. 289.

Ermessens nach einheitlichen Gesichtspunkten, in Richtung auf einheitliche *Ziele*[29].

a) Zur Verdeutlichung dieser These muß zunächst mit der Vorstellung gebrochen werden, die Exekutivtätigkeit sei begrifflich eine Einheit: Wesentlich ist ihr gerade die völlig heterogene Vielfalt von Zuständigkeiten und Tätigkeitsformen. Die Regierung hat das Recht der Gesetzesinitiative und das Monopol der Verordnunggebung, das alleinige Recht zur Ausführung der Gesetze und zur schlichten Hoheitstätigkeit, zur Durchführung des Haushalts in Staatsorganisation, Personalpolitik, Leistungsverwaltung, Subventionierung und zur Ausübung der Auswärtigen Gewalt, sie allein verwaltet das Vermögen des Staates[30]. Nach Form wie Inhalt *kann* ein solcher Restbestand der Staatsgewalt nach Abzug von Legislative und Judikative keine rechtlich definierbare Eigenständigkeit aufweisen. Die Exekutive ist ein Pouvoir composé. Ihr Wesen kann daher nur eben darin gesehen werden, daß sie verschiedenste Fraktionen der Staatsmacht, unterschiedliche Kompetenzen *in einer Hand* zusammenführt. Dies wird die Lehre von der Bedeutung des *kombinierten Ermessens* zu deuten versuchen[31].

b) Wesentlich ist jeder dieser so verschiedenen Tätigkeitsformen oder Zuständigkeiten ein gewisses Maß an rechtlicher Ungebundenheit — mit Ausnahme allein der legalitätsgebundenen Ausführung der Gesetze, soweit nicht in der administrativen Normkonkretisierung an sich schon eine Gestaltungsfreiheit liegt[32].

Diese rechtliche Ungebundenheit wird hier mit „Ermessen" (im weitesten Sinne) bezeichnet, gerade weil dieser Begriff[33] im Verwaltungsrecht seine

---

[29] Angelegt ist die hier zu entwickelnde Lehre bereits bei *Leisner* (Fn. 25), S. 67 f.; vgl. dort auch weitere Nachweise zum folgenden.

[30] Die Frage, ob man darüber hinaus noch eine „Repräsentationskompetenz" annimmt, oder diese weithin der Auswärtigen Gewalt oder der schlichten Hoheitstätigkeit zuordnen will (was sie inhaltlich begrenzen würde), kann hier offenbleiben.

[31] Daß der Gubernative eine Art der „Koordinierung" obliegt, ist schon mehrfach erkannt worden; vgl. etwa *U. Scheuner*, Das parlamentarische Regierungssystem in der Bundesrepublik, DÖV 1957, 633 (637); *H. Krüger*, Allg. Staatslehre, 1. Aufl., Stuttgart 1964, S. 690. Der Gedanke bleibt dort jedoch stets mit dem der „Staatsleitung" verbunden, von dem diese Ausführungen nicht ausgehen.

[32] *Drath* (Fn. 16), S. 132, weist hier mit Recht auf Normausführung bei kompliziertem Gesetzgebungszustand hin.

[33] In den gleitenden Übergängen von Ermessen zu unbestimmtem Rechtsbegriff wandelt sich praktisch Gesetzesausführung weithin zu Ermessensbetätigung — der Ermessensraum der Exekutive erweitert sich erheblich; praktisch entsteht ein Ermessen auf der Tatbestandsseite, ein „Ermessen im gebundenen Normvollzug". — Zu diesen Fragen vgl. vor allem *E. Forsthoff*, Lehrbuch des Verwaltungsrechts, 9. Aufl., München/Berlin 1966, S. 80 f.; *H. Ehmke*, „Ermessen" und „unbestimmter Rechtsbegriff" im Verwaltungsrecht,

technische Schärfe zu verlieren droht[34] und heute schon ganz allgemein zur Bezeichnung rechtlicher Gestaltungsfreiheit verwendet wird[35]. Ermessen soll hier in dem herkömmlichen Sinn verstanden werden, daß die Exekutive unter mehreren Verhaltensweisen wählen kann, ohne zu einer von ihnen verpflichtet zu sein[36]. *Wie* ein solcher Raum normativ begrenzt, oder eine solche Tätigkeit normativ gebunden ist, bleibt hier zunächst außer Betracht, so wichtig es auch an sich oder bei einer Verfeinerung der Regierungstheorie sein mag.

Hier ist nur eines bedeutsam: Charakteristisch für die Regierung ist, daß ihre Spitze auf *verschiedenen Sektoren zugleich unter mehreren rechtlich zulässigen Verhaltensweisen auswählen oder entsprechend planen, in diesen verschiedenen Fällen jedoch koordinieren und in ihnen einheitliche Gesichtspunkte zum Tragen bringen kann.*

c) *Diese Koordinierung der Ermessenstätigkeit* gestattet es der Regierung, die Wirksamkeit eines Verhaltens auf einem Sektor (z. B. Reprivatisierungspolitik durch Fiskalakte[37]) durch eine entsprechende Initiative in einem anderen Bereich (Gesetzesinitiative, Verordnunggebung, internationale Verhandlungen) zu verstärken. Die Koordinierung kann sich aber auch darin erschöpfen, daß alle oder viele der Exekutive bereits eröffneten Räume „technischen" verwaltungsrechtlichen Ermessens i.e.S. nach einheitlichen Gesichtspunkten ausgefüllt werden (etwa indem stets besonders Schwerbeschädigte, Rückwanderer, Bürger Berlins bevorzugt werden). Verwaltungsanweisungen zeigen insoweit typische Regierungstätigkeit.

Für den Begriff der Regierungstätigkeit ist es also gleichgültig, ob diese „Kombination" rechtsdogmatisch oder politisch eng zusammenhängende oder weit entfernte Bereiche koordiniert. Es zeigt sich darin jeweils die Geschlossenheit des Regierungsprogramms und der Regierung, die Persönlichkeit der Regierenden. „Politik" erweist sich hier als die Kunst der situationsrichtigen Auswahl. Sie kann sich zuzeiten auch in einem desintegrativ wirkenden unterschiedlichen Verhalten auf verschiedenen Sektoren bewähren, indem sich etwa Steuer- und Subventionsverhalten balancieren. Umgekehrt kann eine konsequente und durchgehende Regierungspolitik dieselben Wertungen auf nahezu allen Bereichen des Exekutivermessens einsetzen: Mittelstandsför-

---

Tübingen 1960, passim; *P. Lerche*, „Ermessen", Staatslexikon, Bd. 3, Sp. 12 f. m. Nachw.; für das frz. Recht *J. Ch. Venezia*, Le Pouvoir discrétionnaire, Paris 1959.

[34] Vgl. *P. Lerche*, AöR 90 (1965), 341 (344).

[35] So in seiner Anwendung auf die Gestaltungsfreiheit des Gesetzgebers, vgl. oben Fn. 11.

[36] *Forsthoff* (Fn. 33), S. 80; *H.J. Wolff*, Verwaltungsrecht I, 7. Aufl., München 1968, insbes. S. 169 f.

[37] Vgl. zu diesem Problemkreis BVerfGE 12, 354 (365).

derung nach bestimmten Gesichtspunkten kann durch Gesetzesinitiativen und Verordnunggebung, in Personalpolitik und Hausverwaltung sowie durch Verteilung von Haushaltsmitteln im Rahmen der (weiten) Titel, durch polizeiliches Eingreifen nach dem Opportunitätsprinzip und im Gnadenerweis[38] betrieben werden.

7. Keiner anderen Gewalt im Staate steht solche Kombinationsmöglichkeit zu, keine ist damit so weitgehend unabhängig von den Rechtsformen des eigenen Handelns, welche die Regierung zur Erreichung eines Zieles wechseln kann. Die Regierung ist der Proteus des Staatsrechts.

Die Macht der Regierung steigt mit jedem neuen Ermessen, das ihr gewährt wird, mit jedem neu erworbenen Vermögensgegenstand, der ihr verändertes Verhalten ermöglicht. Und hier kann es zu einem geometrischen Machtprogreß oder Machtverlust kommen, je nachdem, in welchen rechtlichen Detail- oder Globalhandlungsspielraum hinein das „neue Ermessen" wirkt. Jedenfalls ist die „Kompetenz der Regierung" – will man von einer solchen sprechen – nie identisch mit der Summe der einzelnen Ermessensräume, welche der Regierung zur Verfügung stehen. Die Kombinationsmöglichkeit ist in der Einheit der (Bundes- oder Landes-)Regierung organisatorisch angelegt und verfassungsrechtlich verfestigt. Sie steigert als solche die Gestaltungsfreiheit der Regierung, ja sie verwandelt sie qualitativ. Es muß übrigens nicht betont werden, daß hier allein von den *rechtlichen* Verhaltensmöglichkeiten die Rede ist, nicht davon, daß die kombinierte Ermessensgewalt *tatsächlich* – nach Umständen oder Qualität der Regierenden – weitreichende Veränderungen der politischen Machtstruktur bewirken kann.

Hier könnte eine neue Unterscheidung zwischen „Regierung" und „Verwaltung" versucht werden: erstere wäre die Macht kombinierten, letztere die isolierten Ermessens. In jedem Fall bleibt aber Verwaltung Teil des Regierens als Bestandteil von dessen kombinierter Gewalt.

Es zeigt sich schließlich der richtige Kern der (oben 2) erörterten Theorien der Allgemeinen Staatslehre: Exekutive als Macht kombinierten Ermessens stellt tatsächlich eine eigentümliche „Einheit der Staatsgewalt" her und kann – faktisch wenigstens – zu einer Art von Staatsleitung werden.

8. Hier könnte auch eine Theorie der Ermessenskoordinierung oder gar der möglichen Ermessenskombinationen aus rechtlicher Sicht versucht werden. Sie dürfte allerdings nicht eine politologische Wirksamkeitsanalyse oder -prognose darstellen, sondern eine rechtliche Bestimmung des Umfangs gewisser Ermessensräume in ihrer Kombination mit anderen. Voraussetzung hierfür wäre jedoch eine umfangreiche Untersuchung über Struktur und

[38] Dazu BayVerfGH NJW 1966, S. 443.

Grenzen der verschiedenen Ermessensräume, welche nur zum Teil auf gesicherte Ergebnisse zurückgreifen könnte.

a) Verschiedene Gruppen von „Ermessen“ oder „Gestaltungsfreiheit“ der Exekutive könnten unterschieden werden: Bei einer von ihnen könnte an das traditionelle verwaltungsrechtliche Ermessen[39] angeknüpft und sodann eine Verbindung zu den Schranken der Verordnungsgewalt (Art. 80) GG hergestellt werden. Andere Tätigkeitsbereiche sind eigentümlich „zielgebunden“[40], andere wieder scheinen nach internem Recht eine Freiheit zu verleihen, die nur äußerste Verfassungsgrenzen achten muß (Auswärtige Gewalt, Gesetzesinitiative, Fiskaltätigkeit)[41]. Solche und andere Bindungsformen müßten näher präzisiert und miteinander verglichen werden.

Eine Theorie der Exekutive verlangt eine klare und gesicherte Lehre vom Ermessen in all seinen Formen, von den verschiedenen Bindungswirkungen der Normen. Davon ist die deutsche Theorie weit entfernt, beim Haushaltsplan etwa steht sie noch ganz am Anfang.

b) Die genauere Bestimmung der jeweiligen Bindungswirkung könnte dann eigenartige oder typische „Kombinationseffekte“ sichtbar machen, so etwa, wenn zielgebundenes Verhalten (Subventionen) zur Lockerung von Ermessensbindungen (Steuerrecht) eingesetzt werden kann. Es würde sich zeigen, daß gewisse Ermessensbindungen nahezu völlig dadurch aufgehoben werden, daß in anderen Bereichen die Ziele nicht hinreichend fixiert sind und umgekehrt. Vor allem die Bedeutung weithin schrankenfreier Tätigkeit (Auswärtige Gewalt) für die Auswertung internrechtlicher Befugnisse[42] würde klar hervortreten.

9. Besonderer Betrachtung wert wäre die Frage – die hier nur anzudeuten ist –, was sich für das Gewicht der Regierungstätigkeit daraus ergibt, daß die Exekutive die „faktische Gewalt“ allein besitzt: Sie allein kann die „Tatsachenlage“ verändern; ihr allein ist es möglich, gesetzeswidrige, aber rechtlich relevante Zustände zu schaffen, aus denen Recht entstehen kann. Soweit der Staat Fakten setzt, ist die Regierung Herr über die normative Kraft des Fakti-

---

[39] Das aber seinerseits ein nahezu bruchloses Spektrum darstellt — vom „gestaltenden“ Ermessen der Leistungsverwaltung bis zum „cognitiven Ermessen“, praktisch sogar vom Gnadenerweis bis zur Interpretation und Lückenfüllung.

[40] Dazu *Scheuner*, Smend-Festschrift 1952, S. 276/7 sowie m. Nachw. *W. Leisner*, Haushaltsplan und Staatszielbestimmungen der Bayerischen Verfassung, BayVBl. 1968, S. 257.

[41] In jedem dieser Bereiche ist die Regierung wieder eigentümlichen äußersten „Bindungen“ unterworfen (Völkerrecht, vgl. Art. 25 GG; Verfassung; bürgerliches Recht).

[42] Etwa die Bedeutung der Verhandlungs- und Unterzeichnungskompetenz der Regierung im Völkerrecht für das Gesetzgebungsverfahren zum Erlaß des Transformationsgesetzes (vgl. dazu *Berber* [Fn. 19], S. 417 f.).

schen; soweit Fakten Verhaltensweisen rechtlich ermöglichen oder determinieren, verändert jede solche Tathandlung zugleich rechtlich den Ermessensraum der Exekutive — eine Aktionsmöglichkeit, wie sie keine andere Staatsgewalt besitzt. Die ermessenschaffende Kraft des Faktischen darf nicht unberücksichtigt bleiben.

10. Für die *interne Regierungsorganisation* ist die Lehre vom kombinierten Ermessen von Bedeutung. Regiert wird, wo vielfaches Ermessen koordiniert werden kann, also jedenfalls auf der Ministerstufe, vielleicht noch in der Leitung der Großabteilung eines Ministeriums. Dies kann bedeutsam werden für die Ernennung von Staatssekretären und politischen Beamten; wirklichen Sinn kann diese nur dort haben, wo Ermessen koordiniert oder doch zentrales Ermessen ausgeübt wird, nicht aber dort, wo ganz wesentlich Gesetze vollzogen werden. Die Zuständigkeitsabgrenzung und Zusammenarbeit der Ressorts und Ministerialabteilungen, die Einrichtung von zentralen Personal- und Planungsstellen — kurz die gesamte interne Regierungsorganisation müßte darauf Bedacht nehmen, ob im konkreten Fall mehr oder weniger kombinationsfähige Ermessensbereiche gegeben sind.

Regiert wird bereits von jedem Minister[43]. Koordinierung und Kombination vielfachen Exekutivhandelns spiegelt jedoch vor allem die *kollegiale Regierung*[44]. Je nach der Kompetenzabgrenzung zwischen Ressorts, Regierung, Regierungschef ändert sich rechtlich die Kombinationsintensität und damit das Wesen der Regierungstätigkeit. In der Person des Bundeskanzlers kulminiert die Koordinierung des deutschen Exekutivermessens, die Eigenverantwortlichkeit der Ressorts schwächt sich ab. Eine Entscheidung für Kanzler-, Regierungs- oder Ressortprinzip innerhalb der Regierung ist kein irrelevantes rechtliches Internum, sondern eine Grundentscheidung über das Wesen der Exekutive. Richtlinien der Politik sind – soweit sie normähnlichen Charakter tragen[45] – die Institutionalisierung koordinierten Ermessens.

11. Jede *Autonomie* entzieht der staatlichen Exekutive gerade den jeweiligen Raum des Ermessens, das diese nunmehr mit ihrem Ermessen weder koordinieren noch kombinieren kann. Föderalisierung und Kommunalisierung verringern daher nicht nur die Macht der deutschen Exekutive, sondern alterieren diese im Wesen ihrer Tätigkeit, die nunmehr vorwiegend andere Ermessensräume kombiniert, insbesondere die Gesetzesinitiative, die Verordnunggebung und die Verwaltung von Haushaltstiteln. Daraus erwächst eine

---

[43] Vgl. *Böckenförde* (Fn. 5), S. 147 f.

[44] Dazu passim *G. v. Wick*, Kompetenzwahrnehmung im Bereich der Bundesregierung; *Böckenförde* (Fn. 5), S. 140 f., 170 f.; *A. Köttgen*, DÖV 1954, 4 f.

[45] Dazu *E.K. Junker*, Die Richtlinienkompetenz des Bundeskanzlers, Tübingen 1965; *H.W. Bayer*, DÖV 1965, 753 ff.; *Knöpfle* (Fn. 24).

typisch föderale, deutsche Exekutivgewalt des Bundes, die durch Kombination weithin bindungsfreien Ermessens charakterisiert wird.

Der *deutsche Föderalismus* ist eine Grundentscheidung für dezentralisierte Exekutive. Der Regierung des Einheitsstaates stellt er eigenartige Kombinationsmöglichkeiten und -effekte des Exekutivermessens gegenüber. Es gibt daher im ganzen eine „deutsche Exekutivgewalt sui generis". Die Ermessenskombination als solche verliert jedoch dadurch nicht an Bedeutung für die Wesensbestimmung der Regierungsgewalt: im deutschen Föderalismus vollzieht sie sich nur in besonderen Formen und auf unterschiedlichen Stufen.

Die Regierung des Einheitsstaates koordiniert allein durch hierarchischen Befehl. Im deutschen Bundesstaat tritt daneben die Koordinierung des Ermessens durch Vereinbarung zwischen den Regierungen von Bund und Ländern und der Gliedstaaten untereinander. Hinzu kommt die im Bundesrat institutionalisierte und bereits virtuell kombinierte Einflußmöglichkeit der Landes- auf die Bundesexekutive und auf die Bundesgesetzgebung. Gestaltungsfreiheit der gebündelten Landesgewalten muß hier mit der der Bundesexekutive wiederum vereinbarungsähnlich koordiniert werden. Die Vielköpfigkeit der deutschen Exekutive mag die Kombinationsintensität der vielfältigen Ermessensräume abschwächen. Andererseits wird aber im Bundesstaat auf verschiedenen Stufen koordiniert: im Landesressort und bei der Landesregierung ebenso wie in den entsprechenden Bereichen der Bundesregierung. Auf gewissen Sektoren tritt der Kombinationseffekt ausschließlich auf Landesebene auf; soweit die Länder Bundesgesetze ausführen, überlagert sich koordiniertes Bundesermessen dem vielleicht bereits in gewissem Umfang auf Landesebenen koordinierten Ermessen. In der so bewirkten Unterordnung der Landesregierung zeigt sich ebenso die Gesamteinheit von Regierung und Verwaltung, wie den Ländern Macht dadurch zuwächst, daß sie innerhalb der Verwaltung, auf einer mittleren Stufe derselben, typische Regierungsmacht (durch Ermessenskombination) zum Tragen bringen können, soweit die Bundesexekutive dies zuläßt.

Wieder erweist sich die föderale Gewalt als Pouvoir complexe.

12. Diese kurzen Darlegungen sollen mit einigen thesenhaften *Ergebnissen* schließen.

a) Einen selbständigen „Bereich der Regierung" als Raum der Exekutive gibt es nicht. Die Regierung besitzt vielmehr eine „Macht kombinierten Ermessens" — sie kann Gestaltungsfreiheiten, welche ihr die Rechtsordnung auf verschiedenen Gebieten einräumt, koordinieren und kombinieren.

b) Die verschiedenen Arten des „Ermessens" der Exekutive und seiner Bindung müssen generell und in jedem Einzelfall näher bestimmt werden. Nur dann kann Regierungstätigkeit in ihrem Wesen erfaßt werden.

c) Jedes Ermessen, das der Exekutive eingeräumt ist, ist in seiner Kombinationsmöglichkeit mit anderen Gestaltungsfreiheiten zu sehen. Daraus erst ergibt sich sein juristischer Inhalt wie seine politische Wirkkraft.

d) Jede Organisation im Bereich der Regierung hat den Kombinationseffekt der verschiedenen Gestaltungsfreiheiten zu berücksichtigen und kann ihn verändern. Kanzler-, Regierungs-, Ressortprinzip bestimmen daher das Wesen der Regierungstätigkeit.

e) Autonomie und Bundesstaatlichkeit schaffen eigenartige Formen und Stufen der Ermessenskombination, verändern jedoch nicht grundsätzlich das Wesen der Regierungsgewalt.

Der Bereich der Regierung war bisher weithin ein Raum der Staatsgewalt, nicht des Staatsrechts. Der Mythos vom allgewaltigen, allgegenwärtigen, undefinierbaren Regieren wird untergehen. Bleiben aber wird, auf dem festen Grund des Staatsrechts, die hohe Gewalt der Exekutive: aus vielfachem Ermessen die einheitliche Tat.

Teil VI

Gewaltenteilung

Die quantitative Gewaltenteilung*

Für ein neues Verständnis der Trennung der Gewalten

I. Gewaltenteilung — eine inhaltsarme Staatsgrundnorm

Wo nicht Menschen, sondern Normen herrschen, da inkarniert sich die Staatsform nicht in einer Person, in einer Familie — sie wird durch wenige Sätze beschrieben, auf die sich viele einigen konnten. So gibt es nur eine Staatsform des Augenblicks, wie sie das jeweilige Verständnis der Staatsgrundnormen in deren inhaltsarmem Rahmen stets neu hervorbringt. Ob aus solchen Staatsformnormen rechtlich deduziert werden kann, ob die Rechtsstaatlichkeit dies erlaubt, bleibt vertiefter Betrachtung vorbehalten[1]. Wo immer hier des Rechtes Grenzen liegen mögen, die vergangenen zwei Jahrzehnte haben deutlich gezeigt: Ein und dieselbe Verfassungsordnung ist „immer unterwegs", sie „wird von Regime zu Regime". Für keine Grundordnung gilt dies mehr als für jene parlamentarische Demokratie, die sich ganz wesentlich selbst nicht definieren kann, weil sie sich auch den revolutionären Kräften beugt, in der angstvollen Hoffnung, sie zu überleben, indem sie sich ihnen in Freiheit öffnet.

Hier steht nun die Frage: Ist, selbst angesichts dieser Wandelbarkeit und Inhaltsarmut aller demokratischen Staatsgrundnormen, die Impräzision und normative Gehaltlosigkeit der Gewaltenteilung noch erträglich, kann sie in einem neuen Verständnis verdeutlicht werden, ist ein solches aus der besonderen Struktur solcher Staatsgrundnormen zu erschließen?

1. Höchste Norm des deutschen organisatorischen Staatsrechts ist der Satz von der Teilung der Gewalten (Art. 20 Abs. 2, 3 GG). Daß er noch offener, wandlungsfähiger sei als jede andere Norm, entspricht seinem normativen Rang in einer solchen Staatsform in fieri. Ausfüllungsfähigkeit liegt aber auch in seinem Inhalt: Wo die höchste Norm nicht einen Pouvoir beleiht, sondern Spannungen zwischen mehreren Gewalten fordert, da wird die Staatsformbestimmung zu einer einzigen großen Verweisung auf Organisation und Funktionieren solcher Gewalten, auf Verfassung[2] und Gesetz, deren

---

* Erstveröffentlichung in: Die Öffentliche Verwaltung 1969, S. 405–411.

[1] Vgl. dazu den Überblick über die bisherigen Versuche bei *Schulz-Schaeffer*, H., Die Staatsform der Bundesrepublik Deutschland, Berlin 1966, S. 162 f.

[2] Deutlich etwa in BVerfGE 9, 279, wo der Sinn der Gewaltenteilung darin gesehen wird, daß keiner der Gewalten ein Übergewicht über die anderen zukommen dürfe, welches die Verfassung nicht vorsehe.

Entwicklungen in unzähligen Impulsen „von unten nach oben“ in den Begriff der Staatsform interpretiert werden[3].

Doch im Verständnis der Gewaltenteilung zeigt sich mehr als regimebedingte Wandelbarkeit oder begrifflicher Nebel, wie er die Gipfel der Normpyramiden stets umgeben mag. Hier ist Judikatur wie Wissenschaft des deutschen Staatsrechts in einer staatsideologischen, aber auch in einer methodologischen Krise, hier ist Verfassungspathos ohne Verfassungsdezision. Die Gewaltenteilung, der Grundsatz also, daß die drei wichtigsten Funktionen im Staat durch besondere voneinander geschiedene Organe ausgeübt werden sollen[4], wird zwar als ein tragendes Organisationsprinzip des Grundgesetzes[5] bezeichnet; die Exekutive etwa muß als selbständige politische Entscheidungsgewalt von der Legislative getrennt bleiben, denn Verantwortung kann sie nicht tragen, wenn sie in ihrer Entscheidung inhaltlich in vollem Umfang an die Willensentscheidung einer anderen Gewalt gebunden ist[6].

Diesen feierlichen Worten steht aber eine normative Wirksamkeit des Satzes von der Gewaltenteilung gegenüber, die, um mit historischen Worten zu reden, en quelque façon nulle ist; deutlich faßbar wird er nur in einem Bereich: in der Trennung von Judikative und Exekutive. Die große Mehrzahl der Entscheidungen, die wahrhaft in der Gewaltenteilung ihre normative Grundlage finden, ist dazu ergangen[7]. Doch gerade davon kann ein Verständnis der Teilung der Gewalten nicht ausgehen: Hier wird nicht Gewaltenteilung judiziert, sondern die konkrete, traditionelle[8] Institutionalisierung der richterlichen Unabhängigkeit garantiert. Dies ist ein klares Sonderproblem[9]; von ihm hat weder die Gewaltenteilungstheorie ihren Ausgang genommen noch darf sie aus ihm heute verstanden werden[10]. Ihr Sinn ist zunächst, viel

---

[3] Dazu m. Nachw. *Leisner*, W., Von der Verfassungsmäßigkeit der Gesetze zur Gesetzmäßigkeit der Verfassung, Tübingen 1964.

[4] Vgl. BVerfGE 7, 188.

[5] BVerfGE 3, 247.

[6] Vgl. BVerfGE 9, 289.

[7] Vgl. etwa BVerfGE 3, 381; 4, 346; 10, 216; 14, 68; 18, 254.

[8] BVerfGE 10, 216.

[9] Das GG stellt hier nicht „strengere“ (BVerfGE 10, 216), sondern ganz andere Anforderungen an eine Gewaltenteilung, welche Gewaltenisolierung sein muß und jede systematische Kooperation ausschließt.

[10] Vgl. die Zusammenfassung der geschichtlichen Entwicklung neuerdings bei *Forsthoff*, E., Gewaltenteilung, Evangelisches Staatslexikon, Sp. 658 f.; die Gewaltenteilungslehre war nicht nur bei Locke, sondern selbst noch für Montesquieu ganz wesentlich ein Problem der Beziehungen zwischen „gewichtigen“ Gewalten (Exekutive, Legislative), nicht ein solches der Isolierung des „Pouvoir en quelque façon nulle“, den es nur in seiner Gewichtlosigkeit zu erhalten galt; vgl. auch *Böckenförde*, E.-W., Gesetz und gesetzgebende Gewalt, Berlin 1958, S. 26 f., 35 f., 98 f., 104/5, 138 f., usw.; *v. Hippel*, E., Gewalten-

leicht ausschließlich, die Ordnung der Beziehungen zwischen Legislative und Exekutive.

2. Für das Verhältnis von erster und zweiter Gewalt aber hat sich bisher aus dem Satz von der Trennung der Gewalten kaum etwas ergeben.

a) Wo eine Gewaltenkonfusion der Judikatur als verfassungswidrig erschien, da geschah dies entweder in Form einer Hilfserwägung oder, noch häufiger, mit der Begründung, die Gewaltenteilung verlange vor allem die unbedingte Gesetzesunterworfenheit der Exekutive, deren Akte nur so für den Bürger vorhersehbar und meßbar werden könnten[11]. Das aber ist eine Folge der Rechtsstaatlichkeit, nicht der Gewaltenteilung. Diese ist unmittelbar auf eine Mäßigung der Staatsgewalt gerichtet[12], die allenfalls eine mittelbare Beziehung zur Vorhersehbarkeit der Staatsakte aufweist.

b) Gewaltenteilung setzt voraus, daß die zu trennenden Gewalten durch Organe ausgeübt werden, welche in sich ein Mindestmaß an institutioneller Geschlossenheit zeigen. Eine solche Einheit ist jedoch – wenn sie je angenommen worden ist – für beide Pouvoirs in rascher Auflösung begriffen. Innerhalb der Exekutive werden heute mehrere Sondergewalten unterschieden — Auswärtige Gewalt, Verteidigungsgewalt, Organisationsgewalt, Prüfungsgewalt[13]. Dies geschieht zwar gelegentlich aus der Sicht der Gewaltenteilung: In der Organisationsgewalt wird die Unabhängigkeit der Exekutive gegenüber der Legislative, in der Prüfungsgewalt der Judikative gegenüber herausgestellt. Doch eben darin löst sich die Einheit der vollziehenden Gewalt auf, deren verschiedene Aspekte den anderen Gewalten ganz unterschiedlich gegenüberstehen. Zugleich bezeichnet die Begrifflichkeit der Sondergewalten auch Zonen der Gewaltenkonfusion zwischen Exekutive und Legislative: Der Begriff der Auswärtigen Gewalt[14] umschreibt die kombinierte Regierungsgewalt von Regierung und Parlament in außenpolitischen Fragen — und wer die Dogmatik der Sondergewalten weiter entfaltet, will sicher mehr die Kooperation als die Trennung der klassischen Gewalten qualifizieren[15]. In dieser Entwicklung liegt übrigens ein gewisser Zug zur Verständestaatlichung

---

teilung im modernen Staat, 1948, S. 10 f.; *Drath*, M., Die Gewaltenteilung im heutigen deutschen Staatsrecht, in: Faktoren der Machtbildung, Berlin 1952, S. 99 f.

[11] Vgl. etwa BVerfGE 8, 325; 13, 160. Dazu *Scheuner*, U., Recht – Staat – Wirtschaft III, 1951, S. 150.

[12] BVerfGE 3, 247 std. Rspr.

[13] Vgl. dazu m. Nachw. *Maunz/Dürig*, GG, Art. 20 Rdnr. 77.

[14] Nachw. hierzu bei *Baade*, H.W., Das Verhältnis von Parlament und Regierung im Bereich der Auswärtigen Gewalt der BRD, Hamburg 1962, S. 115 f.

[15] Hierzu *Hahn*, W., Über die Gewaltenteilung in der Wertwelt des GG, JöR n. F. 14 (1965), S. 14 (22). Zur Zusammenarbeit in der „Finanzfunktion" vgl. *Wacke*, G., Das Finanzwesen in der BR, Tübingen 1950, S. 13.

innerhalb der Staatsgewalt, einer Bildung von Entscheidungseinheiten nach Sachbereichen, wie er der deutschen parlamentarischen Demokratie stets eigen war[16]. Hier aber stellt sich die Frage nach geteilten Gewalten nicht mehr.

c) Die Dogmatik der Trennung von Legislative und Exekutive ist heute weithin lediglich — die Lehre von deren Durchbrechungen. Nicht nur, daß die Verfassungsrechtsprechung „Überschneidungen" generell für „herkömmlich" und zulässig hält[17] — sie scheint dem Verfassunggeber jede Durchbrechung des Gewaltenteilungsprinzips freizustellen, das damit den Charakter der Unantastbarkeit verliert[18]. Wird so allgemein das „Ineinandergreifen", die „Überschneidung" oder wie sonst solche Harmonisierungsformeln lauten mögen, gebilligt, so verliert die Gewaltenteilung ihren dogmatischen Sinn[19], sie kann normativ überhaupt nicht mehr wirksam werden.

3. Wer also nicht der Gewaltenteilung jede normative Bedeutung absprechen will[20], der muß entweder die Überschneidungsmöglichkeiten zwischen den Gewalten begrenzen, oder ihnen doch einen Sinn geben, aus dem heraus definiert werden kann, was normativ mit Art. 20 Abs. 2, 3 GG unvereinbar ist.

a) Beides ist in der neueren Lehre und Rechtsprechung versucht worden. Einerseits wird der Sinn der Gewaltenteilung weniger in einer Isolierung der Pouvoirs als vielmehr in deren Ineinandergreifen, in ihrer Verschränkung, gegenseitigen Kontrolle und Hemmung gesehen[21]. Überschneidungen können also nur dann zulässig sein, wenn sie der wechselseitigen Mäßigung der Macht dienen. Hier wird nicht ein bestimmter Entscheidungsbereich einer Gewalt geschützt. Die Gesamtbeziehungen zwischen Legislative und Exeku-

---

[16] In den in der Weimarer Verfassung zusammenhängend behandelten „Lebensbereichen" (Familie, Kirche, Wirtschaft, Arbeit usw.) wurden bereits Freiheitsrechte und Staatsorganisation, Gesetzgebung und Staatsorganisation in einem Zusammenhang gesehen, der begrifflich, wenn auch auf anderer Ebene, ein Modell für die Anerkennung von sachbereichsbezogenen Sondergewalten darstellte.

[17] BVerfGE 1, 369; 3, 247; 7, 188; 8, 322; 9, 279, 280, usw.; BayVerfGH n.F. 7, 121, 122; 8, 103, 104.

[18] Vgl. die Formulierungen in BVerfGE 3, 247.

[19] Daß Durchbrechungen nicht vermutet werden dürfen (so m. Recht *Bachof*, O., Verfassungsrecht, Verwaltungsrecht, Verfahrensrecht, Bd. 1, 3. Aufl. 1966, S. 11), wäre doch nur ein kümmerlicher normativer Rest eines Prinzips, das mit solcher Solennität proklamiert wird. Überdies würde er sich aus allgemeinen Grundsätzen ergeben. Vgl. dazu sowie zur Gewaltenteilung in der Finanzverfassung *Hettlage*, K.M., VVdStL 14 (1956), S. 2 (10 f.).

[20] Vgl. etwa neuerdings *Czermak*, F., Verwaltungsgerichtsbarkeit und Gewaltenteilung, DÖV 1967, S. 673 (674).

[21] Vgl. für viele BVerfGE 3, 247; 7, 188; 8, 322; 9, 279; BFH BB 1960, S. 79; *Hahn*, H., JöR n. F. 14 (1965), S. 14 (21).

tive müssen vielmehr darauf untersucht werden, ob eine angemessene Teilung – nicht Trennung! – der Staatsgewalt verwirklicht ist, die sich jedoch gerade in der Zusammenarbeit bewährt.

Zum anderen soll die Gewaltenteilung den unbedingten Schutz gewisser Kernbereiche der Pouvoirs bedeuten, in welche andere Gewalten nicht einbrechen dürfen, während ein Übergreifen in Randzonen zulässig ist[22]. Hier wird also der Entscheidungsraum jeder der Gewalten isoliert betrachtet, dem Zugriff auf ihn werden zunächst vielleicht elastisch gestufte, im Kern jedoch absolute materielle Grenzen gesetzt. Letzter Sinn der Gewaltenteilung ist hier die Erhaltung des Identitätszentrums jeder Gewalt, nicht eine gewisse Balancebeziehung zwischen beiden.

„Kernbereichsschutz" und „Ineinandergreifen" könnten freilich an sich in einer Dogmatik der Gewaltenteilung verbunden werden[23]. Diese Kernbereiche müßten dann derart bestimmt sein, daß gerade ihre Unantastbarkeit die nötige Balance sichert. Die Formel würde lauten: Ineinandergreifen in Randzonen – Unantastbarkeit im Kernbereich — in beidem Balance, Balance zwischen beidem. Art. 20 Abs. 2, 3 GG würde zugleich kooperative Gewaltenteilung im Außenbereich und unbedingte Gewaltentrennung im Zentrum der Pouvoirs normieren.

b) Doch gerade hier beginnt die Aporie der Verfassungsdoktrin. Diese arbeitet mit einem ganzen Arsenal von Begriffen, die in sich unklar sind, der Problematik nicht gerecht werden oder deren Verhältnis zueinander nicht hinreichend geklärt ist. So ist „Ineinandergreifen" eine Leerformel, „Hemmung und Mäßigung" rein formal. Der Balancebegriff, der allein zur Teilung der Macht inhaltlich etwas aussagen könnte[24], ist nie näher präzisiert worden. Es fehlt an vertieften Überlegungen zur Beziehung zwischen „Balancemodell" und „Kernbereichsschutz" in der Gewaltenteilung. Und dies wiegt besonders schwer: Diese beiden Versuche einer Sinnerfüllung der Gewaltenteilung stehen, unbeschadet der oben erwähnten formalen Kombinationsmöglichkeiten, in einer gewissen Antithese: Entweder die Herstellung eines Gleichgewichts ist Sinn des Art. 20 Abs. 3 GG — dann müssen Kernbereiche der Gewalten gar nicht aufgesucht werden, ihre Anerkennung könnte sogar das Gleichgewicht stören; oder die Kernbereiche sind um jeden Preis vorab zu sichern — dem Balancegesichtspunkt bleibt dann nur untergeordnete Bedeutung.

---

[22] Vgl. etwa BVerfGE 4, 346 (347): 9, 280; BayVerfGH n.F. 7, 121, 122 (unter Hinweis auf *Nawiasky/Leusser/Süsterhenn/Schaeffer* und *Maunz*); *Bettermann*, K.A., Die Unabhängigkeit der Gerichte und der gesetzliche Richter, Die Grundrechte III, 2, S. 523 (633 f. m. Nachw.); *Isensee*, J., Subsidiariätsprinzip und Verfassungsrecht, Berlin 1968, S. 93 f.

[23] Vgl. *Bachof* (Fn. 19).

[24] Vgl. unten III, 3.

Solange die Priorität zwischen Kernbereichsschutz und Balancegedanken nicht gesetzt, solange nicht entschieden wird, ob man mehr von den herkömmlichen Bereichen der Einzelgewalten oder von einer übergreifenden Ordnungsvorstellung aus argumentiert — solange wird es keine auch nur einigermaßen gesicherte Theorie zur Gewaltenteilung geben können. Und um eine solche ist es, im Grunde, in letzter Zeit auch nie wirklich gegangen. Die einzelnen Institutionen wurden analysiert, und über die Ergebnisse dieser vielfachen Auslegung wurde schließlich der Schein einer großen, historischen Formel gelegt — letztlich nicht mehr als eine Art von Rechtssymbol dafür, daß es irgendwelche Beziehungen zwischen diesen Institutionen geben müsse. Wo im einzelnen diese lagen, das mochte in der Unklarheit der Staatsformnormen verdämmern. War denn nicht gerade in der parlamentarischen Regierungsform die normative Spitze der politischen Dynamik geöffnet?

Hier soll nicht der – vergebliche – Versuch gemacht werden, sie zu schließen oder gar die Gewaltenteilung zum justiziablen Prinzip zu verdichten. Es sollen nur die bisherigen dogmatischen Grundvorstellungen kritisch betrachtet und diejenigen herausgestellt werden, mit deren Einsatz die Gewaltenteilung wenn nicht Norm, so doch Prinzip, wenn nicht Maßstab, so doch weiter Rahmen[25] bleiben kann.

II. Bedenken gegen den Begriff der „Kernbereiche" in der Gewaltenteilungslehre

1. Daß Gewalten einen „Kern" haben, daß bei staatlichen Kompetenzen ein unentziehbarer Zentralbereich besteht, ist an sich logisch vorstellbar. Der Kern kann so bestimmt werden, daß gewisse Sachbereiche der Entscheidungsgewalt des betreffenden Pouvoir verbleiben (Auswärtiges, Steuern, Staatsorganisation). Er mag aber auch darin gefunden werden, daß für einzelne, die wesentlichen oder für alle Sachbereiche im Ablauf des Legislativverfahrens oder bei Ausübung der Exekutivzuständigkeiten eine bestimmte Entscheidungsstufe als die bedeutsamste erkannt und deshalb als Kernbereich bezeichnet wird. So könnten etwa als „Kernbereiche" der Legislative Zivil-, Straf- und Haushaltsrecht erscheinen, welche in jedem Fall dem Parlament vorzubehalten wären. Die Gewaltenteilung würde dann etwa nicht durch eine Regierungsgesetzgebung im Bereich von Wirtschaft und Verkehr berührt werden[26]. Es könnte aber auch der Kernbereich darin bestehen, daß *alle*

---

[25] Denn daß die Gewaltenteilung stets der näheren Ausgestaltung durch die Gesetzgebung bedarf (vgl. BVerfGE 10, 216), darf hier vorausgesetzt bleiben.

[26] So jetzt die französische Verfassung von 1958, Art. 34 f. in ihrer Teilung der Gesetzgebenden Gewalt zwischen Regierung und Parlament.

Gesetze[27] nur vom Parlament *beschlossen* werden können (Art. 77 Abs. 1 S. 1 GG), während ihre Initiative und Verkündung (Art. 76, 82 GG) zu einer Randzone zu rechnen wären, in der sich die parlamentarische Gewalt mit der Kompetenz anderer Pouvoirs treffen und verschränken könnte, ohne daß dies den Grundsatz der Gewaltenteilung verletzen müßte. Diese beiden Bestimmungsformen des Kernbereichs der Gewalten könnten auch noch dahin kombiniert werden, daß dem Parlament nur die Beschlußbefugnis auf einigen „zentralen" Sachbereichen verbleiben müßte. Daß der deutschen staatsrechtlichen Tradition eine Definition des Kernbereichs der Legislative aus der Beschlußkompetenz besser entspräche als eine Beschränkbarkeit der Entscheidungszuständigkeit auf einige Sachbereiche, bedarf hier keiner Begründung. Bei der Exekutive müßte der Gewaltenkern eine gewisse Selbständigkeit der politischen Entscheidungsgewalt unbedingt sichern, welche über die „Verwaltung als selbständige Staatsgewalt"[28] wohl noch hinausgehen würde.

Der Anwendbarkeit der Kernbereichskategorie auf die Staatsgewalten an sich wie der Praktikabilität von Abgrenzungen, welche auf sie gestützt würden, stehen jedoch erhebliche Bedenken entgegen[29].

2. Die Kategorie des „Kernbereichs" ist in der neueren Verfassungsdogmatik im Bereich der Grundrechte, nicht des Organisationsrechts entwickelt worden. Sie findet dort in Art. 19 Abs. 2 GG ihre positivrechtliche Stütze; die naturrechtliche Akzentuierung der gesamten Grundrechtlichkeit in Art. 1 GG legt darüber hinaus einen konzentrischen Aufbau der Freiheitsräume nahe[30], so daß sich in jedem Grundrecht ein Menschenrechtskern findet[31]. Sicher spricht nun einiges dafür, in der Konzentrik ein dogmatisches Modell für alle staatsrechtlichen Begriffe zu sehen, auch bei der Kompetenzabgrenzung Kern- und Randzonen zu unterscheiden und nur die „Aushöhlung" einer Zentralkompetenz als gewaltenteilungswidrig zu betrachten.

a) Dabei wird jedoch ein Wesensunterschied zwischen Freiheitsrechten und Organisationsrecht übersehen. Bei den Grundrechten gibt Naturrechtlichkeit (oder überpositiver Charakter) einen wenigstens „idealen Beziehungspunkt", um den sich die Freiheitsräume konzentrisch lagern können. Staatsorganisationsrecht ist in allem Menschenwerk. Wohl ist es auch auf den

---

[27] Die dann als „unabgeleitete" allgemeine Normen zu definieren wären, welche nur unter der Verfassung, zu dieser aber nicht in dem Verhältnis stünden, von dem Art. 80 GG für die Beziehungen zwischen Gesetz und Verordnung ausgeht.

[28] Wie sie *Hans Peters* beschrieben hat: Die Gewaltenteilung in moderner Sicht, Köln/Opladen 1954; vgl. auch *Peters*, H., Laforet-Festschr. 1962, S. 21 f.

[29] Vgl. dazu die grdl. Ausführungen von *Jahreiß*, H., Nawiasky-Festschrift 1956, S. 119 (136 f.).

[30] Vgl. dazu *Maunz*, Th., Deutsches Staatsrecht, 16. Aufl., Berlin 1968, S. 105 f.

[31] Dazu *Maunz/Dürig*, GG, Art. I Abs. I Rdnr. 9 f.

Schutz der Freiheit gerichtet. Der Schwung des systematischen Naturrechts des 18. Jahrhunderts aber, dem die Gewaltenteilung gleich den Grundrechten aus dem Schoß der Natur kam, ist dem heutigen technisierten Verfassungsrecht fremd. Überhaupt geht eben das Grundgesetz von der immanenten Antithetik von Staatsgewalt und menschlicher Freiheit aus — dann, und nur dann hat es Sinn, um jeden Preis den Freiheitsraum im Kern wenigstens zu sichern. Gewaltenteilung dagegen ist ein Instrument des Regierens. Soll sie und nicht ihr Ziel, der Freiheitsschutz, auch nur in einem Kern absolut gewährleistet werden?

b) Bei den Grundrechten bedeutet die konzentrische Struktur des Freiheitsbereichs ein Zugeständnis an die Staatsgewalt, die ihren Zugriff unterschiedlichen, bei der Verfassunggebung oft nicht vorhersehbaren Sachlagen anpassen muß. Die Kompetenzordnung der Staatsgewalten aber muß grundsätzlich klar und scharf sein, Randzonen und Übergänge kann hier die Rechtsstaatlichkeit nicht dulden. Der Umfang der Eingriffe mag nicht sub specie Constitutionis vorhersehbar sein — warum aber nicht die Verteilung der Kompetenzen unter die Pouvoirs?

c) Selbst im Grundrechtsbereich ist das Kernbereichdenken[32] nicht wirklich dogmatisch fruchtbar geworden. Der „Wesensgehalt" ist – trotz aller geistreichen Bestimmungsversuche[33] – für die Judikatur unfaßbar geblieben. Seine Normativierung kann allenfalls einer Wertung[34] gelingen, die im Staatsorganisationsrecht begrifflich unmöglich ist. Was aber die Grundrechtsdogmatik nicht vermag, die über unzählige rechtskräftig fixierte Wertungen verfügt — wie sollte es in der Staatsorganisation gelingen, die unter dem Grundsatz der Effizienz steht?

3. Weder die Organe der ersten noch die der zweiten Gewalt üben eine einheitliche Zuständigkeit aus. Beim Parlament sind die Zuständigkeiten der Gesetzgebung und der davon begrifflich völlig verschiedenen Kontrolle der Exekutive, ja der gesamten Staatstätigkeit vereinigt. Dies aber ist eine heterogene Gewalt par excellence. Wo sollte hier der Kernbereich liegen — oder müssen mehrere unantastbare Zentren anerkannt werden?

Für die Legislative mag dies noch zu erwägen sein. Bei der Exekutive wäre eine kaum mehr übersehbare Polyzentrik der Kernbereiche die Folge. Ein Kernbereich des „Verwaltens" müßte ebenso geschützt werden wie ein

---

[32] Von dem sich gerade der Verfasser einst mehr erwartet hatte, vgl. *Leisner*, W., Grundrechte und Privatrechte, München 1960, S. 87 f., 152 f., 398 f.

[33] Vgl. m. Nachw. *v. Mangoldt/Klein*, Bonner GG, I, S. 554 f.

[34] *Häberle*, P., Die Wesensgehaltgarantie des Art. 19 Abs. 2 Grundgesetz, Karlsruhe 1962, hat überzeugend nachgewiesen, daß es zur Bestimmung der immanenten Grundrechtsschranken der Güterabwägung bedarf (insbes. S. 39 f., 53).

solcher der gestaltenden Regierung; am Ende würden noch die „Kerne“ der Sondergewalten, von der Organisation bis zur Verteidigung, unantastbar werden. Letztlich müßte eine Kernbereichslehre in der Gewaltenteilung alle Ergebnisse der neueren Verfassungstheorie ignorieren, für die eben die zweite Gewalt, in ihren Zuständigkeiten jedenfalls, kein einheitlicher Pouvoir mehr ist.

Es bliebe dann nur der Ausweg, die Gewaltenteilung als reine Funktionstrennung (Gesetzgebung – Verwaltung / Regierung) zu sehen, zugleich aber zuzugeben, daß eine Funktion von verschiedenen Organen wahrgenommen werden darf. Wird dem aber keine weitere Präzision hinzugefügt[35], so mag die Gewaltenteilung noch von staatstheoretischem Interesse sein, staatsrechtlich ist sie irrelevant.

4. Man ist versucht, den „Kern“ einer Gewalt dort zu sehen, wo die „Entscheidung“ ergeht, in der die betreffende Gewalt nicht „an den Willen eines anderen“ gebunden ist[36]. Bei der Legislative liegt es nahe, eine solche Dezision mit der Beschlußfassung über einen Gesetzesentwurf im Plenum der beiden Kammern gleichzusetzen. Doch schon hier zeigt sich, daß mit dem Begriff der Dezision im Staatsrecht zwar häufig argumentiert wird, daß er aber gerade rechtlich nicht geklärt ist.

a) Im *Gesetzgebungsverfahren* werden von jeher Initiative, Beschlußfassung und Ausfertigung unterschieden. Innerhalb jedes dieser Phänomene kann weiter differenziert werden — so bei der Beschlußfassung zwischen Ausschuß- und Plenarentscheidung. Den „Kern“ mag man nun dort sehen, wo die „endgültige“ Entscheidung ergeht. Doch bei allen Vorbehalten gegen politologisches Denken — hier erhebt sich nun wirklich die Frage, ob das nicht im schlechten Sinn des Wortes „formale“ Theorie ist. Man denke etwa an ein Atomsicherungs- oder ein Lebensmittelgesetz. Ein Gedanke, ein Anstoß mag hier aus der Volksvertretung kommen. Die eigentliche Initiative ist schlechthin nur der dokumentierten, informierten, der zweiten Gewalt möglich, die vielleicht erst die internationale oder europäische Rechtslage klären muß. Allenfalls erfolgen noch Grenzkorrekturen in Gesprächen zwischen Ministerialvertretern und Ausschußexperten. Daß dann das Plenum „entscheidet ohne zu wissen“, mag juristisch irrelevant sein. Staatsrechtlich wichtig aber ist, daß ex lege die Kompetenzen eben so verteilt sind, daß die eigentliche Dezision zwischen Exekutive und Ausschüssen bereits fällt. Auch die Macht der Regierung, das Parlament durch Gesetzesvorlagen zu einer – vielleicht auch ablehnenden! – Entscheidung zwingen zu können, ist doch bereits — Dezision! Kann man wirklich daran festhalten, daß „Dezision nur der Formalakt

[35] Vgl. dazu unten III, 3.

[36] BVerfGE 9, 281.

der letzten Ratifikation" des Organs sei, das eben „auch nein sagen könne"? Viel mehr kann das Parlament meist nicht — und dasselbe vermag auch das Verfassungsgericht!

b) Weit schwieriger noch ist es, einen Kernbereich der *Exekutive* mit dem Begriff der Entscheidungsfreiheit zu kennzeichnen. Ganz abgesehen vom Phänomen der Sondergewalten und davon, daß die Formen der Exekutivtätigkeit sehr verschiedenartig sind — soweit hier gesetzesgebundener Vollzug stattfindet, ist die Exekutive, meist bis ins einzelne, eben gerade an den Willen einer anderen Gewalt, der Legislative, gebunden, also von dieser nicht „getrennt". Selbst Entscheidungsgewalt in Ermessensräumen oder in jenem „Bereich der Regierung", wo vielfaches Ermessen koordiniert wird[37], bildet keinen Kernbereich der Exekutive. Ermessensentscheidungen können auf allen Gebieten ersatzlos zugunsten gebundener Verwaltung aufgehoben werden. Der Regierungsbereich kann dadurch in einer Weise verengt werden, der die Verfassung nirgends entgegensteht. Der Raum der Exekutive mag faktisch bedeutsam sein — rechtlich ist er immer prekär.

An selbständiger „Macht" bleibt also der Exekutive, neben dem „Recht", den Gesetzen nicht zu gehorchen (wie es jeder Bürger hat), prinzipiell nur die Entscheidung der Konkretisierung der Norm im Einzelfall, in die ja besondere Wertungen einfließen mögen. Die Exekutive wäre aber auch dann nur eine „vorläufige Anwendungsgewalt", steht doch das letzte Wort dem Richter zu (Art. 19 Abs. 4 GG).[38] Eigentlicher Kern der Vollziehenden Gewalt bliebe daher letztlich die „Organisation der Exekutionsmittel" — und damit keine echte, dem Bürger gegenüber wirkende Entscheidungsgewalt.

Selbst in diesem engen Raum aber unterwirft das parlamentarische System die Exekutive einer Kontrolle durch das Parlament, die vorgängig, laufend, nachträglich sein kann. Feste verfassungsrechtliche Grenzen für eine Parlamentsinquisition gibt es nicht. Bei jedem Verstoß gegen Parlamentsdirektiven kann die Regierung gestürzt werden. Ihre Stellung ist daher nicht stärker als die eines Beamten, der Befehlen gehorchen muß; auch seine Entscheidung kann meist nachträglich nicht mehr von Vorgesetzten korrigiert werden, wenn sie bereits nach außen gewirkt und dort Rechtsänderungen oder Vertrauen erzeugt hat. Rechtlich ist jedes parlamentarische System virtuell ein Régime d'Assemblée. Daß faktisch die Stellung der Regierung stärker ist, kann der nicht einwenden, der ja gerade nicht von den politischen Gewichten, sondern von rechtlichen Entscheidungsmöglichkeiten ausgegangen ist.

---

[37] Dazu m. Nachw. *Leisner*, W., Regierung als Macht kombinierten Ermessens, JZ 1968, S. 727 ff.

[38] Und zwar negativ wie positiv, was die besondere verfassungsrechtliche Bedeutung der Verpflichtungsklage unterstreicht.

Bei solcher rechtlicher Entscheidungsbetrachtung bleibt also der Exekutive nur eine „vorläufige Anwendungsgewalt" — zu wenig, um den Kern eines Pouvoirs zu konstituieren. Nicht anders wirkt übrigens umgekehrt das Auflösungsrecht zugunsten der Regierung gegenüber einem etwaigen Kernbereich der Legislative. Das ganze System der politischen Druckmittel ist unvereinbar mit der Vorstellung von festbegrenzten Entscheidungskernbereichen einer Gewalt.

5. Selbst in den engen Bereichen der etwa noch verbleibenden „Gewaltkerne" bindet das Grundgesetz die Entscheidung häufig vollständig an die einer anderen Gewalt — so bei der Haushaltsüberschreitung (Art. 113 GG) und beim Abschluß völkerrechtlicher Verträge (Art. 59 GG). Die Kammern können hier allein überhaupt nicht entscheiden, wenn die Regierung nicht die entsprechenden Verhandlungen führt, die Vertragstexte ausarbeitet und dem Parlament vorlegt. Die Bedeutung von Haushalt und Auswärtigen Beziehungen ist so groß, ihre rechtliche Wirkung auf Rechtsordnung und Staatsorganisation so zentral, daß es überhaupt Kernbereiche von Gewalten nicht mehr geben kann, die dort kooperieren müssen, wo das eigentliche Zentrum ihrer Macht liegt.

Kernbereiche von Gewalten lassen sich also weder nach zentralen Sachgebieten noch nach bedeutsamen Entscheidungsphasen von „Randzonen" abgrenzen. Das Kernbereichsmodell ist auf die Gewaltenteilung unanwendbar.

III. Ein neues Verständnis der Gewaltenteilung als Balance: Gleichartige, gleichgewichtige Zusammenarbeit verschiedener Organe

Der Sinn der Gewaltenteilung kann heute nur aus dem Balancegedanken entwickelt werden: Erste und zweite Gewalt arbeiten gleichartig und gleichgewichtig zusammen. Die Gewaltenteilung ist mehr quantitativ als qualitativ. Dies soll nun näher verdeutlicht werden.

1. *Zusammenarbeit* ist schon deshalb eine Grundkategorie der Beziehungen zwischen erster und zweiter Gewalt[39], weil jede der beiden die andere, je nach politischer Konstellation, im Einzelfall oder auf einzelnen Gebieten weitestgehend verdrängen kann. Eine geschlossene Parlamentsmehrheit mit

[39] Vgl. dazu *Scheuner*, U., DÖV 1957, S. 633 f.; *Hahn* (Fn. 21), S. 25; zu den Durchbrechungen der Gewaltenteilung vgl. *Peters*, Gewaltentrennung (Fn. 28), S. 19 f.; *Drath* (Fn. 10), S. 126 f.; *Löwenstein*, K., Verfassungslehre, Tübingen 1959, S. 191 f.; vgl. auch *Hettlage* (Fn. 19), S. 12; *Hesse*, K., Grundzüge des Verfassungsrechts der BRD, Karlsruhe 1968, S. 180 f., 184 f.

starken Führern kombiniert Maßnahmegesetze und schärfste, laufende Kontrollen und degradiert so die Regierung zu einer Commission exécutive de l'Assemblée. Eine Führungsregierung erniedrigt die Kammern zum Akklamationsgremium. Das parlamentarische Regime ist eine Ordnung virtueller Gewaltübermaßnahmen[40] — daß sich diese zeitlich und sachlich zuletzt ausgleichen, ist ein politisches Credo. Doch dies ist zugleich rechtlich eine Dimension, die Zusammenarbeit erzwingt: Wo jede der beiden Gewalten zu jedem Augenblick rechtlich in jeden Entscheidungsraum der anderen eindringen kann, da wird Zusammenarbeit rechtlich erzwungen.

Kooperation ist heute ein Schlagwort, das unklare Kompetenzabgrenzungen, wenn nicht Auflösung rechtlicher Strukturen in politisches fair play verdecken soll. Im Verhältnis zwischen erster und zweiter Gewalt muß daher der Begriff aus dem der Balance rechtlich präzisiert werden.

2. a) Das Gleichgewicht zwischen den Pouvoirs kann durch deren qualitativ verschiedene wie durch gleichartige Zusammenarbeit hergestellt werden. Grundidee der Gewaltenteilung war es bisher, daß Parlament und Regierung jeweils rechtlich verschiedenartige Akte setzen: hier Normerlaß und Kontrolle — dort Gesetzesausführung und gesetzesfreie „Gestaltung". Die Rechtfertigung der Gewaltenteilung wurde geradezu in einer Arbeitsteilung[41] gesehen, welche verschiedenen Organen unterschiedliche Betätigungsformen zuordnete.

Hier muß jedoch ein neues Verständnis Platz greifen: Die beiden Gewalten arbeiten heute weithin „gleichartig" zusammen, sie treffen ein und dieselbe Entscheidung gemeinsam.

b) „Regierung" im weitesten Sinn ist heute ohne Gesetzgebung unmöglich; im engeren Verständnis der Macht kombinierten Ermessens bleibt sie fest an die Gesetzeslage gebunden. Allgemeine Richtlinien der Politik, wie sie das Regierungsprogramm zeigt, sind *zugleich* eine Vorschau auf künftige Regierungs- wie auf Gesetzgebungspolitik. So werden sie denn in enger Zusammenarbeit mit den Fraktionen und deren Führern konzipiert. Allen großen Richtlinienentscheidungen einer Legislaturperiode gehen Kontakte, ja gemeinsame Arbeit voraus, und selbst grundlegende Einzelentscheidungen werden kaum ohne enge vorbereitende Zusammenarbeit mit denjenigen fallen, welche sie später im Parlament zu ratifizieren haben. Man kann von Vorwirkungen der gesetzgeberischen Entscheidung in die Vorbereitungsphase, mehr noch

---

[40] Auch die Versuche der Grundgesetzgeber, derartige Funktionsübernahmen zu begrenzen (so *v. Mangoldt*, H., Dt. Ldref. z. III. Intern. Kongreß f. Rechtsvgl., Berlin / Tübingen 1950, S. 819 [827 f.]), ändern an dieser grundsätzlichen Dynamik des parlamentarischen Systems nichts.

[41] Zur Bedeutung der Lehre G. Jellineks vgl. hier *Böckenförde* (Fn. 10), S. 253 f.

von Vorwirkungen einer a-posteriori-Kontrolle in eine a-priori-Mitarbeit sprechen, eine Wandlung, die den Begriff der Kontrolle ändern mag, ihrem parlamentarischen Sinn aber nicht widerspricht. Wo immer also eine Entscheidung nur über die Dezision eines anderen Pouvoirs wahrhaft „nach außen wirkt", da entfaltet sich im hochtechnisierten Verwaltungsstaat der Zwang zur laufenden gleichartigen Zusammenarbeit während der ganzen Phase der Vorbereitung; gleichartige Kooperation liegt auch im Schlußakt der Dezision (Verabschiedung des Gesetzes, Entscheidung über die Regierungsmaßnahme), indem eine Gewalt das Ja spricht, die andere sich ihres Vetos enthält oder auf politischen Druck verzichtet. Jeder Staatsakt, der heute den Bürger erreicht, ist Gesamtakt von Legislative und Exekutive, und eine neue, tiefe Gewaltentrennung verläuft zwischen diesen Pouvoirs und dem Bürger, den die Gerichte schützen.

c) Leicht läßt sich diese ständige Verbunddezision der beiden Gewalten in der Staatspraxis nachweisen. Sie geht von den laufenden Konsultationen vor Gesetzesinitiativen, Währungsmaßnahmen, außenpolitischen Entscheidungen bis zu Absprachen über das Verhalten gegenüber Bundesrat und Ländern. Politische Umakzentuierungen sind es zunächst, doch sie bewegen sich im Rahmen der Gewaltenteilung, der sie zugleich neuen rechtlichen Inhalt geben.

Im Parlamentsrecht ist diese gleichartige Zusammenarbeit schon deutlich institutionalisiert. Die Arbeit der Kommissionen ist nie hinreichend staatsrechtlich gewürdigt worden, weil sie als rechtlich irrelevantes Internum erschien. In Wahrheit wird hier der Staat geleitet[42], hier arbeiten Vertreter der Gewalten laufend und so gleichartig zusammen, daß das Ergebnis ihrer Kooperation ein vertragsähnlicher Staatsakt wird. Und wenn eine Plenardebatte über Fragen der Außenpolitik oder der Währung, über Kompetenzen der Regierung noch irgendeinen anderen Sinn als den institutionalisierter Wahlreden haben soll, so kann er wieder nur darin liegen, daß Parlament und Regierung den öffentlichen Versuch gemeinsamer Meinungsbildung zu Richtlinienfragen unternehmen. Außenstehenden würde es oft schwerfallen, bei einer Gipfelbesprechung der Gewalten in Augenblicken der Krise noch Vertreter von Regierung und Parlament zu unterscheiden – sie entscheiden eben auch dort – gemeinsam, gleichartig.

d) Diese Gleichartigkeit wird wohl dadurch gefördert, daß die Regierung von Führern der Mehrheit gebildet, daß sie meist von Persönlichkeiten geleitet wird, die früher Parlamentarier waren und dies in der Regel später wieder sein werden. Die Gleichartigkeit der Entscheidung kommt aber nicht nur aus diesen parteipolitischen und persönlichen Sachzwängen, sie ist heute bereits

[42] Dazu *Scheuner*, Smend-Festschrift 1952, S. 284 f.

ein Ergebnis der institutionellen Verflochtenheit der beiden Gewalten. Die politischen Parteien dürfen staatsorganisatorisch nicht überschätzt werden[43]. Nicht nur in ihnen begegnen sich erste und zweite Gewalt. Die Strukturen beider Pouvoirs passen sich auch immer mehr den Notwendigkeiten gleichartiger Verbundentscheidung an — in der Regierungsspitze durch die Figur der Parlamentarischen Staatssekretäre, im Parlament durch eine Verstärkung der wissenschaftlichen Vorbereitung von Gesetzgebung und politischer Kontrolle, wie sie bisher ein Monopol der „informierten Gewalt", der Exekutive, war.

Die Gewalten konvergieren zur gleichartigen Zusammenarbeit. Dies verstärkt sich in einer Großen Koalition, die nicht nur die Parteien, sondern auch die Gewalten einander näherbringt. Der Koalitionspakt kann nicht nur auf der Ebene einer Gewalt geschlossen werden. Was an Parteihomogenität fehlt, muß häufig durch Zusammenarbeit der Gewalten ersetzt werden, soll nicht einer der Partner im Parlament das unternehmen, was ihm in der Regierung nicht gelingt. Wie in vielem, so mag auch hier die Große Koalition eine Umakzentuierung des Regimes, ein besonderes, oppositionsloses Staatsrecht bringen. Doch ähnliche Phänomene sind auch kleinen Koalitionen nicht fremd, bei der Einparteienregierung finden sich ihre Gründe in der Verschiedenheit von Strömungen und Gruppierungen wieder.

e) Dogmatisch bedeutet die Anerkennung gleichartiger Zusammenarbeit vor allem eine Absage an eine Form von überspitzten, häufig wirklichkeitsfremden, jedenfalls aber politikfernen Distinktionen zwischen Initiativen, Vorbereitungsakten, Beschlußfassungen, Ausführungshandlungen, Kontrollen, welche etwa derartige Phasen völlig voneinander isolieren und sie nur je einer der Gewalten zuschreiben wollten. Sicher darf nicht einem Synkretismus gehuldigt werden, der die Teilhabe der einzelnen Staatsorgane an der Ausübung der zentralen Staatsfunktion prinzipiell nicht beachtet. Hier ist, ganz im Gegenteil, eine präzisere Gewichtung erforderlich[44]. Gewisse Phasen der Entscheidungsfindung mögen, wie bisher, einer Gewalt vorwiegend zuzuordnen sein. Ein Doppeltes ist jedoch stets zu beachten: Die Gewaltenteilung gestattet gleichartige Zusammenarbeit der Gewalten, sie verlangt nicht, daß jeder Staatsakt, jede Entscheidungsphase einer der Gewalten speziell überlassen werde. Immer muß zudem die übergreifende Wirkung von Regierungsverantwortlichkeit und Auflösungsdrohung beachtet werden, welche häufig schon im Verzicht auf politisches Veto echte Kooperation bringt.

---

[43] Zum Verhältnis von Parteieinheit zu Gewalteneinheit vgl. *Ehmke*, H., Zschr. f. Politik n.F. 1954, S. 337 (348 f.); *Gerigk*, W., Die vollziehende Gewalt in der Staatstheorie L. v. Steins, Diss. Münster 1966, S. 70 f.

[44] Gerade hier werden ja auch neuerdings Versuche unternommen, einen Kernbereich zu bestimmen, vgl. *Böckenförde*, E.-W., Die Organisationsgewalt im Bereich der Regierung, Berlin 1964, S. 291 f.

f) Bisher wurden die Gewalten nach der rechtlichen Qualität der von ihnen erlassenen Akte unterschieden (Normsetzung – Ausführung – Streitentscheidung). Das parlamentarische Regime des Grundgesetzes verlangt, daß die ineinandergreifende Gewaltenteilung zuallererst als eine quantitative begriffen werde: Verschieden strukturierte Gewalten entscheiden, gemeinsam oder getrennt — dasselbe. Jede von ihnen hat so eine quantitativ bestimmbare Fraktion der Staatsgewalt inne, ein Machtquantum, das aber nur zusammen mit anderen Quanten die rechtserhebliche Dezision bringt. Die eine Gewalt des Staates ist in der Gewaltenteilung wahrhaft — in gleiche, gleichartige Teile geteilt. Der Körper des Staates wird nicht, wie in *Rousseaus* Bild von den japanischen Scharlatanen[45], zerstückelt in die Lüfte geworfen, aus denen er in wunderbarer Einheit zurückkehrt: Beide Gewalten lancieren vereint den Staat, beide fangen ihn auf.

3. Aus dem Balancebegriff in der Gewaltenteilung läßt sich jedoch noch ein weiteres ableiten: die notwendige Gleichgewichtigkeit der Pouvoirs, die auch bei gleichartiger Zusammenarbeit erhalten bleiben muß. Doch gerade hier zeigt sich die Aporie des Staatsrechts, dem es an klaren Begriffen fehlt, um eine solche Gewichtung bestimmen zu können.

a) Eine Gleichgewichtigkeit der Balance kann sicher nicht in allen Phasen, etwa des Gesetzgebungs- oder des Normvollzugsverfahrens, gegeben sein. Sie ist nicht einmal innerhalb einer der beiden großen Staatsfunktionen – Exekutive, Legislative – zu erreichen, denn diese wird stets überwiegend dem Parlament, jene der Regierung zugerechnet werden. Sinn der Balance in der Gewaltenteilung kann also nur sein: Die beiden zentralen Staatsfunktionen werden – weithin in gleichartiger Zusammenarbeit – von Organen wahrgenommen, deren Kompetenzen, global betrachtet, in einem gewissen Gleichgewicht stehen. Die Gewaltenteilung verlangt, daß die Gesetz- und Verfassungsgesetzgebung ein solches Gleichgewicht nicht in der Weise zuungunsten eines Organes verschiebt, daß dieses nicht mehr als gleichstarker Partner in der notwendigen Kooperation der Gewalten auftreten kann.

Und hier zeigt sich die ganze Schwierigkeit, vielleicht Unmöglichkeit, die Gewaltenteilung heute normativ fruchtbar zu machen. Was das „Gewicht" eines Pouvoir ist, kann doch mit rechtlichen Maßstäben kaum gemessen werden. Selbst wenn man hier nicht nach faktischem Einfluß, sondern nach rechtlicher Einflußmöglichkeit fragt, so bietet sich doch dem Juristen zunächst nur eine Vielfalt von Kompetenzen. Werten und damit im Sinne der Balance gewichten kann er diese nur, wenn er von einem Begriff politischer Macht ausgeht, die gleichmäßig geteilt werden muß. Damit aber transzendiert er seine eigenen Kategorien, welche faktische Macht nur kennen, soweit

[45] *Rousseau*, J.J., Du Contrat social, Liv. II, Chap. 2.

diese institutionalisiert ist oder Institutionen hervorbringen kann. Gerade dies aber fehlt hier. Was im letzten Macht ist, kann historisch, soziologisch, vielleicht politologisch bestimmt oder geschätzt werden. Macht ist ein Proteus, in jedem Augenblick anders strukturiert; rechtlich verfestigte Möglichkeiten der Dezision sind Faktoren der Macht, nicht diese selbst. Allenfalls einem völlig idealtypischen, alle in jeder Kompetenz liegenden Möglichkeiten bis zu einem Grenzwert maximaler Ausnutzung hochrechnenden Denken mag sich ein jurifiziertes Modell der Macht erschließen. Doch von solcher höheren Kompetenzmathematik ist die postglossatorische Analysentechnik der Einzelinstitutionen im heutigen Staatsrecht weit entfernt. Und so wird es – vielleicht zum Vorteil des Öffentlichen Rechts – auch bleiben. Dann aber sollte die Balancevorstellung nur in äußersten, ärgsten Fällen bemüht werden: Wer schon das Gewicht nicht kennt, sollte nicht das Gleichgewicht definieren.

b) Nicht als ob nicht doch langsam eine klarere Erfassung des Gewaltengleichgewichts möglich wäre. Sie wird auch politologische Kategorien einsetzen, alle Kompetenzen auf ihre Entscheidungsmöglichkeiten untersuchen müssen. Bei jedem einzelnen Staatsakt – vom Gesetz bis zum Verwaltungsakt – müssen jedoch mehr als bisher die Phasen des „Verfahrens" unterschieden, ihr Zusammenhang bestimmt und ihr (politisches) Gewicht zueinander und im Verhältnis zur Enddezision geklärt werden. So wäre eine Lehre von der Bedeutung der Gesetzesinitiative[46], der Materialinformation, der „Redaktionsgewalt" (der Ausschüsse) und der Beschlußgewalt in ihrem Verhältnis zueinander und für das Zustandekommen der Gesetze zu entwickeln, die allerdings von einem mehr oder minder fiktiven Regelverfahren ausgehen müßte. Erst wenn diese Einzelgewichtung innerhalb der klassischen Gesetzgebung gelungen ist, kann bestimmt werden, wie stark das „Gewicht" der Exekutive in diesem Sektor – vielleicht noch nach Sachgebieten differenziert – heute ist. Dann erst läßt sich sagen, wann das Gleichgewicht der Gewalten in der Gesetzgebung gebrochen würde, es ließen sich aber auch neue Modelle der Machtverteilung bilden, die dem Verfassungsgebot entsprechen. Nicht anders bei der Exekutive: Hier stehen Haushaltsplan, Maßnahmegesetze, Verordnungsrecht im Vordergrund. Vor allem aber wäre die Bedeutung der parlamentarischen Kontrolle für die Einzeldezision der Verwaltung aus der Sicht der Gewaltenteilung zu qualifizieren.

Eine neue „Entscheidungslehre" im Staatsrecht tut not. Und ein Abgehen von der Sicht des (Verwaltungs-)Richters, der immer den Akt nur in der Endform sieht, in der er Außenwirkung zeitigt, und ihn vereinfachend einem Organ zuschreibt, wo er doch ein Ergebnis vielfacher Gewaltenverschränkung ist.

---

[46] Vgl. *Löwenstein* (Fn. 39), S. 195.

Der Verfassungsrichter, der morgen zu entscheiden hat, ob ein Gesetz die Gewaltenteilung verletzt, muß das gesamte Procedere innerhalb der Gewalten erfassen und werten, er muß jenes Staatsorganisationsrecht beherrschen oder entwickeln, welches in Deutschland stets zugunsten des unmittelbaren Freiheitsschutzes des Bürgers durch die Gerichtsbarkeit vernachlässigt worden ist.

Von all dem trennt uns heute ein langer Weg. Er wird erst beschritten werden, wenn sich die Erkenntnis durchsetzt, daß Staatsorganisation ein besserer Freiheitsschutz sein kann als Grundrechte, daß Gewaltenteilung wichtiger ist als eine Freiheit, welche die ungeteilte Gewalt sofort zerstören kann.

Gewaltenteilung ist heute nur ein weiter Rahmen, aus dem allerdings keine der Gewalten völlig verdrängt werden darf, innerhalb dessen die Pouvoirs gleichgewichtig und gleichartig zusammenarbeiten müssen. Gewaltenteilung kann – um mit dem französischen Staatsrat zu sprechen – à l'état actuel du Droit public allemand nicht judiziert, durch einen Spruch des Verfassungsrichters nur gestaltet werden[47]. Zuerst muß sie in ihren Einzelgewichten erfaßt, beschrieben werden — dazu sollte die Lehre von der quantitativen Gewaltenteilung ein Beitrag sein. Sind dann die Formen der Verschränkung bekannt, so kann ihre Gewichtung beginnen, die in einer Balance aufgehängt wird, welche von Verfassungs wegen unantastbar ist.

Zur Zeit ist die Gewaltenteilung nichts als eine verfassungsrechtliche Verfestigung herkömmlicher Kompetenzverschränkungen. Selbständig-normative Bedeutung hat die Unabhängigkeit der Richter, nicht Art. 20 Abs. 3 GG im ganzen. Doch so sollte es nicht bleiben. Die präsidentielle Staatsform zwingt zwei wahrhaft getrennte Gewalten nur zum Ergebniskompromiß; das parlamentarische Regime verlangt von den Pouvoirs dauernde Zusammenarbeit, in der nicht Zuständigkeiten, sondern nur das Gleichgewicht erhalten bleiben muß. Sinn des Parlamentarismus ist es nicht, Gewalten zu isolieren, sondern sie zusammenzuführen, möglichst viele und alle grundlegenden Dezisionen im Staat *zugleich* der unbekümmerten politischen Dynamik des Volksvertreters und der behutsamen Sachkenntnis des Bürokraten anzuvertrauen. Gewaltenteilung als Zusammenarbeit heterogener Organe soll nicht „Machtmäßigung" oder gar „Machthemmung" bewirken. Über solche Kategorien der liberalen Staatslehre geht der allgewaltige Versorgungsstaat hinweg. Wohl aber soll aus dem Zusammenwirken verschiedener Kräfte mehr von jener Ausgewogenheit kommen, in dem heutige Regierungsmode das Beste sieht.

---

[47] Zur Justiziabilität vgl. *Peters*, Gewaltentrennung (Fn. 28), S. 23 f. sowie die Diskussion S. 35 f.

Auch für die Gewalten des Staates gilt heute „getrennt marschieren, vereint schlagen“ — getrennt in Organisation und innerer Ordnung, vereint in der gemeinsamen Entscheidung. Der parlamentarische Staat kann nur leben, solange die geteilte Gewalt mündet in die eine Dezision.

Gewaltenteilung innerhalb der Gewalten*

Ein Beitrag zum Problem der Hierarchie

Die Gewaltenteilung ist ein tragendes Organisationsprinzip des Grundgesetzes.[1] Die Staatsgewalt ist nicht nur nach Funktionen aufgeteilt (Legislative, Exekutive, Judikative), diese werden auch, in ihrem Kern wenigstens[2], von verschiedenen Organen wahrgenommen. Sinn dieser Form der Gewaltenteilung ist die Mäßigung der Staatsmacht,[3] die einerseits allein schon durch die Gewichtsverteilung als solche quantitativ bewirkt, zum anderen noch dadurch qualitativ verstärkt wird, daß sich die so getrennten Organe gegenseitig kontrollieren.[4]

Minimalisierung aller Herrschaft ist heute ein modisches Schlagwort. Doch lang bevor es laut wurde, hat sich das Grundgesetz zur *freien* menschlichen Persönlichkeit als höchstem Rechtswert bekannt,[5] die rechtsstaatliche Kontrollierbarkeit der Macht als Leitidee der Verfassung proklamiert[6] und damit Beschränkung und Kontrolle der Macht zum vornehmsten Staatsziel erhoben. Wenn nun die Gewaltenteilung gerade dies zu leisten vermag — kann sie dann nur „auf höchster Ebene" gelten, muß sie nicht vielmehr überall eingreifen, entspricht nicht dies ihrem Wesen als einem „tragenden Organisationsprinzip"? Wenn aber überall im Staat Gewaltenteilung sein muß, soweit dies irgendmöglich ist, so ist „Gewaltenteilung innerhalb der Gewalten" zu fordern — nicht als Zufall, nicht nach organisatorischer Zweckmäßigkeit, sondern als ein durchdachtes Gesamtsystem, in dem die Maxi-Gewaltenteilung die Spitze einer Pyramide von Mini-Gewaltenteilungen bildet, welche sich, wie in einer analogia entis, von unten nach oben „richten" und die Teilung der drei klassischen Gewalten zum Vorbild nehmen.

---

* Erstveröffentlichung in: Festgabe für Theodor Maunz, München 1971, S. 267–283.

[1] BVerfGE 3, 247.

[2] Vgl. etwa BVerfGE 4, 346/7; 7, 188; 9, 280; BayVerfGH n.F. 7, 121/2 (unter Hinweis auf *Nawiasky/Leusser*, *Süsterhenn/Schäfer*, *Maunz*); *Bettermann*, K.A., Die Grundrechte III/2, S. 523, 633 f. m. Nachw.

[3] BVerfGE 3, 247.

[4] BVerfGE 9, 279.

[5] BVerfGE 12, 53.

[6] BVerfGE 6, 403.

Doch einer derart weitgehenden Analogie zur grundgesetzlichen Teilung der drei Gewalten zieht die Struktur der anderen untergeordneten Machtträger und Organe enge Grenzen: Legislative und Exekutive etwa lassen sich noch bei Ländern und vielleicht bei Gemeinden,[7] Körperschaften, Anstalten, Stiftungen und politischen Parteien[8] trennen, nicht aber durchgehend innerhalb einer Gewalt: Die Regierung hat in ihrem Bereich keinen „Gesetzgeber“, der in vergleichbarer Weise in einer innergouvernementalen Exekutive und Judikative zu separieren wäre.[9]

Damit aber ist die Frage „Gewaltenteilung innerhalb der Gewalten“ nicht erledigt. Die Unter-Teilungen mögen der Groß-Teilung qualitativ nicht entsprechen — muß nicht dennoch „irgendwie“ unterteilt werden, so eben, wie es die Strukturen der jeweiligen Bereiche zulassen? Gebietet nicht der Grundgedanke der Gewaltenteilung, daß innerhalb der Pouvoirs irgendwelche möglichst selbständige Organisationseinheiten entstehen, die sich gegenseitig begrenzen und kontrollieren und in sich wieder geteilt sind? Vorschnell wäre der Einwand, hier werde ein utopischer progressus ad infinitum gefordert: Die natürliche Person des einzelnen Organwalters, der ja nicht mehreren Gewalten angehören dürfte, würde dem jedenfalls Grenzen setzen, und eindrucksvoll mag eine Vision sein, in der sich ein rationales gewaltenteilendes Organisationsschema bis dorthin fortsetzt, wo die natürliche Person nicht mehr teilbar ist.

Hier geht es nicht darum, ob solche Unterteilungen der Gewalten, wie sie neuerdings für „soziale“[10] wie für staatliche[11] Gewalten erörtert werden, an sich möglich oder zu erstreben sind. Es soll lediglich geklärt werden, ob sie von der „großen“ Gewaltenteilung gefordert werden, ob sie mit ihr vereinbar sind oder ihren Grundgedanken widersprechen. Die Gewaltenteilungsformel allein gibt hier keine Antwort.

---

[7] Dazu u. a. *Gönnenwein*, O., Gemeinderecht, 1963, S. 310; *Scheuner*, U., AfK I (1962), S. 149 (167); *Loschelder*, W., in: Morstein-Marx, Verwaltung 1965, S. 130/2.

[8] Die hier als „Quasi-Staatsorgane“ in Betracht kommen, vgl. §§ 6 f. ParteiG.

[9] Ansätze zu solchen Gestaltungen sind allerdings punktuell festzustellen und mögen anderweiter vertiefter Behandlung vorbehalten bleiben: So gibt es etwa im Bereich der Regierung typische „Rechts- oder Verwaltungsverordnungsgewalten“, die als „Legislative der Exekutive“ auch organisatorisch abgetrennt werden könnten; bei Parlamenten und Gerichten besteht im Rahmen der Autonomie eine spezielle „Exekutive“ — doch solche „Gewaltenteilung“ betrifft nicht die zentralen Kompetenzen dieser Instanzen, sie soll nur nach außen deren organisatorische Selbständigkeit sichern.

[10] So etwa in der allg. Mitbestimmungsdiskussion, vgl. die Zusammenfassung im sog. Biedenkopf-Gutachten (BT-Drucksache VI, 334, S. 20); zur „publizistischen Gewaltenteilung“ vgl. *Leisner*, W., Werbefernsehen und öffentliches Recht, 1967, S. 155.

[11] Forderungen nach „direkter Personal-Mitbestimmung“ im öffentlichen Dienst können als „Gewaltenteilung innerhalb der Exekutive“ aufgefaßt werden, dazu *Leisner*, W., Mitbestimmung im öffentlichen Dienst, 1970, S. 33.

Das deutsche organisatorische Staatsrecht ist daher darauf zu untersuchen, ob die drei Gewalten in sich unterteilt sind und nach welchen Kriterien dies geschehen ist (unten I). Daraus wird sich ergeben, ob und wieweit solche Gewaltenunterteilungen analogiefähig sind in Richtung auf ein System der horizontalen Gewaltenteilung auf allen vertikalen Ebenen (unten II), ob sich dies aus einem allgemeinen Gedanken der Gewaltenteilung oder anderweit rechtfertigen läßt (unten III). Gewaltenteilung — einmalige Organisationsform des Staatsrechts oder allgemeines Organisationsmodell des öffentlichen Rechts — das ist die Frage.

I. Teilung innerhalb der klassischen Gewalten

Nur diejenigen Teilungen innerhalb der drei Pouvoirs sind hier von Bedeutung, welche in ihrer Trennungswirkung in etwa der klassischen Gewaltenteilung entsprechen. Diese ist je nach Gewalt intensitätsmäßig verschieden,[12] läßt sich jedoch mit einiger Vereinfachung auf ein Prinzip zurückführen: Im Raum der jeweiligen Eigenkompetenz kann einer Gewalt von der anderen keine konkrete Sachanweisung erteilt werden; die Einwirkungsmöglichkeiten auf die Willensbildung eines anderen Pouvoirs sind auf globale, meist „persönliche" Druckmittel beschränkt — Abberufung, Auflösung, Personalpolitik. Durch „Fernwirkungen" solcher Einflußnahmen, verbunden mit dem allgemeinen Sachzwang zur Kooperation, mag einheitlicher Staatswille entstehen; erzwungen werden kann dies in concreto nicht. Gewaltenteilung herrscht dort, wo keine übergeordnete Instanz einheitliche Willensbildung durchsetzen kann.

In diesem Sinne sind die Gewalten in Bund und Ländern in sich wieder vielfach de facto und de iure geteilt. Andeutungen mögen genügen.

1. Die Exekutive erscheint als Prototyp geschlossener, weil wesentlich kontrollierter Gewalt. Mag der Staat mit zwei Zungen sprechen, mit zwei Armen darf er nicht handeln. Doch der eine Arm hat in Recht und Wirklichkeit viele selbständige Glieder:

a) Autonomien können durch Gesetz der Exekutive oktroyiert oder gar von deren Organisationsgewalt geschaffen werden.[13] Jede autonome juristische

[12] Besonders scharf ist sie im Verhältnis Exekutive-Judikative (BVerfGE 10, 216), spezieller Art zwischen Gerichtsbarkeit und Legislative, weil letztere vor allem durch allgemeine Imperative einwirkt, während zwischen 1. und 2. Gewalt die Grenzen teilweise beweglich sind.

[13] Allgemein zur Autonomie *Krüger*, H., Allg. Staatslehre, 1964, S. 492 f.; zum Problem ihrer „Ministerialfreiheit" siehe etwa *Loening*, H., DVBl. 54, S. 172 f.; *Fichtmüller*, C.P., AöR 91, S. 297 (336/7).

Person des öffentlichen Rechts ist jedoch ein selbständiger Pouvoir innerhalb der Exekutive. Rechtsaufsicht[14] kann in der Sache nicht Entscheidung erzwingen, sie definiert die Subgewalt, bestimmt ihre Schranken, sie beherrscht sie nicht.

b) *Ministerialfreie Räume* im Bereich der Regierung sollen nach manchen ganz allgemein zulässig sein — auch dort, wo nicht selbständige juristische Personen entstehen.[15] Selbst wenn man Instanzen wie die Rechnungsprüfung als Hilfsorgane parlamentarischer Kontrolle[16] aus der Exekutive ausscheidet, so ist die Bundesbank[17] in ihrer Unabhängigkeit nichts als „Gewalt innerhalb der Gewalt" — technokratische neben demokratisch legitimierter Macht.

c) Exekutivfunktionen erfüllt auch der *Bundespräsident*, mag man ihn nun zur vollziehenden Gewalt rechnen oder nicht.[18] Wo immer ihm ein materielles Prüfungsrecht zukommt, dort ist die vollziehende Gewalt gespalten. Die Gegenzeichnung (Art. 58 GG) lädt zur Kooperation, sie gibt keine Macht über den Partner.

d) In zahlreichen, in fast allen wichtigen Fällen ist in der Verwaltung des Bundes die Regierung an die Zustimmung des *Bundesrates* gebunden, auf dessen Entscheidung sie keinerlei Einfluß hat, nicht einmal jene fernen Einwirkungsmöglichkeiten, die ihr gegenüber anderen Gewalten zustehen. Paradoxerweise ist damit die Gewaltenteilung innerhalb der Exekutive schärfer als die zwischen den Bundesgewalten.

---

[14] Allg. zur Rechtsaufsicht u. a. *Gönnenwein*, O., Jellinek-Gedächtnisschrift, 1955, S. 511 (514 f., 524 f.); *Elleringmann*, R., Grundlagen der Kommunalverfassung und der Kommunalaufsicht, 1957, S. 46 f.; *Masson*, Chr., Gemeindeaufsicht, 2. Bearb. 1962, S. 11; *Weber*, W., Kommunalaufsicht als Verfassungsproblem, Schriftenreihe d. Hochschule Speyer 19, 1963, S. 19 f.; *Dallmeyer*, P., Staatsaufsicht über Verbandskörperschaften, Diss. Würzburg 1967, S. 24 f., 37.

[15] Dazu neben *Loening*, *Fichtmüller* (Fn. 13) und *Krüger* (Fn. 13, S. 844, 846) die Literaturübersichten bei *Ermacora*, F., VVdStRL 16, S. 191 (225) und *Böckenförde*, E.-W., Die Organisationsgewalt im Bereich der Regierung, 1964, S. 251 f. sowie *Vorbrugger*, G., Unabhängige Organe der Bundesverwaltung, Diss. München 1966, S. 248 f.

[16] Lit.überblick dazu bei *Klein*, F., in: 250 Jahre Rechnungsprüfung, 1964, S. 133 (136/7); vgl. insbes. *Bank*, B., FinA n.F. 15 (1954/5), S. 523 (527/8). Gegen die Zuordnung der Rechnungshöfe zum Parlament *Maunz/Dürig/Herzog*, GG, Art. 114 Rndn. 23, krit. dazu *Fuchs*, A., Wesen und Wirken der Kontrolle, 1966, S. 73/4.

[17] Überwiegend wird die Sonderstellung der BBank für zulässig gehalten (z.B. von *Köttgen*, A., JöR n.F. 11, S. 173 [280]; *Starke*, O.-E., DÖV 57, S. 606 [608] [„Verfassungsorgan"]; *Maunz/Dürig/Herzog*, GG, Art. 88, Rndn. 22 [gerechtfertigt wegen der Vorverfassungssituation]), doch werden auch Bedenken laut (etwa *Samm*, C.-Th., Die Stellung der DBBank im Verfassungsgefüge, Berlin 1967, S. 96 f. [„Verfassungsdurchbrechung"]).

[18] Ersteres ist h.L. — vgl. etwa BK (*Kern*), Art. 54, II 2; *Maunz/Dürig/Herzog*, GG, Art. 54 Rndn. 7; *v. Mangoldt/Klein*, BGG, S. 1061; *Menzel*, E., DÖV 1965, S. 581 (592); a.A. *Maurer*, H., DÖV 1966, S. 665 (670); vgl. auch *Pernthaler*, P., VVdStRL 25, S. 95 (140 f.).

e) Personalvertretung wird sich bald zur Mitentscheidung der Bediensteten in persönlichen, wirtschaftlichen, sozialen Angelegenheiten steigern.[19] Die Dienstnehmer werden sich damit als selbständiger Pouvoir mit dem Dienstherrn auch jene Organisationsgewalt teilen, die ohnehin praktisch das einzige ist, was der Exekutive an selbständiger politischer Dezision bleibt, soweit die Verwaltung streng gesetzesgebunden ist. Sollte die Forderung nach allgemeiner „direktiver Personalmitbestimmung“ Erfolg haben, so mag die Regierung wieder den Doppeladler führen: Die Exekutive wird zwei Häupter haben.

f) Die *Gliederung* der verantwortlichen Exekutive in *Ministerien* schafft so lange de iure keine Gewaltenteilung, wie der Gesamtregierung oder dem Richtlinien setzenden Kanzler das letzte Wort zukommt.[20] Doch abgesehen von gesetzlich verankerten Sonderrechten einzelner Minister[21] — dieses letzte Wort ist so häufig, so weitgehend Theorie, die Vorläufigkeitsgewalt der Ressortchefs ist auch rechtlich so weit, daß hier ein gewaltenteilungsähnlicher Zustand entsteht; in ihm sind die Einwirkungen von Regierungschef und Gesamtregierung oft nur mehr jenem „fernen“ Druck vergleichbar, der auch zwischen den Verfassungsgewalten ausgeübt werden kann.

g) Die Exekutive ist heute die nicht immer gut, doch stets *beratene Gewalt.* Unzählige Gremien und Persönlichkeiten sind fest in ihrer Willensbildung institutionalisiert.[22] Entscheidet nicht auch rechtlich dort der Berater, wo der unfolgsame Beratene nur willkürlich handeln kann? Das Dogma vom unabhängigen Sachverstand hat jedenfalls hier auf der Grenze von Faktum und Recht eine eigenartige Gewaltenteilung zwischen machtlosem Wissen und unwissender Macht geschaffen.

h) Wenn es eine *„Verwaltung als eigenständige Staatsgewalt“*[23] gibt, wenn vor allem heute Routine- und Massenverfahren, „technische Sachzwänge“, besonders gelagerte Einzelfälle – oder schlechthin „der Einzelfall“ – der „Verwaltung“ institutionelles Selbstgewicht verleihen, so ist wieder die Exekutive bis in die Spitze geteilt, mehr noch: Einzelne Verwaltungsbereiche stehen beziehungsarm nebeneinander, soviel Subgewalten gibt es wie Verwaltungen. Die Fiktion, daß die Direktivgewalt der Regierung die Einheit der Exekutive über aller Verwaltung sichere, wird nur so lange dauern, bis neue rechtliche Kategorien entwickelt werden, welche den Selbstand der Administration verdeutlichen.

---

[19] Vgl. zu diesem Fragenkreis *Leisner* (Fn. 11), insbes. S. 10 f.

[20] So etwa *Knöpfle*, F., DVBl. 65, S. 857 (860/1), S. 925 (927); *Bayer*, H.W., DÖV 65, S. 753 (754); a.A. *Maunz*, Th., BayVBl. 56, S. 260 (261).

[21] Am bedeutsamsten wohl das Vetorecht des BMFin, Art. 112 GG.

[22] Dazu m. Nachw. *Krüger* (Fn. 13), S. 888 f.; *Böckenförde* (Fn. 15), S. 187 f., 253 f.; *Kafka*, G., Peters-Gedächtnisschrift, 1967, S. 168 f.

[23] *Peters*, H., Die Verwaltung als eigenständige Staatsgewalt, 1965.

So ist denn Exekutive nicht nur ein „Rest nach Abzug von Legislative und Judikative", sie ist nicht allein nach Funktion, sondern auch nach Organisation heterogen. Und sie ist keine zusammengesetzte, sondern eine geteilte Gewalt, die allenfalls im Notstand zu prekärer Einheit findet.

2. In der Legislative ist die Gesetzgebungsfunktion als solche geteilt. Die Rechte der Exekutive (Initiative, Anhörung, Ausfertigung, Veto des Finanzministers, Verordnunggebung) sind jedoch traditionell so eng mit dem Bereich der Regierung verbunden, daß dies als Ausdruck der großen Gewaltenteilung, nicht als Unterteilung der Ersten Gewalt erscheinen mag. Ähnliches gilt für die negative Gesetzgebungskompetenz der (Verfassungs-)Gerichte.

a) Doch selbst im eigentlich parlamentarischen Gesetzgebungsbereich bleibt die Legislative der Typ der in sich geteilten Gewalt, gerade bei ihr ist erstmals und bewußt die Subdivision der Gewalten ins Staatsrecht gekommen — im *Zweikammersystem.*[24] Mag die zweite Kammer ständisch, föderal oder, gleich der ersten, durch demokratische Wahl legitimiert sein — ihr Sinn liegt gerade in der Verdoppelung der Legislative, in deren Gewaltenteilung in zwei Organe, die nur durch Verfahrenskontakte verbunden sind, ohne daß eines auf Zusammensetzung oder Willensbildung des anderen Einfluß nehmen könnte. Im Zustimmungsrecht des Bundesrates gilt dies in der Bundesrepublik Deutschland für alle legislativen Grundentscheidungen der Staatlichkeit. Doch selbst wo sich diese innerlegislative Gewaltenteilung zum Einspruch des Oberhauses abschwächt, bleibt wenigstens faktisch-politisch etwas von der Trennung erhalten, die sich ja in nahezu bruchlosem Übergang bis zu voller Teilung steigern kann.

Im ganzen bekennt sich das Grundgesetz zu einer Subdivision des gesetzgebenden Pouvoirs, die strenger und kontaktärmer ist, weit weniger „Verschränkungen und gegenseitige Kontrollen" kennt als die große Teilung der Gewalten. Sollte diese letztere deshalb insoweit sogar „elastisch" sein müssen, als sie Gewalten verbindet, die in sich „absolut geteilt" sind? Ist die große Gewaltenteilung mehr Integration als Division der Macht? Im Zweikammersystem jedenfalls ist ein Prinzip der Trennung bei einheitlicher Funktion und damit die Teilung um der Teilung willen verwirklicht.

b) Die Einheit der Legislative beruht auf dem Plenarsystem. Wo immer dieses durch beschließende Ausschüsse durchbrochen wird[25] – und ihnen

---

[24] Grundlegend dazu: *Kelsen*, H., Allg. Staatslehre, 1925, S. 352; *Schmitt*, C., Verfassungslehre, 1928, S. 293 f.; *Loewenstein*, C., Verfassungslehre, 1959, S. 181 f.; *Nawiasky*, H., Allg. Staatslehre II 2, 1955, S. 213 f.; *Schwarz-Liebermann v. Wahlendorf*, H.A., Struktur und Funktion der sog. Zweiten Kammer, 1958 (Nachw. S. 187).

[25] Die „echten Parlamentsausschüsse" (also nicht etwa der Richterwahlausschuß) sind allerdings heute noch rein vorbereitende Beschlußorgane (vgl. § 14 I 2 GeschOBT, 39 I GeschOBR, zu letzterer *v. Mangoldt/Klein*, BGG, 1042 f.). Auch die Rechnungsprüfung

gehört die Zukunft – spaltet sich die Volksvertretung gewaltenteilend. Heute schon liegt in den Kommissionen tatsächlich eine Subdivision der Ersten Gewalt: Das Plenum gibt nicht Gesetze, es beendet das Gesetzgebungsverfahren, in Wahrheit ist es nur mehr eine von mehreren Legislativgewalten.

Man mag von den zahllosen weiteren politischen Teilungen innerhalb gesetzgebender Körper absehen — in Fraktionen, Koalitionen, unabhängige Volksvertreter; über ihnen stellt die Mehrheit jederzeit die Gewalteneinheit her. Die Legislative bleibt dennoch der Prototyp eines sogar durch traditionelle Grundformen seiner Organisation (Zweikammersystem, Ausschüsse) in sich geteilten Pouvoirs.[26]

3. In der *Judikative* mag man die einheitlichste Gewalt sehen[27] — vielleicht weil sie „irgendwie gewichtlos" ist! Bis zu den obersten Gerichten ist die Hierarchie geordnet, über diesen wird das Einzige noch gewahrt, was hier gemeinsam sein kann, die Einheitlichkeit der Rechtsprechung (Art. 95 Abs. 3 GG). Aus der Sicht der Gewalten erscheint dies nicht als eine schöne Krönung juristischer Architektur, sondern als notwendiger Verfassungsinhalt, ohne den es „Rechtsprechung als Gewalt" (Art. 20 Abs. 2, 3 GG) nicht geben kann.

a) Doch ist je Judikative so verstanden worden, hat sie nicht ohne gemeinsamen Senat, ohne Oberstes Bundesgericht bestanden? „Ist sie nicht ganz und ungeteilt" in jedem einzelnen Gericht gegenwärtig, das ja stets virtuelle und häufig, kraft Gesetzes, unbedingte Letztentscheidungsgewalt entfaltet? Hierarchische Einheit der Gewalt durch übergeordnete Entscheidung erwächst hier nicht aus der Gewalt selbst, sondern aus dem Anstoß extra-judikativer Kräfte — der Staatsanwaltschaft, der Bürger. Die richterliche Gewalt ist nicht einheitlicher Pouvoir an sich, sie wird es durch den kontingenten Willen der Parteien. Grundsätzlich gibt es in ihr so viele Gewalten wie Gerichte. Und auch darin ist sie als „Pouvoir — en quelque façon nulle".

b) Mag aber auch die Gerichtsbarkeit in der inhaltsarmen Entscheidungsgewalt des Gemeinsamen Senats der obersten Bundesgerichte zur Einheit

---

bei „Geheimfonds" (vgl. dazu § 89 RHO; *Vialon*, F.K., Haushaltsrecht, 2. Aufl. 1959, Anm. 2 zu § 89 RHO; *Lange*, B.-P., Verfassungsrechtl. Probleme im Zusammenhang mit Rechnungsprüfung und Rechnungshof, Diss. Bonn 1967, 96/7) hebt das grundsätzl. Beschlußrecht des Plenums de iure nicht auf, wohl aber wird es de facto zurückgedrängt. Zu Beschlußrechten des Haushaltsausschusses vgl. *Majonica*, E., in: Der Bundestag von innen gesehen, hrsg. v. Hübner u.a., 1969, S. 118/9.

[26] Soweit Formen unmittelbarer Demokratie Initiative oder Beteiligung des Volkes vorsehen, ist übrigens die erste Gewalt deutlich in sich geteilt.

[27] Zur Judikative als Gewalt vgl. neuerdings *Weber*, W., Spannungen und Kräfte im westd. Verfassungssystem, 3. Aufl., 1970, 156 f.

finden, neben ihr steht in der Verfassungsgerichtsbarkeit eine zweite, neuartige Judikative sui generis. Mit Recht nennt man sie nicht Gerichtszweig;[28] in der Verfassungsbeschwerde gegen Urteile kontrolliert sie nicht zentral die Dritte Gewalt, ihre verfassungsrechtlichen Randretouchen sind weder de iure noch de facto Hierarchie. Wenn die Dritte Gewalt sonst nicht nach Gerichtszweigen, Instanzen, Zuständigkeiten gespalten sein sollte — hier ist sie ganz geteilt, in einer Weise, die gerade die politischen Gewichte verteilt,[29] welche, wenn überhaupt, die Judikative als „Pouvoir" konstituieren könnten.

4. All diesen bereits subdividierten Gewalten überlagert sich im *Föderalismus* erneute Unterteilung. Die vertikale Gewaltenteilung[30] bewirkt die grundsätzliche Verdoppelung deutscher Staatlichkeit, sie wirkt als Gewaltenteilung innerhalb jeder Gewalt.

Am schwächsten ist dies in der Judikative ausgeprägt,[31] vielleicht auch, weil dies dort nicht nötig erscheint, ist doch die weitestgehende Subdivision, die „Gewaltenteilung nach Gericht" kaum mehr zu überbieten. Doch die Legislative ist in den grundgesetzlichen Gesetzgebungszuständigkeiten „gerade durchgeteilt", nicht anders die Exekutive, bei der sich zwischen Bund und Ländern nicht einmal die qualitative Funktionstrennung Regierung – Verwaltung hat verwirklichen lassen. Und weiter setzt sich die Teilung fort auf der „Dritten Ebene" zwischen den Ländern. Kopf um Kopf wächst an den Körper der Ersten und Zweiten Gewalt.

Geringer ist die gegenseitige Einflußmöglichkeit zwischen Bund und Land als zwischen den Gewalten beider. Tiefer ist daher wieder die Subdivision der Gewalten als deren ursprüngliche Trennung. Im einzelnen mag die föderale Teilung ihre Gründe haben; doch nicht sie sind wichtig, sondern die föderale Idee — ist dies aber etwas anderes als Teilung um der Teilung willen?

Was „nach unten" geschehen ist im Föderalismus, setzt sich „nach oben" im Supranationalismus fort: Mögen die „europäischen Gewalten" bisher nur

---

[28] F. viele: *Arndt*, A., DVBl. 51, S. 297; Bericht über das BVerfG in JöR n.F. 6, S. 111 f.; *Rupp*, H.H., AöR 85, S. 149 (175); *Ule*, C.H. Verwaltungsprozeßrecht, 4. Aufl., 1966, S. 40.

[29] „Politischen" Gehalt haben selbst i. engeren Sinn die Urteile in allen Gerichtszweigen — man denke nur an Enteignung und Amtshaftung, Streikrecht, Steuerrecht.

[30] So u.a. *Nawiasky*, H., Der Bundesstaat als Rechtsbegriff, 1920, S. 67; *Kägi*, W., Festschrift f. H. Huber, 1961, S. 151 (169); *Hesse*, K., Der unitarische Bundesstaat, 1962, S. 27 f.; krit. etwa *Scheuner*, U., DÖV 62, S. 641 (645 f.).

[31] Vgl. immerhin die letztinstanzliche Zuständigkeit der VGHe in landesrechtlichen Angelegenheiten.

unvollkommen geteilt sein[32], sie erfüllen Funktionen aller deutschen Pouvoirs, teilen insoweit erneut jeden von diesen.

Die Gewalten sind also in sich vielfach, kaum übersehbar geteilt. Weniger Teilung ist zwischen den „Spitzen" der Gewaltpyramiden, als innerhalb von diesen selbst. Je tiefer man absteigt, desto mehr verstärken sich Subdivisionen.

Ist dieser Zustand verfassungssystematisch als ein gewaltenunterteilender gewollt? Wirken die Subdivisionen „gewaltenteilend" analog der großen Teilung der Pouvoirs? Wie beeinflussen Gewaltenteilung und Subdivisionen einander, sind sie im Grundsatz und in diesem heute erreichten Ausmaß vereinbar?

II. Subdivisionen gegen Teilung der Gewalten

1. Verfassungssystematisch als „gewaltenteilend" gewollt und bewußt so gestaltet ist nicht alle Subdivision; häufig ist Gewaltenteilung auch nicht objektiver Zweck subdividierender Entwicklungen.

Teilung der Gewalt als Grundentscheidung kommt deutlich zum Ausdruck im Föderalismus, im Zweikammersystem und vielleicht noch dort, wo die Selbständigkeit der Ressorts besonders betont wird.[33] Doch daneben stehen Fälle, in denen die gewaltenteilende Wirkung deutlich, ja primär ist, ohne daß sie doch auch nur irgendwie als „gewollt" erschiene — in der Teilnahme des Bundespräsidenten an der Exekutivtätigkeit, vielleicht auch in der Zweiteilung der Judikative in (herkömmliche) Gerichte und Verfassungsgerichtsbarkeit. Hierin liegen unbewältigte Systematisierungsprobleme der grundgesetzlichen Ordnung. Am zahlreichsten jedoch sind subdividierende Entwicklungen, welche die Verfassung „nicht kennt", die sich, von jeher vielleicht, in niederrangigem Recht entfalten, von dort aus das Staatsorganisationsrecht der Verfassung verändern: Autonomien und ministerialfreie Räume, Personalvertretungsrecht und direktive Mitbestimmung im öffentlichen Dienst, Parlamentsausschüsse und Gerichtsorganisation. Hier sind weithin subdividierende Gestaltungen aus einer Zeit stillschweigend rezipiert oder geduldet worden, in der es die „große" Gewaltenteilung noch nicht oder nur in Ansätzen gegeben

---

[32] Zur Gewaltenteilung in diesem supranationalen Bereich vgl. u.a. *Seeler*, H.J., Die europäische Einigung und das Problem der Gewaltenteilung, 1957; ds.: EuArch. 60, S. 13 (15 f.); *Bülck*, H., VVdStRL 21 (1964), S. 1 (53 f.); *Badura*, P., VVdStRL 23 (1966), S. 34 (70/1); *Kaiser*, J.H., ebd. S. 1 (26); *Martens*, J., EuR 70, S. 209 (216 f.).

[33] BayVerf. Art. 51 I (dazu *Nawiasky/Leusser/Schweiger/Zacher*, Die Verf. des Freistaates Bayern, Art. 51 Rndn. 3); HessVerf. Art. 102/2; Rhld.Pf.Verf. Art. 104/2; Saarl.Verf. Art. 93 III.

hat; damals waren Ständestaat und Autonomie primär gewaltenteilend – heute wirken sie weiter so – aber auf niederer Stufe, unter der in der Spitze geteilten Gewalt. Und im weiteren Sinn ist auch hier wieder „Verfassung nach Gesetz“:[34] Der Begriff der „Gewalt“ wird „von unten her“ aufgelöst, geteilt und damit eben doch — definiert.

Der Überblick endet dort, wo Gewaltenteilung innerhalb der Gewalten noch nicht vom Faktum zum Recht geworden ist, oder wo dies – wie in der „Verwaltung als selbständiger Staatsgewalt“ – erst in der Dogmatik beginnt.

Doch all diese Einteilung in Stufen „bewußter“, „primärer“ Subdivisionen der Gewalten behält etwas Künstliches, sind doch die Übergänge fließend. Was bleibt, ist die Feststellung, daß zwischen deutlich gewollter Subdivision (Zweikammersystem) und dem, was nur tatsächlich so wirkt (Trennung Regierung – Verwaltung), ein Spektrum von Fällen liegt, in denen die subdividierende Wirkung im Zwielicht bleibt. Diese Unterbilanz verfassungsrechtlicher Systematisierung ist zugleich Versuch zur Ausweitung und Verstärkung der Gewaltenteilung innerhalb der Gewalten und Gefahr für die gesamte, für die große Gewaltenbalance, die sich auf den rollenden Kugeln subdividierter Pouvoirs bewegt.

2. Ob Subdivision der Gewalten mit der klassischen Gewaltenteilung vereinbar ist, durch sie gerechtfertigt oder gar gefordert wird, ergibt sich jedoch erst aus einer Untersuchung der Wirkungsweise solcher Unterteilung, die von einem Vergleich mit den Zwecken der großen Gewaltenteilung ausgeht. Bei dieser geht es einerseits um die quantitative Verringerung der Macht, zum anderen um gegenseitige Kontrolle der Machtträger.[35]

a) *Quantitative Gewaltschwächung* bewirkt jede Subdivision der Gewalten. Wie an der Staatsspitze die Allmacht des Monarchen auf die Pouvoirs verteilt wurde, so müssen sich seine schwächeren Nachfolger – Präsident und Kanzler – mit Bundesrat und Ländern, mit Ministern und Bediensteten in jene Exekutive teilen, die ihnen aus der großen, einen Staatsgewalt übriggeblieben ist. Und selbst wo auf hierarchischen Schleichwegen noch die Einheit einer Gewalt hergestellt werden kann, geht Kraft und Macht in Kooperation und Verfahren verloren. Wenn die Gewaltenteilung die Devise setzt „möglichst wenig Macht in einer Hand“, so mag, so muß sie sich in Subdivision vollenden, bis die Nachfolger der Hierarchie nur mehr Staub vom Gebäude der Macht in Händen halten — sie mögen sich dann ja überlegen, ob das Zauberwort der Integration ihn wieder zu festen Mauern fügt ...

---

[34] Dazu allg. *Leisner*, W., Von der Verfassungsmäßigkeit der Gesetze zur Gesetzmäßigkeit der Verfassung, 1965.

[35] Vgl. oben I. a.A.

b) Doch klassische Gewaltenteilung ist *Kontakt in Trennung*, und daran kann Subdivision dort jedenfalls nicht denken, wo sie sich nicht deutlich als Teilung versteht. Das Bedürfnis einheitlicher Rechtsprechung mag aus Rechtsstaatlichkeit kommen, allenfalls noch mit dem Wesen des Richterlichen als Fortsetzung der Legislative verbunden werden – als Problem der Einheitlichkeit des Pouvoir wird es kaum verstanden. Bei Personalvertretung und Mitbestimmung geht es um Wahrung konkreter Interessen. Ist sie gelungen, so bleibt doch noch Zeit, die angeschlagene Exekutive zu reparieren.

Selbst dort aber, wo die unterteilende Wirkung seit langem bewußt ist,[36] fehlt es nicht selten an der Verbindung des Getrennten: Rechtsaufsicht vermag die atomisierte Autonomie nicht in die politische Entscheidungseinheit der Exekutive zurückzuführen; Ausschußarbeit kann vom Parlamentsplenum zwar angeregt, aber nur in geringem Maße ersetzt werden; in ministerialfreien Räumen wirkt kaum mehr als ein fernes Besetzungsrecht der Exekutive.

Nur dort, wo die Gewaltenteilung innerhalb der Gewalten bewußt begonnen hat, im Zweikammersystem, ist die Kooperation einigermaßen institutionalisiert,[37] sind die Folgen der Kollisionen fixiert worden,[38] doch auch erst nach langer ungünstiger Erfahrung mit dem beziehungslosen Nebeneinander von Organen ein und derselben Gewalt.

Weil die Gewaltenteilung innerhalb der Gewalten nicht als Verfassungsproblem gesehen wird, sind nicht nur die Kontakte zwischen den Subgewalten heterogen, was aus der Sache kommen mag; häufig fehlen sie ganz, fast nirgends werden sie bewußt zu dem Zweck ausgestaltet, die bedrohte Einheit eines Pouvoir zu sichern. Wo dies aber noch geschieht, erfolgt es in hierarchischer Entscheidung „von oben" — in der Richtliniendezision oder dem Regierungsbeschluß über den Ressorts, in der Grundsatzentscheidung des Gemeinsamen Senats der obersten Bundesgerichte.

c) Kaum irgendwo ist daher die Wirkungsweise der Subdivisionen der Pouvoirs mit der großen Gewaltenteilung wirklich vergleichbar. Gegenseitige Hemmung durch Kontrolle fehlt entweder völlig, oder sie ist nur in Ansätzen institutionalisiert. Gewalteneinheit wird meist nicht durch Kooperation, sondern in hierarchischer Entscheidung hergestellt.

Von wenigen Fällen abgesehen, ist also Gewaltenteilung innerhalb der Gewalten eine beziehungsarme Trennung, die nicht nur die große Gewalten-

[36] Vgl. oben 1.

[37] Dazu *Loewenstein* (Fn. 24), S. 184; *Schwarz-Liebermann v. Wahlendorf* (Fn. 24), S. 104.

[38] Insbes. i.d. Institution des Vermittlungsausschusses (dazu u.a. *v.d. Heide*, W., DÖV 53, S. 129 ff.; *Wessel*, F., AöR 77, S. 283 ff.; *Dehm*, NDBZ 60, S. 1 ff.; vgl. ferner die Regelung über den Gemeinsamen Ausschuß sowie § 33 GeschOBT).

teilung nicht „analog" (nach Legislative, Exekutive, Judikative) nach unten fortsetzt, sondern nicht einmal deren systematischen Grundgedanken (gegenseitige Hemmung durch Kontrolle) fortführt. Quantitative Machtverringerung als Gemeinsamkeit aber ist zu wenig; sie liegt jeder Kompetenzabgrenzung, überhaupt jeder Organisationsentscheidung zugrunde.

Nachdem also die auch in sich heterogenen Phänomene der Subdivision der Gewalten im ganzen nichts mit der klassischen Gewaltenteilung gemein haben, können sie nicht durch diese als eine „organisatorische Grundentscheidung" des Grundgesetzes gerechtfertigt werden. Umgekehrt ist vielmehr zu fragen, ob sie ihr nicht entgegenstehen. In diesem Zusammenhang aber kann nur geprüft werden, ob ein Zustand weitgehend in sich geteilter Gewalt *als solcher* mit der klassischen Trennung der Pouvoirs vereinbar ist.

3. Die Wirkungen der bisher festgestellten Subdivisionen der Gewalten auf die große Gewaltenteilung sind also darauf zu untersuchen, wie sie sich auf deren Grundzwecke – quantitative Machtteilung und Machtmäßigung durch gegenseitige Kontrolle der Pouvoirs – auswirken.

a) Der klassischen Dreiteilung der Gewalten geht es nicht darum, daß Staatsgewalt um jeden Preis reduziert werde; sie soll vielmehr auf verschiedene Träger verteilt werden. Sinnvoll ist ein solches System nur dann, wenn eine gewisse Gleichgewichtigkeit der Gewalten[39] besteht — bereits unabhängig von gegenseitigen Kontakten.

In der Entwicklung der herkömmlichen Machtverteilung zwischen den Drei Gewalten ist dies immer angestrebt worden; sie ist eine Geschichte von Balancierungsversuchen. Das vielfache „Übergreifen" der Gewalten erklärt sich nur so, daß immer wieder die politischen Gewichte zu regulieren waren; der Begriff eines „Kernbereichs" der Gewalten[40] wird in seiner wenig logischen Struktur allenfalls noch dadurch verständlich, daß zwischen ihnen nach historischer Erfahrung ein gewisses Gleichgewicht besteht.

Gerade dies aber wird durch die Subdivision der Pouvoirs gestört. Ist über ihr im Ergebnis eine Gewalteinheit nicht herzustellen, so schwächt jede weitere Unterteilung das Gesamtgewicht des betreffenden Pouvoirs, Unvergleichbares wird abgewogen, von der Teilung der Gewalten bleibt nur Fiktion. Man geht etwa von der Herrschaft der Bundesregierung über die Exekutive aus und berücksichtigt weder Länder noch Bundesrat und Autonomien; „die Legislative" wird der Zweiten Gewalt gegenübergestellt, obwohl es sie als Einheit nicht gibt. Man argumentiert aus den Schemata der Allgemeinen Staatslehre oder aus der Gewaltenteilung fremder Länder, obwohl hier eine

---

[39] Dazu *Leisner*, W., Die quantitative Gewaltenteilung, DÖV 1969, S. 411.

[40] Vgl. Fn. 2.

völlig andere Subdivision der Gewalten besteht, dort der Begriff von ununterteilten Gewalten ausgeht.

Die Subdivision der Gewalten ist laufend in Bewegung, sie vollzieht sich vor allem auf unterverfassungsmäßigem Normrang. Das Wort von der „Elastizität“ der Gewaltenteilung aber ist nur ein Euphemismus: Er verdeckt einerseits das überaus bedenkliche Phänomen, daß jede Gewalt laufend versuchen wird, sich auf Kosten der anderen auszudehnen und dazu auch die rechtlichen Mittel erhalten hat — Gesetz, Richterspruch, Regierungstätigkeit, Verwaltungspraxis. Dann aber ist Gewaltenteilung ein tatsächlicher Zustand, keine Norm, schon gar nicht eine Grundentscheidung der Verfassung. Zum anderen kann die Waage der Gewalten nie auch nur annähernd zur Ruhe kommen, weil sie dauernd aus der veränderten Subdivision heraus Impulse erhält. Ihr Ausschlag wird immer unsystematischer, zufälliger werden, bis auch die schärfsten Systematiker verzweifeln.

Das Ergebnis ist deutlich: Wer die Subdivision der Gewalten nicht als ein eminentes Gewaltenteilungsproblem erkennt und zu systematisieren versucht, wer nicht bei jeder Entscheidung, welche Gewaltenteilung innerhalb der Gewalten verändert oder neu schafft, aus der großen Gewaltenteilung, aus einer Gesamtschau der Gewaltenbalance Lösung und Grenze sucht, für den ist die klassische Gewaltenteilung nicht mehr als eine Summe, die täglich neu gezogen wird, als eine Waage, die täglich anderen Ausschlag gibt.

Soll es also überhaupt noch Gewaltenteilung als Norm geben, so müssen weit mehr staatsorganisatorische Entscheidungen in die Gewaltspitzen hinein zu Ende gedacht werden.

Und vielleicht ist all dies nicht mehr als eine Konkretisierung der banalen Erkenntnis, daß höchste Staatsorganisationsnormen nur Sinn haben, wenn *jede einzelne* Organisationsentscheidung an sie denkt. Daran fehlt es: Unten, *in* den Gewalten, ist Entscheidung; oben, *zwischen* ihnen bleibt Deklamation.

b) Die klassische Gewaltenteilung will Machtmäßigung in gegenseitiger Kontrolle — nicht überall, sondern gerade *zwischen* den drei großen Pouvoirs. Dies aber setzt Einheit der Gewalten voraus. Das alte Bedenken, daß das Parlament nicht eine Exekutive wirksam überwachen kann, die auf ministerialfreie Räume und Autonomien nicht Einfluß hat, ist nur eine Seite solcher Erkenntnis. Wie soll die Exekutive zur Auflösung des Parlaments schreiten, wenn der Grund ihrer Unzufriedenheit auf einer anderen föderalen Ebene liegt, auf der ihr jeweiliger parlamentarischer Partner nichts vermag? Welchen Sinn hat es, Regierungsvertreter vor Parlamentsausschüsse zu laden, wenn ihre organisatorischen Pläne an der Personalvertretung scheitern?

Jede neue Subdivision ist Kontrollabbau in oft kaum übersehbarem Maße. Was durch Machtatomisierung – angeblich – gewonnen wird, geht durch Kontrollabbau verloren. Hierarchische Strukturen können nicht blindwütig „abgebaut", es muß für ihre Kontrolle gesorgt werden. Und Gewalt muß sich überhaupt erst einmal formieren, damit sie überwacht werden könne. Sie muß einen gewissen Wirkungsgrad, eine bestimmte Intensität erreichen, damit sich ihre Kontrolle lohnt, damit sie überhaupt möglich sei.

Kontrolle reduziert Macht, aber sie verlangt auch Macht, damit sie an ihr zur Gegenmacht werde.

Der Proteus der subdividierten Macht ist das Ende der Gewaltenteilung. Und wenig hilft es, „Kernbereiche" in laufender Subtraktion unsystematisch irgendwo erhalten zu wollen: Die Gewaltenteilung ist System, nur auf breiter Front kann sie wirken.

Kontrollverlust bedeutet nicht nur einen organisationsgeometrischen Schönheitsfehler objektiven Rechts, sondern zugleich eine Bedrohung subjektiver Rechte, insbesondere der Grundfreiheiten der Bürger. Gewaltenteilung zur Kontrolle ist par excellence eine organisatorische Freiheitssicherung. Und die kleinste unkontrollierte Gewalt ist der Freiheit gefährlicher als die größte überwachte Staatsmacht. Im unübersichtlichen Dschungel geteilter Macht würde der Rechtsstaat in einen Urzustand persönlicher Gewalt zurückfallen. Nicht Trennung an sich ist gut, sondern nur eine Teilung, die in gegenseitiger Kontrolle zur Einheit wahrer Sozialvertraglichkeit zurückfindet.[41] Wuchert sie unkontrolliert wie bisher weiter, so gibt es keine Gewaltenteilung als Norm mehr.

III. Rechtfertigung der Subdivision der Gewalten — Ausblick

Subdivision der Gewalten verstößt gegen den Grundsatz der Gewaltenteilung. Sie kann daher nur zulässig sein, wenn sie durch eine andere Verfassungsnorm gerechtfertigt wird; selbst dann ist sie nur in Grenzen gestattet, weil die Normhöhe der Gewaltenteilung (Art. 20, 79 Abs. 3 GG) allenfalls die Ausnahme, nie generelle Derogation erlaubt.

Welche Verfassungsorganisationsprinzipien Subdivision tragen könnten, kann hier nur angedeutet werden:

– *Pluralisierung* als solche kann nicht genügen, sie wäre nur ein anderes Wort für Subdivision. Die pluralistische Gesellschaft verlangt keinen

---

[41] Darin liegt bekanntlich der tiefe Sinn der Polemik Rousseaus gegen die Gewaltenteilung, vgl. etwa Contrat social II, 2.

generellen Pluralismus der Staatsorgane; sie fordert gerade die Einheit der Verfassungsorganisation.

- *„Technisierung"* von Sachbereichen ist als solche keine Rechtfertigung für die Subdivision der Gewalten. Es ist demokratisches Axiom, daß auch das Höchsttechnisierte demokratischer Politisierung zugänglich ist. Wer dies bedauert, mag die Staatsform ändern. Es gibt kein generelles Verfassungsgebot der Autonomisierung des Sachverstandes. Wo lägen die Grenzen? Und — worin ist denn ein Volksvertreter, ein parlamentarisch verantwortlicher Minister, ein Richter wirklich sachverständig? Wenn Demokratie, nicht Technokratie herrschen soll, so muß die Flucht in die Autonomien abgeschnitten werden!
- *Traditionalisierung* kann Subdivision nur begründen, wo sie ersichtlich von der Verfassung im einzelnen und nicht nur global, „als Entwicklung", rezipiert ist. Ob so die Bundesbank bestehen kann, mag hier offenbleiben. Generelle Autonomisierung ist nicht gedeckt.
- *Lokalisierung* der Staatsgewalt dagegen ist ein grundlegender Verfassungsgrundsatz des Grundgesetzes, das Prinzip der ortsnah autonomisierten Macht liegt dem Föderalismus wie der Garantie kommunaler Selbstverwaltung zugrunde. Doch es gilt nur dort, wo „Gemeinschaften" bestehen, welche gewisse „natürlich-vorstaatliche" Grundlagen haben,[42] eine weite Kompetenz, wenn nicht virtuelle Allzuständigkeit besitzen könnten und überhaupt ein Staat en miniature wären. Unter dem Mantel der Lokalisierung dürfen nicht Pluralisierung und Technisierung einziehen.

Subdivision muß also, wie immer begründet, eng begrenzte, scharf überwachte Ausnahme bleiben. Die klassische Gewaltenteilung ist heute paradoxerweise mehr kommunikative Integration in sich zerspaltener Pouvoirs als Gewaltentrennung. Diesen neuen Sinn mag sie behalten — doch über kontrollierter Subdivision der Staatsmacht, in deren Vielköpfigkeit heute, noch kaum erkannt, die Hydra der Anarchie lauert.

---

[42] In diesem Sinne sind die Gemeinden „ursprüngliche Gebietskörperschaften" (Art. 1 BayGO), auf die historische Priorität kommt es nicht entscheidend an. Vgl. dazu *Nawiasky/Leusser/Schweiger/Zacher*, Die Verfassung des Freistaates Bayern, Art. 11 II Rdn. 4; *Hölzl*, J., BayGO, 4. Aufl. 1963, Art. 1 Anm. 3; *Helmreich/Widtmann*, BayGO, 3. Aufl. 1966, Art. 1 Anm. 2; vgl. auch BayVerfGHE 7, 113.

Auswärtige Gewalt und Gewaltenteilung*

1. Die demokratische Renaissance in Europa nach dem letzten Weltkrieg hat die Struktur der vollziehenden Gewalt in einigen Staaten des Kontinents tiefgreifend verändert. Nachdem die völkerrechtliche Rechtspersönlichkeit dieser Staaten unverändert geblieben ist, fragt es sich, wie sich in die neuen Ordnungen, die durch die Gewaltenteilung geprägt sind, die Staatsgewalt im Bereich der internationalen Beziehungen und der Außenpolitik einfügt (im folgenden: „Auswärtige Gewalt"), deren Ausübung gerade diese Kontinuität in der Staatengemeinschaft gewährleistet.

Dieses verfassungsrechtliche Problem des innerstaatlichen Rechts ist zugleich bedeutsam für die Beurteilung der Rechtsgeltung gewisser Akte nach Völkerrecht; es gibt Tendenzen, sich dort in gewissen Fällen auf die Funktionsverteilung zu beziehen, wie sie das interne Recht der verschiedenen Staaten vorschreibt.

Voreilig wäre es heute, bereits auf die Bildung eines „gemeinsamen demokratischen Völkerrechts" – neben dem „klassischen Völkerrecht" – zu schließen, das, an Stelle eines rein formalen Verweises auf die innerstaatliche Gesetzgebung, selbst Grundsätze aufstellte über die Ausübung der Auswärtigen Gewalt, wie sie gerade in demokratischen Staaten zugrunde gelegt würden. Häufig wird man allenfalls im Völkerrecht Lösungen feststellen, die sich aus den Notwendigkeiten des internationalen Zusammenlebens auch für die demokratischen Länder ergeben und dort als „allgemein anerkannte Völkerrechtsgrundsätze" Bedeutung erlangen; sie kommen meist nicht nur nicht aus innerstaatlichen Grundlagen heraus, stehen vielmehr sogar nicht selten in Gegensatz zu diesen. Eine Betrachtung der Auswärtigen Gewalt vermag Bedeutung und Grenzen eines etwaigen Rezeptionsprozesses des Verfassungsrechts in das Völkerrecht zu beschreiben, vor allem Klarheit darüber zu schaffen, ob es sich dabei vielleicht nicht doch nur um eine verdeckte Selbstentwicklung des klassischen Völkerrechts handelt.

Eine derartige Untersuchung, welche hier zur neuen italienischen Verfassungsrechtsordnung vorgelegt wird – in ihrer Gegenposition zu autoritären Regimen wie auch zur monarchischen Ordnung, die bisher in Italien galt – kann aufzeigen, wie eine moderne Ordnung die Tätigkeit der Regierung gegenüber fremden Staaten qualifiziert.

---

* Erstveröffentlichung in: Rivista trimestrale di Diritto Pubblico, 1960, S. 342–387 (Übersetzung).

2. Hier begegnen sich nicht nur zwei Rechtsordnungen, die des Verfassungs- und des Völkerrechts, sondern zwei Rechtsdisziplinen. Da herkömmlich diese Fragen in beiden nur geringe Beachtung finden, soll hier grundsätzlich doch noch von den vergleichsweise weiter entwickelten Verfassungskategorien ausgegangen werden, allerdings ohne Beschränkung auf Fragen, welche ausdrücklich vom Verfassungsrecht geregelt sind (wie etwa die Ratifizierung internationaler Verträge), sondern unter Heranziehung aller Verfassungsgrundsätze über den „Bereich der Regierung". Nur eine Klärung der „Zuständigkeit", welche das Verfassungssystem der Gewaltenteilung der „Regierungsgewalt" zuerkennt, kann erweisen, ob eine solche Zuständigkeit im Bereich der Auswärtigen Gewalt erweitert ist, als Folge der notwendigen Beziehungen zu anderen Völkerrechtssubjekten; dies ist der zentrale Gegenstand der vorliegenden Untersuchung.

Die Grundthese ist dabei die folgende: Gerade in der Ausübung der Auswärtigen Regierungsgewalt zeigt sich, daß es eine „selbständige Regierungsfunktion" gibt, in klarem Gegensatz zum herkömmlichen Gewaltenteilungsdogma. Diese Regierungsautonomie mag auch in anderen Bereichen der Exekutivgewalt wirken; der hier behandelte Fall ist aber wohl ihr eindeutigster Anwendungsbereich.

Die „selbständige Regierungsfunktion" muß unter zwei Gesichtspunkten betrachtet werden: a) im Sinne einer Unabhängigkeit von der herkömmlichen „politischen Kontrolle" durch das Parlament; b) als eine Tätigkeit mit „normativen" Wirkungen, nicht auf der Ebene der Verordnung, sondern praktisch mit Gesetzeskraft, infolgedessen als Ausnahme vom Gesetzgebungsmonopol der Kammern. Die Regierung bringt hier etwas wie „Gesetze im formellen Sinn" hervor, unter gewissen Voraussetzungen ergeben sich daraus aber materielle normative Wirkungen, in anderen Fällen läßt sich ein institutionalisierter Einfluß auf den Gang der herkömmlichen Gesetzgebung feststellen („vollendete Tatsachen", ne varietur), in wieder anderen Bereichen folgen, wie sich im folgenden zeigen wird, Rechte und Pflichten gewissermaßen „indirekt" aus der Schaffung von „normativen Situationen".

Obwohl es sich um zwei begrifflich getrennte Probleme handelt, läßt doch nur die weitgehende politische Unabhängigkeit die eigentliche Bedeutung gewisser „normativer Zuständigkeiten" der Regierung erkennen und formiert so, zusammen mit diesen letzteren, die eigentliche Auswärtige Gewalt.

3. Auf den ersten Blick scheint die italienische Rechtsordnung, wie viele demokratische Regime der neuesten Zeit, auf der Fiktion eines nahezu vollständigen Ausschlusses einer autonomen Regierungsfunktion zu beruhen, wenn auch eine derartige Vorstellung in offensichtlichem Gegensatz zur politischen Wirklichkeit steht, ebenso auch zu der wohl allgemeinen Bürgervor-

stellung. Die Grundlage dieses demokratischen Dogmas findet sich in dem Begriff der parlamentarischen Demokratie als solcher: in ihrer Vorstellung von der innerstaatlichen Souveränität.

Unter der Monarchie wurde die innerstaatliche oberste Gewalt (Souveränität) im Grunde aus einer persönlichen Gewalt abgeleitet, welche sich in den inneren Kämpfen der vorkonstitutionellen Zeit (im weiteren Sinne) über die anderen Gewalten erheben konnte. Völkerrechtskategorien könnten wohl besser die juristische Struktur dieser Gewalt erklären als das Verfassungsrecht. Die Funktion des Monarchen beinhaltete eine gewisse „autonome Regierungsgewalt", die, im Grunde, eine „Auswärtige Gewalt" in dem Sinne war, daß es über ihr keinen normativen Plafond gab. Ihre Aktionen waren darauf gerichtet, ein „horizontales Gewaltengleichgewicht" hervorzubringen. Stand die monarchische Regierungsgewalt also schon vom Begriff her der Auswärtigen Gewalt nahe, nachdem sie wesentlich auf gleicher Ebene mit anderen Mächten wirkte, diesen nicht notwendig übergeordnet war, so konnte sie um so mehr mit einer „Auswärtigen Gewalt" verglichen werden, als doch die diplomatisch-militärischen Vorrechte herkömmlich das hauptsächliche Instrument monarchischer Staatskonstruktion darstellten. Die königliche Regierung war daher wesentlich eine „auswärtige" in dem Sinne, daß das Verhalten, auf welchem sie beruhte, etwas „Auswärtiges" an sich hatte und infolgedessen diese Grundstruktur auch auf das damals noch in Entwicklung befindliche Verfassungsrecht übertragen konnte. Umgeben und geschützt von dieser „auswärtigen" monarchischen Gewalt hat die innere Staatsordnung diese Formen geachtet und dort nachgegeben, wo ein Zusammenstoß mit der monarchischen Gewalt drohte, welche, bis weit ins 19. Jahrhundert, das Zentrum der Verfassungsstruktur geblieben ist.

Mit der Französischen Revolution kam es aber bereits zu einer kopernikanischen Wende: Es entstand das „primäre", das „selbständige" Verfassungsrecht, aus der Notwendigkeit, die Staatsgewalt auf alle Bürger zurückzubeziehen; dies mußte auch zu einer neuen Denkform führen: nicht mehr in den Kategorien von „Gewalten-Beziehungen" oder eines Gewaltengleichgewichts, sondern in denen der „übergeordneten Normen".

Charakteristisch für diese Staatsform war die Ausschließlichkeit, mit der sie ihre neuen juristischen Maßstäbe anwenden wollte: quod non est in legibus, non est in mundo. Die so geschaffene „geschlossene normative Welt" akzeptierte grundsätzlich nur mehr eine Funktionsteilung, nicht mehr eine Gewaltenteilung, und nur in begrifflicher Unterordnung dieser Funktionen unter die Grundnorm des internen Rechts, im Grunde die einzige, welche die Regierungsform kannte: die neue innerstaatliche Souveränität. Das Verfassungsrecht erkannte nun nur mehr feste, rechtlich umschriebene Zuständigkeiten an; die Regierungsgewalt, die auf solche Kategorien letztlich, natura rei, nicht zurückgeführt werden konnte, mußte dem vor allem in ihrer Ausdrucksform der Auswärtigen Gewalt Rechnung tragen. Von Anfang an war es ja schwierig, im System der parlamentarischen Demokratie die Beziehungen mit dem Ausland systematisch zu verorten, und zwar schon deshalb, weil es nunmehr eine „doppelte Souveränität" geben mußte, nachdem das Völkerrecht weiterhin in Kategorien von „Gewalten" dachte, welche das interne Recht aber nicht mehr kennen durfte[1]. Nun hatte zwar die „Regierungsgewalt", mit dem Einbruch der demokratischen Souveränitätsvorstellungen, ihren typischen „außenpolitik-ähnlichen" Charakter verloren; dennoch könnte man, an sich, weiter davon ausgehen, daß unter dem Dach dieser „souveränen Norm" die Regierungsmacht eine gewisse, wenn auch begrenzte Selbständigkeit sich bewahren durfte. Die „höchste Macht der Normen" könnte es doch durchaus zulassen, daß unter ihr eine Vielzahl von verfassungsrechtlichen Willensträgern wirken, von denen einer auch ausschließlich durch „technische Regierungsvorstellungen" sich bestimmen ließe, insbesondere im außenpolitischen Bereich.

Hier muß nun allerdings berücksichtigt werden, daß die „Normsouveränität" der Französischen Revolution zwar einen ideologischen Ausgangspunkt gesetzt hat, daß sie auch eine höchst bedeutsame juristische Konstruktionshilfe a posteriori darstellt, daß sie aber doch nicht allein das Wesen der demokratischen Entwicklung erfassen konnte. Die Logik des demokratisch-parlamentarischen Systems hat vielmehr, im heutigen Italien wie in den verschiedenen französischen Republiken, zu der wohlbekannten Institutionalisierung der „inneren Souveränität" in dem Sinne geführt, daß praktisch dem Parlament die „souveräne Funktion" zuerkannt worden ist. Die „Souveränität der Norm" degenerierte zur Allmacht der Gewählten, in deren Macht es steht, die Normen zu ändern; so kommt es zur Allgegenwärtigkeit des parlamentarischen Willens. Die Vorstellung von einer „autonomen Regierung" wird dadurch von Grund auf gefährdet. Als Exekutivausschuß der Volksvertretung bezeichnet (Carré de Malberg), gewinnt die Regierung eine gewisse

[1] Diese Schwierigkeit zeigte sich bereits im Verhalten der ersten französischen Verfassunggeber, welche ihre neuen Vorstellungen von einem allgemeinen, absoluten, explosiven inneren Recht mit den internationalen Beziehungen in Einklang bringen wollten. In den französischen Revolutionsverfassungen begegnet man zum ersten Mal dem systematischen Versuch, eine Einheit von Völkerrecht und Verfassungsrecht zu schaffen, damals in ganz anderer Zielrichtung als heute: in Form einer Wendung interner Rechtsprinzipien „nach außen", nachdem diese zu allgemein waren, als daß sie nicht auf das Völkerrecht hätten ganz wesentlich übergreifen müssen.

In der ersten Phase des sowjetischen Verfassungsrechts zeigt die Öffnung des Sojus zu allen kommunistisch gewordenen Staaten dasselbe Postulat des Vorrangs der neuen Begriffe der jungen Republik, die durch eine explosive Volkssouveränität geschaffen waren, vor dem herkömmlichen Völkerrecht und seinen Vertragskategorien von „Gewalten im Gleichgewicht"; der sowjetische Staat hat damit allerdings bald seinen Frieden gemacht, ist aber stets von einem letzten Primat der Grundkonzeptionen seiner inneren Ordnung ausgegangen.

Autonomie nur darin vielleicht noch zurück, daß sie als „Leitungsausschuß" des Parlaments tätig wird, indem sie dort als Führerin der Mehrheit auftritt[2]. Die „Norm", die ursprünglich als ein souveränes Abgrenzungsinstrument der Gewalten untereinander gedacht war, wird damit notwendig, über den Begriff der inneren Legalität, zu einer Waffe, mit der das Parlament sich die endgültige Überlegenheit über alle anderen Gewalten sichert.

Der so erzwungene Normgehorsam der Staatsgewalten ist aber nicht das einzige Mittel zur Kontrolle der Regierung; der Begrenzung durch Normen überlagert sich die Begrenzung durch die politische Kontrolle, in der parlamentarischen Verantwortung der Regierung. Die parlamentarische Demokratie versucht auf diese Weise geradezu die Kategorie einer „autonomen Staatsgewalt" zu eliminieren. Der Grundsatz „das Parlament erläßt Gesetze, aber es regiert nicht", wandelt sich in doppelter Weise: „Das Parlament regiert gerade durch Gesetzgebung". Nachdem aber das Parlament sich, nach Grundeinstellung, Herkommen oder auch nur Gewohnheit, im wesentlichen auf die gesetzgeberische Tätigkeit beschränkte, gelangte man bald zu einer letzten Konsequenz, welche in der Zeit der französischen IV. Republik mit Recht scharf kritisiert worden ist: „Das Parlament gibt Gesetze, aber niemand regiert ..."

4. Angesichts einer derartigen Entwicklung, von der das Verfassungsrecht heute geprägt ist, muß nun, bevor eine Untersuchung der Auswärtigen Gewalt der Regierung beginnt, geprüft werden, ob es im geltenden Recht noch die Vorstellung von einer „autonomen Regierungsgewalt" gibt, ausgehend von einer Gesamtschau der „Regierungszuständigkeit", ihrem Wesen und ihren Grenzen.

Ein derartiger „allgemeiner Teil" der vorliegenden Untersuchung über die Auswärtige Gewalt geht von der These aus, daß die Regierung, entgegen dem, was für das Präsidentenamt anzunehmen ist[3], nach der republikanischen Verfassung Trägerin einer wesentlich allgemeinen Zuständigkeit ist, welche auch von der Lehre angenommen wird, allerdings ohne vertiefte Untersuchung ihrer normativen Grundlage[4].

---

[2] *Elia*, L., Il Governo come comitato direttivo del Parlamento, Civitas, 1951, IV, 1959.

[3] Die Unabhängigkeit des Staatsoberhaupts ist ausdrücklich vorgesehen, bleibt aber ratione materiae beschränkt. Der selbständige Regierungsbereich kommt dagegen nicht aus einer institutionalisierten Unüberprüfbarkeit, er ergibt sich vielmehr aus vielen Elementen, von denen eines der wichtigsten die Undefinierbarkeit der Gewalt ist. Diese Untersuchung beschränkt sich auf die Autonomie der Regierungsorgane im Bereich der Exekutivgewalt, welche allerdings häufig durch die präsidentielle Unabhängigkeit verstärkt wird; deren Bedeutung wird übrigens herkömmlicherweise für den außenpolitischen Bereich allzusehr vernachlässigt.

[4] Über die Regierung siehe für die Periode des Statuto Albertino: *Arcoleo*, G., Il Gabinetto nei governi parlamentari, Napoli 1881; *Corradini*, Attribuzioni del Presidente del

Entgegen neueren Tendenzen, wenigstens den „Kern“ der Zuständigkeit der drei klassischen Staatsgewalten zu definieren, hat die italienische Verfassung in diesem Bereich einen Schritt rückwärts getan: Im Statuto ist noch von der „Exekutivgewalt“ des Königs die Rede[5], die republikanische Verfassung dagegen kennt einen solchen Begriff nicht mehr; diese scheinbare „Denormativierung“ hat aber wenigstens irrigen Vorstellungen eine Absage erteilt, welche von einer angeblichen ausschließlichen Regierungsfunktion der „Ausführung der Gesetze“ ausgingen[6]. „Vollziehende Gewalt“ ist also entweder nur ein anderes Wort für „Regierungsgewalt“, oder die Lehre bleibt bei dieser letzteren Terminologie, um eben auf eine Tätigkeit in vielen Formen hinzuweisen, welche über den Raum einer „reinen Ausführung der Gesetze“ hinausgeht[7].

Art. 95 der Verfassung könnte vielleicht eine normative Beschreibung, wenn schon nicht Definition, der Regierungsgewalt bringen. Die herrschende

---

Consiglio dei Ministri, Arch. dir. pubbl., 1902, 64 ff.; *Ferraciù*, A., La Presidenza del Consiglio dei ministri all'Estero ed in Italia, Studi sassaresi, a. II, 1902, sez. I, 64 ff. *Mortati*, L'ordinamento del Governo nel nuovo diritto pubblico italiano, Roma 1931; *Sailis*, Considerazioni e note sul Consiglio dei ministri it., Studi sassaresi, s. II, vol XIV, 120 ff.

Das Schrifttum über die gegenwärtige Institution der Regierung ist, soweit ersichtlich, nicht allzu reich: *Amorth*, A., Analisi costituz. del Governo, Cronache sociali, 1951, n. 11, 189; *Biscaretti di Ruffia*, P., Dir. cost., 4. Aufl., Napoli 1956, 383 ff., 441 ff.; *Carbone*, F., Le guarentigie dell'Esecutivo, Studi sulla costituzione, 1958, III, 269 ff.; *Carullo*, La costituzione della Repubblica italiana, Bologna 1950, 299 ff.; *Elia*, L. (Fn. 2); *Giannini*, A., Il Governo della Repubblica, Riv. amm. della R. I., 1950, I, 77 ff.; *Lettieri*, L.R., La responsabilità politica dei ministri, Studi sulla costituzione, III, 303 ff.; *Marchi*, T., Il Governo, Commentario sistematico (Calamandrei), II, 125 ff.; *Miele*, G., Problemi del potere esecutivo ecc., L'Amministr. it., 1948, 429 ff.; *Mortati*, Istituzioni di diritto pubblico, 4. Aufl., 385 ff.; *Pergolesi*, F., Il Governo della Repubblica, Il corriere ammin., 1951, 3 ff.; *Predieri*, Lineamenti della posizione costituzionale del Presidente del Consiglio dei ministri, Firenze 1951; *Preti*, L., Il Governo nella costituzione italiana, Milano 1954; *Ruini*, M., L'art. 95 della costituzione, Il corriere ammin., 1952, 1039 ff.; *Virga*, P., Diritto cost., 1955, 267 ff.

Von der interessanten und umfassenden Monographie von *Cuocolo*, F., Il Governo nel vigente ordinamento italiano, Milano 1959, ist bisher nur der erste Band über die Regierungsorganisation erschienen.

[5] Siehe in diesem Sinn auch noch das französische Verfassungsgesetz vom 25.2.1875, Art. 3: „(Der Präsident der Republik als Vorsitzender des Ministerrats) wacht über die Ausführung der Gesetze und gewährleistet sie“. Auf dieser normativen Grundlage hat die Lehre die „Vollziehende Gewalt“ des französischen Typs entwickelt, welche auf diese Weise dem parlamentarischen Willen streng untergeordnet ist.

[6] Wenn man allerdings von der Exekutivgewalt in einem weiteren Sinne spricht, die dann alle nicht gesetzgeberischen und nicht judikativen Zuständigkeiten umfassen soll, so wird dabei, wie sich noch zeigen wird, darauf verzichtet, aus dem Begriff „Exekutive“ ein brauchbares Definitionselement abzuleiten.

[7] *Marchi* (Fn. 4), 125; *Miele* (Fn. 4), 429: (Die Exekutivgewalt) „weist auf eine effektive Handlungsfähigkeit hin, die über eine nahezu mechanische Unterordnung unter fremden Willen in der Sache hinausgeht“.

Auffassung leitet daraus ab, daß die „allgemeine Zuständigkeit" dieser Gewalt darin besteht, maßgeblich die allgemeinen Staatsziele zu verwirklichen[8]. Das könnte dafür sprechen, daß das Wesen der Regierungsgewalt mit dem Begriff Verwirklichung der Richtlinien der allgemeinen Politik zusammenfällt. Genauere Betrachtung zeigt jedoch, daß der Wortlaut der erwähnten Bestimmung „allgemeine Regierungspolitik" nur bedeutet, daß die Exekutive ihre eigene politische Richtung verfolgen muß (was für jedes Verfassungsorgan zutrifft), es ergibt sich jedoch keineswegs eindeutig, daß diese Richtung notwendig mit der allgemeinen politischen Richtung der Staatstätigkeit zusammenfallen müßte; deshalb läßt sich daraus auch kein Element für eine Wesensbestimmung der „allgemeinen Regierungszuständigkeit" ableiten.

Die Schwierigkeiten einer Definition des Regierungsbereichs erwachsen vor allem aus der Unmöglichkeit, den Begriff des „politicum" normativ zu fassen und damit das Wesensmerkmal der Zuständigkeit der Exekutive zu bestimmen. Zu rasch wird in der Tat der Begriff „politisch" in den „Richtlinien der Politik", welche die allgemeine Verfassungskompetenz der Regierung gegenüber allen anderen Verfassungsorganen bestimmen soll, mit dem Begriff des Politischen gleichgesetzt, wie er bei den „politischen Akten" Verwendung findet: Hier treten aber lediglich die Richtlinien der „Gewalt der Regierung" derjenigen der „Verwaltung" gegenüber, mit einem deutlich antijudikativen Akzent: Die „politischen Akte" sollen eben nicht überprüfbar sein. Dies ist ein viel engerer Begriff des Politischen als der, nach dem hier, für die Regierung als solche, gesucht werden muß. Gewisse Elemente aus der Lehre von den „politischen Akten" können zweifellos für die Bestimmung des Regierungsbereichs als solchen nützlich sein. Die allgemeine Vermischung der beiden Begriffe, welche übrigens dazu führen könnte, nur „höchste Politik" als Regierungszuständigkeit zu sehen, ist zweifellos ein Fehler[9].

Über die „politische Richtung" – im allgemeinen Sinn der „Richtlinien der Politik" – ist neuerdings nur wenig ausgesagt worden. Nach der wohl überwiegenden Auffassung handelt es sich dabei nur um einen „existentiellen", also im wesentlichen beschreibenden, nicht um einen normativen Begriff[10].

So hat es denn wenig Sinn, eine auch nur annähernde Definition der Regierungszuständigkeit zu versuchen. Bleibt daher nur der Hinweis auf eine Staatspraxis, welche die Regierungsfunktion im allgemeinen als eine Gewalt

[8] *Mortati* (Fn. 4), Ist., 385–86.

[9] Typisches Beispiel: *Preti* (Fn. 4), 141 ff.

[10] *Crisafulli*, V., Per una teoria giuridica dell'indirizzo politico, Urbino 1939. Neuerdings: *Guarino*, G., Il Presidente della R. I., Riv. trim. dir. pubbl., 1951, 903 ff. (931 ff.); *Preti* (Fn. 4), der sich bezieht auf *Lavagna*, Contribuz. alla determinazione dei rapporti giuridici fra Capo del Governo e ministri, Roma 1942, 68; *Carbone* (Fn. 4), 122 ff.

sieht, die alles umfaßt, was weder gesetzgeberische noch judikative Tätigkeit ist. Das soll nicht bedeuten, daß die beiden anderen Gewalten zweifelsfrei definierbar wären; doch hier gibt es wenigstens einen „Definitionskern" (die juristischen Definitionen sollten ohnehin eher konzentrisch aufgebaut sein): einerseits der Erlaß allgemeiner Normen — zum anderen die endgültige Entscheidung von Rechtsstreitigkeiten durch unabhängige Instanzen. Mit anderen Worten: Insoweit gibt es „begriffliche, innere, allgemeine" begrenzende Strukturen derartiger „allgemeiner Zuständigkeiten".

Die „allgemeine Zuständigkeit der Regierung" ist dagegen bestimmt durch das vollständige Fehlen derartiger innerer Strukturen, welche eine Definition der Tätigkeit selbst sichtbar machen könnten. Daraus ergibt sich eine grundlegende Folgerung für den Charakter dieser allgemeinen Regierungszuständigkeit, soweit sie als eine „autonome Funktion" erscheint: Die Regierungsgewalt ist normativ nur durch Vorschriften beschränkt, welche sie, ausdrücklich oder stillschweigend, *punktuell* beschränken; sie bleibt jedoch „Urgewalt", undefinierbar, nur teilweise beschränkbar, wobei die einzige allgemeinere Begrenzung, die sogenannte politische Kontrolle, nicht die Intensität einer normativen Beschränkung aufweist, wie sich noch zeigen wird. Das Wesen einer solchen „allgemeinen Funktion", die sich aus der politischen Richtliniengewalt ergibt, macht bei der Regierung die Überschreitung von Normen über die Gewaltenteilung in besonderer Weise wahrscheinlich.

Es ist also nicht ein „Recht zur Bestimmung der Richtlinien der Politik" an sich, welches begrifflich, gewissermaßen konstitutiv, der Regierung eine unüberprüfbare Gewalt zuweisen könnte; vielmehr ergibt sich ein solcher Freiraum weit mehr aus der wenn nicht logischen, so doch praktischen Unmöglichkeit, in ein systematisch vollständiges, perfektes Schema der Gewaltenteilung eine Funktion einzubinden, welche theoretisch noch immer die magische Macht einer plenitudo potestatis besitzt und praktisch ihre Macht als verfassungsrechtlicher Proteus der unbestrittenen Notwendigkeit verdankt, immer neue, unvorhersehbare Situationen zu meistern. Da die Regierung die am stärksten realitätsverhaftete Gewalt ist, zieht sie aus dieser Wirklichkeit auch immer neue, völlig unvorhersehbare Macht.

Die Regierungsmacht wird immer wesentlich eine „Gewalt" bleiben, in vielfacher Hinsicht unbeschränkt und unbeschränkbar; insoweit ist sie auch, begrifflich und in dem Sinn, welchem diese Untersuchung gilt, eine „selbständige Funktion" — *im Namen ihrer Allgemeinheit.*

5. Während das Staatsoberhaupt klar umschriebene Funktionen zu erfüllen hat, deren Ausübung jedoch unkontrollierbar ist – seine „autonome Gewalt" ergibt sich gerade daraus –, kann die Regierung als eine Gewalt vor allem infolge der Allgemeinheit ihrer Aufgaben begriffen werden, die nur zum Teil kontrollierbar sind. Könnte dagegen diese Kontrolle eine totale und wirklich

intensive sein, so könnte die These, es gebe gar keine autonome Regierungsgewalt, in vollem Umfang zutreffen.

Das italienische Verfassungsrecht hat sich dafür aber nicht entschieden, wie auch fast alle anderen modernen Rechtsordnungen des Kontinents: Die allgemeine „politische Kontrolle" über die Regierung hat viele Schwachstellen, und die gesetzlichen oder Verfassungsnormen bestimmen das Verhalten der Exekutive keineswegs vollständig. In beiden Richtungen ergibt sich diese Kontrollschwäche: einerseits aus der herkömmlichen praktischen Schwierigkeit, die Begrenzungsmechanismen – Ministerverantwortlichkeit, Normativierung des Regierungsverhaltens – entsprechend zu perfektionieren, auf der anderen Seite bleibt eben der Regierung immer die Möglichkeit, allen denkbaren rechtlichen Begrenzungen dadurch zu entgehen, daß sie vollendete Tatsachen schafft.

Grundsätzlich unterliegen zwar alle Regierungsakte einer allgemeinen Kontrolle durch die Volksvertretung, welche man „politisch" nennt; sie allein könnte, angesichts ihrer Allgemeinheit, den Verfassungsproteus Regierung wirklich in Fesseln legen. Nun aber entspricht eine derartige Kontrolle weder an sich der Struktur des zu überwachenden Verhaltens, noch hat die Verfassungsentwicklung sie voll wirksam werden lassen.

Die parlamentarische Kontrolle, die nur teilweise „politisch" ist, und zwar nach der Art der eingesetzten Kontrollmittel, nicht nach ihren Folgen, weist schon eine begriffliche Schwäche auf: Es handelt sich dabei nicht grundsätzlich um eine Kontrolle der Regierungstätigkeit als solcher; vielmehr ist all dies wesentlich Ausdruck eines Vertrauens oder Mißtrauens gegenüber bestimmten Personen. Handlungen, welche diese setzen, bleiben dabei marginal: Entweder werden sie durch die Kontrolle gar nicht berührt, oder die Folgen derselben gehen ganz entscheidend über ihre (negative) Beurteilung hinaus. Das herkömmliche Dilemma der Regierungskrise liegt ja gerade darin, daß hier eine ganze politische Richtung unter Umständen aufgegeben werden muß, aus Anlaß eines einzigen Regierungsakts, der die Diskussion ausgelöst hat. Praktisch kann daher diese Überwachungsform nur in Extremfällen wirksam werden. Bis dieser Punkt erreicht ist, bleibt die Regierung praktisch unkontrolliert. Die vollendete Tatsache wird daher, dieser Überwachung gegenüber, zu einer wirklichen Institution, sie ist nicht nur eine gelegentlich von der Regierung gegen die Volksvertretung einzusetzende Waffe.

Diese innere Schwäche der einzigen Kontrolle, welche die Regierungstätigkeit in ihrer Gesamtheit überwacht, wird noch durch die neuere allgemeine Verfassungsentwicklung verstärkt: Die Ministerverantwortlichkeit[11] hat den

---

[11] *Lettieri* (Fn. 4), 305/6 (Geschichte); *Preti* (Fn. 4), 41 ff.; *Biscaretti di Ruffia* (Fn. 4), 383 ff.; *Carbone* (Fn. 4), 272 ff.; *Mortati* (Fn. 4), 403 ff.

Sinn weithin verloren, den sie in der monarchischen Regierungsform hatte. Damals war dies eine Waffe gegen die „indirekte" selbständige Gewalt der Regierung, die vom König ausgeübt wurde, die Kontrolle war nicht gegen ihn selbst, sondern gegen „seine" Minister gewendet, betraf allerdings mittelbar auch den Fürsten, nicht nur die Ministertätigkeit. Der Selbstand, den der Monarch der Regierung gewährte, infolge seiner persönlichen Gewalt, verwandelte die Regierungskrise in eine wirklich grundlegende Streitigkeit zwischen der Exekutive und dem Parlament, beide verstanden als originäre Gewalten. Heute dagegen wird die Regierung, als Direktivkomitee der parlamentarischen Mehrheit (Elia), im allgemeinen nicht kritisiert „als Regierung", sondern als Vorkämpfer einer bestimmten parteipolitischen Linie. Die Kammern zensieren weniger Verletzungen ihrer parlamentarischen Vorrechte als vielmehr Akte, die einer bestimmten Mehrheitsrichtung widersprechen, welche sich im Parlament gebildet hat. Hier hängt alles zusammen: Die Kammern können nicht eifersüchtig über ihre eigenen Vorrechte wachen, wenn im Grunde die parlamentarische Opposition und nicht die Regierung der Hauptfeind ist. Diese Konstellation führt, mehr oder weniger verdeckt, zur Unwirksamkeit der parlamentarischen Kontrolle mit Blick auf die Tätigkeit der *Regierung* als solcher; sie wandelt sich vielmehr in einen Mechanismus, der im Parlament das Gleichgewicht (wieder) herstellen und dort eine gewisse politische Stabilität aufrechterhalten soll, trotz aller Dynamik der „politischen" Kräfte.

Diese Stabilität aber – und darin begegnen wir einem weiteren Element, das mittelbar die Regierungsautonomie verstärkt – wird von der italienischen Verfassung geradezu institutionell verstärkt, entsprechend einer allgemeinen neueren Tendenz. Eine Regierung, die – indirekt – die Waffe der Parlamentsauflösung einsetzen kann und nicht zurücktreten muß, selbst wenn sie mit einem bestimmten Entwurf in die Minderheit gerät (Art. 94 Abs. 4 der Verfassung), besitzt eine wirkliche politische Autonomie, und „zwischen dem der Regierung ausgesprochenen Vertrauen und dessen Widerruf bleibt eine nahezu unvorhersehbare Reihe von Tatsachen und Beziehungen allein der Auslegung der Regierung vorbehalten, die deshalb als eine wirklich freie Gewalt erscheint"[12].

Das Schreckgespenst der Schwächung der Demokratie, ja des Staates selbst, durch Kabinettskrisen und die verbreitete Kritik an die Adresse von Parteien, welche sie hervorrufen, sehen in solchen Vorgängen mehr einen parteilichen oder parlamentarischen Desintegrationsprozeß als eine Erscheinung, die im Grunde die Kammern angeht, nicht ein Problem zwischen Legislative und Exekutive. Die Ministerverantwortlichkeit als Waffe des Parlaments gegen die Regierung ist ein Mythos. Der Parlamentarismus funktioniert

[12] *Carbone* (Fn. 4), 276.

nicht auf der Grundlage von elastischen Beziehungen zwischen Regierung und Volksvertretung, sondern allein in der Elastizität der Machtbeziehungen innerhalb des Parlaments. Daraus folgt, in Perioden relativer Stabilität – und gerade das ist jedenfalls ein Verfassungsziel im weiteren Sinn, mag auch diese Kategorie dogmatisch noch nicht voll bewältigt sein – eine höchst bedeutsame, allerdings kaum je klar herausgearbeitete Verstärkung der Regierungsautonomie, die sich heute vor allem in Westdeutschland zeigt; sie ist nicht nur von „politischer“, sondern auch von rechtlicher Bedeutung, als Ergebnis eines rechtlichen Spannungsverhältnisses zwischen grundsätzlichen Verfassungszielen (Stabilität) und der Institution der Ministerverantwortlichkeit, welche auf diese Weise rechtlich, und nicht nur tatsächlich, sehr viel von ihrem Gewicht verliert.

Der dritte hauptsächliche Faktor, der zu einem raschen Niedergang der Einrichtung der „allgemeinen politischen Kontrolle“ führt, liegt in der bekannten Aufgabenerweiterung der Exekutive. Dem Parlament steht keine Bürokratie zur Verfügung, welche es mit der notwendigen Information versorgen könnte, und die Regierung greift üblicherweise auf die „Mosaikpraxis“ zurück, indem sie dem Parlament eine unübersehbare Fülle von „technischen“ Details unterbreitet; unter den Augen der Parlamentarier verwandelt sich damit die allgemeine Regierungspolitik schließlich in eine riesige „vollendete Tatsache“. Ist es denn heute noch vorstellbar, daß eine Regierung aus einem „technischen“ Grund stürzt? Das wäre übrigens schon deshalb absurd, weil diese „Technik“ in Wahrheit eigenen Gesetzen folgt und damit jener ständigen Veränderung(smöglichkeit) entzogen ist, auf deren Fiktion aber gerade die Regierungsverantwortung beruht. Die Notwendigkeit, die Regierungsarbeit mit „virtuellen“ Zustimmungen zu ratifizieren, hat daher schon aus solchen „technischen“ Gründen einen Umfang erreicht, der nahezu vollständig die Wirksamkeit der politischen Kontrolle als Waffe *gegen die Regierung* ausschließt.

6. Die Unwirksamkeit einer „politischen Kontrolle“ wird aber erst dann ganz deutlich, es zeigt sich erst ganz klar ein Verfassungsweg zu einer eigentlich „autonomen Regierungsgewalt“, wenn die Exekutivtätigkeit der Unvollständigkeit dessen gegenübergestellt wird, was doch ihre allgemeine Begrenzung sein sollte, in gleicher Ausdehnung wie die „allgemeine Regierungsgewalt“: die „normative Begrenzung“ der Regierung, ihre Verpflichtung, lediglich aufgrund eines Gesetzes tätig zu werden, dessen Erlaß aber beim Parlament monopolisiert ist.

Auf den ersten Blick mag es vielleicht scheinen, es habe sich auf diese Weise etwas wie eine „präventive Parlaments-Kontrolle“ entwickelt, die über jeden rechtlich bedeutsamen Akt der Regierung ausgeübt werde, wobei diese dann auch noch, a posteriori der Überwachung der Gerichte unterworfen sei.

Diese letzteren sollen, nach solchem Verständnis, die normative Beschränkung der Regierung sanktionieren, indem sie insbesondere den Bereich der „politischen Akte", vor allem der Regierungsakte, immer weiter einschränken[13]; auf diese Weise scheint doch in dem freien Gestaltungsraum der Regierung ein normativer Parlamentsvorbehalt wirksam zu werden, dessen Absolutheit wirksam die Schwächen der politischen Kontrolle über die Gesamtaktivität der Regierung ausgleicht.

Die Vorstellung von einer durch Normen gezähmten Regierungsgewalt täuscht nicht so sehr deshalb, weil es noch immer „politische Akte" im Exekutivbereich gibt, oder weil gewisse Regierungstätigkeiten, die lediglich der „politischen" Kontrolle des Parlaments unterliegen, wegen deren Schwächen auch die normativen Begrenzungen relativieren können, welche der Kontrolle der Judikative unterliegen: in Wirklichkeit wird eine derartige normative Gewalt keineswegs flächendeckend vom Parlament ausgeübt.

Der Regierung kommt eine *gewisse normative Zuständigkeit zu*, aus juristischer Sicht ist dies sogar das wichtigste Element ihrer „Autonomie". So gestatten überaus weite Ermächtigungsnormen die Entfaltung einer nahezu autonomen normativen Tätigkeit der Regierung. Desgleichen steht der Regierung – ganz abgesehen von der Möglichkeit allgemein-politischen Drucks auf die Kammern – etwas zu wie eine institutionelle Zuständigkeit, „vollendete Tatsachen" durch Normformulierungen[14] zu schaffen, während das Parlament auf die Ausübung eines Vetorechts beschränkt ist.

Als allgemeines Ergebnis bleibt festzuhalten, daß die Gewaltenteilung zwischen Parlament und Regierung wesentlich verschoben ist zugunsten der letzteren, bereits durch die *allgemeine Verfassungsordnung*. Die Unwirksamkeit der „politischen Kontrolle" und die Lückenhaftigkeit des Normerlaß-Monopols des Parlaments sprechen dafür, daß es noch immer jenen Vorbehalt der „originären, unkontrollierbaren Gewalt" zugunsten der Exekutive gibt, welcher aus den technischen Handlungsnotwendigkeiten eines politischen Lebens folgt, das sich rasch wandelt und mit welchem die Regierungs-Urgewalt, als

---

[13] Siehe zu diesem Problem neuerdings: *Albini*, A., Osservazioni sugli atti politici, Foro pad., 1951, 29 ff.; *Biscaretti di Ruffia* (Fn. 4), 441 f.; *Bonaudi*, E., L'evoluzione del Potere esecutivo e gli atti di potere politico del Governo, Riv. amm. 1949, 523 ff.; *Carbone*, C., L'atto politico e l'art. 113 della Costit., Rass. mens. Avvoc. Stato, 1950, 121 ff.; *Preti* (Fn. 4), 141 ff.; *Sica*, E., Del potere e degli atti politici, Rass. dir. pubbl., 1948, II, 455 ff.; *Sandulli*, A., Atto politico ed eccesso di potere, Giur. compl. Cass. civ., 1946, II sem., 517 ff.; *Vitta*, C., Impugnabilità degli atti politici, Foro amm., 1951, I, 2, 203 ff.

Einen Überblick über die frühere Literatur findet sich bei *Albini*, aaO. (a.A.); *Carbone* (Fn. 13), 121 und 125.

[14] Das wichtigste Beispiel ist die Regelung, welche es dem Parlament verbietet, von sich aus neue Steuern einzuführen, vgl. *Carbone* (Fn. 13), 277, der mit Recht dieses Regierungsmonopol der Gesetzesinitiative der „allgemeinen Regierungspolitik" zuordnet.

alleinige Erbin der Undefinierbarkeit jedes wirklichen Pouvoir, im engsten Kontakt steht, ganz anders als alle anderen Gewalten.

7. Die allgemeinen vorstehend entwickelten Ergebnisse machen den Weg frei zum Verständnis einer selbständigen Auswärtigen Gewalt der Regierung, welche ihrerseits die bereits bestehende „allgemeine Regierungszuständigkeit" noch zusätzlich erweitert. Diese Resultate müssen auch stets gegenwärtig bleiben, damit die gesamte Ausdehnung dieser Regierungsfunktion deutlich bleibt.

Am Anfang soll folgende These stehen: Die Auswärtige Gewalt der Regierung ist, wegen deren besonderer Stellung „zwischen zwei Rechtsordnungen" (der Verfassung und des Völkerrechts), ein Aufgabenbereich, der nicht nur dort liegt, wo an sich schon eine gewisse normative Unabhängigkeit der Regierung anzunehmen ist; vielmehr macht die Auswärtige Gewalt in überaus bedeutsamen Fällen die Regierung zu einem wirklichen Gesetzgeber. Die klassische Gewaltenteilung ignoriert die Auswärtige Gewalt — und diese letztere stellt sich daher weithin in Gegensatz zu ihr[15].

In Italien gibt es heute keine Theorie der „Auswärtigen Regierungsgewalt"[16]. Die neuere Lehre und Rechtsprechung über die „politischen Akte" ordnet, darin der französischen Tradition folgend[17], die internationalen Beziehungen in die Kategorie der politischen Akte ein[18], oder wenigstens in die der „Regierungsakte"[19]. Bei diesem Ergebnis wird das allgemein anerkannte Kriterium dieser letzteren Akte zugrunde gelegt: „Hohe Politik", Tätigkeit des „Staates in seiner Einheit gesehen"[20]. Derartige ebenso problematische wie allgemeine Beschreibungsversuche können nicht zu einer Definition führen und beschränken sich darauf, gewisse Aktivitäten der Regierung der verwaltungsgerichtlichen Kontrolle zu entziehen[21], ohne daß damit die Beziehungen gegenüber dem Parlament geklärt würden.

---

[15] Siehe *Bonaudi* (Fn. 13), 523.

[16] Gewisse Ausgangsbemerkungen für die frühere Periode des Statuto finden sich bei *Cavaglieri,* Gli organi esteri dello Stato, Riv. it. Scienze giur. und *Crosa,* La monarchia nel diritto pubblico italiano, Torino 1922.

[17] Siehe *Vitta* (Fn. 13), 204 / 5.

[18] Siehe z.B. *Albini* (Fn. 13), 31 ff. (36); *Biscaretti di Ruffia* (Fn. 4), 441; *Bonaudi* (Fn. 13), 528; *Preti* (Fn. 4), 148 ff.; *Sandulli* (Fn. 13), 518; *Vitta,* Foro amm., 1951, I, 2, 206; Corte cass., Sez. un. civ., 24. Februar 1947, n. 256.

[19] *Albini* (Fn. 13).

[20] Siehe den Überblick über Lehre und Rechtsprechung bei *Albini* (Fn. 13), 31 – 35; *Vitta,* Dir. amm., 4. Aufl. 1954, I, 307 / 8, mit Hinw. zur Rechtsprechung.

[21] Die Lehre vertieft aber in diesem Bereich nicht das Problem der außenpolitischen Phänomene: *Sica* und *Carbone,* aaO. sprechen überhaupt nicht davon, *Albini, Sandulli* und *Vitta* (Fn. 13) beziehen sich höchst allgemein auf den Abschluß von Verträgen, *Vitta* im

Abgesehen von der Problematik der Theorie des „politischen Aktes" — die Auswärtige Gewalt ist keineswegs wesentlich Ausübung einer „höchsten Gewalt" – warum sollte sie denn auch „höher" als andere sein? – und bezieht sich auch nicht, mehr als andere Funktionen, auf den „Staat in seiner Einheit gesehen". Der Staat, betrachtet man ihn nun von innen oder von außen, ist immer eine „Einheit". Es liegt also näher, der Auswärtigen Gewalt eine „sui generis-Natur" zuzuerkennen, um sie, als eine besondere Funktion der Regierungsgewalt, in das innerstaatliche Recht einzuordnen.

Nur übersteigerte Vereinfachung könnte die Behauptung stützen, das außenpolitische Verhalten der Regierung erschöpfe sich in der Kategorie der „politischen Akte", was auch immer die Definition dieser letzteren sein mag. Die herkömmlichen Versuche, beide Kategorien miteinander in Verbindung zu bringen, führen zu großen Schwierigkeiten: Nachdem die Akte der Auswärtigen Gewalt, jedenfalls teilweise, ohne Zweifel innerstaatlicher Überprüfung entzogen sind, würden sie dann, künstlich den „politischen Akt" am Leben halten, als dessen „unbestreitbares Beispiel", sie durchbrächen so die durchgehende verwaltungsgerichtliche Kontrolle im innerstaatlichen Bereich, in Anwendung von Begriffen der „hohen Politik", die ihrerseits wieder den „außenpolitischen Kategorien" entlehnt würden. Es müßten also die Unterscheidungen zwischen „politischen Akten" und „Regierungsakten" immer weiter verfeinert werden, ohne daß dies für das Verwaltungsrecht von Nutzen wäre[22].

Schließlich bliebe man auf diese Weise der Auffassung treu, daß die auswärtige Tätigkeit des Staates niemals Rechte der Bürger und auch nicht Verfassungsrechte anderer Staatsorgane verletzen könne. Daß gerade letzteres unrichtig ist, wird sich bald herausstellen: Die Ausübung der Auswärtigen Gewalt führt keineswegs ausschließlich zu Akten, die lediglich politisch überprüfbar wären, die einem „freien Ermessen" unterlägen; vielmehr handelt es sich um Aktivitäten, die nur teilweise den Regeln einer anderen Rechtsordnung unterfallen und daher einen gewissen äußeren Anschein der vollen Unüberprüfbarkeit nach innerstaatlichem Recht erwecken, in Wahrheit aber durchaus zu einer Organstreitigkeit führen können.

8. Die Auswärtige Gewalt besteht in der ausschließlichen Zuständigkeit der Regierung – einschließlich des Staatsoberhaupts –, alle jene Akte zu set-

---

besonderen noch auf Kriegsakte, während *Bonaudi* von der „Vorbereitung der Verträge" spricht.

[22] Siehe *Carbone* (Fn. 13), 123 f.; die Qualifikation der Auswärtigen Gewalt als einer Aktivität „extra iuris ordinem" kommt praktisch einer derartigen Unterscheidung gleich, vgl. *Albini* (Fn. 13), 36 f.; eine „einheitliche" Betrachtungsweise findet sich dagegen bei *Sica* und bei *Preti* (Fn. 4). Siehe in der gleichen Richtung Consiglio di Stato, 14. April 1951, Foro amm., 1951, I, 2, 203.

zen, welche Rechtswirkungen im Verhältnis zu anderen Subjekten des Völkerrechts hervorbringen können. Lediglich das Verhalten der Exekutive verleiht ihnen Rechtswirkung nach Völkerrecht.

Wenn diese Aktivitäten eine ähnliche Wirkung im innerstaatlichen Recht hervorbrächten, so würde die Regierung damit en bloc einen großen Teil ihrer alten plenitudo potestatis wiederfinden, praktisch die Gewaltenteilung aufheben können. Ein gewisser Dualismus von Wirkungen im Völkerrecht und im innerstaatlichen Recht[23] ist daher die logische Folge in einem System, das auf dieser Verfassungsvoraussetzung aufruht.

Hier ist es nicht nötig, auf die Einzelheiten der umfangreichen Diskussion über die Zweckmäßigkeit oder Notwendigkeit einer Transformation des Völkerrechts in innerstaatliches Recht einzugehen: Spezieller gesetzgeberischer Ausführungsakt oder Ratifikationserlaubnis (Regierungsakt in Form eines „formellen Gesetzes"); immer ist es ja das Parlament, das auf solche Weise die wichtigsten Regierungsakte in diesem Bereich auf ihre innerstaatlichen Auswirkungen kontrolliert. Ein schweigend akzeptiertes Dogma der Verfassungsdoktrin geht dahin, daß eine derartige parlamentarische Überprüfung, zugleich mit der allgemeinen politischen Kontrolle und der jährlichen Kontrolle des Haushalts des Außenministeriums, ausreichend ist, um die Vorrechte der Kammern zu sichern und die Auswärtige Regierungsgewalt in den rechtlichen Grenzen ihrer internationalen Funktion zu halten[24].

Hier verbirgt sich ein schwerer Fehler: Der „Bereich der Regierung" ist schon an sich sehr ausgedehnt, er wird im auswärtigen Bereich noch erweitert, einerseits durch eine gesteigerte Möglichkeit der Regierung, „vollendete Tatsachen" und „normative Situationen" zu schaffen, zum anderen durch die Unvollständigkeit der besonderen parlamentarischen Kontrolle, welche der Regierung autonome normative Kompetenzen beläßt, die, würden sie im Bereich des herkömmlichen Verfassungsrechts ausgeübt, einstimmigen Widerspruch fänden. Es soll an einer Reihe von Fällen gezeigt werden, wie derartiges sich auswirken kann.

---

[23] Über den „Dualismus" der innerstaatlichen und internationalen Rechtsordnung siehe neuerdings in Italien die folgenden Spezialabhandlungen: *Barile*, P., Riv. dir. int., 1957, 26 ff.; *Kaufmann*, E., Traité international et loi interne, ibid., 1958, 369 ff.; *Monaco*, R., Osservazioni sulla costituzionalità degli accordi internazionali, Studi sulla Costituzione, II, 171, 178 ff.; *Socini*, R., L'adeguamento degli ordinamenti statuali all'ordinamento internazionale, Milano 1954; *Sperduti,* Diritto internazionale e Diritto interno, Riv. dir. intern., 1958, 188 ff.; *Vedovato*, G., I rapporti internazionali dello Stato, in Commentario sistematico Calamandrei, I, Firenze 1950, 88 ff.

[24] Siehe *Giannini*, A., Il controllo parlamentare della politica estera e dei Trattati, Riv. dir. pubbl., 1950, I, 92.

Bevor diese Untersuchung beginnt, muß jedoch die Definition der Auswärtigen Gewalt der Regierung noch ergänzt werden: Es handelt sich hier um die Macht, alle Rechtsakte gegenüber anderen Staaten zu setzen, mit der ausschließlichen Zuständigkeit, ihnen volle Wirksamkeit in den internationalen Beziehungen und im innerstaatlichen Recht zu verleihen, wobei in letzterer Hinsicht lediglich die Zusammenarbeit mit dem Parlament bei der Ratifizierung der Verträge eine Ausnahme bildet.

Der allgemeine Grund für dieses teilweise Übergreifen der Regierungsgewalt in den Bereich der innerstaatlichen Rechtsetzung – und dies vor allem interessiert hier – liegt in der grundlegend bedeutsamen Tatsache, daß es nicht das innerstaatliche, sondern das Völkerrecht ist, welches die Fälle definiert, in denen die Auswärtige Gewalt zuständig ist, daß das innerstaatliche Recht jedoch in keiner Weise diese Sachverhalte näher bestimmt. Auf diese Weise kommt es zu einer Rezeption der Kompetenznormen des Völkerrechts in das innerstaatliche Recht[25], einer internationalen Rechtsordnung, die praktisch nur eine Regierungszuständigkeit kennt. Es besteht hier also ein „unvollständiger Dualismus der Rechtsordnungen“, weil das Völkerrecht seinerseits in diesem Bereich nicht auf das Verfassungsrecht verweist, dies auch nie in wesentlichem Umfang vermöchte[26]. In dieser charakteristischen Erwei-

---

[25] Zu einer derartigen Rezeption kommt es schon allein dadurch, daß die Verfassung keineswegs erschöpfend die Beteiligung des Parlaments regelt, nicht einmal im Vertragsrecht, wie sich bei der Aufhebung von Verträgen erweist, indem sie diese Zuständigkeit, wie sich noch im folgenden näher zeigen wird, der Regierung überantwortet, welche sie auch herkömmlich wahrnimmt. Die parlamentarische Zuständigkeit ist hier eine „besondere“ und daher eng auszulegen. Heute muß diese Lösung auch im Licht des viel diskutierten Art. 10 der Verfassung gesehen werden, welcher den allgemein anerkannten Regeln des Völkerrechts höchstrangige Rechtswirkung im innerstaatlichen Recht zuspricht — und damit auch den völkerrechtlichen Regeln über die Auswärtige Gewalt der Regierung. Auf diese Weise wird die Frage der Geltung bei Gegensatz zwischen innerstaatlichem und internationalem Recht zugunsten der Lösung entschieden, welche dieses letztere verlangt. Siehe *Miele*, M., La costituzione italiana e il diritto internazionale, Milano 1951, 13–20. Natürlich bedeutet dies nicht, daß derartige Wirkungen den innerstaatlichen Gesetzgeber darin beschränken, die Form der Ausführung der völkerrechtlichen Normen im internen Recht zu regeln — aber jedenfalls soweit dieser Gesetzgeber untätig bleibt, dürfte doch wohl die Völkerrechtsfreundlichkeit, welche der Art. 10 beweist, eine solche, wenn auch vielleicht nicht zweifelsfreie, Lösung nahelegen.

[26] So verweist das Völkerrecht z.B. auf Zuständigkeitsverteilung des innerstaatlichen Rechts — aber nur auf ganz allgemeine Normen, ohne Rücksicht auf die Einzelform, welche das Verfassungsrecht für die innerstaatliche Geltung gewisser Akte verlangt, siehe *Decleva*, M., Gli accordi taciti internazionali, Padova 1957, 122 ff., der Fälle von internationalen Verträgen nennt, welche die Mitwirkung bestimmter innerstaatlicher Organe vorsehen; dies allerdings setzt eine Einheitlichkeit der jeweiligen Verfassungsordnungen voraus, wie sie im Fall des Nordischen Rates gegeben sein mochte. Es gibt aber noch nicht ein „demokratisches Völkerrecht“. Siehe auch *Marmo*, L., Alcuni rilievi sugli effetti della nuova costituzione italiana sui trattati internazionali, ecc., Foro pad., 1949, IV, 213; eine etwas optimistische Sicht bietet *Miele* (Fn. 25), 62.

terung der normalen Regierungskompetenz gegenüber dem herkömmlichen parlamentarischen Aktionsraum findet sich das Wesen dessen, was nun im engeren Sinn die „Auswärtige Gewalt“ genannt werden soll[27].

Dieses Phänomen sollte in einem speziellen Kapitel in den Lehrbüchern des Verfassungsrechts behandelt werden, um nicht der Fiktion zu erliegen, daß das Problem der internationalen Vertretung des Staates sich auf eine Analyse der ausdrücklich in der Verfassung vorgesehenen Zuständigkeiten irgendeines Staatsorgans erschöpfen darf.

Zunächst soll der Abschluß der internationalen Verträge untersucht werden, sodann deren Änderung und Erlöschen, schließlich die „einseitigen Akte“ und die Schaffung von „normativen Situationen“, aus denen sich paralegislative Konsequenzen ergeben, die sich in einen Vertragskontext nicht einordnen lassen.

9. Ein Grunddogma der Gewaltenteilung geht dahin, daß das Parlament volle gesetzgebende Gewalt hat, welche die drei klassischen Rechte umfaßt: Initiative, Ausarbeitung des Textes, in Form allgemeiner Diskussion, und Beschlußfassung über den endgültigen Entwurf. Bekannt sind die Diskussionen in der französischen Lehre über die Frage, ob beim Fehlen eines dieser Elemente noch von einer wirklichen „gesetzgebenden Gewalt“ gesprochen werden kann[28].

Dieser Grundsatz, der bereits im Steuerrecht abgeschwächt ist, erfährt im außenpolitischen Bereich eine grundlegende Veränderung: Die Regierung hat das absolute Monopol der Verhandlung und der Textvorbereitung bei jeder Art von internationaler Vereinbarung – auch und vor allem dort, wo sodann vom Parlament ratifiziert werden muß – in einer Vorbereitungsphase der „au-

---

[27] Während man in Deutschland ganz allgemein von der „Auswärtigen Gewalt“ spricht (guter Überblick über die neuere Literatur bei *Maunz*, Th., Deutsches Staatsrecht, 9. Aufl., München/Berlin 1959, 267), fehlen in Italien zusammenfassende verfassungsrechtliche Betrachtungen über eine „Auswärtige Gewalt“. *Monaco*, R., Le riserve agli accordi internazionali e la competenza parlamentare, 78, nennt die Regierung „Verwalter der internationalen Beziehungen des Staates“; nach demselben Autor (I Trattati internazionali e la nuova costituzione, Rass. dir. pubbl., 1949, I, 202, nota 4-ter) ist das Staatsoberhaupt „allgemeines Organ in den internationalen Beziehungen“. Nach *Giannini* (Fn. 24), 91, wandelt sich die Außenpolitik aus einem unüberprüfbaren Monopol des Souveräns in eine Regierungstätigkeit, welche vom Parlament überwacht wird. *Miele* (Fn. 25) stellt die Entwicklung einer demokratischen treaty-making-power fest und beklagt mit Recht das Fehlen eines besonderen Abschnitts über die internationalen Beziehungen in der Verfassung.

[28] Vor allem für die verfassunggebende Gewalt, die nach den Verfassungsgesetzen von 1875 dem „Congrès“ zustand, sodann im Falle des umstrittenen Initiativrechts für die Verfassungsgesetze der IV. Republik (in den beiden Fällen: Regierungsinitiativrecht, im ersteren zusätzlich: Ausarbeitung des Textes in den Sitzungen der beiden Kammern) und schließlich zum Problem der senatorialen Initiative unter der IV. Republik.

ßenpolitischen Gesetzgebung", welche in der Regel mit der Unterzeichnung des Vertrages schließt[29].

Die Ausübung dieser Gewalt zeitigt, in sich betrachtet, noch keine normativen Folgen im internen Bereich, sie hat aber schwerwiegende Auswirkungen auf das Gesetzgebungsverfahren im außenpolitischen Raum: Verträge, die einer Ratifizierung nicht bedürfen, bleiben notwendig vom internationalen Verhandlungsgeheimnis gedeckt, sie werden den Volksvertretern nicht einmal notwendig bekannt; vollständig ist jedenfalls das parlamentarische Initiativrecht ausgeschlossen, nachdem kein parlamentarischer Vertreter offiziell Kontakt mit dem ausländischen Vertragspartner aufnehmen kann. Die „ausschließliche Verhandlungskompetenz" der Regierung zeigt jedoch ihre wirkliche Bedeutung erst, wenn man sie zugleich mit dem non varietur sieht: Das Parlament kann, selbst dort, wo es ratifizieren muß, den Vertragsentwurf nur entweder annehmen oder ablehnen[30]. Das Parlament hat also nur teilweise ein Vetorecht in der Gesetzgebung, welche internationale Beziehungen betrifft.

Dies ist ein wichtiger Fall einer Regierungsmacht, „vollendete Tatsachen" zu schaffen, welche der Exekutive de iure einen Teil gesetzgeberischer Zuständigkeiten überträgt: Initiative und Ausarbeitung des Gesetzestextes. Erweitert wird dies noch de facto durch die häufig realisierte Möglichkeit, auf das Parlament mit der Drohung Druck auszuüben, es könnte zu einer Unkorrektheit gegenüber dem auswärtigen Partner kommen, mag auch nach Völkerrecht die Unterschrift unter einen Vertrag keinerlei juristische Verpflichtung beinhalten, diesen auch in Kraft treten zu lassen. Das Parlament kann höchstens innerstaatliche Notwendigkeiten beurteilen — internationale Auswirkungen liegen meist außerhalb seines Gesichtskreises, es hat nur in wenigen Fällen die Möglichkeit, sich darüber ein Urteil zu bilden. Die parlamentarische „Veto-Kontrolle" mag noch von größerem Gewicht sein, wenn das Parlament eine Weltmacht repräsentiert, welche in einigermaßen souveräner Weise ihre internationalen Beziehungen bestimmen kann. Wie wird aber das italienische Parlament reagieren können, wenn die Regierung den Entwurf eines Vertrags mit den Vereinigten Staaten oder mit der Sowjetunion vorlegt? Die Stellung der Regierung als „ausschließlicher Gesprächspartner" mit den auswärtigen Staaten beschränkt also, auch dort wo das Parlament notwendig mitarbeiten muß, die Entscheidungsmacht der Kammern de iure und de facto auf ein höchst prekäres Vetorecht, das häufig zur Kapitulation vor vollendeten Tatsachen führt und damit in schwerwiegender Weise, vom institutionel-

---

[29] Siehe *Giannini* (Fn. 24), 93/4, 99; *Monaco* (Fn. 23), 172.

[30] Siehe *Miele* (Fn. 25), 54; *Monaco,* I trattati internazionali e la nuova costituzione, Rass. dir. pubbl., 1949, I, 197.

len Standpunkt aus, die Gewaltenteilung beeinträchtigt[31]. Die ohnehin unvollkommene „politische Kontrolle" kann daran nichts ändern.

10. Die Stellung der Regierung in auswärtigen Angelegenheiten beruht nahezu ausschließlich auf dem Art. 80 der Verfassung, der die parlamentarische Ratifizierung in den dort aufgeführten Fällen vorsieht, vor allem auch bei „politischen Verträgen"[32]. Die Stellung der Volksvertretung scheint also erheblich stärker zu sein gegenüber der Ordnung des Statuto Albertino[33].

Die – bedauerliche – Unklarheit des Begriffs „politische Verträge"[34] könnte die parlamentarische Zuständigkeit ausweiten, vor allem wenn ein einziger Artikel „politischen" Inhalts genügt, um diese Rechtsnatur dem ganzen Vertrag zu verleihen. Dann hätten die Kammern in der Tat ein institutionalisiertes Veto gegen gewisse Regierungsaktivitäten (nämlich langfristige politische Richtlinien zu geben; Monaco), wenn eine broad interpretation vorherrscht[35]. In diesem Fall könnte die Gewaltenteilung zuungunsten der Regierung ernstlich beeinträchtigt sein.

Es kann jedoch auch durchaus der umgekehrte Fall eintreten: Die notwendige Grauzone des Begriffes „politisch" (und gibt es dort überhaupt etwas

---

[31] Das „ne varietur" erleichtert auch in anderen Fällen der Außenpolitik, die von weniger vitaler Bedeutung sein mögen, die übliche „Regierungserpressung": Damit die Dinge ordnungsgemäß weitergehen, muß „etwas geschehen" (= Entwurf); entweder dies oder nichts! Die praktische Ausübungsmöglichkeit derartiger Druckmittel seitens der Regierung mag von deren Festigkeit und von der Bedeutung des Vertrages abhängen (so wurde etwa der Friedensvertrag dem Parlament vor Unterschrift vorgelegt!); dennoch begünstigt der allgemeine juristische Mechanismus die Position der Exekutive. Selten nur kommt es vor, daß Regierungsvertreter mit festen politischen Vorgaben zu Vertragsverhandlungen ins Ausland reisen.

[32] Siehe über dieses Problem: (Für die Zeit des Statuto) das von *Monaco* zitierte Schrifttum, I Trattati (Fn. 30), 197, Fn. 1. Neuerdings: *Monaco*, aaO.; *Monaco*, Osservazioni (Fn. 23), 173 ff.; *Marmo* (Fn. 26), 212; *Miele* (Fn. 25), 50 ff., *Giannini* (Fn. 24), 99 ff.

[33] In Wirklichkeit hatte die Staatspraxis bereits die parlamentarische Zuständigkeit in Fragen der „allgemeinen Politik" vorweggenommen (siehe *Monaco,* I Trattati [Fn. 30], 201; *Giannini* [Fn. 24], 99).

Die Form der Ratifizierung – als Anordnung der Ausführung des Vertrags, was mit dem Ratifizierungsgesetz zusammenfällt – ist ohne Bedeutung für die folgenden Untersuchungen, wichtig jedoch unter prozessualen Gesichtspunkten. Gleichgültig ist im vorliegenden Zusammenhang auch die rechtliche Natur des Zustimmungsgesetzes (parlamentarische Gestattung im Wege eines Regierungsakts oder Normativakt, kombinierter oder einfacher Akt). (Siehe *Miele* [Fn. 25], 52). Es genügt, die autonome Stellung der Regierung gegenüber der parlamentarischen Entscheidung zu betonen, die sich im folgenden noch klarer zeigen wird.

[34] *Miele* (Fn. 25), 56: „Von überragender Bedeutung für das Schicksal und die Interessen des Staates" (?); *Giannini* (Fn. 24), 101/2: „Bindung des Staatshandelns mit Blick auf das Verhalten gegenüber einem anderen Staat" (eine wesentlich „auswärtige Begrifflichkeit").

[35] Nachdem die Regierung dann wirklich gezwungen wäre, alle ihre Entscheidungen dem Parlament zu unterbreiten (siehe *Monaco,* I Trattati [Fn. 30], m. weit. Zit.).

anderes?) könnte es dann der Exekutive erlauben, Entscheidungen von zweifelhaftem politischen Charakter der parlamentarischen Überprüfung zu entziehen. Wenn eine derartige Entscheidung der Regierung selbst zusteht (Giannini), im weiten Bereich ihrer politischen Verantwortung, dann hängen die politischen Grundlagen der Gewaltenteilung letztlich von der politischen Macht der Regierung ab.

Wie auch immer die Entwicklung hier verlaufen mag — der Art. 80 ist ambivalent und löst festere Bindungen der Gewaltenteilung an einem entscheidenden Punkt auf, über einen Begriff, der in hohem Maße und wenig zweckmäßig elastisch erscheint[36]; dies beweist, immerhin, den Sonderstatus der Auswärtigen Gewalt[37].

11. Art. 80 der Verfassung überläßt der Regierung die Zuständigkeit, in gewissen Fällen, über den Abschluß eines internationalen Vertrages, der nicht der Ratifikation durch die Kammern bedarf, gesetzgeberisch-normative Wirkungen hervorzubringen.

a) Die parlamentarische Ratifizierung ist lediglich notwendig in den Fällen, welche Art. 80 aufzählt. Es sind aber Fälle vorstellbar – sogar innerhalb der Kategorie der „politischen" Verträge –, in welchen die juristische Qualität der Verträge zweifelhaft erscheint[38], die aber doch, nach herrschender Auffassung, konkrete Richtlinien für die Staatstätigkeit beinhalten, Grenzen der Ermessensgewalt der Staatsorgane in den internationalen Beziehungen sowie Auslegungsgrundsätze, welchen „indirekte normative Bedeutung" zukommt[39].

b) Die Praxis der self executing agreements, welche gleichermaßen Rechtswirkungen im Völkerrecht und im innerstaatlichen Recht erzeugen, ist wohlbekannt, vor allem aus der amerikanischen Praxis[40].

---

[36] Deswegen sollte man noch untersuchen, ob dieses „Politische" nicht im auswärtigen Bereich einen völlig anderen Inhalt hat (siehe die beiden „Definitionen", die in Fn. 34 erwähnt sind) als im innerstaatlichen Bereich.

[37] Daß die Problematik dieser Aufzählung sich nicht auf die „politischen" Verträge beschränkt, ergibt sich schon daraus, daß gewisse Verträge über Geldleistungen niemals ratifiziert worden sind (siehe *Giannini* [Fn. 24], 106).

[38] Siehe zu der Frage *Monaco,* Osservazioni (Fn. 23), 182 ff., der sich auf die Lehre von *Perassi* bezieht.

[39] *Giannini* (Fn. 24), 104/5 erwähnt den Fall eines Vertrages, der, ohne das Gesetz zu ändern, ein neues allgemeines Prinzip in die Gesetzgebung einführt. Parlamentarische Ratifizierung müßte dann eigentlich die logische Folge sein, aber nachdem das Problem der juristischen Bedeutung derartiger Grundsätze noch nicht endgültig geklärt ist, könnte die Einführung von allgemeinen Grundsätzen über völkerrechtliche Verträge dazu führen, daß die Normativgewalt einer starken Regierung auf solchem Wege legalisiert wird.

[40] Siehe *Decleva* (Fn. 26), 126 ff. mit Hinweisen zur Lehre; *Monaco,* Osservazioni (Fn. 23), 175 ff. In der amerikanischen Praxis wurde diesen Verträgen „politischer" Charakter zugeschrieben (Yalta, Teheran) und sie führten zu Veränderungen der Kolonialgebiete (anglo-amerikanisches Condominium im pazifischen Raum).

In Italien vollzieht sich die Übernahme dieser Verträge in die innerstaatliche Rechtsordnung in vereinfachter Form durch einen besonderen Akt der Rechtsangleichung[41]. Die Regierung kann sich wohl nicht auf die völkerrechtliche Kategorie berufen, um in auch verfassungsrechtlich zulässiger Weise die Bestimmungen über die parlamentarische Ratifizierung zu umgehen. Eine Anzahl von Abkommen mit technisch-verwaltungsmäßigem Inhalt, die nur der vereinfachten Ratifizierung bedürfen, kann allerdings indirekt das innerstaatliche Normengefüge verändern; keineswegs ausgeschlossen ist sogar, daß es auf diese Weise zu wirklicher Normgebung kommen kann, selbst wenn der Begriff „Änderungen der Gesetzgebung" eng ausgelegt wird[42]. Die Vereinbarungen in vereinfachter Form schaffen daher einen teilweisen Vorbehalt zugunsten einer Regierungsgesetzgebung, welche insoweit die innerstaatliche Rechtsordnung verändern kann.

c) Die Lückenhaftigkeit der speziellen parlamentarischen Kontrolle über die Ratifizierung der Verträge wird noch deutlicher im Sonderfall der Handelsverträge[43], bei deren Abschluß die Kammern nicht eingeschaltet sind[44]. Auf diese Weise wird sogar in schwerwiegender Weise das Monopol der parlamentarischen Ratifizierung in „politischen" Angelegenheiten durchbrochen, denn die Begriffe „allgemeine Politik" und „Wirtschaft" lassen sich nicht trennen; wieder wird dabei die gesetzgeberische Zuständigkeit zwischen erster und zweiter Gewalt des Staates, in der Praxis jedenfalls, verschoben[45]. Die höchst perfektionierte Technik der Handelsverträge führt zu einer großen Zahl von normativen Regelungen, aus denen sich Rechte und Pflichten für die Bürger ergeben, wie auch allgemein für die Vertreter der staatlichen Außenwirtschaft. Entgegen dem Grundsatz der Gewaltenteilung steht also der Regierung eine teilweise autonome Gesetzgebungsgewalt in wirtschaftlichen Angelegenheiten zu.

Das Prinzip, auf das sich diese Lückenhaftigkeit der parlamentarischen Kontrolle gründet, ist die Vorstellung, daß die Gewaltenteilung in auswärtigen Angelegenheiten dem Parlament lediglich die Entscheidung von Fragen der „hohen Politik" garantiert, während der Regierung die „technische Aus-

---

[41] *Monaco,* Osservazioni (Fn. 23), 177/8.

[42] Also nicht nur im Sinne von „Zusätzen" zur innerstaatlichen Gesetzgebung oder von Fällen „allgemeiner Grundsätze" (siehe Fn. 39). Andererseits ist anerkannt, daß die Veränderung der Gesetzeslage nicht eine ausdrückliche zu sein braucht.

[43] Zu technisch-wirtschaftlichen Einzelheiten siehe *Cimmino,* La disciplina economica e giuridica del commercio coll'Estero, Roma 1958.

[44] Besondere Bemerkungen zur Entscheidung der Verfassunggebung bei *Giannini* (Fn. 24), 97/8. Die von *Einaudi* vertretene These konnte sich nicht durchsetzen, weil man damals Sorge trug, „die diplomatische Tätigkeit lahmzulegen" (!).

[45] Über eine gewisse Praxis, auch diese Verträge dennoch der parlamentarischen Ratifizierung zu unterwerfen, siehe *Monaco,* I Trattati (Fn. 30), 211 ff., mit weit. Nachw.

führung" überlassen bleibt. Eine derartige „vertikale" Gewaltenteilung, die sich gelegentlich – als ein Rest von Vorstellungen aus einer überwundenen Phase des Verfassungsrechts – sogar im innerstaatlichen Recht noch findet (man denke nur an die „politischen Akte"), stellt eine schwere Gefahr für die horizontale Gewaltenteilung dar.

d) Ein weiterer, ebenso schwerwiegender wie allerdings auch seltener Fall von internationalen Vereinbarungen, die lediglich der Regierungszuständigkeit unterfallen, ist der des Waffenstillstands, der auch stillschweigend geschlossen werden kann; auch er bringt normative Wirkungen hervor[46]. Die innerstaatlichen Effekte ergeben sich auch hier übrigens nicht nur aus einer unmittelbaren Wirksamkeit der völkerrechtlichen Handlung gegenüber der innerstaatlichen Kompetenzverteilung, sondern wohl auch aus dem innerstaatlichen Recht selbst, welches implizit durch die Regelung des Oberkommandos eine solche Zuständigkeit anerkennt, die sich aus der Natur der Sache ergeben mag.

Während also die Kammern über einen Kriegseintritt zu entscheiden haben, ist es allein die Regierung, welche die Beendigung der Feindseligkeiten beschließt. Auf diese Weise schafft sie einerseits einen Zustand, aus dem sich unmittelbar normative Folgerungen für die Streitkräfte ergeben (Verbot von feindseligen Handlungen, teilweise in Form eines actus contrarius gegenüber der parlamentarischen Entscheidung) sowie indirekte Effekte in Verbindung mit internationalen normativen Konventionen, die für die Zeit der bewaffneten Auseinandersetzungen gelten[47]. Zum anderen ergeben sich daraus unter Umständen provisorische Veränderungen des Staatsgebiets, die auch von sehr langer Dauer sein können. Schließlich wird auf solche Weise in allgemeiner Form – und daher praktisch auf normativem Weg – die Bedeutung der Ausnahmerechte, die während des Zeitraums der „Feindseligkeiten" der Regierung zustehen, durch die Veränderung ihrer Voraussetzung (außergewöhnliche Situation) verändert, welche nicht nur ihre Rechtsgrundlagen, sondern zugleich auch ein Anwendungs- und Auslegungskriterium von höchster Bedeutung darstellt.

12. Andere Fälle werden von der Notwendigkeit der parlamentarischen Ratifizierung ausgenommen, nicht mehr nur „nach Vertragsmaterie", sondern „nach Vertragsform", weil die Verfassung auch hier nicht alle Möglichkeiten

---

[46] Über den stillschweigenden Abschluß von Waffenstillstandsabkommen siehe *Decleva* (Fn. 26), 127.

[47] In den beiden Fällen könnte die Beendigung der Feindseligkeiten als eine Anordnung angesehen werden, welche höchst allgemeine Normen konkretisiert; aber gerade die Abstraktionshöhe dieser allgemeinen Normen muß in der Praxis – wenn nicht sogar in der Theorie – dazu führen, daß auch ihre „Konkretisierung" in diesem Fall als selbständige Normsetzung zu verstehen ist.

regelt, die sich nach Völkerrecht ergeben können. In der Tat läßt sich kaum annehmen – wie sich auch noch im folgenden zeigen wird –, daß der Verfassunggeber hier eine weite Lücke habe zulassen wollen zwischen der internationalen und internen Wirksamkeit der Verträge, so daß wieder keine andere Lösung bleibt als die Anerkennung einer normativen selbständigen Zuständigkeit der Exekutive.

Hier geht es etwa um die „schweigende" oder „implizite" Ratifizierung, welche das Völkerrecht vorsieht, die aber ausschließlich auf Regierungshandeln zurückgeht und doch unzweifelhaft in die Kategorie der „Ratifizierung" nach Art. 80 der Verfassung gehört. Die hauptsächlichen Fälle sind die folgenden:

a) Die Ratifizierung durch einfache Ausführung des Vertrags ist heute im Völkerrecht stark umstritten; es fehlt aber noch immer ein überzeugender Beweis, daß die Formfreiheit, ein allgemeines Prinzip des Völkerrechts, in ganz allgemeiner Weise dem geopfert worden wäre, was ohne Zweifel eine gewisse Übernahme von demokratischen Prinzipien in das Völkerrecht bedeuten würde[48]. Nachdem die Ausführung der Verträge der Exekutive zusteht[49], kann die allgemeine Möglichkeit stillschweigender Ratifizierung, mit der Folge einer Normsetzung durch die Regierung, insoweit noch immer nicht vollständig ausgeschlossen werden.

b) Die Problematik der völkerrechtlichen „normativen Grundlage" im Fall einer etwaigen stillschweigenden Ratifizierung (Formfreiheit) stellt sich nicht mehr in dem besonderen Fall der Annahme der Vorteile, die ein internationaler Vertrag zugunsten Dritter einräumt, durch tatsächliches Verhalten der Regierung. Hier findet sich eine feste völkerrechtliche Grundlage in der Ver-

---

[48] In der Lehre des 19. Jahrhunderts wurde die stillschweigende Ratifizierung allgemein zugelassen, wenn es auch nicht viele Fälle dieser Art gab (siehe *Decleva* [Fn. 26], 131 ff.). Zu diesem Punkt wurde neuerdings bemerkt, daß auf diese Weise die innere Gewaltenteilung schwer bedroht ist. Dies erklärt wohl auch eine gewisse Zurückhaltung in der Lehre.

Es scheint dennoch, daß sowohl die herkömmliche Verweisung des Völkerrechts auf das innerstaatliche Recht (die allerdings nicht die Rechtsform der Akte betrifft), oder die Formfreiheit (die neuerdings wieder vom Generalsekretär der Vereinten Nationen unterstrichen worden ist, wenn er auch eine „Registrierung des Schweigens" für möglich hält, siehe *Decleva* [Fn. 26], 141) eine feste Grundlage für mögliche, wenn auch sehr seltene, schweigende Ratifizierungen gibt. Problematisch ist die von *Decleva* angeregte Lösung (Fn. 26), 137 ff., nach welcher die schriftliche Ratifizierungsform das Prinzip der Formfreiheit gar nicht durchbräche, weil die Staaten ja generell „frei" ein Vertragsschlußverfahren wählen könnten, zu dem die ausdrückliche Ratifizierung gehöre. Es kann sich aber doch die Freiheit der Formenwahl nicht in der Entscheidung für diese Form erschöpfen; vielmehr gehört zur Wahlfreiheit der Formen auch die, das Verfahren im einzelnen zu bestimmen, sei es im Wege der ausdrücklichen oder der stillschweigenden Ratifizierung.

[49] *Giannini* (Fn. 24), am Ende.

tragsbindung zwischen den Staaten, welche einen solchen Vertrag zugunsten eines Dritten geschlossen haben[50].

c) Wenn ein Staat keinen Widerspruch gegen die Notifizierung der Übernahme des diplomatischen Schutzes erhebt, ist dies nach Völkerrecht ein wirksamer Rechtsakt vertraglicher Art, der Veränderungen in der innerstaatlichen Zuständigkeitsordnung zur Folge hat und Wirkungen für die eigenen Staatsbürger hervorbringt, welche sich in den jeweiligen fremden Staaten aufhalten[51].

d) Die stillschweigenden Abkommen über internationale Streitigkeiten[52] werden im allgemeinen auf den Schiedsvertrag zurückgeführt, in dem die Verpflichtung zur Ausführung der Entscheidungen und die Zuständigkeit zu stillschweigenden Einigungen virtuell enthalten seien. Wie dem auch sei — derartige Verträge bringen unter Umständen Rechtsverzicht mit sich, Veränderungen des Staatsgebiets und ähnliches mehr, sie stellen jedenfalls einen Blankoscheck für eine stillschweigende Regierungstätigkeit mit normativen Folgen aus.

e) Die Regierung ist frei, einen auswärtigen Staat anzuerkennen oder nicht[53] und auf diese Weise, implizit, Verpflichtungen (und Rechte) zu übernehmen, welche sich aus der internationalen Stellung dieses Staates ergeben (Neutralität Belgiens, des Vatikanstaats)[54].

Gemeinsam ist diesen Fällen, daß das Völkerrecht juristische, ja normative Wirkungen im Verhältnis zwischen Staaten hier lediglich aus dem Regierungsverhalten ableitet, damit die parlamentarische Kontrolle vollständig umgeht.

Man könnte einwenden, daß die Regierung allein nicht in der Lage ist, den so entstandenen Normen innerstaatliche Rechtswirksamkeit zu verleihen, nachdem das Völkerrecht einen besonderen Ausführungsbefehl vorsieht, der, in den in Art. 80 der Verfassung aufgezählten Fällen, vom Parlament ausgehen muß. Die Frage stellt sich jedoch, entgegen dem, was die Lehre anzu-

---

[50] Siehe *Decleva* (Fn. 26), 44 ff.; die dort angeführten Fälle sind problematisch, weil der rechtlich verbindliche Wille der anderen Staaten, einem Dritten einen Vorteil zuzuwenden, zweifelhaft bleibt; es könnte sich allein um tatsächliche Vorteile handeln. Der Unterschied gegenüber dem Fall der allgemeinen stillschweigenden Ratifizierung liegt aber gerade in dem Vertrag zwischen den Dritten, der immerhin etwas Festeres bietet als ein reines Angebot und daher den Begünstigten von einer ausdrücklichen Erklärung der Annahme dispensieren könnte — möglicherweise eine besondere Rechtsfigur des Völkerrechts.

[51] Siehe *Decleva* (Fn. 26), 79.

[52] Siehe *Decleva* (Fn. 26), 61 ff.

[53] Über die Rechtsnatur der Anerkennung siehe *Biscottini*, G., Contributo alla teoria degli atti unilaterali nel diritto internazionale, Milano 1951, 75 ff., 176.

[54] Siehe *Decleva* (Fn. 26), 40 ff.

nehmen scheint, nicht in so einfacher Form: Art. 80 enthält nichts über einen Ausführungsbefehl von Verträgen. Einen solchen Gesetzgebungsakt gibt es also nicht als eine selbständige Größe, er begegnet allein dort, wo Ratifizierungen notwendig sind, als deren notwendiger Ausdruck.

Es ist nicht einmal klar, ob der Art. 80, entgegen dem, was die Regeln des allgemein anerkannten Völkerrechts für diesen Bereich vorsehen, der Regierung wirklich jede stillschweigende oder implizite Ratifizierung mit innerstaatlicher Wirkung hat verbieten wollen[55]. Die Verfassungsbestimmung besagt nicht, daß stets ausdrückliche Ratifizierung erforderlich ist, sondern nur daß dann, wenn dies der Fall ist, die Kammern zustimmen müssen[56]. All dies legt also das Ergebnis nahe, daß das Verfassungsrecht sich nur auf die herkömmlichen Verträge mit ausdrücklicher Ratifizierung bezieht, nachdem stillschweigende oder implizite Ratifizierungen in vielen Fällen schwer zu definieren oder im Parlament zu behandeln sind, unbeschadet ihrer großen politisch-diplomatischen Nützlichkeit, als Rest der alten und oft unumgänglichen Geheimdiplomatie. Die gegenteilige Lösung würde eine bedeutsame verfassungsrechtliche Neuerung darstellen und müßte, wie immer man sich entscheiden will, jedenfalls näher bewiesen werden.

13. Wenn die vorstehend vorgeschlagene Lösung unrichtig wäre, so müßten die soeben untersuchten Fälle so behandelt werden, wie wenn ein Vertrag ohne die (notwendige) Zustimmung des Parlaments ratifiziert worden wäre[57].

Selbst wenn nach einer Organstreitigkeit (siehe unten am Ende) die Regierung sich dem parlamentarischen Willen beugen muß, was die normativen Folgen im innerstaatlichen Recht anlangt – der Vertrag bleibt dennoch völ-

---

[55] Irrig wäre die Vorstellung, daß Art. 80 schon an sich eine Ausnahme von den völkerrechtlichen Regeln bringt, welche über Art. 10 anerkannt werden, weil das Völkerrecht ja in jedem Fall die Wirksamkeit von Ratifizierungen seitens der Regierung anerkennt (vgl. unten 13). Der Unterschied zwischen dem „Verweis" seitens des Völkerrechts in Fällen der ausdrücklichen und der stillschweigenden Ratifizierung liegt in folgendem: Im letzteren Fall geht das Völkerrecht von einem, wenn nicht notwendigen, so doch höchst wahrscheinlichen Ausschluß parlamentarischer Zustimmung, nach der Natur der Sache schon, aus, während sich das Völkerrecht im Falle der absoluten Wirkung der ausdrücklichen Ratifizierung um die Einzelheiten innerstaatlicher parlamentarischer Zustimmung gar nicht zu kümmern braucht.

[56] Dieses Problem darf nicht mit einem anderen verwechselt werden: Die Regierung könnte versuchen, den Bereich der zu ratifizierenden Vereinbarungen durch eine einschränkende Auslegung des Begriffes „Vertrag" (Art. 80) einzuengen, oder durch einen Kompromiß mit dem Vertragspartner über diese Frage (unten 13 a.E.). Hier dagegen liegt die Schwierigkeit im Begriff „Ratifizierung": Bezieht er sich allein auf die herkömmliche ausdrückliche Ratifizierung?

[57] Ein solcher Fall ist durchaus vorstellbar; man denke nur an die wenig klare Abgrenzung der vom Parlament zu ratifizierenden Verträge (oben 10).

kerrechtlich gültig[58], mit zwei hauptsächlichen Folgerungen, welche die innere Gewaltenteilung betreffen: Zum einen kommt die autonome Regierungsgewalt der Ratifizierung der Institutionalisierung einer „vollendeten Tatsache" im Gesetzgebungsbereich gleich, welche noch bedeutsamer ist als das normale ne varietur; das Parlament muß entweder ratifizieren, oder es setzt die Nation der Verantwortung für einen völkerrechtlich unzulässigen Akt aus, was besonders schwer dann wiegt, wenn der Vertragspartner eine Weltmacht ist oder eine mächtige internationale Organisation. Ein derartiges „legislatives Veto a posteriori" ist nur scheinbar der Rest einer „Gesetzgebungsgewalt".

Andererseits gestattet die Regierung, wenn sie einem Vertrag völkerrechtliche Normativwirkung verleiht, dem ausländischen Vertragspartner rechtlich gesehen die Anwendung der Vereinbarung, auch und vor allem gegenüber den eigenen Staatsbürgern. Indem die Regierung auf diese Weise „indirekt im Ausland Gesetzgebungswirkungen hervorbringt", nimmt sie ihre eigenen Staatsbürger aus der Geltung der allgemeinen Völkerrechtsregeln heraus und unterstellt sie einer besonderen normativen Ordnung. Auf diese Weise zeigt sich eine teilweise Gesetzgebungsgewalt (in indirekter, im Ausland wirksamen Weise) ohne Mitwirkung des Parlaments; dies müßte noch näher untersucht werden, denn es erwächst, wie alle anderen Zuständigkeiten, welche sich aus der Auswärtigen Gewalt ergeben, aus dem Recht der Regierung, sich auf ihre Doppelstellung in zwei unterschiedlichen Rechtsordnungen zu berufen.

Derselbe Fall tritt übrigens ein, wenn zwei Regierungen, gemeinsam, in einem Vertrag die Notwendigkeit einer ausdrücklichen Ratifizierung ausschließen[59], wenn auch ein derartiges Verhalten, das die Verfassungsnormen umgehen will, nach innerstaatlichem Recht rechtswidrig ist[60].

14. Auch in den Fällen, in welchen die parlamentarische Ratifizierung nicht nach der Vertragsmaterie (oben 11) oder nach der Vertragsform (oben 12) ausgeschlossen ist oder nicht offen von der Regierung verhindert wird, mit normativen Folgen (oben 13), bleiben der Exekutive noch, beim Vertragsabschluß, gewisse Möglichkeiten, welche zu normativen Wirkungen führen können:

[58] Siehe *Marmo* (Fn. 26), 213: Die juristische Unmöglichkeit der Vertragserfüllung kann sich nur aus Völkerrecht ergeben; siehe *Monaco,* I Trattati (Fn. 30), 205; wenig klar *Giannini* (Fn. 24), 94, der von einer Überprüfbarkeit der Ratifizierung spricht, die sich aber wohl nur auf die inneren Wirkungen bezieht.

[59] Es gibt im Völkerrecht keine allgemeine Norm, nach der alle Verträge ratifiziert werden müßten, vgl. *Monaco,* I Trattati (Fn. 30), 207, 213/4.

[60] *Giannini* (Fn. 24), 100.

a) Die Kammern haben ein Vetorecht (ne varietur) hinsichtlich eines Regierungsentwurfs — aber diese schon sehr beschränkte Zuständigkeit ist noch weiter eingegrenzt durch ein „Vetorecht der Regierung", das wiederum gegen ein derartiges Parlamentsveto eingesetzt werden kann: Die Regierung ist keineswegs verpflichtet, einen Vertragsentwurf zur Ratifizierung zu bringen, dem die Kammern ihre Zustimmung gegeben haben[61]. Die Regierung kann auf diese Weise dem feierlichen Ausdruck des gesetzgeberischen Willens jede Wirkung nehmen. Darüber hinaus bestimmt sie selbständig den Zeitpunkt des Inkrafttretens dieses Parlamentsaktes, in einer praktisch überaus bedeutsamen Verbindung von suspensivem und absolutem Veto. Das Kabinett kann also einen Text in Kraft treten lassen, dem die Volksvertretung zu einem Zeitpunkt zugestimmt hat, in dem die tatsächlichen Voraussetzungen vollkommen andere waren, und dies in einer Materie, in der die Zeit mindestens so bedeutsam ist wie der Inhalt des Vertrages[62]. Hier ist also eindeutig eine gewisse „Mitwirkung der Regierung bei der Gesetzgebung" festzustellen.

b) Umgekehrt kann die Regierung einer parlamentarischen Verzögerungstaktik dadurch entgegentreten, daß sie eine normative Rückwirkung der Vertragsbestimmungen vorsieht[63]. Das Parlament – das souveräne Gesetzgebungsorgan (!) – läuft also nicht nur Gefahr, mit einem Entwurf befaßt zu werden, bei dem der Zeitpunkt des Inkrafttretens frei von der Regierung bestimmt wird, sondern sogar noch mit einem Vertrag, dessen Inkrafttreten, zu einem von der Regierung frei bestimmten Zeitpunkt, die Volksvertretung weder verhindern noch auch nur verzögern kann — eine weitere Verstärkung des ne varietur.

Ohne gegen innerstaatliche Gesetzgebung zu verstoßen – wie etwa in den oben 13 erwähnten Fällen –, kann die Regierung das ne varietur noch weiter verschärfen, indem sie durch vorläufige Inkraftsetzung eines Vertrages eine vollendete Tatsache schafft und damit wenigstens vorübergehend die oben (13 am Ende) dargestellte Rechtssituation eintreten läßt[64]. Auch wenn die

---

[61] *Monaco,* Le riserve agli accordi internazionali e la competenza parlamentare, Riv. dir. intern., 1954, I, 76.

[62] Bemerkenswert ist der Unterschied zwischen der Freiheit, welche hier der Auswärtigen Gewalt eröffnet ist, und der genauen Regelung der Gesetzesausfertigung im Normalfall (Art. 73/74). Diese – erstaunliche – Sonderregelung für die internationalen Beziehungen kann aber kaum ohne schwerwiegende Beeinträchtigung der diplomatischen Handlungsfreiheit aufgehoben werden.

[63] Hier stellt sich vor allem das Rückwirkungsproblem, etwa bei Strafnormen. Der Ausführungsbefehl müßte bei einem solchen Vertragsfall vom Verfassungsgericht als verfassungswidrig erklärt werden, wenn man sich auf den Standpunkt stellen wollte, daß der Ratifizierungsakt als solcher, als ein „politischer Parlamentsakt", der Zuständigkeit des Verfassungsgerichts nicht unterfällt.

[64] Man könnte zwar behaupten, daß die „verfassungsrechtliche Korrektheit" die Regie-

Regierung, um den offenen Verstoß gegen die innerstaatliche Gesetzmäßigkeit zu vermeiden, mit der Gegenseite vereinbart, daß die Vertragswirkungen automatisch aufhören, wenn das Parlament nicht zustimmt, können doch inzwischen eingetretene Rechtswirkungen kaum mehr rückgängig gemacht werden[65].

Die Verfassungsregelung über die parlamentarische Ratifizierung, die an sich schon für gewisse Fälle nach Vertragsmaterie und Vertragsform nicht gilt, ist also auch in sich noch lückenhaft und garantiert dem Parlament keineswegs eine vollständige spezielle Überwachungsmöglichkeit, vor allem nicht in der Ausarbeitungsphase der internationalen Verträge; auf diese Weise kommt es zu einer teilweisen, insoweit aber autonomen, „gesetzgeberischen Zuständigkeit" der Regierung in auswärtigen Angelegenheiten.

15. Sobald ein Vertrag die parlamentarische Zustimmung erhalten hat, gewinnt die Regierung für seinen Bereich eine Rechtsstellung, welche weitere überaus bedeutsame Ausnahmen vom parlamentarischen Gesetzgebungsmonopol zur Folge hat, damit aber die Gewaltenteilung verschiebt. Hier zeigt sich noch klarer der praktische Unterschied zwischen einem Akt innerstaatlicher Gesetzgebung und der Zustimmung zu einem internationalen Vertrag.

a) Die Regierung kann stillschweigend einen Vertrag verlängern, indem sie ihn praktisch weiter ausführt[66]. Die Kammern sind hier nicht nur von jeder Mitwirkung ausgeschlossen, sondern in diesem typischen Fall einer „Exekutivgesetzgebung" wird die normative Wirkung eines vom Parlament beschlossenen Aktes als solche zweifelhaft, da sie Tag für Tag durch „konkrete Akte" der Regierung praktisch erneuert wird.

b) Die Regierung ist nach innerstaatlichem Recht völlig frei, einen ratifizierten Vertrag weiterhin als in Kraft stehend zu betrachten, sie kann ihn aber auch zu jedem Zeitpunkt aufkündigen, aufgrund des wohl spektakulärsten Rechtes, das sich aus ihrer auswärtigen Funktion ergibt: Ihr einseitiger Akt beendet die normative Wirksamkeit auch innerstaatlich[67]. Hier zeigt sich eindeutig der Vorrang des Regierungsparts beim Abschluß völkerrechtlicher Verträge, vor allen parlamentarischen Rechten: Der actus contrarius der Rati-

rung verpflichte, das Parlament sogleich nach Beginn der Verhandlungen einzuschalten — aber es gibt keine verfassungsrechtliche Regel in diesem Sinn; *Miele* (Fn. 25), 57.

[65] *Giannini* (Fn. 24), 101.

[66] Im Völkerrecht ist diese Möglichkeit neuerdings näher diskutiert worden, siehe *Decleva* (Fn. 26), 59 ff.; *Miele* (Fn. 25), 59; *Giannini* (Fn. 24), 106/7.

[67] Über die Kündigung, die im Zusammenhang mit der allgemeinen Rechtsfigur der Rücknahme behandelt wird, siehe *Biscottini* (Fn. 53), 173 ff.; *Giannini* (Fn. 24); *Miele* (Fn. 25), 60; *Decleva* (Fn. 26), 82 ff. Die Kündigung kann auch eine stillschweigende sein. Wenn sie im Vertrag selbst vorgesehen ist, handelt es sich um eine parlamentarische Ermächtigung, die einer Blankettnorm gleichkommt.

fizierung steht allein in der Macht der Regierung, die damit zum allgemeinen Negativgesetzgeber in auswärtigen Angelegenheiten wird. Darin zeigt sich übrigens eine eigentümliche teilweise Umkehrung: Ratifizierung ohne parlamentarische Zustimmung ist ein Verstoß gegen innerstaatliches Recht, völkerrechtlich aber in der Regel wirksam. Die Aufkündigung eines Vertrages dagegen bringt innerstaatliche Rechtswirkungen jedenfalls hervor, unabhängig von ihrer eventuellen völkerrechtlichen Unzulässigkeit[68].

Diese „anachronistische Situation" (Giannini) verschärft sich noch dadurch, daß die Regierung nicht verpflichtet ist, den Kammern über die erfolgte Aufkündigung auch nur zu berichten. Nicht nur, daß der Gesetzgeber also nicht auf dem laufenden ist hinsichtlich des Schicksals jener Akte, die Ausdruck seines besonders feierlich erklärten Willens sind — selbst der allgemeine Grundsatz der Normen-Öffentlichkeit kann auf diese Weise schwerstens beeinträchtigt werden.

Die Regeln über die Kündigung gelten auch für den Verzicht auf jedes (insbesondere vertragliche) Recht, soweit ein solcher nicht aus allgemeinen völkerrechtlichen Gründen unzulässig ist[69].

c) Ein Sonderfall von Zuständigkeit der Regierung, zu entscheiden, ob ein internationales Abkommen weiter angewendet werden soll, tritt dann ein, wenn die Regierung den Rechtsnachfolger des Vertragspartners anerkennt: In dieser Anerkennung liegt – stillschweigend – die Erneuerung des früheren Vertragsschlusses[70]. Nach internationalem Recht kann die Regierung auf diese Weise gewisse Normen wieder in Kraft setzen oder deren Rechtswirkungen fortbestehen lassen, in unüberprüfbarer politischer Entscheidung, nachdem eine derartige Wirkung sich ausdrücklich aus der Ausübung der Auswärtigen Gewalt (Anerkennung fremder Staaten) ergibt.

16. Der Vorbehalt (Reserve) ist eine im Völkerrecht besonders geregelte Form „teilweiser Kündigung" eines Vertrages. Das Recht, von ihm Gebrauch zu machen, steht der Regierung zu; dies aber führt praktisch zu einer Veränderung der Bedeutung des Vertrages, welche im Ermessen eines der Vertragspartner steht[71], ohne daß darin ein Völkerrechtsverstoß läge.

---

[68] Die Wirkungen einer Vertragskündigung sind in der Lehre umstritten; es scheint jedoch, daß die Verpflichtung des aufkündigenden Staates, wenn dessen Akt völkerrechtlich unzulässig ist, voll bestehen bleibt, daß sich aber ihre Rechtsnatur ändert (Schadensersatz).

[69] Siehe *Biscottini* (Fn. 53), 167 ff.

[70] *Decleva* (Fn. 26), 52 ff., 81.

[71] Siehe *Monaco,* Le riserve (Fn. 61), 72 ff.; *Balladore-Pallieri,* G., Le riserve nelle convenzioni collettive, Annali dir. internaz., 1953, vol. XI, 15 ff. (dort weit. Nachw. zum Völkerrecht, vor allem 18), *Vitta,* E., Le riserve nei trattati, Torione 1957 (mit historischen Einzelheiten, 19 ff.).

Bei diesen Reserven handelt es sich um einen besonderen Weg, der (faktischen) Ungleichheit der Vertragspartner Rechnung zu tragen[72], die ja jeder Vertrag berücksichtigen muß. Die Regierungszuständigkeit, sich auf diesen Vorbehalt zu berufen – oder nicht –, beschränkt also ganz wesentlich, wie sich noch zeigen wird, das „Gesetzgebungsmonopol" des Parlaments. Was diesen Fall von jenem anderen unterscheidet, in dem einem Staat im Vertrag selbst bereits eine Vorzugsstellung fest eingeräumt wird, ist gerade die Tatsache, daß hier die Vergünstigung vom Willen der Regierung des begünstigten Staates abhängt, nicht aber von dessen Parlament. Der Vorbehalt geht also, zugunsten der Regierung, noch weit über das ne varietur im außenpolitischen Bereich hinaus: Er unterwirft der Entscheidung der Exekutive nicht nur die Wirkung gewisser Vertragsnormen; angesichts der Tatsache, daß bei Ausnutzung des Vorbehalts die anderen Normen in Kraft bleiben und auf diese Weise möglicherweise ein völlig anderer normativer Kontext entsteht, kann die Regierung damit die Bedeutung eines ganzen Vertragswerks für ihren Staat verändern. Die quantitative Wirksamkeitsveränderung kann sich auf diese Weise durchaus in eine qualitative wandeln — das ist der Effekt dieses echten „Exekutivvorbehalts" im heutigen normativen System der völkerrechtlichen Verträge.

Man unterscheidet zwischen Vorbehalten, die vor und nach der Ratifizierung eingefügt werden. Während diese letzteren vom Völkerrecht gebilligt werden, weil man von der stillschweigenden Zustimmung der Vertragsparteien ausgeht, oder weil sie nicht in die Substanz des Vertrages eingreifen[73], werden die „eigentlichen Vorbehalte" den anderen Staaten von der Regierung im Zeitpunkt der Unterzeichnung („eigentliche") oder der Ratifizierung („uneigentliche") mitgeteilt (Monaco)[74]. Die uneigentlichen Vorbehalte, welche im Völkerrecht wirksam sind, beweisen, daß diese Rechtsordnung die parlamentarische Zustimmung hier „nicht zur Kenntnis nimmt": Die Regierung muß das nicht ausführen, was das Parlament aber vorgesehen hat. Diese Macht hat sie im übrigen ganz allgemein nach Völkerrecht, nachdem dieses sogar eine Ratifizierung ohne Zustimmung der Kammern zuläßt. Die Besonderheit der Behandlung der uneigentlichen Vorbehalte besteht jedoch darin, daß auch das innerstaatliche Recht die normative Wirksamkeit dieser Regierungstätigkeit anerkennt. Mehr noch: Dies gilt sogar im Falle des eigentlichen Vorbehalts; die Regierung bedarf nicht der parlamentarischen Zustimmung, wenn sie Vorbehalte formuliert[75].

---

[72] Fraglich ist allerdings, ob dies auch für die zweiseitigen Verträge eine Rolle spielt.

[73] *Balladore-Pallieri* (Fn. 71), 23 f.

[74] Die während der Verhandlungen formulierten Vorbehalte sind nichts anderes als eine Vorankündigung ohne selbständige rechtliche Bedeutung, *Vitta* (Fn. 71), 23 f.

[75] Diese Lösung ist nicht unbestritten, wird aber weithin in der Lehre angenommen. *Monaco*, Le riserve (Fn. 61), 77/8; *Vitta* (Fn. 71), 46.

Diese Bedeutung der Vorbehalte wird noch durch die Tatsache verstärkt, daß sie, in gewissen Fällen, von der Gegenseite stillschweigend[76] oder implizit angenommen werden können.

Dieser überaus bedeutsame „Vorbehalt einer selbständigen Regierungsgewalt" läßt sich nicht aus der „Natur des Zustimmungsgesetzes" erklären, von dem gesagt wird, es solle nicht die Regierungspolitik behindern, sondern lediglich verhindern, daß übermäßige Verpflichtungen übernommen würden[77]. Es zeigt sich hier auch nicht eine notwendige Folge aus der Macht der Regierung, den Vertrag insgesamt aufzukündigen. Vielmehr handelt es sich um eine unmittelbare Folgerung aus dem Begriff der Auswärtigen Gewalt, um typische autonome Regierungstätigkeit mit normativen Folgen. Ein geschicktes Zusammenspiel von Vorbehalten kann es der Regierung ermöglichen, die normative Wirkung des übrigen Vertrages insgesamt zu verändern[78]. Die Transformation in innerstaatliches Recht erfolgt dabei, „Fall für Fall", nach typisch „exekutiver" Art, nicht in den strengen Formen des Normenerlasses.

Die Einheit des Vorbehaltsbegriffs im internationalen Recht führt auf diese Weise zu entsprechend einheitlichen Lösungen im innerstaatlichen Recht, die jedoch in offenem Widerspruch zur Gewaltenteilung stehen[79]. Eine Zuständigkeit, die häufig vorgesehen und ausgeübt wird, um gerade parlamentarische Vorrechte der innerstaatlichen Gesetzgebung zu wahren[80], wendet sich, in jener bereits festgestellten Ambivalenz, die für die Auswärtige Gewalt charakteristisch ist – wie für jede andere „wahre", originäre Gewalt –, gerade gegen die Vertreter des Volkes!

Die Regierungsgewalt in diesem Bereich wird ergänzt durch die Möglichkeit, Vorbehalte rückgängig zu machen[81]; auf diese Weise befreit sich die Exekutive von den Bindungen einer etwaigen parlamentarischen Zustimmung zu den Vorbehalten[82].

---

[76] *Decleva* (Fn. 26), 106.

[77] *Monaco,* Le riserve (Fn. 61), 79.

[78] All dies trifft zu, ohne daß auf das weitere, stark umstrittene, Problem einzugehen wäre, ob die Regierung über einen Vorbehalt eine Ausdehnung ihrer eigenen Verpflichtungen bewirken kann, siehe *Vitta* (Fn. 71), 92 ff., mit Nachw.

[79] Offen bleibt hier die Frage, ob der Vorbehalt begrifflich einen einseitigen Akt darstellt oder eine Zuständigkeit der Vertragsveränderung, die in dem Abkommen selbst festgelegt ist; fest steht jedenfalls, daß sie lediglich über Regierungsakte realisiert wird und aufgrund anderer Regierungsakte (Annahme des Vorbehalts durch die Regierungen der Partnerstaaten).

[80] *Vitta* (Fn. 71), 82.

[81] Ein rein völkerrechtliches Problem ist, ob dies mit oder ohne Zustimmung der Gegenseite erfolgen kann. *Vitta* (Fn. 71), 74; *Decleva* (Fn. 26), 152.

[82] Der Vorbehalt kann ja auch zu einer indirekten Bindung der Regierung führen, indem

Angenommen, dem Parlament gelänge es nun, sein Recht der Zustimmung zu den Vorbehalten zu wahren — auch dann bleiben die Wirkungen dieser weiten Ermächtigungen bis hin zu der bereits dargelegten Möglichkeit der qualitativen Veränderung des Gesamtvertrags über Vorbehalte. Selbst wenn sie nur auf einzelne Vertragsbestandteile beschränkt sind, so gehen sie in ihrer Ausdehnung jedenfalls über die meisten Verordnungsermächtigungen nach internem Recht hinaus und verstärken insoweit wiederum die normative Autonomie der Regierung.

Eine derartige Regierungszuständigkeit zur Veränderung internationaler Verträge und, infolgedessen, zugleich der normativen Situation nach innerstaatlichem Recht, kann sich, nach der internationalen Praxis, auch aus Vertragsklauseln ergeben, welche die stillschweigende Annahme von Vertragsänderungen vorsehen, wenn ein Vertragspartner dazu schweigt[83]. Hier mag die Veränderung des Vertrages auf eine Abkommensbestimmung zurückzuführen sein, der das Parlament seine Zustimmung gegeben hat; dennoch umgeht die Regierung mit ihrer Zuständigkeit, stillschweigend mit normativer Wirkung den Vertragsveränderungen zuzustimmen, die über Vorbehalte verwirklicht werden, praktisch die parlamentarische Kontrolle. Allerdings nähert sie sich damit, angesichts der Technizität der Gegenstände, auf die sich herkömmlicherweise eine solche stillschweigende Zustimmung bezieht, dem Bereich der Verordnunggebung, der der Regierung im klassischen System der Gewaltenteilung ohnehin zusteht. Andererseits ist keineswegs die Möglichkeit einer stillschweigenden Regierungszustimmung zur Revision eines Vertrages auszuschließen[84], welche im Vertrag selbst keine Grundlage findet und sich damit lediglich auf Regierungsverhalten stützen kann.

Es drängt sich also die allgemeine Schlußfolgerung auf, daß das Parlament nach der Zustimmung zu einem Vertrag nahezu vollständig die Kontrolle über künftige normative Entwicklungen in dessen Bereich verliert: Das innerstaatliche Recht regelt eben in vielen Fällen die Veränderungen nicht, welche das Völkerrecht aber zuläßt, das hier praktisch auf die allgemeine Zuständigkeit der Auswärtigen Gewalt der Regierung verweist. Diese Regierungskompetenz gilt in dem ganzen weiten Raum, in dem internationale Probleme auftreten können, und in welchem die herkömmliche gesetzgebende Gewalt sich eben auf Formen „punktueller" Beteiligung beschränkt sieht.

17. Wie immer die Struktur eines bestimmten Normsetzungsmonopols beschaffen sein mag — dieses ist stets beschränkt dadurch, daß es besondere

---

er dem Parlament die Möglichkeit eines Drucks auf die Regierung gibt und es sich so dem non varietur entziehen kann.

[83] *Decleva* (Fn. 26), 95 ff., 112 ff.

[84] Die internationale Praxis ist schwankend, vgl. *Decleva* (Fn. 26), 90 ff.

Normausführungsorgane gibt, die über die Schaffung von „niederrangigen Normen" (Kelsen) die Bedeutung der Primärnorm nicht unwesentlich verändern können. Der Dualismus von „gesetzgebenden" und „gesetzesausführenden" Organen, der bereits auf der Ebene der Vollstreckung von Gerichtsurteilen auftritt, findet sich in grundsätzlicher Form in der Gewaltenteilung wieder. Die niemals völlig auszuschließende Praxis der unklaren Ermächtigungsnormen zugunsten der Exekutive, – geradezu ein „Komplementärinstitut" zum Vorbehalt des Gesetzes (Karl Renner), das dann erst wirklich das Verständnis der Primärinstitution ermöglicht –, beherrscht vor allem den Bereich der internationalen Verträge. Angesichts der Notwendigkeit, der Regierung nicht nur die Möglichkeit der Anpassung an die besonderen technischen Notwendigkeiten einer bestimmten Materie zu eröffnen, sondern darüber hinaus auch eine etwaige unvorhersehbare Willensäußerung des Vertragspartners zu berücksichtigen, hat hier die „Ermächtigung" an die Exekutive oft einen derart vagen Inhalt, daß auch in diesem Punkt die Auswärtige Gewalt sich geradezu begrifflich als eine von anderen Kompetenzen verschiedene Funktion darstellt. Die Notwendigkeit der Vertragsausführung – ein unbeschränktes Vorrecht der Regierung – verlangt Handlungsmöglichkeiten, die nicht selten geradezu auf eine Revision der Vertragsnormen hinauslaufen.

Das bekannteste Beispiel ist hier die Einrichtung der sogenannten „gemeinsamen Organe" der Vertragspartner, die in manchen Konventionen vorgesehen sind, sowie die der „gemischten Ausschüsse", welche die Ausführung eines internationalen Vertrages und seine Anpassung an neue Situationen sicherstellen sollen[85]. Die Einsetzung derartiger Organe ist, ebenso wie die Anerkennung von Verordnungszuständigkeiten nach internem Recht, gerechtfertigt durch die Notwendigkeit der Ausarbeitung „technischer" Regeln. Wie aber die Verordnungsgewalt stets in Versuchung steht, sich zu einer „selbständigen Sekundärgesetzgebung" zu entwickeln, werden auch die erwähnten Ausschüsse nicht selten zu wirklichen Gesetzgebungsorganen, auf welche das Parlament – und dies ist nun für die Zentralthese dieser Untersuchung von Bedeutung – keinerlei Einfluß mehr hat: Die Regierung ernennt sie und gibt ihnen Anweisungen[86], fast immer behält sie sich das Recht vor, ihre Vertreter abzuberufen. Die Parlamentarisierung der gemeinsamen Organe steht noch in ihren Anfängen[87].

---

[85] *Cavaglieri*, Lezioni di dir. int., Napoli 1925, 247; *Balladore-Pallieri*, G., in Scritti giuridici Cedam, Padova 1952, 4 e ff. des Sonderdrucks; *Ubertazzi*, G.M., Il principio di unanimità nel diritto internazionale, Milano 1953; *Kazansky,* Théorie de l'administration internationale, Rév. gén. de droit intern. publ., vol. IX, 1902, 353 ff.

[86] Wenn sie auch den Mitgliedern dieser Ausschüsse rechtlich nicht eine Entscheidungsgewalt übertragen kann, welche diese vielmehr als eine „statutarische" ausüben, aufgrund des Vertrages, siehe *Ubertazzi* (Fn. 85), 127, der sich auf *Basdevant* bezieht; vgl. dazu den Text im folgenden.

[87] Mögen auch die Entscheidungen der erwähnten Gremien mit Mehrheit fallen, so steht

Fraglich ist, ob diese Organe „neue Verträge schließen“ oder lediglich bestehende ausführen, dabei gegebenenfalls klar umschriebene Veränderungszuständigkeiten ausüben können, und ob sie, andererseits, diese ihre Zuständigkeit lediglich auf der Grundlage des Vertrages ausüben, oder gänzlich aus eigenem Recht[88]. Das erste Problem ist für das Völkerrecht von Bedeutung, hat aber kein unmittelbares Gewicht für die innerstaatliche Gewaltenteilung, es sei denn in einem Sinn: Je mehr die Allgemeinheit der Ausführungsnormen die Annahme eines „neuen Vertrages“ nahelegt, desto mehr zeigt sich in diesem Bereich ein selbständiges Recht der Regierung zur Vertragsänderung, das nicht einmal durch eine allgemeine parlamentarische Zustimmung begrenzt ist. Das letztere Problem findet darin dann auch seine Lösung: Wenn die Ausschüsse auf der Grundlage des Vertrages tätig werden, so kann eine derartige Ermächtigungsnorm doch so allgemein sein, daß sie sich der Einräumung einer selbständigen Gewalt (iure proprio) der Organe nähert, welche von der Auswärtigen Gewalt der Regierungen geschaffen worden ist; wenn dies durch das Völkerrecht gestattet ist und stillschweigend vom innerstaatlichen Recht geduldet wird, so ergibt sich eine noch breitere Grundlage für ein autonomes Recht der Regierung zur Vertragsänderung.

Die so skizzierte Praxis bedroht besonders die bereits eng begrenzten Vorrechte des Parlaments im auswärtigen Bereich, weil sie, auf Notwendigkeiten „technischer“ Anpassung gestützt, durch eine allgemeine Norm gar nicht ausgeschlossen werden kann. Stets wird sie seitens der Regierung mit der Notwendigkeit gerechtfertigt werden, die Verhandlungen mit anderen Staaten zu führen, welche eifersüchtig über ihre Autonomie wachen. Soweit diese Partner nicht voll demokratisch verfaßt sind, werden sie im übrigen in besonderer Weise versuchen, ihren Regierungen die Möglichkeit offen zu halten, Verhandlungen „im technischen Bereich“ fortzusetzen, wenn die grundlegende, politisch erwünschte Vereinbarung zustande gekommen ist.

Auch hier wieder können die Ansätze der innerstaatlichen Gewaltenteilung das Wesen der Ausdrucksformen eines wirklichen Pouvoir nicht erfassen — der Auswärtigen Gewalt.

18. Nicht nur bei Abschluß, bei Änderung und bei Kündigung von internationalen Verträgen wirkt die Ausübung einer Regierungsgewalt mit normativen Folgerungen auch im innerstaatlichen Recht; solche Normfolgen können sich auch daraus ergeben, daß „normative Situationen“ eintreten, welche nicht mit den vollendeten Tatsachen verwechselt werden dürfen, die ohnehin das Parlament im Prozeß der parlamentarischen Ratifizierung belasten. Die

doch die Zuständigkeit der Zusammenarbeit hier allein der Regierung zu; das Parlament ist nicht nur aus dem Handlungsraum der eigenen Regierung ausgeschlossen, sondern auch aus dem der „Gemeinschaft der Regierungen“, zu welcher die eigene Exekutive gehört.

[88] Siehe *Ubertazzi* (Fn. 85), 116, 122.

Schaffung derartiger Situationen, welche teilweise mit der Kategorie der einseitigen Akte zusammenfallen, die sich nicht auf Vertragsabschlüsse zurückführen lassen, gehört in den Bereich der „Regierungspolitik"; und hier werden die Kammern nahezu vollständig ausgeschlossen. Die Besonderheit dieser Kategorie liegt in der normativen Grundlage der Zuständigkeiten, welche diese Situationen hervorbringen: Sie beruhen auf allgemeinen Regeln des Völkerrechts, die, über Art. 10 der italienischen Verfassung, Bestandteile des innerstaatlichen öffentlichen Rechts sind. Diese Bestimmung bringt also insoweit eine Durchbrechung der Gewaltenteilung. Schon bei den vertraglichen Beziehungen war festgestellt worden, daß das Völkerrecht auf diesem Weg, über seine allgemeinen, ins interne Recht übernommenen Bestimmungen, zum Teil über den Regelungsbereich des Art. 80 hinausgeht, indem es die Regierung ermächtigt, auch mit Wirkung für das interne Recht tätig zu werden; im vorliegenden Fall aber wird dies noch deutlicher, mag es auch bisher kaum beachtet worden sein, nachdem die hier zu untersuchenden Situationen eine nicht eindeutig normative Struktur aufweisen.

In gewissen Fällen mag in der Tat zweifelhaft sein, ob es sich in solchen Fällen um stillschweigende Äußerungen eines Vertragswillens handelt oder um einseitige Schaffung normativer Situationen (z.B. bei der Übernahme diplomatischen Schutzes, die eine gewisse „normative Situation" für die Bürger des fremden Staates schafft). In anderen nähert der primär normative Charakter einseitiger Akte im Völkerrecht diese eher einer Gesetzgebung an, welche nach Völkerrechtsnormen von einem Staat über die Bürger des anderen ausgeübt wird; und dies erfolgt durch Regierungstätigkeit, nicht durch das Parlament, was in einer parlamentarischen Regierungsform doch der Normalfall wäre. Man denke etwa an die Entscheidung über Repressalien: Es wäre näherer Untersuchung wert, bis zu welchem Grade die Exekutive in Ausübung einer derartigen außerordentlichen Zuständigkeit spezielle Normen für fremde Bürger schaffen kann, indem eben eine „normative Repressalienlage" hervorgebracht wird.

In anderen Fällen dagegen schafft die Regierungstätigkeit vor allem gewisse „tatsächliche Situationen", die vom Völkerrecht anerkannt werden; aus ihnen ergeben sich bestimmte normative Folgerungen, welche vom Völkerrecht hingenommen werden, zugleich aber Auswirkungen auf die innerstaatliche Rechtsordnung zeitigen.

a) Lediglich Verträge, welche zu Veränderungen des Staatsgebiets führen, unterliegen parlamentarischer Zustimmung. Akte der Entdeckung, Annexion oder der Besetzung von Niemandsland gehören dagegen in die ausschließliche Regierungszuständigkeit[89]. Die Schaffung derartiger tatsächlicher Situa-

[89] *Virga* (Fn. 4), 29 ff.

tionen bringt jedoch normative Folgerungen mit sich, indem die nationale Gesetzgebung auf ein neues Territorium ausgedehnt wird[90].

b) Dasselbe gilt für die Festlegung der Territorialgewässer. Früher wurde angenommen, sie ergebe sich unmittelbar aus allgemeinem Völkerrecht (Dreimeilenzone). Heute sind derartige generelle Begrenzungen aber zweifelhaft; in gewissen Fällen jedenfalls können wohl die Begrenzungen der Territorialgewässer durch einseitigen Akt der Regierung verändert werden. Diese noch bestrittene Möglichkeit und das unbestrittene Recht, auf einen Teil dieser Zone durch einen einseitigen Akt zu verzichten, steht jedenfalls der Exekutive zu; all dies führt aber zu territorialen Veränderungen mit normativer Wirkung.

c) Allgemein kann die Regierung einen tatsächlichen Zustand schaffen oder beenden und damit normative Folgerungen hervorbringen[91], geradezu die Voraussetzungen von Rechten setzen oder beseitigen, die nach Völkerrecht oder nach innerstaatlichem Recht an sich unverzichtbar sind. Als Grenzbeispiel mag jene Regierungsgewalt dienen, die ursprünglich den Staat hervorgebracht hat, und es ist ja auch wiederum ein Akt der auswärtigen Regierungsgewalt, die totale, tatsächliche Kapitulation auf Anordnung der Exekutive, welche möglicherweise einen Staatsverband auflöst. In diesen äußersten Fällen verschwindet, zusammen mit der parlamentarischen Gewalt, die normative Fiktion vollständig aus dem staatlichen Bereich.

d) Ausschließliches Recht der Regierung ist es, einen tatsächlichen Zustand anderen Staaten[92] zu notifizieren, mit Rechtswirkungen, welche normativer Art sein können. Die Regierung allein kann der internationalen Gemeinschaft die Schaffung eines „normativen Zustands" rechtswirksam mitteilen; sie verleiht diesem damit eine weitere, eben internationale, Normativität.

e) Ein letztes Beispiel für die einseitige Schaffung normativer Situationen ist der Regierungsbefehl an die bewaffnete Macht, Streitkräfte eines anderen Staates anzugreifen oder sich gegen sie zu verteidigen[93]. Der moderne „Blitzkrieg" macht nicht selten die parlamentarische Zuständigkeit zur Kriegserklärung (Art. 78 der Verfassung) zur reinen Theorie, so daß auch in diesem Bereich die Regierungsanordnung nach innerstaatlichem Recht legal sein kann. Nach Völkerrecht genügt übrigens der animus bellandi, die Absicht, den Kriegszustand hervorzubringen, der sich dann aus den Tatsachen selbst ergibt. Wie auch immer es um die innerstaatliche Legalität derartiger Befehle

[90] Die außerordentliche Bedeutung dieses Rechts in einer Epoche der Entdeckungen im Weltraum verlangt neue Verfassungsnormen, um den parlamentarischen Einfluß zu sichern.

[91] Siehe *Biscottini* (Fn. 53), 172 ff.

[92] Siehe *Biscottini* (Fn. 53), 42 ff.

[93] Siehe *Biscottini* (Fn. 25), 64 ff.

stehen mag — der Regierungsakt führt jedenfalls rechtlich zur Anwendung des Kriegsvölkerrechts auf die eigenen Truppen und die des Gegners, auf die jeweilige Zivilbevölkerung und auf die Neutralen, ganz abgesehen davon, daß sich daraus, nach innerstaatlichem Recht, spezielle militärische Befugnisse der Regierung ergeben mögen[94]. Die Kriegführung als solche, welche der Regierung obliegt, kann ebenfalls weitere „normative Situationen" hervorbringen.

Gegen die Gleichsetzung dieser Möglichkeiten, normative Situationen zu schaffen, mit den vorher untersuchten Fällen, in denen die Exekutive offen als Gesetzgeber auftritt, könnte man einwenden, daß durch Schaffung von normativen Situationen die Regierung nicht eigentliche „autonome" Normen setzt, sondern lediglich andere Normen (des Völkerrechts) konkretisiert[95]. Dieses Argument mag theoretisch berechtigt sein; es kann aber praktisch schon wegen der außerordentlichen Weite derartiger internationaler Normen, welche hier auf die innerstaatliche Rechtsordnung durchschlagen, nicht entscheiden: Praktisch haben eben die Regierungsakte doch „gesetzgebenden Charakter", wenn sie Normen konkretisieren, die nach ihrem allgemeinen Charakter den Verfassungsnormen vergleichbar sind[96]. Ein Überblick über die „normativen" Regierungskompetenzen wäre also unvollständig ohne Bezug auf die Kategorie der normativen Situationen, mag diese auch noch weiterer Vertiefung in der Theorie bedürfen.

Eine weitere bisher wenig untersuchte Möglichkeit der Regierung, allgemeinste Normen zu setzen, welche sich ebenfalls aus der Auswärtigen Gewalt ableiten läßt und praktisch Normen des innerstaatlichen Rechts hervorbringt oder jedenfalls wirksam werden läßt, ist die „protokollarische Gewalt": Die Exekutive lädt ausländische Amtsträger ein und erläßt bei dieser Gelegenheit protokollarische Richtlinien für alle, auch autonome, Staatsorgane über den Empfang der Gäste. Ob sich eine solche Zuständigkeit auf eine Völ-

---

[94] Siehe *Carullo* (Fn. 4), 278/9.

[95] Diese These könnte selbst für den Fall der Ausdehnung der nationalen Gesetzgebung auf ein neues Territorium zutreffen, nachdem das räumliche Geltungselement an sich noch nicht dem Bereich einer (autonomen) Normsetzung zuzuordnen ist.

[96] Und sie werden ihnen in der Tat auch in der Verfassung selbst gleichgesetzt, hinsichtlich der Notwendigkeit parlamentarischer Beteiligung (Kriegserklärung, Veränderung des Staatsgebiets), was nicht nur mit ihrer herkömmlichen „höchsten" Bedeutung zusammenhängt, sondern auch mit ihren normativen Auswirkungen. Wollte man dies nicht gelten lassen, indem man von einem einheitlichen Normbegriff ausgeht, der allein vom innerstaatlichen Recht abgeleitet wird, so könnte man sogar in den Völkervertragsnormen nur Konkretisierungen der Norm „pacta sunt servanda" sehen, welche im Rang unter dem Gesetz stünden und daher nur im uneigentlichen Sinn „loi des parties" genannt werden könnten. Dies aber würde ein mangelndes Verständnis für die Besonderheit des Völkerrechts zeigen wie auch für die Folgen seines Verweises auf die innerstaatliche Kompetenzordnung, jedenfalls was das normative Niveau der gesetzten Normen anlangt.

kerrechtsnorm stützt, die durch Art. 10 der Verfassung in internes Recht transformiert ist, oder unmittelbar der Auswärtigen Gewalt, der Regierung zusteht, aufgrund der allgemeinen Verteilung der Kompetenzen in der Verfassung, — jedenfalls erschöpft sich all dies nicht in der Möglichkeit, Anordnungen zum Einzelfall zu treffen; vielmehr folgt daraus auch eine „Quasi-Verordnunggebungsgewalt", die in vielem einer echten Gesetzgebung im innerstaatlichen Recht entspricht, nachdem sie praktisch keinerlei normativen Begrenzungen unterliegt[97].

19. Diese Untersuchung hat die normative Bedeutung der Auswärtigen Gewalt herausgestellt; sie beschränkt nicht unerheblich die Bedeutung der Gewaltenteilung im innerstaatlichen Recht. Im vorliegenden Zusammenhang können die möglichen Grenzen dieser Gewalt und ihrer Ausprägungen im einzelnen nicht aufgezeigt werden. Das vorstehend Skizzierte mögen einige kurze Schlußbemerkungen vervollständigen.

Die hier behandelten Regierungsakte können Individualrechte oder Rechte anderer Staatsorgane (die Untersuchung beschränkt sich dabei auf Parlamentsrechte) verletzen und auf diese Weise gegen Völkerrecht oder innerstaatliches Rechts verstoßen:

a) Die Regierungsakte können im Widerspruch stehen zu internationalen Vertragsnormen, welchen die normative Wirkung einfacher Gesetze zukommt. Soweit die Regierung hier jedoch Normen setzt, die ebenfalls legislative Bedeutung haben, wie etwa bei der Aufkündigung von Verträgen, bei deren stillschweigender Veränderung oder beim Abschluß nicht ratifikationsbedürftiger Verträge, gelten die Grundsätze der lex posterior und der lex posterior specialis. Soweit sie dagegen dem Erlaß von Verordnungsnormen gleichzusetzen sind, können sie rechtswidrig werden wegen eines Widerspruchs zu Völkervertragsnormen[98].

b) Die „allgemein anerkannten" Normen des Völkerrechts, welche Art. 10 der Verfassung in die innerstaatliche Rechtsordnung übernimmt, haben verfassungsrechtlichen Charakter und können daher die Rechtswidrigkeit aller

[97] Die Einzeluntersuchung dieses Gegenstands, der auch das Verwaltungsrecht betrifft, bleibt einer weiteren Studie vorbehalten. Vor allem wäre bedeutsam eine Untersuchung der Frage, ob vom Parlament beschlossene Gesetzgebungsakte ihrerseits gewisse Begrenzungen in einer „Freiheit der Auswärtigen Gewalt" finden können, die stillschweigend durch die Verfassung gewährleistet ist.

[98] Diese letztere Normenkategorie ist jedoch bei Regierungsaktivitäten nur schwer vorstellbar: Entweder handelt es sich um Normen, welche höchst allgemeine Bestimmungen des Völkerrechts konkretisieren — dann stehen sie doch auf der Ebene des einfachen Gesetzes; oder es geht dabei um „Anordnungen", im Einzelfall, die dann aber Verwaltungsakten gleichzusetzen sind. Auf Verordnungsebene stehen am ehesten noch Normen, welche die Regierung zur Anpassung internationaler Verträge an neue Situationen erläßt, durch gemeinsame Organe, welche der Vertrag vorsieht.

Regierungsakte begründen, obwohl sie meist allgemeiner Art sind und es sich dabei vor allem um Kompetenznormen handelt, nicht aber um Verhaltensnormen für die Regierung[99]. Ein normativer Widerspruch zu derartigen Bestimmungen würde also wohl nicht materiell-rechtliche Beschränkungen zum Tragen bringen, welche das Hauptziel einer demokratischen Ordnung erreichen könnten: die Ausuferung der Regierungskompetenzen zu verhindern. Denn solche Völkerrechtsnormen sind gerade so gefaßt, daß sie auf ganz verschiedenartige Regierungsformen anwendbar sind, und überdies wurden sie in einer Periode ausgearbeitet, in welcher die Regierungsmacht weit überwog. Derartige Regeln können also jedenfalls nur wenig zu einer Sicherung parlamentarischer Rechte beitragen.

c) Nachdem kein Regierungsakt mit normativem Inhalt im auswärtigen Bereich die Ebene der einfachen Gesetzgebung überschreiten kann, bleibt die Exekutive jedenfalls zur Beachtung der Verfassungsnormen verpflichtet, d.h.: aa) der Bestimmungen, welche die internationalen Aktivitäten des Staates regeln (z.B. Art. 10, 11, 12 der Verfassung), bb) der Normen über die Regierungszuständigkeit (z.B. Art. 80) und cc) der materiellen Normen, welche jedes Verhalten eines Staatsorganes bestimmen (Grundrechte, Rechtsstaatlichkeit, republikanische Regierungsform). Nachdem die erste dieser Kategorien höchst allgemeiner Art und, jedenfalls teilweise, von zweifelhafter normativer Bedeutung ist[100], die zweite nur seltene Fälle formeller Übergriffe, etwa im Fall der Ratifizierung, verhindern kann, bleiben praktisch nur, als mögliche normative Begrenzung der außenpolitischen Regierungsaktivität, die formellen und materiellen Grundrechte sowie die Staatsform.

20. Die Rechtswidrigkeit von Akten der Auswärtigen Gewalt der Regierung nach innerstaatlichem Recht ist an sich schon, nach deren Gegenstand (vgl. oben 19) beschränkt; die rechtliche Fehlerhaftigkeit kann überdies von Bürgern oder von anderen Staatsorganen, insbesondere dem Parlament, nur in bestimmten Fällen geltend gemacht werden, was wiederum das praktische Gewicht der Regierungsfunktionen in diesem Bereich erheblich erhöht.

a) Eine allgemeine, aber bedeutsame Schranke für jedes wirksame Vorgehen seitens der Bürger ergibt sich schon daraus, daß die Verletzung eines verfassungsrechtlich geschützten Rechtes bewiesen werden muß. Derartiges ist selten möglich in Fällen international bedeutsamer Akte, deren normative

---

[99] Eine Änderung in diesem Punkt wäre dann nicht ausgeschlossen, wenn beispielsweise die materiellen Normen, welche in der Charta der Vereinten Nationen enthalten sind, tatsächlich, und in einigermaßen klarem Verständnis, von der Staatengemeinschaft anerkannt würden.

[100] Siehe *Vedovato* (Fn. 23), 96: Die allgemein anerkannten Regeln des Völkerrechts stehen, teilweise, im Widerspruch zu Art. 11 und beschränken den Inhalt dieser Bestimmung auf „politische Wünschbarkeiten".

Bedeutung häufig hinter einer – angeblichen – „organisatorisch-technischen Regelung" zurücktreten wird. Eine weitere Einschränkung für den Bürger ergibt sich aus der herkömmlichen Tendenz der Rechtsprechung, alles als „politischen Akt" anzusehen, was auswärtige Beziehungen betrifft. Wenn aber diese Schwierigkeiten noch zu überwinden wären, so würde sich ferner die Frage stellen, ob das Verfassungsgericht Regierungsakte insoweit beurteilen darf, als sie „Gesetzeskraft" haben (Art. 134 Abs. 3 der Verfassung), eine Frage, die prozessual zu vertiefen wäre; meines Erachtens muß sie positiv beantwortet werden, wobei im Einzelfall zu prüfen bliebe, ob die Gleichstellung mit dem Gesetz berechtigt wäre, während alle anderen Fälle an die zuständigen Instanzgerichte zu überweisen wären.

Eine von den Bürgern ausgeübte Kontrolle durch Rechtsmittel gegen Akte der Auswärtigen Gewalt mag also in manchen Fällen problematisch sein, wird jedenfalls die Klärung vieler Vorfragen erfordern, möglich bleibt sie grundsätzlich. Doch dies kann die Auswärtige Gewalt nicht wesentlich einschränken, in dem Sinne, in welchem sie Gegenstand dieser Untersuchung war: Niemals ist behauptet worden, daß die Regierungsgewalt in diesem Bereich gesetzesfrei handeln dürfe. Daß sie jedoch sehr weitgehend parlamentsfrei sich bewegen kann, ist schon durch die eingeschränkten Möglichkeiten der Kammern bewiesen, sich gegen das Eindringen der Regierung in den Bereich ihres „Gesetzgebungsmonopols" wirksam zur Wehr zu setzen. Dies ist hier noch verfassungsprozessual zu vertiefen.

b) Das Parlament kann sich als Verfassungsorgan nur im Rahmen einer Organstreitigkeit verteidigen[101] — oder eben in der Ausübung einer „politischen Kontrolle", was aber hier nicht vertieft wird.

Die allgemeine Schranke, welche einem verfassungsprozessualen Vorgehen gezogen ist, liegt in der Notwendigkeit, eine Verletzung der „Kompetenzsphäre" der gesetzgebenden Gewalt nachzuweisen[102]. Die Frage ist jedoch, ob dies sich nicht nur auf Fälle bezieht, in denen die Regierung nicht die Schranken der „normativen Unterordnung" beachtet, welche die Verfassung zieht, indem sie über die Ermächtigungsgrenzen hinweggeht; dann aber wäre hinreichend und auch ausschließlich die normale Verordnungs-Kontrollkompetenz. In den meisten der oben aufgezählten Fälle wird es sich aber um eine „horizontale Ausuferung" handeln, bei der die Regierung nicht Ermächtigungsnormen verletzt, welche vom Gesetzgeber erlassen sind, sondern vom Verfassunggeber (oder vom Verfassungsrecht).

---

[101] Siehe *Pensovecchio Li Bassi,* Il conflitto di attribuzioni, Milano 1957, vor allem 174 ff.

[102] *Pensovecchio* (Fn. 101), 180.

Dies beschränkt erheblich den Kreis der vom Parlament als verletzt zu rügenden Normen: Die Grundrechte, die einzigen präziser gefaßten Verhaltensnormen, legen keine speziellen Zuständigkeiten fest, das Parlament muß sie ebenso achten wie die Regierung. Sie schließen auch nicht die Möglichkeit einer Beschränkung des Parlamentsmonopols durch Spezialbestimmungen aus. Die Spezialnormen über die auswärtige Aktivität (Art. 10 ff.) können also nicht Grundlage für eine Organstreitigkeit sein. Bleibt Art. 80 — doch er wird, als Ausgangspunkt von Organstreitigkeiten, einschränkend ausgelegt, indem er hier allein auf Fälle „notwendiger Ratifizierung" beschränkt bleibt. Die internationalen Vertragsnormen binden nur gewisse Regierungsaktivitäten (nicht „gesetzgeberische", siehe oben 19) und nur wenn sie eine spezielle parlamentarische Zuständigkeit vorsehen in Fällen, die von der Verfassung nicht in diesem Sinne geregelt sind. Das rezipierte internationale Recht (Art. 10 der Verfassung) enthält Kompetenznormen, teilweise stellt es sogar die Grundlage für Exekutivtätigkeit zur Verfügung, es beschränkt diese aber keineswegs in der Weise, daß es gerade parlamentarische Vorrechte sichern wollte[103].

Diese Schranken, welche einem wirksamen Schutz des Parlaments im Rahmen einer Organstreitigkeit entgegenstehen, werden, im auswärtigen Bereich, noch verstärkt dadurch, daß die Exekutive eine mächtige „politische" Waffe einsetzen kann: den Hinweis auf die „diplomatische Unmöglichkeit", einen international bedeutsamen Akt zu kassieren oder gar Sanktionen gegen eine Regierung auszusprechen, welche ihn gesetzt hat.

21. Das Ergebnis dieser Untersuchungen bestätigt also ihre Hauptthese: Im auswärtigen Bereich steht der Regierung eine Gewalt zu, welche weitgehend zwar nicht gesetzesfrei, wohl aber parlamentsfrei tätig werden darf; sie beschränkt damit das herkömmliche Gesetzgebungsmonopol der Kammern auf sporadische und punktuelle Eingriffsmöglichkeiten. In einer Materie, die noch nicht voll auf internationaler Ebene geregelt ist, deshalb wesentlich die Tätigkeit einer wirklichen „Gewalt" begünstigt, kann daher die Fiktion nicht gelten, es gebe eine „autonome Regierungsgewalt" gar nicht. Die herkömmliche Struktur der Gewaltenteilung ist damit tiefgreifend verändert.

Diese Ergebnisse führen noch weiter: Der Abstand der politischen „Natur der Sache" von der normativistischen demokratischen Fiktion, das Überleben, wenn auch in engen Grenzen, einer „wirklichen Gewalt" und der, im Grunde, immer nur punktuelle Charakter des Eingreifens einer wie immer gearteten Spezialgewalt in den politischen Bereich, der ganz wesentlich Regierungsbereich bleibt — all dies ist in der Außenpolitik besonders deutlich, es findet sich aber auch in anderen Räumen wieder, die eindeutig der Innenpolitik zu-

[103] Siehe oben, 19 b, am Ende.

zurechnen sind: in dem „politischen" Ermessen der Regierung und des „Parlaments" als „Regierungsorgan" und in der geradezu notwendigen Ungenauigkeit der Ermächtigungsnormen.

Weitere Studien über diese Fragen sollten Klarheit über den Abstand bringen zwischen dem klassischen Rechtsstaat und gewissen modernen Staatsformen, welche stärker auf Regierungsstrukturen konzentriert sind — Unterschiede, welche schon durch die gemeinsame Notwendigkeit der Teilnahme am internationalen Leben sich abschwächen, was wiederum, wie gezeigt, auf die innerstaatlichen Rechtsordnungen durchschlägt. Selbst wenn dieser Abstand bedeutsam bleibt, sind aber doch wohl in jeder parlamentarischen Ordnung Elemente angelegt, welche organisatorisch eine gewisse Nähe zu autoritären Regierungsformen erkennen lassen.

Hier führt diese Untersuchung am Ende zu einer Einsicht: Die Demokratie ruht auf „materiellen" (Grundrechte) und auf „organisatorischen" Grundlagen (Gewaltenteilung); diese letzteren dürfen nicht überschätzt werden in ihrer Bedeutung für die Freiheitsprägung der Staatsform, sie sind nicht nur in der Praxis, sondern auch in rechtsgrundsätzlicher Sicht zu relativieren. Die heutige Demokratie ist weit mehr durch die unbedingte Verteidigung der Grundrechte bestimmt, und hier ist das Eingreifen der Judikative viel eher mit den unabdingbaren Notwendigkeiten einer starken und autonomen Regierung zu vereinbaren, als durch eine „vollständige" Parlamentskontrolle; diese könnte für sich nur die Fiktion eines „organisatorischen Freiheitsschutzes" ins Feld führen; dieser aber ist heute weitgehend problematisch, jedenfalls im Bereich der Auswärtigen Gewalt der Regierung.

Teil VII

Föderalismus

Föderalismus als kooperativer Dialog*

Vorschläge für eine Effizienzsteigerung der Bundesstaatlichkeit

Der deutsche Föderalismus ist in der Krise. Diese ist in Wahrheit viel schwerer als eine Allgemeinheit annimmt, der sie nur gelegentlich, in Bildungsfragen oder bei Großraumplanung, bewußt wird. Die Bundesstaatlichkeit gehört zum Wesen der deutschen Staatsform. Ihre Krise ist eine solche der Bundesrepublik.

Dem Föderalismus wird immer lauter der Vorwurf gemacht, er schaffe unübersichtliche und ineffiziente Staatlichkeit. Ein neuer kooperativer Föderalismus soll nun volle staatliche Handlungsfähigkeit durch vielfache Formen der Zusammenarbeit von Bund und Ländern sichern.

Doch diese Reformbestrebungen bewegen sich meist gerade in denjenigen Kategorien, welche zur Krise geführt haben: Es wird wieder nur in Aufgaben- und Kompetenzübertragungen gedacht. Die Hochschul- und Bildungssituation wird kritisiert — man schafft eine Gemeinschaftsaufgabe; das Haushaltsgebaren der Länder bereitet gesamtwirtschaftliche Schwierigkeiten — man schaltet es durch Bundesmaßnahmen gleich. Wo immer Aufgaben, angeblich oder wirklich, von den Ländern ineffizient erfüllt werden, ist das Heilmittel die Kompetenzübertragung auf den Bund, mag man sie auch als Kooperation verbrämen.

Vielleicht kommt hier eine Stunde der Entscheidung: Noch einige Schritte auf diesem Weg, und der deutsche Föderalismus ist tot. Schon heute sind die Aufgaben der Länder von geringer gesamtpolitischer und minimaler gesamtwirtschaftlicher Bedeutung. Der Einbruch des Bundes in die Kulturhoheit zerstört die letzte Einheitlichkeit eines Aufgabenbereichs der Länder. Diesen bleibt nur mehr Rahmenausfüllung, also letztlich nachgeordnete Verwaltung. Die Personalhoheit der Gliedstaaten ist politisch gesehen nicht Wahrnehmung einer selbständigen Kompetenz: Sie bleibt ein Annex, eine Modalität der zu erfüllenden Aufgabe, und hebt das Land nicht über die Stufe der Gemeinden hinaus.

Die Verstärkung der Zuständigkeit des *Bundesrates* ist kein Ausgleich für verlorene Landeszuständigkeit — im Gegenteil: Ein Länderorgan im Bund hat nur Sinn, wenn die dort vertretenen Gliedstaaten in sich wirtschaftlich

---

* Erstveröffentlichung in: Zeitschrift für Rechtspolitik 1969, S. 14–16.

lebensfähig und von politischem Selbstgewicht sind. Wer den Bundesrat stärkt und zugleich die Länder schwächt, schafft eine zweite Kammer, die politisch nichts mehr repräsentiert als traditionelle Strukturen, in denen mangels Interesse niemand mehr sich engagiert oder kontrolliert. Dies ist Ständestaat in seiner schlechtesten Form. Eine doppelköpfige Volksvertretung, in der die Gewählten des Volkssouveräns nur mehr den Länderbürokraten gegenüberstehen, ist auf die Dauer unhaltbar und überflüssig. Der Dialog zwischen Volksvertretung und Bürokratie findet bereits im Gesetzgebungsverfahren und in den Ausschüssen des Bundestages statt. Jede weitere Verminderung der Länderaufgaben nimmt dem Bundesrat die Existenzberechtigung.

Die kooperative Reform darf also nicht unter dem Motto stehen: Weniger Aufgaben für die Länder, mehr Macht dem Bundesrat. Die These lautet vielmehr in drei Punkten:

1. *Mehr Aufgaben, mehr Verantwortung für die Länder;*
2. *Grundsätzlich selbständige Aufgabenerfüllung durch die Länder;*
3. *Verfassungsrechtliche Sicherung einer effizienten Erfüllung der Länderaufgaben, gemeinsam durch die Länder und gemeinsam durch Länder und Bund.*

Beginnen wir mit dem letzteren, dem wichtigsten: Der deutsche Föderalismus ist funktionsunfähig, weil die Bundesverfassung weder die *Zusammenarbeit* der Länder untereinander noch deren Kooperation mit dem Bund in irgendeiner Weise dort sicherstellt, wo Landesaufgaben erfüllt werden. Dies, nur dies ist zunächst dringend reformbedürftig. Das Grundgesetz behandelt hier die Länder in anachronistischer Weise als „teilsouveräne Staaten", die in einer Art von Sozialvertrag einzelne, klar umgrenzte Kompetenzen an den Bund abgeben, andere behalten haben. Dies aber ist der Grundfehler: „Bundesstaatlichkeit ist überall" — auch in der Erfüllung von Landesaufgaben. Allgegenwärtig aber ist die *Bundesstaatlichkeit,* nicht die *Bundesgewalt!* Jene verlangt jedoch überall ein besonderes föderales Verfahren, nicht sogleich eine Aufgabenübertragung von Land zu Bund. Ist es nicht ein schwerer Verstoß gegen jede Art von Übermaßverbot, wenn gleich den Ländern Aufgaben entzogen werden, ohne daß versucht wird, die Aufgabenerfüllung durch die Länder von Verfassungs wegen zu koordinieren, zu sichern?

Schon bisher ist die Länderarbeit in Gesetzgebung und Verwaltung (vielleicht gelegentlich mehr als erforderlich) koordiniert worden; Gemeinschaftseinrichtungen bestehen. Was aber fehlt, ist die Institutionalisierung, vielleicht sogar Konstitutionalisierung dieser dritten Ebene zwischen Bund und Ländern. Der Bundesrat kann dies nicht leisten: Er ist ein Bundesorgan und entscheidet mit Mehrheit. Durch die Bundesgesetzgebung ist er bereits stark belastet. Zu schaffen wäre vielmehr ein *Länderrat,* in dem die Kooperation zwischen den Ländern institutionalisiert und ein Partner für den Bund geschaffen würde.

Dieses *„gemeinsame Verfassungsorgan der Länder"* – durch Staatsvertrag zwischen den Ländern oder durch Grundgesetzänderung errichtet – sollte eine ständige Länderkonferenz darstellen. Seine Spezialausschüsse könnten die Funktionen der bisherigen Landesministerkonferenzen übernehmen. Die Zusammenarbeit der Länder würde so systematisiert, sie wäre nicht mehr in verschiedene Teilkooperationen aufgesplittert; jede Form der Zusammenarbeit könnte unter politische Direktiven gestellt werden, die im Rat laufend gegeben und erneuert werden würden. Die Publizität der Länderarbeit würde gesteigert, ihr verfassungspolitisches Gesamtgewicht ins allgemeine Bewußtsein gehoben. Die Kontakte zwischen den Gliedstaaten würden aus der Anonymität technischer Modi vivendi in ein gesamtdeutsches Forum der Öffentlichkeit und Kritik gehoben, auf dem dennoch ein freier Dialog gleichberechtigter Staaten stattfinden könnte.

Ein solcher Länderrat müßte eine Versammlung von Regierungsvertretern bleiben. Ein gemeinsames Parlament der Länder widerspräche der deutschen Tradition und der Grundidee des Föderalismus. Weil aber das Schwergewicht der Landeskompetenz in Verwaltung und Mittelverteilung liegt, könnte das meiste von dem, was die Öffentlichkeit koordiniert wissen will, sogleich durch Verwaltungsvereinbarungen geleistet werden, die dann auch – endlich! – registriert und jedermann zugänglich würden. Neue Kategorien von solchen Abkommen wären – unter Fortentwicklung bisheriger Begrifflichkeit – zu entfalten.

Auch die Koordinierung der Landesgesetzgebung könnte durch den Länderrat entscheidend gefördert werden: Dort beschlossene gemeinsame Gesetzesentwürfe sollten in allen Landesparlamenten vorrangig – vielleicht sogar in einem abgekürzten Gesetzgebungsverfahren – behandelt werden. Zwar dürften die Länderparlamente nicht zu Akklamationsgremien werden. Geschäftsordnungsbestimmungen der Landesparlamente könnten jedoch raschere Behandlung in Ausschüssen und Plenum vorsehen und besondere Fristen hierfür bestimmen. Um die Landesparlamente nicht auszuschließen, könnten Parlamentarier durch Kontaktgremien in die Vorstadien der Beschlußfassung des Länderrates eingeschaltet werden. Mit Sicherheit würde so eine effiziente, koordinierte Gesetzgebung entstehen.

In all dem müßte jedoch die Selbständigkeit der Gliedstaaten durch das Prinzip der *Einstimmigkeit* gewahrt bleiben, in der sich gerade „Staatswille im Dialog" – typisch föderal – bildet. Dies aber führt auch zum entscheidenden Punkt der notwendigen Reform: Die Länder müssen, wenn nötig, zum Dialog, zum Kompromiß, zur Entscheidung gezwungen werden. Dies kann nur der Bund leisten.

Und hierin unterscheidet sich dieser Vorschlag grundlegend von den bisherigen Tendenzen. Soll noch etwas wie ein Föderalismus bleiben, so darf der Bund nicht den Ländern die Entscheidung abnehmen, er muß sie aber zu einer – wie immer gearteten – *Entscheidung zwingen* können.

Vorgesehen könnte etwa werden:

- Die Bundesregierung kann die Einberufung des Länderrates zu jedem Zeitpunkt verlangen; sie muß dort jederzeit gehört werden.
- Die Bundesregierung hat das Initiativrecht im Länderrat: sie kann Anträge zur Beschlußfassung in Verwaltungs- und Gesetzgebungssachen stellen und eigene Entwürfe der Beratung unterbreiten.
- Einigen sich die Länder nicht in einer bestimmten Zeit in einem Punkt, der auf die Initiative der Bundesregierung zurückgeht, so kann die Bundesregierung mehrheitliche Abstimmung im Länderrat entsprechend der Stimmverteilung im Bundesrat verlangen.

Ob diese oder noch schärfere Druckmittel erforderlich sind, müßte noch näher geprüft werden. Der Publizitätseffekt des Länderrats könnte genügen, um sie entbehrlich zu machen. Deshalb dürfte sich das Ländergremium nicht in Expertenkommissionen auflösen, es müßte ein parlamentsähnliches Verfahren entwickelt werden.

Die Länder dürfen vom Bund nicht zu einer bestimmten Dezision, wohl aber zu einer Entscheidung überhaupt gezwungen werden können. Dem Bund obliegt wesentlich die Aufgabe, Katalysator bei der Integration des Länderwillens zu sein. Nach den heutigen politischen Realitäten steht zu erwarten, daß ihm Einberufungs- und Initiativrecht genügen würde, um die Länder „an einen Tisch zu zwingen". Föderalismus wäre insoweit vom Bund erzwungene gemeinsame Entscheidung der Länder.

Die Integration der Ländergewalt in einem Länderrat würde endlich auch dem Bund den permanenten Partner bieten, mit dem er kooperieren kann. In voller Öffentlichkeit würde sich diese Zusammenarbeit abspielen, für die ebenfalls neue Formen abgekürzter Ratifizierung in den Vereinbarungen der Länder entwickelt werden könnten. Weithin könnte aber diese Zusammenarbeit subsidiär bleiben, wenn die Ländergewalt wirksam gebündelt würde.

Ein solcher Mechanismus würde rasch und notwendig zur Gleichschaltung der Länder und damit zur Aufhebung des Föderalismus führen, würde er nicht durch die zwei weiteren oben angedeuteten Reformen gegengewichtet:

Die Länder müssen ihre Aufgaben selbständig erfüllen; neue Aufgaben müssen ihnen erschlossen werden.

Die *Selbständigkeit in der Aufgabenerfüllung* verlangt zwingend eine grundlegende Reform des „Systems der Töpfe", aus denen der Bund zur Zeit – von der Landwirtschaft bis zur Kulturpolitik – die Erfüllung unstreitiger Länderaufgaben subventioniert. Dieser Weg, der verfassungsrechtlich bedenklich ist und sich extra Constitutionem entwickelt hat, führt mit Sicherheit an das Grab des Föderalismus, der dadurch schon jetzt unglaubwürdig und handlungsunfähig wird. Als Geldgeber ist der Bund schlechthin Herr der Länder; in einem divide et impera kann er jederzeit ihre gemeinsame Front aufbrechen und einen Dissens schaffen, der dann in der Öffentlichkeit als Ineffizienz des Föderalismus gedeutet wird. Mehr noch: Aus der Fondsverwaltung durch den Bund wird im Spiralvorgang auf die Notwendigkeit geschlossen, den Ländern noch mehr an Kompetenzen zu nehmen — eben weil man es ihnen vorher nicht erlaubt hat, diese wahrzunehmen! Hier hilft nur eines: Verwaltung der Fonds durch Gemeinschaftsentscheidungen des Länderrats, wenn nicht – von vorneherein – Globalaufteilung auf die Länder. Der Einfluß des Bundes muß durch seine Rechte gegenüber dem Länderrat gesichert werden.

Nicht zuletzt aber müssen den Ländern neue, attraktive *Aufgaben* erschlossen werden — m.a.W. sie müssen wieder in den wirtschaftlichen Bereich eigenverantwortlich eingeschaltet werden. Geschieht dies nicht, so werden sie mit Sicherheit politisch veröden, alle anderen Reformen bleiben sinnlos.

Hier bietet sich wirtschaftliche Regionalplanung und regionale Wirtschaftspolitik an in Form einer neuartigen Rahmenausfüllungskompetenz für die Länder. Einzelheiten bedürfen sicher vertiefter, vor allem nationalökonomischer Untersuchung. Daß aber – in irgendeiner Weise – etwas Derartiges geschieht, ist eine Lebensfrage für den Föderalismus. Wenn die Länder nicht in neuer Form – und zwar als solche – an der Wirtschaftspolitik beteiligt werden, so sind sie reif zur Aufhebung. Für Volksschulpolitik und Polizeiorganisation allein braucht man nicht Ministerpräsidenten, Kabinette, Landtage, Staatswappen.

Und ein Letztes kann hier nur angedeutet werden: Werden nicht lebensfähige Länder geschaffen, wird nicht eine gewisse Gleichgewichtigkeit hergestellt und die Zahl der Länder auf die Dauer reduziert, so wird jeder Dialog in ungleichem Polylog zerflattern.

Die Demokratie ist eine Regierungsform des Kompromisses und der kleinen Schritte. Doch dies genügt nicht mehr gegenüber einem Föderalismus, der zum „kranken Mann" des deutschen Staatsrechts geworden ist. Hier bleibt nur mehr die Wahl zwischen zwei Wegen: kleine Reformen zur weiteren Aushöhlung der föderalen Struktur — oder eine mutige *Verfassungsreform,* welche die Integration der Länder steigert, ihnen aber im selben Maße auch mehr an Eigenverantwortlichkeit gibt. Wer die Aushöhlung zuläßt, muß wissen, daß sich im verlassenen Verfassungsgebäude, in entscheidungsschwache Räume der Staatsgewalt, alsbald deren Feinde, Revolution und Anarchie einnisten werden.

Noch ist es Zeit. Der demokratische Rechtsstaat verzichtet auf die durchgreifende Befehlseffizienz autoritärer Regime. Sein Föderalismus ist ein Bekenntnis zu einer Staatsgewalt, die im Dialog sich bildet und durchsetzt, ein Bekenntnis auch zu einer gewissen Uneinheitlichkeit der Dezision. Dies alles muß nicht durch das Machtwort der Zentralinstanz abgelöst werden. Diese muß eines nur mehr und ganz anders vermögen: sie muß die Länder vor die Entscheidung stellen, in die Entscheidung drängen können.

Für echten Föderalismus ist das Beste nicht ein zentraler Befehl, wohl aber – wie für jede Staatsform – ist das Beste die klare Entscheidung. Daß sie weithin in koordinierendem Dialog falle, bleibt noch immer föderale Hoffnung.

Schwächung der Landesparlamente durch grundgesetzlichen Föderalismus*

Vertikale gegen horizontale Gewaltenteilung

Der deutsche Föderalismus verschiebt die Balance von Bund und Ländern zuungunsten der Gliedstaaten. Manche sehen ihn schon im Zentralismus aufgehen, andere begrüßen eine Zentralisierung, in der sich eine Grundtendenz neuerer deutscher Staatlichkeit ausdrücke, die nur vorübergehend von den Besatzungsmächten unterbrochen worden sei.

Die viel erörterten Gründe[1] für den Niedergang der Eigenstaatlichkeit der Länder liegen sowohl in der wirtschaftlichen Notwendigkeit der Großraumordnung, in der Sozialstaatlichkeit[2] oder im marktwirtschaftlichen System[3], als auch in der teilweise dadurch bedingten zunehmenden politischen Unterentwicklung der Länder: parteipolitische Gleichschaltung mit der Bundespolitik[4] und Verödung des politischen Lebens[5] in den Ländern, wo keine bedeutenden politischen Entscheidungen mehr fallen, weil – oder nachdem – die politischen Spitzenkräfte nach Bonn abwandern.

Ein gewichtiger Faktor dieser Entwicklung ist aber bisher, soweit ersichtlich, noch nicht näher untersucht worden: Die Bedeutung des geltenden Bundesverfassungsrechts, vor allem der föderalen Ordnung, für die Aushöhlung der Eigenstaatlichkeit der Länder durch Verschiebung der Gewaltenteilung *innerhalb* der Länder, insbesondere durch Schwächung der Länderparlamente.

Eine Untersuchung der verfassungsrechtlichen Insuffizienz der Landesgewalt sollte „die Länder" nicht immer als Einheit oder als homogenen Typ sehen und den Bund den Ländern oder einzelnen von ihnen gegenüberstellen[6]. Die der Bundesrepublik Deutschland eigentümliche Verschränkung von

---

* Erstveröffentlichung in: Die Öffentliche Verwaltung 1968, S. 389–396.

[1] Vgl. dazu allg. *Lerche*, P., VVdStL 21 (1964), S. 70 f. m. Nachw.

[2] Vgl. *Hesse*, K., Der unitarische Bundesstaat, Karlsruhe 1962, S. 13/4.

[3] Zu dessen Bedeutung *Weber*, W., Spannungen u. Kräfte im westdeutschen Verfassungssystem, 2. Aufl. Stuttg. 1958, S. 87.

[4] Vgl. dazu den Überblick bei *Ebke*, K., Bundesstaat und Gewaltenteilung, Diss. Göttingen 1965, S. 111 f.

[5] Näher dazu *Weber* (Fn. 3), S. 65 f. (insbes. S. 72, 75).

[6] Solche Betrachtungsweise sieht methodisch den Föderalismus einseitig vom Bunde her, was u.a. von *Kaiser* und *Scheuner* mit Recht gerügt wird (VVdStL 21 [1964], S. 121/2).

Bundes- und Landesgewalt verlangt eine Untersuchung, wie sich der Rückgang der Eigenstaatlichkeit der Länder bei deren einzelnen Pouvoirs zeigt, wie daraus eine Schwächung der gesamten Landesgewalt erwächst. Am meisten sind hier die Landesparlamente betroffen.

Ausgangspunkt dieser Untersuchung ist die These: Das Grundgesetz geht zwar von einer Gewaltenteilung in den Ländern aus. Seine Bundesstaatlichkeit schwächt jedoch entscheidend und einseitig die Landtage und hebt dadurch weithin das Gleichgewicht der Gewalten in den Ländern rechtlich und praktisch auf. Dadurch wird die demokratische Staatlichkeit der Länder getroffen und das föderalistische Gleichgewicht zwischen Bund und Ländern als grundsätzlich gleichartigen Staatsverbänden beeinträchtigt. Hierbei werden zunächst Regierung und Verwaltung, Bürokratie und Kabinett der Länder als einheitliche „Exekutive" gesehen und nur im besonderen Zusammenhang gesondert betrachtet.

I. Die Homogenität von Grundgesetz und Landesverfassungen

Die Verfassungen der deutschen Länder gehen alle von dem Prinzip der Gewaltenteilung aus. Nach Art. 28 Abs. 1 GG muß ihre verfassungsmäßige Ordnung den Grundsätzen des republikanischen, demokratischen und sozialen Rechtsstaates im Sinne des Grundgesetzes entsprechen. Diese Homogenitätsverpflichtung für die Länder bezieht sich auch auf den Grundsatz der Gewaltenteilung[7]. Mögen gewisse Abweichungen zulässig sein[8], mag etwa das Verhältnis Regierung – Parlament im einzelnen anders als im Grundgesetz geregelt werden können[9], oder gar die Einführung eines präsidentiellen Regimes möglich sein[10] — die Länder müssen den Verfassungsgrundsatz der Gewaltenteilung prinzipiell im Sinne eben des Grundgesetzes in ihren Verfassungen verwirklichen.

Es mag dahinstehen, ob das Homogenitätsgebot so zu verstehen ist, daß jedes Land eine „Bundesrepublik en miniature" sein muß. Wenn sich ein Föderalismus, wenn sich die Existenz von Ländern zwischen den hochentwikkelten Kommunen und dem Bund überhaupt rechtfertigen soll, so kann dies

---

[7] Daß nicht nur Republik, Demokratie und sozialer Rechtsstaat in den Ländern, sondern daß gerade auch Gewaltenteilung bestehen muß, zeigt besonders Art. 28 Abs. 1 S. 2 GG, ganz abgesehen davon, daß das grundgesetzliche Verständnis von Demokratie und Rechtsstaatlichkeit kaum ohne Gewaltenteilung vorstellbar ist.

[8] Im einzelnen sind diese Fragen noch nicht geklärt; vgl. dazu *Stern*, K., BK (Zweitbearb.), Hamburg 1964, Art. 28 Rdnr. 27; *Partsch*, K.J., JZ 1960, S. 23/4.

[9] *Stern* (Fn. 8), Art. 28 Rdnr. 33.

[10] *Partsch* (Fn. 8), der aber gerade die Notwendigkeit der Beachtung der Gewaltenteilung unterstreicht.

nur in der Eigenstaatlichkeit der Länder geschehen. Dort aber müssen, soweit dies mit dem Bundesstaat vereinbar ist, den Gliedern gerade gewisse Eigenschaften der „Staatlichkeit“ zukommen[11]. Legitime Staatlichkeit kann jedoch nach dem Grundgesetz nicht mehr ohne jene Gewaltenteilung gedacht werden, deren Prinzip zu den unabänderlichen Grundlagen der grundgesetzlichen Ordnung gehört (Art. 79 Abs. 3 GG). Man mag also fragen können, ob gerade das parlamentarische Regierungssystem den politischen Bedürfnissen der Länder entspricht[12] — irgendeine Form von echtem Gleichgewicht zwischen Legislative und Exekutive gehört auch für die Länder zum föderalen Minimumstandard ihrer Verfassungen, solange noch die Gliedstaaten Mitträger deutscher Staatlichkeit und nicht nur deutscher Verwaltung sind, kurz: solange es einen deutschen Föderalismus gibt.

Und nun zeigt sich erst der paradoxe Charakter des Problems: Ist es nicht dieselbe Bundesverfassung, welche Gewaltenteilung in den Ländern fordert — und sie zugleich schwächt, ja zerstört? Das Grundgesetz greift kaum an einer Stelle unmittelbar in die Gewaltenbalance innerhalb der Länder ein. Seine Ordnung, insbesondere die Art, wie die Mitwirkung der Länder an der Bildung des Bundeswillens geregelt ist, führt jedoch staatsrechtlich und politisch zu unverhältnismäßiger Stärkung der Landesexekutive. Bringt damit gerade der Föderalismus die Landesstaatlichkeit in Gefahr?

II. Der Bundesrat als Stärkung der Länderexekutive

Die Regierungen, nicht aber die Landtage der Länder, sind im Bundesrat vertreten. Sie wirken dort bei Entscheidungen mit, die an sich schon von einem Gewicht sind, das sich mit der Bedeutung landesparlamentarischer Tätigkeit nicht vergleichen läßt. Darüber hinaus beeinflussen die vereinigten Landesregierungen im Bundesrat direkt und mittelbar die Aktionsmöglichkeiten der Landesparlamente und setzen ihnen Schranken.

a) Das Schwergewicht der Gesetzgebung liegt im System des deutschen Föderalismus seit langem schon[13] beim Bunde[14]. Die Gesetzgebungszuständigkeit der Landesparlamente ist, von wenigen Ausnahmen abgesehen, auf

[11] Dies klingt an bei *Fuß*, H. W., VVdStL 21 (1964), S. 110; vgl. auch *Zacher*, H., ebd., S. 130; *Imboden*, M., ebd., S. 137.

[12] So *Hesse* (Fn. 2), im Anschl. an *Hennis*, W., Gesellschaft - Staat - Erziehung I, S. 217.

[13] Vgl. *Forsthoff*, E., Die öffentliche Körperschaft im Bundesstaat, Tübingen 1931, S. 34.

[14] Dazu u.a. näher *Weber* (Fn. 3), S. 75 f., 87; *Hesse* (Fn. 2), S. 13 f.; *Ebke* (Fn. 4), S. 130/1; *Henle*, W., Die Förderung von Landesaufgaben aus Bundesmitteln, in: Gemeinschaftsaufgaben zwischen Bund, Ländern und Gemeinden, Schriftenreihe d. Hochschule Speyer, Berlin 1961, S. 63 (73/4).

politisch wenig bedeutsame oder auf Rahmenausfüllungsgesetzgebung abgedrängt. Die Fixierung von Gemeinschaftsaufgaben von Bund und Ländern wird die Entmachtung der Landeslegislative verschärfen.

In derselben Zeit, wenn auch nicht ganz in gleichem Maße, hat sich der Einfluß des Bundesrates auf die Bundesgesetzgebung verstärkt[15], was sich vor allem im Verhältnis von Zustimmungsgesetzen zu Einspruchsgesetzen zeigt. Die vereinigten Landesregierungen treten damit z.T. an die Stelle der Landesparlamente. Ihre Entscheidung setzt vom Bunde her gesetzlich denen Grenzen, die ihnen im Lande das Gleichgewicht halten sollen. Die Landesregierungen beschränken durch Bundesgesetze die Landtage, die sie wiederum durch Gesetze binden! Durch Ausübung der Gesetzesinitiative[16] können die Landesregierungen jederzeit das Gesetzgebungsverfahren des Bundes in Gang bringen (Art. 76 Abs. 1 GG). Das Vordringen des Bundes bei der konkurrierenden Gesetzgebung mag mehrfach gerade deshalb als unbedenklich für den Föderalismus erscheinen, weil das Gegengewicht der „Länder im Bundesrat" wachse — nur: es sind nicht überall dieselben Länder, Gewinner sind die Landesregierungen, Verlierer die Landesparlamente.

b) Die vielfachen Mitwirkungsrechte des Bundesrats bei der Gesetzgebung zum Haushaltsrecht, beim Finanzausgleich sowie bei der Bildung von Bundesfonds, aus denen sodann Landesaufgaben gefördert werden[17], zeigen noch weitere Aspekte der Landesregierungsgewalt: Einerseits wird hier maßgeblicher Einfluß auf das Machtzentrum des Bundes ausgeübt, auf jene Finanzen, welche zugleich die Bundesgewalt tragen und sie ständig, praeter oder contra Constitutionem, gegenüber der Landesgewalt erweitern; zum anderen und vor allem aber wird dadurch unmittelbar die Handlungsmöglichkeit der Landesparlamente eingeengt. Ohne den Finanzausgleich wären viele Länder handlungsunfähig. Ohne Hilfe aus „Bundestöpfen" kann in keinem Lande mehr echte „Politik" auf Sektoren betrieben werden[17a], die nach der föderalistischen Kompetenzverteilung zum Länderbereich gehören. Beispiele sind hier die Kultur- und Agrarpolitik. Die Landtage sind insoweit in ihren Entscheidungen und in ihren Direktiven an die Landesregierungen weithin von ebendem abhängig, was diese Regierungen im Bundesrat entscheiden. Wiederum sind sie nicht nur durch den Bund entmachtet, sondern zum Teil erstaunlicherweise Entscheidungsinstanzen ausgeliefert, die sie nach der Landesverfassung kontrollieren sollen.

---

[15] Zu den Einzelheiten vgl. für viele *Ebke* (Fn. 4), S. 85 f.; *Herzog*, R., JuS 1967, S. 193 (196); *Hesse* (Fn. 2), S. 22.

[16] Die sich bisher allerdings nicht als bedeutsam erwiesen hat. Nachw. b. *Ebke* (Fn. 4), S. 91/2.

[17] Dazu näher *Henle* (Fn. 14).

[17a] Vgl. dazu *Herzog* (Fn. 15), S. 193 (197).

c) Der Einfluß des Bundesrates auf die *Verwaltung des Bundes* (Art. 83 f. GG) und die *Ausführung* der Bundesgesetze scheint zunächst nur Einbrüche in den Bereich der Landesexekutive wieder auszugleichen, nicht etwa eine Stärkung derselben auf Kosten der Landesparlamente zu bewirken. Doch auch dies allein wäre bereits eine unverhältnismäßige Stärkung der Landesexekutive: Den Landesparlamenten steht eine ähnliche Kompensation für die Zurückdrängung ihres Einflusses durch die Bundesgesetzgebung nicht zu. Die Landesexekutive ist, jedenfalls hinsichtlich des Gesetzesvollzugs, nach dem Grundgesetz eine wesentlich intakte Gewalt geblieben[18], während Bundesrecht Landesrecht bricht. Auf vieles, was als Schranke rechtlicher Art (Bundesverordnungen brechen Landesgesetzesrecht) oder tatsächlich (Verwaltung von Bundesmitteln als Schaffung von Voraussetzungen für eine Gesetzgebungspolitik des Landes) den Landesparlamenten Halt gebietet, haben die Landesregierungen im Bundesrat bestimmenden Einfluß. Wieder droht die Kräftebalance im Lande von der Exekutive aus der höheren Bundesebene überspielt zu werden.

Der Katalog solcher Stärkung der Landesexekutive durch den Bundesrat könnte verlängert werden: Der Präsident des Bundesrates vertritt das oberste Organ des Bundes (Art. 57 GG), die Länder gewinnen über den Bundesrat, wiederum qua Exekutive, bestimmenden Einfluß auf die völkerrechtlichen Beziehungen des Gesamtstaates (Art. 59 GG) usw. Im Bundesrat läßt sich eine „gemeinsame Front der Länder", eine „Länderposition" schaffen, die als solche erst den Ländern wirkliches Gewicht schafft — doch all dies immer wieder nur durch die Landesregierungen.

Im Bundesrat erlangen die Länder erst nennenswertes Gewicht — durch ihre Regierungen. Läßt sich demgegenüber noch eine Gewaltenbalance halten? Als unantastbar sichert Art. 79 Abs. 3 GG den Ländern nur jenes Recht auf Mitwirkung an der Gesetzgebung zu, das die Landesregierungen ausüben. Soll dies bedeuten, daß es nur Regierungen, nicht Landtage in den Gliedstaaten unbedingt geben muß? Entspricht dies nicht heute schon den politischen Gewichtungen?

Was die Stärkung der Landesregierungen im Bundesrat anlangt, so könnten die Landtage dem theoretisch sicher durch Instruktion der Bundesratsstimmen im Wege parlamentarischer Debatten begegnen, ja die Regierung wegen ihrer Haltung im Bundesrat stürzen. Sie haben dies bisher nur selten versucht, und es läßt sich hier praktisch ein Gegengewicht nicht bilden. Die Landtage sind auf Bundesebene erst recht uninformierte Gewalten, das Zitierrecht gegenüber der Bundesbürokratie (Art. 53 GG) steht ihnen nicht

---

[18] Vgl. dazu *Weber* (Fn. 3), S. 72, 80, 82; *Hesse* (Fn. 2), S. 23; zur Zurückdrängung der Länderverwaltung durch die Bundesverwaltung vgl. *Ebke* (Fn. 4), S. 132 (unter Hinw. auf *Köttgen*, A., JöR 3, S. 108; 11, S. 226).

zu, mit dessen Hilfe oder durch dessen Fernwirkung die Landesregierungen im Bundesrat gelegentlich Bundes- und Landesinformationen kumulieren können.

Nun darf freilich nicht der Bundesrat, die vereinigten Landesregierungen, mit den einzelnen Länderexekutiven gleichgesetzt werden. Wäre dies der Fall, so wäre schon jetzt das Übergewicht der Regierungen im Lande unerträglich. Dennoch: Angesichts der überschaubaren Zahl der Stimmen, der laufenden, engen Zusammenarbeit im Bundesrat, der oft gleichgerichteten Interessen der Landesregierungen und der gelegentlich leicht zu bildenden Sperrminoritäten, fällt auf die einzelnen Regierungen viel von jener Macht, die der Bundesrat als Ganzes ausübt. Gerade infolge ihrer Mitgliedstellung im Bundesrat kann die Landesregierung jederzeit dem Landtag mit der im einzelnen kaum nachprüfbaren Behauptung entgegentreten, diese oder jene Entscheidung oder Initiative gefährde ihre Stellung im Bundesrat, oder es müsse dessen Stellungnahme abgewartet werden. Der Bundesrat wird damit zum wesentlichen Forum eines völkerrechtsähnlichen Außenbereichs, von dem aus die Landesregierungen – als virtuelle oder aktuelle Superlegislative – unkontrolliert ihre Legislative lähmen können.

III. Administrative Zusammenarbeit von Bundes- und Landesexekutive; Ausführung von Bundesgesetzen durch die Länder

a) Auch außerhalb des Bundesrates arbeiten die Länderexekutiven in vielfacher Weise mit den Organen des Bundes zusammen. Die Länderparlamente haben weder entsprechende Möglichkeiten, noch können sie diese Tätigkeit der Landesregierungen wirksam kontrollieren. Hier mögen einige Beispiele genügen.

Auf Grund des Lindauer Abkommens darf der Bund Kulturabkommen mit den Ländern schließen, muß mit diesen jedoch schon in den Vorstadien des Vertragsschlusses engen Kontakt halten. Die hierzu geschaffene gemischte Vertragskommission von Bund und Ländern wird von den Landesregierungen instruiert.

Die Landesregierungen arbeiten auch sonst in vielen Beziehungen eng mit der Bundesregierung zusammen — sei es in gemischten Kommissionen oder Verwaltungsräten, im Rahmen einer Mischverwaltung oder bei jenen unzähligen Kontakten in den Vorstadien von Gesetz- oder Verordnunggebung, die auf Minister-, Abteilungsleiter- oder Referentenebene stattfinden. Die Länderexekutive steht wesentlich in ständiger Kooperation mit der Bundesgewalt in all ihren Ausprägungen; sie ist deren Einfluß ausgesetzt, hat aber zugleich an ihrer Information, ihrer Sachkunde, ihrer politischen Gewalt wirksamen

Anteil. In der Amtshilfe (Art. 35 GG) und in der Anforderung von Polizeikräften (Art. 91 Abs. 1 GG) hat das Grundgesetz selbst ein Übergreifen in fremde Regierungsgewalt geregelt, während die Legislative der Länder territorial begrenzt bleibt.

Im Rahmen künftiger Gemeinschaftsaufgaben von Bund und Ländern wird sich die Verzahnung von Bundes- und Landesexekutive verstärken, welche personell durch den Wechsel der Beamten von Landes- zu Bundesverwaltungen und umgekehrt ebenfalls gefördert wird. In all diesen Bereichen aber ist der natürliche Gesprächspartner der Landesregierung die entsprechende Bundesinstanz, nicht das Landesparlament.

Es wird vielleicht eines Tages fraglich werden, ob hinsichtlich all dieser Komplexe eine politische Verantwortung der Landesregierung vor dem Landtag noch berechtigt ist, weil die Landesexekutive hier teilweise für fremdes Verschulden einstehen müßte. Schon heute aber wird das politische Kontrollrecht der Landtage gegenüber einer wahrhaft doppelköpfigen Gewalt illusorisch, welche die Legitimation vom Lande, die Aufgaben aber vom Bunde empfängt.

b) In größtem Umfang zeichnet sich dies bei der Ausführung der Bundesgesetze durch die Länder ab, welche heute schon in vielen Bereichen der Exekutive wichtiger ist als die Ausführung von Landesgesetzen. Hier erhebt sich sogar ein Grundproblem parlamentarischer Verantwortung: Diese hat nur Sinn, wo die Volksvertretung die Befolgung ihres eigenen Willens, die Ausführung und Ausfüllung ihrer eigenen Willensäußerungen durch die Exekutive überwacht. Dies geschieht aber nicht, soweit die Landesregierung Bundesrecht ausführt, während der Bundestag wiederum die Landesregierung nicht stürzen, sondern nur über die Bundesregierung Bundesaufsicht und Bundeszwang einsetzen kann. Doch diese umständlichen und allzu formellen Institutionen mit ihrer starken rechtlichen Verfestigung bilden in keiner Weise einen wirksamen Ersatz für die Lücke in der ganz andersartigen parlamentarischen Verantwortung. Schon deshalb also bietet diese heute keinen durchgehenden Freiheitsschutz für den Bürger. Dagegen kann nicht eingewendet werden, die Landesparlamente seien eben die berufenen Kontrollinstanzen für alle Regierungstätigkeit im Lande: Kontrollmöglichkeit setzt Information voraus. Die eigentliche Information liegt hier jedoch im Bundesbereich, vor allem bei jener Bundesbürokratie, der gegenüber den Landtagen kein Zitierrecht zusteht. Politische Verantwortung für den Gesetzesvollzug hat vollen Sinn nur dort, wo die Kontrollinstanz in der Überprüfung der Verwaltung zugleich eine Art von authentischer Interpretation ihres eigenen Normwillens leistet, was den Landtagen gegenüber Normen des Bundes nicht möglich ist.

Es fragt sich überhaupt, ob eine volle politische Verantwortung für einen Gesetzesvollzug auf einer anderen Ebene getragen werden kann: Hier wird die letzte Einheit von Normsetzung und Normkonkretisierung zerrissen, die darin bewahrt werden sollte, daß ein und dasselbe Parlament Normen setzt und deren Ausführung überwacht. Die Verantwortlichkeit der Landesregierungen könnte nur für den reinen Gesetzesvollzug bestehen, nicht einmal mehr für die wichtige Verordnunggebung, die häufig ebenfalls beim Bunde liegt, in der sich aber gerade jene „Politik" der Verwaltung ausdrückt, deren Korrelat volle politische Verantwortlichkeit sein mag. Politische Verantwortlichkeit kann ferner von einer Landesregierung nur verlangt werden, wenn sie schon im Gesetzgebungsverfahren durch Initiative, Stellungnahme im Parlament, Mitarbeit in den Ausschüssen ihre Position zur Geltung bringen kann — all dies fehlt bei einer Verantwortlichkeit für Bundesgesetze. Wenn nur reiner Verwaltungsvollzug kontrolliert werden soll, so gibt es wirksame, vor allem verwaltungsgerichtliche Mittel. Politische Globalverantwortung einer Regierung setzt hier voraus, daß sich in der Ausführung der Gesetze zugleich ein Stück echter Regierungspolitik zeigen kann — dies aber ist bei der Ausführung von Bundesgesetzen durch die Landesexekutive nicht der Fall. Es trifft auch nicht zu, daß politische Verantwortlichkeit für den Vollzug höherrangiger Normen der deutschen Rechtsordnung generell geläufig ist: Die politische Verantwortlichkeit der Kommunalexekutive etwa ist mit der parlamentarischen Ministerverantwortlichkeit nicht vergleichbar.

All dies zeigt, daß die Verantwortlichkeit der Landesregierung gegenüber dem Landesparlament für weite Bereiche der Exekutivtätigkeit im Lande gewissen rechtlichen Bedenken unterliegt, die noch vertieft geprüft werden müßten. Mit Sicherheit aber stehen der parlamentarischen Kontrolle weithin unüberwindliche praktische und politische Schwierigkeiten entgegen. Praktisch lassen sich die Akte der Landesregierung kaum säuberlich in Bereiche trennen, wo sie für den Bund, für das Land im Bundesverband und für das Land im Lande tätig wird. Werden aber vom Landesparlament Argumente gegen die Landesregierung aus dem Bundesbereich herabgeholt und der politischen Kontrolle im Lande zugrunde gelegt – was in steigendem Maße geschieht – so ist auch die Ebene der Landesverfassung nur abgeleiteter Bundesbereich.

Jede Landesregierung ist heute weithin Bundesstatthalter im Lande — dieses harte Wort mag unliebsame Erinnerungen wecken, es entspricht der politischen Realität, ja dem geltenden Verfassungsrecht. Einem Statthalter gegenüber aber versagt die parlamentarische Verantwortlichkeit und mit dieser die Gewaltenteilung in weiten Bereichen. Im Bunde ist die Landesexekutive unverantwortlich als Bote der „ganz anderen" Landesgewalt, im Lande weithin als Arm des Bundes. Wo liegt noch etwas von der „gleichen Ebene", auf der allein horizontale Gewaltenteilung im Lande möglich ist?

IV. „Dritte Ebene" und Gewaltenteilung im Lande

Die „dritte Ebene" zwischen Bund und Ländern, von der koordinierten Landesgesetzgebung, Landesverwaltung, Landespolitik bis zur Schaffung gemeinsamer Verwaltungseinrichtungen der Länder, steigert weiter die Unabhängigkeit der Landesregierungen gegenüber den Landesparlamenten und beeinträchtigt dadurch eine ausgewogene horizontale Gewaltenteilung in den Gliedstaaten.

Die zunehmende Koordinierung der Landesgesetzgebung und -verwaltung muß hier im einzelnen nicht dargestellt werden[19]. Die Entscheidungsfreiheit der Landesparlamente wird aber dadurch in verschiedener Weise eingeengt.

- Abmachungen der Ressortministerkonferenzen über die Koordinierung von Gesetzesentwürfen sollen möglichst nicht mehr geändert werden[20], koordinierte Texte sind schlechthin tabu für das Parlament[21]. Die hier entscheidenden Vor-Verhandlungen, ja die Ausarbeitung der Gesetzestexte[22], machen die Landtage zu Ratifizierungsorganen und verwehren ihnen eigene Gesetzgebungspolitik.
- Die zunehmende Koordinierung in der Verordnunggebung, ja im Erlaß von Verwaltungsrichtlinien entzieht einen großen Teil der Verwaltungstätigkeit der Exekutive praktisch und politisch der Ministerverantwortlichkeit im Lande, der Kontrolle durch den Landtag. Überall dort, wo sich mehrere Landesregierungen auf eine gemeinsame Verwaltungspolitik geeinigt haben oder dabei sind, eine solche zu planen, kann Rügen und Anfragen in einem der Landtage leicht mit dem Hinweis darauf begegnet werden, das Land dürfe sich nicht „isolieren". Und was ist heute nicht schon irgendwie auf Länderebene koordiniert?
- Ähnliches gilt außerhalb von Landesgesetzgebung und Landesverwaltung selbst in den (im Lande an sich schon weithin gebundenen) Sektoren der selbständigen, gestaltenden Regierungspolitik — von der Haushaltsplanung bis zum Verhalten des Landes gegenüber dem Bund oder im Bundesrat. Auch hier kann die Landesregierung all den Rügen der Volksvertreter, die nicht rechtliche Fragen des Gesetzesvollzugs betreffen, unschwer mit Hinweis auf die Erforderlichkeit der Koordinierung begegnen.

---

[19] Vgl. dazu *Pfeiffer*, G., NJW 1962, S. 565 (566 f.); *Kölble*, J., Gemeinschaftsaufgaben zwischen Bund und Ländern und zwischen den Ländern, Schriftenreihe der Hochschule Speyer, S. 17; *Ebke* (Fn. 4), S. 136 f. m. Nachw.

[20] *Ebke* (Fn. 4), S. 139 unter Hinw. auf *Weber*, W., VVdStL 19 (1961), S. 159.

[21] *Hesse* (Fn. 2), S. 20.

[22] Dazu *Pfeiffer* (Fn. 19), S. 567.

– Bei der Schaffung gemeinsamer Ländereinrichtungen steht schon die Errichtung durch Gesetz, die Ratifizierung in den Landtagen, unter einem ne varietur — die Landtage haben praktisch kaum je die Möglichkeit einer Ablehnung. Die nähere Ausgestaltung und die laufende Verwaltung wird vollständig von der Exekutive des Landes beherrscht, Kontrollversuche des Landtages erschöpfen sich in Hinweisen für mögliche Verhaltensweisen, welche die Landesregierung aber stets zunächst mit ihren Partnern abstimmen muß.

Nimmt man all diese Bereiche mit ihren möglichen Fernwirkungen zusammen, berücksichtigt man, daß sie gerade den an sich schon nicht allzu großen Sektor selbständiger Landespolitik zentral betreffen und daß sie sich in nächster Zukunft noch erheblich ausweiten werden, so ist die Frage berechtigt, ob es überhaupt noch wichtige Fragen gibt, in denen die Landtage selbständige Entscheidungen fällen, in denen sie die Landesexekutive wirksam leiten können. Noch zweifelhafter ist es, ob diese Komplexe so groß sind, daß sich dort eine echte „Politik" entwickeln, ob so gewichtige Fragen entschieden werden können, daß die globale parlamentarische Verantwortung überhaupt das adäquate Mittel für die Durchsetzung solcher parlamentarischer Direktion ist. Und hier geht es auch nicht nur um eine weitere Zurückdrängung der parlamentarischen Kontrolle gegenüber einer „eingeschobenen staatenbündischen Schicht"[23] — das Landesparlament hat schlechthin kaum mehr echten Entscheidungsraum, es wird in seiner eigenen Gewichtigkeit in einem Maße geschwächt, das nicht ohne Auswirkung auf die horizontale Gewaltenteilung bleiben kann. Wieder wird diese sowohl durch geringere parlamentarische Kontroll- als auch durch reduzierte parlamentarische Entscheidungsmöglichkeit verschoben. Und wiederum ist es nicht eine wildwuchernde, mißbräuchliche Länderpraxis, die dahin geführt hat, sondern die Struktur der grundgesetzlichen Ordnung, in der ein nichtkoordinierter Föderalismus keine Chance mehr hat.

Diese Koordinierung auf dritter Ebene mag also aus der Sicht der Gewalteilung im *Bunde* noch erträglich sein[24] — in den Ländern wird die Gewaltenteilung hier vom grundgesetzlichen Föderalismus verändert.

Zusammenfassend läßt sich für die Fragen II–IV feststellen: Die Landesregierungen brechen aus der parlamentarischen Kontrolle in den Ländern weitgehend in eine Bundesorganstellung (oben II) oder in die Kooperation mit dem Bund (III) oder mit anderen Ländern (IV) aus. Aus der Sicht des Landes üben sie daher in größtem Umfang eine Art von „auswärtiger Gewalt" in dem weiten Sinn des Wortes aus, in welchem auch der Ministerprä-

---

[23] Auf diese Gefahr macht bereits aufmerksam *Bachof*, O., VVdStL 21 (1964), S. 121.

[24] Sehr weitgehend allerdings hier *Ebke* (Fn. 4).

sident das „Land nach außen vertritt". Wenn schon die Auswärtige Gewalt im Bunde aus der Sicht der Gewaltenteilung bedenkliche Freiheit genießt[25], so gilt dies in unverhältnismäßig höherem Maße von der Landesexekutive, selbst wenn diese völkerrechtliche auswärtige Gewalt nur selten ausübt. Jede Verstärkung der Länderaktivität im Bereich von Art. 32 GG[26] wirkt sich natürlich ähnlich hinsichtlich der Gewaltenteilung aus wie die auswärtige Tätigkeit der Bundesregierung, z.B. eine etwaige unmittelbare Vertretung der Länder in den europäischen Gremien.

Die Landesregierung ist heute eigentlich keine reine Landesgewalt mehr, sondern eine *Zwischengewalt* zwischen dem Land, dem Bund und anderen Ländern. Sie ist eine Art von *Außengewalt* gegenüber der Volksvertretung in den Ländern. Diese kann sie zwar stürzen, aber nicht mehr wirksam kontrollieren und schon gar nicht im ganzen leiten.

V. Die Beschränkung der Kompetenz der Landeslegislative durch das Grundgesetz

Das Bild grundgesetzlicher Einwirkungen auf die Gewaltenteilung in den Ländern wäre unvollständig, wollte man nicht auch einen anderen Aspekt zusammenhängend würdigen, der schon mehrfach gestreift wurde: Die grundgesetzliche Ordnung läßt die Landesexekutive weithin als intakte Gewalt bestehen, bei der Landeslegislative dagegen zeigt sich die ganze Verlustliste der Eigenstaatlichkeit der Bundesglieder. Wieder mögen einige Beispiele genügen, die hier nicht an sich zu vertiefen, sondern nur im Hinblick auf das spezielle Problem zusammenzusehen sind:

- Die Gesetzgebungskompetenz der Länder ist heute weit geringer, als es selbst pessimistische Betrachtung vor zwanzig Jahren erwarten mochte[27]. Dadurch schwächt sich rechtlich und politisch die Position des Landesparlaments gegenüber der Landesregierung ab, parlamentarische Kontrolle im eigentlichen Sinn kann weithin nicht mehr ausgeübt werden.
- Die Schwächung der Landesgesetzgebung wird noch dadurch gesteigert, daß es sich bei den ihr noch verbleibenden Legislativkompetenzen kaum mehr um politisch interessante Materien handelt, bei denen echte politische Gestaltung in einer gewissen Freiheit erfolgen könnte. Die Gemeinschaftsaufgaben von Bund und Ländern werden den letzteren hier erneuten

[25] Vgl. dazu *Leisner*, W., Potere estero e separazione dei poteri, Rivista Trimestrale di Diritto pubblico 1960, S. 342 ff. = in diesem Band, S. 430 ff.

[26] Dazu m. Nachw. *Kölble*, J., DÖV 1965, S. 145 f.

[27] Dazu *Lerche* (Fn. 1), S. 71 f., sowie mit Nachw. im einz. *Ebke* (Fn. 4), S. 129 f.

Abbruch tun. Ein Parlament aber steht mächtig in einer Gewaltenteilung nur, wo es auf Materien wirken kann, die einigermaßen freier, typisch parlamentskonformer Entscheidung zugänglich sind. Es verfehlt aber dort seine Aufgabe, wo es Einzelheiten zu regeln gilt, die besser der Sachverstand einer Ministerialbürokratie beurteilt[28]. So wichtig die Einzelintervention der sachverständigen Volksvertretung sein mag — im Ganzen sitzt für das Parlament „der Teufel in den Details".

- Der Landesgesetzgebung unterliegen kaum mehr Materien, welche laufende, bedeutsame Legislativakte erfordern (Beispiel: Steuer-, Wirtschafts-, Verkehrsgesetzgebung). Im Kultur- und Polizeibereich sind vor allem bedeutsame Gesetzgebungswerke zu schaffen, die sodann im einzelnen durch Verordnungen spezialisiert werden. Die Materien der Landesgesetzgebung begünstigen in besonderem Maß eine Abwanderung der Normsetzung zur Exekutive und verhindern laufende Grundsatzentscheidungen — und damit echte Gesetzgebungspolitik in den Parlamenten der Länder.

- Die Gesetzgebungskompetenz der Länder läßt sich unschwer durch Grundgesetzänderung oder durch verstärkte Ausnutzung der Gesetzgebungszuständigkeit seitens des Bundes weiter einschränken, und dies wird sicher demnächst geschehen. Die Landesregierung dagegen ist in ihrem Domaine réservé weithin ungefährdet, nach der Natur der Sache schon kann die Verwaltung der Länder nicht in vergleichbarer Weise ausgeschaltet werden. Den Länderregierungen steht das bundesratliche Veto zur Verfügung, und bei nahezu jeder Schwächung der Gesetzgebungshoheit der Länder wächst ihnen über die Zweite Kammer entsprechende Macht zu.

- Die Landtage sind auch als Verfassungsgesetzgeber weitestgehend beschränkt: Selbst wenn man nicht annimmt, daß ihnen Art. 142 GG jede Änderung der 1949 bestehenden Grundrechtskataloge der Landesverfassungen unmöglich macht[29], so hat doch der Grundrechtskatalog des Bundes und die Bundesgesetzgebung zu derartiger Einschränkung des Bereiches der Landesgrundrechte geführt[30], daß allenfalls noch einer Landesverfassungsgerichtsbarkeit, sicher aber nicht mehr den Landtagen hier Raum für Grundsatzentscheidungen bleibt, während die Landesregierungen über den Bundesrat Einfluß auf die Verfassunggebung des Bundes gewinnen (Art. 79 Abs. 2 GG).

[28] Wiederum bietet die – in sich übrigens auch nicht unbedenkliche – Demokratisierung der Kommunalverwaltung kein Analogon, das gegen diese Auffassung spräche: Hier soll lokaler bon sens mit technisiertem Sachverstand kooperieren, was sich in gewissem Umfang rechtfertigt. Die Landtagsabgeordneten aber sind doch soweit echte Parlamentarier und damit Entscheidungsträger einer Gesamtpolitik, daß diese Rechtfertigung versagt.

[29] So *Hamann*, A., Das Grundgesetz, Art. 142 Anm. 2.

[30] Vgl. dazu nunmehr *Leisner*, W., Die bayerischen Grundrechte, Wiesbaden 1968.

– Selbst im Bereich der Verfassungsgerichtsbarkeit des Bundes ist die prozessuale Stellung der Landesregierungen stärker als die der Landtage (vgl. etwa Art. 93 Abs. 1 Ziff. 2). Die Landtage ignoriert das Grundgesetz nahezu völlig. Die Wahl des Bundespräsidenten (Art. 54 Abs. 3 GG) ist davon wahrhaft eine unbedeutende Ausnahme.

Es sind also nicht die Landesverfassungen, welche die Exekutive stärken, alle Macht kommt dieser, alle Schwäche den Landtagen — vom Bunde. Die eigentümliche Form der Verbindung von Föderalismus und Gewaltenteilung in Deutschland[31] wirkt sich im Ergebnis zuungunsten der Landtage und damit im ganzen zugunsten der Exekutivmacht schlechthin aus. Die Folgen dieser Abschwächung für den deutschen Parlamentarismus als solchen können hier nicht vertieft werden.

Eine bundesstaatliche Ordnung, welche den Gliedstaaten die Gesetzgebung so weitgehend nimmt und eine eigene Gewaltenteilung auf Kosten der Gewaltenteilung der Länder aufbaut, wirft die Frage auf, ob sie grundsätzlich noch eine staatliche Gleichartigkeit von Bund und Ländern ermöglicht, von der doch Art. 28 Abs. 1 GG auszugehen scheint.

VI. Gewichte gegen eine Übermacht der Länderexekutiven gegenüber den Landtagen

Gäbe es nicht gewisse Gegengewichte, welche sich zugunsten der Landtage auswirkten, so wäre bereits die Kräftebalance zwischen den Gewalten in den Ländern gebrochen. Sie kommen vom Bundesrecht (a), vom Landesrecht (b), vor allem aber aus der weitgehenden Einheit von Parteipolitik in Bund und Ländern (c).

a) Auch die einzelne Landesexekutive wird vom Bunde her zurückgedrängt. Dies geschieht durch den Ausbau der Bundesverwaltung[32], durch die Wandlung der Bundesministerien von Gesetzgebungsvorbereitungs- zu echten Verwaltungsorganen[33], durch die Überwachung der Ausführung von Landesgesetzen durch den Bund und durch die Maßnahmegesetze der Bundeslegislative[34]. „Im unitarischen Bundesstaat kann der Bundesgesetzgeber sich … nicht mit einheitlichen materiell-rechtlichen Normierungen begnügen; er muß bestrebt sein, auch die Einheitlichkeit des Vollzuges durch organisa-

---

[31] Vgl. dazu *Forsthoff* (Fn. 13), S. 34/35; *Henle* (Fn. 14), S. 74; *Schmidt*, W., AöR 87 (1962), S. 253 (261).

[32] Nachw. bei *Ebke* (Fn. 4), S. 132 f.

[33] *Henle* (Fn. 14), S. 73/4.

[34] Vgl. *Ebke* (Fn. 4), S. 133/4.

torische und verfahrensrechtliche Regelungen sicherzustellen."[35] Zum Teil verlagert sich hier jedoch nur die Kontroll- und Aufsichtsfunktion vom Landtag auf Bundesinstanzen, ohne daß sie an sich verschärft würde. Da die Kontrolle über die Landesexekutive im Bund wie im Lande jeweils nur einen Sektor von deren Regierungs- und Verwaltungstätigkeit erfaßt, ist eine einheitliche, eine Gesamtüberwachung der Landesregierung nicht möglich, was wieder zu deren Stärkung beiträgt und ihre Verantwortlichkeit aus einer politisch-totalen Abhängigkeit bis zu einer begrenzten punktuellen Legalitätskontrolle abschwächt. Daß die Länderregierungen umgekehrt auf die Bundesinstanzen keinen unmittelbaren Einfluß auf der gemeinsamen Ebene einer horizontalen Gewaltenteilung haben, ist eine weitere Anomalie der föderalen Gewaltenverzahnung, beeinträchtigt jedoch die Stellung der Landesregierung nicht wesentlich.

Nicht jede Form von Bundeseinfluß auf die Landesexekutive sollte also hoch veranschlagt werden; der Ausbau der unmittelbaren Bundesverwaltung, insbesondere die Fondsverwaltung, schwächt aber sicher die Landesexekutive entscheidend. Das wichtigste Gegengewicht kommt also aus einer verfassungsrechtlich bedenklichen Entwicklung, wenn nicht aus einer Verfassungswandlung des Grundgesetzes!

Nicht als ein entscheidendes Gewicht gegen die gesteigerte Macht der Landesexekutive wirkt die Bürokratisierung des Bundesrates, wie bedeutsam dies auch aus der Sicht der bundesrechtlichen Gewaltenteilung sein möge[36]. Die Landesminister werden häufig von leitenden Beamten vertreten, die in engem Kontakt mit ihnen tätig werden. Die verhältnismäßig große Kontinuität der Kabinette in den Ländern und die steigende Politisierung der leitenden Beamtenschaft, vor allem in den Staatskanzleien der Länder, gestatten es, die Exekutive hier weitgehend als eine Einheit von parlamentarischen Ministern und leitenden Ministerialbeamten zu verstehen.

b) Auf Landesebene wirkt einer übermäßigen Steigerung der Exekutivmacht vor allem die hochentwickelte Kommunalisierung der deutschen Verwaltung, wie überhaupt jede Form von Selbstverwaltung in Landkreisen, Bezirken, Anstalten, Körperschaften und Stiftungen des öffentlichen Rechts (etwa im Universitätsbereich) bedeutsam entgegen. Sicher schwächt dies auch wiederum die politischen Kontrollmöglichkeiten der Landesparlamente, Hauptverlierer ist hier jedoch die Exekutive im Lande. Der Prozeß dieser Auflösung der Exekutive in Autonomie ist bereits so weit fortgeschritten, daß ohne eine bundesverfassungsrechtlich begründete Stärkung der Landesregie-

---

[35] *Hesse* (Fn. 2), S. 23.

[36] Vgl. dazu näher *Scheuner*, U., DÖV 1962, S. 641 (646); *Ebke* (Fn. 4), S. 111 f. m. Nachw.

rungen deren politischer Bereich vielleicht sogar zu eng wäre für politische Entscheidungen, wie sie echte Eigenstaatlichkeit erfordert. Im Zweifrontenkrieg gegen Kommunen und Bund ist es häufig nur ein Pyrrhussieg, den die Länderexekutive an der dritten Front, gegen die Landesparlamente, erringen kann.

Gerade darin aber liegt etwas für die Eigenstaatlichkeit der Länder höchst Gefährliches: Die eigentlichen Entscheidungen für das Land fallen gar nicht mehr im Land, auf der Ebene der typischen Landesstaatlichkeit, der Gewaltenteilung zwischen Landesparlament und Landesregierung, sondern an den Machtbereichsgrenzen zu anderen Gewalten — zum Bunde und zu den Kommunen. Die Gewaltenteilung in den Ländern ist eines großen Teiles ihrer Bedeutung entkleidet — nur deshalb können ihre Verschiebungen hingenommen werden.

Wiederum zeigt sich ein Phänomen, das diese Untersuchung immer vorgefunden hat: Aus sich selbst heraus, mit der Eigenmechanik selbständiger Verfassungsgewichte, läßt sich heute die Gewaltenteilung in den Ländern nicht mehr entfernt erfassen; ohne die Einwirkung völlig heterogener politischer Kräfte und Institutionen der Rechtsordnung, die aus dem Raum des Bundes und der Kommunen von unten und von oben wirken, wäre ein Gewaltengleichgewicht zwischen Landesregierung und Landesparlament auch nicht entfernt mehr aufrecht zu erhalten.

c) Das Gewaltengleichgewicht in den Ländern beruht vielmehr auch, ja vor allem, auf der fundamentalen Einheit der Parteipolitik im Bund, in den Kommunen und in den Ländern.

Aus sich selbst heraus, aus seiner Zuständigkeit, hätte das Landesparlament weder Anlaß noch Information, noch politisches Gewicht, um der Landesregierung wirksam entgegenzutreten. Doch wie die Landesregierung Statthalter des Bundes im Lande, so sind Landeskabinett und Landtag Statthalter der großen Bundesparteien in der Landespolitik.

Die Parteien erhalten sich dieses Gewicht des Landesparlaments, sie sind es, die über diese Organe unbotmäßige Gaufürsten bändigen. Innerhalb der Parteien wird jene engere Beziehung zwischen Landes- und Bundesparlamentariern hergestellt, welche das Grundgesetz ignoriert. In vielem, im einzelnen ist sie, infolge der Überlagerung von Bundes- und Landeswahlkreisen, sogar stärker als der Kontakt von parteibefreundeten Bundes- und Landesministern, deren Zusammenarbeit oft durch technisch-administrative Gegensätze belastet ist.

Aus der Parteieinheit erwächst also den Landtagen jenes politische Gewicht, welches ihre Mitglieder befähigt, den Landesregierungen auf der

Ebene des Landes – und durch die Aktion befreundeter Bundestagsabgeordneter im Bereich des Bundes – entgegenzutreten.

Die oft kritisierte, meist als Phänomen der Auflösung jeder Eigenstaatlichkeit gerügte Gleichschaltung von Bundes- und Landespolitik wirkt sich hier also als eine dringend erforderliche Stärkung der Landesparlamente aus. Ohne sie wäre eine echte Gewaltenteilung im Lande politisch kaum mehr real.

VII. Gewaltenteilung im Lande und Föderalismus — Ausblick

Die Untersuchung führt von einem Paradox zum anderen: Der Föderalismus, der die Eigenstaatlichkeit der Länder sichern sollte, bedroht in der Gewaltenteilung eines von deren Wesenselementen. Der Gefahr wirkt vor allem jene parteipolitische Gleichschaltung entgegen, die als größter Feind der Eigenstaatlichkeit gilt.

Das Funktionieren der Gewaltenteilung in den Ländern zeigt diese als eine eigentümliche Form von Zwischengewalten, angesiedelt zwischen dem Selbstgewicht der ortsverbundenen Kommunalverwaltung und dem übergreifenden Pouvoir des Bundes; innere Balancierung erwächst den Ländern zum nicht geringen Teil aus Impulsen dieser Bereiche.

Wenn Landesstaatlichkeit darin gesehen wird, daß die Gliedstaaten die Ausgewogenheit ihrer zentralen Gewalten aus sich selbst heraus gewinnen, so gibt es kaum noch eine solche Landesstaatlichkeit. Der an sich verlockende Gedanke, den deutschen Föderalismus als einen Zusammenschluß kleinerer Einheiten zu erklären, deren jede einen Bund en miniature darstellen soll, erweist sich als fragwürdig, wenn man den äußerst labilen Gleichgewichtszustand erkennt, der sich im staatsrechtlichen Zentrum der Länder, in ihrer Gewaltenteilung findet, wenn man zudem berücksichtigt, daß dieses Gleichgewicht heute weithin durch landesexterne Faktoren gehalten wird. Volle Staatlichkeit verlangt eben doch, daß die Spannungen zwischen den Kerngewalten des Staates vorwiegend aus dem Raum kommen, den die Staatlichkeit beherrscht, und mit deren Mitteln auch aufgelöst werden. In diesem Sinne sind die Länder heute keine Staaten mehr. Der Föderalismus hebt dies gerade in dem auf, was die Länder stärken soll.

Die Gewaltenteilung in den Ländern wird durch die horizontale Gewaltenteilung im Bunde verschoben. Die eigentümliche Eigenstaatlichkeit, welche den Gliedstaaten dennoch bleibt, läßt es fraglich erscheinen, inwieweit der Föderalismus im Bunde Effekte der Gewaltenteilung selbständig hervorbringen oder solche doch verstärken kann[37]. Wesentlich hängt dies von der Definition ab, die im einzelnen dem Begriff der Gewaltenteilung gegeben wird. Sieht man darin aber eine möglichst gleichwertige Verteilung der Macht auf verschiedene, voneinander weitgehend unabhängige, aber notwendig zusammenarbeitende Träger, so darf nicht übersehen werden, daß die Machtzentren der Länder von Impulsen des Bundes leben. Es wäre daher vertiefter Untersuchung wert, ob die vertikale Gewaltenteilung nicht vor allem eine Fortsetzung der horizontalen Gewaltenteilung der Bundesverfassungsordnung mit anderen Mitteln ist. Vieles spricht dafür, daß vertikale und horizontale Gewaltenteilung weniger scharf als bisher gegenübergestellt werden sollten.

Neuerdings ist die These vom Föderalismus als Homogenität im Verfahren[38], als Gleichgestimmtheit im Typ der Konfliktbewältigung[39] entwickelt worden. Wenn die Gewaltenteilung in den Ländern so weitgehend vom Bunde her bestimmt ist, wie es diese Untersuchung erweisen zu können glaubt, so bleiben dennoch, ja gerade, die Länder als ein Forum, auf dem sich die Konfliktbewältigung des Bundes nicht so sehr aus eigener Kraft, mit eigenen Problemen, wohl aber im bundesähnlichen Verfahren der Gewaltenteilung bundesparallel vollzieht. In dieser Aufspaltung der Konfliktbewältigung würde der Gewaltenteilung in den Ländern ein neuer Sinn gegeben: Sie wäre nicht mehr Ausdruck bundesparalleler Staatlichkeit, sondern bundesparallelen Verfahrens.

---

[37] So *Hesse* (Fn. 2), S. 27 f.; *Hesse*, K., Bundesstaat, in: EvStL, Stuttg./Berlin 1966, Sp. 214 (220); ebenso *Geiger*, W., BayVBl. 1964, S. 65, 108 (112); *Pfeiffer* (Fn. 19), S. 565 (566); krit. *Lerche* (Fn. 1), S. 80; vgl. dazu auch *Scheuner* (Fn. 36), S. 641 (645/6), sowie *Ebke* (Fn. 4), S. 4 f., 143/4.

[38] *Lerche* (Fn. 1), S. 85.

[39] *Lerche* (Fn. 1), S. 87/8.

Grundgesetz nach Landesrecht?*

Zur Erfüllung bundesverfassungsrechtlicher Begriffe durch landesrechtliche Inhalte

I.

Die Verfassung ist ein Normkomplex von sehr beschränktem Umfang. Dennoch soll durch sie die gesamte Staatsorganisation, das Verhältnis der Bürger zum Staat, ja das Leben der Bürger im Staat in den Grundlinien festgelegt werden. In großen Bereichen sind daher die verfassungsrechtlichen Formulierungen wesentlich von generalklauselähnlicher Weite; die verwendeten Begriffe zeigen eine Allgemeinheit, die dem „technischen" Gesetzesrecht unbekannt ist, eine Unbestimmtheit, die nicht nur aus dem Bestreben kommt, der Verfassung ein bedeutendes Maß „virtueller" politischer Wirkmächtigkeit zu erhalten.

Nachdem die Verfassung durch Einführung der Verfassungsgerichtsbarkeit zur voll justitiablen Norm geworden ist, wird nunmehr an ihrem höchsten Maß alles niederrangige Recht gemessen. Dies setzt aber voraus, daß die Verfassungsbegrifflichkeit *eigenständigen Inhalt* aufweist, mag dieser sich auch erst durch Gesetzes- oder Rechtsanalogie innerhalb des Verfassungsbereiches oder durch Rückgriff auf wesentlich „außerrechtliche Begriffsinhalte" finden lassen. Entscheidend ist, daß die Verfassungsbegriffe, die das Maß darstellen, nicht oder doch nur in beschränktem, kontrollierbarem Umfang aus der Begrifflichkeit des Rechts gewonnen werden, das an ihnen wiederum gemessen wird: das einfache Gesetzes- und Verordnungsrecht. Es mußte neuerdings darauf hingewiesen werden[1], daß mehr und mehr die Gefahr eines Zirkels auftritt: Was Presse, Verein, Einkommensteuer ist, wird aus den entsprechenden einfachen Gesetzen in die Art. 5 Abs. 1 Satz 2, 9 Abs. 1, 105 Abs. 2 Ziff. 2 usw. hineininterpretiert, obwohl doch die Verfassung Grenze und Maß gerade dieser einfachen Gesetze darstellen sollte. Es droht sogar die verfassungsrechtliche Verhärtung kontingenter Gesetzgebungszustände oder ganzer Traditionen, wenn mit diesen der entsprechende Verfassungsbegriff einmal erfüllt wird.

---

* Erstveröffentlichung in: Bayerische Verwaltungsblätter 1966, S. 329–333.

[1] *Leisner,* W., Von der Verfassungsmäßigkeit der Gesetze zur Gesetzmäßigkeit der Verfassung, Tübingen 1964, mit zahlr. Nachw. zur angedeuteten Problematik.

Andererseits verlangt die Verfassung nach ihrem Umfang wie aus ihrem Wesen (als zugleich politisch einende Tat) nach einer gewissen Erfüllung durch niederrangiges Recht, ohne welche eine Normenkontrolle undenkbar ist. Bei der Abgrenzung „Verfassung nach Gesetz"-„begrifflicher Selbstand der Verfassung" stehen Theorie und Praxis am Anfang[2], vor allem, weil das Problem noch nicht in seiner vollen Tragweite deutlich gemacht worden ist. Dies soll im folgenden an einem besonderen Aspekt der Frage versucht werden. Der gebotene Rahmen gestattet es allerdings nur, Fragen zu stellen und Hinweise auf Kategorien zu bieten, welche zu einer Lösung führen könnten.

Die Frage lautet: Gibt es heute das Phänomen „Grundgesetz nach Landesrecht" i.S. einer Erfüllung bundesverfassungsrechtlicher Begrifflichkeit durch Begriff(selement)e, die aus dem Landesrecht stammen? Läßt es sich mit der Erscheinung der „Auslegung der Verfassung nach dem einfachen Gesetz" vergleichen? Welches ist seine Bedeutung für die deutsche föderale Struktur?

II.

Geht man von der grundgesetzlichen Verteilung der Gesetzgebungskompetenz zwischen Bund und Ländern aus, so zeigt schon ein kurzer Überblick, daß die Bundesverfassung eine ganze Reihe von Begriffen verwendet, die im Landesrecht vorkommen — mehr noch: die ihre nähere Ausprägung seit langer Zeit allein in ausführlichen Bestimmungen oder Kodifikationen des Landesrechts gefunden haben. Es ist daher fraglich, ob insoweit ein eigenständiger bundesverfassungsrechtlicher Begriffsinhalt auffindbar ist.

1. Wenn hier auch nur die wichtigsten Beispiele herausgestellt werden sollen, so lassen sich doch, rein empirisch, solche Begriffe nach ihrem Inhalt in zwei Gruppen einteilen: zum einen solche, welche ausschließlich die landesrechtlich geordnete Staatsorganisation betreffen, andererseits Begriffe, die normativ andere von den Ländern geregelte Sachgebiete ansprechen, selbst wenn hier zugleich die Staatsorganisation der Länder geordnet wird (z.B. im Falle der Schule, Polizei).

Zum ersteren Bereich gehören zunächst die Begriffe, die auf die *Staatsorganisation der Länder selbst* hinweisen: z.B. Landesverfassungsgericht (Art. 100 Abs. 1), Landesregierung (Art. 51 Abs. 1, 80 Abs. 1, 93 Abs. 1 Satz 2), Oberste Landesbehörden — nachgeordnete Behörden (Art. 84 Abs. 2, 5, 85 Abs. 3 und öfter)[3]. Dem stehen Begriffe nahe, welche die Gesamt-

[2] Zu den bisherigen Lösungsversuchen vgl. *Leisner* (Fn. 1), S. 27 ff. m. Nachw.

[3] Weitere Beispiele: Volksvertretungen der Länder (Art. 54 Abs. 3, 55 Abs. 1); Landes-

heit dieser Staatsorganisation betreffen[4]. Zu dieser Gruppe zählen aber auch Begriffe, welche aus dem Organisationsrecht derjenigen juristischen Personen des öffentlichen Rechts stammen, die das Landesrecht ausgestaltet. Dies gilt vor allem für „Gemeinde“, „Gemeindeverbände“, aber auch für andere Begriffe der Selbstverwaltung[5].

Bei den grundgesetzlichen Begriffen, die vorwiegend vom Landesrecht geregelte Sachbereiche betreffen, stehen solche im Vordergrund, die der Kultur- und der Kultushoheit der Länder zugeordnet sind[6] oder die Polizei betreffen[7]. Daneben finden sich Ausdrücke, die primär aus dem Landesrecht erfüllt werden könnten[8] und vorwiegend Gesetzgebungsmaterien bezeichnen.

Einer besonderen Gruppe könnte man anhangsweise einige Begriffe zuweisen, welche sowohl aus Bundes- wie aus Landesrecht gleichmäßig erfüllt werden müssen oder geradezu darauf verweisen[9].

Diese Begriffe zeigen, daß die Problematik „Grundgesetz nach Landesrecht“ sich nicht nur in einer möglichen Verschränkung von landesrechtlichen und bundesverfassungsrechtlichen Begriffsinhalten erschöpft. Die genannten wie auch viele Begriffe des Kompetenzkatalogs der Art. 73 bis 75 GG werden vielmehr zugleich durch (niederrangiges) Bundes(gesetzes)recht

---

regierung (Art. 93 Abs. 1 Satz 2); Landesjustizminister (Art. 95 Abs. 3, 96 Abs. 2, 98 Abs. 4); Landesminister (Art. 96 Abs. 2); Gerichte der Länder (Art. 92); Leiter der Mittelbehörden (Art. 85 Abs. 2); Landesfinanzbehörden (Art. 107, 108); Einrichtung der Behörden (Art. 85 Abs. 1); Haushaltswirtschaft der Länder (Art. 109).

[4] Z.B. Landesverfassung (Art. 100 Abs. 3); verfassungsmäßige Ordnung eines Landes (Art. 28 Abs. 1 Satz 1, Art. 98 Abs. 2); Verfassungsstreitigkeiten innerhalb eines Landes (Art. 99).

[5] Vgl. Art. 28, 105 f.: Kreise, Gemeindeversammlung, Angelegenheiten der örtlichen Gemeinschaft, eigene Verantwortung; Körperschaft, Anstalt (Art. 34 Satz 1, 130 Abs. 3).

[6] Z.B. Rundfunk, Fernsehen, Film, Kunst, Wissenschaft, Forschung, Lehre (Art. 5 Abs. 1 und 3), Schul(wes)en, private (Volks-)Schulen, Gemeinschafts-, Bekenntnis-, Weltanschauungsschulen, Religionsunterricht, Lehrziele (Art. 7), Ausbildungsstätten (Art. 12 Abs. 1), kulturelle Zusammenhänge (Art. 29 Abs. 1), deutsches Kulturgut (Art. 74 Ziff. 5), Glauben, religiöse Anschauungen (Art. 3 Abs. 3), Freiheit des Glaubens, der Religionsausübung (Art. 4 Abs. 1 und 2), Gewissensgründe, -entscheidung (Art. 12 Abs. 2), Bekenntnis, Weltanschauung (Art. 38 Abs. 3), Begriffe der Kirchenartikel der WRV i. Verb. m. Art. 140 GG.

[7] Kriminalpolizei (Art. 73 Ziff. 10, 87 Abs. 1), Polizei(kräfte) (Art. 91 Abs. 1 und 2, 104 Abs. 3 Satz 2), polizeiliches Auskunfts- und Nachrichtenwesen (Art. 87 Abs. 1).

[8] Z.B. Ernährung, land- und forstwirtschaftliche Erzeugung (Art. 74 Ziff. 17), Bauwesen (f. Streitkräfte) (Art. 87 b Abs. 1), Steuern, für die dem Bund keine Gesetzgebungszuständigkeit zusteht (vgl. Art. 105 GG), Staatsverträge zwischen den Ländern (Art. 130 Abs. 1 Satz 1, Abs. 3), bestehendes Landesnotariat (Art. 138), Bremer Klausel (Art. 141).

[9] Z.B. Eignung, Befähigung, fachliche Leistung, öffentliches Amt, Amtspflicht, Dienst (Art. 33, 34), dienstlich verfolgt (Art. 46 Abs. 2).

erfüllt. Es fragt sich dann, wie „Verfassung nach Gesetz“ und „Verfassung nach Landesrecht“ sich verhalten, ob ein Verfassungsbegriff (etwa aus dem Beamtenrecht) vorwiegend aus Landes- oder aus Bundesgesetzesrecht zu erfüllen ist.

2. Diese Darlegung macht deutlich, daß auch mögliche Begriffsverschränkung zwischen Grundgesetz und Landesrecht, Erfüllung des ersteren durch letzteres, nur in gewissen typischen Bereichen in Frage kommen kann. Dies unterstreicht die Richtigkeit der neuerdings von Lerche[10] aufgestellten Theorie vom Verständnis des Föderalismus aus den „typischen Konfliktssituationen“ zwischen Gesamtstaat und Gliedstaaten. Die angeführten Beispiele zeigen aber auch die nicht geringe juristische und politische Gefahr einer „Bundesverfassung nach Landesrecht“: Wenn alle diese Begriffe im Sinn reiner Verweisung auf das Recht der Länder gedeutet würden, so müßte das Grundgesetz seine Direktivkraft in bedeutsamen Bereichen weitgehend einbüßen: Art. 28 GG etwa könnte kaum mehr einen wirksamen bundesrechtlichen Rahmen für das Landes-Gemeinderecht schaffen, wenn die „Selbstverwaltungsaufgaben“ dort ausschließlich nach gerade jenem Landesrecht ausgelegt würden, das die Bundesverfassung leiten, koordinieren, beschränken will. Sollten Begriffe des Gesetzgebungs-Kompetenzkatalogs, die vor allem im Landesrecht vorkommen, allein nach diesem ausgelegt werden[11], so würde dies den Bund von eben der (Gesetzgebungs-)Aktivität der Länder abhängig werden lassen, die seine eigenen Kompetenzen hier ersichtlich zurückdrängen sollten. Schließlich müßte der Bund selbst auf elementare kulturpolitisch-grundrechtliche Vereinheitlichung verzichten, wenn aus Begriffen wie „Religion“ oder „Schule“ nur herausgelesen werden dürfte, was die jeweilige – vielleicht gerade verfassungsrechtlich bedenkliche! – Landesgesetzgebung in sie hineinlegt oder was sich ausschließlich in den Ländern als „abendländische Kulturauffassung“ dazu herausbildet.

Ähnliche oder noch schwerere Gefahren aber drohen umgekehrt – diese Zweigesichtigkeit ist den meisten föderalen Problemen wesentlich –, wenn bei allen erwähnten Begriffen ein durchgehender Selbstand bundesverfassungsrechtlicher Inhalte angenommen und jeder Rückgriff auf Landesrecht ausgeschlossen wird. Bei dem Komplex des landesrechtlichen Organisationsrechts würde dann etwa ein „bundesrechtlicher“ Begriff der Landesregierung, der Mittelbehörde usw. gelten, der bei extremer Auslegung jede landesrechtliche Organisationshoheit, jedes landesrechtliche Gemeinderecht überdecken, ja vernichten müßte. Jeder derartigen landesrechtlichen Norm gegenüber könnte geltend gemacht werden, sie verkenne den entsprechenden

[10] *Lerche,* P., Föderalismus als nationales Ordnungsprinzip, VVdStL Bd. 21, Berlin 1964, S. 67.

[11] Etwa wissenschaftliche Forschung (Art. 74 Nr. 13), Presse (Art. 75 Ziff. 2).

bundesverfassungsrechtlichen Begriffsinhalt: ihre Regelung sei etwa mit dem „Gemeindebegriff" des Grundgesetzes unvereinbar. Aber auch Sachbereiche, die der Regelungszuständigkeit der Länder unterliegen, insbesondere das Schulrecht, könnten auf diese Weise weitestgehend zentralisiert werden: eine landesrechtliche Normierung des Bekenntnisschulwesens ließe sich dann unschwer mit der Begründung anfechten, sie verstoße gegen denjenigen Begriff der Bekenntnisschule, den Art. 7 Abs. 5 GG anspreche. Bei Begriffen endlich, zu deren Erfüllung auf Bundes- wie auf Landesrecht zurückgegriffen werden mag (öffentlicher Dienst), könnte durch eine rein bundesrechtliche Begriffsbestimmung die Rahmenkompetenz des Bundes nach Art. 75 GG (Ziff. 1) zu einer fast durchgehenden Regelungsbefugnis ausgebaut werden, was übrigens bei extrem verfassungsrechtlich „selbständigem" Verständnis aller Begriffe des gesamten Zuständigkeitskatalogs der Art. 73 bis 75 droht: würden alle diese Zuständigkeitsbegriffe ohne jede Rücksicht auf landesrechtliche Gesetzgebungsentwicklung ausgelegt, so könnten sie in jedem Fall beliebig, ja so weit gefaßt werden, daß etwa unter die Regelungsbefugnis der „Förderung der wissenschaftlichen Forschung" auch das gesamte Hochschulrecht fiele, was zweifellos dem Grundgesetz widerspräche.

Gefahr droht aber den Ländern – und dem Bund – weniger von derart radikaler Auslegung (die sich, wie sich noch zeigen wird, häufig durch Einzelinterpretation vermeiden läßt) als vielmehr aus jenen „kleinen Schritten", mit denen sich die Erfüllung allgemeiner Begriffe den landes- oder den „selbständig" bundesverfassungsrechtlichen Inhalten jeweils fast unmerklich nähert.

Bleiben solche Vorgänge unbewußt oder unkontrolliert, so wird auch die föderale Struktur in wichtigen Bereichen nicht mehr von erfreulicher Elastizität, sondern von bedenklicher Unvorhersehbarkeit beherrscht; es wird niemand mehr mit auch nur annähernder Sicherheit sagen können, welche landesrechtliche Schulbestimmung noch mit dem Wesen des grundgesetzlichen Schulbegriffs vereinbar ist[12].

Es zeigt sich also, daß insgesamt die Gefahren eines „Grundgesetzes nach Landesrecht" geringer sind als umgekehrt die, welche aus dem Postulat völliger begrifflicher Selbständigkeit grundgesetzlicher Begrifflichkeit erwachsen. Wie auch in den meisten anderen föderalen Konfliktlagen besteht weniger die Gefahr einer Unterwanderung des Bundes durch die Länder (die nur in wenigen Bereichen erfolgen könnte) als vielmehr die eines Einbruchs des Bundes in die letzten bedeutsamen Landeskompetenzen (Kulturhoheit,

---

[12] Es wird dann, günstigenfalls, auch hier die Lösung über die Wesensgehaltsproblematik (vgl. Art. 19 Abs. 2 GG) gesucht werden müssen (vgl. dazu *v. Mangoldt/Klein,* Bonner GG 1, S. 560 f. m. Nachw.).

Gemeinde-, Behördenorganisationsrecht), oder gar die eines durchgängigen „Landesverfassungsrechts nach grundgesetzlicher Begrifflichkeit“[13].

Lösungen können hier ganz wesentlich nur in einer Mitte zwischen radikaler Verweisung auf Landesrecht und begrifflichem Selbstand des Grundgesetzes gefunden werden.

III.

In diese Mitte führt ganz allgemein die föderale Theorie, die den Föderalismus als wesentliche Gemeinsamkeit nebeneinanderstehender Hoheitsrechte auffaßt, die in der Einung, nicht in der Unterordnung, überhöht werden.

1. Das hier erörterte Problem „Grundgesetz nach Landesrecht“ ist nicht ein Unterfall der allgemeinen Problematik „Verfassung nach Gesetz“, die ihrerseits nur ein Phänomen der „Interpretation von unten nach oben“ darstellt[14]. Zwischen dem Landesrecht und dem Bundesrecht, durch das jenes grundsätzlich „gebrochen“ wird, besteht zwar ein gewisses Rangordnungsverhältnis[15], das – formal – als Normstufenbeziehung bezeichnet werden muß; widerspricht inhaltlich die Landesnorm dem Grundgesetz, so verfällt sie ebenso der Aufhebung durch das Bundesverfassungsgericht wie ein verfassungswidriges Bundesgesetz. In der Normenpyramide, ohne welche die heutige Verfassungsgerichtsbarkeit nicht vorstellbar ist, steht das Landesrecht unter allem Bundesrecht. Für das Verhältnis Grundgesetz – Bundesgesetz ergibt nun eine derartige formale Unterordnung des Gesetzes, daß auch inhaltlich möglichst vermieden werden sollte, daß die Verfassung durch gesetzliche Begrifflichkeit unterwandert werde. Weil formal höherrangig, sollte das Grundgesetz einfachem Bundesgesetzesrecht gegenüber möglichst selbständig-direktive Begriffsinhalte aufweisen. Und gerade dieses wesentliche Postulat der Normstufen gilt im föderalen Bereich nicht; die formale Höherrangigkeit des Bundesverfassungsrechts schließt es nicht aus, daß dessen Begriffe aus dem (niederrangigen) Landesrecht teilweise erfüllt werden: Landesrecht ist zwar formal ein minus, inhaltlich aber ein aliud gegenüber dem Bundesrecht. Hier zeigt sich die Bedeutung der Feststellung, daß die Länder nicht aus der Bundesgewalt normativ abgeleitet sind[16], daß vielmehr „beide Rechtskreise

[13] Wenn etwa aus einem bundesverfassungsrechtlichen Begriff der „Landesregierung“ mehr erschlossen wird, als es der gängigen Rahmenvorstellung zu Art. 28 GG entspricht.

[14] Zu weiteren Erscheinungsformen der letzteren vgl. *Leisner* (Fn. 1), S. 67.

[15] Art. 31 GG, vgl. *v. Mangoldt/Klein,* S. 759.

[16] So erfaßt etwa *Kelsen,* H., Allgemeine Staatslehre, Berlin 1925, S. 189 f. die Länder als Phänomen der Dezentralisation — weil er nur die formale „Ableitung“ betrachtet.

grundsätzlich selbständig und gleichwertig nebeneinanderstehen"[17]. Die Bundesverfassungsgewalt ist (vgl. Art. 79 Abs. 2) – schon als qualifizierte Mehrheit – schlechthin „mehr" als die einfache, gesetzgebende Mehrheit des Bundestages. Was jene inhaltlich ausgesprochen hat, sollte deshalb möglichst wenig von dem gleichartigen, aber schwächeren Organ durch Inhaltserfüllung uminterpretiert werden. Anders im Verhältnis Bund–Länder: die Landesgewalt ist der Bundesgewalt gegenüber ein „ganz anderes"; nur im Sinn der bündischen Einheit beugt sie sich dem Willen des Bundes. *Wie* dieser aber *inhaltlich* bestimmt werden soll, darüber sagt der formale Vorrang des Bundesrechts nichts aus. Nur wenn es fixiert ist, weicht das Landesrecht — wie auch immer es bestimmt werde. Was die Selbständigkeit des Bundesverfassungsinhaltes anlangt, gibt es einen favor constitutionis gegenüber der lex des Bundes, nicht einen favor confoederationis gegenüber den Ländern. Dies allein entspricht den Grundgedanken der Art. 50 f., 79 Abs. 2, 3 GG (Bundesratsprinzip): Wenn die Länder bei der formellen Formulierung des Bundeswillens stets mitzuwirken haben, steht auch einer Übernahme von Begriffsinhalten aus dem Landesrecht in das – andersartige – Bundesverfassungsrecht keine Vermutung für eine Selbständigkeit des letzteren entgegen.

2. Dieses grundsätzliche Ergebnis entspricht den Auffassungen der Lehre über das Wesen der bundesstaatlichen Struktur, die auf der Tagung der Vereinigung der deutschen Staatsrechtslehrer in Münster 1962 zum Ausdruck gebracht wurde. Dabei hat Lerche[18] als ein wesentliches Element des föderalen Systems den Versuch herausgestellt, alle „politischen Gewalten in eine spezifische Homogenität im Verfahren hineinzuführen". Eine solche „Homogenität", ja Parallelität „im Verfahren" zwischen Bund und Ländern schafft eben einen Raum, in dem gegenseitige Norminhaltsübernahmen wesentlich gleichwertig erfolgen können. Dies entspricht auch der föderalen Struktur als einer wesentlich flexiblen, die auf „typische Konfliktsbewegungen" eingestellt ist (Lerche)[19]. Eine solche Elastizität ist am größten da, wo Begriffselemente vom Landesrecht ins Bundesverfassungsrecht – und umgekehrt – strömen können, und zwar gerade in jenen besonderen Kollisionsfällen, welche die Verfassung durch die Verwendung vorwiegend landesrechtlicher Begrifflichkeit als solche bereits kenntlich gemacht hat. Aber auch bei diesen von Lerche allgemein herausgestellten Kategorien ist wieder entscheidend: Konfliktsituation — nicht Normenhierarchie, daher möglichst sachgerechter, nuancierter Ausgleich, nicht Vorrangigkeit; Verschränkung von Begrifflichkeiten in möglichster Gleichgewichtigkeit, nicht einseitige Vermutungen.

---

[17] *Maunz/Dürig,* GG, Art. 31 Rdnr. 1.

[18] Fn. 10, vgl. seinen Ls. 6.

[19] Dazu *Lerche* (Fn. 10), insbes. S. 95 f.

Ein anderes ergibt sich auch dann nicht, wenn man den Bundesstaat wesentlich vom historisch begründeten Nebeneinander von Entscheidungszentren her sieht[20], oder mit Dürig[21] durch das Subsidiaritätsprinzip glaubt rechtfertigen zu können: im ersteren Fall muß dieser vorgegebene historisch-soziologische Befund in einem nuancierten Ineinandergreifen von landesrechtlichen und bundesverfassungsmäßigen Norminhalten zum Tragen kommen, das Subsidiaritätsprinzip öffnet grundsätzlich die Verfassungsnormen den Begriffselementen, die in den „kleineren Einheiten" (Ländern) erarbeitet werden, soweit dadurch das Ganze in seinem Zusammenhalt nicht zerstört wird.

3. Lassen sich aus diesem notwendigen föderalen „Miteinander" allgemeine Vermutungen für die Erfüllung des Grundgesetzes durch Landesrecht gewinnen? Ein grundsätzliches gegenseitiges Einwirken von Inhalten des Landesrechts und des Bundes(verfassungs)rechts bei der Bestimmung grundrechtlicher Begriffe entspricht wohl dem „Bundessinn" (Lerche). Eine durchgehende Vermutung für reine Übernahme landesrechtlicher Begriffe oder völligen Selbstand der Begrifflichkeit des Grundgesetzes ist abzulehnen.

Der prinzipiellen Andersartigkeit des Landesrechts muß aber allgemein durch eine Begriffsinhaltsübernahme in Grenzen Rechnung getragen werden. Eine solche kann meist so erfolgen, daß die selbständig verfassungs- oder doch bundesrechtlichen Elemente den Rahmen bilden, der durch landesrechtliche Begriffsinhalte detaillierend ausgefüllt wird. Ein derart allgemeiner Grundsatz läßt sich auch hier induktiv aus dem Rahmen-Ausfüllungsverhältnis rechtfertigen, welches das Grundgesetz in föderalen Beziehungen bevorzugt[22].

Allerdings ist selbst dabei Vorsicht geboten: Es bedeutet dann ein „Rahmen von Bundesverfassungsbegrifflichkeit" nicht dasselbe wie der Rahmen des Gesetzes gegenüber der Verordnung (Art. 80 GG); die Länder sind nicht nur dazu berufen, grundgesetzliche Rahmenwertungen auszufüllen. Weil sie aller Bundesgewalt gegenüber andersartig sind, sollten landesrechtliche Begriffsinhalte bereits bei der Herausarbeitung des „Rahmens", der „prinzipiellen Inhaltselemente" von Begriffen wie Schule, Presse u.ä.m. angemessen berücksichtigt und mit bundes(verfassungs)rechtlicher Begrifflichkeit wahrhaft zu einer Einheit integriert werden.

4. Die praktische Tragweite solcher Aussagen darf jedoch nicht überschätzt werden. Vor allem steht eine Schwierigkeit im Weg, welche die Erfüllung des Grundgesetzes durch Landesrecht besonders problematisch

---

[20] So *Scheuner,* VVdStL 21, Aussprache, S. 123.

[21] VVdStL 21, Aussprache, S. 114/5.

[22] Vgl. etwa Art. 75 und Art. 28, dazu noch unten IV, 2 a.

werden läßt: die notwendige Vielfalt der landesrechtlichen Regelungen von Komplexen wie Polizei, Schule, Presse, oberste Landesbehörde u.ä.m. Gäbe es einen einheitlichen landesrechtlichen Begriff der „Bekenntnisschule" oder des „Bauwesens", so könnte in der Verwendung des Terminus im Grundgesetz eine „reine Verweisung auf Landesrecht" gesehen werden. Selbst wenn aber meist dieselbe Bezeichnung in den verschiedenen Landesrechten verwendet wird, so kann doch der Begriffsinhalt durchaus verschieden sein, weil sich ein solcher ja nur aus den vielfältigen und verschiedenartigen Einzelregelungen ableiten läßt. So kommt es etwa bei dem Begriff „Bekenntnisschule" darauf an, ob man ihn enger (Unterricht nur durch Lehrkräfte des betreffenden Bekenntnisses) oder weiter faßt.

Falls daher überhaupt aus dem Landesrecht ein Begriffsinhalt in das Grundgesetz übernommen wird, muß klar getrennt werden: Übernahme des Landesrechts in seiner verschiedenartigen Ausgestaltung — Rezeption einer einheitlichen landesrechtlichen Begrifflichkeit. Eine „reine" Verweisung auf das geltende Landesrecht liegt nur im ersteren Fall vor. Im letzteren müßte erst ein einheitlicher Begriff „gemeinen deutschen Landesrechts" (z.B. Religionsunterricht, Selbstverwaltung) entwickelt und dieser sodann in das Grundgesetz übernommen werden. In den letzten Jahren verstärken sich, organisationsmäßig und gesetzestechnisch, die Koordinierungstendenzen zwischen den Ländern[23]. Dies ist legitim und aus der hier behandelten Problematik heraus sogar notwendig: je unbedeutender die gemeinsamen Begriffsinhalte des Landesrechts, vor allem in Kulturfragen, sind, um so mehr werden – und müssen! – Begriffe wie „Schule", „wissenschaftliche Forschung" u.ä.m. „rein" bundes(verfassungs)rechtlich erfüllt werden. Föderalismus ist aber nicht nur Vielfalt, sondern auch besonderes Verfahren (Lerche) einstimmiger Koordinierung von Begriffen und Regelungen, die sodann für die ganze Bundesrepublik gelten — gerade über das Grundgesetz! *Föderalismus ist – auch – Unitarismus durch Einstimmigkeit.* Für den gesamten Raum der Begriffe, die Sachgebiete oder ganze Bereiche organisatorischer Regelung („Gemeinde") betreffen[24], kann „Grundgesetz nach Landesrecht" nur „Verfassung nach gemeinem Gliedstaatenrecht" sein. Gerade deshalb aber sollte in der Übernahme solcher gemeinrechtlicher Begriffe dann kaum mehr eine erhebliche Gefahr für die Einheit des Gesamtstaates gesehen werden. Die Einheit der Bundesrepublik steht auf zwei Säulen: der unmittelbar von oben im Bundeswillen verwirklichten Union und der von unten aus Übereinkunft und Parallelismus des Handelns der Länder geschaffenen Gemeinsamkeit. Beiden sind die Begriffe des Grundgesetzes grundsätzlich weit geöffnet.

---

[23] Dazu *Bachof,* VVdStL 21, S. 118/9.

[24] Vgl. oben II, 1.

Gerade das notwendige „Miteinander“ allgemein, die eben herausgestellten Grundsätze im besonderen, machen bei der Übernahme landesrechtlicher Begrifflichkeit im Grundgesetz die nuancierte *Einzellösung* zur speziellen Aufgabe, ohne daß dabei das verfassungsrechtliche und politische Gesamtproblem übersehen werden dürfte.

Auf einige Einzelfragen aus diesem Bereich wird noch in anderem Zusammenhang zurückzukommen sein.

„Grundgesetz nach oder ohne Landesrecht“ — in jedem Fall sind die Grundlagen des Föderalismus berührt. Hier muß sich das „Miteinander“ von Bund und Ländern praktisch bewähren. Bei der Erfüllung grundgesetzlicher Begriffsinhalte ist die „niedere Normstufe“ des Landesrechts unbeachtlich. Dieses muß vielmehr als ein „andersartiges Recht“ mit dem Bundesrecht harmonisiert werden. Dahinter steht das größere Problem „Bundesrecht nach Landesrecht“, das eingehender Erörterung bedarf.

Der Normbefehl liegt häufig schon in den Begriffen, die er zum Tragen bringt. Dem grundgesetzlichen Befehl des Bundes sind die Länder unterworfen — doch er erwächst häufig nur aus der Vielfalt der Begriffe, die sachnahes Landesrecht bietet.

Und auch hier ist echter Föderalismus: nicht nur Unterordnung unter den Oberstaat, sondern auch unter den gemeinsamen Willen verbundener Gleicher.

Grundgesetz nach Landesrecht oder Landesrecht nach Bundesverfassung?*

In BayVBl. 1966, 329 (= in diesem Band, S. 498 ff.) ist allgemein die Frage gestellt worden, ob und inwieweit gewisse Begriffe des Grundgesetzes nach Landesrecht bestimmt oder durch Landesrecht erfüllt werden müssen.

Wie nach den dort angedeuteten Grundsätzen sachgerechte Lösungen angestrebt werden können, mag im folgenden noch an einigen Beispielen verdeutlicht werden.

1. In der Literatur ist bisher die Frage kaum gestellt worden. Dies gilt selbst für so zentrale Bestimmungen wie Art. 7, 28, 84 und 85, 99.

Bei den Begriffen des Art. 28 Abs. 2 („alle Angelegenheiten der örtlichen Gemeinschaft", „Gemeinde", „Gemeindeverbände", „in eigener Verantwortung regeln") wird meist ohne nähere Darlegung auf entsprechende Regelungen der Landesgesetzgebung verwiesen, ohne daß hier klar würde, woher der jeweilige Begriffsinhalt kommt[1]. Von anderen wird das Landesrecht als eine Bestätigung[2] oder Verdeutlichung[3] des verfassungsbegrifflich Festgelegten gedeutet, so daß von dessen Selbstand ausgegangen werden dürfte. Dasselbe mag für die gelten, die eine Korrektur der Landesgesetzgebung nach Art. 28 fordern[4], vor allem aber von Stern, der in diesem Zusammenhang ausdrücklich dem Landesgesetzgeber das Recht abspricht, die Bundesverfassung authentisch zu interpretieren[5]. Andererseits greift nach Köttgen[6] der (Bundes- und Landes-) Gesetzgeber hier nur auf eine der Wissenschaft vertraute Terminologie zurück, nach dem Bundesverfassungsgericht[7] ist der Begriff „Selbstverwaltung" entwicklungsgeschichtlich zu bestimmen. Hier dürfte also

---

* Erstveröffentlichung in: Bayerische Verwaltungsblätter 1966, S. 414–416.

[1] So etwa *v. Mangoldt/Klein,* Bonner GG, Anm. z. Art. 28 IV 2 m. Nachw.; OVG Münster MDR 1955, 126; vgl. auch *Maunz/Dürig,* Grundgesetz, Art. 28 Rdnr. 33.

[2] Z.B. *Becker,* E., Kommunale Selbstverwaltung, in: Bettermann/Nipperdey, IV 2 (1962), S. 673 (712).

[3] Etwa (zutr.) *Badura,* P., Rechtsetzung durch Gemeinden, DÖV 1963, 561 (565).

[4] Z.B. *Bokly,* E., Die Behandlung der Gemeinden im GG und in d. bay. Verfassung, Der Bayer. Bürgermeister 1949, 265 (266).

[5] Bonner Komm. Rdnr. 80 zu Art. 28.

[6] Wesen u. Rechtsform d. Gemeinde u. Gemeindeverbände, in: Handbuch d. kommunalen Wissenschaft u. Praxis I, 1956, 185 (193).

[7] BVerfGE 7, 364.

– vielfach mediatisierte – landesrechtliche Begrifflichkeit im Vordergrund stehen.

In den Begriffen von Art. 7 wird häufig eine reine Verweisung auf entsprechendes Landesrecht gesehen[8]. An anderen Stellen klingt aber der Gedanke an, daß die Länder hier nur den grundgesetzlichen Rahmen auszufüllen hätten[9], ebenso in verfassungsrechtlichen Urteilen, nach denen die Länder regeln dürfen, soweit dies nicht durch Art. 7 GG verboten ist[10].

Alle diese Autoren[11] und Urteile behandeln aber im Grunde doch nur das Problem, was den Ländern nach dem Grundgesetz noch erlaubt ist, nicht die davon scharf zu scheidende und hier allein interessierende Frage, wie die grundgesetzlichen Begriffe ihrerseits zu definieren seien. Das Bundesverwaltungsgericht[12] unterscheidet zwar den (grundgesetzlich festliegenden) Begriff der Ersatzschule von dessen Einordnung in das Schulwesen des Landes, die den Ländern obliege, sagt aber nicht näher, aus welchen Rechtsbereichen der Begriff entstehe.

Zur Frage, wie der Begriff oberste Landesbehörden (Art. 84 Abs. 3, 85 Abs. 3 GG) zu bestimmen sei, finden sich nur wenige Äußerungen. Maunz[13] sieht hier eine Verweisung auf Landesrecht, allerdings mit der vom Grundgesetz geforderten Maßgabe des Fehlens einer übergeordneten Behörde.

2. Es zeigt sich also, daß in der vorliegenden Frage kaum auf gesicherte Ergebnisse zurückgegriffen werden kann. Insbesondere muß jene klar von dem Problem unterschieden werden, welche Rechte den Ländern *innerhalb* des grundgesetzlichen Rahmens bleiben; hier fragt es sich dagegen, wie dieser Rahmen *selbst* begrifflich zu bestimmen sei.

---

[8] Z.B. *v. Mangoldt/Klein,* Bonner GG, Art. 7 Anm. 5 (Erteilung von Religionsunterricht); klar *Hamann,* A., Das GG, 2. A. 1961, Art. 7 A. 3: „Art. 7 enthält keine Entscheidung über die Fragenkreise: Bekenntnisschule -" usw.; *Heckel,* H., geht ohne Begründung davon aus, daß die Länder definieren, was öffentliche und was Privatschulen seien (Grundbegriffe und Grundfragen des Privatschulrechts, DVBl. 1951, 495 f.); ebenso *ders.,* Deutsches Privatschulrecht, Berlin/Köln 1955, 209.

[9] *Wernicke,* Bonner Komm. Art. 7 Anm. 2 a. E.; *Giese/Schunck,* Das GG f. d. BRD, 6. A. Frankfurt 1960; Art. 7 Anm. 2, 1; *v. Mangoldt/Klein,* Bonner GG, Art. 7 Anm. 2, 4 „... sind die einschlägigen landes-(verfassungs-)rechtlichen Regelungen neben den primär ... maßgebenden grundsätzlichen Rahmenbestimmungen von besonderer Wichtigkeit"; *Redelberger,* O., Zur Frage der Vereinbarkeit der Bekenntnisschule mit dem GG, DÖV 1954, 102 (108).

[10] Z.B. BVerfGE 6, 309 (354 f.); VerfGH NRW, JZ 1960, 314.

[11] So etwa auch *Schmöckel,* R., Der Religionsunterricht, Berlin 1964 (insbes. S. 33 f.); *Heckel,* H., DÖV 1954, 144; *ders.,* DVBl. 1952, 207.

[12] BayVBl. 1964, 185 f.

[13] *Maunz/Dürig,* Art. 85 Rdnr. 34 u. 35, vgl. BVerfG NJW 1960, 1291.

Ohne daß die vielschichtigen Fragen hier auch nur andeutungsweise in ihrem „notwendig föderalen Miteinander von Bundesrecht und Landesrecht" gelöst werden könnten, mögen im folgenden doch einige Ausgangspunkte für weitere Überlegungen markiert werden.

a) Es gilt zunächst, Fälle auszusondern, in denen *reine grundgesetzliche Verweisung* auf die Vielfalt des jeweiligen Landesrechts vorliegt. Dies dürfte anzunehmen sein bei: Landesregierung[14], Landesverfassung, Landesparlament — kurz bei allen Begriffen der Staatsorganisation, die als Landesinstanzen im Grundgesetz ausdrücklich angesprochen sind und der ausschließlichen landesgesetzlichen Regelungszuständigkeit unterliegen[15], sowie im Falle der „Polizei"[16]. Hier liegt das – organisationsrechtliche – Zentrum der „Andersartigkeit" der Länder als Souveränitätsträger dem Bund gegenüber. Wer davon abgeht, verwandelt Föderation in Dezentralisation.

Diese Verschiedenartigkeit der Länder findet allerdings ihre Grenzen an Art. 28 Abs. 1 GG. Dort wird aber keine volle Gleichschaltung vollzogen, sondern nur ein – weiter – Rahmen geschaffen („Grundsätze" sind zu beachten). Zwar dürfte hier von den Ländern mehr erwartet werden als von den Gemeinden[17], dennoch müssen weder etwa die Einzelheiten des Parlamentsrechts noch Details der Regierungsorganisation des Bundes von den Ländern übernommen werden. Schließlich – und das ist hier bedeutsam – darf eine solche „Gleichschaltung" auch nicht über das Begriffliche vollzogen werden, indem den Ländern grundgesetzlich-selbständige Begriffe wie „Landesregierung", „Landesparlament" aufgenötigt werden, in denen einschlußweise bereits umfangreiche technische Regelungsvorstellungen enthalten sind. Der grundgesetzliche Rahmen muß für Begriffe des Landesverfassungsrechts, auf die das Grundgesetz verweist, sehr weit sein, noch weiter für Begriffe der Landesorganisation unterhalb der Verfassungsstufe („Mittelbehörden").

Eine ähnliche Verweisung sollte für Begriffe des Gemeindeorganisationsrechts angenommen werden (insbes. bei Art. 28 GG), mit einer Besonderheit: das Grundgesetz will ersichtlich hier die landesrechtliche Regelungsvielfalt begrenzen. Der dazu vor allem eingesetzte Begriff der Selbstverwaltung darf also nicht unter Verweisung auf das jeweilige Landesrecht, er muß unter Rückgriff auf die gemeinen landesrechtlichen Selbstverwaltungsvorstellungen

---

[14] Vgl. BVerfG NJW 1960, 1291.

[15] Also nicht die „Gerichte der Länder" (vgl. GVG), die „Landesfinanzbehörden" nur nach Maßgabe der Sonderbestimmung von Art. 108 Abs. 3 GG.

[16] I.F.v. Art. 91 GG z.B. ist nicht zu besorgen, daß durch eine landesrechtliche Begriffserfüllung das Verfassungsverbot vereitelt werden könnte. Mit solcher Absicht können die Länder kaum a priori ihren Polizeibegriff bestimmen.

[17] In denen nur die Schaffung einer Volksvertretung i.S.v. Art. 38 GG zur Pflicht gemacht wird, Art. 28 Abs. 1 Satz 2.

erfüllt werden. Verweist man hier auf angeblich gesicherte Theorie oder auf entwicklungsgeschichtlich fixierte Inhalte, so umgeht man die Frage, wie denn diese zustandekommen, oder zementiert gar einen gewissen Entwicklungszustand des landesrechtlichen Selbstverwaltungsrechts. Nicht unbedenklich wäre es auch, den hier zu ermittelnden gemeinen landesrechtlichen Minimumstandard sogleich als Bundesrecht (allgemeines deutsches Verwaltungsrecht) anzusehen: der Bundesgesetzgeber könnte ihn nicht einmal teilweise in eigener Kompetenz fortentwickeln — oder man müßte ihm gar eine gemeinderechtliche Rahmenregelungskompetenz zuerkennen!

c) Was für die „Selbstverwaltung" gilt, kann auf die meisten derjenigen Begriffe Anwendung finden, die weit überwiegend dem Regelungsbereich der Landesgesetzgebung entstammen (z.B. Schule, Bekenntnisschule): gemeine deutsche Landesbegrifflichkeit, so wie sie im Augenblick der Auslegung festgestellt wird, ist hier dem Grundgesetz unterzulegen. Mehr, als sich klar aus ihr ergibt, sagt das Grundgesetz nicht aus. Die Ausfüllung eines so entstehenden Begriffsrahmens bleibt dem jeweiligen Landesrecht überlassen. Es muß aber stets – und vor allem beim Religions- und Kulturbereich – berücksichtigt werden, daß der Bund z.T. solche Begriffe durch Ausübung seiner Gesetzgebungszuständigkeit mitbestimmen kann. So wird für den Begriff „Gewissen" die Gesetzgebung zu Art. 4 Abs. 3 GG, für „Religion(sunterricht)" das Gesetz über religiöse Kindererziehung von Bedeutung sein. Bundesrechtliche und gemein-landesrechtliche Inhalte sind hier – ohne Berücksichtigung eines Normstufenunterschiedes! – zur Gestaltung eines Begriffsrahmens zu harmonisieren.

d) Begriffe, welche die Gesetzgebungszuständigkeit des Bundes bezeichnen, können ebenfalls nicht ohne jeden Bezug auf (gemeine) landesrechtliche Begrifflichkeit bestimmt werden (z.B. Bodenrecht, wissenschaftliche Forschung). Umgekehrt kann diese dafür nicht allein ausschlaggebend sein, weil hier das Landesrecht gerade zurückgedrängt werden soll. Soweit solche Begriffe nicht unmittelbar außerrechtlich erfüllt werden können[18], ist ihr Inhalt durch harmonisierende Abgrenzung gegenüber den sachnächsten Gesetzgebungswerken zu gewinnen — gleich, ob es sich dabei um Bundesrecht oder gemeines Landesrecht handelt[19]. Ein Normstufenverhältnis zwischen letzteren ist dabei bedeutungslos.

e) Bei einer Reihe von meist verwaltungsrechtlichen Begriffen (z.B. öffentlicher Dienst) käme eine gleichmäßige Erfüllung aus Bundes- und (gemeinem) Landesrecht in Frage. Diese Begriffsinhalte werden aber, als all-

---

[18] So wohl beim Begriff „Schienenbahnen", Art. 74 Nr. 23.

[19] So etwa bei (natur-)wissenschaftlicher Forschung (Art. 74 Ziff. 13) das (gemeine) Universitätsrecht der Länder einer-, das Bundesrecht nach Art. 74 Nr. 11a andererseits.

gemeines deutsches Verwaltungsrecht, dem Bundesrecht zugerechnet, soweit sie der Ergänzung bundesrechtlicher Rechtssätze dienen. Unbeschadet dieser in manchen Konsequenzen nicht unbedenklichen Transformierung von gemeinem Landesrecht in Bundesrecht schließt auch dies nicht aus, daß die jeweilige begriffliche Basis (Landes-, Bundesrecht) sorgfältig und ohne Vorrang des Bundesrechts ermittelt werden muß.

Der Bund-Länder-Streit vor dem Bundesverfassungsgericht*

Prozeßregelungen für einen vergangenen Föderalismus?

I. Der Bund-Länder-Streit — eine „erledigte BVerfG-Kompetenz"?

Nach Art. 93 Abs. 1 GG entscheidet das Bundesverfassungsgericht

Ziff. 3: „bei Meinungsverschiedenheiten über Rechte und Pflichten des Bundes und der Länder, insbesondere bei der Ausführung von Bundesrecht durch die Länder und bei der Ausübung der Bundesaufsicht."

Ziff. 4: „in anderen öffentlich-rechtlichen Streitigkeiten zwischen dem Bunde und den Ländern ..., soweit nicht ein anderer Rechtsweg gegeben ist."

Art. 84 Abs. 4 GG bestimmt:

„Werden Mängel, die die Bundesregierung bei der Ausführung der Bundesgesetze in den Ländern festgestellt hat, nicht beseitigt, so beschließt auf Antrag der Bundesregierung oder des Landes der Bundesrat, ob das Land das Recht verletzt hat. Gegen den Beschluß des Bundesrates kann das Bundesverfassungsgericht angerufen werden."

Dieser „Bund-Länder-Streit" bietet auf den ersten Blick ein Bild verfassungsprozessualer Problemlosigkeit. In zwanzig Jahren hat das BVerfG neun Entscheidungen nach Art. 93 Abs. 1 Ziff. 3 (i. folg. „Meinungsverschiedenheiten") gefällt[1], vier weitere Verfahren wurden auf andere Weise erledigt. Im selben Zeitraum wurden „andere öffentlich-rechtliche Streitigkeiten" nach Ziff. 4 (i. folg. „andere Streitigkeiten") nur zwischen Ländern[2], nicht aber zwischen Bund und Ländern entschieden[3]. Die letzte Entscheidung des BVerfG in einem Bund-Länder-Streit erging im Jahre 1967; nahezu alle bedeutsamen Erkenntnisse stammen aus den ersten zehn Jahren der Judikatur des Gerichts. Dicta von Gewicht machen insgesamt nur wenige Seiten aus.

---

* Erstveröffentlichung in: Bundesverfassungsgericht und Grundgesetz. Festgabe aus Anlaß des 25jährigen Bestehens des Bundesverfassungsgerichts, Erster Band: Verfassungsgerichtsbarkeit, Tübingen 1976, S. 260 - 291.

[1] Vgl. das BVerfG 1951 - 1971, Karlsruhe 1971, S. 206 f.

[2] E 3, 267 (278); 4, 250 (267); 22, 221, (229 f.).

[3] Sieht man von der Entscheidung E 1, 299 (306) ab, die jedoch heute wegen der Zuständigkeit des BVerwG (§ 50 Abs. I Ziff. 1 VwGO) nicht mehr ergehen könnte; vgl. dazu näher unten II. 6.

Das Schrifttum hat den föderalen Kompetenzen des BVerfG ebenfalls keine allzu große Aufmerksamkeit geschenkt. Sieht man von den Kommentierungen der einschlägigen Bestimmungen des BVerfGG (§ 13 Ziff. 7, 8; §§ 68 f.) ab[4], so finden sich nur wenige eingehende Äußerungen[5]. Die hier interessierenden Fragen werden im übrigen nur kurz, referierend, in anderem Zusammenhang, unter begrenzten Aspekten, und dies alles meist durchaus am Rande angesprochen[6]. Spricht dies alles nicht dafür, daß der Bund-Länder-Streit eine Betrachtung kaum mehr lohnt?

Ist sie nicht einfach eine „erledigte verfassungsgerichtliche Kompetenz“, diese Zuständigkeit, die als das „Urbild der Verfassungsstreitigkeiten, jedenfalls für die deutsche Rechtsentwicklung“, gerühmt werden konnte[7]?

Der erste Anschein trügt. Der Bund-Länder-Streit ist das prozessuale Bild des deutschen Föderalismus. Das BVerfG hat hier schon früh wenige, aber bedeutsame Weichenstellungen vorgenommen. Ebenso wichtig wie das Entschiedene ist das, worüber es nicht entscheiden konnte oder wollte. Für Dogmatik und Systematik nicht nur des Verfassungsrechts, sondern des öffentlichen Rechts überhaupt lassen sich hier wichtige Erkenntnisse gewinnen, vor allem in der Abgrenzung von Staatsrecht und Verwaltungsrecht in dem Begriff der „Verfassungsstreitigkeiten“, der „Verfassungsrechtsverhältnisse“.

---

[4] *Maunz/Sigloch/Schmidt-Bleibtreu*, Bundesverfassungsgerichtsgesetz, 1972; *Leibholz/Rupprecht*, BVerfGG (Nachtrag 1971), 1968; *Lechner*, H., Bundesverfassungsgerichtsgesetz, 1. A., 1954 (Nachtrag 1957); 2. A., 1967; *Geiger*, W., Gesetz über das BVerfG, Kommentar, 1952.

[5] Nur zwei Untersuchungen sind dem Bund-Länder-Streit als solchem gewidmet: *Scholtissek*, H., Zur Zuständigkeit des BVerfG aus Art. 93 Abs. I Nr. 4 GG, Festschr. f. G. Müller, 1970, S. 461 f., der sich aber nur zum Teil mit den hier interessierenden Fragen beschäftigt, sowie vor allem *Schachtschneider*, K.A., Der Rechtsweg zum BVerfG in Bund-Länder-Streitigkeiten, Diss. Berlin 1969, nur teilw. im Druck erschienen, was bedauerlich ist, weil sich hier die bisher bei weitem beste Zusammenstellung der vielen disparaten Einzeläußerungen zu dem Fragenkreis findet, und weil diese Untersuchung die einzige tief eindringende Problematisierung des Bund-Länder-Streits darstellt.

[6] Vgl. neben dem von *Schachtschneider*, K.A., aaO. berücksichtigten Schrifttum noch *Koban, H.*, Über das Verhältnis der Verfahrensarten vor dem BVerfG, 1964; *Hirschmüller*, M., Die Konferenzen der Ministerpräsidenten und Ressortminister der Länder in der BRD, Diss. Tübingen 1967, S. 155 f.; *Gawin*, W., Die Rechtsstellung der ständigen Konferenz der Kultusminister der Länder in der BRD, Diss. Würzburg 1967; *Bartsch*, G., Das Verwaltungsabkommen, Diss. Regensburg 1968, S. 205 f.; *Kutscher*, H., Die Kompetenzen des BVerfG 1951 bis 1969, Festschrift f. G. Müller, 1970, S. 161 f.; *Roellecke*, G., Politik und Verfassungsgerichtsbarkeit, 1961, S. 56, 123 f.; *Spanner*, H., Das BVerfG, 1972, S. 80 f.; *Stephan*, B., Das Rechtsschutzbedürfnis, 1967, S. 140 f.; *Tüttenberg*, H.P., Die einstweilige Anordnung im verfassungsgerichtlichen Verfahren, Diss. Mainz 1968, S. 71 f.; vgl. auch die Kommentare zur VwGO zu § 50 Abs. I Ziff. 1.

[7] *Maunz/Sigloch* u.a. (Fn. 4), § 13 Rdnr. 43.

Darum also geht es im folgenden: Um den *verfassungsprozessualen Beitrag des BVerfG zur Dogmatik des deutschen Föderalismus*, nicht um das Registrieren unsystematischer Einzelerkennntnisse zum Gesetz über das BVerfG.

Zunächst wird das Hauptproblem des Bund-Länder-Streits, die Zuständigkeiten des BVerfG aus Art. 93 Abs. 1 Ziff. 3 und 4 GG nach Inhalt und Grenzen, insbesondere in ihrer Abgrenzung zueinander, zu anderen Verfahrensarten und zur Zuständigkeit anderer Gerichte untersucht (i. folg. II.); sodann sind aus dieser Rechtslage und ihrer praktischen Bedeutung Folgerungen für die heutige Gestalt des deutschen Föderalismus zu ziehen (III.).

II. Die Zuständigkeiten des Bundesverfassungsgerichts nach Art. 93 Abs. 1 Ziff. 3 und 4 GG

Nach dem Wortlaut des Grundgesetzes[8] gilt den „Meinungsverschiedenheiten" (Art. 93 Abs. 1 Ziff. 3 GG) die Zentralnorm des Bund-Länder-Streits. Die Untersuchung hat daher mit ihr zu beginnen.

1. Kontradiktorische Streitverfahren um „eigene Rechte und Pflichten"

Der Bund-Länder-Streit ist, bei den „Meinungsverschiedenheiten" wie bei den „anderen Streitigkeiten", als kontradiktorisches Verfahren ausgestaltet, in dem es um gegenseitige subjektiv-öffentliche Rechte und Pflichten geht. Nach dem Grundgesetz stehen sich Bund und Länder als Antragsteller und Antragsgegner gegenüber, welche um Rechte und Pflichten streiten, die sich zwischen ihnen aus einem verfassungs-rechtlichen Rechtsverhältnis ergeben[9]; die h.L. folgt dem[10]. Dafür spricht entscheidend der Wortlaut des Art. 93 Abs. 1 Ziff. 3 GG, wo von „Meinungsverschiedenheiten über Rechte und Pflichten des Bundes und der Länder" die Rede ist. Damit kann nicht eine Frage gemeint sein, welche nur die Auslegung objektiven Rechts betrifft. Das Grundgesetz nennt hier – anders als im Falle der abstrakten Normenkontrolle – keinen Antragsberechtigten. Daraus ergibt sich, daß nur der jeweilige

---

[8] Das in Art. 93 Abs. 1 Ziff. 4 von „anderen" Streitigkeiten spricht und in Art. 84 Abs. 4 einen in Art. 93 Abs. 1 Ziff. 3 miterfaßten Sonderfall regelt.

[9] E 20, 18 (23 f.); vgl. bereits 2, 143 (155, 159) sowie mit ausführlicher Begründung 13, 54 (72/73) m.w.N.

[10] *Lechner* (Fn. 4), § 13 Ziff. 7, 2 b, 3; *Geiger* (Fn. 4), § 76, 9; *Leibholz/Rupprecht* (Fn. 4), § 13 Nr. 7, 1; *Holtkotten*, BK, Art. 93, II B 3 d; *Friesenhahn*, E., Die Verfassungsgerichtsbarkeit in der BRD, 1963, S. 23, 25; zum Rechtsschutzbedürfnis *Stephan* (Fn. 6), S. 140 f.; im Ergebnis ebenso auch *Schachtschneider* (Fn. 5), S. 2 f. m.w.N.

Rechtsträger antragsbefugt sein kann — damit aber darf nur über subjektiv-öffentliche Berechtigungen gestritten werden. Aus etwaigen Begriffsunterschieden zwischen „Meinungsverschiedenheiten“ und „Streitigkeiten“ braucht die Begründung nicht gewonnen zu werden[11]. Der vom BVerfG angeführten weiteren[12], nicht in allem zweifelsfreien Begründung[13] bedarf es nicht. Zutreffend hat daher das BVerfGG in § 68 nur den jeweiligen obersten Verfassungsorganen von Bund und Ländern die Antragsberechtigung zuerkannt und in § 69 in Verb. mit § 64 das Verfahren auf Verletzung oder unmittelbare Gefährdung „eigener“ Rechte beschränkt.

Auch bei den *„anderen Streitigkeiten“* (Art. 93 Abs. 1 Ziff. 4) handelt es sich ausschließlich um *kontradiktorische Verfahren über subjektiv-öffentliche Berechtigungen* und Verpflichtungen: Hier ist ebenfalls kein Antragsberechtigter (Parteifähiger) erwähnt, was wiederum nur bedeuten kann, daß sich dies aus der jeweiligen subjektiv-rechtlichen Legitimation ergibt[14]. Hier spricht auch der Wortlaut deutlich gegen die Annahme eines objektiven Verfahrens: Eine „Streitigkeit zwischen“ Rechtsträgern betrifft eben deren jeweilige subjektive Rechte; selbst wenn „Streitigkeit“ hier im sehr weiten Sinne von „Prozeß“ zu verstehen ist[15], so müßte doch, sollte nicht ein

---

[11] Daß dies nicht mit Eindeutigkeit gelingen könnte, weist *Schachtschneider* (Fn. 5), insbes. S. 8 f., u.a. unter Hinweis auf den Sprachgebrauch der Prozeßordnungen nach. Er berücksichtigt jedoch nicht die – entscheidende – Verbindung des Wortes „Meinungsverschiedenheit“ mit den Worten „über Rechte und Pflichten“, welche den Begriff Meinungsverschiedenheit im Bund-Länder-Streit von dem der abstrakten Normenkontrolle (Art. 93 Abs. 1 Ziff. 2 GG) abhebt.

[12] E 13, 54 (72/73).

[13] Der *„geschichtliche Zusammenhang“* mit Art. 19 WV legt zwar die Beschränkung auf „subjektive Streitigkeiten“ nahe, welche auch in der Weimarer Zeit durchgehend gegolten hat. Vgl. dazu die für diese Periode überhaupt grundlegenden Ausführungen von *Triepel*, H., Streitigkeiten zwischen Reich und Ländern, Festgabe für W. Kahl, 1923, S. 30 f.; vgl. zur Weimarer Zeit noch den Überblick bei *Flad*, Verfassungsgerichtsbarkeit und Reichsexekution (Beiträge zur Lehre von den Streitigkeiten zwischen Reich und Ländern und deren Entscheidung, Diss. Heidelberg 1929). Angesichts der dem GG gegenüber unterschiedlichen Systematik und Terminologie der Art. 15 und 19 WV ist dies jedoch kein eindeutiges Argument. – Die in Art. 93 Abs. 1 Ziff. 3 *„angeführten Beispiele“* (Ausführung von Bundesrecht durch die Länder und Bundesaufsicht) könnten auch zur Begründung des Gegenteils, nämlich dafür angeführt werden, daß es nicht nur um subjektive Rechte gehe; denn an „Gesetzesausführung“ besteht in erster Linie ein objektives Interesse der Staatsinstanzen — *Art. 93 Abs. 1 Ziff. 4* („andere Streitigkeiten“) ergibt nur dann ein Argument, wenn „Streitigkeiten“ nicht allg. als „Prozeßsachen“ (so *Schachtschneider* [Fn. 5], insbes. S. 12 f.), sondern als Streit über subjektive Berechtigungen zu verstehen ist.

[14] Will man nicht dem Gesetzgeber das, schon rechtsstaatlich bedenkliche, Recht einräumen, beliebige „objektiv-rechtliche Bund-Länder-Streitigkeiten“ auszugestalten und dem BVerfG zuzuweisen.

[15] *Schachtschneider* (Fn. 5), S. 14.

Rechtsstreit um jeweilige subjektive Rechte gemeint sein, ausdrücklich deutlich werden, welche „objektiven" Verfahren etwa in Betracht kommen könnten, da solche in der deutschen Rechtsordnung die seltene Ausnahme darstellen. Dies aber ist nicht ersichtlich[16].

Mit Recht hat also das BVerfGG (§ 71 Abs. 1 Ziff. 1) die Antragsberechtigung auf oberste Organe von Bund und Ländern beschränkt, worunter die „jeweils Betroffenen" zu verstehen sind.

In der Beschränkung des Bund-Länder-Streits, die das BVerfG auf Streitigkeiten über eigene subjektive Berechtigungen vorgenommen hat, liegt allerdings, das sei betont, nicht etwa nur eine Anwendung „eindeutiger" Verfassungsnormen. Zwar legt die Verfassung, aus den angegebenen Gründen, die Lösung des BVerfG nahe, in ihr liegt aber auch ein „Stück konstruktiver Interpretation", eine verfassungsfortbildende Dezision. Das Gericht hätte ja auch, jedenfalls für Art. 93 Abs. 1 Ziff. 3, unter „Meinungsverschiedenheiten", *zugleich* objektive Verfahren verstehen können, so daß etwa der Bund und das Land über Pflichten der Länder B, C usw. hätten streiten können. Vorstellbar wären sogar Meinungsverschiedenheiten zwischen Bundesorganen über die Bund-Länder-Rechtslage, etwa eine Klage des Bundestages gegen die Bundesregierung auf Einleitung des Bundesaufsichtsverfahrens[17].

Dies alles ist nach der Weichenstellung durch das BVerfG ausgeschlossen. Weder kann sich ein „Dritter" (ein anderes Land, ein anderes Verfassungsorgan von Bund oder Ländern) in die Rechte-Pflichten-Lage zwischen dem Bund und einem bestimmten Lande einmischen, noch kann irgendein außerhalb eines föderalen Verhältnisses Stehender eine föderale Gerichtsentscheidung erreichen.

Für das Verständnis des Föderalismus bedeutet dies: Es wird als Verhältnis zwischen „geschlossenen Gebilden", zwischen „Staaten" aufgefaßt, nicht als ein Kompetenzsystem zwischen Rechtsträgern, an dessen Funktionieren auch ein „Außenstehender" oder gar „jedermann" ein Interesse haben könnte. Dies ist also eine Entscheidung für einen *Staatenföderalismus*, nicht einen *„Kompetenzenföderalismus"*.

---

[16] Für diese Lösung spricht übrigens nicht bereits die Subsidiarität dieser Vorschrift anderen Zuständigkeiten gegenüber, weil es bei diesen etwa ebenso und daher für den Gesamtbereich der Ziff. 4 nur um Streit über subjektive Rechte gehe. Unter solchen sind nicht nur ein Rechtsstreit über subjektive Berechtigungen, sondern auch „objektive" Verfahren zu verstehen (etwa solche im Rahmen von § 13 BVerfGG, BVerfGE 1, 208 [218]; *Lechner* [Fn. 4], § 13, 2 a.E.; *Maunz/Sigloch* u.a. [Fn. 4], § 13 Rdnr. 4).

[17] Dann allerdings hätten die Bestimmungen der §§ 68, 69, 71 Abs. 1 Ziff. 1 BVerfGG als verfassungswidrig angesehen werden müssen.

2. Die Antragsberechtigung der Regierungen

Antragsberechtigt sind nur Bundesregierung und Landesregierungen. Das BVerfG hat diese Regelung des BVerfGG (§§ 68, 71 Abs. 1 Ziff. 1) ohne nähere Begründung gebilligt[18] — zu Recht: Für den Bund kann der Bundespräsident hier nicht auftreten, da er den Bund nur völkerrechtlich vertritt. Die Bundesregierung ist nach dem Grundgesetz das föderale Vertretungsorgan des Bundes[19]. Das Grundgesetz sieht offenbar auch die Landesregierungen als Vertretungsinstanzen der Länder innerhalb des gesamtstaatlichen Raumes — so sind etwa die Landesregierungen bei abstrakten Normenkontrollen neben der Bundesregierung antragsbefugt (Art. 93 Abs. 1 Ziff. 2 GG)[20]. Bestimmungen in Landesverfassungen, die etwa dem Ministerpräsidenten die „Vertretung des Landes nach außen" vorbehalten[21], müssen daher insoweit einschränkend ausgelegt werden, als dies den Bund-Länder-Streit betrifft. Dies spricht dafür, daß auch in allen anderen föderalen Bezügen nur die Landesregierungen nach dem Grundgesetz als Vertretungsorgane der Länder anzusehen sind[22].

Daß die Regierungen von Bund und Ländern nur als Kollegialorgane antragsberechtigt sind[23], entspricht den verfassungsrechtlichen Organisationsvorschriften in Bund und Ländern (vgl. Art. 62 GG und Art. 43 Abs. 2 BayVerf.), stellt also keine „weitere Einschränkung"[24] gegenüber Bund oder Ländern dar. Die Rechtsprechung zur Antragsberechtigung ist mehr Verdeutlichung als Fortentwicklung von Verfassungsentscheidungen; sie bietet kaum föderalen Grundsatzgehalt, mag sie auch klarstellen, daß das Verhältnis der Länder zueinander kein völkerrechtliches ist, international-rechtliche Vertretungsregeln also nicht anwendbar sind.

---

[18] E 6, 309 (323 f.).

[19] Das ergibt sich aus zahlreichen Bestimmungen, vgl. etwa Art. 32 Abs. 3; 84 Abs. 4 („auf Antrag der Bundesregierung oder des Landes"), der gerade einen typischen Fall des Bund-Länder-Streits betrifft.

[20] Zur Begründung der Verfassungsmäßigkeit der §§ 68, 71 BVerfGG muß man also nicht etwa auf das verfassungsrechtliche Homogenitätsprinzip (vgl. Art. 28 GG) zurückgreifen, von dem überdies noch zweifelhaft wäre, ob es nicht nur „nach innen wirkt" und ob es überhaupt derart wenig grundsätzliche Fragen betreffen könnte.

[21] Vgl. etwa BayVerf. Art. 47 Abs. III.

[22] Anders wohl – für die grundsätzliche Zuständigkeit des Minsterpräsidenten – *Nawiasky/Leusser/Schweiger/Zacher*, BayVerf., Kommentar, Art. 47 Rdnr. 6.

[23] BVerfGE 6, 309 (323 f.).

[24] So aber *Maunz/Sigloch* u.a. (Fn. 4), § 68 Rdnr. 3. Die Frage, ob dies durch die Verfahrensregelungskompetenz gedeckt ist (Art. 93 Abs. 2 GG), kann also in bejahendem Sinn beantwortet werden, weil das Gesetz lediglich wiederholt, was nach der Verfassung gilt, und die Antragsbefugnis als prozessuale Materie anzusehen ist.

3. Abgrenzung von Bund-Länder-Streit und Normenkontrolle

Bund und Länder können auch im Verfahren der abstrakten Normenkontrolle gegeneinander streiten (Art. 93 Abs. 1 Ziff. 2; BVerfGG § 13 Ziff. 6). Neben ihren Regierungen ist dann auch ein Drittel der Mitglieder des Bundestages antragsberechtigt.

a) Das BVerfG hat das Verhältnis der Verfahrensarten der abstrakten Normenkontrolle und des Bund-Länder-Streits zueinander eindeutig bestimmt: Es handelt sich um unterschiedliche Verfahrensarten, für welche auch verschiedene Verfahrensgrundsätze gelten[25]. Sie stehen selbständig nebeneinander[26], schließen sich aber gegenseitig nicht aus, sondern überschneiden sich[27]. Die Normenkontrollvorschriften sind nicht leges speciales gegenüber den Bestimmungen über den Bund-Länder-Streit[28]. Auch ein Gesetz kann nämlich eine „Maßnahme" darstellen, welche sich gegen einen Partner des Föderalverhältnisses richtet und diesen in seinen Rechten verletzt[29].

Fühlt sich daher ein Land durch Bundesrecht verletzt, so kann es sowohl eine Normenkontrolle als auch einen Bund-Länder-Streit einleiten[30]. Entscheidend kommt es auf den Sinn an, welchen das Gericht dem Vorbringen des Antragstellers beimißt[31]. Will er ersichtlich beide Verfahren beginnen, so können sie zu gemeinsamer Behandlung und Entscheidung verbunden werden[32]. Die Rüge der Verletzung einer Gesetzgebungszuständigkeit versteht das Gericht dabei jedenfalls als Bund-Länder-Streit-Antrag, ohne daß damit aber wohl die Qualifizierung als (gleichzeitiger) Normkontrollantrag ausgeschlossen wäre[33]. Fühlt sich der Bund durch einen Akt der Landesgesetzgebung beeinträchtigt, so stehen ihm ebenfalls Normenkontrolle und/oder Bund-Länder-Streit zur Verfügung[34].

---

[25] E 12, 205 (222).

[26] E 20, 56 (95).

[27] E 1, 14 (19),

[28] So noch *Scheuner*, U., DVBl. 1952, S. 295; *Geiger* (Fn. 4), § 13, 12.

[29] E 4, 115 (122/3) und öfter.

[30] E 7, 305 (310/1); *Maunz/Sigloch* u.a. (Fn. 4), § 13 Rdnr. 47; § 68 Rdnr. 5.

[31] *Maunz/Sigloch* u.a. (Fn. 4), § 13 Rdnr. 47.

[32] E 12, 205 (222/3).

[33] E 4, 115 (122/3).

[34] *Leibholz/Rupprecht* (Fn. 4), vor § 68 Rdnr. 2, wollen für diese Frage nur den Bund-Länder-Streit eröffnen; ihre Auffassung, die mit Art. 93 Abs. 1 Ziff. 2 GG unvereinbar ist, wird aber auch durch die von ihnen herangezogene E 4, 115 (122/3) nicht gestützt, wo das BVerfG lediglich einen Landesantrag als Einleitung eines Bund-Länder-Streites ausgelegt hat.

Allein eine Normenkontrolle dagegen ist gegeben, wenn Bund oder Land eine Bundesnorm für verfassungswidrig halten und die Entscheidung darüber zugleich einen „etwa darin eingeschlossenen Streit über Rechte und Pflichten der Beteiligten über die angefochtene Norm" miterledigt[35]. Diese Einschränkung ist zu billigen, denn hier wird das Land nicht in grundgesetzlichen Rechten „durch das Gesetz als Maßnahme", sondern in einfach-gesetzlichen Rechten „durch Maßnahmen auf Grund eines Gesetzes" verletzt; dafür aber steht der Bund-Länder-Streit nicht zur Verfügung (vgl. dazu unten 6.).

b) Die mögliche *Verfahrenskonkurrenz von Normenkontrolle und Bund-Länder-Streit* hat zur Folge, daß den Antragstellern insoweit vor allem in doppelter Hinsicht Alternativen eröffnet sind:

– Sie können eine Norm auch dann noch durch Normenkontrollantrag angreifen, wenn die *Frist* von einem Jahr abgelaufen ist[36], welche im Bund-Länder-Streit seit Kenntnis der Maßnahme oder Unterlassung für die Antragsteller läuft[37]. Aus diesem Grunde wird daher in vielen Fällen der Bund-Länder-Streit über die Verfassungswidrigkeit von Normen nicht in Betracht kommen, wenn dieser etwa später, im Laufe der Anwendung, zur Meinungsverschiedenheit wird.

– Die Antragsteller können zugleich mit der Verfahrensart auch die möglichen *Verfahrensbeteiligten* bestimmen: Im Bund-Länder-Streit können nur Länder und diese nur auf seiten von Ländern beitreten[38]. Die gesetzgebenden Körperschaften werden damit vom Verfahren ausgeschlossen[39], obwohl es möglicherweise gerade um „ihr Werk" geht. Bund und Länder können den Streit „föderal unter sich halten".

Dagegen sind Bedenken vorgebracht und es ist aus diesem Grund das Nebeneinander der beiden Verfahrensarten überhaupt kritisiert worden[40] —

---

[35] E 1, 117 (125 f.) — es sei denn, die Bundesnorm werde wegen Verletzung der Gesetzgebungskompetenz des Landes angegriffen.

[36] E 7, 305 (310/1).

[37] BVerfGG § 64 Abs. 3 i.V.m. § 69; im Falle einer Verletzung von Kompetenzrechten durch Gesetzgebung beginnt die Frist mit der Veröffentlichung des Gesetzes, nicht etwa wird hier wegen Nichtaufhebung der Norm vorgegangen (mißverständlich daher *Maunz/Sigloch* u.a. [Fn. 4], § 69 Rdnr. 4). Bei Untätigkeit läuft übrigens die Frist von dem Zeitpunkt an, zu dem die Gegenseite hätte tätig werden können und müssen und dies dem Antragsteller bekannt war (vgl. dazu E 4, 250 [269]). Eine Wiedereinsetzung gibt es bei dieser Ausschlußfrist nicht (E 24, 252 [257]).

[38] E 6, 309 (325/6); 12, 308 (309/10); vgl. dazu *Spanner* (Fn. 6), S. 83; *Maunz/Sigloch* u.a. (Fn. 4), § 69 Rdnr. 6; *Leibholz/Rupprecht* (Fn. 4), § 69 Rdnr. 2; *Geiger* (Fn. 4), § 69, 2.

[39] Vgl. früher anders noch E 1, 14 (31), wo der Beitritt des Bundestages auf seiten der Bundesregierung zugelassen wurde.

[40] *Maunz/Sigloch* u.a. (Fn. 4), § 68 Rdnr. 5; 69 Rdnr. 6.

zu Unrecht: Daß „für ein und dieselbe Rechtsfrage zwei verschiedene Verfahrensarten zur Verfügung stehen“, ist eine allgemeine Erscheinung der Verfassungsgerichtsbarkeit[41]. „Verurteilt werden“ aber soll im Bund-Länder-Streit gerade nicht die gesetzgebende Körperschaft, sondern „der Bund“, „das Land“, welche hier dem Partner in föderaler Geschlossenheit gegenübertreten. Eine förmliche Verfahrensbeteiligung der Parlamente ist also nicht erforderlich.

Sicher liegt in der gleichzeitigen Zulassung von Normüberprüfungen auch im Bund-Länder-Streit eine bedeutsame Weichenstellung durch das BVerfG: Dieses hätte auch Art. 93 Abs. 1 Ziff. 2 (abstrakte Normenkontrolle) als lex specialis gegenüber dem Bund-Länder-Streit deuten können und hat hier ersichtlich anfänglich auch geschwankt. Seine Festlegung erfolgte schließlich im Sinne eines favoris foederalis: Den Bundesstaatspartnern sollte größere prozessuale Freiheit in ihren Auseinandersetzungen gelassen und es sollte unterstrichen werden, daß die Gesetzgebungskompetenzen zugleich auch einen föderalen Aspekt haben, Bund und Ländern auch subjektive Rechte und Pflichten verleihen, daß sie nicht nur objektives Staatsrecht des Gesetzgebungsverfahrens darstellen.

Ein wichtiges Prinzip des organisatorischen Staatsrechts ergibt sich daraus: Die „Gesetzgebung“ und ihre Zuständigkeit ist keine „selbständige Materie“ gegenüber den föderalen Bezügen; ihre Fragen müssen stets auch im Lichte des Bund-Länder-Verhältnisses gesehen werden, was etwa für den Anwendungsbereich der Bundestreue von Wichtigkeit ist.

Auch hier hat sich also das BVerfG zu Recht für einen *Staatenföderalismus*, nicht einen *Kompetenzföderalismus entschieden.*

4. Bund-Länder-Streit bei Ausführung von Bundesgesetzen durch die Länder

„Meinungsverschiedenheiten bei der Ausführung von Bundesrecht durch die Länder“ ist ein zentraler Fall („insbesondere“, Art. 93 Abs. 1 Ziff. 3 GG) des Bund-Länder-Streits. Der Begriff der „Ausführung von Bundesrecht“ ist im wesentlichen bereits durch das Grundgesetz festgelegt. Nach Art. 84 Abs. 1 GG regeln hier die Länder „die Einrichtungen der Behörden und das Verwaltungsverfahren“. Dies schließt den Erlaß der erforderlichen Verwaltungsvorschriften ein[42]. Zur „Ausführung der Gesetze“ gehört schließlich

---

[41] Vgl. etwa die Nachprüfung der Grundrechtswidrigkeit einer Norm über abstrakte und konkrete Normenkontrollen sowie im Wege der Verfassungsbeschwerde. Der Unterschied liegt eben gerade in der Verschiedenartigkeit der „Antragsberechtigten“.

[42] Das ergibt sich schon daraus, daß dieser Erlaß in unmittelbarem Zusammenhang mit der Ausführung der Gesetze in Art. 84 Abs. II GG genannt wird.

– und vor allem – die Vornahme von Verwaltungshandlungen, insbesondere von Verwaltungsakten, zur Realisierung des in Gesetzen niedergelegten gesetzgeberischen Willens[43]; „Ausführung des Gesetzes“ ist sowohl die Durchführung selbst als auch die Schaffung aller Voraussetzungen dafür.

Bei solcher Bestimmung der gesetzesakzessorischen Verwaltungstätigkeit der Länder auf der Grundlage von Bundesrecht scheiden jedoch, nicht zuletzt aufgrund der Rechtsprechung des BVerfG, zwei Komplexe als möglicher Gegenstand eines Bund-Länder-Streites aus:

a) Fragen, die sich aus *der „richtigen Gesetzesanwendung“*, der *Auslegung der Gesetze bei ihrer Anwendung* gegenüber Dritten ergeben. Sie sind grundsätzlich von den Verwaltungsgerichten, ausnahmsweise auch von anderen Gerichtsinstanzen, etwa den ordentlichen Gerichten, zu entscheiden. „Ausführung“ der Gesetze, der mögliche Anlaß eines Bund-Länder-Streites, ist von deren „Anwendung“ streng zu trennen. Geschähe dies nicht, so würde das BVerfG zum Superverwaltungsgericht; dies kann nicht der Sinn von Art. 93 Abs. 1 Ziff. 3 GG sein. Es kann nicht etwa jeder Verwaltungsakt zur Maßnahme gegen den föderalen Partner hochtransformiert und dem BVerfG zur Überprüfung vorgelegt werden, mit der Begründung, daß das Land damit seine Kompetenzen *auch dem Bund gegenüber* verletzt habe[44]: Der Bund hat kein Recht auf fehlerfreie Gesetzesanwendung durch die Länder.

Dies ergibt sich aus der Judikatur des BVerfG: In einem Bund-Länder-Verfahren, das ein Land gegen den Bund angestrengt hatte, weil dieser Verwaltungsakte auf Grund von Landesrecht gegen das Land gerichtet hatte, hat das BVerfG entschieden, es sei „in diesem Verfahren nicht Sache des Bundesverfassungsgerichts, die Verwaltungsakte daraufhin nachzuprüfen, in welchen Punkten die durch das Grundgesetz gezogenen Schranken … nicht beachtet worden sind“[45]. Gegenstand des Verfahrens könne allenfalls sein, ob der Bund überhaupt auf Grund des Gesetzes habe tätig werden dürfen[46], d.h., ob das so verstandene Gesetz etwa eine Kompetenzverletzung dem Lande gegenüber darstelle. Dies ergibt für den Bund-Länder-Streit den Grundsatz: Streit um die Verfassungsmäßigkeit eines Gesetzes ist hier möglicher Verfahrensgegenstand, Auslegung und Anwendung eines (als verfassungsmäßig angesehenen) Gesetzes dagegen nicht[47]. Auf die Ausführung von Bundesrecht

---

[43] *Maunz/Dürig/Herzog*, GG, Art. 83 Rdnr. 2; *Maunz/Sigloch* u.a. (Fn. 4), § 13 Rdnr. 44; zum ganzen auch m.w.N. *Schachtschneider* (Fn. 5), S. 76 f.

[44] Zu dieser Frage vgl. *Geiger* (Fn. 4), § 71, 2, der sich im Ergebnis aber zu der hier vertretenen Auffassung bekennt.

[45] E 21, 312 (328).

[46] Zur Auslegung der Entscheidung *Schachtschneider* (Fn. 5), S. 48 f.

[47] Ein Gesetz führt auch nicht ein anderes Gesetz aus, E 6, 309 (329); auch unter diesem Gesichtspunkt kann hier reine Gesetzesauslegung nicht nachgeprüft werden.

durch die Länder bezogen, bedeutet dies, daß auch dort Verwaltungsakte, Anwendungstätigkeit, nie vom BVerfG im Bund-Länder-Streit überprüft werden können.

Berührungen können sich wohl zwischen „Ausführung" und „Anwendung" von Gesetzen ergeben — so etwa, wenn das Land untätig bleibt; es führt dann die Gesetze „nicht aus", was Anlaß zu einem Bund-Länder-Streit sein kann, zugleich aber bleibt es „untätig" im Sinne der Verwaltungsgerichtsordnung (§ 42 Abs. I VwGO), so daß insoweit die Verwaltungsgerichtsbarkeit zuständig ist. Dennoch bleiben die beiden Ansprüche auch inhaltlich getrennt: Vor den Verwaltungsgerichten streitet der Gewaltunterworfene um sein subjektiv-öffentliches Recht auf Erlaß des Verwaltungsakts, vor dem BVerfG ein Staat gegen den anderen wegen Verletzung seines Rechts auf Wirksamkeit der von ihm erlassenen Hoheitsakte (Gesetze).

b) *Ausführung von Bundesgesetzen ist nicht Erfüllung derselben durch die Länder*, ein Streit über *gesetzliche* Rechte und Pflichten der Länder als solcher gegenüber dem Bund[48] kann daher nicht Gegenstand eines Bund-Länder-Verfahrens sein[49]. Das BVerfG hat dem Begriff der „Ausführung" den der „Beachtung" gegenübergestellt — wenn ein Land seine ihm aufgrund der Bundestreue obliegenden Verpflichtungen erfüllt, so führt es kein Gesetz aus, es beachtet vielmehr eine Norm[50]; dies muß auch für einfache gesetzliche Verpflichtungen gelten. Ferner hat das BVerfG in ständiger Rechtsprechung den Bund-Länder-Streit auf Rechte und Pflichten beschränkt, welche sich aus einem verfassungsrechtlichen Rechtsverhältnis ergeben[51] — bei der „Erfüllung von Bundesgesetzen" durch die Länder ist dies nicht der Fall, sie kann daher auch nicht einen zentralen Fall der „Meinungsverschiedenheit" nach Art. 93 Abs. 1 Ziff. 3 GG darstellen.

Gegen diese Beschränkung des Bund-Länder-Streits auf Streitigkeiten aus einem Verfassungsrechtsverhältnis[52] kann nicht eingewendet werden, das Grundgesetz nenne gerade die Ausführung der Bundesgesetze als Gegenstand des Bund-Länder-Streits, zur „Ausführung" gehöre die „Erfüllung" — also müsse auch über einfach-gesetzliche Rechte und Pflichten zwischen Bund

---

[48] So etwa im Falle eines Finanzausgleichsgesetzes oder bei der Verteilung von Mitteln aufgrund eines Bundesgesetzes unter die Länder. Das BVerfG hatte anfänglich eine solche Streitigkeit nach Art. 93 Abs. 1 Ziff. 4 GG als eine „andere öffentlich-rechtliche Streitigkeit" entscheiden müssen (E 1, 299 [306]), weil damals noch keine Zuständigkeit des BVerwG begründet war.

[49] A.A. *Schachtschneider* (Fn. 5), S. 97 f.

[50] E 8, 122 (130/1).

[51] BVerfGE 13, 54 (72/3) m. Nachw. z. std. Rspr.

[52] Was das BVerfG etwa bei Neugliederungsfragen nicht annimmt, vgl. dazu E 1, 14 (39); 13, 54 (72/3).

und Ländern im Rahmen von „Meinungsverschiedenheiten" gestritten werden können[53]: Anders als ein Teil der Lehre[54] versteht das BVerfG „Erfüllung" eben *nicht* als „Ausführung" (vgl. oben); aus der Tatsache, daß die Bundesaufsicht u.U. auch die Erfüllung einfach-gesetzlicher Rechte überwacht (dazu noch unten 5.), läßt sich nicht schließen, „Erfüllung" sei auch „Ausführung" von Gesetzen — es bedeutet dies nur, daß die Erfüllung einfach-gesetzlicher Rechte *auch* zum Bund-Länder-Streit führen kann, aber eben nicht qua „Ausführung der Gesetze", sondern qua Streit über die („selbständige") Bundesaufsicht. Die Ausdehnung der Bundesaufsicht besagt nichts über den Inhalt des Begriffs „Ausführung der Gesetze"[55].

Hier also hat bereits die Verfassung deutlich die Entscheidung für den Staaten-, gegen den Kompetenz-Föderalismus getroffen: „Gesetzesausführung" gehört nicht nur zum Problemkreis „Verwaltung", sie ist nicht nur eine „Frage innerhalb einer Gewalt"; sie betrifft auch nicht nur die horizontale, sondern ebenfalls die vertikale Gewaltenteilung, das Bund-Länder-Verhältnis. Gesetzgebungs- und Ausführungsrechte sind nicht Entscheidungen allein, Kompetenzen, sondern zugleich subjektiv-öffentliche Hoheitsrechte von Bund und Ländern als Staaten. Der Beitrag des BVerfG besteht darin, daß es den Begriff der „Verfassungsstreitigkeiten" hier bereits näher abgegrenzt hat, auf den es die „Meinungsverschiedenheiten zwischen Bund und Ländern" beschränkt (vgl. unten 6.), daß es insbesondere die Verfassungs- von der Verwaltungsgerichtsbarkeit geschieden hat.

5. Bund-Länder-Streit bei Ausübung der Bundesaufsicht; Bundeszwang und Bund-Länder-Streit

Zu diesem zweiten im Grundgesetz ausdrücklich genannten Fall des Bund-Länder-Streites hat das BVerfG Grundsätze aufgestellt, durch welche Wesen

---

[53] So i. Erg. *Schachtschneider* (Fn. 5), S. 97 f.

[54] Vgl. Nachw. bei *Schachtschneider* (Fn. 5), insbes. S. 97, 100 f.; wie hier insbes. *Maunz/Dürig/Herzog*, GG, Art. 83 Rdnr. 22 f., Art. 84 Rdnr. 43, 45.

[55] Daß das BVerfG (E 6, 309 [329]) von der „verwaltungsmäßigen Ausführung eines Bundesgesetzes" spricht und darunter die hier gemeinte „Ausführung" versteht, bedeutet nicht etwa, daß es noch einen anderen, weiteren Begriff der „Ausführung" geben müsse, der seinerseits auch die „Erfüllung" umfasse und daß gerade dieser Begriff in Art. 93 Abs. 1 Ziff. 3 gebraucht worden sei, so daß also auch über einfach-gesetzliche Rechte und Pflichten im Bund-Länder-Streit verhandelt werden könne. Die „verwaltungsmäßige Ausführung" ist eben gerade mit der „Ausführung" i.S. von Art. 93 Abs. 1 Ziff. 3 GG identisch; dies ist die Terminologie des GG. Andernfalls hätte sich das BVerfG selbst widersprochen, da es die „Meinungsverschiedenheiten" auf Streit über verfassungsrechtliche Rechte und Pflichten beschränkt (vgl. oben). Ein solcher Widerspruch kann dem Gericht nicht unterstellt werden.

und Bedeutung der Bundesaufsicht und damit ein wesentlicher Bereich des Bund-Länder-Verhältnisses geklärt werden.

a) Ein Streit vor dem BVerfG über die Bundesaufsicht setzt die vorherige *Anrufung des Bundesrates*[56] durch den Bund oder ein Land und seinen Beschluß darüber voraus, ob das Land das Recht hat. Dies gilt jedoch nur für die Rüge von Mängeln bei der verwaltungsmäßigen Ausführung von Bundesgesetzen[57]. Das Grundgesetz dagegen wird vom Land nicht „ausgeführt", sondern nur „beachtet"[58] — das Gericht distanziert sich insoweit von einem strikten Verständnis der Normstufen, nach dem eine Norm stets auch dann „ausgeführt" wird, wenn sie einen Raum zu eigenverantwortlicher Tätigkeit eröffnet[59].

Die Notwendigkeit eines *Vorverfahrens* vor dem Bundesrat ergibt sich klar aus Art. 84 Abs. 4 GG („werden Mängel nicht beseitigt ..., so beschließt der Bundesrat"). Insoweit liegt also eine lex specialis zu Art. 93 Abs. 1 Ziff. 3 GG vor, der den Fall im übrigen regelt[60].

Abgelehnt wird damit die früher[61] vertretene Auffassung, die Partner könnten im Falle der Ausführung von Gesetzen wählen, ob sie den Bundesrat einschalten wollten oder nicht. Daraus ergibt sich auch, daß der Bundesrat nicht etwa als eine „Gerichtsinstanz" angesehen werden kann, daß das Verfahren vor ihm weder als „Rechtsmittel" noch als „Anfechtung" zu bezeichnen ist[62]. Vielmehr ist diese Verfahrensvoraussetzung für den Bund-Länder-Streit einem Vorverfahren vergleichbar, wobei der Bundesrat allerdings nicht, wie die Widerspruchsbehörde (§§ 68 f. VwGO), eine volle Überprüfung nach Recht- und Zweckmäßigkeit vornimmt, sondern auf Rechtsaufsicht beschränkt ist[63] und selbst in keiner Weise dadurch Beteiligter im folgenden Verfahren wird[64].

Daß die föderalen Partner dadurch gezwungen werden, zunächst einmal vor einem Organ eines von ihnen – des Bundes – Recht zu suchen, ist zwar aus der Sicht des Staatenföderalismus eine Anomalie; dieser Zug von Kompetenzföderalismus mag sich jedoch dadurch rechtfertigen, daß die Ausfüh-

---

[56] Zu Einzelheiten der Anrufung siehe *Maunz/Sigloch* u.a. (Fn. 4), § 13 Rdnr. 46.

[57] E 6, 309 (329); 7, 367 (372); 8, 122 (130).

[58] BVerfGE 6, 309 (329); 7, 367 (372); 8, 122 (130).

[59] Es handelt sich hier also nicht um eine Normausführung im Sinne von *Hans Kelsen* oder *Julius Merkl*.

[60] Zutr. *Maunz/Dürig/Herzog*, GG, Art. 84 Rdnr. 68, 71.

[61] *Geiger* (Fn. 4), § 70 , 3.

[62] Offengelassen von *Maunz/Dürig/Herzog*, aaO.

[63] Vgl. *Maunz/Dürig/Herzog*, GG, Art. 84 Rdnr. 46.

[64] Vgl. *Spanner* (Fn. 6), S. 84.

rung von Bundesgesetzen durch die Länder in erster Linie Interessen des Bundes berührt, und daß daher dessen Gesetzgebungs-Verwaltungsorgan, der Bundesrat, eingeschaltet werden muß. An der grundsätzlichen Konzeption des grundgesetzlichen Staatenföderalismus ändert sich dadurch nichts.

b) Das BVerfG hat ferner nicht nur entschieden[65], daß in allen anderen Fällen, wo es also nicht um die Ausführung von Bundesgesetzen durch die Länder geht, das Bundesverfassungsgericht ohne Vorverfahren vor dem Bundesrat angerufen werden kann — dies wäre nichts als die Folge des unter a) Dargelegten. Es ist einen entscheidenden Schritt weitergegangen: Diese „anderen Fälle" werden – zutreffend – als Formen einer „unabhängigen" Bundesaufsicht qualifiziert, im Anschluß an die frühere Einteilung in abhängige (auf Gesetzesausführung beschränkte) und unabhängige Reichsaufsicht im Sinne von Heinrich Triepel. Sodann stellt das Gericht jedoch fest: „Eine selbständige Bundesaufsicht kennt das Grundgesetz nicht. Ihre Funktion ist teilweise durch die Möglichkeit ersetzt, daß die Bundesregierung gemäß Art. 93 Abs. 1 Ziff. 3 GG das Bundesverfassungsgericht anrufen kann, um eine Entscheidung darüber zu erreichen, ob ein Land außerhalb der Ausführung von Bundesgesetzen sich dem Grundgesetz gemäß verhalten hat."[66]

Damit steht fest: Die *Anrufung des Bundesrates ist außerhalb der Ausführung der Bundesgesetze durch die Länder* (Art. 84 Abs. 4 GG) *gar nicht möglich*, nicht nur nicht notwendig. Der Bundesrat ist keine Instanz allgemeiner Bundesaufsicht.

c) Dies bedeutet aber nicht, daß, sieht man vom Sonderfall der Gesetzesausführung ab, es überall nur „vollen Staatenföderalismus" gibt, ohne Vorrang eines der Partner im „außergerichtlichen Verfassungsverfahren". Der Bund muß anderen Grundgesetzverstößen seitens der Länder nicht tatenlos zuschauen. Er kann einerseits sogleich das BVerfG im Bund-Länder-Streit anrufen; daneben steht aber selbständig[67] die Möglichkeit des *Bundeszwanges* (Art. 37 Abs. 1 GG): Erfüllt ein Land die ihm nach dem Grundgesetz oder einem anderen Bundesgesetz obliegenden Bundespflichten nicht, so kann der Bund mit Zustimmung des Bundesrates die notwendigen Maßnahmen treffen, um das Land dazu anzuhalten.

Der Bundeszwang ist im Falle der Beanstandung von Gesetzesausführung durch die Länder zur Vollstreckung des Beschlusses des Bundesrates zulässig

---

[65] Vgl. die Entsch. oben Fn. 57.

[66] E 8, 122 (131/2).

[67] BVerfGE 3, 52 (57); vgl. dazu *Tüttenberg* (Fn. 6), S. 120; *Geiger* (Fn. 4), § 70, 5; zur Vollstreckung vgl. für diesen Fall *Herzog*, R., Die Vollstreckung von Entscheidungen des BVerfG, Der Staat 1965, S. 37 f.

(Art. 84 Abs. 4 GG)[68], der hier jedenfalls zuerst ergehen muß, weil es sich ersichtlich insoweit um eine spezielle Verfassungsverfahrensregelung handelt. Man wird übrigens annehmen müssen, daß der Beschluß des Bundesrates nach Art. 84 Abs. 4 GG dann auch sogleich vor dem BVerfG angefochten werden kann, noch bevor Bundeszwang einsetzt, jedenfalls unabhängig davon, ob dies geschieht oder nicht: Bundesaufsicht und Bundeszwang sind zwei verschiedene Verfahren; sie können hintereinander geschaltet werden, der Bund kann aber nicht selbstherrlich von der Bundesaufsicht in den Bundeszwang übergehen und damit die Überprüfungszuständigkeit des BVerfG nach Art. 84 Abs. 4 GG überspielen. Von diesem Sonderfall der vorgeschalteten Bundesaufsicht abgesehen ist jedoch in allen anderen Fällen für den Einsatz des Bundeszwanges die vorherige Anrufung des BVerfG nicht Voraussetzung[69].

Der Bundeszwang setzt ein *anderes Verfahren* in Gang als die Bundesaufsicht: Der Bund hat hier einerseits mehr Rechte — er kann nach pflichtgemäßem Ermessen die erforderlichen Maßnahmen bestimmen, seinen Beauftragten steht in diesem Rahmen ein volles Weisungsrecht gegenüber allen Ländern und ihren Behörden zu (Art. 37 Abs. II GG). Andererseits ist er hier an eine Zustimmung des Bundesrates gebunden, die in voller politischer Freiheit, wenn auch im Rahmen des Rechts, gegeben oder nicht gegeben werden kann[70] und nicht etwa wie bei der Bundesaufsicht, eine *Rechts*aufsicht darstellt (vgl. oben a). Weil sich die Bundesregierung hier der *politischen* Zustimmung der Bundesrats-Ländermehrheit versichern muß, wird der Bundeszwang zum problematischen, nur in äußersten Fällen einsetzbaren Verfahren — *gerade weil* er an sich dem Bund so weit gespannte Möglichkeiten eröffnet.

Diese Unterschiede zwischen Bundesaufsicht und Bundeszwang gestatten es *nicht, von einer „allgemeinen Bundesaufsicht"* außerhalb des speziellen Falles des Art. 84 Abs. 4 (Gesetzesausführung) zu sprechen[71], auch nicht, indem man eine solche, stillschweigend, damit begründet, daß dem Bund ja nach Art. 37 GG ein allgemeines Zwangsrecht zustehe. Hierbei handelt es sich nicht um ein *besonderes*, grundgesetzlich normiertes Aufsichtsrecht wie im Falle des Art. 84 GG[72], sondern nur um eine Sanktionsmöglichkeit bei Pflichtwidrigkeiten der Länder; ebensowenig kann ja aus der allgemeinen

---

[68] *Maunz/Dürig/Herzog*, GG, Art. 37 Rdnr. 5.

[69] *Maunz/Dürig/Herzog*, GG, Art. 37 Rdnr. 30.

[70] *Maunz/Dürig/Herzog*, Art. 37 Rdnr. 40.

[71] Vgl. die bei *Schachtschneider* (Fn. 5), Fn. 442 und 443 zit. Autoren.

[72] Der übrigens als Einheit gesehen werden muß, es können nicht neben Abs. 4 noch „andere Fälle" der Bundesaufsicht, etwa „durch Entsendung von Beauftragten", gebildet werden, so *Lechner* (Fn. 4), 1. Aufl., § 70.

Möglichkeit des Bundes, das BVerfG anzurufen und im Bund-Länder-Streit verfassungsgemäßes Verhalten der Länder zu erzwingen, auf ein allgemeines „Bundesaufsichtsrecht" geschlossen werden, sonst müßte auch den Ländern eine „allgemeine Länderaufsicht über den Bund" zustehen.

d) Der Bundeszwang kann in jedem Fall zum Bund-Länder-Streit führen, auch hinsichtlich jeder einzelnen der von der Bundesregierung eingesetzten Maßnahmen.

Immer wird hier nämlich um ein *„Recht des Bundes" aus Art. 37 GG* gestritten. Ob das Land seine Pflichten verletzt hat, ist demgegenüber Vorfrage, soweit es um den Bundeszwang geht.

Dies führt zu einem Ergebnis, das für die im folgenden näher zu behandelnde, vom BVerfG vorgenommene Beschränkung der Bund-Länder-Streitigkeiten auf Rechte aus Verfassungsrechtsverhältnissen wichtig ist: Der *Bundeszwang* ist auch zur Durchsetzung von *einfach-gesetzlichen* Rechten des Bundes gegen die Länder zulässig (Art. 37 Abs. 1 GG). Daraus, daß Maßnahmen des Bundeszwanges Gegenstand eines Bund-Länder-Streits sein können, ergibt sich nicht etwa, daß das BVerfG auch für alle einfach-gesetzlichen Rechte und Pflichten im Bund-Länder-Verhältnis entscheidungszuständig wäre[73]. Vielmehr bewirkt der Bundeszwang zwar eine „Transmission aus dem einfach-gesetzlichen in den verfassungsrechtlichen Pflichtenkreis" von Bund und Ländern, Gegenstand des Bund-Länder-Streits bleibt aber stets der „Träger", d.h. die Maßnahme des Bundeszwanges, damit aber ein grundgesetzliches Recht des Bundes.

Im *Ergebnis* lehnt also das BVerfG zu Recht eine unabhängige Bundesaufsicht ab. Wollte man ein Bundesaufsichtsverfahren nach Art. 84 Abs. 4 GG jedem Bund-Länder-Streit vorschalten oder dies auch nur ermöglichen, so würde dies dem Wesen dieser Überprüfung als einer Rechtsaufsicht nicht gerecht werden, den Weg der Länder zum BVerfG über Gebühr verengen und den Bundeszwang an eine übermäßig restriktive Voraussetzung binden. Der grundsätzlich direkte Weg von Bund und Ländern zum Bundesverfassungsgericht entspricht allein der Grundkonzeption eines Staatenföderalismus.

6. Bund-Länder-Streit nach Art. 93 Abs. 1 Ziff. 3 nur bei Meinungsverschiedenheiten über verfassungsmäßige Rechte und Pflichten

Nach dem BVerfGG (§§ 69, 64 Abs. 1) ist ein Antrag im Bund-Länder-Streit des Art. 93 Abs. 1 Ziff. 3 nur zulässig, wenn der Antragsteller geltend

---

[73] Dies ist die These von *Schachtschneider*, vgl. dazu unten 6.

macht, daß er durch eine Maßnahme oder Unterlassung des Antragsgegners in seinen ihm *durch das Grundgesetz übertragenen Rechten und Pflichten* verletzt oder unmittelbar gefährdet sei. Im Bund-Länder-Streit kann also nicht über einfachgesetzliche oder vertragliche Rechte der Partner gestritten werden, die ihnen als Hoheitsträger zustehen. Das BVerfG ist auf Grund von Art. 93 Abs. 1 Ziff. 3 *nicht das allgemeine Föderalgericht.*

a) Das BVerfG hat diese Entscheidung des Gesetzgebers als verfassungsmäßig gebilligt. In ständiger Rechtsprechung hat es die „Meinungsverschiedenheiten" nach Art. 93 Abs. 1 Ziff. 3 GG auf Rechte und Pflichten beschränkt, die sich aus einem Rechtsverhältnis ergeben können, welches auf der Verfassung im formellen Sinne beruht[74]. Die einzige Entscheidung, in welcher es um einfach-gesetzliche Rechte und Pflichten ging[75], wurde nach Art. 93 Abs. 1 Ziff. 4 – als „andere öffentlich- rechtliche Streitigkeit" – entschieden und auch dies nur, weil damals eine entsprechende Kompetenz des BVerwG noch nicht bestand[76]. Das Schrifttum hat sich dem einhellig angeschlossen[77].

Die vom BVerfG nicht näher begründete Restriktion des Anwendungsbereichs der „Meinungsverschiedenheiten" auf den Bereich der grundgesetzlichen Rechte und Pflichten läßt sich überzeugend aus der Verfassung ableiten: Wenn sämtliche Streitigkeiten zwischen Bund und Ländern vom BVerfG nach Art. 93 Abs. 1 Ziff. 3 GG zu entscheiden wären, so blieben für den möglichen Anwendungsbereich des Art. 93 Abs. 1 Ziff. 4 GG („andere Streitigkeiten") nur mehr die „Untertanenstreitigkeiten" übrig[78]. Für diese jedoch hat das GG bereits im Art. 19 Abs. 4 GG die subsidiäre Zuständigkeit der Zivilgerichte begründet. Es ist also nicht anzunehmen, daß dieselbe Verfassung, sozusagen in Form einer „zweistufigen Subsidiarität", auch noch die Zuständigkeit des BVerfG habe der der Verwaltungsgerichte nachschalten wollen, die ja nach dem Wortlaut des Art. 93 Abs. 1 Ziff. 4 ersichtlich zunächst für Untertanenstreitigkeiten zuständig sein sollten, es von jeher waren und auch heute noch sind. Das aber bedeutet, daß die Untertanenstreitigkeiten überhaupt nicht unter Art. 93 Abs. 1 Ziff. 4 fallen sollten; dies legt ja auch der Wortlaut nahe, denn eine Anfechtungssache würde kaum als

---

[74] E 1, 14 (30); 3, 52 (55); 4, 115 (122); 6, 309 (323, 328); 8, 122 (128 f.); 11, 6 (13); 12, 205 (220 f.); 13, 54 (72); 21, 312 (321 f.).

[75] E 1, 299 (306), Verteilung von Bundesmitteln unter die Länder.

[76] Später hat sich, mit Recht, das BVerwG in solchen Fällen für zuständig erklärt, vgl. E 3, 159.

[77] *Maunz/Sigloch* u.a. (Fn. 4), § 13 Rdnr. 42, 47 (für Verträge); *Lechner* (Fn. 4), § 13 Ziff. 7, 29, weit. Nachw. bei *Schachtschneider* (Fn. 5), S. 66; vgl. auch *Scholtissek* (Fn. 5), S. 469 f.

[78] So *Schachtschneider* (Fn. 5), S. 160 f.

„Streitigkeit zwischen Bund und Land" bezeichnet worden sein. Geht man davon aus und weist zugleich alle vertraglichen und einfach-gesetzlichen Fragen über Art. 93 Abs. 1 Ziff. 3 GG dem BVerfG zu, so würde dies zu der unannehmbaren Folgerung führen, daß Art. 93 Abs. 1 Ziff. 4 von vorneherein und notwendig inhaltslos gewesen wäre; dies aber kann dem Verfassunggeber nicht unterstellt werden[79].

Abgesehen von diesem systematischen Argument[80] aus Art. 93 GG ergibt sich die Richtigkeit der auf Verfassungsstreitigkeiten einschränkenden Judikatur des BVerfG zum Bund-Länder-Streit vor allem noch aus der vom Grundgesetz (Art. 95 Abs. 1) vorausgesetzten Existenz einer *Verwaltungsgerichtsbarkeit*, welche eben grundsätzlich über verwaltungsrechtliche Fragen zu befinden hat, d.h. über Auslegung und Anwendung von Verwaltungsgesetzen und von Verträgen, die sich im wesentlichen auf Bereiche beziehen, welche der Regelung durch derartige Verwaltungsgesetze zugänglich sind[81]. Die Bundesverfassungsgerichtsbarkeit dagegen ist grundsätzlich nur für Streitigkeiten eröffnet, in denen sich die Ansprüche aus der Verfassung begründen lassen. Dies gilt für alle Fälle des Zuständigkeitskatalogs des BVerfG (§ 13 BVerfGG), auch für den Begriff der „öffentlich-rechtlichen Streitigkeiten innerhalb eines Landes"[82]. Ausnahmen gibt es nur für die Normenkontrollen – hier legitimieren sie sich daraus, daß der Richter sonst grundsätzlich dem Gesetz unterworfen ist und andernfalls keine Aufhebungskompetenz hätte – und im Falle des Art. 93 Abs. 1 Ziff. 4, bei den „anderen öffentlich-rechtlichen Bund-Länder-Streitigkeiten", hier aber eben nur subsidiär gegenüber der Zuständigkeit der Verwaltungsgerichtsbarkeit.

Daraus ergibt sich das Grundprinzip der deutschen Verfassungsgerichtsbarkeit: Das BVerfG ist die Entscheidungsinstanz für Verfassungs-, nicht für Verwaltungsstreitigkeiten. Wenn das Grundgesetz nicht ausdrücklich etwas Abweichendes bestimmt, muß es sich um Rechte und Pflichten handeln,

---

[79] Diese Argumentation deuten an *Maunz/Sigloch* u.a. (Fn. 4), § 68 Rdnr. 2; nicht überzeugend dagegen die Einwendungen von *Schachtschneider* (Fn. 5), S. 158 f.

[80] Nichts ergibt sich dagegen zur Stützung dieser These aus dem Zusammenhang von Art. 93 Abs. 1 Ziff. 2 und 3 GG, der nur für den Bund-Länder-Streit als Verfahren um subjektive Berechtigungen Bedeutung hat (vgl. dazu oben 1., BVerfGH 13, 54 [72]), zutr. *Schachtschneider* (Fn. 5), S. 66/7 gegen *Lechner* (Fn. 4), § 13 Ziff. 72 a.

[81] Eine solche Abgrenzung nimmt das BVerfG selbst auch vor, vgl. dazu für den Streit zwischen Ländern BVerfGE 22, 221 (229 f.), vgl. auch die abw. M. der Richter Wand, Geller, Dr. Rupp in E 32, 227 (241/2)) und aus dem Schriftum u.a. *Schneider*, H., Verträge zwischen Gliedstaaten im Bundesstaat, VVdStRL 19 (1961), S. 1 ff., sowie bereits *ders.*, Staatsverträge und Verwaltungsabkommen zwischen deutschen Bundesländern, DÖV 1957, S. 644 (insbes. 650).

[82] Art. 93 Abs. 1 Ziff. 4, vgl. BVerfGE 4, 375 (377); 6, 445 (449).

welche sich aus dem Grundgesetz oder den Normen ergeben, die als dessen Bestandteil anzusehen sind (Art. 25 i. Verb. m. 100 Abs. 2 GG).

Es wäre daher eine unerklärliche Anomalie, wollte man eindeutige Verwaltungsstreitigkeiten dem BVerfG ausschließlich zuweisen, ohne daß dafür ein ausdrücklicher Anhalt im Grundgesetz zu finden wäre. Es wäre auch nicht sinnvoll, das BVerfG für einen Streit aus einem Verwaltungsabkommen zwischen Bund und Ländern für zuständig zu erklären, in dem es etwa um schul- oder wasserrechtliche Fragen geht, Probleme, die im übrigen laufend von der Verwaltungsgerichtsbarkeit behandelt werden.

Der Föderalismus schließlich gewinnt nicht dadurch an staatsrechtlicher Dimension, daß Bund und Länder über Verwaltungsrecht vor dem BVerfG streiten, die Staatsqualität hängt nicht von solchen unechten Verfassungsprozessen ab. Staaten können sich auch vor anderen Gerichten gegenübertreten, je nachdem, welche Rechte und Pflichten zwischen ihnen im Streit sind: bei privatrechtlichen vor den ordentlichen Gerichten, bei „verwaltungsrechtlichen" eben — vor den Verwaltungsgerichten, wie andere Partner verwaltungsrechtlicher Verträge auch.

Einen Grund schließlich gibt es, weshalb das BVerfG von dieser Judikatur – mit Recht – nie wird abgehen können: Es wird und muß jede Auslegung seiner Zuständigkeiten vermeiden, welche aus ihm ein „Superverwaltungsgericht" machen könnte. Dabei geht es nicht so sehr um zusätzlichen Arbeitsanfall, als vielmehr „um das Prinzip": Wird es hier gebrochen, so könnten morgen andere Fragen der Auslegung und Anwendung einfacher Gesetze zum BVerfG hochgetragen werden[83].

b) *Einwände gegen diese Rechtsprechung des BVerfG* und damit die Verfassungsmäßigkeit von §§ 69, 64 Abs. 1 BVerfGG und § 50 Abs. 1 Ziff. 1 VwGO, § 39 Abs. 2 S. 1 SGG sind gelegentlich vorgebracht worden[84], sie überzeugen jedoch nicht.

---

[83] Dem kann auch nicht entgegengehalten werden, die besondere „föderale Lage" bestehe ja in anderen Bereichen nicht: So wie man das BVerfG als die „große föderale Gerichtsinstanz" ansehen würde, könnte es morgen als die „Schutzinstanz der Freiheit des Bürgers" bezeichnet und mit Gesetzesauslegung befaßt werden, die ja sogar – über Art. 2 oder 3 GG – „im Grundgesetz aufgehängt" werden könnte.

[84] So insbes. *Schachtschneider* (Fn. 5), vor allem S. 119 f.; ähnliche schon früher von *Drath*, M., Grenzen der Verfassungsgerichtsbarkeit, VVdStRL 9, S. 62 f. geäußerte Ansichten erklärten sich damals daraus, daß es noch kein anderes objektives Bundesgericht gab, vor welchem nicht-verfassungsrechtliche Streitigkeiten zwischen Bund und Ländern hätten ausgetragen werden können. Das Schrifttum aus der Zeit vor 1953 kann daher für diese Ansicht heute nicht mehr herangezogen werden.

- Der *Vergleich des Wortlautes* von Art. 93 Abs. 1 Ziff. 3 mit Ziff. 1 (Organstreit)[85] erbringt nichts — dort ist aus redaktionellen Gründen[86] der ausdrückliche Zusatz „über die Auslegung dieses Grundgesetzes" hinzugefügt worden, damit nicht alle Organstreitigkeiten vor das BVerfG gelangen; beim Bund-Länder-Streit wird dasselbe auf andere Weise durch Ziff. 3 in Verbindung mit Ziff. 4 erreicht (vgl. oben a), indem eben die nicht-verfassungsrechtlichen Streitigkeiten anders, besonders geregelt werden. Ein Zusatz wie in Ziff. 1 war daher nicht veranlaßt.
- Bei der *Ausführung von Bundesrecht und bei der Bundesaufsicht* geht es[87] nur um grundgesetzliche Rechte und Pflichten. Diese zentralen Beispiele des Bund-Länder-Streits sind also kein Argument gegen, sondern für die Lösung des BVerfG. Aus Art. 37 GG ergibt sich nichts für eine Erweiterung der Zuständigkeit des BVerfG (vgl. oben 5. d).
- Eine *historische Betrachtung*[88] spricht ebenfalls für, nicht gegen eine Restriktion des Bund-Länder-Streites auf verfassungsrechtliche Streitigkeiten: Schon der Paulskirchenverfassung liegt eine solche zugrunde (§ 126a), Art. 19 Abs. 1 WV brachte zwar einen weiten Begriff des Reichs-Länder-Streits, der auch vertragliche und einfach-gesetzliche Rechte und Pflichten einschloß, unterwarf jedoch die gesamte Zuständigkeit des Staatsgerichtshofes der Subsidiarität; d.h., es waren damals die heutigen Regelungen von Art. 93 Abs. 1 Ziff. 3 und 4 GG zusammengefaßt. Dafür, was heute nach der einen oder der anderen Vorschrift zu behandeln ist, ergibt sich also aus der Weimarer Reichsverfassung nichts.
- Aus der Bundestreuepflicht ergibt sich keine Begründung der weiten Auslegung, denn der Grundsatz wirkt nur innerhalb bestehender verfassungsrechtlicher Rechtsverhältnisse[89] (vgl. dazu noch unten 7).

c) Einwände gegen die Beschränkung des Bund-Länder-Streits sind daraus hergeleitet worden, daß eine befriedigende *Abgrenzung von verfassungsrechtlichen und nicht-verfassungsrechtlichen Streitigkeiten nicht möglich*, jedenfalls bisher nicht gelungen sei[90]: Das BVerwG habe hier nach einem unklaren Schwerpunktkriterium entschieden und dabei Streitigkeiten, bei denen Fragen der Auslegung des Grundgesetzes überwiegen, dem BVerfG vorbehalten,

---

[85] *Schachtschneider* (Fn. 5), S. 119.

[86] Die „grundgesetzlichen Rechte und Pflichten" mußten schon bei der Definition der Verfassungsorgane erscheinen, sie konnten daher nicht auch noch zur Bezeichnung des Verfahrensgegenstandes bemüht werden.

[87] Entgegen der Auffassung von *Schachtschneider* (Fn. 5), S. 119.

[88] *Schachtschneider* (Fn. 5), S. 121.

[89] BVerfGE 29, 312.

[90] *Schachtschneider* (Fn. 5), S. 52 f. in Kritik der Rspr. v. BVerfG und BVerwG.

andere selbst entschieden. Es könne aber nicht nach der Ranghöhe der auszulegenden Norm unterschieden werden. Verfassungs- und verwaltungsrechtliche Fragen seien in der Regel bei solchen Streitigkeiten in engster, untrennbarer Weise verbunden. Hier könne auch nicht nach Vor- und Hauptfrage[91] unterschieden werden.

Bei näherer Betrachtung ist jedoch die Rechtsprechung folgerichtig, sie unterscheidet verfassungs- und nicht-verfassungsrechtliche Streitigkeiten stets nur nach einem Kriterium: danach nämlich, ob auch ein verfassungsrechtlicher Anspruch geltend gemacht wird, wobei die Anträge auszulegen sind. Es kommt also gar nicht darauf an, ob daneben auch aus einem einfachen Gesetz Ansprüche abgeleitet werden — ist dies gar nicht der Fall, so kann ja ein Kompetenzproblem zwischen BVerfG und BVerwG überhaupt nicht auftreten, stets ist ersteres zuständig. Nimmt der Streit jedoch von der Anwendung eines einfachen Gesetzes seinen Ausgang, so liegt immer dann ein Verfassungsstreit vor, wenn dieser Anwendung gegenüber einem föderalen Partner ein (meist Unterlassungs-)Anspruch desselben gegenübersteht, der sich aus einer Bund-Länder-Bestimmung des Grundgesetzes ableiten läßt. Hierbei genügt nicht ein allgemeiner Anspruch, vom Partner nicht in seinen Rechten verletzt zu werden, es muß vielmehr ein konkreter (Abwehr-)Anspruch aus einer speziellen grundgesetzlichen Norm abgeleitet werden.

Dies traf bisher in allen entschiedenen Fällen zu: Als *verfassungsrechtlich* wurde ein Streit angesehen, in dem sich ein Land gegen die Anwendung eines seiner Gesetze gegen sich durch den Bund verwahrte, weil dieser damit in seine ausschließliche Kompetenz eingreife, Landesgesetze auszuführen — es wurde ein Anspruch nach Art. 30 GG geltend gemacht[92]. Vom BVerfG war zu entscheiden, ob ein Land wasserrechtliche Verleihungen auf Grund eines Landesgesetzes aussprechen durfte, wenn der Bund seine Behörde bei Bundeswasserstraßen als Verleihungsbehörde angesehen wissen wollte[93] — es ging um (Gegen-)Ansprüche des Bundes aus Art. 89 GG. Verfassungsrechtlich schließlich war eine Meinungsverschiedenheit, bei der die Entscheidung davon abhing, ob eine Rechtsvorschrift des Bundes nach Art. 120 GG gültig sei, ob *durch* sie nicht in Länderrechte eingegriffen worden sei. Die Anwendung dieser Norm selbst war unproblematisch[94].

---

[91] So das BVerwG DVBl. 1958, S. 19.

[92] E 21, 312 f.

[93] BVerwG DVBl. 1958, S. 319; die weitere Frage, ob das Land das Landes-Wassergesetz dem Bund gegenüber richtig angewendet habe, wäre dagegen vom BVerwG zu entscheiden gewesen.

[94] BVerwGE 24, 272 (279); auch im Fall BVerfGE 3, 52 (54/5) ging es um ein „Gegenrecht des Bundes“ gegen Besoldungsmaßnahmen der Länder — es wurde in seine Besoldungskompetenz möglicherweise eingegriffen.

Eine verwaltungsrechtliche Frage dagegen wirft die Verteilung von Bundesmitteln unter die Länder auf Grund eines Bundesgesetzes auf[95] — ein spezifischer verfassungsrechtlicher Anspruch des Landes ist nicht ersichtlich. Die Haftung von Landesbediensteten für schuldhaftes Handeln bei der Durchführung des Lastenausgleiches verletzt ein einfach-gesetzliches, nicht aber ein spezielles Verfassungsrecht des Bundes[96]. Art. 120 a GG regelt allein die Gesetzgebungsbefugnis; in diesem Recht wurde der Bund nicht beeinträchtigt. Ebenso gehörte ein anderer Streit vor das BVerwG, weil es dort nicht um die Verteilung von Hoheitsrechten an Bundeswasserstraßen ging - dies wäre nach Art. 89 GG ein Verfassungsstreit gewesen –, sondern allein um die örtliche Begrenzung von Gewässern als Bundeswasserstraßen[97] — darüber aber sagt Art. 89 GG nichts aus, ein entsprechendes grundgesetzliches Recht des Bundes gibt es nicht[98]. Schließlich ist mit Recht eine nicht-verfassungsrechtliche Streitigkeit in einem Fall angenommen worden, dessen Entscheidung nur davon abhing, ob sich der Bund durch eine Antragstellung nach einem Landesgesetz dessen Anwendung unterworfen habe, und ob es demgegenüber von Bedeutung sein könne, daß es eines solchen Antrags wegen der Wehrhoheit des Bundes nicht bedurft hätte[99]: Hier wurde nicht einer einfach-gesetzlichen Pflicht ein grundgesetzliches (Gegen-)Recht (Wehrhoheit) entgegengehalten, es wurde allein diese gesetzliche Pflicht bestritten. Selbst wenn das behauptete verfassungsrechtliche „Gegenrecht" bestanden hätte, wäre die Gebühr, schon infolge des Antrags, angefallen. M.a.W.: Die Wehrhoheit des Bundes mag ein „verfassungsmäßiges Recht" sein — sie wurde nicht als „Gegenrecht" geltend gemacht. Damit war für einen Bund-Länder-Streit kein Platz.

Das BVerwG hat durch gelegentliche Äußerungen dogmatische Unsicherheit in der Abgrenzung der nicht-verfassungsrechtlichen Streitigkeiten erkennen lassen[100] — zu Unrecht; seine Entscheidungen und die des BVerfG sind dogmatisch einwandfrei, wenn man die Kriterien zugrunde legt, die allerdings wohl in Zukunft noch klarer herausgearbeitet werden sollten: Ein verfassungsrechtlicher Streit zwischen Bund und Ländern ist nur gegeben, wenn

---

[95] BVerwGE 3, 159/60.

[96] BVerwGE 12, 253.

[97] BVerwGE 9, 50 (52).

[98] Bedauerlicherweise hat das BVerwG diese für seine Argumentation entscheidende Feststellung nicht ausdrücklich getroffen.

[99] BVerwG DÖV 1966, S. 865.

[100] E 24, 272 (279) — „was eine öffentlich-rechtliche Streitigkeit nicht-verfassungsrechtlicher Art ist, läßt sich nicht ganz eindeutig abgrenzen". Deshalb sei einer „mehr praktischen Abgrenzung" der Vorzug gegeben worden.

- nicht nur Ansprüche aus einfachen Gesetzen, sondern zugleich, meist gegen diese gerichtet, Ansprüche erhoben werden, die sich aus *speziellen grundgesetzlichen, dem Bund oder den Ländern gewährten Rechten* ableiten lassen, und wenn
- diese grundgesetzlichen Rechte auf dieselben Rechtsfolgen zielen wie die einfach-gesetzlichen Ansprüche, insbesondere, indem sie diese als „echte Gegenrechte" ausschließen oder beschränken sollen.

Zur Entscheidung beider Fragen wird es stets auf eine Auslegung des Grundgesetzes ankommen, vor allem um zu ermitteln, *welche* Ansprüche seine jeweilige Norm einem der Partner des Föderalverhältnisses verleiht[101]. Insoweit ist es auch richtig, daß es im wesentlichen darum geht, ob „auch das Grundgesetz" ausgelegt wird — nur sollte man nicht den „Auslegungsgegenstand" zur Bestimmung der Zuständigkeit heranziehen.

Die Rechtsprechung ist also besser gefestigt als die Richter wohl selbst annehmen. Sie sollten lediglich ihre Erkenntnisse dogmatisch faßbarer unterbauen.

Ergebnis: Die Beschränkung des Bund-Länder-Streits auf Verfassungsstreitigkeiten hält unter allen Gesichtspunkten kritischer Nachprüfung stand. Sie ergibt einen praktikablen Begriff der „Verfassungsstreitigkeit", die immer, aber auch nur dann vorliegt, wenn (auch) um grundgesetzliche Rechte und Pflichten gestritten wird. Dies gilt auch für *Verträge* zwischen Bund und Ländern: Sie führen stets dann zu „verfassungsrechtlichen Streitigkeiten", wenn sie Rechte und Pflichten betreffen, insbesondere näher ausgestalten, welche das Grundgesetz den Partnern gewährt bzw. auferlegt[102], insbesondere, wenn gegen Rechte, die sich aus ihnen ergeben sollen, grundgesetzliche Ansprüche geltend gemacht werden können. Dann schlägt stets die Zuständigkeit des BVerfG gegenüber der des BVerwG und des BSG durch.

In diesem Sinne knüpft also der Begriff der „Verfassungsstreitigkeit" im Bund-Länder-Verhältnis allein an die *Verfassung im formellen Sinn* an. Eine „Verfassung im materiellen Sinn" ist, hier wenigstens, verfassungsprozessual nicht faßbar.

7. „Bundestreue" und Bund-Länder-Streit

a) Ein verfassungsrechtliches Rechtsverhältnis, wie es nach der Rechtsprechung des BVerfG Voraussetzung eines Bund-Länder-Streits ist (vgl. oben

---

[101] So gibt Art. 89 GG Ansprüche auf Hoheitsrechte über Bundes-Wasserstraßen, nicht aber auf eine bestimmte örtliche Abgrenzung derselben, BVerwGE 9, 50 (52).

[102] Das wäre etwa der Fall beim sog. Lindauer Abkommen, vgl. dazu *Maunz/Dürig/Herzog*, GG, Art. 32 Rdnr. 45 f., welches Rechte und Pflichten aus Art. 32 betrifft.

6.), kann sich *auch aus ungeschriebenen Verfassungsbestimmungen* ergeben. Das Gericht hat dies hinsichtlich der Frage überprüft, ob die Länder zur Beachtung der vom Bund geschlossenen Verträge verpflichtet sind[103].

Der wichtigste ungeschriebene Verfassungsgrundsatz ist der des *„bundesfreundlichen Verhaltens"*, der *Bundestreue*[104]. Das BVerfG hat ausdrücklich anerkannt, daß aus ihrer Verletzung ein Bund-Länder-Streit entstehen kann[105]. Es schränkt jedoch insoweit die Bedeutung des Grundsatzes in entscheidender Weise ein: Ein Verstoß gegen die Bundestreue kommt als Grundlage für einen Bund-Länder-Streit nur in Betracht, wenn zwischen dem Bund und dem Land ein konkretes *verfassungsrechtliches Verhältnis* besteht, aus dem sich ein Recht des Bundes oder des Landes ergeben könnte, von dem die Partner in Rücksicht auf die Pflicht zu bundestreuem Verhalten einen bestimmten Gebrauch machen müssen oder nicht machen dürfen[106]. Dieselbe Beschränkung drückt das BVerfG in ständiger Rechtsprechung auch so aus: Voraussetzung sei, daß die beanstandete Maßnahme „an sich" eine hinreichende Stütze in einer Kompetenzvorschrift des Grundgesetzes finde[107]. Die Bundestreue als solche begründet also kein verfassungsrechtliches Verhältnis zwischen Bund und Ländern, sie kann sich einem solchen allenfalls modifizierend überlagern[108]. Eine „isolierte Rüge" der Verletzung der Bundestreue gibt es verfassungsprozessual nicht, sie wäre unzulässig. Die Bundestreue ist kein Vehikel, mit dem man beliebig Bund-Länder-Streitigkeiten nach Karlsruhe transportieren kann.

Dies sind wichtige prozessuale Folgerungen aus einer materiell-verfassungsrechtlichen Weichenstellung, die das BVerfG schon früh vorgenommen hat. Sie entspricht auch der Regelung des BVerfGG (§ 64 Abs. 1), die, ebenso wie das Grundgesetz, erkennen läßt, daß Ausgangspunkt und Rahmen des Verfahrens stets „konkrete" Rechte und Pflichten sein sollen, die sich als

---

[103] E 6, 309 (327 f.); diese Entscheidung betrifft insoweit nicht das Problem, ob Verletzung der Bundestreue Ausgangspunkt eines Bund-Länder-Streits sein könne; die Bundesregierung war von dieser Begründung vielmehr auf die Behauptung der Verletzung einer speziellen ungeschriebenen Verfassungsbestimmung übergegangen (aaO., S. 328).

[104] Überblick über die Judikatur des BVerfG bei *Spanner* (Fn. 6), S. 80 f.

[105] Vgl. u.a. E 8, 122 (128 f.); 12, 205 (249, 254 f.); 13, 54 (74 f.); 31, 314 (354/5); 32, 227 (238, abw. M.); 34, 9 (44/5), std. Rspr.

[106] So in eindeutiger Klarstellung E 21, 312 (326).

[107] Neuerdings E 34, 9 (44/5), vgl. auch 32, 227 (238, abw. M.); 31, 314 (354/5) u. öfter.

[108] Am weitesten geht noch hier BVerfGE 12, 205 (255): Es könnten sich „aus diesem Grundsatz sowohl konkrete, über die in der bundesstaatlichen Verfassung ausdrücklich normierten verfassungsrechtlichen Pflichten hinausgehende, zusätzliche Pflichten der Länder gegenüber dem Bund und zusätzliche Pflichten des Bundes gegenüber den Ländern entwickeln lassen als auch konkrete Beschränkungen in der Ausübung der dem Bund und den Ländern im Grundgesetz eingeräumten Kompetenzen ergeben".

solche aus dem Grundgesetz, nicht allgemein aus dem Bündnis von Bund und Ländern ergeben.

b) Insbesondere taugt die Bundestreue nicht dazu, Streitigkeiten zwischen Bund und Ländern über *einfach-gesetzliche Rechte und Pflichten* oder Meinungsverschiedenheiten, die sich aus Verwaltungsabkommen ergeben, vor das BVerfG zu bringen[109]. Die Bundestreue ist ein verfassungsrechtliches Prinzip, sie überlagert sich nicht dem einfachen Gesetzesrecht[110]. Selbst wenn dies aber anzunehmen wäre, so ergäbe sich daraus dennoch keine Transformation der einfach-gesetzlichen Meinungsverschiedenheit in den Verfassungsbereich und damit die Zuständigkeit des BVerfG im Bund-Länder-Streit: Das Prinzip der Bundestreue ist, unbestritten, stets lex interpretatoria, nie lex interpretanda. Die Zuständigkeit von BVerfG oder BVerwG (BSG) bestimmt sich jedoch nach dem geltend gemachten Anspruch. Dieser beruht stets auf der lex interpretanda. Er wäre daher selbst dann nicht verfassungsrechtlicher Art, wenn eine einfach-gesetzliche Vorschrift aus dem Prinzip der Bundestreue auszulegen wäre.

Dieser Lösung entspricht es auch, wenn in der Judikatur des BVerfG zur Bundestreue gelegentlich anklingt, daß dieser Grundsatz „jedenfalls dann" verletzt sei, wenn das Verhalten eines Partners zu einer „empfindlichen, schwerwiegenden Störung der grundgesetzlichen Ordnung" führe[111]. Es mag dahinstehen, ob damit der Anwendungsbereich der Bundestreue eingeschränkt werden sollte; dann jedenfalls kann mit Berufung auf sie nicht eine einfachgesetzliche Frage vor das BVerfG gebracht werden. Denn daß durch eine

[109] So aber *Schachtschneider* (Fn. 5), S. 130 f.

[110] In der Judikatur des BVerfG findet sich kein Fall, in dem dies ausgesprochen worden wäre. Auch auf die Entscheidung des BVerwGE 12, 253 (255) kann sich *Schachtschneider* nicht berufen. Es heißt dort: Die sich aus der Bundestreue ergebenden Rechtspflichten sollten „die aufeinander angewiesenen Teile des Bundesstaates, Bund und Länder, stärker *unter der gemeinsamen Verfassungsrechtsordnung* aneinander binden. Es handelt sich vornehmlich um Verpflichtungen zur Bundestreue zwischen den *Landesregierungen und der Regierung des Bundes* und, materiell-rechtlich gesehen, um die Verpflichtung zum bundesfreundlichen Verhalten im Bereich der Regierungsfunktionen. Das Prinzip der Bundestreue gilt für die *politische Zuordnung* von Bund und Ländern und für die Staatsleitungen in ihrer Eigenschaft als Träger dieser Politik. Es bietet aber keine Handhabe, um für den vorliegenden Sachverhalt, der die *technische Abwicklung* eines bestimmten Verwaltungsbereiches betrifft, eine Haftung der Länder gegenüber dem Bund zu begründen" (Herv. v. Verf.). Abgesehen davon, daß sich das BVerwG ausdrücklich auf BVerfGE 8, 122 (140) beruft — es wiederholt mit eigenen Worten eindeutig die These, daß die Anwendung der Bundestreue auf den Bereich der verfassungsrechtlich begründeten Beziehungen zwischen Bund und Ländern zu beschränken sei.

[111] E 8, 122 (138); 4, 115 (140/1) dürfte sich allerdings die Beschränkung auf die Kontrolle der Einhaltung „äußerster Grenzen" dadurch rechtfertigen, daß es dort um die Überwachung gesetzgeberischer Freiheit ging.

solche eine schwerwiegende Störung der grundgesetzlichen Ordnung ausgelöst werden könnte, ist kaum anzunehmen.

Durch seine Rechtsprechung zur Bundestreue hat das BVerfG endgültig den Bund-Länder-Streit nach Art. 93 Abs. 1 Ziff. 3 GG auf den grundgesetzlichen Bereich, auf die Verfassung im formellen Sinne, festgelegt. Es hat sich auch für die Zukunft die Möglichkeit verschlossen, hier als ein „allgemeines Föderalgericht" aufzutreten. Dies widerspricht zwar dem Prinzip des Staatenföderalismus nicht, hebt diesen aber doch deutlich von völkerrechtlichen Beziehungen ab: Streitigkeiten zwischen Staaten als Völkerrechtssubjekte begründen grundsätzlich stets die gleiche gerichtliche Zuständigkeit, wenn sie sich als Hoheitsträger, also eben international-rechtlich, gegenübertreten; im internen Recht gilt dies nur für Ansprüche aus der Normschicht des Verfassungsrechts. Darin eben zeigt sich die Doppelstellung der Länder als „Staaten" und „Verwaltungseinheiten"; und Staaten sind die Länder, völkerrechtlich *und* internrechtlich, eben letztlich doch nur, soweit die Bundesverfassung dies normierend zuläßt.

8. Was bleibt als Gegenstand eines Verfahrens nach Art. 93 Abs. 1 Ziff. 4 („andere öffentlich-rechtliche Streitigkeiten")?

Wenn man alle Bund-Länder-Streitigkeiten, in denen sich die Partner als „Hoheitsträger" gegenübertreten, der Kompetenz des BVerfG nach Art. 93 Abs. 1 Ziff. 3 GG zuweisen wollte[112], so blieben für Ziff. 4 nur mehr die Untertanenstreitigkeiten – nach Art. 19 Abs. 4 GG aber auch diese nicht – die Vorschrift würde von Anfang an völlig leerlaufen.

Selbst wenn man jedoch die „Meinungsverschiedenheiten" (Ziff. 3) mit der h. Lehre und Rechtsprechung, auf Verfassungsstreitigkeiten beschränkt, wie dies auch hier geschieht (vgl. oben 6., 7.), so bleibt dennoch heute für die Anwendung der Ziff. 4 kaum mehr Raum:

Entscheidend wird ihr Anwendungsbereich durch die *Subsidiaritätsklausel* eingeengt. Ziff. 4 fällt zunächst bereits aus, wenn eine andere Bestimmung die Zuständigkeit des BVerfG ohne Vorbehalt begründet[113]: „Die Subsidiarität bezieht sich sowohl auf ein anderes Gericht und einen anderen Rechtsweg, wie auch auf ein anderes Verfahren innerhalb der Verfahrensmöglichkeiten

---

[112] So die hier abgelehnte Auffassung von *Schachtschneider*.

[113] BVerfGE 1, 208 (218). Diesem Grundsatz kommt allerdings für den Bund-Länder-Streit keine Bedeutung zu, sondern nur für den Streit innerhalb eines Landes (vgl. § 13 Ziff. 10 BVerfGG) — daß Art. 93 Abs. 1 Ziff. 3 GG der Ziff. 4 vorgeht, ergibt sich bereits eindeutig aus Wortlaut und Zusammenhang („andere" Streitigkeiten).

des § 13 (BVerfGG)“[114]. Daß *privatrechtliche Streitigkeiten* ausscheiden, ergibt bereits der Wortlaut („öffentlich-rechtlich“)[115]. Ebensowenig unterfielen jemals die Untertanenstreitigkeiten der Ziff. 4: Schon bei Erlaß des Grundgesetzes waren hierfür die Verwaltungsgerichte zuständig; da der Grundgesetz-Geber für sie überdies selbst die Subsidiaritätsregelung in Art. 19 Abs. 4 GG geschaffen hatte, ist nicht anzunehmen, daß sie überhaupt unter Ziff. 4 subsumiert werden sollten: Eine „zweistufige Subsidiarität“, unter Vorschaltung des BVerfG vor die ordentlichen Gerichte, wäre wenig sinnvoll gewesen. Auch der Wortlaut „Streitigkeiten zwischen Bund und Ländern“ spricht gegen die Anwendbarkeit der Ziff. 4 auf die Untertanenstreitigkeiten.

Von vorneherein kamen also für Ziff. 4 nur in Frage: Streitigkeiten zwischen Bund und Ländern über *einfach-gesetzliche Rechte und Pflichten sowie aus Verträgen*, die kein grundgesetzliches Rechtsverhältnis betrafen. Eine Beschränkung allerdings auf „verfassungsrechtliche“ Rechte und Pflichten kommt für Ziff. 4 nicht von Verfassungs wegen, sondern nur als Folge der einfach-gesetzlichen Kompetenzzuweisung an andere Gerichte in Frage, weil sie ja die Kompetenz nach Ziff. 3 konstituiert[116].

Durch die Begründung der Zuständigkeit des BVerwG für nicht-verfassungsrechtliche Streitigkeiten zwischen Bund und Ländern (§ 50 Abs. 1 Ziff. 1 VwGO) und des BSG für entsprechende sozialrechtliche Verfahren (§ 39 Abs. 2 S. 1 SGG) sind jedoch bald auch diese Materien der Rechtsprechung des BVerfG entzogen worden. Art. 93 Abs. 1 Ziff. 4 GG wird daher allgemein als heute „praktisch bedeutungslose Vorschrift“ angesehen[117].

Es fragt sich nun: Kann Ziff. 4 heute *überhaupt noch* zum Zuge kommen, gibt es Streitigkeiten, die weder nicht-verfassungsrechtlich sind — noch, andererseits, grundgesetzliche Rechte und Pflichten der Länder und des Bundes betreffen. M.a.W.: Ist eine *„grundgesetzunabhängige“ Verfassungsstreitigkeit denkbar*, bleibt Raum zwischen Art. 93 Abs. 1 Ziff. 3 GG und § 50 Abs. 1 Ziff. 1 VwGO?

Das BVerfG scheint grundsätzlich die Möglichkeit einer Anwendung der Ziff. 4 auch nach Inkrafttreten der Zuständigkeitszuweisung zum BVerwG noch anzunehmen. Es hat auch später noch seine frühere Rechtsprechung unterstrichen, daß nach dem Sinnzusammenhang der Ziff. 3 und 4 des Art. 93 Abs. 1 GG für alle öffentlich-rechtlichen Streitigkeiten aus dem bundesstaatlichen Verhältnis der Rechtsweg zu ihm wenigstens subsidiär eröffnet

---

[114] *Maunz/Sigloch* u.a. (Fn. 4), § 13 Rdnr. 48.

[115] So auch bereits das Weimarer Recht. vgl. *Triepel* (Fn. 13), S. 31.

[116] *Leibholz/Rupprecht* (Fn. 4), vor § 71, 1.

[117] *Leibholz/Rupprecht*, aaO., 2; *Lechner* (Fn. 4), § 13 Ziff. 8 3 a.A. („kaum noch Streitigkeiten“); *Gawin* (Fn. 6), S. 97 („stark eingeschränkt“).

werden, daß damit die „Lückenlosigkeit des Rechtswegs“ für alle ihrer Natur nach einer rechtlichen Entscheidung zugänglichen Meinungsverschiedenheiten zwischen Bund und Ländern gewährleistet werden sollte[118].

Untersucht man jedoch seine Judikatur auf Anwendung der Ziff. 4 im Bund-Länder-Verhältnis, so findet sich nur eine Entscheidung, die einfachgesetzliche Rechte betraf und vor Begründung der Zuständigkeit des BVerwG erging, heute also nicht mehr fallen könnte[119]. Analog heranzuziehen sind jedoch weitere Erkenntnisse, welche zwar einen Streit zwischen Ländern betrafen, deren ratio jedoch auch für den Bund-Länder-Streit gilt. Es ging dabei stets[120] um Rechte eines vor Erlaß des Grundgesetzes untergegangenen Landes (das insoweit als fortbestehend angesehen wurde) gegen das aufnehmende Land — Lippe gegen Nordrhein-Westfalen, Coburg gegen Bayern. Jeweils ergab sich der Streit aus dem Akt, der die Eingliederung des früheren Landes betraf — den Eingliederungsvertrag von Lippe, den Staatsvertrag zwischen Bayern und Coburg. Das BVerfG hat ihn nicht als „verwaltungsrechtlich“, sondern als „staatsrechtlich“ angesehen[121], mußte also nach Ziff. 4 entscheiden, weil grundgesetzliche Rechte und Pflichten (Ziff. 3) vor 1949 nicht begründet werden konnten.

Warum hier „staatsrechtliche“, nicht „verwaltungsrechtliche“ Rechte vorlagen, begründet das Gericht näher in der Coburg-Entscheidung[122]: Der Staatsvertrag von 1920 sei dem Verfassungsrecht in Gänze zuzurechnen, da er die Existenz eines Staates beende, einen Hoheitswechsel für sein Territorium begründe und staatsrechtliche Rechte und Pflichten regele (Staatsangehörigkeit der Bevölkerung, ihre parlamentarische Vertretung und die Beamtenrechte). Daß daneben einzelne Vereinbarungen des Abkommens auch als verwaltungsvertraglich betrachtet werden könnten, falle nicht ins Gewicht.

Daraus ist zu schließen, daß das BVerfG grundsätzlich die Möglichkeit eines verfassungsrechtlichen Streits außerhalb der Meinungsverschiedenheiten über grundgesetzliche Rechte und Pflichten bejaht und diesen nach Ziff. 4 entscheiden würde. Einen solchen Prozeß hat es allerdings bisher nicht gegeben, er ist auch für die Zukunft kaum zu erwarten: Wenn ein Vertrag zwischen Bund und Ländern oder ein einfaches Bundesgesetz Rechte und Pflichten verfassungsrechtlicher Art entstehen läßt und darüber Streit entsteht, so wird es in aller Regel *auch* um Rechte und Pflichten aus dem Grundgesetz gehen, damit aber ein Bund-Länder-Streit nach Ziff. 3 gegeben sein: Gesetz

---

118 BVerfGE 3, 267 (279); 4, 250 (267); 11, 6 (13/4).

119 E 1, 299 (306); vgl. BVerwGE 3, 159.

120 E 3, 267 (279); 4, 250 (267 f.); 22, 221 (229 f.).

121 E 3, 267 (279); 4, 250 (267).

122 E 22, 221 (229/30).

oder Vereinbarung werden grundgesetzliche Rechte der Partner ausgestalten, erweitern oder einschränken. Angesichts der Weite der grundgesetzlichen Bund-Länder-Bestimmungen, die praktisch alle möglichen Berührungspunkte erfassen, wird sich der Streit wohl immer „im Grundgesetz aufhängen" lassen[123], anders als ein Verfassungsstreit zwischen Ländern, deren Verhältnis zueinander längst nicht so eingehend im Grundgesetz geregelt ist.

Ob es also überhaupt einen „grundgesetzunabhängigen Verfassungsstreit" zwischen Bund und Ländern geben kann, wird davon abhängen, ob das BVerfG jeweils einen „grundgesetzlichen Anknüpfungspunkt" findet oder nicht. Seine bisherige Judikatur spricht dafür (vgl. oben 6.); der Verfassungsstreit dürfte damit doch auf die Verfassung im formellen Sinn beschränkt bleiben. Sollten allerdings doch einmal Meinungsverschiedenheiten ausschließlich über grundgesetzunabhängige Rechte und Pflichten der Föderalpartner entstehen, so könnten diese nur dadurch dem Verfassungsrecht zugeordnet werden, daß, über die Kategorien der Coburg-Entscheidung, doch ein *materieller Verfassungsbegriff* zur Anwendung käme. Der Rechtsprechung des BVerwG würde dies auch nicht widersprechen[124]. Allerdings wäre ein solcher materieller Begriff im Ergebnis — doch wieder nur in Anknüpfung an das formelle Verfassungsrecht zu gewinnen: Dem Verfassungsrecht würden eben alle Norminhalte zugerechnet, welche sich auf Materien bezögen, die im Grundgesetz geregelt wären[125].

Dies sollte allgemein zu denken geben: Läßt sich denn überhaupt ein verfassungsgerichtlich praktikabler Begriff der „Verfassung im materiellen Sinn", des „Verfassungsrechts" außerhalb der geltenden Verfassungen von Bund und Ländern finden, bedarf die „Verfassung im materiellen Sinn" nicht doch auch — des formell-verfassungsrechtlichen Anknüpfungspunktes? Und dies führt weiter zu der hier nicht zu vertiefenden allgemeinen Frage: Gibt es wirklich einen Begriff der „Verfassung im materiellen Sinn", ist er als solcher justiziabel?

Das BVerfG sollte auf dem bisher eingehaltenen Weg fortfahren, möglichst den grundgesetzlichen Anknüpfungspunkt aufsuchen und nicht nach Ziff. 4, sondern nach Ziff. 3 des Art. 93 Abs. 1 GG entscheiden. Andernfalls

---

[123] Gesetz oder Vereinbarung können Gesetzgebungskompetenzen oder Verwaltungszuständigkeiten betreffen — dann sind grundgesetzliche Anknüpfungspunkte vor allem die Art. 70 f., 30, 84 ff. GG, sie mögen sich auf den Bundesrat oder auf ein völkerrechtliches Verhalten beziehen — dann sind Bezugspunkte in den Art. 50 f., 32, 59 GG gegeben.

[124] Vgl. E 12, S. 250 (253 f., vgl. Fn. 110); dort wird im wesentlichen eine Umschreibung geboten, welche auf einen solchen Begriff hinausläuft.

[125] So auch BVerfGE 22, 221 (230): Staatsangehörigkeit, parlamentarische Vertretung, Beamtenrechte.

müßte es „Verfassungsrecht“ und „Verwaltungsrecht“ abgrenzen, und dies wird überzeugend kaum je gelingen.

Dem Gericht war Ziff. 4 ein Anlaß, grundsätzlich seine föderale Richterfunktion zu unterstreichen; dies ist zu begrüßen. Daß sie hier nicht praktisch in Erscheinung treten wird, ändert nichts an dem prinzipiellen Gehalt der Aussage: Darin, daß Streitigkeiten zwischen Bund und Ländern „letztlich“, prinzipiell vor dem BVerfG auszutragen sind, zeigt sich noch einmal deutlich die Grundhaltung der Instanz von Karlsruhe: Die Länder sind in erster Linie nicht Verwaltungseinheiten, sondern eben doch Parteien, die vor einer anderen Instanz mit dem Bund streiten — Staaten.

Der „theoretische Rest“, den sich das BVerfG von Art. 93 Abs. 1 Ziff. 4 GG als Zuständigkeit gewahrt hat, ist praktisch bedeutsam wohl nur mehr als ein grundsätzliches Bekenntnis zum Staatenföderalismus.

III. Der Bund-Länder-Streit — Prozeßregelung für einen Föderalismus, den es nicht (mehr) gibt?

Das BVerfG war bisher im ganzen erfolgreich bemüht, die Einzelfragen des Bund-Länder-Streits dogmatisch befriedigend zu lösen; es ist ihm, zusammen mit dem BVerwG, gelungen, zwei Anliegen gerecht zu werden, die in Spannung zueinander stehen: Die Verfassungsgerichtsbarkeit im Föderalbereich nicht zur Verwaltungsgerichtsbarkeit werden zu lassen und zugleich doch die Länder in jeder Beziehung auch als Staaten, nicht nur als Kompetenzträger innerhalb eines einheitlichen Bund-Länder-Verbundes zu behandeln.

Auf die Untersuchung der Einzelfragen darf sich jedoch eine Betrachtung nicht beschränken, welche den Beitrag des BVerfG zur deutschen Verfassungsentwicklung würdigen will. Sie muß zusammenfassend darstellen, was der Bund-Länder-Streit vor dem Bundesverfassungsgericht für die Gesamtstruktur des deutschen Föderalismus bedeutet hat; hier ist jedoch nicht nur die Judikatur des Gerichts zu betrachten, sie ist ihrerseits als Phänomen einer größeren Verfassungsentwicklung zu würdigen, welche sich außerhalb der Gerichtsentscheidungen in der Staatspraxis vollzieht. Das BVerfG hat nicht nur, vielleicht nicht einmal so sehr, den Föderalismus über die Auslegung von Prozeßnormen gestaltet, seine Rechtsprechung gibt ein Bild von seinem weithin gerichtsunabhängigen heutigen Entwicklungsstand.

1. Bundesaufsicht, Bundeszwang — als Instrumente des Föderalismus überholt

Der Bund-Länder-Streit, Prototyp des Verfassungsstreits, Kern der Verfassungsgerichtsbarkeit überhaupt, erscheint heute als eine praktisch nahezu bedeutungslose Kompetenz des BVerfG. Der Grund dafür ist in erster Linie dort zu suchen, wo solche Streitigkeiten nach Ansicht des Verfassunggebers „insbesondere" hätten entstehen sollen — bei der Ausführung der Bundesgesetze durch die Länder und der Bundesaufsicht (Art. 93 Abs. 1 Ziff. 3): Bund-Länder-Streit entsteht deshalb nicht, weil es nicht zur formellen Bundesaufsicht kommt. Man kann sich nicht mit der Erklärung beruhigen, der deutsche Föderalismus habe sich eben schon „so gut eingespielt", daß hier Streitigkeiten nicht mehr aufträten[126]; die Gründe liegen tiefer. Sie sind einerseits darin zu suchen, daß die Bundesaufsicht wegen der verwaltungsrechtlichen Kontrolle überflüssig wird, zum anderen in der rechtlich-politischen Überlegenheit des Bundes, der auf Bundesaufsicht nicht zurückzugreifen braucht.

- Im Wege der Bundesaufsicht kann der Bund ohnehin nur die Anwendung seiner Gesetze, nicht deren Erfüllung durch die Länder kontrollieren[127]. Diese Anwendung, gegenüber Dritten, wird jedoch laufend und wirksam durch die Verwaltungsgerichte sowie durch die ordentlichen Gerichte überwacht. Hierbei unterliegt auch die Organisation der Gesetzesausführung durch die Länder ständiger Überwachung, man denke nur an die verwaltungsgerichtliche Unterlassungsklage oder an die Haftungsstreitigkeiten um das „Organisationsverschulden" des Staates. Wo also ernsthafte Mängel auftreten, werden sie durch die Betroffenen selbst gerichtlich gerügt und beseitigt, und dies ist ein weit wirksameres, weil allseitigsensibles Kontrollinstrument als der Bund-Länder-Streit. Warum sollte sich der Bund einmischen, seine Verfassungsklage käme post festum. Welches politische oder rechtliche Interesse könnte er an der Ausführung haben, das über die korrekte Anwendung gegenüber Dritten hinausginge? Es würde sich immer auf seltene Ausnahmefälle beschränken. Als allgemeiner Anlaß von Bund-Länder-Streitigkeiten, als der die Bundesaufsicht offensichtlich vom Verfassunggeber angesehen wurde, ist die Bundesaufsicht in einer Ordnung generell ungeeignet, welche die allgemeine Amtshaftung und die verwaltungsgerichtliche Generalklausel kennt. *Bundesaufsicht als*

---

[126] *Maunz/Sigloch* u.a. (Fn. 4), § 13 Rdnr. 45 meinen: „Offensichtlich haben sich die Auffassungen über Begriff und Ausmaß der Bundesaufsicht schon so sehr eingespielt, daß es entweder zu einem bundesaufsichtlichen Vorgehen im rechtsförmlichen Sinn gar nicht kommt, oder daß das Vorgehen nicht zu verfassungsrechtlichen Streitigkeiten führt."

[127] Vgl. dazu oben 4 b.

Gegenstand des Bund-Länder-Streits — dies ist ein föderales Instrument aus vorrechtsstaatlicher Zeit. Wenn überall der Bürger gegen den Staat antreten kann, braucht der Bund insoweit nicht mehr mit den Ländern zu streiten. Die Rechtsstaatlichkeit hat hier den Föderalismus grundlegend gewandelt.

- In den seltenen Fällen, in denen dennoch eine Meinungsverschiedenheit zwischen Bund und Ländern entstehen könnte – etwa wenn ein Land systematisch und „auf breiter Front" Bundesgesetze nicht oder unkorrekt ausführen sollte – da bedarf es für den Bund des Ganges nach Karlsruhe aus *machtpolitischen Gründen* nicht: Dem einzelnen Land gegenüber ist er der Stärkere; es ist in so vielfacher Weise auf seine Hilfe, jedenfalls auf Zusammenarbeit mit ihm angewiesen, daß es eine Meinungsverschiedenheit zu einer großen Konfrontation kaum wird kommen lassen. Die „Größenordnung", welche für den Bund-Länder-Streit Voraussetzung ist, wird im heutigen föderalen Verbund praktisch nicht mehr erreicht. Kleinere Komplexe dagegen werden ohne gerichtliche Auseinandersetzung erledigt. Die Kompetenzen nach Art. 93 Abs. 1 Ziff. 3 und 4 GG laufen also nicht nur aus Gründen der politischen Kräfteverteilung leer, sie sind praktisch funktionslos angesichts des vielfach verzahnten Systems eines überall im weiteren Sinn des Wortes „kooperativen" Föderalismus.
- Eine besondere Form dieser kooperativen Verschränkung, welche eben die „Distanz" nicht gestattet, auf die man in Karlsruhe zu kämpfen hätte, ist die von der Verfassung selbst eingesetzte Instanz des Bundesrates. Nicht im Rahmen des „Vorverfahrens" nach Art. 84 Abs. 4 GG macht er den Bund-Länder-Streit unnötig, sondern in seiner allgemeinen Funktion als eine Zweite Kammer, welche gerade Gesetzgebungs- und Verwaltungsprobleme in ihrer Verbindung zu behandeln hat, damit aber die „Gesetzesausführung" als Hintergrundfrage stets sachkundig berücksichtigen wird. Wenn die Länder einmal hier ihre Zustimmung gegeben haben, so steht kaum mehr zu erwarten, daß sie gegen den Bund in Karlsruhe antreten werden. Der *Bundesratsföderalismus* macht den *Prozeß-Föderalismus* entbehrlich.

Wenn es aus all diesen Gründen schon kaum zur Bundesaufsicht kommt, so noch weniger zum Bundeszwang, jenem Verfahren, das eben doch einen vollen Bruch zwischen Bund und Land voraussetzt.

Der Leerlauf der Bund-Länder-Streitkompetenz hat also *systemimmanente Gründe*; eigentliche Bedeutung hätte er nur in einem Föderalismus, den es schon seit langem nicht mehr gibt, in dem die Bund-Länder-Distanz nicht in so zahlreichen gemeinsamen Aufgaben – und: Organen – aufgehoben wäre, wo vielmehr die Verfassungsordnung näher beim Staatenbund stünde.

In diesem Sinne ist der Bund-Länder-Streit eine Zuständigkeit, die nur mehr sehr am Rande zu dem heutigen Föderalismus paßt. Ein zentraler föderaler Mechanismus kann sie nicht sein.

2. Das Vordringen perfektionistischer Gesetzesstaatlichkeit

Der Bund-Länder-Streit ist auf „Maßnahmen" eines der Partner gegen den anderen angelegt, die diesen in seinen subjektiv-öffentlichen Rechten verletzen können. Gesetze sind zwar auch solche „Maßnahmen". Um sie, um ihre Verfassungsmäßigkeit geht es heute überall und in steigendem Maße. Im Rechtsstaat werden immer häufiger Maßnahmen in Gesetzesform gekleidet, der Rechtsstaat hat zum perfektionistischen Gesetzesstaat geführt.

Und in ihm geht es nun nicht so sehr darum, ob Bund oder Ländern Recht geschieht oder nicht, sondern um die Verfassungsmäßigkeit der Normen. In der Demokratie steht das Interesse der Bürger, nicht das der staatlichen Machtorganisationen im Vordergrund. Verständnis und Widerhall wird daher stets weit mehr die Normenkontrolle als der Bund-Länder-Streit finden; es ist daher zu erwarten, daß auch in Zukunft Verfassungsprozesse um Normen immer häufiger im Verfahren der abstrakten Normenkontrolle als in dem des Bund-Länder-Streites entschieden werden. Dafür spricht nicht nur, daß dort keine Ausschlußfristen für den Antrag gesetzt sind. Die (abstrakte) Normenkontrolle ist als solche weit besser verfahrensmäßig auf die Überprüfung von gesetzlichen Bestimmungen zugeschnitten als der Bund-Länder-Streit[128]. Besonders wichtig ist dabei, daß zwar auch im Bund-Länder-Streit die Norm, welche richterlicher Überprüfung unterworfen ist, unter allen Gesichtspunkten auf ihre Verfassungswidrigkeit zu untersuchen ist. Im Vordergrund steht dennoch die Frage, ob das Recht eines der föderalen Partner verletzt ist, dies aber ist nur einer und nicht einmal der in der Regel wichtigste Gesichtspunkt, aus dem sich eine Verfassungswidrigkeit ergeben könnte. Wünscht also der Antragsteller die allseitig-gleichmäßige Überprüfung der Norm, so wird er im Normenkontrollverfahren, nicht über den Bund-Länder-Streit, das BVerfG anrufen.

Gerade das Vordringen der perfektionistischen Gesetzesstaatlichkeit wird also immer mehr mögliche Verfahren vom Bund-Länder-Streit abdrängen. In einem so engen föderalen Verbund, wie ihn die Verfassungsordnung der Bundesrepublik darstellt, streiten Staatsgewalten besser im „abstrakten Ver-

---

[128] Dies zeigt sich u.a. nicht nur in der Frage der Verfahrensbeteiligung, sondern auch im Inhalt der jeweiligen Entscheidung: Nur im Normenkontrollverfahren kann die Nichtigkeit festgestellt werden (§ 78 BVerfGG; vgl. demgegenüber §§ 69 i.V.m. 67).

fahren" für den Bürger über Normen, als untereinander über subjektive Rechte[129].

Normenkontrollen sind kein traditioneller Gegenstand des Bund-Länder-Streits.

Das Vordringen des Gesetzesstaates aktiviert diesen nicht; auch in ihrer Erscheinungsform des modernen Gesetzesstaates drängt vielmehr die Rechtsstaatlichkeit, prozessual jedenfalls, föderale Problematik zurück.

3. Administrativierung des Verfassungsrechts

Der Entscheidungsraum des BVerfG wird wesentlich bestimmt durch die Abgrenzung der verfassungsrechtlichen von den nicht-verfassungsrechtlichen, damit aber vor allem von den als „verwaltungsrechtlich" angesehenen Fragen. Hier bleibt praktisch vor allem der Verwaltungsgerichtsbarkeit stets ein gewisser Qualifikationsspielraum: Ob ein Streit „allein" um einfach-gesetzliche Rechte und Pflichten geht, oder ob wesentliche grundgesetzliche Ansprüche entscheidungserheblich sind — dementsprechend wird Berlin oder Karlsruhe zu entscheiden haben; und nicht nur beim BVerwG werden hier die Weichen gestellt, sondern praktisch oft schon in den Vorinstanzen der Verwaltungsgerichtsbarkeit. Die bisherige Judikatur (vgl. oben 6 b) zeigt bei Verfassungs- wie Verwaltungsrichtern das Bestreben, nicht allzu viele Streitigkeiten „in der Verfassung aufzuhängen". Die Konstitutionalisierung des Verwaltungsrechts über den Bund-Länder-Streit soll vermieden werden. Man wird kaum sagen können, daß dies umgekehrt bereits zu einer Administrativierung des Verfassungsrechts geführt hat, indem „der Schwerpunkt" der Streitigkeiten immer mehr in einfaches Gesetzesrecht verlegt worden wäre. Eine gewisse Tendenz dazu aber ist nicht zu leugnen: Es geht eben jeweils darum, „was das Grundgesetz noch selbst geregelt", was es, sozusagen als „Vorfrage", der Bestimmung durch den einfachen Gesetzgeber überlassen hat[130]. Hier sollten die Richter vielleicht in Zukunft die staatsrechtlichen Bezüge stärker betonen, damit das föderale Staatsrecht nicht in „technischem" Verwaltungsrecht aufgeht. Die Gefahr wird ohnehin schon infolge des Gesetzesperfektionismus immer größer, welcher das Globalurteil nahelegt, „so viele Einzelheiten habe der Grundgesetzgeber doch sicher nicht

[129] Daß im Bund-Länder-Streit „Sieg" oder „Niederlage" eines der Partner deutlicher werden kann als bei der abstrakten Normenkontrolle, wird demgegenüber kaum ins Gewicht fallen. Politisch gesehen ist dies auch bei letzterer nicht zu verdecken.

[130] Ein typisches Beispiel bietet hier die Wasserstraßenjudikatur des BVerwG (DVBl. 1958, S. 319 einerseits, E 9, 50 (52) andererseits): Was ist in Art. 89 GG geregelt, nur die Verteilung der Hoheitsrechte oder auch die örtliche Begrenzung der Gewässer?

regeln wollen". Eine Zukunftsaufgabe von Verfassungs- und Verwaltungsrichtern liegt sicher darin, einer Erosion des Verfassungsrechts durch Verwaltungsrecht vorzubeugen, stets den Grundsatz über der Einzelregelung zu sehen.

4. Das Ende der Staatsverträge zwischen Bund und Ländern

Im Bund-Länder-Streit sollte das BVerfG auch, wenn nicht sogar in erster Linie, Richter der Bund-Länder-Staatsverträge sein, sei es der grundgesetzbezogenen, oder der grundgesetzunabhängigen Vereinbarungen[131]. Nur dann haben diese Zuständigkeiten eine größere prozessuale Zukunft, wenn sich die Einigungen zwischen den föderalen Partnern nicht auf die Ordnung verwaltungsrechtlicher Materien beschränken.

Es kann im Rahmen dieser Untersuchung nicht geprüft werden, ob das unübersichtliche Geflecht vertraglicher Bund-Länder-Beziehungen immer mehr in das Verwaltungsrecht hinein-, aus dem Verfassungsrecht herauswächst. Die spärlichen Bund-Länder-Prozesse lassen darauf schließen. Das Grundgesetz hat durch seine eingehenden Föderalregelungen darin dem Föderalismus wohl keinen guten Dienst erwiesen, daß es damit den Vertragsraum der Partner wesentlich verengt hat; es ist so sicher bereits zu einer gewissen Administrativierung des Vertragsrechts gekommen. Der föderalen Konzeption, zu welcher der Bund-Länder-Streit paßt, entspricht dies nicht; auch hier wieder zeigen sie sich als Prozeßnormen für einen weit stärker „staatenbündischen Föderalismus".

Die Länder haben sich überdies, mehr wohl als dies unumgänglich gewesen wäre, in einen Föderalismus des Verwaltungsrechts abdrängen lassen. Als „Staaten" haben sie mit dem Bund kaum Verträge geschlossen, vor allem nicht in ganz grundgesetzunabhängigen und *doch nicht* verwaltungsrechtlich-technischen Bereichen. Insbesondere hat sich keine Kategorie von eigentlich „politischen" Verträgen zwischen Bund und Ländern entwickelt, immer mehr werden Vereinbarungen zu verwaltungsrechtlichen Berührungspunkten geschlossen. Dies aber wäre der Bund-Länder-Streit par excellence, daß sich die Partner auf Gebieten ihrer freien Entscheidung einigten, daß das Vertragsrecht neben dem Grundgesetz eine zweite verfassungsrechtliche Dimension ihrer Beziehungen schaffte. Denn wenn Verträge nur im Anschluß an grundgesetzliche Föderalregelungen, in technischer Ausgestaltung derselben, geschlossen werden, so fallen sie rasch unter das normative Verfassungsniveau. Doch für eine solche „hochpolitische Entwicklung des deutschen Föderalismus" ist es wohl zu spät.

---

[131] Zu der Abgrenzung vgl. näher oben II 8.

Dies alles zeigt: Der verfassungsrechtliche Bund-Länder-Streit ist nicht ein zentraler Mechanismus des heutigen Föderalismus, er wäre es nur in einem stärker staatenbündisch geprägten Verhältnis. Rechtsstaatlichkeit, Demokratie, durch Bund und Länder gleichmäßig verlaufende Parteienstrukturen haben — eben doch einen Kompetenzen-, nicht einen Staatenföderalismus geschaffen. In ihm ist der Bund-Länder-Streit nicht eine seltene, aber wichtige[132], er ist eine Randerscheinung. Das BVerfG hat sich redlich bemüht, einen echten Staatenföderalismus zu erhalten. Doch der Verfassungsprozeß ist kein verfassungsrechtliches Wiederbelebungsinstrument. Bund-Länder-Streit wird stets ein interessantes Feld öffentlich-rechtlicher Dogmatik bleiben, schon weil es hier um die Nahtstellen von Staats- und Verwaltungsrecht geht. Er wird immer ein Bild des deutschen Föderalismus zeigen; doch verändern kann er ihn nicht. Föderalismus ist nicht, was das BVerfG aus dem Bund-Länder-Verhältnis macht. Vor allem anderen liegt der Föderalismus in der Hand der Länder.

[132] Wie es *Triepel* für die Weimarer Verfassung annahm, unter der aber bereits eine ähnliche Lage bestand, vgl. Fn. 13, S. 115.

Landesverfassungsgerichtsbarkeit als Wesenselement des Föderalismus*

Zur Theorie von der Eigenstaatlichkeit der Länder

Verfassungsgerichtsbarkeit als solche ist eine zentrale und notwendige Institution des Staatsrechts der Bundesrepublik, Landesverfassungsgerichtsbarkeit dagegen eine historisch kontingente Erscheinungsform, die heute nicht mehr gerechtfertigt ist — so könnte eine radikale *These* lauten. Ihre Begründung wäre in der laufenden Verstärkung von Kompetenzen und politischem Gewicht des Bundes zu finden, dessen Verfassungsgerichtsbarkeit die der Länder entbehrlich mache (im folg. I). Dem wird hier die *Antithese* gegenübergestellt: Landesverfassungsgerichtsbarkeit ist ein wesentliches Attribut der Eigenstaatlichkeit der Länder (zu dieser im folg. II) und damit ein Konstitutivelement des bundesdeutschen Föderalismus (im folg. III).

I.

1. Nach 1945 gab es zunächst keinen Oberstaat, kein zentrales Verfassungsgericht. Die Errichtung von Verfassungsgerichten in den Ländern geschah damals nicht nur aus historischen Reminiszenzen heraus, sie war Ausdruck einer prinzipiellen Eigenstaatlichkeit der Länder[1]. Die weitgehenden Souveränitätsbeschränkungen durch die Besatzungsmächte standen ihrer Verfassungsgerichtsbarkeit grundsätzlich nicht entgegen.

1949 änderte sich all dies von Grund auf. Der neue Oberstaat gab sich eine Verfassungsgerichtsbarkeit mit Kompetenz in allen Fragen, für deren Entscheidung Bundesrecht Maßstab war. Diese Bundesgesetzgebung hat sich in zwei Jahrzehnten übermächtig ausgebreitet, durch Verfassungsrecht und einfaches Gesetzesrecht sind die Landesverfassungen als Entscheidungsmaßstab, und damit die Bedeutung der Landesverfassungsgerichtsbarkeit weit zurückgedrängt worden:

---

* Erstveröffentlichung in: Verfassung und Verfassungsrechtsprechung. Festschrift zum 25-jährigen Jubiläum des Bayer. Verfassungsgerichtshofs, München 1972, S. 183 – 193.

[1] Dazu *Wolf*, G., Überschneidungen von Bundesverfassungsgerichtsbarkeit und Landesverfassungsgerichtsbarkeit, Diss. Frankfurt 1955, S. 1 f.

Der *Grundrechtskatalog* des Grundgesetzes hat sich zum primären Maßstab deutscher Grundrechtlichkeit entwickelt; damit wurden die „klassischen" Landesgrundrechte fast bis zur Bedeutungslosigkeit abgewertet[2]; die Bundesgrundrechte haben ihre schon vor einem Jahrhundert befürchtete Gleichschaltungswirkung[3] entfaltet. Weit über die Hälfte aller wichtigen Verfassungsfragen, fast alle diejenigen, welche den Bürger unmittelbar betreffen, sind nach Karlsruhe abgewandert.

Das ständige *Vordringen der Bundesgesetzgebung* verdrängt die Landesverfassungen als Maßstab[4] selbst dort, wo ihre Regelungen nach 1949 eine gewisse Bedeutung behalten hatten, so heute bereits im Hochschul-, bald wohl allgemein im Bildungs- und Kulturbereich[5].

Darüber hinaus vermindert *jede Kompetenzverschiebung zum Bund* mittelbar das Gewicht von Landesverfassung und Landesverfassungsgerichtsbarkeit. Stets geht damit politischer Entscheidungsraum im Lande verloren; wo es aber keine „hohe Politik" mehr gibt, verliert auch die klassische Staatsgerichtsbarkeit ihren Sinn. Verfassungskonflikte setzen voraus, daß Politik im Lande, nicht nur in Bundesministerien gemacht wird, welche Mittel verteilen[6].

Das Bundesrecht ordnet schließlich in doppelter Hinsicht die Verfassungsgerichte der Länder dem Bundesverfassungsgericht unter: Es zwingt sie zur Abweichungsvorlage (§ 13 Ziff. 13 BVerfGG), und es unterwirft ihre Urteile wenigstens grundsätzlich der Bundesverfassungsbeschwerde.

2. Was hier also der *Landesjudikative* noch an Kompetenz bleibt, ist wenig: Sie kann das *Recht der obersten Staatsorgane* im Lande weiterentwikkeln — doch mit jedem Kompetenzverlust schwindet seine Bedeutung. Sollte

---

[2] Vgl. die Darstellung dieser Entwicklung bei *Leisner*, W., Die bayerischen Grundrechte, Wiesbaden 1968, insbes. die verfassungsrechtliche Beurteilung der Entwicklung, S. 91 f.; zu den Auswirkungen dieser Entwicklung auf die Landesverfassungsgerichtsbarkeit, vgl. *Bachof*, O. / *Jesch*, D., Die Rechtsprechung der LaVerfGe in der BRD, JöR n.F. Bd. 6 (1957), S. 47 (104); *Bachof*, O., Der Staatsgerichtshof f. d. Land Baden-Württemberg, Festschr. f. Kern, E., Tübingen 1968, S. 1 (2/3).

[3] Aus diesem Grund ist es ja bekanntlich 1871 vor allem infolge des Widerstandes der Staaten nicht zur Aufnahme von Grundrechten in die Reichsverfassung gekommen.

[4] Dies verkennt *v. Hammerstein*, Chr., Das Verhältnis v. Bundes- und Landesverfassungsgerichtsbarkeit, Diss. Göttingen 1960, S. 105; scharf gegen „Verschiebungen innerhalb der föderativen Struktur" *Hesse*, K., Aspekte des koop. Föderalismus, Festschrift f. Müller, G., Tübingen 1970, S. 141 (154).

[5] Dazu *Maunz*, Th., Die Abgrenzung des Kulturbereiches zwischen dem Bund und den Ländern, Festschrift f. Müller, G., Tübingen 1970, S. 257 (272/3).

[6] *Hamann / Lenz*, GG-Kommentar, 3. Aufl., Neuwied 1970, Einf. S. 77.

sich die Machtverlagerung von den Ländern in den Bundesrat verstärken[7], so wird das eigentliche Verfassungsleben in den Ländern weiter veröden, die Staatsgerichtsbarkeit noch gegenstandsärmer werden. Auf der „*dritten Ebene*" der Länder untereinander entwickeln sich immer mehr konzentrierte Tatbestände, die aus rechtlichen oder politischen Gründen nicht zum Gegenstand landesverfassungsgerichtlicher Entscheidungen gemacht werden (können). Im *Staatsorganisationsrecht* schließlich, wo sich lange Zeit die Einbrüche des Bundes in Grenzen hielten, haben die neue Wirtschaftsverfassung und die Stabilitätsgesetze neuerdings ebenfalls wichtige Entscheidungsmaterien jenseits der Landesverfassungen geschaffen.

3. Der ausschließliche Entscheidungsraum der Landesverfassungsgerichte verliert also laufend an Gewicht, in dem großen und bedeutsamen Grundrechtsbereich entscheiden die Landesinstanzen in einer oft schwer begründbaren Zweigleisigkeit[8] neben dem Bundesverfassungsgericht. Faktisch werden sie zu einer Art von nachgeordneter Instanz gegenüber den obersten Gerichten des Bundes, denen sie die Grundsatzrechtsprechung voll und ganz überlassen. Doch ihre hier vielleicht naheliegende Entwicklung zu einer „Verfassungsgerichtsbarkeit erster Instanz" unter dem Bundesverfassungsgericht ist kein Ausweg, weil gerade in dem Konkurrenzraum der Grundrechts- und Normprüfungsverfahren eine Mehrstufigkeit aus Gründen der Rechtssicherheit unerwünscht ist. Und bei aller natürlicher Tendenz jeder Judikative zur Mehrstufigkeit — hier müßte jenes Wesen der Verfassungsgerichtsbarkeit als solcher sich ändern, die gerade deshalb bisher außerhalb jedes Gerichtszweiges steht[9], weil sie in einer gewissen *Einmaligkeit* politisch wichtige Entscheidungen oder Dezisionen auf einer souveränen Normhöhe fällt.

Wenn nun aber in den Ländern gerade diese beiden Wesenselemente aller Verfassungsentscheidungen fehlen – politisches Gewicht der „Staatsaffäre" und besondere Normhöhe des Entscheidungsvorganges –, wenn der Rechtsschutz in vollem Umfang unschwer in Karlsruhe gewährt werden kann[10], wenn schließlich einige Normenkontrollen im Landesbereich noch den Verwaltungsgerichtshöfen übertragen werden können[11] — was ist dann die

---

[7] Daß dies den Abbau der Landeskompetenzen nicht kompensiert, betont mit Recht *Hesse* (Fn. 4).

[8] In der „Doppelspurigkeit des Verfassungsrechtsweges" krit. m. Nachw. *Wolf* (Fn. 1), S. 4.

[9] *Ule*, C.H., Verwaltungsprozeßrecht, 4. Aufl., München / Berlin 1966, S. 32 f.; *Eyermann / Fröhler*, Komm. z. VwGO, 5. Aufl., München 1971, Rn. 61 zu § 40; *Redeker / v. Oertzen*, Komm. z. VerGO, 4. Aufl., Stuttgart / Berlin / Köln / München, Rdnr. 3, 4 zu § 40.

[10] Zur Möglichkeit der Übertragung von Zuständigkeiten der Landesverfassungsgerichte auf das BVerfG vgl. *Bachof* (Fn. 2), S. 17.

[11] In Erweiterung von § 47 VwGO.

Landesverfassungsgerichtsbarkeit anderes als eine anachronistische Komplikation, ein alter föderaler Zopf?[12]

Dieser Kritik kann nicht allein unter Hinweis auf die „verdiente" Rechtsprechung der Landesgerichte begegnet werden. Einfachheit und Klarheit sind auch ein hohes Ziel jeder Gerichtsorganisation. Würde und Gewicht der Verfassungsgerichtsbarkeit könnten sich mit ihrer Zusammenfassung in Karlsruhe steigern. Ob durch größere Vielfalt der Gerichtsbarkeit und der Rechtsprechung mehr an individuellem Rechtsschutz und an der im Staatsrecht so wichtigen Rechtssicherheit gewonnen wird, ist jedenfalls zweifelhaft.

Wer also Landesverfassungsgerichtsbarkeit allein aus Gerichtsverfassungseffizienz begründen will, bleibt im Diskutablen; wer sie nur als „technisch bewährte Institution" halten will, vermag sie gegenüber grundsätzlicher zentralistischer Kritik nicht zu rechtfertigen. Nur dann findet heute eine Landesverfassungsgerichtsbarkeit festen systematischen Stand im Verfassungsgefüge der Bundesrepublik, wenn sie aus der Grundentscheidung zum Föderalismus (Art. 20 Abs. 1 GG) verstanden wird — als ein Wesenselement jener Eigenstaatlichkeit der Länder, ohne die es keinen deutschen Föderalismus, sondern nur eine gesteigerte deutsche Form eines Regionalismus geben könnte.

II.

Das Wesen des deutschen Föderalismus beruht darin, daß es nicht nur einen Oberstaat[13] und Gliedstaaten gibt, sondern daß letzteren eine Eigenstaatlichkeit zukommt, welche in einer gewissen Analogie zur Staatlichkeit des Oberstaates steht.

1. Allgemeine Staatslehre[14] und Völkerrecht[15] bestimmen zwar den Staatenbund als jene Staatenverbindung, welche die Eigenstaatlichkeit der Gliedstaaten unangetastet läßt, schließen aber auch eine gewisse Eigenstaatlichkeit

---

[12] 1961 bezeichnete ihn *Bachof* bereits als einen „überflüssigen Luxus". Zurückhaltender *ders.* 1968 (Fn. 2), S. 2.

[13] Zur Frage „Zwei- oder dreigliedriger Bundesstaat", einem wahren „Komplex" des deutschen Staatsrechts, wird hier nicht Stellung genommen.

[14] *Nawiasky*, H., Staatslehre, 3. Teil, Einsiedeln / Zürich / Köln 1956, § 15 (S. 144 ff.); *Herzog*, R., Allg. Staatslehre, Frankfurt / M. 1971, S. 399 f.; *Zippelius*, R., Allgemeine Staatslehre, 3. Aufl., München 1971, S. 201 ff.

[15] *Anzilotti*, A., LB d. VölkerR, Einführung, Berlin / Leipzig 1929, S. 113 f.; *Berber*, F., LB des VR, Bd. 1, München / Berlin 1960, § 17 V (S. 138 ff.); *Guggenheim*, P., LB des VR, Bd. 1, Basel 1948, S. 220 ff.; *Oppenheim*, L., International Law, Bd. 1, London / New York 1905, S. 128; *Strupp / Schlochauer*, Wörterbuch des VR, Bd. 3, Berlin 1962, „Staatenverbindungen".

bei den Gliedstaaten des Bundesstaates nicht aus. Von Anfang an hat sich der deutsche Bundesstaat in einer deutlichen Staatenbundnähe entfaltet: Nur dazu wurde die völkerrechtliche Unabhängigkeit aufgegeben, damit sich im Reiche Eigenstaatlichkeit in dauerndem Verbund erhalte. Und diese Eigenstaatlichkeit bezeichnet nicht nur fernen historischen Ursprung, sie ist nicht allein Ausdruck für einst originär entstandene Staatsgewalt oder dafür, daß die Ländergewalt von der Verfassung nur anerkannt, nicht verliehen worden sei[16] — das Grundgesetz anerkennt Länder als Gebilde mit Eigenstaatlichkeit[17].

Die Länder werden im Grundgesetz nicht nur in einem Kapitel als eine Modalität der Staatsorganisation abgehandelt, sie werden im ersten und Grundsatzkapitel des organisatorischen Staatsrechts eingeführt und in allen anderen Abschnitten laufend erwähnt. Wo immer zentrale Staatlichkeit sich formt, da sind die Länder. Und sie erscheinen als Eigenstaaten: Keine abgegrenzten Zuständigkeiten kommen ihnen zu, ihre virtuelle *Allzuständigkeit* zeigt ein zentrales Attribut der Staatlichkeit; ausdrücklich räumt ihnen das Grundgesetz Zuständigkeiten im Bereich aller Gewalten ein[18], in einer *Gewaltenvielfalt*, die der des Oberstaates entspricht. Dieser Oberstaat schließlich ist in zentralen Bereichen *seiner* Staatlichkeit derart unlösbar verbunden mit jenen Gebilden von Ländern, daß diese schon deshalb mehr sein müssen als kompetenzbeschränkte Regionen.

Gäbe es nach dem Grundgesetz keine Eigenstaatlichkeit der Länder, so wäre der Föderalismus nicht eine Grundentscheidung des Verfassungsrechts, sondern eine Materie des Verwaltungs(organisations-)rechts. Käme den Ländern nicht mehr zu als weite Autonomie, so wäre Föderalismus nichts anderes als gesteigerte Kommunalisierung und müßte in Art. 28 GG, nicht in Art. 20 behandelt werden. Dieses „Mehr" des Föderalismus aber kann nur ein qualitatives sein — eben das, was man Eigenstaatlichkeit nennt.

2. Wie aber läßt sich eine solche Eigenstaatlichkeit begrifflich näher bestimmen, wenn sie in so weitgehender Bindung steht?

a) Staatlichkeit wird herkömmlich aus den *drei Staatselementen* – Gebiet, Volk, Herrschaft – bestimmt. Haben demnach die Länder Staatscharakter?

---

[16] Dazu etwa *Maunz*, Th., Dt. Staatsrecht, 18. Aufl., München 1971, S. 209; *Wolff* (Fn. 1), S. 3.

[17] Neben den in Fn. 16 Genannten siehe für die h.L. noch u.a. *Maunz/Dürig/Herzog*, GG, Art. 20 I Rdnr. 11; *Schäfer*, H., Das Verh. zwischen Bundes- und Landesverfassungsgerichtsbarkeit, JZ 1951, S. 199; *Wintrich*, J., Aufgaben, Wesen, Grenzen der Verfassungsgerichtsbarkeit, Nawiasky-Festschrift, München 1956, S. 191 (192); *Lerche*, P., Aktuelle föderalistische Verfassungsfragen, München 1968, S. 46; *Meder*, Th., Handkommentar z. Verf. d. Freistaates Bayern, München 1971, S. 56.

[18] Diese Vielfalt betont zutr. *Hesse* (Fn. 4), S. 154.

Die Länder haben ein Staatsgebiet. Daß es veränderbar ist[19], schließt die Qualifikation als Staatselement nicht aus. Ein gewisser Vorbehalt für den Oberstaat (oder Gesamtstaat) folgt aus dem Wesen des Föderalismus. Schwerer wiegt, daß angesichts der Bundesfreizügigkeit die Staatsgrenzen weithin nicht die typische und für den Begriff zentrale Sperrfunktion erfüllen können, welche sonst gerade das Staatsgebiet zur sachenrechtlichen Grundlage abgegrenzter Eigenstaatlichkeit zu machen pflegt. Auf dem Element Staatsgebiet kann also der Schwerpunkt der Eigenstaatlichkeit der Länder nicht liegen.

Ähnliches gilt für das Staatsvolk. Zwar kann es eine Staatsangehörigkeit in den Ländern geben — doch ihr Gewicht wäre jedenfalls unbedeutend gegenüber dem der übergreifenden Nationalität des Bundes. Allenthalben ist die Personalsouveränität der Länder (wenn von einer solchen überhaupt gesprochen werden kann) zugunsten des Bundes durchbrochen — von der Landesverteidigung bis zum Wahlrecht.

Eigenstaatlichkeit der Länder kann sich also im wesentlichen nur aus gewissen *Herrschaftsbefugnissen* und deren Organisationsformen ergeben.

Die Staatselemente „Volk" und „Gebiet" sind auch nach Völkerrecht und Allgemeiner Staatslehre meist nur Funktionen des Begriffs der „Herrschaft", indem sie deren Grundlage oder Gegenstand bezeichnen. So viel ist letztlich an Staatlichkeit gegeben, wie Herrschaft besteht. Im Bundesstaat gilt dies erst recht: Territorial- und Personalsouveränität der Länder sind durch die „Herrschaft" des Zentralstaates derart vielfach durchlöchert, daß sie gar kein selbständiges Staatskonstitutivgewicht mehr aufweisen. Allein auf die Herrschaftsverteilung kommt es also begrifflich an. Läßt sie den Ländern „so viel" an Quantität und Qualität, daß von einem Staat die Rede sein kann, so besitzen sie Eigenstaatlichkeit, sonst nicht.

b) Die Grenze dieses *„so viel an Herrschaft" kann nicht absolut*, etwa in der Wertung fester Kompetenzen, bestimmt werden. Der Föderalismus allgemein, der deutsche im besonderen, ist ein „System durchlöcherter Kompetenzen", ja nur zu oft unklarer „Kooperation". Daran wird sich kaum etwas ändern. Weitere Zuständigkeiten werden zum Bunde wandern. Wie soll die Grenze fixiert werden, an der die Länder zu Regionen werden? Sicher, es mag hier einen letzten, kritischen Punkt geben[20]. Begrifflich aber darf die Eigenstaatlichkeit nicht (allein) als quantitative Kompetenzsumme verstanden werden, sonst möchte der Skeptiker sich heute schon verloren sehen.

---

[19] Nach Art. 29 GG, der es jedoch ausschließt, daß das Landesterritorium unbeschränkt zur Disposition des Bundesgesetzgebers steht. Es müssen vielmehr die begrifflichen Voraussetzungen *gerade der Neugliederung* erfüllt sein, auf welche Art. 29 GG abhebt. Dem Verfassungsgesetzgeber gegenüber bildet Art. 79 Abs. 3 GG eine Sperre, die im einzelnen noch näher zu bestimmen ist.

[20] Vgl. *Lerche* (Fn. 17), S. 46.

Entscheidend ist vielmehr für die Eigenstaatlichkeit der Länder das qualitative Minimum der Landesherrschaft: *Welche Art von Herrschaft* muß den Ländern bleiben, damit sie noch Staaten in einem föderalen Verbund seien?

c) Dieses *qualitative Minimum* an Herrschaft kann nach Staatsrecht *nur mit Blick auf den Ober- oder Gesamtstaat* bestimmt werden. Was Staatlichkeit bedeutet, gestaltet im Rahmen des Völkerrechts für die Bundesrepublik das Grundgesetz näher aus. Die Staatsgewalt teilt es dabei durch die unabänderlichen Art. 1 und 20 GG in die klassischen drei Pouvoirs. Eigenstaatlichkeit haben daher die Länder nur dann und in dem Maße, in welchem sie Funktionen all dieser drei Pouvoirs ausüben[21].

Das Grundgesetz regelt dies nicht allzu eingehend — eben weil es die Eigenstaatlichkeit der Länder achtet. Es setzt aber voraus, daß die Länder in einer gewissen *Herrschaftsanalogie zum Gesamtstaat stehen und daher in einer gewissen Gleichartigkeit zu diesem organisiert sind.* Wie weit dies geht, soll nun am Beispiel der Landesverfassungsgerichtsbarkeit geprüft werden.

III.

Grundprinzipien des deutschen Föderalismus lassen die Landesverfassungsgerichtsbarkeit als Wesenselement der bundesanalogen Eigenstaatlichkeit der Länder[22] erscheinen.

1. Die *Homogenitätsklausel* (Art. 28 GG) ist organisatorischer Ausdruck der notwendigen Herrschaftsanalogie von Gesamtstaat und Gliedstaaten. Sie fordert in den Ländern eine dem Bund irgendwie noch vergleichbare Gewaltenteilung[23]. Eine solche setzt aber voraus, daß die Gewalten auch „institutionelle Spitzen“ haben (Parlamentsplenum, Regierung). Bei der Judikative kann hier in den Ländern nur die Verfassungsgerichtsbarkeit eigenständig als ein Element der Gewaltenteilung hervortreten, weil die übrigen Landesgerichte praktisch weitestgehend in der Pyramide der Bundesjudikative stehen, jedenfalls aber von der Judikativordnung des Bundes beherrscht werden[24]. Wird ferner Gewaltenteilung in den Ländern vorausgesetzt, so spricht dies auch für

---

[21] Die föderale Bedeutung der Verteilung der Judikative auf Bund und Länder wird zwar gelegentlich erwähnt (vgl. etwa *Maunz/Dürig/Herzog*, GG, Art. 92 Rdnr. 1105), ist jedoch, soweit ersichtlich, bisher noch nicht vertieft worden.

[22] Diese Verbindung klingt bisher nur selten und sehr allgemein an, vgl. etwa *Schäfer* (Fn. 17), S. 199; *Wolf* (Fn. 1), S. 3; *v. Hammerstein* (Fn. 4), S. 105.

[23] Dieser Rahmen ergibt sich wenigstens hinsichtlich der Judikative, wo die Gewaltenteilung ja auch im Bunde eine besondere Rolle spielt (vgl. BVerfGE 10, 216), aus der Rechtsstaatlichkeit der Demokratie.

[24] Welche sie in Art. 19 Abs. 4 GG fordert und ihr Verfahren regelt.

eine Verfassungsgerichtsbarkeit, jedenfalls im Sinn der Staatsgerichtsbarkeit, welche die Gewaltenteilung sanktioniert. Wenn schließlich Verfassungsgerichtsbarkeit für den Bund eine so zentrale Institution ist — warum dann nicht, im Sinne der Herrschaftsanalogie, auch für die Länder?

Die Homogenitätsklausel setzt also grundsätzlich auch eine Verfassungsgerichtsbarkeit in den Ländern voraus. Daß dies keine unbedingte Verpflichtung ist, ergibt sich lediglich aus der Sonderbestimmung des Art. 99 GG.

2. Die Länder haben die *Verfassungshoheit*[25] wie der Bund, hier liegt das Zentrum ihrer Eigenstaatlichkeit. Die Verfassung allein kann der Staatsgewalt in den Ländern die normative Grundlage und die Rechtfertigung geben, welche früher die Monarchie verlieh (*Legalitäts- und Legitimitätseffekt*). In den Proklamationen der Verfassung erscheint die Staatlichkeit als Verkörperung einer herrschaftlichen Zukunftsprojektion (*Integrationseffekt*). Die Verfassung „richtet die Landesnormen pyramidal" auf sich aus — für die Staatlichkeit deutscher Prägung ist so die Setzung der höheren, orientierenden Normen, im Gegensatz zur Autonomie, typisch (*Normenordnungseffekt*). In den föderalen Bindungen kommt der Gliedstaatenverfassung noch weitere, besondere Bedeutung zu: Da die Bundesverfassung die Länderaufgaben in der Regel nicht näher bestimmt, beruht die Aufgabenbestimmung der Landesgewalten auf der Landesverfassung[26] (*Aufgabenkonstitutiveffekt*). Ohne geschriebene Verfassung kann rechtsstaatlich nur regiert werden, wenn das Parlament, wie in England, souverän ist. Die Bundesstaatlichkeit schließt jedoch die Parlamentssouveränität der Gliedstaaten aus. Hier tritt daher die Landesverfassung mit einem *Grenzziehungseffekt* gegenüber dem Bunde in Erscheinung.

Alle diese Effekte kann die Landesverfassung voll nur verwirklichen, wenn sie „realisiert" wird, wenn sie ihre formelle Vollendung in einer möglichst vollen Verfassungsgerichtsbarkeit findet (wie dies auch im Bund der Fall ist). Landesverfassungsgerichtsbarkeit ist für die Eigenstaatlichkeit der Länder so wichtig wie die Verfassungshoheit, welche sie bewahrt[27].

3. In dem besonderen *Charakter der Verfassungsrechtsprechung kommt eminent Staatlichkeit zum Ausdruck*. Nach deutschem Staatsrecht ist diese Judikative ein spezielles Phänomen von Eigenstaatlichkeit (wie sich vor

[25] Nach h.L. ein Wesenselement des Föderalismus, vgl. etwa *Maunz* (Fn. 16); *Friesenhahn*, E., Die Verfassungsgerichtsbarkeit in der BRD, in: Verfassungsgerichtsbarkeit in der Gegenwart, Köln/Berlin 1962, S. 89 (103); *Wolf* (Fn. 1), S. 3; *v. Hammerstein* (Fn. 4), S. 8, 10, 105; *Meder* (Fn. 17), S. 56.

[26] Mögen „materielle Zielsetzungen" hier auch nicht immer hinreichend verdeutlicht worden sein.

[27] Diese Verbindung wird nur selten angedeutet, vgl. etwa *v. Hammerstein* (Fn. 4), S. 11, 105.

allem im Bunde zeigt): Hier wird nicht vorgegebenes Recht subsumtiv angewendet, sondern in politischer Entscheidung ausgestaltet[28]; politische Kategorien werden in sonst unbekanntem Umfang eingesetzt. In Streitigkeiten zwischen Verfassungsorganen ergehen nicht die üblichen Rechtsfindungsurteile, es findet eine höchste Schlichtung statt, durch die eine überpolitische staatliche Friedensgewalt im Namen der Eigenstaatlichkeit den Staatsprozeß entscheidet. Landesverfassungsgerichtsbarkeit bringt erst Politik im Lande juristisch zum Tragen, hebt sie hinaus über private, strafrechtliche, administrative Kontroversen. Die Verwandlung von Politik in Recht, welche so in der Verfassungsgerichtsbarkeit geschieht, ist daher in den Gliedstaaten wie im Bunde ein Phänomen rechtsstaatlicher Eigenstaatlichkeit in der Demokratie.

4. Das Verfassungsgerichtsurteil hat *Staatssymbolbedeutung*, im Bunde wie im Lande, besonders aber in den Gliedstaaten, als Stütze ihrer stets bedrohten Eigenstaatlichkeit:

Eine gewisse Symbolwirkung geht von jedem obersten Staatsorgan aus, im Verfassungsgericht verkörpert sich das parteiferne Überpolitische in besonderer Nähe zur „reinen“ normativen Staatlichkeit. Der Bund hat bereits im Präsidenten einen Repräsentanten, welcher - der Idee nach - jenseits jeder Parteipolitik steht; im Land ist ihr als Verfassungsorgan nur der Verfassungsgerichtshof entrückt, er allein ist ganz Symbol überparteilicher Staatlichkeit. Seine Institution, seine Urteile sind mit jener außergewöhnlichen, integrierenden Symbolkraft begabt, in denen vor allen Bürgern Landesstaatlichkeit souverän hervortritt. Diese Hoheit aus der völligen Appellations- und Revisionslosigkeit von Urteilen[29], in denen sich etwas von originärer, letztentscheidender Landesgewalt erhält — sie liegt in der spektakulären, einstufigen, einmaligen Entscheidung von Staatsprozessen, in denen erst vor dem Verfassungsgericht Landespolitik zum Staatstheater wird. Die Hoheit entfaltet sich schließlich voll nur dort, wo Landesverfassungsgerichte die Grundrechte, die „Heiligtümer des Deutschen Volkes“ im Namen des Landes schützen[30] und damit die Freiheit *auch* zum Symbol des Landes, nicht zum Karlsruher Symbol des Bundes erheben.

Diese Symbolkraft steht jenseits von tagtäglichem judikativen Geschehen, welches im Namen von Bundesrecht, stets virtuell vor Gerichten des Bundes

---

[28] Dies wird, wenn man es auch bedauern mag, immer mehr zur Realität der Verfassungsgerichtsbarkeit.

[29] Daß auch das BVerfG an Entscheidungen der Landesverfassungen gebunden ist, wird mit Recht in Verbindung zum Föderalismus gebracht, vgl. etwa *Maunz* (Fn. 16), S. 276; *v. Hammerstein* (Fn. 4), S. 24.

[30] Auf diese Bedeutung der Verfassungsbeschwerden zu den Landesverfassungsgerichten macht aufmerksam *Bachof* (Fn. 2), S. 2 f., meldet jedoch gegen einen Ausbau dieser Kompetenzen Bedenken an.

abläuft. Wenn nicht ganz zur Untätigkeit verdammt, so ist die Verfassungsgerichtsbarkeit des Landes durch ihre *Existenz allein* und gelegentliche Aktion integrative Verkörperung absoluter Landesgewalt, Symbol der Eigenstaatlichkeit. Und wenn sie nur eines bewirkt: daß Landesstreit *nicht* stets von Organen des Bundes geschlichtet werde, so sichert sie schon darin einen Minimalbereich der Länder. In diesem Sinn wenigstens ist der Bayerische Verfassungsgerichtshof Bayerns Staathalter, ein Stück alter bewährter Souveränität, in dessen Namen man sich im Lande einig sein kann.

5. Landesverfassungsgerichtsbarkeit ist jedoch nur dann als bundesanaloge Herrschaftsgewalt Ausdruck von Eigenstaatlichkeit, wenn sie *nicht angeordnete Bundes(verfassungs)gerichtsbarkeit ist.* Ihr *Wesen* gestattet den Selbstand, es fordert ihn sogar.

Die Forderung nach weiterer Angleichung an das Bundesverfassungsgericht[31] muß selbst im Grundrechtsbereich nicht mehr erhoben werden — sie ist überreichlich erfüllt. Landesverfassungsgerichtsbarkeit muß sich, wo immer sie kann, stärker eigenstaatlich profilieren. Dies kann selbst in der Eigenart der Übernahme bundesrechtlicher Kategorien und Normvorstellungen geschehen. Im einzelnen könnte hier manches geschehen:

In der eigentlichen *Staatsgerichtsbarkeit des Organstreits* kann eine weithin *völlig eigenständige* Judikatur auf der Grundlage der Landesverfassung entwickelt werden. Art. 28 GG gibt hier weiten Raum. Urteilsstützen sollten so wenig wie möglich der Bundesjudikatur entnommen werden.

Auf Gebieten *landeseigener Kompetenz* sollte jede Chance zu groß-konstruktiven, systematisierenden Entscheidungen[32] genutzt werden. In ihnen zeigt sich Eigenstaatlichkeit, sie wirken auf die Bundesjudikatur.

Bundesjudikatur sollte, soweit irgend möglich, nur aus den Entscheidungen des Bundesverfassungsgerichts, nicht aus der Rechtsprechung anderer Bundesgerichte, schon gar nicht sollte das übernommen werden, was sich noch nicht endgültig verfestigt hat. Anlehnen muß sich ein Verfassungsgericht nicht, den Dialog führt es mit seinesgleichen — mit den Verfassungsrichtern des Bundes.

Oft sind Übernahmen aus Bundesjudikatur erforderlich. Doch auch hier kann Eigenstaatlichkeit des Landes sich noch bewähren: „Volle Formeln" sollten so selten wie möglich kopiert, in jeder Übernahme sollte kritische Distanz sichtbar werden. Wo global übernommen, sollte sogleich im Detail verändernd spezialisiert werden — und dazu läßt gerade die Spruchpraxis des

[31] *Bachof* (Fn. 2), S. 19.

[32] Etwa nach Art des Apothekenurteils, BVerfGE 7, 377.

Bundesverfassungsgerichts so häufig Raum. Stets sollte die Übernahme qualitätsverändernde Transformation sein.

Mehr als bisher sollten die Landesverfassungsgerichte den Mut der Abweichung von Bundesinstanzen zeigen.

All dies mag dem Landesverfassungsrichter nicht leichtfallen, der in der ordentlichen (Verwaltungs-)Gerichtsbarkeit steht und täglich im Praecedens höherer Bundesinstanzen Ruhe und Sicherheit des Entschiedenen findet. *Doch als Verfassungsrichter muß er eine ganz andere Rolle übernehmen.* Selbst, ja gerade wenn man in der Landesverfassungsgerichtsbarkeit nicht nur die Eigenstaatlichkeit sieht, sondern sie mit der Verfassungsgerichtsbarkeit des Bundes in einen *Gesamtzusammenhang deutscher Verfassungsgerichtsbarkeit* stellt, so hat sie im *Dialog* mit Karlsruhe entscheidende Funktionen, nicht in der Unterordnung: *Initiativ* kann *sie* allein Anstoß zu neuer Verfassungsjudikatur auf Bundesebene sein; Impuls zur *Änderung* früherer Rechtsprechung kann von keiner Instanz besser ausgehen als von ihr; die so nötige *Ausgestaltung* der oft bis zur Sinnentleerung allgemeinen Formeln kann gerade in der Verfassungsgerichtsbarkeit der Länder erfolgen.

Das Bundesverfassungsgericht ist weithin vom Dialog mit anderer Gerichtsbarkeit abgeschnitten, schon weil diese nicht mit den Methoden der Verfassungsgerichtsbarkeit, in ihrer Stimmung entscheiden kann. Hier gibt es nur einen Partner — die Landesverfassungsgerichte. Dem Bayerischen Verfassungsgerichtshof wird niemand bedeutsame Leistungen bestreiten. Volle, reiche, deutsche Verfassungsgerichtsbarkeit kann sich nur in Bund *und* Ländern entfalten, entsprechend dem allgemeinen Grundmodell dieser Bundesrepublik.

Doch damit all dies geschehe, darf der Landesverfassungsrichter nicht in allem diejenige Zurückhaltung zeigen, welche dem Richter der Gerichtszweige wohl ansteht. Aus seinen Urteilen muß immer wieder Dynamik bis zur Kollisionsbereitschaft sprechen. Wer hier nur höhere Entscheidungen fortdenken wollte, würde das Wesen der Verfassungsgerichtsbarkeit verkennen.

IV.

Doch ist nicht all dies ebenso theoretisch wie so vieles am Föderalismus, ist es nicht Bayernromantik in einer hart zentralisierten deutschen Wirklichkeit?

Nur in den Ländern der früheren amerikanischen und französischen Zone gibt es echte Landesverfassungsgerichtsbarkeit; und in Baden-Württemberg erscheint sie, auf Staatsgerichtsbarkeit beschränkt, im Auslaufen[33]. Kann das ein Wesenselement der Eigenstaatlichkeit der Länder sein, was sich nur in wenigen Ländern, in voller Tradition nur in Bayern findet?

Über all solche Bedenken und Sorgen hinweg, welche dieses Jubiläum des Bayerischen Verfassungsgerichtshofes überschatten mögen — nicht nur seine Existenz, sondern das Wesen des deutschen Föderalismus verlangen ein klares Ja auf diese Frage. Föderale Ordnung ist gerade nicht ein Mechanismus von organisatorischer Gleichschaltung, Länder können und sollen verschieden hoch organisiert sein. Der deutsche Föderalismus mit seinem klaren, historisch bedingten Föderalgefälle kann nur Bestand haben, wenn er dem Rechnung trägt. Er verlangt nicht „überall alles". Es genügt, wenn die „Vollform föderaler Staatlichkeit" nicht nur in der Idee, sondern in der Wirklichkeit von wenigstens einem bedeutenden Land verkörpert wird; von ihm kann das Modell, etwa im Zug einer Neugliederung, stets auf andere übertragen werden.

Und dieses eine Land ist stets Bayern gewesen. Seine Funktion im Bund der Deutschen ist die Verkörperung der Idee voller Eigenstaatlichkeit der Länder. Deshalb ist der Bayerische Verfassungsgerichtshof, in dem sich ein Wesenselement dieser Eigenstaatlichkeit bewährt, eine wesentlich bayerische Institution[34].

Zwei Wünsche zu diesem Jubiläum: Möge auch in der Zukunft der Verfassungsgerichtshof Dynamik in das gesamtdeutsche System der Verfassungsjudikatur bringen — ex Bavaria lux; möge er stets sich bewußt sein, daß er ein Hüter der staatlichen Identität Bayerns ist — in judicio vestro Bavaria.

---

[33] Vgl. dazu die Angaben b. *Bachof* (Fn. 2), S. 7/8.

[34] So auch *Bachof* (Fn. 2), S. 2.

Teil VIII

Rechtsstaat

Rechtsstaat — ein Widerspruch in sich?*

I. Rechtsstaatlichkeit — ein Grundsatz jenseits aller Kritik?

1. Das Fehlen der Grundsatzkritik

Die Rechtsstaatlichkeit ist die einzige unter den Staatsformbestimmungen des Grundgesetzes (Art. 20 GG), welche von allgemeinem Konsens getragen zu sein scheint. Den *Bundesstaat* weisen von jeher „Zentralisten" in seine Schranken[1]; mit dem Vordringen der Bundeskompetenzen und der Gleichschaltung der Länder auf der „dritten Ebene" geht seine Bedeutung auch ohne Grundsatzkritik rasch zurück. *Sozialstaatlichkeit* wird in den letzten Jahren größer geschrieben; doch eine wachsame Kritik warnt heute wie früher vor einer Übersteigerung des Sozialstaates, welche die Leistungsfähigkeit von Staat und Gesellschaft überschätzt und die Freiheitssicherungen des Rechtsstaates im Wohlfahrtsstaat verkümmern läßt[2]. *Gewaltenteilung und Parlamentarisches System* finden ihre Gegenbilder in den nahen Beispielen des präsidentiellen Regimes, werden aus solcher Sicht stets kritisch betrachtet.

Nur eine *Grundsatzkritik des Rechtsstaates gibt es nicht* – jedenfalls in Deutschland[3] – sieht man von der marxistischen Rechtsideologie ab[4], welche hier als Totalablehnung der *gesamten* freiheitlich-demokratischen Staatlichkeit außer Betracht bleibt. Der Rechtsstaat ist als *solcher* in Staatsrecht und Staatslehre der Bundesrepublik ein wahres und seltenes Tabu, er gilt allgemein als die große Errungenschaft nach dem Ende des Feudalismus, als

* Erstveröffentlichung in: Juristenzeitung 1977, S. 537–542.

[1] *Maunz*, Deutsches Staatsrecht, 1977, § 25 I 4; *Nawiasky*, Der Bundesstaat als Rechtsbegriff.

[2] *Menzel*, Die Sozialstaatlichkeit als Verfassungsprinzip der Bundesrepublik Deutschland, DÖV 1972, S. 537 ff.; *Schreiber*, Das Sozialstaatsprinzip des Grundgesetzes in der Rechtsprechung, 1972; *Weber*, Die verfassungsrechtlichen Grenzen sozialstaatlicher Forderungen, Der Staat 1965, S. 409 ff.

[3] *Böckenförde*, Entstehung und Wandel des Rechtsstaatsbegriffs, Festschrift für A. Arndt, 1969, S. 53 ff.; *Herzog*, Allgemeine Staatslehre, 1971, S. 141 ff., 268 ff.; *Kriele*, Einführung in die Staatslehre, 1975, S. 104 ff.; *Küchenhoff*, Allgemeine Staatslehre, 1971, S. 98 ff.; *Schambeck*, Vom Sinnwandel des Rechtsstaates, 1970; *Stammen*, Der Rechtsstaat, 1972; *Weber-Fas*, Rechtsstaat und Grundgesetz, 1977, S. 25 ff.; *Zippelius*, Allgemeine Staatslehre, 1975, § 24.

[4] *Adler*, Die Staatsauffassung des Marxismus, 1922; *Böckenförde*, Die Rechtsauffassung im kommunistischen Staat; *Kelsen*, Sozialismus und Staat, 1965; *Maihofer*, Demokratie und Sozialismus. Recht und Staat im Denken des jungen Marx, 1968.

wichtigste Sicherung gegen den Faschismus und andere Formen autoritären oder gar totalitären Regierens. Die Rechtsstaatlichkeit ist das eigentliche Fundament der Republik von Bonn, nie ist die Zusammenarbeit aller Kräfte, die diese tragen, so einmütig, als wenn es gilt, die Rechtsstaatlichkeit zu verteidigen und zu perfektionieren. Angriff auf den Rechtsstaat — das ist eine der wenigen Majestätsbeleidigungen, welche auch dieser Staat noch kennt.

Eingriff in Freiheit und Eigentum nur aufgrund des Gesetzes; Staatsleistungen, wenn nicht auf gesetzlicher Grundlage, so doch im engen gesetzlichen Rahmen; Vorhersehbarkeit und Berechenbarkeit aller Staatstätigkeit, welche den Bürger belasten kann; Absterben gesetzesfreier oder rechtsverdünnter Bereiche (Regierungsakte[5], „besondere Gewaltverhältnisse"[6], Gnadenerweise[7]); immer stärkere Beschränkung und Bindung des Verwaltungsermessens; Kontrolle aller öffentlichen und privaten Gewalt durch unabhängige Richter — dies sind die wichtigsten Äußerungen des Rechtsstaates. Sie sind das Unantastbare der staatlichen Ordnung von Bonn, Gestaltungen, die sich – so scheint es heute – nur verstärken können, nie abschwächen dürfen.

2. Machtminimierung und Vertrauensschutz — die starke Legitimation des Rechtsstaats

Das Wesen dieses Rechtsstaates ist *Normativismus*[8]. In ihm liegt seine stärkste Legitimation: Macht ist hier nicht mehr Menschenwille, sondern

---

[5] *v. Mutius*, Rechtsnorm und Verwaltungsakt, Festschrift für Wolff, 1973, S. 167–218; *Obermayer*, Verwaltungsakt und innerdienstlicher Rechtsakt, 1956, S. 89 ff., 96 ff.

[6] *Evers*, Das besondere Gewaltverhältnis, 1972; *Henke*, Gewaltverhältnis und Rechtsverhältnis, VVdStL 28 (1970), S. 156–163; *Kempf*, Grundrechte im besonderen Gewaltverhältnis, JuS 1972, S. 701–706; *Obermayer* (Fn. 5).

[7] *Bettermann*, Die Rechtsweggarantie des Art. 19 IV GG in der Rechtsprechung des Bundesverfassungsgerichts, AöR 96 (1971), S. 537–540; *Brandt*, Gnadenakte als Maßnahme zur Verwirklichung der Einzelfallgerechtigkeit, DVBl. 1973, S. 349–351; BVerfGE 25, 355, 363 ff. (Minderheitsmeinung); *Wolff/Bachof*, Verwaltungsrecht I, 1974, § 46 III a.

[8] *Antoniolli*, in: Festschrift für A. Merkl, 1970; *Böckenförde*, Entstehung und Wandel des Rechtsbegriffs, in: Festschrift für A. Arndt, 1969, S. 53 ff.; *Forsthoff*, Rechtsstaat im Wandel, 1964; *ders.*, Rechtsstaatlichkeit und Sozialstaatlichkeit; *ders.*, Begriff und Wesen des sozialen Rechtsstaats, VVdStL 12 (1953), S. 16 ff.; *Hauser*, Norm, Recht und Staat, 1968; *Hesse*, Die normative Kraft der Verfassung, 1959; *Kelsen*, Der soziologische und der juristische Staatsbegriff, 2. Aufl., 1928; *ders.*, Allgemeine Staatslehre, 1925, S. 13 ff.; *Klecatsky*, Der Rechtsstaat zwischen heute und morgen, 1957; *ders.*, Gedanken zum Rechtsstaatsprinzip, Journal der Intern. Juristenkommission, Bd. IV, 1962/3, S. 213 ff.; *Marcic*, Die Sache und der Name des Rechtsstaats, in: Imboden, M. (Hrsg.), Gedanken und Gestalt des demokratischen Rechtsstaats, 1965; *Scheuner*, Begriff und Entwicklung des Rechtsstaats, in: Macht und Recht, Beiträge zur Lutherischen Staatslehre der Gegenwart, 1956; *ders.*, Das Wesen des Staates, in: Festschrift für R. Smend, 1962, S. 244 ff.

Normwirkung. Dadurch hört die Gewalt auf, Macht von Mensch über Mensch zu sein, Menschenwille verschwindet hinter Normgeltung. Macht wird geordnet und berechenbar, sie verliert das höchste und furchtbarste Attribut aller Gewalt, das freie, unvorhersehbare Belieben. Dies ist die tiefste Bedeutung der klassischen Rechtsstaatlichkeit: Macht im eigentlichen Sinne gibt es nicht mehr. Längst bevor im 20. Jahrhundert die Forderung nach dem Abbau der Gewalt von Mensch über Mensch erhoben, ihre Minimierung verlangt wurde, hat das 19. Jahrhundert mit seiner Rechtsstaatlichkeit die weit größere Forderung angemeldet: Der Befehl ist tot, es lebe die Ordnung, die Norm! Und deshalb ist die Rechtsstaatlichkeit die These unserer Tage, weil sie dem „emanzipierten" Menschen nicht nur die Minimierung der Macht verspricht, sondern deren Aufhebung in Normen.

a) Der Rechtsstaat verspricht das *Ende der Macht über Menschen.* Im Rechtsstaat sind die Entscheidungen der Staatsmacht *nicht mehr Ausdruck des konkreten Willens eines Herrschenden*, der den Willen Gewaltunterworfener beugt. Der harte Befehl wird aufgespalten, er zerfällt: Da ist zum einen der sehr allgemeine Ordnungswille, die *Norm*, die nicht eigentlich belasten kann, wendet sie sich doch „gegen niemanden", wird sie doch ohne Ansehung der Person erlassen; sie gilt, sie ordnet, sie belastet als solche nicht eigentlich. Da ist zum anderen die Normanwendung, die Konkretisierung der Normen; sie bleibt Befehl, doch auch sie ist gewissermaßen entlastet vom Vorwurf des Zwangs gegen freie Bürger — sie vollzieht ja nur, was „an sich", nach Gesetz schon gilt. Wodurch sollte sich eigentlich der Bürger belastet fühlen? Durch ein Gesetz, das doch irgendwie „für alle gilt", also von Anfang an eine Vermutung der Gerechtigkeit in sich trägt; oder durch einen Anwendungsakt, der doch „eigentlich" nur — wieder dieses Gesetz zur Geltung bringt?

Die Frage, ob hier nicht lediglich Gewalttarnung erfolgt, ob sich die Macht nicht nur hinter der mysteriösen Erscheinung der Norm verbirgt, um noch mächtiger, anonymer wirken zu können, ob der Bürger nicht weit hilfloser ist gegen den Normbefehl als gegen die frühere Anordnung, die ihn „aus heiterem Himmel" traf — sie wird nicht gestellt; denn der Himmel der Macht ist durch die Wolken der Normen verhüllt, ganz allgemein …

b) Noch eindrucksvoller als in einer „Machtauflösung in Normen" ist der Rechtsstaat in seinem Versprechen, *alle Macht vorhersehbar*[9], berechenbar zu machen. Dies ist weit mehr als eine höchst wirksame Sicherheitszusage in einer heute so tief verunsicherten Welt; es liegt darin etwas von ältester

---

[9] *Leisner*, Das Gesetzesvertrauen des Bürgers, Festschrift für Berber, 1973, S. 273 ff. = in diesem Band, S. 599 ff.; *Ossenbühl*, Vertrauensschutz im sozialen Rechtsstaat, DÖV 1972, S. 25 ff.; *Ule*, Zur Bedeutung des Rechtsstaatsbegriffs in der Rechtsprechung des BVerwG, DVBl. 1963, S. 475 (478); *Zippelius*, Allgemeine Staatslehre, 1975, § 24.

Menschheitshoffnung: daß zukünftige Situationen voraussehbar geregelt werden können, daß eine rechtliche Ordnung auch die Zukunft zu erfassen vermag. Auf eine „neue Situation" muß kein „neuer Befehl" antworten, ihre Probleme sind „im Grunde" schon in der Vergangenheit gelöst, vorgedacht, vorentschieden. Der Bürger des Rechtsstaates kennt einen wichtigen Teil seiner Zukunft: Er weiß, wie ihm der Staat morgen entgegentreten wird — bis zum Erlaß einer neuen Norm. Im Begriff des Rechtsstaates steht die Zeit still — auf Zeit.

So selbstverständlich ist uns der Normativismus seit seinem Sieg in der Französischen Revolution, so wertvoll ist uns das Vertrauen, das er begründen soll, daß wir kaum mehr bedenken, welcher ungeheure Anspruch, welche Anmaßung im Grunde in diesem Normbegriff liegt, der die Zukunft erfassen will. Gewiß kann man hier noch eine Antwort finden: Die Zukunft wird in der Norm „vorentscheidbar", weil deren Nivellierungswirkung einen Gerechtigkeitsverlust im Einzelfall in Kauf nimmt. Rechtsstaat heißt dann, auf eine einfache Formel gebracht: Vorhersehbarkeit ist besser als Richtigkeit einer Entscheidung. Mag der Staat ungerecht handeln, wenn sich der Bürger nur rechtzeitig darauf einstellen kann.

Dies ist eine sachliche Erwägung, sie nimmt dem Rechtsstaat etwas von seinem rationalen Glanz, aber sie ist vertretbar, sie bleibt rational.

Schwerer schon wiegen andere Grundsatzbedenken: Wird in dieser – angeblichen – normativen Berechenbarkeit wirklich die Gefährlichkeit der Macht aufgehoben, die nicht mehr nach Belieben, unversehens treffen kann? Wird hier nicht die jeder Macht ewig immanente Unvorhersehbarkeit, die allein sie eben zur Gewalt macht, nur verlagert, zum Teil in die Undurchsichtigkeit des Normbefehls, teils in die Unvorhersehbarkeit der Anwendung?

Doch solche Fragen haben der Überzeugungskraft des Rechtsstaats bisher nicht Abbruch tun können. Wo immer sie auftraten, haben sie stets nur zu einem geführt: Zum Versuch noch größerer normativer Klarheit und Präzision, zur Perfektionierung des Rechtsstaats. Darin war er wohl am größten, daß Zweifel an ihm stets ihn nur perfekter, den Normativismus dichter werden ließen.

3. Rechtsstaatskritik wird zu Rechtsstaatslegitimation

Was also bisher kritisch zur bestehenden Rechtsstaatlichkeit bemerkt wurde, ist im wesentlichen punktuelle Verbesserungskritik. Im übrigen hört man gelegentlich noch Warnungen vor übermäßiger Bindung der Exekutive durch Normbefehle. Schwächt übersteigerter Normativismus nicht eine Verwaltung, die stets auf den Richter blicken, ihre gestaltende Arbeit auf seine nachträglichen Erkenntnisse ausrichten muß, welche nie auf das Ganze des öffentlichen Interesses, stets nur auf den Einzelfall des bedrohten Bürgers bezogen sind? Wird nicht allzuviel von der eigentlichen Verwaltungsgewalt in die Hände der Volksvertreter gelegt? Verkümmert die Exekutive nicht zwischen Erster und Zweiter Gewalt, die Normanwendung zwischen Normgebung und Normkontrolle?

Solche Kritik führt heute nicht mehr weit, will sie doch nur einer Gewalt helfen, die des Schutzes nicht bedarf: Die von der Rechtsstaatlichkeit angeblich allzusehr gegängelte Exekutive ist überall auf raschem Vormarsch, von der Subventionsstaatlichkeit[10] über die Auswärtige Gewalt[11] bis zur Planung[12] — allenthalben wächst sie aus normativen Bindungen hinaus. Dies alles spricht nicht gegen den Rechtsstaat, es verlangt nach mehr normativer Bindung. Dies also ist die besondere Stärke des Rechtsstaates: Was einst zu seiner Kritik vorgebracht wurde, die Schwächung von Verwaltung und Regierungsgewalt, das wird heute zu seiner Legitimation, zur Begründung für seine normative Verstärkung.

Da ist schließlich noch der Vorwurf der *Ineffizienz*, der allzu vielen Rechtswege, der überzogenen Freiheitssicherungen für einzelne Bürger, die zum Freiheitsrisiko für andere werden. Auch er trifft den Rechtsstaat nicht grundsätzlich, er hat nur „praktisches", allenfalls noch finanzielles Gewicht; und auch ihm kann durch weitere Perfektionierung begegnet werden. Vor allem aber ist solche Kritik nur eine Spielart der allgemeinen Demokratiekritik: Wie die Demokratie als eine „teure", reibungsreiche Staatsform „eben in Kauf genommen" werden muß, um ihrer höheren Werte willen, so bleibt die Effizienzschwäche[13] des Rechtsstaates hinzunehmen, sie ist der Preis für Machtminimierung und Vertrauen in die Berechenbarkeit der Staatsgewalt.

---

[10] *Kirchhoff*, Subvention als Instrument der Lenkung und Koordinierung, 1973, S. 200 f., m.w. Nachw.; *Kreussler*, Der allgemeine Gleichheitssatz als Schranke für den Subventionsgeber unter besonderer Berücksichtigung von wirtschaftspolitischen Differenzierungszielen, 1972 (bes. S. 46/7); *Meister*, Subventionen der öffentlichen Verwaltung außerhalb gesetzlicher Regelungen, DVBl. 1972, S. 593-601; *Piduch/Wimmer*, Zuwendungen aus Bundesmitteln, 1972; *Wagner*, Öffentlicher Haushalt und Wirtschaft, VVdStL 27 (1969), S. 41 ff.

[11] *Bleckmann*, Grundgesetz und Völkerrecht, 1975; *Klein*, Bundesstaatsverträge und Landesstaatsgewalt, in: Festschrift für Maunz, 1971, S. 199-224; *Krüger*, Verfassungsgebung im Hinblick auf die auswärtige Lage, in: Festschrift für Weber, 1974, S. 241 ff.; *Menzel*, Zur Revision des Grundgesetzes: Die Regelungen über die auswärtige Gewalt, DÖV 1971, S. 528 f.; *Reichel*, Die auswärtige Gewalt nach dem Grundgesetz für die BRD, 1967.

[12] *Faude*, Regierungs- und Verwaltungsreform beim Bund; *Laux*, Planung als Führungsmittel der Verwaltung, 1967; *Weichmann*, Auf der Suche nach einem integrierten Instrumentarium für die Staatsführung, in: Kaiser, J. (Hrsg.), Planung VI, 1972.

[13] *Leisner*, Effizienz als Rechtsprinzip?, in: Recht und Staat, Heft 402/403, 1971 = in diesem Band, S. 53 ff.

Wie die Demokratie, so deckt auch den Rechtsstaat am Ende die stärkste aller Legitimationen — daß er als Idee besser sei als die Menschen, welche unter ihm leben, welche seiner vielleicht „noch nicht ganz würdig“ sind, aber würdig werden müssen.

In eigenartiger Weise schlägt hier das so ganz rational auf den Bürger, auf den Menschen und seine Bedürfnisse bezogene Staatsrecht um in eine Art von Transpersonalismus. Wenn es zur Grundsatzkritik kommt, so liegt die Schuld allenfalls — bei den Menschen, nicht in der Idee. Dies ist das Ende aller Institutionskritik; die Normen sind gut, der Bürger muß ihrer würdig, er muß rechtsstaatsmündig werden.

Dies ist – zugegeben in starker Vereinfachung – der heutige Zustand der Rechtsstaatskritik: Daß jede schwache Stelle nur Anlaß ist, den Normativismus noch zu verstärken; und daß im übrigen die Bürger auf Rechtsstaatlichkeit hin zu entwickeln sind, um die letzten Schwächen eines an sich idealen Systems auszumerzen.

Die Rechtsstaatlichkeit ist ein echter, unumstrittener *Idealbegriff* in unserem Staatsrecht, bei dem alle Kritik zur Rechtfertigung wird.

Die Zeit ist reif für eine Grundsatzkritik der Rechtsstaatlichkeit, nicht aus marxistischer Sicht, sondern durchaus auf den Grundlagen der „bürgerlichen“ Dogmatik, aus dem klassischen westlichen Demokratieverständnis heraus. Nur so kann den Gefahren, vor allem den Illusionen, eines sich übersteigernden Normativismus begegnet werden.

Eine solche Grundsatzkritik kann hier nicht geboten werden. Nur einige Fragen sollen gestellt, Widersprüche aufgedeckt werden, die im Begriff des Rechtsstaats liegen: Bei Übersteigerung des Normativismus führen sie zur notwendigen Selbstzerstörung aller Rechtsstaatlichkeit. Damit es dazu nicht komme, damit keine falsche normative Selbstberuhigung eintrete, sei im folgenden hingewiesen auf

II. Widersprüche der Rechtsstaatlichkeit

1. Von der normativen Bindung zur Freiheit der Anwendungsgewalt

Normativismus und Legalität will Staatswillkür darin aufheben, daß sie den „Befehl zweiteilt“, in Norm und Anwendung. In der *Anwendungsgewalt* aber entstehen neue Formen rechtsfreier, arbiträrer Gewalt.

Der Normbefehl gehört an sich schon dem Auslegenden[14]. Je vielfältiger die hochindustrialisierte Wirklichkeit wird, desto weniger kann die Norm sie erfassen. Die Anwendungsgewalt verstärkt sich, unbemerkt weithin, sie „schafft" sich die Normen nach ihrem Bedürfnis. Je mehr im Rechtsstaat Normen total und überall gelten sollen, desto mehr geht die eigentliche Entscheidungsgewalt gerade auf jene Verwaltung und die Gerichte über, welche so eng gebunden werden.

Im Begriff der Norm selbst liegt die grundsätzliche Unvorhersehbarkeit ihrer Anwendung. Je mehr Normen geschaffen werden, desto weniger kann der Bürger vorausschauen, die Anwendungsgewalten werden immer vielfältiger und unterschiedlicher, jede von ihnen füllt den Abgrund zwischen Normbefehl und Einzelfall nach eigenen Kräften aus. Soll aber der Einzelfall näher an die allgemeine Norm gebracht werden, so müssen wieder neue Normennetze ausgeworfen werden, in deren Unübersichtlichkeit die Anwendungsgewalt immer noch stärker, unabsehbarer, willkürlicher herrschen kann.

Der Versuch, Anwendungssicherheit durch Normdichte zu schaffen, muß von einer bestimmten Stufe der Komplexität der Lebenssachverhalte an unweigerlich scheitern; sie ist heute weithin erreicht. Nun schlägt der Normativismus in Machtverstärkung um; die Anwendungsgewalt wird immer stärker, immer freier, weil sie allein im entscheidenden Augenblick die Normlage überblicken — und anwendend gestalten kann. Baurecht und technische Überwachung[15] sind warnende Beispiele.

2. Der unbestimmte Rechtsbegriff — gesetzlich verordnete Bindungslosigkeit

Die Normierungstechnik verstärkt diese Gefahren. Der Gesetzgeber allein bestimmt – in äußeren Grenzen – den *Abstraktionsgrad* der Normen. Keine Verfassung wird je die Legislative einer Demokratie wirksam zu konkreten Norminhalten zwingen können. Vom „Maßnahmegesetz"[16] bis zum „unbe-

---

[14] *Bachof*, Grundgesetz und Richtermacht, 1959; *Ehmke*, Prinzipien der Verfassungsinterpretation, VVdStL 20 (1963), S. 53 ff.; *Forsthoff*, Zur Problematik der Verfassungsauslegung, 1961; *Schneider*, Prinzipien der Verfassungsinterpretation, VVdStL 20 (1963), S. 1 ff.

[15] *Bötsch*, Das Recht zu bauen in seiner verfassungs- und verwaltungsrechtlichen Ausgestaltung, 1968; *Fichert*, Zulässigkeit von Bauvorhaben (Baugenehmigung, Baunutzung, Baunachbarrecht), 1968; *Rinck*, Wirtschaftsrecht, 3. neubearb. u. erweit. Aufl. 1972/3, S. 129 ff.; *Stein*, Die Wirtschaftsaufsicht, 1967.

[16] *Bücher*, Die Zulässigkeit von Individualgesetzen nach dem Grundgesetz (Maßnahmegesetz), 1966; *Huber*, Maßnahmegesetz und Rechtsgesetz, 1963; *Menger/Werhahn*, Das Gesetz als Norm und Maßnahme, VVdStL 15 (1957); *Schneider*, Über Einzelfallgesetze, in: Festschrift für Carl Schmitt, 1959, S. 159 ff.

stimmten Rechtsbegriff"[17] reicht ein bruchloses Spektrum, die Bändigung des „unbestimmten Rechtsbegriffs" aber ist in den letzten Jahrzehnten nur in Worten gelungen, die klassischen Entfesselungsbegriffe der Verwaltung, wie das „öffentliche Interesse", sind sogar noch um sozialstaatliche Varianten bereichert worden. Hier wird der Normativismus zur Täuschung: Er verlangt die konkrete Norm, der Normbegriff jedoch gestattet den politischen Gewalten nahezu beliebige Veränderungen des Abstraktionsgrades; ihr Belieben wird durch das gute rechtsstaatliche Wort von den unbestimmten Rechtsbegriffen verdeckt und gerechtfertigt, der Rechtsstaat wird zur Machtverschleierung.

3. Die freie Gesetzesänderung — neue Form des Beliebens

Der Rechtsstaat will Gewalt durch Bindung verringern und Vertrauen schaffen. Sein Hauptinstrument, das Gesetz, bewirkt im Grunde das Gegenteil.

In keiner seiner Machtäußerungen ist der Staat so frei wie in der Gesetzgebung. Verträge muß er halten, Verwaltungsakte kennen Rechtskraft, nicht so das Gesetz. Die souveräne Freiheit der Gesetzesänderung ist unvereinbar mit dem Ideal einer in all ihren Äußerungen „voll vorhersehbaren Staatsgewalt". Das rechtsstaatliche Vertrauen trägt nur bis zum nächsten Gesetzblatt — vielleicht wird es schon vorher enttäuscht, durch die „Vorwirkungen" noch gar nicht erlassener Normen, welche eine eifrige Verwaltung doch bereits vollzieht[18].

Wenn niemand ein Recht auf Aufrechterhaltung eines bestimmten Gesetzgebungszustandes hat, alle Staatstätigkeit aber möglichst weitgehend dem Gesetz folgen soll, so gibt es im Rechtsstaat kein eigentliches Vertrauen, weit weniger jedenfalls als einst gegenüber gesetzesfreier monarchischer Gewalt; denn der Fürst, selbst institutionalisierter Ausdruck des Dauernden, konnte sein Wort nicht so rasch zurücknehmen wie der demokratische Gesetzgeber. Die frühere gesetzesfreie Exekutive sah sich bei Änderung ihres Willens rasch dem Vorwurf der Willkür ausgesetzt, der Gesetzgeber dagegen entgeht ihm, schon weil er in normativer Form spricht. Seine neuen Gesetze zeigen

---

[17] *Forsthoff*, Lehrbuch des Verwaltungsrechts, 9. Aufl., 1966, S. 81 ff.; *Jesch*, Unbestimmter Rechtsbegriff und Ermessen in rechtstheoretischer und verfassungsrechtlicher Sicht, AöR, Bd. 82, 1957, S. 163 ff.; *Ule*, Zur Anwendung unbestimmter Rechtsbegriffe im Verwaltungsrecht, in: Jellinek-Gedächtnisschrift, 1955, S. 309 ff.

[18] *Dahs*, jr., Zur Vorauswirkung von Rechtsreformen, ZRP 1970, S. 3 ff.; *Häberle*, Öffentliches Interesse als juristisches Problem, 1970, S. 396 N 148, 470, 486 ff., 543 N 149; *Imboden*, Schweizerische Verwaltungsrechtsprechung, Bd. 1, 1968, S. 159 ff.

dem Gewaltunterworfenen nur den Willen des Volkssouveräns[19]; dessen wechselndes Belieben in Normen zu fassen, ist aber eine heilige Pflicht der Demokratie, fern von jedem schlechten Gewissen des Wortbruchs.

So wird der Normativismus des Rechtsstaats mit seinem frei abänderbaren Gesetz eine große Rechtfertigung für seine eigene Zerstörung: Wenn es zum Wesen der Norm gehört, daß sie von Dauer sei, Grundlage von Vertrauen, so gibt es nichts Normfeindlicheres als eben den Rechtsstaat.

Der Rechtsstaat müßte Normbestandsgarantien bringen, die Abänderung der Gesetze erschweren, um Vertrauen zu schaffen. Mit Ausnahme der erhöhten verfassungsändernden Mehrheiten, die vor allem wirtschaftlich wenig bedeutsam sind, ist ein solches System nie versucht worden. Derartige Normbestandsgarantien würden sich auch gegen die andere Seite des Rechtsstaates wenden, der eben zugleich möglichst dichte, allgegenwärtige Normierung verlangt — sie aber ist ohne ständige Normanpassung, Gesetzesänderung nicht zu erreichen. Vertrauensschutz und allseitige Gesetzesbindung, die beiden Grundziele des Rechtsstaats, stehen daher in unauflöslichem Gegensatz.

4. Die Rückwirkung der Normen als Vertrauensbruch

Besonders deutlich zeigt sich dies bei der *Rückwirkung der Gesetze*[20]. Hier kapituliert der Rechtsstaat, die Ordnung des Vertrauens, weithin vor der Macht des Unvorhersehbaren. Die Rückwirkung von Normen ist die Negation des Vertrauens in die Staatsgewalt, das Gegenteil von Vorhersehbarkeit und Berechenbarkeit. Gerade diese Rückwirkung aber läßt sich der Rechtsstaat nicht nehmen, er leitet sie aus dem Begriff seiner allmächtigen Normen ab.

Nur gegen die Rückwirkung strafrechtlicher Normen ist der Bürger wirklich[21] geschützt, im übrigen soll es darauf ankommen, ob der Gewaltunterworfene mit einer rückwirkenden Änderung der Gesetzeslage „hat rechnen müssen". Und was ist hier entscheidend? Allein der Wille des Gesetzgebers, der Staatsgewalt. Unterwirft sie einen Bereich ständiger Gesetzesänderung,

---

[19] *Leisner*, Imperium in fieri. Zur Evolutionsgebundenheit des öffentlichen Rechts, Der Staat 8 (1969), S. 273 ff. = in diesem Band, S. 247 ff.

[20] *Kimminich*, Die Rückwirkung von Gesetzen, JZ 1962, S. 518 f.; *Scheerbarth*, Die Anwendung von Gesetzen auf früher entstandene Sachverhalte, 1961; BVerfGE 7, 152; 11, 72; 13, 271.

[21] *Blei*, Strafrecht I, Allgemeiner Teil, 1975, § 10; *Mangakis*, Über die Wirksamkeit des Satzes „nulla poena sine lege", ZStW 81, S. 997 ff.; *Maurach/Zipf*, Strafrecht, Allgemeiner Teil – Teilband 1, 1977, § 2; *Tiedemann*, Zeitliche Grenzen des Strafrechts, in: Peters-Festschrift, 1974, S. 193 ff.

ändert sie dort jährlich, monatlich die Normen, wie etwa im Steuerrecht, so darf auch niemand auf den Bestand dieser Normen vertrauen[22]: Die „rechtsstaatliche" Gewalt hat es ganz frei in der Hand, das Gesetzesvertrauen des Bürgers zu verringern — je mehr dies geschieht, desto weniger darf er ihr später vertrauen. Diese Auffassung führt zu einer Eskalation der Vertrauenslosigkeit; nicht nur, daß sich die Staatsgewalt nach Belieben aus der Vertrauensbindung befreien kann — dies geschieht sogar noch durch eine Art von „Berufung auf eigenes Unrecht": Rasche Gesetzgebungsfluktuation ist an sich schon rechtsstaatlich bedenklich; je mehr sie sich aber verstärkt, um so „berechtigter" wird sie, weil ja der Bürger „wußte, daß er dem Staat nicht vertrauen durfte". Wieviel ist ein Rechtsstaat wert, in den der Bürger nur so viel Vertrauen setzen darf — als es die Staatsgewalt will?

5. Der circulus vitiosus der Verrechtlichung

Dies ist der *circulus vitiosus* des Rechtsstaates: Mehr Sicherheit – daher mehr Normen – damit mehr Gesetzesänderung(sfreiheit) – dadurch weniger Vertrauen. Er wird noch verschärft durch einen zweiten Teufelskreis, welchen man den der *Konkretisierungen* nennen könnte: Ein Bereich ist wenig oder nur allgemein durch Normen geregelt, also beklagt man Bindungslosigkeit der Staatsgewalt, Verunsicherung der Bürger, und konkretisiert die Gesetze durch Verordnungen. Da diese näher am Einzelfall stehen, müssen sie sich rascher, entsprechend dem Wandel der Verhältnisse, ändern — die Rechtssicherheit nimmt ab. Dies geschieht auch noch in einem anderen, weit gefährlicheren Sinn: Das Gesetz bietet noch gewisse Bestandsgarantien, weil es immerhin nur in einem umständlichen, parlamentarischen Verfahren abänderbar ist. Indem nun der Rechtsstaat in die Konkretisierung der Verordnungen und Anwendungserlasse *notwendig* herabsteigt, um „überall normativ zu handeln", wird die Abänderbarkeit immer mehr erleichtert, damit das Vertrauen stets noch weiter abgebaut. Ein Gesetzesvertrauen mag es noch geben, ein Verordnungsvertrauen des Bürgers gibt es nicht.

Diese Teufelskreise muß der Rechtsstaat schließlich *immer rascher* durchschreiten. Jede Konkretisierung auf einem Gebiet ruft nach ähnlichen anderen in vergleichbaren Bereichen; je mehr Normen es gibt, desto mehr ist konkretisierungsfähig, damit auch konkretisierungsbedürftig. In Lebensverhältnisse, die „neu durchnormiert" werden, zieht nicht so sehr das Vertrauen ein als vielmehr die Unsicherheit der Gesetze und Verordnungen, die sich immer rascher ändern, das Belieben einer Staatsgewalt, welche die größte Freiheit genießt, die der Gesetzesänderung. Der Rechtsstaat schreitet überall fort vom

---

[22] BVerfGE 1, 280; 2, 266; 8, 304; 10, 288; 13, 283.

Gewohnheitsrecht zum Gesetzesrecht, vom langsam, schwerfällig sich ändernden Zustand zu den Schnellpressen der Gesetz- und Verordnungsblätter. Damit zerstört er das Vertrauen, seine eigene tiefste Legitimation. Das deutsche Hochschulrecht der letzten Jahre ist das beste Beispiel[23].

6. Planungsstaat gegen Normstaat

Deutlich wird die innere Widersprüchlichkeit des Rechtsstaats vor allem in der *Planung*. Die Erfassung des „Planes" mit den Kategorien des Normativismus, der Rechtsstaatlichkeit ist bisher, trotz aller Anstrengung, nicht gelungen[24], sie ist letztlich unmöglich. Das westliche Verfassungsverständnis muß von einer grundsätzlichen Verschiedenheit von „Norm" und „Plan" ausgehen. Wenn der Plan nichts anderes ist als eine Norm, so bricht die Rechtsstaatlichkeit an einem entscheidenden Punkt zusammen: Wichtigste Normen – eben die Pläne – würden dann nicht mehr vom Normgeber, dem Parlament, erlassen[25], Planabweichungen nicht vom Richter kontrolliert. Deshalb muß der Rechtsstaat stets von einer grundsätzlichen Verschiedenheit von Norm und Plan ausgehen.

Nun liegt zwar der Versuch nahe, den Plan in die Rechtsstaatlichkeit dadurch einzubauen, daß man ihn als Fortsetzung der Rechtsstaatlichkeit mit anderen Mitteln, eben denen der Orientierung und des Anreizes, versteht. Ist Planung damit nicht die Vollendung der Rechtsstaatlichkeit, die ideale Form der rechtsstaatlichen Bewältigung von Entwicklungen der industrialisierten Welt?

Sie ist es nicht, sie zeigt den inneren Widerspruch des Rechtsstaates: Er ruft nach „mehr Plan" — und hebt sich darin selbst auf. Planung ist an sich ein Ideal des Rechtsstaates, denn in ihr würde ja die „Zukunft der Staatsgewalt" kalkulabel; etwas von Planung liegt also in jeder Norm. Wo der „reine" Normbefehl mithin nicht ausreicht, wo er ungenau werden muß vor einer ungewissen Zukunft, da wird und muß der Rechtsstaat zu jenem Instrument greifen, das er als eine Art von „abgeschwächter Normativierung" anbieten

[23] *Badura*, Verwaltungsrecht im liberalen und sozialen Rechtsstaat, 1966; *Bullinger*, Die Selbstermächtigung zum Erlaß von Rechtsvorschriften, 1958; *Hardt*, Die allgemeinen Verwaltungsgrundsätze, DÖV 1971, S. 685 ff.; *Zeidler*, Standort der Verwaltung in der Auseinandersetzung mit dem Demokratieprinzip, DVBl. 1973, S. 719–727.

[24] *Ipsen*, Fragestellungen zu einem Recht der Wirtschaftsplanung; *Simson*, Planänderungen als Rechtsproblem, in: Kaiser, J. (Hrsg.), Planung I, 1965.

[25] *Badura*, Wirtschaftsverfassung und Wirtschaftsverwaltung, 1970, S. 50 ff., 63, 118; *Redeker*, Staatliche Planung im Rechtsstaat, JZ 1968, S. 537; *Harnischfeger*, Planung in der sozialen Demokratie, 1969.

zu können glaubt — eben zum Plan, zur flexiblen, aber immer noch „irgendwie kalkulierbaren" Zukunftsprojektion.

Das Perfektionsstreben des Rechtsstaates wird also immer wieder zu „mehr Planung" drängen: Wenn schon ein Bereich nicht mehr durch Normen erfaßt werden kann, laßt ihn uns doch durch Planung ordnen!

Und in dieser Planung wird und muß sich der Rechtsstaat auf die Dauer selbst aufheben, schon aus einem Grund: Das „Gefälle wird zur Planung führen", unmerklich zuerst, dann rasch und in großem Stil werden die Normen der Legalität planifiziert, in Planvorstellungen flexibilisiert, aufgelöst werden.

Wie dies an der Spitze des Rechtsstaates geschieht, zeigt sich etwa bei jenem neuen „offenen" Verfassungsverständnis[26], dem das Grundgesetz mehr Orientierungsrahmen als strenge Norm ist, mehr „Staatsplan" als „Staatsbindung". Hier wird bereits letztlich in Plankategorien gedacht, die Norm wird zum Anhaltspunkt. So aber wird es auf Dauer überall werden, wenn der Rechtsstaat weiterhin seine Normen in Plänen fortsetzen will. Eine Verwaltung kann entweder in Norm und Befehl denken oder in Plan und Zukunftsprojekten. Sie muß zum Plan drängen, schon weil er weniger belastend und bindend ist als der Normbefehl; und sie wird glauben, selbst darin noch rechtsstaatlich zu wirken, daß sie den normativen Rechtsstaat im Planungsstaat auflöst.

7. Ineffizienz des normativierten Leistungsstaates

Der *Sozialstaat der Daseinsvorsorge* zeigt weitere Grenzen der Rechtsstaatlichkeit, neue Widersprüche dieses Systems. Das rechtsstaatliche Ideal ist ohne Zweifel die totale Verrechtlichung auch der Leistungsverwaltung; nicht nur jeder Eingriff bedarf dann der speziellen gesetzlichen Grundlage, für jede Staatsleistung muß dasselbe gelten. Man mag davon heute noch entfernt sein, die Entwicklung läuft in diese Richtung; vor allem in der Anwendung des Gleichheitssatzes, etwa auf Subventionen, werden der leistenden Staatsgewalt schon enge normative Grenzen gezogen.

Darin gerade aber begrenzt der daseinsvorsorgende Rechtsstaat seine eigene Wirksamkeit, unterminiert er seine spezifische Legitimation. Die Verrechtlichung der Leistungsverwaltung führt unweigerlich zur Bürokratisierung des Versorgungsstaates. Immer schwerfälliger wird er mit all seinen

---

[26] *Bäumlein*, Staat, Recht und Geschichte, 1961, S. 15 ff.; *Häberle*, Öffentlichkeit und Verfassung, Zeitschrift für Politik 16, 1969, S. 273 ff.; *Hesse*, Grundzüge des Verfassungsrechts der BRD, 1976, §§ 1 III/20.

durchnormierten öffentlichen Diensten, damit aber ineffizienter. Die Verrechtlichung ruft hier rasch ihre Gegner auf den Plan, welche Privatisierung zur Effizienzsteigerung fordern[27]. Die neuere Diskussion um privatwirtschaftliche Formen für Post, Bahn und kommunale Dienste[28] ist zu einem guten Teil nur ein warnendes Phänomen übersteigerter normativ-bürokratischer Rechtsstaatlichkeit; sie bringt ihr eigenes Gegenprinzip hervor: die Wirtschaftlichkeit des Privatrechts, das Normfreie, Nichtrechtsstaatliche par excellence.

Gerade weil sich die klassische Rechtsstaatlichkeit als unfähig erweist, das wichtigste Problem moderner Staatlichkeit zu bewältigen, die öffentlichen Leistungen, den service public, ruft der Rechtsstaat sein Gegenbild ins Haus, die normlos-privatwirtschaftende öffentliche Gewalt. Eben weil der Bürger die freie Verteilung der Fülle einer normierten Verwaltung des Mangels vorzieht, fordert er, rechtsstaatsmüde, den Privatwirtschaftsstaat, in dem die wirtschaftende öffentliche Gewalt keine Grenzen mehr kennt. In ihm, dem Nachfolger des überlebten Staates der normierten Wirtschaft, gibt es dann keine Bindung der Gewalt mehr, keine Vorhersehbarkeit. Und es wird der Rechtsstaat sein, der in der Ineffizienz seiner Normen und Kalkulabilitäten das Ende der Berechenbarkeit herbeiführen und sogar noch als einen Fortschritt erscheinen lassen wird.

Von der Leistungsverwaltung aber kann das Effizienzdenken dann in die übrige Staatsverwaltung vordringen, überall auf dem überlebten alten Normstaat den bindungsfreien Effizienzstaat errichten.

Dies ist vielleicht heute die größte Gefahr einer sich übersteigernden normativen Rechtsstaatlichkeit, daß sie im Wirtschaftlichen ihre Kraftlosigkeit beweist und damit die Legitimation des Normativen in einer ökonomisierten Welt gänzlich in Frage stellt.

8. Rechtsstaat gegen Demokratie

Der tiefste Widerspruch aber bricht auf, wenn man den Rechtsstaat aus *demokratischer Sicht* betrachtet.

---

[27] *Brohm*, Strukturen der Wirtschaftsverwaltung, 1969; *Remmlinger*, Privatisierung öffentlicher Aufgaben, Der Gemeindehaushalt 1976, S. 38–40; *Rüfner*, Formen öffentlicher Verwaltung, 1967; *Steiner*, Öffentliche Verwaltung durch Private, 1975.

[28] *Bohr*, Kommunale Versorgungs- und Verkehrsbetriebe in den Rechtsformen des Privatrechts, Der Städtetag 1976, S. 153 ff.; *Eichhorn*, Struktur und Systematik kommunaler Betriebe, 1969; *Emmerich*, Die kommunalen Versorgungsunternehmen zwischen Wirtschaft und Verwaltung, 1970.

Einerseits ist der Rechtsstaat in seinem Wesen demokratisch: Was bewirkt er denn im Grunde anderes, als daß er die Entscheidungsgewalt – oder doch viel von ihr – auf den durch Wahlen legitimierten parlamentarischen Gesetzgeber überträgt? Das Recht muß, heute wie früher, der sich wandelnden Realität folgen oder ihr gestaltend vorausgehen. Früher waren es Regierung und Verwaltung, welche diese Synchronisierung im wesentlichen besorgten; der Rechtsstaat überträgt sie weithin auf die Parlamente, die ihr in immer rascherer Folge von wechselnden Gesetzen nur mühsam nachkommen können. Doch es bleibt dabei: Der Rechtsstaat ist in dieser Parlamentarisierung der Entscheidungsgewalt ganz wesentlich Demokratie; ja man könnte sagen, diese demokratische Gewaltenparlamentarisierung sei sein einziger echter Entscheidungsgehalt, der Rechtsstaat sei als solcher en quelque façon nul, gewichtslos, er sei nur — parlamentarische Demokratie, Macht für den gewählten Gesetzgeber.

Und wohin führt die Steigerung dieses Vorganges? In ihr Gegenteil, in die Entmachtung der Parlamente, zurück in die Verordnungs-, Planungs-, Anwendungsgewalt der Exekutive, jener Gewalt, die man hatte bändigen wollen. Das Dogma von der maximalen Verrechtlichung aller Bereiche kann vom Parlament nicht bewältigt werden; seine Überforderung, bis hin zur Parlamentskrise, ist heute schon offenkundig. Der Gesetzgeber muß den Verordnunggeber ins Haus rufen, um seinen rechtsstaatlichen Normativismus zu perfektionieren[29]. Damit aber zerstört er die tiefste Legitimation der Rechtsstaatlichkeit: die Bändigung der Exekutive. Denn *politisch* gesehen ist die Verordnungsgewalt der Feind des Rechtsstaats. Diesem mag es vielleicht noch gelingen, die kleine Willkür der normanwendenden Verwaltung zu beseitigen. Doch dies ist nur möglich um den rechtsstaatsvernichtenden Preis der Machtübertragung auf die machtstärkste Institution des Staates: die verordnung- und richtliniengebende, planende und verteilende Ministerialgewalt, das eigentliche Zentrum der heutigen „neuen Macht". Das Parlament wird, vom Rechtsstaat überfordert, diskreditiert, damit aber die Demokratie selbst. Und nur die Macht kann letztlich den Rechtsstaat, der „Normen überall" fordert, durchsetzen, die von ihm gebändigt werden sollte. Ein wahres Paradox: Der Rechtsstaat schaufelt Macht in die Hände der Gewalt, die er binden will. In seiner normativen Übersteigerung endet der Rechtsstaat wieder dort, wo er im Widerspruch begonnen hatte: in den Händen der Exekutive. So wird im letzten der Rechtsstaat der Feind seiner tiefsten Legitimation, der Demokratie.

---

[29] *Maunz*, Deutsches Staatsrecht, 1977, S. 327 VI; *Wilke*, Bundesverfassungsgericht und Rechtsverordnung, AöR 98 (1973), S. 196 ff.; *Wolff*, Die Ermächtigung zum Erlaß von Rechtsverordnungen, AöR 78 (1952/53), S. 194 ff.

III. Rechtsstaat als System

Man könnte diese Serie von Widersprüchen fortsetzen. Sie dürfen nicht deshalb leicht genommen werden, weil sie regelmäßig erst bei einer gewissen Übersteigerung der Rechtsstaatlichkeit, des Normativismus aufbrechen. Es scheint eben der Rechtsstaat *geradezu notwendig* zu solcher Übersteigerung kommen zu müssen, sie liegt in der Logik des normativen Denkens: Wenn die Norm gut ist, besser als die normfreie Anordnung, so laßt eben Normen überall sein!

Und wenn nicht — wo liegen die Grenzen der Normen, des Normierbaren? Dies wäre wahrhaft eine gute Theorie des Rechtsstaats, welche sie aufzuzeigen vermöchte! Darum sollte sich bemühen, wem es um Freiheit, um wahrhaft berechenbare Macht geht.

Die normative Rechtsstaatlichkeit ist der letzte große Versuch systematischer Konstruktion, den das öffentliche Recht kennt. Nicht leicht, nicht ohne Bedauern wird man die Vorstellung vom Rechtsstaat als einer Systemgrundlage, als einer Staatsgrundnorm aufgeben, aus der immer neue Lösungen abgeleitet, immer fester heterogene Staatselemente zur Einheit gefügt werden können. Und doch wird man eines Tages erkennen müssen – vielleicht ist es heute schon so weit –, daß der Rechtsstaat weder selbst System ist, noch Systemgrundlage sein kann, daß er sich in zahllose Widersprüche auflösen muß, wenn man ihn weiter steigern, den Normativismus perfektionieren will. Rechtsstaat — das ist ein Bündel bewährter Techniken, vom Rückwirkungsverbot im Strafrecht bis zu den einzelnen Voraussetzungen richterlicher Unabhängigkeit. Sie gilt es sorgsam zu bewahren, ohne sie in einer Verrechtlichungsmanie um jeden Preis systematisieren, ohne Normen und Kontrollen überall hin tragen zu wollen. Um ein altes Thema zu variieren: Es gilt, die Grenzen der Wirksamkeit des Rechtsstaats, des Normativismus zu bestimmen. Unsere Aufgabe ist es nicht, alles zu normieren, sondern zu erkennen, was normierbar ist, Vertrauen nicht über Gesetze und Verordnungen zu suchen – und meist damit abzubauen –, sondern im Bestand der Verwaltungsentscheidungen, in der Kontinuität der Verwaltungspraxis. Die neueren Versuche um erweiterten Vertrauensschutz im Verwaltungsrecht[30] stoßen immer wieder auf die harte Front des Normativismus mit seinen frei abänderbaren Normen. Hier muß Vertrauen *gegen* den übersteigerten Rechtsstaat durchgesetzt werden. Doch dies ist der rechte Weg, ebenso wie es gilt, neue Formen des Gewohnheitsrechts zu entwickeln[31].

---

[30] *Luhmann*, Vertrauen — Ein Mechanismus der Reduktion sozialer Komplexität, 1968; *Ossenbühl*, Vertrauensschutz im sozialen Rechtsstaat, DÖV 1972, S. 25 ff.; *Schmidt*, Die Vertrauensrechtsprechung des BVerwG, DÖV 1972, S. 36 ff.

[31] *Esser*, Richterrecht, Gerichtsgebrauch und Gewohnheitsrecht, in: Festschrift für Fritz

Was der klassische Rechtsstaat leisten konnte, ist geschehen, die Grenzen dieser Staatsgeometrie sind erreicht, weiter geht es nur mehr in Widersprüche. Wer das fortsetzen will, was einst der Rechtsstaat leisten sollte, die Sicherung der Freiheit, der muß heute umzudenken beginnen: Es geht nicht um mehr Normen und Kontrollen, sondern um mehr rechtsfreie Räume, mehr Privacy im eigentlichen Sinne. Der Rechtsstaat muß diejenige Ordnung sein, in der das Recht nicht mehr überall, sondern nur mehr in dem ist, was wirklich — des Staates ist.

---

v. Hippel, 1967, S. 95 ff.; *Maunz* (Fn. 29), § 25 III; *Nörr*, Zur Entstehung der gewohnheitsrechtlichen Theorie, in: Festschrift für Felgentraeger, 1969, S. 353 ff.; *Tomuschat*, Verfassungsgewohnheitsrecht, 1972.

„Gesetz wird Unsinn ...“*

Grenzen der Sozialgestaltung im Gesetzesstaat

I. Die Krise der Gesetzgebung

1. Der Beruf unserer Zeit — Nachdenken über Gesetzgebung

La Loi est le Roi[1] — so hat in der Französischen Revolution der moderne Staat begonnen, mit der *neuen Majestät des Gesetzes*; la Loi est l'expression de la volonté générale[2] — damit hat die Universelle Erklärung der Menschen- und Bürgerrechte von 1789 die *demokratische Volkssouveränität* auf den Gesetzesstaat gegründet; au nom de la Loi — so wurde nicht nur verhaftet, sondern alle Staatsgewalt ausgeübt, *im Rechtsstaat.* Die Demokratie, die Legalität, der Staat selbst, all dies ist heute in seinem Grunde — nichts als Gesetz.

Wenn die Vereinigung der Deutschen Staatsrechtslehrer die achtziger Jahre beginnt mit dem Thema „Gesetzgebung im Rechtsstaat“, so kann sie sich nicht vornehmen, die Summe der zweihundert Jahre des gesetzgeberischen Konstitutionalismus zu ziehen. Sie kann nicht sämtliche großen Diskussionen des öffentlichen Rechts zusammenfassen, die alle um das Gesetz kreisen — von Verwaltungsakt und Ermessen über die Verordnung bis zur richterlichen Kontrolle und zur Parlamentsreform. Von einer solchen Tagung kann nicht erwartet werden, daß sie die gesamte Verfassungsdogmatik von der Gesetzgebung her neu aufrolle, daß sie das Kapitel der Gewaltenteilung neu schreibe im Namen des Gesetzes. Wenn etwas im öffentlichen Recht „klassisch“ geworden ist, so die Grundthesen über die Notwendigkeit der Parlamentsgesetzgebung, über den Vorbehalt des Gesetzes, über die Gesetzesbindung von Verwaltung und Gerichtsbarkeit. Diese Akten sind geschlossen — dem Grunde nach.

Doch jede Zeit hat ihre besondere Gesetzgebungsdiskussion zu führen — der „Beruf unserer Zeit zum Nachdenken über Gesetzgebung“ liegt, wie in allen Epochen, in dem, was wir an „Beruf zur Gesetzgebung“ täglich verfeh-

---

* Erstveröffentlichung in: Deutsches Verwaltungsblatt 1981, S. 849–857.

[1] Unter dieser Devise steht auch die erste Gesetzessammlung, die Collection générale des Décrets rendus par l'Assemblée nationale (Seguin), Avignon 1789 f.

[2] Unerreicht noch immer die Schrift von *Carré de Malberg*, R., La Loi — expression de la volonté générale, 1934.

len. Vor allem eines: Weil uns das Gesetz „dem Grunde nach" selbstverständlich geworden ist, könnte es wohl geschehen, daß wir das Maß verlieren — der Höhe nach.

So ist es denn eine notwendige und letztlich eine gute Entwicklung, daß die Kritik unserer Tage an der „Gesetzgebung im Rechtsstaat" mit besonderer Eindringlichkeit dort einsetzt, wo die Grundlagen der staatlichen Legitimation gefährdet erscheinen: in der *Gesetzesflut*, im Ausufern des Normativismus. Gerade wer sich zu Demokratie und Rechtsstaatlichkeit bekennt, muß diesem abusui optimi pessimo entgegentreten. Wenn es Aufgabe des Juristen ist, Quantität in Qualität zu verwandeln, so muß es heute vor allem sein Anliegen sein, daß sich beim Gesetz nicht Qualität in Quantität verliere.

Und um es ganz deutlich zu sagen: Dies ist mehr als ein Bündel „technischer Probleme", hier geht es nicht um eine Art von Füllen der Haushaltslücken durch punktuelle Mißbrauchsbekämpfung. Die Lage der Gesetzgebung mag hier „verzweifelt, aber nicht ernst" — oder es mag umgekehrt sein: Entscheidend wird sein, daß wir alle Diskussionen der Einzelheiten, von den Generalklauseln bis zu den ewig zu bereinigenden Sammlungen, stets führen mit Blick auf das Ganze, auf die Grundlagen der rechtsstaatlichen Demokratie. Denn von den Anfängen des Gesetzesstaates an sollte stets „das Gesetz die Vernunft sein", die neue ratio scripta; wird daher Gesetzgebung verfehlt, so zerbricht mehr als ein politisches Instrument, dann läßt sich das Dichterwort abwandeln …

2. Gesetzesflut — der Hochwasseralarm des Rechtsstaats

In den letzten Jahren hat sich ein reiches Schrifttum dieser Problematik angenommen[3]: Minister, Gesetzgebungsbeamte und Abgeordnete, Richter und

---

[3] Zu diesem Fragenkreis im engeren Sinne s. u.a. *Berner*, G., Inflation im Recht, BayVBl. 1978, S. 617 ff., *Brandt*, H., Thesen zur sog. Gesetzesflut, Die Neue Gesellschaft 1979, S. 1090 f.; *Hillermeier*, K., Eindämmung der Gesetzesflut, BayVBl. 1978, S. 321 ff.; *Jellinek*, H., Ursachen und Reduktionsmöglichkeiten der Überfülle von Rechtsvorschriften, VuF 1978, S. 62 ff.; *Leisner*, W., Rechtsstaat — ein Widerspruch in sich?, JZ 1977, S. 537 ff. = in diesem Band, S. 563 ff.; *Lenz*, C.O., „Gesetzesflut" und ihre Eindämmung, in: Festschrift für Friedrich Schäfer, 1980, S. 66 ff.; *Maassen*, H., Die Freiheit des Bürgers in einer Zeit ausufernder Gesetzgebung, NJW 1979, S. 1472 ff.; *Marek*, H.F., Rechtsbedürfnis und Rechtsordnung, ÖJZ 1978, S. 14 f.; *Pfeiffer*, G., Knappe Ressource Recht, ZRP 1981, S. 121 ff.; *Redeker*, K., Gesetzesrationalität und verständliches Recht, NJW 1977, S. 1183 ff.; *Schulz*, P., Gesetzesflut im sozialen Rechtsstaat — ein unvermeidbares Ärgernis?, Die Neue Gesellschaft 1979, S. 1083 ff.; *Starck*, Chr., Übermaß an Rechtsstaat?, ZRP 1979, S. 209 f.; *Steinbach*, H., Die Gesetzesflut, DöD 1978, S. 69 ff.; *Vogel*, H.J., Zur Diskussion um die Normenflut, JZ 1979, S. 321 ff.; *Weiß*, H.D., Verrechtlichung als Selbstgefährdung des Rechts, DÖV 1978, S. 601 ff.; *Zweigert*, K., Die rechtsstaatliche

die universitäre Wissenschaft. Deutscher Richterbund und Deutscher Anwaltverein[4] üben herbe Kritik an Überproduktion und Qualitätsabfall der Gesetzgebung. Parlamentarische Anfragen[5] greifen immer häufiger das Problem auf, die gesetzgebenden Körperschaften zeigen sich besorgt[6], der Bundeskanzler empfiehlt Zurückhaltung[7], ja eine „Gesetzespause"[8], die Landesregierungen beteuern ihre Entschlossenheit[9].

Der tatsächliche Befund der insgesamt kontinuierlich ansteigenden Gesetzesflut ist eindeutig und alarmierend[10]. Eindrucksvolle Schwerpunkte werden etwa im Strafprozeß- oder im Planungsrecht[11], im Umweltschutz sowie bei Jugend und Bildung festgestellt[12]. Wohl lassen sich zuzeiten bereichsweise auch rückläufige Tendenzen erwähnen[13]: Ergebnisse von Rechtsbereinigung, Teilkodifikationen, verbesserter Gesetzgebungstechnik[14]; doch das hier Erreichte erweist sich nicht selten als Scheinerfolg, weil die Normflut in Verordnungen kanalisiert weitersteigt[15] oder im „normativen Untergrund" unabsehbare Schäden anrichtet — in Verwaltungsverordnungen, Erlassen, unübersichtlicher Judikatur. Und überhaupt läßt sich die Gesetzesflut ja nicht nur mechanisch in Paragraphen- oder Seitenzahlen von Gesetzblättern messen[16]; soll das vielleicht äußerlich quantitative Problem mit reinen Quantitätsbeschränkungen gelöst werden, so schlägt es eben doch wieder in ein Qualitätsproblem um — in mehr Generalklauseln oder in überkurze Orakelgesetzgebung.

Dimension von Gesetzgebung und Judikatur, Verhandlungen des 51. DJT, München 1976, K 1 (6 ff.) — fast alle m. zahlr. w.N.

[4] Presseerklärung Nr. 14 vom 19.8.1978 bzw. Pressemitteilung Nr. 7/78 vom 19.9.1978.

[5] Siehe Nachweise bei *Hillermeier*, BayVBl. 1978, S. 322, und *Jellinek*, VuF 1978, S. 63.

[6] Nachweise bei *Maassen*, NJW 1979, S. 1474.

[7] BT-Prot. vom 16.12.1976, S. 8/45 B.

[8] Vor dem Deutschen Städtetag, zitiert nach *Maassen*, NJW 1979, S. 1473.

[9] Nachweise bei *Vogel*, JZ 1979, S. 321; s. ferner für Bayern *Hillermeier*, BayVBl. 1978, S. 322.

[10] Gute Überblicke bei *Vogel*, JZ 1979, S. 321 f.; *Zweigert*, 51. DJT, K 7 f.

[11] Siehe *Berner*, BayVBl. 1978, S. 620.

[12] *Zweigert*, 51. DJT, K 8.

[13] So *Zweigert*, aaO., 1976, für Steuerrecht, Wirtschaftsrecht, Verteidigung, Wohnungsbau.

[14] Auf letzteres weist insbes. hin *Vogel*, JZ 1979, S. 324.

[15] Dies betont besonders *Berner*, BayVBl. 1978, S. 617.

[16] *Lenz*, in: Festschrift für Friedrich Schäfer, 1980, S. 69, geht in seinen im übrigen beachtenswerten Ausführungen bis zu der Forderung, jedem federführenden Ministerium solle nur „eine bestimmte Anzahl von Seiten im Gesetzblatt" zur Verfügung stehen.

Wer immer sich neuerdings äußert — die Sorge ist allgemein[17], es könnten die Grenzen der Rechtsstaatlichkeit zwar vielleicht noch nicht überschritten, doch die ihnen vorgelagerten Problemzonen bereits erreicht sein, um vorsichtig mit dem früheren Bundesminister der Justiz zu sprechen[18].

Die Gesetzesflut *ist* also ein Grundproblem der heutigen Gesetzgebung im Rechtsstaat, mehr noch: Sie ist *das* Problem von heute für diesen Bereich; denn es gibt ja im öffentlichen Recht keine allgemeine „Lehre von der Gesetzgebung", die alle ihre Qualitäten und Fehler aufzeigen und messen könnte. Hier ist man stets auf „gewisse Phänomene" angewiesen, und sie sind um so bedeutsamer, je mehr sich in ihnen die verschiedensten Probleme wie in einem Brennspiegel zusammengefaßt zeigen und so kritisch erfaßt werden können: die Defekte der Gesetzgebung in ihrem Verhältnis zu den „anderen Gewalten", zum Bürger, ihre Bedeutung für den Staat schlechthin. Gerade dies aber leistet heute das „Problem Gesetzesflut": Das öffentliche Recht wird nicht mehr nur auf Einzelprobleme hin abgeleuchtet, auf Gesetzgebungstechnik oder Ermächtigungsklauseln, es setzt eine systematische, zusammenschauende Kritik ein, weil so viele Gefahren auftreten, die sich im Grunde immer wieder auf dieselben Grundwerte richten (davon sei unter II die Rede); und es werden auch die angebotenen Lösungsmöglichkeiten (davon unter III) nicht mehr isoliert, sondern im systematischen Zusammenhang einer Gesetzgebungsverbesserung diskutiert; mag man auch bisher allzuviel, das Wichtigste vielleicht, ausgeklammert haben (dazu unten IV). Zu all dem natürlich – an dieser Stelle – nur wenige Andeutungen.

II. Die Gefahren der Gesetzeswucherung

1. Für den Bürger: Gesetzesunsicherheit, Freiheitsverlust, „passive Demokratie"

a) Der Rechtsstaat, der als „Pedant Geschriebenes fordert" für den Bürger, *gefährdet in seinem ständigen Streben nach der Gesetzessicherheit — die Rechtssicherheit*[19]. Für den Bürger bildet alles, was „auf ihn angewendet wird", letztlich eben doch eine „Einheit Gesetz" — vom ministeriellen Einzelerlaß bis hinauf zur Verfassung, und alles wächst zusammen gegen ihn, in einem normativen Dschungel, in dem er vor Normen das Gesetz nicht mehr sieht. Darin liegt schon die *erste große Rechtsunsicherheit:* Das von

[17] *Brandt* (Fn. 3) meint allerdings, die Gesetzesflut sei lediglich eine Kampfformel der CDU/CSU.

[18] *Vogel*, JZ 1979, S. 323, 324.

[19] Auf diese Gefahr macht besonders aufmerksam *Weiß*, DÖV 1978, S. 607; *Schulz*, Die Neue Gesellschaft 1979, S. 1086.

Regierungen und Beamten, Richtern und Wissenschaftlern „weiter gedachte“ Gesetz kann er als solches oft gar nicht mehr erkennen, man denke nur an das Steuerrecht. Und wenn es ihm endlich gelungen ist, den Garanten seiner Sicherheit zu „fassen“, das Gesetz, den Ausdruck der Volkssouveränität, so wandelt es sich ihm unter den Händen wie Proteus, zerrinnt in eine ständige lex in fieri.

Denn diese *zweite Stufe der Rechtsunsicherheit* ist ja noch gar nicht genug gewürdigt worden von den Kritikern der Normflut; die ständigen *Vorwirkungen* kommender Gesetzgebung einerseits, der Verlust des Vertrauens in Gesetze, die nach aller Erfahrung ein oder zwei Jahre später ohnehin sich wandeln werden, sollte dies auch heute noch nicht erkennbar sein. Das Gesetz führt immer mehr zum Verlust jeder Längerfristigkeit des Denkens und Handelns. Auf alles kann der Bürger heute mehr vertrauen als auf das Gesetz, für ihn und seine Verbände ist oft längst die Gesetzgebungslage wichtiger als die Gesetzeslage; sie müssen schon froh sein, wenn ihnen noch eine Freiheit bleibt — nicht gesetzlich überrumpelt zu werden. Die „neuen Paragraphen“ sind bei weitem nicht die einzige Belastung, die Kadenz der Änderungen verunsichert am meisten, auch wenn sich die Neuerungen in Grenzen halten.

Und wenn es endlich gelingt, des „dauerhaften Gesetzes“ habhaft zu werden, so hebt sich – in einer *dritten Stufe* – seine Rechtssicherheit doch häufig wieder auf: Gerade um sich *als Gesetz* herauszuheben (erste Stufe), um *als Gesetz* zu dauern (zweite Stufe), muß die Regelung derart kompliziert werden, daß nur wenige sie durchschauen — und der verunsicherte Bürger mag sich glücklich schätzen, wenn er einen von diesen wahren Experten findet; mehr als glauben an sie bis zum endlichen Erfolg kann er ohnehin nicht.

Gesetzesflut gegen Rechtssicherheit — das ist viel mehr als zahllose, unübersichtliche Befehle. Von einer gewissen Stufe an potenziert sich der juristische Sicherheitsverlust mit jeder neuen Norm progressiv ins Unendliche, in mehrere Dimensionen hinein: in abgeleitete Weiterwucherungen, in Änderungsangst, in die Geheimgewalt unsicherer Expertokratie[20].

b) Die Gesetzesmasse wird zum *massiven Freiheitsverlust*[21]. Allein schon *schwindende Rechtssicherheit* (vgl. a) *bedeutet weniger Freiheit*, ist doch die Beständigkeit eines Rechts eine entscheidende Freiheitsfunktion, Rechtssicherheit im Grunde nur „Freiheit in der Zeit“. Doch darüber hinaus bringen

---

[20] Letzteres betont von *Weiß*, DÖV 1978, S. 603.

[21] Diese Gefahr ist in der Diskussion besonders hervorgehoben worden, vgl. etwa *Berner*, BayVBl. 1978, S. 617; *Hillermeier*, BayVBl. 1978, S. 322; *Maassen*, NJW 1979, S. 1473; *Steinbach*, DöD 1978, S. 71.

die meisten Normen, bringt *jedes* Gesetz ganz wesentlich irgendeine Freiheitsbeschränkung, steigende Gesetzgebung wird daher für die Macht zur *zunehmenden Anti-Freiheits-Versuchung*. Der Vertreter des Volkssouveräns schreitet von der Gesetzgebungsgewohnheit zur „Gesetzesleichtigkeit" fort, am Ende steht die Leichtfertigkeit des Umgangs mit der Freiheit des Bürgers. In der legislativen Eingriffsgewöhnung verlieren sich Ernst und Sorgfalt, welche der Verfassunggeber mit seinen „Reflexionsklauseln" dem Parlament so deutlich ans Herz legt[22]. Vor allem aber „zwingt ein Gesetz zum nächsten"; ist eine Perfektionierungsstufe bei einer (Teil-)Materie erreicht, so müssen andere auf sie gehoben und es muß das Bisherige noch weiter verfeinert werden. Parkinsons Gesetz in der Gesetzgebung führt zur Selbstverengung des Gesetzesnetzes[23] in einem Automatismus, der notwendig zur Spirale wird und seine „technische" Rechtfertigung in sich trägt — immer wieder gegen die Freiheit. In dubio pro libertate wird zum in dubio pro lege, zum „im Zweifel für das nächste Gesetz", für die nächste Freiheitsbeschränkung. Die „Notwendigkeit des gesetzgeberischen Eingriffs", seit dem Apotheken-Urteil stets Mahnung des Bundesverfassungsgerichts an den Gesetzgeber, wird ganz einfach begründbar: mit den (vielen) bisherigen Gesetzen. Was aber bleibt von einer Freiheit, die in ganz neuer Weise „im Namen des Gesetzes" zurückgedrängt wird?

c) Das Gesetz schafft den Gewaltunterworfenen, die *Gesetzesflut den Passivbürger*[24]. In der Idealvorstellung der Demokratie soll er das „Subjekt der Gesetzgebung" sein — und irgendwie bleibt er es auch so lange, wie noch ein „Gesetzesdialog in seiner Laiensphäre" stattfindet, zwischen ihm und einer Norm, die er erfassen und begrenzen kann; denn auch der Bürger hat das Gesetz weiterzudenken. Geht auf ihn die Gesetzeslawine nieder, so ist er nicht nur als Privater in seiner Freiheit, er ist als Organ der Demokratie in seiner Aktivität gebrochen. Damit aber kommt es zur demokratischen Selbstentleerung der Gesetzgebung. „Im Namen passiver Gesetzgebungsobjekte" — das legitimiert nichts; ist es mehr als eine Ironie von „im Namen des Volkes"?

2. Effizienzverlust der Gesetzgebung

Würde der Gesetzesstaat in Gesetzesexpansion „wirksamer", so müßte immerhin der sie begrüßen, der in perfekter Herrschaft mehr Gerechtigkeit, ja

---

[22] Art. 14 Abs. 3 Satz 2; 19 Abs. 1 Satz 2; 79 Abs. 1 Satz 2 GG.

[23] Vgl. dazu *Leisner* (Fn. 3).

[24] Besonders hervorgehoben von *Weiß*, DÖV 1978, S. 604.

Freiheitsgewinn sieht, etwa in ordnender Umverteilung. Doch mit guten Gründen befürchtet die Kritik, auch dieses Ziel könne verfehlt werden:

a) Die Grenzen der *Aufnahmemöglichkeit* des Bürgers sind bald erreicht, die seiner *Aufnahmebereitschaft* liegen wohl noch vor jenen[25]. Die Fiktion der Kenntnis des Gesetzblatts ist nötig, doch sie war stets eine Schwachstelle des Gesetzesstaates[26], sie darf er nicht unbeschränkt belasten. Hier droht die gefährlichste Form des Gesetzesungehorsams, die ungewollte, ja unbewußte; die Sanktion wird als Ungerechtigkeit empfunden, das Gesetz als unfaßbare, zufällige Herrschaftsform — man nennt das eben Willkür. Und kostenlose Rechtsberatung oder Hinweis auf verbandliche oder andere Multiplikatoren ist kein Ausweg: Der Bürger hat Informations- und Vereins*freiheit*, nicht so weitgehende *Pflichten*. Er hat, in Grenzen jedenfalls, auch noch das Recht, in diesem Staat „einmal allein zu sein"; lex vigilantibus scripta ist kein Freibrief für neue Formen der „Arbeitspflicht als juristische Bildungsanstrengung".

b) Der *Qualitätsverlust* in der Massenproduktion der Gesetze wird beklagt, die Inflation, die Entwertung des Gesetzes im eigentlichen Sinne[27]; wenn dies zutrifft, so muß es zugleich Effizienzverlust bedeuten — das ist Axiom für ein Gesetz, das den Anspruch geistiger Wirksamkeit erhebt. Gesetzgebungsroutine soll nicht unterschätzt werden, docendo discit auch der Gesetzgeber. Doch wenn Gesetzgebung ganz wesentlich Überlegung verlangt, in der Normphantasie der Abstraktion, so muß sie in der Gesetzesflut untergehen; die Ministerialteams und ihre Datenverarbeitung mögen immer mehr „beachten", nachdenken werden sie weniger.

c) *Bürokratisierung* wird mit Recht als Folge der vielen Gesetze genannt[28]: Jedes Gesetz verlangt seine vorbereitende, ausführende, fortentwickelnde, ändernde Verwaltung; und das Gesetz schützt seine administrativen Geschöpfe, durch sein Labyrinth gedeckt werden sie unschlagbar, doch auch wieder nur um den Preis ständig veränderter Gesetzeswirksamkeit: Die kommunale Bauverwaltung ist eine echt bürokratische Macht nicht dort, wo sie „durchschlägt", sondern wo sie neue Auflagen ersinnt, Informationen verlangt, warten läßt, alles „im Namen der eben so zahlreichen Gesetze". So definiert sich sogar der Bürokrat: Er vollzieht nicht das Gesetz; er beschäftigt sich und den Bürger mit ihm — darin herrscht er.

---

[25] Vor allem die Politiker bedrückt dies mit Recht, vgl. *Hillermeier*, BayVBl. 1978, S. 322; *Lenz*, in: Festschrift für Friedrich Schäfer, 1980, S. 72; *Vogel*, JZ 1979, S. 323.

[26] Und natürlich wird nie mehr jeder „durchschnittlich intelligente Bürger" alle Gesetze verstehen können, wie es *Schulz*, Die Neue Gesellschaft 1979, S. 1085 fordert.

[27] *Berner*, BayVBl. 1978, S. 619; *Weiß*, DÖV 1978, S. 601.

[28] *Berner*, BayVBl. 1978, S. 620, 621; *Maassen*, H., NJW 1979, S. 1476.

d) *Gerichtsexpansion, -inflation, -überlastung* sind Folgen der Gesetzesflut[29]; die ständig neuen Rechte und Pflichten bieten unerschöpflichen Streitstoff, die unübersichtliche Gesetzgebung verlangt nach Interpretationen. Der Gesetzesstaat wird nicht im Richterstaat enden, er führt sich in ihm ad absurdum; in den Suspensivwirkungen und Verzögerungen wird der gesetzliche Wille gebrochen; in der gerichtlichen Normenkontrolle erscheint er als prekär und bestreitbar; die Paragraphenmasse bringt Fehlinterpretation. Und doch verlangt jedes Gesetz auch wieder „sein Gericht", will man nicht „das Gesetz seinem Richter entziehen", es damit rechtsstaatlich aufheben. Die Rechtsvereinheitlichung bei den obersten Gerichten verzögert sich mehr und mehr, sie muß stets neu beginnen, wird zur Sisyphusarbeit. Das Gesetz gewinnt im Rechtsstaat erst in der Rechtsprechung der letzten Instanz seine „eigentlich verbindliche Form", in der Gesetzesflut findet es viel zu spät oder nie „zu sich selbst"; die legislative Expansion ist damit – ein Paradox! – nichts als Abschwächung der Normverbindlichkeit, faktisch *und* rechtlich.

3. Abwertung der Gewalten

Die Gesetzeswucherungen stärken keine der drei klassischen Gewalten; am Ende werden sie alle geschwächt und kompromittiert:

a) Am deutlichsten das *Parlament*: Die ganze chronische Parlamentskrise aller westeuropäischen Länder ist nichts als eine Gesetzgebungskrise durch Überlastung. Doch weit schwerer wiegt der juristische Prestigeverlust: Jedermann weiß, wie sehr die Volksvertreter auf die Ministerialbürokratie angewiesen sind, und zwar im Grunde fast ausschließlich durch die Gesetzesflut. Die Wandlung zur parlamentarischen Expertokratie[30], der Todfeindin des politischen Parlamentarismus, bringt die Abgeordneten, bei allem guten Willen, bei aller Ausschußsorgfalt, immer wieder in hoffnungslosen Rückstand; gerade all das, was dem entgegenwirken könnte (Hearings, Eigeninformationen, Lobbyismus, Kommissionsarbeit), kann nur entlasten, wenn die Gesetzgebung ganz entscheidend abgebaut wird. Andernfalls kommt es nicht nur zum schleichenden „Entmachtungsprozeß"[31], zum „Funktionsverlust des Parlaments durch Fremdbestimmung"[32], die Volksvertretung muß der Versuchung erliegen, sich funktionswidrig zu profilieren — durch politische „Schläge", welche die Ministerialität in ihre Schranken zurückweisen soll,

---

[29] Dazu *Berner*, BayVBl. 1978, S. 621, 622; *Starck*, ZRP 1979, S. 210, 211.

[30] Dazu in diesem Zusammenhang *Weiß*, DÖV 1978, S. 603.

[31] Schlußbericht der Enquête-Kommission Verfassungsreform, BT-Drucks. 7/5924, S. 89.

[32] *Weiß*, DÖV 1978, S. 603.

durch ein „Parlament als Ausnahmegesetzgeber“, das die „großen Würfe der Exekutive“ mit Wahlkreis- und Lobbyausnahmen durchlöchert, ut aliquid fecisse videatur. Alles in allem: An der Gesetzesfülle stirbt zuerst — der Gesetzgeber.

b) Doch auch die *Exekutive wird zugleich überlastet und abgewertet.* Machtgewinn scheint die Expertenrolle der Ministerialität gegenüber dem Parlament zu bringen; doch indem sie mit ihren vielen Gesetzen allzu viele „Leistungsbeweise“ erbringen will[33], wird sie nur zu oft unglaubwürdig: Wer kann nicht Fälle nennen, in denen Gesetzeseifer nichts war als ministeriales Prestigebedürfnis? Und wie oft bedeutet nicht eine neue Regelung den langersehnten Beförderungsschub für ihre Entwerfer, die sonst kaum erreichbare „Unterabteilung“, in der sie entsteht? Gesetzesflut als Laufbahnphänomen — dieses harte Wort läßt sich leicht kritisieren; denn wer kann es „beweisen“ ... Doch abgewertet hat es bereits.

Die Gesetzesfülle erleichtert manche Verwaltung, die sich in geistlose Subsumtion zurückziehen kann; sie bietet Macht über den Bürger, der dem beamteten Experten nicht gewachsen ist, Schlupfwinkel dem Bequemen im Labyrinth. Doch für all dies bezahlt die Beamtenschaft allzu schwer: Nicht nur, daß sie gerade damit in Bürokratieverdacht gerät — ihr Ermessen wird eingeengt, sie wird im Vollzug überlastet[34] und gerade dort oft Ministerialinstanzen ausgeliefert, die weit entfernt von der „Front“, ohne volle Kenntnis von deren harten Realitäten, „durch Gesetze fernsteuern“[35]. So ist denn im Grunde dies alles eben doch nur disqualifizierender Machtgewinn.

c) Für die *Judikative* schließlich genügt, neben dem oft dramatischen Funktionsverlust durch Überlastung, ein böses altes Wort: Subsumtionsautomat.

Wie also das Gesetz alles ist und überall im Rechtsstaat, so zerstört Mißbrauch mit ihm alle Gewalten — dieser neue „Gesetzesmißbrauch“.

4. Legitimitätsverlust der Staatsform

Die Staatsform der parlamentarischen Demokratie ruht auf dem Gesetz, mag auch Art. 20 GG dies nicht genügend betonen. Zuwenig ist bisher in der neueren Diskussion um die Gesetzesflut erkannt worden[36], daß hier die

---

[33] Dazu *Maassen*, NJW 1979, S. 1474; *Schulz*, Die Neue Gesellschaft 1979, S. 1087; *Steinbach*, DöD 1978, S. 70.

[34] Betont etwa von *Steinbach*, DöD 1978, S. 71.

[35] Darauf macht zutreffend aufmerksam *Berner*, BayVBl. 1978, S. 619.

[36] Zutreffend hervorgehoben wird es von *Weiß*, DÖV 1978, S. 602.

volonté générale in Mißkredit gerät, die Demokratie selbst. Das *ununterbrochen Gebrauchte kann nicht mehr heilig* sein; alle legitimierende Höhe verlangt etwas von Einmaligkeit; der ständig wechselnde Wille verdient diese Bezeichnung kaum mehr.

Die Volksherrschaft ist angetreten im Namen nicht nur „des Gesetzes", sondern der *„besseren Gesetzgebung"*: Ihre Normen sollten ja nicht in königlichen Geheimkabinetten entstehen, sondern am Tageslicht der Volksöffentlichkeit, hier sollten die unzähligen Augen mehr sehen als die wenigen der Räte. Was bleibt davon, wenn die Abgeordneten nicht einmal mehr lesen können, was sie beschließen?

Als *„allgemeiner* Wille" trägt das Gesetz die Demokratie, quod omnes tangit, ab omnibus decidetur. Diese Gesetze ohne Zahl drohen die *Allgemeinheit des Gesetzes zu verspielen*, die eben in einer Demokratie nicht nur bei Grundrechtseinschränkungen gelten kann. Das Maßnahmegesetz ist und bleibt ein demokratischer Sündenfall, ein geistiges Relikt eines exekutivischen Staatsrechts. Demokratie und Gesetz nimmt nur ernst, wer diesem letzteren eine gewisse Höhe, etwas von Allgemeinheit bewahrt, um derentwillen es sich gelohnt hat, ein peuple en miniature zu wählen. Die Gesetzesflut wird zur Masse der Einzelbefehle, in ihr geht das eigentlich Normative unter.

Wer hier zu weit geht, nimmt der Volksherrschaft alles, um dessentwillen sie sich lohnen kann: die Solidarität normgewordener Gemeinsamkeit.

III. Therapien

Wenn irgendwo juristische Solidarität unter Demokraten herrschen sollte, so hier; für parteipolitische Polemik[37] ist kein Raum. Gerade weil das Phänomen seit mehr als einem Jahrhundert und in steigendem Maße zu beobachten ist, wird Tendenzwende, ja Stillstand nur schwer, allenfalls in kombiniertem Einsatz aller Therapien, zu erreichen sein.

1. Die „unheilbaren Gründe"

Zunächst gilt es, den Umkreis des „Heilbaren" zu bestimmen, und so hat denn die bisherige Diskussion auch schon klar aufgezeigt, was sich *nicht ändern läßt*:

---

[37] Wie sie *Brandt* bietet, Die Neue Gesellschaft 1979, S. 1090, 1091.

a) Vor allem die *Legalität*[38] und der *„Grundrechtsstaat"*, den die Rechtsprechung des Bundesverfassungsgerichts entwickelt hat[39]; er zwingt die Erste Gewalt durch den wenig bestimmten Parlamentsvorbehalt der „wesentlichen Entscheidungen" zur gesetzgeberischen Aktivität[40] — immer wieder wird hier zutreffend das Schulrecht genannt[41]. Im Namen dieser Rechtsstaatlichkeit wird das Besondere Gewaltverhältnis vergesetzlicht[42], um das Ermessen wird ein immer dichteres Gesetzesnetz gelegt[43], im Rechtswegestaat kann der Bürger auf vielen Wegen — das Gesetz erzwingen.

Um es gleich allgemein zu sagen: An all dem läßt sich grundsätzlich nichts ändern, soll sich nicht die demokratische Legitimation im Zentrum der Rechtsstaatlichkeit verlieren. Dies aber wäre noch weit schlimmer als gesetzesmassierte Rechtsunsicherheit. Eine weiterreichende, staatsgrundsätzliche Frage muß es sein, ob die parlamentarische Demokratie solche Spannungen, deren es viele gibt[44], ertragen kann; hier muß sie offenbleiben.

b) *Verfall der selbstregulierenden Kräfte der „Gesellschaft"* wird beklagt[45], und in der Tat muß ein fortschreitender Konsensverlust mit Gesetz – und das heißt letztlich „mit Gewalt" – kompensiert werden. Wenn Familientraditionen und berufsständisches Denken, Ehrencodices und kirchliche Bindungen ihre verpflichtende Kraft verlieren, so wird ein Gesetz nach dem anderen unentbehrlich, denn den staatlichen Regelungen ist ja gerade nicht die Flexibilität der in Randzonen wandelbaren, im Kern aber festen gesellschaftlichen Normen eigen; deshalb bedarf es so vieler Normen, und doch bringen sie meist nur Konsensannäherungen, nicht Konsensersatz — vom Scheidungsrecht bis zum Arbeitsrecht.

Doch der Gesetzesstaat sollte hier nicht Krokodilstränen vergießen: Nur zu oft ist er selbst es ja, der gesellschaftliche Bande gesetzlich lockert, der sich abschwächende gesellschaftliche Normen nicht behutsam verstärkt, sondern durch eigenes Werk ersetzt, man denke nur an familienrechtliche Regelungen aus neuerer Zeit. Wer sich also zu allgemein auf den gesellschaftlichen Konsensverlust beruft, der verwechselt Ursache und Wirkung; er bricht zu

[38] Das betonen mit Recht *Jellinek*, VuF 1978, S. 62; *Vogel*, JZ 1979, S. 322.

[39] Dazu eingehend *Starck*, ZRP 1979, S. 209, 210 m.w.N.

[40] Vgl. etwa BVerfGE 41, 259 (260); 45, 400 (417 f.); 47, 46 (78 f.); 48, 210 (221); eingehend dazu *Maassen*, NJW 1979, S. 1473 (1476).

[41] *Jellinek*, VuF 1978, S. 64; *Lenz*, in: Festschrift für Friedrich Schäfer, 1980, S. 70, 71; *Starck*, ZRP 1979, S. 210; *Vogel*, JZ 1979, S. 322.

[42] Betont von *Starck*, ZRP 1979, S. 211.

[43] AaO.

[44] Dazu *Leisner*, W., Demokratie – Selbstzerstörung einer Staatsform?, 1979.

[45] *Vogel*, JZ 1979, S. 322; *Starck*, ZRP 1979, S. 212.

rasch die Diskussion ab und tabuisiert damit die gefährlichen Auswüchse des Gesetzesstaates.

c) Nicht anders steht es um die vielberufene „*Komplexität der Lebensverhältnisse*", vor allem der „*modernen Technik*" als Gesetzgebungsrechtfertigung[46]. Natürlich wäre es nichts als Romantik, zu den „wenigen guten Gesetzen der alten Zeit" zurückkehren zu wollen[47]; der Rechtsstaat darf auch dann vor neuen Problemen nicht haltmachen, wenn sie „ihn neue Gesetze kosten". Rechtsstaatliche Garantien müssen, mutatis mutandis, überall in gleicher Intensität bestehen; Umweltschutz oder Lebensmittelsektor können nicht aus Gesetzesangst Willkürdomänen werden. Doch wiederum sollte der Gesetzesstaat selbstkritisch bleiben: Nicht nur, daß er sich dieser allerallgemeinsten „Rechtfertigung" nur zu gerne und unkontrolliert bedient — er selbst schafft ja nur zu oft diese Komplexität erst durch seine Gesetze; und ein Blick auf das Steuerrecht genügt.

So gibt es also wohl „absolute Gründe" der Gesetzesflut, unheilbare Zonen; abgesehen von der Legalität ist aber mit außerjuristischen Globalrechtfertigungen nicht allzuviel gewonnen; denn nicht selten meinen sie nur: Es müsse noch mehr Gesetze geben, weil es schon bisher so viele waren.

2. Problematische Vorschläge

Nicht wenige Vorschläge sind gemacht worden, die hier und da Verbesserungen bringen mögen, insgesamt aber problematisch bleiben. Hier nur einiges unsystematisch zum Wichtigsten:

a) Aufforderungen zur *gesetzgeberischen Selbstbeschränkung* mögen gut gemeint sein[48], sie werden das Schicksal so vieler Maßhalteappelle teilen, wenn hinter ihnen kein Druck der Notwendigkeit steht, ein solcher aber kann nicht nur mit dem Vorwurf der „politischen Verantwortungslosigkeit" erzeugt werden; er ist viel zu pauschal und schlechthin ungerecht, wenn nicht angegeben wird, *welche Gesetze* denn nun überflüssig sind. Es führt auch nicht weiter, wenn die Opposition die Regierung an ihre legislativen Führungsaufgaben erinnert[49] oder wenn umgekehrt die Regierung der Opposition vorhält,

---

[46] *Berner*, BayVBl. 1978, S. 618; *Hillermeier*, BayVBl. 1978, S. 321; *Jellinek*, VuF 1978, S. 64; *Redeker*, NJW 1977, S. 1475; *Schulz*, Die Neue Gesellschaft 1979, S. 1088; *Starck*, ZRP 1979, S. 210; *Vogel*, JZ 1979, S. 322; *Zweigert*, 51. DJT, K 8.

[47] Darauf hat schon *Esser*, J., aufmerksam gemacht, Gesetzesrationalität im Kodifikationszeitalter und heute, 1972.

[48] *Lenz*, in: Festschrift für Friedrich Schäfer, 1980, S. 66 f.; *Maassen*, NJW 1979, S. 1476; *Schulz*, Die Neue Gesellschaft 1979, S. 1088.

[49] *Lenz*, in: Festschrift für Friedrich Schäfer, 1980, S. 67.

sie blähe die Gesetzgebung über den Vermittlungsausschuß auf[50]. Dieses und die anderen Gesetzgebungsorgane haben eben Gesetzgebungskompetenz; es gibt keinen Verfassungsgrundsatz, nach dem sie davon „möglichst wenig Gebrauch machen“ sollten. In *welchen Fällen* nicht — darum geht es doch allein. Formal Selbstbeschränkung verlangen, das entspricht dem abstrakten Sparaufruf, der nicht angibt, wo denn weniger auszugeben ist. Ein solches reines „Gesetzessparen“ wäre ebenso rechtsstaatlich bedenklich, ja rechtswidrig, wie ein Ausgabestopp, der ohne Überlegung Aufgabenstrukturen des Staates verändert. Und schließlich kann Selbstbeschränkung auch nicht einfach organisatorisch erzwungen werden durch „Gesetzessparinstanzen“ bei Parteien, Fraktionen, Regierungen[51] — ohne inhaltliche Direktiven würden sie zu reinen „Sparkommissaren der Gesetzgebung“, die so oft bedenklichen „formalen“ Eingriffe der Finanzministerien in die Ressorttätigkeiten fänden eine schlimme Entsprechung an der Spitze der Demokratie. Aufgabe ist es vielmehr, dem Gesetzgeber zu sagen, wo, nicht wie er Gesetze einsparen soll.

b) Die „*Normverursacher*“ – vor allem die Verbände – werden kritisiert, insbesondere von der Politik[52]; so gäben etwa die Gewerkschaften zu lösende Fragen an den Arbeitsgesetzgeber weiter[53] und jede Interessenvertretung kritisiere „die Gesetze der anderen“, fordere aber „ihre eigenen“. Auch dies führt nicht weiter: Es ist das gute demokratische Recht des Bürgers und seiner Verbände, für ihre Rechte und Interessen initiativ zu werden. Selbstbeschränkung sterilisiert nur die Volksherrschaft. Sache von Regierung und Parlament ist es, Auswahl zu treffen, nein zu sagen; sie können nicht die schlechten Karten der Kritik an den Bürger weitergeben, ängstlich oder ratlos.

c) Neue „*Flucht in die Generalklauseln*“? Damit beginnt die Reihe der Vorschläge, mit denen Gesetzgebungsverantwortung vom Parlament auf andere Instanzen verlagert werden soll[54]. Pro et contra ist darüber seit einem Jahrhundert soviel Geistreiches und Richtiges geäußert worden, daß dem grundsätzlich nichts hinzuzufügen ist — „große Lösungen“ laufen im heutigen Rechtsstaat nicht mehr auf solcher Schiene[55], will man nicht die Garantie des Gesetzes und mit ihr die Demokratie opfern. Und auch aus praktischen

---

[50] *Brandt*, Die Neue Gesellschaft 1979, S. 1090; *Vogel*, JZ 1979, S. 324.

[51] Wie es *Lenz*, aaO., fordert.

[52] *Lenz*, in: Festschrift für Friedrich Schäfer, 1980, S. 66; *Steinbach*, DöD 1978, S. 70; vgl. auch *Vogel*, JZ 1979, S. 325.

[53] *Zweigert*, 51. DJT, K 8.

[54] Siehe etwa *Jellinek*, VuF 1978, S. 69 (vorsichtig); *Schulz*, Die Neue Gesellschaft 1979, S. 1089; *Weiß*, DÖV 1978, S. 608.

[55] Kritisch etwa *Berner*, BayVBl. 1978, S. 624; *Lenz*, in: Festschrift für Friedrich Schäfer, 1980, S. 70; *Vogel*, JZ 1979, S. 322.

Gründen: Wollen wir die überlastete Gerichtsbarkeit weiter belasten, um ihr dann, wie so oft schon, mangelnde Gesetzestreue vorzuwerfen? Es würde doch auch nur vom Gesetzesdschungel in den Urteilsdschungel führen.

d) *Mehr Verordnungen*?[56] Auch dies ist ein Weg, über dessen rechtsstaatliche Gefahren seit Generationen wohl alles gesagt ist, in Deutschland, Frankreich und anderswo. Es steht zu erwarten, daß man das Ventil des Art. 80 GG weiter lockern wird, eben weil es so leicht und in kleinen Schritten erfolgen kann. Doch es wäre nicht gut für den Rechtsstaat, wenn er hier seine Legitimität auf Raten an die Ministerialität verlöre; es wäre vielleicht Morphium für die Parlamentskrankheit, die Normflut würde wachsen. Möge Karlsruhe hart bleiben, denn auch hier geht es um die Staatsform!

e) *Mehr Verwaltungsermessen*[57] — ein weit seltenerer Vorschlag und sicher auch da und dort diskutabel, will man die gestaltende Funktion der Verwaltung erhalten; denn der Beamte als Subsumtionsautomat ist gefährlicher als der Richter. Doch auch hier steht am Ende nur die „Gefahr des dichteren Dschungels": Die Verwaltung wird dann eben, nach aller bisherigen Erfahrung, nicht „vor Ort" sachangepaßter, weil flexibler entscheiden; statt durch Gesetze wird sie durch Verwaltungsverordnungen und Erlasse noch mehr gebunden werden; und die Ministerialgewalt wird sich noch dazu legitimiert sehen, im Namen des Rechtsstaats — durch zu wenige Gesetze …

f) *Mehr Parlamentskontrolle über die Verwaltung — weniger Gesetzgebung*?[58] Dieser Versuchung muß widerstanden werden. Denn dem Parlament wäre nicht gedient, es würde noch mehr überlastet, ist doch noch immer Gesetzgebung der wirtschaftlichste Einsatz parlamentarischer Arbeitskraft zur Verwaltungskontrolle. Und wo es parlamentarisch möglich wäre, wie in manchen der Länder, da würde nur massivste Politik in die Exekutive getragen, die Gesetzesanwendung auch noch verunsichert. Wirksamkeitskontrollen der Gesetze mögen etwas für sich haben[59], das Parlament kann sie kaum leisten.

3. Bedenkenswertes

Nicht als ob nun die Diskussion nur Vorschläge zeitigte, welche nicht weiterführten oder gar den Rechtsstaat gefährdeten; sie war fruchtbar schon

---

[56] Vgl. *Lenz*, in: Festschrift für Friedrich Schäfer, 1980, S. 64; *Starck*, ZRP 1979, S. 212; entschieden dafür vor allem *Zweigert*, 51. DJT, K 8.

[57] Vgl. *Starck*, ZRP 1979, S. 213.

[58] *Lenz*, in: Festschrift für Friedrich Schäfer, 1980, S. 70; *Maassen*, NJW 1979, S. 1476, 1477.

[59] Dazu *Jellinek*, VuF 1978, S. 70 f.

in der deutlichen Schaffung eines *neuen Problembewußtseins*, in Form eines ceterum *non* censeo, und wie oft mag nicht der Gesetzgebungszweifel die Volksvertreter erfassen!

Darüber hinaus aber finden sich auch noch nicht wenige bedenkenswerte Ansätze:

a) *Verbesserung der Gesetzgebungstechnik* im weitesten Sinne[60] einschließlich der „Gesetzgebungsplanung“[61] und der vorbereitenden Rechtstatsachenforschung[62]. Dies sind Forderungen an die Ministerialgewalt; und weil von ihr die meisten Anstöße ausgehen, kann hier auch wirksam, ja sogar durch „Technik allein“, kanalisiert werden.

b) *„Zukunftssicherheit der Gesetze“*[63] mag zunächst nur eine elegante Polit-Formel sein, ernstgenommen aber gibt sie doch eine gewisse technische Orientierung, vor allem ein „im Zweifel gegen das Maßnahmegesetz“; und Gesetze sollten eben gerade *nicht* experimentieren[64], *nicht* „auf Zeit“ erlassen werden[65].

c) *Redaktionelle und sprachliche Verbesserungen*[66] sind nötig und möglich. Wann werden wir die Eselsbrücken der Verweisungen aufgeben, die Strichlisten der Schlußbestimmungen, die Mammutparagraphen à la Einkommensteuergesetz — alles Zeichen der legislativen Unsicherheit und der mangelnden geistigen Konstruktionskraft? Und wann werden wir alle - Richter, Beamte, Wissenschaftler - endlich Abschied nehmen vom traurigsten Vorrecht des Juristen, dem Schachtelsatzprivileg? Der Gesetzesstaat würde um so viel leichter werden!

d) *Verstärkte Publikationsklarheit* nach normativen Durchforstungen[67], durch Veröffentlichung von Verwaltungsvorschriften und Urteilen[68] — all dies schlägt Bahnen in das Normendickicht.

---

[60] Zurückhaltend *Berner*, BayVBl. 1978, S. 624; s. die Vorschläge von *Jellinek*, VuF 1978, S. 68.

[61] Dazu *Jellinek*, VuF 1978, S. 67; *Maassen*, NJW 1979, S. 1477.

[62] *Vogel*, JZ 1979, S. 324.

[63] *Redeker*, N]W 1977, S. 1184; *Vogel*, JZ 1979, S. 324.

[64] So aber *Schulz*, Die Neue Gesellschaft 1979, S. 1089.

[65] So jedoch *Brandt*, Die Neue Gesellschaft 1979, S. 1091; *Schulz*, Die Neue Gesellschaft 1979, S. 1089.

[66] *Hillermeier*, BayVBl. 1978, S. 323; *Redeker*, NJW 1977, S. 1184; Beispiel bei *Schulz*, Die neue Gesellschaft 1979, S. 1085 — leider nicht isoliert!; *Weiß*, DÖV 1978, S. 697.

[67] *Vogel*, JZ 1979, S. 63.

[68] *Lenz*, in: Festschrift für Friedrich Schäfer, 1980, S. 70.

e) Beachtenswert schließlich der Vorschlag, innerhalb der Bundesregierung sollten Bundesinnen- und Bundesjustizminister, die „Rechtsminister" im Kabinett, mehr von der *Widerspruchsmöglichkeit* des § 26 GeschOBReg. gegen Gesetz- oder Verordnungsentwürfe der Bundesregierung Gebrauch machen[69]: Jede Macht braucht ihre Siegelbewahrer, und wenn diese Kabinettsmitglieder schon Politiker sein müssen, sie sollten sich doch in erster Linie als Rechtswahrer[70] fühlen. Die Bundesrepublik hat keinen Conseil d'Etat, der die Regierung beriete; für diese beiden Minister sollte dies eine Verpflichtung bedeuten.

IV. Gesetzesflut durch Sozialgestaltung — und von neuem: Sozialstaat gegen Rechtsstaat

Einen Vorwurf kann man der neueren Diskussion über die Gesetzesinflation nicht ersparen: Sie bleibt fast immer im „Technischen", im „Formalen", und allzu weit tragen solche Vorschläge eben nicht; ein drohender Staatsbankrott läßt sich ja auch nicht durch Verbesserungen der Haushaltstechnik aufhalten. Vielleicht haben wir hier einen Punkt erreicht, wo wir uns weitere Erörterungen über „zuviel Gesetze" sparen sollten, wenn wir die tieferen Gründe und Abhilfen — einfach tabuisieren.

Und so sei hier die *These aufgestellt*: Die Gesetzesflut kommt in erster Linie aus „zuviel Staat", vor allem aber aus „zuviel Sozialstaat" in übersteigertem Egalisierungsstreben; die eigentliche Alternative zum totalen Gesetzesstaat ist die Privatautonomie, sie aber kann nur wachsen, wenn der Gesetzgeber sich nicht darin verzehrt, überall — auszugleichen, anzugleichen.

Solange Gesetzgebung gewordene Politik jedes gesellschaftliche Gräschen möglichst selbst pflanzen möchte, solange der Gesetzgeber mit der Normenschere die Umwelt durchforstet, stets nur Ausschau haltend nach Bäumen und Hecken, die größer werden und zurück-, gleichzuschneiden sind, so lange können seine Instrumente nur größer und immer schneidender werden, bis sie auch den erreichen, der sie heute noch begrüßt.

1. Privatautonomie gegen Gesetz

Daß es gilt, die Selbstverantwortung des Bürgers gegen die Gesetzeswucherungen zu mobilisieren, ist schon erkannt worden[71]; und daß dies

[69] *Starck*, ZRP 1979, S. 1478.

[70] Wenn es gestattet ist, dieses schöne Wort trotz düsterer Vergangenheit zu gebrauchen.

[71] *Maassen*, NJW 1979, S. 1477; *Starck*, ZRP 1979, S. 214.

eine besonders wichtige Seite des Privatisierungsproblems ist, verkennen auch die Regierungen von Bund und Ländern nicht[72]; wenn sie etwa um den Abbau investitionshemmender Bestimmungen bemüht sind, erkennen sie damit an, daß das Gesetz der Privataktivität zu weichen hat, durch sie also — ersetzbar ist.

Hier muß systematisch weitergedacht werden, in einer Akzentverschiebung der bisherigen Privatisierungsdebatte: Sie droht ja leerzulaufen in den ewigen Themen der Müllabfuhr, der Schlachthöfe, der öffentlichen Gartengestaltung, in der unergiebigen Frage nach den Staatsaufgaben. Von „der anderen Seite aus“ kann sie allein fruchtbar werden: Wo ist Privatautonomie vorhanden, wo und wie kann sie geweckt werden? Staatsaufgaben als solche sind undefinierbar, doch Privatinitiative ist auffindbar, erziehbar; wo sie aber wächst, kommt es zum ganz natürlichen Rückzug des Staates und seiner Aufgaben, und zwar, dies ist hier entscheidend, nicht nur der *Verwaltungstätigkeit, sondern des Gesetzes.* Mit anderen Worten: Viel wichtiger als eine Theorie privatisierbarer Kommunalaufgaben wäre eine „*Theorie der Privatisierung des Gesetzes*“, der *Überlassung von Regelungsräumen an die Privatautonomie.*

Eine der schönsten Formeln des Rechts zeigt, daß es diese Privatisierung des Gesetzes wirklich gibt: Le contrat c'est la loi des parties. Dieses Gesetz, das sich die Parteien im Vertrag selbst geben — es ist nicht nur darin sachnah und bürgernah, hier findet der Richter seine wahre Funktion wieder: nicht Gesetze auszulegen, sondern Abreden zwischen den Bürgern, aus denen er dann doch erst die Gesetze abgezogen hat, die ihn binden. Sollten wir nicht öfter an das Römische Recht denken, wäre es nicht jene magistra contra legem, die heute nottut?

Das Gesetz soll Garant unserer Freiheit sein — sollte es nicht immer und zuallererst das selbstgegebene Gesetz sein, bis hin zur selbstgespendeten Heiligkeit des Sakraments in der Ehe? Immer mehr haben wir verrechtlicht, in Ehe und Familie, in Bildung und am Arbeitsplatz, weil uns überall Chaos zu sein schien, wo nicht Staatsgesetz ist. Und dies glaubt die Generation, welche sich in Ausbrüchen und Aufständen gegen Fremdbestimmung wendet.

Wenn wir das selbstgesetzte Gesetz, die Privatautonomie, nicht mit neuer Heiligkeit umgeben – und warum nicht dieses große Wort für eine große Sache gebrauchen? –, so werden wir in immer mehr fremdbestimmende Staatsgesetze laufen, mit allen staatsgefährdenden Formen; wir werden keine Gesetzgeber haben, sondern Experten, keine Richter, sondern Urteilstechniker.

---

[72] Vgl. die Erklärung der Bundesregierung, BT-Drucks. 8/212; *Hillermeier*, BayVBl. 1978, S. 322; *Jellinek*, VuF 1978, S. 66.

Große Bereiche unseres Rechts sind heute bis zur Unerträglichkeit übernormativiert, weil der Glaube an Privatautonomie schwindet — vom Miet- und Pachtrecht bis zum Arbeitsrecht, vom Ehe- und Familienrecht bis zu vielen Sektoren des Wirtschaftsrechts. Wer hier immer nur Mißbrauchsangst fühlt, der sollte gar nicht erst über Gesetzesflut sprechen.

Es wird immer eine ernste, eine schwere Entscheidung sein, der Privatautonomie zu vertrauen. Aber in diese ewige Diskussion ist durch die Gesetzesflut doch ein neuer Akzent gekommen. Hier könnte es nun heißen: In dubio contra legem.

2. Sozialer Gesetzesstaat gegen Rechtsstaat

a) Drohung mit dem „sozialen Frieden" — das kennt die Politik seit einiger Zeit, und fast scheint es, als gebe es solches auch schon im Recht. Gerade in der Diskussion um die allzu vielen Gesetze tritt immer wieder ein massives Tabu auf: *keine Blockade des Sozialstaates durch Gesetzesenthaltsamkeit*!

Daß es der Sozialstaat in erster Linie ist, der immer neue Gesetze braucht – für seine zahllosen Gewährungen und Ausgleiche –, wird klar gesehen[73]; dies gilt vor allem, aber längst nicht allein, für das Sozialrecht[74]. Das vielberufene „soziale Netz" ist ja in erster Linie ein Normengeflecht[75]; es wird gerade dann normativ dichter geknüpft, wenn Mittel knapper werden, wenn es als solches weniger leistet. Hier gilt es vor allem, eine Vorhersehbarkeit der Leistungsgewährung zu verstärken[76], in welcher „soziale Errungenschaften" endgültig werden, zum „neuen Eigentum" — nur der Gesetzgeber kann all dies bewirken. Ununterbrochen bleibt er also gefordert, weil ja die so verstandene Sozialstaatlichkeit weiter entfaltet werden muß — das scheint schon fast außer Streit[77]; und hier liegt auch das Zentrum einer „Reformpolitik", die immer mehr Gesetze braucht[78].

---

[73] Siehe auch *Schreckenberger*, Sozialer Wandel in der Gesetzgebung, VerwArch. 68 (1977), S. 28 f.; vgl. etwa *Schulz*, Die Neue Gesellschaft 1979, S. 1087 f.; *Vogel*, JZ 1979, S. 322.

[74] Vgl. *Berner*, BayVBl. 1978, S. 619, 620, unter Hinweis auf *Zacher*.

[75] Klar erkannt von *Vogel*, JZ 1979, S. 323.

[76] *Starck*, ZRP 1979, S. 210.

[77] Vgl. etwa *Berner*, BayVBl. 1978, S. 321; *Redeker*, NJW 1977, S. 1475; *Starck*, ZRP 1979, S. 213; *Vogel*, JZ 1979, S. 325.

[78] Siehe dazu *Schulz*, Die Neue Gesellschaft 1979, S. 1084; *Starck*, ZRP 1979, S. 210, 211.

b) Doch es ist eben nicht nur der Sozialstaat im engeren Sinne der Leistungsgewährung, der diese Gesetzeslawine entscheidend verstärkt, dies würde sich ja auf Sozial- und Subventionsrecht beschränken; der große Normverursacher ist der *Sozialstaat im weiteren Sinne, der normative Gleichheitsstaat.* Nur selten wird in der Diskussion auf die Gleichheit hingewiesen[79], und doch wird immer klarer: Die vielen Normen kommen aus immer stärkerem Egalitätsstreben, die Bürger sollen nicht nur vor dem Gesetz gleich sein, sie sollen durch das Gesetz gleich werden.

Da kann dann in der Tat nicht gerastet werden, und die mächtigsten Gesetzesberge türmen sich dort auf, wo es „auszugleichen“ gilt — im Steuerrecht etwa und in der gesamten, kaum übersehbaren Umverteilungsgesetzgebung. Und da immer neue Unterschiede auftreten, da sie so leicht zur „sozialen Ungerechtigkeit“ werden können, muß die Gesetzgebung ihren Rhythmus steigern.

Hier sind wir an der wahren Quelle der Normennot: Sie zeigt die *Krise der Sozialgestaltung durch Gesetz* und, da Sozialgestaltung im Rechtsstaat eben vor allem in Gesetzesform erfolgen muß, die *Krise der Sozialgestaltung durch den Staat.* So leichthin ist sie jahrzehntelang bejaht, ja begrüßt worden, große Formeln des Bundesverfassungsgerichts haben dem Gesetzgeber hier Globalkompetenzen zuerkannt — im Abgabenrecht, im Eigentumsrecht, eigentlich auf allen Gebieten. Darf man da heute wirklich der Legislative vorwerfen, sie produziere allzuviel, wo sie doch zugleich noch von anderen kritisiert wird, daß sie nicht genug reformerische Sozialgestaltung biete? Wer mit der terrible simplification allgemeiner Sozialgestaltung etwas legitimieren will, endet in der Normenmasse.

Die Sorge, daß die Gesetzesflut zur Gesetzesüberschwemmung werde, gibt also heute der *alten Diskussion Rechtsstaat–Sozialstaat eine neue Dimension,* die Staatsrechtslehrervereinigung kehrt zu den Quellen zurück[80]: Es geht nun nicht mehr nur darum, daß die Gewährungen mit den herkömmlichen rechtsstaatlichen Instrumentarien kaum zu bewältigen sind, daß damit der Sozialstaat den Rechtsstaat zurückdrängt; nicht nur darum, daß Status negativus und Status positivus in unauflöslicher Spannung stehen — und darin ist ja Ernst *Forsthoff* nie widerlegt worden. Heute wird in der Normenhypertrophie klar, daß der Sozialstaat einen Massivgebrauch rechtsstaatlicher Instrumente verlangt, der den Rechtsstaat ad absurdum zu führen droht, weil seine Mittel dies einfach nicht leisten können.

---

[79] Ausnahme: *Weiß*, DÖV 1978, S. 608.

[80] Vgl. die „Tagung *Forsthoff/Bachof*“, VVDStRL 1954, sicher eine der bedeutendsten der Vereinigung.

Wir müssen uns dem Problem stellen, daß ein Tag kommt, an dem wir mit jedem weiteren Gesetz ein Stück Rechtsstaat verspielen. Für jede Zeit gibt es wohl etwas wie eine „Toleranzgrenze der Gesetze", man kann diese nicht einfach negieren, nur weil Egalisierungen des Sozialstaats verfeinert und verstärkt werden sollen. Da mag dann mehr verteilt werden — doch die Verteilung wird unsicherer, damit aber wird das Verteilte selbst entwertet.

c) Dies führt zu einer, wie ich meine, grundlegenden Erkenntnis, aus der auch echter Konsens entstehen kann: Rechtsstaatlichkeit ist nicht nur Sache der „Rechten", der „Konservativen", Sozialstaatlichkeit nur Anliegen der „Linken", „Progressiven". Diese Schlagworte verlieren gerade vor der ernsten Problematik der Gesetzesfülle ihren Sinn. Rechtsstaatlichkeit ist für alle von gleichem, von höchstem demokratischen Wert. Denn wer wirklich umverteilen, auf solche Weise Gerechtigkeit schaffen will, gerade er darf die Waffe des Gesetzes nicht abstumpfen, will er Dauerhaftes bewirken. Und deshalb kann es nicht heißen: „Immer so viele Gesetze, wie sie der Sozialstaat gerade braucht", sonst stirbt der Sozialstaat an den Gesetzen.

Vielleicht ist auch die Stunde gekommen, in der der Sozialstaat mutiger, offener werden muß, großflächiger in der Verteilung. Ein Staat kann sich eben nicht in zahllosen Gesetzen „in die Egalität mogeln", sonst stiehlt er sich nur aus der Legalität; er muß die politische Kraft zeigen, große Egalitätslösungen ganz offen vor allen Bürgern zu diskutieren — dann wird er weit weniger Gesetze brauchen. Der Sozialstaat, wenn er wirklich diesen Namen verdienen will, und ob man ihn wünscht oder nicht, er darf nicht in zahllosen kleinen Gesetzesschrittchen trippeln, er muß noch schreiten können, sonst ist kein Fortschritt. Könnte man sich nicht darauf verständigen und in gemeinsamer Anstrengung die Legitimität des Gesetzes retten?

In der *Bürokratiekritik* der letzten Jahre kamen undefinierte Bürgerängste vor einem neuem Leviathan zum Ausdruck, ja zum Ausbruch; sie richteten sich gegen Exekutive und öffentlichen Dienst und können damit der Demokratie, ja der Staatlichkeit nur allzu gefährlich werden. In der *Gesetzeskritik* unserer Tage wendet sich all diese Angst vor „zuviel Staat" nun gegen die Erste Gewalt. Diese „höhere Dimension der Bürokratiekritik" ist noch weit gefährlicher. Sie läßt sich nicht mit raschen Reformen erledigen, und sie richtet sich gegen das Herrschaftszentrum. Die vielen Gesetze haben die Gewalten abgewertet. Daß das Gesetz sich selbst entwerte, muß verhindert werden — im Namen des Gesetzes.

Das Gesetzesvertrauen des Bürgers*

Zur Theorie der Rechtsstaatlichkeit und der Rückwirkung der Gesetze

Der Grundsatz der Rechtsstaatlichkeit ist nicht nur Organisationsprinzip, sondern auch Grundlage subjektiver Rechte; und er setzt nicht nur der Verwaltung, sondern auch dem Gesetzgeber Grenzen, welche allein die Revolution überwinden kann (Art. 20, 79 Abs. 3 GG). Dies ist eine der wichtigsten Erscheinungen in einer allgemeinen neueren Tendenz, die man in einem besonderen Sinn „Konstitutionalisierung des Verwaltungsrechts" nennen könnte: Begriffe, Grundsätze, Rechte, die im 19. Jahrhundert im Verwaltungsrecht, meist als Waffen des Bürgers gegen die Zweite Gewalt, entwickelt wurden, werden im 20. Jahrhundert gegen „jede staatliche Machtäußerung", also auch und vor allem gegen jenen Gesetzgeber eingesetzt, der heute nicht nur dem Bürger weit gefährlicher werden kann als die Verwaltung, sondern auch deren Funktionen teilweise übernommen hat.

Rechtsstaatlichkeit als Schranke des Gesetzgebers — hier tauchen heute Begriffe auf, die im Verwaltungsrecht seit langem ihren Platz haben: Vorhersehbarkeit, Meßbarkeit, Berechenbarkeit staatlicher Machtäußerungen, Vertrauen und Plangewährleistung, schließlich jene Rückwirkungsbegrifflichkeit, die zum Teil im Strafrecht, teilweise in der Rücknahme von Verwaltungsakten ihre Grundlagen hat[1].

Eine Grundfrage der Dogmatik des öffentlichen Rechts ist es heute, ob für das Verhältnis „Rechtsstaat-Gesetzgebung" eine besondere Begrifflichkeit bereits besteht oder entwickelt werden muß, und ob die Grenzen, welche der Rechtsstaat dem Gesetzgeber zieht, näher bestimmt werden können. Rechtsstaatlichkeit wird immer wieder in engen Zusammenhang mit Rechtssicherheit gebracht[2] — es gilt aber, erst einmal die normativen Auswirkungen der Rechtsstaatlichkeit „rechtssicher zu machen", damit nicht Rechtsunsicherheit im Namen der Rechtssicherheit entstehe.

---

* Erstveröffentlichung in: Festschrift für Friedrich Berber zum 75. Geburtstag, München 1973, S. 273-297.

[1] Vgl. dazu u. a. *Ipsen*, H.P., Rechtsfragen der Wirtschaftsplanung, in: Planung II, hgg. v. Kaiser, 1966, S. 110.

[2] Vgl. f. v. *Ossenbühl*, F., Vertrauensschutz im sozialen Rechtsstaat, DÖV 1972, S. 25 (27); *Ule*, C.H., Zur Bedeutung des Rechtsstaatsbegr. i. d. Rspr. d. BVerwG, DVBl. 1963, S. 475 (478); BVerfGE 18, 135 (142).

I. „Vorhersehbarkeit, Meßbarkeit staatlichen Handelns" — unbrauchbare Begriffe zur rechtsstaatlichen Beschränkung des Gesetzgebers

1. Nicht selten wird aus der Rechtsstaatlichkeit der Grundsatz abgeleitet, jede rechtsstaatliche Machtäußerung müsse meßbar sein, damit die staatlichen Handlungen für den Bürger vorhersehbar und vorausberechenbar seien[3]. „Meßbarkeit und Vorhersehbarkeit" müssen dann auch für die Gesetze im formellen Sinn gefordert werden und dies geschieht ausdrücklich[4]. Und immerhin entwickelt das Bundesverfassungsgericht aus der Rechtsstaatlichkeit den Gedanken, daß die Verläßlichkeit des jeweils geltenden Rechts die Voraussehbarkeit der rechtlichen Folgen menschlichen Handelns und damit die eigenverantwortliche Lebensgestaltung gewährleiste[5], und es wendet diesen Grundsatz auf Steuergesetze im formellen Sinn an.

Damit scheint die höchste Stufe der Rechtsstaatlichkeit erreicht: Jene Vorhersehbarkeit und Meßbarkeit, in deren Namen die Legalität einst die Verwaltung dem Gesetzgeber unterworfen hat, zu deren Sicherung das Gesetz die Verordnunggebung nach Zweck, Inhalt, Ausmaß vorherbestimmt — sie bindet nun auch das Parlament selbst. Die Pyramide der staatlichen Machtäußerungen ist perfekt, auf all ihren Ebenen herrscht dieselbe Rechtsstaatlichkeit. Kelsen und Merkl haben gesiegt.

Das Recht ist nicht nur Ordnung der Gegenwart, es ist Garantie für die Zukunft.

2. Doch der Schein trügt. Meßbarkeit und Vorhersehbarkeit kann bei einem Parlamentsgesetz nach geltendem Verfassungsrecht nicht verlangt werden.

a) *Meßbarkeit* setzt ein Maß voraus: Jede „Machtäußerung" muß entweder eine gewisse Grundlage haben oder auf ein fest bestimmtes Ziel hin gerichtet

---

[3] So etwa *v. Mangoldt/Klein*, BGG, 1957, S. 601; vgl. auch *Zippelius*, R., Allg. Staatslehre, 3. Aufl. 1971, S. 139: „Es entsteht überhaupt das Ideal der Berechenbarkeit der staatlichen Machtäußerungen..."; *Ossenbühl* (Fn. 2): (Die Rechtssicherheit) „verbürgt auch die Voraussehbarkeit, Meßbarkeit, Rationalität und Vorausberechenbarkeit des Rechts". BVerfGE 7, 89 (92): „Zur Rechtsstaatlichkeit gehört nicht nur die Voraussehbarkeit ..."; BVerwGE 10, 282 (288): „Das Prinzip des Rechtsstaates, das nicht nur als formales Strukturelement aufzufassen ist, fordert..., daß die Eingriffe ... meßbar und in gewissem Umfang voraussehbar und berechenbar sein sollen".

[4] Siehe z.B. *Mang/Maunz/Mayer/Obermayer*, Staats- und Verwaltungsrecht in Bayern, 2. Aufl. 1964, S. 135 f.: (Die Rechtsnormen) „sollen unter den Aspekten der formellen Gleichbehandlung und der Vorhersehbarkeit ... zur Verbürgung der Gerechtigkeit und Rechtssicherheit beitragen".

[5] BVerfGE 13, 223.

sein. Zumindest ist ein allseitiger, einigermaßen konkreter Rahmen erforderlich. All dies trifft im Verhältnis Rechtsverordnung–Parlamentsgesetz[6] und im Verhältnis Verwaltungsakt[7]/Verwaltungsverordnung[8]–Norm zu; hier kommen die erwähnten „Meßbarkeitskategorien" (Grundlage, Ziel, Rahmen) zum Tragen. Doch dies alles sind typische Vorstellungen der Verwaltungslegalität, sie können nur gelten, wo eine „Norm vollzogen" oder doch durch Rechtsverordnung „ausgeführt" wird. Das Gesetz dagegen führt die Verfassung nicht aus, es findet an ihr nur gewisse, und zwar punktuelle Schranken[9], die Verfassung gibt ihm nur wenige, meist bis ins Unjustiziable allgemeine Ziele vor. Hier ist Kelsen nicht rezipiert worden; seit den Kontroversen um seine Theorien in den zwanziger Jahren sollte aber endgültig feststehen, daß die verwaltungsrechtlichen Legalitätskategorien auf das Verhältnis Gesetz–Verfassung nicht übertragen werden können. Bedauerlicherweise schleppt jedoch die Verfassungsdogmatik die Verwaltungsbegriffe immer weiter mit: Vom „Ermessen des Gesetzgebers" ist zu Unrecht die Rede, wo eine selbständige Kategorie (etwa: „Gestaltungsfreiheit") angebracht wäre[10]; und — von „Meßbarkeit" wird gesprochen, obwohl das Maß fehlt.

Die nicht gesetzesausführende Norm ist nicht meßbar. Und die Verfassungsgerichtsbarkeit gerät ins Zwielicht durch den unglücklichen Sprachgebrauch, der Gesetze „an der Verfassung messen" will, wo diese doch nur an bestimmten Punkten letzte Schranken errichtet.

b) *„Vorhersehbarkeit"* ist ebenfalls ein schlechter, doppeldeutiger Begriff, will man mit ihm rechtsstaatliche Schranken der Gesetzgebung bezeichnen.

Die Vorstellung der Vorhersehbarkeit kommt, ebenso wie die der Meßbarkeit, aus dem *Verwaltungsrecht:* Der Bürger kennt die normativen Grundlagen, Ziele, Rahmen des Verwaltungshandelns; er kann, solange diese sich nicht ändern, wenigstens in Umrissen voraussehen, „mit welchen Eingriffen er maximal rechnen muß", und zwar für Tatbestände, die er heute, morgen und übermorgen etwa setzt. In diesem Sinn kann er sich voll „auf die Zukunft einrichten": Die Verwaltung ist in ihrem Willen auch in der Zukunft durch die Norm gebunden.

---

[6] Das BVerfG spricht von der Voraussehbarkeit des Inhalts von Rechtsverordnungen (E 22, 345 f.); vgl. auch dazu *Ule* (Fn. 2), S. 478.

[7] Zum Vertrauensschutz hier neuerdings *Ossenbühl* (Fn. 2), S. 28; *Ule* (Fn. 2), S. 478.

[8] *Ossenbühl*, aaO., der mit Recht darauf hinweist, daß die Legalitätsbindungen der Verwaltung über die Normwirkung der Verwaltungsvorschriften nichts anderes sind als ein besonderer Ausdruck des Vertrauensschutzes — der sich aber letztlich gegen die gesetzgeberische Freiheit zu wenden droht.

[9] Vgl. dazu *Ule* (Fn. 2), S. 481; *v. Simson*, W., Planänderung als Rechtsproblem, in: Planung I, 1965, S. 405 (409/10).

[10] Auf die Unterschiede weist zutr. hin *v. Simson* (Fn. 9), S. 407 f.

Ganz anders das Gesetz: Von einer allgemeinen Bindung des Gesetzgebers für die Zukunft kann nicht die Rede sein, selbst wenn man seine „Selbstherrlichkeit“[11] durch den noch näher zu erörternden „Vertrauensschutz“ der Bürger beschränkt. Zwar gehört zur Rechtsstaatlichkeit ein „unabdingbares Maß an Meßbarkeit und Vorausberechenbarkeit aller staatlichen Machtäußerungen“, aber eben nur: „an Hand der Gesetze im formellen Sinn“[12]. Für diese selbst gilt diese Voraussehbarkeit nicht, jedenfalls nicht in demselben Maße wie für die gesetzesunterworfene Verwaltung: Da es keine „Meßbarkeit der Gesetze“ gibt (vgl. oben a)), kann es auch keine Vorhersehbarkeit der Gesetzgebung geben.

Der Begriff der „Vorhersehbarkeit“ wird bei formellen Gesetzen demgemäß auch, soweit er aus der Rechtsstaatlichkeit abgeleitet wird, in einer anderen Weise gebraucht als gegenüber dem Verwaltungshandeln: Bei diesem letzteren bedeutet „Vorhersehbarkeit“, daß die Verwaltung, solange sich die Gesetze nicht ändern, auch in der Zukunft, für Tatbestände, die erst später auftreten, nicht wesentlich anders entscheiden kann, als wenn diese Sachverhalte heute bereits vorlägen. Das Zukunftsrisiko des Bürgers ist also insoweit voll kalkulabel. Anders gegenüber dem Gesetz. Daß man das künftige Verhalten des Gesetzgebers „voraussehen“ könne, solange sich die Verfassung nicht ändere, daß man sich voll darauf einstellen dürfe, das ist noch nie behauptet worden[13]. „Vorhersehbarkeit“ der Gesetzgebung als staatliche Machtäußerung soll also in aller Regel etwas anderes bedeuten: daß nämlich die auf Grund der heutigen Gesetzgebung später ergehenden Staatsakte für die während der Geltungsdauer dieser Normen verwirklichten Tatbestände nicht etwa spätere Gesetze, sondern eben die heutige Gesetzgebung zugrunde legen müssen. In diesem Sinn meint das Bundesverfassungsgericht, daß die Verläßlichkeit des *jeweils geltenden Rechts* die Voraussehbarkeit der *rechtlichen Folgen* menschlichen Handelns gewährleiste[14]. „Vorhergesehen“ wird also nicht das Gesetzesrecht, sondern lediglich seine künftige Anwendung. Damit ist das Gesetzesrecht nach allgemeinem Sprachgebrauch „verläßlich“, nicht aber selbst vorhersehbar. Vorausgesehen wird nur eines: die Bindung von Verwaltung und Gericht an die Norm auch für die Zukunft, das bedeutet aber nichts anderes als die klassische Legalität, die Gesetzesunterworfenheit der zweiten und dritten, nicht eine Bindung der ersten Gewalt.

---

[11] RGZ 139, 177; zur Freiheit d. Gesetzgebers u.a. *Ossenbühl*, aaO.; *Ule* (Fn. 2), S. 481; *v. Simson* (Fn. 9), S. 415; *Maunz/Dürig/Herzog*, GG, Art. 20 Rdnr. 139; vgl. auch BVerfGE 14, 298; 23, 33.

[12] *Maunz/Dürig/Herzog*, GG, Art. 20 Rdnr. 86.

[13] Zur entgegengesetzten h.L. vgl. Nachw. Fn. 11.

[14] BVerfGE 13, 223.

Allerdings meint die „Verläßlichkeit des Gesetzes" noch ein Zweites: daß sich nicht ein künftiges Gesetz rückwirkende Kraft beilege. Und in diesem Sinn spricht man denn auch hier von inhaltlicher „Vorhersehbarkeit der Gesetzgebung", daß nämlich schon heute „vorhergesehen" werden könne, daß kein Gesetz zurückwirke. Dies aber ist sprachlich-logisch, terminologisch unglücklich: Voraussehen, daß es keine Rückwirkung geben werde — das bedeutet nicht Zukünftiges vorhersehen, sondern sich auf Gegenwärtiges verlassen. Die Verwendung des Begriffs der Vorhersehbarkeit in solchem „uneigentlichen" Sinn ist dogmatisch unkorrekt und sollte künftig unterbleiben.

Der Begriff der Vorhersehbarkeit ist also zur Konkretisierung der Rechtsstaatlichkeit gegenüber der formellen Gesetzgebung ungeeignet. Wo er bisher gebraucht wurde, bezeichnet er zwei heterogene Erscheinungen: Einerseits die künftige Legalitätsbindung der anderen Gewalten an den Willen des Gesetzgebers, solange dieser besteht, zum anderen ein Rückwirkungsverbot der Gesetzgebung, das aber begrifflich Vertrauen in das Bestehende, nicht Vorausschau in die Zukunft bedeutet. Dieses letztere gehört systematisch zur Bestandskraft der Staatsakte, nicht zu ihrer Berechenbarkeit.

II. Das Gesetzesvertrauen des Bürgers als Schranke der formellen Gesetzgebung — Begriff, Arten, Tatbestände

1. Lehre und Rechtsprechung ist seit langem bewußt, daß Vorhersehbarkeit, Meßbarkeit, Berechenbarkeit keine Schranken der Gesetzgebung darstellen können. In zunehmendem Maße wird daher der Begriff des Vertrauens als Konkretisierung der Rechtsstaatlichkeit gegenüber der formellen Gesetzgebung gebraucht, vor allem bei der Rückwirkungsproblematik[15]. Hier scheint auch endlich ein einheitlicher Begriff für die Begrenzung aller staatlichen Machtäußerungen gefunden zu sein — Vertrauen darf der Bürger dem Gesetz wie dem Richterspruch[16], der Planung[17] wie dem Vollzug entgegenbringen.

In diesem Beitrag geht es nicht darum, ob der Vertrauensbegriff einheitlich auf alle diese „Machtäußerungen" angewendet werden kann, sondern es fragt sich, ob er zur Beschränkung der formellen Gesetzgebung durch Rechtsstaatlichkeit geeignet ist, ob es im Namen des Rechtsstaates ein „Ge-

---

[15] Vgl. dazu unten III.

[16] Dazu u.a. *Ossenbühl* (Fn. 2), S. 31; *Grunsky*, W., Grenzen der Rückwirkung bei einer Änderung der Rechtsprechung, 1970; *Zweigert*, K., BB 1969, S. 453 f.; *Knittel*, W., Das Problem der Rückwirkung bei einer Änderung der Rechtsprechung, 1965.

[17] *Ossenbühl* (Fn. 2), S. 28 f.; *Ipsen* (Fn. 1), aaO.

setzesvertrauen des Bürgers" geben kann. Zuvor jedoch noch einige Worte zur dogmatischen Bedeutung des „Vertrauens". *„Vertrauen" bezeichnet nicht dasselbe wie Vorhersehbarkeit, Berechenbarkeit.*

- Im Begriff des Vertrauens liegt ein *wertendes Element,* die Vorhersehbarkeit ist rein erkenntnismäßig-intellektuell bestimmt. Nicht auf alles, was vorhersehbar ist, kann, darf man sich auch schon verlassen. In der Vorhersehbarkeit liegt stets das „Können", im Vertrauen das „Dürfen". Die Unterscheidung zwischen Vorhersehbarkeit und Vertrauen entspricht in gewisser Hinsicht der zwischen Äquivalenz und Adäquanz. Der Bürger „darf" dem Gesetzgeber unter bestimmten Voraussetzungen vertrauen, nicht, soweit er vorherberechnen kann, sondern weil gewisse Vertrauenstatbestände geschützt werden. Das Vertrauen ist deshalb, der Gesetzgebung gegenüber, der „bessere Begriff", weil es, ex definitione bereits, eine Begrenzbarkeit, ja einen Ausnahmecharakter in sich trägt, welcher der Vorhersehbarkeit nicht eigen ist. Das Vertrauen hat daher weit bessere „politische" Chancen, sich gegenüber der Veränderungsdynamik der Gesetzgebung in gewissen, klaren Grenzen zu behaupten.

- Im Vertrauen liegt, vom Verwaltungsrecht her, etwas vom *„Ins-Werk-Setzen"*, eine Art von Verhalten, wenn nicht eine Leistung des Bürgers, welche das Vertrauen schafft oder doch steigert. Das Vertrauen schützt vor allem den tätigen Bürger, den, der sich „auf die Gesetzgebung einrichtet", weniger den, der sie einfach nur geschehen läßt. So entspricht es am besten der Vorstellung, die manche das „Menschenbild des Grundgesetzes" nennen mögen, vom „aktiven Bürger", der ja auch allein letztlich der politische Aktivbürger der Wahl sein soll. Und das Vertrauen weist gerade darin auch Elemente auf, die seine nähere Bestimmung im Einzelfall gestatten: die Interessen des Bürgers, der sich im konkreten Fall „verläßt", während der Vorausberechnende völlig passiv, interessenlos sein kann. Im Vertrauen entfaltet sich eine Wechselbeziehung zwischen Staat und Bürger, ein do ut des, ein eigenartiger Aspekt der Sozialvertraglichkeit — Vertrauen um Vertrauen.

- Die Rechtsstaatlichkeit ist eine zugleich grundrechtliche und staatsorganisatorische Zentralnorm. Wirkt sie als Schranke der Gesetzgebung im Namen des Vertrauensschutzes, so tritt entscheidend ihre *grundrechtliche Seite hervor.* Der Vorhersehbarkeit dagegen ist etwas von staatsorganisatorischer Transparenztechnik eigen, die zwar den Einzelnen begünstigt, aber eben eine organisatorische, nicht eine grundrechtliche Freiheitssicherung darstellt. Im freiheitlichen Rechtsstaat[18] aber ist entscheidend, was der

---

[18] Siehe zu diesem Begriff *Leisner*, W., Grundrechte und Privatrecht, 1960, S. 9 ff., 169 f.

Bürger vermag, nicht wie der Staat organisieren sollte. „Vertrauen" hält die Rechtsstaatlichkeit im Bereich der Grundrechte, der Vorhersehbarkeit wohnt eine nicht ungefährliche Objektivierungstendenz inne.

Der entscheidende Vorteil des Vertrauensbegriffs für den Bereich der Gesetzgebung liegt aber, dies sei nochmals betont, darin, daß hier die Aufgabe der Interessenwertung und -abwägung deutlich wird, ohne die Vorstellung eines „Transparenzideals", das stets angesichts des politischen Veränderungswillens des Gesetzgebers zur Illusion werden muß.

Und hier zeigt sich auch schon ein grundlegender Unterschied zwischen einem allgemeinen Gesetzesvertrauen und einem generellen Verwaltungsvertrauen: Dieses ist prinzipiell unbeschränkt, weil es begrifflich nichts als das Vertrauen in die bestehenden Normen ist. Das Gesetzesvertrauen dagegen muß besonders begründet, auf spezielle Umstände gegründet werden. Es ist letztlich ebenso eine deutliche Ausnahmeerscheinung wie jenes Vertrauen auf das „Ins-Werk-Gesetzte" im Verwaltungsrecht, von dem einst das „Vertrauen" im Bereich der Verwaltung seinen Ausgang genommen hat.

2. Ist das Gesetzesvertrauen ein einheitlicher Begriff, gibt es hier *mehrere Arten des Vertrauensschutzes?*

a) Drei Komplexe werden hier neuerdings[19] unterschieden: Das Vertrauen in die Verfassungsmäßigkeit der Gesetze; das Vertrauen in die legislative Kontinuität und Folgerichtigkeit und schließlich das Vertrauen in die Erhaltung des gegenwärtigen Normbestandes. Diese drei Erscheinungen lassen sich jedoch dogmatisch auf zwei Komplexe zurückführen: auf das *Geltungsvertrauen* und auf das *Kontinuitätsvertrauen.*

Das *Vertrauen in die Verfassungsmäßigkeit der Gesetze* hat begrifflich keine selbständige Bedeutung; entweder die Verfassungswidrigkeit hebt die Normwirkung ex nunc auf — dann wird das Vertrauen in die Kontinuität enttäuscht, oder die Normwirkung entfällt „rückwirkend", ex tunc — dann hat das Vertrauen in die Wirkung des gegenwärtigen Normzustandes getrogen. Verfassungswidrigkeit mag eine besondere Legitimation für den Gesetzgeber darstellen, sich über das Vertrauen der Bürger hinwegzusetzen, das Verfassungsvertrauen ist jedoch kein selbständiger Vertrauenstatbestand.

Geltungsvertrauen und Kontinuitätsvertrauen werden zwar hier als zwei Formen des Gesetzesvertrauens behandelt; dies geschieht jedoch nur, weil sich für beide in Rechtsprechung und Schrifttum die einheitliche Bezeichnung „Vertrauen" eingebürgert hat. Die beiden Erscheinungen mögen auch,

---

[19] *Ossenbühl* (Fn. 2), S. 30.

wie sich noch zeigen wird, Berührungspunkte aufweisen, sie sind jedoch nach Rechtfertigung wie Inhalt grundsätzlich verschieden:

- Das *Geltungsvertrauen* ist nur Ausdruck der Bestandskraft der Staatsakte, eine eigentümliche Art von „Rechtskraft der Gesetzgebung", so wie es – mit anderer Wirkung im einzelnen – eine Rechtskraft von Urteilen und Verwaltungsakten gibt. Diese Bestandskraft ist kein Vertrauenstatbestand im eigentlichen Sinn — sie wird nicht speziell durch Veranstaltungen oder auch nur durch das Verhalten der Bürger geschaffen oder legitimiert. Die Bestandskraft existiert, auch wenn sich niemand darauf beruft, niemand sich darauf verläßt. Sie ist kein Zügel für die Gestaltungs- und Änderungsfreiheit der souveränen Staatsgewalt, sondern deren Voraussetzung: Geändert kann nur werden, was gilt.

  Das *Kontinuitätsvertrauen* dagegen ist seinem Wesen nach ein Ausnahmetatbestand; an sich ist alles Recht beliebig abänderbar, nur in gewissen Fällen mag dies nicht gelten, weil sich der Bürger auf die Fortdauer verlassen hat oder hat verlassen dürfen. Sein „Glaube wirkt hier schöpferisch" — er schafft erst die Voraussetzungen für die kontinuierliche Normwirkung und damit eine echte Schranke für die Änderungssouveränität des Gesetzgebers. Geltungsvertrauen ist Folge des Begriffs des Rechtes selbst als einer Ordnung, Kontinuitätsvertrauen gibt dieser eine besondere, außergewöhnliche Ausprägung.

- *Geltungsvertrauen ist gegenwarts-, Kontinuitätsvertrauen zukunftsbezogen.* Beiden ist gemeinsam, daß der Bürger einen Normzustand „für sicher hält", insoweit mag auch dasselbe Wort „Vertrauen" verwendet werden. Besser aber wäre es doch wohl, für die Gegenwart von Verläßlichkeit, für die Zukunft vom eigentlichen Vertrauen zu sprechen. Gegenwarts- oder Vergangenheitsbezogenheit ist eben auch ein staatsgrundsätzlicher Unterschied. Im ersteren Fall verläßt sich der Bürger auf den festen Ordnungswillen des Gesetzgebers, darauf, daß diese Ordnung nicht durch mögliche Rückwirkungen relativiert, durch tatsächliche Retroaktivität letztlich in Unordnung verwandelt werde. Das Kontinuitätsvertrauen dagegen appelliert an die „Treue des Gesetzgebers zum gegebenen Wort", sie nimmt das Gesetz nicht nur als Spruch, sondern als Versprechen, nicht nur als Ordnung, sondern als Garantie. Politisch gewendet ist Kontinuitätsvertrauen „konservativ", Geltungsvertrauen progressiv — es verlangt nur, daß der „Fortschritt nicht schon gestern", in Rückwirkung, beginne, und dies ist ja der „eigentliche" Fortschritt: Erst wenn seine Akteure auftreten, erst von da an wird verändert.

- *Geltungsvertrauen* kann theoretisch und praktisch in einer Staatsordnung in *vollem Umfang geschützt* werden, das Verbot jeder Rückwirkung ist realisierbar, es schafft theoretisch Geschlossenheit, praktisch vereinfacht es Verwaltung und Rechtsprechung. *Einen „vollen" Schutz des Kontinuitätsvertrauens kann es dagegen nie geben,* er würde die völlige Versteinerung der Gesetzgebung bedeuten und damit die Derogationskraft der lex posterior aufheben, Normstufenunterschiede innerhalb der formellen Gesetzgebung einführen und letztlich die gesetzgebende Gewalt als solche zerstören. Kontinuitätsvertrauen kann daher stets nur „bis zu einem bestimmten Grad" bestehen, die Abgrenzungsfrage ist hier von begriffswesentlicher Bedeutung, einen „reinen" Begriff gibt es hier, anders als beim Geltungsvertrauen, überhaupt nicht. Darin also, daß das eine ein „geschlossener", das andere ein „offener" Begriff ist, unterscheiden sich die beiden Erscheinungen grundsätzlich.

Diese Unterschiede haben ihr Gewicht. Sie zeigen, daß nicht leichthin von der einen auf die andere Erscheinungsform des Gesetzesvertrauens geschlossen werden darf, daß insbesondere das Geltungsvertrauen eine Legitimation aus dem Rechtsbegriff zieht, welche für das Kontinuitätsvertrauen nicht in Betracht kommt. Dennoch können beide Phänomene unter den einen Begriff des Gesetzesvertrauens gebracht werden. Nicht nur, weil in beiden Fällen der Bürger auf ein künftiges Verhalten des Gesetzgebers vertraut — daß dieser nicht mit Wirkung ex nunc oder ex tunc die Normlage ändern werde. Vor allem spricht für eine einheitliche Behandlung des Gesetzesvertrauens der Umstand, daß seine beiden „Unterbegriffe", Geltungs- und Kontinuitätsvertrauen, auf Sachverhalte anzuwenden sind, die in der Praxis „nahe beieinander" liegen, oder sich sogar berühren, ja sich zu überschneiden scheinen. Geltungs- und Kontinuitätsvertrauen unterscheiden sich vornehmlich darin, daß jenes die „Gegenwart", dieses die „Zukunft" der Normgeltung anspricht. Wo aber liegt die Grenze zwischen Gegenwart und Zukunft bei den Sachverhalten, in denen der Bürger „auf den Gesetzgeber vertraut"?

3. Die Tatbestände eines möglichen Gesetzesvertrauens müssen jedenfalls nach *Abgeschlossenheitskriterien* geordnet werden[20], weil das Ergebnis ja eine Abgrenzung der Gegenwart gegenüber der Zukunft, dem wesentlich „noch nicht Abgeschlossenen" bringen soll. Die Abgeschlossenheit eines Sachverhalts kann dabei formell (Beurteilung durch die Staatsgewalt) oder materiell (Vorliegen der Beurteilungsvoraussetzungen) verstanden werden. Verbindet man beide, so ergeben sich im großen etwa folgende Fallgruppen:

a) Sachverhalte, die rechtskräftig entschieden sind.
b) Sachverhalte, bei denen die Entscheidung noch nicht rechtskräftig ist.

---

[20] Ohne daß diese allerdings den unter (III) noch näher zu erörternden Kategorien der heutigen Rückwirkungsdogmatik im einzelnen entsprechen müßten.

c) Sachverhalte, die bei ordnungsgemäßer Behandlung durch staatliche Instanzen bereits (rechtskräftig) entschieden sein müßten.
d) Sachverhalte, deren Entscheidung beantragt worden ist.
e) Sachverhalte, bei denen alle Voraussetzungen für spätere Entscheidung bereits vorliegen.
f) Sachverhalte, bei denen das Vorliegen aller oder der restlichen Voraussetzungen in mehr oder minder naher Zukunft mit mehr oder weniger großer Wahrscheinlichkeit zu erwarten ist.
g) Sachverhalte, bei denen die Entscheidungsvoraussetzungen nur zum Teil vorliegen.
h) Sachverhalte, auf deren künftige Verwirklichung (und Entscheidung) sich der Bürger durch konkrete Dispositionen eingerichtet hat.
i) Sachverhalte, auf deren künftige Verwirklichung (und Entscheidung) der Bürger gerechnet hat.

Diese Fallgruppen sind alle auf „geschlossene" Sachverhalte bezogen, d.h. auf solche, welche zu einem bestimmten Zeitpunkt von staatlichen Instanzen beurteilt und formell abgeschlossen werden, wie die Genehmigungen des Verwaltungsrechts oder die Abgabenbescheide.

Es gibt jedoch daneben einen anderen Komplex von Sachverhalten, die in dem Sinne „offen" sind, daß sie an sich in der Zukunft keiner irgendwie abschließenden Beurteilung bedürfen, sondern allenfalls durch staatliche Verbote „blockiert" werden können. Hierzu rechnen insbesondere Fälle, in denen sich der Bürger beruflich oder gewerblich, vor allem industriell, auf eine bestimmte Gesetzeslage eingestellt hat, diese jedoch später verändert wird, so daß er mit Verboten rechnen muß. Diese Sachverhalte sind alle wesentlich „nicht abgeschlossen". Hier ergeben sich vor allem zwei Gruppen:

a) Tätigkeiten, bei denen der Bürger konkrete Dispositionen im Hinblick auf die Zulässigkeit getroffen hat;
b) Tätigkeiten, bei denen solche Dispositionen vorbereitet wurden.

Bei diesen Sachverhalten sind es also die *Dispositionen des Bürgers,* welche vor allem das Maß der „Entwicklung des Sachverhalts" bestimmen. Das Ausmaß der Dispositionen entspricht hier als Kriterium in etwa den oben unter h) und i) genannten Sachverhaltsgruppen der „geschlossenen" Tatbestände, bei denen es eben im Extremfall auch solche gibt, die „weit zukunftsgeöffnet" sind und bei denen eine konkrete Entscheidung noch nicht abzusehen ist.

Diese „geschlossenen" und die „offenen" Tatbestände können auch kombiniert auftreten, etwa indem eine bestimmte Gesetzeslage im Steuerrecht, die zunächst auf konkrete staatliche Entscheidungen hin geordnet ist, zugleich auch Voraussetzung für die (mögliche, erfolgreiche) Ausübung einer Gesamttätigkeit darstellt und hier Dispositionen des Bürgers zur Folge hat, der vielleicht ein Gewerbe ausübt, weil er immer wieder mit gewissen günstigen Steuerentscheiden glaubt rechnen zu können.

Die möglichen Tatbestände eines Gesetzesvertrauens liegen also in der Tat sehr „eng beieinander", zwischen die oben gebildeten Gruppen können unschwer noch weitere eingeschoben werden. Jedenfalls ist von einem „Spektrum möglicher vertrauenschaffender Tatbestände" auszugehen, das vom Sachverhalt, der durch rechtskräftiges Urteil abgeschlossen ist bis zur „reinen" engagementlosen Spekulation auf mögliche künftige Gesetzgebung reicht.

Hier gilt es nun den Schnitt zu ziehen: Welche Sachverhalte begründen Geltungs-, welche Kontinuitätsvertrauen?

Wenn so unterschieden wird, so ergeben sich folgende weitere Fragen:

- Gibt es ein unbedingtes oder nur ein relativiertes Geltungsvertrauen?
- Wird überhaupt ein Kontinuitätsvertrauen geschützt, wenn ja, wie weit „wirkt es in die Zukunft"?

III. Die Rückwirkungsdogmatik des öffentlichen Rechts — ein ungenügendes Instrumentarium zur Erfassung des Gesetzesvertrauens

Die heutige Dogmatik versucht das Gesetzesvertrauen in seinen beiden Erscheinungsformen des Geltungs- wie des Kontinuitätsvertrauens einheitlich über den Begriff der „Rückwirkung der Gesetze" zu erfassen, bei der zugleich stets von „Vertrauen" die Rede ist. Dies gelingt jedoch nur unvollkommen, die Rückwirkungsbegrifflichkeit ist zu wenig differenziert und verhindert sogar in gewissen Bereichen sachgerechte Lösungen.

Zutreffend ist allerdings der Ausgangspunkt der Rückwirkungslehre gewählt: Es muß unterschieden werden zwischen „Sachverhalten der Vergangenheit und der Zukunft", soll eine klare Scheidung der grundsätzlich verschiedenen Erscheinungen des Geltungs- und des Kontinuitätsvertrauens gelingen. Bedenken gegen die Rückwirkungslehre ergeben sich jedoch in dreifacher Richtung: Der „Schnitt zwischen Vergangenheit und Zukunft" wird begrifflich nicht sachgerecht gezogen (i. folg. 1.); der Vertrauensschutz beim „abgeschlossenen Sachverhalt" ist übermäßig relativiert (i. folg. 2.); durch den Begriff der „unechten Rückwirkung" läßt sich das Kontinuitätsvertrauen nicht hinreichend erfassen, hier wird keinerlei dogmatische Sicherheit geboten (i. folg. 3.).

1. Schrifttum und Rechtsprechung versuchen immer wieder, zwischen „abgeschlossenen“[21] und „in der Entwicklung stehenden“ oder „begonnenen“ Sachverhalten zu unterscheiden. Das strenge Rückwirkungsverbot wird auf abgeschlossene Sachverhalte beschränkt[22]. Diese Trennung zwischen „Vergangenheit“ und „Zukunft“ ist jedoch aus mehreren Gründen problematisch:

a) Als „abgeschlossen“ gelten i.d.R. nur die *rechtskräftig entschiedenen* Fälle[23], ausnahmsweise vielleicht noch solche, welche bei ordnungsmäßiger Handhabung des früheren Rechts bereits zugunsten des Bürgers hätten abgeschlossen sein müssen[24]. Nicht „abgeschlossen“ im eigentlichen Sinne sind jedoch Sachverhalte, bei denen wohl die materiellen Voraussetzungen für eine Entscheidung vorliegen, diese jedoch noch nicht ergangen ist, mag die Rechtsprechung hier auch manchmal härtemildernden Vertrauensschutz gewähren. Dieser Begriff der Abgeschlossenheit ist dogmatisch unbefriedigend, er erfaßt das Geltungsvertrauen des Bürgers in die Gesetzgebung nicht. Geschützt wird der Betroffene vielmehr in einer Rechtsposition, die zu seinen Gunsten durch einen Gesetzesausführungs- oder -anwendungsakt der Verwaltung oder der Gerichte geschaffen worden ist, *nicht* in einer Rechtslage, die unmittelbar auf dem Gesetz beruht. Dieses Rückwirkungsverbot ist also Ausdruck der Geltungskraft der Verwaltungs- und Gerichtsentscheidungen, nicht der Gesetzgebung. Das Vertrauen des Bürgers in die zweite und dritte, nicht in die erste Gewalt wird geschützt.

Wenn es aus rechtsstaatlichen Gründen auch ein Vertrauen in die Geltung formeller Gesetze zu einem bestimmten Zeitpunkt gibt, so muß die Rückwirkung auf die materiell abgeschlossenen Sachverhalte, nicht nur auf die formell entschiedenen Fälle unzulässig sein. Andernfalls ist nicht die Rechtsstaatlichkeit Schranke der formellen Gesetzgebung, sondern lediglich die Gewaltenteilung.

b) Nach der Rückwirkungsdogmatik ist nur das „abgeschlossen“, was sich überhaupt nicht mehr entwickeln kann, wo also alle Entscheidungsvoraussetzungen vorliegen. Dies ist übermäßig schematisch und wird der Wirklichkeit häufig nicht gerecht. Es können die meisten oder sehr wichtige Entscheidungsvoraussetzungen zur Zeit des Wechsels der Gesetzgebung schon vorliegen, ohne daß der Sachverhalt materiell oder gar formell abgeschlossen

---

[21] Zur Begr. vgl. u. a. BVerfGE 11, 59 (64); 11, 136 (139); 13, 261 (269); 13, 274 (278). Vgl. dazu *Kimminich*, O., JZ 1962, S. 518; *Scheerbarth*, H.W., Die Anwendung von Gesetzen auf früher entstandene Sachverhalte, 1961, S. 28 f.

[22] Vgl. etwa BGH FamRZ 1968, S. 453/4.

[23] Vgl. BVerfGE 15, 313 (324 f.).

[24] Nachw. dazu aus d. höchstrichtl. Rechtsprechung b. *Ule* (Fn. 2), S. 475 f. sowie Kritik an dieser nach Auff. Ules allzu weiten Ausdehnung des Vertrauensschutzes, S. 479.

wäre. Es ist nicht sachgerecht und eine Entscheidung nach rein äußerlichen Kriterien, einen solchen Fall schlechthin der „unechten Rückwirkung" zuzuweisen und damit das hier vielleicht schon sehr große Vertrauen des Bürgers von vorneherein zu relativieren.

c) Die „offenen" Sachverhalte[25], meist Tätigkeiten, die bisher erlaubt waren, durch neue Gesetzgebung jedoch als unzulässig erklärt werden, unterfallen ebenfalls von vorneherein begrifflich dem Bereich der wenig vertrauensgeschützten unechten Rückwirkung, obwohl doch gerade hier vom Bürger vielleicht wesentliche Dispositionen getroffen worden sind, die in sich etwas „Abgeschlossenes" haben und durchaus auf Geltungs-, nicht auf Kontinuitätsvertrauen gegründet wurden.

Die Kategorie „abgeschlossene Fälle" zieht also nach bisheriger Dogmatik nicht die richtige „Trennung zwischen Vergangenheit und Zukunft", sie begrenzt zu eng das Geltungsvertrauen des Bürgers in die formelle Gesetzgebung oder ignoriert es sogar. Sie stellt auch ausschließlich auf „geschlossene", überhaupt nicht auf „offene" Sachverhalte ab und bewertet daher das Vertrauen der Bürger in diesem wichtigen Bereich zu ungünstig. Es handelt sich eben geistig um eine Anleihe bei der Rückwirkungsdoktrin des Strafrechts, bei dem die Abgeschlossenheit eines Tatbestandes die Regel und damit auch eine praktikable, seit vielen Jahrzehnten praktizierte Rückwirkungsschranke für den Gesetzgeber darstellt. Das öffentliche Recht dagegen muß in seiner Begrifflichkeit vor allem auch dem „sich Entfaltenden" Rechnung tragen.

2. Selbst bei den (formell) *abgeschlossenen Sachverhalten* wird das Rückwirkungsverbot übermäßig relativiert; die Rückwirkungsmöglichkeiten, welche das Bundesverfassungsgericht auch hier noch zuläßt, gehen zu weit.

Es mag noch hingehen, wenn dem Bürger „geringfügige" Rückwirkungsbelastungen zugemutet werden;[26] dies ist eine Ausprägung des „de minimis"-Prinzipes, auf das sich der Gesetzgeber sicher noch weitergehend berufen kann als der Richter, *muß* er doch in seiner Generalisierung und Typisierung nicht selten über die „Unebenheiten kleinerer Nachteile" hinweggehen. Unvereinbar mit der Rechtsstaatlichkeit und nichts als der Versuch der Legalisierung eingefahrener Praktiken und niederrangiger Normentscheidungen sind die folgenden Ausnahmen vom Rückwirkungsverbot:

- Wenn eine Gesetzesnorm ungültig ist, jedoch einen *Rechtsschein* erzeugt, so soll sich der Bürger darauf nicht verlassen dürfen; der Gesetzgeber darf mit Rückwirkung die nichtige Bestimmung durch eine rechtlich nicht zu

---

[25] Vgl. oben II, 3 a.E.

[26] BVerfGE 2, 380 (405); BVerfG DÖV 1957, S. 862; VerfGH Rhld.-Pf. AS 3, S. 1.

beanstandende Norm ersetzen[27]. Hier soll vor allem die ex tunc-Wirkung der Verfassungswidrigkeit gedeckt werden. Aus der Sicht der Rechtsstaatlichkeit ist dies in solcher Allgemeinheit unerträglich. Der Bürger hat keinerlei Möglichkeit, sich zu vergewissern; selbst ob die Norm angefochten ist, erfährt er in der Regel nur zufällig. Die Entscheidung über die Verfassungswidrigkeit ergeht oft erst nach Jahren. Inzwischen muß der Bürger mit der möglicherweise verfassungswidrigen Norm leben. Die Regelungen des Bundesverfassungsgerichts mögen in der Praxis meist die Härten ausgleichen. Doch im Prinzip ist es schlechthin ungerecht und es widerspricht der Majestät, mit der das Grundgesetz die Gesetzgebung umgibt, den Bürger, der sich auf die Normgeltung einrichten muß, auch nur irgendein Normrisiko tragen zu lassen. Und hier zeigt sich, daß mit der Rückwirkungsentscheidung das Vertrauensproblem noch nicht gelöst ist: Wenn nämlich aus systematischen Gründen, aus dem Wesen der Verfassung, das ja auch zur Rechtsstaatlichkeit gehört, Rückwirkung geboten ist, so müssen deren Folgen gleichzeitig durch Übergangsvorschriften oder Entschädigung abgemildert werden. Vertrauensschutz ist eben nicht nur Ausdruck, sondern auch Ergänzung der Rückwirkungsproblematik.

- Wenn ein Normzustand *„unklar und verworren"* ist, so soll sich der Bürger darauf in seinem Planen nicht verlassen dürfen[28]. Auch an der „unklaren Rechtslage" trägt nicht der Bürger, sondern der Gesetzgeber die alleinige Schuld. Was „verworren" sein soll, läßt sich gar nicht definieren, der Bürger muß auch mit dem verworrenen Gesetz leben, er kann nicht in seine Tätigkeit, in sein Leben einen „planungslosen Abschnitt einplanen", von dem er nicht wissen kann, wie lange er dauern wird. Die Lage ist für ihn ganz anders, als wenn der Gesetzgeber noch gar nicht gesprochen hat[29].

Es gilt zunächst, die „Rückwirkungsmöglichkeit" näher zu umgrenzen: Sie kann nur in einer „Berichtigung" (i.S. der Urteilsberichtigung der Prozeßgesetze), nie in einer „Ergänzung" bestehen; systematisch handelt es sich im übrigen in der Regel um eine authentische Interpretation, nicht aber um „echte" Rückwirkung. Muß ausnahmsweise, um gesetzesverursachte Unordnung zu vermeiden, darüber hinaus wirkliche Rückwirkung angeordnet werden, so ist wiederum das Vertrauen durch Übergangsvorschriften oder Entschädigung zu schützen. Wer dies nicht zugesteht, der gestattet dem Gesetzgeber, unter Berufung auf eigenes Unrecht (unklare Gesetzgebung) neues Unrecht (Rückwirkung) zu setzen. Dies wäre das gerade Gegenteil von Rechtsstaatlichkeit.

---

[27] BVerfGE 7, 89 (94); 13, 261 (272).

[28] BVerfGE 11, 64 (72 f.); 13, 261 (272).

[29] BVerfGE 2, 380 (405); 13, 279 (283).

- *Zwingende Gründe des gemeinen Wohls,* die dem Gebot der Rechtssicherheit übergeordnet sind, können Rückwirkung rechtfertigen[30]. Auch dies ist in solcher Allgemeinheit rechtsstaatswidrig. Daß die Existenz der staatlichen Gemeinschaft nicht durch das Rückwirkungsverbot aufs Spiel gesetzt werden darf, ist außer Streit. Es mag auch höchstrangige Gemeinschaftsgüter geben, zu deren unbedingt erforderlichem Schutz Rückwirkung angeordnet werden darf, wenn jedes andere Mittel versagt, vergleichbar dem Fall der objektiven Berufszulassungssperre. Wer jedoch das Geltungsvertrauen auch nur irgendwie ernst nimmt, der kann es nicht durch eine so generelle Rückwirkungsrechtfertigung relativieren wollen. Was können denn nicht „zwingende Gründe des gemeinen Wohls" sein? Was bleibt von der Rechtssicherheit, damit aber vom Rechtsstaat übrig, wenn niemand weiß, *welche* Gründe ihm „übergeordnet" sind? Und was *kann* denn überhaupt, systematisch, in unserem Staat der Rechtssicherheit noch „übergeordnet" sein?
- Wenn der Bürger mit der Rückwirkung in dem Zeitpunkt *„rechnen mußte"*, auf den diese zurückreicht, so gibt es kein Rückwirkungsverbot[31]. Wenn sich dies lediglich auf Fälle beschränkt, die zunächst ausdrücklich nur vorläufig geregelt waren[32], so mag es hingehen. Doch im übrigen: Wann ist denn der Bürger „nicht überrascht", „nicht in seinem Vertrauen enttäuscht"[33]? Wenn schon die unklare Rechtslage, der zu beseitigende Rechtsschein, ja zwingende Gründe des gemeinen Wohls die Rückwirkung ermöglichen — was soll noch diese allerallgemeinste, durch nichts konkretisierte Rückwirkungserlaubnis. Durch eine solche Generalklausel wird die Rechtsstaatlichkeit schlechthin außer Kraft gesetzt.

Die Rückwirkungsregelungen bei „abgeschlossenen" Sachverhalten sind also höchst unbefriedigend. Sie gehen zu weit und verkennen die Notwendigkeit, gegebenenfalls die Rückwirkung durch Übergangsregelungen oder Entschädigung zu mildern — und zwar deshalb, weil zwar viel vom Vertrauen die Rede ist, daraus aber nicht die typisch vertrauenschützenden Folgerungen gezogen werden. Der Blick ist staatsorganisatorisch auf die Rückwirkungsmechanik fixiert, nicht grundrechtlich auf den vertrauenden Bürger gerichtet.

Damit wird weithin für die formelle Gesetzgebung das aufgehoben, was für jede andere Machtäußerung des Staates eine Selbstverständlichkeit ist: das

---

[30] BVerfGE 13, 261 (271); BGH VersR 1960, S. 151 („da die Regelung einem dringenden sozialen Bedürfnis entsprach"); BGH DB 1971, S. 2211.

[31] BVerfGE 1, 264 (280); 2, 237 (264 f.); 8, 274 (304); 13, 261 (272).

[32] So BSGE 9, 127.

[33] So die Formulierungen des BVerwG, vgl. etwa NJW 1957, S. 1534.

Geltungsvertrauen. Oder sollte die Gesetzgebung deshalb so hoch geehrt werden, weil ihre Würde nicht in ihrer Leistung, sondern in ihrer Selbstherrlichkeit liegt?

3. Alle „nicht abgeschlossenen" Sachverhalte — und das sind die meisten streitigen, problematischen Fälle, werden mit dem Begriff der *„unechten Rückwirkung"* erfaßt[34]. Doch auch dagegen bestehen erhebliche theoretische und praktische Bedenken.

a) Die *Bezeichnung ist irreführend,* sie lenkt vom Wesen des hier zu schützenden Vertrauens ab. Soweit die Sachverhalte nicht abgeschlossen sind, kann es überhaupt keine Rückwirkung geben, man könnte bei solchen Tatbeständen allenfalls von partieller Retroaktivität sprechen. Das Wort „unecht" wirkt hier nur verunklarend; was den so bezeichneten Fällen mit der „echten" Rückwirkung gemeinsam ist, wird nicht deutlich.

Vor allem aber liegt das eigentliche Problem bei derartigen Sachverhalten gar nicht so sehr in der Rückwirkung als vielmehr im Vertrauen des Bürgers auf die unveränderte Fortgeltung einmal gesetzten formellen Gesetzesrechts, das nicht nur die bisher verwirklichten, sondern auch noch die künftig realisierten Tatbestandselemente erfassen soll. Wesentlich ist hier also das Kontinuitätsvertrauen des Bürgers, das, wie dargestellt[35], vom Geltungsvertrauen nach Grundlage und Inhalt verschieden ist. So wenig wie das Kontinuitätsvertrauen als „unechtes Geltungsvertrauen" qualifiziert werden kann, sollte man hier von einer „unechten Rückwirkung" sprechen; man übergeht damit in unzulässiger Weise die Frage nach der besonderen Rechtfertigung, nach den speziellen Grenzen dieses Vertrauensschutzes.

b) Im Begriff „unechter Rückwirkung" werden, wenn nicht zwei heterogene Erscheinungen, so doch zwei völlig verschiedene Betrachtungsweisen desselben Sachverhalts unzulässig zusammengefaßt, welche getrennt voneinander und nacheinander bewertet werden müssen: Zum einen die bereits verwirklichten Tatbestandselemente, die „Entwicklung, soweit sie schon begonnen hat", zum anderen die Zukunftserwartung. Erstere muß zunächst einmal nach Geltungsvertrauen beurteilt werden, sodann ist sie darauf zu untersuchen, ob sich daraus ein Kontinuitätsvertrauen ergeben kann. Die Zukunftserwartung dagegen steht allein unter Kontinuitätsvertrauen. Die einheitliche Bezeichnung „unechte Rückwirkung" schließt also alle nicht völlig „abgeschlossenen" Tatbestände von der (teilweisen) Beurteilung nach Geltungsvertrauen aus. Sie verkennt die Bedeutung des Geltungs- für das Kontinuitätsvertrauen. Sie schafft eine große Kategorie, in welcher die „rei-

---

[34] Vgl. BVerfGE 11, 145 f.; 14, 104, 297; 15, 324 f.; 19, 127; 22, 248; 23, 32; 24, 229 f., 266; 25, 154, 290.

[35] Vgl. oben II, 2.

nen Zukunftserwartungen" und nahezu vollständig abgeschlossene Tatbestände zusammengefaßt werden. Dies ist nicht sachgerecht, hier kann nicht eine einheitliche Lösung gefunden werden. Wird aber differenziert, so löst sich der Begriff „unechte Rückwirkung" auf.

c) Die „unechte Rückwirkung" läßt dem Gesetzgeber im Ergebnis übermäßige Freiheit, sie schränkt die Rechtsstaatlichkeit zu weit ein. Zwar gelten verbal auch für sie die allgemeinen Prinzipienerklärungen, daß sich „das" Rückwirkungsverbot generell aus dem Vertrauen der Bürger ergebe[36], daß es allgemein aus der Rechtsstaatlichkeit abzuleiten sei[37] und daß es jedenfalls nur in engen Ausnahmebereichen durchbrochen werden dürfe[38]. Ausdrücklich wird gelegentlich auch hier Vertrauensschutz anerkannt[39], jedenfalls aber für die Fälle, in denen ein „entwertender Eingriff" erfolgt[40]. In Wahrheit wird die gesamte Materie von dem ungebrochenen Grundsatz beherrscht, daß sich niemand auf die Fortgeltung formellen Gesetzesrechts verlassen darf[41], und die Diskussion geht etwa um Fälle wie die der terminierten, jedoch vorzeitig abgeänderten Gesetze[42].

Der Gesetzgeber ist und bleibt also heute grundsätzlich der Herr der nicht abgeschlossenen Sachverhalte. Dadurch, daß diese einheitlich im Begriff der unechten Rückwirkung zusammengefaßt werden und dieser auf alles erstreckt wird, was noch nicht völlig abgeschlossen ist, dehnt sich die Eingriffs- und Abänderungsmacht der ersten Gewalt undifferenziert auf all diese Tatbestände aus. Wenn sich hier der Gesetzgeber einmal zurückhalten sollte, so erscheint dies nicht nur als eine Ausnahme, sondern geradezu als ein Gnadenerweis für den Bürger. Die vielen möglichen, durchaus differenzierten Vertrauenswirkungen werden pauschaliert und im Ergebnis abgewertet, schon weil „begonnene Entwicklungen" mit „reinen Zukunftserwartungen" zusammengefaßt werden, über welche letztere naturgemäß dem Gesetzgeber die hohe Hand bleiben muß.

Die Rückwirkungsbegrifflichkeit trägt also heute dem Vertrauensbegriff nicht Rechnung, der sie aber begründen soll. Sie verkennt seine differenzierten Stufungen und bringt keine abgewogenen Lösungen, welche diesen entsprächen. Nur Rückwirkung oder Rückwirkungsverbot scheint sie zu kennen, nicht jene feineren Reaktionsmöglichkeiten, wie etwa Übergangsregelungen

---

[36] Vgl. etwa BVerfG JZ 1962, S. 536.

[37] Dazu m. Nachw. *Ule* (Fn. 2), S. 479.

[38] BVerfGE 24, 75.

[39] BVerfGE 15, 324 f.; 21, 132; 25, 406.

[40] BVerfGE 14, 297; 15, 324.

[41] Vgl. Nachw. dazu oben Fn. 11.

[42] *Ossenbühl* (Fn. 2), S. 30.

und (Teil-)Entschädigungen bei notwendiger Rückwirkung. Die Rückwirkungsdogmatik ist heute kaum etwas anderes als eine Sammlung von oft pathetisch wirkenden Deklarationen à la „nulla poena" — verbunden mit zahllosen Kautschukformulierungen, die dem Gesetzgeber eine möglichst große Freiheit erhalten sollen und in denen sich, vor allem bei den Abgaben, oft härtester Etatismus zeigt.

Nein — die „Selbstherrlichkeit" des Gesetzgebers ist noch lange nicht durch den Rechtsstaat überwunden; und wo dies ausnahmsweise erfolgt ist, ist es nicht rechtsstaatlich, d.h. so geschehen, daß der Bürger darauf vertrauen könnte.

Hier kann keine neue „Vertrauensdogmatik" entworfen, es können nur wenige Ansätze dafür gegeben und es kann eben damit die Notwendigkeit unterstrichen werden, durch sie diese bisherige Rückwirkungslehre abzulösen.

IV. Ansätze für eine „Vertrauensdogmatik" im öffentlichen Recht

Eine Vertrauensdogmatik kann sich nicht, wie bisher die Rückwirkungstheorie, im wesentlichen darauf beschränken, Fallgruppen zu bilden, in denen der Vertrauensschutz des Bürgers mehr oder weniger praktikabel erscheint. Sie muß vor allem zunächst die prinzipielle Begründung für dieses Vertrauen aufsuchen — aber auch die Begründung für die Gesetzesänderungsmacht des Staates, und sie muß beides gegenüberstellen und, soweit möglich, abwägen[43].

1. Die grundsätzlichen Begründungen für den Schutz des Gesetzesvertrauens müssen vertieft werden.

a) Zunächst muß das Gesetzesänderungsrecht der ersten Gewalt begründet werden. Hier wird nachdrücklich auf die Notwendigkeit der Anpassung der Gesetzgebung an veränderte Umstände hingewiesen[44]. Dies kann jedoch nicht genügen. Aus einer Notwendigkeit allein, wie groß immer sie sein mag, ergibt sich noch keine Befugnis, im „hohen" Verfassungsrecht ebensowenig, wie im „einfachen" Polizeirecht, wo die „Aufgabe" keine „Befugnis" gibt. Wer ausschließlich so argumentiert, führt eben letztlich nichts als die Staatsraison ein und verläßt den Boden der Rechtsstaatlichkeit.

Es fragt sich ja auch beim Vertrauensschutz gar nicht, ob dem Gesetzgeber „die Hände gebunden" werden sollen, sondern lediglich, wer unter den

[43] So im Grunde zutr. BVerfG NJW 1971, S. 1211 (1212).

[44] *Ossenbühl* (Fn. 2), S. 31, der auf den Experiment- und Improvisationscharakter moderner Gesetzgebung hinweist; *Ule* (Fn. 2), S. 481.

Bürgern seine Handlungsfreiheit soll bezahlen müssen. Wenn der Gesetzgeber rückwirkende Abgabenregelungen trifft und ihm vom Bundesverfassungsgericht bescheinigt wird, „angesichts der Bedürfnisse der öffentlichen Finanzwirtschaft müsse hier Vertrauen nicht geschützt werden“[45], so ist dies nichts als reiner Fiskalismus; es hat nichts damit zu tun, daß der Gesetzgeber sich doch müsse Geld beschaffen können, weil sonst der Staat zusammenbreche: Wenn hier Vertrauen geschützt würde, so müßte sich der Gesetzgeber die Mittel eben bei anderen Bürgern, „ex nunc“, beschaffen, und er könnte dies nach „freiem Ermessen“. In keinem Fall wird sich nachweisen lassen, daß Rückwirkung, Vertrauensbruch „sein *muß*“, stets ist es letztlich — ein Gleichheitsproblem. Die Frage lautet: *Darf* der Gesetzgeber den vertrauensgeschützten Bürger ebenso behandeln wie alle anderen, *muß* er nicht diese belasten, um jenen zu schonen? Man sollte nicht von staatspolitischen Notwendigkeiten sprechen, wo es um eine konkrete Gleichheitsfrage geht, man sollte nicht Angst vor leeren Staatskassen haben, wo nur die Frage ist, wer sie füllen muß.

Die Rechtfertigung des Gesetzesänderungsrechts liegt auch nicht im Rechtsbegriff als solchem. Mögen auch alle Normen wesentlich abänderbar sein, so ist damit nichts darüber ausgesagt, ob dies auch unter Mißachtung eines durch die Norm selbst begründeten Vertrauens geschehen darf, ob hier nicht eine Norm - aus dem Rechtsbegriff heraus - der Abänderung entgegensteht.

Legitimiert wird die Abänderung heute allein aus der demokratisch gerechtfertigten Macht des Gesetzgebers zur Gestaltung der Gemeinschaft. Die besondere Stellung und Bedeutung der Gesetzgebung in der Demokratie, die Majestät der volonté générale, die Tatsache, daß sie von allen getragen wird — all dies begründet sicher grundsätzlich die weitestgehende Veränderungsmacht, die es in einer Staatsform überhaupt geben kann; der Monarch muß weit mehr Hergebrachtes achten, weil seine Institution selbst aus dem Kontinuitätsvertrauen der Vergangenheit kommt, als der Volkssouverän, der im plébiscite de tous les jours täglich neu geboren wird. Doch auch der Volkssouverän findet Vertrauensschranken in eben jener Demokratie, die ihn legitimiert: Sie ist auf Gleichheit gegründet und auf Solidarität, und daher verbietet es sich, Vertrauen wie Nichtvertrauen der gleichen Allmacht gesetzgeberischen Willens auszuliefern, wenige, die vertraut haben, zu schlagen, um die anderen zu erleichtern.

Die egalitäre Demokratie schafft die Omnipotenz des Gesetzgebers — sie verlangt aber zugleich, im Namen eben dieser Gleichheit, vollen Vertrauensschutz.

---

[45] BVerfGE 18, 142/3 (std. Rspr.).

b) Doch auch der *Vertrauensschutz* bedarf eingehender rechtsstaatlicher Legitimation. Dabei ist sicher das allgemeine, sozialstaatlich begründete[46] Partnerschaftsverhältnis zwischen Staat und Bürger von Bedeutung. Drei Grundsätze der allgemeinen Rechts- und Staatslehre stehen jedoch im Vordergrund:

- Die *Rechtssicherheit*[47]: Die Legitimation aller Gesetzgebung kommt aus dem Begriff des Rechts als einer Ordnung, auf die man sich verlassen kann. Wenn der Gesetzgeber Vertrauen bricht, so hebt er seine eigene Legitimation auf. Diese Rechtfertigung begründet jedenfalls unbedingtes Geltungsvertrauen.
- Das *Verbot des venire contra factum proprium:* Im formellen Gesetz wird ein hochbedeutsames „Rechtsfaktum“ feierlich gesetzt. Seine Existenz darf nicht einfach später ausgelöscht werden. Wiederum verdient daher das Geltungsvertrauen unbedingten Schutz. Doch auch Kontinuitätsvertrauen ist hier insoweit zu achten, als der Bürger aus einem gewissen Verhalten des Gesetzgebers heraus (befristete Gesetze, an sich schon auslaufende Tatbestände, klare Gesetzgebungstendenz) die Gesetzgebung als ein – beschränktes – Zukunftsversprechen auffassen muß.
- Die *Allgemeinheit des Gesetzes*: Legitimation, Majestät kommt der Gesetzgebung in der egalitären Demokratie letztlich nur aus der Allgemeinheit des Gesetzes zu. Übersteigerung verfeinernder Gesetzgebungstechnik und Maßnahmegesetze müssen und werden die erste Gewalt immer mehr diskreditieren. Grundrechte jedenfalls kann nur ein „Gesetz“ einschränken, das den Namen eines „allgemeinen“ noch verdient (Art. 19 Abs. 1 GG). Zu dieser Allgemeinheit gehört aber auch die *„Allgemeinheit in der Zeit“*, eine gewisse Kontinuität. Der Gesetzgeber hat keine Launen, mit Menschenrechten wird nicht experimentiert. Es gibt einen Punkt, an dem die kapriziöse Legislatur keine Gesetzgebung mehr ist. Die „Allgemeinheit“ in der Zeit begründet ein gewisses Kontinuitätsvertrauen.

Vertrauensschutz läßt sich also, in all seinen Spielarten, wohl begründen. Nur einer Legitimation, darauf sei heute besonders hingewiesen, bedarf er *nicht: des Eigentums.* Gesetzesvertrauen ist nicht identisch mit Eigentum, mit wohlerworbenen Rechten. Das Vertrauen wird durch die Rechtsstaatlichkeit, nicht durch Art. 14 GG geschützt. Und Vertrauen hat nichts „Kapitalistisches“ — es schützt den Millionär wie den Bettler und es hat, anders als die Eigentumsfreiheit, auch eine gleichwertige *aktuelle* Bedeutung: Dem Arbeitnehmer ist sein Vertrauen in die Regelungen des Arbeitsrechts und der

---

[46] Dazu *Ossenbühl* (Fn. 2), S. 25/6.

[47] Auf die ja auch meist, wenn auch recht allgemein, hingewiesen wird, vgl. etwa *Ossenbühl* (Fn. 2), S. 27; *Ule* (Fn. 2), S. 479; BVerfGE 18, 142/3.

Sozialversicherung ebenso wichtig, wie dem Unternehmer das Vertrauen in Abschreibungsmöglichkeiten. Am Vertrauen sind alle Bürger gleichmäßig interessiert. Es wäre zutiefst bedauerlich, wenn sein Schutz im Kampf um das Eigentum Schaden nähme.

2. *Folgende Forderungen ergeben sich im einzelnen* aus dem Dargelegten für einen Ausbau des Vertrauensschutzes, der allein der Rechtsstaatlichkeit entspricht:

a) Der *Vertrauensschutz darf allgemein nicht unter den Vorbehalt eines unbestimmten öffentlichen Interesses gestellt* werden. Der Bürger kann dieses nicht vorhersehen, nichts abwägen, sich auf nichts einstellen. Ausnahmen zum Schutz „überragend wichtiger Gemeinschaftsgüter" müssen in engsten Grenzen bleiben.

b) *Gewisse Gesetzgebungsbereiche dürfen nicht „als solche" vom Vertrauensschutz ausgenommen* oder nur prekärem Vertrauensschutz überlassen werden. Der „öffentliche Finanzbedarf" rechtfertigt keine „verdünnte Vertrauenssicherung"; der Staat muß sich dann eben die Mittel dort beschaffen, wo kein Vertrauen besteht. Auch bei Planungsgesetzen darf das Vertrauen nicht von vornherein mit der Begründung relativiert werden, im Wesen der Planung liege eben die Veränderlichkeit[48]. Der Gesetzgeber muß vielmehr diese Variabilität und ihren Rahmen ausdrücklich im Gesetz festhalten, damit sich der Bürger orientieren kann. Andernfalls entwickelt sich der Planungsbegriff zu einem Krebsgeschwür, das jede Rechtsstaatlichkeit, ja jede klare juristische Begrifflichkeit alsbald zerstört.

c) Soweit *Geltungsvertrauen anerkannt wird, ist es absolut, ausnahmslos zu schützen.* Bei Verfassungswidrigkeit (Rückwirkung) muß durch Übergangsregelungen oder Entschädigung geholfen werden.

d) Das *Geltungsvertrauen* umfaßt alle formell *und* materiell abgeschlossenen Sachverhalte. Ebenso werden bei den nicht abgeschlossenen sowie bei den in die Zukunft offenen Sachverhalten im Namen des Geltungsvertrauens unbedingt diejenigen Dispositionen der Bürger geschützt, die nicht mehr oder nur unter unzumutbarem Aufwand abänderbar sind.

e) *Kontinuitätsvertrauen* wird stets insoweit geschützt, als sich der Gesetzesunterworfene durch konkrete Veranstaltungen auf die Fortdauer des Gesetzgebungszustandes eingestellt hat und dies dem Verhalten eines besonnenen Bürgers entspricht. Verlangt werden kann, daß er sich für die Zukunft so rasch wie möglich umstellt; hierfür ist ihm jedoch in der Regel eine ausreichende Anpassungszeit durch Übergangsvorschriften zu gewähren. Vertrauen ohne konkrete Disposition gibt es nicht.

---

[48] *v. Simson* (Fn. 9), S. 418 f.; *Ipsen* (Fn. 1), S. 61, der sich aber S. 111 m.R. kritisch dazu äußert.

f) Das *Verhalten des Gesetzgebers kann für die Steigerung des Schutzes des Kontinuitätsvertrauens* bedeutsam sein; wenn etwa zeitlich befristete Gesetze oder Normen, die einen auslaufenden Tatbestand regeln sollten, unversehens geändert werden, oder wenn eine lange Zeit zu beobachtende, eindeutige „Gesetzgebungstendenz" plötzlich in ihr Gegenteil gewendet wird. Diese Fälle sind jedoch in engen Grenzen zu halten.

g) Andererseits *gibt es keine „gesetzgeberische Vorwarnung"*, welche etwa das Geltungs- oder Kontinuitätsvertrauen des Bürgers eo ipso aufheben könnte. Gesetzesinitiativen, Ausschußberatungen u.a.m. sind nicht Gesetzgebung. Was hier das Ergebnis sein wird, kann niemand vorhersehen. Dringend ist hier vor neueren Tendenzen zu warnen, eine Art von „normativer Vorwirkung des Gesetzgebungsverfahrens" anzuerkennen. Dies wäre eine „Normwirkung ohne Norm", das Entscheidungsrecht des Parlamentsplenums würde aufgehoben; damit würden die Grundlagen des Parlamentsrechts verändert und die Gewaltenteilung zuungunsten des Parlaments verschoben.

h) Ohne Bedeutung ist es, ob der Bürger auf das Gesetz im Namen privater oder öffentlicher Belange vertraut hat[49]. Der Bürger ist nicht Sachwalter des Staates; sein Vertrauen ist stets privates Vertrauen.

3. *Ein nuancierter, ausgewogener Vertrauensschutz verlangt auch differenzierte Formen des Schutzes.* Es gibt als Sanktion nicht nur die Nichtigkeit der vertrauensstörenden Norm, sondern daneben noch vielfache Formen der Übergangsvorschriften sowie der Entschädigung.

Vor allem die Dogmatik der Übergangsvorschriften muß ausgebaut werden. Anerkannt ist bereits, daß der Gesetzgeber unter gewissen Voraussetzungen zu ihrer Schaffung verpflichtet ist[50]. Klarer als bisher sollte jedoch werden, daß es dabei nicht um Billigkeit oder lediglich um „Härtemilderung" geht: Der Vertrauensschutz gibt einen echten Anspruch auf die Übergangsregelung. Dies ist andernorts noch zu vertiefen.

Von jeher wurde mit Recht die Durchsetzung des Grundsatzes „nulla poena sine lege" im Strafrecht als eine rechtsstaatliche Großtat gefeiert. Es gilt heute, durch echten Vertrauensschutz die Rechtsstaatlichkeit zu vollenden. Das kann nicht nur in den kleinen Schritten übermäßiger Vorsicht geschehen, die ängstlich eine Entscheidungsfreiheit des Gesetzgebers achten wollen, in Wahrheit aber leicht zu Verbeugungen vor byzantinistischer Staatsraison werden. Not tut eine mutige Grundsatzrechtsprechung der obersten Gerichte, welche endlich die immer mehr zerfallende Dogmatik des

---

[49] Vgl. dazu *Ipsen* (Fn. 1), S. 111 m. Nachw. aus d. Rspr.

[50] Vgl. etwa BVerfGE 13, 97 (121/2); 21, 173 (183); 25, 236 (241, 248, 255); BVerwGE 40, 153 (155).

öffentlichen Rechts in einem entscheidenden Punkt strafft. Und dies tut bitter Not in einer Zeit der Reformen — sonst müssen die Falschen die Reformen bezahlen, die, welche dem Staat vertraut haben.

Für den Demokraten mag gelten: Nous ne sommes pas vrais si nous ne sommes pas discutables — aber wir können uns nicht in Frage stellen, wenn wir nicht wenigstens in unserem Vertrauen sicher sind.

Teil IX

Grundrechte

Die verfassungsrechtliche Freiheit und ihre Begrenzung*

„Freiheit" als (einheitlicher) Rechtsbegriff?

„Freiheit" in dem (weitesten) Sinn der Möglichkeit, eigenes Verhalten lediglich nach persönlichem, „unbeeinflußtem" Willen zu bestimmen, kann nicht Gegenstand rechtlicher Betrachtung sein. Das juristische Freiheitsproblem liegt lediglich in der Ausschaltung oder Zulassung einer gewissen „unmittelbaren" Einwirkung des „Verhaltens" eines Rechtssubjekts auf das eines anderen: ob sich jemand aus gefühlsmäßigen Gründen oder gesellschaftlichen Rücksichten zu etwas gezwungen „fühlt" und vielleicht sogar, medizinisch, psychologisch, philosophisch gesehen, dazu gezwungen ist, bleibt für das Recht indifferent.

Sobald jedoch hinter der Einwirkung(smöglichkeit) eines anderen Rechtssubjekts die letzte Unwiderstehlichkeit der Sanktion durch die Allgemeinheit (gerichtliche Durchsetzung) oder (was bestritten ist) doch wenigstens die dieser nahekommende allgemeine Überzeugung steht, daß solche Einflußnahme erlaubt sei — sobald also einem die Möglichkeit eingeräumt werden soll, den Willen des anderen durch „nicht-psychologische", sondern durch irgendwie letztlich „äußere" Macht zu „brechen" — in diesem Augenblick beginnt die juristische Freiheitsproblematik: Ausgleich zwischen den Expansionstendenzen zweier menschlicher Verhaltenssphären.

Der juristische Freiheitsbegriff im weitesten Sinn der sogenannten allgemeinen menschlichen Handlungsfreiheit ist also, rein logisch, gegen den (allgemeineren) philosophischen oder auch den psychologischen Freiheitsbegriff gar nicht genau abgrenzbar: einerseits soll das Zwangsmoment dem Recht nicht wesentlich sein, zum anderen aber wird bei jeder Einflußnahme Zwang (etwa psychologischer Art) eingesetzt, der sich bis zur Unwiderstehlichkeit steigern kann. Die Freiheit des Rechts beginnt also jenseits eines „empirisch" gezogenen Einschnitts — was ja auch allein dem Charakter und der Genesis der Jurisprudenz als eines verselbständigten Teils der Geisteswissenschaft entspricht.

---

* Erstveröffentlichung in: „Von der Freiheit". Sammelband, Hannover 1961, S. 101 – 120.

Gerade die neueren Tendenzen der Rückkehr zu einem „vorrechtlichen“, „naturrechtlichen“ Freiheitsbegriff[1] beweisen ja die letztlich historisch bedingte Empirie der traditionellen rechtlichen Freiheitskonzeption: In der Suche nach einer „Überhöhung“, nach einem Anschluß an einen „weiteren“, philosophischen Bereich der Libertas liegt das Eingeständnis einer gewissen historischen Kontingenz der herkömmlichen juristischen Freiheitsvorstellungen. Jene „empirisch-historische Induktion“, auf der diese aufbauen, wird sich auch als Grundcharakter der rechtlichen Freiheit erweisen, wenn es nun gilt, diese „aufzugliedern“ und institutionell fruchtbar zu machen. Genesis und Struktur bereits des rechtlichen Freiheitsbegriffs sind eine Absage an reine Deduktion aus einem angeblichen obersten Begriff dieser Freiheit.

Ist diese demnach der Kreis, in den die „institutionell unwiderstehliche“ Willensmacht anderer nicht eindringen darf, so zeigt sich auch, daß mit ihr keinerlei Entscheidung im Streit um den (In-)Determinismus fällt: Ob menschliches Wollen nicht doch von irgendwelchen anderen, diesseitigen Faktoren determiniert ist, bleibt dahingestellt — lediglich gewisse Arten der Einflußnahme sind verboten oder lösen bestimmte Retorsionsfolgen aus.

Ist es das Verbot nur gewisser Arten der Einflußnahme, welches den Rechtsbegriff der Freiheit verengt, so bleibt andererseits der durch ihn gesicherte menschliche Bereich „grundsätzlich“ unbegrenzt: Er umfaßt alles, was durch solche Eingriffsarten tangiert werden kann — von körperlicher und geistiger Integrität, bis zu der diese stützenden Welt des Eigentums.

So erweist sich aber auch, daß alles Bemühen des Rechts nur Entscheidung zu Freiheit, Entscheidung zwischen Freiheiten sein kann: Ist dem einen im Patent das Recht verliehen, eine Erfindung ausschließlich zu nutzen, so ist die „Freiheit“ eines (jeden) Dritten in gar nicht anderer Weise „beschränkt“, als wenn der Polizei verboten wird, ohne richterlichen Befehl in die Wohnung eines Bürgers einzudringen. „Freiheit“ ist also nicht, in diesem ursprünglicheren Sinn, eine Besonderheit des Verfassungsrechts, oder gar gewisser – etwa „westlicher“ – Verfassungssysteme, sondern ein, der Zentralbegriff des Rechts überhaupt. Erst aus dieser Erkenntnis heraus kann dann die Eigenart der verfassungsrechtlichen oder gar der deutschen staatsrechtlichen Freiheitskonzeption erschlossen werden.

---

[1] Vgl. u.a. *Süsterhenn*, A., Der Durchbruch des Naturrechts in der deutschen Verfassungsgesetzgebung nach 1945, Paderborn 1950; *Würtenberger*, Th., Wege zum Naturrecht in Deutschland, Arch. f. R. u. Soz. phil. 38, 1949/50, S. 98 f.; *Ritter*, K., Zwischen Naturrecht und Rechtspositivismus, Wilten 1956 (mit Lit.-Übersicht), sowie *v. Hippel*, E., Veröffentlichungen der Vereinigung der deutschen Staatsrechtslehrer, 1951 (VVdStL), Berlin 1952, S. 1 ff.; *Coing*, H., Die obersten Grundsätze des Rechts, Heidelberg 1947, S. 22 f.; *Welzel*, H., Naturrecht und materiale Gerechtigkeit; *Scheuner*, U., Recht u. Gerechtigkeit in der dt. Rechtslehre der Gegenwart (Recht u. Institution, Wilten 1956).

„Freiheit als Zentralbegriff“ bedeutet nicht „Freiheit als oberstes Rechtsprinzip“[2]. Die Libertas umgrenzt die vielfältigen Problemlagen, sie ist Sammelbegriff, nicht Deduktionskonzeption. Wie sollten, etwa im Privatrecht, aus dem Freiheitsbegriff allein, z.B. im Sinn einer „Vermutung“, spezielle Lösungen abgeleitet werden? Diese würden dann u.U. stets zugunsten des Eigentümers gegen den „Handelnden“ — oder umgekehrt ausfallen, weil eben immer Rechtspositionen, Freiheitskreise, gegeneinander abgewogen werden müssen. „Vermutungen zur Freiheit“, im Sinn der Nichteinflußnahme, kann es in bestimmten, umgrenzten Räumen geben, nie in derselben Allgemeinheit, mit der „Freiheit“ der Zentralbegriff des Rechts überhaupt ist.

Daß die Libertas Zentral- und damit Sammelbegriff ist, gilt in dem eben bezeichneten Sinn unbestritten auch im Verfassungsrecht: die Ordnung der Beziehungen des einzelnen zum Staat steht unter der Freiheitsbegrenzungsproblematik — nicht minder aber auch die Organisation der staatlichen Gewalt(-en), dort wird das Freiheitsproblem, wie stets innerhalb rechtlich „geschaffener“ Gebilde, zur Kompetenzfrage. Gerade die Besonderheiten der Kompetenzabgrenzung einerseits (soll das „Recht“ eines Organs dem anderen gegenüber als Teil seiner „Freiheitssphäre“ bezeichnet werden?), die Intensität, mit der sich die Frage nach der „Freiheit“ im Raum der Beziehungen Staat-Einzelner stellt, andererseits: diese „specifica“ des Verfassungsrechts berechtigen, schon rein rechtsdogmatisch, zu der Frage, ob hier, im Staatsrecht, nicht noch ein engerer, spezifischer „Freiheitsbegriff“ entwickelt werden muß.

Rein dogmatisch betrachtet müßte sie u.E. verneint werden. Auch bei den Beziehungen Staat-Individuum („Grundrechtsbereich“) wird doch nur der Aktionsbereich „juristische Person Staat“ und „Individuum“ abgegrenzt, was die Gesetzesvorbehalte („der Gesetzgeber kann ... beschränken“) deutlich machen. Die „spezifische“ Freiheit des Staatsrechts kann auch nicht darin gesehen werden, daß hier der einzelne der unwiderstehlichen staatlichen Hoheitsgewalt gegenübersteht: Ganz abgesehen davon, daß die Grundrechte der Verfassung längst schon nicht mehr allein diesen Bereich regeln, sondern in strafrechtliche und privatrechtliche Räume ausgreifen[3]: diese Hoheitsgewalt steht ja hinter jedem, auch privatrechtlichen Rechtsanspruch irgendeines anderen Rechtssubjekts, und der Weg über den Richter ist auch im Hoheits-(Verwaltungs)recht eröffnet[4].

[2] Grundlegend *Esser*, J., Grundsatz u. Norm in der richterlichen Fortbildung des Privatrechts 1956; *Wolff*, H.J., Rechtsgrundsätze und verfassungsgestaltende Grundentscheidungen, Jellinek-Gedächtnisschrift, München 1955, S. 33 ff.

[3] *Dürig*, G., Nawiasky-Festschrift 1956; *Leisner*, W., Grundrechte u. Privatrecht, München 1960 m. weit. Nachw. S. 339 f.

[4] Vgl. vor allem *Menger*, Chr. Fr., Der Schutz der Grundrechte i. d. Verwaltungs-

Von einem besonderen Freiheitsbegriff des Verfassungsrechts kann also, rein dogmatisch gesehen, nicht gesprochen werden. Gibt es aber, aus derselben Sicht, wenigstens eine spezifisch „öffentlich-rechtliche“ Freiheit?

Dies wird oft mit Bezug auf die Legalität[5], den Grundsatz der Gesetzmäßigkeit der Verwaltung, bejaht und darin gleichzeitig „die“ Besonderheit der heutigen deutschen Ordnung – etwa dem nationalsozialistischen Staat gegenüber – gesehen. Wenn die Hoheitsgewalt nur mehr auf Grund eines Gesetzes oder durch ein (möglichst spezielles) Gesetz in Freiheit und Eigentum der Bürger eingreifen darf (Art. 20 GG), so scheint doch der Freiheitsbereich dieser Gewaltunterworfenen „grundsätzlich“ gesichert — die Besonderheit des öffentlich-rechtlichen Freiheitsbegriffs läge in einem „in dubio pro libertate“.

Genauere Betrachtung erweist die Unbehilflichkeit auch dieser „Besonderheit“: ein Eingreifen in den Rechtsbereich eines anderen Rechtssubjekts ist immer nur auf Grund des Rechts möglich. Fraglich kann also nur sein, welche Art von Recht dazu nötig ist. Dies hängt davon ab, welcher Form von Rechtsäußerung der Normcharakter zugesprochen wird. Letztlich ist das eine politische Entscheidung, die aber in Deutschland schon seit langem allgemein zugunsten des ordentlichen Gesetzes und der gesetzesabgeleiteten Verordnung gefallen ist. Nur diese also gestatten einem Privaten den Eingriff in Rechte eines anderen. Für den hoheitlich handelnden Staat galt dagegen lange Zeit das Privileg der „ursprünglichen“ Hoheitsgewalt: Er durfte in Rechte der Gewaltunterworfenen „aus eigenem Recht“, ohne Rückbeziehung auf irgendwelche ordentliche Gesetze, eingreifen.

Dies hat sich nun im Konstitutionalismus und der ihn verfeinernden grundgesetzlichen Ordnung dahin gewandelt, daß die „Verwaltung“ dem „Individuum“ insoweit gleichgestellt worden ist, daß auch sie nunmehr eine gesetzliche Grundlage für ihr jeweiliges Tun nachweisen muß — es liegt also insoweit eher eine Angleichung des öffentlich-rechtlichen Freiheitsbegriffs an die allgemeine rechtliche Libertas vor als eine Differenzierung. Daß dann die Verwaltung, etwa in der grundgesetzlichen Ordnung, sehr eng beschränkt ist – wenn auch nicht immer! – liegt auf einem – auch dem gewisse Rechtssubjekte privilegierenden Privatrecht bekannten – „niederen“ Niveau, von dem aus nicht, rein dogmatisch, ein besonderer, allgemeinster öffentlich-rechtlicher Freiheitsbegriff geschaffen werden kann.

---

gerichtsbarkeit, „Die Grundrechte“ (Bettermann / Nipperdey / Scheuner), III / 2, S. 717 ff.; *Eyermann / Fröhler*, Kommentar zur Verwaltungsgerichtsordnung, München 1960.

[5] Vgl. die Literatur zum Rechtsstaat, vor allem *Forsthoff*, E., VVdStL 11, S. 1 ff.; *Darmstaedter*, Grenzen u. Wirksamkeit des Rechtsstaates, 1932.

Ein solcher wäre nämlich nur nachweisbar, wenn es eine „Institution Libertas“ gäbe, aus der als solcher Lösungen erwachsen könnten. Dies ist nicht der Fall. Auch die Legalität, das Jellineksche Recht auf gesetzesgemäße Behandlung, ist nichts vom Privatrecht generell, sondern nur etwas graduell Verschiedenes — es gibt sie auch dort! Die Legalität ist vielmehr – wie der gesamte Grundrechtsbereich – nur die Folge einer bestimmten Staatsorganisation, der Unterordnung der „Exekutive“ unter die „Legislative“. Diese ist in den verschiedensten Formen feststellbar, von der reinen „politischen“ Kontrolle (Parlamentarismus), bis zu jener „speziellen“ Überwachung der heutigen deutschen Legalität, in der das Parlament der Regierung die Grundlagen des hoheitlichen Eingreifens jeweils einzelgesetzlich zur Verfügung stellen muß.

Letztlich gibt es also auch im öffentlichen Recht keine von der allgemeinen Freiheitsordnung zu differenzierende, spezielle, institutionell-selbständige Freiheitssicherung, sondern nur einen „organisatorischen“ Schutz besonderer Art, der sich aber nicht „genere“ von jeder anderen Form politischer Gewaltenteilung[6] unterscheidet, die ja immer, mag sie innerhalb einer Partei, zwischen selbständigen „Pouvoirs“, horizontal oder vertikal durchgeführt sein, durch die so entstehenden „checks and balances“ eine Abschwächung der staatlichen Willensmachteinheit hervorruft und somit – mittelbar – den Freiheitsraum des Gewaltunterworfenen vergrößert.

Auch die angedeutete Besonderheit des öffentlichen Rechts – daß nämlich eine (möglichst) spezielle gesetzliche Grundlage vorhanden sein muß – ist nicht so sehr eine Besonderheit, sondern vor allem die Auflösung einer historischen Anomalie: Der Staat darf nicht mehr durch einfache Berufung auf ein „öffentliches Interesse“ in die Rechte der Bürger eingreifen, die untragbare allgemeine „Vermutung zugunsten der Hoheitsgewalt“ ist beseitigt. Diese wird also, durch das neuere Verwaltungs- und Verfassungsrecht, was oft übersehen wird, nicht einer besonderen Freiheitskonzeption unterworfen, sondern nur, soweit dies, bei ihrem „andersartigen“ Wesen, überhaupt möglich ist, der privaten Macht gleichgestellt.

Dies alles sollte nur zeigen: In reiner Deduktion aus allgemeinen Rechtsbegriffen kann ein „spezifischer Freiheitsbegriff“ auch für das heutige deutsche Staatsrecht nicht gewonnen werden. Wie steht es nun mit der so oft berufenen „freiheitlichen Grundordnung“[7]? Die Antwort muß lauten: sie weist Spezifisches – anderen Staatsordnungen gegenüber – auf, aber (zunächst)

---

[6] Die Literatur ist hier sehr verstreut. Verfassungsrechtliche Fundstellen sind: Rechtsstaatlichkeit — Richterliche Gewalt — Verhältnis Parlament–Regierung; vgl. die Kommentierung von *Maunz/Dürig*, Kommentar zum GG, Art. 20.

[7] Z.B. Art. 21 Abs. 2 GG.

nicht „einen, großen, besonderen“ Freiheitsbegriff, aus dem deduziert werden könnte, sondern eine Reihe von historisch entfalteten Besonderheiten, die erweitert und zu einer gewissen – relativen – Lückenlosigkeit gesteigert werden können. Im heutigen Zustand der Entwicklung kann – was hier vorweggenommen werden soll – (noch) nicht von einem Aufstieg zu einer allgemeinen Freiheitsidee die Rede sein, ja ein solcher dürfte – aus der Notwendigkeit des Zusammenlebens heraus schon – unmöglich sein. Freiheitsrechtliches Denken entfaltet sich ganz wesentlich induktiv, aus konkreter, politischer Kontingenz, es ist Sicherung gewisser Instrumente (vgl. die Pressefreiheit im 19., die Informationsfreiheit[8] im 20. Jahrhundert). Gerade aus diesem Kleinen, aus den disparat anmutenden, historisch gewachsenen Bestimmungen unseres Grundrechtskatalogs, erwächst, kann allein erwachsen, das Große: die Verwirklichung des Ideals vom „freien Menschen“, das als solches niemals Rechtsnorm, ja nicht einmal Rechtsprinzip sein kann.

Was ist also die „freiheitliche Grundordnung“? Darin ist sie zu sehen:

a) Wenn Freiheit stets aus abwägender rechtlicher Entscheidung kommt, kann es nie „einen Grundsatz“ staatsrechtlicher Freiheit geben — höchstens eine Vermutung zur Freiheit des Individuums in den – immer selteneren – ungeregelten Fällen. Im übrigen besteht die „Freiheit“ eben aus vielen „kleinen“, oft sehr konkret-situationsgebundenen „Entscheidungen zur Freiheit“ — hinter denen freilich das politische „Leitbild“ steht, das aber nicht selbst Recht ist.

b) In der spezifischen, organisatorisch eingeräumten Möglichkeit, diejenigen „frei“ zu wählen, welche Freiheitsabwägungen gesetzlich durchzuführen haben, und in der darin liegenden – wenn auch teilweise fiktiven – Vorstellung des Unterworfenseins unter den eigenen Willen.

c) In der Normstufenerhöhung gewisser dem Individuum günstiger Einzellösungen, die (Grundrechte) nur durch verstärkte Mehrheiten (Revision) beseitigt werden können.

„Freiheitliche Grundordnung“ ist also ein nur induktiv spezifischer Begriff des öffentlichen Rechts, nicht des Verfassungsrechts — eine Verfassung kann fehlen, oder das Wesentliche (vgl. oben a)!) kann, wie im II. Deutschen Reich, durch einfache Gesetzgebung (Versammlungsgesetz, Vereinsgesetz) geschaffen werden.

So löst sich denn auch das ewige Dilemma, wie „die“ doch angeblich gewährte „Freiheit“ über staatliche, für das Zusammenleben doch nötige, Eingriffe mit dem Allgemeininteresse versöhnt werden kann: „Die Freiheit“

[8] Art. 5 Abs. 1 S. 1 GG, vgl. *v. Mangoldt/Klein*, Das Bonner GG, Kommentar, Bd. I, S. 241 f. m. Nachw.

gibt es nicht, nicht zwei „höchste Prinzipien" (Freiheit – Staatsraison) sind – nicht einmal dogmatisch – zu harmonisieren, sondern Einzelentscheidungen (Post-, Wohnungsfreiheit u.ä. m.) müssen getroffen und „neue Fälle" in enger Analogieanlehnung an schon Entschiedenes oder an entsprechende „Tendenzen" gelöst werden.

Auch das Grundgesetz liegt in dieser Linie der Freiheitsentwicklung. Es hat neue Einzel-Freiheiten garantiert (z.B. die Informationsfreiheit, Art. 5 GG), die Grundrechtsträgerschaft erweitert (Art. 3 GG — „jeder" statt „jeder Deutsche")[9], die Gesetzesvorbehalte sind spezialisiert worden. Eine freiheitsrechtliche „Revolution" aber ist – der Weimarer Republik gegenüber – nicht vollzogen worden, ja nicht einmal im Vergleich zu den Verfassungsordnungen des 19. Jahrhunderts feststellbar. Die eigentlichen Fortschritte liegen in der Organisation des Verfassungsrechtsschutzes[10], nicht im Bereich der materiellrechtlichen Freiheitsverbürgung — auch dort aber wieder mit all der Kontingenz und Vorsicht, welche gerade prozeßrechtlichen Entwicklungen eigen zu sein pflegt.

Zwei Bestimmungen des Grundgesetzes stellen nun, so mag es scheinen, besondere verfassungsrechtliche Leitprinzipien für einen – vielleicht doch „neuen" – aus der induktiven Kontingenz gelösten Freiheitsbegriff dar.

Nach Art. 1 GG ist die Menschenwürde[11] unantastbar. Handelt es sich nun hier nicht (nur) um ein subjektives (Grund-)Recht[12], sondern um ein „oberstes Konstitutionsprinzip"[13] unseres Rechts, so könnte darin gerade jenes allgemeine, deduktiv zur Wirkung zu bringende Freiheitsrecht gesehen werden, dessen Existenz unnachweisbar geblieben ist.

Dies ist abzulehnen. „Freiheit" und „Menschenwürde" decken sich nicht. Es wird zwar immer häufiger behauptet, die Freiheit des Grundgesetzes sei nicht mehr der „formale", „nicht wertausgerichtete" Handlungsraum des liberalen Konstitutionalismus, sondern stets „Freiheit zu Wertverwirklichung"[14]. Nun stehen ganz sicher die „Werte" hinter den Normen – in einer noch nicht geklärten Weise –, aber sie sind nicht selbst Rechtsregeln. Jeder Versuch, die Freiheitsrechte aus einem bestimmten, weltanschaulichen oder ökonomischen, sog. „Wertsystem" zu interpretieren, führt bei der Weite der

---

[9] Vgl. *Maunz/Dürig*, Kommentar, Art. 19 Abs. 3 GG m.Nachw.

[10] Vgl. *Holtkotten* im „Bonner Kommentar" zum GG, Art. 93 f. m. Nachw.; *Kaufmann* u. *Drath* in VVdStL 9.

[11] Vgl. *Wertenbruch*, Grundgesetz u. Menschenwürde, 1959; *Maunz/Dürig*, Kommentar (zu Art. 1 GG) m. Nachw.

[12] *Nipperdey*, in: Neumann / Nipperdey / Scheuner, Die Grundrechte, II, S. 1 ff.

[13] Zur Menschenwürde als „oberstes Konstitutionsprinzip" vgl. *Maunz/Dürig*, op. cit.

[14] Nachweise b. *Leisner*, Grundrechte u. Privatrecht, S. 371 / 2.

grundrechtlichen Formulierungen praktisch zu einem nahezu unkontrollierbaren Einfließen der betreffenden Wertungen in die Verfassung[15]. Gewiß — die vielen „Freiheiten", die gewährt sind, müssen in ihrer Kollision abgegrenzt und eingeschränkt werden (vgl. unten). Dadurch darf aber nicht der an sich formal bleibende Charakter der Freiheit beeinträchtigt werden, welche eben – soweit sie gegeben ist – nicht Freiheit zur Wertverwirklichung ist, sondern einfach das Recht, nach eigenem, unkontrolliertem Belieben zu handeln.

Daraus folgt der entscheidende Unterschied zur Menschenwürde: Freiheit bleibt im Kern formales Belieben, die Würde des Menschen ist ein Komplex in Normen rezipierter Werte. Zu ihnen gehört die Möglichkeit freier Entscheidung, aber nur der Entscheidung zu den Werten, welche „höchstmenschlich" sind und welche dann den rein formalen Aspekt sogar aufheben können. Ewige Ordensgelübde sind mit der „Freiheit" unvereinbar, aus der Menschenwürde heraus gerechtfertigt.

Selbst wenn aber Menschenwürde ausschließlich in „Freiheit" gesehen würde, müßte sie als engerer, engster Raum derselben erfaßt werden, als „Kernbereich", soll nicht jenes edelste Wort der Rechtssprache rettungslos im juristischen Kleinkampf abgewertet werden.

Damit verschwindet die Möglichkeit, Menschenwürde als oberstes – im Sinn eines allgemeinsten, weitesten – Freiheitsprinzip zu erfassen. Gerade in ihrer unbedingten Unabänderlichkeit (vgl. Art. 79 GG)[16] ist sie zuoberst nur, indem sie engsten, aber wichtigsten Raum umgreift. Unser höchstes Grundrecht – denn ein solches ist die Menschenwürde – entspricht also in seiner Engräumigkeit par excellence der bereits angedeuteten ursprünglichen „Punktualgenese" jeder verfassungsrechtlichen Freiheit. Die Menschenwürde ist kein oberstes Prinzip, aus dem für jeden Konfliktfall der Freiheit deduziert werden könnte.

Dasselbe gilt für die „Freiheit der Entfaltung der Persönlichkeit" (Art. 2 Abs. 1 GG)[17]. In ihr hat man, nach langer Diskussion, eine „allgemeine Handlungsfreiheit" gesehen, ein Recht, das sowohl in die allgemeine „unbenennbare" Freiheitssphäre eingreifen als auch, wie die bekannten Generalklauseln des BGB[18], neue „benannte" Rechte aus sich hervortreiben könne.

[15] Vgl. *Leisner*, Betrachtungen zur Verfassungsauslegung, DÖV 1961, S. 641–53 = in diesem Band, S. 191 ff.

[16] Grundlegend *Bachof*, O., Verfassungswidrige Verfassungsnormen, Tübingen 1951; *Ehmke*, H., Grenzen der Verfassungsänderung, 1953.

[17] Vgl. Schrifttum in *v. Mangoldt/Klein*, Kommentar I, S. 160/1 u. *Maunz/Dürig*, Kommentar, Art. 2 Abs. 1 a.A.

[18] §§ 138, 157, 242, 826 BGB; vgl. dazu *Leisner*, Grundrechte u. Privatrecht, S. 223 f.

Solange nun diese Handlungsfreiheit – auf Grund der drei ihr beigefügten Einschränkungsvorbehalte[19] – als nur begrenzt gesetzlich limitierbar erschien, mochte es scheinen, als sei hier etwas wie ein „Mutterrecht" der Freiheit entstanden. Das BVerfG hat dem ein Ende gemacht[20]: Durch seine vielkritisierte Auslegung des Begriffs „Einschränkung durch verfassungsmäßige Ordnung" = „Beschränkbarkeit durch jedes verfassungsmäßige Gesetz" hat es die allgemeine Handlungsfreiheit dem allgemeinen Gesetzesvorbehalt unterworfen und so nur ausgesprochen, was ohnehin die Legalität bedeutet: daß Freiheit und Eigentum nicht ohne gesetzliche Grundlage beschränkt werden dürfen.

Auch das Verbot, gesetzlich irgendein Freiheitsrecht unter Antastung des Wesensgehalts einzuschränken (Art. 19 Abs. 2 GG)[21] – es muß sich auch auf die benannten und unbenannten Freiheiten von Art. 2 GG beziehen lassen – macht diese Bestimmung nicht zu einem neuartigen allgemeinen Freiheitsrecht: Abgesehen von der vielberufenen Schwierigkeit der Feststellung dieses rechtlichen Kernbereichs, würde auch so wieder nur ein materiell-engster Raum jedes Freiheitsrechts, und der allgemeinen Handlungsfreiheit, geschützt werden — Kategorien, welche bei der Menschenwürde schon feststellbar waren.

Es bleibt also dabei: Das deutsche Verfassungsrecht kennt keine „Institution Freiheit" – auch nicht gegen den Staat –, kein materielles, höchstes Freiheitsrecht. Mit anderen Worten: Freiheit als Rechtsprinzip gibt es nicht, nur viele, zunächst meist zusammenhanglos entstandene, Einzelfreiheiten.

Dennoch sollte deren, von gewissen liberalen und religiös-weltanschaulichen politischen Strömungen her gelenkte und oben angedeutete Intensivierung im Grundgesetz in ihrer Bedeutung für eine „Annäherung" an allgemeinere Freiheitsvorstellungen nicht unterschätzt werden. In einem Prozeß kapillarer Ausweitung sind im letzten Dezennium in steigendem Maße Freiheitsentscheidungen gegen den Staat auf neue, den bisherigen gegenüber „anliegende" Bereiche erstreckt worden – man denke nur an die Grundrechtsausweitung bis hinein in das Besondere Gewaltverhältnis[22] oder ihre Anwendung auf die Privatwirtschaftsverwaltung[23] des Staates. Die Mittel, deren sich dazu Lehre und Judikatur bedient haben, entsprechen – trotz der ständigen Ver-

---

[19] Rechte anderer, Sittengesetz, verfassungsmäßige Ordnung.

[20] Vgl. die Kritik der BVerfG-Entsch. b. *Maunz/Dürig* aaO.

[21] Nachweise b. *Leisner*, Grundrechte u. Privatrecht, S. 152 f.

[22] Vgl. *v. Mangoldt/Klein*, Kommentar I, S. 133 m. Nachw.; *Leisner*, W., Die schutzwürdigen Rechte im Besonderen Gewaltverhältnis, DVBl. 1960, S. 617 ff. = in diesem Band, S. 659 ff.

[23] Vgl. den Überblick b. *Dürig*, G., BayVBl. 1959, S. 201 ff.

suche, irgendwelche „Freiheitsprinzipien" deduktiv zu bemühen – meist durchaus der „klassischen" Gesetzesanalogie, jenem ebenso unheimlichen, wie unaufhaltsamen Ausdehnungs-(oder Einschränkungs-)prozeß, der aber allein der oben festgestellten historischen Entfaltung der westeuropäischen Grundrechte sich anpaßt.

Hier aber steht auch die – von manchen sicher als solche betrachtete – Gefahr der Umkehrbarkeit dieses Prozesses. Trotz allen obiter dicta des BVerfG und der Gefahr einer hier möglichen „Zementierung" des deutschen Verfassungsrechts (etwa auf neoliberale, später u.U. nicht mehr praktisch in vollem Umfang haltbare Lösungen) — die Lehre überschätzt sie u.E., ja sie führt sie erst durch die – allerdings unvermeidbare – „Systematisierung der bundesverfassungsgerichtlichen Entscheidungsgründe" herbei, welche dann, in einem bedenklichen „Spiralvorgang", von der Rechtsprechung übernommen wird. Freilich: die Gerichte werden im allgemeinen nur langsam gewisse liberale Entscheidungen zugunsten des einzelnen im Prozeß „State versus Man" wieder abbauen können. Gerade die kapillare Unübersichtlichkeit der jeweiligen Freiheitsausdehnung und die Weite der grundrechtlichen Formulierungen bereits gestattet aber auch ein rasches „Zurückfallen" aus gewissen peripherischen Freiheitspositionen bis auf den allerdings stets zu wahrenden Kern. Eben wenn die „Freiheit" einmal nicht mehr im „System", sondern in der Annäherung vielfacher (disparater) Entscheidungen gesehen wird, erhält das ganze traditionelle Gebiet der Grundrechte jene Elastizität, die allein ein Überdauern der Kerne auch bei Abbau der Randzonen ermöglicht.

Man sage nicht, in überforderndem systematischen Denken befangen, auf diese Weise werde die freiheitliche Grundordnung aufgelöst und zerfalle: ein Prinzip kann mit einem Schlag vernichtet werden, die Beharrungskraft verflochtener freiheitlicher Einzellösungen ist ungeheuer, wie gewisse liberale Rechtsprechungstendenzen des Reichsgerichts beweisen, die sich selbst in der autoritären Periode nicht verloren haben.

Freiheit und Gleichheit

Eine „Gefahr" für die verfassungsrechtliche „Freiheit" – hier nunmehr stets verstanden im Sinn jener allgemeinen „Tendenz" gegen den Staat, vor allem im Hoheitsbereich, zu entscheiden –, liegt dagegen in deren noch weitgehend ungeklärtem Verhältnis zu einem weit virulenteren, weil diesmal konzentrierteren, zu einem wirklichen „Pol" des heutigen deutschen Verfassungsrechts: zu der Gleichheit[24].

[24] Überblick bei *Ipsen*, H.P., Gleichheit, in: Neumann / Nipperdey / Scheuner II, S. 111–198.

Freilich sind völlige, absolute, materielle Gleichheit und totale Freiheit in gleichem Maße logische und praktisch-rechtliche Utopien. Freilich treibt „Freiheit“ zur Gleichheit, indem die Koexistenz der Freiheiten angestrebt und damit irgendwo ein „gleichmacherischer Schnitt“ gezogen werden muß, während andererseits die völlige Gleichheit zur Freiheit des einen vom anderen führen müßte. Aber diese logischen Erwägungen können nur für abstrakte Grenzwerte, nie für die vielfältigen Stufen gelten, in denen sich die Entwicklung vollzieht und aus denen, in rechtlicher Betrachtung, die lebenstypischen Situationen, in ihrem Verhältnis zu den beiden Begriffen, herausgenommen werden müssen.

Es kommt zunächst stets auf eine gewisse „Dosierung“ von Freiheit und Gleichheit an, weil einer völlig ungleichen „Freiheit“ das Ethos des Menschenrechts fehlt, ohne das sie nicht gegen die Allgewalt der Staatsraison angehen kann, wie die historische Entwicklung beweist. Doch hier zeigt sich gerade eine Schwäche jeder Freiheit gegenüber der Gleichheit: daß diese zu gleicher Freiheit führen kann, ist für sie völlig kontingent. Ihr Anliegen und ihr grundrechtliches Pathos erfüllen sich in der Gleichmachung. Während bei der Freiheit die Kollision mit anderen Freiheiten ein theoretisch immanentes und praktisch sogleich auftretendes Problem ist, die Begrenzung also irgendwie „immanent“ wird, bleibt die Gleichheit volles „Ideal“, indem es theoretisch möglich erscheint, jeden gleichzustellen, und praktisch die Schwierigkeiten der Verteilung erst in einem weiteren Verlauf auftreten. Die Gleichheit besitzt somit das mächtigere Pathos.

Die Egalität hat aber noch eine weitere Stärke gegenüber jeder Freiheit: Sie stellt menschlich und rechtlich stets simplifizierende Totallösungen zur Verfügung, welche mit der Macht einseitiger Einfachheit die „Dosierung“ zu ihren Gunsten verschieben kann; sie verteilt Güter, nicht nur, wie es ursprünglich der Fall war, Chancen. Durch den Ausschluß weiterer, aufreibender Chancenausgleichungsdynamik, in deren Verlauf erneute Ungerechtigkeitsmomente drohen, erscheint sie, viel stärker als die Freiheit, rechtsfriedengewährend und damit nicht nur der Gerechtigkeits-, sondern sogar der Rechtsidee als enger verbunden.

Schließlich aber ist ihr, ganz anders als der Freiheit, die Sprengkraft historischer Neuheit eigen: Freiheitenausgleich ist von jeher Aufgabe und Problem des Rechts. Herstellung materieller Gleichheit tritt als eine neuzeitliche, politisch akzentuierte Forderung dem Recht entgegen. „Freiheit“ ist nur in engen Grenzen, mehr technisch als materiell-inhaltlich, entwicklungsfähig. Was hier sich seit der Französischen Revolution entfalten konnte, sind weit mehr die Fragestellungen als die Lösungen. Die Gleichheit kennt dagegen klare, inhaltlich, historisch markierte Etappen: Von der Normenanwendungsgleichheit zur Chancengleichheit, von dieser zur Partizipationsegalität, von dort endlich zur vollen, materiellen Gleichheit geht ein Weg, bei dem heute nur mehr das letzte Ziel in utopieähnlicher Ferne liegt.

So wichtig nun aber die Dosierung von Freiheit und Gleichheit sein mag — die erwähnte Verstärkung des Gleichheitspathos enthält eine jener gegengerichtete Tendenz: Wo die Angleichung vollzogen ist, da muß das Interesse an der Freiheit fehlen, weil deren Haupt-Pathos gerade darin liegt – eine bekannte psychologische Tatsache –, sich von anderen unterscheiden zu können. Volle materielle Egalisierung muß aber auch, wie noch zu zeigen sein wird, zu notwendig nahezu gleichem Freiheitsgebrauch führen, weil die Mittel, deren die Freiheit sich bedienen könnte, überall die gleichen sind.

Dies alles macht die ungeheuere Sprengkraft der Französischen Revolution erst verständlich: Liberté *und* Egalité — aus diesem unentwickelten Spannungsverhältnis kam die Macht, wie auch verwickelnde Schwäche des großen Wagnisses. Schon Rousseau hätte hier zeigen können, was die ganze spätere Verfassungsentwicklung Frankreichs und Westeuropas erwiesen hat: die freiheitszerstörende Gewalt der Gleichheit! Sie ist die Mutter der „Demokratie", die man in Frankreich stets der „Freiheit" gegenübergestellt hat: Mehrheit setzt vorherige Gleichheitsquantifizierung voraus, da nur dann der Wille Zahlreicher schwerer wiegen kann — für die „Freiheit" ist, im Ausgangspunkt wenigstens, jeder Einzelwille, jede Einzelsphäre ein unersetzliches, unvergleichbares Gut. Egalität erreicht so die dictature de la majorité, die, bei Locke noch durch die „Freiheitsrechte" der einzelnen aufgehalten, bei dem konsequenteren Bürger von Genf zur totalen Aufsaugung des Minderheitswillens durch „Transformation in das Mehrheitswollen" sich steigert.

Schon die Doktrin des 17. und 18. Jahrhunderts zeigt also: Gleichheit hat ein freiheitsindifferentes Endziel — geht einen freiheitszerstörenden Weg zu diesem.

Das 19. Jahrhundert, dessen geistige Erben in dieser Evolution auch wir sind, bringt die Umformung des ursprünglich ganz freiheitsrechtlich-ausgrenzend erfaßten Grundrechtsbegriffs durch die verteilende Gleichheit: Dem Marxismus muß die politische Freiheit sinnlos erscheinen, die nur ein Blankett an den Stärkeren ist, ja nur eine halbe Entscheidung darstellt und durch „Komplementärinstitute kapitalistischer Praxis zum reinen Beherrschungsinstrument wird". Warum den Menschen vor einer Polizeigewalt schützen, um ihn in eine privatrechtliche Sklaverei ungerechter Güterverteilung fallen zu lassen, aus der ein Ausweg in die Verhaftung oft als einzig möglicher erscheinen mag?

Im französischen Frühsozialismus von 1848 siegt geistig die egalitäre Komponente der Großen Revolutionen erstmalig über die „Freiheit"! Beide über eine fraternité zu verbinden ist ein aufschiebender Harmonisierungsversuch, der seine Entsprechung in der Forderung nach „sozialen Grundrechten“[25] findet — Verteilungsrechten, Teilhaberechten, dem Staat und wirtschaftlich stärkeren Dritten gegenüber (Recht auf Arbeit, auf Mitbestimmung, auf Urlaub, auf Sicherheit bei der Arbeit usw.). Diese treten mit dem Ethos des Menschenrechts der Freiheit auf und haben doch als Ideal nicht mehr den isolierten Robinson, oder die einmalige imago Dei, sondern den Zustand letzter ausgleichender unmittelbarer Güterverteilung.

Unsere Verfassungsordnung zeigt kaum ein Spiegelbild dieser Spannungen: Soziale Grundrechte wurden – dem provisorischen Charakter entsprechend – in das Grundgesetz nicht aufgenommen. Die Gleichheit konkretisiert sich entweder in den besonderen Differenzierungsverboten des Art. 3 Abs. 2 und 3 GG (keine Unterscheidung nach Geschlecht, Rasse, Religion, Sprache usw.), die im wesentlichen dem heutigen Kulturbewußtsein allgemein entsprechen; oder sie findet sich im Abs. 1 des Art. 3, jenem „allgemeinen Gleichheitssatz“, dessen Egalität jedes Rechtssubjekts vor dem Gesetz mehr und mehr zu einem reinen Willkürverbot unter Anwendung allein auf „arge Fälle“ zu werden droht, ja werden muß — letztlich nur eine Verstärkung der Richtermacht, die diesen weiten Begriff auf Verwaltungsakte, ja auf Gesetze anwenden soll[26]. Durch ihr bekanntes, konservativ-tastendes Vorgehen wird die egalitäre Tendenz abgeschwächt.

Aber nicht der Richter, das „aristokratische Organ“, ist es ja, der die freiheitsfeindliche Egalitärentwicklung trägt, sondern die Gesetzgebung, jenes Organ, dessen ganze Institution aus egalitärem Pathos erwächst: Vertreter des souveränen Volkes zu sein. Sie konnten, selbst ohne eine soziale Verfassungsgrundordnung realisieren zu müssen, ja, ohne auf deren „Relikt“ im Grundgesetz, den Sozialstaatsgedanken (Art. 20)[27], sich zu berufen, im letzten Dezennium praeter, ja bereits oft contra libertatem eine Gesamtordnung schaffen, die im praktischen Ergebnis, nicht in ihrer institutionellen Ausprägung, wohl auch von den radikalen Sozialisten vergangener Jahrzehnte nur als ferner Wunschtraum angesehen werden konnte. Man denke nur an zwei Dinge: die beispiellose Neuverteilung des Volksvermögens im Lastenausgleich und deren dauernde Unterstützung und Fortführung in den hohen Milliardenbudgets der Sozialausgaben, welche auch die Steuer zu einem neuartigen Verteilungsinstrument hat werden lassen, jene Abgaben, deren heutige Höhe für die Liberalen des Jahrhundertbeginns schon integraler Kommunismus gewesen wäre.

---

[25] Vgl. *Leisner*, W., Grundrechte u. Privatrecht, S. 96 f.

[26] Grundlegend: *Leibholz*, G., Die Gleichheit vor dem Gesetz, 2. Aufl. 1958.

[27] Grundlegend: *Forsthoff*, E. / *Bachof*, O., Der soziale Rechtsstaat, VVdStL 12 (1954).

Und in alledem die alte, liberale „Freiheit“? Dem Vorstoß der Gleichheit ist sie auf diesen, wichtigsten Gebieten deshalb so wenig gewachsen, der oben skizzierte freiheitserdrückende Zustand ist deshalb schon so nah, weil der modernen Libertas, aus ihrer historischen, liberalen Genese, eine letzte, entscheidende Schwäche anhaftet: Sie hat kein eigentliches Verhältnis zum *Eigentum*. Dessen Schutz wird nur bei der Enteignung (vgl. Art. 14 GG)[28] – dort durch völlige Entschädigung fast überscharf – durchgeführt und nur weil dies gerade die Gleichheit fordert, welche so die Freiheit im entscheidenden Raum schon völlig „durchdrungen“ hat. Und jene dauernde Enteignung der Steuer? Auf ihr baut doch heute alles auf; sie läßt doch das Entschädigungsgebot im Großen ganz unschwer umgehen! Das Recht kommt hier mit der bekannten, fiktionsnahen Unterscheidung zwischen (entschädigungspflichtiger) Entwehrung eines bestimmten Einzelgutes — Forderungsbegründung durch Steuer, ohne jeden Ausgleich selbstverständlich, zu Hilfe. Jene selbe Ordnung, die sonst, gerade im Steuerbereich, so eifrig bereit ist, „Umgehungen“ zu verhindern — dieses große détournement des Enteignungsverbots[29] kann sie im Grunde nur deshalb nicht abbiegen, weil sie eben aus der Gleichheit kommt, der „gleiche Steuer“ nicht entgegensteht.

Den geistigen Hintergrund für diese Aushöhlung des Eigentumsrechts, das doch ein „Freiheitsrecht“ ist, bildet aber, wie schon angedeutet, das traditionelle, beziehungslose Nebeneinanderstellen der beiden Komplexe „Freiheit“ und „Eigentum“, mit einem gewissen Vorzugsakzent auf der engeren, aber „geistigeren“ Freiheit. „Eigentum als Freiheit“, „Freiheit als (virtuelles) Eigentum“ — diese Gleichungen fehlen.

So konnte der Freiheit – auch im Grundgesetz – umfangreicher Schutz geboten werden, das Eigentum blieb nicht nur durch die Gesetze einschränkbar, es wird sogar nur „nach Maßgabe der Gesetze“ gewährt, was von manchen als ein Aufgeben eines „unabdingbaren, verfassungsrechtlich festliegenden Eigentumskerns“ und Umwandlung der Eigentumsgarantie in reine Verweisung angesehen werden konnte. Wie dem aber auch sei — Eigentum steht, ganz abgesehen von der es rechtlich gar nicht tangierenden Steuerschraube, in ungleich größerem Maß als „Freiheit“ zur Verfügung des ordentlichen Gesetzgebers, und damit, gerade in der konkreten deutschen politischen Situation, der Regierungsmehrheit. Freiheitsschutz aber wird – im wahrsten Sinn! – billig, wenn man das Eigentum so frei manipulieren darf; er

---

[28] Überblick b. *Weber*, W., Eigentum u. Enteignung, in: „Die Grundrechte“ II, S. 331 ff.

[29] Und darum handelt es sich ja — die Steuer sollte doch in der liberalen Ordnung, aus der die erwähnte Steuerrechtfertigungsdistinktion erwachsen ist, nur feste überindividuelle Veranstaltungen ermöglichen (Heer, Post usw.), nicht zur Subventionierungs-, ja zur Verteilungssteuer werden. Gerade über die Subvention war aber der Weg zwanglos und unverdächtig.

wird billig und — für den Bürger uninteressant. Für ihn ist doch Eigentum heute das Entscheidende, „Freiheit" meist nur wichtig als Sicherungsmittel für dieses.

Solche Auffassung kann nicht mit dem Vorwurf der Primitivität abgetan werden, denn Eigentum ist nur „aufgespeicherte" „erarbeitete" Freiheit, ferner nur ein Mittel, das praktisch einzige Mittel, Freiheit wirklich zu genießen, die „formale Freiheit", die dem Menschen eben nicht letzter Wert sein kann, zu einer Freiheit „zu etwas", zur Freude an der Welt zu machen, welche die Mittel des Eigentums nahezu allein erschließen.

Die Freiheit ist also, praktisch, dem Eigentum gegenüber, etwas unrettbar Sekundäres. Ihre Beschränkungsmöglichkeiten müssen weitgehend aus den jeweiligen Begrenzungen des Eigentums erschlossen werden. Damit aber stehen die heutigen Freiheiten des Grundgesetzes unter einem viel stärkeren gesetzgeberischen Beschränkungsvorbehalt als ein Blick auf die Gesetzesvorbehalte der Freiheitsrechte selbst annehmen lassen könnte: Sie stehen unter dem weitestgehenden Gesetzesvorbehalt, der bei Art. 14 GG das Eigentum limitiert.

Gerade aus jener erwähnten natürlichen Nähe von Eigentum und Gleichheit (die ja zur Güterverteilung drängt) ergibt sich damit eine tiefe Einbruchsmöglichkeit der Gleichheit in die Freiheit. Der Gesetzgeber, das „egalitäre Organ", verwirklicht progressive Gleichheit, ohne durch „Freiheit" gehindert zu sein, auf dem eigentlichsten Freiheitsbereich, dem des Eigentums!

Das Eigentum ist aber auch umgekehrt die einzige Grenze der freiheitsauflösenden Macht der Gleichheit.

Wenn „Gleichheit" vor allem „gleiches Eigentum" bedeutet, so wird dadurch zwar, wie oben dargelegt, die „gleiche somit gewährte Freiheit" schablonisiert, aber es verbleibt von ihr ein Minimum: die Möglichkeit, von diesen Gütern, in engsten, durch die Kapazität der anderen und eine gewisse psychologische Nivellierung gezogenen Grenzen, „freien" Gebrauch zu machen. Ob die Entwicklung auch der deutschen Rechtsordnung so zu einem Endzustand totaler Gleichheit und eben dadurch einer Lage stärkst beschränkter, aber noch immer vorhandener „Freiheit" gelangen wird? So unmerklich sich ein solcher Annäherungsprozeß u.U. vollziehen mag — er würde doch, das kann vom Rechtsstrukturellen her gesagt werden, zu einer nicht mehr „freiheitlichen", sondern „gleichheitlichen" demokratischen Grundordnung führen.

„Beschränkung(en)" der Freiheit

Wenn die bisherigen Darlegungen zunächst (I) zu erweisen versuchten, daß es rechtlich kein einheitliches „Rechtsprinzip Freiheit", sondern nur ein „Geflecht" verschiedenster Entscheidungen „in favorem civis" geben kann, das somit eine große Elastizität aufweist, wenn nunmehr (II) hinzugefügt wurde, daß selbst alle diese Freiheiten (und damit der durch sie gewährte „Freiheitszustand" im ganzen) über Gleichheit und Eigentum unter einem sehr weiten, „dynamischen" Vorbehalt stehen, so ist all das als eine – bisher u.E. zu wenig beachtete – Form der Antwort auf eine Frage zu verstehen, die (unausgesprochen) hinter unseren Bemühungen stand: Wie kann „die" Freiheit, d.h. die (verfassungs-)rechtlichen Konkretisierungen der einen Libertas, zu der man sich, etwa von kantischer Philosophie her, bekennen mag, beschränkt werden? Die Antwort kann nun lauten: Die rechtliche „Freiheit" weist bereits eine immanente, aus ihrer kapillaren Verflechtung kommende Biegsamkeit auf, welche ihr, aus ihrem grundsätzlichen Abwägungscharakter heraus, eine strukturelle Beschränkbarkeit verleiht. Diese „der Begrenzung offene Lage" kann dann durch das bekannte verfassungsrechtliche Gesetzesvorbehaltssystem ohne grundsätzliche Schwierigkeiten zur Beschränkung werden, durch jenes System, an dessen Anfang der große „indirekte" Vorbehalt des begrenzungsgeneigten Eigentums mit allen seinen skizzierten Auswirkungen, auch auf den „immateriellen" Freiheitsbereich, steht.

Es folgen dann die verschiedenen, bei jedem Grundrecht vorgesehenen, Einschränkungsmöglichkeiten. Eine heute noch immer fehlende gültige Gesetzesvorbehaltslehre müßte u.E. eine klare Terminologie dahin entwickeln, daß sich die oft erwähnte „Ausgestaltbarkeit" nicht so auswirkt, daß eine „alterierende" Beschränkung in Frage kommt: die Einzelfreiheit muß zu ihrer Begrenzung immer im Verhältnis „Prinzip – Ausnahme" stehen. Dies läßt die hier noch nicht zu entscheidende Frage aufwerfen, ob nicht ein gewisses „quantitatives" Denken das allein Zulässige sein sollte, während jeder „qualitative" Eingriff als eine „partielle Totalbeschränkung" (ein „qualitativ selbständiger" Bereich wird aus dem jeweiligen Freiheitsraum ausgeschlossen) verboten bleiben müßte. Die Einzelerarbeitung solcher Kategorien setzt allerdings die Möglichkeit synthetischen Zurückgehens auf eine Grundrechtstradition voraus, die uns heute noch fehlt.

Einer besonderen Einschränkungsmöglichkeit in diesem Raum sei hier nur am Rande gedacht: Jede freiheitsrechtliche Formulierung unterliegt einer „sprachlichen Auslegung". Durch sie können Vorstellungsinhalte des allgemeinen Kultur- und damit auch „politischen" Bewußtseins (etwa bei den Begriffen „Gewissen", „Beruf") in den Grundrechtskatalog einfließen und seine Elastizität noch verstärken.

Nicht die Beschränkbarkeit der „Freiheit" ist also Problem, sondern ihre zu leichte Begrenzbarkeit!

Wenn oben das Eigentumsrecht als indirekter Beschränkungsvorbehalt für die „Freiheit" gedeutet wurde, so soll doch hier zum Schluß eine Reserve stehen: Auf einem Gebiet muß ein Minimum „eigentumsfreier" und damit eingriffsentzogener „purer Freiheit" im Verfassungsrecht bleiben: bei der (politischen) Meinungsfreiheit. Hier liegt an sich schon ein – wenngleich durch neuere Entwicklung (Presse, Rundfunk) „verminderter" – „weitester Eigentumsabstand der Freiheit", hier, an jenem Übergang zum „organisatorischen Verfassungsteil", dessen (westliche) Repräsentationsmechanik ohne Meinungsfreiheit zusammenbricht, ist der einzige Punkt, wo die „Freiheit" in die Nähe wenigstens einer „unbedingten" Institutionsähnlichkeit tritt — zusammen mit all jenen Habeas-Corpus-Freiheiten, die – und soweit sie – die politische Meinungsfreiheit stützen. Die Herausarbeitung der Unterschiede zwischen ihr und den „rein (mehr) wirtschaftlichen" Freiheiten ist noch eine weithin unbewältigte Aufgabe.

Freiheit und ihre Begrenzung — so ist die Frage rechtstranszendent gestellt. Lauten muß sie: größtmögliche allseitige Freiheit und ihre Verwirklichung. Das ist ein Zustand, dessen – inhaltsbestimmende! – Formen das Recht, dessen letzten Inhalt nur Ökonomie und Philosophie zu schenken vermögen.

Chancengleichheit als Form der Nivellierung*

Diese Blätter sind *Hans Klecatsky* zum 60. Geburtstag gewidmet — dem Mann, der als Gelehrter für die wahre Chancengleichheit zwischen dem Privaten und dem Öffentlichen eingetreten ist, der als Minister ein Hüter der Gleichheit für alle war, nicht ein Freund nivellierender Egalität.

Die Gleichheit vor dem Gesetz[1] ist heute bereits eine Selbstverständlichkeit, ein rechtspolitisches Tabu. Die Idee der Chancengleichheit[2] ist soweit noch nicht vorgedrungen, doch sie ist dabei, ebenso selbstverständlich zu werden. In ihr liegt, das soll im folgenden gesagt werden, starke Dynamik zur vollen, materiellen Gleichheit der Rechte und Pflichten, zur Nivellierung. Egalisierungsvorstellungen sind über die Gleichheit vor dem Gesetz in das öffentliche Bewußtsein allgemein eingedrungen; über die Chancengleichheit setzen sie sich sektoral fort, in der vollen materiellen Gleichheit vollenden sie sich.

a) Die beiden großen Räume, in denen die Chancengleichheit vordringt, welche sie bereits fest besetzt hat, von denen aus sie ins allgemeine Bewußtsein einwirkt, ist Bildung und Erziehung[3] zum einen, Wettbewerb zum anderen. Kaum etwas ist im modernen Staat wichtiger als diese beiden Bereiche: Von Bildung und Erziehung hängt die Gesellschaft der Zukunft und damit alles im Staate ab. Wettbewerb ist die Zentralidee nicht nur der Marktwirtschaft, sondern jeder Ordnung, die auf Berufsfreiheit gegründet ist. Diese beiden Räume, der des Wirtschaftens wie der der Erziehung, sind an sich in

---

* Erstveröffentlichung in: Festschrift für Hans R. Klecatsky zum 60. Lebensjahr, Wien 1980, S. 535–550.

[1] *Eyermann,* E., Gleichheitssatz, Wurzel des Willkürverbots?, in: Festschrift zum 25jährigen Bestehen des BayVerfGH (1972), 45; *Hesse,* K., Der Grundsatz der Gleichheit vor dem Gesetz, Diss. 1950; *ders.,* Der Gleichheitsgrundsatz im Staatsrecht, AöR 77 (1951), 167; *Leibholz,* G., Die Gleichheit vor dem Gesetz[3] (1966); *Maunz,* Th., in: Maunz/Dürig, GG, Art. 3 Abs. 1 RandNr. 1 ff.; BVerfGE 49, 148 (165); 42, 64 (72); 23, 98 (106 f.).

[2] Z.B. *Hernstein,* R.J., Chancengleichheit — eine Utopie? (1974); *Jencks,* Chr., Chancengleichheit (1973); *v. Krockow,* Chr., Bildungssystem, Chancengleichheit und Demokratie, Schweizer Monatshefte 63, 1061; *List,* G., Zum Begriff der Chancengleichheit, Liberal 1975, 189; *Niehl,* F., Chancengleichheit ohne Chance? (1975); *Scholler,* H., Die Interpretation des Gleichheitssatzes als Willkürverbot oder als Gesetz der Chancengleichheit (1969).

[3] *Klauer,* K.J., Gleichheit der Bildungschancen, in: Denkschrift zum 450jährigen Bestehen der Univ. Marburg (1977), 189; *Malanczuk,* P., Chancengleichheit im Bildungswesen, Frankfurter Hefte 1977, 13; *Maunz,* Th., Die Chancengleichheit im Bildungsbereich, in: Geiger-FS (1974), 545; *Müller,* W./*Mayer,* K.H., Chancengleichheit durch Bildung? (1976).

einer liberal-freiheitlichen Staatsform ganz wesentlich antiegalitär geordnet. Wettbewerb geschieht, damit sich der Stärkere durchsetze, jedenfalls fehlt ihm die letzte Legitimation, wenn der Stärkere sich nicht durchsetzen kann. Damit ist die Wettbewerbsidee ganz wesentlich auf Inegalität gerichtet.

Nicht anders steht es um den Bildungs- und Erziehungsbereich: Hier wirken die natürlichen Unterschiede der geistigen Anlagen gegen die Gleichheit; die trotz aller Bemühungen notwendig hierarchischen Strukturen der Wissensvermittlung stehen einer letzten Egalisierung im Wege.

Gerade darum setzt hier die Chancengleichheit an, deshalb wird sie hier zu einem besonders mächtigen Hebel.

Die Chancengleichheit wirkt dabei übrigens über eine doppelte Begründung, welche gerade an diesen beiden Beispielen deutlich wird:

- Im Wettbewerb erscheint sie als eine notwendige Grundlage der Freiheit und damit des Wettbewerbs selbst: Wenn nicht jedermann jederzeit antreten kann, wenn in der Konkurrenz nicht gewisse Minimalchancen für jeden Wettbewerber gesichert werden, so kommt es zu immer stärkeren Zusammenschlüssen, zum Quietismus der Marktaufteilung, zu einem neuen Zünftewesen, damit aber geradewegs zum Ende des liberalen Wettbewerbs. Hier also erscheint eine gewisse Chancengleichheit zum Eintritt in den Wettbewerb und zur Betätigung in demselben als eine logische Systemnotwendigkeit, als eine unausweichliche Konsequenz der Freiheit[4]. Letztlich ist daher die Chancengleichheit hier vom Freiheitsethos getragen, sie erscheint als systemnotwendig und wirkt damit besonders überzeugend.
- Auch im Erziehungsbereich spielt diese Freiheitsrechtfertigung der Chancengleichheit eine Rolle. Werden hier nicht jedermann gleiche Start- und Entwicklungschancen zuerkannt, so muß das Bildungssystem mit Notwendigkeit, so scheint es, bisherige soziale Mächtigkeit, den Einfluß von Reichtum und politischer Macht einer Oligarchie laufend verstärken. Dies aber führt dann doch notwendig weg von der Freiheit des einzelnen Bürgers; Erziehung ohne Chancengleichheit wird zum Instrument der Clan-Herrschaft.

Dem kann man nun allerdings entgegenhalten, derartige Auswüchse seien nur zu befürchten, wenn es die reine Klassenschule als Privileg der Reichen, ohne jegliche Hilfe für sozial Schwächere gebe. Davon aber sei seit Beginn

---

[4] BVerfGE 14, 22 (23); 21, 12 (27 f.); 21, 292 (296 f.); 24, 236 (251); 25, 1 (23); 36, 321 (334); vgl. auch *Fikentscher,* W., Wettbewerb und gewerblicher Rechtsschutz (1958), 113 ff., 207 ff.; *Höhn,* G., Wettbewerbsregeln und die Wirksamkeit eines leistungsgerechten Wettbewerbs, GRUR 1977, 141.

des Liberalismus nie die Rede gewesen, schon allein die Prüfungsgleichheit[5] genüge, um derartige Oligarchisierungen zu verhindern. Aus diesem Gesichtspunkt heraus sei es nicht notwendig, eine „volle Chancengleichheit" in dem Sinn etwa herzustellen, daß die sozial Schwächeren sogar zu Lasten der anderen besonders gefördert würden, daß das gesamte Erziehungssystem auf sie in vielfältiger Weise Rücksicht nehmen müsse, von völliger Freiheit von jedem Unterrichtsgeld bis zur speziellen Förderung von Kindern aus sozial schwächeren Schichten.

Doch gerade dies wird nun im Erziehungsbereich über eine andere Legitimation durchgesetzt, welche noch weit mächtiger, nämlich moralisch für die Chancengleichheit wirkt: Kein Mensch „könne etwas dafür", so heißt es, in welchem Milieu er geboren werde. Daher sei es ungerecht und unmoralisch, ihn unter den Folgen dieser Zufälligkeit leiden zu lassen. Dem Staat obliege es im Namen der Chancengleichheit, jedem Bürger die gleichen Entwicklungsmöglichkeiten zu bieten; dazu aber gehöre in erster Linie die „gleiche Bildungschance".

Auch hier ist es bereits zu einer rechtlichen, ja politischen Tabuisierung gekommen. Kaum irgend jemand wagt es noch, sich einer so verstandenen Chancengleichheit entgegenzustellen. Niemand möchte ja in die Lage dessen geraten, der Standesprivilegien einer vergangenen Periode verteidigt. Die standesbedingte Ungleichheit scheint wie eine Erbsünde auf den ja in der Tat völlig „unschuldigen" Jungbürgern zu lasten, jedermann ist gerne bereit, sie ihnen nach Kräften abzunehmen. Hier lebt noch der Frühliberalismus, der jedem jungen Menschen den Marschallsstab in den Tornister stecken möchte.

Einer der höchsten Grundsätze nicht nur des liberalen, sondern jedes irgendwie freiheitlichen Staates scheint ja eindeutig diese Chancengleichheit zu tragen: das *Leistungsprinzip*[6]. Der Erfolg nach Leistung in der Gemeinschaft — verlangt dies nicht, daß alle mit gleichen Startchancen antreten? Hat Leistung überhaupt noch einen ethischen Wert, wenn diese Chancengleichheit nicht besteht?

---

[5] *Pietzcker,* J., Verfassungsrechtliche Anforderungen an die Ausgestaltung staatlicher Prüfungen (1975), insb. 162 ff.; *Schöbel,* H., Geltendmachung lärmbedingter Prüfungsmängel nach Bekanntgabe des Prüfungsergebnisses, BayVBl 1977, 172; vgl. auch BVerwGE 14, 31; 105; 41, 34; BVerwG Buchholz 421 O Nr. 15 und 17; BVerfGE 37, 342 ff.

[6] *Achterberg,* N., Das Leistungsprinzip im öffentlichen Dienstrecht, DVBl 1977, 541; *Braun,* H., Leistung und Leistungsprinzip in der Industriegesellschaft (1977); *Fürstenberg,* F., Leistungsprinzip: Funktion und Auswirkungen in der Industriegesellschaft, in: Bewertungssysteme für den öffentlichen Dienst (1978), 39 ff.; *Hartfiel,* G. (Hrsg.), Das Leistungsprinzip (1977); *Rasehorn,* Th., Leistungsprinzip und Berufseinkommen, Frankfurter Hefte 1977, 40; *Schmiede/Schudlich,* Die Entwicklung der Leistungsentlohnung in Deutschland (1976).

Unter diesen Vorzeichen hat sich im letzten Jahrhundert die allgemeine Schulpflicht und die Schulgeld- und Lernmittelfreiheit[7] zu einem verstärkten Instrument der Egalisierung entwickelt. Milliarden werden, sozial gestaffelt, für Ausbildungsförderung[8] ausgegeben, der Unterricht soll immer mehr eine Veranstaltung zur Förderung der sozial Schwächeren werden. In einer Demokratie, welche die Diskriminierung nach der Abstammung streng verbietet (Art. 3 Abs. 3 GG)[9], wird laufend gegen dieses Gebot verstoßen, nach Abstammung gefragt und entsprechend differenziert — und dies gerade im Namen eben derselben Gleichheit.

Nur selten werden hier noch, einigermaßen zögernd und ängstlich, nicht Widerspruch, sondern Vorbehalte laut: Volle Chancengleichheit lasse sich doch gar nicht herstellen, ein funktionierendes, gebildetes Elternhaus könne man eben demjenigen nicht ersetzen, dem es das Schicksal vorenthalten habe. Doch all dies wird ohne rechte Überzeugungskraft vorgetragen, und es führt, gerade umgekehrt, zu noch größeren Egalisierungsanstrengungen im Namen der Chancengleichheit; denn wenn schon eine volle Gleichheit der Lebenschancen, was an sich ja unbestritten ist, nicht herzustellen ist, dann muß doch möglichst in dem ausgeglichen werden, was dem Staat ja in unendlichem Reichtum zur Verfügung steht: in Geld.

So wird die Chancengleichheit zum großen Corriger la fortune des Gleichheitsstaates.

b) Wie immer man zu einer so verstandenen und begründeten Chancengleichheit steht — eines läßt sich nicht leugnen: Hier wird weit mehr verlangt und geboten als die sog. formale Gleichheit vor dem Gesetz; hier wird vielmehr übergegangen in die entscheidende höhere Stufe der Egalität, in die materielle Gleichheit, in die Gleichmachungs-Gleichheit. Diese bedeutet, nach sozialutopistischer und kommunistischer Lehre, daß jedem Bürger möglichst gleiche Güter zugeteilt werden. Damit aber macht die Chancengleichheit bereits einen mächtigen Anfang: Chancen sind an sich schon, in einer Marktwirtschaft, Güter, und zwar im wesentlichen auch von Geldwert. So werden denn heute ja auch schon Studienplätze[10] mit Recht regelrecht „gehandelt".

---

[7] *Kahlert,* H., Das Schulgeld als Instrument der Finanz- und Bildungspolitik, RdJB 1974, 38; *Protzner,* B., Das Problem der Lernmittelfreiheit (1977); *Rohlf,* D., Lehr- und Lernmittel im Hochschulbereich und Kostenbeteiligung der Studenten, DVBl 1977, 447.

[8] *Hofmann,* K., Ziel- und Erfolgsanalyse sozialer Reformprogramme am Bsp. des BAFöG (1977); *Menke,* H., Die Rechtsansprüche auf Bildungsförderung nach dem BAFöG und nach dem AFG (1975); *Vogt,* A., Weiterentwicklung des BAFöG, FamRZ 1976, 323.

[9] *Maunz,* Th., in: Maunz/Dürig, GG, Art. 3 Abs. III, RandNr. 37 ff.; *Schmidt-Bleibtreu/Klein,* Komm zum GG[5] (1977), Art. 3 RandNr. 43; vgl. auch BVerfGE 9, 124 (128); BVerwGE 17, 359 (363).

[10] *Bode,* Chr., Verfassungsrechtliche Probleme des neuen Hochschulzulassungsrechts, JZ

Wer Chancengleichheit bietet, hat schon ein erstes, vielleicht entscheidendes Stück materieller Gleichheit geschaffen.

Mehr noch: Es gibt keine grundsätzliche Schranke, welche diesen Beginn voller Gleichheit, der in der Chancengleichheit liegt, von ihrem Endziel trennte. Mit anderen Worten: Die Chance kann an die Realisierung immer weiter angenähert werden, bis sie mit dieser nahezu zusammenfällt; es gibt eben die entfernte, die nähere, die ganz nahe Chance, bei der der letztliche Erfolg bereits zum Greifen nahe ist, jedem in der Regel oder grundsätzlich zuteil wird. Ist einmal das Prinzip der Chancengleichheit akzeptiert, so braucht der egalisierende Staat die Chancen nur immer weiter zu verdichten, immer größer zu machen, damit steigt die Wahrscheinlichkeit des Erfolges, der ja in der Regel auch ein materieller ist, so stark an, daß sich letztlich Chance und Ergebnis identifizieren. Wenn etwa das Arbeiterkind gefördert werden soll, so kann dies mit mäßigen Geldmitteln geschehen, die noch keineswegs einen Erfolg gewährleisten oder alle Nachteile des Betroffenen ausgleichen. Doch von dort führt der Weg dann über Spezialunterricht, Spezialklassen, Befreiung vom Wehrdienst, Staatsrenten bis hin zu „Sozialpunkten“ bei Examina — so lang und so weit, bis dem Betreffenden ein gewisser Erfolg geradezu sicher ist, wenn er nicht völlig unbegabt erscheint.

Die Chancengleichheit ist eben ein dynamischer, seinem ganzen Wesen nach grenzenloser Begriff, hier ist man unterwegs auf einen Erfolg hin, bis zum Greifen nahe. Deshalb steht auch hinter der Chancengleichheit eine besondere politische Wucht. Im Grunde braucht man die materielle volle Gleichheit, die sich ja nur in laufender Güterverteilung herstellen ließe, gar nicht mehr zu fordern, wenn die Chancengleichheit so ausgebaut wird, daß jeder Bürger es im Ergebnis materiell nahezu gleich weit bringt. Ein solcher Weg ist auch weit überzeugender als die reine, öde Verteilung, die immer wieder als ungerecht erscheinen muß; hier dagegen, auf dem Weg über die Chancengleichheit, scheint es ja immer nur das persönliche Verdienst zu sein, dem entsprochen wird, die Leistungsfähigkeit, die hier sich nur steigert. Es werden eben die realen Grundlagen jener „freien Entfaltung der Persönlichkeit“ geschaffen, welche das Grundgesetz jedem Bürger ermöglichen will (Art. 2 Abs. 1 GG).

Inzwischen aber wird im Namen dieser Chancengleichheit laufend und mächtig verteilt, egalisiert, nivelliert. Das wohl deutlichste Beispiel dafür ist die Ausbildungsförderung. Dem Sohn des weniger verdienenden Bürgers soll dieselbe Chance geboten werden wie dem des sozial Stärkeren. In der Praxis

---

1976, 569; *Hall,* K.-H., Das Numerus-clausus-Urteil und seine Folgen, JuS 1974, 87; *Lippert,* H.D., Verwaltungsprozessuale Probleme bei der Vergabe von Studienplätzen im Eilverfahren, DVBl 1977, 558; *Menzel,* H.J., Die Verteilung „verschwiegener“ Studienplätze — eine Aufgabe des Verwaltungsgerichts? NJW 1978, 26.

wirkt sich dies jedoch so aus, daß der Staat für die Familie des sozial Schwächeren einen so hohen Zuschuß in Form von Ausbildungsförderung bezahlt, daß mit einem Mal diese Familie ebensogut oder gar noch besser steht als diejenige, in der die Eltern infolge ihrer höheren Leistungsfähigkeit auch mehr verdienen konnten. Chancengleichheit bedeutet eben immer bereits Güterverteilung: Da werden unentgeltliche Nachhilfestunden geboten, Reisen und Auslandsaufenthalte ermöglicht, aufwendige Bildungsgänge eröffnet — all das, was der besserbemittelte Bürger selbst zu tragen hat. Chancengleichheit ist also nichts anderes als eine Rechtfertigung – oder ein Vorwand – für massive nivellierende Subventionen des Staates.

Dabei wird übrigens der Ausgangspunkt völlig aufgegeben: Die Gleichstellung der jungen Bürger, die ja in der Tat für ihre Abstammung „nichts können". Ihre Chancengleichheit hat doch nur Sinn als eine Startgleichheit, nach der man es dann aber unterschiedlich weit bringen kann. Diese selben Unterschiede, die nach der Grundidee der Chancengleichheit legitim sind — werden durch die Chancengleichheit wieder eingeebnet. Denn um sie herzustellen, werden nun im Ergebnis vor allem diejenigen getroffen, welche sich im Berufsleben durch ihre Leistungsfähigkeit unterschieden und weiter nach oben gebracht haben. Denn derselbe Staat der Chancengleichheit gibt ja ihren Kindern heute einen weitgehenden Rechtsanspruch auf Unterhalt und Ausbildung, dem sie aus eigener Tasche entsprechen müssen, während für die sozial Schwächeren der Staat sozusagen als Adoptivvater auftritt. Im Namen der Chancengleichheit nimmt der Staat also Nivellierung in Kauf, Herstellung materieller Gleichheit. Betrachtet man die sozialen Schichtungsunterschiede in der Gemeinschaft, so wird der Leistungsstärkere dadurch bestraft, daß er Nachkommenschaft hervorgebracht hat — sie wird über die Chancengleichheit der anderen für ihn zum sozialen Abstieg.

Ob also materielle Gleichheit gesagt wird oder Chancengleichheit, ist letztlich nur mehr ein Streit um Worte. In der Chancengleichheit hat die volle materielle Gleichheit begonnen und nichts trennt sie von ihrem vollen Gleichheits-Endziel.

c) Die Chancengleichheit ist für die Befürworter der vollen Gleichheit ein sehr wirkmächtiges Instrument, aus der Sicht der Gegner voller Nivellierung ein verhängnisvoller Begriff — vor allem deshalb, weil er tabuisiert, moralisiert und verschleiert.

Eine Grundsatzkritik des Begriffes der Chancengleichheit wurde bisher, soweit ersichtlich, noch nicht versucht[11]. Sie ist jedoch längst überfällig; jener Begriff der Chancengleichheit, welcher heute, vor allem im Staatsrecht, so

[11] Vgl. etwa *Hernstein* (FN 2); *Müller,* W./*Mayer,* K.H. (FN 3); *Niehl* (FN 2).

bedenken- und manchmal gedankenlos verwendet wird, bezeichnet etwas weithin Unmögliches, etwas Willkürliches, etwas in sich Widersprüchliches, und er muß, einmal wirklich zu Ende gedacht, zu Folgerungen führen, welche auch seine wärmsten Befürworter nicht akzeptieren würden. Dies mag hier nur in wenigen Andeutungen dargestellt werden.

– Die Unmöglichkeit, welche in der Forderung nach Herstellung der Chancengleichheit liegt, liegt auf der Hand. Im Bildungs- und Berufsbereich wird sehr vieles, vielleicht immer mehr Entscheidendes, durch Glück und Zufall bestimmt. Diese allgemeine Erfahrungstatsache bedarf keiner Begründung. Wer hier gleiche Chancen herstellen will, etwa über Ausbildungen und Prüfungen, der wird, die gegenwärtige Entwicklung zeigt es ja deutlich, dahin gedrängt, immer mehr Bürgern möglichst gleiche Diplome und damit angeblich „Chancen" zu eröffnen. In Wahrheit leistet er damit nur einer Entwicklung Vorschub: daß unter den vielen Gleichdiplomierten dann eben wiederum nach Zufall, Glück oder nach jenen Beziehungen ausgesucht wird, welche man auf diese Weise hatte vermeiden wollen. So sind moderne Massenschule und Massenuniversität geradezu ein Instrument der nach ihrem Abschluß sofort einsetzenden verstärkten Patronage geworden; denn unter vielen Gleichqualifizierten[12] wird man eben den Freund, den Sohn des Freundes bevorzugen.

Unmöglich ist die Herstellung der Chancengleichheit auch in dem entscheidenden Punkt der familiären Abstammung, der sozialen Herkunft. Ein geistig hochstehendes, ein gebildetes, ein politisch mächtiges Elternhaus läßt sich eben im Ergebnis nicht ersetzen. Hier wird unendlich viel Unwägbares, Atmosphärisches vermittelt, was sich später nie mehr aufholen läßt, was keine geldliche Unterstützung wettmachen kann. Selbst wenn man die Weitergabe all dieser Werte für ein unzulässiges Privileg der betreffenden Jungbürger halten wollte, man könnte ihm nicht wirksam wehren.

Unmöglich ist schließlich die Herstellung der Chancengleichheit auch noch aus einem ganz anderen Grund: Sie setzt ja voraus, daß all dies, daß Elternhaus, Reichtum, Einfluß nichts anderes sind als Entwicklungschancen für jeden jungen Menschen. Die Erfahrung lehrt jedoch in zahllosen Fällen, daß gerade diese Einflüsse sich auf den jungen, an sich bildungs-

---

[12] Nicht zuletzt deshalb verstärkt sich auch die Gefahr der politischen Ämterpatronage im öffentlichen Dienst. Siehe dazu u. a. *Eschenburg,* Th., Ämterpatronage (1961); *Köttgen,* A., Ämterpatronage, DÖV 1953, 321; *Weber,* M., Beamtenherrschaft und politisches Führertum, Ges. pol. Schr.[2] (1958), 314; *Wiese,* W., Zur Neuordnung des öffentlichen Dienstes, DVBl 1970, 644 (647 f.); vgl. auch *Isensee,* J., Der Zugang zum öffentlichen Dienst, in: Festgabe aus Anlaß des 25jährigen Bestehens des BVerwG (1978), 337; *Jung,* W., Der Zugang zum öffentlichen Dienst nach Art. 33 II GG (1978, Diss.).

willigen Menschen nachteilig auswirken können. Wie oft war der Millionärssohn schon in der Vergangenheit ärmer daran als das Arbeiterkind, weil er durch eine verfehlte Erziehung, durch allzu frühen Reichtum verdorben worden ist. Es ist nicht Aufgabe dieser Blätter, in diesem Sinne Nachweise zu führen, sie könnten nur durch komplizierte sozialstatistische Erhebungen im einzelnen erbracht werden. Doch es muß mit großem Nachdruck die völlig pauschale und durch nichts bewiesene Behauptung bestritten werden, daß die soziale Stellung des Elternhauses, gerade in der heutigen Welt, von vorneherein ein Privileg, eine Chance bedeute. Vieles deutet vielmehr darauf hin, daß das ideale Elternhaus weit eher das der Mittelklasse, des Lehrers, des Pastors oder ähnlicher sozialer Gruppen ist, daß sich aus diesen Bereichen, vor allem aus Beamtenfamilien, am leichtesten erfolgreiche Bürger entwickeln. Damit aber wird die ganze pauschale Theorie von der Chancenungleichheit durch Besitz an sich schon widerlegt. Sie müßte weit differenzierter aufgebaut und begründet werden. In einem Zeitalter immer mehr ausgebauter Sozialwissenschaften ist es unerträglich, daß derartige Globalbegriffe aus vergangener Zeit, wie etwa die Chancengleichheit, zur sozialen Umgestaltung eingesetzt werden, ehe sie bis ins einzelne auf ihre wissenschaftliche Tragfähigkeit untersucht sind. Davon kann aber heute noch nicht einmal in Ansätzen die Rede sein.

Bis zum Beweis des Gegenteils muß daher der Begriff der Chancengleichheit als ein wissenschaftlich nicht gesicherter zurückgewiesen werden, und vieles spricht dafür, daß er an sich nur Unmögliches postuliert.

– Willkürlich erscheint der heute leichthin verwendete Begriff der Chancengleichheit aus folgenden Gründen: Zunächst werden in einer stereotypen, aus der Sozialbewegung des 19. Jahrhunderts geborenen Weise als „Chance" immer nur die soziale Herkunft und die Vermögensverhältnisse der Eltern gesehen; hier, nur hier soll ausgeglichen werden.

Der sozialen Wirklichkeit wird dies in keiner Weise gerecht. Man denke nur an zwei andere Gaben, welche die Natur dem einzelnen in höchst unterschiedlicher Weise verleiht, welche echte Privilegien begründen, bei denen aber die meisten Sozialreformer nicht auf den Gedanken kommen, sie durch Chancengleichheit ausgleichen zu wollen: die körperliche Schönheit und die geistige Leistungsfähigkeit.

Was die körperlichen Vorzüge anlangt, so bedarf es hier keiner Vertiefung. Jedermann erfreut sich derselben, bei sich und bei anderen, niemand versucht, den häßlichen Menschen durch Staatshilfen ebenso zu stellen wie den schönen, attraktiven. Und doch liegen hier Unterschiede, die viel bedeutsamer für das Berufsleben, für den ganzen Erfolg eines Lebens sein können und in der Regel sogar sind, als in vielen Fällen Stellung und soziale Schichtzugehörigkeit des Vaters. Dies gilt nicht nur für Frauen.

Und hier handelt es sich um etwas wirklich und völlig Unverdientes, während man im Falle der Weitergabe eines verdienten Vermögens an die eigenen Kinder doch immerhin noch die Auffassung vertreten kann, daß hier eben über die vom Staat ja nach dem Grundgesetz besonders zu schützende Familie[13] nur die Leistung früherer Generationen genossen werden dürfe. Es kann kein Zweifel darüber bestehen, daß derartiges weit besser moralisch als Privileg zu legitimieren ist als die reine körperliche Prästanz. Hier ist es willkürlich, nur den einen Komplex herauszugreifen, den anderen jedoch völlig unberücksichtigt zu lassen.

Noch deutlicher wird all dies bei der geistigen Leistungsfähigkeit. Auch für sie „kann ja der Mensch im allgemeinen nichts". Er mag sie durch eigene Anstrengungen steigern, aber auch dies ist ihm ja vielleicht doch wieder weitgehend verliehen und damit ein ebenso unverdientes Privileg. Nur wer ganz radikal der marxistischen Milieutheorie folgt und jede Art von Begabung, Fleiß, Durchsetzungsvermögen nur als Ergebnis der Erziehung und des Elternhauses beurteilt, nur der kann versuchen, mit finanziellen Mitteln staatlicher Förderung den Privilegienvorsprung der höheren Schicht auszugleichen. Sind jedoch geistige Gaben und Persönlichkeitskraft davon weitgehend unabhängig, setzen sie sich auch ohne Rücksicht auf Abstammung und Herkunft durch, so muß die Frage gestellt werden, ob nicht auch hier unberechtigte Privilegien bestehen, ob es nicht gilt, derartigen Chancenungleichheiten durch staatliche Förderung entgegenzuwirken, sie zu nivellieren.

Und in der Tat beschreiten radikalere Sozial- und Erziehungsreformer auch bereits diesen Weg. Da sie davon ausgehen, daß die geistige Leistungsfähigkeit ein natürliches Privileg sei, welches aber in der Gemeinschaft nicht ohne weiteres berechtigt sei, versuchen sie, dem durch staatliche Maßnahmen entgegenzuwirken, etwa durch den Nachhilfeunterricht für geistig weniger Bewegliche[14].

Mit welch tönenden Worten auch immer man das umschreiben oder verdecken mag, dahinter steht nichts als der Versuch, die unterschiedlichen

---

[13] *Conrad/König*, Der Schutz der Familie (1966); *Küchenhoff*, G., Der besondere staatliche Schutz von Ehe und Familie und der zeitliche Vorrang der standesbeamtlichen Eheschließung, ZStW 113, 324; *Lohner*, F., Der verfassungsrechtliche Schutz von Ehe und Familie (Art. 6 Abs. 1 GG) und seine Einwirkung auf das Beamtenverhältnis (1969, Diss.); *Maunz*, Th., Die verfassungsrechtliche Garantie von Ehe und Familie, FamRZ 1956, 1.

[14] Vgl. etwa *Breinersdorfer*, A., Gleichheit der Bildungschancen und staatliche Bildungsförderung in Deutschland (1977, Diss.).

Intelligenzgrade, welche die Natur beim Menschen hervorbringt, auch noch nivellierend und im Namen der Chancengleichheit auszugleichen. Das geltende Erziehungsrecht bietet dafür, vor allem in der Praxis, manche Ansatzpunkte. Ob hier aus christlicher Barmherzigkeit, aus Klassenkampf oder einfach aus Chancengleichheit heraus gehandelt wird, bleibt sich gleich. Das Ergebnis ist immer eines: die Intelligenznivellierung im Namen der Chancengleichheit. Sie ist eine notwendige logische Konsequenz dieses Begriffes, soll er nicht willkürlich sein, nur gerade die Unterschiede der Besitzverhältnisse oder der Herkunft berücksichtigen. Wer hier schon moralisch handeln will, muß es ganz tun; soll ein Corriger la fortune eintreten, so darf es vor der intellektuellen fortune nicht haltmachen.

Damit aber erweist sich eine Chancengleichheit, die davor doch zurückschreckt, als ein willkürlich herausgegriffener Bereich aus dem Raum dessen, was eben Natur und Glück dem einzelnen Menschen an Unterschiedlichem in die Wiege gelegt haben.

Die Willkür, welche aufgrund der sog. Chancengleichheit betrieben wird, besteht auch noch in einem anderen: Nicht nur, daß der Begriff der Chance und des Privilegs willkürlich bestimmt und auf die materielle Besserstellung der Eltern meist reduziert wird; ebenso willkürlich ist auch der Versuch, nunmehr mit vorwiegend finanziellen oder auch mit pädagogischen Mitteln auszugleichen. Denn es gibt keine gesicherte Erkenntnis darüber, daß sich Herkunft durch Geld, fehlende Bildung im Elternhaus durch Nachhilfeunterricht ausgleichen lassen. Hier vollzieht sich eine große und äußerst bedenkliche Materialisierung des rechtlichen und sozialpolitischen Denkens, gerade im Namen eines immateriellen Idealismus: angeprangert werden die unterschiedlichen Besitzverhältnisse, hergestellt werden soll die geistige echte Gleichheit. Was jedoch eingeleitet wird, ist ein materialistischer Vorgang: die geistigen Chancen etwa, die der eine hat, werden beim anderen mit dem Gold des Staates aufgewogen. Damit kann es sogar noch dazu kommen, daß sich die Chancenungleichheit verstärkt, weil der vom Elternhaus her Benachteiligte mit den Mitteln des Staates weit weniger anzufangen weiß als ein anderer Bürger, dem gerade dies im Elternhaus vermittelt worden ist.

Es kann nur als willkürlich angesehen werden, ohne klare sozialpsychologische Erkenntnisse hier irgendein vermeintliches Übel mit Geld oder Pädagogik zu bekämpfen, ohne daß es auch nur im geringsten klar ist, ob dabei die richtigen Mittel zum richtigen Ziel eingesetzt werden. Man mag ein solches Vorgehen aus machtpolitischen Erwägungen rechtfertigen, wenn es etwa darum geht, eine möglichst große Anzahl von Arbeiterkindern in Führungspositionen zu bringen[15], damit eine angebliche politische Unterlegenheit des Proletariats gebrochen werde. Es bedarf hier keines Nachweises, daß dies, auch machtpolitisch, höchst problematisch wäre, weil es ja ein ständiger und laufender Vorgang sein müßte, andernfalls entstünden sogleich neue Oligarchien. Doch selbst wenn sich machtpolitisch die Chancengleichheit auf diese Weise rechtfertigen, wenn sich der Vorwurf der Willkür ihr gegenüber vermeiden ließe, so genügen doch die vorstehenden Darlegungen jedenfalls zu einem: Moralisch lassen sich die großen Anstrengungen zur Herstellung einer angeblichen Chancengleichheit überhaupt nicht rechtfertigen, weil die Grundlagen, auf denen sie erfolgen, viel zu brüchig und zu bestreitbar sind. Auf Annahmen, allenfalls Plausibilitäten aber läßt sich ein moralisches Förderungsgebäude nicht errichten, wie es heute im Namen der Chancengleichheit geschehen soll.

– Die Chancengleichheit ist jedoch darüber hinaus ein in sich weithin widersprüchlicher Begriff. Er wird ja in aller Regel von denjenigen Kräften verwendet und ins Spiel gebracht, welche den Einzelnen durch die Unterstützung der Gemeinschaft von den Nachteilen seiner sozialen Herkunft befreien wollen. Dies ist nur möglich, wenn die Gemeinschaftsbezogenheit des Bürgers besonders stark unterstrichen wird, wenn der Gemeinschaft deshalb die volle Kompetenz eines Corriger la fortune zufällt. Insoweit ist denn auch Chancengleichheit stets eine sozialistische und eine kommunistische Forderung gewesen. Dies alles setzt nun aber, bei vertiefter Betrachtung, voraus, daß man den einzelnen Menschen in einer sehr engen, dauernden Verflechtung mit der Gemeinschaft sieht. Liberale Unabhängigkeit und Eigenständigkeit des Menschen wird als eine Utopie verworfen, als ein Robinson-Theorem, dem keine Wirklichkeit entspreche. Nur in der Gemeinschaft könne sich der einzelne Mensch entfalten, sie habe daher die Aufgabe, die Chancengleichheit herzustellen.

  Gerade dieselbe Chancengleichheit verfährt jedoch, im gleichen Atemzug, völlig umgekehrt: Sie isoliert zunächst einmal den Menschen von jener Gemeinschaft, in die hinein er etwa geboren wird: Ihr Ansatzpunkt ist der neugeborene Bürger, der in diesem Augenblick natürlich allen anderen Neugeborenen gleich ist und für seine Herkunft, für das Milieu, in das er nun eingebettet wird, „nichts kann“. Im Namen des dergestalt völlig gemeinschaftsabstrahierten Wesens wird dann die totale Einbindung in die Gemeinschaft gefordert, damit Egalität der Chancen hergestellt werde. Deutlicher kann der innere, ja der grundsätzliche Widerspruch der Chancengleichheitstheorie nicht zutage treten. Wenn der einzelne Mensch schon, gerade bei und nach seiner Geburt, sogleich die Gemeinschaft

[15] Vgl. *Dahrendorf,* R., Arbeiterkinder an deutschen Universitäten, in: Recht und Staat in Geschichte und Gegenwart 1965, H. 302–303.

braucht, nur mit ihr und durch sie zu etwas wird, so ist doch an sich nicht einzusehen, warum dies dann sogleich und nur die staatliche, egalisierende Gemeinschaft sein sollte, warum der neugeborene Bürger nicht auch den Einflüssen seiner nächsten Umwelt, seiner Familie, seiner Herkunft, seines Milieus unterliegen dürfte. Entweder der Mensch ist ein animal sociale — dann sollte er es doch auch im Raume seines Milieus, seiner Familie sein können; oder er ist es an sich nicht, weil er ja „an nichts schuld ist" — dann ist auch nicht einzusehen, woher die weitere Gemeinschaft, der Staat, derartig weitgehende nivellierende Rechte nehmen sollte. Dann ist der Jungbürger eben ein isoliertes Wesen im Sinne des frühen Liberalismus, das allein seinen Weg findet, ohne Familie und ohne Staat.

Dieser Widerspruch löst sich nur an einem Punkt auf: Indem nämlich offenbar wird, daß die Chancengleichheit nur ein Verdeckungsbegriff ist, daß hinter ihr eine ganz andere wesentliche Grundentscheidung steht: für die staatliche Gemeinschaft, gegen jede kleinere Gemeinschaft, insbesondere gegen die Familie, ihr Erbrecht und damit gegen das Privateigentum als solches. Hier zeigen sich jene oben angekündigten weitreichenden Konsequenzen, welche der so harmlos und selbstverständlich wirkende Begriff der Chancengleichheit notwendig nach sich zieht. Sie sollen anschließend noch kurz verdeutlicht werden, denn die meisten, welche Chancengleichheit fordern oder anwenden, sehen diese Konsequenzen nicht, die aber unausweichlich sind, denkt man die Chancengleichheit einmal zu Ende.

d) Die systemverändernden Wirkungen einer konsequent eingesetzten Chancengleichheit lassen sich in folgender These zusammenfassen: Die Durchsetzung der Chancengleichheit bedeutet die Aushöhlung der Institutsgarantien der Familie, des Erbrechts und damit des Privateigentums.

Soll Chancengleichheit nicht nur ein schönes Wort sein, so muß der Staat in ihrem Namen versuchen, jene Startungleichheiten zu beseitigen oder doch abzumildern, welche in erster Linie aus der Familienzugehörigkeit, aus der Abstammung der Bürger erwachsen. Die Familie ist die Trägerin der wichtigsten Bildung in frühen Zeiten, die ein ganzes Leben lang nachwirkt. Sie bestimmt die Erziehung und auch, in immer steigendem Maße, Nutzen und Intensität der vom Staat angebotenen Bildung; denn gerade angesichts immer neuer pädagogischer Experimente wird die Familie zur großen Nachhilfeeinrichtung für die jungen Bürger.

Weit darüber hinaus reichen jedoch noch die vielfachen familiären Beziehungen, welche den jungen Bürger während seiner ganzen Jugend begleiten, seinen Eintritt in das Berufsleben wesentlich prägen und ihm meist auch noch darüber hinaus jahrzehntelang beruflichen, gesellschaftlichen Erfolg ermöglichen. Je länger sich eine Gesellschaft in äußerem Frieden und ohne große innere Spannungen entwickeln kann, desto enger wird das Netz dieser Beziehungen geknüpft, desto stärker wird auch der Einfluß von Freundschaften und familiärer Protektion. Selbst wenn sich also die familiären Bande durch die modernen soziologischen Entwicklungen abzuschwächen scheinen, so wird dies doch, wenigstens zum Teil, wieder ausgeglichen durch diese vielfachen gesellschaftlichen Verschränkungen, welche von Kritikern Verfilzungen genannt werden.

Hier liegt die eigentliche Gefahr für die Chancengleichheit, dieser Vorsprung des einen, der eben auf die Stellung und die Beziehungen seiner Familie zurückgreifen kann, vor einem anderen, welcher ganz allein im Berufsleben seinen Platz erringen muß — diese Ungleichheiten lassen sich auch nicht durch staatliche Subventionen oder durch ein subventionierendes Bildungssystem für sozial Schwächere voll ausgleichen. Ein Staat der Chancengleichheit muß daher mit Notwendigkeit gegen die Familie selbst Front machen, die familiären Bindungen einschränken oder unterbrechen, denn es gibt keine andere Möglichkeit, diesen dauernden und mächtigen Grund der Chancenungleichheit zwischen den Bürgern zu beseitigen.

So eröffnet sich denn hier ein unauflöslicher Widerspruch zwischen einem angeblichen Gebot der Herstellung der Chancengleichheit und dem unbestrittenen Verfassungsauftrag an den Staat, Ehe, vor allem Familie unter seinen besonderen Schutz zu nehmen (Art. 6 Abs. 1 GG)[16]. Wer dies letztere auch nur einigermaßen ernst nimmt, muß auf die Herstellung der Chancengleichheit grundsätzlich verzichten. Denn welchen Sinn sollte es haben, über die Ehe hinaus auch eine Familie zu schützen, d.h. die Einbettung der jungen Bürger in einen kleinen, engen Verband mit all seinen Freundschaften und Verbindungen — wenn all diese Wirkungen der Zugehörigkeit zum engen Verband gerade nicht eintreten sollen, die wichtigsten nicht: die Freundschaften und Verbindungen für das Leben? Eine Rechtsordnung, welche sich zur Familie bekennt, bekennt sich damit auch zum familiären Vorsprung, zum Recht der Eltern und Familienangehörigen, innerhalb eines mehr oder weniger großen, blutsmäßig bestimmten Verbandes ihre Beziehungen, ihre soziale Mächtigkeit auf die Nachkommen zu übertragen, ihnen hier den Start ins Leben zu erleichtern. Wer dem nicht folgt, degradiert die Familie zu einem reinen Ernährungsmechanismus auf einige Jahre. Daß die Väter des Grundgesetzes daran nicht gedacht haben[17], bedarf keiner näheren Begründung.

---

[16] Vgl. Nachweise Fn. 13.

[17] Vgl. zur Entstehungsgeschichte JBÖffR NF I 92 ff.; *Mangoldt,* H., Komm. (1953), Art. 6 S. 69 ff.; ferner *Peters,* H., Elternrecht, Erziehung, Bildung und Schule, in: Bettermann / Nipperdey / Scheuner, GR IV / 1 (1960), 269 (insb. 373 ff.); *Wernicke,* K.G., Bonner Komm., Art. 6 Anm. 1.

Wenn also einerseits das Grundgesetz gerade die Verstärkung dieses Familienverbandes mit staatlicher Unterstützung ausdrücklich fordert, so muß es auf der anderen Seite eine weitgehende Chancenungleichheit in Kauf nehmen. Wirkt es dieser Ungleichheit dann systematisch und massiv entgegen, etwa durch Ausbildungsbeihilfen, so wird gerade der Sinn einer Familie entwertet, die eben in der Schaffung von Chancenungleichheit geradezu ihr Wesen findet.

Wie bei allen derartigen Gegensätzen kann man sicher nun versuchen, einen Ausgleich zu finden, den Staat verpflichten zu wollen, um so mehr mit Subventionen einzugreifen, je stärker er andererseits auch wiederum den Familienzusammenhalt stärkt. Doch zwei Verfassungsaufträge, die so diametral gegeneinander stehen, werden sich schwer, vielleicht überhaupt nicht harmonisieren lassen. In der praktisch-politischen Entwicklung, in der Staatspolitik unserer Tage jedenfalls, ist die Chancengleichheit nichts anderes als eine eindeutige Absage an den Schutz des Staates für die Familie; die Entscheidung ist klar: Sie fällt gegen eine ausdrücklich verfassungsgarantierte Institution im Namen eines bestimmten nivellierenden Gleichheitsverständnisses.

Nichts anderes gilt auch für das Erbrecht und das mit diesem engstens verbundene Privateigentum. Die grundsätzliche Kritik am Erbrecht[18] setzt ja gerade bei der Chancenungleichheit an, welche auf diese Weise in der Tat geschaffen und oft über Generationen hinaus fortgesetzt wird. Die ganze Kritik, die seit dem 19. Jahrhundert, vor allem von sozialistischer Seite, gegen das Erbrecht vorgetragen wird, hat im Grunde nur diese eine Begründung: Es wird hier Chancenungleichheit übertragen, geschaffen, vererbt. Das Erbrecht ist insoweit auch noch weit gefährlicher für diese Chancengleichheit als die Familie; diese stellt ja Chancenungleichheit meist nur für eine Generation her, Erbrecht bedeutet die fortgesetzte, potentiell unendliche Chancenungleichheit. Hier gibt es Vorwirkungen und Nachwirkungen, welche die Inegalität noch weiter steigern: Der künftige Erbe wird schon aufgrund der Anwartschaft eine andere Position haben als seine Mitwettbewerber im Leben; wer etwas zu vererben hat, steht anders da als derjenige, dem nur Rente und Altenheim bleibt. So wirkt das Erbrecht mit Ausstrahlungen immer notwendig über Generationen.

Und wieder gerät der Staat durch sein Verfassungsrecht in einen unauflöslichen Widerspruch, will er die Chancengleichheit im Namen der allgemeinen

---

[18] Vgl. etwa *Hessler,* D., Finanzwiss. System der Besteuerung (1976), 165, 182 (Erbschaft als „unverdienter Erwerb"); *Kipp,* Th., Komm. zum Erbschaftsteuergesetz (1927), 5 (Staat als dem Erblasser „Nächster"); *Kipp/Coing,* Erbrecht[12] (1965), 4 (Staat als „Verwandter"); ferner *Kisker,* G., Erbschaftsteuer als Mittel der Vermögensdistribution (1964), 5.

Egalität durchsetzen: Einerseits verpflichtet ihn die Verfassung dazu, das Erbrecht als Institution zu erhalten[19], d.h. im großen und ganzen in dem Umfang und Zustand, der aus den vergangenen Jahrhunderten überkommen ist. Bei einem loyalen Staatsverständnis sollten also nicht mehr als Randkorrekturen des Erbrechts stattfinden[20]. Andererseits zwingt die Chancengleichheit nicht nur zu einer Abschwächung, sondern letztlich geradezu zu einer Abschaffung des Erbrechts, weil nur auf diese Weise Entstehen und Weiterwirkung immer neuer Chancenungleichheiten verhindert werden kann. Wer aber auch hier wieder versuchen möchte, beide Begriffe in einer gewissen Ausgewogenheit zusammenzufassen, die Chancengleichheit als eine Korrektur des Erbrechts einzusetzen, der endet eben in dem Dilemma, das seit Generationen in der egalitären Demokratie herrscht: Es gibt kein rationales Kriterium, nach dem man das Erbrecht mit der Chancengleichheit zusammenbringen, harmonisieren könnte. Erbrecht ist nichts als eine Absage an Chancen und Gleichheit, Chancengleichheit letztlich nichts als die Negation des Erbrechts. Welcher von beiden Polen heute stärker, attraktiver wirkt, braucht nicht ausgeführt zu werden.

Mit der Zurückdrängung des Erbrechts und der Familie wird letztlich auch das Zentralinstitut der marktwirtschaftlichen Ordnung getroffen: das Privateigentum. Seine engen, wesentlichen Verbindungen zum Erbrecht sind bekannt: Erbrecht ist nichts als fortgesetztes Privateigentum, Privateigentum verliert seinen eigentlichen Sinn, wenn es nicht weitergegeben werden kann[21]. Aus diesem Grund sind ja in den deutschen Verfassungen von jeher Eigentum und Erbrecht zusammen institutionell garantiert worden.

Wer sich zur Chancengleichheit bekennt, muß diese Verbindung aufheben und damit das Privateigentum völlig denaturieren, aus ihm ein reines Einkommens-, ja ein Verzehrs-Eigentum machen. Diebstahl kann es dann eigentlich nicht mehr geben, sondern nur mehr Mundraub: denn alles, was jemand besitzt, ist irgendwie zum „alsbaldigen Verzehr“ bestimmt. Die Motivationskraft des Eigentums für menschliche Aktivität versagt, wenn es nicht weitergegeben werden darf; der Todesfall wird zur Globalenteignung. Das Privateigentum soll nach dem Bundesverfassungsgericht so erhalten bleiben, wie es durch das bürgerliche Recht und die gesellschaftlichen Anschauungen geformt worden ist[22]. Beides ist also zu berücksichtigen, und da kann kein

---

[19] *Fürst/Günther,* GG[2] (1978), 52; *Hesse,* K., Grundzüge des Verfassungsrechts der BRD[11] (1978), § 9 II; *Maunz,* Th., Deutsches Staatsrecht[22] (1978), § 13 II/7; *ders.,* in: Maunz/Dürig, GG, Art. 14 RandNr. 41 ff.

[20] *Leisner,* W., Verfassungsrechtliche Grenzen der Erbschaftsbesteuerung (1970), 56 ff.

[21] *Bartholomeyczik,* H., Erbrecht[10] (1975), § 3 VI/1; *Lange,* H., Lehrbuch des Erbrechts (1962), 20; *Leisner,* W. (Fn. 20), 73 ff.

[22] BVerfGE 1, 264 (278); 2, 380 (402); 11, 64 (70); 14, 263 (278); 28, 119 (142); 37, 132 ff.

Zweifel bestehen, daß die Weitergabemöglichkeit des Eigentums grundsätzlich zu dessen Wesen gehört, weil sie vom Zivilrecht seit dem Anbeginn zivilisierter Rechtlichkeit, jedenfalls seit den Anfängen des römischen Rechtes stets gegolten hat.

e) Damit also wird die Chancengleichheit zu einem der mächtigsten Hebel einer vollständigen Systemveränderung und damit zu einem Weg zu ganz neuer Macht des Staates.

Er ist es ja, der über den Auftrag zur Herstellung der Chancengleichheit eine unbegrenzte Kompetenz erhält, Eigentum, Erbrecht und Familie zurückzudrängen, wenn nicht aufzuheben. Die Erfüllung dieses Auftrages bedeutet für ihn entscheidenden Machtgewinn, ganz neue und moralisch gestärkte Machtlegitimation: Im Namen der Chancengleichheit darf, muß er ja gegen die gefährlichsten Gegenmächte vorgehen, welche sich von jeher der Staatsgewalt in den Weg gestellt haben: Ehe und Familie und das mächtige private Eigentum. Die ständig oligarchisierenden sozialen, privaten Mächte werden im Namen der Chancengleichheit gebrochen. Und hier zeigt sich die reine Verteilungsgleichheit. Denn diese letztere könnte ja auch in einem Sinne verstanden werden, welcher die sozialen Mächte sogar noch verstärkt, die sich der Egalität letztlich entgegenstemmen: Im Namen der materiellen Verteilungsgleichheit könnte ja auch gefordert werden, jede einzelne Familie gleichzustellen, insoweit aber den Familienzusammenhang eben doch zu stärken. Die Chancengleichheit dagegen greift entschlossen die inegalitären Gegenkräfte an und drängt sie zurück.

Lange Zeit ist dies nicht so recht sichtbar geworden. Die Chancengleichheit erschien geradezu als eine Entschuldigung in einer Ordnung der Inegalität, als eine Form der Randkorrektur. Doch dies kann ihrem Wesen, als der wichtigsten Ausstrahlung eines der höchsten Verfassungsgrundsätze, nicht gerecht werden. Wenn man Chancengleichheit als Grundsatz aufstellt, läßt er sich auf Randkorrekturen, auf Abschwächungen des Eigentums- oder Familieneinflusses nicht beschränken. Hier wird und muß sich nach kurzer Zeit auch die normative Rangfrage stellen. Harmonisierungsformeln sind dabei nur Formelkompromisse. Wird aber die Chancengleichheit auch nur im Grundsatz bejaht, so muß sie mit einer gewissen Notwendigkeit zum höchsten sozialgestaltenden Prinzip werden, ihr Vordringen in den letzten Jahrzehnten zeigt dies deutlich. Dann aber ist sie der Träger der Veränderung des politischen und nicht nur des sozialen Systems. Sie bedeutet den Auftrag zur unablässig fortschreitenden schrittweisen Egalisierung im Namen der Moral und damit den Auftrag zum Einsatz massiver staatlicher Subventionsmacht in allen Bereichen. Zum anderen ist sie der Auftrag zur Zerstörung der sozialen Gegenmacht von Ehe, Familie und Besitz.

Damit wird die Chancengleichheit zum neuen Weg in die Macht. Von dieser Macht hat sie vor allem eines: die Beliebigkeit, mit der sie ansetzen, kompensieren und nivellieren kann. In ihrem Namen kann die fehlende Mutter durch Geld „ersetzt" werden, der nicht-intellektuelle Vater mag soziale Prüfungspluspunkte einbringen. Irgend etwas kann für irgend etwas anderes frei kompensierend gewährt werden, wann immer, getragen von einem moralischen Imperativ, der inhaltlich nahezu unbestimmt ist. Bessere, stärkere Macht kann sich ein Gemeinwesen wie der Gleichheitsstaat nicht wünschen.

Die schutzwürdigen Rechte im Besonderen Gewaltverhältnis[*/1]

Seit nahezu 100 Jahren beherrscht ein Grundsatz das deutsche Verwaltungsrecht: die Verwaltung darf nur auf Grund eines Gesetzes in die Rechte der Bürger eingreifen.

Der allgemeinen Geltung dieses immer mehr verfeinerten Legalitätsprinzips scheinen nun von Anfang an[2] Rechtsphänomene entgegenzustehen, die seit *O. Mayer*[3] als Besondere Gewaltverhältnisse bezeichnet werden. Als Anstaltsbenutzer, Beamter, Schüler, Soldat, Gefangener tritt, so heißt es, der einzelne[4] in ein „engeres Verhältnis" zur öffentlichen Gewalt[5]. Diese kann im

---

* Erstveröffentlichung in: Deutsches Verwaltungsblatt 1960, S. 617–626.

[1] Die folgenden Ausführungen sollen keine Lösung von Einzelfragen bieten, sondern nur den Ansatz zu einer rechtssystematischen Behandlung – einen „allgemeinen Teil" gewissermaßen – der *materiellen* Seite der schutzwürdigen Rechte. Die Auseinandersetzungen mit einzelnen Lehrmeinungen mußten daher beschränkt und auch die kritischen Stellungnahmen zu verschiedenen Tendenzen der Rechtsprechung einer späteren, umfassenden Darstellung vorbehalten werden. Hier wird vor allem versucht, die hauptsächlichen Kategorien der schutzwürdigen Rechte zu erkennen und in ein Zuordnungsverhältnis zueinander zu bringen.

[2] Zur geschichtl. Entwicklung vgl. *Thieme,* Die Bes. Gew. Verh., DöV 1956, S. 521/22; *Freudenberger,* Beiträge z. Lehre v. Bes. Gew. Verh. i. ö. Recht, Diss. München 1931, S. 165/66; *Köhl,* Zschr. f. BeamtenR 1957, S. 121/22.

[3] AöR 3, 1888.

[4] Neben dem traditionellen Besonderen Gewaltverhältnis zwischen der öffentlichen Gewalt und dem einzelnen entwickeln sich im modernen Verwaltungsstaat immer mehr diesem rechtsähnliche Beziehungen einzelner Verwaltungsträger zu „irgendwie" übergeordneten Instanzen, die einmal wieder – früher geschah dies allerdings zu allgemein, in vorrechtsstaatlichem Denken – unter dem Gesichtspunkt dieser „Ähnlichkeit" zum Besonderen Gewaltverhältnis betrachtet werden sollten. Daß die Problematik hier durchaus nicht etwa auf die Dezentralisationsfrage sich beschränkt, zeigt die vor allem im Ausland neuerdings wieder gestellte Frage nach den „Rechten der Behörden" innerhalb der Verwaltung (vgl. f. Italien z.B. *A. Pensovecchio,* LI BASSI. Il conflitto di attribuzioni, Mailand 1957, insbes. S. 18 f., 30 f.; f. d. dt. Recht vgl. *Krüger,* Herb., Smend-Festschrift 1952 m. weit. Nachw.).

[5] An Schrifttum ist zu den Angaben bei *v. Mangoldt/Klein,* Kommentar, S. 133, vor allem nachzutragen: *Bachof,* O., VVdStL 12, S. 58 f.; *Bachof,* O., Verwaltungsakt u. innerdienstl. Weisung, Laforet-Festschr. München 1953, S. 385 f.; *Daeniker,* A., Untersuchungen über Wesen und Äußerungen der Körperschaftsgewalt bei priv. Verbänden, Diss. Zürich 1922; *Dürig,* G., AöR 1956, S. 152/53; *Maunz/Dürig,* Kommentar, Art. 19 Abs. 4, S. 15 f. m. Rspr. Nachw.; *Ermacora,* F., Das Bes. Gew. Verh. i. d. österr. Rechtsordn., DÖV 1956, S. 529 f.; *Eyermann/Fröhler,* Kommentar z. VGG, A I 1a bb zu § 22; *Freudenberger,* G., Beiträge z. Lehre v. Bes. Gew. Verh. i. öff. R., Diss München 1931, S. 163 ff.; *Hamann,* A., Kommentar, S. 67/68; *Heckel,* Hans, Privatschulrecht, Berlin/

Rahmen desselben in seine „Rechte“ (Freiheit und Eigentum, im weiteren Sinn der Lehre vom Vorbehalt des Gesetzes und der modernen Verwaltungsgerichtsgesetze) eingreifen, ohne daß sich dabei ihre Maßnahmen auf ein „Gesetz“ im Sinne der Legalität stützen und im einzelnen entsprechend vorherbestimmt und vorhersehbar sein müßten.

Daß die Verwaltung den ihr so Unterworfenen nicht aller seiner Rechte berauben, ihn weder für Stunden noch für Jahre völlig zu ihrem Objekt machen darf, folgt unbestrittenermaßen aus ihrem nachpolizeistaatlichen, beschränkten Wesen. Daß es also irgendwelche schutzwürdige und geschützte Rechte im Besonderen Gewaltverhältnis geben müsse – und seien es auch nur Leben und Gesundheit –, stand immer fest.

Nun will aber die moderne Legalität nicht nur einige extreme Positionen sichern und der Verwaltung im übrigen freie Hand lassen, sie versucht vielmehr, jeden Eingriff überwachbar zu machen. Was aber wird aus dem schutzwürdigen Generalrecht auf gesetzmäßige Behandlung, wo, wie beim Besonderen Gewaltverhältnis, ein speziell-ermächtigendes Gesetz fehlt, oder doch fehlen kann? Muß hier die Verwaltung – in eigenartiger Umkehr rechtsstaatlicher Garantien – nur Rechte achten, die *ausdrücklich* gesetzlich verliehen sind? Wo beginnt die Zone schutzwürdiger Rechte? Die Antwort kann nur lauten: Wenn überhaupt eine so allgemeine Ermächtigung genügen kann — jedenfalls da, wo diese endet. Ihre Behandlung ist somit untrennbar verbunden mit der Theorie der schutzwürdigen Rechte.

Dieser ersten, aus der verwaltungsrechtlichen Legalität entwickelten Problemstufe der Besonderen Gewaltverhältnisse überlagert sich seit der Weimarer Zeit eine zweite, die grundrechtliche. Daß die Grundrechte seit 1919 – soweit sie überhaupt aktuell gelten – die Verwaltung im allgemeinen Gewaltverhältnis binden, ist ebenso unstreitig, wie es immer zweifelhaft blieb, ob sie in das Besondere Gewaltverhältnis hineinwirken und die nach den allge-

---

Köln 1955, S. 52 f., 307 f.; *Kahn,* P., Das Bes. Gew. Verh. i. öff. Recht, Diss. Heidelberg 1912; *Köhl,* G., Die Bes. Gew. Verhältnisse i. öff. Recht, Diss. Bern, Zürich 1955; *Köhl,* G., Zur Frage d. Bes. Gew. Verh., Zschr. f. Beamtenrecht 1957, S. 12 ff.; *Krüger,* Herb., NJW 1953, S. 1369 ff.; *Krüger,* Hild., Die Grundrechte i. Bes. Gew. Verh., Zschr. f. Beamtenrecht 1956, S. 309 ff.; *v. Münch,* Ingo, Die Grundrechte der Strafgefangenen, JZ 1958, S. 73 ff.; *Nebinger,* Kommentar z. Verfassung v. Württemberg-Baden, Stuttgart 1948, S. 33 f., 41, 53 usw.; *Obermayer,* K., Verwaltungsakt u. innerdienstlicher Rechtsakt, 1956, insbes. S. 84 f., 107 f., 113; *Reuter,* A., Rechtsfragen um die Schulordnungen, BayVerwBl. 1956, S. 227 ff., 262 ff.; *Thoma,* R., OVG-Festgabe 1925; *Thieme,* W., Die bes. Gew. Verh., DÖV 1956, S. 521 ff.; *Ule,* C.H., Gerichtl. Rechtsschutz im Beamtenrecht, Berlin 1951; *Ule*, Verwaltungsgerichtsbarkeit, Köln 1960, S. 126 ff.; *Ule*, Verwaltungsprozeßrecht, München 1960, S. 99 ff.; *Ule,* VVdStL 1957 (15), S. 133 ff.; *Uber,* G., Freiheit des Berufs, S. 43; *Vervier,* AöR 1924, S. 4 ff.; *Vogel,* F., Das Verh. d. Grundrechte zu d. Bes. Gew. Verhältnissen, Diss. München 1954 (ungedr.); *Wacke,* G., Zur Neugestaltung d. Beamtenrechts, AöR 76, 1950/1, S. 385 f.; *Wolff,* H. J., Verwaltungsrecht, 3. Aufl. München 1959, S. 147 f.

meinen Legalitätsvorstellungen vorzunehmende Grenzziehung gegenüber den schutzwürdigen Rechten beeinflussen.

Angesichts des unklaren Verhältnisses von Legalität und Grundrechten sind bisher diese beiden entwicklungsgeschichtlich und dogmatisch zu scheidenden Problemstufen bei der Behandlung der schutzwürdigen Rechte im Besonderen Gewaltverhältnis nicht immer genügend getrennt worden. Im folgenden wird deshalb zunächst der allgemeine Rahmen der schutzwürdigen Rechte, auf ausschließlich grundrechtsloser Ebene, in Weiterentwicklung bisheriger verwaltungsrechtlicher Legalität, aufgezeigt und im zweiten Abschnitt das so gewonnene Ergebnis grundrechtlich vervollständigt. So entsteht ein „allgemeiner Teil“ der schutzwürdigen Rechte, in dessen Kategorien die einzelnen Rechte eingefügt werden können, deren Spezialuntersuchung zunächst nur eine zusammenhanglose Reihe von Äußerungen zu verschiedensten Rechtsinstituten darstellen würde.

Entgegen neueren Tendenzen, durch Überbetonung der Besonderheiten einzelner Besonderer Gewaltverhältnisse deren einheitlichen Begriff aufzulösen, wird hier an letzterem festgehalten: Gemeinsam ist ja immer, daß die Verwaltung ein gesetzlich nicht spezifiziertes Eingriffsrecht ausübt, in einer Form[6], die man in einem weiteren Sinne als „disziplinär“ bezeichnen kann. „Schutzwürdige Rechte“ endlich werden im folgenden Rechtspositionen der in gewissen Beziehungen einer Besonderen Gewalt Unterworfenen genannt, welche diese, also nicht etwa eine „nach außen“, gegen Störer gerichtete Macht, nicht verletzen darf.

I.

Nach manchen[7] ist das Besondere Gewaltverhältnis mit der Legalität überhaupt unvereinbar und muß, soweit es Rechte verletzen läßt, untergehen. Hier wird demgegenüber an seiner Notwendigkeit festgehalten, jedoch eben aus der Legalität heraus eine Präzisierung seiner Grenzen angestrebt, unter Fortführung von Versuchen, die seit Jahrzehnten im Gange sind und an die Kernfrage heranführen sollen.

Seit dem Durchbruch der Legalität bis in neuere Zeit war die Theorie der schutzwürdigen Rechte durch einen „prozessualen Panzer“ erschwert, der alle Maßnahmen der Besonderen Gewalt schützte; die einfache Berufung auf

---

[6] Zur Frage der generellen oder Einzeleingriffe der Besonderen Gewalt vgl. unten Anm. 24.

[7] Vgl. vor allem *Krüger,* Herb., VVdStL zit., u. *Köhl,* Zschr. f. B. R. 1957, S. 122; Zum Kontrast zwischen Gestaltung der Bes. Gew. Verh. u. d. noch klareren österr. Legalitätsforderung vgl. *Ermacora,* DÖV 1956, S. 529 f.

Besondere Gewalt machte jede Klage unzulässig. Die Lückenhaftigkeit des Rechtsschutzes nach dem Enumerationsprinzip begünstigte ganz allgemein im Verwaltungsrecht das Bestehen gewisser Inseln im Raum der Legalität. Die vorwiegend prozeßökonomische und verwaltungspolitische Rechtfertigung der Enumeration verdeckte die Erkenntnis, daß die „Einrede des Besonderen Gewaltverhältnisses" auf die materiell-rechtliche Vorstellung zurückging, daß die Rechte durch Eintritt in ein solches eine generelle Abschwächung erführen.

Daß der „prozessuale Panzer" nicht an sich, sondern nur aus einer materiellrechtlichen Rechtfertigung der Besonderen Gewalt heraus aufrecht erhalten werden könne, welche die Verbindung zur Legalität herstelle, wurde klarer, als sich ausbreitende einzelgesetzliche Teilregelungen, vor allem im Beamten- und Wehrrecht, die „gesetzlosen Räume" als Enklaven erscheinen ließen, um so mehr, als der Siegeszug der verwaltungsgerichtlichen Generalklausel folgte. Die Suche nach legalitätskonformer Grundlegung der Besonderen Gewaltverhältnisse, und damit nach sicherer Abgrenzung schutzwürdiger Rechte, begann – ohne Rücksicht auf die Grundrechtsbewegung – schon im Kaiserreich[8]. Nach den etwa zu Ende der Weimarer Zeit feststehenden Ergebnissen kamen als Grundlage Gesetz und Einwilligung in Betracht[9].

Beides war jedoch problematisch. Dem Gesetz fehlte gerade die von der Legalität geforderte Spezialität; die Einwilligung konnte nicht alle Fälle decken, auch fragte es sich, wieweit sie möglich sei, wo doch ihre Grenzen mit dem Vordringen privatrechtlicher Generalklauseln gerade damals schärfer sichtbar wurden. Wie sollte sie auch „legalitätsschaffend" mit der Hoheitsgewalt verbunden werden? Vertraglich? Die elegante Formel vom Verwaltungsakt auf Unterwerfung[10] umging das Problem, um so mehr, als durch die Arbeiten *Walter Burckhardts, F. v. Hippels* und anderer das Willkürelement als das für die Privatrechtsordnung Typische erkannt wurde.

Lehre und Rechtsprechung haben bei diesen im Grund bis heute fortgesetzten Versuchen der Schaffung einer Legalitätsbasis für die Besonderen

---

[8] Vgl. *Kahn,* op. cit. S. 17 f., wobei man das Besondere Gewaltverhältnis durchaus nicht als legalitätslosen Raum ansehen mußte, sondern die Grundlage eben im Gesetz oder in einer Handlung des der Besonderen Gewalt Unterworfenen (tatsächlicher Eintritt, Einwilligung) sah. Problematisch geworden ist also im Grunde nicht die Unterworfenheit unter die Legalität als solche (seit es eine solche gab), sondern die Art, wie ihr zu genügen sei. Das besondere Verhältnis (der Beamten usw.) zum Monarchen (noch überbewertet z.B. bei *Köhl,* Zschr. f. B. R. zit. S. 122) spielte dabei, am Ende des Kaiserreichs, keine wesentliche, juristisch allein rechtfertigende Rolle mehr, wenn es auch, vom Politisch-Menschlichen her, noch bedeutsam gewesen sein mag.

[9] *Freudenberger,* op. cit. S. 191 f.

[10] Vgl. insbes. *W. Jellinek,* Zweiseitiger Verwaltungsakt u. Verwaltungsakt auf Unterwerfung, OVG-Festgabe 1925, S. 84 ff.

Gewaltverhältnisse die Schwierigkeiten nie voll erkannt, obwohl sie bei der Abgrenzung der schutzwürdigen Rechte sichtbar wurden.

Was die Abgrenzung nach „Gesetz" anlangt, so wird sie ja von einer allgemein-ermächtigenden Formel gerade nicht geleistet[11], so daß der Begriff des „Zwecks" eingeschoben werden muß, soweit dieser nicht einfach, in Ermangelung jeden Gesetzes, als „Gesetz" des Besonderen Gewaltverhältnisses eintritt. Erreicht ist damit zunächst nur das Verbot des venire contra factum proprium, während es der Verwaltung völlig frei steht, wie sie den Zweck festsetzt — auch wenn sie ihn so weit faßt, daß ihr nahezu alles erlaubt ist. Weil nicht klar genug der „objektive" Zweck, der nachprüfbare, in scharfem Gegensatz zu subjektiver Zwecksetzung herausgestellt wird, normativiert man praktisch so weitgehend das tatsächliche Belieben der Verwaltung, in einem Rest polizeistaatlichen Denkens, das etwa der angeblichen Freiheit gemeindlicher Anstalten, auch die (privaten oder hoheitsrechtlichen) Mittel ihres Tätigwerdens frei zu bestimmen, unabhängig von der objektiven Sachlage, entspricht. Schutzwürdiges Recht ist dann wirklich nur, was die Verwaltung jeweils – sie darf ja den Zweck ändern! – als ihrem Willen nicht entgegenstehend gelten läßt. Das ist die Leugnung schutzwürdiger Rechte überhaupt! Hinter der herkömmlichen „Zweck-Lehre" verbirgt sich meist nur die traditionelle „Umkehr der Rechtsstaatlichkeit" im Besonderen Gewaltverhältnis.

Dieses Unterlassen der Festlegung objektiver Zwecke bewirkt auch eine Abschwächung der schutzwürdigen Rechte bei Verhältnissen, als deren Grundlage die Einwilligung angegeben wird. Diese umfaßt ja meist die Beziehungen en bloc und erstreckt sich praktisch auf deren jeweiligen, von der Verwaltung diktierten Bestand. Die Austrittsmöglichkeit ist eine nur theoretische Abwehr, weil sie ja im allgemeinen den Interessen des Betroffenen schwer schadet. Die Verwaltung entgeht also, wenn ihr der Zweck nicht objektiv aufgegeben ist, der Achtungspflicht fester Rechte. Daß ihr diese Macht hier angeblich freiwillig verliehen wird, ist keine Antwort auf die

---

[11] Auch das GG, das alle wichtigen Besonderen Gewaltverhältnisse „kennt" (Schul-, Wehr-, Beamten-, Strafgefangenenverhältnis; vgl. dazu *Hild. Krüger,* Zschr. f. B. R. 1956, S. 310), ändert daran nichts: Wenn schon eine allgemeine ermächtigende gesetzliche Formel der Legalitätsforderung nicht genügt, so noch weniger die „Erwähnung" eines Besonderen Gewaltverhältnisses, die durchaus nicht alle „hergebrachten Grundsätze" desselben konstitutionalisierend vor der Legalität in Sicherheit bringt, soll der Verfassung – der Gesetzgebung gegenüber – nicht jedes normative Eigengewicht, jede Konstitutivwirkung abgesprochen werden. Gerade das GG will aber eine wirkliche Neuordnung sein, nicht eine „Verfassung nach Maßgabe der Gesetze". Nur bei Art. 33 Abs. 5 könnten Zweifel auftreten, aber wohl mehr hinsichtlich der unten zu erörternden Ausnahmen vom Grundrechtsschutz als gegenüber der Legalitätsforderung, die *als solche* normativ höherrangig ist als Art. 33 (vgl. Art. 20 i. Verb. m. Art. 79 Abs. 3 GG), und auf die gerade der gesetzliche Gestaltungsauftrag hinweist.

Frage, ob die Verwaltung eine solche, oft wahrhaft grenzenlose, Einwilligung in ihr Belieben verlangen darf.

Subjektiv-freie Zwecksetzung und Unterwerfungsfiktion sind also schlechte Grundlagen Besonderer Gewalt und zerstören die feste Zone schutzwürdiger Rechte.

Läßt sich die Grundlegung der Besonderen Gewalt überhaupt einfügen in die herkömmliche Legalität? Verbindet sie sich mit ihr zu einer neu ergänzten Einheit? Diese durch die Unzulänglichkeit bisheriger Lösungsversuche gestellte Frage kann nur von einer rechtlichen *Wesenserfassung* der Besonderen Gewaltverhältnisse her beantwortet werden. Mag deren Ergebnis zu einzelnen Zweifeln Anlaß geben, das Unterlassen dieser Untersuchung hat sich bisher stets als methodischer Mangel erwiesen.

Alle Besonderen Gewaltverhältnisse können letztlich der Legalität gegenüber nur dadurch gerechtfertigt werden, daß in ihnen die Verwaltung in so nahe, zweckbedingte Verbindung zum Gewaltunterworfenen tritt, daß sich daraus eine gewisse objektive *Unvorhersehbarkeit*[12] der Fälle und Intensität notwendiger Eingriffe ergibt — dies alles natürlich nicht in einem streng logisch-abstrakten, sondern in einem praktisch-traditionellen Sinn. Keine noch so eingehende normative Regelung des militärischen Befehlsrechts, der schulischen Weisungsgewalt oder des anstaltlichen Ordnungsrechts wird je die unendliche Vielfalt (i. weit. Sinn) disziplinärer Berührungspunkte ausschöpfen können, würde aber jedenfalls die betreffenden Institutionen um die wesensnotwendige Elastizität ihrer Ausgestaltung bringen[13]. Wie das Privatrecht die „engeren", die vertraglichen Beziehungen zwischen den Rechtssubjekten weitgehend deren Willen überlassen muß, weil es utopisch wäre, sie im einzelnen normativ vorhersehen zu wollen, so wenig kann jede hoheitliche Begegnung in allen Einzelheiten vorherbestimmt sein. Trifft dies dann schon bei den sich intensivierenden Beziehungen des allgemeinen Gewaltverhältnisses zu, um so mehr noch bei Begegnungen zwischen Verwaltung und

---

[12] So schon zutreffend *Kahn,* Diss. zit. S. 12; wenn die „Unvorhersehbarkeit" der Maßnahmen zum Wesen der Besonderen Gewaltverhältnisse gehört, so fragt es sich, ob man noch Verhältnisse dazu zählen sollte, die in reinen „Sachnutzungsbeziehungen" sich erschöpfen (vgl. *Thieme,* DÖV 1956, S. 524). Dem eindeutigeren normativen „Festliegen" dieser Bezüge entspräche es wohl besser, sie mit den noch zu erörternden Forderungsrechten aus dem Besonderen Gewaltverhältnis auszuklammern.

[13] Dem Besonderen Gewaltverhältnis ist es also *nicht* wesentlich, daß es nicht durch allgemeine gesetzliche Ermächtigungsnormen gedeckt ist, sondern daß deren Spezialisierung der Legalitätsanforderung nicht genügt. — Die Abgrenzung zwischen Besonderem Gewaltverhältnis und Ermessen (vgl. dazu bedenkl. *Köhl,* Diss. zit. S. 20 f.) liegt auch nicht in dem (Nicht-)Vorhandensein einer allgemeinen gesetzlichen Grundlage, sondern darin, daß hier das Recht keine eindeutige Lösung vorschreiben *will* (und allerdings meist nicht kann), dort (nur) nicht *kann.*

einzelnem, die, fänden sie in Gleichordnung statt, der Willkür der Parteigestaltung überlassen werden müßten[14]. (Tatsächlich geht ja die öffentliche Hand gerade im herkömmlichen Raum der Besonderen Gewaltverhältnisse in steigendem Maße zu privatrechtlicher Gestaltung über — man denke an das Dienstrecht und die privatrechtlichen Anstaltsnutzungsordungen.) Wo nun aber – wie im Schul-, Wehr- und Gefängniswesen – die Verwaltung das öffentliche Interesse mit einer Intensität verfolgt, der die unmittelbare Einsatzmöglichkeit von Hoheitsgewalt entsprechen muß, wo aber gleichwohl die soeben dargelegte Unvorhersehbarkeit des Eingriffserfordernisses bestehen bleibt, da gibt es nur zwei Möglichkeiten: entweder alle derartigen Veranstaltungen werden aufgegeben – was unseren Staatsbegriff zum Einsturz bringen und insbesondere sozialstaatlichen Vorstellungen widersprechen müßte – oder man läßt doch die Disziplinargewalt (i. weit. Sinne) der Besonderen Gewaltverhältnisse als *stillschweigende, generalklauselartige, gesetzesrangige Ermächtigung an die Verwaltung*[15] gelten, und zwar, gegebenenfalls, auch ohne jede weitere „explicite" gesetzliche Grundlage. Eine solche müßte ja, wollte sie die heute tatsächlich meist gar nicht mehr abänderbaren Verhältnisse legalisieren, auch positivrechtlich generalklauselartige Züge aufweisen und damit nur Vorstellungen verhärten, die der Richter besser dem gesamten zweckgerechten Funktionieren der Institution entnimmt[16].

[14] Der umgekehrte Weg – d.h. anstatt der „Privatrechtsähnlichkeit" der Besonderen Gewaltverhältnisse Rechnung zu tragen, vielmehr die am ähnlichsten erscheinenden Privatrechtsverhältnisse zu publifizieren – stellt auch, soweit er beschritten wird, keine echte Gegenläufigkeit dar, weil es sich stets nur um Beziehungen handeln kann, die in der Nähe der „Zulassung" (zu den betr. Verhältnissen) stehen, nicht deren „Abwicklung" im einzelnen betreffen: Die „Abwicklungsbeziehungen" machen aber das *eigentliche* Problem der Bes. Gew. Verh. aus (vgl. f. d. Privatschulen z.B. *Heckel,* Dt. Privatschulrecht, S. 307, der die private Schulgewalt der öffentlichen annähert — a.A. *Hamann,* zit. ebenda; für die „Privatverwaltung" i. Recht der Daseinsvorsorge immer noch grdl. *Nipperdey,* Stromsperre, Zulassungszwang u. Monopolmißbrauch, Mannheim/Berlin/Leipzig 1929, S. 8 f.). Gelingen kann dies aber, wie gesagt, nur im „Zulassungsraum", i. übr. bleibt die „privatrechtsähnliche Elastizität" des Bes. Gew. Verh. erhalten, der mit den üblichen Legalitätsbeschränkungen kaum beizukommen ist. Vgl. dazu auch *Freudenberger,* op. cit. S. 200.

[15] Allerdings tritt hier in der GG-lichen Ordnung die Frage der Vereinbarkeit mit Art. 80 GG auf, der zwar nach seinem Wortlaut nur auf Ermächtigungen zum Setzen niederrangiger Normen, nach überwiegender Lehre aber auch bei Ermächtigungen zum Erlaß von Verwaltungsakten anwendbar ist. (Beides fällt ja übrigens hier i. Erg., wie sich noch zeigen wird, zusammen und muß gleichbehandelt werden.) Inhalt und Ausmaß muß eben hier auch dem „Zweck" entnommen werden, was durchaus möglich ist, wenn dieser als objektivierte „lex" des Verhältnisses erscheint.

[16] Das Bes. Gew. Verh. ist also *nicht nur* eine „Untätigkeitslücke" der Gesetzgebung, sondern birgt eine aus der Natur der Sache kommende Problematik.

Diese offene Anerkennung einer Legalitätsbasis sui generis[17], die unmittelbar im Zweck[18] des Verwaltungshandelns, als dessen „lex", liegt, und die Form einer stillschweigenden, zu unvorhersehbaren Maßnahmen ermächtigenden Norm annimmt, kann aber nur in *objektiven,* gerichtlich nachprüfbaren Grenzen vollzogen werden, hinter denen die schutzwürdigen Rechte kraft Legalität beginnen. Darin liegt der entscheidende, aus dem oben dargelegten objektiven Wesensbegriff des Besonderen Gewaltverhältnisses zu entwickelnde Fortschritt gegenüber den früheren Zwecklehren[19].

Zunächst ist jeweils die Zulässigkeit der *Zwecksetzung*[20] zu prüfen, und zwar nicht auf Grund des einseitigen Vorbringens der Verwaltung, sondern nach der *objektiven Struktur der Institution.* So ist etwa die Beantwortung der Frage, welche Zwecke die Universität als Bildungsanstalt verfolgen darf, Ausgangspunkt für die Entscheidung, ob und inwieweit gegen studentische Korporationen eingegriffen werden kann. Praktisch wird sich leider nicht allzuoft feststellen lassen, daß die Legalitätsbasis verlassen und deshalb ein schutzwürdiges Recht verletzt ist. Die Verwaltungsgerichte haben ja weithin bisher das Problem nicht erkannt, und es deshalb versäumt, äußerste Rahmen-Zweckbegriffe im Schul- oder Beamtenrecht zu entwickeln, wie es etwa der Conseil d'Etat in seinen zweckhaft ausgerichteten Untersuchungen zum objektiven Wesen der services publics seit langem getan hat[21]. Dennoch

---

[17] Deshalb ist auch mit dem zivilrechtlichen „Hausrecht"-Begriff dem Bes. Gew. Verh. meist nicht beizukommen, weil dieses Hausrecht – wie *Thieme,* DÖV 1956 S. 525, m. Recht bemerkt – gerade durch die „Zweck-lex" des Bes. Gew. Verh. vom öff. Recht her relativiert wird. In der Abgrenzung z. Hausrecht muß entwicklungsgeschichtlich die Absetzung des Bes. Gew. Verh. von privatrechtlichen Verhältnissen, aus denen es ursprünglich herausgewachsen ist (vgl. *Kahn,* Diss. zit. S. 32, S. 71 f.), vollendet werden. Über die nahe Verwandtschaft von privatem und öffentlichem Gewaltverhältnis vgl. *Daeniker,* op. cit., insbes. S. 38 f. — Z. Abgrenzung v. d. Sachnutzung *Freudenberger,* op. cit. S. 183 f.; *Kahn,* op. cit. S. 34.

[18] So schon ganz klar *Freudenberger* (Bes. Gew. Verh. als „zweckbestimmte Teilrechtsordnung"), op. cit. S. 168/70, 186 f. m. weit. Nachw. u. S. 192, wo er mit Recht auf die Parallele zu § 242 BGB hinweist, ja sogar, wenn auch weniger eindeutig „objektiv", *Kahn,* Diss. zit., S. 40 f.

[19] Die aus dem „Zweck" die Folgerung ableiteten, im Bes. Gew. Verh. herrsche nicht das „Rechtsstaats-", sondern das „Opportunitätsprinzip". Vgl. *Köhl,* Diss. zit. S. 50.

[20] Die im Text durchgeführte Trennung der Prüfung nach „Zwecksetzung" und „Zweckerreichung" ist der am „Funktionieren" des Instituts vorzuziehen, bei der zu leicht der Anschein einer völligen „Selbstgewichtigkeit" der Effizienz des Bes. Gew. Verh. erweckt werden könnte.

[21] Freilich treten hier schwere, ungelöste Probleme auf, man denke nur an den „Strafzweck", worauf die Unklarheiten des Strafgefangenenverhältnisses zurückzuführen sind (wenn man hier nicht überhaupt reinen Gesetzesvollzug annehmen will), vgl. dazu *I. v. Münch,* JZ 1958, S. 73. Dennoch muß den Gerichten einmal klar gesagt werden, daß sie entweder den Zweck ausdrücklich selbst entfalten, oder durch – wenn auch umstürzende – Entscheidungen (aus einem legalitätsmäßigen non liquet, zugunsten der Freiheit) den

muß auch in Deutschland mit der Vorstellung gebrochen werden, der Verwaltung sei die Verwirklichung jedes Zweckes erlaubt, den zu verfolgen ihr nicht ausdrücklich verboten ist. Tradition und Entwicklungstendenzen und eine nüchterne Beurteilung der Zweckhaftigkeit herkömmlicher Einrichtungen können manchen eindeutig unerlaubten oder übereifrig vorsorglich mitverfolgten Zweck aufdecken, um so mehr, als sich hier oft überlebte Finalitäten ungestört behaupten. Auch ist endlich manche Zwecksetzung wegen Widersprüchlichkeit anderen, unbestrittenen Zwecken gegenüber angreifbar.

Darf der betreffende Zweck verfolgt werden, so fragt es sich, ob dies gerade mit *Besonderer Gewalt* geschehen darf. Dies ist nur der Fall, wenn das Verhältnis zwischen Hoheitsträger und Unterworfenem von jener *objektiven „Unvorhersehbarkeit"* der Eingriffsnotwendigkeit gekennzeichnet ist, welche das oben erörterte Wesen der Besonderen Gewaltverhältnisse ausmacht[22]. Dies trifft z.B. nicht zu, wo ein eindeutig, etwa forderungsmäßig, festzulegendes Beitrags-Mitgliederverhältnis vorliegt. Mit *Thieme* ist so den Berufsgenossenschaften die Berufung auf Besondere Gewalt in der Regel zu versagen[23].

Gesetzgeber zu spezialgesetzlichem Tätigwerden zwingen müssen. — Eine gute „Zweckprüfung" - wenn auch an der systematisch unrichtigen Stelle - versucht *Köhl,* Diss. zit. S. 96 f.

[22] Vgl. *Kahn,* op. cit. S. 12 (bedenklich das Abheben auf den „rechtlich überwiegenden Willen"); *Thieme,* DÖV 1956, S. 522. Entscheidend ist aber nicht, daß die Rechte und Pflichten nicht von vornherein festliegen, sondern daß sie nicht gut festgelegt werden *können.* Daß auch das Privatrecht, wie *Nawiasky* schon in der Zitelmann-Festschrift nachgewiesen hat (1913, S. 3 ff.), solche „Gewaltverhältnisse" kennt, ändert nichts daran, daß diese erst im öffentl. Recht, wegen des besonderen Erfordernisses einer speziellen Legalitätsbasis, wahrhaft zum Problem werden.

[23] Vgl. *Thieme,* op. cit. S. 522; *Redeker,* K., JZ 1954, S. 627 - Die schwierige Abgrenzung zwischen Bes. Gew. Verh. und „vertragsähnlichen Beziehungen" - vgl. dazu auch die Abhandlung v. *Nawiasky* i. d. Zitelmann-Festschrift, S. 3 ff. - (Kriterium: vertragliche *Einigung als Grundlage des ganzen* Rechtsverhältnisses) kann hier nicht i. einz. erörtert werden (vgl. dazu *Imboden,* Der verw. Vertrag, Basel 1958, S. 201 f., 213). Sie fällt aber weder mit der im Text erwähnten zwischen „Mitgliedschaft" und Bes. Gew. Verh. (Kriterium: Vorliegen einer zu unvorhersehbaren Maßnahmen ermächtigten „Disziplinargewalt"), noch fallen diese beiden mit der Scheidung zwischen „offenem" und „geschlossenem" Anstaltsverhältnis zusammen (vgl. dazu *Wolff,* Verw.R., S. 148). (Kriterium hier: Einwilligung als tatbestandsmäßige Voraussetzung der Ausübung hoheitlicher Gewalt, wobei das Rechtsverhältnis aber unmittelbar auf der die Verwaltung ermächtigenden Legalitätsbasis und *nicht* auf der Einigung als solcher beruht.)

Man wird also insb. bei d. Abgrenzung gegenüber daseinsvorsorgenden Anstalten vorsichtig fragen müssen, ob jeweils eine Gleichstellung mit den Bes. Gew. Verh. oder etwa eine einfache „forderungsmäßige" Ausgestaltung des status positivus vorliegt (vgl. dazu *Ermacora,* op. cit. S. 531/32). Daß hier weitere Lücken der Legalität klaffen, ist unbestreitbar, kann aber nicht immer mit der Besonderen-Gewalt-Problematik in Verbindung gebracht werden. Ist nämlich die staatliche Leistung klar ausgrenzbar, so muß unter allen Umständen im Sinne des Rechtsstaates die *explizite* gesetzliche Grundlage verlangt werden. Ihr Fehlen wirkt sich allerdings praktisch weniger aus, weil der (klare) Anspruch i.

Ist ein Zweck zulässig gesetzt und darf er generell mit Mitteln der Besonderen Gewalt verfolgt werden, so muß an strengstem, objektivem Maßstab geprüft werden, ob die betreffende Maßnahme *zu seiner Erreichung nötig ist,* und ob die Schwere des Eingriffs hierzu in einem *angemessenen Verhältnis* steht. So dürfte die Herabsetzung der Note bei Unterschleif in Prüfungssachen im allgemeinen rechtswidrig sein, weil in der Regel geeignete disziplinäre Mittel zur Verfügung stehen und genügen. Die enge Fassung der zweckgerichteten Erforderlichkeit ist nicht nur notwendiges Gegengewicht gegen die generalklauselartige Zwecksetzungsbefugnis der Verwaltung, sie entspricht der „Rationalisierung" der Gewalt *(Mirkine-Guetzevich),* einer Grundtendenz des modernen öffentlichen Rechts, die sich in der scharfen Betonung des Verhältnismäßigkeitsgrundsatzes auch im allgemeinen Gewaltverhältnis zeigt. Schließlich liegt sie in der Linie der „Corps-intermédiaires-Feindlichkeit" allen irgendwie auf dem Gedankengut der Französischen Revolution aufbauenden öffentlichen Rechts, welche die aus einer zu weitherzigen Zweck-Interpretation möglicherweise resultierende „menschenbildende Kraft" der Besonderen Gewaltverhältnisse nicht begrüßen kann.

Jede[24] Maßnahme der besonderen Gewalt muß also einem zulässigen, mit legislativ-normativen Mitteln nicht realisierbaren Zweck, zu dessen Erreichung gerade und nur sie erforderlich und geeignet ist, dienen. Alles andere ist unzulässige Schaffung einer „Privat-Hoheitsgewalt" der Verwaltung und verletzt das allgemeine schutzwürdige Recht auf gesetzmäßige Behandlung.

Verb. m. d. Gleichheit zur Durchsetzung genügt. Es liegt also eine ganz andere Problematik als bei den wesentlich unvorhersehbaren Bes.-Gew.-Einzelbeziehungen vor.

[24] Für die Problematik der schutzwürdigen Rechte ist also die Unterscheidung von „Einzelfallentscheidung" und „normsetzender Entscheidung" (vgl. *H. Jahrreiss,* Nawiasky-Festschrift 1956, S. 119 ff., insbes. S. 127 f., 129 f.) von der Legalität her gleichgültig: ob die „Gesetzesbasis", die, wie oben vorgeschlagen, das Besondere Gewaltverhältnis selbst schaffen soll, unmittelbar oder nur über den Umweg von „Anstaltsordnungen" zu Einzelakteingriffen führt, ist gleichgültig (vgl. *Freudenberger,* op. cit. S. 172 f., der m. Recht das Bes. Gew. Verh. v. allgemeinen dadurch abgrenzt, daß in diesem die nähere Ausgestaltung durch Gesetz, nicht durch i. Rang unter dem Gesetz stehende Normen [etwa Anstaltsordnungen] erfolgt). Vgl. auch die Gleichstellung von generellem und Einzeleingriff bereits b. *Kahn,* op. cit. S. 435 ff. — damals erschien allerdings die „autonome Normsetzung" noch als ein Zeichen „besonders intensiver" Hoheitsgewalt, während heute *alles,* Einzel- und generelle Regelung, auf das Gesetz zurückgeführt werden muß.

Der Streit um die Natur gewisser Maßnahmen i. Bes. Gew. Verh. (Normen oder Allgemeinverfügungen?) (vgl. *Krüger,* Herb., Smend-Festschr., S. 215 f. m. weit. Nachw., *Bachof,* Laforet-Festschr., insbes. S. 299 f., *Thieme,* op cit. S. 526 / 27, *Köhl,* Diss. S. 81 / 82; *Wolff,* Verw.R S. 101 / 102 u.a. m.) hat also, von der Legalität her, *materiellrechtlich* nur Bedeutung: a) wegen des Publikationserfordernisses; b) wegen der für die Verwaltung bestehenden Notwendigkeit einer Rechtfertigung der *Art* der Delegationsausnutzung (generell — oder durch Einzelmaßnahmen), die nach den oben erwähnten Grundsätzen vorzunehmen ist. Es droht also kaum der von *Krüger,* a.a.O., befürchtete „Formenmißbrauch"

Viel ist schon erreicht, wenn alles, was jenseits dieser Umhegungen liegt, als Zone schutzwürdiger Rechte geachtet und der Grundirrtum aufgegeben wird, als habe der Wille der Verwaltung *an sich* im Besonderen Gewaltverhältnis auch nur die geringste legalitätsbegründende Bedeutung, unabhängig etwa vom Wesen der zu ordnenden Lebensverhältnisse. Nur wenn Beamte und Richter das Anliegen ernst nehmen, *aus diesen Lebensverhältnissen* Beschränkungen für den Einzelfall abzuleiten – eine würdige Aufgabe für die heute im Mittelpunkt der Diskussion stehende richterliche Rechtsschöpfung –, nur dann ist das Besondere Gewaltverhältnis im Reiche der Legalität erträglich.

Hinzu kommen muß allerdings noch eine weitere, für die Ausdehnung schutzwürdiger Rechte entscheidende Erkenntnis: Alle Rechtspositionen sind völlig *gleichartig* und gleichmäßig von der Legalität gesichert. Es gelten *nur* die oben erwähnten Schranken. Es gibt keine Rechte[25], die „generell" der Besonderen Gewalt weichen müßten, und keine Unterscheidung innerhalb der Besonderen Gewaltverhältnisse in solche, bei denen gewisse Rechte generell permeabler wären, und in andere.

Endgültig gebrochen muß dabei zunächst werden mit der Einwilligungslehre[26]. Zustimmung kann nie *Grundlage* zum Erlaß hoheitlicher Eingriffsakte

---

durch Ausweichen in die Verwaltungsverordnungen. Im übrigen kommt es aber heute für die Legalität nicht darauf an, ob die VO-Stufe übersprungen worden ist (dies ist ja heute für die Grdse. d. Art. 80 GG wohl auch h.L.). (Zutreffend f. d. Schulordnungen *A. Reuter,* op. cit. S. 229/30 m. Nachw., S. 262/63. Die dort, S. 228/29, angeführte „schwankende Rspr." der VerwGerichte zu der Frage ihrer Bindung an die Schulordnungen zeigt, daß die Rspr. bereits den richtigen Weg geht: Es kommt gar nicht auf die *„Art"* der Bes. Gew. Maßnahme an, nur auf ihre Rechtmäßigkeit, die aus der Art d. Rechtsverh. erfließt. Die Frage der „Bindung an die Schulordnungen" ist als solche falsch gestellt).

Eines der wohltuendsten Ergebnisse der folgerichtigen Durchführung der oben skizzierten Legalitätstheorie müßte ein Abebben wenigstens des Streites um die VerwaltungsVOen sein.

Da, wie dargelegt, der „Zweck" eine hinreichende Legalitätsbasis abgibt, deckt er auch das anstaltspolizeiliche Eingreifen nach außen (vgl. *Freudenberger,* Diss. S. 201 f.).

Der Möglichkeit genereller Maßnahmen im Bes. Gew. Verh. steht auch nicht der Einwand entgegen, damit stehe ja die generelle Normierbarkeit fest, und es sei deshalb eine explizite gesetzliche Grundlage zu verlangen: die „Normierung" geht ja hier nicht vom Parlament, sondern von einer hierzu kraft Stellung und Sachkunde besonders legitimierten Instanz aus, die auch bei „expliziter Legalität" nur allgemein bevollmächtigt werden könnte, wodurch gar nichts gewonnen würde.

[25] Mit Ausnahme der unten (II) zu erörternden Grundrechte.

[26] Ein erster Fortschritt war hier schon die Erkenntnis, daß die Freiwilligkeit des Eintritts *nichts* über die Klagbarkeit eines Rechts aussagt (*Ule,* Gerichtl. Rechtsschutz i. Beamtenrecht, Berlin 1951, S. 46, vgl. auch *Ule,* VVdStL 15, S. 159/60).

Der Kampf gegen die Einwilligung als Legalitätsgrundlage wird wohl gegen scharfen Widerstand geführt werden müssen, scheint doch diese Möglichkeit rechtlicher Grundlage einer der Hauptgründe für die Beibehaltung Bes. Gew. Verhältnisse zu sein.

sein, weil sonst der einzelne Hoheitsgewalt übertragen könnte, was nur die Legislative vermag. Es gibt keine „Rechte", für deren Einschränkung die Einwilligung genügt, während andere nur auf Grund eines Gesetzes beschränkt werden dürften. Der Legalität gegenüber sind alle Rechte gleich. Grundlage ist immer ein Gesetz, und sei es auch nur eine stillschweigende Besondere-Gewalt-Ermächtigung, die eine Einwilligung als „Sachverhalt" vorsieht[27]. Das „explizite" Gesetz muß auch nicht etwa dann Grundlage sein, wenn der Eingriff besonders intensiv ist, sondern wenn die traditionell-erforderliche Vorhersehbarkeit besteht. Die Legalitätsgrundlage ändert sich keinesfalls mit der Art der verletzten Rechte.

Ebensowenig gibt es besondere Rechte, die nur deshalb – generell – der Besonderen Gewalt weichen müßten, weil sie etwa zu einem sog. „Betriebsverhältnis" *(Ule)* gehören, während nur Rechte des „Grundverhältnisses" geschützt würden. Die Unterscheidung kommt bekanntlich aus dem Beamtenrecht[28]: Anweisungen, die das Verhältnis des Beamten zum Dienstherrn betreffen und solche, die sein Tätigwerden *für* diesen angehen, werden gegenübergestellt.

Nun läßt sich aber – von den Rechten des Unterworfenen (Beamten) her gesehen – eine solche Distinktion gar nicht durchführen[29]. Auch der Befehl

---

Immer wieder wird die Einwilligung als Legalitätsbasis genannt (vgl. z.B. *Thieme,* op. cit. S. 523/24, *Köhl,* Diss. S. 75; *Ule,* Gerichtl. Rechtsschutz zit. S. 46, richtig dagegen *Bachof,* Laforet-Festschr. S. 301 f.) und das Problem nur (vgl. ae. Oe.) in der „Freiheit der Einwilligung" – einer davon zu trennenden Frage – gesehen.

Einwilligung ist aber nicht gleich Gesetz, weder entwicklungsgeschichtlich noch dogmatisch, auch wenn man nicht „radikal rechtsstaatlich" denkt. Die von *Thieme* (a.a.O.) versuchte Verbindung (Gesetz sei ja auch nur ein — recht fiktiver *Konsens* der Mehrheit) scheitert — abgesehen von der notorischen Fragwürdigkeit der *Rousseau*schen Argumentation, will man nicht alle Schranken zwischen Hoheitsakt und Vertrag einreißen.

[27] „Einwilligung als Legalitätsgrundlage" und „Gesetz" (bes. Gew.-Zweck-Ermächtigung) als Grundlage, das die Einwilligung tatbestandlich vorsieht — beides deckt sich keineswegs. Im letzteren Fall müssen zusätzlich noch alle oben genannten Voraussetzungen für die Anerkennung des Zweckes als „lex" des Bes. Gew. Verh. (oder eben ein explizites Gesetz) vorliegen *und* es muß die Einwilligung durch die objektive Natur des Bes. Gew. Verh. gefordert werden, denn *an sich* kommt ihr ein legalitätsschaffendes Eigengewicht gar nicht zu. Dies klingt an bei *Köhl,* Diss. S. 76/77.

[28] Und zwar, nach der allgemeinen Zulassung der Klagen in nichtvermögensrechtlichen Angelegenheiten vor den Verwaltungsgerichten, um die „Dienstbefehlsgewalt" zu schützen (vgl. *Ule,* Gerichtl. Rechtsschutz i. Beamtenrecht, S. 26 f.); es ist die alte Unterscheidung zwischen „persönlichen" und „dienstlichen" Angelegenheiten in neuem Kleid.

[29] So auch *Maunz/Dürig,* l. c.; *Reuter,* Bay. Verw. Bl. S. 229. Die Kritik an der *Ule*schen Auffassung (vgl. m. bedenkl. Zuspitzung, GerRSchutz i. B. Recht S. 27) richtet sich allerdings nur auf einen Punkt: daß sie zu dem Versuch führen kann, die Abgrenzung „rein" vom Organisationsrechtlichen aus, d.h. aber im letzten, *nur* aus der *Art* des staatlichen Eingriffes, nicht von den verletzten Rechten her, zu gewinnen, was vor allem bei den Grundrechten dann bedenklich wird. (So m. Recht *Dürig,* a.a.O.) Allerdings kommt es *Ule* sicher nicht auf ein klaglosstellendes, generelles Privileg für gewisse behördliche Befehle

zum Tätigwerden gegenüber Dritten kann gleichzeitig *seine* Rechte verletzen — man denke an die Anweisung, Dritten gegenüber in entwürdigender Art tätig zu werden. Solche Anordnungen berühren virtuell immer eigene Rechte des Beamten[30]; auch der berühmte Befehl zum Verrücken des Schreibtisches[31] stellt einen Eingriff in die Freiheit des Gewaltunterworfenen dar, der durch die zweckhafte Legalitätsgrundlage des Besonderen Gewaltverhältnisses gerechtfertigt werden muß. Viele Dienstbefehle haben so „mehrere Seiten“, von denen die dem Publikum zugewandte, die dem „Betrieb“ dienende, seitens des Befehlsempfängers aber nicht als solche angegriffen wird. Gerügt wird vielmehr dann der *Akt,* der sie trägt, weil er eben *auch* eine rechtsverletzende Seite aufweist. Das Mitvorhandensein jener „betriebsdienlichen“ Seiten genügt nicht zur Anerkennung einer eigenen Kategorie „Dienstrecht“ innerhalb der Äußerungen Besonderer Gewalt, bei der, etwa Anstaltsverhältnissen gegenüber, durchaus anderes in bezug auf schutzwürdige Rechte zu gelten hätte[32]. Die „Betriebsseite“ ist der Rechteverletzung gegenüber ein Akzidens. Sie kann übrigens auch bei Anstaltsverhältnissen und in der Schule auftreten (etwa bei der Verpflichtung zum Ordnen der Lehrmittel), ohne daß damit der Rechtsverletzungsaspekt automatisch entfiele.

Die so erkannte gleichmäßige Schutzwürdigkeit einer weiten Rechtszone bringt nur scheinbar die Gefahr der überspannten Klagemöglichkeit gegen

---

an. Er sagt auch mehrfach, daß bei solchen (Dienstbefehlen) nur „in aller Regel“ eine Verletzung nicht in Frage komme. Es ist auch sein Verdienst, die Notwendigkeit einer Unterscheidung zwischen Maßnahmen hervorgehoben zu haben, die Rechte verletzen, und solchen, bei denen dies nicht der Fall ist.

[30] Vgl. *Krüger,* Herb., Smend-Festschr. S. 231 m. Nachw. Die Wirkungsart des Verwaltungsakts i. Verhältnis „außen“ und „innen“ interessiert hier, wo nur auf die Rechte der Gewaltunterworfenen selbst abgehoben wird, nur insoweit, als man diese, bei einer, etwa durch einen Dienstbefehl erfolgten, Verletzung *ihres* Rechtsraums, auch als „Außenstehende“ auffassen könnte, was sich aber aus Rücksichten systematischer Klarheit nicht empfiehlt. Immerhin hat erst die Erkenntnis der Möglichkeit des „Umschlagens“ der Wirkungen einer Maßnahme von „innen“ nach „außen“ die Annahme einer Verletzung von Rechten auch des Gewaltunterworfenen nahegelegt. Sie gehört aber einer Stufe an (grds. Verrechtlichung des Bes. Gew. Verh.), deren Ergebnisse für die Theorie der schutzwürdigen Rechte vorausgesetzt werden müssen.

[31] Vgl. *Bachof,* Laforet-Festschr. S. 303/4; *Köhl,* Diss. zit. S. 88/89.

[32] Wesentlich für die Einheit des Begriffes des Bes. Gew. Verh. ist hier nur die Erkenntnis, daß sich aus dem „personenrechtlichen Charakter des Beamtenverhältnisses“ *allein* nichts Abschließendes für die Rechte des Gewaltunterworfenen herleiten lasse (eine Ansicht, die sich i. übr. auch i. Arbeitsrecht durchzusetzen beginnt; vgl. dazu *Ule,* GerR-Schutz, S. 44 m. Nachw., *Ule,* VVdStL 15, S. 143 m. Nachw.). Wenn nur das „besondere personenrechtliche Verhältnis“ als Grundlage schutzwürdiger Rechte gesehen wird, kommt das Bes. Gew. Verh. in Gefahr, in einem „modus magis herilis“ alter Prägung unterzugehen (vgl. *Krüger,* Herb., VVdStL 15, S. 117 f.). Es muß gerade durch die Erkenntnis überall wirksamer, wenn möglich, einzelner, ausdrücklicher, definierter Rechte gerettet werden.

jede kleinste Anweisung mit sich. Schon bei der Einführung der Klagbarkeit immaterieller Beamtenrechte sind keine untragbaren Zustände entstanden. Ein guter Ausweg ist keinesfalls die Klaglosigkeit gegenüber Maßnahmen, die nicht nach der Bedeutung der durch sie verletzten Rechte, sondern rechtssatzwidrig *einseitig* von der Staatsraison her ausgewählt werden. Wie die Ziviljurisprudenz – wo immer sie sich aus einer irgendwie aktionsrechtlich geprägten Strenge löste – mit einer vernünftigen „Minimal-Rechtsprechung" auskam, so werden auch hier „quantitative" Beschränkungen die genügende Ergänzung bringen, um so mehr, als der Klagende fast stets das Risiko schwerer Ungehorsamsfolgen trägt.

II.

Wenn also auch das so verstandene Legalitätsprinzip durchaus eine Abgrenzung der Zone schutzwürdiger Rechte gestattet, deren Möglichkeiten noch nicht ausgeschöpft sind, so bleibt doch ein gewisser Generalklauselcharakter der Besonderen-Gewalt-Ermächtigungen zurück, vor allem solange eine klare Institutionenzwecklehre fehlt. Auch droht der Kult der Effizienz in einer materialisierten Welt die Vermutung der Freiheit immer da zurückzudrängen, wo diese als schwammiger, ausgesparter Restbestand allgemeiner Handlungsfreiheit der Erosionswirkung klarer staatlicher Zielsetzung entgegensteht. An solchen Schwächestellen der Legalität, die im Besonderen Gewaltverhältnis doch ein Prinzip sui generis in sich aufnehmen muß, hat, wie auch der allgemeinen Gesetzgebungsmacht gegenüber, das *Jellinek*sche „Recht auf Freiheit vom gesetzlosen Zwang" nicht immer die Widerstandsfähigkeit, die nur aus besonderer, positiver Werthaftigkeit kommt.

Eine solche durch zonenweise Verstärkung der Legalität zu schaffen, ist Aufgabe der modernen *Grundrechte* im Verwaltungsrecht. Auf der oben angekündigten „zweiten Stufe"[33] überlagern sie sich den legalitätsgeschützten Rechten des Besonderen Gewaltverhältnisses[33a]. Dabei ist die Art des Schut-

[33] Eine eigenartige, hier nicht weiter zu verfolgende Parallele besteht zwischen dieser „Doppelstufigkeit" des Rechtsschutzes i. Bes. Gew. Verh. u. d. Rschutz zug. d. Mitgl. privatrechtl. Vereinigungen (vgl. hierzu *Daeniker,* op. cit. S. 48 f.). An die Stelle der „absoluten" Grundrechte tritt hier das zwingende, vom Verband nicht zu ändernde, gesetzliche Vereinsrecht, während i. übr. das „selbstgesetzte Verbandsrecht, im Rahmen zulässiger Zwecksetzung", die Stelle der elastischen, der Legalität genügenden Zweck-lex des Bes. Gew. Verh. einnimmt — mit dem praktisch bedeutsamen Unterschied allerdings, daß eben hier die Zwecksetzung, aus der Natur des privaten Verbandes, viel weitergehend möglich ist.

[33a] Diese Zweistufigkeit rechtfertigt sich auch aus dem formalen Normverhältnis zwischen Grundrechten (Verfassung) und Legalität (i. *einzelnen* Gesetz): Das Gesetz (Legali-

zes verschieden: Die Legalität steht in dem Sinn über jeder Verwaltungshandlung, daß sie den „Raum“ zu dieser erst schafft, sie damit auf den Bereich einer „inneren Linie“ drängt, der von der grundsätzlich unendlichen Freiheitszone, jenseits einer durchgehenden Trennungslinie, sich abhebt. Das Tätigkeitsfeld der Verwaltung ist eine Insel im Meer der Freiheit vor ungesetzlichem Zwang, das sich aber vor festen Dammbauten stets zurückzieht.

Anders die Grundrechte: ratione materiae umschrieben, als äußerste Reserven einer im übrigen unbeschränkten Staatsgewalt gegenüber entstanden, bilden sie selbst „überstarre“ Inseln innerhalb der Eingriffsmöglichkeiten, welche die Legalität zuläßt. Geringere Ausdehnung ersetzen sie durch rechtliche Undurchdringlichkeit. Sie stellen deshalb eine willkommene Ergänzung der schutzwürdigen Rechte des Besonderen Gewaltverhältnisses dar, die stets durch die Geringfügigkeit des Generalklauselschutzes der Legalität bedroht sind.

Zum Unterschied von allgemein-*gesetzlichen* Festlegungen von Rechten für ein Besonderes Gewaltverhältnis, die zu einer gewissen Erstarrung zu führen drohen, besitzen die Grundrechte einerseits die nötige Elastizität, andererseits die ideelle Kraft, um sich auch der speziellen Staatsgewalt gegenüber durchzusetzen. Die Gleichartigkeit ihrer Lösungen stellt eine Verbindung mit dem allgemeinen Gewaltverhältnis her, die einer „Aufspaltung in besondere Verwaltungsrechte“ entgegenwirkt. Bedauerlicherweise gehört diese Anwendbarkeit der Grundrechte zu den umstrittensten Fragen des Verwaltungsrechts — ein bedenklicher Beweis für die Unklarheit grundrechtlicher und die Besonderen Gewaltverhältnisse betreffender Vorstellungen.

Art. 1 Abs. 3 GG bindet die Verwaltung *ausnahmslos* an die Grundrechte. Selbst wenn man hier nur an Hoheitsverwaltung denkt, möchte man meinen, daß an der Geltung im Besonderen Gewaltverhältnis nicht zu zweifeln sei.

Daß dennoch auch heute diese manchmal geleugnet wird[34], ist eine Fortsetzung von Weimarer Vorstellungen. Walter *Jellinek*[35] vor allem beschränkte

tät) kann nicht von dem dispensieren, was zu den bedeutendsten Äußerungen des Pouvoir constituant gehört (vgl. *Köhl,* Diss. S. 92/93).

[34] Z.B. v. *Nebinger,* Komm., S. 33, 34, 41, 53 usw.; *Krüger,* Herb., Smend-Festschr. S. 231 u. *Redeker,* JZ 1954, S. 627, wenden sich noch dagegen als gegen die „h.L.“

In eigenartiger Umkehr urspr. grdrechtlicher Gedanken macht *Kalisch,* AöR 78, insbes. S. 338 f., die Freiheitsrechte (als „vom Staate zu verwirklichende Werte“) zu Grundlagen von – i. Erg. – durchaus grundrechtsbeschränkenden Dienstbefehlen! Wenigstens im Beamtenverhältnis müssen nach *Kalisch* die „eigenen Rechte“ den „zu verwirklichenden“ weichen (S. 344) — ein sehr bedenklicher und absolut abzulehnender Rückfall in die Grundrechtsobjektivierungstendenz der Weimarer Spätzeit, die aus falsch verstandenen Smendschen Gedanken die Grundrechtsverwirklichung zum Monopol des Staates erklärte und sie so – paradoxerweise! – zu einer Verstärkung der staatlichen Kompetenzen werden

damals die Grundrechtsgeltung auf das allgemeine Gewaltverhältnis — in einer Linie mit der Ablehnung jeder Drittwirkung und zugleich mit den Versuchen, durch Ausweitung des Zweckgedankens die Legalität zurückzudrängen und so die Besondere Gewalt völlig als Reserve des Obrigkeitsstaates zu erhalten.

Die Einfügung des Art. 17a GG machte dieser allgemeinen Ablehnung ein Ende: ausdrücklich wurde die Einschränkungsmöglichkeit gewisser Grundrechte im Wehrverhältnis verfügt[36]. Dies beweist, daß ohne diese Regelung, „an sich" also, die Grundrechte in diesem wichtigen Gewaltverhältnis ausnahmslos gegolten hätten[37]!

Leider verstärkt sich nun eine Tendenz, die ebenfalls aus der Weimarer Zeit kommt und einer Stufe innerhalb der – phasenfrüheren – Legalitätsanerkennung im Besonderen Gewaltverhältnis entspricht: die Zwischenschaltung des Zweckmoments, das ja bereits die Legalität für das Besondere Gewaltverhältnis hatte retten sollen: Grundrechte sollen nur soweit gelten, wie es der „Zweck des Besonderen Gewaltverhältnisses" zuläßt[38]. Diese Ansicht

---

ließ. Welche gefährlichen Folgen so ein allgemeiner Wertgedanke haben kann, zeigt eindrucksvoll diese Auffassung.

[35] Verwaltungsrecht, Heidelb. 1948, Neudr. S. 370 f., 484, 488, 493 usw.; vgl. auch *Thoma,* R. i. d. OVG-Festgabe, der ebenfalls von der grds. Nichtwirkung der Grundrechte i. Bes. Gew. Verh. ausging. Vgl. ferner *Köhl,* Diss. S. 62 ff. m. weit. Nachw., der über die hier sehr restriktive neuere Schweizer Praxis berichtet, sowie *Freudenberger,* Diss. S. 193.

[36] *Hamann,* Komm. S. 68, *Krüger,* Hild., Zschr. f. B. R. 1956, S. 311.

[37] So jetzt auch die überwiegende Lehre: vgl. u.a. *Hamann,* Komm. S. 56/68; *Köhl,* Zschr. f. B. R. zit. S. 122; *Köhl,* Diss. S. 92 f.; *Koellreutter,* Dt. Staatsrecht, S. 52; *Krüger,* Herb., DVBl. zit S. 628/29; *Krüger,* Herb., Smend-Festschr., S. 231; *Maunz,* Th., Dt. Staatsrecht, 9. Aufl., S. 113/14; *v. Münch,* JZ 1958, S. 73; *Obermayer,* op. cit. S. 172; i. Erg. auch *Werner,* F., JZ 1954, S. 560/61; *Wolff,* Verw. R., S. 147/48; *Zinn/Stein,* Komm. S. 94; (vorsichtig): *Bachof,* Laforet-Festschr., S. 292; f. d. Weim. Zeit bereits *Freudenberger,* Diss. S. 195/96; vgl. i. übr. dazu *v. Mangoldt/Klein,* l. c.

[38] Vgl. *v. Mangoldt/Klein,* l. cit.; i. Erg. schon *Freudenberger,* op. cit. S. 195; *v. Münch,* JZ 1958, S. 74 f. (wenn auch die dort genannten Grundrechte meist in der erwähnten Weise einschränkbar sind, aber nicht aus dem Zweck allein, sondern nur im Zusammenhalt mit dem Gesetzesvorbehalt, vgl. unten!); *Köhl,* Zschr. f. B. R. 1956, S. 122; klarer noch *Köhl,* Diss. S. 96 f. (Dort wird ein gefährlicher Weg beschritten: die Grundrechte werden allgemein unter den Vorbehalt dessen gestellt, was zur Ausübung der verfassungsrechtlich verliehenen Kompetenzen erforderlich ist — damit natürlich auch unter den „Zweck" des Bes. Gew. Verh.) I. Erg. auch *Krüger,* Hild., Zschr. f. B. R. 1956, S. 311.

Deshalb muß auch gegen Versuche Stellung genommen werden, die Anfechtbarkeit von Maßnahmen der Bes. Gew. ausschließlich auf Grund einer Verw.-Aktqualität zuzulassen, die *nur* aus von der Betrachtung der verletzten Rechte unabhängigen Gesichtspunkten abgeleitet wird. So muß auch *Krüger,* Herb., Smend-Festschr., insbes. S. 230 f., entgegengetreten werden (vgl. auch die Kritik v. *Bachof,* Laforet-Festschr., S. 289 f., *Thieme,* DöV 56, S. 527; *Köhl,* Diss. S. 82/83), weil auch seine Einteilung der Anfechtbarkeit nach

fordert schärfsten Widerspruch heraus, da sie die Grundrechtsidee für das Besondere Gewaltverhältnis überhaupt entwertet.

Selbst wenn nämlich der Zweckbegriff in der oben geforderten Weise „objektiviert" wird, geraten doch so die Grundrechte unter den allgemeinen Vorbehalt der Verwaltungseffizienz. Sie fügen dann der Legalität nichts hinzu, weil diese bereits verbietet, außerhalb des Zwecks zu handeln. Man kehrt völlig zu Walter *Jellinek* zurück und kann Art. 17a GG nicht anders denn als reine Deklaration werten. Die Grundrechtswirkung kann dann auch nicht durch den neuerdings üblichen Versuch gerettet werden, über den unklaren Begriff einer „streng grundrechtskonformen Interpretation" durch die Hintertür einzuführen, was vorn die Grundrechtsrelativierung ausschließt. Zugrunde liegt der kritisierten Ansicht nur das Bestreben, die angeblich „sprengende Grundrechtsgewalt" durch immanente Beschränkungen zu fesseln. Es ist allgemeine Aufgabe der Grundrechtstheorie, solche Versuche, selbst auf Kosten revolutionierender Ergebnisse, abzuweisen. Hier soll am Beispiel der Besonderen Gewaltverhältnisse gezeigt werden, daß die Grundrechte weder alles Hergebrachte zerstören noch ein nur vorsichtig-konservierender Überbau, im ehemaligen *Anschütz*schen Sinn, bleiben dürfen.

Auszugehen ist dabei von der grundlegenden Erkenntnis R. *Thomas*[39], daß der Anwendungsmaßstab der Grundrechte, auch bei den Besonderen Gewaltverhältnissen, *nicht* dem zu regelnden Gebiet – also diesen Verhältnissen –, sondern nur den Grundrechten selbst, ihrer „Kräftigkeit", zu entnehmen ist.

Der Wortlaut des grundgesetzlichen Rechtekatalogs gibt hier nur wenig Anhalt: Lediglich Art. 9 Abs. 3 gewährleistet die Koalitionsfreiheit in jedem Abhängigkeitsverhältnis, während die Berufsfreiheit nach Art. 12 bei allgemeinen Hilfsdiensten und Freiheitsentziehungen Beschränkungen unterliegt. Implizite Einschränkungen der Grundrechte im Beamtenverhältnis könnte Art. 33 Abs. 5 enthalten, doch kann nicht angenommen werden, daß die Grundrechte durch eine so allgemein-unbestimmte Formel wie „die hergebrachten Grundsätze des Berufsbeamtentums" en bloc derogiert werden sollten, wo doch das Grundgesetz gerade (vgl. Art. 17 a, 19 Abs. 1) die Notwendigkeit spezieller Derogationsankündigung unterstreicht. Eben deshalb dürfte auch die bloße Erwähnung eines Besonderen Gewaltverhältnisses in der

---

„Rechtssachen" (Gegensatz: wohlfahrtsorientierte Verwaltungssachen) die – wenn auch von ihm nicht beabsichtigte – Gefahr heraufführt, daß aus der *Art* des Handelns, nicht aus der Zielsetzung, die die Verwaltung geben darf, also nicht unter Berücksichtigung etwaiger Rechtsverletzung, entschieden wird. Die Bedenken fallen allerdings – wenn auch nur der Legalität gegenüber – fort, wenn die Zielsetzung hinreichend objektiviert wird, so i. wes. b. d. *Thieme*schen „Schutzwürdigkeitstheorie", DöV 1956, S. 528/29, bleiben aber auf der „Grundrechtsstufe" bestehen.

[39] Dem Grundthema seines berühmten Aufsatzes in der OVG-Festschrift 1925.

Verfassung (etwa der Schule) nicht eine Konstitutionalisierung solcher Institutionen in ihrer bisherigen, grundrechtslosen Form bedeuten[40]. Eine etwaige Abstufung der Grundrechtsgeltung kann also nur den im Grundgesetz vorgesehenen Einschränkungsmöglichkeiten folgen. Daß die Grundrechte nicht ohne jede Beschränkung in schutzwürdige Rechte des Besonderen Gewaltverhältnisses sich verwandeln dürfen, zeigt etwa die Unvereinbarkeit unbeschränkter Berufsfreiheit mit öffentlichen Dienstverhältnissen oder der grenzenlosen Meinungsfreiheit mit der Schuldisziplin.

Der hier unternommene einschränkende Lösungsversuch geht von der oben gewonnenen Erkenntnis aus, daß Besondere Gewaltverhältnisse nicht legalitätslose Räume darstellen, sondern daß die Verwaltung hier auf Grund einer – meist stillschweigenden – gesetzesrangigen Ermächtigung tätig wird, die sich an die Zulässigkeit einer gewissen Zwecksetzung anschließt und auf die Verfolgung des Zwecks sich beschränkt. Diese Konstruktion legitimiert nicht nur das Besondere Gewaltverhältnis vor der Legalität, sie allein gestattet auch einen Einbau der Grundrechte in die schutzwürdigen Rechte, wenn, was entscheidend ist, die *Gesetzesrangigkeit* der Ermächtigung der Besonderen Gewalt betont wird. Es läßt sich dann die These aufstellen, daß ein *Besonderes Gewaltverhältnis Grundrechte jedenfalls soweit unangetastet lassen muß, wie diese nicht unter Gesetzesvorbehalt stehen. Das Gewaltverhältnis erscheint als besondere Form der Ausnutzung des Gesetzesvorbehalts*[41].

Dem widersprechen nicht die allgemeinen Regeln über den Gesetzesvorbehalt[42]: Ein förmliches Gesetz ist nach Art. 19 Abs. 1 GG zur Einschränkung der Grundrechte nicht erforderlich (Ausnahme: Art. 104 Abs. 1 GG). Die Nennung der Grundrechte ist bei vorkonstitutionellen Gesetzen – und solchen steht die Kategorie der Besonderen-Gewalt-Ermächtigungen gleich –

---

[40] Nicht ganz unbedenklich also i. Erg. *Krüger,* Hild., Zschr. f. B. R. 1956, S. 211, die den Schutz des Beamten durch Berufung auf ein – natürlich mit Art. 33 GG in Zusammenhang zu bringendes – „besonderes Treueverhältnis" hinreichend gewährleistet glaubt. Vgl. dazu *Wacke,* Grdlagen d. öff. Dienstrechts, S. 108 f.

[41] Die These an sich darf keinen Anspruch auf Originalität erheben, da sie ja bekanntlich seit langem von *Forsthoff* (z.B. Lehrb. 6. Aufl., S. 115) u. anderen (z.B. *Hamann,* Komm. S. 68, sehr allgemein auch *Krüger,* Herb., DVBl. 1950, S. 628/29) vertreten wird. Hier soll nur versucht werden, sie weiter dogmatisch zu unterbauen und in Zusammenhang mit der Legalität zu bringen. Insbes. soll der Anschein vermieden werden, als handle es sich, bei der Bezugnahme auf den Gesetzesvorbehalt, nur um die Verwendung irgendwelcher unklarer „Grundgedanken".

[42] Man könnte zwar versucht sein, gerade aus Art. 17 a GG zu schließen, daß *grundsätzlich* also die Grundrechte i. Bes. Gew. Verh. nach dem Gesetzesvorbehalt *gar nicht* einschränkbar seien, weil dies ja in dieser Vorschrift ausdrücklich habe ausgesprochen werden müssen. Letztere dient aber – richtig verstanden – nur der politisch besonders wichtigen Klarstellung i. F. d. umstrittenen Wehrverhältnisses, das die urspr. grundrechtliche Ordnung ja nicht kannte.

nicht nötig, auch nicht soweit diese nunmehr weiterentwickelt werden. Nichts anderes kann für Ermächtigungsnormen gelten, die eine Einwilligung des Gewaltunterworfenen voraussetzen: Ausdrücklich stellt ja Art. 1 Abs. 2 GG die Unveräußerlichkeit der Unverletzlichkeit gleich[43].

Die oben aufgestellte These führt – abgesehen von einigen auch im allgemeinen Gewaltverhältnis auftretenden Vorbehaltsschwierigkeiten – für die Besonderen Gewaltverhältnisse zu *vernünftigen* Ergebnissen. So ist die Uneinschränkbarkeit von Menschenwürde, Leben und körperlicher Integrität durch die Besondere Gewalt unbestritten (woraus sich die Unzulässigkeit des Züchtigungsrechts ergibt, wenn dieses nicht aus Übertragung elterlicher Befugnisse abgeleitet wird). Die allgemeine Handlungsfreiheit ist nach neuerer Rechtsprechung des Bundesverfassungsgerichts ohnehin dem allgemeinen Gesetzesvorbehalt, also auch der Besonderen Gewalt, unterworfen. Der Gleichheitssatz gilt im Besonderen Gewaltverhältnis schon seit Jahrzehnten unbestritten, was allerdings bei der Verschwommenheit des Begriffs immer nutzloser zu werden droht. Glaubens- und Gewissensfreiheit sind unbeschränkbar. Die Meinungsfreiheit unterliegt denjenigen Einschränkungen, welche sich aus Anordnungen der Besonderen Gewalt ergeben, die sich nicht gegen die Meinungsfreiheit *an sich* richten, sondern nur das Funktionieren der Institution sicherstellen sollen, die aber als solche nicht den Zweck des Meinungsdiktats verfolgen darf. So ist hier die Wendung „allgemeine Gesetze" im Anschluß an die allgemein herrschende Auslegung zu fassen: Sie beschränkt verwaltungsmäßige Zweck*setzung,* läßt dann aber die Zweck*verfolgung* frei, auch wenn *sie* das Grundrecht einengt — ein billigenswertes Ergebnis[44]. Im Einklang mit herrschenden Auffassungen steht ferner die

---

[43] Die Grundrechtsverzichtsfrage ist seit jeher eine Crux der Grundrechtslehre, die hier nur am Rande erwähnt werden kann. Eine beachtliche Lehre geht seit langem, im Anschluß an die *Jellinek*sche Zweiteilung (Verzichtmöglichkeit auf aktuelle Ansprüche — unverzichtbare abstrakte Anspruchsgrundlage, System d. subj. Rechte 1905, S. 342), davon aus, daß die Grundrechte „als solche" zwar unverletzlich seien, daß aber auf ihre „Ausübung" verzichtet werden könne (so z.B. *Freudenberger,* Diss. S. 196 f.; *Krüger,* Herb., DVBl. 1950, S. 628/29; *Koellreutter,* Dt. Staatsrecht, S. 52; *Zinn/Stein,* Komm. S. 94), richtig dagegen *Bachof,* Laforet-Festschr., S. 302: der Eintretende kann sich ohne Grundrechtsverstoß nur dem unterwerfen, was nach dem (zu ergänzen ist hier: grundrechtskonformen) legalitätsentsprechenden Zweck des Bes. Gew. Verh. nötig ist.

Freilich gilt diese „Unveräußerlichkeit" nach dem Wortlaut des GG nur b. Menschenrechten, und so wird von manchen (z.B. *Koellreutter,* a.a.O.) die Einschränkung auf Grd. v. Einwilligung nur für „staatsbezogene" Grundrechte zugelassen. Der Gedanke wäre an sich nicht von der Hand zu weisen, wenn eine dem Gesetzesvorbehalt an Klarheit gleichstehende Einteilung der Freiheitsrechte in „Menschenrechte" und „rein staatsbezogene" Grundrechte bereits erarbeitet oder auch nur möglich wäre (das bisher allgemein verwendete Kriterium der Verbürgung d. Rechte für „Staatsbürger" oder „alle Menschen" hat mit der vorliegenden Problematik nichts zu tun und muß daher ausscheiden).

[44] Zu weitgehend hier etwa *Nebinger,* Komm. S. 35.

allgemeine Uneinschränkbarkeit der Ehe- und Erziehungsrechte sowie von wesentlichen Seiten der Vereins- und Versammlungsfreiheit, während Brief-, Post- und Wohnungsfreiheit schwächer ausgebildet sind. Schließlich ist zwar die Berufswahl absolut geschützt, wohl aber kann die Berufsausübung durch Anordnung der Besonderen Gewalt beschränkt werden[45].

Auch in einzelnen schwierigen Fragen des Schul-, Dienst- und Gefängnisverhältnisses lassen sich an Hand des Vorbehaltschemas vernünftige Lösungen erzielen. So deckt etwa die erwähnte Beschränkbarkeit der Meinungsfreiheit auf den Bildungszweck die Schuldisziplin, während die Berufswahlfreiheit durch Eintritt in eine Anstalt nicht leidet, weil dieser gerade eine solche Wahl darstellt. Im Dienstrecht genügen ebenfalls die angegebenen Grenzen der Meinungsfreiheit, sie lassen sogar mehr Disziplinarmacht als im allgemeinen erforderlich ist. Beschränkbar ist die Berufsfreiheit, nicht aber die Koalitionsfreiheit, während das Streikrecht durch Art. 9 GG gar nicht gewährleistet ist. Daß die Freizügigkeit eingeschränkt werden kann, soweit es die Beschränkung der Berufsfreiheit durch den Dienstzweck dringend erfordert, weist auf einen allgemeinen Grundsatz hin, der bei der Auslegung der Vorbehalte nie vergessen werden darf: In der Beschränkungsmöglichkeit *eines* Grundrechtes ist die eines anderen soweit enthalten, als diese *notwendige* und *sekundäre* Folge der ersteren Beschränkbarkeit ist[46].

Dies erleichtert das Verständnis der Rechte im Gefangenenverhältnis. Hier wird zulässigerweise[47] in die persönliche Freiheit eingegriffen, und *insoweit* entfällt dann sekundär, aber notwendig, die Freizügigkeit und die Versammlungsfreiheit, obwohl hier ein derartiger ausdrücklicher Vorbehalt nicht besteht. Andere Rechte aber bleiben uneingeschränkt, was, wie noch nicht genugsam erkannt, zu einer gründlichen Änderung der Gefängnisordnungen führen müßte. Es wird nur die Entziehung persönlicher Freiheit mit *ihren notwendigen Folgen* legalisiert, nicht die herkömmliche Abschwächung aller Rechte, etwa auch des Vereinigungs- oder des Rechts zur Eingehung der Ehe. Zwar darf also die Post zensiert werden, aber bei der Beschränkung der Informationsfreiheit ist ein strenger Maßstab anzulegen, wie auch jede nicht beleidigende oder zu strafbaren Handlungen auffordernde Meinungsäußerung erlaubt ist[48].

---

[45] Hier müßte näher auf die Unterscheidungen des BVerfG eingegangen werden und diese könnten dann die erforderliche Abgrenzung gewährleisten.

[46] Dies dürfte besser sein, als von einer „faktischen" Einschränkung zu sprechen (*v. Münch,* op. cit. S. 75).

[47] Und nicht nur „faktisch" (*Krüger,* Hild., a.a.O., vgl. auch *v. Münch,* a.a.O.).

[48] Die Einschränkbarkeit hängt dabei davon ab, wie man hier den Begriff „allgemeine Gesetze" faßt: nimmt man die „Zweck-lex" des Bes. Gew. Verh. dazu, so gelangt man allerdings zu der weiteren Einschränkbarkeit, „soweit es der Zweck der Anstalt verlangt"

Die besondere legalitätsergänzende Funktion der Grundrechte erweist sich aber nicht nur in der zonenweisen Verstärkung schutzwürdiger Rechte und einer Präzisierung der Abgrenzung, die endlich einmal weniger vom staatlichen Zweck als von der Natur der Rechte her gewonnen wird: Sie schafft „*undurchdringliche* Rechtsinseln" vor allem durch die Wesensbestandsgarantie der Grundrechte in Art. 19 Abs. 2 GG, die auch der Besonderen Gewalt widersteht. So schwer es allgemein zu sagen sein mag, wann der „Wesenskern" erreicht ist, das Bestehen allein dieser Kategorie mahnt bei intensiven Eingriffen zur Vorsicht: So nähern sich die früher bei Gefangenen üblichen völligen Verbote literarischer oder künstlerischer Tätigkeit dieser Grenze, ebenso eine lückenlose Briefzensur. Art. 19 Abs. 2 wirkt aber stärker durch seine warnende „Fernwirkung" denn als spezielle Verbotsnorm und kann Bedeutung nicht nur im Gefangenen-, sondern auch im Wehr- und in gewissen schulischen und Internatsverhältnissen erlangen.

Gerade an diese Wesensgarantie schließen allerdings erhebliche neuere Bedenken über die Geltung überhaupt der Grundrechte im Besonderen Gewaltverhältnis an. Paradebeispiel ist das Gefangenenverhältnis auf Lebenszeit. Wie kann der ewige Verlust der persönlichen Freiheit, der Freizügigkeit, der Berufsfreiheit sowie der ehelichen Freiheiten, der vollständig ist, mit Art. 19 Abs. 2 vereinbar sein[49]? Die Antwort lautet: Gewisse bisher übliche Übertreibungen bei der Einschränkung etwa von Vereinigungs- und Meinungsäußerungsrechten müssen und können fallen. Nur bei *einem* Recht könnte von einem „Wesenseingriff" die Rede sein — bei der persönlichen Freiheit, bei anderen (Ehe-, Berufsfreiheit) ist die Beschränkung in dem oben dargelegten Sinne „sekundär", d.h. sie besteht nur als notwendige Folge des Eingriffs in die Freiheit. Diese letztere endlich ist nicht durch die Besondere Gewalt wesensbedroht, sondern durch die auf Grund einer klaren, spezifizierten Gesetzesnorm (§ 211 StGB) handelnde Staatsgewalt. Diese Vorschrift, nicht das Besondere Gewaltverhältnis, müßte also zunächst auf ihre Vereinbarkeit mit Art. 19 Abs. 2 GG geprüft werden, die Besondere Gewalt nur, insoweit die Wesensverletzung durch die Ausgestaltung der Freiheitsentziehung erfolgt, was denkbar, aber zu beseitigen ist.

(so i. Erg. *v. Münch*, op. cit. S. 74/75). Man wird aber besser die Zweck-lex dieses Bes. Gew. Verh. doch als ein „Spezialgesetz", auch gegen die Meinungsfreiheit, ansehen, weil es deren Beschränkung als mit der Einschränkung der Freiheit engstens zusammenhängende Folge umfaßt.

[49] Vgl. *Krüger*, Herb., DVBl. 1950, S. 628/29; *v. Münch*, op. cit. S. 76. Die „proportionale Wesensgehaltslehre" des BGH (vgl. dazu *v. Mangoldt/Klein*, Komm. S. 443/44) wird gerade hier ad absurdum geführt: Wenn der „Zweck" der Maßnahme eben die vollständige Vernichtung der betreffenden Freiheit verlangt — ist diese dann auch zulässig? Verstößt eine solche Auslegung aber nicht direkt gegen den Wortlaut des GG?

Dies alles beweist, daß ein vorsichtiges Einfügen der Grundrechte in die Besonderen Gewaltverhältnisse keineswegs deren revolutionierende Sprengung bedeutet: Der Verwaltung bleibt es unbenommen, die schutzwürdigen Rechte bis an Grenzen zurückzudrängen, die im allgemeinen Gewaltverhältnis kaum durch massive Parlamentsmehrheiten erreicht werden könnten. Umgekehrt aber schärft eine innerhalb dieser Grenzen wiederum strenge Anwendung der Grundrechte die in der Praxis meist ohnehin, aber wenig klar vorhandenen Vorstellungen von der Notwendigkeit, die Positionen der Besonderen-Gewalt-Unterworfenen durch eine gewisse Rationalisierung der Besonderen Gewalt zu stärken.

Eine Verwirrungsgefahr besteht allerdings: Die Grundrechte konnten im deutschen öffentlichen Recht lange Zeit gar nicht, lange Jahre nach herrschender Ansicht wenigstens im Besonderen Gewaltverhältnis nicht wirken. Zur gleichen Zeit aber herrschten meist durchaus liberale allgemeine Auffassungen, die auf die Besondere Gewalt wirkten. Es besteht also die Tendenz, wie bisher die beiden „Schutzstufen" – Legalität und Grundrechte – zu verbinden. Die Grundrechte erscheinen dann als unklare allgemeine „Staatszweckbegrenzungsnormen", welche schon in etwa die zweckgerichteten Legalitätsgrundlage formen. So heißt es in neueren Urteilen zur Aufstiegsfrage im Schulrecht, Grundrechte würden hier nicht verletzt, weil es legitimer Zweck staatlicher Schulpolitik sei, daß die entsprechenden Grundrechte der gutlernenden Schüler nicht durch extreme Berücksichtigung der Rechte einiger schwächerer Elemente beeinflußt würden. Hier erscheint es dann dem enttäuschten Abgewiesenen, als würden seine Grundrechte der Effizienz geopfert, während die Verwaltung fürchten muß, daß nunmehr kein Schritt mehr ohne schwierigste Grundrechtsabwägung möglich sei. In Wahrheit empfiehlt sich auch hier die klare Scheidung: 1. Stufe: Vom legitimen Erziehungszweck her gesehen (Erzeugung bester Leistung) ist die Maßnahme ohne weiteres gerechtfertigt (ohne Berücksichtigung von Grundrechten!); 2. Stufe: Grundrechte stehen nicht entgegen, weil die entsprechenden Rechte (Art. 2 Abs. 1, Art. 3 u. 12 Abs. 1) unter einem weiten Vorbehalt stehen, die Entscheidung also insoweit im „grundrechtsleeren" Raum ergeht. Nur so kann eine Überspannung der Grundrechtlichkeit vermieden werden, welche zu deren allgemeiner Relativierung führen muß.

Der eigentliche Grund, warum hier wiederholt die Trennung der beiden Stufen (Legalität und Grundrechte) betont wurde, liegt nicht im Versuch einer Zurückdrängung der Grundrechtlichkeit — wenn diese auch manchmal so erreicht wird. Vielmehr soll der auf der ersten Stufe wirksamen zweckgebundenen Effizienz ein eigenständiger Raum gegeben werden, wo ihre Gesetzlichkeit nicht mit verdünnter Grundrechtlichkeit vermischt wird. Erst *außerhalb* setzen die Grundrechte ein, dann aber mit voller, unabdingbarer

Normwirkung und nicht in der Verwaschenheit einer von vielen Zweckmäßigkeiten. Die stufenweise Prüfung eventueller Rechtsverletzungen entspricht überdies der historischen Entfaltung des Schutzes sowie der Notwendigkeit, schutzwürdige Rechte aus der Legalität *allein* auch für *den* Fall durch Schaffung einer jurisprudentiellen Tradition zu sichern, daß Grundrechte einmal nicht mehr mit der heutigen Intensität anerkannt werden, auf daß dann nicht für einen ganz *schutzlosen* Gewaltunterworfenen gelte: Verfassungsrecht vergeht. Verwaltungsrecht besteht.

Am Schluß dieser Ausführungen mag es scheinen, als seien durch die Befürwortung strenger „minima-Prüfung", durch die Anerkennung des, wenn auch objektivierten, Zweckes als Legalitätsgrundlage und die teilweise Grundrechtsrelativierung durch den Gesetzesvorbehalt die schutzwürdigen Rechte im Besonderen Gewaltverhältnis generell weiter zurückgedrängt, als manchem Befürworter des Rechtsstaats lieb sein mag. Tatsächlich bekennen sich diese Darlegungen voll und ganz zu der Notwendigkeit, daß die Verwaltung in einem gewissen Raum freie Hand behalten muß. Das „tamen usque recurret" des Besonderen Gewaltverhältnisses, trotz Legalität und Grundrechten, zeigt, daß hier, wie selten im Verwaltungsrecht, eine Form geheimnisvoller „Natur der Sache" lebendig ist. Unter allen normativen Strukturen verbirgt sich irgendwo ein unauflöslicher Kern von wahrer, ursprünglicher „Gewalt", in den Säulen des Staats, in Schulen, Kirche, Beamtenschaft, Armee. Der allgemeinen Normfeindlichkeit der modernen technischen Effizienz sollte wenigstens im Besonderen Gewaltverhältnis in der Weise entgegengekommen werden, daß, in der oben dargelegten „ersten Stufe", eine objektivierte, technische Effizienz mit all ihren Regeln in die Legalität übernommen wird, und diesen aus der Natur der Sache herauskommenden „eigenen" Zweckregeln so lange gefolgt werden darf, bis die absoluten Grenzen der Grundrechte Halt gebieten.

So entfaltet sich im Besonderen Gewaltverhältnis vielleicht von neuem eine Form der Gewaltenteilung, deren Ansätze aus einer fernen Vergangenheit kommen, mit der ja überhaupt das Besondere Gewaltverhältnis in erstaunlicher Kontinuität verbindet: Das allein die Verfassung tragende Spannungsverhältnis von Exekutive und richterlicher Gewalt, bei der erstere völlig frei schaltet, soweit sie nicht auf die „Inseln" der von der Gerichtsbarkeit unbedingt geschützten Rechte vorstößt. Die von *Montesquieu* bereits als die für das französische Ancien Regime typisch bezeichnete Gewaltenteilungsform mag vielleicht eines Tages stärker in die Lücken treten müssen, welche die Schwächen eines im technischen Zeitalter niedergehenden Parlamentarismus entstehen lassen, damit der Staat die Notwendigkeiten der Zeit meistern kann. Da wäre es sinnlos, das, was im Großen immer mehr kommen muß, in den kleinen Räumen des Besonderen Gewaltverhältnisses voreilig zerstören zu wollen.

Schon kommt eine Zeit herauf, in der die Norm, auch im allgemeinen Gewaltverhältnis, mehr und mehr zur planenden Weisung wird. Demgegenüber muß das öffentliche Recht die Theorie der schutzwürdigen Rechte neu entwickeln. Schon heute, im Mikrokosmos der Besonderen Gewaltverhältnisse, hätte die Rechtsprechung Gelegenheit, die Ansatzpunkte zu präzisieren: objektive Effizienzprüfung der services publics und Kernbildung gewisser unter allen Umständen zu verteidigender Rechte. Nicht unvorbereitet sollte das öffentliche Recht wieder von der Forderung getroffen werden: das Beste ist doch ein Befehl! Bei der Entfaltung der schutzwürdigen Rechte im Besonderen Gewaltverhältnis bereits sollte die Antwort vorbereitet werden: Ja, das Beste ist ein Befehl, aber ein Befehl an freie Menschen!

Von der persönlichen Freiheit zum Persönlichkeitsrecht*

Der Name *Heinrich Hubmann* ist mit dem Allgemeinen Persönlichkeitsrecht verbunden, dessen Dogmatik er begründet hat. Dem Zivilrechtler ist es hier gelungen, ein Verfassungsdefizit auszufüllen, denn im Persönlichkeitsrecht liegt heute das Zentrum der persönlichen Freiheit; das soll im folgenden gezeigt werden. Große Verfassungsentwicklung kommt noch immer — aus dem Privatrecht.

I. „Persönliche Freiheit" — ein bedeutungsarmes Grundrecht

a) „Les hommes naissent et demeurent libres et égaux en droits" — dieser erste, unübersetzbare Satz der französischen Menschenrechtserklärung von 1789 ist der Wegweiser zu jenem „Reich der Freiheit", das wir seither suchen. Die Revolutionäre haben die Freiheit des Einzelmenschen als höchsten und ersten Wert proklamiert; in ihrem Kampf gegen lettres de cachet und Zensur bedeutete dies vor allem eins: Persönliche Freiheit.

Was ist davon geblieben in jenem Grundgesetz, das in der liberalen Verfassungstradition steht, welche 1789 begonnen hat? In der Präambel kommt „Freiheit" als Menschenrecht nicht vor, nur von der „Einheit und Freiheit Deutschlands" ist die Rede.[1] In Art. 2 Abs. 1 GG wird die „freie Entfaltung der Persönlichkeit" garantiert — ein neuartiges Grundrecht, das nicht unmittelbar in der Tradition der „Persönlichen Freiheit" steht, sondern weit darüber hinausreicht[2] und im übrigen nicht aus dem Ethos der Menschenrechte, sondern aus dem Systematisierungsbedürfnis der deutschen Rechtsstaatstheorie des 19. Jahrhunderts und ihrer allgemeinen Handlungsfreiheit geboren ist.[3]

---

* Erstveröffentlichung in: Festschrift für Heinrich Hubmann zum 70. Geburtstag, Frankfurt a.M. 1985, S. 295–305.

[1] Die Bedeutung der Aussage liegt wohl in erster Linie im Anspruch auf staatliche Unabhängigkeit, auf Überwindung des Besatzungsregimes und des souveränitätsbeschränkenden ausländischen Einflusses. Wollte man dem Begriff ein „nach innen gewendetes", im engeren Sinn verfassungsrechtliches Gewicht zuerkennen, so wäre es eben auch nicht die vorstaatliche Menschenrechts-Freiheit, welche hier angesprochen würde, sondern in erster Linie eine Art von „organisatorischer Freiheitssicherung", die zwar nicht unterschätzt, aber mit grundrechtlicher Freiheit auch nicht gleichgesetzt werden darf (zum Begriff vgl. bereits *Leisner,* W., Grundrechte und Privatrecht, 1960, 5 f.).

[2] Dazu näher unten IV.

[3] Deshalb stellt Art. 2 Abs. 1 GG auch ein systembildendes Grundrecht par excellence

Und auch Art. 2 Abs. 2 GG beginnt nicht mit der persönlichen Freiheit, sichert vielmehr zuerst Leben und körperliche Unversehrtheit, Werte also, ohne welche jene Freiheit wenig Sinn haben mag — was aber auch für andere verfassungsrechtliche Rechtsgüter gilt, etwa Gewissens- oder Meinungsfreiheit, die aber doch nicht mit der persönlichen Freiheit schlechthin identisch sind, wenigstens nicht in deren traditionellem Verständnis. Erst Art. 2 Abs. 2 S. 2 GG bringt, an deutlich nachgeordneter Stelle, den Satz: „Die Freiheit der Person ist unverletzlich."

b) Dennoch meint das BVerfG, die Freiheit der Person nehme – als Grundlage der allgemeinen Rechtsstellung und Entfaltungsmöglichkeiten des Bürgers[4] – einen hohen Rang unter den Grundrechten ein, was bereits in der Formulierung „unverletzlich" zum Ausdruck komme sowie darin, daß diese Freiheit nur aufgrund eines Gesetzes beschränkt werden dürfe und jedenfalls die Verfassungsgarantien der Art. 104 Abs. 2 bis 4 GG beachtet werden müßten. In der Tat leuchtet ein: Wer sich nicht persönlicher Freiheit erfreut, für den haben andere Grundrechte entweder keine oder doch nur sehr beschränkte Bedeutung.

Diesem vom BVerfG hervorgehobenen Rang der „Freiheit der Person" entspricht jedoch das Gewicht nicht, welches dieser Bestimmung in der Grundrechtsdogmatik und in der Praxis zukommt — nach Umfang und Art wird Art. 2 Abs. 2 S. 2 GG im Schrifttum schon fast wie eine Marginalie behandelt.[5] Auch an Spezialliteratur zur „persönlichen Freiheit als solcher", als Menschenrecht, findet sich in neuerer Zeit nur wenig;[6] allenfalls bei einzelnen Spezialthemen, wie etwa bei der Behandlung der Grenzen der staatlichen Zwangsbefugnisse gegen Untersuchungshäftlinge[7] oder zur Frage des Gurtanlegens,[8] stößt man auf nähere Erörterungen zu Art. 2 Abs. 2 S. 2 GG.

c) Dieses Zurücktreten einer doch zentralen Verfassungsbestimmung ist das Ergebnis einer Bedeutungsverarmung im Gefolge einer sehr „restriktiven

---

dar, welches als „Auffangrecht" die Grundrechtlichkeit erst zum System schließt, dazu *Dürig,* G., in: Maunz/Dürig, GG, Art. 2 Abs. I, insbes. Rdnr. 5 ff.

[4] BVerfGE 19, 342 (349); 35, 185 (190); 53, 152 (158).

[5] Nur einige Beispiele: *Dürig* widmet diesem Grundrecht im Kommentar von Maunz/Dürig nur wenig mehr als drei Seiten von insgesamt 114 Seiten zu Art. 2 GG; *v. Münch,* I., GG-Komm. 1, 1981, zwei Seiten von 750 Seiten über die Grundrechte der Art. 1 – 20 GG; *Maunz/Zippelius,* Deutsches Staatsrecht, 25. Aufl. 1983, nur knapp eine Seite, und weitgehend wird dort lediglich dargelegt, was dem Schutzbereich dieses Grundrechts nicht unterfällt.

[6] Eine Arbeit wie die von *Kern,* E., Das Grundrecht der Freiheit der Person, in: Die Grundrechte II, 66 ff., ist, soweit ersichtlich, neuerdings nicht mehr vorgelegt worden.

[7] Siehe etwa *Arndt/Olshausen,* JuS 1975, 143 ff.

[8] Dazu u.a. *v. Brunn,* DAR 1974, 141 ff.

Auslegung" des Begriffes „Freiheit der Person": Ihm unterfällt nur die „körperliche Bewegungsfreiheit", und auch diese nur in einem engen Sinn; von ihm werden etwa *nicht* erfaßt: Anhalterechte, Schulzwang, Torkontrollen,[9] die Pflicht des Erscheinens zum Verkehrsunterricht,[10] kurzfristiger Abschiebegewahrsam,[11] Freiheitsbeschränkungen zur Vorführung beim Gesundheitsamt[12] sowie privatrechtliche Aufenthaltsbeschränkungen aufgrund des elterlichen Sorgerechts.[13] Alle diese Beschränkungen werden dogmatisch nicht als zulässige Einschränkungen des grundrechtlichen Schutzbereichs angesehen, sie sollen ihn überhaupt nicht berühren.

Was übrig bleibt, ist nicht viel: Haft und Untersuchungshaft,[14] Anstaltsunterbringung volljähriger Entmündigter,[15] polizeilicher Gewahrsam[16] und Sistierung. Die einst so hochgepriesene systemzentrale Garantie der persönlichen Freiheit ist heute nicht viel mehr als eine — Haftprüfungsbestimmung.

Dafür gibt es mehrere Gründe, insbesondere: die demokratische Überschätzung der persönlichen Freiheit (im folgenden II), die Spezialisierung der Schutzbereiche der früheren Freiheit der Person, insbesondere in Richtung auf strafprozessuale Grundrechte (im folgenden III), vor allem aber die Übernahme wichtiger Schutzfunktionen durch Art. 2 Abs. 1 GG (freie Entfaltung der Persönlichkeit), wodurch dem Persönlichkeitsrecht eine neue, grundrechtlich-freiheitsschützende Dimension zuwächst (im folgenden IV). Nicht zuletzt aber wird sich zeigen, daß zwei Gefahren entgegengetreten werden muß: Der unbedingte Schutz der persönlichen Freiheit darf nicht in den Abwägungsformeln der Verhältnismäßigkeit sich verlieren, und der freiheitsschützende Charakter der wirtschaftlichen Grundrechte sollte nicht unterbewertet und auch beim allgemeinen Persönlichkeitsrecht mitberücksichtigt werden.

---

[9] *v. Münch,* I., GG, Art. 2 Rdnr. 63.

[10] BVerfGE 22, 21 (26).

[11] Vgl. BVerwGE 62, 325 (327 f.).

[12] BGHZ 82, 261 (265).

[13] *Maunz/Zippelius,* a.a.O., 189.

[14] Dort liegt eindeutig das Schwergewicht der Entscheidungen des BVerfG zu diesem Grundrecht, siehe etwa BVerfGE 19, 342 (347); 20, 45 (49); 22, 180 (219); 32, 87 (93); 34, 269 (280); 384 (396); 35, 185 (190); 36, 264 (269); 53, 152 (158).

[15] BVerfGE 10, 302 (323).

[16] BVerwGE 45, 51 (56).

II. Die „persönliche Freiheit" — eine liberal-demokratische Überschätzung

Das Pathos, mit welchem die persönliche Freiheit gepriesen wird, kommt in erster Linie aus der Staatsform der Demokratie. Wer nicht „frei" sich bewegen und handeln kann, ist kein wahrer Aktivbürger: Seine politische Teilhabe am Wahlgeschehen, dem geistigen Zentrum der parlamentarischen Demokratie, ist möglicherweise beschränkt, mehr noch seine passive Wahlfreiheit — der unfreie Kandidat ist, in aller Regel wenigstens, ein schlechter Kandidat, er kann für sich nicht so werben wie seine Konkurrenten; die persönliche Freiheit bedeutet in der Demokratie einen, wie es scheint systemnotwendigen, Schutz der (potentiellen) politischen Elite. Sie vor allem erscheint durch Formen persönlicher Gewalt grundrechtsbedrohend gefährdet.[17]

Und doch ist hier viel, wenn nicht alles — liberal demokratische Überschätzung der „persönlichen Freiheit". Abgesehen davon, daß gerade heute der „gefangene Parlamentskandidat" durchaus eine politische Attraktion sein kann,[18] einer partei- und wahlpolitischen Manipulation durch Beschränkung der persönlichen Freiheit sind schon praktisch engste Grenzen gesetzt. Das zeigt sich bereits darin, daß derartige Fälle - mehr schon Befürchtungen - in der Staatspraxis der letzten 35 Jahre in Deutschland seltene, meist unbedeutende Randerscheinungen geblieben sind. Mit Haft gegen politische Gegner vorzugehen — wer darf sich das in einer auch nur einigermaßen funktionierenden Demokratie noch leisten? Die persönliche Freiheit kann stets nur verschwindend wenigen und meist nur für kurze Zeit genommen werden. Gerade ein Demokratismus, dem die freiheitsbewahrende Volksmacht aus den Vielen zu kommen scheint, darf doch hier „die Freiheit" nicht verloren sehen, wenn sie nur in der Verhaftung einzelner geschlagen wird. Selbst Furchtwirkungen auf die größere Zahl dürfen in einer Zeit nicht mehr überschätzt werden,[19] in welcher es zum unerträglichen politischen Odium wird, viele zu verhaften, in der jedem Regime die Zahl seiner Verbannten bis ins einzelne vorgerechnet wird. Wenn irgendwo etwas wie ein „internationaler Freiheitsschutz" stärker wird, dann hier, in der Sicherung der persönlichen Freiheit.

---

[17] Dazu und zum folgenden *Leisner,* W., Der Führer - Persönliche Gewalt - Staatsrettung oder Staatsdämmerung?, 1983, 307 f.

[18] Wie etwa der Fall des Radikalen Tony Negri beweist, der 1983 aus der Untersuchungshaft heraus in die italienische Abgeordnetenkammer gewählt wurde.

[19] Bezeichnenderweise hat sich denn auch die Auffassung, das „Freisein von Furcht" gehöre zum Schutzbereich der „persönlichen Freiheit", nicht durchsetzen können (vgl. früher *Maunz,* Th., Deutsches Staatsrecht, 23. Aufl. 1980, § 14 III 3, krit. dazu *v. Münch,* I., GG, Art. 2 Rdnr. 64).

Diese „politische persönliche Freiheit" ist also gar nicht wirklich in Gefahr, solange die „organisatorische Freiheitssicherung" in der Demokratie funktioniert, die parlamentarische Mehrparteiendemokratie; sie schützt sich hier selbst, unabhängig von allen grundrechtlichen Verbürgungen, politisch eben nicht vor Gerichten. Wirkt dieser Schutz nicht mehr, so kann ohnehin niemand noch Grundrechte geltend machen. Und gegen kleinere antidemokratische Haftschikanen steht auch noch das grundrechtsgleiche Recht der „freien Wahl"[20] in Reserve (Art. 38 Abs. 1 GG).

Eine „hochpolitische Legitimation" als „Grundlage der Demokratie" läßt sich also für eine Bedeutungsverstärkung der „persönlichen Freiheit" nicht finden.

III. „Persönliche Freiheit" als strafprozessualer Grundsatz

Die persönliche Freiheit wird, nach dem BVerfG, dadurch besonders betont und geschützt, daß Art. 104 GG zu ihrer Einschränkung ein Parlamentsgesetz verlangt und sie überdies mit besonderen verfahrensrechtlichen Sicherungen umgibt.[21] In Wahrheit zeigt dies, umgekehrt, daß Art. 2 Abs. 2 S. 2 GG sinnentleert ist, daß diese Bestimmung für den ihr im wesentlichen verbleibenden Anwendungsbereich, im Strafprozeß, geradezu entbehrlich ist.[22]

Das BVerfG meint zwar, die formellen Gewährleistungen der Freiheit in Art. 104 GG stünden mit der materiellen Freiheitsgarantie des Art. 2 Abs. 2 S. 2 GG in unlösbarem Zusammenhang[23] — doch was fügt denn nun – umgekehrt – Art. 2 GG materiellrechtlich dem Art. 104 GG hinzu, wenn dieser im wesentlichen nur als Hervorhebung,[24] als Ergänzung[25] oder gar als Verschärfung von Art. 2 GG zu sehen ist?[26] Und in der Tat — die einzige wesentliche Aussage von Art. 2 Abs. 2 GG, der Vorbehalt des förmlichen Gesetzes, wird in Art. 104 GG wiederholt und präzisiert.

---

[20] Zum Begriff der „freien Wahl" vgl. *Maunz*, in: Maunz/Dürig/Herzog, GG, Art. 38 Rdnr. 47; *Stern*, K., Das Staatsrecht der Bundesrepublik Deutschland, § 10 II 3 d.

[21] BVerfGE 35, 185 (190).

[22] Sieht man von der durch Art. 2 Abs. 2 S. 2 GG verfassungsrechtlich eröffneten Möglichkeit der Verfassungsbeschwerde für Verletzungen des Art. 104 GG ab (vgl. BVerfGE 58, 208 (220)), die aber nach § 90 Abs. 1 BVerfGG einfach-gesetzlich bereits gegeben ist, so daß Art. 2 Abs. 2 S. 2 GG auch insoweit überflüssig erscheint.

[23] BVerfGE 10, 302 (322); 14, 174 (186); 58, 208 (220).

[24] BVerfGE 35, 185 (190).

[25] BVerfGE 10, 302 (323).

[26] BVerfGE 29, 183 (195 f.).

Bliebe als materiellrechtliche Aussage des Art. 2 Abs. 2 S. 2 GG – und damit als einziger noch faßbarer Sinn dieser Bestimmung –, daß aus der besonderen Bedeutung für das Grundrecht der persönlichen Freiheit mit verfassungsrechtlichem Rang der Grundsatz der Verhältnismäßigkeit folge[27] — doch auch dies verleiht Art. 2 Abs. 2 S. 2 GG keinen eigenständigen Sinn: Die Notwendigkeit, persönliche Freiheit immer nur „verhältnismäßig" einzuschränken, ergibt sich bereits aus deren Charakter als einem subjektiv-öffentlichen Recht, in Verbindung mit der Rechtsstaatlichkeit (Art. 20, 28 GG). Dem deutschen Polizeirecht liegt der Grundsatz der Verhältnismäßigkeit ohnehin von jeher und heute besonders präzisiert zugrunde.[28] Im übrigen ist fraglich, ob in der Praxis aus dem Verhältnismäßigkeitsgebot hier überhaupt spezielle Folgerungen gezogen werden können,[29] ob dies nicht lediglich ein „schönes Wort" bleibt. Wenn das aber nicht der Fall wäre — verstärkt der Hinweis auf „Verhältnismäßigkeit" denn die Schutzwirkungen eines Grundrechts? Diese allgemeinere Frage kann hier nicht vertieft werden — nur soviel: „Verhältnismäßigkeit" öffnet einen Freiheitsbereich der Abwägung, hebt die absolute Schutzwirkung auf, sagt aber nichts darüber aus, welchen Werten gegenüber und mit welcher Gewichtung abzuwägen ist. Dogmatisch wie in der täglichen Praxis bedeutet sie daher nichts anderes als eine *große Relativierung des Grundrechtsschutzes,* nicht etwa seine Verstärkung.

Art. 2 Abs. 2 S. 2 GG ist also durch Art. 104 GG in vollem Umfang ersetzt, ja überholt, mehr noch: Die persönliche Freiheit ist damit im wesentlichen in eine Reihe von strafprozessualen Grundsätzen aufgelöst worden.[30] Bis ins einzelne werden hier strafverfahrensrechtliche Normen auf Verfassungshöhe festgeschrieben, in einer rechtstechnischen Spezialisierung, welche sonst dem Grundgesetz fremd ist. Sicher ist der Schluß von solcher verfahrensrechtlicher Sicherung auf die materiell-rechtliche Bedeutung der persönlichen Freiheit[31] nicht schlechthin unzulässig, und er entspricht auch einer Tradition, welche seit der Anerkennung der Habeas-Corpus-Rechte die materielle Freiheit stets in erster Linie strafprozessual zu sichern bestrebt war. Dennoch

---

[27] BVerfGE 19, 342 (349); 20, 45 (49 f.) std. Rspr.

[28] Vgl. z.B. Art. 4 PAG; allgemein zum Grundsatz der Verhältnismäßigkeit im Polizeirecht: *Scholler,* H. / *Broß,* S., Grundzüge des Polizei- und Ordnungsrechts in der Bundesrepublik Deutschland, 3. Aufl. 1981, S. 87 f.; *Friauf,* K.H., Polizei- und Ordnungsrecht, in: v. Münch, I. (Hrsg.), Besonderes Verwaltungsrecht, 6. Aufl. 1982, S. 191 ff. (220 f.).

[29] Die eigentliche Aussagebedeutung von Art. 2 Abs. 2 S. 2 GG wird doch im wesentlichen in der Notwendigkeit der Beobachtung des Gesetzesvorbehalts gesehen, vgl. den Überblick bei *v. Münch,* GG, Art. 2 Rdnr. 63, also in einer Formalie, die sich schon aus Art. 104 GG ergibt.

[30] Auch das Verbot der Mißhandlung festgehaltener Personen (Art. 104 Abs. 1 S. 2 GG) ist an der Grenze zwischen materiellen und formellen Garantien angesiedelt.

[31] So das BVerfGE 35, 185 (190).

liegt darin eine – weitere – Relativierung des materiellen Schutzbereichs, die bisher wohl noch nicht hinreichend bewußt geworden ist und, zum anderen, gerade heute eine gefährliche „offene Flanke" der persönlichen Freiheit, die eben nicht nur strafprozessual bedroht wird, nicht nur vom Strafrichter geschützt werden kann.

Art. 104 GG läßt sich letztlich in einem Satz zusammenfassen: Persönliche Freiheit ist das „Recht auf den unabhängigen Strafrichter" und auf ein formalisiertes Verfahren vor ihm. Nichts aber wird darüber ausgesagt, was jener denn nun materiellrechtlich entscheiden dürfe oder gar müsse. Das Vertrauen der Verfassunggeber in den unabhängigen Richter ist eben hier – wie auch sonst – nahezu grenzenlos, die Demokratie ist zwar vom Mißtrauen gegen die Exekutive zum Argwohn gegen die Legislative vorgestoßen, das Mißtrauen gegen die Richter aber ist auf so breiter Front noch nicht erreicht. Sie erscheinen nach wie vor als die beste organisatorische Freiheitssicherung. Dann aber muß man sich darüber im klaren sein, daß sich an einem wichtigen Punkt, dem der persönlichen Freiheit, der unbedingte Schutzbereich eines Grundrechts in organisatorischem Grundrechtsschutz auflöst, daß der Grundrechtswert nur mehr im Vertrauen in den unabhängigen Richter liegt. Am Ende könnte stehen: Laßt uns die Grundrechte vergessen, wenn uns nur der Richter bleibt; und sind wir nicht schon auf diesem Wege? Das BVerfG hat immerhin – und das ist erfreulich – in diese weite „formelle Rechtslandschaft" zumindest einen materiell-rechtlichen Richtpunkt gesetzt: Die hohe Bedeutung der persönlichen Freiheit verlangt bei lebenslangem Freiheitsentzug eine besonders strenge Verhältnismäßigkeitsprüfung.[32]

Dennoch bleibt die Gefahr der „typisch strafprozessualen Formal-Relativierung" der persönlichen Freiheit, und in ihr liegt mehr noch: die einer Verengung dieses Grundrechts auf Strafprozeßrecht. Sie ist gerade heute besonders groß, nachdem die persönliche Freiheit, in einem weiteren, volleren Verständnis, von ganz neuen Seiten bedroht wird — von der Umwelt bis zu den Daten. Darf in solcher Lage ein zentrales Grundrecht auf Haftregelungen reduziert werden, so wichtig diese auch sein mögen?

IV. Persönliche Freiheit — Wertgrundlage des Allgemeinen Persönlichkeitsrechts

a) Die bedenkliche Sinnentleerung der Garantie der persönlichen Freiheit (Art. 2 Abs. 2 S. 2 GG) hat ihren tieferen Grund – wir sahen es schon – vor allem in einem: Zentrale, heute vor allem bedeutsame Schutzbereiche sind

[32] BVerfGE 45, 187 (223); 50, 1 (9).

grundrechtlich verselbständigt worden (Leben, körperliche Unversehrtheit, Art. 2 Abs. 2 S. 1 GG), das neuartige Grundrecht der „freien Entfaltung der Persönlichkeit“ scheint die persönliche Freiheit zu überwölben. Genügt denn nicht der Schutz der zahlreichen einzelnen Persönlichkeitsrechte mit Verfassungsrang, bis hin zum Recht am eigenen Bild, am eigenen gesprochenen Wort,[33] wenn dies noch überlagert und lückenfüllend ergänzt wird durch ein Allgemeines Persönlichkeitsrecht?[34] Über Art. 2 Abs. 1 GG sind doch alle diese Rechte „in der Verfassung aufgehängt“, sie haben Grundrechtsqualität und bieten damit auch den vollen prozessualen Schutz, bis hin zur Verfassungsbeschwerde. Verkürzt ausgedrückt: Können wir nicht die persönliche Freiheit vergessen, wenn uns nur das Allgemeine Persönlichkeitsrecht bleibt?

Am Allgemeinen Persönlichkeitsrecht festhalten, seinen verfassungsrechtlichen Schutz betonen und ausbauen — dies ist sicher unsere größte Aufgabe im Freiheitsschutz der kommenden Jahre. Die alte, große persönliche Freiheit kann das alles nicht mehr leisten, allzulange schon und allzusehr ist ihr Schutzbereich verengt, läuft sie materiellrechtlich in prozessualen Sicherungen leer. Die zahllosen Bedrohungen moderner Technik verlangen eine ganz andere Flexibilität und Virtualität der Schutznormen, der Feind steht überall, sichtbar und unsichtbar, nicht nur im Polizeipräsidium, wie im 19. Jahrhundert. Die persönliche Freiheit war das wichtigste Grundrecht bis zu unserem Jahrhundert, das wichtigste Grundrecht der neuen Zeit ist das Allgemeine Persönlichkeitsrecht.

b) Doch hier dürfen wir uns nicht traditionslos einer Verfassungsentwicklung hingeben, wir müssen die neue Verfassungsbegrifflichkeit des Allgemeinen Persönlichkeitsrechts mit dem Ethos der alten persönlichen Freiheit erfüllen, welche im Grunde im Persönlichkeitsrecht weiterlebt. Wenn dem Bürger durch Umweltschäden Wald und Gewässer genommen werden, so wird ja letztlich auch seine „Bewegungsfreiheit“ irgendwie eingeschränkt, mag auch die enge Dogmatik der persönlichen Freiheit hier noch keine Grundrechtsberührung feststellen können. Wenn aber das größere Schutzanliegen der Sicherung der Bewegungsfreiheit nicht ins Persönlichkeitsrecht aufgenommen wird, so verflüchtigt sich die persönliche Freiheit für den Bürger der modernen Technologiewelt rasch zur „nutzlosen Freiheit“.

Noch deutlicher ist die Verbindung von Allgemeinem Persönlichkeitsrecht und persönlicher Freiheit beim technisch ermöglichten Einbruch in die Intimsphäre, etwa durch Tonbandaufnahmen.[35] Sicher — in seiner „körperlichen Bewegung“ wird hier der Bürger nicht beeinträchtigt, wenn jeder seiner

---

[33] Siehe etwa BVerfGE 34, 238 (246).

[34] Vgl. BVerfGE 34, 269 (281 f.).

[35] BVerfGE 34, 238 (246 f.).

Gesprächspartner ihm seine bedachten und unbedachten Worte ungehindert jederzeit entgegenspielen, wenn er ihn fotografieren, nachahmen, überwachen darf. Doch all dies hemmt eben doch etwas wie eine Bewegungsfreiheit — die *viel wichtigere,* die geistig-seelische.[36] Damit aber wird auf jenes Zentrum der Persönlichkeit zugegriffen, welches man einst durch Verhaftungs- und Folterverbot hinreichend gesichert glaubte: durch das Grundrecht der persönlichen Freiheit.

Nicht als ob man nun den Begriff der „Freiheit der Person" in Art. 2 Abs. 2 S. 2 GG unangemessen ausweiten oder gar das Allgemeine Persönlichkeitsrecht dort aufhängen sollte, dafür ist es zu spät. Doch das große historische Ethos, der verfassungspolitische Schwung der persönlichen Freiheit — sie tragen noch immer, sie dürfen sich nicht in strafprozessualen Mechanismen verlieren, sie müssen hineinwirken in das neue Grundrecht des Allgemeinen Persönlichkeitsrechts, den modernen, vollen Ausdruck der persönlichen Freiheit. Sie ist eine der geistigen Stützen des „allgemeinen Persönlichkeitsrechts als Freiheitsrecht", und als ein solches muß diese wichtige Rechtsfigur eben weit mehr noch ins Bewußtsein treten.

Wir sind heute ja nur allzuleicht versucht, das allgemeine Persönlichkeitsrecht lediglich als eine zivilrechtliche Entwicklung zu sehen, die zwar „irgendwie" in Art. 2 Abs. 1 GG aufgehängt ist, vielleicht auch in Art. 1 der Verfassung, im wesentlichen aber dem Privatrecht zugeordnet bleibt, ohne daß sie in bedeutsamer Weise vom Verfassungsrecht her sinnerfüllt, akzentuiert würde. Es genügt nicht, daß das BVerfG die Rechtsprechung der Zivilgerichte nicht beanstandet,[37] ihre wichtigen Aussagen mehr oder weniger kommentarlos übernimmt. Unser Bewußtsein muß sich dafür schärfen, daß das Allgemeine Persönlichkeitsrecht die moderne Ausdrucksform einer früher zentralen Freiheit ist, der persönlichen Freiheit, und daher von allen Grundrechten und Verfassungswerten her laufend in seiner inhaltlichen Entwicklung Impulse erhalten, geprägt werden muß. Zum Teil ist dies schon heute der Fall, was hier nicht vertieft werden kann, es sollte sich aber noch steigern.

c) Eines vor allem muß das „Mitdenken der persönlichen Freiheit im Allgemeinen Persönlichkeitsrecht" verstärken: Die Überzeugung von der Notwendigkeit eines *unbedingten Kernbereichsschutzes beim Allgemeinen Persönlichkeitsrecht.* Die persönliche Freiheit ist bedroht – wir sahen es – von Relativierung durch eine Verhältnismäßigkeit, welche sich in Abwägungen verliert. Ähnliche Gefahren ergeben sich auch beim Allgemeinen Persönlich-

[36] Zur zentralen Bedeutung dieses Bereichs für das Allgemeine Persönlichkeitsrecht etwa BVerfGE 27, 344 (351).

[37] Vgl. BVerfGE 34, 269 (281).

keitsrecht, um so mehr, als die hier vom BVerfG beschworene Interessenabwägung ohnehin zivilistischer Methodik entstammt.[38] Bei einem potentiell so weiten, ja nahezu unendlichen Schutzbereich wie dem der „Persönlichkeit“, könnte sehr rasch „alles in nichts umschlagen“, was unter den Vorbehalt „höherrangiger Gemeinschaftsinteressen“ gestellt oder in Drittwirkung sozialisiert würde.

Von größter Bedeutung sind daher die Aussagen des BVerfG zum „absolut geschützten Kernbereich privater Lebensgestaltung“, bei dem eine Abwägung nach Verhältnismäßigkeit nicht stattfinden darf,[39] einer der ganz wenigen Fälle, in denen das Gericht der „Versuchung der weichen Worte“ widerstehen konnte. Das BVerfG muß in dieser Tendenz bestärkt, die Grenzen des Unantastbaren müssen möglichst klar bestimmt werden, und sei es auch um einen Preis einer gewissen Verengung des Schutzbereichs des Allgemeinen Persönlichkeitsrechts, wie sie Karlsruhe ja bereits vollzogen hat:[40] Wer allzuviel hier schützen will, wird nichts mehr sichern. Und hier sollten die Lehren der so nahen persönlichen Freiheit beachtet werden: Sie hat wenigstens in Art. 104 GG wirksam sich halten können, weil sie stets unbedingt einen engen Bereich sicherte. Solche Verengung war vielleicht übersteigert, sie darf nicht durch Austrocknung des Allgemeinen Persönlichkeitsrechts fortgesetzt werden, in dessen Virtualität ja gerade das Schutzanliegen der persönlichen Freiheit weiterlebt. Aber auch dort darf nicht allzusehr geöffnet werden — wichtiger ist die *Unbedingtheit des Kernschutzes,* in ihm vor allem wird das Persönlichkeitsrecht zum Erben der persönlichen Freiheit, deren Ethos so im Zentrum der Grundrechtlichkeit fortlebt.

V. Das Allgemeine Persönlichkeitsrecht — auch ein wirtschaftliches Grundrecht

Das BVerfG hat dem Schutz der Integrität der menschlichen Person in geistig-seelischer Beziehung einen besonders hohen Wert beigemessen[41] — zu Recht, doch dies schöpft die Bedeutung des Allgemeinen Persönlichkeitsrechts nicht aus. Dieses Recht ist zwar in erster Linie zum Schutz „immaterieller Güter“ entwickelt worden, stets letztlich bezogen geblieben auf das zentrale, in ökonomischen Kategorien nicht ausdrückbare, wirtschaftlich nicht bewertbare Gut der menschlichen Persönlichkeit. Daraus darf jedoch nicht gefolgert werden, es gelte hier etwas wie einen „außerökonomischen Grund-

[38] BVerfGE 44, 353 (373) mit Rückv.

[39] BVerfGE 34, 238 (245).

[40] Vgl. BVerfGE 54, 148 (153).

[41] BVerfGE 27, 344 (351).

rechtsschutz“ zu entfalten: dem Staat, der Mehrheit der Besitzschwächeren sei die Verteilung der wirtschaftlichen Werte zu überlassen, in weiten Gestaltungsräumen, kompensiert werde dies doch hinreichend durch den unbedingten Schutz der geistig-seelischen Persönlichkeit. Vor solcher Versuchung steht das BVerfG immer wieder, daß es nämlich dem Staat den Schutz des geistigen Persönlichkeitszentrums abkaufe um den Preis eines weiten ökonomischen Gestaltungsermessens. Die Herrschenden werden stets damit zufrieden sein: Der Politik geht es in erster Linie um Güterverteilung, nicht um Persönlichkeitsvernichtung. Doch bei jedem Schritt in jene Richtung ist größte Vorsicht geboten: Sie führt geradewegs in marxistische „Denk“kategorien: die Güter der Gemeinschaft – der „Geist“ dem Einzelnen, aber auch nur er, mag er sich doch mit Tascheneigentum begnügen, in sozialisierter Umwelt spazierengehen und nachdenken, aber eben nur über etwas, was die Machtverhältnisse nicht ändert, die Güterverteilung nicht beeinflußt!

Allgemeines Persönlichkeitsrecht als Schutz des armen Poeten in einer sozialisierten Güterwelt — das ist mehr als eine Karikatur, es ist eine politische Gefahr für die freiheitliche Volksherrschaft. Sie darf nicht zulassen, daß die Persönlichkeit von den Gütern dieser Welt getrennt werde, welche sie sich doch untertan machen soll. Das *Allgemeine Persönlichkeitsrecht muß auch in seinen wirtschaftlichen Grundlagen und Ausstrahlungen voll geschützt werden*, und es muß als solches ein zugleich wirtschaftlich bedeutsamer Wert bleiben, soweit dies irgendwie vertretbar ist. Allgemeines Persönlichkeitsrecht als außerökonomisches Grundrecht — das ist ein Programm eines Idealismus, der alles Materielle verachtet. In jedem wirtschaftlichen Grundrecht stecken Persönlichkeitswerte, sie müssen immer mehr ins Bewußtsein gehoben werden, damit jeder erkenne, daß Enteignungen und Umverteilungen auch die Persönlichkeit treffen, welche auf die Güter wirkt und durch sie. Am deutlichsten ist dies schon in der Rechtsprechung des BVerfG geworden, welche den inneren Zusammenhang der Eigentumsgarantie mit der Gewährleistung der persönlichen Freiheit betont.[42] Das Gericht spricht hier – ganz natürlich – von der „persönlichen Freiheit“, obwohl es doch, nach heutiger Dogmatik, eigentlich „Allgemeines Persönlichkeitsrecht als Grundrecht“ heißen müßte, wie dargelegt. Dahinter steht, wenn auch vielleicht unbewußt, daß die persönliche Freiheit beim Schutz der Persönlichkeit nicht vergessen werden darf.

Eine der größten Aufgaben künftiger Grundrechtsdogmatik wird darin liegen, die Persönlichkeitswerte der wirtschaftlichen Freiheit zu entfalten — erst dann ist das Recht der Persönlichkeit wirklich gesichert gegen eine moderne

[42] Vgl. etwa BVerfGE 42, 64 (76 f.) mit Rückv.; 46, 325 (334).

Staatlichkeit, welche die Freiheit der Person vom Ökonomischen her auszuhöhlen sucht.

Das Allgemeine Persönlichkeitsrecht ist schon heute ein zentrales Grundrecht — zusammen mit seinen besonders wichtigen, bereits speziell verfestigten Aspekten stellt es heute die moderne Form jener persönlichen Freiheit dar, mit der alle Grundrechtlichkeit begonnen hat. Die Dogmatiker des Persönlichkeitsrechts, allen voran Heinrich Hubmann, haben mehr geschaffen als eine zivilistische Rechtsfigur — sie haben ein neues, zentrales Grundrecht bewußt werden lassen. Möge es von jener Überzeugung, von jenem Mut getragen werden, welche die persönliche Freiheit geschaffen haben — als Leuchtturm einer neuen Verfassungszeit!

Begriffliche Grenzen verfassungsrechtlicher Meinungsfreiheit*

Weit ist's von unserer technisierten Welt zur Verfassung. In der Allgemeinheit ihrer Formeln liegt die ganze Illusion des logisch-deduktiven Aufklärungsgeistes. Soll sie nicht rettungslos als Anachronismus wirken, soll sie nicht schaffen, was sie vermeiden will: die freiheitszerstörende Willkür der Auslegung, muß in der Bestimmung ihrer einzelnen Begriffsinhalte von Lehre und Rechtsprechung das geleistet werden, was andere Gesetzbücher durch viele Einzelvorschriften erreichen.

Oft ist dies noch kaum begonnen, oft hilft der Rückgriff auf die herkömmlichen Inhalte, welche einzelne Rechtsgebiete ergeben: Begriffe wie Ehe und Erbrecht, Verein oder Umsatzsteuer[1] können durch einen, normstufenmäßig allerdings gefährlichen, Verweis auf die ordentliche Gesetzgebung bestimmt werden.

Die „Autonomie des Verfassungsrechts" wird problematisch, wo eine entsprechende Gesetzgebungstradition (noch) fehlt. Die Auslegungslehre der Aufklärung[2] würde hier nach dem „einfachsten", „untechnischen" Begriffsinhalt suchen, den die „Allgemeinheit" mit dem Wort verbindet. Und wenn er nicht eindeutig juristisch faßbar ist? Dann muß eine in einem neuen[3] Sinn „begriffsjuristische" Untersuchung der Vorschrift wenigstens jenen „Kern" sichern, den verfeinernde Interessenjurisprudenz, die Spätform entwickelter „Kodifikation", weiter entfaltet. Versuchen wir es bei Art. 5 GG, der oft bemühten Meinungsfreiheit!

---

* Erstveröffentlichung in: Archiv für Urheber-, Film-, Funk- und Theaterrecht 37 (1962), S. 129–151. (Die nachfolgenden Ausführungen geben einen Vortrag wieder, den der Verfasser auf der 5. Öffentlichen Arbeitstagung des Instituts für Film- und Fernsehrecht in Düsseldorf am 17. April 1962 gehalten hat.)

[1] Vgl. dazu für den Steuerbereich *Wacke*, G., Das Finanzwesen der Bundesrepublik Deutschland, Tübingen 1950, S. 62 f. sowie *Klein*, F., Grundgesetz und Steuerreform, Finanzarchiv 1959, S. 115 ff. (insbes. S. 120 f.).

[2] So schon *Grotius*, H., (De iure belli ac pacis II, 16, 2: si nulla sit conjectura quae ducat alio, verba intelligenda sunt ex proprietate, non grammatica ... sed populari ex usu), *Pufendorf*, De iure naturae et gentium, V, 12 und z.B. in Frankreich *de Réal de Curban*, La Science du Gouvernement, Paris 1764, Bd. V, S. 547; *de Rayneval*, Gérard, Institutions du Droit de la nature et des gens, Paris 1803, III, 25 § 3 f. Der Auslegungsbegriff der Diderot-schen Encyclopédie ist schon „technischer" (vgl. Artikel „interprétation").

[3] Das Verfassungsrecht hat eben noch lange nicht jene innere „Begriffsfestigkeit" erreicht, welche die Voraussetzung interessenjurisprudentieller Fortbildung ist — nicht ihr Gegensatz, sondern ihre notwendige Vorstufe! „Interessenjurisprudenz" löst „überstrenge" Kodifikationen (oder kodifikationsähnliche Zustände) auf, die Verfassung muß erst zur Kodifikation werden.

Für Film und Fernsehen ist sie wichtig:

a) als Sicherung gegen freiheitsbeschränkende Gesetze und Verwaltungsakte, möglicherweise auch gegen privatwirtschaftliche Maßnahmen der öffentlichen Hand (gewisse Subventionen)[4],

b) als Schutz gegen übermäßige Freiheitsbeschränkungen seitens privater Kontrollorgane[5],

c) als Sicherung einzelner Filmschaffender gegen Produzenten und Sender,

d) bei Streitigkeiten zwischen Staatsbürgern und Film- und Fernsehinstanzen, welche sie angeblich in ihrer Meinungsfreiheit beschränken.

Nur stets im ersten Fall und, öffentlichen Fernsehinstitutionen gegenüber, auch bei Personalstreitigkeiten und Beziehungen zu Staatsbürgern, liegt die „klassische", die seit langem unbestrittene Grundrechtswirkung gegen die Hoheitsgewalt vor. Der Selbstkontrolle oder privaten Filmfirmen gegenüber könnte sie nur im Rahmen der umstrittenen, hier nicht zu erörternden Drittwirkung der Grundrechte bedeutsam werden, was als „Hintergrundproblem" aber berücksichtigt werden muß, damit die volle Bedeutung der Untersuchung klar wird. Das *„mögliche"* Gewicht einer Frage ist ja das Typische im Verfassungsrecht, seine Bedeutung und Gefahr für den Wirtschaftenden, der stets „mit allem rechnen muß". So muß heute, gerade bei der Meinungsfreiheit, eine „Drittwirkung" ins Auge gefaßt werden, wie sie die Lehre schon überwiegend annimmt[6] und seit dem Lüth-Urteil[7] des Bundesverfassungsgerichts kann die Meinungsfreiheit – etwa in der Einkleidung der „guten Sitten" – in jedem privaten Rechtsstreit auftauchen.

Art. 5 GG enthält, bei gebotener Vereinfachung, drei Reihen von Garantien: Meinungs- und Informationsfreiheit (Abs. I); Berichterstattungsfreiheit (Presse[8], Rundfunk, Film) und die Kunst und Lehrfreiheit (Abs. III). Das Verhältnis ihrer Inhalte zueinander muß geklärt werden, weil sie – nach den verschiedenen Gesetzesvorbehalten – unterschiedlich stark dem Staat – und

---

[4] Vgl. dazu neuerdings *Wertenbruch* und *Schaumann*, JuS 1961, S. 73 ff; *Stern*, DÖV 1961, S. 325; zum Formenproblem *Lerche*, DÖV 1961, S. 486 ff. sowie mit weiteren Nachweisen *Zeidler*, Veröff. d. Vereinigung Dt. Staatsrechtslehrer (VVdStL), Bd. 19 (1961), S. 208 ff. und *Leisner*, Grundrechte und Privatrecht, München 1960, S. 198 f.

[5] So etwa *Noltenius*, J., Die freiwillige Selbstkontrolle der Filmwirtschaft und das Zensurverbot des Grundgesetzes, Göttingen 1958, S. 117.

[6] Vgl Nachw. bei *Leisner*, Grundrechte und Privatrecht, S. 266 f., 338 f., 344/5.

[7] BVerfGE 7, 198. Vgl. dazu *Bachof*, in: Bettermann/Nipperdey/Scheuner, Die Grundrechte III 1, S. 172 f. (insbes. S. 173 Anm. 68); *Coing*, JZ 1958, S. 560 ff.; *Dürig*, DÖV 1958, S. 194 f.; *Leisner*, op. cit., S. 352 f., 373 f.; *Nipperdey*, DVBl. 1958, S. 445 f.; *Maunz/Dürig*, Kommentar z. GG, Art. 1 Abs. III S. 64; *Olbersdorf*, Arbeit und Recht 1958, S. 193 ff.; *Wolff*, JZ 1958, S. 202.

[8] Für die Pressefreiheit könnte allerdings – der übrigen Berichterstattungsfreiheit gegenüber – Besonderes gelten.

dementsprechend wohl auch Dritten – gegenüber[9] geschützt sind: Die Kunstfreiheit (die nicht unter dem Vorbehalt von Art. 5 Abs. 2 steht) kann gar nicht[10], die Meinungsfreiheit dagegen kann durch allgemeine Gesetze sowie durch Ehren- und Jugendschutzbestimmungen beschränkt werden. „Allgemeine Gesetze" mögen „höherwertige Güter" schützen oder solche sein, die sich nur „nicht unmittelbar gegen die Meinung richten dürfen"[11] — wie auch immer man den Begriff fassen mag: Er läßt weitere Beschränkungen zu, als sie bei der Kunstfreiheit möglich sind. Es ist also nicht gleichgültig, ob ein Spielfilm „Kunst" oder „Meinungsäußerung" ist.

Warum aber soll die Meinungs- von der Berichterstattungsfreiheit mühevoll abgegrenzt werden, bei der der „Film" ja besonders genannt ist? Nach Art. 5 Abs. 2 stehen doch beide unter demselben Vorbehalt. Dennoch ist es ein Unterschied, ob etwa eine Fernsehsendung über die Sowjetunion Berichterstattung oder Meinungsäußerung ist: Auf die Berichterstattungsfreiheit kann sich nicht jeder Bürger, sondern nur der berufen, welcher sich der Presse, des Films oder Rundfunks bedient. Dies kann den Filmschaffenden selbst berühren, weil seine „Informationskanäle" nicht denselben Schutz genießen, wie seine Leinwand — vor allem auch nicht im Verhältnis zu Dritten, also auch zu ihm[12].

Die Einordnung etwa filmischer Phänomene in eine der drei genannten Kategorien, Meinung, Berichterstattung, Kunst, *muß* also, so schwer sie sein mag, von *Verfassungs wegen schon*, gelingen.

---

[9] Vgl. *Leisner*, op. cit., S. 329 f.

[10] BVerwG vom 21. Dezember 1954, UFITA Bd. 20 (1955), S. 192 (weitere Nachw. dort S. 196 = NJW 1955, S. 1203 [Sünderin-Urteil]; OVG Münster JZ 1959, S. 716 [718]; *Stein*, JZ 1959, S. 722; *von Hartlieb*, Persönlichkeitsschutz und Filmfreiheit, UFITA Bd. 27 [1959], S. 145; a.A. *Maunz*, BayVBl. 1955, S. 215).

[11] Vgl. dazu das Lüth-Urteil (Fn. 7), das eine Synthese versucht, u. i. übr. Nachw. bei *Leisner*, op. cit., S. 87 Anm. 89.

[12] Manches könnte dafür sprechen, einen weiteren Unterschied darin zu sehen, daß das Zensurverbot (Art. 5 Abs. 2 S. 3) nur für die Berichterstattungs-, nicht für die Meinungsfreiheit gelten soll (vgl. dazu – ablehnend – *Noltenius*, op. cit., S. 115 m. Nachw.): „Zensur" steht entwicklungsgeschichtlich in so engem Zusammenhang mit „Presse" (nicht mit „Meinungsfreiheit"), daß es auch hier ausschließlich auf die Pressefreiheit bezogen werden könnte — so wie diese eben nun im GG gewährleistet ist, also einschließlich der beiden „Einschübe" der Berichterstattungsfreiheit, aber nicht auf die Meinungsfreiheit als solche. Andererseits ist aber die „Zensur" historisch ebensosehr „Meinungs-" wie „Nachrichtenzensur" (Nachw. bei *Noltenius*, op. cit., S. 50 f.), so daß eine Ausdehnung des Zensurbegriffes auf alle Rechte des Abs. 1 (wenn nicht gar darüber hinaus, etwa auf „reine" Unterhaltungssendungen) erwägenswert erscheint. Dies hätte zudem den Vorteil, daß die im folgenden zu entwickelnde schwierige Unterscheidung zwischen „Meinung" und „Benachrichtigung", ja die Einreihung in den Meinungsbegriff selbst, nicht durch „polizeiliche Präventivinstanzen", sondern nur durch eine im weiteren Sinn „repressive", richterliche Tätigkeit geleistet würde.

Zu ihrer Erleichterung mag ein kurzer Überblick über die verschiedenen „Phänomene" des Film- und Fernsehrechts dienen, die es einzuordnen gilt, über das „Material" also der Begriffsbestimmung. Man darf nicht sogleich mit „festen", allein der Verfassung entnommenen Kategorien (Meinung, Tatsache) an die Masse der Erscheinungsformen filmischer Art herangehen und sie *nur* danach gliedern. Im Verfassungsrecht wäre dies ein methodischer Grundfehler: Gerade weil in unserem Fall das Selbstgewicht verfassungsrechtlicher Formeln anerkannt werden soll, eine „Aufbereitung" der Materie durch Einzelgesetze aber fehlt, kann der Grundnotwendigkeit des Verfassungsbereichs, den „Abstand" der Allgemeinformeln von ungegliederter Wirklichkeit zu überwinden, nur so entsprochen werden, daß gewisse „Funktionen" filmischer Gestaltung unterschieden werden, die dann der begrifflichen Erörterung als Typbeispiele dienen.

Unterscheiden wir also für Film und Fernsehen: Berichterstattung (Tagesschau); Unterhaltung (Spielfilm); Belehrung (Unterrichtsfilm); Werbung; Kunstfilm (etwa eine filmische Gemäldeinterpretation); daneben steht eine schwer bestimmbare Kategorie: Kommentar zum Tage, Rede eines Abgeordneten, eines Gewerkschaftlers — nennen wir sie die „Kommentarfunktion".

Diese „Einteilung" erhebt schon deshalb keinen Anspruch auf Vollständigkeit, weil sie nicht logisch-deduktiv, sondern empirisch gewonnen ist, sie geht ja nicht auf abstrakte Kategorien, sondern auf „konkrete Phänomene" als „Träger" dieser „Funktionen" zurück.

Für unseren ganzen Fragenkomplex entscheidend ist nun eine Erkenntnis, welche die Aufzählung der „Funktionen" sogleich vermittelt: die der „wesentlichen Überlagerung" der verschiedenen Aspekte bei nahezu jedem filmischen Werk: Der Werbefilm soll zugleich unterhalten und berichten; eine Unterhaltungssendung kann und soll, wenn möglich, künstlerische Seiten aufweisen; Berichterstattung und Kommentar überschneiden sich bei vielen Filmberichten; das politische Kabarett verbindet Kommentar und Unterhaltung. Beim Versuch einer Begriffserklärung wird man also die Lösung gerade im Hinblick *auf* diese wesentliche Überlagerung suchen müssen, in der Mitte zwischen künstlichen, „typisch juristischen" Unterscheidungen und resignierendem Synkretismus. Das Problem ist dabei ein doppeltes:

a) Kann jede der genannten Funktionen „an sich" einer der in Art. 5 genannten Freiheiten „vorläufig", bis zum Beweis einer überwiegenden anderen „Überlagerung" schon zugerechnet werden? Sicher — der Kunstfilm mag zur Kunstfreiheit, der berichterstattende zur Benachrichtigungsfreiheit, der Kommentar zur Meinungsfreiheit „ohne weiteres" gehören — wie aber sollen „an sich" Werbe- und Unterhaltungsfilme eingereiht werden? Können sie „als solche" überhaupt eingeordnet werden, oder kommt es allein auf gewisse „Überlagerungen" durch Kunst-, Kommentar-, Nachrichtenfunktion an, während sie sonst gar nicht einzuordnen wären? Und

b) wie steht es im Fall der – vielleicht mehrschichtigen – Überlagerungen verschiedener „Funktionen"?

Zur Lösung beider Fragen genügt keine „kurze" Bemerkung über den Inhalt der drei Freiheiten des Art. 5[13]. In Richtung auf *diese* beiden Probleme müssen sie erneut untersucht werden, in voller Klarheit über das, was dann jeweils darunterfällt oder ausscheidet.

Der historisch stärkste, politisch wirkkräftigste Begriff unter den drei Freiheiten ist der der *Meinungs*freiheit. Es ist deshalb nicht verwunderlich, daß in den USA die Auffassung herrscht, es könne nicht zwischen berichterstattenden und Spielfilmen, zwischen Unterhaltung und Unterrichtung unterschieden werden[14]; „jede Art von Kommunikation, ob es sich um Werturteile, Stellungnahmen, Ansichten u.ä. oder um die Mitteilung von Tatsachen", um gute oder schlechte, wahre oder unwahre, sachliche oder unsachliche Äußerungen handelt, ist gleichmäßig geschützt — unter Hinweis auf den besonderen Charakter eines *Grundrechts*, noch dazu des „Mutterrechts" aller Freiheiten (Cardozo)[15]. In Deutschland wurde[16] und wird diese „Einheits"-Auffassung nur selten vertreten, mögen auch manche[17] von der Meinung als einer „Äußerung geistiger Inhalte im weitesten Sinn" sprechen, und die Möglichkeit einer Unterscheidung zwischen Meinung und Tatsachenmitteilung wird, wie sich noch zeigen wird, immer häufiger geleugnet. Hier wird also weitgehend Einheitsauffassung vertreten.

Sicher — die Einordnung *aller* vernehmbaren menschlichen Äußerungen unter den Begriff „Meinung" besticht. Durch diese sehr „liberale" Lösung würde Art. 5 Abs. 1 zu einem „Auffangrecht" werden, das nicht allzuweit eingeschränkt werden könnte und von dem sich die noch stärker geschützten

---

[13] Dieses „En-passant-Definieren", ohne klare Erkenntnis des Inhaltsproblems, findet sich in nahezu allen Äußerungen aus der Weimarer Zeit (typisch: *Anschütz*, Kommentar, 14. Aufl., Anm. 1 zu Art. 118 WV) und in vielen neueren, soweit sie nicht überhaupt (vgl. z.B. *von Münch*, I., Freie Meinungsäußerung und besonderes Gewaltverhältnis, Diss. Frkf. 1957, S. 11) auf selbständige Definitionen verzichten. Die logisch folgende Frage nach Vorbehalten und Begrenzungsmöglichkeiten steht im heutigen Verfassungsrecht ganz allgemein bedenklich im Vordergrund.

[14] Vgl. dazu *Grossmann*, K.H., Inhalt und Grenzen des Rechts auf freie Meinungsäußerung im Spiegel der Entscheidungen des Supreme Court of the US, Jahrb. d. öff. R. 1961, S. 181 f. (215).

[15] *Grossmann*, op. cit., S. 217. Vgl. auch Urteil des Supr. Court Nr. 34 vom 23. Januar 1961, UFITA Bd. 35 (1961), S. 102, 104 f., insbesondere die abweichende Meinung des Richters Warren u.a. (ebd. S. 107 f., vor allem S. 118).

[16] Ausnahme: *Kitzinger*, Das Reichsgesetz über die Presse, Tübingen 1920, § 30 I 2 c RPG unter Hinweis auf Art. 118 WV.

[17] Vor allem *Noltenius*, op. cit., S. 111; *Knapp*, Die Zulässigkeit der Filmzensur, Diss. Frkf. 1955 (zit. ebd.) S. 12.

Rechte der Lehr-, Kunst- und vielleicht noch der Berichterstattungsfreiheit abheben würden. Ferner ließe sich sagen, daß es in der Weimarer Zeit eine besondere „Berichterstattungsfreiheit" ohnehin nicht gegeben habe[18], und daß ihrer Einfügung ins Grundgesetz – wie der der Informationsfreiheit[19] – auf Grund nationalsozialistischer Erfahrungen lediglich klarstellende Bedeutung zukomme, gerade vielleicht, um den in der Weimarer Zeit einsetzenden Versuchen, den Meinungsbegriff zu verengen[20], entgegenzutreten. Schließlich werde nur so die von Ridder[21] nachgewiesene „Abwanderung von Gehalten der Meinungsfreiheit zur Pressefreiheit" ein für allemal rückgängig gemacht, und man finde zu den großen elastischen Formeln des 18. Jahrhunderts zurück, welche sich die Angelsachsen erhalten hätten.

Freilich trifft es nun zu, daß der deutsche Begriff „Meinungsfreiheit" durch den landläufigen Sinn unseres Wortes „Meinung" unmerklich in eine Richtung gelenkt worden ist, den er weder im Englischen noch im Französischen hatte. „Freedom of speech" ist wirklich etwas „Allerallgemeinstes", höchst „Virtuelles". Sie trägt, rein wörtlich schon, die skizzierte amerikanische „Einheitsauffassung". Dasselbe könnte gerade noch von der italienischen „Libertà di manifestazione del pensiero"[22] behauptet werden.

Schon der Satz der französischen Menschenrechtserklärung von der „libre communication des pensées et des opinions" (und diese „opinion" haben wir doch ins Deutsche übersetzt) trägt andere Akzente. Die „opinion" ist nicht die deutsche „Meinung": Man hat in Frankreich keine „eigene" „opinion", sondern eine „conviction". Jener ins Grundsätzlich-Engagierte schillernde Inhalt der deutschen „Meinung" fehlt im Land der Revolution[23], wo „opi-

---

[18] Vgl. Art. 118 WV; noch im Herrenchiemseer Entwurf (Art. 7) gibt es keine besondere „Berichterstattungsfreiheit", aber bereits eine spezielle „Freiheit der Presse zur Berichterstattung" (so auch S. 22 des Berichts des Verfassungsausschusses und die Bayer. Verfassung Art. 108, 110, 111).

[19] Bei der das allerdings klarer ist, vgl. die Entstehungsgeschichte im Bonner Kommentar Art. 5 Abs. 1.

[20] Vgl. unten.

[21] *Ridder*, in: Neumann / Nipperdey / Scheuner, „Die Grundrechte" II, S. 250 f. (Meinungsfreiheit), sowie *ders.*, Art. „Meinungsfreiheit" in Herders Staatslexikon.

[22] Grundlegend hier *Esposito*, La libertà di manifestazione del pensiero nell'ordinamento italiano, Riv. italiana per le Scienze giuridiche 1957/58, S. 49 ff., der einen weiten Meinungsbegriff vertritt, ferner *Fois*, S., Principi costituzionali e libera manifestazione del pensiero, Mailand 1957 (m. Bibliographie S. 3/4), insbes. S. 21, 29 f.; weitere Nachw. bei *Mortati*, Istituzioni di Diritto pubblico, Rom 1962, S. 857. Sehr restriktiv *Carnelutti*, Foro ital. 1957, IV, S. 143 f.

[23] Dem steht nicht die Formulierung des Art. 10 der Déclaration von 1789 entgegen („Nul ne doit être inquiété pour ses opinions, même religieuses"): auch dort hat „opinion" eine Untertönung von „zweifelnder Meinung", dahinter steht wohl eine gewisse Abwertung der in einem Atemzug genannten religiösen Überzeugung. Die „endgültige" Terminologie

nion" etwas stärker Abstraktes, Intellektuelles, Überpersönliches, wesentlich Diskutierbares und Diskutiertes bleibt, ohne den versteckten persönlich-voluntaristischen Akzent des deutschen Wortes. (Ist es übrigens nicht alarmierend, daß sich zentrale westliche Bewußtseinsinhalte so verschieden ausdrücken?) Die französische liberté d'opinion würde aber bereits eine so weite Ausdehnung der Meinungsfreiheit, wie sie die amerikanische „Einheitsauffassung" darstellt, nicht mehr tragen, wie diese ja auch nie in Frankreich gegolten hat: Aus der rationalistischen Grundstimmung des 18. Jahrhunderts heraus ist sie vielmehr eine eigentümliche „Freiheit der Äußerung abstrakter Gedanken" i.S. des damaligen Enzyklopädismus[24] und steht so der noch zu erwähnenden deutschen Theorie von der „allgemeingültigen Meinung" nicht ferne. Der folgende Satz der Déclaration[25] („jeder Mensch kann *also* sprechen, schreiben usw.") verweist auf diese immanente Begrenzung. Nie hat man dies zu einem allgemeinen Verfassungsschutz jeder Gedankenäußerung werden lassen und gerade Filme und andere „spectacles de variété" einem restriktiven System[26] unterworfen.

In Frankreich trifft also die „Einheitsauffassung" schon nicht zu — ein wichtiges Indiz für die deutsche Problemlage, die von dort her ja gerade in dieser Frage traditionell beeinflußt worden ist.

---

der „tradition révolutionnaire et républicaine" zeichnet sich seit der Verfassung von 1791 ab in der Trennung zwischen „pensée" (mit wesentlich intellektuellem Moment) und „culte" als Zentralbegriff der (religiösen) „Überzeugung" (Tit. I); vgl. projet girondin, Décl. jacobine 1793 Art. 7 und ganz klar die Verfassung von 1946 (Préambule, auf das die Verf. von 1958 insoweit verweist) „nul ne peut être lésé en raison de ses origines, de ses opinions ou de ses croyances".

[24] Vgl. die Begriffsbestimmung in der Diderot-schen Enzyklopädie: Artikel „Opinion": „assensus intellectus cum formidine de opposito"; „l'opinion ...(y)met essentiellement de l'incertitude et de l'obscurité". Unter Berufung auf Plato wird ausgeführt: „(elle) est plus claire et plus expresse que l'ignorance, mais plus obscure et moins satisfaisante que la science". Der Gegensatz zu der „science" und das Problem des religiösen Wissens (also rein intellektuelle Fragen) dominieren die gesamte Sachbehandlung des Wörterbuchs.

[25] Déclaration von 1789 Art. 11 „La libre communication des pensées et des opinions est un des droits les plus précieux de l'homme; tout citoyen peut donc parler, écrire, imprimer librement ...".

[26] Vgl. *Colliard*, Précis de Droit public 1950, S. 337 f. Man konnte überhaupt lange Zeit in französischen Lehrbüchern der „Freiheiten" (Droit public) vergeblich nach einem Kapitel über die „Meinungsfreiheit" suchen, vielmehr findet man meist das „Régime juridique" der vier zentralen geistigen Freiheiten (Presse, Erziehung, Theater, Rundfunk) dargestellt (vgl. etwa *Colliard*, op. cit., S. 328 f.; *Burdeau*, G., Manuel de Droit public 1948, S. 204 f.). Die französische Auffassung ist also nicht nur inhaltlich restriktiv, sondern geradezu an gewissen traditionellen „Phänotypen" primär orientiert, so daß es eigentlich eine juristische, einheitliche „liberté d'opinion" im ursprünglichen, revolutionären Sinn gar nicht mehr gibt. Nur bei *Burdeau* (op. cit., S. 204) findet man noch etwas wie einen „Synthesenversuch", der aber – als typische Neuschöpfung – viel weiter geht (in Richtung auf eine „Gesamtfreiheit der Gedanken") und nicht im einzelnen juristisch belegt ist.

Und so erheben sich denn – ohne noch irgendeinen Begrenzungsversuch des Meinungsbegriffs zu unternehmen – größte Bedenken gegen eine derartige Ausuferung: Sie ist in Deutschland ohne Vorgang; gerade in der Weimarer Zeit bemühte man sich, ohne daß sich allerdings eine Lehre durchsetzen konnte, um die Eingrenzung. Entscheidend aber ist: Das System des Grundgesetzes spricht dagegen. Die Berichterstattungsfreiheit müßte nämlich als ein einem „Auffangrecht" vorgeordnetes Sonderrecht interpretiert werden, obwohl Abs. 2 beide doch wohl gleichordnend nebeneinanderstellt („diese Rechte") und sie gleichem Vorbehalt unterwirft. Ferner könnte man sich bei Werbesendungen stets auf Art. 5 berufen, dessen Schutz aber weitergeht, als der von Art. 12 (Berufsausübung) oder 14 GG (Ausstrahlung des Eigentumsrechts am eingerichteten Gewerbebetrieb), zu denen die Werbung systematisch gehört. Schließlich aber käme der besondere Charakter der „Auffangklausel" von Art. 2 GG in Gefahr: Da der Mensch sich kaum anders „entfalten" kann, als daß er geistige Inhalte irgendwelcher Art mitteilt, als daß er „spricht", „schreibt", würde Art. 2 nahezu völlig von Art. 5 Abs. 1 überlagert werden. Art. 2 kann aber durch jedes einfache Gesetz eingeschränkt werden[27], Art. 5 nur durch „allgemeine Gesetze": Die geringere gesetzliche Beschränkbarkeit würde also für fast jede menschliche Tätigkeit gelten, Art. 2 würde nutzlos und das wohlabgewogene Vorbehaltssystem des Grundgesetzes wäre zerstört.

Auch das „freiheitlich-demokratische Hauptargument" für eine weite Ausdehnung der Meinungsfreiheit, das auf die Schwierigkeit einer Grenzziehung hinweist und den Schutz der Rechte des Individuums in Gefahr sieht, opfert nur die Intensität des Grundrechtsschutzes einer fragwürdigen Ausdehnung desselben: Wenn der Staat gegen Schmutz und Schund, gegen anstößige wenn auch noch nicht strafbare Unterhaltungen Erwachsener nicht mehr wirksam einzuschreiten vermag, weil deren Veranstalter sich auf die Meinungsfreiheit berufen können, so wird er sich – das zeigt das amerikanische Beispiel – den fehlenden allgemeinen Gesetzesvorbehalt, die fehlende Eingriffsmöglichkeit in anderer Weise „verschaffen" — er wird sich auf die Notwendigkeit berufen, Gefahren für „wesentliche Gemeinschaftswerte" abzuwehren, welche in den USA zur „clear and present danger-doctrine"[28] geführt haben (die unser Bedenken schon deshalb erwecken muß, weil so wenig klar ist, *wofür* eine Gefahr bestehen muß!). In Deutschland hat übrigens der Verfassungsrichter ebenfalls überall da solche Eingriffsmöglichkeiten zugelassen, wo die Gesetzesvorbehalte „nicht auszureichen schienen" (vgl. Apothekenurteil des BVerfG!) — indem man sich einfach auf den

---

[27] So das BVerfGE 6, 32 f. vgl. dazu kritisch mit Nachw. *Maunz/Dürig*, Kommentar z. GG, Art. 2 S. 18 f.

[28] Dazu *Grossmann*, op. cit., S. 186 f.

Schutz übergeordneter Gemeinschaftswerte berief[29]. Gerade wenn man also die unbedingte Freiheit liebt, ist es nur folgerichtig, den Raum derselben rechtzeitig begrifflich zu verengen, bevor er durch schwammige, weil zu allgemeine Formeln allgemeiner Überflutung preisgegeben wird — ein ganz generelles Problem des heutigen Verfassungsrechts, wenn es nicht schon zu spät ist!

Und nun zur Begriffsbestimmung! Eines ist klar: Nicht alles, was „geäußert" wird, kann „Meinung" sein. Betrachten wir die bisherigen Verengungsversuche — kann, von ihnen ausgehend, der horror distinctionis überwunden werden?

Man könnte zunächst versuchen, von der *Form der Äußerung* her den Inhalt des Meinungsbegriffes näher zu präzisieren.

Muß eine Meinung mit „geistigen Mitteln" geäußert werden oder genügen „emotive Stellungnahmen"? Der Verfassunggeber hat bewußt keinen „geschlossenen Katalog der Verbreitungsmittel der Meinung" und also wohl auch nicht einen solchen der Ausdrucksmittel schaffen wollen. Frenetischer Beifall einer Sportpalastszene ist politische Meinungsäußerung!

Schwieriger ist schon die weitere Frage zu beantworten: Ist Meinung nur, was sich an den „Intellekt" eines möglichen „Gegenüber" richtet, oder genügt es, dessen emotiven Bereich anzusprechen[30]? Aufpeitschende Marschmusik in gewissen politischen Situationen, Darstellung riesiger Défilés, die den schwindelnden Eindruck ungeheuerer Macht im Beschauer hervorrufen und, psychologisch gesehen, durchaus nicht auf seinen intellektuell-geistigen, sondern auf seinen emotiven Bereich einwirken sollen, der den Intellekt mitreißt — alle die vielfältigen Mittel direkter und indirekter Propaganda *sind* Meinungsäußerung der Darstellenden! Über welchen psychologischen Kanal ein Bewußtseinsinhalt zum anderen dringt, ob er ihn überhaupt erreicht oder erreichen kann, ist unbeachtlich. Die psychologische Aufnahmeform des Menschen dem Humoristischen gegenüber ist noch weitgehend ungeklärt, dennoch ist das politische Cabaret mit seinem ridendo dicere politicum Meinungsäußerung par excellence.

---

[29] Oder – noch einfacher – auf den „Mißbrauch des Rechts". Die „vorbehaltlos" gewährten Grundrechte fordern dazu gerade heraus! (Vgl. etwa LVG Köln zit. b. *von Hartlieb*, UFITA Bd. 28 (1959), S. 37 (Mißbrauch); *Stein*, JZ 1959, S. 722: Angriff auf die verfassungsmäßige Ordnung; *von Hartlieb*, Film und Persönlichkeitsschutz 1959, S. 13: Gemeinschaftsgüter)

[30] Im Sinn der ersten Alternative – oder zumindest mißverständlich – insbes. *Haentzschel*, Hdb. d. Dt. Staatsrechts II, 1932, S. 655, ähnlich *Hellwig*, in: Nipperdey, Grundrechte und Grundpflichten der RV, 1930, II, S. 16; ebenso, wenn auch nicht apodiktisch, BVerfGE 7, 210.

Doch nun zu einem heiklen Punkt: „rein erotisch wirkende“ Filmszenen können doch den Schutz der Meinungsfreiheit schwerlich genießen[31], während man sie dem Fernsehredner kaum verweigern möchte, der die Zuschauer zu etwas zu bestimmen versucht, was – schlimmstenfalls – die Folge sein könnte, wenn sie der Suggestivkraft des Geschehenen unterlägen. Aber — ist das wirklich nur ein Unterschied in der Form von Äußerung oder Aufnahme (einmal wird der Intellekt, das andere Mal werden die Sinne angesprochen)? Liegt nicht doch eine Verschiedenheit im *Inhalt* der „Aussage“? Die systematische Verwirklichung gewisser „sittlicher“ Vorstellungen durch gezielte erotische Suggestivfilme wäre sicher „Meinung“, das Darbieten eines „reinen“, ziellosen, in diesem Sinn „einmaligen Genusses“ ist es so wenig wie der Verkauf einer Tasse Kaffee.

Diese Kritik des „Formkriteriums“ der Meinung ergibt also: Auf den Inhalt allein muß es ankommen, unabhängig von der Art der Darbietung[32], vom Organ, das sie empfängt oder die gewollte Absicht verwirklicht. Für einen Dritten nur, sozusagen „objektiv“, muß sich aus dem Ausgedrückten eine „These“ herausheben lassen, ein nicht unbedingt für den „Geist“ bestimmter, aber nur ihm letztlich verständlicher, irgendwie „systematischer“ Inhalt[33].

Vergleichen wir dies Zwischenergebnis (Meinung als von der Form der Äußerung und Aufnahme unabhängige, dem objektiven Betrachter intellektuell verständliche These) mit den Funktionen des Filmbereichs: Belehrung, Kommentar, Berichterstattung enthalten es ebenso wie die Werbung, während es bei der Unterhaltung „an sich“ fehlt. Gedanken werden hier übermittelt, aber keine Thesen. Das Thesenstück dagegen ist wieder Meinung. Dies zeigt gerade ein Weiteres: Ohne Anwendung eines „Überwiegend-Kriteriums“ bleibt Art. 5 unvollziehbar, will man nicht zur abgelehnten Einheitstheorie zurückkehren[34].

---

[31] *Haentzschel*, aaO.

[32] So zutreffend *Gebhard*, Handkommentar zur Verf. d. Dt. R., 1932, Art. 118 4 c.

[33] In diesem Sinn richtig bereits *Anschütz*, Kommentar zur Preußischen Verfassungsurkunde, 1912, S. 502: Der Sprechende muß Gedanken Ausdruck geben wollen — objektiv gesehen!

[34] *Maunz*, BayVBl. 1955, S. 215 sieht im „Sünderin“-Urteil des BVerwG, das erfundene Handlungen nicht als Meinungsäußerung betrachtet, einen Rückschritt, „während die h.L. alle Darstellungen unterhaltenden Charakters, die etwa gefühlsmäßige, belustigende, erotische Wirkungen ausüben sollen, z.B. Romane, auf Grund langer Entwicklung heute als Meinungsäußerung ansieht“, eben weil diese h.L. nicht genügend unterscheidet, die Richter aber ein „unbestimmtes Gefühl“ haben, daß die Meinungsfreiheit „so weit“ nicht gehen kann, kommt es zu – durchaus nicht voll zu billigenden – „Überraschungen“, wie etwa der des „Sünderin“-Urteils.

Versuchen wir nun, diesen „Thesencharakter" inhaltlich näher zu determinieren! Hier treffen wir auf die wohl herrschende Lehre. Aus der – wenn auch meist unbewußten – Erkenntnis des Thesenhaften jeder Meinung heraus, die man eben annehmen oder ablehnen kann, sieht sie eine solche nun in allem, was irgendwie eine „wertende Stellungnahme zu Tatsachen" darstellt[35]. Eine Nuance: Aus dem „rein" Inhaltlichen weicht sie kaum merklich auf eine Persönlichkeitsprägung des Inhalts aus. Dabei kann sie sich auf den Charakter der Meinungsfreiheit als eines Rechts der persönlichkeitszentrischen grundrechtlichen Ordnung berufen[36]. Geschickt spielt sie mit dem versteckten Doppelsinn des deutschen Wortes „Meinung" (opinion / conviction). Die fremde Ansicht ist so „keine Meinung"[37], Meinung wird zum Mittelstück zwischen dem rein intellektuell Weitergegebenen („Tatsache") und der „Aktion"[38]. Sie soll wesentlich ein „Engagement" beinhalten, ein „Sich-Preisgeben", „Sich-Ausliefern" irgendeinem, allerdings unklar bestimmten „Kampf"[39]. Deshalb muß die Meinung zwar nicht objektiv „wahr", wohl aber

---

[35] So (implizit) das BVerwG („Sünderin"-Urteil); *von Mangoldt/Klein*, Kommentar z. GG, 2. Aufl., S. 239; *Wernicke*, Bonner Kommentar, Art. 5 II 1 b; *von Hartlieb*, UFITA Bd.28 (1959), S. 32; wohl auch *Stein*, JZ 1959, S. 722; *Maunz*, Deutsches Staatsrecht, 9. Aufl., S. 100; *Ridder*, Meinungsfreiheit, S. 264; *von Münch*, I., Diss., S. 11 f.; *Löffler*, Presserecht, 1955, § 1 RPG 22. Für die Weimarer Zeit: *Apelt*, W., Geschichte der Weimarer Verfassung, 1946, S. 314, weniger klar *Haentzschel*, aaO.; *Poetzsch-Heffter*, Handkommentar, 1928, Art. 118 Anm. 4; *Gebhard*, Kommentar, Art. 118, 4 a („Urteil").

[36] *Ridder*, Meinungsfreiheit, S. 264: „An sich will das Grundrecht ... nur den jeweiligen individuellen Beitrag ... schützen."

[37] *Vervier*, Meinungsäußerungsfreiheit u. Beamtenrecht, AöR 6, S. 8; *Hellwig*, op. cit., S. 17 m. Nachw. Anm. 52.

[38] *Vervier*, op. cit., S. 8 (Anm.) u. 9; *Rothenbücher*, VVdStL 4 (1928), S. 22; *Stein*, aaO., nuancierter *Esposito*, op. cit., S. 87. Auch diese Frage – das Zentrum der KP-Urteilsproblematik – ist nur mit einem „mutigen Schnitt", durch Einsatz des Kriteriums des „wesentlichen Überwiegens" lösbar, weil eben jedes „Verhalten" „Meinungsäußerung" sein *kann* (Farbentragen – anders für den Regelfall BVerwGE 7, 125 –, Fahnenentfalten). Gerade das Thesenmoment gestattet aber hier wohl eine Scheidung zwischen „Vorschlag" und „Verwirklichung" (Aktion) – nur darf wieder nicht die „Art" des Handelns berücksichtigt werden, es kommt allein auf den Inhalt der Aktivität (Thesenaufstellung oder – bereits – Verwirklichung) an. Viel zu restriktiv aber freilich RG 24.3.1925, zit. bei *Haentzschel*, AöR 10, S. 230/1, welches das Verbot gewisser Verbreitungsmittel durch das Preußische Preßgesetz vor Art. 118 WV bestehen läßt, weil dieser nicht die „Mittel" der Verbreitung, sondern den „Inhalt" der Äußerung schütze. Richtig ist: Der Unterschied ist nach dem Inhalt zu treffen, der dann „mit allen Mitteln", die nicht Rechte anderer verletzen, durchgesetzt werden darf.

[39] I. *von Münch* in voluntaristischer Wendung des C. Schmittschen „Diskussionselements" (Verfassungslehre, S. 168). von Münchs Beispiel erscheint allerdings bedenklich: Farbentragen ist doch entweder stets oder nie „These", nicht nur in der Öffentlichkeit, sondern auch im Verbindungshaus. Eine „These" kann doch auch unter / mit Gleichgesinnten vertreten werden. Ein gewisser „Kampf" ist übrigens auch dort nicht ausgeschlossen — oder soll z.B. vorbereitet werden. Eine derartige Abgrenzung ist also praktisch kaum möglich.

subjektiv „wahrhaftig“ sein[40], worin man einen ethisierenden Grundton der Verfassung zu treffen glaubt.

Gerade in diesem Punkt aber bedarf diese Ansicht zumindest einer Klarstellung. Was ist aus der „libre communication des pensées et des opinions“, jenem Recht der freien Bewegung intellektueller Gehalte geworden, dessen Pendant man in der privaten Korrespondenzfreiheit erblicken konnte[41], die doch keinerlei Engagement voraussetzt — ein ethisch-voluntaristisch getönter Meinungsbegriff, während die westliche Entwicklung Meinung und Überzeugung einigermaßen trennt. Letztere wird in Deutschland – unbedingt, wie es ihr zukommt – als Gewissensfreiheit besonders geschützt. Meinung aber ist auch das durchaus zweifelnd Geäußerte, das typische Diskussionsmaterial, auch das, was man oft, ständig wechselt. Mehrere Meinungen kann man nebeneinander vorbringen, zur Wahl stellen. Die Meinung ist von ihrem Träger unabhängig! Er ist ihr Medium nur. Wie „ehrlich es jemand meint“, mit welcher ethischen Potenz er dahinter steht, ist gleichgültig. Freie Diskussion will die Verfassung, nicht eine zweifelhafte, nie voll zu leistende „moralische“ Erziehung, die einem Sittenrichtertum zur Unterdrückung der Freiheit die Tore öffnen müßte. Ein solcher Einbruch in das Forum internum würde der ganzen Systematik des Grundgesetzes widersprechen, für die, von wenigen Ausnahmen abgesehen, das subjektive Element gerade unbeachtlich ist, weil sie eben einen objektiven Schutz der Freiheit, als Kernstück unseres ordre public, will. Wahrheitssuche ist auch nicht letzter Sinn der Staatsordnung: Die Demokratie sucht im Kräftespiel der Meinungen nicht das Wahre, sondern das Richtige[42].

Wohin müßte eine Beurteilung der Meinung nach dem psychologischen oder ethischen Engagement in unserem Fall führen? Werbesendungen würden zur Meinung par excellence, steht doch hinter ihnen der Geschäftsmann wie hinter kaum etwas auf der Welt …

Führen wir also diese zu sehr ins Ethische abgleitende – das Wahrhaftigkeitskriterium zeigt es – Auffassung auf ihren richtigen Kern zurück: Sie ging aus von dem zutreffenden Gefühl der Notwendigkeit, den Komplex der

---

[40] Vgl. *Smend*, VVdStL 4 (1928), S. 44 ff. (71 f.), der *Paulus* zitiert (über die Principien der Preßfreiheitsgesetzgebung 1831, Vorrede s. III f); *Ridder*, Meinungsfreiheit, S. 265; *Esposito*, op. cit., S. 84.

[41] *Mortati*, Istituzioni cit., S. 856/7.

[42] Hier geht auch der von *Smend* zitierte Paulus für die Meinungs-, nicht für die Forschungsfreiheit, zu weit (vgl. dazu *Noltenius*, op. cit., S. 110). Zweck der Meinungsfreiheit ist – ganz wesentlich – gerade nicht Wahrheitsfreiheit (vgl. die Auseinandersetzung mit den entsprechenden Meinungen bei *Rothenbücher*, VVdStL 4, S. 6 f.), sondern Wahrscheinlichkeitsfreiheit, aus einer gewissen, das ist zuzugeben, echt demokratischen Skepsis dem Wahrheitsbegriff gegenüber, der eine der entscheidenden ideologischen Schwächen der Demokratie darstellt.

„Tatsachenmitteilung" von dem der „Meinung" abzugrenzen, was gerade durch das Engagement, durch das „Wertungselement" geschehen sollte[43].

Freilich leugnen nun viele gerade jede Möglichkeit einer solchen Unterscheidung; die beiden Hauptargumente: Jede Meinung ruhe auf Tatsachen auf, mit denen sie untrennbar verflochten sei; in der Auswahl der Mitteilungen selbst könne bereits eine „Meinung" liegen[44], sei sie in aller Regel zu finden.

Freilich gehen Berichterstattungs- und Kommentarfunktion bei Film- und Fernsehen oft ineinander über. Das „to give the facts and only the facts" ist in der Presse nach dem Krieg erneut gescheitert. Und doch — ist eine solche Trennung völlig unmöglich, so fehlt nicht nur die wesentliche Einschränkungsmöglichkeit des Meinungsbegriffes, sondern auch der von der Verfassung sichtlich geforderte „Berichterstattungsbegriff" (Art. 5 Abs. 1 S. 2) bleibt unbestimmbar.

Einen Ausweg gäbe es aus der letzteren Schwierigkeit: Berichterstattungsfreiheit wird „neben" der Pressefreiheit gewährt. Diese aber kann als die „Freiheit der typisch pressemäßigen Betätigung" verstanden werden, in jener eigentümlichen Mischung von Tatsachenbericht, Kommentar, Werbung u.ä.m., wie sie eben herkömmlicherweise der Presse eigen ist[45]. Sollte es da nicht einen ebenso auf die „traditionelle Erscheinungsform" einfach verweisenden Begriff der „Freiheit des Films, des Rundfunks"[46], in ihrer konkreten Gestalt, in ihrer „Mischform" geben können? Die These ist verlockend,

---

[43] Am schärfsten versucht bei *Haentzschel*, op. cit., S. 654; schon *Hellwig*, op. cit., S. 15/6, hebt die Schwierigkeit einer Abgrenzung hervor.

[44] *von Hartlieb*, UFITA 27 (1959), S. 148: „nur schwer durchzuführen"; *Ridder*, Meinungsfreiheit, S. 264; *von Münch*, I., Diss., S. 11; vor allem aber *Noltenius*, die hier (op. cit., S. 96) einen „formalistischen" und „rationalistischen" Versuch sieht, die Objektgebundenheit jeder Meinung zu leugnen. Ob es allerdings nicht gerade „rationalistisch" ist, alles als Meinungsäußerung zu betrachten, worin sich – rein logisch gesehen – irgendein Element von Tatsachenmitteilung finden läßt (und das ist ja überall der Fall, und sei es nur dadurch, daß man eben selbst dieser Meinung ist und das dem anderen als „Tatsache" mitteilt), und auf ein empirisches Schwerpunkt-Unterscheidungskriterium von vornherein zu verzichten, das doch gerade die „unrationalistische" Wirklichkeit anbietet — das mag dahingestellt werden. Das Wort „rationalistisch" führt hier jedenfalls nicht weiter, weil es nicht „an sich" mit dem „Unterscheiden" zusammenfällt.

[45] Dieser „weite" Pressebegriff wird im deutschen Presserecht traditionell vertreten: Zwar wird stets die Verbindung zur Meinungsfreiheit betont, dann aber der Schutz aller Presseerzeugnisse ohne Rücksicht auf einen Meinungsinhalt unterstrichen, vgl. *Berner*, Lehrbuch d. dt. Preßrechts, Leipzig 1876, S. 162; *Schwarze*, Das Reichs-Preßgesetz, Erlangen 1885, Anm. zu § 1; *Ebner*, Das dt. Preßrecht, Hannover 1909, § 1 RPG A 1 (mit Polemik gegen gewisse Einschränkungsversuche); neuerdings *Löffler*, Presserecht, insbes. § 1 RPG/22.

[46] In diesem Sinne könnte man die „Institutionalisierung des Rundfunks" im Fernsehurteil des BVerfG (NJW 1961, S. 547 = UFITA Bd. 34 (1961), S. 46) deuten wollen. Vgl. dazu neuerdings *Zeidler*, K., AöR 1962, S. 363 ff. (388 f.).

würde sie doch die leidige Unterscheidung zwischen Tatsachenmitteilung und Meinungsfreiheit für die meisten hier wichtigen Bezüge, wenn auch nicht für jede menschliche Äußerung — entbehrlich machen. Mag sie zur Diskussion gestellt werden. Obwohl ihr der Einwand entgegensteht, daß die Verfassung ohne weiteres (nach „Pressefreiheit") Freiheit des Films, des Rundfunks hätte sagen können[47], nicht „Freiheit der Berichterstattung durch ...".

Eine Trennung von Tatsachenmitteilung und Meinung *muß* also doch möglich sein[48]. Man erinnere sich: Die Überlagerung verschiedener „Funktionen" ist dem Bereich menschlicher Äußerungen überhaupt wesentlich. Wir finden sie aber keineswegs in allen Fällen: Es gibt nahezu völlig „auswahllose Mitteilungen" (auch im Politischen, etwa Wahlberichte)[49] — andererseits „reine" Meinungen i.S. von Stellungnahmen zu allgemein bekannten Tatsachen.

Liegen aber die beiden Pole manchmal in reiner Form vor, so müssen sich auch ihre Mischformen nach einem Schwerpunktkriterium trennen lassen[50], das der Jurist ebenso zu verwenden hat, wie der Mann auf der Straße es ganz spontan anwendet. So sind i. allg. Wochenschauen, Tagesschauen, Sportberichte der Benachrichtigung allein zuzuweisen, während Dokumentarberichte, Kulturfilme, Kommentar und Tatsachenmitteilung in gleicher Weise enthalten *können*. Daß gerade bei der Nachrichtenauswahl ein unmerkliches und desto gefährlicheres „Kommentarelement" einfließen kann, muß solange in Kauf genommen werden, wie es nicht dominiert oder jene „Offenkundigkeit" annimmt, die für grundrechtliche Reaktion stets erforderlich ist — kann doch

---

[47] Es scheint allerdings – in Verkennung der in Fn. 45 genannten Tradition – Auffassung der Verfassunggeber von Weimar und Bonn gewesen zu sein, daß es einen derartigen „selbständigen" Pressebegriff gar nicht gebe, und man hat offenbar bei der Presse „besonders" nur die „Berichterstattungsfunktion" schützen wollen, weil „das übrige", insbes. die „Kommentarfunktion", ohnehin durch die Meinungsfreiheit erfaßt werde (so ausdrücklich der Herrenchiemseer Entwurf Art. 7 Abs. 2 und der Bericht des Verfassungsausschusses S. 22); bei der bayerischen Verfassunggebung wurden sogar die Schlußworte des Entwurfs des Verfassungsausschusses (Art. 121 Abs. 1) gestrichen, die der Presse das Recht der sachlichen Stellungnahme gaben (Sten.-Bericht S. 230 f.). Der Vorschlag des Textes steht also sicher im Widerspruch zu der subj. Auffassung d. Verf.-Geber und würde eine typische „objektive Interpretation" aus einfachen Gesetzen in die Verfassung hinein darstellen, welche übrigens an einem wichtigen Punkt den Abstand der beiden Bereiche eindrucksvoll zeigt.

[48] So u.a. *Apelt*, op. cit., S. 314; *Rothenbücher*, op. cit., S. 15; *Löffler*, aaO.; *Nawiasky/Leusser*, Kommentar z. Bayer. Verfassung zu Art. 110, wohl auch *Maunz*, aaO. und das BVerwG im „Sünderin"-Urteil.

[49] Worauf schon *Haentzschel*, Hdb. S. 655, hinweist.

[50] Selbstverständlich nicht mehr nach der Art der Rechtsprechung des preußischen Obertribunals (zit. bei *Haentzschel*, Hdb. S. 654): Wenn eine Äußerung Tatsachenmitteilungen enthalte, sei sie eo ipso keine Meinungsäußerung mehr.

auch der Begriff der „Unparteilichkeit“ von Rundfunk und Fernsehen von den hier sicher hellhörigen Parteien nicht überstrapaziert werden.

Ist es aber wirklich ein „Werturteil“, das die Meinung konstituiert, während es bei der Tatsachenmitteilung fehlt — trotz der traditionell unvoluntaristischen Grundtönung der Meinungsfreiheit? Sicher — eine These muß wesentlich „zustimmungsfähig“ sein — insoweit trifft das Stellungnahmemoment zu — aber nur insoweit eben, als man – rein vom Inhalt der Aussage her – dazu muß *Stellung* nehmen können, nicht „Stellung nimmt“! Zu weit geht dagegen die Forderung eines „Werturteils“[51]. Die Auffassung, nur die Politik der Regierung habe die Wiedervereinigung vereitelt, bleibt auch dann Meinung, wenn der Betreffende weder das eine noch das andere als erstrebenswert ansieht. „Um die Konjunktur zu dämpfen, muß dies und jenes geschehen“ — dieser Satz ist wieder primär nicht ein „Werturteil“, er wirft eine „Richtigkeitsfrage“ auf. Hinter ihr steht freilich ein „relatives Werturteil“ (die betreffenden Mittel sind die besten zur Erreichung des – wertneutralen – Zieles). Besteht also auch eine „sekundäre Wertbezogenheit“, so ist doch die These, der Hauptinhalt der Meinung, primär nur „richtig oder falsch“, nicht wertvoll oder wertlos, gut oder schlecht — genau wie die opinions et pensées der französischen Revolution. Der Wille spricht nur, weil und insoweit der Intellekt, der die These primär beurteilt, sie nicht als etwas ohne weiteres Einsichtiges „durchzusetzen“ vermag (was übrigens gar nicht immer Ziel der Meinung ist!).

Gegenstand der „Meinung“ ist also ein Gedankeninhalt stets, wenn er wesentlich im Reich des Wahrscheinlichen, Unnachprüfbaren bleibt und als solcher – auch ohne jedes Engagement – vorgebracht wird[52]. Die Verfassungsentscheidung zur Meinungsfreiheit fällt nicht primär für das „wertkonsequente“ Individuum, sondern den Bürger, der intellektuell Wahrscheinliches, Auszudiskutierendes darbietet. Sie kommt aus jener großartigen Spätzeit der Aufklärung, welche den enzyklopädischen Nachprüfbarkeitstaumel durch die Freiheit zum Wahrscheinlichen, aus dem allein die Wahrheit sich erhebt, überhöht.

Meinung ist also wesentlich heute das „als solches“ Unnachprüfbare, im Gegensatz zur Tatsachenmitteilung, die allerdings „praktisch“ nicht immer eine Nachprüfung gestatten muß. Wer behauptet, ein Politiker besitze ein einmaliges Mittel zur Lebensverlängerung, sagt etwas aus, dessen Nachprü-

---

[51] Die sich aber in den Auffassungen der h.L. meist ohne nähere Präzision neben dem der „Stellungnahme“ findet (vgl. die oben Fn. 35 Genannten).

[52] Diese „probabilité“ als Hauptinhalt der „opinion“, wie ihn das 18. Jahrh. kennt, findet sich schon bezeichnenderweise, in den Darlegungen des von *Smend* zitierten *Paulus* (VVdStL 4, S. 72), obwohl gerade dort das Umschwenken auf die „Wahrhaftigkeits-“ – anstatt die Wahrscheinlichkeitsfrage – sichtbar wird.

fung „an sich" möglich wäre, äußert also keine Meinung. Die Behauptung, die Deiche in Hamburg hätten bei der oder jener technischen Verstärkung gehalten, ist noch keine Meinung, die Auffassung, die Regierung habe versagt, ist eine solche, läßt sich doch nicht „allgemeingültig" aussagen, daß sie Entsprechendes habe vorhersehen und mit den bereitstehenden Mitteln verhindern können. Dem Bürger wird so keinerlei „Informationspflicht" angesonnen: Ein Gedankeninhalt ist auf seine Richtigkeit an sich, in sich nachprüfbar — oder nicht, gleich ob man sich informiert hat oder hätte können, ist er Meinung oder Tatsachenmitteilung.

Dies ergibt auch die Unhaltbarkeit des Meinungsbegriffes des Bundesverwaltungsgerichts, das Spielfilme nicht zur „Meinung" rechnet, weil sie „Phantasieprodukt" seien[53]: Eine „These" kann durchaus ein „Phantasieprodukt" sein, in Verbindung mit einem solchen vorgebracht werden, man denke nur an Thesenstücke oder politische Utopien. Sie kann sich aus Erdachtem wie Gedachtem ergeben.

Ist so der „Meinung" das Thesenhafte, eine gewisse „inhaltliche, wesentliche Wahrscheinlichkeit" eigen, so scheiden Unterhaltung, Berichterstattung und Lehrfunktion sogleich aus, nicht aber die Werbung, bei der das Thesenhafte, wie das „Wahrscheinliche" gegeben ist. Und doch ...

Verfolgen wir also die Versuche einer weiteren Verengung des Meinungsbegriffs: Läßt sich der „Warenverkauf" ausklammern, weil er ein „ungeistiges Ziel" verfolge[54]? Wer aber würde es noch wagen, Werbung als etwas „Ungeistiges" hinzustellen? Beim Inhalt menschlicher Äußerungen können Unterscheidungen kaum nach der „Geistigkeit" getroffen werden!

Sicher soll jede Meinung zur Diskussion führen, wie C. Schmitt sagt[55], aber dies gilt für den Spielfilm wie den politischen Kommentar, für die Werbesendung wie den Kunstfilm — und das letzte Ziel ist oft: die Aktion (der Kauf oder die Wahl!). Zu *welcher* Diskussion — mit *welchem* Ziel, das ist die Frage!

Scharf hat man die Rothenbüchersche Auffassung kritisiert, Meinung sei nur, was mit Anspruch auf „Allgemeingültigkeit" auftrete, eine „grundsätzli-

---

[53] „Sünderin"-Urteil, UFITA Bd. 20 (1955), S. 192 = NJW 1955, S. 1203; dazu *von Hartlieb*, UFITA Bd. 27 (1959), S. 148; krit. *Maunz*, BayVBl. 1955, S. 216.

[54] *Haentzschel*, Hdb. S. 655.

[55] Verfassungslehre S. 168. *Schmitts* Auffassung – die er nur en passant äußert – kommt aber dem abstrakt-thesenhaften Charakter der Meinungsfreiheit schon sehr nahe, wenn er von der „Diskussion" als dem Endziel der Meinungsäußerung spricht: Für diese ist ja das menschliche „Engagement" sekundär, und die – unten vorgenommene – „politische" Akzentuierung des Inhalts läge sicher in der Grundtendenz der Verfassungslehre.

che" Stellungnahme biete[56]. Sicher liegt hier eine unzulässige Voluntarisierung, eine Verkennung des „Meinens" als eines Zweifelns, des Diskutierbaren jeder Meinung — und doch wird so das „Thesenhafte", der Zustimmungscharakter klar, den sie haben muß. Sie kann sich eben nicht in einer *rein* persönlichen, über die Interessen des Meinenden in keiner Weise hinausgehenden Stellungnahme erschöpfen (etwa: dieser Mensch ist mir sympathisch, diese Lebensform ist für mich die richtige). Sicher geht zwar Rothenbücher zu weit: Meinung ist nicht nur, „was überhaupt und stets sein soll", aber es muß für andere ein „selbständiges Zustimmungsinteresse" vorhanden sein können, wie es etwa bei der Kritik an einem Mann der Fall ist, der im öffentlichen Leben steht. Freilich ist Meinung aber auch nicht nur, was „auf die Gesamtheit und über sie auf alle Lebensgebiete einwirken will"[57] — die Gesamtheit ist weder wesentlicher Adressat noch ist der Umweg über sie entscheidend.

Es bleibt also noch immer das Problem der Werbung: Der Werbende spricht mit einer „These" an (die Ware ist an sich, für deine „Gruppe" oder gerade für dich „gut"), er will auch die Zustimmung — daß sie sogleich zu einer Aktion (Kauf) sich verdichten soll, unterscheidet sie in nichts von politischer Werbung, die auf den Wahlvorgang zielt und sicher Meinung ist. Die Werbung scheint „an sich" also perfekte Meinungsäußerung zu sein.

Und doch — dieses vielen wohl bedenklich erscheinende Ergebnis[58] führt zu einer letzten Besinnung auf eine *sachlich*-inhaltliche, und nicht nur, wie bisher: strukturelle Begrenzung des Meinungsbegriffs — wie bereits angedeutet, aus der Systematik des Grundgesetzes selbst heraus.

Es wurde bereits festgestellt, daß die „Werbung" näher bei den Ausstrahlungen des Eigentums und der Berufsausübung steht, daß sie also nach deren Regeln muß beurteilt – und beschränkt – werden können. Daß sie sich in zustimmungsfähigen Thesen äußert, ist für sie ein Accidens. Diese Erkenntnis führt weiter: Aus dem „Meinungsbegriff" haben alle Äußerungen auszuscheiden, welche durch eine „sachnähere", „sachzentralere" Bestimmung des Grundgesetzes in anderer – mehr oder minder einschränkbarer – Weise erfaßt werden. Dies gilt insbesondere

---

[56] *Rothenbücher*, VVdStL 4, S. 16 — wohl das Beste, was in dieser Frage gesagt worden ist: Das erstemal wird hier nicht nur „Meinung" und Tatsachenmitteilung scharf getrennt, sondern auch erstere nach inhaltlichen Gesichtspunkten von der Masse der anderen „Äußerungen" abgegrenzt. Zustimmend *Schmitt*, aaO.; *Nawiasky/Leusser*, aaO.; krit. *Haentzschel* und *Hellwig*, aaO.

[57] *Haentzschel*, Hdb. S. 655.

[58] Das aber in der Rechtsprechung immer wieder ohne nähere Begründung mehr oder weniger ausdrücklich erscheint, vgl. etwa BGH JZ 1952, S. 227 f.

a) für geschäftliche und berufliche, im Rahmen egoistisch-privatautonomer Zielerreichung abgegebene Äußerungen, ohne Bezug auf allgemeinere, sozial- oder wirtschaftspolitische Thematik. Die Abgrenzung „Geschäft-Wirtschaftspolitik" dürfte der Praxis weniger zu schaffen machen als theoretischer Bestimmung. Bei einer wesentlichen Überlagerung beider Bereiche muß der Schutz der Meinungsfreiheit gewährt werden, auch wenn, subjektiv gesehen, ein Tarnmanöver vorliegt;

b) für alle wissenschaftlichen und Hochschullehrmeinungen;

c) für alle Meinungen über künstlerische Phänomene. Die Kunstfreiheit des Art. 5 Abs. 3 wäre unvollständig, würde sie nur die Freiheit künstlerischen Schaffens, nicht eine ebenso große, also unbeschränkbare Freiheit der Kunstkritik und -diskussion für alle, also auch für Film und Fernsehen, einschließen[59]. Kaum kann der Staat die Kunst durch Beschränkung der schöpferischen Vorgänge selbst binden, stets wird er es durch Verhinderung der Verbreitung und der Kunstkritik versuchen;

d) für alle religiösen und weltanschaulichen Thesen (Art. 4), weil neben dem religiösen Bekennen der religiöse Zweifel geschützt wird. Der Schutz auch der „Weltanschauung" verbietet m.E. ein Sittenrichtertum über den subjektiven „Ernst" einer Überzeugung (Ausnahme: Art. 4 Abs. 3): auch eine zynische Weltanschauung ist zu achten.

Der bereits nach Abzug all dieser Bereiche beschränkte Kreis sachlich möglicher menschlicher „Thesen" muß nun von seinem „Zentrum" her aufgebaut werden. Dies liegt, der Tradition entsprechend, bei der „parteipolitischen" Meinung, an die sich wirtschafts- und gesellschaftspolitische Thesen anschließen — all das also, was man in einem weiten, kaum je rechtlich zu definierenden Sinn das „Politische" zu nennen pflegt[60]. *Ridder* hat die besondere „politische" Akzentuierung der Institutsgarantie „Meinungsfreiheit" in der Institution der „öffentlichen Meinung" nachgewiesen[61]. Ähnliche Akzente liegen bereits bei dem subjektiv-öffentlichen Recht des einzelnen auf freie Meinungsäußerung, aus dem jene kommt. Vielleicht wäre auch *ein* möglicher Ansatzpunkt für eine Definition des „Politischen" im System des Grundgesetzes[62] gerade der so strukturell und sachlich beschränkte Meinungsbegriff.

---

[59] Ebenso wie die Verbreitung der Kunstwerke absolut geschützt sein muß: a.A. *Noltenius*, op. cit., S. 114; richtig im Ergebnis *Hamann*, NJW 1959, S. 1891.

[60] Recht gut umschrieben schon bei *Rothenbücher*: „Also gehören hierher alle … Sitten- und Rechtslehren, alle Weltanschauungen im weitesten Sinn (aber auch nur diese; d. Verf.). Und zwar nicht nur, wenn sie in der Form gelehrter, gedanklich durchgebildeter Sätze auftreten, sondern auch, wenn sie, oft nur verhüllt, in der Begründung der Stellungnahme zu einzelnen Ereignissen oder Dingen zu erkennen sind."

[61] Vgl. Meinungsfreiheit zit. S. 256 f.

[62] Vgl. dazu *Leisner*, La conception du „politique" selon la jurisprudence de la Cour constitutionnelle allemande, Revue du Droit public, Paris 1961, S. 754 f.

Das Ausscheiden „rein persönlicher", „ausschließlich ichbezogener" Ansichten aus dem Meinungsbegriff wiegt weniger schwer, als es scheint: freiheitsbedrohend pflegt der Staat gegen solche nur einzuschreiten, soweit sie sich zu „irgendwie politischen Thesen" verdichten — dann greift aber auch der Schutz von Art. 5 GG ein. Nur dann ist auch die freiheitliche Ordnung in Gefahr, nicht, wenn der einzelne rein egoistisch sich entfaltet, der Staat dies als Mißbrauch ansieht und eingreift. Er muß dies viel freier tun können und *dafür* steht ihm auch der allgemeine Gesetzesvorbehalt des Art. 2 zur Verfügung, unter dessen „Persönlichkeitsschutz" eben alle diese „persönlichen" Meinungen fallen.

Meinung ist also nur eine Äußerung, welche eine wahrscheinliche, zustimmungsfähige These in einem „politischen" Bereich beinhaltet. Sie umfaßt nur die „Kommentarfunktion" bei Film- und Fernsehen. Diese These muß mit dem Widerspruch derer rechnen, welche alle und jede menschliche Äußerung mit einem Panzer maximaler Freiheitssicherung umgeben wollen. Damit würde aber eines erreicht: Der besondere, rückhaltlose Schutz, wie er hier für Weniges nur erstrebt wird, müßte sofort in der Schutzlosigkeit genereller gesetzlicher Beschränkbarkeit untergehen, die dem Staat eben doch stets zur Regelung der allgemeinen menschlichen Entfaltung verbleiben *muß*. Das „Pathos des Rechts der freien Rede" hat *selbständig* seit eh und je nur in einem – im weitesten Sinn – „politischen" Bereich gegolten, weil der Schutz dieser freien Rede sonst eben rechtlich ganz anders geregelte Sachbereiche mit einem für diese untragbaren – oder zu geringen – Schutz umgibt, das akzidentelle also, nicht das zentrale Interesse geschützt würde.

Die Begriffsabgrenzung von „Meinung" und „Kunst" ist für Film und Fernsehen entscheidend: Welche von der Meinungsfreiheit nach dem Vorstehenden nicht gesicherte Bereiche unterfallen dem noch stärkeren Schutz der Kunstfreiheit, vor allem auf dem Unterhaltungssektor? Kann ein bereits meinungsgeschütztes Unternehmen – ein glänzendes politisches Cabaret etwa – auch noch den weitergehenden Kunstschutz genießen? Diese Fragen sind um so wichtiger, wenn, wie hier, ein einengender Meinungsbegriff vertreten wird.

Viel Geistreiches ist hier schon gesagt worden; dennoch fällt es schwer, einen neuen Versuch zu wagen, weil offenbar juristische Definitionen hier in besonderer Weise inadäquat und künstlich sein müssen: „Kunst" ist ja nicht nur, wie Berichterstattung, Meinung, Lehre, eine „technische", an sich (einigermaßen) „wertneutrale" Kategorie, sondern zugleich Qualitäts-, Wertbegriff. Ein Urteil aber darüber, was in *diesem* Sinn Kunst ist, kann, soll der Jurist eben nicht abgeben, wobei aber die Verflechtung beider Aspekte nahezu unlösbar ist.

Und so greift er denn zum Lexikon und findet dort, daß „Kunst“ Gestaltung eines seelisch-geistigen Gehalts durch eine eigenwillige Form nach bestimmten Gesetzen ist[63], oder „Selbstbewußtwerdung einer Epoche“[64]. Das BVerwG sagt ihm, daß sie stets bei „erdachten Handlungen“ gegeben sei[65], und das OVG Münster[66] belegt künstlerische Wertlosigkeit mit Zitaten von Goethe und Thomas Mann. Die Literatur hebt bald auf die irrational-emotionale Gestaltung ab[67], bald auf das „Schöpferische“[68] oder eine gewisse „Höhe“[69] der Formgebung, wenn nicht einfach auf den Einzelfall[70] ohne nähere Umschreibung[71].

Daß es die Praxis nicht leicht hat, zeigt der Fall des Spielfilms: Das BVerwG will ihn generell unter den Kunstbegriff bringen, andere nehmen ihn davon wegen seines vorwiegend kommerziellen[72] oder unterhaltenden[73] Charakters aus.

Halten wir fest: Kommerzielle Absichten oder Erfolge alterieren den Kunstcharakter eines Werkes keineswegs, ebensowenig die „Unterhaltungstendenz“ als solche — auch und gerade „Kunst“ unterhält. Hinter dem angeblichen Unterhaltungskriterium verbirgt sich aber nur das – ernstere – der Schaffenshöhe[74], die entscheiden soll; doch gerade hier ist eben die Grenze

---

[63] So der „Große Brockhaus“ — eine Definition, die man häufig in der Literatur wiederfindet.

[64] So in etwa, wenn auch nicht unter völliger Verkennung des individuellen Moments, Alois *Halder* im Herderschen Staatslexikon Art. „Kunst“.

[65] „Sünderin“-Urteil UFITA Bd. 20 (1955), S. 192 = NJW 1955, S. 1203; *von Hartlieb*, UFITA Bd. 27 (1959), S. 148/9, vgl. *ders.*, UFITA Bd. 28 (1959), S. 90.

[66] In UFITA Bd. 27 (1959), S. 235 = JZ 1959, S. 716 f. (719/20). Kritisch dazu *von Hartlieb*, UFITA Bd. 28 (1959), S. 41 f.

[67] Z.B. *Stein*, JZ 1959, S. 720; wohl auch *Rothenbücher*, op. cit., S. 17.

[68] So etwa *Wernicke*, Bonner Kommentar, Art. 5 II 3 a; BGHZ 15, 255 (z. KUG).

[69] So vor allem die Kommentare zu § 1 II 2 Jugendgefährdungsgesetz: *Potrykus*, S. 188/9; *Riedel*, S. 76; *Becker*, S. 55, aber auch, im Ergebnis, *von Hartlieb*, UFITA Bd. 27 (1959), S. 148/9; *ders.*, UFITA Bd. 28 (1959), S. 90 sowie S. 32 f., S. 43 f.: Eine gewisse Wertung müsse schon im Hinblick auf den Jugendschutz vorgenommen werden. Noch vorsichtiger (als Auslegung des Schmutz-und-Schund-Begriffes des damaligen Art. 142 WV eine „untere Grenze“ postulierend): *Gebhard*, Handkommentar, Art. 142/2 u. d. dort zit. *Kitzinger*.

[70] So i.Erg. doch *Noltenius*, op. cit., S. 113/4.

[71] Eine der Auffassung von *Ridder* (Meinungsfreiheit, S. 268), „Kunst“ sei hier systematisch ein Unterfall der Meinungsfreiheit, ähnliche Stellungnahme findet sich bei *Rothenbücher*, op. cit., S. 16/7.

[72] *Noltenius*, op. cit., S. 114.

[73] LVG Köln Urt. v. 20.2.1958, zitiert bei *von Hartlieb*, UFITA Bd. 28 (1959), S. 37.

[74] So zutreffend *Schilling*, Recht u. Jugend 1958, H. 16 u. 17. Das ist, dem Jugendschutz gegenüber, eine schwere Entscheidung. Wenn aber „ernstzunehmende Kunst“ dem Jugend-

des juristischen Urteils erreicht. Grundsätzlich muß mit dem BVerwG eben doch jedes Urteil über künstlerische Qualität abgelehnt werden. Zu welch entsetzlicher Beckmesserei müßte das führen! Soll man die Künstler von heute durch Gerichtsurteile[75] auf den „richtigen" Weg führen, auf den von Goethe und Thomas Mann? Was wird der Künstler vorziehen: seine Werke von einem Gericht — oder gleich von einem Kunstministerium beurteilen zu lassen?

Und die „Phantasie", oder die „phantasiegestaltete Aktion" als Kriterium? Sie paßt nicht einmal bei literarischen Werken: Sind A. Gide's Tagebücher Phantasie? Wenn zwei erdachte Werbegestalten sich auf der Leinwand über die Vorzüge des Onko-Kaffees unterhalten — ist das ein Kunstwerk, wenn (was die Konkurrenz sicher sagen wird ...) das Gespräch so nie stattgefunden haben kann?

Ist alles Thesenlose Kunst? Sicher läuft hier eine Trennungslinie zur „Meinung"[76], aber ein Werk kann eben Meinung und Kunst gleichzeitig sein, Kunst, obwohl es eine These bietet. Deren Fehler ist nicht konstitutiv für ein Kunstwerk. Schillers Räuber sind Kunst, obwohl sie eine These vertreten, die Konstruktion eines Hauses im sozialen Wohnungsbau bietet keine These, aber auch keine Kunst! Das Kriterium der „selbständigen Form" ist viel zu vage, der Formbegriff wenigstens ebenso ungeklärt wie der der Kunst.

Eine Interpretation aus einfachen, „technischeren" Gesetzen bietet sich an[77] — aber der Kunstbegriff des Jugendgefährdungsgesetzes ist nahezu ebenso unpräzisiert wie der der Verfassung und bringt die Gefahr mit sich, einseitig, jugendschützend und damit „moralisch" akzentuiert zu werden[78]. Weit eher wäre sicher der des Kunsturhebergesetzes heranzuziehen, aber hier steht das Problem des „Individuellen" so im Vordergrund, daß die bisherige Interpretation den Werkcharakter weit näher als den Kunstbegriff determinieren konnte[79].

---

schutz vorgeht (*von Hartlieb*, UFITA Bd. 28 (1959), S. 91), nützt es nichts, den Schutz der Jugend eben doch wieder, auf dem Umweg über eine „Wertung", in den Begriff hineinzuschieben.

[75] Daß es solches geben kann, zeigen die Leitsätze der Urteile, zitiert bei *von Hartlieb*, aaO. (Fn. 73).

[76] Vgl. *Stein*, aaO.

[77] Kritisch dazu, nicht ohne Recht: *Hamann*, NJW 1959, S. 1891.

[78] Vgl. Fn. 69. Bedenklich allerdings die Unterscheidung des OVG Münster UFITA Bd. 27 (1959), S. 235 (Kunstfreiheit schützt das „Schaffen", Jugendgefährdungsgesetz das „Verbreiten" eines „den Kunstbesitz eines Volkes bereichernden Werkes" — eine Terminologie, die wohl heute gar nicht angewandt werden sollte).

[79] Vgl. *Hubmann*, Urheber- und Verlagsrecht 1959, S. 77 f.; *Ulmer*, Urheber- und Verlagsrecht 1960, S. 108, wo der Problematik entsprechend, stets das „Eigenpersönliche"

Das Problem ist also definitorisch gar nicht zu lösen. Welche „approximative Sicherheit" kann den beteiligten Kreisen geboten werden? Die, daß das Kunstwerk das „ästhetische Empfinden anspricht"? D.h. doch: zunächst noch kaum die geringste! Die Rechtsprechung ist unsicher, wie sie es nur sein kann. Dennoch steht eines – unausgesprochen – schon jetzt hinter den Lösungsversuchen und sollte klar ins Bewußtsein der Richter gehoben werden. Der Kunstbegriff kann rechtlich nur als technische, nie als Qualitätskategorie erfaßt werden. Von einer herkömmlichen äußeren Erscheinungsform des Kunstwerks muß ausgegangen werden, wie es Art. 5 GG überhaupt fordert: Presse und Film haben traditionelle Erscheinungs- und Berichterstattungsformen; Lehre und Forschung stellen ebenso gewisse „äußere", „technische" Phänotypen dar, durch Verwendung bestimmter Arbeitsformen, Arbeitsmodelle. Kunst sollte also auch von einem bestimmten „herkömmlichen" Erscheinungsbild aus beurteilt werden, ohne daß es natürlich auf einen „Kunstwillen" ankäme. Konkret gesprochen: Was sich in „als solchen", traditionell anerkannten künstlerischen Formen vollzieht, hat eine „Vermutung" der Kunst für sich (Gedichte, Romane, literarische Tagebücher, Malerei, Bildhauerei u.ä.m. ohne Rücksicht auf ihre Qualität). Freilich – dessen muß man sich bewußt sein – ein gewisses „Qualitätsmoment" kann sich leicht in die Kategorien einschleichen (Vergleich mit „hochstehendem" Theater), wird sich vielleicht nicht bis ins letzte eliminieren lassen. Problematisch ist die Darstellung: Ein Hamletfilm – gut oder schlecht – muß, für die Verfassung, unbedingt „Kunst" sein, ein spritziger Sketch politischer Art ist es nicht, weil er zu dem – in Frankreich als solchem ausdrücklich anerkannten – Typ des „Spectacle de variété" gehört. Es kommt also auf die „Theater- und Romannähe" des Werkes an, die nach der äußeren Erscheinung, nicht nach der Qualität zu beurteilen ist. „Film" ist eben nicht an sich Kunst, sondern nur Darstellungsmittel. Ein „Western" wird nur in seltenen Fällen den Kunstschutz in Anspruch nehmen können. Bedenklich mag sein, daß ein neues Kunstgenre keine Chance hat. Die Gefahr ist nicht allzugroß: Die Zahl der künstlerisch-technischen Kategorien innerhalb des Kunstbereichs ist doch einigermaßen geschlossen, und man wird sogleich versuchen, neue Formen älteren – beurteilend – anzunähern. *Daß* allerdings eine neue Kunstform, ein neuer Kunstinhalt stets eine gewisse Beweislast tragen muß, wird sich nicht ändern lassen; sie tragen sie ja schon vor der Allgemeinheit, deren letzte Instanz nur das Recht ist. Will man mehr tun, so öffnet man hier den Staat der Kunst gegenüber so weit, daß er – aus Liberalismus! – zum Kunstförderer und damit Kunstbeschränker wird!

---

im Vordergrund steht. Immerhin scheint die Rechtsprechung doch einen Begriff des „Schöpferischen" entfalten zu wollen, an den u.U. eine Anlehnung gelingen könnte.

Dennoch: das erwähnte Bedenken führt zu einer Forderung an die Richter: bei Kunsturteilen müssen sie zwei Dinge vermeiden: lexikonhafte Deduktion aus einem angeblich feststehenden, abstrakten „Kunstbegriff" ebensowohl wie die Herrschaft von „Sachverständigen". *Sie* müssen entscheiden und sich dabei wieder als *Organ der Allgemeinheit fühlen.* Die Kritik gegen das Freirecht hat ihnen – eine gewisse, bedenkliche Realität normativierend – so oft gesagt, daß Generalklauseln *sie, ihr* Inneres zur Entscheidung aufrufen, daß sie nun manchmal beginnen, sich als persönliche, deduktive Entscheidungsinstanz zu fühlen. Nein, sie müssen transformierende Durchgangsstufen des allgemeinen Bewußtseins bleiben, das aus ihnen spricht, durch sie, die sie es genau kennen und ständig verfolgen, eben „entscheidet", was „Kunst" für die Gemeinschaft von heute sein kann und was nicht.

Die Pressegleichheit*

— Das Differenzierungsverbot bei Eingriff und Förderung durch den Staat —

Das Grundrecht der Pressefreiheit (Art. 5 Abs. 1 GG) schützt die Presse einheitlich. Die „Einheit der Presse" wird zwar allgemein anerkannt, sie gerät jedoch neuerdings und zunehmend in Gefahr: Insbesondere bei Förderungsmaßnahmen unterscheidet der Staat nach Presseinhalten (Bevorzugung der „politischen Bildung und Unterrichtung"), nach Presseorganen (zwischen Tageszeitungen und anderen Organen, insbesondere Zeitschriften) und nach Größenordnungen (kleine, mittlere, große Verlage).

Es fragt sich, ob dadurch nicht die „Pressegleichheit" verletzt wird, ein Aspekt der Pressefreiheit von entscheidender Bedeutung für eine staatsunabhängige Presse.

Eine Tradition allgemeiner presserechtlicher Differenzierung zwischen „politischer" und „nicht-politischer" Presse gibt es in Deutschland nicht, sieht man von der NS-Zeit ab. Ansätze in letzter Zeit sind sogleich auf Kritik gestoßen. Der Begriff des „Politischen" wird dabei übrigens so weit gefaßt, daß er allenfalls geschäftliche Äußerungen ausschließt.

Die Zulässigkeit einer Unterscheidung nach dem politischen Charakter von Presseäußerungen läßt sich nicht aus dem *Jugendschutzrecht* begründen, das herkömmlich u.a. auch politische Inhalte bei Verbreitungsbeschränkungen privilegiert. Das Jugendschutzrecht regelt nur eine besondere Materie und bringt dabei, auf Grund eines speziellen Gesetzesvorbehalts (Art. 5 Abs. 2 GG), Beschränkungen der Freiheit der Presse. Deren einheitlicher Begriff wird dadurch nicht differenzierend aufgespalten. Gerade hier hat sich übrigens die Schwierigkeit eines Begriffs des „Politischen" gezeigt — außer der Geschäftspresse unterfallen ihm nahezu alle Presseäußerungen und Presseorgane, jedenfalls die Fachzeitschriften.

Im Betriebsverfassungsrecht wird zwar, beim *Tendenzschutz*, auf „politische" Meinungen besondere Rücksicht genommen. Die Sonderbehandlung wird jedoch von jeher der Presse im ganzen undifferenziert zuteil. Darin zeigt sich die Anerkennung der Pressegleichheit.

---

* Erstveröffentlichung in: Archiv für Presserecht 1975, S. 905–907.

Eine Differenzierung nach Äußerungsinhalten kann für die Presse nicht schon daraus abgeleitet werden, daß der Begriff der „Meinung" (Art. 5 Abs. 1 GG) entsprechend differenziert verstanden und der „politischen Meinung" eine Sonderstellung eingeräumt wird.

Die Pressefreiheit gewährt insoweit, im Vergleich zur Meinungsfreiheit, besondere Sicherung, als die Presse(-unternehmen) in ihrer organisatorischen Einheit geschützt werden, was auch dann einheitlichen Schutz der „Presse-Meinung" verlangt, wenn bei Meinungen im übrigen unterschieden werden dürfte.

Die besondere „politische Bedeutung der Presse" steht außer Frage; sie bedeutet aber nicht die „besondere Bedeutung der politischen Presse".

Ob und inwieweit im Pressebereich differenziert werden darf, ergibt sich aus den vom Grundgesetz vorausgesetzten und geschützten Pressefunktionen. Hier sind vor allem hervorzuheben: allgemeine Kommunikationsfunktion, Repräsentationsfunktion, Kontrollfunktion.

Eine inhaltliche Differenzierung bei Presseäußerungen widerspricht der gesellschaftlichen Kommunikationsfunktion dieses Mediums, die in thematischer Universalität zu erfüllen ist. Dieser Kommunikationsprozeß ist inhaltlich eine wesentlich verklammerte Einheit. Die Kommunikationsfunktion steht als solche im öffentlichen Interesse, und sei es auch nur, weil ohne sie „politische" Funktionen von der Presse nicht wahrgenommen werden können.

Die Presse erfüllt darin die „Repräsentationsfunktion", daß sie die Interessen der Gesellschaft dem Staat nahebringt (und umgekehrt). Dies muß in undifferenzierter Inhaltlichkeit erfolgen, „politisch" wirkt insoweit jede Veröffentlichung. Der Staat kann nicht a priori entscheiden, „was auf ihn wirken" werde.

Die Kontrollfunktion der Presse gegenüber dem Staat wird ebenfalls ohne wesentliche Unterschiede nach Presseinhalten wahrgenommen. In der freiheitlichen Demokratie wächst sie aus allgemeiner Kommunikation und Repräsentation heraus, muß also undifferenziert bleiben wie deren Äußerungen. Das „Politische" bleibt auch hier reine Wirkungsfolge, es kann nicht vorhergesehen werden. Schon deshalb wäre übrigens hier alles „politisch", weil die politischen Staatsorgane heute grundsätzlich allzuständig sind.

Die Pressefunktionen müssen „staatsfrei" erfüllt werden. Eine Sonderbehandlung „politischer" Inhalte würde stets manipulativ wirken. Der Staat darf nicht definieren, was „in seinem Raum wirken darf". Aufgezwungene Politik ist stets Pressemanipulation.

Im Funk- und Fernsehbereich betreffen die Grundsätze der Programmgestaltung (Neutralität, Ausgewogenheit) sämtliche Programminhalte, nicht nur „politische“ Sendungen. Dies zeigt, daß sie, politisch gesehen, alle als gleichgewichtig zu gelten haben. Differenzierungen innerhalb der Presse nach „politischer Bedeutung“ sind daher unzulässig.

Der Sicherung einer „Einrichtung Presse“ liegt die Vorstellung von einem außerrechtlichen Phänomen zu Grunde, das sich in undifferenzierter Einheit entfaltet. Institutionalisierung ist ein Vereinheitlichungs-, kein Differenzierungsbegriff. Eine „Institution politische Presse“ gibt es nicht.

Die Institutsgarantie der Pressefreiheit soll diese verstärken, nicht relativieren. Dies aber geschähe, wollte man aus ihr die Begründung einer Sonderbehandlung der „politischen Presse“ ableiten. Die Einrichtungsgewährleistung würde dann zum Gesetzesvorbehalt zugunsten des Staates, was mit Recht ganz überwiegend abgelehnt wird.

Mit einer Forderung nach Pressevielfalt lassen sich allenfalls Antikonzentrationsmaßnahmen begründen, welche nach Größenordnung oder Presseorganen unterscheiden, nicht aber eine Differenzierung nach Inhalten. „Vielfalt der Presse“ verlangt, im Gegenteil, eine undifferenzierte Pluralität von Meinungsinhalten; Pressevielfalt bedeutet Pressegleichheit.

Das „Politische“ im Presserecht kann nicht als das „Parteipolitische“ verstanden werden. Keiner der herkömmlichen Politik-Begriffe taugt zur Abgrenzung eines Rechtsbegriffs „politische Presseinhalte“ (Bezug auf das Staatliche, Freund-Feind-Verhältnis, Emanzipationsziel usw.).

„Politische Bildung“ ist presserechtlich ebensowenig definierbar wie „politischer Äußerungsinhalt“. An den Arbeitsinhalten und Zielen der anerkannten Institution politischer Bildung kann man sich dabei nicht orientieren, weil so der Presse, einem viel allgemeineren Meinungsmedium, ein forschungsmäßig verengter Politik-Begriff aufgezwungen würde. Über die Unterstützung „politischer Bildung“ droht ohnehin stets Manipulation politischer Willensbildung.

Die Politikrelevanz von Presseäußerungen ist wesentlich unvorhersehbar. Sie läßt sich nicht vorausschauend-normativ bestimmen.

Eine Diskriminierung der Unterhaltungspresse kann nicht überzeugend begründet werden. Sie ergibt sich weder aus deren „unpolitischem Charakter“ noch aus einer speziellen kommerziellen Zielsetzung. Moralische Werturteile sind presserechtlich irrelevant.

„Unterhaltung“ ist eine der wichtigsten, herkömmlichen Pressefunktionen. Sie läßt sich von „politischen“ Zielsetzungen nicht eindeutig abgrenzen. Ihr Ausschluß aus dem Grundrechtsschutz würde massive staatliche Einflußnahme im Sinne einer „reinen politischen Presse“ gestatten. Mit dem demokratischen Prinzip wäre er unvereinbar, weil vom Staat bestimmt würde, womit sich der Bürger beschäftigen dürfe. An „Unterhaltung“ besteht heute, angesichts der erweiterten Freizeitmöglichkeiten, ein erhebliches allgemeines Interesse.

Zugleich mit der Unterhaltung erfüllt die Presse wichtige Kulturfunktionen, von der Volksbildung bis zum ästhetischen Einfluß. Allein darin schon zeigt sie sich untrennbar mit anderen, insbesondere „politischen“ Wirkungsweisen verklammert. Deshalb hat das BVerfG auch den Unterhaltungssendungen den Schutz der Rundfunk- und Fernsehfreiheit zuerkannt.

Auch die sog. „Sensations-“ und „Skandalpresse“ genießt grundsätzlich den vollen Schutz der Pressefreiheit, andernfalls könnten mißliebige Organe vom Staat ausgeschaltet werden.

Zwischen „sensationellen“, „skandalösen“ Inhalten und anderen darf schon deshalb nicht differenziert werden, weil dies auf eine Unterscheidung nach dem „Wert“ der Äußerung hinausliefe. Ebensowenig ist eine Differenzierung nach „Wertigkeit“ bei der Behandlung erzieherisch-bildender, künstlerischer, wissenschaftlicher u.a. Äußerungen zulässig. Ob nach Presseorganen differenziert werden darf, hängt zunächst davon ab, wie der Begriff „Presseorgan“ bestimmt wird. Dies kann nicht nach den Kriterien „Auflagenhöhe“ oder „Verbreitung“ geschehen; sie sind allenfalls für eine Differenzierung nach Größenordnungen (dazu unten) von Belang. Wenn „Presseorgane“ nach dem Inhalt der in ihnen erscheinenden Aussagen unterschieden werden, so ist eine solche Differenzierung presseverfassungsrechtlich ausgeschlossen: Eine unzulässige Differenzierung nach „Inhalten“ darf nicht über eine solche nach „Organen“ doch eingeführt werden. In Deutschland ist herkömmlich und auch heute ein weiter Pressebegriff herrschend, bei dem insbesondere zwischen periodischer und Buchpresse nicht unterschieden wird. Dies entspricht auch der Judikatur des BVerfG.

Die vom Grundgesetz gesicherten Pressefunktionen verlangen diesen weiten Pressebegriff. Allgemeine gesellschaftliche Kommunikation, Repräsentation der Gesellschaftsinteressen gegenüber der Staatlichkeit, Kritik und Kontrolle derselben leistet das Buch ebenso wie die periodische Presse. „Presse“ ist nicht nur Nachrichtenverwaltung des Tagtäglichen. Und wer auf politische Wirkungen blickt, darf dem „politischen Pamphlet“ nicht den Grundrechtsschutz verweigern.

Differenzierungen nach der Häufigkeit des Erscheinens sind ebenfalls unzulässig; sie dürfen auch nicht mit Blick auf die „Bedeutung der politischen Information“ erfolgen, weil dies eine Differenzierung nach Inhalten wäre, die nicht gestattet ist.

Eine Differenzierung zwischen Zeitungen und Zeitschriften würde voraussetzen, daß ein besonderer Begriff der „Zeitung“ in presseverfassungsrechtlicher Eindeutigkeit bestimmt werden kann. Dies ist bisher nicht gelungen.

Publizität kommt allen periodischen Schriften zu; Universalität der Inhalte ist weiterhin auch bei Zeitschriften gegeben, Vielfalt und Wandlungsfähigkeit der Zeitschrifteninhalte verbietet eine Festlegung des Begriffs „Zeitschrift“ auf „gewisse Inhalte“. Aktualität streben, in differenzierter Form, auch die Zeitschriften themenangepaßt an, eine etwaige „Aktualitätsdifferenz“ zwischen Zeitungen und Zeitschriften rechtfertigt keine grundsätzlich-begrifflichen Unterscheidungen.

Auch eine Unterscheidung zwischen Tagespresse und übriger Presse ist unzulässig. Sie ließe sich nur als Aktualitätsprämie rechtfertigen (dann aber müßten Funk und Fernsehen noch stärker gefördert werden), oder als Bevorzugung des „Politischen“ — diese aber ist nicht gestattet.

Den Zeitschriften kommt übrigens, wenn man schon von einer Privilegierung des „Politischen“ ausgehen wollte, auch besondere „politische“ Wirksamkeit zu — von Berufspolitik über Bildung und Erziehung bis zu konfessionellem Schrifttum. Zeitschriften „können jederzeit politisch werden“. Politische Effekte erreichen sie – oft mehr als Zeitungen – durch eine für Zeitschriften typische „Doppelstrategie“: Schaffung von „Grundstimmungen“ einer-, „Kampagnen“ andererseits.

Einen presserechtlichen Begriff der „Fachzeitschrift“ gibt es nicht, allenfalls könnte eine Fachpresse herausgehoben werden; hierbei könnte an die Ziele der Vor-, Aus-, Fortbildung sowie an die Begriffe „Schule“ und „Wissenschaft und Forschung“ angeknüpft werden.

Der Fachpresse muß jedoch der volle Schutz der Pressefreiheit zukommen, genauso wie der übrigen Presse: Auch sie erfüllt alle Pressefunktionen, von der gesamtgesellschaftlichen Kommunikation bis zur Kritik und Kontrolle. Zum nicht geringen Teil beschäftigt sie sich sogar primär mit allgemeinen oder sektoralen „politischen“ Problemen.

Eine Sonderbehandlung der Fachzeitschriften kann nicht darauf gestützt werden, daß diese keine „politischen Aufgaben“ erfüllten, insbesondere nicht der politischen Bildung, Unterrichtung, Meinungsbildung dienten: „Politisch“ ist an sich schon kein zulässiges Differenzierungskriterium; Fachzeitschriften wirken in vielfacher Weise „politisch“, wie immer man diesen Begriff faßt; ihre Beschränkung auf das „Nicht-Politische“ wäre Ausdruck eines längst überholten Staats- und Presseverständnisses.

Die Konzentrationsentwicklung im Pressebereich wirft die Frage auf, ob zu ihrer Bekämpfung nach Größenordnungen innerhalb der Presse differenziert werden darf. Solche Unterscheidungen bewirken meist auch zugleich im Ergebnis Differenzierungen nach Presseinhalt sowie nach Presseorganen.

Antikonzentrationsmaßnahmen wirken in der Regel unzulässig differenzierend. Enteignung und Sozialisierung, die schärfsten „Antikonzentrationsmaßnahmen", müßten wegen der Pressegleichheit auf die gesamte Presse ausgedehnt werden. Sie sind an sich schon, wären dann aber erst recht — verfassungswidrig.

Differenzierung nach Größenordnung ist im Pressebereich regelmäßig verfassungswidrig, weil sie nur andere, unzulässige Unterscheidungen – nach Inhalt oder Organen – verdeckt.

Antikonzentrationsmaßnahmen bedürfen als Beeinträchtigung der Pressegleichheit spezieller Legitimation. Eine solche kann weder aus dem Demokratiegebot abgeleitet werden, hinter dem nur eine unzulässige Differenzierung nach „politischem Gehalt" stünde, noch aus einem „institutionellem Verständnis" der Presse, das als solches nicht zu begründen vermöchte, weshalb gerade eine „dekonzentrierte" Institution Presse vom Grundgesetz vorausgesetzt worden sei.

Die angebliche Notwendigkeit, „Vielfalt" im Pressebereich herzustellen, ist eine fragwürdige Antikonzentrationsbegründung. Der Begriff ist als solcher unbestimmbar und daher generell ungeeignet. Die Forderung einer Vielfalt steht übrigens einer staatlichen Differenzierung überhaupt entgegen.

Die Pressefunktionen, deren Wahrnehmung die Verfassung sichert, können leicht durch Antikonzentrationsmaßnahmen beeinträchtigt werden: Staatliche Zuschüsse bringen Teile der Presse in Staatsabhängigkeit; eine dekonzentrierte Presse ist den Pressionen wirtschaftlicher und sozialer Gewalten besonders ausgesetzt. Kritik und Kontrolle hat die Staatsgewalt nicht von einer Vielfalt unbedeutender, sondern stets vor allem von wenigen großen Organen zu erwarten. In der Konzentration versucht der Staat seine gefährlichen Kritiker zu treffen, ihre Bekämpfung wird zu einer typischen neuzeitlichen Gefahr für die Presse.

Antikonzentration läßt sich voll lediglich über ein Grundrechtsverständnis begründen, das möglichst vielen, grundsätzlich jedermann, nicht nur eine Möglichkeit der Teilnahme am gesellschaftlichen Kommunikationsvorgang gewähren, sondern diese effektiv herstellen will. In solcher Allgemeinheit gibt es jedoch „Grundrechte als Teilhaberechte" am fremden Eigentum, fremder Pressefreiheit, nicht. Allgemeine Wettbewerbsregeln dürfen auch auf die Presse angewendet werden. Unzulässig ist dagegen grundsätzlich ein Sonderkartellrecht für die Presse, welches über Differenzierungen innerhalb derselben eine bestimmte gewünschte Pressestruktur („Vielfalt") herstellen wollte. Möglich ist eine Sonderbehandlung der „Presse als solcher" nur in der Weise, daß Konkurrenzvorstellungen, die auch für andere Bereiche gelten, „auf die Presse reduziert" zur Anwendung kommen. Dies mag eine gewisse Absenkung allgemeiner kartellrechtlicher Eingreifgrenzen rechtfertigen. Eine differenzierende Behandlung von Zeitungen und Zeitschriften dagegen ist ausgeschlossen.

Differenzierungen bei Subventionen der Presse werfen deshalb besondere Probleme auf, weil sich der leistende Staat auf eine besondere „Förderungsfreiheit" berufen könnte.

Soweit Gesetze, welche Steuererleichterungen bringen, überhaupt der Förderung zuzurechnen sind, können sie als „allgemein" i.S. von Art. 5 Abs. 2 GG nur legitimiert werden, wenn sie völlig presseneutral, also etwa allein nach Kriterien der Leistungs(un)fähigkeit entlasten; dies wird nur selten zutreffen.

Der Staat ist allgemein zur Förderung berechtigt; dies ergibt sich schon aus dem Haushaltsrecht, in Verbindung mit dem Sozialgestaltungsauftrag. Daraus aber folgt noch kein Differenzierungsrecht, insbesondere gegenüber der Presse.

Eine besondere „Subventionsfreiheit", welche den Staat zu Differenzierungen bei Leistungen berechtigen könnte, läßt sich nicht mit dem Wesen der Subvention als Staatsgeschenk oder damit begründen, der leistende Staat „identifiziere" sich nicht mit dem Zweck der Förderung. Die Subventionsgewalt mag frei sein, ob sie überhaupt tätig werden will; dies gibt aber keine völlige Freiheit hinsichtlich des „wie(weit)". Differenzierungen bei Lenkungssubventionen werden nicht durch Effizienzgesichtspunkte gerechtfertigt. Grenzen finanzieller Leistungsfähigkeit der Haushalte dispensieren nicht von Differenzierungsverboten — dann muß jede Förderung unterbleiben.

Subvention ist nicht identisch mit Eingriff; sie wird es erst bei spezieller Wettbewerbsberührung. Insoweit geht die Subventionsfreiheit des Staates weiter als die zu Eingriffen. Von einer unbegrenzten Subventionsfreiheit, welche beliebige Differenzierung gestatten könnte, geht jedoch weder die Rechtsordnung noch das Schrifttum aus. Anerkannt ist vielmehr, daß auch der subventionierende Staat an den allgemeinen Gleichheitssatz (Art. 3 Abs. 1 GG) gebunden ist, der ihn zur Berücksichtigung der Konkurrenzlage zwingt, ebenso an alle speziellen Gleichheitssätze.

Als Grundlage der Förderung ist ein Gesetz im formellen Sinn erforderlich, weil Konkurrentenrechte jedenfalls berührt werden.

Die Presse als Ganzes darf undifferenziert gefördert werden. Für eine Förderungspflicht sogar spricht ihre besondere, allgemein anerkannte Bedeutung für Staat und Gesellschaft.

Die Pressegleichheit bindet jedoch die Subventionsgewalt als spezieller Gleichheitssatz. Er wird nicht durch eine besondere Subventionsfreiheit relativiert. Das Grundgesetz sieht die Presse als Einheit. „Sachliche Gründe“ für Unterscheidungen kann es insoweit nicht geben. Kriterien für differenzierende Förderung könnten auch praktisch kaum entwickelt werden.

Pressefreiheit ist letztlich auch im Wege der Güterabwägung abzugrenzen, über eine solche können ausnahmsweise auch Durchbrechungen der Pressegleichheit legitimiert werden. Die Erkenntnis, daß Pressegleichheit ein Verfassungsprinzip darstellt, ist jedoch auch für solche Güterabwägung von Bedeutung: Grundsätzlich darf hier nicht Presseinteresse gegen Presseinteresse ausgespielt werden, und Differenzierungen sind nur dann im äußersten Fall berechtigt, wenn das durch sie zu sichernde Gut höher steht als die Freiheit der Presse als solcher, die in der Pressegleichheit als Einheit hervortritt.

Die Pressegleichheit ist daher eine Grundentscheidung für den gesamten Pressebereich.

Teil X

Verbände

Parteienvielfalt bei gleichem Parteiprogramm?*

Ein Beitrag zur Verfassungsdogmatik des Mehrparteienstaats

I. Die Fragestellung

Das staatsrechtliche Interesse hat sich in den letzten Jahren von den politischen Parteien abgewendet. Die „großen" parteienrechtlichen Fragen scheinen entschieden, das Parteiengesetz ist erlassen; die Formeln sind geprägt, in denen sich Rechtsprechung und Schrifttum postglossatorisch sicher fühlen — von der politischen „Willensbildung" zum „freien Kräftespiel", von der „Mediatisierung des Volkes" zur „Führungsauslese".

Der politische Untergang eines Systems *muß* nicht immer beginnen, wenn seine juristische Institutionalisierung beendet ist — die systemüberwindende Kritik am Mehrparteienstaat allerdings hat gerade zu diesem Zeitpunkt eingesetzt. Eines ihrer Hauptargumente soll hier im Blick auf die dogmatischen Grundlagen der parlamentarischen Demokratie behandelt werden: Mit zunehmender Angleichung der Parteiprogramme verliere der Mehrparteienstaat seine Legitimation. Wenn dem Bürger nicht wirklich und wesentlich Parteiprogramme zur Wahl gestellt werden könnten, seien die Parteien abzuschaffen. Die politische Willensbildung werde dann besser von der Einheitspartei geleistet. Der moderne Industriestaat sei kein Terrain für den Machtkampf politischer Condottieri. Dessen Erhaltung sei aber heute das einzige Ziel des Mehrparteiensystems.

Völlig werden sich zwar die Programme verschiedener Parteien nie gleichen. Unbestreitbar ist jedoch, daß sich in der Bundesrepublik Deutschland wie in anderen westlichen Ländern die Programme der Parteien im Inhalt, ja bis in die Formulierungen immer mehr angleichen, und daß sich dieser Prozeß in Parlamentsdebatten und Sonntagsreden fortsetzt. Unterscheidungsversuche verlagern sich vom sachlichen Inhalt auf die polemische Form. Das Streben nach Volksparteicharakter verallgemeinert die programmatischen Aussagen bis zur Inhaltslosigkeit. Parteien mit angeblich unterschiedlichen Programmen können in großen und kleinen Koalitionen einträchtig regieren. Und in dem, was häufig allein noch bleibt – „wir auch, wir besser" –, ist hier nicht schon *grundsätzlich* der Programmunterschied aufgegeben, *legitimiert sich hier der Mehrparteienstaat nicht ausschließlich durch die Mehrzahl der Rivalen?*

---

* Erstveröffentlichung in: Die Öffentliche Verwaltung 1971, S. 649–654.

Ob dies allein genügen kann, ist das Problem dieses Beitrags[1]. Er unterstellt einen Grenzzustand „nahezu voll angeglichener Parteiprogramme“. Zunächst wird nun gefragt, welche wesensmäßige Bedeutung die bisherige Parteienrechtsdogmatik dem Programm zumißt (II.); sodann wird untersucht, ob allein aus dem Wesen der Pluralität und Rivalität eine Legitimation des Mehrparteienstaats gewonnen werden kann (III.); es wird dann (IV.) die Möglichkeit einer Synthese dieser beiden Positionen geprüft; schließlich werden in einem Ausblick die Ergebnisse dieser Untersuchungen in ihrem Gewicht für die Grundsatzdogmatik der gewaltenteilenden Repräsentativdemokratie gewürdigt (V.).

II. Die Bedeutung des Programms für das Wesen der Partei

Erstaunlicherweise ist diese Frage bisher noch nicht vertieft behandelt worden. Meist ist vom Parteiprogramm nur am Rande und mit einer gewissen Selbstverständlichkeit die Rede.

1. Nur selten wird *ausdrücklich* gefragt, ob eine Partei überhaupt ein Programm haben müsse. Dies wird dann ebenso ohne nähere Begründung bejaht[2], wie umgekehrt gelegentlich behauptet wird, die Existenz eines Programms sei für das Wesen der Partei nicht bestimmend[3], das Programm müsse nicht „universell“ die gesamte Staats- und Gesellschaftsgestaltung betreffen[4], oder es könne doch „hinter aktuellen Zielsetzungen“ wie auch „langfristigen Tendenzen und Grundeinstellungen“ zurücktreten[5]. Immerhin wird in solchen Äußerungen schon eine Alternative angedeutet: Wenn nicht das Programm zum Wesen der Partei gehört, so liegt dieses allein im rivalisierenden Machtstreben[6].

2. Wenn es also auch an einer eigentlichen „parteienrechtlichen Dogmatik der Parteiprogramme“ fehlt, so kann doch eine *Wesensnotwendigkeit unter-*

---

[1] Das Phänomen der Angleichung der Parteiprogramme ist, soweit ersichtlich, im verfassungsrechtlichen Schrifttum bisher nur selten (vgl. etwa *H. Krüger,* Allg. Staatslehre, Stuttgart 1966, S. 378) beachtet worden, die Fragestellung dieser Untersuchung klingt nur gelegentlich an (am deutlichsten bei *U. Scheuner,* Die Parteien und die Auswahl der politischen Leitung im demokratischen Staat, DÖV 1958, S. 641 [644]).

[2] *Maunz/Dürig/Herzog,* GG, Art. 21 Rdnr. 17; *G. Willms,* Aufgabe und Verantwortung der polit. Parteien, Karlsruhe 1958, S. 10; *Hamann/Lenz,* GG, 3. Aufl. Neuwied 1970, Art. 21 A 3 a, die von einer „lex imperfecta“ des Parteienstaates sprechen, deren Beachtung jedoch dessen Legitimität begründe.

[3] *K. Brinkmann,* Grundrechts-Kommentar zum GG, Bonn 1967, Art. 21 I 1 a *β.*

[4] *K.-H. Seifert,* Zur Rechtsstellung der politischen Parteien, DÖV 1956, S. 1 (3).

[5] *U. Scheuner* (Fn. 1), a.a.O.

[6] *Maunz/Dürig/Herzog* (Fn. 2), a.a.O.; *Brinkmann* (Fn. 3), a.a.O., vgl. unten III.

schiedlicher materieller Zielsetzungen – und in diesem Sinn, nicht notwendig als ein feierlich fixiertes Instrument soll hier das „Programm“ verstanden werden – aus einer Reihe von Grundkategorien der neueren Parteienrechtslehre entwickelt werden. Implizit geschieht dies auch überwiegend im Schrifttum:

a) Parteien sind politische *Gruppierungen.* Jeder solche Zusammenschluß aber setzt einen Konsens über Ziele[7] voraus, in deren Verfolgung die Mitglieder sich einig sein wollen[8]. Der Integrationseffekt des kollektiven Willens[9] erscheint schwer vorstellbar ohne gemeinsames Programm[9].

b) Die Parteien sind *Organe der politischen Willensbildung*[10]. Der Staat des Grundgesetzes ist daher notwendig Parteiendemokratie[11]. Willensbildung aber verlangt konsequente materiale Aussagen. Wo anders könnten sie sich finden als in einem – wie immer gearteten – Parteiprogramm, das eine notwendige Stufe[12] in diesem Willensbildungsprozeß darstellt[13]? Schafft nicht nur ein Programm jene, wenn auch nur rudimentäre „Ordnung“ der Willensbildung, ohne die man politische Parteien auch nicht im weitesten Sinn des Wortes „Organe“ der Allgemeinheit nennen könnte[14]?

---

[7] Die Bedeutung der politischen Zielvorstellung für die Parteien betonen *M. Freund,* Politische Parteien, Hdw. B. d. Sozialwiss. VIII, Göttingen 1964, S. 372; *W. Henke,* BK (Zweitbearb.), 1965, Art. 21 Rdnr. 7; *Schunck/de Clerck,* Allg. Staatsr. u. Staatsr. d. Bundes u. d. Länder, 3. A., Siegburg 1970, S. 78.

[8] *F. Morstein-Marx,* Betrachtungen zum amerikanischen Parteiwesen, AöR 79 (1953/54), S. 269 (300) („Gemeinsame Sache gibt der Partei Identität“); *U. Scheuner,* Parteiengesetz und Verfassungsrecht, DÖV 1968, S. 88 (89) (Parteien als Träger von „Gruppenmeinungen“); *F.A. Frhr. v.d. Heydte,* Freiheit der Parteien, Die Grundrechte II, Berlin 1954, S. 457 (462).

[9] *E.W. Fuss,* Freiheit und Gleichheit des Parteiwirkens, JZ 1959, S. 392 (393); *N. Gehrig,* Parlament-Regierung-Opposition, München 1969, S. 108; *S. Neumann,* Modern Political Parties, Chicago 1955, S. 395 ff., in: G. Ziebura, Beiträge zur allg. Parteienlehre, Darmstadt 1969, S. 215 (219); *G. Leibholz,* Parteienstaat und repräsentative Demokratie, DVBl. 1951, S. 1 (3).

[10] So Rspr. u. Schriftt. passim, vgl. u.a. BVerfGE 1, 208; 5, 85; 20, 56; dazu f. viele *W. Henke* (Fn. 7), Art. 21 Rdnr. 2, 12, unter Hinweis auf die Parteienrechtskommission; *F.A. Frhr. v.d. Heydte* (Fn. 8), S. 468, 473; *v. Mangoldt/Klein,* BGG, Art. 21 III 4; *Maunz/Dürig/Herzog,* GG, Art. 21 Rdnr. 12; *U. Scheuner* (Fn. 8), S. 89; *Schmidt-Bleibtreu/Klein,* GG, 2. A. 1969, Art. 21, 4; *Schunk/de Clerck* (Fn. 7), a.a.O.; *H. Friedrich/W. Zehetmeier,* Parteien, München 1965, S. 84; *K. Hesse,* Ev. Staatslexikon, „Parteien, pol.“, Sp. 1484 (1488).

[11] BVerfGE 1, 208 (224).

[12] Zum Willensbildungsprozeß im Rahmen der Parteien vgl. *Duverger,* M., Die pol. Parteien, 3. A. 1958, übers. v. S. Landshut, Tübingen 1959, S. 584.

[13] *F.A. Frhr. v.d. Heydte* (Fn. 8), S. 474.

[14] BVerfGE 1, 225; 4, 30 f., std. Rspr.

c) In der politischen Willensbildung sind die Parteien *Integrationsorgane* der Gemeinschaft[15]. Sie tragen Gegensätze in sich und in Verständigung mit der Gegenpartei aus[16]. Gerade deshalb aber, weil sie auch in sich nicht Verkörperung von Gegensätzen bleiben dürfen[17], weil sie nicht institutionalisierte Streitphasen, sondern Integrationsstufen sein sollen, scheint bei aller Willensbildungsdynamik die Programmfestlegung unumgänglich.

d) Den Parteien soll im Rahmen der politischen Willensbildung in besonderer Weise die Verwirklichung des Gemeinwohls anvertraut sein[18]. Diese „materiale Integration" verlangt, vor allem in einer komplexen Industriegesellschaft, einen Plan[19] — eben das Parteiprogramm.

e) Zum Wesen der Partei gehört, daß sie sich dem Bürger zur *Wahl* stellt[19a]; darin, daß Wahlen nur in einem System politischer Parteien durchgeführt werden können[20], zeigt sich vor allem die Bedeutung der Parteien für die repräsentative Demokratie[21]. Verlangt aber diese Grundentscheidung dann nicht – gerade aus dem Begriff der „Wahl" heraus – auch ein Sachprogramm, für das geworben werden kann[22], müssen sich darin die Parteien nicht voneinander unterscheiden, um dem Bürger Alternativen anbieten zu können[23]?

---

[15] *N. Gehrig* (Fn. 9), S. 108, spricht hier von „formaler Integration".

[16] *K. Hesse,* Die verfassungsrechtliche Stellung der politischen Parteien im modernen Staat, VVdStRL 17 (1959), S. 11 (19); vgl. allg. auch BVerfGE 5, 85 (135).

[17] *G. Willms* (Fn. 2), a.a.O.

[18] *N. Gehrig* (Fn. 9), S. 109.

[19] *Chr. F. Menger,* Zur verf.-r. Stellung der deutschen pol. Parteien, AöR 78 (1952/53), S. 149 (157).

[19a] Überw. Meinung, vgl. etwa *W. Henke* (Fn. 7), Art. 21 Rdnr. 2 unter Hinweis auf das Parteienrechtsgutachten; *F.A. Frhr. v.d. Heydte* (Fn. 8), S. 466; *K.-H. Seifert* (Fn. 4), a.a.O.; a.A. *K. Brinkmann* (Fn. 3), a.a.O.

[20] BVerfGE 20, 56 ff.

[21] Vgl. f. viele *H. Krüger* (Fn. 1), S. 368; *M. Freund* (Fn. 7), S. 374; *K. Hesse* (Fn. 16), S. 22; *G. Leibholz* (Fn. 9), S. 4; *ders.,* Strukturprobleme d. mod. Demokratie, 3. Aufl., Karlsruhe 1967, S. 90; *Chr.-F. Menger* (Fn. 19), S. 159; *R. Barzel,* Die deutschen Parteien, 1952, S. 9; *G. Willms* (Fn. 2), S. 11; aus der Rspr. etwa BVerfGE 1, 208 (224) unter Hinweis auch *R. Thoma.*

[22] *G. Willms* (Fn. 2), S. 10; BVerfGE 20, 56: „Keine Partei kann heute darauf verzichten, allgemeine staatspolitische Fragen zur Diskussion zu stellen und für ihre Lösungsvorschläge in der Wählerschaft zu werben"; „vornehmlich durch die Wahlen entscheiden die Aktivbürger über den Wert des Programms einer pol. Partei ... (sie) können diese Entscheidung sinnvoll nicht treffen, ohne daß ihnen zuvor in einem Wahlkampf die Programme und Ziele der verschiedenen Parteien dargelegt werden".

[23] *K. Hesse,* Grundzüge des VerfR. der BRD, 3. A., Karlsruhe 1969, S. 68; *V.O. Key,* Politics, Parties and Pressure Groups, 5. A., New York 1964, in: Ziebura (Fn. 9), S. 182; *S. Neumann,* ebd., S. 219; *H. Friedrich/W. Zehetmeier* (Fn. 10), S. 13.

f) Parteien drängen in die Regierungsverantwortung, sie tragen entweder *Regierung*[24] oder *Opposition*[25]. In beiden Fällen erscheint ein Programm als unumgänglich: Bei der *Regierungspartei* wird es, wenn nicht zum Regierungsprogramm, so doch zu dessen wichtigem Ausgangspunkt. Wenn Regieren heute nicht mehr ohne Programm und Planung möglich ist, so auch nicht die Arbeit der Regierungsparteien, deren faktisch-politische Einheit mit der Exekutivspitze heute so stark betont wird. Die *Opposition* kann auf die Dauer derart programmierte Regierungsarbeit wirksam nur durch ein Gegenprogramm bekämpfen; als virtuelle Mehrheitspartei der Zukunft muß sie schon heute ein Parteiprogramm entwickeln, aus dem morgen das Regierungsprogramm hervorgehen kann. Wie soll es überhaupt ohne gegensätzliche Parteiprogramme zu einer organisatorisch funktionalen Trennung zwischen Regierung und Opposition[26] kommen?

3. Aus all diesen Gründen scheinen die politischen Parteien nach dem Wesen ihrer Organisation und Funktion eines Sachprogramms zu bedürfen, durch das sie sich im Mehrparteienstaat von ihren Konkurrenzorganisationen deutlich abheben. Zwar *muß* dieses weder besonders feierlich noch auch nur schriftlich fixiert sein, wie weit es auf tagespolitische Fragen eingehen muß, ist nicht eine Frage des Parteienrechts, sondern der politischen Opportunität. Rechtsprechung[27] und Schrifttum[28] gehen aber ersichtlich davon aus, daß eine politische Partei ihrem Wesen nach staatspolitische Grundsatzfragen in ihrem Programm behandelt.

Eine Angleichung der Parteiprogramme müßte nach einer solchen Auffassung die Legitimation des Mehrparteienstaates aufheben, gerade dann, wenn sie bei den grundsätzlichen staatspolitischen Fragen auftritt, wo übrigens die Annäherung heute besonders deutlich wird. Daß Politiker tatsächlich auch ohne Programmdifferenzen, ja ohne Programm „weiterstreiten (können)", würde dann zur Rechtfertigung des Mehrparteienstaates nicht genügen. Die Illegitimität dieser Staatsform würde auch – und dies ist praktisch entscheidend – nicht etwa erst an einem „breaking point totaler Angleichung" eintreten, mit verstärkter Annäherung wäre „im ganzen System schleichende, steigende Illegitimität" — eben das, was dann systemüberwindende Reformen legitimieren würde!

---

[24] Dazu u.a. *K. Hesse* (Fn. 10), a.a.O.; *S. Neumann* (Fn. 9), S. 220.

[25] Vgl. etwa *K. Hesse,* a.a.O.; *ders.* (Fn. 16), S. 21; *S. Neumann,* a.a.O.

[26] *N. Gehring* (Fn. 9), S. 109.

[27] Vgl. das Zit. aus BVerfGE 20, 56 f. (Fn. 22).

[28] Dies gilt vor allem für die Autoren, welche die Integrationswirkung der Parteien (Fn. 15–17) oder deren Bedeutung für die Willensbildung (Fn. 10) und die repräsentative Demokratie betonen (Fn. 21). Vgl. insbes. *U. Scheuner* (Fn. 1).

Diese Folgerungen sind unausweichlich, wenn nicht aus der Parteienrechtsdogmatik Argumente zu entwickeln sind, welche die Mehrparteilichkeit selbst bei Angleichung der Programme rechtfertigen und damit die Relativität der Bedeutung der Parteiprogramme dartun. Soweit ersichtlich, ist eine eindeutige These dazu bisher noch nicht entwickelt worden.

III. Plurale Rivalität als Legitimation des Mehrparteienstaates

1. Die Gegenthese lautet etwa: Das Wesen einer politischen Partei besteht nicht darin, Sachfragen zu lösen, dafür unterschiedliche Alternativen anzubieten. Die Partei ist vielmehr eine Gruppierung zum Kampf um die politische Macht, kein politisch-technologisches Staatsorgan. Zur Wahl stellt sie dem Bürger nicht so sehr Sachalternativen als politische Führungskräfte. Die Wahl ist nicht Sachentscheidung, sondern Vertrauensbeweis. Die Führer sind das lebendige Programm der Partei. Der Mehrparteienstaat trägt also seine Legitimation allein in seiner personalen Erscheinungsform — in Pluralität und Rivalität. Diese aber würden nach aller historischer Erfahrung über alle Programmangleichung hinweg bestehen, bis ein diktatorischer Wille die Einheit schafft. Daß dies nicht geschehe, ist allein Sinn und Legitimation der Mehrparteilichkeit.

2. Im einzelnen läßt sich diese These aus den Grundprinzipien des geltenden Parteienrechts wie folgt begründen:

a) Die *freie Partei* ist die Antithese zur organisierten Staatlichkeit, wenn auch vielleicht deren gesellschaftliche Vorstufe. Ihr Wesen liegt in *spontanfreier* Willensbildung[29], in einem *freien* Kräftespiel[30]. Gerade hier hat das BVerfG seine Rechtsprechung geändert, zugunsten solcher Freiheit ist es von früher strengeren „Organvorstellungen" für politische Parteien abgegangen[31]. Solche Ungebundenheit verbietet aber nicht nur Fremdbestimmung der Parteien durch die Staatsgewalt, sie schließt auch deren übermäßige Selbstfixierung in Programmen aus, welche die Partei in die Nähe einer Bürokratie mit festen Zielen und Kompetenzen rücken würde. Parteiprogramme haben daher allenfalls sekundäre oder nur faktische Bedeutung, ihre Angleichung verändert das Wesen des Parteienstaats nicht, dessen Akteure mit Programmen nicht „leben und sterben".

---

[29] *W. Henke,* Das Recht der politischen Parteien, Göttingen 1964, S. 10; BVerfGE 20, 56.

[30] *W. Henke,* Die Parteien im Staat des BGG, DÖV 1958, S. 646 (649).

[31] BVerfGE 20, 56 ff.

b) Das *Wesen des Mehrparteien*staates liegt in der Rivalität, in der *Konkurrenz* der Parteien als solcher[32], in ihrem *wetteifernden Kampf* um die Macht[33]. Diese Rivalität ist jedoch als solche programmunabhängig, sie allein, nicht das Parteiprogramm integriert die Gruppen im Machtkampf[34]. Daß sich die Rivalität an Sachfragen entzündet, ist ein Accidens, ebenso eine Annäherung der Standpunkte. Der dem Wirtschaftsbereich entstammende Konkurrenzbegriff besagt gerade, daß mehrere Leistungsträger gleiche Bedürfnisse befriedigen, meist sogar Gleiches produzieren. Ja selbst wenn auf Unterbieten und Marktverdrängung verzichtet wird — allein die Existenz mehrerer gleichgewichtiger Aktivitäten oder die virtuelle Bereitschaft zu solchen sichert Leistungshöhe, Effizienz. Nichts anderes erstrebt der Mehrparteienstaat. Er ist legitim, wenn er nur konkurrierende Mannschaften bei gleichem Programm bietet.

c) Wesentlich für die Partei ist, daß sie Anschauungen repräsentiert[35], daß sie darin das Volk mediatisiert[36], ja das Volk „ist"[37]. Bei aller Bedeutung des Integrationsvorgangs innerhalb der politischen Parteien[38] — diese dürfen den Souverän nicht bevormunden. „Im Volkssouverän" besteht jedoch jene Meinungsvielfalt, welche Art. 5 GG als ein besonders hohes Gut schützt[39]. Die „Willensbildung" durch die Parteien[40] hat also in einer „Offenheit" zu erfolgen, welche programmatische Festlegungen vermeidet. Die Sachprogrammatik läuft daher dem Wesen der politischen Partei zuwider, sie kann leicht zu einem Programmdiktat werden, in dem etwa auch die Regierungspartei die Verbindung zur öffentlichen Meinung[41] und zur eigenen „Basis" verliert, welche sie legitimiert.

Die Angleichung der Parteiprogramme ist also nichts als ein oberflächliches Symptom, unschädlich, wenn sie als Formelkompromiß das plébiscite de tous les jours nur überdeckt, nicht ausschließt — und dies ist doch die Regel, solange nicht überall Zwang im Staat herrscht.

---

[32] Siehe etwa *H. Krüger* (Fn. 1), S. 369; *O. Kirchheimer,* Parteistruktur und Massendemokratie in Europa, AöR 79 (1953/54), S. 301 (325); *Th. Maunz,* Dt. Staatsrecht, § 12 I 1; *S. Neumann* (Fn. 9), S. 220.

[33] *R. Barzel* (Fn. 21), S. 9; *E.-W. Fuss* (Fn. 9), a.a.O.; *G.E. Kafka,* Die verf.-r. Stellung der pol. Parteien im mod. Staat, VVdStRL 17 (1959), S. 53 (75/6).

[34] *E.W. Fuss,* a.a.O.

[35] *R. Barzel* (Fn. 21), S. 9.

[36] *Chr. F. Menger* (Fn. 19), S. 159; *G. Leibholz* (Fn. 9), S. 4.

[37] *G. Leibholz,* a.a.O.

[38] Vgl. Nachw. Fn. 15–19.

[39] Siehe u.a. BVerfGE 7, 208, 12, 125.

[40] Vgl. Nachw. Fn. 10–14.

[41] *S. Neumann* (Fn. 9), S. 220.

d) Das Grundgesetz verlangt die *innere Demokratie der Parteien* (Art. 21 Abs. 1 S. 3). Demokratie aber ist Bewegung, Veränderung. Bis hinauf zu den obersten Verfassungsgrundsätzen kann, muß sie immer wieder alles in Frage stellen — si nous ne sommes pas discutables, nous ne sommes pas vrais. Fixieren kann, darf die Partei also doch allenfalls noch einige Organisationsgrundsätze, ein formiertes Sachprogramm ist als Fessel innerparteilicher Demokratie an sich schon nicht unbedenklich, weil diese Demokratizität doch jedenfalls noch weit „offener" sein muß als die der formierten, organisierten Staatlichkeit, zu der sie erst führen soll. Und wenn sich derartige Programme schon angleichen — sie sind doch allenfalls Orientierungen, prekär stehen sie täglich unter dem Vorbehalt der inneren Parteidemokratie, welche laufend tatsächlich-politisch die „Annäherung der Standpunkte" wieder aufhebt, mag diese auch verbal oder gar parteinormativ weiterbestehen. Die innere Parteistruktur verbietet die Überbewertung der Programme und deren Angleichung.

e) Ziel der Anstrengungen aller politischer Parteien ist politische Macht[42]. Um der Macht willen schließen sich ihre Mitglieder zusammen[43], der Macht gilt alle Konkurrenz[44]. Macht aber ist ganz wesentlich nicht Sachlösung, nicht Leistung, sondern die freie Möglichkeit, seinen Willen anderen aufzuzwingen, einen Willen, der in sich bereits um so machtferner wird, je mehr er sich in Programmen festlegt oder sich in vermeintliche Sachzwänge einfangen läßt.

Programm ist also für die Partei stets nur Instrument, seine Angleichung oder Unterschiedlichkeit gegenüber Zielsetzungen anderer ist für das Wesen der Partei nicht bestimmend. Dieses beginnt gerade dort, wo das Programm endet: in der Freiheit des Willens zur Macht. Im letzten sind „Partei" und „Programm" — Gegenbegriffe!

f) Die Parteien stellen sich weniger mit einem Programm als mit einer Gruppe von *Führerpersönlichkeiten* zur Wahl[45]. In ihrer innerparteilichen Auswahl liegt der wichtigste Beitrag der Parteien zur Elitebildung in der Partei. Mit Recht wird daher auch die Führungsauslese als eine *wesentliche* Aufgabe der politischen Parteien häufig genannt[46].

---

[42] So sehr deutlich *R. Barzel* (Fn. 21), S. 7; *K. Brinkmann* (Fn. 3), Art. 21 I a ß; *F.A. Frhr. v.d. Heydte,* Polit. Parteien, Staatslexikon der Görres-Gesellschaft, 6. A., VI, Freiburg 1961, Sp. 369 (372). Auch im Begriff der „Staatsführung" liegt nichts anderes (vgl. *v. Mangoldt/Klein,* BGG, Art. 21 III 2).

[43] *E.-W. Fuss* (Fn. 9), a.a.O.

[44] Vgl. dazu oben b), Fn. 32–34.

[45] Dazu *V.O. Key* (Fn. 23), a.a.O.

[46] U.a. von *K. Hesse* (Fn. 23), a.a.O.; *ders.* (Fn. 16), S. 21; *ders.* (Fn. 10), a.a.O.; *F.A. Frhr. v.d. Heydte* (Fn. 42), a.a.O.; *H. Krüger* (Fn. 1), S. 376/7; *S. Neumann* (Fn. 9), S. 220; *U. Scheuner* (Fn. 1), a.a.O.

Liegt darin aber allein[47] oder doch überwiegend[48] das Wesen des Parteiwirkens, so tritt die Sachprogrammatik zurück. Die Parteien unterscheiden sich eben in ihren Führerpersönlichkeiten; diese werden, können sich als solche nicht angleichen und ihre Unterschiede reichen hin, um die Parteien zu profilieren, um das Mehrparteienregime zu legitimieren. Dieses bedeutet nicht Programm-, sondern Personenvielfalt, es ist kein Lösungsschema für Sachfragen, sondern ein System der Eliteauslese. Und die – selbst quasitotale – Angleichung von Parteiprogrammen mag allenfalls auf vorübergehende politische Windstille, auf ein Machtgleichgewicht oder umgekehrt auf die Führerrolle einer Partei hindeuten, deren Grundvorstellungen sich die anderen zu eigen machen müssen. Programmangleichung ist dann Indiz für einen politischen Zustand, kein Argument gegen das Mehrparteiensystem.

3. Diese Argumente führen alle zu einer Folgerung: Das „Sachprogramm" gehört nicht zum Wesen der politischen Partei, Angleichung von Parteiprogrammen kann daher keinen Legitimitätsschwund des Mehrparteiensystems bewirken. Sie zeigt allenfalls, daß sich die Parteien aus der zeitweilig zu Unrecht aufgezwungenen Rolle von Pseudo-Staatsorganen lösen und zum pluralen Wesen der Mehrparteiendemokratie zurückkehren, zur personalen Rivalität um die Macht. Diese aber bleibt stets ein Kampf der Wagen, nicht der Gesänge.

Dies ist wirklich eine *Gegen*these: Sie steht gegen die Auffassung von der Identifikation von Programm und Partei. Wer ihr folgt, kann alle Angleichungsentwicklungen mit Ruhe betrachten — an den Grundlagen der Demokratie in der Bundesrepublik Deutschland ändern sie nichts.

Mit so scharfer Antithetik – hier Programm, dort persönlicher Machtkampf – wird man nun aber, so mag man einwenden, den komplexen Realitäten von Parteien und Parteienstaat nicht gerecht. Zeigt nicht die Wirklichkeit eine unlösliche Verbindung von Sachprogramm und personaler Führung, in der dann die persönliche Rivalität die Defizienzen der Differenzierung nach Programmen in gewissem Umfang ausgleichen und so im ganzen doch noch die Legitimation des Mehrparteiensystems begründet werden kann?

---

[47] So die v. *Krüger* (a.a.O.) zit. Autoren.

[48] Vgl. *U. Scheuner*, a.a.O., der den Parteien nicht zu Unrecht vorhält, daß sie das repräsentative Element, diese Rolle in der personalen Bestimmung des Staates, zu gering veranschlagen.

IV. Parteienverständnis aus Synthese von Programmbestimmtheit und Machtstreben?

Nahe liegen Argumente, mit denen der Nachweis versucht werden kann, daß selbst bei weitestgehender Programmangleichung immer noch eine hinreichende Programmdifferenz bleibt – und zwar gerade auf der Stütze der „zweiten Säule“ des Mehrparteienstaates, der personalpluralistischen Rivalität. Sie gehen also dogmatisch von einer *untrennbaren Verbindung* der oben unter II und III behandelten Wesenselemente der politischen Partei aus, die sich dann zudem weitgehend kompensieren könnten:

1. Am einfachsten scheint eine Feststellung das Problem aus der Welt zu schaffen – die Behauptung, auch die *weitestgehende Programmangleichung* bleibe weithin verbal, stets lasse sie, wenigstens in Einzelheiten, der Differenzierung weiten Raum. Diese werde sich tatsächlich auch sogleich in der Aktion der verschiedenen Parteiführer einstellen — selbst wenn sich die „großen Parteiprogramme“ glichen wie ein Ei dem anderen.

In der politischen Wirklichkeit einer komplexen Staatlichkeit wird es in der Tat stets solche „Unterschiede auf niederer Ebene“ geben, deren Bedeutung sich auch durch Personalelemente verstärken mag. Doch solche Hinweise lösen die grundsätzliche Schwierigkeit weder politisch noch staatsrechtlich: Legitimität ist ja politisch kein „entweder – oder“, es gibt Stufen des Legitimitätsverlusts, dessen Gefahrenschwelle kaum eindeutig zu bestimmen ist. Wer die Unterschiede zwischen politischen Parteien auf niedere Ebenen verdrängen will oder gar einen „Ewigen (Burg-)Frieden“ im Grundsätzlichen anstrebt, der nimmt in eben diesem Grundsätzlichen auch dem Mehrparteienstaat die Legitimation. Wenn etwas daran ist, daß diese labile Ordnung Revolutionen kanalisierend ersetzen und damit verhindern soll[49], so muß auch im Vielparteienstaat jene Grundsatzdynamik herrschen, in deren Namen Revolutionen ausbrechen. Und eine gefährliche Illusion ist die heute so beliebte Technisierung und Technologisierung der politischen Dezision, die den politischen Teufel nicht nur in den Details sucht, sondern auch glaubt, ihn dort einsperren zu können.

Staatsrechtlich betrachtet bringt schließlich solche Argumentation die Volkssouveränität in Gefahr: Nicht mehr in den „großen“, grundsätzlichen Fragen bilden die Parteien den Willen des allgegenwärtigen Souveräns, sondern dort, wo ohnehin nur Sachverstand, nicht Politik herrschen dürfte. Einfluß sollte dann den Parteien nicht auf das Parlament, die Instanz der Grundsatzentscheidung, eingeräumt werden, sondern nur auf die Exekutive, den technologischen Pouvoir. Gerade dies aber ist, vom Grenzfall der „ganz

[49] *V.O. Key* (Fn. 23), S. 179.

großen Koalition“ abgesehen, unmöglich. Eine solche „Entpolitisierung der Parteiendifferenzierungen“ würde schließlich den traditionellen Unterschied zwischen politischen Parteien und (lokalen) Wählervereinigungen auf das rein Quantitative reduzieren und überhaupt den Abstand zwischen Kommunalbereich und „nationaler Politik“ im Ergebnis aufheben. Das Ende wäre ein Mehrparteienstaat auf Kommunalniveau.

Das Problem der Grundsatzangleichung der Parteiprogramme wird also durch Detaildifferenzierungen nicht aufgehoben.

2. Gerade wenn „das *Führungsteam das Programm* der Partei“ ist[50], so haben die Parteien eben *zugleich* und notwendig stets verschiedene Sachprogramme, selbst wenn sich ihre Zielerklärungen verbal angleichen. Verschiedene Teams, die kein gemeinsamer Wille eint, werden eben selbst gleiche Programme verschieden ausführen. Allein in der Chance dazu, in der virtuellen Differenzierungsmöglichkeit der Programme nach Führerpersönlichkeit, liegt hinreichende Legitimationskraft für das Mehrparteiensystem.

Daß dergestalt aus (angeblichen) politischen Erfahrungen generalisierend argumentiert und damit geradezu von einer politologischen Axiomatik ausgegangen wird, ist im Staatsrecht an sich nicht unüblich; Gewaltenteilung und parlamentarisches System zeigen es. Für den vorliegenden Fall lassen sich allerdings der oben erwähnten „Erfahrungsbegründung“ andere Erfahrungen entgegenhalten: Mit der sachlichen Programmangleichung geht eine oft erstaunliche „Personalangleichung“ einher, welche mit kritischen Schlagworten wie dem der „Demokratie der Umarmungen“ oder des „Sich-in-die-Arme-(Um-)Fallens“ vielleicht übertreibend, im Kern aber nicht unzutreffend gekennzeichnet wird. Die Angleichung der Berufspolitiker, die Entwicklung des parlamentarischen Corpsgeistes und die integrierende Kraft der Verbände und Interessen über den Parteien tun ein übriges. Kurz — die Sachangleichung kann nicht einfach durch Personaldifferenzierung ausgeglichen werden, sie zieht sogar immer mehr „Personalangleichung“ nach sich.

Selbst wenn aber die Sachdifferenzierung in Personalrivalität weiter erhalten bliebe — was wäre damit anderes ausgesagt als gerade das, was mit der Wesensbestimmung des Mehrparteienstaats aus pluralistischer Rivalität (oben III.) bezeichnet werden sollte? Die Differenzierung käme doch nicht aus Unterschieden von Sachprogrammen, sondern *allein* aus der Mehrheit der sie tragenden Personen oder Organisationen. Die Programmdifferenz wäre zu einer mehr oder weniger wahrscheinlichen Folge solcher Rivalität reduziert. Im einzelnen wäre die Abhängigkeit der Programmvielfalt von der Personenpluralität weder voraussehbar noch faßbar. Letztlich würde der Wahlbürger doch nicht Sachentscheidungen treffen, sondern Personen Vertrauen aussprechen.

---

[50] Vgl. oben III. 2. f).

Soweit dieses Argument also nicht allein auf Behauptungen beruht, ist es nicht eine Verbindung der Thesen zu II. und III., sondern eine Entscheidung für die These zu III.

3. Eine Brücke von Führerpluralität zu Sachdifferenzierungen könnte schließlich darin gesehen werden, daß in der Konkurrenz einer Vielzahl von Personen und Organisationen selbst bei gleichen Sachprogrammen eine *Gewähr für deren optimale Realisierung* gesehen wird — nicht als ob die jeweilige Regierungspartei nun dazu objektiv qualifiziert wäre, sondern einfach nach der Erfahrung, daß auch der Schwache durch Konkurrenz zu hohen Leistungen getrieben wird. Die Programme könnten sich dann ohne Gefahr für das Mehrparteiensystem angleichen, hinreichende Unterschiede auch sachlicher Art lägen immer noch im „Wie", nicht im „Was" der Zielerreichung.

Diese Argumentation überträgt marktwirtschaftliche Konkurrenzvorstellungen auf den politischen Bereich. Ihr wird also nur zustimmen, wer die Möglichkeit ökonomischer Höchstleistungen in der Markt-, nicht in der Zentralverwaltungswirtschaft sieht. Mit der ganzen Problematik dieser nationalökonomischen Diskussion würde also auch eine Grundentscheidung der Verfassung belastet werden — mehr noch: In der Wirtschaft sind wenigstens die (Produktions-)Ergebnisse in der Regel meßbar, bei weitem nicht in gleicher Weise in der allgemeinen Politik. Läßt sich also Parteienvielfalt allein auf ein „Besser" und „Schlechter" in der Erfüllung desselben Programms stützen? Und schließlich opfert auch solche Beweisführung letztlich die Sach- und Programmentscheidung der rivalisierenden Pluralität und dem Vertrauen zu einem ihrer Akteure — also doch der These zu III. Dann mögen sich die Programme immerhin angleichen — es kommt eben doch nur auf die Menschen an, die mit solchen Worten um die Macht kämpfen.

V. Politische Rivalität als alleinige Legitimation des Mehrparteienstaates — Das Prinzip „Teilung der Macht um der Teilung willen" im Staatsrecht

1. Es bleibt also doch dabei: Wer auch auf das spezielle Sachprogramm das Wesen der politischen Partei gründet (vgl. oben II.), für den bricht mit wesentlicher inhaltlicher Angleichung der Parteiprogramme die Legitimation des Mehrparteienstaats zusammen — vor allem, wenn sie sich „nur" im Grundsätzlichen vollzieht. Nach allen in verschiedenen Ländern, vor allem in der Bundesrepublik zu beobachtenden Entwicklungen müßte daher das Mehrparteiensystem abgeschafft werden — wenn es seine Begründung nicht *allein* oder doch *primär* in der pluralistischen Rivalität der Parteiführer und Parteiorganisationen findet (vgl. oben III.).

Ein Mehrparteiensystem ist nur zu halten, wenn die personale Bestimmung der Staatlichkeit wichtiger ist als die sachliche[51], wenn die Wahl Vertrauensbeweis ist, nicht Sachentscheidungsillusion „durch Vertreter".

Daß bereits aus dem Parteienbegriff wesentliche Argumente für diese Auffassung zu gewinnen sind, wurde oben (III.) dargetan. Bleibt noch der Nachweis, daß dem Staatsrecht der Bundesrepublik allenthalben das Prinzip der Machtmäßigung durch rein organisatorische Pluralität, also der Grundsatz „Teilung um der Teilung willen" eigen ist, daß das Mehrparteiensystem nur *eine* Form der Verwirklichung dieses Prinzips ist und daher im Grundsatz der Machtmäßigung eine allerallgemeinste, aber auch faßbare Legitimation findet — selbst wenn sich alle Parteienbilder gleichen.

Ein solcher Nachweis muß anderweiter Vertiefung vorbehalten bleiben, er würde den Rahmen dieser Untersuchung sprengen. Mit einigen Andeutungen mag sie schließen.

2. Das Verfassungsrecht der Bundesrepublik Deutschland kennt nur sehr wenige und dann auch nur sehr allgemein fixierte programmatische Ziele. Das Grundgesetz zieht seine Legitimation nicht so sehr aus materiellen Zielen, die es etwa von anderen Ordnungen unterscheiden, als vielmehr aus seiner organpluralistischen Organisation. Und selbst in der Freiheitssicherung könnten noch, wie das englische Beispiel zeigt, die Grundrechte im Text fehlen, wenn nur Parlament und Parlamentarismus blieben. Stärker als alle normierte Grundrechtlichkeit war bisher stets die organisatorische Sicherung der Freiheit. Mit ihr fällt auch die Grundrechtlichkeit.

Deshalb, und um die politische Dynamik aufzufangen, spricht das Grundgesetz als Verfassung westlichen Typs vom „Wer" und „Wie" — nicht vom „Was" in der Staatstätigkeit. Deshalb sind auch in der Grundrechtlichkeit ihre Grundentscheidungen Dezisionen (Art. 4, 5, 12, 21 GG) mehr zum „organisatorischen Pluralismus" als zur Sache, die durch Staatsgewalt zu regeln ist, darum ist die gesamte Grundrechtlichkeit im letzten nichts als Sicherung der „Pluralität von (Aktiv-)Bürgern".

Nicht als ob gerade die gewaltenteilenden Formen der Machtbeschränkung[52] „überall" sein müßten in der bundesdeutschen Staatlichkeit[53] — doch daß Machtbeschränkung durch Teilung bewirkt werden soll, das zeigt überall das westliche Staatsrecht. Wenn auch in der Bundesrepublik die „Teilung um der Teilung willen" nicht so weit getrieben wird wie im vollen Zweikammer-

---

[51] Dazu *U. Scheuner* (Fn. 1), a.a.O.

[52] BVerfGE 2, 247; 7, 188.

[53] Vgl. *W. Leisner,* Mitbestimmung im öffentlichen Dienst, Bad Godesberg 1970, S. 44 ff.

system der klassischen französisch-italienischen Senatslösung — allenthalben finden sich Phänomene rein „quantitativer Teilung" der Macht zwischen mehreren Staatsorganen[54], die nicht mehr funktionale Unterschiede legitimieren, in denen nur mehr „Teilung um der Teilung willen" sich zeigt.

3. Nicht anders im Mehrparteienstaat. Zwischen den Parteien kann keine Staatsgewalt geteilt werden, die sie *als solche* nicht besitzen, die kaum je ihnen „allen gemeinsam" zukommen könnte. Was aber geteilt werden kann und muß, ist die „Chance der Macht" und die mögliche Dauer des Machtbesitzes. Im Mehrparteienstaat wird so die organisatorische Grundentscheidung der Gewaltenteilung mutatis mutandis in den gesellschaftlich-politischen Raum vorverlegt.

Auch, vor allem hier legitimiert also die Vielfalt, die *Rivalität allein* das System. Wie weit die Parteien im Kampf ihren Willen formulieren, mit gleichen oder verschiedenen Formeln kämpfen — das ist ihre Sorge, ihr Geschick allein. Wie weit sie den Wähler an Sachentscheidungen teilnehmen lassen müssen — die Verfassung sagt es nicht. Ihr ist schon dann genügt, wenn der Volkssouverän sich begnügt, einem politischen Schlagabtausch zuzusehen. Der Ring, der Kampf ist wichtig, nicht die Qualität des Siegers.

Nur der allerdings wird eine solche, die einzige Legitimation des Mehrparteienstaats hinnehmen, dem Machtmäßigung Selbstzweck ist. Wer Machtballung nicht scheut, wenn sie der „Guten Sache" dient, dem bleibt nur eines — die Beseitigung dieser Staatsform. Schon deshalb, weil ihm allein ja das Gute geoffenbart ist ...

Der Wahlbürger, der auf allen Plakaten dasselbe liest, mag ruhig sein: Solche Einheit macht nicht stark, sie bringt aber auch dieses System nicht um, solange sich in ihm Menschen parteilich um Macht schlagen.

---

[54] Siehe dazu *W. Leisner,* Die quantitative Gewaltenteilung, DÖV 1969, S. 405 ff. (407 f.).

Organisierte Opposition in Verbänden und Parteien?*

I. Vorbemerkung

Die Diskussion um „Demokratie" und „Demokratisierung der Gesellschaft" war im vergangenen Jahrzehnt ebenso intensiv wie diffus[1]. Sie hat, vor allem in letzter Zeit, zu vielfältigen Überlegungen und Forderungen nach einer „Demokratisierung der Verbände" geführt[2]. Diese schließen sich an die Anstrengungen zur Demokratisierung der politischen Parteien an, welche auf Art. 21 GG zurückführen und einen ersten Niederschlag im Parteiengesetz gefunden haben[3]. In diesem Zusammenhang wird immer wieder die Frage erörtert, ob und in welchem Umfang „innerverbandliche Opposition" wünschenswert oder gar notwendig sei, und ob der Staat sie gewährleisten müsse. Die folgende Untersuchung befaßt sich nicht im einzelnen mit all den vielfäl-

---

* Erstveröffentlichung in: Zeitschrift für Rechtspolitik 1979, S. 275–280.

[1] Die vergleichsweise beste Grundlage bietet noch immer VVDStRL 29 (1971): „Das demokratische Prinzip im Grundgesetz", mit Referaten von *v. Simson, Kriele;* s. auch *Hellwig,* Demokratisierung als gesellschaftliches Ordnungsprinzip, 1973.

[2] Aus dem rasch anwachsenden Schrifttum seien vor allem genannt: *Teubner,* Organisationsdemokratie und Verbandsverfassung, 1978, m. umfangr. Nachw., vor allem zum politologischen und organisationstheoretischen Schrifttum in Deutschland und den USA; *ders.,* Verbandsdemokratie durch Recht? Aus Politik u. Zeitgeschichte 1977, 23; aus juristischer Sicht *Popp,* JöR 1977, 145 m. Nachw., sowie im übrigen noch: *v. Alemann,* Aus Politik u. Zeitgeschichte 1977, 3; *Berg,* Die Verwaltung 1978, 71; *Blanke,* Aus Politik u. Zeitgeschichte 1977, 45; *Böckenförde,* Der Staat 1976, 457; *Föhr,* Willensbildung in den Gewerkschaften und GG, 1974, *Gerhardt,* Das KoalitionsG, 1977; *Göhner,* ZRP 1977, 25; *Henke,* Das Recht der politischen Parteien, 1972; *Herzog,* Gesellschaft u. Politik, 1965, S. 3; *Kaack,* Geschichte und Struktur des deutschen Parteiensystems, 1971, S. 545; *Klein,* in: Festschr. f. Forsthoff, 1974, S. 165; *Leibholz,* Strukturprobleme der modernen Demokratie, 1958; *Leßmann,* Die öffentlichen Aufgaben und Funktionen privatrechtlicher Wirtschaftsverbände, 1976; *E. Müller,* Aus Politik und Zeitgeschichte 1977, 36; *U. Müller,* Die demokratische Willensbildung in den politischen Parteien, 1967; *Nitschke,* DÖV 1976, 407; *Raschke,* Innerparteiliche Opposition — Die Linke in der Berliner SPD, 1974; *Ridder,* Die verfassungsrechtliche Stellung der Gewerkschaften nach dem GG der BRD, 1960; *Rittstieg,* JZ 1968, 411; *Schelter,* Demokratisierung der Verbände?, 1976; *Schlosser* u.a., in: Staatsführung, Verbandsmacht und innere Souveränität, 1977, S. 76; *Schmidt,* ZRP 1977, 255; *Schröder,* Gesetzgebung und Verbände, 1975; *See,* Volkspartei und Klassenstaat, 1972; *Trautmann,* Innerparteiliche Demokratie im Parteienstaat, 1975; *Wimmer,* DVBl 1977, 401; *Zeuner,* in: Flechtheim (Hrsg.), Die Parteien der BRD, 1973.

[3] Vgl. dazu, außer den in Fußn. 2 Genannten, noch *J. Seifert,* Innerparteiliche Opposition, 1960; *K.H. Seifert,* Die politischen Parteien im Recht der BRD, 1975, S. 203; *Wolfrum,* Die innerparteiliche Ordnung nach dem ParteienG, 1974, S. 145; *Bull,* Recht und Politik 10 (1974), 79; *Jäger,* Partei und System, 1973, S. 108.

tigen Formen innerverbandlicher Opposition. Sie geht nur einer Frage nach: muß es in Verbänden und Parteien von Rechts, vielleicht von Verfassungs wegen eine fest organisierte Opposition auf Dauer nach Art der parlamentarischen Opposition geben? Nach einem kurzen Überblick über die Diskussion um die „Demokratisierung der Verbände" im allgemeinen, welche in Grundtendenzen und Einzelforderungen den Hintergrund bildet (II), soll die „organisierte Verbandsopposition" gegenüber anderen Formen innerverbandlicher Opposition abgegrenzt werden (III). Sodann werden die Argumente für und wider diese organisierte Opposition dargestellt (IV); am Schluß stehen Folgerungen für andere Formen der Verbandsdemokratisierung und für die demokratische Legitimation der Verbände.

II. Die neuere Diskussion um die „Demokratisierung der Verbände"

1. Die Forderungen einer Verbandsdemokratisierung nach 1945

a) Die große und ständig steigende *Bedeutung der Verbände* aller Art[4] für das Funktionieren der Demokratie, vor allem in Deutschland, ist nach 1945 bald erkannt worden[5]. Mag es auch Grenzen der Verbandlichung geben[6] — die Egalisierung der letzten Jahrzehnte führt immer mehr dazu, daß der einzelne ohne Repräsentation organisierter Interessen *(Josef Kaiser)* kein wesentliches Gewicht in Staat und Gesellschaft mehr besitzt. Selbst in den Parteien wirken — wieder Verbände[7]; unaufhaltsam scheint die Entwicklung von der Persönlichkeits- über die Notabel- und Parteien- zur Verbandsdemokratie; in ihr sind die Verbände Informationsquelle[8], verlängerter Arm, ja Organisationsform der Staatlichkeit[9]. Verlangt daher „reale Demokratie" nicht die große Analogia entis, daß die Verbände geschaffen seien nach dem Bild und Gleichnis eines Staates, den sie tragen?

---

[4] Bibliograph. Überblick bei *K.* u. *J. Tudyka,* Verbände — Geschichte, Theorie, Funktion, 1973.

[5] Vgl. für viele *Rittstieg,* JZ 1968, 411; *Teubner,* Verbandsdemokratie, a.a.O (o. Fußn. 2); *Berg,* Die Verwaltung 1978, 79.

[6] *Popp,* JöR 1977, 160.

[7] *Trautmann* (o. Fußn. 2), S. 133.

[8] Zur neueren Anerkennung der positiven Seite des Lobbyismus *Berg,* Die Verwaltung 1978, 71, 72.

[9] Siehe für viele *Müller-Thoma,* Der halbstaatliche Verein, 1974.

b) Die Vorstellung von einem *demokratiefreien Verbandsraum*[10] wurde daher bald aufgegeben. Demokratische Binnenstrukturen bei Verbänden wurden mit doppelter Begründung gefordert: einerseits dort, wo Verbandsaktivitäten „politischen“ Charakter tragen[11], zum anderen insoweit, als Verbände politische und soziale Macht über die Bürger ausüben[12]. Die Drittwirkungslehre[13] wies gerade damals auf die Ähnlichkeiten politischer und sozialer Abhängigkeit hin; es lag daher nahe, auch im privaten Verbandsraum „organisatorische Freiheitssicherung“ — also „Demokratie“ zu fordern.

c) Eine herrschende Lehre, daß die Verfassung staatsanaloge Verbandsorganisation fordere, hat sich jedoch zu keiner Zeit bilden können[14]. Die Satzungsautonomie wird vielmehr nachdrücklich betont[15]; die Verfassung wird allenfalls als Schranke dieses Selbstordnungsrechts anerkannt und daraus ganz allgemein die Notwendigkeit demokratischer Binnenstruktur abgeleitet, welche aber keine Einzelausgestaltung im Sinne der parlamentarischen Demokratie verlange[16]. Dahinter steht das grundsätzliche und wohl in der Staatsrechtslehre ganz herrschende Bedenken, daß eine organisatorische Gleichschaltung von Staat und Verbänden in einem entscheidenden Punkt eine vollständige „Einheit von Staat und Gesellschaft“ herstellen werde[17]; diese wäre jedoch, bei aller Berührung, ja gegenseitiger Durchdringung beider Bereiche, doch etwas Neues, nämlich das Ende einer auf staatsabwehrende Grundrechtlichkeit gestützten freiheitlichen Ordnung. Aus derartigen staatsgrundsätzlichen Erwägungen heraus hat sich daher bisher keine Grundstimmung voller Verbandsdemokratisierung bilden können, welche der Anerkennung organisierter Verbandsopposition günstig wäre.

---

[10] Wie ihn noch *Forsthoff,* Rechtsfragen der leistenden Verwaltung, 1959, S. 20, zu sehen glaubte.

[11] So vor allem *Ridder* (o. Fußn. 2), S. 16.

[12] Zum ersteren *Scheuner,* in: Weber / Scheuner / Dietz (Hrsg.), Koalitionsfreiheit, 1961, S. 68, zu letzterem *Ramm,* Die Freiheit der Willensbildung, 1960, S. 113.

[13] Vgl. für diese Periode *Leisner,* Grundrechte und Privatrecht, 1960.

[14] Vgl. *v. Alemann,* Aus Politik u. Zeitgeschichte 1977, 9; weit. Nachw. bei *Popp,* JöR 1977, 146.

[15] Vgl. f. viele *Weber,* Koalitionsfreiheit und Tarifautonomie als Verfassungsproblem, 1965, S. 16; *Leßmann* (o. Fußn. 2), S. 137; *Isensee,* in: Schlosser u.a. (o. Fußn. 2), S. 89.

[16] So vor allem für die Koalitionen *Galperin,* DB 1970, 299; *Wengler,* Die Kampfmaßnahme im ArbeitsR, 1960, S. 48; wohl auch *Gitter,* JZ 1965, 199.

[17] Dagegen etwa *Kriele,* VVDStRL 29 (1971), 74, 84; *Klein* (o. Fußn. 2), S. 172; *Popp,* JöR 1977, 161; krit. hier auch *Ridder* (o. Fußn. 2), S. 14.

2. Von der innerparteilichen Demokratie zur Verbandsdemokratisierung?

a) Die „innere Ordnung der Parteien muß demokratischen Grundsätzen entsprechen" (Art. 21 Abs. 1 GG). Angesichts der parteiähnlichen, häufig parteiunterstützenden Aktivitäten vieler Verbände liegt es nahe, in Analogie zu dieser Verpflichtung zur „innerparteilichen Demokratie"[18] eine vergleichbare Verbandsdemokratisierung zu fordern[19]. Daraus könnte dann auch die Notwendigkeit organisierter Opposition in den Verbänden abgeleitet werden; denn die Entwicklung zur „Volkspartei" drängt zur parteiinternen Gruppenbildung[20], nicht nur nach Region, Berufsstand, Interessen, sondern auch nach politischer Grundeinstellung. Deshalb lassen sich derartige „correnti"[21] innerhalb der deutschen Parteien feststellen[22], und sie gewinnen, etwa als „linke" oder „rechte" Flügel, rasch an politischer Bedeutung und an organisatorischer Dauerverfestigung. Finden derartige Entwicklungen nicht auch in größeren Verbänden statt, gilt es nicht, sie normativ zu fördern?

b) Die Diskussion um die innerparteiliche Demokratie mag Denkanstöße für Oppositionsmodelle innerhalb der Verbände geben, bisher trägt sie aber wohl noch nicht bis zur Begründung einer Institutionalisierung der Daueropposition im Verbandsbereich; ja selbst die allgemeine Notwendigkeit einer Verbandsdemokratisierung ist auf diesem Weg noch nicht überzeugend dargetan worden. Ganz abgesehen davon, daß gewichtige Stimmen ganz allgemein vor einer organisatorischen Gleichschaltung von Parteien und Staat warnen[23] — das Parteiengesetz sichert allenfalls gewisse Voraussetzungen für eine innerparteiliche Opposition (Untergliederungsgebot, § 7; Beschränkung des Parteiausschlusses, § 10 IV; Rechte der Mitglieder- und Vertreterversammlungen, Wahlen, §§ 8 f.) und dies nur sehr allgemein[24]. „Fraktionsbildungen" werden weder vorausgesetzt noch normativ erzwungen. Die Parteiendemokratisierung erfolgt primär vertikal („Willensbildung von unten nach oben")[25], nicht horizontal (Konkurrenz gleichartiger Gruppen); sie geschieht

---

[18] Nachw. dazu o. Fußn. 2.

[19] So etwa *v. Alemann,* Aus Politik u. Zeitgeschichte 1977, 4; *Ridder* (o. Fußn. 2), S. 257. Weiteres dazu bei *Popp,* JöR 1977, 165.

[20] Siehe dazu grdl. *Trautmann* (o. Fußn. 2), S. 127.

[21] Im Sinne der politischen Gruppierungen innerhalb der italienischen Parteien, insb. der Democrazia Cristiana.

[22] Dazu etwa *Teubner,* Organisationsdemokratie (o. Fußn. 2), S. 201; *Zeuner,* a.a.O. (o. Fußn. 2); *See* (o. Fußn. 2), S. 122.

[23] So etwa *Henke* (o. Fußn. 2), S. 28; *Stein,* Lehrb. d. StaatsR, 6. Aufl. (1978), S. 138; skept. auch *Popp,* JöR 1977, 157.

[24] Siehe dazu *v. Alemann,* Aus Politik u. Zeitgeschichte 1977, 8.

[25] *Leibholz,* 38. DJT 1951, C 21; *ders.* (o. Fußn. 2), S. 247; *Rinck,* in: Festschr. f. Leibholz, 1974, S. 319; *Müller* (o. Fußn. 2), S. 121; *Teubner,* Verbandsdemokratie (o. Fußn. 2), 24.

über die Verstärkung der Rechte der einzelnen Mitglieder[26], nicht so sehr durch die Schaffung innerparteilicher Zwischengewalten. Da somit die innere Parteiendemokratie wesentlich individualistisch[27], nicht korporativistisch angelegt erscheint, ist innere Oppositionsbildung hier weit weniger aus normativer Sicht erörtert worden, als es der tatsächliche Befund („Parteiflügel") hätte erwarten lassen.

Schon deshalb dürfen die parteirechtlichen Impulse für eine Verbandsdemokratisierung nicht überschätzt werden. Hinzu kommt ein Grundsatzbedenken: Gilt für Parteien und Verbände prinzipiell Gleiches, also auch dieselbe innere Organisationspflicht?[28] Mag der DGB nach Aktivität und politischem Gewicht einer Großpartei vergleichbar sein — wie steht es mit dem Kaninchenzüchterverband? Ein überzeugender Begriff des „parteigleichen Verbandes" ist aber bisher noch nicht entwickelt worden[29]; schon deshalb sind Analogiemöglichkeiten von Parteien- und Verbandsrecht begrenzt, für das Oppositionsproblem, jedenfalls de lege lata, kaum ergiebig.

3. Die Diskussion um das „Verbändegesetz" und das Gewerkschaftsproblem

In den letzten Jahren hat die Diskussion um die Verbandsdemokratisierung *einen neuen Höhepunkt* erreicht: Die Enquetekommission zur Verfassungsreform empfiehlt die Einsetzung einer neuen Enquete zur Untersuchung der rechtlichen Regelungsbedürftigkeit der Verbände[30]. Aus den Parteien kommen Vorschläge für ein Verbändegesetz, das nicht nur auf das Gemeinwohl verpflichten, sondern die Demokratisierung der Binnenstruktur, ja innerverbandliche Opposition gewährleisten soll[31]. Auch im Schrifttum finden sich zahlreiche Äußerungen[32], welche zwar meist eine Stärkung der Rechte der Verbandsbürger und der Mitgliederversammlung befürworten, dabei aber doch von der Notwendigkeit innerverbandlicher Opposition auszugehen scheinen.

---

[26] Dazu f. viele *Müller* (o. Fußn. 2), S. 124; *Rittstieg*, JZ 1968, 411; *Herzog* (o. Fußn. 2), S. 19; *Stein* (o. Fußn. 23), S. 139; *Friesenhahn*, ZSchwR 1968, 269.

[27] Weil eben über Art. 21 GG grundrechtslegitimiert, vgl. *v. Alemann*, Aus Politik u. Zeitgeschichte 1977, 9.

[28] Krit. *Popp*, JöR 1977, 164; *Föhr* (o. Fußn. 2), S. 151; *v. Alemann*, Aus Politik u. Zeitgeschichte 1977, 8.

[29] Dazu näher unten IV.

[30] BT-Dr 7/5924, Kap. 13, S. 2.

[31] So insb. im FDP-Modell, das u.a. „innerverbandliche Meinungsfreiheit und innerverbandliche Opposition" garantieren will. S. zu den Parteienvorschlägen den Überblick bei *E. Müller* (o. Fußn. 2), S. 37, 38.

[32] S. etwa *Teubner*, Verbandsdemokratie (o. Fußn. 2), S. 24; *Popp*, JöR 1977, 169; *Berg*, Die Verwaltung 1978, 75.

All dies geht, insgesamt, über eine Fortsetzung der bisherigen Verbändediskussion deutlich hinaus. Aus zwei Gründen vor allen muß von einer *neuen Dimension der Demokratisierungsdebatte* gesprochen werden:

a) Zunächst wirken neue Impulse aus der Organisationstheorie. Seit dem Jahrhundertbeginn war die Verbandslehre von *Robert Michel's* ehernem Gesetz der Oligarchie beherrscht[33]. Nach ihm ist die Verbandsstruktur wesentlich oligarchisch und daher nicht eigentlich demokratisierbar. *Lipset* und andere[34] haben demgegenüber Ansätze zu „Zweiparteiensystemen" in amerikanischen Gewerkschaften festgestellt. In neueren Arbeiten[35] wird ganz allgemein behauptet, innere Demokratie verstärke die Verbandseffektivität; gerade in den komplexen westlichen Gesellschaftsordnungen sei sie erforderlich. Ob man daher von der Notwendigkeit der innerverbandlichen Konkurrenz von Führungseliten ausgeht, oder gerade den Basiseinfluß verstärken will — immer erscheint organisierte Opposition als eine verbandsadäquate, ja verbandsnotwendige Organisationsform.

b) Wichtiger noch ist die zunehmende Brisanz des *Gewerkschaftsproblems;* es verleiht der Diskussion politische Schubkraft. Der steigende Einfluß der Gewerkschaften in Staat und Gesellschaft[36] soll durch innere Demokratisierung kanalisiert und entschärft, der oft beklagten Manipulation der Gewerkschaftsmitglieder[37] soll entgegengewirkt werden. Organisierte Daueropposition scheint hier schon nach der Größenordnung möglich zu sein; die angelsächsischen Beispiele werden zur Begründung herangezogen. Wenn also auch andere Verbände nicht entsprechend zu demokratisieren seien, so könne und müsse vielleicht „zunächst" ein „Koalitionsgesetz" ergehen[38].

---

[33] Zur Soziologie des Parteiwesens in der modernen Demokratie, 1911, 2. Aufl. (1957).

[34] *Lipset/Trow/Colemann,* Union democracy, 1962; vgl. bereits *Leiserson,* Am. Trade Union Democracy, 1959, insb. S. 69; *Villiger,* Aufbau und Verfassung der britischen und amerikanischen Gewerkschaften, 1966, S. 140 m. Nachw.; *Allen,* Power in Trade Unions, 1954; *Howe/Widick,* The UAW and Walter Reuther, 1949.

[35] Vor allem *Naschold,* Organisation und Demokratie, 1969; *Ebbighausen,* Die Krise der Parteiendemokratie, 1969; *Hondrich,* Demokratisierung und Leistungsgesellschaft, 1972. Eingehende Darstellung bei *Teubner,* Organisationsdemokratie (o. Fußn. 2), insb. S. 90, 197, 251.

[36] Neben den in Fußn. 2 Genannten dazu noch *Zacher,* in: Festschr. f. F. Böhm, 1975, S. 707; *ders.,* Staat und Gewerkschaften, 1977; *Biedenkopf,* Grenzen der Tarifautonomie, 1964, insb. S. 62; *ders.,* in: Koalitionsfreiheit und Tarifautonomie als Probleme der modernen Gesellschaft, 1968, S. 211; *Bilstein,* GMH 1970, 346, sowie die Nachw. b. *Teubner,* Verbandsdemokratie (o. Fußn. 2), S. 23; *v. Alemann,* Aus Politik u. Zeitgeschichte 1977, 9; *Popp,* JöR 1977, 147.

[37] Z.B. *Ridder* (o. Fußn. 2), S. 44, 45; *Hirsch,* Die öffentlichen Funktionen der Gewerkschaften, 1966, S. 136, 137; *Nitschke,* DÖV 1976, 408 m. Nachw.

[38] Dazu vor allem *Gerhardt,* a.a.O. (o. Fußn. 2); vgl. auch die Diskussion bei *Schlosser* u.a., a.a.O. (o Fußn. 2); hier betonte vor allem *Säcker* (S. 91) die Möglichkeit von Spezialregeln für die Koalitionen.

Damit ist das Problem der Verbandsopposition zur Staatsgrundsatzfrage geworden. Denn wenn von den Gewerkschaften oder gar noch anderen Verbänden innere Opposition erwartet und ihnen diese gar normativ aufgenötigt wird, so ändert sich die Struktur unseres „Verbändestaates", damit aber die der organisierten Gemeinschaft.

III. Der Begriff der „innerverbandlichen Opposition"

Der Begriff „innerverbandliche Opposition" wird vielfältig und uneinheitlich gebraucht. Es gilt, Klarheit über seine möglichen Inhalte zu gewinnen und insbesondere zu bestimmen, was „organisierte Opposition" in den Verbänden bedeuten könnte.

1. Der Ausgangspunkt: Die parlamentarische Opposition

a) Der Begriff „Opposition" hat seine konkreten Inhalte und seine rechtliche Bedeutung im Parlamentsrecht erlangt; hier gerade wird die Existenz einer organisierten Opposition zu einer Grundforderung der freiheitlichen Demokratie erhoben: Das BVerfG rechnet zu den „grundlegenden Prinzipien dieser Ordnung mindestens" (u.a.) die „Chancengleichheit für alle politischen Parteien mit dem Recht auf verfassungsmäßige Bildung und Ausübung einer Opposition"[39]. Nur eine derartige Opposition gewährleistet jederzeit die Möglichkeit eines Machtwechsels; die Sorge der Herrschenden vor ihm ist aber ein entscheidendes Element im demokratischen Mäßigungssystem der politischen Gewalten.

Weder das Grundgesetz noch die Geschäftsordnungen der gesetzgebenden Körperschaften verbürgen oder erzwingen ausdrücklich und systematisch organisierte Daueropposition; doch sie gehen von dieser aus; die Vorschriften über „Mehrheit und Minderheit des Bundestages", über die Fraktionen, über die notwendigen Mehrheiten für die Kanzlerwahl und die Fortsetzung der Regierungsarbeit sind nur so verständlich.

Die Verfassung schließt zwar „große Koalitionen" und damit quasi-oppositionslose Zustände selbst für Dauer nicht aus. Doch wird hier eine oppositionsähnliche Richtungsvielfalt lediglich in die Regierungskoaliton verlagert; ihre dauernd organisierten Trägergruppen bleiben bestehen, sie können jederzeit wieder zur Herstellung einer normalen Oppositionslage auseinanderbrechen. Opposition muß es also immer geben, sei es nun aktuell oder, in der großen Koalition, virtuell. Zutreffend spricht daher das BVerfG vom Recht

[39] BVerfGE 2, 1 (12); 5, 85 (140).

auf „verfassungsmäßige Ausführung, Bildung und Ausübung einer Opposition" — ohne sie gibt es keine freiheitlich-demokratische Grundordnung.

b) Das parlamentarische Modell zeigt auch die *Wesenselemente* jeder derartigen Opposition:

(1) Ihr *Ziel* muß es zunächst sein, die *Macht zu übernehmen,* nicht nur „Schwierigkeiten zu machen"; nur wenn sie den Machtwechsel anstrebt, kann sie der demokratischen Funktion der Machtmäßigung gerecht werden. Der ad-hoc-Widerstand gegen die Regierung und ihre Mehrheit ist also nicht „Opposition"; ebensowenig kann der Widerstand des Bundesrates, der Kommunen oder anderer dem Bundestag gegenüber selbständiger Institutionen oder Teile von solchen als „parlamentarische Opposition" bezeichnet werden. Hier mag es Gegengewichte geben, nicht aber „Opposition" im technischen Sinn: Diese verlangt die „Gleichartigkeit der Kräfte" auf beiden Seiten — also Abgeordnete oder, innerhalb des Bundesrats, Stimmen, Länder.

(2) Opposition verlangt ferner eine grundsätzlich *volle Alternativprogrammatik.* Dies schließt Gemeinsamkeiten nicht aus; doch die Zielunterschiede müssen einerseits schwer wiegen, zum anderen „systematischer" nicht nur punktueller Art sein, andernfalls wäre es nicht sinnvoll, Machtwechsel auf diese Weise anzustreben.

(3) Aus all dem ergibt sich die Notwendigkeit einer *Dauerorganisation,* einer Opposition durch fest institutionalisierte Träger, nach Art der Parteien und Fraktionen; ohne sie könnte praktisch nur ad-hoc-Widerstand ohne volle Alternativprogrammatik geleistet werden. Der so konstituierte Oppositionsbegriff ergibt sich aus Aufgaben und Organisation der Parlamente. Läßt er sich überhaupt auf Parteien und Verbände übertragen?

2. Innerverbandliche Oppositionsvoraussetzungen und Verbandsopposition — ein Unterschied

Die bisherige Verbandsdiskussion ist hier noch nicht zu einer klaren Antwort gelangt. Hauptgrund dafür ist: Es wurden nahezu ausschließlich *gewisse Voraussetzungen* für eine parlamentarische Opposition in den Verbänden erörtert, nicht deren Bildung als solche. Beides mag im Zusammenhang stehen, ist jedoch nicht identisch, wie einige Beispiele zeigen mögen.

a) Gruppierungen innerhalb der Verbände[40] und Parteien[41] sind sicher ein bedeutsames, dezentralisierendes Organisationsinstrument, und ihre Verstär-

---

[40] Vgl. für viele *Teubner,* Verbandsdemokratie (o. Fußn. 2), S. 34; *ders.,* Organisationsdemokratie (o. Fußn. 2), S. 168, 281; *Popp,* JöR 1977, 155, 170 m. Nachw.

[41] Dazu *Zeuner* (o. Fußn. 2), S. 459; *Trautmann* (o. Fußn. 2), S. 130, 239 f.

kung vor allem wird im Namen der Demokratie gefordert. Mitglieder können sich hier insbesondere in räumlicher oder interessenmäßiger, vor allem berufsständischer Gliederung zusammenfinden; dies kann in festerer (Unterverbände) oder in loser Weise (Arbeitsgemeinschaften) erfolgen und findet sich in der Tat nahezu in allen größeren Verbänden — von den Kreis- und Bezirksgliederungen bis zu den „Arbeitnehmerflügeln". Über diese sehr vielfältigen Untergliederungen und Sonderorganisationen mag zwar ein pluralistischer Gruppenwettbewerb stattfinden, er führt als solcher aber nicht zu eigentlicher Opposition. Denn es fehlt hier an der Gleichartigkeit der sich gegenüberstehenden Kräfte; diese leisten meist überwiegend ad-hoc-Widerstand und sind jedenfalls als solche in der Regel nicht auf Machtübernahme eingestellt. Es handelt sich um „innerverbandliche Interessenparteien", denen es meist auch an einer durchgehenden Alternativprogrammatik fehlt. Nun ist allerdings zuzugeben, daß „Opposition" im Parlament grundsätzlich auch von „Interessenparteien" getragen werden könnte; und es wäre vorstellbar, daß die Verbände sich hier heute (noch) auf einer Interessenpartei-Ebene bewegen, die es früher auch im parlamentarischen Raum gegeben hat und vielleicht wieder geben wird. Dennoch fehlt den Untergruppierungen und Sonderorganisationen in der Regel der „Wille zur Machtübernahme" — jedenfalls als solcher ist er ihnen nicht eigen. Sie können daher allenfalls als Voraussetzung für Oppositionsbildung in Betracht kommen, indem sie etwa Delegierte in Vorstandsgremien entsenden; und auf solche Weise wirken sie heute in der Tat. Verbandsinterne Gruppierungen sind also Wege zur Oppositionsbildung; ihre Förderung erzwingt keine solche, sie muß aber immerhin als Oppositionsvorstufe gesehen und insoweit besonders auf Förderungswürdigkeit geprüft werden.

b) *Wahlsysteme* können Oppositionsbildung auch innerhalb der Verbände begünstigen[42]. So wird etwa Verhältniswahlrecht empfohlen, Direktwahl statt lange Wahlketten, Beschränkungen von Wiederwahlmöglichkeiten und Kooptation. Doch derartige Gestaltungen mögen Oppositionsbildung erleichtern, sie schaffen als solche noch keine Opposition. Und wieweit ein bestimmter Wahlmodus „konfliktträchtig" und damit oppositionsfördernd ist, läßt sich allgemein kaum sagen. So hat etwa auch das angelsächsische Mehrheitswahlrecht die feste Opposition begünstigt, das kontinentale Verhältniswahlrecht dagegen eine Oppositionsabschwächung in unklaren, oft wechselnden Koalitionen. Direktwahlen können schließlich, gerade in Verbänden, leicht zu Plebisziten mißbraucht werden — dem Gegenbild aller Opposition.

---

[42] Dazu näher etwa *Teubner,* Organisationsdemokratie (o. Fußn. 2), S. 310; *Popp,* JöR 1977, 169, 170.

c) *Meinungsfreiheit* im Verband kann, gesteigert zum Minderheitenschutz[43], insbesondere durch *Beschränkung der Ausschlußmöglichkeiten*[44], die Voraussetzung für parlamentsähnliche Opposition schaffen. Geht dagegen die Ausschlußmöglichkeit der etablierten Verbandsgewalten sehr weit, so ist eine solche kaum möglich. Aber auch hier darf nicht vereinfacht werden: Ausschlußerschwerung gewährleistet keineswegs und in allen Fällen organisierte Opposition; häufig begünstigt sie nur einzelne „Abweichler", während größere Gruppen, die allenfalls oppositionsträchtig sein könnten, ohnehin gar nicht ausgeschlossen werden könnten. Immerhin mag sich die Auseinandersetzung verschärfen, wenn Verband und Partei „mit Abweichlern leben" müssen — also ein weiterer Weg zur organisierten Opposition.

d) Im *Ergebnis* ist also festzustellen: Was zum Thema „organisierte Verbandsopposition" an Gestaltungen diskutiert wird, sind meist nur Voraussetzungen einer parlamentsähnlichen Opposition, nicht deren Organisationsformen als solche. Überdies ist nicht immer eindeutig geklärt, wie stark die Oppositionsträchtigkeit der vorgeschlagenen Reformen sein würde.

3. Die eigentliche Bedeutung der Forderung nach „organisierter Verbandsopposition"

Im Vorstehenden ging es darum, die oft recht undifferenziert vorgetragenen Vorstellungen zur innerverbandlichen und -parteilichen Opposition[45] auf das zurückzuführen, was eine solche Forderung eigentlich bedeutet. Dies läßt sich wie folgt in drei Fragen zusammenfassen:

- Ist es Aufgabe der Staatsgewalt zu gewährleisten, daß eine parlamentsähnliche Opposition in den Verbänden tatsächlich besteht, muß sie diesen also vom Staat oktroyiert werden; oder
- muß der Staat wenigstens, normativ und administrativ, die Voraussetzungen dafür schaffen, daß eine solche organisierte Opposition jederzeit und auf Dauer möglich sei; oder
- trifft ersteres oder letzteres wenigstens für einzelne, politisch besonders bedeutsame Gruppierungen, etwa für Parteien und Gewerkschaften zu?

---

[43] Dazu f. viele *Föhr* (o. Fußn. 2), S. 174; skeptisch *Popp,* JöR 1977, 148, 149 m. Nachw.; *v. Alemann,* Aus Politik u. Zeitgeschichte 1977, 22.

[44] S. die eingehenden Ausführungen m. Nachw. bei *Teubner,* Organisationsdemokratie (o. Fußn. 2), S. 280.

[45] Vgl. etwa *E. Müller* (o. Fußn. 2), S. 38; *Teubner,* Verbandsdemokratie (o. Fußn. 2), S. 24; *ders.,* Organisationsdemokratie (o. Fußn. 2), S. 91, 303 m. Nachw. und öfters; *v. Alemann,* Aus Politik u. Zeitgeschichte 1977, 10, 22; vgl. auch *Föhr* (o. Fußn. 2), S. 175; *Stein,* StaatsR, 1978, S. 130, als „klärungsbedürftige Frage" bezeichnet es *Popp,* JöR 1977, 171.

Dies sind auch Grundfragen bei der etwaigen Schaffung eines Verbändegesetzes: Wenn organisierte, dauerhafte innerverbandliche Opposition eines seiner Ziele ist – und ein solches wäre von zentraler Bedeutung –, dann ergeben sich ganz andere und weitergehende Normierungsmöglichkeiten, als wenn dort etwa nur Mitgliederrechte verstärkt und „Demokratie von unten nach oben" verbessert werden soll. Die Frage lautet also: Ist parlamentarische Opposition Zielvorgabe künftiger Verbändegesetzgebung? Nachdem ihre Bedeutung deutlich geworden ist, mag das Wichtigste für und wider gesagt werden.

IV. Für und wider organisierte Verbandsopposition

1. Argumente zugunsten fester, dauerhafter Oppositionsbildung

Eine organisierte verbandsinterne Opposition bringt ohne Zweifel Vorteile für den Verband selbst, für die Verbandsbürger und für die Gemeinschaft. Sie sind im einzelnen noch wenig erforscht und daher schwer exakt zu belegen, doch dürfte einiges mehr als nur plausibel sein.

a) Die *Vorteile für den Verband* liegen auf zwei Ebenen: in der Legitimation wie in der Verstärkung der Verbandsdynamik. Für seine Legalität bedarf der Verband an sich weder allgemein der Demokratisierung noch der Oppositionsbildung im besonderen — sie ergibt sich aus der Privatautonomie. Daß sich aber seine *Legitimität,* seine innere Berechtigung, dadurch verstärken *kann,* daß er „staatskonform" organisiert ist, wird kaum zweifelhaft sein können[46]; denn die Privatautonomie gestattet vieles, die Staatskonformität der Verbandsorganisation wird jedenfalls in Form einer Art von „Unbedenklichkeitsbescheinigung" ihre Wirkung auf Allgemeinheit und Mitglieder nicht verfehlen. Und es muß ja auch deren Stellung zum Verein, die subjektive Legitimationsseite, gesehen werden. Sie mag wohl stärker ausgeprägt sein, wenn die Bürger im Verband Organisationsprinzipien wiederfinden, die sie als Staatsbürger gewohnt sind. Allerdings darf die Legitimationssteigerung nicht überschätzt werden: Das Staatsähnliche legitimiert nicht als solches, und gerade Oppositionsbildung steht für viele nicht gerade im Zentrum der Staatslegitimation. Bedeutsamer kann die *Verstärkung der Verbandsdynamik* wirken, welche ja mit der Legitimationsfrage eng verbunden ist: Die Kräfte des Verbandes kommen, so heißt es[47], nur dann voll zum Tragen, wenn sie auch in oppositioneller Entfaltungsfreiheit wirken können — eine allerdings recht allgemeine Prämisse.

---

[46] Diese Unterscheidung wird von *Popp,* JöR 1977, 148, verkannt, der sich dabei auf *Böckenförde,* Der Staat 1976, 477, beruft.

[47] *Zeuner* (o. Fußn. 2), S. 462.

b) Gewisse *Vorteile für den Verbandsbürger* liegen auf der Hand: Er findet bei Wahlen und Abstimmungen formierte Alternativen, sein realer Entscheidungseinfluß wächst. Überdies wird sich die Verbandsmacht ihm gegenüber durch den Oppositionskampf um die Macht abschwächen. Fraglich ist allerdings, ob sein Interesse mehr auf diesen Freiheitsraum gerichtet ist als auf die Durchsetzung gewisser gemeinsamer Verbandsziele, zu der er sich gerade mit anderen zusammengeschlossen hat (vgl. unten 2a). So ist das Freiheitsargument zwar sicher beachtlich, nicht aber notwendig durchschlagend.

c) Bestimmte *Gemeinschaftsvorteile* einer inneren Verbandsopposition lassen sich ebenfalls anführen. Immerhin erweitert sich so der demokratische Erfahrungsraum wesentlich ins Private hinein; und, was besonders schwer wiegt: Jene Verbände, welche so tief in den Staat hineinwirken, können dann doch, so scheint es, nicht die Staatsorganisation der Demokratie pervertieren, wenn in ihnen alle Demokratieelemente angelegt sind — bis hin zur organisierten Opposition. Verbandsinterne Opposition als Schutz gegen autoritäre Kryptoaushöhlung der Volksherrschaft — das ist durchaus ein Wort.

d) Insgesamt haben also die Gründe für organisierte Verbandsopposition Gewicht; doch es ist nicht zu verkennen, daß sie sehr allgemein sind und eben immer mit einer Grundannahme stehen und fallen: daß der demokratische Staat wenigstens hier eine Gesellschaft nach seinem Bild und Gleichnis verlange.

2. Die überzeugenden Gründe gegen die Notwendigkeit organisierter Opposition

Sieht man von Zwangsverbänden ab (vgl. a.E.), so sprechen jedoch überzeugende Gründe gegen die Notwendigkeit organisierter innerverbandlicher Opposition.

a) *Geschlossenheitsargument.* Zum Wesen jedes freien Verbandes gehört es, daß er sich in einer dreifachen Frontstellung sieht: Gegenwärtige und mögliche *Mitglieder* muß er von der Wirksamkeit seiner kollektiven Interessenwahrnehmung überzeugen; gegen *Konkurrenzorganisationen* muß er sich behaupten; gegen den *Interessengegner* muß er sich durchsetzen. Attraktivität, Konkurrenzfähigkeit, Durchsetzungsfähigkeit sind eng verbunden: Wirkt der Konkurrenzverband stärker, so läßt die Attraktivität nach, ebenso, wenn es an der Durchsetzungsfähigkeit gegenüber dem Interessengegner zu fehlen scheint; und die Konkurrenzlage zwischen den Verbänden wird ihrerseits weitgehend durch die jeweilige Durchsetzungsfähigkeit gegenüber dem Interessengegner bestimmt; dieser wird in der Regel ein mehr oder weniger eindeutiger „Gegenverband" (Gewerkschaften – Arbeitgeber) sein, oder die Staatsgewalt, die öffentliche Hand. Dies alles gilt auch grundsätzlich für Parteien; allerdings tritt dort der „Interessengegner" jedenfalls insoweit zurück, als es sich nicht um Interessenparteien handelt.

Im übrigen aber bleibt es, bei aller Verbundenheit der Frontstellungen, dabei: Der Verband muß sich in drei Richtungen behaupten, Störungen, Schwächungen können von drei Seiten kommen. Er bedarf daher in besonderem Maß der *inneren Geschlossenheit*[48]. Daß sie durch verbandsinterne Opposition erheblich, ja entscheidend geschwächt werden *kann* (nicht in jedem Fall *muß*), steht außer Frage; „Krach im Verband", in der Partei kann tödlich wirken[49]. Gegenüber solchen praktischen, tagtäglichen Erfahrungen helfen keine allgemeinen Ermahnungen, die Geschlossenheit vor allem beim Verbandsausschluß nicht zu übersteigern, Gegensätze in offenem Oppositionsstreit auszutragen, ja selbst Unterwanderung auszuhalten[50]. Für einzelne Bereiche mögen dies politologische, soziologische Idealvorstellungen sein; man ginge schlechthin gegen die Wirklichkeit vor, wollte man gegen das Geschlossenheitsargument Opposition allenthalben durchsetzen. Hier zeigt sich auch der grundlegende Unterschied aller freien Verbandlichkeit gegenüber jeder Zwangsverbandlichkeit, insbesondere aller Staatlichkeit. Bei dieser gibt es kein Attraktivitätsproblem gegenüber Mitgliedern, keine Konkurrenzlage und nur in sehr beschränktem Umfang den „Interessengegner", etwa auf internationaler Ebene. Und was entscheidend ist: Selbst der ineffiziente Zwangsverband, der „unfähige Staat", verliert ja kein Mitglied, sieht man von extremen Staatsfluchtbewegungen ab. Dann aber gilt eine Grundregel: Opposition, inneren Streit kann sich grundsätzlich nur der Staat, der Zwangsverband leisten, weil er normativ verfestigt ist. Gegenüber freien Verbänden darf eine solche Forderung nicht allgemein erhoben werden — es sei denn, es sei dies ein erster Schritt zur Zwangsverbandlichkeit. Denn die oppositionsarme innere Geschlossenheit muß ja in den meisten Fällen die Zwangsorganisation ersetzen.

b) *Freiheitsargument.* Das Verbandswesen ist auf Freiheitlichkeit gegründet; schon deshalb kann Opposition dort nicht mit gleicher Intensität gefordert werden wie beim Staat[51]; denn wer sich nicht innerverbandlich durch

---

[48] Dies ist denn auch in der Verbandsdiskussion immer wieder betont worden, vgl. etwa *Leibholz,* Das Wesen der Repräsentation, 1966, S. 246, 247; *Stein,* StaatsR, 1978, S. 140, 141; *E. Müller* (o. Fußn. 2), S. 40, 41 unter Berufung auf *Föhr* und *v. Kielmansegg; Zacher* (o. Fußn. 36), S. 721; *Vielstein,* GMH 1970, 346.

[49] Über solche Schwierigkeiten mit der innerparteilichen Opposition in der Berliner SPD berichtet *Zeuner* (o. Fußn. 2), S. 462.

[50] *Teubner,* Organisationsdemokratie (o. Fußn. 2), S. 280.

[51] *Hirsch* (o. Fußn. 37), S. 138; *Rittstieg,* JZ 1968, 411, 412; *Föhr* (o. Fußn. 2), S. 151.

Opposition Gehör zu verschaffen vermag, dem bleibt der Austritt, vor allem aber der oft noch wirksamere Übertritt zur Konkurrenzorganisation. Dem wird entgegengehalten, es bestehe weithin faktische *Monopolverbandlichkeit,* von Freiwilligkeit könne hier nicht mehr die Rede sein; wer überhaupt seine Interessen durchsetzen wolle, müsse dies im Verband tun, deshalb aber müsse dort Opposition bestehen. Darauf ist eine dreifache Antwort zu geben: Die Monopolverbandlichkeit darf zunächst nicht überschätzt werden; weithin besteht – noch – harte Verbandskonkurrenz, auch bei Großverbänden (Beispiel: ÖTV – Beamtenbund), auch sie müssen um Mitglieder kämpfen. Ferner kann die Freiheit innerhalb des Verbandes, der Partei, kollektiv durch Austritt(sdrohung) ganzer Unterverbände, Sonderorganisationen meist sehr wirksam ausgeübt werden. Die Nützlichkeit des Bestehens solcher Unterorganisationen in „Monopol-" und Großverbänden steht ja außer Zweifel; doch daraus folgt gerade, daß organisierte Opposition nicht grundsätzlich erforderlich ist. Denn es ist dem einzelnen zuzumuten, in der wesentlichen Gemeinsamkeit des Verbandsraumes auch wesentlich kollektiv seine (Austritts-)Freiheit zu gebrauchen.

Vor allem aber darf, schon ganz prinzipiell, nicht die Freiheitlichkeit des Verbandswesens unter Berufung auf eine „Monopolverbandlichkeit" vom Staat gebrochen werden, der seine Organisationsformen aufzwingt. Abgesehen davon, daß es im Einzelfall schwer, wenn nicht unmöglich ist, den faktischen Monopolcharakter festzustellen, weil hier nicht, wie im Wettbewerbsrecht, ein eigentlicher „Markt" beobachtet werden kann — wenn der Staat den innerverbandlichen Freiheitsraum so weitgehend durch organisatorische Gleichschaltung erzwingt und kontrolliert, dann tritt das Paradox ein: Im Namen der Freiheit werden die Verbände zum verlängerten Arm der Staatlichkeit. Damit aber hebt sich der Parlamentarismus selbst auf, weil er nicht mehr aus den „ganz anderen" Quellen der Gesellschaft gespeist wird, die Freiheit, weil sie ängstlich auf sich selbst blickt und den Staat ins Haus ruft. Wer Opposition unter Hinweis auf Monopolverbandlichkeit erzwingt, der akzeptiert in einem entscheidenden Bereich das Dogma von der notwendigen Entwicklung der Freiheit zum Monopol; die Rechnung wird ihm bei allen Grundrechten, bei Freiheit und Eigentum, präsentiert werden.

c) *Vielfaltargument.* Opposition kann nicht in allen Verbänden und nicht, wo sie möglich wäre, gleichförmig erzwungen werden; dies bedarf hier keiner Begründung[52]. Doch überzeugende Unterscheidungen, die Bestimmung oppositionsfähiger Verbände, sind bisher nicht gelungen. Sie könnten praktisch nur an die Monopolisierungsstufe anknüpfen — dem stehen die Argumente oben zu b) entgegen; oder an die „öffentliche Aufgabe", die politische

[52] Im Schrifttum wird es allenthalben betont; vgl. f. viele *Teubner,* Verbandsdemokratie (o. Fußn. 2), S. 31; *E. Müller* (o. Fußn. 2), S. 41.

Tätigkeit, das „politische Mandat" des Verbandes — dessen Verhältnis zum Staat schlechthin[53]. Doch gerade dies wäre höchst gefährlich: Der Staat hätte es ja dann in der Hand, durch Beleihungen die Verbände an sich zu ziehen und ihnen mit dieser Begründung sein Wesen aufzuzwingen. Jede Art von Subsidiaritätsdenken müßte seinen tieferen Sinn verlieren: Die Abbürdung öffentlicher Aufgaben i.w.S. auf private Träger wäre nicht mehr Freiheitsgewinn, sondern Hebel für staatsverordneten Organisierungszwang; und hinter ihm stünde der Organisationszwang — auch und gerade bei den Gewerkschaften.

d) *Ergebnis.* Ein allgemeiner Oppositionszwang für Parteien und Verbände müßte zur Staatsförmigkeit führen, damit also nicht nur zu übermäßiger staatlicher Kontrolle, die ja sogleich die Folge normativer Erzwingung der Opposition wäre; würde innere Opposition verordnet, so müßte derselbe Staat auch die Geschlossenheit der Verbände sichern — also Zwangsmitgliedschaft. Der Weg führt nicht nur vom „faktischen Monopol" zur Forderung nach Oppositionsmöglichkeit — er geht von dort weiter zum rechtlichen Monopol.

V. Folgerungen

Für die Verbändegesetzgebung und die „demokratische Legitimation der Verbände" ergibt sich somit:

(1) Innerverbandliche oder innerparteiliche auf Dauer organisierte Opposition darf nicht als solche normativ erzwungen werden.

(2) Wenn ein Verbände- oder Parteiengesetz „demokratisieren" will, so darf dies, etwa beim Wahlrecht, bei der Beschränkung von Ausschlußmöglichkeiten oder in der Erzwingung von Untergliederungen, nicht mit Blick auf die „Notwendigkeit organisierter Opposition" geschehen. Diese Gestaltungen dürfen daher nicht derart intensiviert werden, daß sie sich als indirekter normativer Zwang zur innerverbandlichen Opposition auswirken.

(3) Anders ist die Lage bei Zwangsverbänden. Hier steht der normativen Erzwingung organisierter Opposition grundsätzlich nichts im Wege, doch ist eine solche auch nicht unbedingt erforderlich; andere, nicht-parlamentarische, oppositionelle Formen können genügen (Untergliederungen, Sonderorganisationen).

---

[53] In diese Richtung gehen zahlreiche Äußerungen, vgl. etwa *E. Müller* (o. Fußn. 2), S. 41; *Teubner,* Verbandsdemokratie (o. Fußn. 2), S. 34, 35; *v. Alemann,* Aus Politik u. Zeitgeschichte 1977, 11, 12; *Schlosser* u.a. (o. Fußn. 2), S. 82; *Popp,* JöR 1977, 149, 168.

(4) Dies alles gilt grundsätzlich auch für die Gewerkschaften, mögen auch koalitionsspezifische Sonderregelungen grundsätzlich zulässig sein. Angesichts der Größe und Macht dieser Verbände ist das Verlangen nach Opposition zwar verständlich, doch es könnte leicht zu weiterer, entscheidender „Staatsähnlichkeit" kommen, damit aber zu normativem Organisationszwang, zum Ende freier Gewerkschaftlichkeit.

(5) Weil kein Verband, keine Partei „oppositionspflichtig" ist, deshalb kann aber auch keine derartige Vereinigung für sich die „volle", die politische Demokratizität des Art. 20 GG in Anspruch nehmen. Wenn von einem „Parlament der Arbeit" gesprochen wird, dann müßte es dort auch auf Dauer organisierte Opposition geben.

Die Demokratisierung der Verbände hat Grenzen — aber Grenzen hat deshalb auch ihre demokratische Legitimation. Sie müssen nicht „voll demokratisch" Oppositionsbildungen zulassen — deshalb aber können sie nie die voll demokratisierten politischen Gewalten ersetzen oder auch nur ergänzen. Verbandsdemokratie als Reservedemokratie, Verbände als politische Reservegewalten darf es nicht geben. Die volle, die oppositionsgeladene Demokratie, hat nur einer — der freiheitliche parlamentarische Staat.

Minderheitenschutz und Opposition in der Einheitsgewerkschaft*

I. Einheitsgewerkschaft — Chance oder Gefahr?

1. In der Bundesrepublik ist die freie Gewerkschaftsbewegung in der Form der Einheitsgewerkschaft organisiert. Die Arbeitnehmer sind, je nach Sektoren (Branchen), jeweils in einer großen Abteilung des Deutschen Gewerkschaftsbundes zusammengefaßt (IG-Metall, IG-Bau-Steine-Erden usw.). Neben dieser großen Einheitsgewerkschaft gibt es zwar noch kleinere gewerkschaftliche Bewegungen, auch solche christlicher Prägung. Mit Ausnahme des öffentlichen Dienstes haben diese jedoch keine größere Bedeutung erlangt.

Allein im öffentlichen Dienst, für die Beamten und Angestellten des Staates, der Gemeinden und der Körperschaften, Anstalten und Stiftungen des öffentlichen Rechts, besteht in Deutschland eine faktische Pluralität von Gewerkschaftsbewegungen: Der Deutsche Gewerkschaftsbund organisiert hier durch die Gewerkschaft Öffentliche Dienste, Transport und Verkehr (ÖTV), neben ihm aber steht, faktisch gleichgewichtig, der Deutsche Beamtenbund sowie die ihm nahestehenden Richter- und Soldatenverbände. Darüber hinaus ist noch die Deutsche Angestelltengewerkschaft (DAG) tätig sowie einige Spezialgewerkschaften, welche zum Teil sektoral entscheidende Bedeutung erlangt haben (so etwa die Gewerkschaft der Polizei).

Trotz dieser Besonderheiten des öffentlichen Dienstes und der Tatsache, daß auch in der privaten Wirtschaft die Deutsche Angestelltengewerkschaft (DAG) und andere Gruppierungen gelegentlich einen gewissen Einfluß entfalten können, läßt sich doch für die Bundesrepublik insgesamt feststellen, daß hier der Typ der Einheitsgewerkschaft verwirklicht ist. Damit unterscheidet sich die gewerkschaftliche Ordnung der Bundesrepublik wesentlich von der der angelsächsischen, aber auch der romanischen Länder. In den meisten dieser Staaten gibt es entweder eine kaum übersehbare Vielfalt von kleineren Gewerkschaften, so in manchen angelsächsischen Ländern, oder aber eine Konkurrenz von zwei oder drei mächtigen Gewerkschaftsbünden, von denen der eine meistens überwiegend kommunistisch, der andere überwiegend sozialistisch, ein Dritter vielleicht vorwiegend christlich beeinflußt ist. Dies ist etwa die Situation in Italien.

---

* Erstveröffentlichung in: *Arthur Utz/Heinrich Basilius Streithofen/Wolfgang Ockenfels* (Hg.), Die Sozialpartner in Wirtschaft, Gesellschaft und Staat, Stuttgart 1980, S. 90–100.

Welche Vorteile bietet nun das System der deutschen Einheitsgewerkschaft gegenüber dem der Konkurrenzgewerkschaftlichkeit? Welche Gefahren können von der Einheitsgewerkschaft für den Staat und für die Freiheit der Arbeitnehmer ausgehen?

2. *Die Vorteile der Einheitsgewerkschaft* für die Organisation selbst, für die Vertretung der Interessen der Arbeitnehmer und für die Gemeinschaft liegen auf der Hand:

Die Arbeitnehmer sprechen mit einer Stimme. Selbst wenn sie, wie in der Bundesrepublik, nur zu einem kleineren Teil (etwa 40%) in Gewerkschaften organisiert sind, verleiht ihnen die Einheitsgewerkschaft ein unverhältnismäßig größeres Gewicht, als wenn die Gewerkschaftsbewegung zersplittert wäre.

Ob die Einheitsgewerkschaft eine größere Attraktivität für die Arbeitnehmer entfaltet als ein System von konkurrierenden Verbänden, läßt sich nicht leicht feststellen. Von gewerkschaftlicher Seite wird dies behauptet, andererseits aber läßt sich nicht ausschließen, daß die Arbeitnehmer häufig wenig Neigung zeigen, sich einer Vereinigung anzuschließen, die ja „ohnehin" schon für sie tätig ist und in deren einheitlicher, blockhafter Organisation sie individuell nicht allzuviel vermögen.

Eindeutig überlegen ist allerdings die Einheitsgewerkschaft jeder anderen Struktur darin, daß auf diese Weise die gewerkschaftliche Beteiligung an Staatsfunktionen erleichtert wird. Gerade in der Bundesrepublik zeigt sich hier ein sehr vielfältiges Bild: Die Gewerkschaften sind an zahllosen Stellen bereits in die Staatsorganisation eingebaut. So tragen sie, zusammen mit den Arbeitgebern, etwa die gesamte Arbeitsorganisation der Bundesrepublik, welche in der Bundesanstalt für Arbeit gipfelt. Nicht anders ist es im Bereich der Sozialversicherungen, wo sie ein entscheidendes Mitspracherecht haben. Darüber hinaus sind sie in vielen Beiräten, aber auch in Entscheidungsgremien mit Sitz und Stimme beteiligt, von den Rundfunkräten bis hin zu ständestaatsähnlichen Gebilden wie dem Bayerischen Senat.

In all diesen Bereichen ist es für sie naturgemäß weit leichter, den Einfluß der Arbeitnehmer geltend zu machen, wenn sie von einer einheitlichen Organisation entsandt werden, als wenn die Gewerkschaftsstimmen zersplittert wären.

Das System der Einheitsgewerkschaft macht weithin staatliche Organisationen der Arbeitnehmer – etwa nach Art der Arbeitskammern – überflüssig. Derartige Modelle haben daher in der Bundesrepublik kaum eine größere Chance, sie würden auch am Widerstand der Gewerkschaften scheitern.

Eine Einheitsgewerkschaft ist weit eher in der Lage, eine wirkungsvolle Organisation aufzubauen, qualifizierte Mitarbeiter anzuwerben als eine Teilgewerkschaft, wie mächtig sie auch sein mag. Die organisatorischen Vorteile dieser spezialisierten Struktur bedürfen hier keines näheren Nachweises.

Besonders gelobt wird das System der Einheitsgewerkschaft schließlich im Hinblick auf die *Verantwortlichkeit* der Gewerkschaften gegenüber der Allgemeinheit, in ihrem Verhältnis zum Staat.

Es ist unbestreitbar, daß die deutsche Gewerkschaftsbewegung die disziplinierteste und verantwortungsbewußteste Organisation dieser Art in der westlichen Welt, jedenfalls in einem Großstaat, darstellt. In beispielhafter Zurückhaltung hat sie der Bundesrepublik die wenigsten Streiktage unter den großen Industrienationen in den letzten Jahren beschert und damit wesentlich zum Aufbau der deutschen Wirtschaft und ihrer Konkurrenzfähigkeit, ja Konkurrenzüberlegenheit im westlichen Bereich beigetragen.

Radikalisierungen sind durch diese große und mächtige Organisation verhindert worden, Randgrüppchen der extremen Linken oder anarchisierende Splittergruppen hatten innerhalb der Gewerkschaften keine Chance. Die deutschen Gewerkschaften fühlen sich nicht nur als Vertreter der Arbeitnehmer, sie sehen sich zugleich als Vertreter der Allgemeinheit, ja gelegentlich sogar der Staatlichkeit selbst.

3. Durch das System der Einheitsgewerkschaften ist eine weitere grundlegende Entscheidung deutscher Gewerkschaftlichkeit gefallen: Die deutschen Gewerkschaften folgen dem Partizipationsmodell, sie lehnen das reine Konfrontationsmodell entschieden ab.

Das bedeutet: Anders als die angelsächsischen und die romanischen Gewerkschaften sehen sie ihre Aufgabe nicht allein darin, im Kampf mit der Arbeitgeberseite für ihre Angehörigen unter allen Umständen bessere Bedingungen herauszuholen und sich an der Verantwortlichkeit um die Betriebe im übrigen nicht zu beteiligen. Die deutschen Gewerkschaften vielmehr waren von Anfang an bereit, Verantwortung auch für die Betriebe mitzuübernehmen. Dies ist in der beispielhaften Ordnung der deutschen Mitbestimmung, zuerst im Bereich von Kohle und Stahl, sodann und neuerdings für sämtliche Großunternehmen Wirklichkeit geworden. Eine Mitbestimmung der Arbeitnehmer in diesen großen Betrieben wäre kaum zustande gekommen, wenn hier nicht einheitliche Gewerkschaftsmacht bereit gewesen wäre, Mitverantwortung für gute und schlechte Entwicklungen im Bereich der privaten Wirtschaft mitzutragen. Konkurrierende Einzelgewerkschaften hätten dies praktisch nicht vermocht. Daraus ergibt sich auch, daß es wenig Sinn hat, in Systemen konkurrierender Gewerkschaften Partizipationsvorstellungen nach deutschem Vorbild durchsetzen zu wollen: Die Voraussetzung der einheitlichen Gewerkschaft fehlt, welche ja allein auch das Gewicht der Verantwortung für negative Entwicklungen in den Betrieben tragen kann, in denen sie im Aufsichtsrat vertreten ist.

Daß das deutsche Partizipationsmodell eine soziale Beruhigung bedeutet, zeigt der Vergleich mit den Verhältnissen in Frankreich und Italien sehr deutlich. Vor allem können auf diese Weise Politisierungen angehalten werden, und die Gewerkschaften werden auch in ihren Lohnforderungen stets einigermaßen maßvoll sein, weil sie nicht nur die Lage der Betriebe genau kennen, sondern deren mögliche Gefährdungen ja dann auch in den Aufsichtsräten mit zu verantworten haben und ggf. für die Wiederherstellung einer gesunden Wirtschaftsstruktur selbst Sorge tragen müssen.

4. Diesen unbestreitbaren Vorzügen des Systems der Einheitsgewerkschaft stehen jedoch auch nicht geringe *Nachteile* gegenüber: Was zunächst das Verhältnis zum *Staat, zur Allgemeinheit* anlangt, so läßt sich nicht leugnen, daß die Einheitsgewerkschaft die Macht der Arbeitnehmerbewegung erheblich, gefährlich steigert. Die Einheitsgewerkschaft könnte leicht zu einer Art von ständischer Nebenregierung erstarken, gerade weil sie ja in so vielen Bereichen der Staatlichkeit mit mächtiger Entscheidungsgewalt bereits tätig ist. Gegen die Gewerkschaften kann insbesondere im Arbeits- und Sozialraum praktisch nicht mehr regiert werden. Deshalb haben die Gewerkschaften vor kurzem auch in der Bundesrepublik eindeutig die Forderung erhoben, daß der Arbeitsminister ein Mann sein müsse, der ihnen nahesteht. Über die Konzertierte Aktion weitet sich ihr Gewicht in die gesamte Wirtschaftspolitik hinein aus. Die einheitliche Organisation der Gewerkschaften stellt sicher, daß ihre Vertreter im Parlament und in der Regierung stets eine bedeutende Rolle spielen. Im gegenwärtigen Deutschen Bundestag gehören mehr als die Hälfte der Mitglieder dem Deutschen Gewerkschaftsbund an, innerhalb der Bundesregierung sind drei Viertel der Minister und Staatssekretäre bei den Gewerkschaften organisiert. Gerade dieses letztere gibt zu besonderen Bedenken Anlaß, weil auf diese Weise ja die Gegnerfreiheit der Gewerkschaften nicht mehr gegeben ist: Derselbe Bundeskanzler, dieselben Minister, welche über Forderungen ihrer Bediensteten gegen den Staat entscheiden, sind möglicherweise bei jenen Gewerkschaften organisiert, von denen diese Forderungen kommen.

Andererseits darf aber nicht verkannt werden, daß es trotz dieser großen politischen Möglichkeiten in der Bundesrepublik weniger zur Politisierung der Gewerkschaftsbewegung gekommen ist als etwa in Italien, wo Konkurrenzgewerkschaften bestehen oder auch in Frankreich. Je stärker eine Organisation ist, desto weniger hat sie es nötig, sich durch politische Radikalisierung und besonders harte Forderungen zu profilieren. Sie wird insbesondere von ihrer gewerkschaftlichen Konkurrenz nicht etwa „hochgetrieben“. Da sie in den Staat hineingewachsen ist, ist sie auch der Allgemeinheit stärker verpflichtet. Schwerer als die Gefahr der Gewerkschaftsstaatlichkeit wiegt also wohl im System der Einheitsgewerkschaft ein gewisser *Freiheitsverlust für die Arbeitnehmer.*

Der Arbeitnehmer hat praktisch keine Chance, sich einer anderen, wirksamen Organisation anzuschließen. Wenn ihm die Ziele, die parteipolitische Verflochtenheit des DGB mit der sozialdemokratischen Partei nicht gefällt, hat er praktisch keine andere Alternative, als unorganisiert zu bleiben. Dies aber hat in vielen Bereichen, nicht zuletzt im Lehrlings- und Angestelltenverhältnis, nicht unerhebliche Nachteile für das berufliche Fortkommen zur Folge. Den Gewerkschaften ist es immerhin gelungen, in nicht wenigen Betrieben, ja in ganzen Branchen eine echte wirtschaftliche Herrschaft aufzubauen, so daß sie sogar über Einstellung und Entlassung von Arbeitnehmern entscheidend mitreden können.

Zumindest dort, wo solche Macht besteht, wirkt sich die Einheitsgewerkschaft als eine entscheidende Freiheitsminderung für den Arbeitnehmer aus. Auch in anderen Sektoren wird ihm auf diese Weise zumindest seine wirtschaftliche Meinungs- und Aktionsfreiheit beschnitten, weil er keinerlei Chance hat, seine Interessen gegen eine derart mächtige Organisation durchzusetzen. Dadurch wird das Engagement vieler Arbeitnehmer im gewerkschaftlichen Bereich abgeschwächt, die Vielfältigkeit der Gewerkschaftsbewegung und der gewerkschaftlichen Ideen leidet sicher. Häufig beklagt wird in der Bundesrepublik deshalb die Überbürokratisierung der Gewerkschaftsbewegung, die mit deren Ursprüngen, der freien Selbsthilfe, kaum mehr etwas zu tun habe.

Diese Nachteile lassen sich im Ergebnis kaum ausschalten. Es fragt sich jedoch, ob sie wenigstens abgemildert werden können oder werden müssen, damit dem Verfassungsgebot der Gewerkschaftsfreiheit (Art. 9 Abs. 3 GG) entsprochen werde.

Dies führt unmittelbar zu der Frage, welche Art von Minderheitenschutz es in einem System der Einheitsgewerkschaft geben kann, geben muß, und ob ein solcher Schutz etwa auch noch durch die Einrichtung einer gewerkschaftlichen Opposition verwirklicht werden sollte.

II. Minderheitenschutz innerhalb der Gewerkschaften

1. Die Notwendigkeit eines Minderheitenschutzes hat die deutsche Einheitsgewerkschaft von Anfang an gesehen, und sie hat ihr auch in mannigfaltiger Weise Rechnung getragen.

Ein gewisser Minderheitenschutz liegt schon darin, daß die einzelnen Gewerkschaften voneinander weithin unabhängig sind und auch innerhalb der Spitzengremien des DGB nicht durchgehend majorisiert werden können. Damit ist sichergestellt, daß die Interessen der Arbeitnehmer einer Branche nicht etwa denen der anderen geopfert werden können. Dem entspricht auch die Praxis: Die Zentrale des DGB hat sicher gewisse Direktionsmöglichkeiten, doch zeigt sich immer wieder, wie stark die Einzelgewerkschaften sind, insbesondere, wenn sie von bedeutenden Persönlichkeiten geleitet sind. In alldem erweist sich eine gewisse ständische Struktur der Einheitsgewerkschaft sehr deutlich, die ja an sich schon Minderheitenschutz garantiert.

Bei den wichtigsten Entscheidungen des Gewerkschaftsbereichs, bei den Streikbeschlüssen, muß nach deutschem Gewerkschaftsrecht stets eine sehr hohe Mehrheit, mindestens 75% der Arbeitnehmer, für einen Arbeitskampf votieren, damit er von der Gewerkschaft ausgerufen werden kann. Anders als in einer Reihe von insbesondere romanischen Ländern hat also die Gewerkschaftsführung nicht das Recht, über die Mitglieder hinweg jederzeit überraschende Streiks auszurufen, welche nicht in voller demokratischer Wahl beschlossen worden sind. Allerdings kommen die hohen genannten Mehrheiten in aller Regel zustande. Es gibt jedoch auch Fälle, in denen die Gewerkschaftsführung mit ihrem Antrag auf Einleitung des Arbeitskampfes unterlegen ist. Weitere Formen des Minderheitenschutzes ergeben sich in der Notwendigkeit qualifizierter, teilweise recht hochprozentiger Mehrheiten bei Satzungsänderungen der Gewerkschaften, bei Vorstandswahlen und ähnlichen Entscheidungen. In all diesen Fällen kann also immer nur mit einer starken, soliden Mehrheit Gewerkschaftspolitik gemacht werden.

2. Ein allgemeiner Minderheitenschutz ist daher sicher vorhanden und ausgebaut. Es fragt sich jedoch, ob er auch tatsächlich voll wirksam ist. Hier stellt sich das Problem, das für ständestaatliche Organisationsformen überhaupt gilt: Genügt es, hohe Entscheidungsmehrheiten festzusetzen und Entscheidungen sektoral getrennt fällen zu lassen? Muß nicht darüber hinaus den Minderheiten die Möglichkeit gegeben werden, sich innerhalb der jeweiligen Entscheidungskörper zu formieren, und zwar nicht nur ad hoc, sondern auf die Dauer? Können sie nicht nur auf diese Weise im Augenblick der Entscheidung wirklich mitreden, wenn sie dieselbe im Bewußtsein der Arbeitnehmer bereits vorbereitet haben, wenn sie Einfluß auf den Zeitpunkt und auf die Formulierung der Frage genommen haben? Nützt ein Minderheitenschutz etwas, der nicht durch eine dauernde Kritik und laufende Diskussion vorbereitet ist?

Alle diese Fragen haben eine besondere Zuspitzung in jenem Augenblick in der Bundesrepublik erhalten, als der Deutsche Gewerkschaftsbund seinen Kongreß unter das große Motto stellte, „Parlament der Arbeit“ zu sein. Von verschiedenen Rednern wurde damals und seither immer wieder deutlich zum Ausdruck gebracht, daß sich die deutsche Einheitsgewerkschaft als eine Art von Reservegewalt im Staate ansehe, daß sie es sich vorbehalten müsse, im Interesse nicht nur der Arbeitnehmer, sondern auch der durch dieselben repräsentierten großen Mehrheit der Bevölkerung aktiv zu werden, wenn die politischen Kräfte versagen sollten. Und wann ein solcher Fall eintritt, das behält sich zur Entscheidung natürlich dann der Gewerkschaftsbund selbst vor.

Mit dieser Forderung, mit der Behauptung, ein Parlament der Arbeit zu sein, hat aber der Deutsche Gewerkschaftsbund selbst die entscheidende Frage gestellt: Kann der Minderheitenschutz, den er zur Zeit in seiner Organisation bietet, noch genügen, ist es nicht notwendig, gewisse oppositionelle Kräfte innerhalb der Gewerkschaften fest zu formieren und damit die Opposition als solche zu verankern? Für ein Parlament ist die Opposition, die organisierte, dauernde Möglichkeit der Kritik, in der westlichen Demokratie eine Selbstverständlichkeit; das Bundesverfassungsgericht hält sie in Deutschland für einen notwendigen Ausdruck der freiheitlich demokratischen Grundordnung. Bedeutet dies dann nicht, daß jede Organisation, die für sich parlamentarische Rechte, parlamentarische Legitimation in Anspruch nimmt, auch diesen Erfordernissen Rechnung tragen und in ihrem Inneren eine Art von dauernder Opposition schaffen muß?

III. Opposition innerhalb der Gewerkschaften?

Hier erheben sich nun aber entscheidende Bedenken:

1. Innerhalb der Gewerkschaften gibt es keine Parteien. Ohne parteipolitische Gruppierungen wäre aber eine laufende Opposition, damit eine Dauerkritik in organisatorisch verfestigter Form, in einem Parlament nicht möglich. Wer also hier Opposition schaffen will, muß auch „Gewerkschaftsparteien" zulassen. Dies aber würde die gesamte bisherige Struktur der deutschen Gewerkschaftsbewegung tiefgreifend verändern. Mehr noch: Es würde gerade zu dem kommen, was in der Bundesrepublik von niemandem befürwortet wird, auch nicht von den Gewerkschaften selbst: zu einer Politisierung, ja einer Parteipolitisierung dieser Bewegung. Damit würden sich auch die Beziehungen zwischen dem DGB und einer Bundesregierung jedenfalls für den Fall verschlechtern, daß die Opposition innerhalb des DGB identisch wäre mit jenen politischen Kräften, welche die Bundesregierung trügen.

Ferner wäre eine solche Oppositionsbildung innerhalb des Gewerkschaftsbundes äußerst schwierig, weil sie ja praktisch in allen Einzelgewerkschaften erfolgen müßte; die Opposition – und die „Regierungsgruppierung" – müßten dann wiederum auf Gesamt-DGB-Ebene repräsentiert sein. Dies alles würde zu derartigen organisatorischen Reibungen führen, daß man sich eine Verwirklichung kaum vorstellen kann.

2. Es fragt sich auch, ob eine derartige Oppositionsbildung dem Wesen einer Gewerkschaftsbewegung überhaupt entsprechen kann.

Wenn die Gewerkschaften ihren Auftrag ernst nehmen, sich um die wirtschaftspolitischen Interessen ihrer Mitglieder zu kümmern (Art. 9 Abs. 3 GG), so scheiden doch damit die Möglichkeiten von festen Gruppierungen aus, wie sie im Parlament gegeben sind. Derartige Verfestigungen – Regierung auf der einen, Opposition auf der anderen Seite – wären doch gar nicht vorstellbar, wenn es nicht grundsätzliche Positionen gäbe, die es zu verteidigen gilt, prinzipielle Unterschiede zwischen den Gruppierungen. Im wirtschaftlichen Sektor jedoch sollten eigentlich die Unterschiede schneller wechseln, die Übergänge stets fließend sein, weil es sich eben um rasch veränderliche Daten und Konstellationen handelt. Und so ist es denn auch in der Wirklichkeit der Gewerkschaftsbewegung: Sicher mag es Gruppierungen, Mehrheits- und Minderheitsströmungen geben, insbesondere personelle Differenzen sind hier in der Regel entscheidend. Auf sie allein aber kann man wohl eine eigentliche Oppositionsbildung im herkömmlichen Sinn nicht stützen. Was aber weithin fehlt, sind die Grundsatzdifferenzen, wie sie zwischen den Parteien täglich auftreten und sich immer neu, aber in wesentlich gleicher Form zeigen. Man würde also höchstwahrscheinlich die Gewerkschaften entökonomisieren müssen, um dort echte Opposition zu schaffen. Dies würde wiederum einer Parteipolitisierung Vorschub leisten, welche hierzulande niemand wünscht.

3. Nicht zuletzt aber steht auch die Struktur des deutschen Gewerkschaftsrechts, das im wesentlichen Vereinsrecht ist, einer solchen Oppositionsbildung entgegen.

Die deutschen Gewerkschaften sind privatrechtlich organisiert, darin liegt eine wichtige, geradezu unverzichtbare Garantie ihrer Staatsunabhängigkeit und Freiheitlichkeit.

Was also für Gewerkschaften morgen eingeführt würde, müßte dann auch für andere Verbände des wirtschaftlichen und kulturellen Bereichs gelten, welche ebenfalls in Vereinsform arbeiten. Man käme gar nicht umhin, Opposition nicht nur in den Gewerkschaften, sondern in allen Verbänden der Bundesrepublik einzuführen.

Das mag demjenigen nicht grundsätzlich abwegig erscheinen, der sich daran erinnert, wie in Deutschland stets politische Regime versucht haben, ihre Grundwerte und Grundideen in alle Bereiche des gesellschaftlichen Lebens zu tragen. So hat etwa auch der Nationalsozialismus versucht, sein

Führerprinzip nicht nur im Staat, sondern auch in privaten Sektoren, etwa in Aktiengesellschaften und in der Familie durchzusetzen: Dasselbe sehen wir nun bei der parlamentarischen Demokratie auch. „Demokratisiert" soll ja auch die Familie werden, wiederum die Aktiengesellschaften und natürlich auch die Verbände. Über die Demokratisierung der Verbände gibt es ein umfangreiches Schrifttum. Doch dort geht es im wesentlichen stets nur um eines: Um die demokratische Wahl der Verbandsspitzen, der Vorstände, um jene Form der Demokratisierung, welche Art. 21 GG den politischen Parteien in der Bundesrepublik zur Pflicht macht. Dies aber ist die Demokratisierung über Wahl von unten nach oben, nicht aber die Einführung von festen Oppositionen innerhalb der Verbände.

Die Konsequenz einer Oppositionsbildung in den Gewerkschaften wäre also eine völlig neue Form der Verbandsdemokratisierung, welche mit den herkömmlichen Vereins- und Verbandsrechten gar nicht vereinbar ist. Die Folge wäre dann auch, daß innerhalb der Parteien erneut Oppositionsbildungen nicht nur zugelassen, sondern geradezu gefordert werden müßten.

Dies alles aber würde, daran ist gar nicht vorbeizukommen, zu einer totalen Alterierung der Verbandsstruktur als solcher führen. Verbände werden ja zur kollektiven, gemeinsamen Wahrnehmung von Individualinteressen gebildet. Deshalb müssen sie auch eine typisch verbandliche, d.h. stoßkräftige, vom Tendenzbetrieb getragene Struktur aufweisen. Damit ist im wesentlichen die abschwächende Form der Opposition innerverbandlich gar nicht vereinbar. Es hat also einen guten Sinn, daß innerhalb der privaten Verbände Oppositionen nicht üblich sind und auch nicht zugelassen werden müssen. Die kollektive Form der Äußerungsmöglichkeit, die Stoßkraft des vereinsmäßig, verbandsmäßig organisierten Bürgers, würde entscheidend leiden, und damit ginge wiederum ein nicht geringes Stück von faktischer Freiheit verloren, die ja eben darin besteht, seine Meinung nicht nur individuell, sondern insbesondere verbandlich zum Ausdruck zu bringen, durchaus mit einer gewissen Einseitigkeit, die aber allein eben die Durchsetzung ermöglichen kann.

Zusammenfassend läßt sich also sagen, daß für eine Demokratisierung der Verbände allgemein, welche sogar zu einer internen Oppositionsbildung führen würde, nach deutschem Recht und deutscher sozialer Wirklichkeit die Voraussetzungen nicht vorliegen und auch nicht geschaffen werden sollten.

Dann aber können sich die Gewerkschaften ja darauf berufen, daß es eben gerade ihrer Vereinsstruktur, ihrem Verbandscharakter nicht entspreche, sie allein nun in dieser Weise in Pflicht zu nehmen.

Es müßte also im wesentlichen bei dem bisherigen Zustand mit all seinen Gefahren bleiben.

Nur eines allerdings darf hier vielleicht im Wege einer Schlußbetrachtung doch angefügt werden: Das vorstehend unter Abschnitt III. Ausgeführte, die Schwierigkeit, eine volle Demokratisierung durch Einführung einer Opposition zu realisieren, gibt doch für den Bereich der Gewerkschaften zu denken. Die Verbände, und eben auch die Gewerkschaften, können also für sich mit Sicherheit nicht jenes volle Maß von Demokratielegitimation in Anspruch nehmen, welches der Staat in sich trägt. Denn der Staat ist demokratisch in jenem doppelten Sinn, daß er sowohl von unten nach oben durch Wahlen aufgebaut ist, als auch, daß er in sich die höchste und vollste Form der Demokratie trägt: die Garantie einer stets funktionsfähigen Opposition in den Parlamenten.

Dies bedeutet, daß der Deutsche Gewerkschaftsbund sich niemals an die Stelle der Staatsgewalt stellen kann, daß er niemals eine Legitimation in Anspruch nehmen darf, welche der der Staatsgewalt auch nur entfernt gleichkäme. Er ist ja, wie sich deutlich gezeigt hat, zwar demokratisch organisiert, aber auf einer niederen Demokratiestufe gegenüber dem Staat. Bei ihm erschöpft sich Demokratie in der Wahl von unten nach oben, beim Staat ist sie voll, auch durch die Opposition bewährt, gegeben.

Das sollten diejenigen bedenken, welche allzusehr vom „Parlament der Arbeit" sprechen, sich geradezu als staatliche Reservegewalt in den Gewerkschaften bezeichnen: Wenn sie dies ernst nehmen, dann müssen sie sich auch staatskonform organisieren, dann müssen sie feste Opposition in ihren Reihen zulassen.

Die Gewerkschaften haben die Verantwortung, sie haben die Wahl und damit auch die Qual, auf welche Höhe der Demokratie sie sich bewegen wollen. Insgesamt wären sie wohl gut beraten, wenn sie es bei dem jetzigen Zustand beließen. Dies aber bedeutet auch, daß sie das bleiben müssen, was sie ja immer erfolgreich gewesen sind: Vertreter der wirtschaftlichen Interessen der Arbeitnehmer, aber nicht eine politische Instanz in der Bundesrepublik.

Die politische Rolle der Gewerkschaften in den westlichen Demokratien*

1. Die Gewerkschaften sind wirtschaftliche Einrichtungen mit dem Ziel des Kampfes um Arbeit, Lebensunterhalt und soziale Sicherheit. Seit ihren Anfängen hat aber die Gewerkschaftsbewegung, in mehr oder weniger weitem Umfang, stets parteipolitische Ziele verfolgt. In den meisten westlichen Ländern sind die Gewerkschaften aus der Arbeiterbewegung entstanden, welche sozialistisch-marxistisch geprägt war. Als Folge der Spaltung der Arbeiterbewegung in verschiedene Richtungen, vor allem in die sozialistische und kommunistische, haben sich auch bei den deutschen, französischen, vor allem aber bei den italienischen Gewerkschaftsbewegungen entsprechende Spaltungen vollzogen. Mit der Wiederannäherung der verschiedenen sozialistischen Richtungen, zu der es vor allem in Frankreich und Italien gekommen ist, ergab sich auch eine erneute Annäherung der verschiedenen Gewerkschaftsgruppierungen; nicht selten war es gerade die gewerkschaftliche Einheit, welche sich, wie etwa im italienischen Fall, als eine bedeutsame politische Brücke zwischen sozialistischen und kommunistischen Richtungen erwiesen hat. Die moderne Geschichte zeigt im übrigen unzweideutig, daß die Gewerkschaften niemals ausschließlich wirtschaftliche, sondern stets auch parapolitische Bewegungen gewesen sind. Sie haben sich nie darauf beschränkt, den täglichen Kampf um Lohnerhöhungen zu organisieren, durch Verhandlungen über die Erneuerung der Tarifverträge und unter Vereinheitlichung ihrer Forderungen für die verschiedenen Kategorien der Arbeitnehmer; ihre Programme sind stets über die Verteidigung wirtschaftlicher Interessen der Arbeitnehmer weit hinausgegangen.

Das neue Grundsatzprogramm der deutschen Einheitsgewerkschaft aus dem Jahre 1982 setzt sich weit gespannte Ziele staatspolitischer Art, welche sämtliche bedeutsamen Probleme der allgemeinen Politik beinhalten, von der Wirtschafts- und Gesundheitspolitik über die Kulturpolitik, bis hin sogar zur Außenpolitik, für welche dort eine Steigerung der internationalen Solidarität angemahnt wird. Ein derartiges Gewerkschaftsprogramm unterscheidet sich nur wenig von dem der Parteien, der ständige Hinweis auf die Interessen der Arbeitnehmer ist nicht viel mehr als eine Floskel. Sie geht im übrigen stets von der Voraussetzung aus, daß diese Arbeitnehmer eben die Mehrheit der Bevölkerung ausmachen; darin liegt also etwas, was an die Dynamik des

---

* Erstveröffentlichung in: *Francesco Lentini* (Hrsg.), Individuo, Collettività e Stato, Bd. I, 1983.

Dritten Standes in der Anfangsphase der Französischen Revolution erinnert, der, auf der Grundlage seines zahlenmäßigen Übergewichts, die Forderung nach ausschließlicher Vertretung der Nation erhob.

Die Schwierigkeiten, denen ein überlastetes Mehrparteienparlament ausgesetzt ist, nehmen rasch zu, hinzu kommt die moralische und politische Krise der Parteien in vielen westlichen Ländern, die zur Notwendigkeit einer immer stärkeren direkten und indirekten staatlichen Parteienfinanzierung führt. Nicht zuletzt deshalb gewinnen die Gewerkschaften ständig und rasch an politischem Einfluß, ja sogar auf der Ebene der Parteipolitik. Sie verwandeln sich in „Reserveparteien“, jedenfalls in Gesellschaftsordnungen, die eine Einheitsgewerkschaft nicht kennen. Wo es dagegen eine solche gibt, wie in der Bundesrepublik Deutschland, nimmt ihr Einfluß geradezu den Charakter einer Reservegewalt an, die selbst über die Parteien hinweggeht.

Aus all diesen Gründen stellen heute die Gewerkschaften eine immer klarere Bedrohung für jene parlamentarische Demokratie dar, die sie stets mit Skepsis betrachtet haben, weil sie in ihr eine „bürgerliche Staatsform“ erblickten.

2. Die Staatsgewalt der westlichen Länder hat allerdings ständig versucht, in juristischen Kanälen eine politische Ausuferung der Gewerkschaften zu verhindern. Der entscheidend schwierige Punkt war dabei stets die Frage des „politischen Streiks“. Das deutsche Verfassungsrecht geht z.B., heute wie zur Zeit der Weimarer Republik, davon aus, daß es nach Art. 9 GG ausschließliche Aufgabe der Arbeitnehmervereinigungen ist, auf eine Verbesserung der Arbeits- und Wirtschaftsbedingungen ihrer Mitglieder hinzuwirken. Wenn man auch den Gewerkschaften ein gewisses Gesamtvertretungsrecht der jeweiligen Kategorie zuerkennt, was dann auch zur Allgemeinverbindlicherklärung von Tarifverträgen und ihrer Durchsetzung gegenüber Arbeitgebern führen kann, welche nicht Vertragspartner dieser Abkommen sind, so gilt doch, rechtlich, in der Bundesrepublik Deutschland noch immer das folgende Prinzip: „Politische“ Aktionen werden nicht durch den Schutzbereich dieser Gewerkschaftsfreiheit gedeckt, vor allem ist jeder „politische“ Streik verboten. Er wird als ein verfassungswidriger Druck auf die Regierung und die Volksvertretung angesehen, als eine Einmischung in die Volkssouveränität, welche durch das Grundgesetz und seine Gewerkschaftsfreiheit in keiner Weise gerechtfertigt ist.

Die Gewerkschaften in der Bundesrepublik Deutschland haben sich allerdings mit einer solchen einschränkenden Praxis nie abgefunden. Sie nennen nach wie vor ihren großen Kongreß „Parlament der Arbeit“ und nehmen das Recht in Anspruch, zu allen bedeutsamen Fragen des Gemeinschaftslebens Stellung zu nehmen. Ihre Spitzenvertreter gehören nicht nur weitgehend der sozialdemokratischen Partei an und sind in dieser aktiv, sondern sind auch als Abgeordnete dieser selben Partei in den Parlamenten der Länder, des Bundes und im europäischen Parlament tätig. Die Gesetzgebung der Bundesrepublik Deutschland, wie die anderer westlicher Staaten, trägt dieser allgemein-politischen Rolle der Gewerkschaften Rechnung; sie werden dort wie eine, vielleicht die bedeutendste, der „gesellschaftlich relevanten Kräfte" behandelt. Infolgedessen haben Gewerkschaftsvertreter als solche Sitz und Stimme in zahlreichen Gremien, in welchen über öffentliche Angelegenheiten diskutiert und entschieden wird. Gewerkschaftsvertreter sitzen in den Rundfunkräten wie in Gremien der Begabtenförderung; sie leiten, zusammen mit Vertretern der Arbeitgeberseite, die Bundesanstalt für Arbeit und damit die zentrale Verwaltungsinstanz für Arbeitsfragen in Deutschland; nicht zuletzt erhalten sie bedeutsame Unterstützung in ihren kulturellen Anstrengungen, welche als förderungswürdig auch unter staatspolitischen Gesichtspunkten angesehen werden.

Angesichts dieser Lage erscheint es immer problematischer, den Gewerkschaften das „politische Mandat" schlechthin abzusprechen, nachdem sie doch überall zu den staatstragenden Kräften gezählt werden. Hier ergibt sich eine ähnliche Problematik wie die des einst ebenso umstrittenen „politischen Mandats der Studenten", oder hinsichtlich des „Öffentlichkeitsanspruchs der Kirchen", welche de facto für sich auch ein politisches Mandat in Anspruch nehmen. Die Frage nach der politischen Stellung der Gewerkschaften, vor allem in der Bundesrepublik Deutschland, muß daher stets in diesen weiteren Zusammenhang gestellt werden.

Noch stärker ist die politische Rolle der Gewerkschaften in anderen westlichen Ländern ausgeprägt. In Frankreich, vor allem aber in Italien fordern diese Gruppen lauthals Beteiligung an der Entscheidung aller wichtigen Fragen von nationaler und internationaler Bedeutung. Fast täglich kommt es dort zu Streikbewegungen aus allgemeineren innenpolitischen Gründen, sogar noch aus solchen der Außenpolitik. Vor allem die italienischen Gewerkschaften sind, in den dort häufigen Krisenzeiten, nicht nur ständige Gesprächspartner der Regierung und des Parlaments, in ihrer Eigenschaft als gesellschaftlich bedeutsame Kräfte, sondern sie nehmen auch immer mehr teil an der Entscheidung von politischen Grundfragen, welche schwerwiegende Folgen für die Zukunft haben können. Vor allem im Zuge sich verschärfender politischer Krisenerscheinungen bereitet sich, in allen westeuropäischen Ländern, wenn auch unter verschiedenem Namen, etwas vor wie ein „nationaler Solidaritätspakt", d.h. eine Verstärkung dessen, was in der Bundesrepublik Deutschland schon früher versucht worden war, auf Beratungsebene, in der „Konzertierten Aktion". Man glaubt, nur über eine solche Anstrengung der Schwierigkeiten Herr werden zu können; denn es handelt sich um nationale Entscheidungen von größter Bedeutung, welche nicht ohne Mitwirkung der Gewerkschaften realisiert werden können.

So zeigt sich, daß die Gewerkschaften in den westlichen Ländern heute de facto größere politische Bedeutung haben als die Fraktionen im Parlament, oft sogar als Parteien, mag dies auch gesetzlich noch nicht anerkannt sein. Die politischen Parteien haben lange genug warten müssen, bevor sie ihren Platz in den liberalen Verfassungen finden konnten; desgleichen wird wohl eines Tages den Gewerkschaften in den Verfassungen ein politischer Einfluß zuerkannt werden, den sie seit langem schon gewonnen haben.

3. Ein Grund könnte bereits entscheidend dagegen sprechen, die Gewerkschaften heute aus der politischen Arena zu verbannen: In der „Politik des großen Atems", im nationalen Bereich, haben sie einen festen Platz, und sie sichern sich immer mehr Boden. Wirtschaftspolitik steht in der Tat heute im Mittelpunkt der nationalen Politik, und sie ist unauflöslich mit der Außenpolitik verbunden. Weder nach tatsächlicher Bedeutung noch Selbstverständnis läßt sich gegenwärtig den Gewerkschaften das Recht bestreiten, sich zu Fragen der Wirtschaftspolitik zu Wort zu melden und, wenn nötig, Kampfmaßnahmen zu ergreifen. Derartige Streikbewegungen richten sich im Grunde aber nicht mehr gegen die herkömmlichen Gegenspieler in der Wirtschaftspolitik, gegen die Arbeitgeber. Adressat ist vielmehr die Regierung, ja sogar der Gesetzgeber, die Gewählten des Volkes. Heute ist die Wirtschaftspolitik, dank dem Einfluß der Interessenvertretungen, Aktionsraum für alle politischen Gruppen, die dort jedes mögliche Mittel einsetzen. Die wirklichen Entscheidungen fallen immer häufiger im Raume einer staatlichen Politik, welche heute bereits 40 bis 60% des Bruttosozialprodukts der westlichen Länder kontrolliert.

Es wäre wirklichkeitsfremd und würde den Gewerkschaften ihre Glaubwürdigkeit, auch bei ihren Mitgliedern, nehmen, wollte man sie ausschließlich auf Aktionen gegen die Arbeitgeber beschränken. Das Dreieck Arbeitnehmer – Arbeitgeber – Staat beherrscht die Wirtschaftspolitik, und der Hauptfaktor ist darin die Staatsgewalt; sie ist daher auch der erste natürliche Gesprächspartner der großen Gewerkschaften, die eben auf nationaler Ebene tätig sind.

Auch dort aber, wo Arbeitskonflikte und andere Gewerkschaftsaktionen sich weiterhin gegen den sozialen Gegenspieler richten, den Arbeitgeber, ergeben sich infolge der steigenden technischen Verflechtung der Wirtschaft derartige Ketten- und Kernwirkungen, daß nahezu automatisch und oft sehr rasch eine Reaktion der Staatsgewalt folgt, die sich zunächst in einem – wie immer gearteten – Vermittlungsangebot ausdrückt. Dann aber ist es selbstverständlich, daß die Gewerkschaften versuchen, jederzeit, jedenfalls aber rechtzeitig, einen Druck auf diesen „Reserveschlichter" auszuüben, der nur ein politischer sein kann. Es ist eine politische Geschmacksfrage, ob die Gewerkschaften dabei so weit gehen, den Parteien mit massiven Wählerverlusten zu drohen, wenn diese nicht die Interessen der Arbeitnehmer hinreichend berücksichtigen. Jedenfalls vollzieht sich derartiges ständig anläßlich von Auseinandersetzungen über die Wirtschaftspolitik; die Staatsgewalten erkennen dies wohl und richten sich in ihren Handlungen darauf ein.

Die Entwicklung verläuft denn auch in Richtung auf eine immer stärkere Einschaltung der Gewerkschaften in die Politik. Mit der Zunahme der Staatsquote, mit der Übernahme immer größerer wirtschaftlicher Aufgaben seitens der Staatsgewalt, muß ganz notwendig das Gewerkschaftsinteresse daran wachsen, direkten Einfluß auf den Staat zu nehmen. Gewerkschaften als Vereinigungen, die lediglich das Ziel eines Kampfes gegen die Arbeitgeber verfolgen, gehören der liberalen Epoche an; in einer wachsenden Staatswirtschaft ist der eigentliche Gegenspieler der Gewerkschaften — der Staat. Nachdem aber dieser Staat nicht der Feind sein kann, weil er eben das nationale Interesse als solches zu wahren hat, ist die Gewerkschaft automatisch gezwungen, auf ihn in anderer Weise Einfluß zu nehmen, ihn zu unterwandern, seine Willensbildung in Parlamenten, Ausschüssen und Gremien zu beeinflussen. Italien bietet in diesem Sinne ein gutes Beispiel, wie, zugleich mit der Zunahme der Staatswirtschaft, der politische Einfluß der Gewerkschaften sich unverhältnismäßig erweitert hat.

Steigerung der Staatsaufgaben bedeutet verstärkte politische Verantwortung der Parteien.

4. Diese Entwicklung, welche sich, wenn auch mit einem gewissen zeitlichen Phasenunterschied, überall zeigt, stellt aber eine schwere Gefahr für die parlamentarische Demokratie dar, ja sogar für jedes Mehrparteienregime.

Es ist in der Tat ein Grunddogma für diese Staatsformen der westlichen Länder, daß alle wesentlichen Entscheidungen in den Zuständigkeitsbereich der Parteien und des Parlaments fallen, allenfalls noch in den der Regierungen, welche von diesen Organen abhängen.

Die Letztentscheidung über die großen wirtschaftlichen Interessen von nationaler Bedeutung steht also den Gewählten des Volkes zu und nicht den Vorsitzenden großer Verbände. Der Gewerkschaftsstaat ist ein Alptraum für die westlichen parlamentarischen Demokratien. Und doch hat sich in der Entwicklung der Gewerkschaften eine neue, imposante Form von „Zwischengewalt" herausgebildet, die aber letztlich unvereinbar ist mit einer parlamentarischen Demokratie, in dem Sinn, wie sie seit der Französischen Revolution immer verstanden wurde.

Nun berufen sich allerdings die Gewerkschaften in allen westlichen Ländern ständig auf ihre „innere Demokratizität“. Sie legen großen Wert auf die Feststellung, daß ihre Führer „demokratisch durch die Basis legitimiert sind“. Und sie gehen noch weiter: Sie behaupten, daß sie überhaupt das erste Mal und besonders wirksam jene Basisdemokratie verkörpern, welche ihrer Meinung nach in der Notabeldemokratie der Parteiensouveränität in den Parlamenten zum Zerrbild verkommen ist. Ihre Funktionäre pflegen in der Tat täglich vor den Fabriktoren, in den Werkhallen und Büros unmittelbaren Kontakt mit jener Basis, welche die Abgeordneten seit langer Zeit aus dem Blickfeld verloren haben. Nach ihrer Auffassung halten sich die westlichen Staaten nur deshalb noch aufrecht, weil sich neben der partei-parlamentarischen Vertretung durch die Aktion der Gewerkschaften eine unmittelbare Volksvertretung der Basis entwickelt hat. Aufgrund dieses positiven Selbstverständnisses haben sich die Gewerkschaften immer wieder, und ganz offen, nicht nur in der Bundesrepublik Deutschland, als „Reservegewalten“ bezeichnet, und der Beweis für die Bedeutung dieser Behauptung wurde eindrucksvoll in Frankreich 1968 angetreten. Trotz alledem: Der tiefe innere Gegensatz zum Grundbegriff des liberalen Staats bleibt. Die Gewerkschaftsführer sind keine Abgeordneten, die ein freies Mandat ausüben könnten, gerade damit aber steht und fällt die westliche parlamentarische Demokratie. Die Gewerkschaftsführer vertreten vielleicht zahlenmäßig den überwiegenden Teil der Bevölkerung, nie aber wirklich „das Volk als solches“, ganz abgesehen davon, daß das „Gewerkschaftsvolk“ ein völlig anderes Wahlverhalten an den Tag legt, als es etwa dem Verhalten der Gewerkschaftsführer in der Parteipolitik entspräche. In der Bundesrepublik Deutschland z.B. wählen etwa 40% der organisierten Arbeitnehmer die sogenannten „bürgerlichen Parteien“, fast alle Spitzenvertreter der Gewerkschaften sind aber politisch in der Sozialdemokratie tätig.

Die Anerkennung voller Demokratizität ist im Falle der Gewerkschaften auch schon deshalb problematisch, weil es innerhalb dieser Zusammenschlüsse kaum etwas wie eine formierte und organisierte „Opposition“ nach parlamentarischem Vorbild gibt; die Wachablösungen vollziehen sich hier nicht so häufig und institutionell ähnlich abgesichert wie im parlamentarischen Bereich. Bei den Gewerkschaften herrscht weithin stabile Leitung, stabiles Vertrauen, damit aber eine politische Vertretungsstruktur, welche völlig verschieden ist von der des parlamentarischen Systems, das von den Parteien geprägt ist. Eine „doppelte Vertretung“ des Volkes, über das Parlament und die Gewerkschaften, ist daher unvereinbar mit den Grundsätzen der westlichen Demokratie.

Wenn man also die Staatsform der westlichen Demokratie aufrechterhalten will, so muß den Gewerkschaften zwar ihr legitimer Platz bleiben, verhindert werden muß aber ihr Übergreifen in den Bereich der „Gesamtpolitik". Sicher ist es nicht leicht, dies zu verwirklichen, vor allem in Ländern, wo ein Regime der Vielparteien-Verästelung zu einer „schwachen" Demokratie geführt hat. Die Aktionsräume der Gewerkschaften und des Staates nähern sich nicht nur deshalb an, weil die Gewerkschaften immer weitergehende Forderungen erheben, sondern vor allem deshalb, weil der Staat, im Namen der Politik, eine immer größere Zahl von Entscheidungen an sich ziehen will — und ihm doch die Kraft fehlt, solche Entscheidungen ohne die Gewerkschaften zu treffen.

Nichtsdestoweniger ist eine Rollenverteilung erforderlich. Mit Blick auf die politische Aktivität der Gewerkschaften müssen zumindest drei Ebenen unterschieden werden:

- Die Arbeitnehmerpolitik im engen Sinn. Ihr Bereich darf nicht allzusehr eingeschränkt, er darf aber auch nicht übermäßig erweitert werden. In ihn gehören natürlich Fragen der Entlassung, des Rechtes der Arbeitnehmer allgemein; aber schon der soziale Wohnungsbau und Lohnsteuerfragen im allgemeinen gehen darüber hinaus, wenn auch einzelne steuerliche Erleichterungen, welche den Arbeitnehmern gewährt werden, noch zum gewerkschaftlichen Aktionsraum gezählt werden mögen. In diesen Bereichen einer wirklichen „Arbeitnehmerpolitik" sind die Gewerkschaften nicht notwendige Gesprächspartner der Politik, sie sind aber berechtigt, für ihre Interessen zu streiten, wenn notwendig, mit der Waffe des Streiks. Es ist sehr zweifelhaft, ob man sie mit juristischen Mitteln daran hindern darf, auf den Staat in diesem besonderen Bereich Druck auszuüben.

- Die allgemeine Wirtschaftspolitik, heute vor allem die Steuer- und Haushaltspolitik, die Staatsinvestitionen und das Sparen. Auch in diesem Bereich müssen die Gewerkschaften Gesprächspartner bleiben, wie übrigens auch andere Verbände. Dennoch kann in diesem Raum ein Druck auf die politischen Instanzen nicht geduldet werden, weil die Gewerkschaften hier den Primat der Parteipolitik beachten müssen und sich darauf zu beschränken haben, deren Gesprächspartner zu sein.

- Die Außen- und Sicherheitspolitik. Hier haben Aktionen der Gewerkschaften keinen Platz. „Streiks" zugunsten politischer Vorgänge oder gegen sie in Chile, San Salvador oder in Polen verdienen diesen Namen nicht; in Wirklichkeit handelt es sich um Einmischungen in den Bereich der „reinen Politik", die in der Volksherrschaft den Vertretern des Volkssouveräns vorbehalten ist — und dies sind die Gewerkschaftsführer gerade nicht.

Wahrscheinlich wird es hier viele Koordinierungsphasen geben müssen, und sicher bedarf es viel guten Willens seitens der Parteipolitik wie der Gewerkschaften. Diese letzteren sollten es aber vermeiden, Parlament und

Regierung von außen unter Druck zu setzen oder sie sozusagen von innen beherrschen zu wollen, über eindrucksvolle Gewerkschaftsaktionen. Denn sobald die demokratische Freiheit in der Politik aufhört, gibt es auch keine Gewerkschaftsfreiheit mehr. Die Gewerkschaften als solche werden nie ein westliches Land beherrschen können; sollten sie es versuchen, so würden sie ihre Freiheit verlieren, insoweit und mit ihr ihre eigenen Grundlagen. In einem System, das auf einer Staatspartei oder einer Staatsgewerkschaft aufruht, ist kein Platz mehr für eine Gewerkschaft westlicher Prägung.

Politische Rolle der Gewerkschaften ist es, einen entscheidenden Beitrag zur Beantwortung von Fragen zu leisten, welche die Arbeitnehmer betreffen. Diese stellen einen wichtigen Teil der nationalen Politik dar, sie erschöpfen diese aber bei weitem nicht.

Vom Gesetzesstaat zur Tarifvertragsgemeinschaft*

Demokratie als Kartell der Sozialpartner?

I. Mehr Rechte den Tarifpartnern — eine Form der Privatisierung?

1. Zwei Werte haben heute höchsten Rang für den Bürger: Sicherheit und Freiheit. Entscheidendes hat in den letzten Jahrzehnten der Versorgungsstaat sichernd geleistet, bis zu Formen viel kritisierter neuer Wohlfahrtsstaatlichkeit. Doch als dann die achtziger Jahre nicht eine neue Belle Epoque brachten, sondern Stagnation und Rezession, wurden die Schallmauern der Sozialstaatlichkeit am politischen Horizont sichtbar immer höher. Wohin die politischen Erwartungsströme umlenken? Nur eines bleibt: der andere Höchstwert, mehr Freiheit. Unterschwellig war es immer lebendig, dieses Streben des emanzipierten Bürgers nach mehr Ungebundenheit, dem Staat gegenüber wie im Beruf und in der Familie. Die größere soziale Sicherung sollte ja auch und vor allem dies mitgewährleisten, sei es auch nur in der Form der kleinen, aber versorgten Freiheit. Wenn nun die Versorgung ihre Schranken findet, die Verteilungsmasse zu Ende geht — die Freiheit kennt keine Grenzen, in den dürren Jahren wird diese ihre Schwäche zur großen politischen Stärke. Mehr Freiheit – solange es nichts kostet oder nicht allzuviel – damit kann man den Bürger ablenken von unerfüllbaren Verteilungsforderungen. Umweltschutz und Arbeitszeitverkürzung liegen in diesen offenen Fernen, so scheint es wenigstens vielen, nach dem Weg zu den Schaltern der Spaziergang ins Grüne.

So stehen wir denn in einer, vielleicht noch gar nicht voll bewußten, Freiheitsrenaissance. Und wie jedes neue Freiheitsstreben trägt sie anarchische Züge, fügt sich gerade deshalb in jene parlamentarische Demokratie nahtlos ein, in welcher doch etwas institutionalisiert zu sein scheint wie ein „Verlust der Ordnung als Staatsprinzip"[1]. Kaum je in den letzten Jahrzehnten hat es wohl einen vergleichbaren Konsens für solche Ungebundenheit gegeben, und erstaunlicherweise verbindet sich hier sogar einmal intellektuelle Vertiefung mit „gesundem Volksempfinden": Die deutsche Nationalökonomie mit ihrer klaren und ganz herrschenden Frontstellung gegen Staatsdirigismus und Intervention weiß sich getragen von einer Bürgerstimmung, welche auf

---

* Erstveröffentlichung in: Hamburger Jahrbuch für Wirtschafts- und Gesellschaftspolitik 29 (1984), S. 113–126.

[1] Dazu eingehend *Leisner*, W., Die demokratische Anarchie, Berlin 1982.

mehr private Initiative setzt, bis hin zu den Privatisierungsforderungen für öffentliche Leistungen im kommunalen und staatlichen Bereich[2]. Vordergründig wäre es, darin nur Effizienzvergötterung zu sehen, technische Romantik im Staat. Wenn der Bürger überzeugt ist, daß er selbst besser zu wirtschaften vermag als sein Staat, in vielen Bereichen zumindest, so steht dahinter noch etwas ganz anderes: das Ziel, auf welches diese Effizienz[3] gerichtet sein soll — mehr Sicherungsmöglichkeiten, heute aber vor allem mehr Ungebundenheit. Denn Effizienz als Selbstzweck — das wäre eine Illusion.

2. Die steigende Gesetzesflut bedroht die Funktionsfähigkeit der Demokratie, vor allem aber die Freiheit des Bürgers, der sich in diesem Netz verfängt. Auch darüber besteht heute breiter Konsens[4]. Hier wendet sich übrigens das Sicherungsbedürfnis gegen die Freiheit: Der Sozialstaat hat die ganz große Normenlawine erst ausgelöst, mit seinen unzähligen Belastungen und Hilfsaktionen, mit immer neuen Ausnahmen und Unterausnahmen.

Aus all dem ist eine allgemeine Überzeugung gewachsen, die über Staatsmißtrauen noch hinausgeht: Nicht nur, daß der Staat nicht alles vermag, ist heute Gemeingut, es ist gar nicht mehr alles regelbar, normativ erfaßbar, in welcher Form immer. Aus der Normenillusion haben wir den Rückweg in die Einzeldezision angetreten, über ihm steht das viel bewunderte Wort „Flexibilität".

Konsens über Staatsmißtrauen und Normmißtrauen — dies führt nun zu dem, was wir im folgenden behandeln wollen: zu der Forderung, den Sozialpartnern das zu geben, was dem Staat und den Gesetzen genommen wird. Denn Privatisierung und Entbürokratisierung — das sind ja nur Worte, wenn nicht deutlich wird, wohin diese Machtstücke getragen werden sollen, und doch wohl nicht direkt zu einem Bürger, dessen Einfluß jedes Jahr nur noch kleiner wird. Die Reservegewalt der großen Privatisierung aber steht bereit: die Sozialpartner.

3. Vom Gesetz zur Tarifvereinbarung — über diese Parole könnte sich ein bemerkenswerter neuer Konsens bilden. Alle bedeutenden politischen Richtungen können hierfür ja unschwer gewonnen werden: Die Liberalen sehen

---

[2] Dazu f. viele: Institut für angewandtes Wirtschaftsrecht, IHK-München, Privatisierung der Risiken? München 1979, m. vielen Nachw.

[3] Siehe *Zippelius*, R., Allgemeine Staatslehre, 8. Aufl., München 1982, S. 24, 47 f., 50; *Leisner*, W., Effizienz als Rechtsprinzip, in: Recht und Staat in Geschichte und Gegenwart, Hefte 402/403, 1971 = in diesem Band, S. 53 ff.

[4] Vgl. hierzu z.B.: *Vogel*, H.-J., Zur Diskussion um die Normenflut, JZ 1979, S. 321 ff.; *Maassen*, H., Die Freiheit des Bürgers in einer Zeit ausufernder Gesetzgebung, NJW 1979, S. 1472 ff.; *Hillermeier*, K., Eindämmung der Gesetzesflut, BayVBl. 1978, S. 321 ff.; *Leisner*, W., „Gesetz wird Unsinn ...", Grenzen der Sozialgestaltung im Gesetzesstaat, DVBl. 1981, S. 849 ff. = in diesem Band, S. 579 ff.

darin die Erfüllung ihrer ältesten und zentralen Vorstellung, über die sie sich vom Sozialismus getrennt haben: weniger Staat, Abbau von Dirigismus und Interventionismus. Wenn schon nicht alles dem einzelnen, atomisierten Bürger gegeben werden kann, ist es dann nicht besser, seinen „freien Vereinigungen", den Verbänden die Macht zu überlassen, welche dem Staat genommen wird, und so hart wie die radikalen Jakobiner haben ja die deutschen Liberalen aller Schattierungen nie Zwischengewalten bekämpft. Darin können sie übrigens ihr altes Bündnis mit dem Sozialismus erneuern: Auch für ihn ist ja kollektive Lenkung entscheidend, nicht der Staat, der sie betreibt. Jenseits aller traditionellen Querelen zwischen Stalinismus und Trotzkismus und allem, was sich diesen beiden Polen nähert — das Absterben des Staates bleibt das gemeinsame sozialistische Fernziel, die kollektive Verantwortung der Arbeiterschaft das beste Mittel zu seiner Erreichung. Im Prinzipiellen wird daher durch die Forderung nach Delegalisierung dann ein Konsens unter Sozialisten und Kommunisten herzustellen sein, wenn die Gesetzesmacht auf die Gewerkschaften als Tarifpartner übergeht, darüber hinaus werden sich in diesem Punkte alle sozialistischen Richtungen in solcher frühliberaler Staats-Ende-Ideologie mit den Liberalen treffen können.

Für die christliche Soziallehre aller Schattierungen ist ebenfalls eine Delegalisierung in Richtung auf die Sozialpartner konsensfähig. Die katholische Soziallehre insbesondere mit ihrer wie immer zu verstehenden Subsidiaritätslehre[5] muß doch zumindest auf eines setzen: daß die Gesellschaft vor dem Staat komme, die kleinere Koalition vor der größeren Bürgerschaft.

Was dann noch übrigbleibt in der Bürgerschaft, die „gänzlich Ideologiefreien" — sie können ja am Staatsleben nur mit einem Grundgedanken teilnehmen, ihn allein verfolgen: daß dort optimale „technische Effizienz" herrsche; und gerade dies wird ihnen doch versprechen, wer auf den laufenden und flexiblen Dialog der Sozialpartner hinzuweisen vermag.

Über allen Demokraten aber steht noch immer die Demokratie — doch bedeutet nicht gerade dieses Grundprinzip die Öffnung zum Machttransfer vom Gesetz zur Tarifeinigung? Volksherrschaft versteht sich als Verfahren zur Herstellung des permanenten Konsenses, die Starrheit des Rechtsstaates mit seinen Gesetzen ist ohnehin ein Ärgernis für die volkssouveräne Dynamik. Kommt sie ihrem Ideal, dem plébiscite de tous les jours, nicht viel näher, wenn im Tarifvertrag wenigstens ein plébiscite de chaque année stattfindet, in gemeinsam besetzten Kommissionen und Vorgesprächen sogar der permanente Dialog und die permanente Entscheidung[6]? Dem natürlichen

---

[5] Vgl. *Isensee*, J., Subsidiaritätsprinzip und Verfassungsrecht, Berlin 1968, insbes. S. 18 f.

[6] Zum Problemkreis „Demokratie und Tarifvertraglichkeit" insbes. zu den nivellierenden

Machtstreben mächtiger Verbände, insbesondere der Gewerkschaften[7], entspricht es, diese Chancen zu nutzen, auf der Welle eines solchen Konsenses die Delegalisierung des Staates auf breiter Front zu fordern, zu betreiben. Daß möglichst viel in Tarifvereinbarungen hineingenommen werde, anderes in tarifvertragsähnlichen Gesprächen vor- oder gar endgültig entschieden werde, das ist seit langem Forderung der Verbände, Verbandspraxis und auch schon Staatspraxis. Auf der großen Welle des Antibürokratismus und der Privatisierung könnte es dann aber in der Erfüllung solcher Forderungen zu ganz anderen Ergebnissen kommen, als die Verfechter dieser Ideen es wünschen. Mehr Macht den Tarifpartnern — ist das wirklich ein Privatisierungsprogramm sui generis, und zwar in ganz großer, staatsverändernder Dimension, oder wird hier nicht neue, parastaatliche Macht erzeugt, die noch weit unentrinnbarer ist als die Gewalt jenes Staates, der wir in 200 Jahren liberaler Bewegung wirksame Schranken errichtet haben? Ist diese Forderung liberale Illusion oder liberaler Gedanke? Ist das Gesetz am Ende, muß es übergeleitet werden in neue soziale Einigungsformen, wandelt sich die alte imperiale Herrschaftseinheit, bekommt das alte Staatssymbol des doppelköpfigen Adlers einen neuen Sinn?

II. Annäherungsformen von Gesetz zu Tarifeinigung

1. Überleitung von Gesetzesentscheidungen in Tarifeinigungen — das ist keine revolutionäre Forderung, sondern eine Entwicklung, die seit Generationen abläuft, in den letzten Jahrzehnten immer schneller.

Begonnen hat es mit der Ersetzbarkeit, ja Austauschbarkeit von Gesetzesnormen und Tarifvertragsnormen[8]. Es war ein historischer Durchbruch, als die Tarifvereinbarung von einer faktischen allgemeinen Verbindlichkeit zur normativen Allgemeinverbindlichkeit[9] gesteigert wurde. Gleichgültig konnte es dabei sein, in wievielen Fällen, mit welchem sozialpolitischen Gewicht

---

Wirkungen der letzteren, siehe *Leisner*, W., Der Gleichheitsstaat — Macht durch Nivellierung, Berlin 1980, insbes. S. 231 ff. („Der Tarifvertragsstaat als Herrschaftsordnung").

[7] Vgl. allg. zur Verbändestaatlichkeit und zur inneren Struktur der Verbände: *Popp*, K., Die Willensbildung innerhalb der Verbände, JöR 1977, S. 145 ff.; *Teubner*, G., Organisationsdemokratie und Verbandsverfassung, Tübingen 1978; *Berg*, W., Verbände in der parlamentarischen Demokratie, in: Die Verwaltung 1978, S. 71 ff.

[8] Siehe z.B. zur Frage des Erholungsurlaubs: *Hueck*, A. / *Nipperdey*, H.C., Lehrbuch des Arbeitsrechts, Bd. I, 7. Aufl., Berlin / Frankfurt a.M. 1963, S. 433; *Söllner*, A., Arbeitsrecht, 7. Aufl., Stuttgart 1980, S. 222.

[9] Vgl. dazu *Hueck*, A. / *Nipperdey*, H.C., Lehrbuch des Arbeitsrechts, Bd. II, 1. Halbband, a.a.O. (Fn. 8), S. 654 ff.; *Wiedemann*, H. / *Stumpf*, H., Tarifvertragsgesetz, Komm., 5. Aufl., München 1977, S. 632.

Tarifverträge vom Staate für allgemeinverbindlich erklärt wurden. Wer ihnen normativen Charakter zuspricht, die Austauschbarkeit grundsätzlich bejaht, der muß und wird dann den Austausch auch stattfinden lassen.

Sicher ist die Entwicklung zunächst und in breiten Strömen vom Tarifvertrag in die Gesetze gelaufen. Große Teile des modernen Arbeitsrechts, man denke nur an Arbeits- und Kündigungsschutz, sind lange durch Vereinbarungen der Tarifpartner vorgeformt gewesen, bevor sie vom Gesetzgeber übernommen, ratifiziert wurden. Doch es kann keine Rede davon sein, daß dies eine Einbahnstraße bleiben müsse. Die großen Koalitionen, vor allem die Gewerkschaften, würden sich selbst aufgeben, wollten sie diese Entwicklung als nicht umkehrbar annehmen. Sie wären dann ja nur Mauerbrecher der Staatlichkeit, am Ende stünde nichts als die Staatsgewerkschaft als Staatsorgan. Dies ist nicht die Grundidee des deutschen Syndikalismus, und zwar nicht etwa aus staatsgrundsätzlichen Überlegungen, sondern im Interesse der Arbeitnehmer, denen man in freier Vereinbarung, ledig von Fesseln des Staates, weit besser helfen zu können glaubt.

Je länger also die Entwicklung im Sinne einer Übernahme von Tarifeinigungen in Gesetzgebung läuft, desto härter wird und muß der Widerstand vor allem der Gewerkschaften werden, die Forderung, daß nun, umgekehrt, delegalisiert und wiederum Macht den Sozialpartnern zurückgegeben werde. So versucht denn zur Zeit der Staat, um nur ein Beispiel zu nennen, mit gesetzlichen Vorruhestandsregelungen die gewerkschaftliche Forderung nach tarifvertraglicher Einigung über die Einführung der 35-Stunden-Woche zu entschärfen, wenn nicht zu unterlaufen, die Gewerkschaften machen dagegen Front, weil sie dieses wesentliche Anliegen der Einigung der Tarifpartner vorbehalten wollen. Und als schon vor über einem Jahrzehnt über die Reform des öffentlichen Dienstes beraten und gestritten wurde, forderte der DGB, aus seiner Sicht folgerichtig, eine große, globale Delegalisierung des Beamtenrechts: Nach seinem „Gesetz / Tarifmodell" sollte nur mehr eine rechtliche Hülse von Rechten und Pflichten der Beamten gesetzlich geregelt werden, alles Wesentliche dagegen, insbesondere Gehalt und Versorgung, durch Tarifvertrag[10]. Und nichts anderes wäre ja auch die Folge, wenn die Versorgung der Beamten in Formen der Sozialversicherung übergeleitet würde, was immer wieder gefordert wird[11].

---

[10] Vgl. das Modell der Minderheit der Studienkommission für die Reform des öffentlichen Dienstrechts, (Studienkommission für die Reform des öffentlichen Dienstrechts: Bericht der Kommission, Baden-Baden 1973, Textziffer 914 ff.).

[11] Darauf laufen auch die Empfehlungen der Sachverständigenkommission Alterssicherungssysteme hinaus, veröffentlicht von der Bundesregierung, Bonn 1983, Berichtsband S. 124 ff., ebenso die Ergebnisse des dazu erstatteten Gutachtens von *Franz Ruland*, Anlageband B (m. zahlr. Nachw.) Bonn 1983, insbes. S. 230, obwohl dieser – zutreffend – die Einbeziehung der Beamten in die Sozialversicherung für verfassungswidrig hält. Vgl. in diesem Sinne nunmehr *Leisner*, W., Versorgungsbeiträge für Beamte, Bad Godesberg 1984.

Doch die möglichen Forderungen nach Entgesetzlichung, nach Überführung der Entscheidungsbefugnisse auf die Tarifpartner, beschränkt sich keineswegs auf die in sich bereits staatsentscheidenden Materien des Arbeitsrechts und der Bezahlung. Weit reicht dies in das allgemeine Wirtschaftsrecht hinein, man denke nur an ein Ladenschlußgesetz, dessen Regelungen durchaus auch in tarifvertraglicher Form vorstellbar wären, dienen sie doch in erster Linie den Interessen der Beschäftigten. Umweltschutz schließlich könnte doch wenigstens insofern tarifvertraglich abgewickelt werden, als jene Anlagenbetreiber sich mit ihren Arbeitnehmern über Schutzmaßnahmen zu einigen hätten, welche ja immerhin, über die Rentabilität, auch zum Arbeitsplatzrisiko werden können.

2. Ein solcher Erosionsprozeß hat um so größere Chancen, als sich eben eine notwendige Grenze zwischen dem, was der Staat durch Gesetz regeln muß, und möglicher Tarifvertraglichkeit rechtlich kaum ziehen läßt. Seit Jahrzehnten wird zwar um den schillernden Begriff der „öffentlichen Aufgabe" gestritten, doch er ist nur immer noch verschwommener geworden[12]. Auch den Gewerkschaften wird ja durchaus die Kompetenz zuerkannt, öffentliche Aufgaben zu erfüllen, und wenn das Betreiben von Rundfunk- und Fernsehstationen dazu gehört, aber in private Hände gelegt werden darf[13], so steht doch einer Delegalisierung und Übertragung wirtschafts- und sozialpolitischer Entscheidungsbefugnisse auf die Tarifpartner erst recht nichts entgegen, die ja ohnehin schon heute großen Einfluß auf die Erfüllung dieser öffentlichen Medienaufgaben haben.

Zwar hat das BVerfG versucht, in der Dogmatik der Verwaltungsverordnungen etwas wie einen Begriff von „notwendigen Gesetzgebungsmaterien" zu entwickeln[14]. Doch dies ist eben nur innerhalb der Gewaltenteilung erfolgt, mit demokratischem Mißtrauen wacht das oberste Gericht darüber, daß die Exekutive hier nicht die Rechte der Ersten Gewalt aushöhlt. Solche Begrifflichkeit kann man aber kaum, jedenfalls nicht unbesehen, auf das Verhältnis zwischen staatlichen Entscheidungsträgern und gesellschaftlichen Instanzen übernehmen. Denn hier gilt ja gerade das umgekehrte Prinzip: Nicht die Privaten sind mißtrauisch zu betrachten – wie in jenem Fall die Regierung,

---

[12] Vgl. *Ellwein*, T. / *Zoll*, R., Zur Entwicklung der öffentlichen Aufgaben in der Bundesrepublik Deutschland, Studienkommission für die Reform des öffentlichen Dienstes, Bd. 8, aaO. (Fn. 10), S. 29 ff,; *Klein*, H.H., Zum Begriff der öffentlichen Aufgabe, DÖV 1965, S. 755 ff.; *Peters*, H., Öffentliche und staatliche Aufgaben, in: Festschrift f. H.C. Nipperdey, München 1965, S. 877 ff.; speziell zum Bereich der Presse: *Leisner*, W., Die Pressegleichheit, Berlin 1976, S. 48 ff.

[13] Vgl. BVerfG, NJW 1981, S. 1774 ff. m. Anm. *Schmidt*, W., DVBl. 1981, S. 920 ff.; *Pestalozza*, C., Der Schutz vor der Rundfunkfreiheit in der Bundesrepublik Deutschland, NJW 1981, S. 2158 ff.

[14] Siehe z.B. BVerfGE 49, 89 ff. m. weit. Nachw.

welche Verwaltungsverordnungen erläßt – den liberal-demokratischen Vorstellungen entspricht es doch gerade, daß im Zweifel alles in Privatautonomie zu belassen oder gar zu überführen sei. Also muß auch der Begriff der notwendigen Gesetzesmaterien hier sicher wesentlich restriktiver verstanden werden als etwa dann, wenn das Parlament gegen eine Flut von „Regierungsnormen" geschützt werden soll.

Es bleibt also im wesentlichen doch dabei: Im Verhältnis zwischen Gesetz und Tarifeinigung jedenfalls läßt sich kaum mit staatsrechtlicher Präzision festlegen[15], was nun in Gesetzesform fixiert werden muß. Eine überzeugende Lehre von den „notwendigen Staatsaufgaben" gibt es nicht, und selbst wenn hier Konsens über einige zentrale Materien bestehen mag, wie etwa über Außenpolitik und Verteidigung, so können doch auch sie leicht durch Tarifvorstellungen unterlaufen werden, etwa im Bereich der Außenhandelspolitik, der Wehrdienstverweigerung, in einer Tarifeinigung zwischen Soldaten und Verteidigungsminister.

Die Austauschbarkeit von Gesetzesnormen und Tarifvertragsnormen ist also viel größer, juristisch-grundsätzlich, als man wohl gemeinhin annimmt, politische Schranken lassen sich hier nur schwer und an äußersten Punkten überzeugend errichten.

3. Eine zweite und praktisch sehr wichtige Form der Annäherung, ja des Überganges von Kompetenzen des Staates in solche der Sozialpartner stellen die zahllosen Gremien dar, in welchen bereits heute die Sozialpartner, allein oder zusammen mit Vertretern anderer „gesellschaftlich relevanter Gruppen" Sitz und Stimme haben, und in denen wichtige, oft zentrale Entscheidungen der Staatlichkeit fallen. Ein Paradebeispiel ist die Bundesanstalt für Arbeit, mit welcher im Grunde die gesamte deutsche Arbeitsverwaltung in den Verantwortungsbereich der Sozialpartner überführt wurde[16]. Weniger stark ausgebildet, aber immerhin wichtig, sind die Einflußmöglichkeiten der Gewerkschaften in den Verwaltungsräten von Bundespost und Bundesbahn, der Einfluß der Arbeitgeber- und Arbeitnehmerorganisationen in den Rundfunkräten und vieles andere. Zentrale Bereiche der deutschen Staatlichkeit und des öffentlichen Lebens sind auf diese Weise bereits jetzt dem Mitentscheidungs-, oft Alleinentscheidungsrecht der Tarifpartner überantwortet, auf anderen Sektoren wirken sie zumindest beratend mit. Nicht vergessen werden darf auch jene Mitbestimmung, welche zwar in der Verwaltung nicht zur vollen Parität gesteigert werden darf, weil das Letztentscheidungsrecht des Parla-

---

[15] Zum Inhalt der Tarifautonomie vgl. *Hueck/Nipperdey*, aaO. (Fn. 9), S. 370 ff; *Söllner*, aaO. (Fn. 8), S. 126 ff.

[16] Vgl. zur Organisation der Bundesanstalt für Arbeit *Schaub*, G., Arbeitsrechts-Handbuch, 5. Aufl., München 1983, § 7 I 5.

mentes bestehen bleiben muß[17], in welcher jedoch ebenfalls mächtiger Gewerkschaftseinfluß de facto sichtbar ist, der sich bei Eigengesellschaften der öffentlichen Hand bis zur Parität steigern kann. Im Grunde ist auch dies bereits ein Stück Staatlichkeit, welches den Tarifpartnern – hier den Gewerkschaften und dem Staat oder den Kommunen als Arbeitgebern – überlassen und aus der eigentlichen staatlichen Verantwortung, der der Parlamente, herausgenommen worden ist.

Sieht man alle diese Phänomene zusammen, welche sich ja ständig unübersehbar verändern, immer aber in einer Richtung – mehr Macht den Sozialpartnern –, so zeigt sich ein Bild, auf dessen Hintergrund „Staatlichkeit als Tarifvertraglichkeit" keineswegs auffällt. Die ohnehin oft nur mehr komparsenhaft wirkenden Vertretungen anderer gesellschaftlicher Gruppierungen, etwa der Universitäten und bald wohl auch der Kirchen, können ja unschwer in ihrem Gewicht gemindert oder gar verdrängt werden, damit die eigentliche Befugnis den mächtigen Verbänden bleibe, welche wahren Einfluß haben und nur zu oft schon heute das Geschehen in solchen Gremien bestimmen. Dann aber wandeln sich derartige Verwaltungsräte, Beiräte oder wie immer man sie nennen mag, zu echten gemeinsamen Entscheidungsinstanzen der Tarifpartner, es finden in ihnen laufend Kontakte statt, welche nichts anderes mehr sind als eine Form permanenter Tarifverhandlungen. Da die Mitglieder dieser Gremien meist zentral benannt und oft auch zentral ferngesteuert werden, entsteht etwas wie eine Einheit der Gewerkschaftspolitik oder der Arbeitgeberpolitik, welche es dann auch mit den klassischen Tarifgesprächen zu koordinieren gilt. Heute bereits ist zu beobachten – und dies wird sich noch verstärken –, daß die Verhandlungen der Tarifpartner in diesen Kommissionen vom jeweiligen Klima der Tarifvertraglichkeit oder sonstiger gewerkschaftlicher Forderungen entscheidend beeinflußt sind, die Konzertierte Aktion war dafür ein Beispiel.

Verwaltungsräte und Kommissionen als permanente Para-Tarifrunden, dies nun eröffnet der Tarifvertraglichkeit ein schier unabsehbares neues Feld der Wirksamkeit. Vor diesem Hintergrund erst wird es verständlich, wenn der Deutsche Gewerkschaftsbund in seinem Grundsatzprogramm von 1980 ein einziges großes Programm der Delegalisierung der Staatlichkeit, ihrer Überführung in Vereinbarungen zwischen den Sozialpartnern, vorgelegt hat. Da sollen die Gewerkschaften und die Vertreter der Arbeitgeber in allem und jedem mit-, wenn nicht sogar allein entscheiden, vom Gesundheitswesen bis hin zu Bildungs- und Wissenschaftspolitik[18]; und in Frankreich hat die sozialistische Mehrheit nun den Gewerkschaften auch an den Universitäten ent-

---

[17] Siehe *Leisner*, W., Mitbestimmung im öffentlichen Dienst, Bad Godesberg 1971.

[18] Dazu *Leisner*, W., Gewerkschaftsprogramm zwischen Gemeinwohlverpflichtung und Gruppeninteresse, Köln 1980.

scheidende Mitspracherechte eingeräumt, im Namen „gesellschaftskonformer Forschung und Lehre".

Wo solche Forderungen noch nicht erhoben worden sind, können sie leicht nachgeschoben werden, stets nach demselben dann geradezu staatsprägenden Modell: Der Staat delegiert seine Aufgaben an autonome Instanzen, Anstalten oder Stiftungen, in deren Gremien die Tarifvertragspartner gemeinschaftlich entscheiden. Rechtlich gesehen ist auf diese Weise nahezu alles delegierbar und delegalisierbar. Seit Generationen sind wir gewohnt, das „Gesetz der zunehmenden Staatsaufgaben" als ein unentrinnbares Schicksal hinzunehmen. Doch vielleicht wirkt es bald nur mehr auf dem Papier, in der steigenden Staatsquote sichtbar. Hinter diesem Schleier hat sich möglicherweise bereits ein Umschlag ins Gegenteil angebahnt, in Richtung auf ein neues „Gesetz der abnehmenden Staatsaufgaben", indem nämlich der demokratische Staat sich nicht etwa in Verbände auflöst, sondern seine Macht den Sozialpartnern übergibt. Findet denn nicht bereits heute ein Machttransfer größten Ausmaßes statt, vom einzelnen Bürger zum Staat, von diesem wieder auf die „gesellschaftlichen Organisationen", wie sie im Osten, durchaus konsequent, genannt werden? Nimmt der Staat als Entscheidungsinstanz nicht ständig an Macht ab, zu aber in seiner Bedeutung als Transferinstanz vom Bürger zu dessen Koalitionen, denen ganz offensichtlich der Privatmann von sich aus soviel an Macht nicht übertragen hätte? Fast scheint es, als liege darin nicht nur eine Machtverschiebung, sondern eine Änderung der Funktionen der Staatlichkeit überhaupt, vom Machtzentrum zum Transfermechanismus, zu einem ganz anderen Staat.

III. Mehr Macht den Sozialpartnern — weniger Demokratie

Viele Demokraten werden eine solche Entwicklung begrüßen, sie als eine neue höhere Dimension der Volksherrschaft feiern. Wird hier nicht die verkrustete, nur zu oft bereits korrupte, jedenfalls deutlich dekadente Parteiendemokratie verjüngt, ja erneuert, im lebendigen Eingreifen der Verbände? Überlagert sich hier nicht eine Verbandsdemokratie der Parteiendemokratie, welche nur dadurch den Kontakt zur Basis, zur Wirklichkeit halten kann? Wenn Verbandslobbyismus von heute eine Notwendigkeit ist für das Funktionieren der parlamentarischen Demokratie, weil ohne ihn die notwendigen Informationsströme versiegen und der außerparlamentarische Druck sich unerträglich aufstauen würde — ist es dann nicht besser, noch einen Schritt weiter zu gehen „in Richtung auf die Wirklichkeit", den mächtigsten unter den Verbänden ganz offen die Türen der Staatlichkeit zu öffnen — oder die „Gesetze zu ihnen zu entlassen"? Kann dadurch nicht die permanente Gesetzgebungskrise, die im Grunde eine Parlamentskrise ist, überwunden werden, jene Überlastung des Gesetzgebers, an welcher die Volksherrschaft zu erstikken droht, und steht hier nicht auch eine Lösung für das Bürokratieproblem[19] bereit, weil ja durch ein Überschalten der Verantwortung vom Staat auf die Sozialpartner nicht nur delegalisiert, sondern auch desexekutiviert wird, aus den staatlichen Verwaltungen hinein in die „stets flexiblen" Vertretergremien von Arbeitgebern und Arbeitnehmern?

Die Frage ist zu verneinen, „mehr Macht den Sozialpartnern" bedeutet nur eines: weniger Demokratie. Einige Überlegungen schon zeigen dies:

a) Was der tarifvertraglichen oder der para-tarifvertraglichen Behandlung und Entscheidung der Sozialpartner in Kommissionen überlassen wird, ausgegliedert aus dem staatlich-parteipolitischen Entscheidungsprozeß, fällt nicht einfach in die große und natürliche Privatautonomie zurück, aus der es einst in laufenden Sozialverträgen auf den Staat transferiert wurde. Nicht die Bürger sind es eben, die einzelnen Arbeitnehmer oder Arbeitgeber, welche hier privaten Machtzuwachs erfahren, Zwischengewalten werden vielmehr gestärkt, bis hin zur Schaffung einer einzigen, doppelköpfigen Zwischengewalt. Und darin nun liegt das Demokratiegefährdende: Private Bürger, wie stark immer sie sein mögen, können nie moderne Staatlichkeit völlig beherrschen oder auch nur steuern, früher oder später endet hier alles im großen Korruptionsskandal, wie gerade unsere Zeit zeigt. Verbände aber können so groß und mächtig werden, daß all dies ein ganz natürlicher Vorgang zu sein scheint. Seit langem werden die Gewerkschaften als Reservegewalt bezeichnet, und viele ihrer Funktionäre mögen sie auch so sehen. Wenn ihr Kongreß sich „Parlament der Arbeit" nennt, so zeigt sich darin die notwendige und ganz natürliche Staatsähnlichkeit jeder Großverbandlichkeit, doch von dieser Staatsannäherung ist der Weg nur kurz und ebenso natürlich zur Staatsrivalität. Gleichartiges allein kann ja auch in solchen politischen Höhen den vernichtenden Bruderkrieg beginnen, eine anonyme Riesenmaschine gegen die andere. Gerade wenn die Legitimationen unterschiedlich sind – hier parteipolitisch vermittelte Verantwortung, dort Massenvertrauen durch Beitragszahlung –, die „Mitgliederstrukturen" beginnen sich anzunähern, die Verwaltungs- und Funktionärsmentalitäten ebenso. Letztlich kann zum Kampf gegen die staatlich organisierte Demokratie nur eine Instanz antreten: die große, kadermäßig durchorganisierte Massenorganisation. Die Panzer der Putschisten mögen die demokratischen Grabenwerke überrollen, die zahllose Infanterie bleibt liegen und beginnt von allen Seiten den Guerillakampf. Nur die unabsehbaren Sturmwellen organisierter Arbeitnehmer können demokratische Schützengräben erobern.

---

[19] Vgl. *v. Wiese*, L., Bürokratie, in E. v. Beckerath u.a. (Hrsg.), Handwörterbuch der Sozialwissenschaften, 2. Bd., Stuttgart 1959, S. 456 ff.; *Albrow*, M., Bürokratie, München 1972; *Leuenberger*, Th. / *Ruffmann*, K.H. (Hrsg.), Bürokratie — Motor oder Bremse der Entwicklung?, Frankfurt 1977.

b) Eine echte Privatisierung findet im Machttransfer zu den Sozialpartnern nicht statt. Privatisierung wird heute ja getragen von der Überzeugung, daß der Markt gut sei, daß Wettbewerb herrschen müsse, daß diese belebenden Kräfte an die Stelle der niederdrückenden Großmaschinerie des Monopolstaates treten sollten. Doch gerade dies wird in der Umschaltung zu den Sozialpartnern nicht erreicht; der Großmechanismus ändert vielleicht seinen Namen, seine drückende Kraft kann sich noch verstärken. Die Verbände der Sozialpartner, vor allem die Gewerkschaften, sind ja nichts als Formen eines Riesenkartells, des einzigen, das in unserer heutigen Staatlichkeit widerspruchslos und bereits tabuisiert geduldet wird[20]. Die wichtigsten Wirtschafts- und Produktionsbedingungen werden hier zentral vereinbart, größere preisbildende Absprachen sind gar nicht denkbar als Tarifverträge. Darin liegt eine der tiefsten Unehrlichkeiten der wettbewerbsschaffenden Volksherrschaft, doch darüber sind politisch die Akten wohl geschlossen.

Die Hoffnung also, „mehr Macht den Sozialpartnern" werde auch „mehr Markt" bedeuten, „mehr Wettbewerb", kann nur trügen, nur eines bringt sie: noch mehr Kartell, und zwar Vereinbarungen, welche aus ihren Gleichgewichtsgrundlagen heraus ganz anders binden, viel stabiler sind als die doch ständig fluktuierende Entscheidungslage der parteipolitisch beherrschten parlamentarischen Demokratie. An die Stelle von deren vielfachen Koalitionen träte der Stahlpakt der alle Entwicklung vorwegnehmenden Sozialpartner. Man hat die moderne Staatlichkeit mit einer Aktiengesellschaft verglichen oder in eine solche umwandeln wollen. Hier geschähe etwas anderes: Staat als Kartell.

c) Im Grunde würde ein Machttransfer zu den Sozialpartnern weder ein Ende der Gesetzesflut bedeuten noch eine wirksame Entbürokratisierung, es würden nur die Gesetzesnormen durch die Tarifvertragsnormen ersetzt, die staatlichen Verwaltungsbürokratien durch die gewerkschaftlichen Funktionärsbürokratien; und diese beiden letzteren würden sich sogar bruchlos ineinander einfügen, die staatliche würde sich der der Sozialpartner unterordnen, weil beide letztlich aus demselben, eben aus bürokratischem Holze geschnitzt sind. Damit aber wären alle jene Chancen verloren, welche man mit der Delegalisierung und Entbürokratisierung bei den Sozialpartnern verwirklichen wollte; außer etwas Anarchie wäre nichts gewonnen, jedenfalls keine neue, größere Ordnung.

d) Vor allem aber muß jedem, der mehr Macht für die Sozialpartner verlangt, eines klar sein: Er fordert damit auch mehr Streik. Was immer tarifvertraglich geregelt wird, hinter dem wird stets die Streikdrohung stehen, beides ist untrennbar. Es mag heute schwierig sein, den Begriff des „politi-

[20] Dazu näher *Leisner* (Fn. 6), S. 236 f.

schen Streiks" im einzelnen befriedigend zu definieren, jenes Arbeitskampfes, mit dem versucht wird, „Druck auf die politischen Instanzen" auszuüben[21]. Immer noch besteht aber ein gewisser rechtswissenschaftlicher Konsens darüber, daß solche Formen des Arbeitskampfes durch Art. 9 GG nicht mehr gedeckt sind. Entläßt nun der Staat Materien oder Organisationen aus seiner Verantwortung, so wirft er sie auch in die Arena der Arbeitskämpfe, je bedeutender ihr Gewicht ist, desto härtere Auseinandersetzungen über sie werden und müssen alsbald beginnen. Am Ende erfüllter Forderungen nach „mehr Macht für die Sozialpartner" stünde die Drohung mit dem permanenten Generalstreik, denn die Gewerkschaften wären im Namen ihrer Verantwortung für ihre Mitglieder gezwungen, große Entscheidungen auch mit großen Arbeitsschlägen durchzusetzen.

Schon die erste Phase des oben beschriebenen Machttransfers – vom Bürger zum Staat – hat fast immer erhöhte Streikgefahr zur Folge, insbesondere wenn die Überleitung mit Nationalisierungen verbunden ist: Gegen den Arbeitgeber-Staat wird noch weit härter von den Gewerkschaften vorgegangen als gegen die doch nur begrenzt kampf- und leistungsfähigen privaten Arbeitgeber. Wird dann aber die zweite Phase des Machttransfers erreicht, findet noch die Weiter-Schaltung vom Staat zu den Tarifpartnern statt, so fallen auch die letzten Grenzen des Arbeitskampfes, weil von einem politischen Streik ja ex definitione nicht mehr gesprochen werden kann, der Gegner der Gewerkschaften sind die Arbeitgeber auch dann, wenn über Bildungsziele gesprochen wird[22]. Das Parlament kann man noch – und es ist schon schwer genug – von Pressionen der Massenorganisationen einigermaßen freihalten. Was aber in den „gesellschaftlichen Bereich" entlassen ist, darum wird gestreikt, mit aller Kraft, und hier ist der „Kuchen" ja groß genug.

„Mehr Macht den Sozialpartnern" — wenn es dazu in größerem Umfang kommt, so kann man die Theorie vom „politischen Streik" vergessen, der Streik wird zu einer Form des Gesetzgebungsverfahrens.

e) Von der Doppelköpfigkeit eines solchen neuen Souveräns war bereits die Rede, doch in Wahrheit wird der eine Schnabel stärker sein, der der Gewerkschaften. Man mag darüber spekulieren, ob dies nicht bereits heute allenthalben der Fall ist, und sicher ändern sich die Konstellationen, schon aus wirtschaftlichen Gründen, laufend. Doch selbst wenn zur Zeit und auf eine gewisse Dauer gesehen Gleichgewichtigkeit zwischen den Sozialpartnern noch bestehen sollte, so muß sich dies dann sogleich ändern, wenn sich eine

---

[21] Vgl. *Kaiser*, I.H., Der politische Streik, 2. Aufl., Berlin 1959, S. 21 f.; *Hueck/Nipperdey*, Lehrbuch des Arbeitsrechts, Bd. II 2, 7. Aufl., aaO. (Fn. 8), S. 884 ff., 917 f., 1054 ff.; *Schaub* (Fn. 16), S. 1133, 1138.

[22] Vgl. zu solchen gewerkschaftlichen Forderungen *Leisner* (Fn. 18), S. 114 ff.

wesentliche Erweiterung der Tarifvertraglichkeit vollzieht, vor allem aber, wenn die dargestellten para-tarifvertraglichen Kooperationsformen in Kommissionen und Entscheidungsgremien ausgebaut werden. Dann nämlich wird sich die Ideologie-Überlegenheit der Gewerkschaften in der neuen Form der Gesetzgebung auswirken, der organisatorische Kadervorsprung im Aufbau oder in der Kontrolle der Sozialpartner-Bürokratien. Liberale Unternehmer können und wollen hier einfach auf solcher Breite nicht mithalten. Vor allem aber würde sich eine derartige Überschaltung ja stets im Zusammenwirken mit dem Macht abgebenden Parlament vollziehen, und hier ist der Einfluß der Gewerkschaften, auf Dauer jedenfalls, durch die Drohung mit Massenaktionen in der Demokratie der stärkere.

„Mehr Macht den Sozialpartnern" — dies wäre also doch nur ein Kulissenwort, dahinter stünde nichts anderes als der vielberufene und gefürchtete Gewerkschaftsstaat.

Gerade wenn die Koalitionen in solcher Breite in die Demokratie und ihre Entscheidungsverantwortung hineingenommen werden, sie geradezu ersetzen sollen, wird das demokratische Grundprinzip der großen Zahl und der Mehrheit sich eben doch durchsetzen, und wie lang kann es dann noch dauern, bis die Unternehmer, die Arbeitgeber, sich in der Situation des französischen Ersten und Zweiten Standes im Augenblick der Revolution befinden, bis dann ein neuer Sieyès die 90% als 100% proklamiert?

IV. Das Ende der Mehrheitsentscheidung

Wenn der Gewerkschaftsstaat auf solchen Wegen erreicht wird, tritt dann nicht die Demokratie erst voll in ihre Rechte, weil die Arbeitnehmer, die große Mehrheit, entscheiden? Manche mögen sich freuen, daß es damit zur Diktatur des Proletariats auch institutionell kommt — wenn es dann noch Proletarier geben sollte. Doch zunächst, in den ersten Phasen nach einer solchen Überleitung von Staatsverantwortung in Sozialpartner-Verantwortung, und gerade dann, wenn die Gewerkschaften volle Gewerkschaftsstaatlichkeit nicht anstreben sollten, eben dann müßten Formen einer Vereinbarungs-Regierung entstehen, welche aus demokratischer Sicht höchst bedenklich sind.

a) Den Entscheidungen der Tarifpartner, worüber immer und in welchem Verfahren sie auch fallen, ist eines jedenfalls wesentlich: Sie ergehen nicht nach Mehrheit, sondern in einer Art von vertraglicher Einigung, es wird nicht majorisiert, sondern es werden Kompromisse geschlossen. Derartige Wege werden zwar auch im Parlament gegangen, innerhalb der Regierungen, denn Mehrheiten müssen ja gesucht, vorbereitet werden. Doch nicht nur juristisch, sondern auch politisch ist es etwas völlig anderes, ob unter zahlreichen Persönlichkeiten, zwischen mehreren Fraktionen und innerhalb dieser vielen Gruppierungen jeweils Mehrheiten vorbereitet werden, oder ob nach dem Einigungsmodell Überstimmung völlig ausgeschlossen ist. Nur innerhalb der Arbeitgeber- und Arbeitnehmerverbände läuft, wenn überhaupt, eine Art von parlamentarischem Mehrheitsbildungsprozeß ab, nicht aber zwischen ihnen. Die eigentliche Dezision ergeht im Wege dessen, was man dann allerdings wirklich einen „Staatsvertrag" nennen müßte. Damit würde sich, wenn solches in die Spitzenentscheidungen des Staates hinaufgetragen würde, die Struktur der Herrschaft völlig wandeln, von der demokratischen Mehrheitsentscheidung hin zu einer neuen Form von „Herrschaftsvertrag[23] der Sozialpartner". Das, was bisher Souveränität charakterisiert, Herrschaft in der Demokratie, der Weg von der Diskussion zum Kampf, zu Sieg und Triumph — all dies würde nicht mehr stattfinden, am Ende stünde stets etwas wie ein völkerrechtlicher Vertrag.

Und in der Tat — auf solche Weise würde die Staatlichkeit nach innen durch den Einsatz von Kategorien des Völkerrechts verändert, aufgelöst werden. Da keine eigentliche Staatsmacht mehr über ihnen stünde, würden die Sozialpartner nichts anderes an Herrschaftsverträgen schließen als das, was man auch in der Staatengemeinschaft vorfindet. Diese Staatsauflösung in eine Völkergemeinschaft würde auf die Dauer Kategorien des Völkerrechts in das Staatsrecht hineintragen, die vitalen Interessen etwa, die clausula rebus sic stantibus[24] würden entscheidende Bedeutung erlangen. Dies alles wäre das Ende der klassischen Demokratie, wie sie aus der Französischen Revolution geboren worden ist, mit ihrer unbedingten Herrschaft, ihrer wahren Volkssouveränität.

Nichts anderes würde sich auch in den Entscheidungsgremien abspielen, selbst wenn am Ende nicht der Staats-Vertrag der Tarifvereinbarung stünde. Zwar wird dort prinzipiell nach Mehrheitsgrundsätzen entschieden. Wenn aber derartige Gremien paritätisch besetzt werden – und die Aufsichtsratskonstruktion der Mitbestimmung ist ja dafür ein Beispiel – dann würde die Kommission als Vorformung der Tarifrunde oder geradezu eine Form derselben ebenso entscheiden müssen, wie wenn ein Tarifvertrag vorbereitet und dann geschlossen würde — eben in Form des „Staatsvertrags", denn es gäbe ja keinen Dritten mehr, der schiedsrichterlich über den beiden Partnern stünde; am wenigsten könnte der Staat eine solche Rolle übernehmen, welcher

---

[23] Zu dieser Herrschaftsform vgl. die Textsammlung „Der Herrschaftsvertrag", Politica, Bd. 16, Berlin 1965, Alfred Voigt (Hrsg.).

[24] Vgl. *Kaufmann*, E., Das Wesen des Völkerrechts und die clausula rebus sic stantibus, Tübingen 1911; *Dahm*, G., Völkerrecht, Bd. III, Stuttgart 1961, S. 143 ff.; *v. Münch*, I., Völkerrecht, 2. Aufl., Berlin 1982, S. 77.

sich seiner Verantwortung hier gerade entäußert hätte. Die kleineren Gesprächspartner, nicht zuletzt auch die Kirchen, würden alsbald zwischen den mächtigen Blöcken der Sozialpartner zerrieben, nichts anderes bliebe übrig als der „Gremienvertrag" zwischen den Sozialpartnern.

b) Verlassen würde schließlich ein Grundprinzip, aus dem die Demokratie entstanden ist und welches sich gerade in der Parteiendemokratie bewährt hat: daß die Mehrheitsentscheidungen zwar von Vertretern der privaten Bürger gefällt werden, unter Berücksichtigung all ihrer privaten Interessen, daß all dies aber letztlich mit Blick auf ein einheitliches öffentliches Interesse geschieht, in dessen Namen ja auch das Parlament trotz allem eine große Einheit und nicht eine Verhandlungsrunde von Fraktionen ist.

Dies alles mag in der Demokratie oft als theoretisch erscheinen, blickt man auf die interessengeprägten Kompromisse und geradezu Parlaments-Verträge, welche dann zu Gesetzgebungen führen. Und doch ist das mehr und etwas ganz anderes als jene „Interessenverträge", welche die sofortige Folge sein müßten, wenn wesentliche politische Entscheidungen in die Hände der Sozialpartner gelegt würden. Dann nämlich wären diese ja gerade aufgerufen, verpflichtet dazu, als Interessenvertreter und aus den Interessen ihrer Mitglieder heraus zu entscheiden und die Verträge abzuschließen. Sie dürften gar nicht, im Namen eines wie immer verstandenen „öffentlichen Interesses", nun mit einem Mal nicht mehr als Interessenverbände handeln, sonst wären sie ja Staatsorgane. Der oft zu hörenden Aufforderung an die Gewerkschaften etwa, sich staatsverantwortlich zu verhalten, werden diese nicht entsprechen, weil die Koalitionen Interessenvertreter der Arbeitnehmer sind und es bleiben wollen. Ganz anders eben die Parteien: Sie treten nicht als Interessenvertreter an, sondern mit dem primären Blick auf das öffentliche Interesse, sie gerade wollen die privaten Interessen als öffentliches Interesse sehen, nicht aber über öffentliches Interesse im privaten Interesse paktieren, wie es die Koalitionen müßten. Es gibt eben doch einen großen und wichtigen Unterschied zwischen Parteien und Interessenverbänden, gerade hier wird er sichtbar — wenn man den Verbänden Aufgaben der Parteien übertragen will. Geschähe dies in größerem Umfang, so wäre es sogleich auch das Ende der Parteiendemokratie, denn wer sollte sich noch um Vereinigungen kümmern, welche ohnehin schon dem Bürger nicht besonders interessant erscheinen – die Parteienfinanzierung zeigt es ja –, wenn diese Organisationen dann über das eigentlich Wichtige gar nicht mehr zu befinden hätten?

„Mehr Macht den Sozialpartnern" — das müßte das Ende der Parteiendemokratie bedeuten.

c) Noch einmal zurück schließlich zu den nahezu notwendigen Entwicklungsperspektiven einer solchen Dyarchie der Sozialpartner: Sie müßte sich in den Gewerkschaftsstaat auflösen. Den vergleichsweise doch so wenigen

Unternehmern könnte auf die Dauer eine derartige Blockadegewalt nicht zugebilligt werden, sie dürften ja nicht etwa in der Lage der römischen Senatoren gegenüber der Plebs gesehen werden. So stark wäre immerhin noch das demokratische Gefühl in der Gemeinschaft, daß ihr Widerstand gegen Einigungsforderungen der Gewerkschaften alsbald als unerträglich empfunden würde. Die Arbeitgeberseite, die Unternehmer vor allem, wären also permanent überfordert, es müßte zu einer Majorisierung nach politischen Gewichten kommen, zu einer „Vertragsdiktatur des Proletariats".

Selbst wenn man dies noch unter demokratischen Gesichtspunkten als gerechtfertigt ansehen wollte – eben nach dem Gesetz der größeren Zahl –, die Demokratie würde hier eine wichtige Chance verspielen: daß sich nämlich ihre Bürger „untereinander führen", daß die kompetenteren oder aktionsbereiteren, wo immer sie in sozialen Lagern stehen, welches immer ihre beruflichen Funktionen sein mögen, die anderen informieren, orientieren, leiten. Bei einem Sozialpartnermodell der Staatlichkeit dagegen würde ein gewisser Teil, die Arbeitgeber, auf eine Seite gedrängt, aus der Chance verdrängt, durch ihre Persönlichkeit und mit Blick auf die Gemeinschaft andere, auch ihre Arbeitnehmer, zu führen, andere Führungskräfte wieder könnten auf die Arbeitgeber gar keinen Einfluß nehmen, weil sie notwendig im Arbeitnehmerlager stehen müßten. Jene vielfach verschlungenen Orientierungs- und Führungsbeziehungen, welche die moderne Demokratie kennzeichnen, wären durch einen völlig unsachlichen, aber unüberwindlich harten Raster zertrümmert. Damit müßte sich das Führungsproblem in der Demokratie erneut und diesmal unlösbar stellen.

All diese Erwägungen führen zu einem klaren Ergebnis: „Mehr Macht den Sozialpartnern" — dies wäre ein gefährlicher Irrweg. Es darf keine Delegalisierung und Entbürokratisierung mit dem Ziel geben, die Normen nun von den Sozialpartnern setzen, von ihren Bürokratien aufbauen und kontrollieren zu lassen, nicht aber von den staatlichen Instanzen.

Praktisch bedeutet dies vor allem ein Doppeltes:

- Die Tarifmaterien müssen sehr in Grenzen gehalten, sie dürfen nicht wesentlich mehr ausgeweitet werden. Ernst gemacht werden muß wieder mit jenem Begriff, der ja die Tarifautonomie hält: Es muß sich um Wahrung und Förderung der Arbeits- und Wirtschaftsbedingungen der Arbeitnehmer und Arbeitgeber[25] handeln und um nichts anderes. Dieser Begriff ist restriktiver zu interpretieren als dies in letzter Zeit geschehen ist.

---

[25] Vgl. *v. Münch*, I., Bonner Komm. z. GG, Art. 9 (Zweitbearb.), München 1983, Rdnr. 122 ff; *Scholz*, R., in: Maunz/Dürig, Komm. z. GG, Art. 9, München 1958–1970, Rdnr. 255 ff. m. Nachw.

- Es darf sich nicht eine Entwicklung fortsetzen, welche in zahllosen Gremien para-tarifvertragliche Verhandlungen und Einigungen notwendig macht.

Nach wie vor haben die Koalitionen und ihre Vereinbarungen eine Aufgabe, aber eben auch nur diese: das gemeinschaftlich Erwirtschaftete gerecht zu verteilen, nicht über das Sozialprodukt aller Bürger zu befinden.

Von der Einheit der Staatsgewalt war und ist in der Staatstheorie viel die Rede[26]. Man sah sie durch die Gewaltenteilung gefährdet, durch die Parteien, durch den Verbändestaat. Hier nun, angesichts einer Tendenz zu „mehr Macht den Sozialpartnern" muß Flagge gezeigt werden: Wenn es noch einen Sinn hat, von dem einen Staat zu sprechen, wenn er trotz all seiner realen Unfaßbarkeit in dieser Idee doch noch faßbar und in den Herzen der Bürger gegenwärtig bleibt, wenn er sie zu dem einen Volk der Demokratie zusammenfaßt, dann darf diese Einheit nicht in der Vertrags-Staatlichkeit der Sozialpartnerschaft zerbrechen. Auf diesem Wege sind wir bereits weiter gegangen, als wir es vielleicht heute wissen. Doch Halt und Umkehr sind möglich — vielleicht auch gar kein Umweg, sondern ein dritter Weg, den wir von Anfang an immer hätten gehen müssen: von der Interessengemeinschaft der Konsumenten zur politischen Gemeinschaft der Bürger.

Summary

From the Legislative State to the Collective Agreement Community

Today, it is a demand put forward by many, above all by the trade unions, that more decisions should be left to agreements between management and unions, including decisions which are presently taken by the legislature. There is no clear dividing line between collective agreements and legal matter: it is becoming more and more effaced by the countless forms in which both management and unions participate in (para-)state decisionmaking. But it must be warned: „legal matter" should not be left to collective agreement, even „more power to both sides of industry", and not the putting of public property into private ownership, means a reduction in democracy. Labour disputes would increase, strikes would become politicised, the greater weight of the politically stronger mass organisations would lead to forms of a trade union state; at least, the majority principle would be replaced by the compulsion to reach a settlement. Management and unions are not a reserve state power, and there must therefore be a limit to the matters dealt within collective agreements and to the influence of management and unions in Government committees.

[26] Vgl. *Zippelius* (Fn. 3), S. 58 f.; *Stern*, K., Das Staatsrecht der Bundesrepublik Deutschland, Bd. 2, München 1980, S. 533 m. Nachw.

Teil XI

Verwaltung

Verwaltungspreis — Verwaltungssteuer*

Betrachtung zu den Gebührengrundsätzen

Der Gebührenbegriff des deutschen Verwaltungsrechts droht so unklar zu werden, daß es sich fragt, ob überhaupt aus ihm noch rechtliche Folgerungen gezogen werden können. Für die Grundsätze zur Bestimmung der Gebührenhöhe (Kostendeckungs-, Äquivalenzprinzip, im folgenden „Gebührengrundsätze") gilt dasselbe.

Der Einzelne ist auf die (hoheitlichen oder privatwirtschaftlichen) Leistungen der Verwaltung oder die Benutzung ihrer Einrichtungen meist unentrinnbar angewiesen. Der *Rechts*staat verlangt daher zwingend die Anerkennung von festen Gebührenprinzipien, der Rechts*staat* aber erfordert eine effiziente Verwaltung ohne untragbare finanzielle Verluste. Beides müssen Gebührenbegriff und Gebührengrundsätze, sollen sie brauchbar sein, berücksichtigen. Nur dann kann die Rechtsprechung die Rechtmäßigkeit der Gebührengestaltung wie der Festsetzung im Einzelfall überprüfen[1].

1. Die Gebühr ist wesentlich Gegenleistung[2] „für eine vom Pflichtigen veranlaßte besondere Inanspruchnahme einer öffentlich-rechtlichen Einrichtung"[3]. Auch die Finanzwissenschaft sieht sie als das einzig mögliche Entgelt für einen aus einer öffentlichen Maßnahme kommenden Vorteil[4], das von öffentlichen, hoheitliche Zwecke verfolgenden Gemeinwesen[5] gefordert wird. Da es für die Gebühr entscheidend ist, welcher Zweck von der Verwaltung verfolgt wird, müssen dieselben allgemeinen Prinzipien, muß derselbe Gebührenbegriff für obrigkeitliches, hoheitliches und (echtes) verwaltungsprivatrechtliches Handeln gelten. Auf die Art der Beitreibung kommt es nicht an[6]:

---

* Erstveröffentlichung in: Gedächtnisschrift Hans Peters, Berlin / Heidelberg / New York 1967, S. 730 - 747.

[1] Dazu allg. Hess. VGH, DÖV 1959, S. 363; vgl. auch *Stein,* DÖV 1960, S. 291 f.

[2] BayVerfGH, BayVBl 1963, S. 183 (184).

[3] *Wolff,* H.J., Verw.R. I, 5. A. 1963, S. 218, vgl. dazu auch *Antoniolli,* W., Öst.Verw.R., 1954, S. 258; *Bühler,* O., Allgem. Steuerrecht I, S. 58; *Ehle,* D., DÖV 1962, S. 45.

[4] So die klass. Definition von *Wagner,* A., Finanzwissenschaft II, 1880, S. 25.

[5] *Recktenwaldt,* H., „Gebühren", Staatslexikon (Herder).

[6] Der Gebührenbegriff und die Gebührenprinzipien müssen also auch auf verwaltungsprivatrechtlich geforderte Entgelte angewendet werden – selbst wenn diese nicht als Gebühren beigetrieben werden –, sonst läßt sich ein Begriff des „Verwaltungsprivatrechts" gegenüber

Hier ist ein materieller Gebührenbegriff entscheidend.

Dem Gebührenbegriff ist (mindestens) wesentlich:

Der Entgeltcharakter für Amtshandlungen im privaten Interesse. Die betreffenden Leistungen oder Veranstaltungen werden von den juristischen Personen des öffentlichen Rechts im öffentlichen Interesse erbracht[7]. Nimmt der Einzelne sie in seinem privaten Interesse in Anspruch, so können von ihm dennoch Gebühren verlangt werden[8], selbst wenn die Leistungen (überwiegend) im öffentlichen Interesse erfolgen und ihr Nutzen der Gesamtheit unmittelbar zuteil wird[9]. Die Veranstaltung muß eben den privaten Interessen des Leistungsempfängers und den öffentlichen Interessen der Verwaltung gleichzeitig dienen: Die letzteren bestehen häufig sogar nur darin, daß jeder Private seine Interessen befriedigen kann. Nur wo eine Veranstaltung ausschließlich öffentlichen Belangen dient, dürfen Gebühren nicht erhoben werden. Dies ist nach den Kriterien zu entscheiden, nach denen im Verwaltungsrecht Normen und Verwaltungshandeln, das „dem Schutz des Einzelnen dient", von anderem unterschieden werden. Wo kein Rechtsschutz, da keine Gebührenpflicht. Anders ausgedrückt: Die Gebühr ist Entgelt für eine bestimmte Leistung, welche „über die allgemeinen Leistungen eines Gemeinwesens für seine Mitglieder hinausgeht"[10]. Ist dies nicht der Fall, so liegt eine Steuer vor.

Unmittelbare „Inanspruchnahme" ist für den Gebührenbegriff nicht konstitutiv, die Leistung kann eine notwendig, ja unfreiwillig „in Anspruch genommene" sein[11].

Unmittelbarer Bezug von Gebühr zu Amtshandlung muß vorliegen, sonst handelt es sich um einen „Beitrag". Bei diesem muß „zwischen dem Erhebungsanlaß und dem Vorteil des Pflichtigen nur ein mittelbarer Interessenzusammenhang" bestehen[12]. Hier wird nur „Vorteilausgleich" erstrebt, wobei eine bloße gesetzliche Vermutung, ja Fiktion des Vorteils genügen soll[13]. „Beiträge" sollten jedoch, wenn letzteres der Fall ist, den Grundsätzen des

---

dem „reinen Fiskalbereich" nicht mehr halten. *Forsthoff,* Verw.R. I, 9. A., S. 173, hat nicht dieses Problem, sondern nur den formellen Gebührenbegriff im Auge.

[7] *Gerloff,* W., Die Gebühren, in: Hdb. d. Finanzwiss. (hrsg. v. Gerloff u. Neumark) II, 2. A. 1956, S. 204; vgl. auch *Wolff,* H.J., Verw.R. I, S. 218.

[8] *v. Rosen/v. Hoewel,* H., Gebühren, Beiträge, Hand- und Spanndienst, in: Peters, H., Hdb. d. kommun. Wissensch. u. Praxis, 1959, III, S. 458.

[9] Bedenklich daher *Gerloff,* a.a.O., S. 209.

[10] *Hettlage,* K.-M., „Beiträge", Hdw.B. d. Soz. Wiss.

[11] Zu eng daher *Gerloff,* a.a.O., S. 204.

[12] *Hettlage,* a.a.O., ähnl. *Recktenwald,* a.a.O.

[13] *Hettlage,* a.a.O.

Steuerrechts unterfallen, nicht mehr dem Gebührenrecht, in dem derart verflüchtigte mittelbare Beziehungen nicht genügen dürften: der Begriff des „Vorteils" aus der Amtshandlung sollte nicht allzuweit ausgedehnt oder grenzenlos fingiert werden, sonst verliert sich der Unterschied zum klassischen Abgabenrecht.

Eine Gebühr liegt nur vor, wo das Entgelt ausschließlich wegen der Leistung erhoben wird. Die Gebühr darf „keine Nebenwirkung haben, welche über den Zweck der Gebührenerhebung hinausgeht"[14]. Diesem Zweck tragen im einzelnen die Gebührengrundsätze Rechnung[15]. Aus dem Gebührenbegriff selbst aber folgt bereits, daß Gebühren nicht so festgesetzt werden dürfen, daß sie von der Beantragung der Amtshandlung abschrecken. Im Gegensatz zum Steuerrecht „läßt sich eben das Gebührenrecht nicht ohne weiteres in den Dienst außerfiskalischer Zwecke stellen"[16].

Der so bestimmte wesentliche Entgeltcharakter des Gebührenbegriffs hat zur Folge: Gebühren sind kein Instrument der Intervention oder der Sozialpolitik. Werden sie derart eingesetzt, so liegt schwerer Formmißbrauch vor: Es werden Gebühren verlangt, wo Steuern hätten erhoben werden sollen[17].

In diesem grundlegenden Gegensatz zur Steuer ist der deutsche Gebührenbegriff von der Verfassung vorausgesetzt: In Art. 105 f. GG sind wesentliche Grundsätze des Steuerrechts, insbesondere Kompetenzregelungen, festgelegt. Dabei ist die Verfassung ersichtlich vom herkömmlichen Steuerbegriff ausgegangen. Es wäre unerträglich, wenn daneben die ganz anders geregelte Gebührenhoheit, die Annex der Verwaltungshoheit ist, zu einer „Steuerkonkurrenz" ausgebaut und mit dieser gleichfalls allgemeine Sozialgestaltung versucht würde. Berücksichtigung sozialer Gesichtspunkte bei der Gebührengestaltung ist damit begrifflich nicht identisch[18], findet hier aber ihre Grenze[19]. Auch gegen das Legalitätsprinzip würde eine solche Vermengung von Steuer- und Gebührenbegriff verstoßen: Verwaltungsgesetze bestimmen im allgemeinen die Gebühren im Zusammenhang mit den entsprechenden Amtshandlungen oder ermächtigen die Verwaltung dazu. Die Gebühren sind daher

---

[14] So das BVerwG in seiner grundlegenden Gebührenentscheidung E 12, S. 162 (170).

[15] Vgl. unten 3 f.

[16] *Köttgen,* A., Gemeindl. Daseinsvorsorge und gewerbl. Unternehmerinitiative, 1961, S. 89.

[17] Zu diesem grundlegenden Unterschied vgl. *Wagner,* A., Finanzwiss. II, S. 25; *v. Rosen/v. Hoewel,* a.a.O., S. 458; *Gerloff,* a.a.O., S. 208.

[18] Vgl. dazu unten 6.

[19] So ist etwa die allgemeine Forderung nach einem „sozialen Gebührenrecht" nur in diesem einschränkenden Sinn der Berücksichtigung gewisser Härtefälle gerechtfertigt, man darf nicht Gebührengestaltung zu „dynamischer Sozialpolitik" einsetzen.

wesentlich auf die Amtshandlungen bezogen. Als ihr Annex können sie keine selbständige, über den Gesetzeszweck hinausgehende Zielsetzung aufweisen, ohne bei solcher Auslegung dem Sinn und Zweck der Gesetze zu widersprechen. Erst recht nicht dürfte es dem Verordnunggeber oder der Verwaltung gestattet sein, derartige selbständige Zweckbestimmungen einzuführen: der Gesetzmäßigkeitsgrundsatz wäre verletzt.

Gebühr als wesentliches, unmittelbares, ausschließliches Entgelt, nicht als Steuer — dieser Begriff ist also der Auslegung aller deutschen Gesetze zugrunde zu legen, welche Gebühren regeln, und vom Verordnunggeber bei deren Ausgestaltung, von der Verwaltung bei der Anwendung zu beachten (vgl. auch unten 3).

2. Gebühren sind Entgelt für Verwaltungsveranstaltungen: Sie unterscheiden sich grundsätzlich vom privaten Entgelt, können nicht mit demselben rechtlichen Maß gemessen werden[20]. Die Gebühr wird einseitig auferlegt, nicht auf der Basis der Freiwilligkeit vereinbart[21], ausgehandelt. Dies müßte eigentlich auch für die Privatwirtschaftsverwaltung im Grundsatz gelten: Auch hier müßte der Einzelne eine bereitstehende, einseitig festgesetzte Vergütungsregelung annehmen, der materielle Gebührenbegriff sollte derselbe sein wie im Bereich der obrigkeitlichen Verwaltung. Ein echtes Handeln mit der Verwaltung, welche nur in privaten Formen tätig wird, muß als bedenklich erscheinen, mag auch die festgesetzte Vergütung formell als privatrechtlicher Preis gestaltet sein. Anderenfalls wäre möglicherweise der Gleichheitssatz verletzt, dem auch die Privatwirtschaftsverwaltung unterliegt. Ein echtes „Aushandeln" des Preises, eine wirkliche „Gebührenvereinbarung" wäre auch nur sinnvoll, wo die Verwaltung privates Erwerbsstreben zeigen darf. Über öffentliches Interesse läßt sich nur handeln, soweit es ein Gesetz ausdrücklich, ausnahmsweise, in engen Grenzen, also richterlich nachprüfbar vorsieht. Wer hier anders entscheidet, wird Schwierigkeiten haben, eine Grenze zum Fiskalbereich zu finden und macht dann alle Verwaltung in den Formen des Privatrechts zu einer echten „Flucht aus der Hoheitsgewalt".

Doch hier steht die mögliche Gegenthese[22]: Sinn der Verwaltung in privatwirtschaftlicher Form ist es gerade, sich alle Gestaltungen des Privatrechts nutzbar zu machen, vor allem auch die Elastizität der Preisgestaltung. Geht man davon aus, so muß man zugeben, daß es staatliche Veranstaltungen, etwa auf dem Kreditsektor, gibt, wo fiskalisches Erwerbsstreben und verwaltungsprivatrechtliche Zielsetzung in nahezu gleichgewichtiger Gemengelage sich finden. Man mag gerade darin den wesentlichen, neuen Elan des „Staa-

---

[20] OVG Hamburg, Verw.Rspr. 4 (1952), Nr. 65, S. 316 (317).

[21] *Gerloff,* a.a.O., S. 204.

[22] Vgl. dazu *Forsthoff,* Verw.R. I, S. 466, vgl. auch S. 165.

tes als Unternehmen" sehen. Es muß klar sein, daß hier ein neues Verwaltungsrecht beginnt. Will man es mit den traditionellen Kategorien konstruieren, so müßte für die Gebühren eine Kombination von einseitiger Bestimmung und freier Vereinbarungsmöglichkeit gelten: Rahmen nach Gebührenordnung (öffentliches Interesse), Einzelheiten nach Vereinbarung (fiskalisches Erwerbsstreben). Öffentliches Interesse als Vorstufe oder als Rahmen des Privaten — nur in einer solchen Verbindung könnten Ansatzpunkte für eine künftige dogmatische Bewältigung des Privatverwaltungsphänomens liegen, wie sie mit der Zweistufenlehre (Anschluß - Ausgestaltung) schon praktiziert werden.

Wie immer man sich hier aber entscheiden mag — fest steht, daß die Gebühr nicht in vollem Umfang zwischen Verwaltung und Pflichtigen nach den Grundsätzen von Angebot und Nachfrage ausgehandelt werden kann. Sie ist nicht privatrechtliches Entgelt, sondern eine Leistung, die man als „Verwaltungspreis" bezeichnen könnte: Der Hoheitsträger setzt ihn nach Verwaltungsgrundsätzen, nicht aus privatem Erwerbsstreben fest, dieses kann nur im Rahmen der Gebührenvereinbarung ausnahmsweise und in Grenzen von Bedeutung sein. Davon wird im folgenden abgesehen. Der Begriff dieses Entgelts muß nun die Bestimmung der Gebührengrundsätze leiten. Es wird sich allerdings fragen, ob dabei nicht ein „öffentliches Erwerbsstreben" berücksichtigt werden kann, welches in gewissen Bereichen dem privaten entspricht, ja gleichen muß, und ob nicht auch unter diesem Gesichtspunkt ein „Preis" — eben der „Verwaltungspreis" entsteht.

3. Es kann dem Gesetzgeber nicht freistehen, die Gebühren beliebig festzusetzen: Dann wäre nicht sichergestellt, daß der Entgeltcharakter überhaupt gewahrt bleibt. Selbst wenn man sich auf ihn beriefe — durch überhöhte Gebühren könnte ein ganzes zusätzliches Steuersystem aufgebaut, könnten nahezu alle Grundrechte beeinträchtigt, ja vernichtet werden: Hohe gewerbliche Zulassungsgebühren bedrohen die Berufs- und Gewerbefreiheit, Meldegebühren die Freizügigkeit, Anmeldungs- und Registergebühren die Vereins- und Versammlungsfreiheit, Paß- und Visagebühren die Freiheit der Ein- und Ausreise. Es gibt heute kaum einen Aspekt menschlicher Tätigkeit mehr, der nicht irgendwie „verwaltet" wird und somit durch ein System von „Gebühren als Steuern" leicht zu treffen wäre. Lenkung durch Gebühren wird in vielen Staaten erfolgreich praktiziert, vermeidet das Odium, die Begrenzungen und die Kompetenzschranken des Einsatzes der Steuergewalt und versetzt politisch den Staat in die in einem weithin liberalen System günstigere Lage des Leistungsverkäufers, während er bei der Besteuerung als derjenige erscheint, welcher ohne eigene Leistung an fremder Aktivität profitiert. So droht stets eine „Flucht aus der Steuergewalt in die Gebührenhoheit", vor allem, wenn der Föderalismus weiter zurückgedrängt wird und die Länder sich zusätzliche

Einnahmequellen erschließen wollen. Dies aber dürfte die grundgesetzliche Steuerverteilung illusorisch machen, auf der der deutsche Föderalismus aufbaut.

Eine „Gebührenbesteuerung“ gestattet ferner eine außerordentlich differenzierte Partizipation des Staates an privater Tätigkeit, welche notwendig über die letztlich doch schematische Steuergestaltung hinausgeht. Sie erscheint daher als besonders sachangepaßt und dem Gleichheitsgebot entsprechend. Dennoch liegen gerade hier die Bedenken. Sie ist häufig fast reine Einzelfallentscheidung, Gebührengleichheit ist leichter zu durchbrechen als Steuergleichheit. Vor allem droht hier schließlich dem Gesetzmäßigkeitsprinzip Gefahr: Dem Gebührenrecht sind herkömmlicherweise weitere Ermessensräume für die Verwaltung geläufig als dem Steuerrecht. Gebührengestaltungen sind in dieser Richtung nahezu unbeschränkt ausbaufähig. „Gebührenbesteuerung“ wird möglicherweise zu einer „Besteuerung nach Verwaltungsermessen“, ohne spezialisierende gesetzliche Grundlage.

Gebührenhoheit ohne feste Gebührengrundsätze würde also die (unabänderlichen) Grundlagen der grundgesetzlichen Ordnung antasten: Grundrechte, insbesondere Gleichheit, Rechtsstaat, Föderalismus. Klare Gebührengrundsätze, welche von den Gerichten überprüft werden können, sind daher von eminenter Wichtigkeit.

4. Herkömmlicherweise wird aus dem Entgeltcharakter aller Gebühren[23] zunächst häufig das Kostendeckungsprinzip abgeleitet: Die Gebührensätze sind in der Regel so zu bemessen, daß Verwaltungs- und Unterhaltungskosten, einschließlich der Ausgaben für Verzinsung und Tilgung des aufgewendeten Kapitals gedeckt, die Kosten des betreffenden Verwaltungszweiges aber nicht überschritten werden[24]. Diese gelegentlich kritisierte[25] „ältere, dem ökonomischen Liberalismus entsprechende Kostentheorie“[26] wollte gerade auf dem „traditionellen Gebiet der Gebühr“, bei den Kommunalabgaben[27], Überbleibsel aus der Zeit der Patrimonialstaatlichkeit beseitigen[28].

[23] Der Unterschied von Verwaltungs- und Benutzungsgebühren kann für diese allgemeinen Darlegungen außer Betracht bleiben.

[24] So der Ausgangspunkt der Erörterungen, dazu das Preußische Kommunalabgabengesetz vom 24.7.1906, § 4 Abs. 2 und § 6 Abs. 3, vgl. auch *Köttgen,* Gemeindl. Daseinsvorsorge, S. 87 f.

[25] *Köttgen,* A., Öffentliche Hand und öffentliches Recht, 1928, S. 23: Das „tiefere Verständnis für das eigentliche Wesen der Gebühr“ sei verlorengegangen.

[26] *Gerloff,* a.a.O., S. 207.

[27] *Köttgen,* Öff. Hand, S. 22.

[28] Insbes. die Äquivalenz, vgl. unten 5; dazu *Köttgen,* Öff. Hand, S. 20.

Darüber[29] hinaus finden sich heute, etwa in vielen bundesrechtlichen Verwaltungsregelungen, Gebührenbeschränkungen auf die „Deckung der Verwaltungskosten"[30]. Meist sind dabei die Verwaltungskosten nur Höchstgrenze, die nicht erreicht werden muß[31], aber nicht überschritten werden soll. Um dies sicherzustellen, sind die Kosten in der Regel „in einem Wirtschaftsplan und in einem Stellenplan zu veranschlagen". Die Verwaltungskosten werden deutlich als feststellbar angesehen.

In den Ländern sollen ebenfalls Verwaltungsgebühren „unter Berücksichtigung der Kosten des Verwaltungszweiges"[32], Benutzungsgebühren so bemessen werden, wie es das preußische Kommunalabgabengesetz vorsah[33].

Nach diesen gesetzlichen Bestimmungen ist also Abweichung vom Kostendeckungsprinzip nur nach anderweitigen gesetzlichen Gebührenbemessungsgrundsätzen möglich.

Hauptfrage für das Kostendeckungsprinzip ist, wie die Verwaltungskosten bemessen werden sollen[34]: Kosten eines ganzen Verwaltungszweiges oder eines mehr oder weniger spezialisierten Teilbereichs (etwa der tätigen Dienststelle). Übermäßige Spezialisierung muß vermieden werden, Beschränkung nur auf „rentable" Geschäftszweige ist unstatthaft. Unrentable und rentable Tätigkeiten sind bei Gleichartigkeit oder notwendigem Zusammenhang zusammenzurechnen. Die Kosten können nicht nach den betriebswirtschaftlichen Grundsätzen berechnet werden, nach welchen sie ein (beliehener) Privater ermitteln würde. Es kann etwa von den haushaltsmäßigen Ansätzen für eine Dienststelle, ein Referat ausgegangen werden, welches mit derartigen Tätigkeiten überwiegend befaßt wird. Der Begriff der „den Verwaltungsakt erlassenden Behörde" (§ 78 VwGO) dürfte zu weit sein. Die Einzelheiten bedürfen hier näherer organisationsrechtlicher Untersuchung, doch dürfte allgemein das Referatsprinzip, nicht der Behördenbegriff zugrunde zu legen sein. Die Kosten der hierarchisch übergeordneten Stellen dürfen, soweit dort nicht besondere Gebühren anfallen, mit berücksichtigt werden. Das Zurech-

---

[29] Z.B. § 8 GO von Schleswig-Holstein.

[30] So z.B. Kartellges. § 80 Abs. 2 S. 1; Gesetz über d. Verkehr mit Getreide und Futtermitteln vom 24.11.1951 (BGBl. S. 901), § 15 Abs. 2; Gesetz über d. Verkehr mit Vieh und Fleisch vom 25.4.1951 (BGBl. S. 272), § 21 Abs. 1; Gesetz über den Verkehr mit Milch, Milcherzeugnissen und Fetten vom 10.12.1952 (BGBl. S. 811), § 21 Abs. 1; Gesetz über die Erheb. von Gebühren durch die Außenhandelsstelle d. BMin f. Ernährung, Landw. und Forsten vom 17.12.1951 (BGBl. S. 969), § 1 Abs. 1 und § 2.

[31] Zuckergesetz, Getreidegesetz, Milch- und Fettgesetz, AußenhandelsgebGes.

[32] Z.B. Berliner Geb.Ges. § 8 Abs. 2.

[33] Etwa Berliner Geb.Ges. § 8 Abs. 3; NRW-Kommunalabg.Ges. § 4 Abs. 2; Rhld.-Pfälz. Kommunalabg.Ges. § 7 Abs. 1 S. 2.

[34] Dazu kritisch m. Nachw. *Oberläuter,* DÖV 1962, S. 50.

nungsproblem ist sicher sehr schwierig[35], dem aber kann durch eine größere Toleranzspanne Rechnung getragen werden. Deshalb ist auch nicht der jeweilige Verwaltungsaufwand im Einzelfall zugrunde zu legen, sondern die durchschnittlichen Kosten[36], und zwar unter Umlage aller „Gesamtkosten einer Verwaltung an Gehältern, Löhnen, Versorgungsanteilen, Gebäudeunterhaltung, Telefon- und Schreibkosten usw."[37]. Die Einzelgebühr kann die Einzelkosten überschreiten[38], die Gesamtkosten sollten aber durch das Gesamtgebührenaufkommen gedeckt werden, wobei der Gleichheitssatz zu beachten ist. Nur ein Maßstab, der einen durchschnittlich zutreffenden Ansatz nicht gewährt, ist abzulehnen[39]. Ein echter Gegensatz dieser These zu der gelegentlich vertretenen Meinung, daß die Kostendeckung auch zulässiger Bemessungsstab für die Einzelgebühr sei[40], besteht kaum, weil auch hier die Bereitstellung der Verwaltungsleistung, deren typische Ausnutzungsmöglichkeit, angemessen berücksichtigt werden muß[41], und überdies einer Berechnungsmöglichkeit für den Einzelfall aus der Natur der Sache Grenzen gesetzt sind. Das Kostendeckungsprinzip verlangt (meist) eine Errechnung der Gebührenhöhe nach Durchschnittssätzen.

Die Frage, ob das Kostendeckungsprinzip kostendeckende Gebührenhöhe zwingend verlange, trat bisher kaum auf. Der Sinn des Grundsatzes lag – umgekehrt – darin, überhöhte Gebühren zu verhindern und die Gebühren nicht durch Erzielung von Überschüssen zu Steuern werden zu lassen[42]. Bedenken erwecken aber ebenso Gebühren, die unter Mißachtung der Kostendeckung so niedrig festgesetzt werden, daß sich die Veranstaltung als bedrohliche oder gar vernichtende Konkurrenz gleichartiger oder ähnlicher privater Veranstaltungen auswirkt. Diese Gefahr besteht bei vielen Benutzungsgebühren von Einrichtungen, bei denen eine gewisse Konkurrenzlage zu privater Tätigkeit trotz öffentlichrechtlicher Gestaltung vorliegt (Beförderungs- und Versorgungseinrichtungen). Sie tritt aber auch gelegentlich bei Verwaltungs- und Beurkundungsgebühren dort auf, wo (beliehene) Private ähnliche oder gleiche Aufgaben erfüllen[43]. In all diesen Fällen können

---

[35] Dazu *Thiemeyer,* Th., DÖV 1962, S. 893.

[36] *v. Rosen/v. Hoewel,* a.a.O., S. 458.

[37] *Oberläuter,* a.a.O., S. 50.

[38] BVerwGE 12, 162 (166), zust. *Bachof,* Verfassungsrecht, Verwaltungsrecht, Verfahrensrecht, 1964, S. 303.

[39] Hess. VGH, DÖV 1959, S. 463 (464) m. zust. Anm. v. *Kriechbaum,* ebd. S. 465.

[40] *Ehle,* DÖV 1962, S. 45, dazu krit. *Oberläuter,* a.a.O.

[41] OVG Hamburg, DVBl. 1953, S. 631 (634).

[42] Vgl. u.a. BVerwGE 2, 246 (249); BVerwG, DÖV 1960, S. 636 (637); Hess. VGH, AWD d. BB 1958, S. 211.

[43] Etwa im Falle der Notare, soweit sie mit Gerichten in „Beurkundungskonkurrenz"

starke Gebührensenkungen freie oder staatlich gebundene Berufe völlig unrentabel machen und durch erdrosselnde Wirkung die Freiheit der Berufswahl verletzen[44]. Auf die Frage, ob hier nicht sogar über die kostendeckenden Gebühren hinausgegangen werden muß, ist in anderem Zusammenhang einzugehen. Jedenfalls hat das Kostendeckungsprinzip rechtsstaatliche Bedeutung als Mindest- wie als Höchstgrenze der Gebühren.

Verlangt das Kostendeckungsprinzip strenge Berücksichtigung des Verwaltungsaufwandes? Ist ihm „an sich" eine gewisse Elastizität eigen? Nach der Rechtsprechung sind die Grenzen erst überschritten, wenn einigermaßen sicher zu gewärtigen ist, daß der Verwaltungsaufwand weit überstiegen wird[45], oder gar, wenn das Aufkommen in keiner Beziehung mehr zu den Kosten steht[46]. Nach dem BVerwG[47] darf der Gebührengläubiger den den Verwaltungsaufwand übersteigenden Teil des Aufkommens den allgemeinen Haushaltsmitteln zuführen. Die Kostendeckung sei nur Veranschlagungsmaxime, Anforderung an die Zielsetzung der Gebührenerhebung, der nur dann nicht entsprochen werde, wenn Haushaltseinschätzung und Tarifgestaltung nicht auf das Ziel der Kostendeckung ausgerichtet würden, sei es, daß sie nicht sachgerecht geschähen, oder daß von vornherein ein Gebührenüberschuß angestrebt werde. Wenn ein solcher tatsächlich erzielt werde, so verletze dies das Kostendeckungsprinzip nicht, deute aber auf einen fehlerhaften Tarif hin[48].

Diese Judikatur des BVerwG besagt indes nicht, daß die (gesetzliche) Gebührengestaltung sich nicht streng an die Kostendeckung halten müsse. Sie betont nur das bereits dargelegte Ergebnis, daß das Kostendeckungsprinzip nicht Maßstab für die Einzelgebühr ist und keine Auswirkungen auf die Verwendung des tatsächlich erzielten Gebührenaufkommens habe[49]. Das Kostendeckungsprinzip gibt also keine „große, wesentliche Toleranzspanne" bei der gesetzlichen Gebührentarifgestaltung, weder nach oben noch nach unten. Eine solche Auffassung fände keine gesetzliche Stütze. Die Einzelgebührenfestsetzung wird im allgemeinen gegen den Grundsatz zwar nicht verstoßen (vgl. aber unten 8 a.E.); wohl aber kann sie Anlaß zu einer Über-

---

liegen (vgl. dazu BVerfGE 11, 192 [202/3]) oder bei den öffentlich bestellten Vermessungs-Ingenieuren im Verhältnis zu den staatlichen Vermessungsverwaltungen. Der einfache Hinweis auf einen „öffentlichen Amtscharakter" genügt nicht.

[44] BVerfGE 16, 147 (163); vgl. auch E 13, 181 (187).

[45] OVG Hamburg, DVBl. 1953, S. 631 (635).

[46] So (für Benutzungsgebühren) OVG Münster, VerwRspr. 9, Nr. 191, S. 863 (866), vgl. auch *Wolff,* VerwR. I, S. 218; strenger allerdings VG Frankfurt, AWD d. BB 1959, S. 105.

[47] E 13, 214.

[48] BVerwGE 13, 223.

[49] Vgl. aber *Ehle,* DÖV 1962, S. 48.

prüfung des Gebührentarifs am Maßstab der Kostendeckung sein. Ist der Tarif rechtswidrig, so ist auch die Einzelfestsetzung abzulehnen. Eine „Elastizität“ liegt also nicht im Kostendeckungsprinzip, sondern in den tatsächlichen Berechnungsgrundlagen und ihrer Auswertung, praktisch werden hier nur grobe Verstöße gerügt werden können.

Gilt das Kostendeckungsprinzip allgemein für alle Gebühren, selbst dort, wo das Gesetz seine Einhaltung nicht ausdrücklich zur Pflicht macht? Das BVerwG scheint dies abzulehnen: „Aus dem Wesen der Gebühr kann eine allgemeine Geltung des Kostendeckungsprinzips nicht abgeleitet werden.“[50] Dagegen spricht aber, daß Kostendeckung immer häufiger in neueren Verwaltungsgesetzen zur Pflicht gemacht wird[51]. Einer Rechtsanalogie aus ihnen steht nicht grundsätzlich entgegen, daß die Gebührengestaltung häufig von der Kostendeckung abweicht — dies ist die Folge des Äquivalenzprinzips, welches sich der Kostendeckung überlagern und diese verdrängen kann (vgl. unten 5). Die Notwendigkeit der Kostendeckung kann überdies aus dem Verbot der unentgeltlichen Staatsleistung gefolgert werden[52], das aus dem Gleichheitssatz abgeleitet wird: Derartige Leistungen sind nur auf ausdrücklicher gesetzlicher Grundlage möglich. Diese würde hier fehlen, wenn das Kostendeckungsprinzip nicht allgemein gelten sollte: Die „Zuwendungen“ wären nur *implizit* dadurch ermöglicht, daß keine untere Grenze der Gebührenhöhe bestünde.

Bei Benutzungsverhältnissen werden den einzelnen besondere Leistungen in ihrem Interesse dargeboten. Dies darf nicht die anderen belasten, welche die Veranstaltungen durch Steuerleistungen unterhalten müßten, wenn keine kostendeckenden Gebühren erhoben würden. Selbst bei Verwaltungsgebühren, welche lediglich im Rahmen einer geordneten, staatlich überwachten „Wiederherstellung des (ursprünglichen) Freiheitsraumes der Staatsbürger“ erhoben werden (etwa in der Bauverwaltung), könnte bei nicht kostendeckender Höhe von unentgeltlichen Staatsleistungen gesprochen werden: Der Bürger hat zwar Anspruch darauf, daß ihm „sein Freiheitsraum“ (durch Verwaltungsakt) (wieder) gewährt werde — aber nur im Rahmen einer staatlich geordneten Überwachung, denn darin liegt die Sozialbindung des Eigentums und der Freiheit. Diese Bindung aber gibt – nach den Grundsätzen zu Art. 14 GG – dem Einzelnen keinen Vermögensanspruch. Er kann also auch nicht verlangen, durch unentgeltliche Verwaltungstätigkeit in diesen Bindungen kontrol-

[50] E 13, 214.

[51] Vgl. oben Fn. 30.

[52] Dazu u.a. *Köttgen,* A., Subventionen als Mittel der Verwaltung, DÖV 1953, S. 485 (487 f.); *Ipsen,* H.P., Öffentliche Subventionierung Privater, Berlin / Köln 1956, S. 20; *Henze,* K.O., Verw.r. Probleme der staatlichen Finanzhilfe Privater, Heidelberg 1958, S. 22; *Zeidler,* K., in: Der Staat 1 (1962), S. 335.

liert oder von ihnen freigestellt zu werden. Dies würde einer „Entschädigung für Sozialbindung" gleichkommen und damit die (steuerzahlenden) Staatsbürger auf Grund der sozial Gebundenen belasten. Gewissen Staatsbürgern würde damit implizit ein Recht auf einen grundsätzlich bindungslosen Freiheitsraum zugestanden werden. Weil es einen solchen nicht gibt, ist die Kontrolle der Bindungen und die Freistellung von ihnen eine echte unentgeltliche Zuwendung, wenn sie nicht einmal die Kosten deckt[53].

Der Wirkung des Kostendeckungsprinzips als Minimum der Gebührenhöhe könnte nun mit der Begründung entgegengetreten – oder doch eine „elastische" Anwendung gefordert – werden, die Gebühren würden für Veranstaltungen erhoben, die immer (auch) im öffentlichen Interesse erfolgten. Es sei daher angemessen, daß sich die Allgemeinheit daran entsprechend dem Ausmaß oder dem Überwiegen ihres Interesses beteilige. Hier ist Vorsicht geboten: Nie darf dann das „öffentliche Interesse" darin allein gesehen werden, daß die Leistungen gewissen Bürgern erbracht werden. Wäre dies nämlich zulässig, so würde das Kostendeckungsprinzip als Grenze nach unten hinfällig: In jedem Fall könnte eine beliebig hohe Beteiligung der Allgemeinheit an den Kosten verlangt werden. Es muß daher daran festgehalten werden, daß jedenfalls das öffentliche Interesse und das private Interesse des die Leistung „Beanspruchenden" streng zu trennen sind. Aber auch dann ist eine gebührenrechtliche Kostenteilung entsprechend dem jeweiligen Gewicht der Interessen bedenklich: Praktisch wäre sie nicht faßbar, das Ausmaß des (konkurrierenden) öffentlichen Interesses könnte vom Richter kaum festgestellt werden. Unkontrollierbarer Gebührensenkung stünden die Tore offen. Vor allem aber würden so durch einen Kunstgriff doch Sozialbindungen zu entschädigungspflichtigen Belastungen gestempelt: Ihre kostenlose Beseitigung könnte – paradoxerweise – gerade mit der Begründung verlangt werden, die Bindungen, ihre Kontrolle wie ihre Lösung, stünden „im öffentlichen Interesse".

Eine Kostenbeteiligung des Staates im Rahmen des Kostendeckungsprinzips wegen der durch die Veranstaltung (auch) verfolgten öffentlichen Interessen ist daher abzulehnen. Die Aufwendungen der Verwaltung sind so zu berechnen, daß nur das angesetzt wird, was unmittelbaren Bezug auf die Interessen der Leistungsempfänger hat. Dann aber bleibt das „öffentliche Interesse" für die Kostendeckung außer Betracht.

Das Kostendeckungsprinzip entspricht also dem Verbot von unentgeltlichen Staatsleistungen. Seine Geltung ist daher auch dort anzunehmen, wo es nicht ausdrücklich erwähnt ist.

---

[53] Zu dem besonderen Fall, daß die Kostendeckungsgebühren höher sind als der Wert des Dargebotenen vgl. unten 6 a.E.

5. Die allgemeine Geltung des Prinzips der Kostendeckung im Gebührenrecht hat aber nicht zur Folge – und dies ist der Grund für manche Schwierigkeiten –, daß für die Gebührenregelungen dieser Grundsatz allein Anwendung findet. Das Ergebnis oben 4 bedeutet nur, daß eine Gebührengestaltung zulässig ist, die sich allein nach Kostendeckung richtet, nicht, daß jede Gebührenregelung allein dem Kostendeckungsprinzip folgen müßte. Dieses gilt vielmehr nur, soweit sich ihm nicht ein anderes Prinzip überlagert, der Äquivalenzgrundsatz: Die gesetzlichen Kostenregelungen sehen häufig[54] vor, daß sich die Kosten „nach der Bedeutung der Angelegenheit für die Beteiligten" bestimmen.

Dies wird wie folgt ausgelegt: Zwischen Verwaltungsleistung und Gebührengegenleistung muß ein „angemessenes Verhältnis" bestehen[55], wenn sich auch der Wert der Leistung und der Gegenleistung nicht gerade decken müssen[56]. Dieses am Wert oder Vorteil für den Betroffenen orientierte Verhältnis gehört begriffsnotwendig zum Wesen der Gebühr, weil darin der wesentliche rechtssystematische Unterschied zur Steuer liegt[57]. Wie beim Kostendeckungsprinzip muß nicht in jedem Einzelfall die Gebührenhöhe der Bedeutung der Angelegenheit genau entsprechen[58], es genügt ein Abstellen auf das im Regelfall eintretende Leistungsverhältnis[59].

Wie bei der Kostendeckung der Verwaltungsaufwand, so macht hier die Bestimmung des Wertes der Verwaltungsleistung Schwierigkeiten[60]. Die Lehre ist daher zurückhaltend[61]; das BVerwG hat nur ausgesprochen, daß der Wert des Gegenstandes, auf den sich die Amtshandlung bezieht, zur Bemessungsgrundlage gemacht werden darf[62]. Ein solcher „Gegenstand" im rechtlichen Sinn ist aber nicht immer vorhanden[63], so daß nur von dem „Wert der Amtshandlung" für den Empfänger[64] gesprochen werden kann. Als objektive

[54] Für viele: Bayer. Kostenges. vom 17.12.1956, § 6 Abs. 1.

[55] BVerwG, DÖV 1958, S. 218 (220).

[56] OVG Hamburg, DVBl. 1953, S. 631; OVG Münster, VerwRspr 9, Nr. 191, S. 863 (866).

[57] VG Frankfurt, NJW 1960, S. 453.

[58] Hess. VGH, DÖV 1959, S. 463 (464).

[59] BVerwGE 2, 246 (249).

[60] Es fragt sich sehr, ob der Stand der modernen Technik eine zuverlässigere Feststellung als früher gestattet, wie *Kriechbaum* annimmt (Anm. z. Hess. VGH, DÖV 1959, S. 465). Es kommt hier meist auf ökonomische Kalkulation an, welche durch die technische Verfeinerung eher kompliziert als leichter überschaubar werden dürfte.

[61] *Oberläuter,* DÖV 1962, S. 49 m. Nachw.; *v. Rosen/v. Hoewel,* a.a.O., S. 458.

[62] BVerwGE 2, 246 (249).

[63] Vgl. etwa die Einbürgerung oder polizeiliche Erlaubnisakte.

[64] Vgl. BVerwGE 12, 162 f.

Kriterien[65] werden angegeben: Wertsteigerung, Dauer der Leistungswirkungen, Maß der eigenen Mitwirkung. Die neueren Abgabengesetze heben zur Verdeutlichung ab auf das Angewiesensein auf die Veranstaltung oder gar die gesetzliche Verpflichtung zum Leistungsbezug[66], oder auf die wirtschaftlichen Verhältnisse der Gebührenschuldner[67]. Letzteres gehört aber nicht zum Äquivalenz-, sondern zum Sozialprinzip (vgl. unten 6).

Nimmt man das Äquivalenzprinzip ernst, so kann nur die in Geld bestimmbare Vermögenssteigerung beim Gebührenschuldner Bemessungsgrundlage sein, für die natürlich die Dauer der Wirkungen wie das Maß der Angewiesenheit auf die Leistung nicht ohne Bedeutung sein wird.

Wenn nun das BVerwG meint, oft sei dies so schwer festzustellen, daß nur ohne Berücksichtigung des Wertes eine feste Gebühr bestimmt werden könne[68], wenn vom Äquivalenzprinzip nur mehr die Unzulässigkeit der Gebührenerhebung beim Fehlen jeder Leistung[69] oder das Verbot offensichtlich unsachgemäßer Einstufung des Leistungswertes bleibt[70] — so ist das Wesen der Gebührenbemessung nach Äquivalenz nicht klar erkannt: Es kann natürlich nicht für den Einzelfall der Wert der Verwaltungsleistung „subjektiv" nach dem bestimmt werden, was sie dem A oder dem B in ihrer besonderen Lage gerade wert sein mag. Derartige besondere Umstände könnte die Verwaltung gar nicht aufklären. Es muß also eine Durchschnittsschätzung des Leistungswertes genügen, und zwar, das ist entscheidend, nach objektiven Kriterien. Solche aber können, nach der heutigen Staats- und Wirtschaftsordnung, in aller Regel nur Kriterien des Marktpreises sein. Das Äquivalenzprinzip gestattet es, für eine Verwaltungsleistung so hohe Gebühren zu erheben, wie der Nutzen der Veranstaltung nach Marktgesichtspunkten vernünftigerweise veranschlagt werden kann.

Bei den meisten Benutzungsgebühren läßt sich dies durch Vergleich mit anderen Marktwerten annähernd ermitteln. Liegen Leistungen vor, bei denen infolge eines Monopolcharakters der Darbietung durch den Staat ein „Marktwert" nicht zu ermitteln ist, so ist der „Wert" in Anlehnung an die Preise irgendwie vergleichbarer nutzbarer Leistungen zu ermitteln. Dabei sind die Grundsätze über den Monopolmißbrauch auch zu berücksichtigen: Die

---

[65] Auf deren Notwendigkeit weist hin *Stein,* W., Die Bewertung des „Vorteils" bei Beiträgen und Gebühren im Gemeindeabgabenrecht, DÖV 1960, S. 288 f. (insbes. S. 289/90).

[66] NRW-Kommunalabgabenges. § 4 Abs. 2.

[67] Z.B. Berliner Gebührenges. § 8 Abs. 4, Bayer. Kostenges. Art. 6 Abs. 2.

[68] BVerwGE 12, 162 f.

[69] Dazu *Ambos,* DÖV 1961, S. 180.

[70] Z.B. (z. Leistung d. Straßenreinigung) Hess. VGH, DÖV 1961, S. 463 (464).

„Wertbestimmung“ kann nicht, so kein Markt besteht, einseitig der Gebührengewalt überlassen werden.

Eine Besonderheit muß für die Verwaltungsgebühren gelten, insbesondere für die Entgelte für gewerbliche Genehmigungen, Baubescheide u.ä.m. Hier kann die Verwaltungsleistung keinen Marktwert haben, selbst nach Monopolgesichtspunkten ist ihr Wert nicht bestimmbar: Es gibt im Marktbereich keine Veranstaltung, die einer behördlichen Erlaubnis wirklich entspräche. Die Verwaltungstätigkeit könnte hier allenfalls wie eine Mitarbeit an dem gestatteten Unternehmen angesehen, und nach dessen wirtschaftlicher Bedeutung, insbesondere nach der (abzuschätzenden) Rentabilität prozentual bestimmt werden. Hier liegt die Analogie zu den Prozentgebühren der Architekten, Statiker usw. nahe. Grenze wäre wiederum: Es darf dadurch keinesfalls von der Antragstellung abgeschreckt werden (vgl. aber unten 7).

Das Äquivalenzprinzip schafft also den echten „Verwaltungspreis“ — die Leistung der Verwaltung darf nach Marktgrundsätzen bewertet oder doch entsprechend den Grundsätzen des freiberuflichen „Mitarbeiterpreises“ bestimmt werden. Unzulässig wäre es dagegen, unter Berufung auf die Äquivalenz die Monopolstellung der Verwaltung auszunützen oder die Bewertung auf den subjektiven Wert der Leistung für den einzelnen abzustellen. Es geht nicht an, die Festlegung einer „vernünftigen Relation“ zwischen Gebühr und Verwaltungsleistung (BVerwG) völlig abweichend von den Marktwerten dem Verordnunggeber oder gar der vollziehenden Verwaltung zu überlassen, will man nicht auf den Äquivalenzgedanken verzichten. Wenn die Monopolgrundsätze beachtet werden — warum sollte die Gebühr kein echter „Preis“ sein[71]? Die Verwaltung strebt hier nach Gewinn — es gibt insoweit ein echtes „öffentlich-rechtliches Gewinnstreben“; nach dem Äquivalenzprinzip unterscheiden sich das öffentliche und private Gewinnstreben nicht — Unterschiede können lediglich im Kostendeckungs- und Sozialprinzip liegen.

Wieder fragt sich, ob das Äquivalenzprinzip selbst dort gilt, wo es nicht gesetzlich vorgesehen ist. Dafür sprechen dieselben Gründe, welche (oben 4 a.E.) für das Kostendeckungsprinzip angeführt wurden; das BVerwG dürfte dem hier eher zuneigen als hinsichtlich der Kostendeckung. Das Äquivalenzprinzip ist insbesondere auch eine Folgerung aus dem Verbot von unentgeltlichen staatlichen Zuwendungen ohne spezielle gesetzliche Grundlage[72]: Ein „Geschenk“ liegt hier darin, daß Leistungen zum Selbstkostenpreis angeboten werden, die sonst auf dem Markt nur unter Einrechnung einer gewissen Gewinnspanne zu erhalten sind. Auch wird die Gleichheit dort berührt, wo

---

[71] Wie immer wieder behauptet wird, vgl. z.B. OVG Hamburg, Verw.Rspr. 4 (1952), Nr. 65, S. 316 (317).

[72] So *Gerloff*, a.a.O., S. 207; vgl. auch *v. Rosen/v. Hoewel*, a.a.O., S. 458.

gewissen Staatsbürgern wirtschaftlich günstigere Leistungen dargebracht werden als anderen.

6. Das BVerwG will offensichtlich Kostendeckungs- und Äquivalenzprinzip in einer Kombination auf die Gebührengestaltung angewendet sehen[73] und dem Äquivalenzgrundsatz nicht schlechthin den Vorrang einräumen[74]. Auch Verfechter der Äquivalenz geben dies zu[75].

Eine solche Kombination zweier Prinzipien kann aber nicht ohne Grundsätze erfolgen, welche die Harmonisierung leiten. Es wäre untragbar, wollte man den (gesetzlich fixierten) Gebührengrundsätzen für Verordnunggeber und Verwaltung nur die Bedeutung von Anhaltspunkten zuerkennen, deren Berechnungsergebnisse beliebig unter- oder überschritten werden dürften. Die Rechtsstaatlichkeit verlangt klare, nachprüfbare Gebührengrundsätze, die Erwähnung von Berechnungsgrundsätzen in (Gebühren-)Gesetzen bedeutet, daß der Gebührengewalt feste Schranken gezogen, nicht nur Anhaltspunkte herausgestellt werden sollen. Nur dies ist auch mit Art. 80 GG vereinbar.

Aus den bisherigen Darlegungen ergibt sich dann folgendes:

Die Gebühren sind in einer Höhe festzusetzen, die zwischen Kostendeckung und Äquivalenz liegt. Die Gebührengewalt ist grundsätzlich darin frei, ob sie die Entgelte näher dem einen oder dem anderen Prinzip festlegt, soweit nicht gesetzliche Regelungen einem Grundsatz den Vorrang einräumen. Dem Sinn der beiden Berechnungsmöglichkeiten entspricht es aber, daß grundsätzlich die Äquivalenz obere, die Kostendeckung untere Grenze der Gebührenhöhe ist. Wenn daher ausnahmsweise nach Kostendeckungsprinzip mehr erhoben werden dürfte, als nach der Äquivalenz anfiele, so wird man doch erstere Berechnung als zulässig ansehen können. Allerdings ist solches kaum vorstellbar: Wenn der Leistungsempfänger weniger erhält, als es dem Marktwert entspräche, so wird er versuchen, die Bedürfnisse anderweitig zu decken. Kann er das nicht, so ist dies der Beweis für eine monopolartige Stellung der Verwaltung in diesem Bereich. Gerade dann aber ist der „Wert" des Empfangenen eben doch höher — jedenfalls wird man dem „Staatsmonopolisten" Kostendeckung zubilligen können.

Hier zeigt sich ein weiterer Grundsatz: Das Äquivalenzprinzip sollte wesentlich auf Leistungen beschränkt werden, bei denen eine irgendwie faßbare Wertbestimmung möglich ist, d.h. wo es einen Markt gleicher oder

[73] BVerwGE 13, 214 (222).

[74] Vgl. auch E 12, 166; dazu *Bachof,* Verfassungsrecht, Verwaltungsrecht, Verfahrensrecht, 2. A. 1964, S. 304/305.

[75] Z.B. *Oberläuter,* DÖV 1962, S. 49, trotz seiner Polemik gegen das Kostendeckungsprinzip.

ähnlicher Leistung gibt. Je näher daher eine Veranstaltung der Verwaltung dem Monopol rückt, um so mehr sollte der Staat als Leistungsträger für die Allgemeinheit Gebühren nach Kostendeckung erheben. Dasselbe gilt für Verwaltungsgebühren, bei welchen im allgemeinen eine wirkliche Berechnung des Wertes der Verwaltungsleistung nicht möglich ist — es sei denn, man sehe sie als eigenartige „Monopolleistungen" an. Dann aber droht eine Gebührenüberhöhung, weil die Verwaltung, ohne jede Korrektur eines Marktpreises, die Gebühren festsetzen kann.

Bei marktwerten Nutzungen grundsätzlich Äquivalenz — im übrigen (vor allem bei den meisten Verwaltungsgebühren) Kostendeckung: Das wäre eine sachentsprechende Lösung, deren Differenzspanne der Verwaltung bei kombinierten Leistungen hinreichend Elastizität sichert.

Der Grundsatz einer maximal-marktkonformen, minimal kostendeckenden Gebühr zeigt, daß zwischen „privatem" und „öffentlichem" Gewinnstreben kein grundsätzlicher Unterschied hinsichtlich der Preisgestaltung bestehen muß. Dieses Ergebnis ist zu begrüßen: Die Verbindung von privat- und öffentlichrechtlichen Elementen ist in der Leistungsverwaltung so eng, daß es praktisch unmöglich wäre, Arten des Gewinnstrebens zu unterscheiden, wo wertmäßig bestimmbare Güter angeboten werden. Die Gebühr darf und soll dort einheitlich — ein Preis sein.

Gebühr als Preis – soweit der Wert bestimmbar – ist eine Forderung der Gleichheit: Wo davon abgegangen wird, müssen Ungleichbehandlungen entstehen oder gar die einen der anderen Lasten tragen. Gesetze mögen das – insbesondere aus sozialen Gründen, vgl. unten 7 – vorsehen: Ist dies nicht ausdrücklich der Fall, so kann es nicht aus dem Gebührenbegriff erschlossen werden: Egalität verlangt den Verwaltungspreis als marktkonforme Gebühr.

Schließlich wird so nicht die Trennung zwischen Fiskalbereich (Erwerbsstreben) und Privatverwaltung (Aufgabenerfüllung im öffentlichen Interesse) verwischt: Grund der Veranstaltungen der Verwaltung, für welche Gebühren anfallen, bleibt die Erfüllung öffentlicher Aufgaben, nicht das primäre Erwerbsstreben der Privaten. Die Verwaltung wird deshalb die Veranstaltung auch fortführen, wenn sie nicht rentabel ist und, wenn erforderlich, bis zur Kostendeckung die Gebühren senken. „Primäres Erwerbsstreben" mag daher ein Abgrenzungskriterium zum Fiskalbereich bleiben können. Wo aber Gewinn erzielt werden kann, muß er auch realisiert werden. Bei Leistungen mit bestimmbarem (Markt-)Wert muß sich das zeigen, was die egalitäre Gesellschaft erwartet: der Staat als Unternehmer, die Gebühr als Verwaltungspreis.

7. Die neuere Gesetzgebung kennt durchgehend ein drittes Gebührenprinzip: die Berücksichtigung der „wirtschaftlichen Verhältnisse" der Gebühren-

schuldner[76], oft unter besonderem Eingehen auf die Lage sozial Schwächerer[77]. (Eine allgemeine „Milderungstendenz" zeigt sich allerdings nicht überall[78].) Das BVerwG erkennt die Leistungsfähigkeit des Gebührenschuldners allgemein als Bemessungsgrundlage[79] an und meint, daß „die Freistellung von Gebühren aus sozialen oder anderen Gründen" im gesetzgeberischen Ermessen stehe[80].

Dagegen sind erhebliche Bedenken vorgebracht worden: für eine derartige Freistellung sei „wenig Raum", weil sonst die Gebühr zur Steuer werde[81]. Die Berücksichtigung der allgemeinen Vermögenslage des Schuldners sei ein anerkannter Grundsatz des Steuerrechts, der nicht auf bisher nie in sein Anwendungsgebiet einbezogene Tatbestände wie die Gebühren erweitert werden dürfe[82].

Diese Einwendungen sind berechtigt, vor allem, wenn die allgemeinen wirtschaftlichen Verhältnisse des Schuldners gebührenmindernd und -steigernd berücksichtigt werden. Es wird dann nicht nur der „strenge formale Entgeltcharakter des Gebührenrechts"[83] — der Begriff der Gebühr als Entgelt wird aufgegeben. Die Höhe der Gebühr wird ohne Blick auf leistungsimmanente Faktoren (Kosten, Wert) bestimmt. Eine Entgelthöhe nach Bedürftigkeit oder Leistungsfähigkeit ist versteckte Subventionierung oder verdeckte Besteuerung. Damit wird die Gebühr zum Instrument dynamischer Sozialgestaltung, Gewinnpartizipation, Gewinnabschöpfung — kurz: zur Steuer. Ein derartiges Ergebnis ist verfassungswidrig: Das Grundgesetz hat die Grundsätze und Zuständigkeiten der Steuergesetzgebung festgelegt, sie haben mit den Kompetenzen zur Verwaltungsgesetzgebung nichts zu tun. Die Steuer-Gebühr als „zweiter Steuerweg" ist mit dem GG nicht vereinbar[84]. Ein so verstandenes „Sozialprinzip der Gebührengestaltung" wäre auch mit der Rechtsstaatlichkeit nur schwer in Einklang zu bringen. Von völliger Freistellung bis zu sehr hoher „Gebührenbesteuerung" wäre jede Gebührenerhebung zulässig, ohne daß ein näherer Maßstab erkenntlich wäre. Vor allem aber entfernt man

---

[76] Z.B. Bayer. Kostenges. Art. 6 Abs. 1; § 9 Abs. 3 Geb.Ges. v. Rhld.-Pfalz; § 7 Hess. Verw.Geb.Ges.; § 8 Baden-Württemb. Geb.Ges.

[77] Berliner Geb.Ges. § 8 Abs. 4 (vgl. auch § 4 Preuss. Verw.Geb.Ges.); dazu *Wolff,* Verw.R. I, a.a.O.

[78] Wie *Oberläuter,* DÖV 1961, S. 413, meint.

[79] BVerwGE 12, 162, dazu *Bachof,* Verfassungsrecht, Verwaltungsrecht, Verfahrensrecht, S. 305.

[80] BVerwGE 13, 214 (219).

[81] *v. Rosen/v. Hoewel,* a.a.O., S. 458; *Gerloff,* a.a.O., S. 208.

[82] BayVerfGH, BayVBl. 1963, S. 183 (186).

[83] *Oberläuter,* DÖV 1961, S. 413.

[84] Vgl. dazu bereits oben 2.

sich – macht man mit einem solchen Grundsatz ernst – vom herkömmlichen Gebührenbegriff und begeht letztlich Formmißbrauch, was mit der Rechtsstaatlichkeit nicht vereinbar ist. Hier zeigt sich klar: Ein so allgemeines Sozialprinzip zerstört jede Kompetenzordnung, jede Voraussehbarkeit.

Sinn der „Sozialklauseln" in den Gebührengesetzen darf es also nie sein, allgemeine „soziale Gebührenpolitik" zu betreiben, sondern in sozialen Härtefällen grundsätzlich bis zur Kostendeckung, bei besonderen Notlagen ausnahmsweise auch darunter, die Gebühren zu ermäßigen. Durch Gebührenpolitik dürfen soziale Härten gemildert, nicht allgemein sozialpolitische Zielsetzungen verfolgt werden. Diese Grundsätze sollten endlich auch bei der Gestaltung der „Sozialtarife" berücksichtigt werden. Vereinfachungen („die können, werden es [noch] zahlen") widersprechen dem Gebührenbegriff, lassen jede Begrenzung vermissen und stellen bei „Monopolleistungen" nichts anderes dar als monopolmißbräuchliches Gewinnstreben zuungunsten einer Bevölkerungsschicht unter sozialpolitischem Deckmantel.

Ein anderes Ergebnis läßt sich auch nicht unter Hinweis auf die Sozialstaatlichkeit in Bund und Ländern (Art. 20, 28 GG), als Staatszielbestimmung und Auslegungsgrundsatz[85], halten. Auch dieses Prinzip rückt den Schutz der wirtschaftlich schwächer Gestellten in den Vordergrund[86], die Erhaltung der wirtschaftlichen und sozialen Lebensfähigkeit auf einem (der Situation des Einzelmenschen) angemessenen Niveau[87], oder die Garantie bestehender sozialer Institute[88]. Dieser primären Zielrichtung auf den Schutz Schwacher und Unbemittelter[89] wird durch die erwähnte Auslegung des „Sozialstaatsprinzips" im Gebührenrecht entsprochen. Eine weitergehende dynamisch-sozialordnerische Kompetenz zur Aufrichtung neuer sozialer Ordnungen[90], welche die herkömmlichen Gebührengrundsätze zerstören und die Kompetenzordnung des Grundgesetzes verändern müßte, läßt sich nicht selbständig aus dem Sozialstaatsprinzip ableiten — vor allem dann nicht, wenn dessen Ausprägungen nur den Rang einfacher Gesetze haben[91].

---

[85] Vgl. *v. Mangoldt/Klein,* Anm. VII, 1 f. z. Art. 20 GG.

[86] *Lerche,* P., Übermaßverbot und Verfassungsrecht, 1962, S. 231; *Bachof,* Verfassungsrecht usw., S. 10 f.; *ders.,* VVdStL 12, S. 81, LS 2 und 4.

[87] *Maunz,* Staatsrecht, 14. A. 1965, S. 67; *Mang/Maunz/Mayer/Obermayer,* Verfassungs- und Verwaltungsrecht in Bayern, 1962, S. 442; *Hamann,* A., Komm. z. GG, Art. 20, Anm. B 3 m. Nachw.

[88] *Lerche,* a.a.O.

[89] Wie sie auch das wesentliche Resultat der eindringlichen Analyse der Rspr. d. BVerfG bei *Weber,* W., Die verfassungsrechtlichen Grenzen sozialstaatlicher Forderungen, in: Der Staat 1965, S. 409 (insbes. S. 430/431), bilden.

[90] Dazu *Lerche,* a.a.O.; vgl. auch *Forsthoff,* VVdStL 12, S. 25 (LS XI); *Weber,* a.a.O., S. 431.

[91] So mit guten Gründen neuerdings *Weber,* a.a.O., S. 416.

Die Gefahr einer Zerstörung des herkömmlichen Gebührenbegriffs durch das Sozialstaatsprinzip kann also nur dann gebannt werden, wenn festgehalten wird: Gebühren bestimmen sich nach Äquivalenz und der Mindesthöhe der Kostendeckung, bei Unmöglichkeit der Wertbestimmung nach letzterem Prinzip allein; bei sozialer Bedürftigkeit sind die Gebühren bis zur Kostendeckung, nur in Härtefällen darunter, abzusenken. Der Entgeltcharakter der Gebühr muß stets gewahrt werden.

Diese Gebührengrundsätze sind eine zulässige Konkretisierung des Gebührenbegriffs. Sie sind vom Verordnunggeber bei der Gestaltung der Gebührentarife, von der Verwaltung bei der Ausfüllung des Ermessensraumes durch Festsetzung der konkreten Gebühr stets auch ohne besondere Anweisung zu beachten. Ein großer, evidenter Verstoß kann Ermessensmißbrauch sein. Die Aufwands- und Wertberechnung sowie die Feststellung sozialer Bedürftigkeitsfälle gibt, zusammen mit den – nicht zu weit zu bemessenden! – Ermessensräumen der Verwaltung einen mehr als hinreichenden Spielraum zu effizienter Administration, ja zu Verwaltungspolitik.

8. Die Gebühr als Verwaltungspreis darf, in den erwähnten Grenzen, mit der Absicht der Gewinnerzielung bestimmt werden. Das bedeutet aber noch nicht, daß „Gebühren und sonstige Abgaben ähnlicher Art nicht nach dem in concreto geleisteten Aufwand, sondern nach dem allgemeinen Finanzbedarf zu bemessen sind", wobei (leider) tatsächlich „längst kein Anstand mehr gefunden wird"[92]. Gebühren nach allgemeinem Finanzbedarf sind unzulässig — gerade deshalb muß die Gebühr (kostendeckender) Preis bleiben oder wieder dazu werden.

Der Gebührenbereich ist eine Enklave im rechtsstaatlichen Raum geworden. Keine wirksame rechtsstaatliche Begrenzung reicht dahin, wo wenig präzise und heterogene Bemessungsmaßstäbe, als Anhaltspunkte formuliert, der Verwaltung praktisch Freiheit bis in die Willkür hinein gewähren. Es ist hohe Zeit, eine eindringliche, auch verfassungsrechtliche Diskussion um die Gebührenprinzipien zu beginnen, sie zu präzisieren und zu harmonisieren. Erst dann tritt die weitere Frage auf, wieweit der Verwaltung ein Festsetzungsermessen gewährt werden darf. Hier stehen wir am Anfang.

Wichtig ist aber schon heute: Die Gebühr ist ein Verwaltungspreis, keine Verwaltungssteuer. Wird sie definitiv zu letzterer, so stehen weder wirksame verwaltungsrechtliche Beschränkungen noch die Grundsätze des Steuerrechts als letzte Begrenzung bereit: Eine hybride, bindungslose Abgabe kann rasch zu einem mächtigen Instrument der Beeinträchtigung der Freiheit, ja der Zerstörung der Legalität werden.

---

[92] *Forsthoff*, Verw.R. I, S. 466.

Den staatlichen Abgaben wohnt eine eigentümliche Dynamik inne: vom Preis über die Partizipation bis zur dirigistischen Sozialgestaltung. Die Steuer hat diesen Weg durchlaufen; die Gebühr darf nicht folgen.

Der Vorrang des Gesellschaftsinteresses bei den Eigengesellschaften der öffentlichen Hand*

1. Eigengesellschaften der öffentlichen Hand

a) Verfolgung öffentlicher Interessen durch private Gesellschaften

Soweit die Träger öffentlicher Verwaltung ihre Aufgaben (auch) in den Formen des Privatrechts erfüllen können, haben sie ein Wahlrecht: Sie können selbst privatrechtlich tätig werden oder von ihnen gegründeten und/oder beherrschten juristischen Personen des Privatrechts die Aufgabenerfüllung übertragen[1]. Diese *Eigengesellschaften* der öffentlichen Hand sind als „öffentliche Unternehmen“[2] das privatrechtliche Gegenstück zu den *Eigenbetrieben,* welche in verselbständigten Rechtsformen des öffentlichen Rechts geführt werden.

„Eigengesellschaften“ des privaten Rechts zu Verwaltungszwecken in diesem Sinne spielen eine Rolle vor allem auf kommunaler Ebene: Verkehrs- und Versorgungsunternehmen werden insbesondere in größeren Städten meist in der Form der AG, in kleineren Kommunen überwiegend in der der GmbH geführt. Ein Zug zur Verstärkung der „Eigenwirtschaftlichkeit“ über solche Rechtsformen des privaten Rechts ist in letzter Zeit unverkennbar, und er geht weit über den kommunalen Sektor hinaus, erinnert sei nur an Post und Bahn.

Diese *Wahrnehmung öffentlicher Interessen über private Gesellschaften*[3] soll im folgenden vor allem darauf untersucht werden,

- welche Einwirkungsmöglichkeiten den Gebietskörperschaften zur Verfügung stehen; hier gilt es insbesondere, die Ergebnisse der bisherigen Diskussion zusammenzufassen (im folgenden 2, 3);

---

* Erstveröffentlichung in: Wirtschaft und Verwaltung 1983, S. 212–225.

[1] Vgl. f. viele *Püttner*, G., Die Einwirkungspflicht, DVBl. 1975, S. 353 f.; *Schroeder*, D., Geschäftsführungsrechte und Einwirkungsbefugnisse der öffentlichen Unternehmen, ZögU 1979, S. 149 ff.

[2] Z. Begr. vgl. *Eichhorn*, P., u.a., Probleme der Eigenwirtschaftlichkeit in öffentlichen Unternehmen, Politik und Wirtschaft, Sonderh., 1977, B 8, S. 65 ff.

[3] In neuerer Zeit sind zu diesem Fragenkreis u.a. zwei eingehende monographische Untersuchungen erschienen: *Trott zu Solz*, J., Die staatlich beeinflußte AG als Instrument der öffentlichen Verwaltung, Diss., Berlin 1975; *Nesselmüller*, G., Rechtliche Einwirkungsmöglichkeiten der Gemeinden auf ihre Eigengesellschaften, 1977. Die einschlägige Recht-

- ob öffentliche Interessen überhaupt, vor allem aber angesichts der eingeschränkten Einflußmöglichkeiten, über solche Gesellschaften verfolgt werden können (im folgenden 4);
- was aus dieser „privatrechtlichen Dezentralisation" für die Rechte der Benutzer, der „privaten Geschäftspartner" solcher Gesellschaften folgt (im folgenden 5 a);
- nicht zuletzt aber, welche *kommunal- und staatsverfassungsrechtlichen Folgen* sich aus dieser „Privatisierung der Verwaltung" ergeben, insbesondere für die Kontrollrechte der Gemeinde- und Staatsparlamente und damit für die Staatsform der parlamentarischen Demokratie (im folgenden 5 b).

b) „Öffentliche Interessen" und privatwirtschaftliche Beteiligung

Die Diskussion um die Verfolgung öffentlicher Interessen durch Beteiligung / Beherrschung der öffentlichen Hand in privaten Gesellschaften ist bisher weithin zugleich für Staatsbeteiligungen an Industrieunternehmen geführt worden (VEBA) *und* für „Verwaltungstätigkeit", insbesondere Daseinsvor-

---

sprechung und Literatur ist dort zusammengestellt und vertiefend behandelt, so daß im folgenden für Einzelheiten auf diese Darstellungen allgemein verwiesen werden kann. Grundlegend ist für den Problemkreis immer noch *Püttner*, G., Die öffentlichen Unternehmen, 1969.

Von Bedeutung sind seither vor allem noch zu der Frage: *Backhaus*, J., Öffentliche Unternehmen, 2. Aufl. 1980; *Badura*, P., Wirtschaftliche Betätigung der öffentlichen Hand, FS. f. Schlochauer, 1981, S. 3 ff.; *Bolsenhöfer*, H., Überwachung bei kommunalen Unternehmungen, I, 1980; *Emmerich*, V., Entziehen sich öffentliche Unternehmen der bürgerschaftlichen Kontrolle? in: Auftrag und Führung öffentlicher Unternehmen, Hochschule für Verwaltungswissenschaften, Speyer 1977, S. 88 ff., sowie die in Fn. 1 und 2 Genannten. *Karehnke*, H., Zur Kontrolle staatlicher Beteiligungsunternehmen, DVBl. 1981, S. 173 ff.; *Kropff* P., Zur Anwendung des Rechts der verbundenen Unternehmen, ZHR 144 (1980), S. 74 ff.; *ders.*, Politische und administrative Einflußnahme auf Unternehmen des industriellen Bundesvermögens, in: Auftrag und Führung öffentlicher Unternehmen, Hochschule für Verwaltungswissenschaften, Speyer 1977, S. 79 ff.; *Püttner*, G., Die Einwirkungspflicht, DVBl. 1975, S. 535 f.; *ders.*, Aktuelle Probleme des Verwaltungsprivatrechts im Organisationsbereich, JA 1980, S. 218 ff.; *Ress*, G., Regierungskontrolle von (staatlichen und halbstaatlichen) Industrieunternehmen, liber amicorum Aubin 1979, S. 129 ff.; *Schmidt*, J.W., Die Betätigungsprüfung nach § 54 HGrG im gemeindlichen Betrieb als Kontrolle öffentlicher Verwaltung, ZögU 1981, S. 456 f.; *Schönberger*, N., Die Gebietskörperschaften und ihre Aktiengesellschaften zwischen Konzern- und Verwaltungsrecht, Diss. Gießen 1980; *Steinke*, H., Vorteile der Eigengesellschaft gegenüber dem Eigenbetrieb, Dt. Gemeindesteuerzeitung 1979, S. 84 ff.

Aus der Sicht der *Betriebswirtschaft der öffentlichen Unternehmen* ist u.a. zu nennen *Oettle*, K., Verkennen die öffentlichen Unternehmen ihren Auftrag?, in: Führung und Auftrag, Hochschule für Verwaltungswissenschaften, Speyer 1977, S. 67 ff. Eine umfangreiche vergleichende verwaltungswissenschaftliche Untersuchung hat neuerdings vorgelegt *Schuppert*, G., Die Erfüllung öffentlicher Aufgaben durch verselbständigte Verwaltungseinheiten, 1981.

sorge der Kommunen. Vor allem im Hinblick auf § 65 BHO ist die Frage nach den Voraussetzungen aufgeworfen worden, unter denen sich der Bund an Unternehmen in einer Rechtsform des privaten Rechts beteiligen darf — insbesondere bei Vorliegen eines „wichtigen Interesses des Bundes“ und Gewährleistung eines „angemessenen Einflusses“[4].

Damit sind zwar auch hier die beiden für das Verwaltungsprivatrecht der Daseinsvorsorge entscheidenden Fragen gestellt. Im Falle der (industriellen oder ähnlichen) Staatsbeteiligungen[5] treten sie jedoch in einer anderen Konstellation auf als etwa bei gemeindlichen Unternehmen der Daseinsvorsorge:

- Hier ist unbestritten, daß der Gemeinde diese Aufgaben zugewiesen sind, im Falle der wirtschaftlichen Staatsbeteiligungen ist dies jedoch Gegenstand einer umfangreichen Diskussion über die wirtschaftliche Betätigung der öffentlichen Hand[6]. Es steht also noch gar nicht fest, ob und inwieweit es sich um „öffentliche Interessen“ überhaupt handelt.
- Im wirtschaftlichen Bereich tritt der Staat mit Sicherheit viel weitergehend und konsequenter im Mantel des Privatrechts auf, schon weil er durch die Konkurrenz dazu gezwungen ist, als in jenem Sektor des Verwaltungsprivatrechts, wo er häufig aufgrund von (Quasi-)Monopolstellungen tätig wird. Dies bedeutet: Bei wirtschaftlicher Betätigung werden öffentliche Interessen vielleicht auch, aber mit Sicherheit nicht derart vorrangig verfolgt wie im Verwaltungsprivatrecht. Die Gewinnerzielungsabsicht steht bei den „Beteiligungen“ weit mehr im Vordergrund. Die öffentliche Hand kann und wird dabei in der Regel weitgehend „wie ein privater Aktionär“ sich verhalten können, „Sozialtarife“ u.a. etwa braucht sie nicht durchzusetzen — ganz anders bei Veranstaltungen der Daseinsvorsorge. Deshalb ist ja auch im industriellen Bereich die „Beteiligung“ vorherrschend und grundsätzlich ausreichend, bei der Daseinsvorsorge überwiegt die völlige Beherrschung durch die öffentliche Hand, weil eben nur sie die Verfolgung öffentlicher Interessen sicherstellen kann, die „ein anderes Verhalten“ erforderlich macht, als wenn Private hier tätig würden.

Mit anderen Worten: Bei wirtschaftlichen Beteiligungen liegen „private und öffentliche Interessen“ der öffentlichen Hand in ganz anderer Weise im Gemenge[7] als etwa bei kommunalen Verkehrs- und Versorgungs-AGs: Hier fragt es sich wirklich, ob dem *primären öffentlichen Interesse*, das dabei ver-

---

[4] Dazu *Piduch*, E.A., Komm. z. BHRecht, § 65 BHO, Rdnr. 8 f.

[5] Überblick über die Beteiligungen des Bundes bei *Ress* (Fn. 3), S. 131 ff.

[6] Nachw. bei *Ress* (Fn. 3), S. 132 f.

[7] Davon geht auch der BGH im VEBA-Urteil aus, BGHZ 69, 334 (338 f.).

folgt werden muß, in der Form der privaten Gesellschaft überhaupt Rechnung getragen werden kann.

Im folgenden wird daher der Fall des privatrechtlichen Unternehmens der Daseinsvorsorge zugrunde gelegt, die Frage aber zunächst ausgeklammert, ob die Verfolgung öffentlicher Interessen in der Verwaltung des staatlichen Beteiligungsbesitzes sachgerecht sichergestellt werden kann. Sie *muß* ja über die Aktionärsstellung der öffentlichen Hand erfolgen — für die primär öffentlichen Aufgaben der Daseinsvorsorge könnte dies auch anders, etwa über Eigenbetriebe oder schlicht in Regie, geschehen; deshalb erhebt sich nur hier ganz klar die Frage, ob die Einflußmöglichkeiten der öffentlichen Hand ausreichen, ob sie sich auf solche Weise überhaupt organisieren *darf*.

Es wäre zu wünschen, daß in Zukunft nicht undifferenziert über „die Beteiligung der öffentlichen Hand" an privaten Gesellschaften gesprochen, sondern, entsprechend der Aufgabenstellung, der Intensität des öffentlichen Interesses, zunächst zwischen Verwaltungstätigkeit in Formen des Privatrechts und Verwaltung von Beteiligungsbesitz der öffentlichen Hand im übrigen durchgehend unterschieden würde[8]. Lösungen für den einen Bereich können nicht unbesehen auf den anderen übertragen werden[9].

c) Gründe für die Wahl privatrechtlicher Rechtsformen seitens der öffentlichen Hand

Gründe für das verbreitete und sich eher noch verstärkende Streben nach Eigenwirtschaftlichkeit der öffentlichen Hand werden meist nur sehr allgemein angegeben: Die privatrechtlichen Formen seien „flexibler", aus dem hier entbundenen Gewinnstreben heraus sei gesteigerte Effizienz zu erwarten[10].

Privatisierungsdiskussion und Antibürokratiekritik verleihen diesen Behauptungen ganz allgemein solchen Nachdruck, daß in der rechtswissenschaftlichen Erörterung kaum noch vertiefend nachgefragt wird. Die eigentli-

---

[8] Allerdings ist nicht zu verkennen, daß diese Unterscheidung eben, wie überhaupt die zwischen „verwaltungsprivatrechtlicher" und „fiskalischer" Tätigkeit, doch recht „theoretisch" und prekär bleibt, weil sie keine ausreichende Stütze in der Judikatur findet, die sich nach wie vor an den Rechtsformen (privates oder öffentliches Recht) orientieren muß. Gerade im oft unbewußten Synkretismus der Behandlung *aller* Formen privatrechtlicher Beteiligungen der öffentlichen Hand, eben je nach gewählter Rechtsform, wird dies deutlich.

[9] So z.B. die Annahme der Möglichkeit von aktienrechtlichen Beherrschungsverträgen auch im Gemeindewirtschaftsrecht, weil sie im industriellen Beteiligungsrecht – allerdings nur unter gewissen Voraussetzungen – anerkannt worden ist (*Püttner* [Fn. 1]).

[10] Vgl. f. viele *Eichhorn* (Fn. 2), S. 68 f.

chen Motive lassen sich ja auch durch die Behauptung solchen Effizienzstrebens leicht überdecken, kaum je werden sie, für eine größere Zahl von Fällen, exakt nachgewiesen werden können.

Mit allen gebotenen Vorbehalten genauerer Nachprüfung wird man dennoch vor allem die folgenden Gründe für die Übertragung von Verwaltungsaufgaben auf private Gesellschaften nennen können:

- *Steuerrechtliche Gründe*[11].
- *Rechtswegüberlegungen*[12] — die Grundrechtsbindung könnte zumindest abgeschwächt sein, die Beweislastregelung des Zivilprozesses mag die öffentliche Hand in vielen Fällen begünstigen.
- *Personalwirtschaftliche Erwägungen*: Die Eigengesellschaften sind nicht an das immer wieder als „starr" kritisierte Haushaltsrecht der beamtlichen Stellenpläne gebunden. Vor allem ist es möglich, auf mittlerer und leitender Ebene höhere Gehälter zu bezahlen, als es den beamtlichen Besoldungsgruppen entsprechen würde. Selbst eine Rechnungshofskontrolle kann dies nicht vollständig verhindern, denn sie wird nicht so sehr die in der Regel unvergleichbare beamtliche Besoldung zum Bezugspunkt wählen als vielmehr die Bezüge bei entsprechenden privaten Gesellschaften; dort aber liegt die Bezahlung in der Regel höher. Daß dies zu bedenklichen korruptionsähnlichen Praktiken der „Bedienung" von Parteifreunden führen kann, liegt auf der Hand.
- *Dienstrechtliche Gründe*: Politische Richtungen, welche für ein wesentlich am privaten Arbeitsrecht ausgerichtetes öffentliches Dienstrecht eintreten, haben guten Anlaß, in den von ihnen beherrschten Kommunen die „Entbeamtung" der Daseinsvorsorge auf diesem Wege zu fördern.
- *Mitbestimmungsmotive*: Die privaten Gesellschaften der öffentlichen Hand unterliegen der paritätischen Mitbestimmung. Im gesamten Verwaltungsbereich, einschließlich der Eigenbetriebe, stehen dieser unüberwindliche verfassungsrechtliche Schranken entgegen[13], mag dies aus politischen Gründen auch nicht immer mit dem erforderlichen Ernst beachtet werden. Wer „mehr paritätische Mitbestimmung" will – und das sind die politisch Herrschenden in vielen Kommunen –, der muß mehr Eigengesellschaften schaffen.
- *Haushalts- und Rechnungswesen* sollen, so wird häufig behauptet, bei privaten Gesellschaften weit größere Beweglichkeit ermöglichen.

---

[11] Über die steuerlichen Vorteile der Eigengesellschaften *Steinke* (Fn. 3).

[12] Dazu noch näher unten 5.

[13] Vgl. *Leisner*, W., Mitbestimmung im öffentlichen Dienst, 1970.

– *Unabhängigkeit von (partei-)politischen Einwirkungen* läßt sich bei Eigengesellschaften weitgehend verwirklichen. Einerseits kann hier die Berufung eines „unpolitischen Managements" vertreten und damit das Proporzdenken der Ämterpatronage zurückgedrängt werden; zugleich erscheint es berechtigt, den Einfluß von Parlamentariern in den Organen der Eigengesellschaften in Grenzen zu halten oder ganz auszuschließen. Zum anderen bilden gesellschaftsinterne Fragen nicht ohne weiteres den Gegenstand (gemeinde-)parlamentarischer Auseinandersetzungen, welche ja meist auch, angesichts der Publizität der Sitzungen, dann in der Öffentlichkeit ausgetragen werden.

Vieles spricht dafür, daß es vor allem personalpolitische Gründe und solche der Autonomie gegenüber politischen Einflüssen sind, die, insbesondere in den Kommunen, zur Bildung oder Aufrechterhaltung von Eigengesellschaften führen.

2. Geringe Einflußmöglichkeiten der Körperschaft des öffentlichen Rechts auf die Eigengesellschaft

In der Tat — die Eigengesellschaft der öffentlichen Hand hat, obwohl sie meist (quasi-)total von einer Gebietskörperschaft beherrscht wird, weitgehende Autonomie auch dieser gegenüber, sie ist Trägerin eigener Interessen. Dies zeigt sich vor allem im Gesellschaftsrecht der *Aktiengesellschaften der öffentlichen Hand*.

a) Die Besetzung der Leitungsorgane

Da die öffentliche Hand die (Quasi-)Totalität der Aktien besitzt, hat sie über die *Hauptversammlung* bestimmenden Einfluß auf wesentliche Entscheidungen der Gesellschaft, insbesondere die Verwendung des Bilanzgewinnes (§ 119 AktG), bei den Privatverwaltungs-Gesellschaften wird dies aber in der Regel ohne größere Bedeutung sein; insoweit darf also das Gewicht der Beherrschung der Hauptversammlung nicht überschätzt werden[14]. Die öffentliche Hand kann die *Aufsichtsratsmitglieder* der Arbeitgeber-Seite bestimmen (§ 119 AktG), es kann sogar ein Entsendungsrecht nach § 101 Abs. II AktG vorgesehen sein[15]. Doch daraus ergibt sich noch keine laufende Beherrschung der Geschäftspolitik der Eigengesellschaft: Nach ganz h.L. steht den ernann-

[14] *Püttner* (Fn. 1).

[15] Näher dazu *Trott zu Solz* (Fn. 3), S. 34 f.

ten Mitgliedern des Aufsichtsrats ein *freies Mandat* zu[16]: Anweisungen haben sie von der Körperschaft des öffentlichen Rechts nicht entgegenzunehmen; bei Kollision zwischen den Interessen etwa der Gemeinde und der Gesellschaft müssen sie stets und ausschließlich den letzteren den Vorrang einräumen[17].

Verlangt also der Hauptaktionär von ihnen etwas, was den geschäftlichen oder sonstigen Interessen der Gesellschaft widerspricht, z.B. die Anwendung wirtschaftlich untragbarer Sozialtarife ohne rechtlich verbindliche Deckungszusagen, so kann der Aufsichtsrat dies nicht nur ablehnen, er *muß* im Interesse der Gesellschaft so verfahren. Die Einflußmöglichkeit der öffentlichen Hand verstärkt sich nicht entscheidend, wenn Mitglieder des Aufsichtsrates entsandt werden können (§ 101 Abs. II AktG). Zwar kann die Gebietskörperschaft diesen, was allerdings nicht unbestritten ist, möglicherweise im Innenverhältnis Weisungen erteilen. Stets aber gehen die Interessen der Gesellschaft auch hier vor[18] — die Entsandten müßten alles ablehnen, was sich gegen die Interessen der Gesellschaft wenden könnte.

Dieselben Verpflichtungen treffen den Vorstand[19]. Der Vorrang der Gesellschaftsinteressen vor (z.B.) den Gemeindeinteressen gilt auch – und dies ist entscheidend – gegenüber vom Hauptaktionär etwa vertretenen öffentlichen Interessen[20].

Die Gemeinde kann z.B. diese Interessen der Daseinsvorsorge über die Gesellschaft nur in genau derselben Weise verfolgen, als wenn es sich um „private“, etwa Gewinnbelange handelte: Die öffentlichen Interessen werden in der Gesellschaft insoweit zu privaten[21]. Besondere Einflußmöglichkeiten aus der Tatsache, daß der Hauptaktionär Verwaltungsträger ist und öffentliche Interessen verfolgt, stehen ihm aktienrechtlich nicht zu[22]. Zwar mag den Verwaltungsträgern geraten werden, sie mögen „verläßliche Beamte“ entsen-

---

[16] F. viele *Ress* (Fn. 3), S. 136; *Püttner*, aaO.; *Lutter/Krieger*, Rechte und Pflichten des Aufsichtsrats, 1981, S. 81 m. Nachw.; *Ulmer*, P., Aufsichtsratsmandat und Interessenkollision, NJW 1980, S. 1603 (1606).

[17] *Lutter/Krieger*, aaO.; *Henn*, G., Handb. d. AktR 1978, S. 200 f., beide m. weit. Nachw., vgl. insbes. BVerfGE 50, 290 (374).

[18] *Würdinger*, H., Öffentliche Hand und Unternehmen, DB 1976, S. 613 (616); *Henn*, aaO., S. 200; BGHZ 39, 296 (306).

[19] Vgl. *Ress*, aaO.; *Püttner*, aaO.; *Würdinger*, aaO.; *Schönberger* (Fn. 3), S. 147; *Nesselmüller* (Fn. 3), S. 31 f.

[20] *Würdinger*, aaO.

[21] *Badura* (Fn. 3), S. 11, 14; *Würdinger*, aaO., S. 615; *Schönberger* (Fn. 3), S. 147 unter Hinw. auf *Vogel*, K., Öffentliche Wirtschaftseinheiten in privater Hand, 1959.

[22] Vgl. etwa *Berkemann*, J., Die staatliche Kapitalbeteiligung an Aktiengesellschaften, 1966.

den[23] — im Fall der Kollision von öffentlichen Interessen und privaten der Gesellschaft müssen diese als Organe derselben zugunsten der letzteren entscheiden.

Das Besetzungsrecht der Organe kann also die Wahrnehmung öffentlicher Interessen durch die Eigengesellschaft nur insoweit sichern, als diese mit denen der Gesellschaft übereinstimmen.

b) Andere Einflußmöglichkeiten

- *§ 65 BHO* stellt zwar besondere Voraussetzungen für die Beteiligung an Gesellschaften auf. Doch daraus ergibt sich kein Anspruch des Hauptaktionärs gegenüber der Gesellschaft auf Berücksichtigung des öffentlichen Interesses mit Vorrang vor dem Gesellschaftsinteresse[24], denn es werden hier nur innerstaatliche, organisationsrechtliche Verpflichtungen der Organe der Gebietskörperschaften festgelegt, als Ausgangspunkt der
- *Rechnungskontrolle*. Diese hat zwar auch zu überprüfen, ob der Hauptaktionär in der Gesellschaft das öffentliche Interesse (mit-)berücksichtigt hat[25]; dies aber ändert an der aktiengesetzlichen Gesetzeslage im Verhältnis des Verwaltungsträgers zu seiner Eigengesellschaft nichts, deren Interessen nach wie vor Vorrang vor seinen (öffentlichen) Interessen haben[26].
- *Konzessionsverträge* mag der Hauptaktionär mit seiner Eigengesellschaft abschließen und diese dadurch auf die Berücksichtigung von ihr vertretener öffentlicher Interessen festlegen[27]. Doch derartige Konzessionsverträge berühren oft nur einen „verhältnismäßig kleinen Teil des unternehmerischen Entscheidungsfeldes der Eigengesellschaften"[28] und können daher nicht als „Beherrschungsverträge" ausgelegt werden. Im übrigen gilt auch hier: Konzessionsverträge dürfen die Organe der Eigengesellschaften nicht entgegen den Interessen der Gesellschaften, zur Durchsetzung gesellschaftsfremder (öffentlicher) Interessen des Hauptaktionärs abschließen.
- *Allgemeine öffentliche Interessen*, etwa solche des Umweltschutzes oder der Währungs- und Arbeitsplatzsicherung, dürfen nach heute h.L. die Or-

---

[23] *Ress*, aaO., S. 137.

[24] *Schönberger* (Fn. 3), S. 148; *Badura* (Fn. 3), S. 14.

[25] *Ress*, aaO., S. 140; siehe auch *Trott zu Solz* (Fn. 3), S. 136 f.

[26] *Karehnke* (Fn. 3), S. 173 (174), der, angesichts der wirtschaftlichen Ziele der Gesellschaften, davon spricht, daß häufig nur mehr „Schrumpfziele" Gegenstand der Rechnungskontrolle sein können.

[27] *Püttner* (Fn. 1).

[28] Dazu *Nesselmüller* (Fn. 3), S. 117 m. Beisp.

gane einer privaten AG auch dann verfolgen, wenn dies den konkreten Gesellschaftsinteressen möglicherweise zuwiderläuft[29].

Doch diese Interessen sind mit den speziellen öffentlichen Interessen meist nicht identisch, welche der Verwaltungsträger über die Eigengesellschaft verfolgen will. Die letzteren können also doch nur als Gesellschaftsbelange, den Gesellschaftsinteressen untergeordnet, von den Gesellschaftsorganen „selbständig" verfolgt werden.

Insgesamt ergibt sich: Die Einflußrechte der Verwaltungsträger als Hauptaktionäre auf ihre Eigengesellschaften erscheinen als gering. Von einem laufenden Einfluß kann nach Aktienrecht nicht die Rede sein. Deshalb ist schwer vorstellbar, wie die Verwaltungsträger gar einem *Ingerenzanspruch* der Bürger in das Geschäftsgebaren der Eigengesellschaft entsprechen und auf diese Weise das „öffentliche Interesse" zugleich gewährleisten sollten[30].

Soweit Eigengesellschaften in Form einer GmbH bestehen, mag der Einfluß der Gebietskörperschaften dort weitergehend gesichert werden können[31]. Doch auch hier bleibt die entscheidende Sperre: Das Eigeninteresse der Gesellschaft muß von deren Organen in erster Linie berücksichtigt werden, nicht irgendwelche öffentlichen Interessen des Hauptaktionärs. Sind damit nicht durch Autonomisierung diese öffentlichen Interessen gefährdet, dürfen sie in dieser Form überhaupt wahrgenommen werden?

3. Erweiterung der Rechte der beherrschenden Körperschaften durch „Beherrschungsvertrag"?

In einer heftigen konzernrechtlichen Kontroverse ist die Frage erörtert worden, ob ein Ausweg im Abschluß von „Beherrschungsverträgen" nach § 291 AktG zwischen der Gebietskörperschaft und ihrer Eigengesellschaft gesucht werden könne[32].

Wenn dies zulässig wäre, so stünde etwa den Gemeinden nicht nur ein laufendes Einwirkungsrecht, die eigentliche Leitung, zu, es fiele auch der Vorrang der Gesellschaftsinteressen: Die Gesellschaftsorgane dürften zur

---

[29] *Würdinger* (Fn. 18), S. 613 (615); *Ress* (Fn. 3), S. 144 f.; *Schönberger* (Fn. 3), S. 104; *Rittner*, F., Zur Verantwortung des Vorstandes nach § 76 Abs. 1 AktG 1965, Die AG 1973, S. 113 (121).

[30] So aber *Püttner* (Fn. 1), S. 353 ff.

[31] Vgl. dazu näher *Schroeder* (Fn. 1), S. 160.

[32] Siehe hierzu eingehend *Trott zu Solz* (Fn. 3), S. 78 f.; *Schroeder* (Fn. 1), S. 152; *Nesselmüller* (Fn. 3), S. 107 f. (116), alle m. weit. Nachw.; *Püttner* (Fn. 3), JA 1980, S. 218 beklagt, daß davon noch zu wenig Gebrauch gemacht werde.

Wahrung der Belange der „beherrschenden Gemeinde“ etwa auch Rechtsgeschäfte und Maßnahmen tätigen, welche den Gesellschaftsinteressen widersprächen, selbst ohne Kompensation seitens des Hauptaktionärs (§ 311 Abs. I AktG). Voraussetzung wäre allerdings, daß die *Gebietskörperschaft als solche ein „Unternehmen“* im Sinne des § 291 AktG sein könnte.

Aus der VEBA-Entscheidung des BGH kann dieser Schluß nicht gezogen werden[33]. Das Gericht hat dort ausgesprochen, daß der Begriff des „Unternehmens“ nach Aktienrecht jeweils entsprechend den anzuwendenden Normen des Aktiengesetzes zu bestimmen sei. Für den von ihm entschiedenen Fall des § 320 Abs. V S. 2 AktG (Abfindung von Minderheitsaktionären bei Eingliederung einer Gesellschaft in eine beherrschte andere) war es sachgerecht, den Bund als solchen als „beherrschendes Unternehmen“ zu qualifizieren, weil so der Schutz der Minderheitsaktionäre sachgerecht verstärkt wurde.

Ganz anders aber liegen die Dinge im Falle der Beherrschungsverträge (§ 291 AktG): Hier würden durch die Zuerkennung des „Unternehmenscharakters“ an Gemeinden nicht Minderheiten geschützt, sondern der Hauptaktionär noch weiter privilegiert — seine Interessen könnten nun denen der Gesellschaft vorgehen. Dafür kann das VEBA-Urteil aber nicht bemüht werden.

Es erscheint sinnvoll, bei Beherrschungsverträgen auch auf der Beherrscherseite ein „Unternehmen“ zu verlangen, das eigene konkrete, insbesondere gesellschaftsrechtlich verselbständigte Interessen verfolgt, weil dann ja das beherrschte Unternehmen in diese eingebettet, nicht etwa als reine „Figur“, als „Hülse“, irgendwelchen Privatinteressen ausgeliefert wird. Wenn auch auf der beherrschenden Seite ein „Unternehmen“ stehen muß, so werden die aktienrechtlichen Verpflichtungen (insbesondere § 117 AktG) nicht einfach aufgehoben, sie werden nur in einen größeren Zusammenhang gestellt, anders dann, wenn jedermann jede AG „beherrschen“ kann — sie ist dann nichts als eine leere Fassade.

Gerade bei der Verfolgung öffentlicher Interessen durch eine Eigengesellschaft zeigt sich das Bedenkliche eines solchen Beherrschungsvertrags: Es ist wirklich nicht einzusehen, warum dann die Gemeinde nicht diese Tätigkeit gleich in Regie durchführen sollte. Etwas anderes als einen reinen Rechtsformwechsel vollzöge sie hier doch nicht mehr. Ihr Handeln wäre widersprüchlich und unglaubhaft: Einerseits behauptete sie, sie wolle durch Wahl der Gesellschaftsrechtsform eine effizienzsteigernde Autonomisierung vollziehen — und zugleich wollte sie über den Beherrschungsvertrag all dies wieder rückgängig machen und de facto einen Zustand der Eigenregie her-

[33] BGHZ 69, 334; zurückhaltend auch *Badura*, aaO.; dieser Auffassung ist allerdings *Püttner*, aaO.

stellen. Wie lange könnte es dauern, bis Gerichte dies als Mißbrauch anprangern würden[34]?

„Beherrschungsverträge" sind also keine Lösung, auch aus praktisch-politischen Gründen nicht: Dann könnte die Ausgliederung häufig in den parlamentarischen Gremien gar nicht durchgesetzt werden — es würde dem ja mit Recht der Vorwurf des reinen Etikettenschwindels gemacht werden.

Die Rechtsformen des Privatrechts müssen ernstgenommen werden: Wer als Verwaltungsträger eine Eigengesellschaft gründet, muß deren Selbständigkeit achten[35]. Dann aber stellt sich eben doch die Frage: Wenn die öffentlichen Interessen des Hauptaktionärs hinter den privaten Interessen der Gesellschaft zurückzutreten haben, dürfen sie dann überhaupt über diese erfüllt werden? Dies ist ein wahres Grundsatzproblem des Verwaltungsrechts.

4. Die öffentlichen Interessen als private Interessen der Eigengesellschaft

a) Verfolgung öffentlicher Interessen nur bei gesicherter Kompensation seitens einer Gebietskörperschaft?

Das private Gesellschaftsrecht zwingt dazu, folgende Frage zu stellen: Dürfen die etwa von einer Gemeinde bestellten oder entsandten Organe einer Eigengesellschaft Geschäfte abschließen oder Maßnahmen ergreifen (z.B. Sozialtarife anwenden), welche nach jeder wirtschaftlichen Betrachtung der Gesellschaft entscheidende Verluste bringen, sie in unentrinnbare, laufende Defizite stürzen müssen — nur auf die (in der Regel allerdings berechtigte) Hoffnung hin, daß der Hauptaktionär als „Gewährsträger" eintreten werde, aber ohne daß er sich rechtlich dazu verpflichtet? Nach Gesellschaftsrecht muß die Antwort eindeutig negativ ausfallen: Solchen Pressionen des Hauptaktionärs müßten die Organe der Gesellschaft Widerstand leisten, es sei denn, Deckung würde eben rechtlich verbindlich zugesagt. Dies aber mag zwar wünschenswert sein[36], es wird sich jedoch, schon aus Haushaltsgründen, in der Regel allenfalls erhoffen, nicht aber vertraglich festlegen lassen. Dann aber dürften die Gesellschaftsorgane diese Praxis nicht mittragen. Es ist keineswegs selten, daß Direktiven der Verwaltungsträger die Eigengesellschaften

---

[34] Gerade die typisch gesellschaftsrechtlichen Gründe für solche Beherrschungsverträge, etwa die „Übernahme" bestehender Gesellschaften, deren Namen aber nicht geändert werden soll, oder die Schaffung neuer aus Publizitätsrücksichten, aus solchen der Subventions-Strukturpolitik u.ä.m. stünden ja der öffentlichen Hand in der Regel nicht zur Verfügung.

[35] *Schönberger* (Fn. 3), S. 148.

[36] *Schönberger* (Fn. 3), S. 111; *Ress* (Fn. 3), S. 147.

laufend zu einem Verhalten im öffentlichen Interesse zwingen, das aus der Sicht des „normalen privaten Managements“ völlig unannehmbar wäre. Wird hier ständig gegen das Aktienrecht verstoßen, werden Beamte zu einem Verhalten gezwungen, das „eigentlich“ als Untreue bezeichnet werden müßte — und all dies „im öffentlichen Interesse“?

Das Gesellschaftsrecht muß ernster genommen werden als bisher, die Frage ist in voller Schärfe zu stellen — oder ist das alles wirklich nur ein Etikettenschwindel, ein „In-sich-Geschäft“ der öffentlichen Hand unter Umgehung der gesellschaftsrechtlichen Grundpflichten der Organe gegen ihre Gesellschaft, unter Mißbrauch vielleicht des beamtlichen Weisungsrechts? All dies wäre höchst bedenklich; und die Unsicherheit eines Schrifttums, das einerseits zwar das Phänomen anerkennen und irgendwie rechtlich salvieren will, andererseits dabei aber ersichtlich „kein gutes Gewissen“ hat, ist Anlaß genug zu einer grundsätzlichen Besinnung: Private Gesellschaften sind Grundformen einer Organisation der privaten Marktwirtschaft; dürfen sie für öffentliche Interessen eingesetzt werden, geht darin nicht das „Spezifische“ des Privaten verloren, wird hier nicht alles zusammengeworfen — Privacy und Hoheitsgewalt, Staat und Gesellschaft, Bürger und Staat[37]?

b) Die öffentlichen Interessen als satzungsmäßige Eigeninteressen der Eigengesellschaft

Die Lösung muß an einem Punkt ansetzen: Der Gegensatz zwischen den öffentlichen Interessen und den Eigeninteressen der Gesellschaft muß aufgelöst werden. Dies kann nur in der Weise geschehen, daß die öffentlichen Verwaltungsinteressen, welche die Gesellschaft zu erfüllen hat, als satzungsmäßige Eigeninteressen der Gesellschaft verstanden werden.

Die Besonderheit der öffentlichen Unternehmen liegt in der Tat darin, daß die öffentliche Hand die von ihr beherrschten Gesellschaften nicht nur punktuell veranlaßt, vom erwerbswirtschaftlichen Prinzip abzuweichen, daß es vielmehr zu einer allgemeinen Bestimmung der Unternehmensziele durch das öffentliche Interesse kommt[38]. Wer hier nun von einem durchgehenden Gegensatz „öffentlicher“ und „privater“ Interessen ausgeht[39], muß sich fragen, ob die Verwaltungsträger ihre Eigengesellschaften nicht von deren eigentlichem Auftrag ablenken, den allein sie nach Gesellschaftsrecht erfüllen

---

[37] Auf die grundrechtlichen Probleme im Verhältnis Gesellschaft-„Staat“ kann hier nicht eingegangen werden, vgl. dazu *Trott zu Solz* (Fn. 3), S. 150 ff.

[38] *Wiedemann/Martens*, Die AG 1976, S. 233 f.; *Würdinger*, H., DB 1976, S. 615; *Müller*, WPg. 1978, S. 61 (64); *Luchterhand*, ZHR 132, S. 168 (197 f.).

[39] Vgl. etwa *Nesselmüller* (Fn. 3), S. 113.

dürfen: daß sie in privater Effizienz[40] Gewinnmaximierung betreiben. Denn dies steht hinter dem (angeblichen) Gegensatz von Verwaltungsinteresse und Gesellschaftsinteresse: daß auch die öffentlichen Unternehmen, als Rechtssubjekte des Privatrechts, diesen Auftrag zur Erzielung maximalen Gewinns hätten, primär oder zumindest als stets zu berücksichtigendes Ziel.

Davon aber kann *nach Gesellschaftsrecht keine Rede sein.* Weder AG noch GmbH müssen wesentlich Gewinn erzielen wollen[41]. Es gibt doch gemeinnützige GmbHs, die satzungsmäßig auf jedes „wirtschaftliche Verhalten" im Sinne der Gewinnerzielung verzichten. Nichts anderes ist bei den Eigengesellschaften meistens der Fall: Ihr satzungsmäßiger Zweck liegt, in der überwiegenden Zahl der Fälle, von vorneherein darin, daß sie ohne Gewinnerzielungsabsicht, vielleicht sogar unter Verlusten, gewissen öffentlichen Interessen dienen. Eine derartige „grundsätzliche" oder doch „subsidiäre" Gemeinnützigkeit schließt nicht aus, daß Gewinnerzielung, soweit nach der Aufgabengestaltung möglich, versucht werden und insoweit auch Steuerpflicht bestehen kann. Dennoch wird es dann der Satzung entsprechen, daß die öffentlichen Ziele *auch unter zeitweiligem Verzicht auf Gewinn* zu verfolgen sind — ihre Erreichung ist primärer Zweck, nicht aber privatwirtschaftlicher Gewinn.

Aufgabe der Verwaltungsträger ist es also, die satzungsmäßigen Ziele ihrer Eigengesellschaften möglichst genau zu fixieren[42], damit deutlich werde, *welche öffentlichen Interessen zu privaten Interessen der Gesellschaften werden.* Diese dürfen und müssen dann von den Gesellschaftsorganen verfolgt werden.

Die Unsicherheiten um den (angeblichen) Gegensatz von öffentlichen und Gesellschaftsinteressen, die Diskussionen überhaupt um die „Verfolgung öffentlicher Interessen durch private Gesellschaften" kommen, das zeigt sich hier klar, letztlich aus einer Quelle: Aus der Unsicherheit, was „öffentlicher Zweck" im wirtschaftlichen Beteiligungsrecht der öffentlichen Hand ist[43]. Dort, wo die öffentliche Hand über ihre Beteiligungen im Wirtschaftsleben tätig wird, mag der öffentliche Zweck, den sie *auch* verfolgen muß (§ 65 BHO), im Gegensatz zu den Interessen der Gesellschaften stehen, in der Regel kann nicht „der öffentliche Zweck zum privaten Gesellschaftszweck" werden, vor allem dort nicht, wo private Minderheitsaktionäre vorhanden sind. Eindeutig muß dort vielmehr der öffentliche Zweck hinter den privaten zurücktreten — das Gesellschaftsrecht verlangt dies. Doch daraus kann nicht

[40] *Eichhorn* u.a. (Fn. 2), S. 70 f.; vgl. auch *Karehnke*, H., DVBl. 1981, S. 173 (174).

[41] Zutr. *Püttner*, G., JA 1980, S. 218.

[42] *Eichhorn* u.a. (Fn. 2), S. 73; *Püttner*, G., DVBl. 1975, S. 353 (356).

[43] *Ress* (Fn. 3), S. 146.

geschlossen werden, daß eine Eigengesellschaft einer Gemeinde etwa nicht deren öffentliche Interessen zu privaten Gesellschaftsinteressen umformen dürfe.

Wieder zeigt sich: Die Verbindung von Beteiligungsrecht und Daseinsvorsorge, unter Anknüpfung allein an die (äußerliche) Rechtsform „privatrechtliche Gesellschaft", kann nur zu Verwirrung führen.

Festzuhalten bleibt: Bei sachgerechter Festlegung der satzungsmäßigen Zwecke der Verwaltungs-Eigengesellschaft werden die öffentlichen Interessen der Gebietskörperschaft zu solchen der Gesellschaft.

Bleibt noch die Frage, ob der Verwaltungsträger die Verfolgung dieser Interessen durch die Gesellschaftsorgane *erzwingen* kann — rechtlich ist dies nicht der Fall, sieht man von der Sanktion einer Nicht-Wiederbestellung der leitenden Persönlichkeiten als Organe ab. Doch diese, in Verbindung mit der nicht seltenen Rollenverbindung bei entsandten Beamten und mit der Garantenstellung des Verwaltungsträgers werden doch regelmäßig genügen, um selbst einen laufenden Einfluß durchzusetzen. Wenn aber die Aufgabenerfüllung, zeitweise, in einer gewissen Unabhängigkeit abläuft — dagegen ist doch nichts einzuwenden, mit der Organisationsform der Eigengesellschaft wird ja eben dies beabsichtigt.

5. Kommunal- und staatsverfassungsrechtliche Folgen der „Privatisierung der Verwaltung"

Hier allerdings beginnt eine größere, eine kommunal- und staatsverfassungsrechtliche Problematik auf zwei Ebenen: Beeinträchtigt diese „Flucht ins Privatrecht" Rechte der Bürger, insbesondere der Benutzer der Einrichtungen, vor allem: Wird hier nicht die parlamentarische Kontrolle übermäßig geschwächt?

a) Der Rechtsschutz des Bürgers

Die Gefahren einer „Flucht ins Privatrecht" für den Bürger sind ein klassisches Thema staatsrechtlicher Diskussion[44]. Ihre Breite steht in keinem Verhältnis zur politischen Bedeutung der Fragen. Die öffentliche Gewalt unterliegt zwar unmittelbarer Grundrechtsbindung, die „Fiskalgewalt" allenfalls mittelbarer Drittwirkung der Grundrechte — doch über sie werden alle wesentlichen grundrechtlichen Sinngehalte zugunsten des Bürgers auch gegen-

[44] Siehe bereits *Leisner*, W., Grundrechte und Privatrecht 1960, S. 149 m. weit. Nachw.

über den Eigengesellschaften zum Tragen gebracht, insbesondere dort, wo die Gesellschaft eine monopolähnliche Stellung einnimmt. Von faßbarer Bedeutung ist hier ja allein der Gleichheitssatz, der aber wird von der Rechtsprechung auch im Verhältnis Bürger – private Eigengesellschaft angewendet[45].

Ein öffentlich-rechtlicher Anspruch des Bürgers gegen die Eigengesellschaft[46] würde zwar im Amtsverfahren der Verwaltungsgerichtsbarkeit ablaufen und *nicht der Verhandlungsmaxime des Zivilprozesses* unterworfen sein. Es bedürfte aber noch vertiefter Untersuchung, ob dies wirklich als ein entscheidender Nachteil für den Rechtsuchenden anzusehen ist, berücksichtigt man die Annäherung von Zivil- und Verwaltungsprozeß in diesem Punkt.

Insgesamt ist es, soweit ersichtlich, bisher doch nirgends zu Mißständen schwerwiegender Rechtsverkürzung zu Lasten des Bürgers gekommen; und dies wird um so weniger der Fall sein, je mehr die Verwaltungsträger ihren Eigengesellschaften satzungsmäßig die Bedienung der Bürger im öffentlichen Interesse ausdrücklich zur Pflicht machen und dafür ein (Quasi-)Monopol besteht — das Übrige wird die Zivilgerichtsbarkeit erledigen und die Eigengesellschaften zur Leistung zwingen. Und auch einer verwaltungsgerichtlichen Klage steht doch letztlich in der Regel ein Ermessenseinwand entgegen.

Festzustellen bleibt: Der Rechtsschutz des Bürgers gegenüber der Eigengesellschaft kann nur auf dem Wege des Zivilprozesses realisiert werden. Dies allein ist systemkonform; jede Verwischung der Klarheit der Rechtswegtrennung durch öffentlich-rechtliche Klagen gegen private Eigengesellschaften ist zu vermeiden[47], weil dies die ohnehin prekäre Unterscheidung von privatem und öffentlichem Recht im Wirtschaftsverwaltungsrecht noch mehr verunklaren müßte.

Ob nach all dem noch eine Notwendigkeit besteht, dem Bürger einen *Ingerenzanspruch* gegenüber den Gebietskörperschaften auf Einwirkung gegenüber der Eigengesellschaft zuzubilligen[48], mag zweifelhaft sein. *Wenn Staat und Gemeinden ein Wahlrecht zusteht, in welcher Weise sie Verwaltung führen, so muß dies ernstgenommen, es sollte nicht dadurch wieder unterlaufen werden*, daß „dann doch noch" ein verwaltungsgerichtlich durchsetzbarer Anspruch gegen die Gebietskörperschaften gewährt wird. Wenn dies aus Gründen des Rechtsschutzes sich als notwendig erwiese, so müßte die Wahlfreiheit der öffentlichen Hand neu überdacht werden.

---

[45] BGHZ 52, 325.

[46] Wie ihn etwa *Ossenbühl*, F., DVBl. 1973, S. 289 ff. erwägt.

[47] Es sei denn, diese seien ausnahmsweise beliehene Unternehmen.

[48] Im Sinn von *Püttner*, G., DVBl. 1975, S. 353.

Übrigens: Die Einwirkungsrechte der Gebietskörperschaften reichen gar nicht zu solcher Ingerenz aus, sie bleiben wohl weithin wirkungslos (vgl. oben 2) — noch weit ineffizienter als jeder zivilprozessual durchsetzbare Anspruch gegen die Eigengesellschaft.

b) Die Einschränkung der parlamentarischen Kontrolle

Nicht beim Rechtsschutz des Bürgers liegen die Probleme, sondern im *entscheidenden Abbau der parlamentarischen Kontrolle*, zu dem es durch die Schaffung von Eigengesellschaften kommt. Im Recht der Staatsbeteiligungen ist darauf hingewiesen worden[49], bei den Eigengesellschaften der Daseinsvorsorge tritt dieser Gesichtspunkt erstaunlicherweise zurück.

Und doch kann nicht zweifelhaft sein: Eigengesellschaften werden von der parlamentarischen Kontrolle nur mehr auf vielen Umwegen, praktisch werden sie kaum noch „erreicht", jedenfalls nicht mehr im Sinne laufenden Einflusses. Das Stadt- oder Staatsparlament muß sich an die Exekutive wenden, diese an die entsandten oder bestellten Organe der Gesellschaft; jene hält der Volksvertretung den „Bereich der Regierung", diese der Exekutive die Rechte der Gesellschaft entgegen — wenn „Regierungsvertreter" im Namen des Parlaments Änderungen verlangen. In die laufende Geschäftsführung hat die Volksvertretung keinen Einblick. In vielen Fällen sind Abgeordnete oder Gemeinderäte in den Gremien der Eigengesellschaften nicht vertreten. Selbst wo dies aber der Fall ist, ziehen sie sich rasch und nicht ungern in den Schutz ihrer „Organstellung" zurück und besprechen allenfalls noch mit den Vertretern der Exekutive die Geschäftspolitik, nicht mit den anderen Volksvertretern.

Es kommt auf diese Weise zu einer „Notablierung der Politik in Management", zur Abschwächung der Publizität, zu einer faktischen Beschneidung vor allem der Rechte des jeweiligen Parlamentsplenums — es muß sich damit begnügen, daß einige seiner Vertreter als „Unternehmens-Politiker" die Unabhängigkeit des Abgeordneten mit der des Managers vertauschen.

Zwar mag noch immer die Geschäftspolitik Gegenstand von Debatten der Volksvertretung sein, vor allem in den Kommunen, und wo Nachschußpflichten bestehen, Garantieverpflichtungen erfüllt werden müssen, tritt die Haushaltsgewalt der Volksvertreter in ihre Rechte.

Dies alles aber kann nicht darüber hinwegtäuschen, daß die gesamte parlamentarische Kontrolle in einer anderen Grundstimmung stattfindet, als wenn Regiebetriebe bestünden, und daß die Volksvertretung in der Regel auf Ei-

---

[49] Siehe *Ress* (Fn. 3), S. 148.

gengesellschaften geringeren Einfluß hat als im Falle von Eigenbetrieben, wo oft in den Aufsichtsgremien für Volksvertreter viel mehr Platz ist.

Die Selbständigkeit der Eigengesellschaft wird häufig vorgezogen, um die parlamentarische Kontrolle abzuschwächen — und diese Selbständigkeit wird tagtäglich, im kleinen und im großen, vor allem in einzelnen Beziehungen betont: Nicht so sehr zwischen Gesellschaftsorganen und Exekutive als vielmehr zwischen dieser und dem Parlament. Die große Einheit der Exekutive wölbt sich auch noch über die Eigengesellschaften, die Gewaltenteilung wird durch sie verstärkt — zu Lasten der Parlamente.

Hier entstehen nicht ministerialfreie, sondern parlamentsfreie Räume, weithin unbemerkt und in größtem Umfang. Das „Privatrecht" wird gegen die Volksvertretung ausgespielt — letztlich aber „Effizienz" gegen „Demokratie". Damit erreicht ein Phänomen, das scheinbar nur aus Problemstellungen wirtschaftlich-organisatorischer Zweckmäßigkeit erwächst, eine staatsgrundsätzliche Dimension: Die Eigengesellschaft der öffentlichen Hand ist *auch*, vor allem vielleicht, ein Zeichen des Mißtrauens gegen jene Parteipolitik, welche den Staat beherrscht, vor der man aber die Tür der Vorstandsetagen schließen will, und seien diese noch so bescheiden.

Dies ist die eigentliche Entscheidung bei den Eigengesellschaften: ob die Verwaltung besser funktioniert mit weniger Politik.

Gefährdungshaftung im öffentlichen Recht?*

„Souveränität ist Herrschaft ohne Kompensation" — auf daß dieses vielzitierte Wort von Eduard Laferrière[1] endgültig abgelöst werde durch das Prinzip: „Staat ist Sekurität, Sekurität heißt Reparation",[2] gelten die vorliegenden Erörterungen Fallgruppen von Schädigungen durch Hoheitseingriffe, die bisher nur schwer in das Zusammenspiel des deutschen öffentlichen Schadensausgleichsrechts einzuordnen waren, und damit der Besinnung auf eine Neugestaltung des Systems selbst. Es sind Fälle schuldloser Schädigung, die man unter den Begriff einer öffentlich-rechtlichen „objektiven" Gefährdungshaftung stellen will.[3]

Gerade hier mahnt uferloses Schrifttum: Jeder Einzelbetrachtung muß ein Ausmessen des geistigen Raumes vorangehen, in dem die Diskussion stattfindet und damit ein wenigstens umrißhaftes Erfassen der großen Gegensätzlichkeiten, zwischen denen nicht nur erkennend die Lösung gefunden, sondern entscheidend geschaffen werden muß.

Andeutungen sollen deshalb die Vorstellungspaare ins Bewußtsein heben, welche die gegensätzlichen Argumente tragen werden. Größte Antithesen des heutigen Rechts erscheinen hinter den folgenden Darlegungen: Verschuldenshaftung steht gegen Verursachungshaftung, und damit vielleicht Indeterminis-

---

* Erstveröffentlichung in: Veröffentlichungen der Vereinigung der Deutschen Staatsrechtslehrer, Heft 20, Berlin 1963, S. 185–245.

1 Der Hauptbegründer der französischen rechtsstaatlichen Verwaltungsrechtswissenschaft hatte damit allerdings – wie oft übersehen wird – nur eine Haftung für Akte der Gesetzgebung ausschließen wollen: „La loi est, en effet, un acte de souveraineté et le propre de la souveraineté est de s'imposer à tous, sans qu'on puisse réclamer d'elle aucune compensation" (Traité de Juridiction administrative, 2. Aufl., Paris 1896, Bd. II, S. 13). Immerhin setzte er die ominösen Beschränkungen der Staatshaftung, auf die der Arrêt Blanco verweist, mit der Formel gleich, je „höher" die Funktion stehe (d.h.: je näher der „Souveränität"), um so weniger werde gehaftet (a.a.O., S. 183 f.) — eine Reminiszenz an die „staatshaftungslose" Periode des 19. Jahrh. (vgl. dazu die Pariser Thèse von *Koechlin,* H.-F., La Responsabilité de l'Etat en dehors des contrats, de l'An VIII à 1873, Paris 1957).

2 „Sekurität" steht hier nicht im – bisher noch so unbestimmten! – Raum der Sozialstaatlichkeit: Diese trägt nur einen grenzausgleichenden Härteschutz (vgl. dazu m. Nachw. *Leisner,* Grundrechte und Privatrecht, München 1960, S. 162 ff.). Würde sie aber zu Forderungen allgemeiner materieller Gleichheit eingesetzt, so ginge sie in ihrer Dynamik wiederum weit über die Funktion einer statisch-ausgleichenden Haftung hinaus. Diese muß aber *stets* vornehmlich, wenn auch nicht ausschließlich, als „Komplementärinstitut" zur verwaltungsgerichtlichen Kontrolle und damit im Raum der Rechtsstaatlichkeit gesehen werden, was auch die historische Entwicklung beweist.

3 Vgl. f. and. *Forsthoff,* Lehrbuch des Verwaltungsrechts, 8. Aufl. 1961, S. 315 f.

mus gegen Determinismus, Moral gegen verhaltensblindes Recht; Recht als Spiegelbild jeweiliger allgemeiner Entwicklungslage der Gemeinschaft und deshalb als heute „zu Objektivierendes“ gegen dasselbe Recht als beharrende, den Entwicklungsstrom eindämmende Punktualregelung;[4] „Gefahr“, die Angstvorstellung unserer Zeit, als neuer Rechtsbegriff in seiner unheimlichen Unbestimmtheit technischer, übermenschlicher Potentialität entsprechend, tritt der klaren Beziehung „Verursachung – Schaden“ gegenüber.

Diesen Antithesen aus dem Rechtsbegriff selbst überlagern sich tiefe *staatsrechtliche* Gegensätzlichkeiten.[5] Dem Gemeinwesen frühliberaler Vorstellungswelt, das „wie ein Privater haftet“, tritt der „Staat als der ganz andere“, die allmächtige innerstaatliche Souveränität mit dem Zugeständnis einer „besonderen Haftung“ gegenüber. Innerhalb dieses Staatsbegriffes erscheint noch die Gegensätzlichkeit von „totalem Rechtsstaat“ (Rechtsersatzstaat) und sozialem Verteilungsstaat, der Ausgleich, nicht Schadensersatz fordert. Bei der Organisation dieses – wie immer verstandenen – Gemeinwesens schließlich fragt es sich: Ausdehnung des Schadensausgleichs nach allgemeinen Grundsätzen oder Formeln, oder nur auf Grund von Sondergesetzen, durch speziell-legislativen Akt oder „richterlichen Willen“?

Gerade weil diese großen allgemeinen Antithesen alles Bemühen – vielleicht unbewußt – lenken, muß rechtliche Betrachtung einen nahen Blick auf die konkreten entwicklungsmäßigen und dogmatischen Gegebenheiten des Problems richten. Zwischen den Antithesen muß ein solider Unterbau in „dogmatischer Induktion“ errichtet werden, der sich einer Seite bereits zuneigen mag, seinen krönenden Abschluß aber nur in letzter Deduktion aus den großen Begriffen finden wird.

Ein oberflächlicher Blick über das heute praktizierte öffentliche Haftungs- und Entschädigungsrecht zeigt ein Bild antinomieloser, geschlossener Systematik. Die Ausstrahlungen seiner beiden Pole – Aufopferung / Enteignung und Staatshaftung – scheinen nicht nur das Zwischengebiet der schuldlos-rechtswidrigen Schädigungen völlig zu erfassen, sie überlagern sich neuerdings im Raum schuld*haft*-rechtswidriger Schadenszufügung[6]. Ausdrücklich

---

[4] *Deshalb* sind die vorstehenden Bemühungen um die Auslegung – d.h. heute nur mehr um die „dynamische“ oder „mehr statische“ Form einer Objektivierung – den folgenden Untersuchungen in besonderem Maße vorgreiflich.

[5] Besonders klar (für das Privatrecht) erkannt schon von *Esser,* J., Grundlagen und Entwicklung der Gefährdungshaftung, München u. Berlin 1941, S. 80 ff.; in Frankreich ist die staatspolitische Akzentuierung in der Diskussion deutlich fühlbar, vgl. etwa *Berlia,* G., „Essai sur les fondements de la responsabilité civile en Droit public français“, Revue du Droit public (RDP) 1951, S. 703 / 5.

[6] BGHGZ 13, 88 und BHGZ 14, 363; kritische Äußerungen dazu (m. Schrifttum) bei *Lerche,* P., Amtshaftung und enteignungsgleicher Eingriff, JuS 1961, S. 238.

im Namen der Lückenlosigkeit gleicher, ausgleichender Schadloshaltung[7] scheint so prätorische Rechtsprechung dem Ideal einer materiell-rechtlichen „Entschädigungsgeneralklausel" nahe zu kommen.

Doch der Schein trügt: Das „geschlossene System des öffentlichen Entschädigungsrechts", jener alte und neue Wunschtraum des deutschen Staatsrechts,[8] ultima ratio und letzte Vollendung des Rechtsstaats, scheitert immer wieder an der Bipolarität des Entschädigungsrechts — aus zwei Gründen: Staatshaftung und „Aufopferung" – wie der Kernbegriff des Entschädigungsbereichs hier abkürzend genannt wird – sind verschiedenartige Schadensausgleichsgrundlagen[9] und deshalb nicht voll abgrenzend zur Deckung zu bringen; sie haben überdies in den letzten Jahrzehnten eine unvergleichbare Expansionsdynamik entfaltet: Die Aufopferung ist aus dem schmalen Raum der „klassischen" Enteignung zu einem allgemeinen Entschädigungsprinzip für hoheitliches Handeln emporgewachsen[10]. Neben ihr wird die Berechtigung der verschuldensbestimmten Staatshaftung problematisch,[11] die sich demge-

---

[7] Diese „erst-recht"-Logik (*Forsthoff,* a.a.O., i. Anschluß an BGHZ 7, 296) trägt im Grunde hier die gesamte Entwicklung der deutschen Rechtsprechung. Lückenlosigkeit *ist das* Ideal (nicht nur ein Idol, vgl. *Lerche,* a.a.O., S. 239, Anm. 17) und muß es also auch für die folgenden Erörterungen sein. Dabei darf „Lücke" aber *nur* ein Fall von systemwidriger Ungleichbehandlung sein — „Lückenlosigkeit" bedeutet nicht a priori „totale Schadloshaltung für alle". Ein bedenkliches Pendeln von einem Lückenbegriff zum anderen (und insoweit hat *Lerche* recht) muß unbedingt vermieden werden (Fall des oft zu beachtenden „Umschlagens des Methodischen ins Materielle").

[8] Vgl. z.B. *O. Mayer,* Deutsches Verwaltungsrecht, 2. Aufl. 1917, 2. Bd., S. 537; zu neueren „Systematisierungs"-Bemühungen vgl. u.a. *Haas,* D., System der öffentlichrechtlichen Entschädigungspflichten, Karlsruhe 1955, S. 14/15, 56 f.; klar *U. Scheuner,* JuS 1961, S. 249 (vgl. die umfangreichen Systematisierungsversuche *innerhalb* des Entschädigungsrechts bei *Janssen,* G., Der Anspruch auf Entschädigung bei Aufopferung und Enteignung, Stuttgart 1961, insbes. S. 133 ff.).

[9] Woraus der BGH in den zitierten Entscheidungen gerade die Überlagerungsmöglichkeit herleitet. — Der Grund ist die Unmöglichkeit, ein einheitliches „fondement" der „Verantwortlichkeit des Staates" aufzufinden (zum Begriff des „fondement" grundlegend *Ch. Eisenmann,* Sur le degré d'originalité usw., Semaine juridique 1949, S. 751 ff.; dazu *Esser,* op. cit. 66/67 unter Verweis auf *Burckhardt/Reinhard,* Gutachten in: Verhandlungen des 41. Dt. Juristentages, Tübingen 1955, S. 270; einen bis ins Verwaltungs(verfahrens)recht hineinreichenden Versuch zur Schaffung eines einheitlichen „Wiedergutmachungsprinzips" unternimmt *Chr. Menger,* Jellinek-Gedächtnisschrift 1955, S. 347 ff. (350) (nach der Eisenmannschen Kategorisierung läge aber hier *nicht* das allein aufzusuchende „fondement-justification", sondern nur ein fondement = raison de politique législative vor. Diese Unterscheidungen müssen in Deutschland noch präzisierend eingeführt werden). Vgl. auch *Scheuner,* DÖV 1955, 545 ff. (548).

[10] Zur historischen Entwicklung der „Aufopferung" vgl. insbes. *Katzenstein,* Entschädigungspflicht des Staates für schuldlos-rechtswidrige Ausübung hoheitlicher Gewalt, Hamburg 1935, S. 15 ff., neuerdings *Janssen,* op. cit. S. 22 ff. (m. Nachw.). Die „vorenteignungsmäßige" Allgemeinbedeutung der Aufopferung kann hier außer Betracht bleiben.

[11] Vgl. die scharfen Angriffe von *Haas,* op. cit. S. 57 f.

genüber nur unwesentlich „ausdehnen" konnte. Dieses Nebeneinander könnte deshalb in eine Hegemonie des objektiven Entschädigungsrechts umschlagen, ohne daß die verfassungsrechtlich verankerte Staatshaftung in absehbarer Zeit verschwände.

Weit ist man also entfernt von einem ausgewogenen „System" — die Harmonie sogar eines Nebeneinanders ist bedroht und die Lückenlosigkeit ebenso in Gefahr wie die Einheitlichkeit. Das Entschädigungsrecht ist nicht im System, es ist in der Krise!

Die beiden angedeuteten Schwierigkeiten weisen den Weg der Neubesinnung: Es müssen Fälle aufgesucht werden, an denen die „Nichtdeckung" sich erweist. Sie werden auch zeigen, ob das herkömmliche Staatshaftungsrecht seinerseits noch Expansionsdynamik besitzt, ob so ein Gleichgewicht im öffentlichen Entschädigungsrecht i.w.S. herauszustellen ist[12], und ob die beiden heterogenen Ausgleichsgrundlagen harmonisierbar sind. Diese Fälle, im wesentlichen, möchte eine neuere Lehre,[13] in Erkenntnis der Nichtdeckung, einem dritten Pol, einer öffentlich-rechtlichen Gefährdungshaftung zurechnen. Dies ist gleichzeitig ein Beitrag zu dem größeren Gebiet der schuldlos-rechtswidrigen Schädigungen, auf dem, wenn überhaupt, Staatshaftung und Aufopferung sich treffen.

Die Expansionskraft des Aufopferungsdenkens erwächst aus seiner vorkritischen Allgemeinbezogenheit auf hoheitliches *Tun.* Dies aber ist auch seine erste Grenze: Es muß ein „Eingriff"[14] vorliegen. Er fehlt nach der

[12] Ein brauchbarer „Oberbegriff" für Aufopferung/Enteignung-Schadensersatz muß entwickelt werden, ist aber schwer zu finden: „Schadensausgleich" und „Wiedergutmachung" sind anderweitig terminologisch festgelegt. „Entschädigungsrecht" und „staatliche Ersatzleistungen" weisen einseitig in die Nähe eines der beiden „Pole". M.E. ist letzterem Ausdruck (Ersatzleistungsrecht) doch noch der Vorzug zu geben.

[13] Vgl. zur Problematik der öffentlich-rechtlichen Gefährdungshaftung: *Barkhau,* Öffentlich-rechtliche Entschädigung bei Nothilfeleistungen, Stuttgart/Köln 1954, S. 84; *Bachof,* Die verfassungsgerichtliche Klage auf Vornahme einer Amtshandlung, Tübingen 1951, S. 117; *Bettermann,* DÖV 1954, 299 f.; *Dürig,* JZ 1955, 521 (523/4); *Forsthoff,* a.a.O.; *Haas,* D., op. cit. S. 67; *Hubmann,* H., JZ 1958, 489 ff. (489, 492); *Janssen,* op. cit. S. 157/8; *Katzenstein,* op. cit. S. 26 f. m. Nachw.; *Katzenstein,* MDR 1952, 194/5; *Menger,* op. cit. S. 355 (vgl. Anm. 25); *Reinhardt,* DÖV 1955, 542 ff. (insbes. S. 544 f.); *Reinhardt,* Gutachten cit. S. 256 ff.; *Rinck,* Gerd, Gefährdungshaftung, Göttingen 1959, S. 12 f.; *Schack,* Verhandlungen d. 41. Dt. Jur. T., S. 25 f.; *Schack,* BB 1956, 409 ff. (411); *Schack,* JR 1958, S. 207 ff.; *Schack,* MDR 1953, 514 ff. (516); insbes.: *Schack,* Gefährdungshaftung auf dem Gebiete des deutschen öffentlichen Rechts, DÖV 1961, 1377 ff.; *Scheuner,* DÖV 1955, 545 ff. (545 u. 548); *Weimar,* JR 1958, 96; *Zeidler,* DVBl. 1959, 681 ff. (685).

[14] Vgl. Schrifttum zu dieser Frage bei *Lerche,* JuS 1961, S. 240, Anm. 20, sowie *Schack,* DÖV 1961, 1377 ff., insbes. Anm. 18 (ablehnend).

Rechtsprechung[15] vor allem in folgenden Fällen, auf welche die folgenden Betrachtungen immer wieder zurückkommen werden.

1. Hoheitsgewalt wird überhaupt nicht eingesetzt — Schädigungen durch schuldlos-rechtswidriges *Unterlassen* einer Hoheitshandlung[16].

2. Hoheitsgewalt sollte dem *Geschädigten* gegenüber nicht eingesetzt werden — (*ungewollte* Schädigungen): Schäden durch abirrende Folgen hoheitlichen Eingriffs, und zwar a) Abirren bei hoheitlicher Tathandlung (Splittereinwirkung auf militärgeländenahen Grundstücken)[17], b) Abirren hoheitlicher Rechtshandlung:[18] Leuchtspurmunition eines Warnschusses - bei verwaltungsaktlicher Aufforderung zum Stehenbleiben - ruft einen Brand hervor. Hierher gehören wohl auch Schäden durch „abirrende Verwaltungsakte" — ein belastender Akt etwa kommt „zufällig" zur Kenntnis eines anderen, der dadurch einen Zusammenbruch erleidet. Leicht kann solches bei den modernen „Verwaltungsfabrikaten" eintreten[19], weil ein „Abirren" m.E. auch vorliegt, wenn ein Eingriff „in dieser Höhe" (Steuer!) nicht gewollt ist.

3. Hoheitsgewalt schädigt einen Dritten als „Nebenwirkung" eines gegen einen anderen gerichteten Eingriffs — es liegt Schädigung durch gewollten, aber *nicht gezielten* Eingriff vor.[20]

4. Auf Hoheitstätigkeit geht nur der Zustand zurück, mit dem der Geschädigte in Kontakt gerät, ohne daß der Staat „noch einmal" *speziell* eingreift — ein Unterfall der ungewollten Eingriffe, bei dem die Hoheitstätigkeit „ferner" ist, sich in der Zustandsschaffung erschöpft, z.B. a) Schädigung durch Sachzustände (Umfallen eines Postautos[21]; Herunterhängen eines Kabels[22]) — was künftig in dem Maß größere Bedeutung erlangen dürfte, in welchem vom

---

[15] Und von *diesen* Fällen muß vor jeder dogmatischen oder rechtspolitischen Erwägung zunächst ganz empirisch ausgegangen werden. Zu der - hier durchaus nicht grundsätzlich ausgeschlossenen - Möglichkeit einer Ausdehnung des Eingriffsbegriffs vgl. unten!

[16] Nach BGH 25.4.60, LM Art. 14 GG, Cc 8 fehlt es hier an einem „Eingriff".

[17] Vgl. den vom OLG Celle, JZ 1961, S. 372 (m. Anm. *Schack*) entschiedenen Fall, wo das Gericht vergeblich versucht, das Abweichen von der Rspr. des BGH (12, 57; 23, 235) durch Hinweis auf ein angebliches Schwanken der höchstrichterlichen Rspr. (vgl. dazu unten Anm. 31) zu decken.

[18] Vgl. *Wilke,* Zur Haftung des Staates, Frankfurt 1960, S. 60/1 (das LG Kiel ist, soweit ersichtlich, in der Entscheidung auf das Problem nicht eingegangen [NJW 1957, 994]).

[19] Freilich nur unter der Voraussetzng, daß sich das *menschliche* „Handeln" aus der Inhaltsgestaltung oder aber „Richtung" des Aktes völlig eliminieren läßt, wie *Zeidler,* DVBl. 1959, 681 ff. (686) annimmt.

[20] Vgl. BGHZ 8, 274 und 23, 161 einerseits, BGHZ 23, 240 und 31,1 andererseits. Über angebliche „Widersprüche" in dieser Rspr. vgl. unten Anm. 31.

[21] Vgl. *Scheuner* in JuS 1961, 248.

[22] Fall v. RGZ 147, 353 (356).

Staat geschaffene Zustände „gefährlicher werden"[23]. Sowie b) Schädigungen durch Menschen[24], die im Gewahrsam der Hoheitsgewalt stehen (ein Sträfling verletzt den anderen)[25].

5. Derselbe Fall bei nicht vom Staat *geschaffenen* Zuständen: a) „Unfreiwillige Helfer" kommen zu Schaden[26] (vom Arbeitsamt eingesetzte Arbeiter infizieren sich bei Antiseucheneinsatz), b) der freiwillige Helfer wird geschädigt: Ein Festgenommener ersticht den ihn „bewachenden" Passanten[27].

6. Hoheitsgewalt wird gewollt, gezielt, speziell eingesetzt, sie führt aber nicht zu „typisch hoheitlicher Schädigung", weil entweder a) der Staat rein „im privaten Interesse" handelt (Eröffnung des Konkursverfahrens[28]), oder b) Hoheitsgewalt „als solche" eingesetzt wird, wenn die Handlung privatrechtlich vorgenommen worden wäre (der Bienenfall des BGH[29]).

All diesen Fällen ist eines gemeinsam: Hoheitsgewalt sollte dem Geschädigten gegenüber gar nicht, oder nicht als solche eingesetzt werden, ihre Handhabung hat aber „Auswirkungen" auf ihn gezeitigt. Der hoheitliche Handlungswille scheint entscheidend zu sein — da er aber die rechtliche Ka-

---

[23] Auch wenn jede Einwirkungsmöglichkeit bei den „Verwaltungsmaschinen" (vgl. oben Anm. 19) auszuschließen ist, steht ihre „Tätigkeit" näher bei 2), wenn auch eine Grenze zwischen 2) und 4) logisch kaum zu finden ist, so daß die Bedenken der Rspr. zu a) auch für 4) gelten müssen.

[24] BGH 17, 172 — das Gericht kommt hier schon deshalb zu einer ablehnenden Entscheidung, weil die „Opfergrenze" nicht erreicht sei (zutreffend die Kritik bei *Wilke*, a.a.O., S. 61/2). Auch kann noch leichter bei den „Körperschäden" vom Eingriff abgesehen werden (vgl. den „enteignungsgleichen Eingriff") als bei den „Vermögensschäden", bei denen ja der Eingriff unumgänglich nötig zu sein scheint. Die Fälle zu 4) und 5) erhalten also ihre *volle* Problematik erst im Zusammenhang mit der fragwürdigen (neuerdings etwa wieder von *Janssen,* op. cit. passim, insbes. S. 156/7) heftig bekämpften Trennung von Aufopferung und enteignungsgleichem Eingriff (vgl. dazu *Schack,* JZ 1956, 425 ff.) durch den BGH, was *Schack* (Gefährdungshaftung, DÖV 1961 cit.) nicht verkennt, aber m.E. nicht stark genug betont.

[25] Der französische Staatsrat hat hier das „Zustandshaftungsproblem" klar erkannt und im Arrêt Thouzellier (3.2.1956) Haftung ohne Verschulden bei entwichenen Fürsorgezöglingen angenommen, die Schaden in so weiter Entfernung von der Anstalt angerichtet hatten, daß die herkömmliche Konstruktion des „risque de voisinage" kaum mehr tragen konnte. Nur wieder bei Verschulden allerdings wird Haftung im ähnlich gelagerten Fall Rakota-Rivouy (3.10.58, Recueil S. 470) gewährt.

[26] Abgedruckt in der Zschr. für Heimatwesen 1942, S. 164.

[27] RG JW 1927, 441: bezeichnenderweise mußte das RG seine Zuflucht zu bedenklichen Vertragskonstruktionen nehmen.

[28] BGHZ NJW 1959, 1085; vgl. auch BGHZ NJW 1959, 1272 = LM Nr. 3 zu § 945 ZPO.

[29] BGHZ 16, 366 (NJW 1955, 747), wo übrigens die Verbindung zur reinen privatrechtlichen Gefährdungshaftung – über die Versagung der negatorischen Klagen – deutlich wird.

tegorisierung nicht bestimmen darf, besser gesagt: der „objektive" Ausdruck des Gestaltungswillens der Verwaltung. Ein *Eingriff* liegt also, nach dieser Praxis, nur bei Schädigung *durch primär und typisch hoheitsrechtliches, gezieltes und spezielles Handeln vor.*

Der Begriff ist zwar problematisch[30] — jedes seiner aufeinander kaum zurückführbaren Merkmale ist dehnbar: Beim „gezielten" Eingreifen kommt es *auch*[31] auf die jeweilige Ausdehnung des beeinträchtigenden Rechts an, die nur eine umfangreiche Judikatur klären kann. Die „Spezialität", und damit die „Ferne" des „schädigenden Zustandes" ist nur fallweise zu bestimmen[32]. Das „typisch Hoheitsrechtliche" erschließt nur bestreitbare Interessenwertung[33]. Trotz dieser Elastizität kann aber der Eingriffsbegriff zu vollständiger

---

[30] Worauf *Lerche,* JuS, a.a.O., mit zutreffenden Ausführungen hinweist.

[31] Ein „Widerspruch" in der BGH-Rspr. (vgl. Anm. 20) besteht nur *scheinbar* in der Frage „Eingriff oder nicht", in Wahrheit gehen *alle* Entscheidungen von der Notwendigkeit eines solchen aus. Wenn sie ihn i.F. der Barackenerlaubnis neben einem Ladengeschäft (BGHZ 23, 161) und bei Schäden durch Veränderungen der Straßen (BGHZ 30, 241) bejahen, bei Schäden durch die Veränderung der Wohnlage (BGHZ 23, 240) und bei solchen, die durch Verbot der Arbeitgeberin (KPD) entstanden sind, ablehnen, so liegt darin zunächst eine – im einzelnen bestreitbare – Entscheidung zur *Ausdehnung* des Rechts, die mit der Eingriffsproblematik (die in der Beurteilung der Handlung(srichtung) der Verwaltung liegt) nichts zu tun hat. Sie müßte übrigens auch dann getroffen werden, wenn vom „Eingriff" abgesehen würde und erschiene dann bei der „Aufopferung der Rechte" wieder. Daß dann, wenn der Umfang des Rechts festliegt, *noch* die „Handlungsrichtung" zu prüfen ist, die Verwaltung also *zwei* Reihen von Einwendungen geltend machen kann, müßte klarer als bisher herausgearbeitet werden, wenn die Widersprüchlichkeit beseitigt werden und die besondere „Beschränkung" der Aufopferung durch das „Eingriffserfordernis" klar sein soll. Dies läuft zweifellos auf eine Privilegierung der Verwaltung bei der Aufopferung hinaus, die aber deren ganzer Struktur entspricht und einem Ausschluß jeder Art von Ersatz für „mittelbare Schäden" gleichkommt, wie er wohl am besten zur „Enteignung" (vgl. die *Höhe* der Ersatz*leistungen!*) paßt. Hinter der angeblichen Berücksichtigung des „subjektiven Verwaltungswillens" steckt also das objektive Anliegen des Ausschlusses des Ersatzes für mittelbare Schäden, das nicht mit Argumenten gegen jene „Subjektivität" überwunden werden kann.

[32] Darum, und *nicht* um die der „Ausdehnung des Rechts" entsprechende (vgl. Anm. 31) Bestimmung der materiellrechtlichen Opfergrenze handelte es sich im Grunde bei den Erörterungen des BGH im Gefangenenfall (BGHZ 17, 172). Freilich läßt sich das wieder – wie es verwirrenderweise oft getan wird – „rein materiellrechtlich" fassen (Frage: „hat der Gefangene ein Recht" darauf, nicht [unter den besonderen Verhältnissen] verletzt zu werden), man geht aber dabei an der *besonderen* Problematik der „Rechtsverengung" bei der Aufopferung vorbei: Das „Recht" hat ja der Gefangene (er darf ja auch zur Notwehr schreiten, Rechtswidrigkeit ist auch ein allseitiger Begriff! Vgl. K. *Engisch,* Die Relativität der Rechtsbegriffe, Betti-Festschrift, I, Mailand 1961, S. 333 f.) — *aber* u.U. kein Recht auf *Ersatz* wegen „Zustandsferne". Die kontingente Beschränkung der Ersatzrechte bei der Aufopferung erscheint klar.

[33] Wenn man nicht – u.U. außerdem noch – auf die Form des Handelns abstellt. — Wenn der BGH auch nicht-verwaltungsaktliche Eingriffe genügen läßt (vgl. BGHZ 24, 45; 25, 238), so wird dadurch nur das Zwangsmoment abgeschwächt, nicht das Eingriffserfordernis fallengelassen.

Erfassung aller Ersatzleistungsfälle in absehbarer Zeit nicht ausreichen. Er beschränkt also erheblich die Anwendbarkeit des Aufopferungsgedankens.

Es klafft so eine in ihrer Ausdehnung erhebliche, ja, was schwerer wiegt, gar nicht eindeutig abzusteckende Lücke zwischen Aufopferung und Staatshaftung. Freilich könnte ihre Schließung durch weitere Ausdehnung[34] der Grundgedanken von §§ 74/75 Einl. ALR versucht und die „Nötigung" bereits in der Schaffung einer unentrinnbaren Lage gesehen werden. Schon aus allgemein-rechtstheoretischen Gründen wäre ferner Tun und Unterlassen gleichzustellen[35]. Dem BGH könnte vorgeworfen werden, er verschließe sich anachronistisch den Weg der Ausweitung: Er lehne sie im Grunde doch nur ab, damit man sich nicht zu weit vom „Kern der Enteignung", dem „etwas Wegnehmen" entferne, der den ganzen Entschädigungs-Aufopferungsbereich präge. Stellt die Enteignung, wie neuerdings behauptet wird[36], dagegen ihrerseits eine historisch-kontingente Verengung der ursprünglich weiten Aufopferung dar, so wäre ihre Wiederausweitung zur „Beeinträchtigung" entwicklungsfolgerichtig. Dennoch — die Rechtsprechung ist heute, zu Recht oder zu Unrecht, derart auf den Ausgangspunkt des *Ent*-eignens festgelegt, es ist auch die „allgemeinere" Wurzel der Aufopferung historisch so fern, daß eine Änderung zunächst kaum erwartet werden kann[37].

---

[34] So *Schack,* Die Gefährdungshaftung, a.a.O., eine solche Ausdehnung ist eine der Hauptthesen der Arbeit von *Janssen,* op. cit. passim. insbes. S. 22 ff., 101 ff., 153 ff.

[35] Demnach wird man gerade hier vorsichtig sein müssen: Es gehört zu den Privilegien der Hoheitsgewalt, daß die Folgen eines Unterlassens ihrerseits nicht dieselben Rechte – auch nicht dieselbe prozessuale Durchsetzbarkeit – verleihen, wie positives Tätigwerden. (Vgl. für die Tätigkeit des Gesetzgebers die Verfassungsbeschwerde gegen Gesetze — und ihre grundsätzliche Ablehnung bei legislativer Untätigkeit.) Im verwaltungsgerichtlichen Verfahren ist nunmehr die Gleichstellung weitgehend vollzogen (vgl. aber neuerdings für den prozessualen Seitenbereich der teilweisen Erledigung der Verpflichtungsklage *Groschup,* DVBl. 1961, 840 ff. [841/2]); es ist eben offenbar im öffentlichen Recht nicht immer möglich, nur von der durch die hoheitliche Tätigkeit (oder ihr Unterlassen!) hergestellten *Lage* aus zu argumentieren — die Tätigkeit *selbst,* in ihrer besonderen *Freiheit* des „Ob" und „Wie" muß in eigenartiger und noch nicht voll geklärter Weise berücksichtigt werden. Daß dahinter eine verstecktes Privileg der Hoheitsgewalt steht, sollte klarer sein, gerade in Verbindung mit der Entschädigungsfrage, und die Ausdehnung nicht als einfache technische Frage juristischen Geschmacks gesehen werden.

[36] *Janssen,* op. cit., z.B. S. 19, 22 f.

[37] Sie würde *vielleicht* noch bei den Fällen möglich sein, wo auch heute Aufopferung (i.d. „älteren" Form) vom BGH gewährt wird, kaum mehr bei den wichtigeren und zahlreicheren endgültig in die Nähe der Enteignung gerückten „Schädigungen an Vermögensrechten". *Weil* aber die Wiedervereinigung der Ersatzleistungskomplexe der früheren „Aufopferung" kaum mehr erwartet werden kann – trotz der heftigen Kritik von *Janssen,* op. cit. und den Bedenken von *Schack,* Gefährdungshaftung cit. – wird der enteignungsgleiche Eingriff immer zentraler, und der Eingriffsbegriff eher noch bedeutsamer werden. — Die tiefsten Bedenken gegen die Rspr. des BGH zum Verhältnis „enteignungsgleicher Eingriff" – Aufopferung kommen übrigens m.E. aus der heute hier kaum noch haltbaren Unterscheidung „Schädigung an Vermögensrechten – an körperlicher Integrität usw.".

Die Einbeziehung der genannten Fälle in die Aufopferung scheitert also wohl schon an demselben Grundgedanken, der ihre bisherige Ausdehnung trug: Aufopferungsentschädigung ist Kompensation für den *Einsatz* der Hoheitsgewalt, nicht für Schäden, die nur durch sie – „mittelbar", wie man weniger klar zu sagen pflegt – verursacht werden, sie ist eigenartige Handlungs-, nicht Verursachungshaftung[38] — eine „vorkritische" Betrachtungsweise vielleicht, aber die einzig ersichtliche Möglichkeit, gewisse Konturen des Instituts zu erhalten und es nicht zur reinen Verursachung ausufern zu lassen.

Und dennoch steht hier der Einwand: Würde nicht eine solche Erweiterung, das Fallenlassen der „Eingriffsgrenze", jenen von Otto Mayer geforderten[39] Idealzustand einheitlicher, absoluter Ersatzleistung herstellen, ja sogar auf Grundlagen, die nur beim Hoheitshandeln gegeben sind und so durch ein *selbständiges* Institut des öffentlichen Rechts die allgemeine objektive *Haftung* begründen? Kann dann eine etwaige Hegemonie der Aufopferung nicht zur Alleinherrschaft werden? Warum noch die Expansionskraft der Staatshaftung untersuchen? Sollte nicht ihr Ende erleichtert werden?

Keineswegs! Ein sie vielleicht sogar noch verdrängendes Vordringen der Aufopferung würde die Stellung der Gewaltunterworfenen erheblich verändern. Die vom BGH mit Recht betonte Verschiedenartigkeit beider Anspruchsgrundlagen bedeutet nicht nur, daß sich beide überlagern, sondern sollte auch Bedenken wachrufen, ob sie sich ersetzen können. *Selbst wenn die erwähnten Fälle eines Tages von der Aufopferung erfaßt werden,* muß *dennoch* gefragt werden, ob sie, und vielleicht die schuldlos-rechtswidrige Staatstätigkeit überhaupt, nicht (doch auch) durch Erweiterung der Staatshaftung erfaßt werden sollten — aus folgenden Gründen:

Die Entschädigungspflicht ist, in ihrer heutigen Gestalt, Ergebnis der Ausweitung eines ursprünglichen eng(er) begrenzten Instituts. Ihre Kontingenz und Unvollständigkeit zeigt sich aber, und gerade deshalb – selbst wenn man ihr alle Tatbestände unterwirft – in dem der Staatshaftung unbekannten, einschränkenden Erfordernis eines *Sonderopfers,* mehr noch in der weit *unvollständigeren Entschädigung.*

Beides hat einen einheitlichen Grund: Die Entschädigung soll nicht jeden Schaden, sondern nur den Verstoß gegen die *Gleichheit* gutmachen[40]. Diese

---

[38] Daß eine Ersatzleistungspflicht weder allgemein noch absolut ist, entspricht durchaus unserer ganz allgemein dem Generalklauselsystem hier abgeneigten Rechtsordnung. Einzeltatbestände können sowohl nach dem geschützten Rechtsgut (vgl. § 823/I BGB) als auch (ähnlich wie hier) nach der Art der Intentionalität der schädigenden Handlung gebildet werden (vgl. § 823/II BGB i. Verb. mit gewissen Schutzgesetzen).

[39] a.a.O.

[40] Ausdrücklich BGHZ 6, 270; gemeinsame Wurzel von Aufopferung und Enteignung ist die Gleichheit.

ist hier nicht reine Chancengleichheit[41] – die ja völligen Schadensausgleich erfordern würde –, sondern eine Art von materieller Gleichheit, die (über den Begriff „enteignungsgleicher Eingriff") nunmehr in Verbindung mit der Eigentumsgarantie steht: Letzterer aber ist es wesentlich, daß Sozialbindungen möglich sind[42], gewisse Differenzierungen (hier: Schädigungen) die Egalität also nicht verletzen. Wieder erweist sich hier die – notwendige – Auflösung der Gleichheit, gegen die nur bei „argen" oder „grundlosen" Differenzierungen verstoßen wird. Für das Entschädigungsrecht bedeutet dies: Ausgleich nur bei argen oder grundlosen Schädigungen und nur soweit, daß die Gleichheit im Kern wiederhergestellt wird, da dies dem Eingriff die gleichheitsverstoßende Schwere nimmt.

Abermals zeigt sich die Enge und, was schwerer wiegt, eine gewisse Konturlosigkeit der Aufopferung: Der Gleichheitsverstoß kann nur fallweise festgestellt werden. Weniger noch als beim Eingriffsmoment kann hier durch *Ausdehnung* erreicht werden, was die Staatshaftung bietet. „Entschädigung" in allen Fällen, Wiedergutmachung „als ob das schadenstiftende Ereignis nicht vorgefallen wäre": Durch solche Erstreckung würden die rechtlichen Grundlagen der Aufopferung verlassen, Art. 3 und 14 GG stünden nur mehr zur Verfügung, wenn absurderweise jede Sozialbindung geleugnet würde.

Dennoch ist neuerdings gerade hier eine teilweise Ausdehnung der Aufopferung versucht worden. Nach dem BGH[43] liegt ein Sonderopfer stets bei Rechtswidrigkeit der Schädigung vor — eine eigenartige Umkehrung der seit Aufgabe der Rechtswidrigkeitsrechtsprechung durch das RG[44] konstant vertretenen Lehre von deren Unbeachtlichkeit: Gerade ein Wesensmerkmal der bisherigen Aufopferung – das Sonderopfer – soll nun automatisch durch die Rechtswidrigkeit ersetzt sein!

---

[41] Zu den verschiedenen „Gleichheits-Begriffen" vgl. *Leisner,* Grundrechte und Privatrecht, 1960, S. 117 ff. m. weit. Nachweisen.

[42] Daß diese im Rahmen von Art. 14 GG vor allem dem *Gesetzgeber* Eingriffsmöglichkeiten bieten, während *hier* Schädigungen meist sogar durch Tathandlungen der Verwaltung in Frage stehen, ändert nichts an dem Gemeinsamen: der „Elastizität" dieses Gleichheits-Eigentumsbegriffes als *solchen,* die sich etwa bei *Knoll,* AöR 1953/4, S. 455 ff., 1956, S. 157 f. zu nahezu völliger Inhaltslosigkeit steigert. Die größte Gefahr liegt bei der Entschädigung gerade in der möglichen Überlagerung der Relativität von „Gleichheit" und „Eigentum" (wichtig, wenn man bei der „Enteignung" nicht die Gleichheitsverletzung *allein* bedeutsam sein läßt).

[43] 25.4.1960 – BGHZ 32, 208 ff. Vgl. die Kritik von *Scheuner,* JuS, a.a.O., S. 245/6.

[44] RGZ 140, 276 (283). Näheres dazu bei *Katzenstein,* Entschädigungspflicht, S. 80 f. m. Nachw.; *Forsthoff,* Lehrb., S. 311 f. — die Verkehrung ins Gegenteil liegt darin: Früher sollte bei Rechtswidrigkeit gar keine Entschädigung zugebilligt werden, heute erleichtert ihre Feststellung deren Gewährung (weil das Sonderopfer nicht mehr nachzuweisen ist).

Die Auffassung des BGH kann nicht gebilligt werden: Die Schädigung wird damit nicht „grundlos" im Sinn der Gleichheit (Grundlosigkeit ist etwas anderes als Rechtswidrigkeit, sie bedeutet völlige „Unbegründbarkeit" — andernfalls wäre jedes verfassungs- und damit rechtswidrige Gesetz zugleich ein Verstoß gegen die Gleichheit, jeder rechtswidrige Staatsakt könnte die Verfassungsbeschwerde eröffnen). Eine rechtswidrige ist auch nicht stets eine „arge" Schädigung. Diese Kategorie bestimmt sich nach Enteignungsrecht von der Substanz her, von der quantitativen und qualitativen Tiefe des Eingriffs aus, die nie durch Charakterisierung einer Handlung als rechtswidrig schon gegeben ist. Die Erstreckung der „Enteignung" wird hier offene Kategorienvermengung.

Kann schon dieser Unterschied zwischen Aufopferung und Haftung nicht ohne Aufgabe des Sonderopferbegriffs beseitigt werden — das letzte Ziel der Angleichung an den Schadensersatz bleibt bereits deshalb unerreichbar, weil der Grundsatz, daß eben nur „arge Gleichheitsverstöße" entschädigungsrechtlich erfaßt werden, in der *Höhe der Entschädigung* wiederkehrt.

Den Schadensersatz umschreibt § 249 BGB: Herstellung des Zustandes, der ohne das schadenstiftende Ereignis bestanden hätte. Entschädigung dagegen ist nur „materieller *Ausgleich* für die auferlegte Vermögenseinbuße"[45]. Dies führt zu folgenden einschneidenden Unterschieden: a) nur der Substanzverlust, nicht „weiterer" wirtschaftlicher Schaden[46] und b) nur der gemeine Wert der Substanz, das, was „alle" darum geben würden,[47] ist ersetzbar; c) Zeitpunkt für die Wertbemessung ist nicht die letzte mündliche Verhandlung, sondern der Augenblick des Eingreifens, der Entwehrung[48], wobei allerdings neuerdings der Entwehrte vom Risiko *allgemeiner* zwischenzeitlicher Wertveränderungen freigestellt wird[49]; d) Aufopferung führt zu pauschalisierender Gesamtentschädigung, beim Schadensersatz bilden die einzelnen Schadens-

---

[45] Klare Gegenüberstellung: BGHZ 6, 270 f. sowie u.a. BGHZ 22 (43).

[46] Vgl. z.B. BGHZ 24.4.56, LM Nr. 20 zu § 26 RLG; BGHZ 15, 23.

[47] Zum Begriff des „gemeinsamen" Wertes vgl. die historisch wohlfundierten, in ihren Ergebnissen aber z.T. nicht unbedenklichen Ausführungen von *Knoll,* E., in AöR 1956, S. 167 f., 342 f.

[48] Grundsätzlich BGHZ 16.11.1953 (11, 156) = NJW 1954, 345; anders BGHZ 28.6.1954 (14, 106 = NJW 1954, 1485) *nur* für den Fall des Fehlens eines förmlichen Festsetzungsverfahrens, aber *nicht,* weil dies *an sich* erforderlich wäre, sondern weil so im Einzelfall ein „gerechterer Ausgleich" erreicht werden kann — also unter Verwendung der typischen, flexiblen, staatsbegünstigenden Entschädigungsformeln.

[49] Eingeleitet schon in BGHZ 28, 160 - NJW 1959, 148, wo auf das „endgültige Ausscheiden der entwehrten Sache aus der konjunkturellen Weiterentwicklung" abgehoben wird und, wohl vorläufig abschließend, BGH 8.6.1959, BGHZ 30, 281: Der Enteignete darf sich zwischenzeitliche Wertveränderungen durch Schwanken des gesamten konjunkturellen Preisgefüges entschädigen lassen, muß aber alle anderen Risiken selbst tragen — wieder ein klares Abheben auf den Gleichheitssatz!

punkte nicht Rechnungsposten, sondern selbständige Ansprüche, die ein eigenes rechtliches Schicksal haben können.[50]

Wohl läßt sich nun auch hier eine gewisse Angleichungstendenz (von Entschädigung zu Schadensersatz) feststellen,[51] die sich schon auf den Zeitpunkt der Wertbemessung und die Art der Restitution erstreckt hat[52]. Einen, den entscheidenden Unterschied aber hebt sie vorläufig nicht auf: „Weitere“ wirtschaftliche Schäden, insbes. entgangener Gewinn, werden nicht ersetzt. Dies aber macht heute oft den entscheidenden Inhalt des Schadensersatzverlangens aus — weil die Bedeutung des Gutes als Wertobjekt hinter der als Produktionschance (entsprechend dem Abfallen der Sachwerte gegenüber dem Wert der Arbeit) zurücktritt.

Und fände auch hier – wegen nur so herzustellender „Gerechtigkeit des Ausgleichs“ – noch eine Ausdehnung der Entschädigung statt, nichts kann der Aufopferung – dem Schadensersatz gegenüber – eine letzte Schwäche nehmen: Sie bleibt ein „gerechter *Ausgleich*“ zwischen Gemeinschaft und Einzelnem. Die Interessen der Allgemeinheit werden heute, gewissermaßen pauschalisiert, durch Beschränkung der Entschädigung auf den Substanzverlust abgeglichen — ein überholt-schematisierendes Vorgehen, vielleicht aus der Auffassung von der Enteignung als Zwangskauf: Wird Objektkreis und Funktion der Enteignung erweitert, so darf die dadurch geprägte Entschädigung nicht starr gehalten werden[53]. Mag man aber hier auch auflockern – und dies ist zu fordern –, die „Interessen der Allgemeinheit“ lassen sich nicht einfach ausschalten, hat man sie auch bei der Enteignungsentschädigung bis-

---

[50] BGHZ 22, 43 (= NJW 1957, 21); vgl. allerdings BGH 24.4.1956 (LM Nr. 20 zu § 26 RLG).

[51] Zu diesen Angleichungstendenzen vgl. u.a. *Janssen,* op. cit. S. 197; grundlegend *Schack,* BB 1959, 1259 ff. (insbes. 1264 f.). Vgl. i. übrigen zu dem Unterschied Schadensersatz — Entschädigung: *Forsthoff,* op. cit. S. 307 f.; *Hannak,* K., Die Verteilung der Schäden aus gefährlicher Kraft, 1960, S. 60 f. (starke Entschädigungspauschalisierung von privatrechtlichen Vorstellungen her); *Janssen,* op. cit. S. 72 m. Nachw.; *Katzenstein,* op. cit. S. 91/2; *Kleinhoff,* DRiZ 1957, 225 ff. (226/7); *Knoll,* AöR 1956, S. 157 ff. m. umfangreichen, auch geschichtl. Nachw.; *Reinhardt,* Gutachten, S. 260/1; weitere Nachweise zur Entschädigungshöhe b. *Janssen,* op. cit. S. 20. – Der Unterschied ist betont in RGZ 140, 276, dagegen fehlt eine klare terminologische Scheidung in RGZ 159, 129. Vgl. auch RGZ 167, 25.

[52] Vgl. die Begründung, mit der der BGH bei der Amtshaftung nur Geldersatz zuläßt: BGHZ 34, 99 m. Anm. *Bettermann,* JZ 1961, 482 ff.

[53] Obwohl Beschränkung der Entschädigung auf *Substanz*(verluste) sich wie folgt in die Prinzipien der Aufopferung/Enteignung einbauen läßt: Es wird dort stets nur der „unmittelbarste“ Schaden ersetzt, wie ja Aufopferung auch nur bei der den „Eingriffen“ eigenen „Unmittelbarkeit“ gewährt wird. Durch einen solchen Oberbegriff aber würde das (dadurch nur verhüllte) Staatsprivileg in seinen weittragenden Folgerungen in einer, dem Schadensersatz gegenüber anachronistischen, Enge deutlich.

her weitgehend weginterpretiert[54]. Immer steht zu befürchten, daß sich dieses über aller Entschädigung stets schwebende Damoklesschwert einschneidender und unabsehbarer Beschränkung gerade dann über die Entschädigungsberechtigten senkt, wenn sie vollsten Ausgleich weit nötiger hätten als in hochkonjunktureller Lage. Gewiß — Entschädigung ist nicht Billigkeitsfrage[55], wenn auch der BGH manchmal bedenklich von „billigem Ausgleich spricht“[56], *aber der Übergang zu vollem Schadensersatz ist unmöglich.* Es gibt heute etwas wie einen auch aus vielen Einzelgesetzen erschließbaren Entschädigungsbegriff[57]: Unterschiedlich im einzelnen mögen sie regeln – der Nichtersatz „weiteren“ wirtschaftlichen Schadens – und damit der Grundunterschied zum Schadensersatz – ist ihnen fast allen gemeinsam.

Der Entschädigung bleibt also ein „Geburtsfehler“ – sie ist Ausgleich nur, nicht Reparation –, schon weil hier Auffassungen ihrer Entstehungszeit wirken, die nicht etwa zwischen Rechtmäßigkeit und Rechtswidrigkeit einer Schädigung nicht unterschied, sondern der alles Hoheitshandeln eo ipso „rechtmäßig“ war. Rechtmäßige Schädigungen aber wurden eben nur „ausgeglichen“, nicht „gutgemacht“. Dem guten Schadensersatz gegenüber bleibt die Entschädigung eng, prekär. Ihre Erstreckung auf die erwähnten Fälle, oder gar eine völlige Verdrängung der Staatshaftung, wäre also nicht für die Geschädigten die glückliche Lösung, die Otto Mayer als allein dem Rechtsstaat gemäß erkennen zu können glaubte — jener Mann, dessen Schatten über allen Erörterungen liegt, mehr noch als zu seinen Lebzeiten heute, wo seine bewußten und unbewußten Schüler, nach vorne gerückt, manche seiner Lehren mit Generationenabstand zu verwirklichen sich anschicken.

---

[54] Vgl. die krit. Bemerkungen von *Knoll,* AöR 1956, S. 342 ff. gegenüber einer konsequent etwa von *W. Weber,* Neumann / Nipperdey / Scheuner, Grundrechte II, S. 388 f. vertretenen Auffassung. Beide Positionen – zu denen hier *nicht* Stellung genommen wird – argumentieren (zu Recht!) mit historischen Erwägungen, bedeutet hier doch jede Entscheidung eine unabsehbare Verfassungswandlung, die nur in die gesamte deutsche Tradition eingebettet werden kann. Daß jedoch die Nichtminderung der Aufopferungsentschädigung sicher nicht *leichter* als die der Enteignungsentschädigung begründbar ist, klingt auch bei *Weber,* a.a.O., S. 392, an.

[55] BGHZ LM Nr. 20 zu § 26 RLG.

[56] BGHZ 22, 43 = NJW 1957, 21.

[57] Einige Beispiele aus der Bundesgesetzgebung: 1. §§ 6, 8–11 PostG; 2. §§ 2, 4–6 TelWG; 3. §§ 28 ff. Ges. ü. gem. gef. Kr.; 4. §§ 66 ff. ViehsG; 5. § 9 EnergG; 6. §§ 26 ff. WasserverbVO; 7. § 9 Gesetz zum Schutz der Kulturpflanzen; 8. §§ 13, 29 ff. FlNotlG; 9. § 61 BVFG; 10. §§ 35 II, 51 ff., 72 ff., 89 FlurberG; 11. § 9 BaulBeschG; 12. §§ 22 ff., 84 BGL; 13. §§ 12 ff. SchutzberG; 14. §§ 17 ff. LBG; 15. §§ 12, 15 IV, 20 WasserhaushG; 16. §§ 14 ff. LuftschutzG; 17. §§ 18, 50, 25 ff. AtomG; 18. § 35 G. ü. zivilen Ersatzdienst; 19. §§ 40 ff., 93 ff. BBauG; 20. § 28 G. ü. Reinhaltung der Wasserstraßen. Die Entschädigung stellt sich hier entweder einfach als besondere Form der Enteignungsentschädigung dar (Nr. 2, 5, 6, 9, 10, 12, 13, 15, 16 usw.) oder sie ist besonders beschränkt (Nr. 1, 4 usw.). Ein allgemeiner, von der Enteignungsentschädigung *verschiedener* Entschädigungsbegriff läßt sich induktiv m.E. *nicht* entwickeln.

Für Mayer mußte Verallgemeinerung der Entschädigungspflicht eine vollendete Lösung sein, bedeutet sie doch, in deutsch-systematischer Einkleidung, eine Überhöhung des von ihm als richtig hingenommenen Ausgangspunkts des *französischen* Ersatzleistungsrechts, des Arrêt Blanco: „la responsabilité (de la puissance publique) n'est ni générale, ni absolue."[58] Diese weder allgemeine noch absolute „Staatshaftung" — sollte sie nicht als Entschädigung in Deutschland Eingang finden? Erweist nicht *nur* sie den Charakter des Staates als eines „ganz anderen" schon bei der Grundlegung jeder Schadloshaltung durch ihn? Entspricht nicht die Prekarietät der Entschädigung gerade der zu fordernden Eigenständigkeit jeden öffentlichen Ersatzleistungsrechts?

Gewiß — hier liegt ein Scheideweg. Folgerichtig ist diese These. Und dennoch: Gerade von einer (zu fordernden) „entwicklungsgeschichtlichen" Betrachtung aus wäre es wohl eine vorschnelle Entscheidung. Sie würde die traditionelle gänzlich verschiedene Ausgangslage im deutschen Rechtskreis verkennen: die enge Bindung an gewisse privatrechtliche Deliktvorstellungen. Vor der Entscheidung zu völliger Verselbständigung einer öffentlich-rechtlichen „Haftung als Entschädigung" ist zu prüfen, ob der öffentlich-rechtliche Raum nicht auch großenteils mit den traditionsreichen und weitergehenden Schadensersatzvorstellungen bewältigt werden kann, ohne daß die Besonderheiten staatlicher Hoheit dabei verkannt werden, ob nicht in einer Epoche des Neoindividualismus Auffassungen mit Vorsicht zu begegnen ist, die auf Etatisierung wenigstens hinauslaufen *können*. Diesem Anliegen gelten die folgenden Darlegungen, mit denen aber keineswegs eine „Privatisierung" des öffentlichen Ersatzleistungsrechts erstrebt wird[59]. Sie sollen auch eine Auseinandersetzung mit der naheliegenden vermittelnden These bringen, nach der, bei gewissen Überlagerungen, die Dualität Entschädigung – Schadensersatz unter Beschränkung des letzteren auf *verschuldete* Schäden, erhalten bleiben kann. Daß eine derartige Beziehung des Schadensersatzes den rechtswidrig-

---

[58] Tribunal des Conflits 8.2.1873, Dalloz 1873.3.17, Sirey 1873.2.153.

[59] Einer solchen kommt m.E. die zit. Entsch. d. GZS des BGH 34, 99 bedenklich nahe, weil sie immer wieder mit der „Übernahme" der *an sich* den Beamten nach § 839 BGB treffenden Haftung durch den Staat argumentiert und damit die eher zu lockernde „Anseilung" an Art. 34 GG verstärkt. Die Eigenart des ö.r. Ersatzleistungsrechts liegt sicher *auch* bei der Staatshaftung in dem – dem Privatrecht gegenüber – viel unmittelbareren Sich-Gegenüberstehen von *Staat* und *Geschädigtem:* Ist das Verhältnis Beamter – Staat schon dem Geschädigten gegenüber dahingehend relevant, daß er gewisse „Leistungen" vom Staat nicht „über den Beamten" (wegen dessen disziplinärer Stellung) verlangen kann, so hat es keinen Sinn, bei den *Voraussetzungen* der Ersatzleistung immer nur den Beamten und sein (persönliches) Verschulden zu sehen. So weit muß Publifizierung dann sicher gehen, daß er *stets* in *voller Einheit* mit dem Staat gesehen wird und sein Verhalten also nicht plötzlich wieder „zunächst ganz wie das eines Privatmannes" betrachtet wird. *Weil* aber der Beamte haftungsrechtlich ganz anders „hinter dem Staat verschwindet", kann u.a. auch das Verschuldensprinzip des Zivilrechts nur mutatis mutandis (vgl. unten Spalte 23 f.) zum Zug kommen.

schuld*los* Geschädigten schlechter stellt, wurde dargelegt. Daß sie als solche dogmatisch nicht *zwingend* ist, wird eine Analyse des Schuldbegriffes zeigen.

Die Grenzen der Ausweitungsmöglichkeit des Aufopferungsdenkens sollten die bisherigen Ausführungen abstecken. Damit entschieden werden kann, ob die als Modell dienenden, von jenem – besser – nicht erfaßbaren Fälle unter eine *selbständige* öffentlich-rechtliche Gefährdungshaftung gestellt werden sollen, muß nun die Ausdehnbarkeit von Staatshaftungsvorstellungen (auf sie) erörtert werden. Die so gewonnenen Ergebnisse können dann auf andere Kategorien schuldlos-rechtswidriger Schädigung gegebenenfalls erstreckt werden, auf die voraussichtlich „nächste Expansionsetappe". Klarheit über „Gefährdungshaftung" verlangt eben zunächst Auseinandersetzung mit den öffentlichen *Haftungsprinzipien,* denen sie nahe steht, wie die privatrechtliche Gefährdungshaftung der zivilrechtlichen Deliktshaftung, jedenfalls aber näher als dem ganz anderen Recht der Entschädigung.

Staatshaftung verlangt schuldhaft-rechtswidrige Schädigung. Versuche zu ihrer Ausdehnung setzen immer bei der noch zu besprechenden Problematik des (Fehlens eines) Verschuldens ein. Dabei wird seit langem m.E. ein folgenschwerer Fehler begangen[60]: Die Frage nach der Rechtswidrigkeit wird hier nicht *selbständig* aufgeworfen oder bleibt dahingestellt. Demgegenüber ist die These zu vertreten: *keine Ersatzleistungsentscheidung ohne Feststellung der Rechtswidrigkeit.* Diese ist, wie sich zeigen wird, nicht nur der Prüfstein einer Ausdehnung der Staatshaftung, – ja *jeder* Art von Haftung, weil unser Recht nur in Ausnahmefällen Schadensersatz bei rechtmäßigem Handeln gewährt – sie bildet die Grundlage eines ganzen Systems.

Die Nichtbeachtung der Rechtswidrigkeit war eine Folge des Aufopferungsdenkens, das nicht einen Rechtsanspruch annullieren, sondern den Einsatz von Hoheitsgewalt kompensieren will. Durch die angedeutete Entwicklung[61] ist übrigens nun sogar dort eine Wende eingetreten, weil ein Nachweis der Rechtswidrigkeit den des Sonderopfercharakters stets mitenthalten soll und also jetzt auch bei der Aufopferung zu erstreben wäre. Bei der Frage der (Ausdehnung der) Staatshaftung muß die Rechtswidrigkeit *vor* dem Verschulden geprüft werden. Vor allem aber: Eine Fehlentwicklung deutschen Staatsdenkens wäre es, wenn es in einem Gemeinwesen, dessen Ziel nach dem Grundgesetz der Dienst am Recht ist, völlig gleichgültig sein könnte, ob eine Handlung das Recht verletzt oder nicht — und zwar für Folgen, die zu den einschneidendsten Auswirkungen des Gemeinschaftslebens zählen. Der Rechtsstaat fordert jedenfalls die *Frage* nach der Rechtswidrig-

[60] M.W. hat in letzter Zeit nur *Haas* (op. cit. S. 15, 56 f.) die Rechtswidrigkeitsfrage zum Kriterium eines ganzen Ersatzleistungssystems erhoben.

[61] Vgl. Anm. 43 (oben).

keit. Über deren Ausdehnung mag man streiten — einer Entscheidung überhaupt hier ausweichen zu *wollen,* ist ein Verstoß gegen Grundprinzipien der Verfassung und das allgemeine Rechtsempfinden. Verschulden kann im Einzelfall problematisch sein; nie aber wird es der viel bemühte Durchschnittsbürger verstehen, daß es bei der Wiedergutmachung eines ihm zugefügten Schadens nicht darauf ankommen soll, ob die schädigende Handlung rechtens war. Stellt man die Frage nach der Rechtswidrigkeit nicht, so wird, mehr als durch Aufgabe des Verschuldenserfordernisses,[62] der Bürger daran gewöhnt, die Verbindung Staat–Recht zu lösen und im Staat den „totalen Sozialstaat“, den reinen Versorgungsstaat zu sehen. So würde die von Forsthoff einst in diesem Kreise[63] aufgezeigte Antinomie von Rechts- und Sozialstaat zur unüberbrückbaren Kluft. Die Frage nach der Rechtswidrigkeit ist, als rechtsethisches Postulat, gegen jeden Widerstand zu stellen, weil in ihrem Fallenlassen die Aufgabe der Suche nach der Gerechtigkeit droht[64]. Eine solche ist auch dann zu besorgen, wenn anstatt der Rechtssuche nach der justitia commutativa vorschnell auf eine justitia distributiva rechtswidrigkeitsblinder Approximativentschädigung übergegangen wird[65].

Mit dieser Frage kehrt die Untersuchung deshalb vor allem zu den erwähnten Modellfällen zurück. Gerade sie zeigen, warum die „Rechtswidrigkeit“ so weit zurückgetreten ist: Infolge der speziellen, noch zu erörternden Rechtswidrigkeitsproblematik des Privatrechts und in ungenügender Erkenntnis der Besonderheiten des öffentlichen Haftungsrechts hat sich in kaum einem der Fälle eine einheitliche Lehre zur Rechtswidrigkeit bilden können. Hier muß aber Klarheit herrschen.

Es ist davon auszugehen, daß *jede* schädigende Handlung entweder rechtmäßig oder rechtswidrig ist, soweit sie mit menschlichem Handeln oder Unterlassen in einem – adäquaten – Wirkzusammenhang steht[66].

---

[62] Der „Moralisierungseffekt“ des Verschuldens wird besonders in der französischen Lehre betont; (nach *Hauriou,* Précis de Droit, administratif 1927, S. 310) – z.B. *Berlia,* G., RDP 1951, 703/4; *Feugey,* L., Le développement jurisprudentiel de la théorie du risque etc., Thèse Lille 1927, S. 129 f.; *d'Hébrail,* La responsabilité de l'Etat, Thèse Alger 1929, S. 111 f.; *Giuliani,* G., Le risque administratif etc., Thèse Lyon 1933, S. 251 f.; *Savatier,* R., Le gouvernement des juges etc. Lambert-Festschrift, I, S. 464, Paris 1938.

[63] VVdStL Heft 12, 1954, S. 1 ff.; weit. Nachw. bei *Leisner,* Grundrechte u. Privatrecht, S. 167 f.

[64] Hier scheint mir das bei *Lerche,* JuS 1961, 240, angedeutete Ende der Ergiebigkeitsschranken jeder Kritik erreicht zu sein.

[65] „Haftung“ ist, was entgegen *Esser,* Gefährdungshaftung, S. 73 f., betont werden muß, Frage commutativer Gerechtigkeit. Freilich trennt nicht das *Verschulden* die beiden Formen der Gerechtigkeitshandhabung – wie er richtig bemerkt –, wohl aber die Rechtswidrigkeit.

[66] Im Strafrecht ist die Problematik alt („kann das Tier rechtswidrig handeln?“); bei den „Verwaltungsfabrikaten“ entsteht nicht ein „rechtlich nicht meßbarer Raum“, wie *Zeidler,*

Nach manchen[67] ist nun Handlung und Erfolg schlechthin rechtmäßig: Der Schuß des Polizisten, auch wenn die Kugel abirrt, der Arbeitseinsatz im verseuchten Lager, selbst wenn Gesundheitsschäden die Folge sind. Ähnliches soll bei der Zustandshaftung gelten, hier sogar, über den abgesteckten Kreis hinaus, bei den öffentlich-rechtlichen Immissionen (Funkenflug der Bahn), welche die Rechtsprechung vorwiegend privatrechtlich behandelt[68]. Die Ungewißheit über die Rechtswidrigkeit erstreckt sich auf die bekannten Impffälle[69], deren oben nicht gedacht wurde, weil ihr Eingriffscharakter nicht mehr bezweifelt wird. M.a.W.: Mit Ausnahme der verwaltungsaktlichen Staatstätigkeit und vielleicht noch der schlichten Hoheitsverwaltung herrscht überall Unsicherheit. Nahezu der gesamte Bereich hoheitlicher „Tathandlungen“ wird betroffen — eine Folge der allerdings zuzugebenden Fragwürdigkeit der traditionellen Auffassung vom „hoheitlichen Autofahren“, „hoheit-

---

DVBl. 1959, 686 meint, die „Handlung“ der Maschine *ist* rechtswidrig, steht über das Unterlassen entsprechender Wartung und die Aufstellung bereits im erforderlichen Zusammenhang mit dem menschlichen Handeln. Ist es beim heutigen Stand der Technik („objektiv“) völlig unmöglich, durch beste Wartung den Schaden zu verhindern, so entfällt die *Schuld,* nicht aber die Rechtswidrigkeit. Die von *Zeidler,* a.a.O., angedeutete Analogie zum gerichtsfreien Hoheitsakt ist abzulehnen: Hier liegt – wenn überhaupt! – eine traditionelle, immer enger zu umschreibende, aus höchstrangigen Verfassungsgrundsätzen zu rechtfertigende Ausnahme vor, dort würde so bei steigender Automatisierung die Kategorie „Rechtswidrigkeit“ verschwinden, der Automat als Rechtssubjekt sui generis anerkannt werden. Die Lösung ist die: Der Unterschied ist – auch zu bisherigen Fällen – nicht „generell“; „voll objektiv“ gesehen war der schädigende Erfolg *stets* vermeidbar (durch menschliches Handeln!), „subjektiv“ gesehen ist er es so wenig, wie viele herkömmliche Schädigungen, bei denen eben — das Verschulden fehlt.

[67] Zu dieser (und den abweichenden) Auffassung(en) vgl. Nachw. b. dem nun diese Meinung vertretenden *Schack,* Gefährdungshaftung, Anm. 29, ferner so noch *Müller,* Helm., Gemeinsame Grundsätze über die Gefährdungshaftung, Diss. Jena 1936, S. 14 (m. Nachw. d. abweich. Ansicht von *Leonhard* und *Binding*) sowie neuerdings wohl auch *Scheuner,* JuS 1961, S. 247, 8.

[68] Nachweise über die RG-Judikatur und die verschiedenen Auffassungen über die Immissionen bei *Schack,* Gefährdungshaftung, a.a.O., insbes. aber *Katzenstein,* Entschä.pfl., S. 74 f.; *Scheuner,* DÖV 1955, 547; *Schack,* JR 1958, 207 ff.; lange Zeit findet sich in der Verwaltungsrechtslehre keine gesonderte Behandlung der Immissionsfrage. Die Regelung von § 906 BGB gilt auch für Grundstücke der öff. Hd. (vgl. *Meisner,* Nachbarrecht, 2. Aufl. 1910, S. 249, u. *Fleiner,* Institutionen, 1. Aufl. 1911, S. 244). In der bürgerlichrechtlichen Literatur (*Endemann, Dernburg*) wird die Frage nicht besonders für öffentlichrechtliche Immissionen erörtert. Beachtlich ist, daß die Rspr. zunächst, um einen *Schadensersatz* (nicht: Entschädigung) zu gewähren, nicht *nur* Ausschluß der Abwehrklage, sondern noch einen besonders gefährlichen *Betrieb* verlangte (z.B. RGZ 99, 96; 100, 69; schon schwächer 101 / 102), dieses Kriterium dann aber verschwindet (RGZ 104, 18, vgl. auch 122, 134). Zur privatrechtlichen Seite *Hubmann,* JZ 1958, S. 490 u. 191.

[69] Sie werden überwiegend als rechtmäßige Schädigungen durch rechtmäßiges Handeln angesehen, Nachw. b. *Schack,* Gefährdungshaftung, Anm. 27, ferner noch *Sieg,* JZ 1956, 178; *Scheuner,* Jellinek-Gedächtnisschrift 1955, S. 340; *Scheuner,* JuS 1961, 247 / 8; *Janssen,* op. cit. S. 75; *Haas,* System, S. 27.

lichen Artilleriefeuer“ u.ä.m., die aber demnächst kaum zu beseitigen sein wird[70].

Differenziertere Betrachtung versucht die Trennung von *Zustand* und *Schädigendem Eingriff*[71]. Der vom Polizisten abgefeuerte Schuß ist dann rechtmäßig, weil auf den Verbrecher geschossen werden durfte. Aus dieser „gefährlichen Lage“ ergibt sich die Schädigung durch den Querschläger in einer Weise, die man qualifizieren kann, wie man will, auf die sich aber eine haftungsmäßige Verantwortlichkeit des Staates nicht mehr erstreckt. Ebenso läßt sich dann sagen, daß die Einsperrung des durch Mitgefangene Geschädigten nicht nur „an sich“, sondern auch in ihrer konkreten Gestalt rechtmäßig war, daß sie lediglich eine besondere Gefahrenlage schuf, welche der Sträfling als Auswirkung des Gemeinschaftslebens ebenso hinnehmen muß wie der Passant die abirrende Kugel. Freilich bleibt es unerfreulich, daß man sich als „Folge des Gemeinschaftslebens“ im Gefängnis erstechen und auf der Straße erschießen soll lassen müsse, aber das kann diese Auffassung dem entgegenhalten, man entgeht so der noch bedenklicheren Folgerung, daß (rechtmäßiges) Erstechen und Erschießen eine Art von „zufälliger Todesstrafe“ darstelle — und umgeht gleichzeitig den Rechtswidrigkeitsvorwurf gegenüber dem Handeln der Verwaltung. Schädigende Handlung und „Erfolg“ sind dann gewissermaßen „kausalitätsmäßig“ voneinander getrennt.

Gerade deswegen ist aber die „gefährliche Lage“ eine schlechte Lösungsfiktion. Rechtmäßigkeit und Rechtswidrigkeit können nicht so getrennt werden, daß die Schaffung der Gefahrenlage rechtmäßig, die Schädigung (ev.) rechtswidrig ist, der Staat aber nur für jene aufkomme und deshalb nicht – im technischen Sinn – hafte. Aus der Gefahrenlage entsteht ja nicht „automatisch“ die Schädigung! Wie soll sich der Staat einfach aus der haftungsmäßigen Verantwortung für die Folgen lösen können? Ihm ist Schädigung wie Gefahrenschaffung zuzurechnen, die jener gegenüber nicht die erforderliche „natürliche“ Selbständigkeit aufweist. Gefahrenlage ist ein zu vager Begriff, um staatliche Haftung kupieren zu können[72]. Ernstlich könnte ihre Bedeutung überdies nur da diskutiert werden, wo eine irgendwie „isolierbare“, abstrakt zu fassende Gefährlichkeit in gewisser „Ferne“ von dem Ereignis steht, zwischen das und die staatliche Haftung für Rechtswidrigkeit sie sich schiebt. Im Gefängnisfall läßt sich das – gerade noch – behaupten — nie bei der Kugel

---

[70] Hier wird übrigens deutlich, daß hinter dem üblichen Trennungskriterium „öffentliches-privates“ Recht (Hoheitsgewalt!) eben doch das, der Tautologie sich wieder bedenklich nähernde, andere des „(nicht) wie ein Privater“-Handelns steht, denn auch die „Verbindung mit in der Regel hoheitlichem“ Tun versagt z. T. (problematisch wenigstens i. F. d. militär. Handlungen).

[71] Vgl. etwa *Weimar,* DÖV 1961, 379 f.; ablehend u. a. *Reinhardt,* Gutachten, S. 270; *Katzenstein,* Entschädigung, S. 28 (unter Berufung auf Beling).

[72] Vgl. unten S. 866 f.

des Polizisten, wo Gefahrenlage und Schädigung zugleich auftreten — es sei denn, man sehe jeden Ordnungshüter als wandelnde Gefahr an ... Die Lösung des Rechtswidrigkeitsproblems mit dem Begriff der „Gefahrenlage" vergewaltigt also die Realität und ist abzulehnen.

Nicht anders ein schon früher unternommener Distinktionsversuch: Rechtmäßigkeit der Handlung – Rechtswidrigkeit des Erfolges: von der Handlung her gesehen Recht, vom Erfolg her Unrecht. Bald schon hat man aber erkannt, daß eine solche „Doppelspurigkeit", „Zwielichtigkeit" der Betrachtung ein und desselben Lebensvorganges unmöglich ist[73]. Dieser kann nicht – je nach Blickpunkt – rechtmäßig oder rechtswidrig sein. Entweder der Polizist durfte den und gerade den Schuß abfeuern, auch wenn nun – nachträglich betrachtet – die Folgen notwendig schädigend waren – oder er hätte es – a posteriori gesehen – nicht gedurft[74]. Die Entscheidung ist klar: Der Polizist hätte, schon nach dem polizeilichen Verhältnismäßigkeitsgrundsatz so nicht schießen, der Sträfling nicht „so" eingesperrt, das Kind nicht geimpft werden dürfen — nur: Diese „Erfolge" waren auch bei größter Sorgfalt nicht *vorhersehbar.* Daraus aber folgt nicht, daß die zu ihnen führenden Handlungen rechtmäßig, sondern nur, daß sie nicht *schuldhaft* waren, was unbestritten ist. Daß nicht etwa die Polizeirechtsgrundsätze (ob kodifiziert oder nicht) die „Amtspflichtmäßigkeit" überhaupt, solche Schädigungen rechtfertigen, folgt zwingend schon daraus: Dem „Opfer" würde sonst sogar jede Notwehr und Nothilfe genommen werden! Außerdem würde es kaum mehr rechtswidrig-schuldlose Tathandlungen geben — die Schäden wären entweder rechtmäßig oder gleich rechtswidrig-*schuldhaft* verursacht. Rechtswidrigkeitsbetrachtung ist aber „zeitlose" Subsumtion unter feststehende Kategorien, ihr geht es nicht um Vorhersehbarkeit. Dies ist Eigenart des Verschuldens. Der Streit um die Rechtswidrigkeit ist also nur Folge der Verwechslung von Rechtmäßigkeits- und Verschuldenskategorien, nahegelegt durch die noch zu erörternde Überlagerung beider Begriffe im Privatrecht.

Rechtmäßig ist demnach eine Handlung stets dann, wenn *sie,* auch a posteriori, sozusagen „von oben" betrachtet, so und nicht anders vorgenommen hätte werden müssen — Beispiel: das Feuer auf die aufrührerische Menge, selbst wenn Unschuldige geschädigt werden. Sie ist nach polizeirechtlichen Grundsätzen gedeckt, die Verhältnismäßigkeit ist in diesem Grenzfall nicht

---

[73] Vgl. bereits *Katzenstein,* Entschäd., S. 16/11. Vgl. i. übr. die Anm. 69–71. Die (einfache) 2-Schichtenlehre liegt ja in der ganzen Diskussion zugrunde, wenn auch die vorstehend erwähnte „Zustandslehre" im Grunde von ihr zu trennen ist, weil bei ihr eine Rechtswidrigkeit der Schädigung gar nicht notwendig anzunehmen ist.

[74] Die Auffassung von *Reuß,* JR 1955, 325, neben rechtmäßigen und rechtswidrigen Staatsakten gebe es die dritte Kategorie der amtspflichtgemäßen, aber rechtswidrigen Akte, trifft das Richtige, wenn klar bleibt, daß damit *nur* disziplinarrechtliche Folgen angesprochen werden, die Rechtswidrigkeit nicht verschoben wird.

verletzt, weil hier *unmittelbar* – anders als bei der „gewöhnlichen" Verbrecherverfolgung – Staatserhaltung und Einzelrecht aufeinanderstoßen und jene vorgeht. Notwehr und Nothilfe sind hier ausgeschlossen.

Und doch zeigt gerade dieses Beispiel den richtigen Kern der „Zweispurigkeitslehre": Der schädigende *Erfolg* wird sicher auch hier von der Rechtsordnung mißbilligt. Unhaltbar ist es m.E. hier (mit der Auffassung, nach der „alles rechtmäßig" sein soll), nur die (geringere) Entschädigung, nicht Schadensersatz zu gewähren. Aus den allgemeine Rechtsgedanken enthaltenden §§ 228 und 904 BGB folgt in der durchaus vergleichbaren Lage — ein Recht auf letzteren. § 902 S. 2 BGB zeigt übrigens, daß Schadensersatz selbst bei (ausnahmsweise) rechtmäßiger Rechtsverletzung gewährt werden muß; selbst wenn also den vorstehenden Ausführungen über die Rechtswidrigkeit nicht beigetreten würde, wäre ein Verweis auf die Entschädigung in *all* den fraglichen Fällen nicht zwingend.

Es sollte aber kein Zweifel mehr bestehen: Sämtliche schädigenden hoheitlichen *Handlungen* sind rechtswidrig, nicht nur ihr Erfolg, der Schaden — und zwar zeigt bei der Tathandlung eben der *Erfolg* die Rechtswidrigkeit der *Handlung* an. Eine besondere Normierung der Handlung selbst schließt sie *nur* aus, wenn dies aus ihr (ausdrücklich) hervorgeht. *Dies* kann entschieden werden, wenn die Handlungen an den jeweiligen Ausprägungen der „Gesetzmäßigkeit der Verwaltung" (im folgenden kurz „Legalität") gemessen werden.

Sie verbietet dem Staat, ohne gesetzliche, möglichst explizite Grundlage hoheitlich in die Rechtsgütersphäre der Gewaltunterworfenen einzugreifen[75]. Sie nur auf Rechtshandlungen beschränken, würde zwischen diesen und pri-

---

[75] Es mag dahin stehen, ob eine gesetzliche *Grundlage* für jede hoheitliche Tätigkeit der Behörde erforderlich ist, was von *Peters* neuerdings wieder unter Hinweis auf die vielfachen Formen hoheitlicher Gestaltungsverwaltung bestritten wird („Verwaltung ohne gesetzliche Ermächtigung", Festschrift für H. Huber, Bern 1961, S. 206 ff.; vgl. dazu auch u.a. *Menger*, Verw.Arch. 1961, S. 196 f., mit beachtenswerten Vorschlägen). Auch Peters aber leugnet nicht, daß zu *Eingriffen* in die Rechtssphäre der Bürger eine Legalitätsgrundlage vorhanden sein muß. Gerade die Schädigungsfälle durch abirrende Tathandlungen *müssen* also „irgendwie" doch an der Legalität gemessen werden können, und sei es nur an einer – vielleicht sogar ungeschriebenen, aber – scharf zu fassenden „Zweck-Lex" des jeweiligen Tätigkeitwerdens in Verb. mit d. öff. Interesse (gerade diese Konsequenzen beim Schadensfall, wo die „Gestaltung" zum „Eingriff" wird, zeigen übrigens m.E., daß Legalität doch als expliziertere gefordert werden muß). Geht man auch davon noch ab, so stehen die „hoheitlichen Tathandlungen" einfach privatrechtlicher „freier" Tätigkeit gleich — ja, unter dem Schutz der „öffentlichen Interessen" noch freier als diese — ein Ergebnis, das *Peters* wohl nie billigen würde. Wird übrigens die Staatstätigkeit von der Legalität (nur) „grenzbestimmt" wie Peters will, so sind ja die wichtigsten Grenzen gerade die Rechte der Bürger!

vatrechtlicher Staatstätigkeit[76] eine unerträgliche und ungerechte Lücke aufreißen. Die „Schädigung" kann vor dem Recht nur bestehen, wenn sie und gerade sie vom Gesetzgeber gewollt ist. Dies trifft in der Regel nicht zu: Der Gesetzgeber beabsichtigt die Ergreifung des Verbrechers, den Betrieb der Post, die Einsperrung, die Immunisierung durch Impfung — *nicht* den Tod des Unbeteiligten, den Waldbrand, den Zellenmord, die Lähmung. Was er im einzelnen „will", mag bisweilen schwer zu erschließen sein, wenn es sich nicht aus Zweck und Ziel der jeweiligen „Institution" ergibt[77]. Aus dem Gedanken des „öffentlichen Interesses" muß dann abgeleitet werden, was die Legalität im einzelnen aussagt, wobei die allgemeinen Grundsätze aber nur die jeweilige „lex" grenzkorrigieren können[78]. Völlige Eindeutigkeit fordern, würde hier die Grenzen der Natur der Sache gewaltsam überspringen heißen. Vom „öffentlichen Interesse" als Rechtsbegriff kann sich ja auch, trotz gewisser Einschränkungsversuche, das Anfechtungsrecht nicht lösen. Die Schwierigkeiten sollten aber nicht überbewertet werden: In keinem der erörterten Fälle kann es zweifelhaft sein, was gewollt, was also rechtmäßig ist. Die Trennung Rechtmäßigkeit-Rechtswidrigkeit ist nicht, wie man bei den zweifelnden bisherigen Stellungnahmen meinen könnte — Frage juristischen Geschmacks, sondern Notwendigkeit dogmatischer Konsequenz.

Man kann nicht einwenden, es gebe eben im öffentlichen Recht besondere „rechtmäßige Schädigungen", Prototyp: die Enteignung. Mit Analogie zu ihr kann hier nichts erreicht werden. Allem Enteignen ist der „Eingriff" im oben bezeichneten Sinn wesentlich, der hier meist fehlt. Unfälle sind nie Enteignung. Und ferner: Warum kann letztere *ausnahmsweise* vor der Legalität bestehen? Weil die Schädigung ausdrücklich, explizit im öffentlichen Interesse gewollt ist! Ein besonderes Indiz ist hier das Junktim[79]. Seine eigentliche dogmatische Bedeutung liegt gerade darin: Es zwingt die Hoheitsgewalt dazu, möglichst genau, speziell den Kreis der zu schädigenden Güter abzustecken, die Schädigung möglichst „explizit" zu wollen, wo dies aber unmöglich ist, wenigstens eine begrenzte Blankett-Entschädigungsentscheidung zu treffen. Ganz anders bei den erörterten, i. wes. „unfallähnlichen" Fällen. Sie haben doch dies gemeinsam: An den konkreten Schadenseintritt ist weder „ge-

---

[76] Wo bereits die Legalität zum Einsatz kommen soll, vgl. *Mallmann* in: VVdStL 1961, Heft 19, 165 f.

[77] Man wird deshalb vom Versuch einer „Institutionenzwecklehre" nicht absehen können, die Verf. bereits in DVBl. 1960, S. 620 = in diesem Band, S. 659 ff. (666) gefordert hat.

[78] Eine „Verhältnismäßigkeit" darf dabei m.E. nur im Polizeirecht – wo sie bereits als „explizite" Lex vorhanden ist –, nicht aber allgemein hineininterpretiert werden, weil (anders als bei den Fällen der §§ 228 u. 904 BGB) ein „Vergleich" zwischen allgemeinem und Einzelinteresse zum kaum mehr eindämmbaren Vordringen des ersteren zu führen droht.

[79] Vgl. dazu jetzt mit umfangr. Nachw. *Janssen,* op. cit. S. 178 f.

dacht", noch ist er irgendwie entschädigt. Nun soll zwar das strenge Junktim für enteignungsgleiche Eingriffe auch nicht gelten[80] — aber hier steht ja gerade die Rechtswidrigkeit schon fest! Bei den restlichen (schuldlos-rechtmäßigen, von der „Aufopferung" i.e.S. erfaßten Körper-) Schäden bleibt vom Grundgedanken des Junktim immer noch so viel übrig: Die Schädigung selbst ist abgegrenzt und als abgegrenzte gewollt, weil sie in dem normalen Ablauf der vom gesetzgeberischen Willen umfaßten Handlungen steht. Aus diesen beiden Gründen, insoweit, kann auch sie vor der Legalität als rechtmäßig bestehen und dann entschädigt werden. Ein seiner konkreten Gestalt nach nicht einmal minimal, in seiner schädigenden Folge überhaupt nicht a priori abgrenzbarer und gar noch nicht gewollter Vorgang muß dagegen zur Legalität im Widerspruch stehen. Der Gesetzgeber soll Unrecht zu Recht machen können — aber nur wenn er dies eindeutig und in Grenzen will. Daran fehlt es hier. Die Schädigungen sind also alle rechtswidrig.

Eines letzten Rettungsversuchs ihrer Rechtmäßigkeit sei noch gedacht, der, unausgesprochen, den meisten Rechtfertigungen der „Unfallschäden" zugrunde liegt. Es wird ein „Wille" des Gesetzgebers *unterstellt.* Er habe die schädigende Verwaltungstätigkeit „als solche" gewollt und dabei implizit Schädigungen in Kauf genommen, die erfahrungsgemäß, typisch, ja zwangsläufig deren – wenn auch abirrende – Folge seien. Durch implizite Billigung würden diese also rechtmäßig, in einem Umfang, der dem Kreis der Hoheitstätigkeit entspreche und damit dem Eingrenzungserfordernis genüge. Damit ist im Grunde nur die „klassische" Gefährdungstheorie erreicht, wobei aber die Funktion ihrer zivilistischen Präzedentien sich umkehrt; sie soll ja hier nicht Verschulden „ersetzen", sondern gerade die Rechtmäßigkeit der Schadenszufügung sicherstellen. Die so erfaßten Fälle müßten unwiderbringlich aus jedem Staatshaftungsbereich verschwinden.

Diese Auffassung ist abzulehnen. Ihre Folgerungen würden viel zu weit tragen: Auch die schuldlos-rechtswidrige Anwendung von (in Verwaltungsakten „konkretisierten") Rechtsnormen läßt sich nicht verhindern, ist also hier ein typisches „Gefahrenmoment". Bei schwierigen, neuartigen Texten tritt sie mit Wahrscheinlichkeit ein. Unterscheidungen hinsichtlich der Rechtswidrigkeit können danach aber nicht getroffen werden. Diese rechtsgestaltenden Eingriffshandlungen sind unbestritten alle rechtswidrig. Unfallschädigende Vorgänge müssen es also ebenfalls sein. Ja, eine implizite Billigung und damit Rechtfertigung wäre viel eher bei den Eingriffshandlungen denkbar, weil sie an einem „Privileg (gezielten) hoheitlichen Eingriffs-Handelns" teilnehmen könnten.

---

[80] *Janssen,* a.a.O.; a.A. z.B. *Haas,* System, S. 26; vgl. dazu auch *Dürig,* JZ 1955, 521 f.

Ferner darf nicht wie folgt geschlossen werden: Die betreffenden Schädigungen können aus der Natur der Sache heraus nicht als „abgegrenzte" gewollt sein, weil sie unvorhersehbar sind; Legalität verlangt spezielle Rechtfertigung nur bei wesentlich vorhersehbaren, „engbegrenzten" Schädigungen; Unfallschädigungen *können* also durch sie gar nicht anders als implizit erfaßt werden. Hier ist die zweite Prämisse falsch: Die Legalität verlangt eben *immer* eine spezielle Rechtfertigung. Ist eine solche ganz wesensmäßig überhaupt nicht möglich, so sind die Grenzen des Rechts erreicht, die Rechtswidrigkeit beginnt. Jede andere Auslegung bringt die Legalität um ihren Sinn.

Das Argument der „impliziten Rechtfertigung" nähert sich nämlich bedenklich der Vorstellung, daß hoheitliches Handeln im öffentlichen Interesse *als solches und schlechthin* Rechtsverletzungen heilt (sonst würde es ja, „zivilrechtlich" eingesetzt, Rechtswidrigkeit nicht ausschließen) — eine Auffassung, die rechtsstaatliche Fortschritte aufheben würde. Wo sollte hier eine Grenze gezogen werden[81]? Es entstünde der erwähnte legalitätsfreie Raum bei nichtverwaltungsaktlicher Hoheitstätigkeit, wo Legalität eben nur über die Frage nach der Rechtmäßigkeit Bedeutung gewinnen kann. Gerechter als so weitgehende Privilegierung der Hoheitsgewalt ist: Verurteilung ihrer Handlung als ungerecht — Entschuldigung ihrer Organe. Die „technische Zukunft" gehört den schuldlos-rechtswidrigen Kategorien.

Sind die Schädigungen der einzuordnenden Fallgruppen rechtswidrig, so rücken sie damit ohne weiteres der Staatshaftung näher, der, anders als der Aufopferung, die Rechtswidrigkeit wesentlich ist. Nun erst erhebt sich die entscheidende Frage — entscheidend für die Annahme einer öffentlich-rechtlichen Gefährdungshaftung wie für das ganze Ersatzleistungssystem: Kann das Fehlen des *Verschuldens,* das beide Komplexe trennt, überwunden werden?

Unter dem Vorbehalt sogleich vorzunehmender näherer Bestimmung kann für das Verschulden, wie es durch § 389 BGB gefordert wird, als wesentlich angesehen werden: a) eine Verletzung „beamtlicher" Sorgfaltspflichten und b) deren, allerdings problematischere, Vorwerfbarkeit im konkreten Fall. Vor Prüfung der Frage, ob nicht Schadensersatz unter Absehen vom Vorliegen (eines) dieser Erfordernisse gewährt werden kann, bleibt zu erörtern, ob die vielberufene Aus-, ja Überdehnung des Verschuldens diesen Begriff nicht schon so weit aufgelöst hat, daß ein bruchloser „Übergang" gelingt.

---

[81] Eine diskutable Möglichkeit der impliziten Rechtfertigung sehe ich nur bei den Fällen, wo die Schäden (wie etwa bei Immissionen), „mehr" *durch* den „normalen" Betrieb, als durch einen davon zu trennenden „abirrenden" Vorgang hervorgerufen werden. — Ob eine Haftung für den Erfolg einer „an sich" nicht verbotenen Handlung eintreten kann, ist neuerdings auch im Zivilrecht umstritten. Vgl. einerseits *Larenz,* K., Lehrbuch der Schuldrechte, Bd. 2, 1960, S. 358 ff., und *Baumann,* AcP 1961, S. 260 f., andererseits *v. Caemmerer,* Festschrift z. DJT, II 1960, S. 126 f.

Daß Art. 34 GG und § 839 BGB in nahezu allen Begrifflichkeiten seit längerem ausgedehnt worden sind, beweist, daß auch ihnen an sich eine expansive Tendenz innewohnt. Der Beamtenbegriff ist so bis zur Entleerung erweitert[82], praktisch aufgegeben, die Amtspflicht, ein ursprünglich stark eingrenzendes Merkmal, ebenfalls mächtig ausgedehnt worden[83]. Auf die Dauer wird sie sich, unter der Legalitätsvorstellung vom Recht auf gesetzmäßige Behandlung, kaum mehr eingrenzend verwenden lassen. Diese oft in ununterschiedenem Zusammenhang mit einer Erweiterung des Verschuldens behandelten Ausdehnungen beweisen aber zunächst mit Sicherheit nur eine Generalisierung der Verschuldenshaftung, wobei der Schuld gerade eine besondere, unersetzliche Bedeutung zukommen könnte.

Nun läßt sich aber eine Erweiterung „auch beim Verschuldenselement selbst" feststellen. Die insbes. von Esser[84] für das Privatrecht nachgewiesene Expansion konnte bei der öffentlich-rechtlichen Haftung nicht haltmachen, wo es um ähnliche Sachverhalte geht. So stehen unter dem Thema „Ausdehnung der Sorgfaltspflichten"[85] nicht nur die noch privatrechtlich erfaßten Ver-

---

[82] Bis an die Grenze, die ihm eben aus der Struktur der Amtshaftung als einer Hoheitshaftung gesetzt ist; vgl. Nachweise dazu bei *Reinhardt,* Gutachten, S. 248. Vgl. übrigens zur Ausdehnung der Amtshaftung *Janssen,* op. cit. S. 124, insbes. Anm. 615; *Reinhardt,* R., DÖV 1955, S. 542 ff.; *Tietgen,* DVBl. 1955, 549 ff. Zur historischen Entwicklung vgl. *Scheuner,* Jellinek-Gedächtnisschrift, S. 337 f.

[83] Vgl. dazu *Forsthoff,* Lehrbuch, S. 283/4 (u. Anm.); *Reinhardt,* Gutachten, S. 252 f.; *Reinhardt,* DÖV 1955, S. 543 f. m. Nachw. u. Darstellung der gesamten Entwicklung, die (vgl. Nachw. S. 544!) zum Verlangen einer allg. Sorgfaltspflicht gesteigert wurde, d.h. *jede* Verletzung fremder Rechte genügt praktisch, während ursprünglich – staatsprivilegierend – die *Amts*interessen und -vorschriften maßgebend sein sollten: eine bedeutsame Parallelentwicklung zu dem oben geforderten Durchschlagen der Rechtepositionen der Bürger gegenüber (angeblicher) „impliziter Rechtfertigung" der Schädigungen durch Dienstvorschriften. Man vergißt zu leicht, daß, wenn Verschulden in Frage kommt, und damit die Amtshaftung, eben *wegen* dieser Entwicklung, die Rechtswidrigkeit meist keinerlei Bedenken wachruft — ganz anders dagegen, wenn Verschulden fehlt (vgl. oben!). Sollte also doch – im Unterbewußten – Rechtswidrigkeit „allein durch das Verschulden" kommen ...? Klar erkennt dieses Problem *Tietgen,* a.a.O., S. 550–2, dessen auf die *Amts*pflichten (meist zu Recht) abhebende Kritik aber durch die Entwicklung eben schon überholt sein dürfte. Zur „Amtspflicht" des Gesetzgebers vgl. *Schack,* MDR 1953, 514 ff. (515), zur aufschlußreichen österr. Entwicklung *Spanner,* DVBl. 1955, 547. Vgl. ferner zur Amtspflichtverletzung *Schnitzerling,* RiA 1959, 375; *Friebe,* ZBR 1957, S. 389 m. Lit. übers. (der für Erweiterung eintritt) (in dieselbe Richtung weist wohl auch die Forderung der Erkenntnis der Amtspflichtverletzung als einer „Geschäftsherrenhaftung", die *Bettermann* schon in DÖV 1954, 299 aufstellt); *Weimar,* RdK 1953, 194 (Kreis der „Dritten"); *Weimar,* MDR 1958, 654; *Loppuch,* NJW 1952, 1037 (Amtspflicht im Ermessensbereich) u.a.m.

[84] Gefährdungshaftung, insbes. S. 13 f.; *Hannak,* op. cit. S. 20 f.; *Reinhardt,* Gutachten, S. 254/5; *Reinhardt,* DÖV 1955, 544 (krit.); *Scheuner,* Jellinek-Gedächtnisschrift, S. 339.

[85] *Esser,* Gefährdungshaftung, S. 23 f.; *Much,* W., Die Amtshaftung im Recht der Europ. Gemeinschaft f. Kohle u. Stahl, Frankfurt 1952, S. 36/7; *Reinhardt,* DÖV 1955, 543 m. Nachw.; die neuesten Erörterungen zum Thema „Sorgfaltspflicht" im Privatrecht (Arbeitsrecht) laufen zwar dort auf eine Zurückdrängung der Sorgfaltspflichten hinaus (vgl. u.a.

kehrssicherungspflichten der öffentlichen Hand[86]. Auch in den Fällen „tatsächlicher" hoheitlicher Eingriffe, die den oben skizzierten „Unfällen" noch am nächsten kommen – etwa bei den Lehraufsichtssachen[87] –, ist der Verschuldensbegriff schon völlig überdehnt. Sorgfaltspflichten werden ex eventu konstruiert[88], der Vorwerfbarkeit ist rechtlich und moralisch der Boden entzogen. Da die Rechtswidrigkeit der Schädigungen hier feststeht, läge es nahe, schon von „Haftung für Rechtswidrigkeit"[89] zu sprechen. Das Absehen von einer Feststellung des individuellen Schädigers[90] kann als weiterer Schritt zur Aufgabe der subjektiven Vorwerfbarkeit gewertet werden.

Ein etwas anderes Bild bieten allerdings die Schuldbeurteilungen bei verwaltungsaktlicher Tätigkeit[91] und bei der „schlichten Hoheitsverwaltung". Größere Konstanz spiegeln hier die Leitsätze der Rechtsprechung; leichter und ohne Überdehnung der Sorgfaltspflichten kann sich der Richter in diese typischen und ihm bekannten Lagen, vor allem der Schwierigkeit der Rechtsanwendung, versetzen, wo die Sorgfaltspflichten eingrenzbarer sind als bei „technischer Überwachung". Bisweilen finden sich allerdings auch hier weite Formulierungen[92].

Immerhin — die Frage ist berechtigt: Steht man nicht vor der Entfaltung eines neuen, „objektiven" Verschuldensbegriffes? Kann dieser nicht *gerade* die obigen Modellfälle in die Staatshaftung einbeziehen helfen? Gibt es nicht *Übergänge* von der „reinen" Rechtswidrigkeit, über ein Verschulden, das etwa ausschließlich in einem „fernen" Nichtorganisieren liegt, zu „wirklichem", traditionellem, nahem Verschulden? *Kann* hier dogmatisch noch eine

---

Ohr, NJW 1960, 2174; *Steindorff,* JZ 1959, 1; *Hafferburg,* NJW 1959, 2194; *Prangemaier,* MDR 1960, 896; *Böhmer,* MDR 1959, 531, allgemeiner *Clauß,* NJW 1959, 1408), doch sind die dabei maßgebenden vertraglichen oder sozialstaatlichen Tendenzen auf das Staat-Bürgerverhältnis gerade *nicht* anwendbar. Eine Privilegierung gefahrgeneigter Tätigkeit (so dort *Böhmer,* MDR 1960, 638 u. *Steindorff,* a.a.O., differenzierter *Hafferburg,* NJW 1959, 1398) ist hier unmöglich.

[86] Vgl. *Reinhardt,* DÖV 1955, 544.

[87] a.a.O.

[88] Vgl. etwa wieder BGH NJW 1961, 969.

[89] Daß diese „Sorgfalts"pflichten nur im Rahmen der Rechtswidrigkeit Bedeutung haben, erkennt z.B. klar *Nipperdey,* Der Begriff des Verschuldens b. schadensersatzpflichtigen Handlungen, Beiträge z. internat. Luftrecht, Heft 32, Düsseldorf 1954, S. 100.

[90] Vgl. z.B. schon RGZ 100, 102.

[91] Vgl. den Überblick über die Rspr. bei *Kayser/Leiß,* Die Amtshaftung, München/Berlin 1958, Nr. 555 ff. Insbes. BGH 10.5.1951 III ZR 93/50 (Vorliegen verschiedener Auffassungen). Das Verschulden wird hier praktisch begrenzt von einem eigenartigen „Risiko für Rechtsunklarheit", wie es der Rechtsstaat nicht kennen sollte. Vollen Schadensersatz, nicht nur Entschädigung, legt hier schon der Gedanke der Rechtssicherheit nahe: Wer unklare Befehle nicht dulden muß, soll nicht unter deren schädigenden Folgen leiden.

[92] Vgl. etwa OLG Frankfurt in JW 1931, 2138.

Trennung gezogen werden, soll es geschehen? Diese Fragen sind neuerdings nur selten von einer Lehre behandelt worden, welche durch die Ausdehnungsmöglichkeiten der Aufopferung fasziniert wurde[93].

Hier liegt ein Vergleich mit dem keineswegs ganz anderen französischen Recht[94] und seinem Haftungskernbegriff der „faute de service" nahe. Dieser ist – trägt man der Entwicklung Rechnung – durchaus mit deutschen Kategorien erfaßbar. Die bekannte Problematik des service public[95] berührt ihn nur am Rande. Die „Faute" entspricht, ursprünglich wie auch heute noch, völlig der deutschen privatrechtlichen Verschuldenskonzeption[96]. Entscheidend bleibt also das Merkmal „de service", in dem gerade das Ergebnis einer Ausdehnung liegt, die in Frankreich nicht schrittweise aus dem Verschulden des Einzelbeamten, sondern, seit dem 19. Jahrhundert schon, deduktiv, aus einem „selbständigen Pol" sozusagen, gewonnen wurde.

Drei Schädigungskomplexe bezieht die faute de service in den Verschuldensbegriff ein: a) Schadenszufügung durch schuldhafte Handlung eines festgestellten Einzelbeamten. Hier entspricht sie völlig dem Verschulden nach § 839 BGB und begründet nur zugleich eine „primäre" Staatshaftung. *Diese* prätorische Leistung hat ihr zu internationaler Beachtung verholfen. In Deutschland ist sie längst legislativ überholt. b) Schädigung durch einen nichtfeststellbaren Beamten. In dieser „Anonymität", die in der französischen Lehre[97] von der folgenden dritten Kategorie gar nicht immer scharf getrennt

---

[93] In voller Klarheit stellt das Problem *Reinhardt,* Gutachten, S. 255; vgl. auch *Scheuner,* JuS 1961, S. 248/9.

[94] Schrifttum i. dt. Sprache: *Auby,* DÖV 1955, S. 536 ff.; *Bachof,* Die Klage cit. S. 124; *Forsthoff,* Die Entsch. cit. S. 32 f.; *Münch,* F., Verh. d. 41. Dt. Juristentags 1955, Bd. I, S. 61 ff.; *Much,* Die Amtshaftung im Recht der Europ. Gemeinschaften, S. 26 f. u. passim Hinweise; *Perlmann,* AöR 1924, 538 ff.; *Scheuner,* Jellinek-Gedächtnisschrift, S. 341–3; *Stödter,* Öffentlich-rechtliche Entschädigung, Hamburg 1933, S. 5, 16, 39, 48, 185; *Theis,* AöR 77 (1951), S. 1 ff.; *Wreschner,* Die Haftung des Staats usw. nach frz. Recht, Diss. Heidelberg 1931.

[95] Vgl. dazu die grundlegende Arbeit von *J.L. de Corail,* La Crise de la notion juridique de service public en Droit administratif français, Paris 1954 (Schrifttumsnachweis S. 349 ff.); *Waline,* M., Traité de Droit administratif, 8. Aufl. 1958, Nr. 1051 ff.

[96] Vgl. u.a. zum Begriff „faute": *Debeyre,* Guy, La responsabilité de la puissance publique en France et en Belgique, Thèse Lille 1936, S. 227 f.; *Rousset,* L'idée de puissance publique en Droit administratif, Paris 1960, S. 125 f.; grundlegend: *Saleilles,* R., Les accidents de Travail et la responsabilité civile, Paris 1897, S. 43 f.; *Savatier,* R., Traité de la responsabilité civile etc., 2. Aufl, Paris 1951, Bd. I, S. 5 ff.; *Teisseire,* M., Essai d'une théorie générale sur le fondement de la responsabilité en Droit civil, Thèse Aix 1901, S. 29 ff.; *Triandafil,* E., L'idée de faute etc., Thèse Paris 1914, S. 18 f. m. Nachw., insbes. aber (m. Nachw.) *Mazeaud,* Henri u. Léon / *Tunc,* André, Traité théorique et pratique de la responsabilité civile usw., Paris 1957 f., Bd. 1, S. 444 f.; *Chapus,* Responsabilité publique et responsabilité privée, Paris 1954, S. 351 f.

[97] Zur „faute de service" und ihrer „anonymité" vgl. u.a. *Cornu,* G., Etude comparée de

wird, sieht man dort den entscheidenden Fortschritt. Ohne Aufsehen zu erregen, ist die deutsche Rechtsprechung auch hier zu dem gleichen Ergebnis gelangt: Sie stellte es bald auf die Identifizierung des Schädigers nicht mehr ab[98] und sprach von „Behörden“[99], die gefehlt haben — in der für beide Länder zutreffenden Erkenntnis, daß solche Anonymität eine Folge der „automatischen“ Übernahme der Haftung durch den Staat ist. Weil es meist gleich bleibt, wer den Schaden verursacht hat, kommt es praktisch doch schon zu einer „selbständigen“ Haftung „der Hoheitsgewalt als solcher“. Was hier noch getan werden kann, wird die Rechtsprechung wohl in nächster Zeit leisten. Dabei braucht sie in Deutschland die Zivilrechtsnähe des Amtshaftungsrechts nicht zu verlassen, weil die Anonymität der faute de service ebenso im Privatrecht Folge einer „Unternehmens-“, oder „Gesellschaftshaftung“ sein kann, es also auch eine „faute de service privé“ gibt[100].

Wichtig ist nun aber: c) der dritte Komplex der geheimnisvollen faute de service. Er besteht in Schädigungen durch fehlerhaftes Funktionieren des staatlichen Behördenapparats, hervorgerufen durch Organisationsfehler im weitesten Sinn. Im Grund ist dies nur eine Ausdehnung der Anonymität — aber sie enthält dogmatisch Neues: „Anonymes“ Verschulden von Beamten genügt auch noch als entfernte, entfernteste Schadensursache, die faute de service wird zur faute du service[101]. Unrichtig ist es also, in der faute de service einfach schon „objektive Haftung“ zu sehen: Wird sie angezogen, so *liegt* „irgendwo“ „echtes“ Verschulden im Sinn von vorwerfbarer Sorgfaltspflichtverletzung, nur daß ein Schuldiger „objektiv“ nicht ermittelt werden

---

la responsabilité délictuelle en Droit privé et en Droit public, Thèse Paris 1951, S. 47 f., 55 f.; *Defrénois,* La faute du service public, Thèse Bordeaux 1937; *Demichel,* A., Le contrôle de l'Etat sur les Organismes privés, Thèse Bordeaux 1960, S. 529 f. (bei der Staatskontrolle über private Organisationen); *Duez,* P., La responsabilité de la puissance publique en dehors des contrats, Paris 1938, S. 18 f.: *Duguit,* L., Les transformations du Droit public 1913, S. 254 f.; *Eisenmann,* Ch., Semaine juridique 1949, S. 751 ff. (krit.; theor.); *Giuliani,* G., Le risque administratif usw., Thèse Lyon 1933, S. 254 (Vgl. m. d. Gef. h.); *Hauriou,* M., Précis de Droit admin., 11. Aufl. 1927, S. 322; *Laferrière,* E., op. cit. Bd. 2, S. 189; *Odent,* R., Contentieux admin., Cours à l'Institut d'Etudes politiques, Paris 1957/8, Bd. II, S. 657 ff.; *Savatier,* op. cit. S. 260 f.; *Teissier,* G., in Répertoire Béquet du Droit administratif, t. 23, Paris 1906, S. 171/2; *Vedel,* G., Droit admin., 2. Aufl. 1961, S. 152 f.; *Waline,* M., Traité, S. 685 f.

[98] So schon RGZ 100, 102.

[99] Z.B. RG in DJZ 1924, 232; RGZ 138, 259 („ob die Behörde oder der Beamte gefehlt hat“) m. weit. Nachw.

[100] Wie *Eisenmann/Vedel,* a.a.O. (Anm. 97) nachweisen.

[101] „On juge le services, non l'agent“ (*Bonnard,* cit. b. Duez op. cit. S. 22); *M. Hauriou* spricht von der „faute de l'Etat personnifié“ (Note unter Arrêt Tomaso-Greco, Sirey 1905. III. 113), *Duguit,* op. cit. S. 254, schon radikal von der „Eliminierung der agents“ aus dem öffentlichen Haftungsrecht.

kann[102]. Demnach: In diesem Punkt scheint bisher die deutsche Entwicklung doch abzuweichen, gerade bei den Verkehrsicherungen und Unfällen, wo das Verschulden nicht schon in unvollkommener Organisation als solcher liegen kann, sondern doch eine Handlung oder ein konkretes Verhalten umfassen muß, das eine *nahe* kausalitätsmäßige Verbindung zum Schaden im Sinne einer Vorhersehbarkeit aufweist[103].

Der Unterschied ist etwa praktisch schon weniger bedeutsam, als man gemeinhin annimmt: Kann die französische Ausweitung des Vorhersehbarkeitsmoments nachvollzogen werden? Sollen so die hier beschäftigenden Fälle in faute-de-service-ähnlich aufgeblähte Staatshaftung einbezogen werden?

Die Bejahung der Frage scheint eine Erkenntnis zu erleichtern, zu der gerade die französische Rechtsentwicklung verhilft: Das Verschulden müßte dabei nicht offen fallengelassen, die Vorhersehbarkeit nicht einfach aufgegeben werden: Die Übergänge zwischen Verschuldenshaftung und objektiver Haftung würden durch eine solche Ausweitung fließend[104]. Das Verschulden würde, der „Organisation" sich überlagernd, nur in immer weitere Ferne vom schadenstiftenden Ereignis rücken, ohne daß aber die Kette adäquater Kausalität zwischen dem von ihm unmittelbar erfaßten Glied und dem Schaden selbst abreißen müßte. Diese „reihenmäßige Annäherung" an den dogmatisch „ganz anderen" Begriff einer objektiven Haftung aus „reiner", unverschuldeter Rechtswidrigkeit charakterisiert den bedeutenden, echt prätorischen Umbildungsvorgang in der französischen Rechtsprechung zur faute de service — in gewisser Entsprechung zu einem mathematischen Integrationsprozeß. Winkt also einer vergleichbaren deutschen Rechtsfortbildung die Chance eines bruchlosen Übergangs, einer wirklich metabasis eis allo genos? Zu einer solchen nämlich hat in Frankreich die faute de service im öffentlichen Haftungsrecht, an einzelnen Punkten offen geführt — zu einem wirklichen Über-

---

[102] Näher bei dem Geist der Staatsratsrechtsprechung steht sicher, der klassischen Definition von Laferrière, a.a.O. folgend, die Auffassung von *Eisenmann,* a.a.O. (implizit der Darlegung bei *Waline,* a.a.O., zugrundeliegend), nach der es „de service" in dem Sinn heißen muß, daß es sich nur um eine abgrenzende „Zurechnung" zum Staat handeln soll. Alles andere als „organicistische Mythologie" abtun zu wollen, heißt jedoch (vgl. sogleich unten), die Besonderheit dieses „fernsten" Verschuldens verkennen.

[103] Zwei Beispiele: Einbrecher dringen ins Gefängnis ein, töten einen Gefangenen: faute de service (Arrêt Bernard, C.E. 30.1.1948, Recueil S. 47). Ein großer Brandschaden entsteht, „weil die Verwaltung nicht die erforderlichen Vorkehrungen getroffen hat" (Arrêt Narcé, C.E. 17.7.1953, S. 384) — faute de service. In beiden Fällen wird der Schuldnachweis gar nicht *versucht,* es kommt zur Schuld*vermutung,* — ein erheblicher Unterschied zu analogen deutschen Lösungen.

[104] Besonders einleuchtend beim Gefängnisfall (Anm. 103), mehr noch etwa beim schlechten Zustand (Unterhaltung?) von Gebäuden (z.B. im Arrêt Papon, 6.3.1914, Rec. S. 316) oder bei Arbeitsmaterialfehlern (z.B. im Arrêt Le Meut, 30.4.1934, Rec. S. 463), wo faute de service (!) angenommen wurde.

gang zu objektiver Haftung! Darin liegt ja ihre letzte Bedeutung: nicht nur in der bruchlosen Annäherung, sondern in dem dann – aus diesem Zustand heraus – vollzogenen Überwechseln auf den neuen Begriff, in einer in ihrer Naivität großartigen Einfachheit praktisch-juristischen Denkens. Wenn es nämlich in Frankreich – trotz aller Vereinheitlichungsversuche – nie gelingen konnte, eine gemeinsame Grundlegung der Eventualitäten der Staatshaftung[105] oder wenigstens der objektiven Haftung[106] zu finden, wenn die „responsabilité sans faute" eine unsystematisierbare Rubrik disparater Fälle geblieben[107] ist, so deshalb, weil es sich bei ihr nur um „objektive Spitzen" aus dem Raum des „verschwindenden organisatorischen Verschuldens der faute de service" handelt. Der „Übergang" wurde hier so vollzogen, daß man die Suche nach dem „fernen" Verschulden völlig aufgab, sei es in Erkenntnis von dessen irrealer Distanz, sei es aus reinen Billigkeitserwägungen, oder um von vorne herein Regresse abzuwenden, vor allem aber, um entschädigen zu können, ohne die „menschlich schuldlose" Verwaltung tadeln zu müssen[108]. So wird Schadensersatz für risque auch tatsächlich meist in Fällen gewährt, die „in der Nähe" (wenigstens) gerichtsfreier Hoheitsakte liegen[109]. Ihrer Herkunft

[105] Vgl. dazu neuerdings *Auby,* J.M., in Dalloz 1956, S. 596 ff. (599 f.); grundlegend: *Benoit,* F.P., in Semaine juridique 1954.1.1178 ff. (einheitl. System aus der Sicht der „Opfer"); *Berlia,* G., Essai sur les fondements de la responsabilité civile en Droit public français, Rev. Droit public 1951, S. 685 ff. (687 f.); *Eisenmann,* op. cit. (Krit., Verh. z. Priv. r.); *Laubadère,* A. de, Les problèmes de la responsabilité du fait des choses en Droit adm. franç., in Etudes et documents du C.E., Paris 1959, S. 29 (insbes. vgl. S. 43/44) (zugl. Krit. an der Darstellung von *Chapus,* op. cit.); *Mignon,* H., in Dalloz 1947 (chronique), S. 37 ff., sowie *Hauriou,* M., Précis cit. Anm. 97, S. 309 ff. (drei verbindungslose fondements) gegen *Duguit,* Les transformations cit. insbes. S. 262 u. *Teissier,* op. cit. S. 152 ff.

[106] *Auby,* a.a.O.; *Blaevoet,* Cl., Dalloz 1947. Jurispr. 376; *Brunet,* J.F., De la responsab. de l'Etat législateur, Thèse Paris 1936, S. 61; *Corneille,* Rev. Droit publ. 1920, S. 411; *Eisenmann,* a.a.O.; *Feugey,* Le développement jurisprudentiel de la théorie du risque usw., Thèse Lille 1927, S. 27 f.; *Hauriou,* Précis cit. S. 331 f. (nicht immer klare Scheidung zwischen Zielen und Grundlagen); *d'Hébrail,* La responsabilité de l'Etat, Thèse Alger 1929, S. 5–41; *Henriot,* Guy, Le dommage anormal, Thèse Paris 1958 dactylogr., insbes. S. 92/3 f. (Versuch der Grundlegung aus den Freiheitsrechten); *A. de Laubadère,* op. cit. S. 44; *Laroque,* P., Sirey 1936 III 49 ff. (insbes. für „öff. Arbeiten"; *Mathiot,* A., Sirey 1934 III S. 81 ff. (Gegenposition zu Laroque); *Mazeaud/Tunc,* Traité cit. S. 419 f. (insbes. S. 425 f. (allg. zum „risque"), 431/2 öff. R.); *Odent,* op. cit. S. 686, *Rousseau,* op. cit. S. 49 f., u.a.m.

[107] *A. de Laubadère,* op. cit. S. 29, 44; *Vedel,* Droit admin. S. 257.

[108] *Duez,* La responsab. cit. S. 83/4, *Debeyre,* Thèse S. 226; *Feugey,* Thèse cit. S. 97 f.; *Mazeaud/Tunc,* Traité (allg.) op. cit. S. 423; *Odent,* op cit. S. 686 („angenehme Begleiterscheinung"); *Savatier,* Mélanges Lambert I. S. 465.

[109] Zu diesem wichtigen, wohl noch nicht genug entwickelten Gedanken, der die Vorsicht des Staatsrats auf beiden Gebieten erklären würde, vgl. u.a. *Duez/Debeyre,* Traité de Droit administratif, Paris 1952, S. 439 f.; *Duez,* La responsab. cit. S. 220 f. m. umfangreichen Nachw.; *Henriot,* Thése cit. S. 87; *Feugey,* Thèse cit. S. 39/40; für eine „VO als acte de gouvernement" vgl. *Kouatly,* Thèse S. 72; *Teissier,* op cit. S. 142 f.; zum Schadensersatz wegen VA der Parlamentsverwaltung vgl. *Duez,* op. cit. S. 200. Allerdings dürfte

nach Ausnahmen, gestatten es diese meist isoliert gebliebenen Sonderfälle allerdings einfach nicht, von „objektiver Haftung" im französischen Recht zu sprechen, wie es immer wieder geschieht. Dies zeigt ein kurzer Überblick:

Von den sondergesetzlich geregelten Fällen[110] abgesehen, haftet die öffentliche Hand in Frankreich ohne Verschulden für schädigende Folgen des Einsatzes von Feuerwaffen durch die Polizei[111] (vgl. das „Abirren"); für die von entwichenen Besserungshäftlingen angerichteten Schäden[112] (vgl. die „menschliche Zustandshaftung"); für Explosionsfolgen und Löschwasserbeeinträchtigungen[113] (sächliche Zustandshaftungen); für die freiwilligen Helfern entstehenden Schäden[114] und für Schädigungen durch Unterlassen der Voll-

---

diese Gewaltenteilungsproblematik nur *eine* Wurzel der Anerkennung eines „risque" sein, während die andere in der Angleichung an gewisse privatrechtliche „Fabrikgefährdungstatbestände" wohl zu suchen ist. Klare Haftungen für „actes de gouvernement" z.B. Arrêts *Arnaud,* 24.12.1926, Recueil S. 1149 (Tätigkeit des Außenministeriums) und *Corsin,* 24.10.1930, Rec. S. 864: Verlust von Wertsachen durch einen Diplomaten. Nach dem Staatsrat „ersetzt also die acte de gouvernement-Eigenschaft" den „Schuldnachweis" (ist ein solcher möglich, so ist sie unbehilflich, vgl. Arrêt Rousset, 18.7.1934, Rec. S. 817). Damit erscheint der acte de gouvernement als nicht etwa eo ipso „rechtmäßig", sondern nur als prozessual unverfolgbar.

[110] Übersicht etwa b. *Duez,* op. cit. S. 274 f.; *Giuliani,* G., Le risque administratif devant la Jurisprudence et la Législation, Thèse Lyon 1933, S. 227 f.; *d'Hébrail,* op. cit. S. 41 f.; *Waline,* Traité, S. 728 f. Daß sich aus diesen Einzelgesetzen induktiv allg. Rechtsgedanken entwickeln lassen, wird von *Duez,* a.a.O., m. Recht in Frage gestellt, um so mehr, als diese Fälle durchwegs „stark beschränkter" Schadensersatzh. einer Entschädigungsregelung nach dt. Terminologie meist näher stehen.

[111] Guter Überblick bei *Berlia,* G. / *Morange,* G., in Dalloz chron. 1950, S. 5 ff.; ferner: *Berlia,* R.d.P. 1951, S. 694; *Henriot,* Thèse S. 82 f.; *Sfez,* M., La notion de chose dangereuse dans la Jurisprudence du C.E., Thèse Paris 1956, S. 37 f.; *Vedel,* Droit administr. S. 260; *Waline,* Traité S. 709 f. Der entscheid. Arrêt Lecomte u.a., 24.6.1949. Dalloz 1950, 1.27. gibt das Schadensersatzrecht *weder* aus dem Begriff der „gefährlichen Sache" an sich, noch aus der „gefährlichen Situation" schlechthin (kein „risque social"), sondern als Folge des risque créé (vgl. die conclusions von *Barbet,* Jurisclasseur périodique 1949 II 5092).

[112] Vgl. *Odent,* op. cit. S. 692; *Vedel,* op. cit. S. 261; *Waline,* Traité S. 748 m. Nachw.: Arrêt Thouzellier, 3.2.1956, Dalloz 1956, 596 (Anm. Auby).

[113] Zu der Rspr. der Arrêts Regnault-Desroziers, Rev. Dr. publ. 1919, S. 239, Anm. *G. Jèze,* Colas, Rec. 1920, S. 532 und Walther, Sirey 1927.3.44 (Löschwasser) vgl. u.a. Gesetz vom 3.5.1921 (*Waline,* Traité S. 746); *Auby,* Dalloz 1956. 596 f.; *Duez,* La responsab. S. 79; *Feugey,* Thèse S. 48 f.; *d'Hébrail,* Thèse S. 98 f.; *Vedel,* S. 260 / 1. Der größte Teil der sächlichen Zustandshaftungen wird allerdings nach dem Régime der Travaux publics, aber eben wieder ohne Schuldnachweisnotwendigkeit, behandelt.

[114] *Benoit,* F.-P., in Semaine juridique 1954.1.1178 ff.; *Blaevoet,* Ch., Dalloz 1947, Jurispr. 376; *Duez,* Respons. S. 74 f. (m. Nachw. S. 75); *Odent,* op. cit. S. 689–91 (m. Rspr.-Übersicht) sowie – ebenso – *Vedel,* a.a.O. — Diese mit dem Arrêt Cames, 21.6.1895, Sirey 97.III.33, einsetzende Rspr. kam aus der „Zivilrechtsnähe" der gleichzeitigen Arbeitsschutzbestrebungen, ist jedoch neuerdings (vgl. die Beispiele bei *Odent* und *Vedel*) auf ungebetene Helfer mit typischer öffentl.-rechtl. Argumentation erstreckt worden (Problem der „réquisition", des „service public").

streckung[115]. Fast alle oben erwähnten Nichteingriffsfälle lösen also in Frankreich „objektive" Haftung aus, eine beachtliche Parallele!

Fast jede dieser Lösungen zeigt übrigens in ihrer Entstehung die Spuren des Übergangs von der faute zum risque: Bei den „Polizeischäden"[116] begann es mit dem Verlangen eines qualifizierten Verschuldens und endete – aus Gründen der Billigkeit einer-, der Schonung der Polizei andererseits – beim völligen risque. Bei den Explosionsschäden ging der Staatsrat über die vom Regierungskommissar vorgeschlagene faute-Haftung hinweg zur objektiven[117].

Der zweite große Komplex verschuldensloser Staatshaftung in Frankreich für dauernde Schädigungen[118] durch öffentliche Arbeiten[119], von Grundstück zu Grundstück, kann hier ausgeklammert werden. Er erwächst aus anderer, nachbar- und enteignungsrechtlicher (in Frankreich allerdings eindeutig öffentlichrechtlicher) Wurzel. Seine Gegenstücke (Verkehrssicherungs- und gewisse Immissionsfälle) werden auch in Deutschland ohne oder auf Grund von sehr weit gefaßtem Verschulden „entschädigt" — eine neue deutsch-französische Parallele! Sollten wenigstens letztere, was zu begrüßen wäre, öffent-

---

[115] a) Zwangsvollstreckungsverweigerung in Tunis aus Sorge vor Aufstand (Arrêt Couitéas, S. 1923 3. 57 Anm. Hauriou). Vgl. dazu *Calbairac,* Dalloz 1947 Chron. S. 85; *Lefas,* Etudes et documents du C.E. III, 1949, S. 73 ff.

b) Dasselbe bei Nichtaustreibung von Mietern (Arrêt Braut, Sirey 1944.3.41. Anm. Mathiot). Vgl. dazu *Fréjaville,* Gazette du Palais 1947.1. Doctr. 79.

c) Nichtvertreibung von Streikenden, welche widerrechtl. Fabriken besetzten (Arrêt St. Charles, Sirey 1939.3.9.).

Die Lehre ist in der Einordnung ziemlich ratlos. Die Erklärung als „Regierungakt" (*Duez,* La responsab. S. 82 f.) scheitert bei Fall b u. c, die als „faute" der Verletzung der Gleichheit (*Blaevoet,* Jurisclasseur périod. 46 I 560) widerspricht der angenommenen „Schuldlosigkeit". Richtig ist wohl: Das an sich schuldhaft rechtswidrige Verhalten der Exekutive (so auch *d'Hébrail,* Thèse S. 65 f.) wird ausnahmsweise durch Staatsnotstand gerechtfertigt (so i. Erg. schon *Hauriou,* a.a.O., krit. *Jèze,* cit. b. Giuliani, Thèse S. 159 f.). Vgl. ferner *Gabolde,* Jurisclass. per. 1949 I 742 u. 751.

[116] Nachw. b. *Berlia/Morange,* cit. Anm. 111.

[117] Vgl. *Duez,* Rspr. S. 79 u. d. dort zitierten Ausführungen *Corneilles.*

[118] Über diese „dommages permanents" und die Versuche, sie über eine „Sicherheitsverpflichtung" mit dem „risque", ja mit einer – i.d. Regel nur nicht nachzuweisenden – faute i. Verbindung zu bringen, vgl. grundlegend: *Rouast,* Du fondement de la responsabilité des dommages causés aux personnes par les T.p., Thèse Lyon 1910; *Cornu,* G. Etude comparée de la responsabilité délictuelle usw., Thèse Paris 1951 S. 82 f.; *Duez,* La resp. S. 65/6; *Giuliani,* Thèse S. 29 f.; *Lefèvre,* Chr., L'égalité dev. les charges publiques, Thèse Paris dactylogr. 1948 S. 56 ff.; *Josse,* P.L., Trauvaux publics et expropriation, Paris 1958, insbes. S. 356 f.; *Laferrière,* Ed., Traité de Juridict. admin. II, S. 155 f.; *Laroque,* P., Sirey 1936. III. 49 ff. (50); *Vedel,* Droit admin. S. 284.

[119] Grundlegend zur Begründung der Travaux publics: *Josse,* op. cit. S. 9 f. m. Nachw.; ferner: *Latournerie,* Rev. Dr. publ. 1945 S. 10 ff.; *Mathiot,* Les accidents causés par les travaux publics, Thèse Paris 1934 und *A. de Laubadère,* Et. et doc. cit. S. 41; *Odent,* op. cit. S. 694; *Vedel,* Droit adm. S. 281 f.

lich-rechtlich behandelt werden[120], so wären sie als weitere Kategorie den oben erwähnten Fällen anzufügen. Für sie bestände dann, nach französischem Vorgang, ebenfalls die „objektive Versuchung". Auch hier sind übrigens zwischen faute und risque die Übergänge fließend — etwa bei dem „défaut d'entretien"[121] genau entsprechend der „verschuldensnäheren" deutschen Verkehrssicherungspflicht[122].

Das französische Recht ist also durchaus vergleichbar; seine Lösungen locken um so mehr, als sie die Gefahr völliger, unbegrenzter Objektivierung der Haftung, das Gespenst dieser Schadensersatzform, zu bannen scheinen: Objektive Haftung bleibt Ausnahme! Ausgangspunkt ist *immer* das Verschulden (faute). Dieses muß zuerst und bis in verdämmernde Ferne verfolgt werden, bevor der Übergang zur objektiven Haftung gewagt werden kann. Ein solcher komme nun – das haben manche Interpreten der Staatsratsrechtsprechung erkennen zu können geglaubt – immer und nur dann in Betracht, wenn die Hoheitstätigkeit eine gewisse „Gefährlichkeit"[123] aufweise. Damit scheint dogmatische Geschlossenheit und Praktikabilität erreicht zu sein; die objekti-

---

[120] Vgl. Tendenzen dazu bei *Schack,* Gefährdungshaftung, DÖV 1961 (m. Nachw. Anm. 55 f.). Wem die Versagung d. Abwehrkl. dient, dürfte ebensowenig wie der „Destinatär" bei der neueren Enteignung entscheidend sein. Das bisherige stillschw. Hauptbedenken – daß bei privatrechtl. Behandlung „nur" mehr Enteignungsentschädigung gewährt wird – entfällt gerade bei der hier vertretenen Auffassung. — Es besteht ja überhaupt die billigenswerte Tendenz, *O. Mayers* domaine-public-Vorstellungen teilweise zu exhumieren (vgl. z.B. *Schack,* Bemerkenswertes z. Hamburger Wegegesetz, DVBl. 1961, S. 897); auch sonst können ö.r. Sachenrechtsprobleme nicht einfach privatrechtlich erfaßt werden (etwa bei den Bes. Gew. Verh. durch ein „Hausrecht", vgl. *Leisner,* W., DVBl. 1960 S. 620 [Anm. 17] = in diesem Band, S. 659 ff.). Hat man den Schluß vom obligationsmäßig-vermögensrechtlichen Charakter eines Rverh. auf sein privatrechtl. Wesen aufgegeben, so sollte sich solches auch i. Sachenrecht durchsetzen.

[121] Die „Benutzer" müssen dabei (vgl. Straßen!) einen Schuldbeweis erbringen, der aber praktisch durch Vermutungen entschärft ist, ein gutes Übergangsbeispiel (vgl. *Josse,* op. cit. S. 371 f. m. Nachw.; vom „subj. Element" wird praktisch abgesehen — reiner Vergl. zwischen „dem, was ist" und dem, was sein sollte, vgl. *Giuliani,* Thèse S. 83 f., insbes. S. 112 und *A. de Laubadère,* op. cit. S. 35–37; *Laroque,* Sirey 1936 III S. 51; *Odent,* op. cit. S. 700 f. m. Nachw.). Die „usagers" sind übrigens von d. „tiers", für die reiner risque gilt, kaum zu trennen (vgl. Versuche – außer den Genannten – b. *Benoit,* Sem. jur. 1954.1.1178 f. [dazu krit. *Auby,* Dalloz 1956 S. 600 f.]; *Cornu,* Etude comparée cit. S. 128f.; *Sfez,* Thèse S. 54 f.; *Vedel* Dr. adm. S. 284).

[122] Vgl. *Reinhardt,* DÖV 1955, S. 544.

[123] Die Versuche, die responsabilité sans faute mit der pour activités (choses) dangereuses gleichzusetzen, sind jedoch vereinzelt geblieben: *Cornu,* Etude comp. S. 82/3; schärfer *Mathiot,* A., Sirey 1934 III 81; vgl. den guten Überblick bei *Sfez,* H., La notion de chose dangereuse dans la jurisprud. du C.E. 1956 (der aber selbst erkennt, daß die Gefährlichkeit keine allg. Grundlegung sein kann). Der Staatsrat verwendet den „danger" ausdrückl. eben nur bei polizeilichen Schäden und den „sachlichen Zustandshaftungen", *weder* bei der Schädigung von Hilfspersonen noch b. Vollstreckungsverweigerung. Nachw. b. *Odent,* op. cit. S. 688 f.; *Cornu,* Etude comp. cit. S. 80 f. Daß die „risque-TBe" sich ganz anders entfaltet haben, zeigt *Rousset,* M., L'idée de puissance publique, S. 49 f.

ve Haftung würde zur „Gefährdungshaftung", die „responsabilité pour risque" (was ja noch nicht etwa Gefährdungs-, sondern Haftung für „zu erwartenden", eben „riskierten" Schaden heißt) würde zur „responsabilité pour choses ou activités dangereuses".

Es böte sich dann sogar die, aus dem Privatrecht bekannte[124], dogmatische Konstruktion der *Gefährdungshaftung als „Ersatz" einer Verschuldenshaftung:* Verschulden bestünde dann eben in der Übernahme[125] „schadensgeneigter" Tätigkeit, wenn diese also betriebstypische Schäden mit einer gewissen Regelmäßigkeit hervorruft. Objektive Typik und Frequenz wären Kennzeichen eines juristisch brauchbaren Gefahrenbegriffs.

Dogmatisch haltbar und entwicklungsgeschichtlich folgerichtig, ja zukunftsanpaßbar mag eine derartige Lösung sein — zum definitiven Kriterium einer Ausdehnung der Amtshaftung könnte sie in Deutschland nur werden - und es in Frankreich bleiben - und damit der Aporie der Einreihung der oben skizzierten Fälle entheben, wenn sie auf dieselben paßte *und* einen dogmatischen Begriff von genügender Konturklarheit - wenn auch gewisser Entwicklungsfähigkeit - für künftige Fälle lieferte.

Nun ist aber nie endgültig das Bedenken ausgeräumt worden, daß der Gefahrenbegriff ungenau, ja a priori unbestimmbar sei. Erst der Schaden zeigt eben die Gefährlichkeit. Der französische Kassationshof hat deshalb[126] das Gefahrenkriterium wieder aufgegeben, der Staatsrat zieht es nicht durchgehend als Rechtfertigung heran[127]. In Deutschland ist die Lage nicht günstiger: Ein detaillierter Gefahrenbegriff fehlt und wird sich in absehbarer Zeit kaum entwickeln lassen[128]. Eine „Definition" nach Typik und Frequenz, zunächst

[124] Vgl. die Zitate b. *Esser,* Gefährdungshaftung, S. 63 f.; er selbst überwindet aber diese „voluntaristische" Konstruktion des Anschlusses der Gefährdungshaftung an das Verschulden bereits op. cit. S. 97.

[125] Oder Übertragung! (vgl. die „schadensgeneigte Tätigkeit" im Arbeitsrecht!).

[126] Im sog. 2. Arrêt Jeand'heur, Sirey 1930.1.121, vgl. dazu *Cornu,* op. cit. S. 77 f.; *Henriot,* Thèse S. 91 f.; *Mathiot,* a.a.O.; *Sfez,* op. cit. S. 6 f. m. Nachw., ausdrückl. gebilligt v. *Savatier,* Traité I S. 448/9.

[127] Daß es im Bereich der Travaux publics die Haftung ohne Verschulden nicht durchgehend zu decken vermöge, weist *Josse,* op. cit. S. 357/8, am Stauwerkfall (Arrêt Habouche, Dalloz 1957, 534) nach. Daß der Gefahrenbegr. auch sonst nur ein Argument für die Einführung neuer obj. Haftung sei, zeigt *de Laubadère,* op. cit. S. 42 bei der Automobilhaftung — ohne daß es ein dauerndes Konstitutivkriterium zu sein vermöchte (ebenso krit. die wohl überwieg. Lehre. *Savatier,* a.a.O.; *Auby,* Dalloz 1956 S. 598 u.a.m.).

[128] Seit den Darlegungen von *Bienenfeld,* Die Haftung ohne Verschulden, S. 141, es handle sich nur um ein Motiv gesetzgeberischer Tätigkeit, ist wenig beigetragen worden. Vgl. immerhin *Diembeck,* A., Der Ausschluß der Gef.haftung, Tüb. 1934, S. 16 (Typik, Intensität); *Esser,* Gefährdungshaftung, S. 9 f. (ebenso — aber mit überzeug. Vorbehalt); *Hannak,* Die Verteilung der Schäden aus gefährlicher Kraft, S. 9 f. (Typik — nur bei Energie!); *Katzenstein,* Entschädigungspfl., S. 29/30; *Müller,* H., Gemeinsame Grundsätze

die einzig naheliegende, versagt bei neu auftretenden Schädigungen, bei unbekannten Gefährdungen läßt sich weder Typik noch Frequenz mit hinreichender Sicherheit feststellen. Jedenfalls droht so stets eine widersinnige Privilegierung der „jüngeren, unbekannten Gefahr". Viele moderne Gefahren (etwa Atomrisiken) bedrohen weniger durch Frequenz, als durch Intensität der Schädigung. Welche „Schadensintensität" macht aber dann eine Lage „gefährlich"? Nur der Gesetzgeber kann es – in jedem Fall besonders – entscheiden. Das Kriterium von Intensität bzw. Frequenz unterliegt überhaupt Bedenken, wenn aus einer Art von „antizipierter Schuld" gehaftet wird, dann ist die Betriebstypik des Schadens allein entscheidend. Gehaftet wird, selbst wenn es bisher – zufällig – noch nicht zu Schädigungen gekommen ist. Warum nur „häufige" Schäden ersetzt werden sollen, ist aus dieser Sicht kaum verständlich, wenn nur bekannt ist, daß dabei „manchmal" Schäden auftreten. Warum sollte hier das Opfer ersatzlos bleiben? Das Intensitätskriterium endlich würde dabei ungerechte und überlebte Erfolgshaftung begründen. Reine „Betriebstypik" aber hat mit „Gefährdung" nichts mehr zu tun und führt im Ergebnis zu einem Ausufern der allgemeinen objektiven Haftung.

Und nun zu einer Probe auf die Ausgangsfälle der Untersuchung: Der Staat würde „objektiv" haften beim Arbeitereinsatz in einem verseuchten Lager; wenn dort aber nur ein Kind, unbekannter- und für die Situation atypischerweise, an Kinderlähmung litte, bliebe das Opfer ohne (diesen) Ersatz. Soll das Unterlassen einer Hoheitstätigkeit – etwa im französischen Fall der verweigerten Zwangsvollstreckung – „besonders gefährlich" sein? Warum *mehr* als rechtswidriges *Handeln* der Behörde? Ein Polizist schießt schuldlos-rechtswidrig auf einen Unschuldigen — ist dies weniger „gefährlich", als wenn diesen ein Querschläger trifft? Ist übrigens der Boxhieb in den Unterleib „ungefährlicher" als ein Schuß in die Beine?

Diese und ähnliche Fragen beweisen: *Was* gefährlich ist, läßt sich nicht sagen, ohne daß man dabei in die problematischen Distinktionen der Vergangenheit zurückfällt („ein Fahrrad ist gefährlicher als ein Pferd" u.ä.m.) — in einer Weise, welche die Jurisprudenz dem Spott der Technik und der Nachwelt aussetzen müßte. Selbst wenn aber eine solche Feststellung möglich *wäre,* so würden nicht *alle* erwähnten Fälle erfaßt, dafür aber viele andere aus dem Bereich rechtswidrig-schuldlosen Handelns. Der Gefahrbegriff „erklärt" eben weder die französischen Ergebnisse, noch paßt er auf alle deutschen Fälle. Wegen seiner Ungenauigkeit sollte er als dogmatisch unbrauchbar aus dem öffentlichen Haftungsrecht, wenigstens als Grundlage neuer Haftungstatbestände, völlig ausscheiden. Er eignet sich nicht für so vielfältige, so wenig technisch-typische Schädigungsarten wie die, welche der Einsatz der

über die Gefährdungshaftung, S. 11 (Typik); *Rinck,* Gefährdungshaftung, S. 4/5, resigniert: Es ist polit. Entsch. d. Ges. geb.

Hoheitsgewalt mit sich bringt. Mag er im Arbeitsrecht technisch-gefährlicher Fabriktätigkeit fruchtbar sein[129], auf den staatlichen, meist behördlichen Apparat paßt er von vorneherein nicht. Oft liegt eben die „Gefährdung“ nicht erst in der „materiellen“ Ausführung, sondern schon in abirrender Planung oder Weisung. Dann aber gilt: Komplizierte Behördentätigkeit ist entweder „als solche“ – dann immer! – oder gar nicht „gefährlich“. Sollen „gefährliche“ und „ungefährliche“ Behörden unterschieden werden? *Der Staat an sich ist nicht gefährlich*[130]. Selbst wenn dies aber wegen des Einsatzes unvergleichlicher Machtmittel bejaht würde, käme man so gerade zu jener *allgemeinen* objektiven Haftung für Hoheitstätigkeit, welche durch das Kriterium der „Gefahr“ vermieden werden soll!

Die arbeitsrechtliche Behandlung der „schadensgeneigten Arbeit“ schließlich beweist, daß die „Gefährlichkeit“ einer Sache oder Tätigkeit noch gar nichts über den aussagt, welchen ihre Folgen treffen sollen. M.a.W.: die „Haftung für Gefährliches“ ist gar kein selbständiges Zurechnungsprinzip, meist verbirgt sich hinter ihm nur die Risiko-Nutzenrelation (vgl. unten) oder Haftung für das jeweilige „Recht der Direktion“, was im Grunde wieder in die Richtung des Organisationsverschuldens führt[131].

Damit aber fehlt jedes allgemeine Kriterium für einen „Übergang“ vom Verschulden zu objektiver Haftung — und dies trifft ja letztlich auch in Frankreich zu. Für die Objektivierungsentscheidungen des Staatsrats gibt es keinen anderen Grund, als jene eigenartige Mischung von Billigkeit und Scheu, die Verwaltung zu zensieren. *Dies* aber trägt nur in der besonderen französischen Tradition des Staatsrats als „vollprätorisches“ Gericht[132]. In Deutschland verstieße solche Entscheidungsfindung gegen die Gesetzesgebundenheit des Richters, mehr noch gegen die Rechtssicherheit, reines „von Fall

---

[129] In Frankreich waren es nahezu ausschließlich soziale Erwägungen z. Schutz der Fabrikarbeiter, die zur „responsabilité du fait des choses“ i. Privatrecht führten; vgl. *Cornu,* op. cit. S. 69 f.; *Huchard,* Le risque professionel, Thèse Paris 1898 (mit guter Übersicht ü. d. Lehre, S. 74 f. u. 142 f.); *Mazeaud/Tunc,* Traité I, S. 76 f. m. Nachw.; *Savatier,* Mélanges Lambert I, S. 453 f.; *Savatier,* Traité I, S. 422 f.; *Triandafil,* L'idée de faute, insbes. S. 93 f. (m. Nachw.). Klar ist dieser Ausgangspunkt auch b. d. „Schöpfer“ dieser „neuen Lehre“, *R. Saleilles,* Les accidents de travail et la responsabilité civile, Paris 1897, etwa S. 25/6.

[130] Die Übertragung des „Fabrikdenkens“ auf den Staat findet sich gerade in der Anm. 129 erwähnten Ausgangsperiode des „risque“: So vergleicht *Larnaude,* Revue pénitentiaire 1896, S. 9, den Staat als solchen mit einer riesigen, höchstgefährlichen Maschine.

[131] *Saleilles,* a.a.O., der sich S. 29 f. vergeblich dagegen verwahrt.

[132] Auf die Gefahr, daß die frz. Richter gerade hier Gesetzgebungs- und damit „gouvernement“-Funktionen wahrnehmen, hat *Savatier,* Mélanges Lambert I, 453 ff. (462 f.), schon 1938 hingewiesen und *Feugey* (Thése S. 144) zieht den Richter als „Geldverteiler“ dem Parlament vor (!). *L.A. Macarel* (Des tribunaux administratifs, Paris 1928, S. 20/1) meint allg.: „La jurisprudence en cette matière vaut mieux que la législation ...“.

zu Fall-Entscheiden" wäre legalitätswidrig. Dies bedeutet allerdings nicht, daß durch „schöpferische" Entfaltung des Gesetzes nicht auf dessen Grund neue *allgemeine* Regeln durch die Rechtsprechung „erkannt" werden, ja daß gerade hier, das muß offen zugegeben werden, sich die Grenzen von lex lata und lex ferenda in nicht unbedenklicher Weise zu verschieben drohen. Immerhin: es bleibt ein zu beachtender Unterschied, ob eine Entschädigung „auf Grund" einer neuen, wenn auch gerade in ihr erstmals entfalteten, allgemeinen Rechtsregel, als ein Anwendungsfall sozusagen, ergeht, oder aber a priori auf eine solche verzichtet wird[133]. Selbst wenn also der Gefahrenbegriff als dogmatisch brauchbar anerkannt würde – damit bliebe „nur" die Einzelarbeit der Abgrenzung zu leisten –: Eine Entscheidungspraxis wie die des französischen Staatsrats (und seiner Begründungen) ist in Deutschland unmöglich. Daran dürfte aber gerade jede Einzelbearbeitung scheitern. Im deutschen Recht fehlt endlich die Korrekturmöglichkeit des „dommage spécial"[134]: Die Stärke des deutschen Amtshaftungsrechts besteht ja – der Aufopferung gegenüber – gerade darin, daß nicht wieder durch Begriffe wie „mittelbarer, spezieller, anomaler" Schaden ein mit rechtsstaatlichen *Schadensersatz*vorstellungen kaum vereinbares Unsicherheitsmoment eingeführt, sondern eben *jeder* Nachteil ersetzt wird.

Damit steht fest: Im Falle einer faute de service-ähnlichen letzten Ausweitung des Verschuldens bei der Staatshaftung kann in Deutschland die objektive Haftung nicht eingegrenzt werden. Einer solchen Ausweitung stehen aber grundsätzliche, ja verfassungsrechtliche Bedenken entgegen. Was soll eine solche wirkliche Denaturierung des Verschuldensbegriffes, wie sie die Einbeziehung auch „fernsten" organisatorischen Verschuldens doch darstellt? Sie würde nur das dem Privatrecht geläufige unerfreuliche Ergebnis wiederholen: Verschulden wird zu reiner Fiktion, weil *jede* Vorwerfbarkeit, ja *jede* konkrete Sorgfaltspflichtverletzung fehlen kann. Durch Aufgabe jeder Vorhersehbarkeit wird das Verschulden entmenschlicht. Weil aber die Verschuldenskategorie doch nicht „ganz" fällt, verlangt man vom Beamten ein wahrhaft überirdisches Verhalten, bleibt andererseits ein Beigeschmack „ursprünglichen" Verschuldens. Das Grundgesetz fordert aber, den Menschen als einen solchen zu achten, und ihn deshalb auch nicht rechtlich zu überfordern. Die

---

[133] In letzterem Fall tritt die dem Grundsatz der Gesetzesgebundenheit gegenüber *selbständige* Bedeutung der Rechtssicherheit hervor, es sei denn, man sehe in dieser auch die Verpflichtung zur „gesetzesähnlichen" Rechtsfortbildung. Die erwähnten Probleme können hier nur angedeutet werden.

[134] Grundlegend: *Colliard,* Le préjudice en Droit admin. franç., Thèse Aix 1938. Vgl. auch *Giuliani,* Thèse S. 49 f.; *d'Hébrail,* Thèse S. 17 f.; *Morange,* Dalloz 1953, Chr. XXXV; für VOen *Kouatly,* Thèse S. 44 f. Hinter dem Erfordernis eines „dommage spécial" steht (wenn es scharf durchgeführt würde) der Gleichheitsverstoß — so daß die Frage berechtigt ist, ob es in Frankreich nicht *nur* (auch für faute nur) „Entschädigung" nach dt. Terminologie gibt. Immerhin werden sich beide Begriffe nicht völlig decken.

Grundgedanken dieser in einem ganz bestimmten Sinn „persönlichkeitsgeprägten“ Ordnung widersprechen der erwähnten, dann unvermeidlichen „Auflösung“ eines jeden, und sei es auch nur des zivilrechtlichen Verschuldensbegriffs. Einige Grenzfälle aus dem Bereich der erwähnten Modelle mögen sich durch Steigerung der Anonymität – die dem Staatsbegriff entspricht – noch befriedigend nach Amtshaftungsrecht lösen lassen — alle nicht! Maskiert aber der Verschuldensbegriff „objektive Einsprengsel“, so wird nur die eigentliche Frage nach der objektiven Haftung umgangen. Entweder unterbleibt dann eine dogmatisch saubere Neuschaffung objektiver Haftungsgrundlagen, oder, wenn sie nicht möglich sein sollte, es wird der Gesetzgeber, der hier etwa eingreifen müßte, darüber getäuscht, daß es eine „objektive Haftung“ (noch) nicht gibt.

Offen muß deshalb die entscheidende Frage gestellt werden: Warum und in welchen Fällen könnte man vom Verschulden ganz absehen und reine Rechtswidrigkeitshaftung zulassen? Zu welcher Lösung immer man sich entscheiden mag: Die Unausweichlichkeit offener Fragestellung führt zu den Punkten, an denen die Erörterung einzusetzen hat.

Daß eine solche objektive Verantwortlichkeit eine der Staatshaftung gegenüber – in Grenzen – selbständige Haftungsform sein muß, steht nun ebenso fest wie die Tatsache, daß es sich nicht um eine „Gefährdungshaftung“ – wenn dieses Wort einen wirklichen Sinn haben soll – handeln kann: „Gefährdung“ als solche kann nicht ihr rechtliches Kriterium sein.

Eines Grundlegungsversuchs muß sogleich gedacht werden, der im deutschen[135] wie im – wenn auch zurückhaltender – französischen[136] Schrifttum in verschiedenen Ausprägungen wiederkehrt: „Objektive“ Haftung soll sich – im privaten[137] wie im öffentlichen Recht – aus dem Grundsatz „ubi emolumentum, ibi onus“ ergeben: Wer die Vorteile eines Betriebes genießen will, muß auch das Betriebsschadensrisiko tragen.

Solche Vorstellungen deuten im Privat-, vor allem im Arbeitsrecht, *vielleicht* die Richtung konkreter Lösungsversuche an, wohl aber nur in der (wenn möglichen!) Doppelrolle gleichzeitig direkter und subsidiärer Prinzipien. Im öffentlichen Recht aber sind sie jedenfalls – aus folgenden Gründen – als dogmatische Grundlage objektiver Schadenshaftung unbrauchbar:

---

[135] Vor allem als *allgemeine* Grundlegung der Schadenshaftung vertreten von *Reinhardt,* DÖV 1955, 544, und, insbesondere, Gutachten cit. S. 276 f., 283 f., weit. Nachw. bei *Esser,* Gefährd.h., S. 64 f. Er selbst tritt im Grunde für die gleiche These ein (op. cit. S. 100).

[136] Vgl. *Eisenmann,* a.a.O. (zugleich mit treffender Kritik); *d'Hébrail,* op. cit. S. 30; *Sfez,* op. cit. S. 85.

[137] Daß es sich um privatrechtliche Gedankengänge handelt, erkennt klar *Eisenmann,* a.a.O.; die frz. Lehre verwendet deshalb die profit-risque-Relation allenfalls zur Erklärung des risque créé (Sachschäden u.ä.) – *Reinhardt* (Gutachten, S. 290) rechnet folgerichtig das Schadensersatzproblem, im Gegensatz zur Folgenbeseitigung, zum Privatrecht.

Der Satz vom Nutzen ist wesentlich auf das private Betriebs-, näher Fabrikrisiko zugeschnitten. Als allgemeiner Rechtssatz, aus dem unmittelbar Lösungen abzuleiten wären, ist er auch dem Privatrecht fremd. Er vernachlässigt nämlich das „dynamische Element" beim Rechtsausgleich, das Recht auf Aktivität, auf Neues, das nicht in jedem Fall „erworbenen" oder „bestehenden" Rechtspositionen zu weichen hat, diese vielmehr u.U. immanent begrenzt. Verallgemeinert wäre die Profit-Risikorelation also eine im schlechten Sinne konservative Lösung, welche Dynamik stets und a priori der Statik zum Opfer brächte und keineswegs ein formales „inhaltsindifferentes" Schadensverteilungsschema (als solches aufgefaßt würde sie letztlich nur einfach „Haftung für Rechtswidrigkeit" bedeuten). Das geltende Recht wägt denn auch viel feiner ab. Nach § 906 BGB z.B. hat der Immittent nicht jeden Schaden, sondern nur den zu ersetzen, welcher das ortsübliche Maß übersteigt. Die Erfahrenheit des Zivilrechts gleicht also Aktivität und Statik aus durch Verweis auf „außerrechtliche" Vorstellungen — ein bedeutsames Indiz für die Vielschichtigkeit solcher Abwägung wie für mögliche, sogleich zu erörternde Lösungsansätze bei der Schadensverteilung.

Der Nutzensatz ist demnach zugleich einseitig und zu allgemein. Er paßt aber überhaupt nicht zur Hoheitstätigkeit. Der Staat, der heute bedauerlicherweise manchmal „wie eine Gesellschaft mit beschränkter Haftung" gesehen wird, mag als Fiskus noch den, wenngleich problematischen[138], Charakter eines „Betriebes" haben können, dem etwas „nützen" kann, wenn auch überdies völlig ungeklärt ist, ob und inwieweit eine privatrechtsähnliche Interessenabwägung denkbar wäre. Dem Staat als Hoheitsmacht aber „nützt" es nichts, wenn er einen Bürger schuldlos-rechtswidrig schädigt. Ein Haftungsaufbau aus Bereicherung scheitert ebenfalls daran, wie in Frankreich, entgegen Hauriou, heute erkannt ist[139] und in Deutschland auch für die Aufopferung nunmehr feststeht[140]. Das „Unternehmen Hoheitstätigkeit" bringt als solches keinen „Nutzen", ist diesem Begriff völlig unzugänglich und kann deshalb nicht aus diesem Grund zur Haftung herangezogen werden.

Eine Grundlegung objektiver *Haftung* aus dem *Gleichheitssatz* ist heute – leider – ebenfalls nicht (mehr) möglich; nicht nur, weil dieses hohe Prinzip allgemein durch übermäßige Anwendung immer mehr in verblassende Unbe-

---

[138] Das „Ziel" solcher Betriebe steht ja neuerdings im ungelösten Spannungsverhältnis zwischen Sozialstaatlichkeit und der radikal-demokratischen Auffassung von den Staatsbetrieben als „Gemeinschaftsunternehmen auf höchster Ebene", auf deren Ergiebigkeit jeder Anspruch hat.

[139] *Hauriou,* Précis de Dr. adm. S. 337; *Hauriou,* Sirey 1919.III.1 (Haftung für Gesetz); dagegen überzeugend *Duez,* La responsab. S. 218, 314: Der Staat hat weder etwas gewonnen noch etwas erspart. *d'Hébrail,* Thèse S. 21f.; *Giuliani,* Thèse cit. S. 42.

[140] Vgl. noch RGZ 122, 298; jetzt *Janssen,* Der Anspruch auf Entschädigung, S. 112 f. m. Nachw.

stimmtheit zurückzusinken droht, nicht allein, weil die französischen Versuche, alle Haftung „pour risque" in der „égalité de tous devant les charges publiques" grundzulegen[141] beweisen, daß so nur eine ferne, in schlechtem Sinn „theoretische" Grundlegung gewonnen werden kann[142], nicht aber der erforderliche „nähere" dogmatische Abgrenzungsbegriff: In Deutschland ist die Gleichheit als Ausdehnungsgrundlage der Staats*haftung* schon dadurch endgültig kompromittiert, daß sie bereits erfolgreich als Motor zur Ausweitung der Aufopferung eingesetzt werden konnte. Damit ist sie inhaltlich „auf eine Elastizität festgelegt", welche der alles ersetzenden Haftung nicht entspricht, weil sie nicht unbedingt zu voller Wiedergutmachung *allen* Schadens führt. Reine Wiederherstellung der Chancengleichheit würde solches fordern, doch wird dies verwischt durch die unheimlichen Einschläge „materieller Gleichheit", die ein integraler Reparation u.U. gegengerichtetes Element enthalten.

Grundlagelos steht also die Untersuchung vor dem Problem der objektiven Haftung und ihrer Abgrenzung. Nur eine Fragestellung kann weiterführen: Ist Verschulden *unbedingt* für einen *Schadensersatz* seitens der Hoheitsgewalt erforderlich und warum? Dies führt auch das öffentliche Recht zu der immer wieder zu stellenden Frage: *Was ist (privatrechtliches) Verschulden?*

Nicht strafrechtliche Schuld! Diese abgrenzende Antwort wird ebenso leicht gegeben, wie ihre Folgerungen meist unklar bleiben. Sie müßten doch dahin gehen: Privatrechtliches Verschulden kann auf einem konkret-individuellen Vorwurf aufbauen und ist immer dann gegeben, *muß* ihn aber nicht beinhalten. Solche Vorwerfbarkeit gehört *nicht* zu seinem Begriff! Dieser verlangt vielmehr *nur* die Verletzung *objektiver* Sorgfaltsregeln, objektiv in dem Sinn, daß der „Idealtyp" paterfamilias, procurator, hier magistratus, und zwar nicht der optimus, sondern der bonus magistratus, der „gewissenhafte Durchschnittsbeamte" des RG[143] anders gehandelt hätte.

Die Unterscheidung eines „objektiven" Verschuldens von der „subjektiven" Schuld hat nach einer langen Entwicklung im vergangenen Jahrhundert

---

[141] Vgl. etwa *Auby,* Dalloz 1956, S. 602 (seine „inégalité dans les chances de causer un dommage" weist aber auf die Gefährdung zurück); *Brunet,* J., De la responsab. de l'Etat législateur, 1936, S. 74 f.; *Feugey,* Thèse cit. S. 28 f. (der zugeben muß, daß das Prinzip zu weit tragen würde, vgl. derselbe S. 113 f.); *Giuliani,* Thèse cit. S. 36 (der die Verbindung mit dem emolumentum-onus-Satz hervorhebt; vor allem *Lefèvre,* Ch., L'égalité devant les charges publiques en Droit admin., Thèse dactylogr. Paris 1948 passim; *Vedel,* Dr. adm. S. 261, sieht darin nur eine (Reserve-) „Grundlage" neben anderen (Gefahr u.ä.). Bedeutsame Bedenken vgl. b. *Duez,* Responsab. cit. S. 302 (Folge: „progressiver Ersatz"!).

[142] Klar erkannt u.a. von *Eisenmann,* a.a.O.; *Benoit,* Semaine jurid. 1954.1.1178 f.; *Henriot,* op. cit. S. 101 f.

[143] Nachweise zur Rspr. b. *Kayser/Leiß,* Die Amtshaftung Nr. 513 ff.

zur Lösung von strafrechtlichen Vorstellungen geführt[144]. Sie muß endgültig bleiben, soll nicht anachronistisch eine der Grundlagen des ganzen Rechtssystems ins Wanken gebracht werden. Dafür könnte die Verfassung keineswegs bemüht werden: Einem durch nichts zu belegenden angeblichen Satz „Schadensersatz nur bei konkret-individuell vorwerfbarer Schuld" stünde das bessere Prinzip entgegen, daß die Freiheit Risikoübernahme auch auf seiten des Schädigers verlangt. Die ganze grundrechtliche Freiheits- und Eigentumsordnung stellt auf subjektive Momente bei der Verletzung grundsätzlich nicht ab.

Sieht man aber auch von entwicklungsgeschichtlichen Bedenken ab: Die Forderung konkret-individuellen „Verschuldens" widerspräche der Struktur unseres Privatrechts. Dieses kennt allgemein nur ein *„objektives* Sichverlassenkönnen" und erfaßt den Partner durchgehend lediglich als Angehörigen einer mehr oder weniger abstrakten Kategorie („ordentlicher Geschäftsmann"). Der jeweilige Grad dieser Abstraktion ist gegenüber der *grundsätzlichen* Objektivität belanglos. Dem Zivilprozeß stehen die auf die Findung „subjektiver" Wahrheit gerichteten Inquisitionsmittel gleichfalls nicht zur Verfügung.

Wird dennoch in neuester Zeit wieder eine Rückbesinnung auf konkret-individuelles Verschulden auch im Privatrecht gefordert[145/146], so wird die Problematik des privatrechtlichen Verschuldens endlich wieder in vollem Umfang beleuchtet: Verschulden ist hier, so wurde oben vorläufig gesagt, Sorgfaltspflichtverletzung plus Vorwerfbarkeit (derselben). Die Vorwerfbarkeit aber ist, das muß offen zugegeben werden, beim privatrechtlichen Verschulden *überhaupt* keine konkret-individuelle mehr. Daß es (wenige!) konkret-individuelle Ausnahmen von der „Verschuldensfähigkeit" gibt (etwa bei Geisteskrankheiten), ändert nichts daran, daß das Verschulden selbst „abstrakt" sein *kann.* Keine der bekannten Konstruktionen hilft: etwa die, daß der Schädiger eben seine Kräfte hätte anspannen müssen oder keinen zu „schwierigen" Posten hätte übernehmen dürfen. Zeichen geringerer Intelligenz ist es ja häufig, sich selbst unrichtig einzuschätzen. Wenn aber auch der Unfähige sich so brav bemüht, wie die Rechtsprechung es fordert — der Schaden zeigt doch meist erst die Mängel, ja es kann oft gar nicht anders

---

[144] Zur Unterscheidung faute civile – pénale vgl. für den Zusammenhang u.a. *Berlia,* Rev. Dr. publ. 1951, S. 689; *Moreau,* Jacques, L'influence de la situation et du comportement de la victime sur la responsabilité admin., Thèse Rennes. Paris 1957, S. 7 f. („La responsabilité limitée de l'Etat-gendarme est plus une sanction infligée à un coupable, qu'une réparations accordée à une victime"); grundlegend im Zivilrecht *Saleilles,* Les accidents de travail cit. S. 2 f. u. neuerdings *Mazeaud/Tunc,* Traité de la responsabilité cit. S. 76 f., 95, 423, 481 f., sowie die einst bahnbrechende Untersuchung von *Lévy-Bruhl,* L'idée de responsabilité, Thèse Lettres, Paris 1884.

[145/146] Vor allem von *Nipperdey,* Der Begriff des Verschuldens, cit., insbes. S. 97 f.

sein. So wäre etwa, bei individuellem Maßstab, der erste Schaden meist „schuldlos", der zweite „schuldhaft" verursacht — ein für das Opfer ungerechtes Zufallsergebnis. Es gibt eben keine „objektive Vorwerfbarkeit", sie wäre eine schlechte Fiktion.

Fällt aber die „Vorwerfbarkeit" auf ein nicht faßbares und damit nicht mehr ausgrenzend-dogmatisch verwendbares „Moralisierungselement" zurück, so erscheint privatrechtliches Verschulden als das, was es im Grunde ausschließlich ist, wird diese Erkenntnis auch immer wieder durch unklare, „subjektiv" getönte Momente getrübt: als reine Verletzung mehr oder minder genereller Sorgfaltspflichten und *damit als nichts anderes, denn als eine besondere Art der Rechtswidrigkeit.* Es wird hier auf Kategorien verwiesen, auf Begriffe, die vorwiegend – nicht ausschließlich – den Bereichen des nichtgesetzten Rechts entstammen. Was ein bonus paterfamilias ist, sagt nicht nur das bürgerliche Recht, sondern (auch) das *„Empfinden"* der Allgemeinheit[147] — um Klareres handelt es sich nämlich kaum, wenn deren Konzeptionen auch wieder auf Elemente allgemeiner Pflichtigkeitsvorstellungen aufbauen, die auf Normen zurückgehen. Immerhin sind diese dabei in eigenartiger, rechtssoziologisch zu klärender Weise im Allgemeinbewußtsein „mediatisiert".

Diese Besonderheit ändert aber nichts an dem Grundlegenden: der *Gleichartigkeit* von „allgemeiner" („herkömmlicher") Rechtswidrigkeit und der „speziellen Rechtswidrigkeit des Verschuldens". In beiden Fällen wird gegen objektives Recht, gegen Normen und *nur* gegen solche verstoßen[148]. Beide „Normkomplexe" – die Rechtsregeln, deren Verletzung die „traditionelle" Rechtswidrigkeit begründet – haben auch dieselbe Funktion: Abgrenzung

[147] Die nicht notwendig zu „solchen des Richters" werden müssen, wie in der Erörterung des „Richterrechts" immer wieder behauptet wird, ist dieser doch auch sonst gewohnt, Auffassungen bestimmter (beteiligter) Kreise zur Geltung zu bringen! Solche – auch allgemeinster Art – von eigenen Überzeugungen zu isolieren, wird oft schwerfallen, liegt aber der Psyche der heutigen Richter (in einem manchmal sogar bedauerlichen Maß!) gar nicht so ferne.

[148] Ganz klar wird dies in der neueren frz. Literatur erkannt (vgl. *Mazeaud/Tunc,* Traité cit. S. 444–95 m. umfangr. Nachw., insbes. S. 493). Man unterscheidet dort nicht so durchgehend zwischen „Rechtswidrigkeit" (illicite) und „Verschulden" (faute), da der Code civil nur von letzterer spricht und konnte sie deshalb lange Zeit mit der „Kausalität" gleichsetzen. *Mazeaud/Tunc* haben nachgewiesen, daß dies im Grunde auf Identifizierung von risque und faute hinausläuft und daß eine Gleichsetzung von faute und Zurechenbarkeit Tautologie bleibt, die eine „obligation préexistante" verlangt, welche aber nur in der im Text erwähnten Weise u.E. gewonnen werden könnte. — Immerhin zeigt es sich hier, warum in Frankreich ganz allgemein der „Weg zum risque" offener stand: weil auch die „faute" (in Ermangelung einer eigenen Rechtswidrigkeitskategorie) „objektive Züge" offen von Anfang an trug, die dort so schnell entdeckt werden konnten. Glücklicher ist aber u.E. die deutsche Terminologie, die mit der „Rechtswidrigkeit" den klarsten, sachnächsten Begriff zur Verfügung stellt.

verschiedener Rechtssphären. Nur weil das Privatrecht vollen Schadensersatz als alleinige Folge traditioneller Rechtswidrigkeit als zu weitgehende Privilegierung des „Passiven" gegenüber dem Recht des Handelnden und seiner natürlichen Handlungssphäre ansehen darf, innerhalb deren er neminem laedit[149] — deshalb verlangt es im allgemeinen zuzüglich noch ein Verschulden, die „besondere Rechtswidrigkeit". Beides berührt sich, wenn die traditionelle Rechtswidrigkeit im Verstoß gegen Normen besteht, die bereits ausdrücklich auf außerrechtliche Sorgfaltspflichten u.ä. verweisen.

Die Erkenntnis privatrechtlichen Verschuldens als besonderer Form der Rechtswidrigkeit erklärt nun, warum die klassische Gleichung lauten kann: „Kein Schadensersatz ohne Verschulden". Wenn Schadensersatz Wiederherstellung des Zustandes ist, der vor dem schädigenden Ereignis bestanden hat, so würde ihn die Gerechtigkeit bei jedem Rechtsbruch fordern. Warum soll einer die Folgen der Rechtswidrigkeit tragen müssen? Die Antwort kann nun lauten: nicht weil Verschulden i.S. der Verwerfbarkeit gegeben sein muß, sondern weil bei seinem Fehlen zu *wenig Rechtswidrigkeit* vorliegt, diese also nur bis zu jener „Teilreparation" tragen kann, welche etwa § 1004 BGB u.ä. Vorschriften bringen. Nur so kann die privatrechtliche Regelung vor dem Grundgesetz bestehen: Da Art. 2 GG wohl in wesentlichen Inhalten drittgerichtet ist, auf subjektive Elemente hier aber grundsätzlich nicht abgehoben wird, kann Versagung des Ersatzes für Rechtsfolgen nur von der Rechtswidrigkeit, nicht von subjektiven Schuldelementen aus gerechtfertigt werden. (Vom Grundrechtsschutz die Rechtsfolgenfrage so allgemein auszuklammern, wäre nämlich kaum zulässig.) Jetzt erweist sich auch die Gewährung von Schadensersatz ohne Verschulden bei öffentlich-rechtlichen Immissionen als systematisch haltbar: In § 906 BGB steckt die „besondere Rechtswidrigkeit" – zum Teil wenigstens – bereits im Hinweis auf die „Ortsüblichkeit", und damit auf „außerpositivrechtliche" Maßstäbe.

Kehrt man mit diesem Ergebnis zur Ausdehnungsproblematik der Staatshaftung zurück, so könnte behauptet werden, „spezielle Rechtswidrigkeit" sei hier stets und nur der Sorgfaltspflichtverstoß des Durchschnittsbeamten, also doch – wie im Zivilrecht –: keine Staats*haftung* ohne Verschulden!

Im Bereich des Hoheitsrechts ist die Lage aber eine andere: Der Schritt zum Objektiven ist hier dogmatisch erleichtert durch eine Verschiedenheit (dem Privatrecht gegenüber) in der Struktur der „traditionellen Rechtswidrigkeit".

---

[149] Weil eben praktisch die „statischen Rechte" (und damit die Rechtswidrigkeit durch Verstoß gegen sie) im BGB und auch sonst im geschriebenen Recht wesentlich vollständiger umschrieben sein können und sind als das „Aktivrecht" der Tätigkeit oder des Unterlassens, kurz das „Handeln". Dies ist natürlich nur eine a posteriori-Rechtfertigung auf objektiv-systematischer Grundlage, ohne Berücksichtigung der historischen Entstehung.

Diese ergibt sich im Privatrecht meist einfach aus der Verletzung der „Rechte“ der anderen — eine unbestimmte und bei „voller Ausdehnung“ dieser Positionen sehr weitgehende Begrenzung jeder privaten Aktivität, die deshalb, wie dargelegt, durch die „spezielle Verschuldenrechtswidrigkeit“ aufgelockert wird. Im öffentlichen Recht dagegen ist die Rechtswidrigkeit schon *an sich näher* determiniert durch die Legalität: Jeder „Hoheitsakt“ muß nach Voraussetzung und Wirkung umschrieben sein, soweit es nach der Natur der Sache überhaupt angängig ist; jedenfalls aber – und zusätzlich noch – steht er unter der allgemeinen Regel der Verfolgung des öffentlichen Interesses. Damit steht die dogmatische Unvergleichbarkeit der funktionellen Ähnlichkeit von Verschulden und Legalität nicht entgegen: Beide sollen ja die Rechtswidrigkeit näher bestimmen. Deshalb könnte sich das öffentliche Recht leichter von der Verschuldensnotwendigkeit lösen. *Illegalität ersetzt Verschulden* — diese These darf gewagt werden, obwohl feststeht, daß die Legalitätskategorie keine so feine Determinierung ermöglicht wie das Verschulden. Über sie hinaus könnte also Verschulden – sozusagen als „dritte Stufe der Rechtswidrigkeit“ – gefordert werden, wie es ja bisher meist geschehen ist. Festzuhalten bleibt jedoch: Im „Rechtswidrigkeitsraum“ – und nur in ihm kann die Entscheidung fallen – *muß* die Legalität berücksichtigt werden. Sie determiniert jenen bei der Hoheitsgewalt viel näher als die traditionelle Rechtswidrigkeit des Privatrechts. Dies zeigt sich schon darin: Die Verfolgung des öffentlichen Interesses ist ein nachprüfbarer Rechtssatz, eine entsprechende „Privatnützigkeit“ ist rechtlich kaum faßbar, praktisch ein rechtsfreier Raum. Verschulden ist also im öffentlichen Recht jedenfalls „weniger wichtig“. Wenn nun das öffentliche an das Privatrecht hier nicht unausweichlich gekettet ist[150], *könnte* solche Verschiedenheit den Übergang zur allgemeinen objektiven Haftung tragen. Art. 34 GG spricht nur von „Rechtswidrigkeit“! Noch kann das Seil zu § 839 BGB hier ebenso gelöst werden, wie es bereits beim Beamtenbegriff und der Amtspflichtverletzung weitgehend geschehen ist, und zwar nicht nur de lege ferenda, sondern in richtigerer, vom BGB gelöster Auslegung von Art. 34 GG.

Zwingend allerdings ist dieser Übergang nicht. Seine Zwangsläufigkeit wird sich nie „beweisen“ lassen. Nur als dogmatisch *möglich* sollte er erwiesen werden. Ein gutes Stück Entscheidung, ein mögliches Richterrecht liegt hier, wird immer bleiben. Hat man aber nicht, gerade in diesem Bereich, in den letzten Jahren viel Ähnliches schon erlebt? Alles kommt darauf an, wie ernst man die Legalität als solche nimmt, *nicht,* daß man sie spezialisierend überdehnt. Hier ist auch der Punkt, wo die in diesem Zusammenhang vielbe-

---

[150] So *Jellinek,* W., JZ 1955, S. 148. Näheres zu dieser Verbindung b. *Katzenstein,* Entsch. pfl. S. 60 f.; *Schrör,* JZ 1955, S. 309 f. Skeptisch *Dürig,* JZ 1955, S. 523; *Pagendarm,* DÖV 1955, S. 523.

rufene Machtsteigerung[151] des modernen Staates eine neue Lage schafft: Nicht „als solche" schon dürfte sie objektive Haftung tragen, wohl aber über die Legalität, mit der ihr gegenüber Ernst gemacht, deren Bedeutung so erhöht und also, mehr als bisher, zum Ersatz der „speziellen Rechtswidrigkeit", des Verschuldens, erwachsen könnte.

Eine mögliche Folge dieser Betrachtung sei angedeutet: Neuerdings wird die Frage einer Erstreckung der Legalität auf privatwirtschaftliche Staatstätigkeit in zunehmendem Maß erörtert[152] — wieder angesichts der Bedeutung letzterer und ihres Ersatzcharakters gegenüber hoheitlichem Handeln. „Objektive" Staatshaftung könnte dann soweit eingreifen, wie eine der „Gesetzmäßigkeit" im Hoheitsbereich irgendwie vergleichbare Legalität „rechtswidrigkeits-determinierend" auch den Raum privatwirtschaftlicher Staatstätigkeit zu durchdringen vermag.

Der dogmatischen Einzelgrundlegung mußte so breiter Raum gegenüber allgemeineren Argumenten gewährt werden, weil aus ihr im heutigen Stand der Diskussion die eigentlichen Schwierigkeiten erwachsen. Daß „objektivere" Staatshaftung wünschenswert wäre, daß sie das tatsächlich und rechtlich gewandelte Verhältnis des einzelnen zur Gemeinschaft gerechter erfassen könnte — dafür spricht vieles. *Verschärfte Haftung,* nicht nur Aufopferungsausgleich, sollte doch bei den unheimlichen, mehr und mehr anonymen Veranstaltungen der Hoheitsgewalt eingreifen, wenn man sie nicht geradezu als Gegenstück privaten Duldenmüssens hoheitlicher Eingriffe fordert.

Die Verfassung steht dem nicht entgegen. Wenn Rechtswidrigkeit gutgemacht wird, ist dies kein „Staatsversicherungsdenken", sondern Bewährung des Rechtsstaats. Rechtswidrig-schuldloses Handeln ist nach der Verfassung kein „Unglücksfall", sondern bleibt Rechtswidrigkeit! Deshalb gerade ist eine rechtlich relevante Trennung rechtmäßiger und rechtswidriger Akte zwingend. Freiheit und Persönlichkeitsentfaltung verlangen die Übernahme von „Gefahren", aber nicht des Risikos, bei rechtswidriger Schädigung durch den Staat ersatzlos zu bleiben.

Der Staat befindet sich jedenfalls in einer „besonders nahen" Beziehung zum Recht. Bei einer Tätigkeit als Hoheitsträger, als Rechtsschöpfer par excellence also, ist seine Stellung der Rechtswidrigkeit gegenüber eine ganz besondere, viel stärker verpflichtende. Er ist zur Beseitigung aller ihrer Folgen nahezu „allmächtig", er kann automatisch und gefahrlos jeden Schaden „verteilen". Dem Privaten ist solches in gleicher Weise nie möglich, droht

[151] Vgl. dazu allg. *Esser* (i. Zus. mit der „sozialen Angewiesenheit"); dazu krit. *Hannak,* Verteilung der Schäden, cit. S. 7/8, Gef. h. S. 84 f., 90; *Forsthoff,* Lehrb. S. 282; *Janssen,* op. cit. S. 143; umgekehrt früher *Laferrière,* Traité de juridiction admin. II, S. 183.

[152] Grundlegend *W. Mallmann,* VVdStL 1961, S. 165 ff.

ihm doch bei aller Versicherung – und gerade *durch* sie! – irgendwann die Unrentabilität, welche der Staat nicht kennt. Soll es da für den einzelnen ein „Risiko des Gemeinschaftslebens" bleiben, Schäden zu tragen, die der rechtsschöpfende Hoheitsstaat ihm gegen Recht und Gerechtigkeit zufügt? Warum diese Relikte des Obrigkeitsstaats? Fordert die Generalklausel zur Beseitigung objektiv-rechtswidriger Verwaltungsakte nicht ihre Ergänzung in objektiver Haftung, so wie der Rechtsstaat der Legalität allgemein nichts ist ohne die umgehungsverhindernde Staatshaftung? Bewährt sich der Staat, als „ganz anderer" nicht am schönsten so, daß er „ganz anders", weitergehend, haftet?

Doch hier steht das große, entscheidende Bedenken: objektive Staatshaftung — ja; *allgemeine* objektive Haftung für Hoheitshandlungen — niemals! — die alte Gefahr der Uferlosigkeit. Nie wird wohl objektive Haftung akzeptiert werden, wird nicht eine gewisse Begrenzbarkeit miterarbeitet.

Es bietet sich eine Entscheidung in *Rechtshandlungen* (verwaltungsaktliche Tätigkeit und „sachliche Hoheitsverwaltung") und Tathandlungen[153] (beabsichtigte: z.B. Höherlegen einer Straße; unbeabsichtigte — die meisten Ausgangsfälle dieser Untersuchung). Soll für Rechtshandlungen allein objektiv gehaftet werden[154]? Hier würden sich dann – eine unerfreuliche Folge – objektive Haftung und objektive Aufopferung überlagern, während für die meisten „Tathandlungen" keinerlei objektive Lösung bestünde. Annähernde Lückenlosigkeit wenigstens ist aber hier doch Gebot der Gerechtigkeit. Die Verpflichtung zum Rechtsgehorsam – und damit zur Duldung der Schädigung – besteht auch und erst recht bei Tathandlungen. Unfälle lassen sich ohnehin kaum „rechtlich verhindern". „Unwiderstehlichkeit" ist also kein Kriterium, um Fallgruppen zu privilegieren. Andere aber sind nicht ersichtlich.

Hier wird deshalb eine andere Einteilung und damit Begrenzung der objektiven Haftung vorgeschlagen: *objektive Haftung nur, wo kein gewollter, gezielter Einsatz von Hoheitsgewalt vorliegt!* — also allein in den oben erwähnten Fällen, die, im Anschluß an Forsthoffsche Terminologie, „Unfälle" bei Ausübung der Hoheitsgewalt (besser als: beim „Betrieb") genannt werden können.

Zwei Gründe vor allem könnten eine derartige „öffentlich-rechtliche Unfallhaftung" rechtfertigen: Sie entspricht zunächst den Grundgedanken und dem allgemeinen System des öffentlichen Rechts. Man kann den gewollten gezielten Einsatz von Hoheitsgewalt dergestalt privilegieren, daß er zu (vol-

---

[153] Vgl. *Scheuner,* DÖV 1957, S. 685; *Janssen,* op. cit. S. 86; vgl. RGZ 145, 111; f. d. frz. Recht vgl. *Rousset,* L'idée de puissance publ. S. 178 f.

[154] So *Scheuner,* JuS 1961, S. 249 (allerdings unter Einbeziehung der Personenschäden und der „gefährlichen Anlagen", damit i. Erg. doch nicht mehr weit von dem i. Text Vertretenen entfernt).

lem) Schadensersatz nur beim Hinzutreten „spezifischer Rechtswidrigkeit" (Verletzung beamtlicher Sorgfaltspflichten) führt. Dem zu Wiedergutmachung letztlich verpflichtenden Rechtsstaatsprinzip überlagert sich dann die Beständigkeitsvermutung der Hoheitsakte, die nicht nur für diese, sondern auch für ihre Folgen gelten müßte. Ein derartiges Staatsaktprivileg ist – man denke an die Verwaltungsakte – dem öffentlichen Recht in verschiedenen Ausprägungen bekannt. Es kann, gerade noch, gerechtfertigt werden, daß der Staat, wenn er gewollt und gezielt hoheitsrechtlich eingreift, der *an sich* von ihm geschuldeten Haftung (der objektiven) entgeht. Schadensersatz beinhaltet volle „Rückwirkung" wie volle „Gegenwartswirkung", ist also in diesem Sinn „allseitig". Bei Verwaltungsakten würde dem, mutatis mutandis[155], völlige Unbeachtlichkeit bei Rechtswidrigkeit entsprechen, während bei der Anfechtung doch „durch nachträgliche Aufhebung" nur eine vergleichsweise „einseitige" Wirkung hergestellt wird. Es wäre also systemgerecht, auch von „allseitiger" totaler Gutmachung, also hier von Schadensersatz, abzusehen.

Das Hoheitsprivileg ist aber nicht nur systemgerecht, das positive Recht *fordert es hier ausdrücklich.* Bei Rechts- und gezielten Tathandlungen gewährt es bekanntlich Aufopferungsentschädigung, in deren Unvollständigkeit das Hoheitsprivileg gefunden werden kann. Dies dürfte eine objektive Haftung mit totaler Wiedergutmachung insoweit ausschließen. Aufopferung und Staatshaftung können sich zwar, wie der BGH meint, überlagern, aber vernünftigerweise doch nur da, wo nicht nur die Rechtsfolgen, sondern auch die Voraussetzungen differieren. Hier aber fehlt der wichtigste Unterschied: In beiden Fällen wäre kein Verschulden erforderlich. Folgerichtig ist es also, die *objektive* Ersatzleistung bei Nichtunfällen als durch die Aufopferung abschließend geregelt anzusehen. Normstufenmäßig wäre dies möglich, weil Entschädigungspflicht, ebenso wie objektive Staatshaftung, *in ihren Ausgestaltungen* wenigstens nur gesetzesrangig ist[156], und die Verfassung lediglich einige, ihre Kollision nicht betreffende Punkte regelt.

Es kann also die Amtshaftung unter teilweisem Fallenlassen des Verschuldenserfordernisses ausgedehnt werden: Hoheitsrechtliche „Unfallschäden" werden ohne Verschuldensnachweis voll wiedergutgemacht. Deduktiv kann so schon de lege lata im Zuge einer dem Ersatzleistungsrecht durchaus geläufigen Rechtsfortbildung das induktiv erreichte Ergebnis der französischen Rechtsentwicklung ebenfalls gewonnen werden, wo praktisch auch nur für Unfallschäden objektiv gehaftet wird. Die eingangs erwähnten Fälle, deren

---

[155] Die Gleichung ist nicht vollständig, weil der Unterschied zwischen Entschädigung und Schadensersatz nicht grundsätzlich in der zeitlichen Wirkung liegt, wie, wenigstens im Schwerpunkt, der zwischen Nichtigkeit und Anfechtbarkeit. Immerhin ist die Verknüpfung der Unterschiede mit dem Zeitelement (vgl. den „entgangenen Gewinn") nicht zu leugnen.

[156] Zur „Rangfrage" vgl. u.a. *Scheuner,* DÖV 1957, S. 684 f.; sehr fruchtbar der Gedanke der „Mindestgarantie" bei *Lerche,* JuS 1961, S. 240/1.

problematische Einreihung in das geltende Ersatzleistungssystem die ganzen Erörterungen begleitet hatte, wären dann gerecht erfaßt, dieses „System“ wäre (vorläufig) geschlossen, jedoch keineswegs in unentwicklungsfähiger Sklerose festgelegt. Nächster Schritt könnte ein Rückzug der Aufopferung aus den schuldlos-rechtswidrigen Schadensfällen und die – wenigstens teilweise – Aufgabe des Staatsaktprivilegs bei der Haftung sein. So erst würde dann der wohl anzustrebende „Idealzustand“ verwirklicht: Entschädigung bei allen rechtmäßigen, Schadensersatz ohne Verschulden bei allen rechtswidrigen hoheitlichen Schädigungen, hat doch erst das starre Festhalten am Verschulden im Haftungsbereich zu der heutigen ungesunden Hypertrophie des Entschädigungsrechts geführt. Vorläufig aber behält, folgt man den entwickelten Vorschlägen, das Verschulden nicht nur die traditionelle Bedeutung der Bestimmung des Regreßfalles, es ist dann allein im Stande, das Staatsaktprivileg bei Rechtshandlungen aufzuheben.

Gerade bei den Unfällen würde die Rechtsprechung den „Übergang“ auch eher wagen. Nur hier bietet sich ja die in Frankreich bereits ausgenutzte Brücke von der Verletzung der Sorgfaltspflichten zu schrittweisem Fallenlassen eines Verschuldens. Nie würde sie wohl sogleich in den Gesamtraum schuldlos-rechtswidriger Schädigungen mit objektiver Haftung vordringen. Man kann dann aber sicher sein, daß, anders als in Frankreich, der Übergang dogmatisch gesichert ist.

Gefährdungshaftung im öffentlichen Recht? Das Fragezeichen ist berechtigt — so kann eine „neue“, objektive Haftung nicht genannt werden. Ihr Kriterium ist nicht Gefährdung, sondern Unfall, und zwar nicht einmal als ausgrenzendes Merkmal, sondern als gemeinsame Eigenschaft eines Restbestandes schuldlos-rechtswidriger Schädigung nach Abzug des Staatsaktprivilegs. Dem Gefährdungsgedanken verdankt sie nur dies: Fälle, die zu Unrecht mit ihm in Zusammenhang gebracht wurden, waren Ausgangspunkte der Besinnung auf sie, ebenso wie die dort erstmals erkannte Notwendigkeit, „nicht unmittelbar gewollte“ Schädigungen zusammenzufassen. Weniger als neuen „dritten Pol“ des Ersatzleistungsrechts sollte man sie auffassen denn als Ausstrahlung der Staatshaftung, die nun den Ausweitungen der Aufopferung entgegenführt.

Das Vordringen objektiver Haftung ist von den einen als Fortschritt zu einer neuen Form menschlicher Gerechtigkeit im technischen Zeitalter begeistert begrüßt[157], von anderen als Rückschritt in überlebte Zeiten der Erfolgshaftung und als brutaler Sieg materieller reiner Verursachung über das

---

[157] Vgl. die Übersicht bei *Mazeaud/Tunc*, Traité cit. S. 419 f., sowie insbes. *Saleilles*, Les accidents de travail, S. 74 f.

„Menschliche", das „freie Verschulden" beklagt worden[158]. Die Kritiker sollten indes nicht vergessen, daß nicht mehr der Erfolg primitiver Zeiten die Haftung auslöst, sondern die objektive Rechtswidrigkeit, daß somit die Kette Erfolg – Verschulden – Rechtswidrigkeit eine Entwicklung der Abklärung und Vergeistigung des Rechts darstellt. Der angebliche Triumph „materieller" Kausalität über „menschliches" Verschulden wird in Wahrheit zum Sieg des klaren und stets gleichen Rechts über den „Zufall" der Folgen sorgfaltswidrigen Verhaltens, führt zu bewußterer genauerer Abgrenzung der verschiedenen Rechtskreise. Vor allem aber: Dem privatrechtlichen Verschulden fehlt ja das menschliche Ethos der Vorwerfbarkeit. Bei der Staatshaftung bedeutet seine Nichtberücksichtigung überdies nur, daß sich die allmächtige Hoheitsgewalt nicht auf die meist fiktiven Verfehlungen ihrer kleinen Diener zurückziehen darf.

Nur eine solche Objektivierung der Staatshaftung liegt in der Entwicklungstendenz des Grundgesetzes. Sie allein bringt die dringend nötige Reaktion des Rechts gegen pauschalisierendes „Versicherungsdenken" bei Art und Ausmaß des Schadensersatzes[159], das in steigendem Maße die Lebensvorgänge nicht mehr als Recht oder Unrecht, sondern als Glück oder Unglück erfaßt. Vordringen *solchen* „Versicherungsdenkens" ist Rückzug der Rechtsidee. Jeder muß vielmehr durch Schadens*ersatz,* nicht durch irgendeine prekäre Entschädigung, in seiner Sphäre geschützt werden, in seiner unauswechselbaren, einmaligen menschlichen Lage. Dies aber kann die Aufopferung nicht voll leisten. Sie erwächst ja aus der Gleichheit, und neben einem versteckten Billigkeitsmoment wohnt ihr eine unausgesprochen nivellierende, ja entindividualisierende Tendenz inne: Alle sollen des einzelnen Lasten tragen, aber nur soweit, wie es zur Herstellung nicht der absoluten Chancengleichheit, sondern der annähernd-materiellen, der „Gleichmachungsgleichheit" erforderlich ist. Aufopferung steht also letztlich rechtssystematisch näher bei der Sozialstaatlichkeit, nach der einer des anderen Lasten unter besonderer Berücksichtigung der Schwächeren und damit unter primärem Rück-

---

[158] *Savatier,* Mélanges Lambert I, S. 464: „c'est substituer le matériel au spirituel, découronner l'être humain de sa royauté sur la matière"; *Mestre,* A., Répétitions écrites 1936/7, S. 558 („... ce n'est pas du droit, c'est de la brutalité").

[159] Obwohl gerade immer wieder allgemeine *Haftung* als „Staatsversicherung" zu Unrecht ausgegeben wurde; vgl. dazu schon *Bluntschli* auf d. 6. Jur.-Tag. 1865 (Jahrg. 6 S. 50); für Frankreich vgl. *Eisenmann,* op. cit.; *Hébrail,* Thèse S. 33; *Savatier,* Traité cit. I, S. 546. Sicher verstärkt sich dann der Drang zur „Rückversicherung" (vgl. *Esser,* Gef. h. S. 3 f., 120 f.; *Hannak,* op. cit. S. 43; *Savatier,* Mélanges Lambert I, S. 462: „La responsabilité ne cesse de s'élancer à la poursuite de l'assurance"). Dies aber hat mit dem „Versicherungsdenken" i.S. des Textes, dem Versuch, Schäden pauschalisierend abzugleichen, nichts zu tun. Man trägt ja das „Risiko" auch bei der oben erwähnten „Rückversicherung" in voller, wenn auch vielleicht zeitlich verteilter Weise weiter — eben durch den Versicherungsbeitrag.

griff auf Gedanken materieller Gleichheit trägt[160]. Die heutige Entwicklung zeigt zwar oft den Versuch, die Ausstrahlungen dieses Poles zum alleinigen, oder doch vorrangigen Recht zu erklären. Dem muß aus der individualistischen Grundstimmung der Verfassung eine absolute Grenze an der einzelmenschlichen Freiheits- und der mit dieser hier eng verflochtenen Vermögenssphäre gezogen werden, denn gefährlicher als der alte Polizeistaat droht für den Bürger der moderne Sozialstaat zu werden. Mit ihm muß sich, nach dem Grundgesetz, der Rechtsstaat verbinden: soziale Lastenverteilung nur, nachdem das Recht gesichert ist! Wohl können Positionen der Einzelnen sozialisierend gesetzlich abgebaut und damit dem Recht entzogen werden — aber es gibt wichtige Grenzen an der Natur der Sache, des Rechts, hier: der Legalität: Gerade bei den Unfällen können die entsprechenden Positionen nur durch ausdrückliche Sonderregelungen dem Rechtskreis des einzelnen „a priori" entzogen werden. Deshalb ist hier einer der Punkte erreicht, wo der konservierende, nicht konservative Rechtsstaat unbedingt durch Totalreparation sich bewähren muß, soll er nicht am Ende in nivellierender Sozialstaatlichkeit untergehen.

Hinter der so kontingent und „rechtstechnisch" anmutenden Problematik dieser Untersuchung stehen also doch die tiefsten Antithesen der modernen Zeit: verteilendes Gemeinschafts-, ausgrenzendes Individualdenken. Gerade hier aber könnten sie durch die objektive, aber vollständige Haftung des Gemeinwesens versöhnt werden: Verlangt rechte Sozialstaatlichkeit und das Gleichheitspathos, daß einer des anderen Lasten trage, Rechtsstaatlichkeit dagegen, daß jeder in seinem Lebenskreis unbedingt sicher sei — bei dieser Haftung tragen *alle* die *gesamten* Lasten der Verletzung des Rechts eines *jeden!* So wird auch endgültig hochliberales, überindividualistisches Denken aufgegeben, das Staatshaftung einst mit dem Bedenken bekämpfte, durch die Vergabe öffentlicher Gelder werde hier einer (der Steuerzahler) zugunsten des anderen belastet.

Übernimmt das deutsche Recht – zunächst in maßvollen Grenzen – objektive Haftung des Staates, so wird es nicht nur Fehlentwicklungen beseitigen und eine lange Evolution folgerichtig abschließen; ein Staat voller commutativer Gerechtigkeit verbirgt sich dann nicht länger hinter einer doch letztlich hier nur *staats*begünstigenden iustitia distributiva und erfüllt so in diesem Raum das höchste, schwerste aller Verfassungsgebote in der Synthese des sozialen Rechtsstaats.

---

[160] Vgl. *W. Leisner,* Grundrechte u. Privatrecht, 1960, S. 161 f. m. Nachw.

Leitsätze des Mitberichterstatters über: Gefährdung im öffentlichen Recht

I.

Die Fälle schuldlos-rechtswidriger hoheitlicher Schädigung ohne „Eingriff" können durch Aufopferung (Entschädigung allein) nicht befriedigend erfaßt werden.

1. Staatshaftungs- und Entschädigungsrecht stehen, als verschieden*artige* Wiedergutmachungsgrundlagen, weder überschneidungslos nebeneinander, noch kann eines das andere in jedem Fall ersetzen.

2. Die Anwendung von Entschädigungsrecht setzt stets einen „Eingriff" voraus. Sie ist Folge des Handelns, nicht einer Verursachung.

3. Ein Eingriff liegt *nur* vor bei Schädigung durch primär und typisch hoheitsrechtliches, gezieltes und spezielles Handeln.

4. Selbst bei weiterer (abzulehnender) Ausdehnung der Aufopferung (Entschädigungsrecht) würde der Geschädigte schlechter stehen, als wenn die entsprechenden Fälle durch die Staatshaftung erfaßt wären.

Eine Erweiterung letzterer muß versucht werden, weil

a) Aufopferung aus dem materiellen Gleichheitsgedanken erwächst, der nur Schadensausgleich bei „argen" Fällen verlangt. Rechtswidrigkeit kann hier auch das „Sonderopfer" nicht schlechthin ersetzen.
b) Schadensersatz zu ganz anderer und für den Geschädigten weitaus günstigerer und gerechterer Wiedergutmachtung führt als Entschädigung.
c) Entschädigung immer unter dem Vorbehalt eines „Ausgleichs von Einzel- und Allgemeininteresse" steht. Letzteres darf allerdings nicht – pauschalisierend – durch Nichtersatz weiteren wirtschaftlichen Schadens berücksichtigt werden.

5. Die der Tradition des deutschen öffentlichen Wiedergutmachungsrechts eigene enge Bindung an privatrechtliche Deliktsvorstellungen ist mit einer völligen Vereinheitlichung dieses Rechtsgebiets auf Entschädigungsbasis unvereinbar.

II.

Die Unterscheidung zwischen rechtmäßigen und rechtswidrigen Schädigungen muß die Grundlage des öffentlich-rechtlichen Wiedergutmachungsrechts sein.

6. Der Begriff des Rechtsstaats und das allgemeine Rechtsempfinden fordern die Entscheidung über die jeweilige Rechtmäßigkeit (Rechtswidrigkeit) der Schadenszufügung.

7. Das Rechtswidrigkeitsproblem kann nicht durch die Trennung von (rechtmäßiger) Zustandsschaffung und (rechtswidriger) Schädigung gelöst werden. Der „gefährlichen Lage" kommt keine selbständige rechtliche Bedeutung zu.

8. Derselbe Schädigungsvorgang kann nicht von der „Handlung" (Staat) aus gesehen rechtmäßig, vom „Erfolg" her (Geschädigter) aber rechtswidrig sein.

9. Die Rechtswidrigkeit einer Schädigung beurteilt sich nach der Legalität (nach dem „Abirren" des schädigenden Vorgangs vom jeweiligen Willen des Gesetzgebers).

10. Nach der Legalität kann eine Schädigung nur dann ausnahmsweise rechtmäßig sein, wenn der Gesetzgeber sie ausdrücklich und als abgegrenzte will. „Implizite" Rechtfertigung aus der allgemeinen Rechtmäßigkeit der betreffenden hoheitlichen „Unternehmung" scheidet aus.

11. Hoheitliche „Unfallschäden" (einschließlich Impfschäden) sind in der Regel rechtswidrig verursacht.

III.

Durch Ausdehnung des traditionellen „Verschuldens" – etwa in Form einer faute de service – kann keine objektive Haftung begründet werden.

12. Die faute de service begründet in Frankreich nicht schlechthin objektive Haftung. Sie läßt lediglich Anonymität der Schädigung und „fernstes" organisatorisches Verschulden genügen.

13. Durch faute-de-service-ähnliche Ausdehnung des Verschuldens werden die Grenzen zwischen „subjektiver" und „objektiver" Haftung fließend.

14. Die Überdehnung des Verschuldensbegriffs überfordert den Beamten und widerspricht dem Menschen- und Beamtenbild des Grundgesetzes.

15. Die französischen Lösungen einer „responsabilité pour risque" ermangeln einheitlicher rechtlicher Grundlegung. Sie entsprechen in etwa den deutschen Nichteingriffsfällen.

16. Eine Paralleltendenz zu „objektiverer Haftung" zwischen Deutschland und Frankreich findet sich auch bei den „öffentlichen Arbeiten" (vgl. Verkehrssicherungspflichten und Immissionfälle!).

IV.

„Gefährdung" kann Verschulden als Haftungselement nicht ersetzen.

17. Der Gefahrbegriff ist seinem Wesen nach a priori nicht feststellbar und damit als Abgrenzungsbegriff ungeeignet.

18. Nichteingriffsfälle führen nicht zu „gefährlicherer" Schädigung als andere schuldlos-rechtswidrige Schadensstiftungen.

19. Der Staat übt nicht „an sich", allein durch seine Hoheitsgewalt, „gefährliche Tätigkeit" aus. Würde dies aber bejaht, so wäre unbegrenzbare objektive Staatshaftung die Folge.

20. Eine rechtsschöpferische Entfaltung des Begriffes „gefährliche Tätigkeit" – etwa nach Art gewisser Entscheidungen des französischen Staatsrats – ist dem schärfer gesetzesgebundenen deutschen Richter versagt.

V.

Objektive Staatshaftung kann nur durch Erfassung der Legalität als Besonderheit der Hoheitstätigkeit grundgelegt werden.

21. Beschränkung objektiver Haftung auf gewisse Schadensarten (dommage spécial) widerspricht der herkömmlichen, unbedingt zu wahrenden Allgemeinheit des deutschen Schadensersatzbegriffs.

22. Der Grundsatz „ubi emolumentum ibi onus" paßt nicht zur Problematik hoheitlicher Verwaltung und ist schon deshalb als Grundlegung objektiver Staatshaftung ungeeignet.

23. Objektive Haftungsgrundlegung aus dem Gleichheitssatz allein ist abzulehnen, da dieser nicht völlige Wiedergutmachung fordert.

24. Das privatrechtliche Verschulden des herkömmlichen Amtshaftungsrechts ist „objektiviert"; konkrete Vorwerfbarkeit kann völlig fehlen. Es ist somit nur eine „besondere Form" der Rechtswidrigkeit, indem auf „objektive Verhaltensregeln" verwiesen wird.

25. Staatshaftungsrechtliches Verschulden und „herkömmliche" Rechtswidrigkeit sind dogmatisch weitgehend „gleichartig". „Kein Schadensersatz ohne Verschulden" bedeutet: „nicht ohne spezielle Rechtswidrigkeit".

26. Durch die Legalität ist die „herkömmliche Rechtswidrigkeit" im öffentlichen Recht viel weitergehend bestimmt als im Privatrecht. Illegalität *könnte dort* also Verschulden „ersetzen".

27. Die „Anseilung" von Art. 34 GG an § 839 BGB kann beim Verschulden ebenso gelockert werden, wie sie in anderen Bereichen bereits gelöst ist.

28. „Amtshaftung" bei nichthoheitlicher Staatstätigkeit ist soweit möglich, wie dieser Bereich mit Legalitätsvorstellungen erfaßt werden kann.

29. Wiedergutmachung *jeden* rechtswidrig durch die Hoheitsgewalt verursachten Schadens entspricht *an sich* deren par excellence rechtsschöpferischer Natur, ihrer besonderen Beziehung zum Recht.

VI.

Objektive Staatshaftung kann durch den Grundsatz des Hoheitsaktprivilegs auf „Unfälle" beschränkt und damit eine nahezu geschlossene „objektive" Wiedergutmachungssystematik erreicht werden.

30. Objektive Haftung allein für „Rechtshandlungen" würde zu einer Verdoppelung objektiven Schadensausgleichs in diesen Fällen und zu einer Lücke objektiven Ausgleichs bei „Unfällen" führen.

31. Die Beschränkung der Objektivierung auf die „öffentlich-rechtliche Unfallhaftung" – Schädigung in „Nichteingriffsfällen" – ist, als Privilegierung des hoheitlichen *Handelns,* eine weitere Ausprägung des allgemeinen Staatsaktprivilegs. Sie entspricht der Unterstellung der *Hoheitseingriffe* unter den Grundsatz der (objektiven) Entschädigung.

32. In künftiger Entwicklung ist ein Rückzug des Entschädigungsrechts aus dem Bereich schuldlos-rechtswidriger Schädigungen anzustreben. Für alle rechtswidrigen Schädigungen sollte Schadensersatz gewährt werden.

33. Bei „Unfällen" erleichtert den Gerichten die bisherige Sorgfaltspflichtrechtsprechung den Übergang zu objektiver Haftung.

34. Ein allgemein-rechtssystematisches Eingreifen des Gesetzgebers im Raum des Entschädigungs- und Staatshaftungsrechts ist nicht wünschenswert.

35. Objektive Haftung ist nicht ein Sieg des „materiellen" Erfolgs über das „menschliche" Verschulden, sondern ein Triumph des Rechts über den Zufall sorgfaltswidrigen Verhaltens.

36. Durch vollen Schadensersatz bei rechtswidrigen Schädigungen muß das „Versicherungsdenken" zurückgedrängt werden.

37. *Volle* Wiedergutmachung des Schadens des *einen* durch *alle* verbindet Rechts- und Sozialstaatlichkeit.

Teil XII

Rechtsprechung

Richterrecht in Verfassungsschranken*

I. Eine rechtstheoretische Frage in der Verfassungsrechtsprechung

Die große alte Frage nach Wesen und Grenzen eines „Richterrechts“[1] eint seit Generationen Juristen aller Fachrichtungen in ihrem Bemühen um eines der Grundprobleme allen Rechts. Neuerdings wird dies immer deutlicher als ein zentrales verfassungsrechtliches Thema erkannt[2] — im Bereich, vor allem, der Begriffe „Gewaltenteilung“, „Gesetz- und Normbindung“, „(Rechtsanwendungs-)Gleichheit“, „Demokratie und Primat der Volksvertretung“.

1. Die Diskussion um die „steuerschöpfende Analogie“ — Vordringen der „Sinninterpretation“

Den Anstoß geben seit langem und auch neuerdings wieder vor allem *Entwicklungen im Steuerrecht*[3]. Das Problem der *„Analogie im Abgabenrecht“*, insbesondere der Schaffung oder Erweiterung von Steuertatbeständen zu Lasten des Steuerpflichtigen durch Richterrecht, beschäftigt Rechtsprechung und Schrifttum seit geraumer Zeit; dem BFH ist hier – darüber besteht Einigkeit – eine geradlinige Judikatur bisher nicht gelungen[4]. Die bis vor kurzem deutlich überwiegende Auffassung[5] zog der Steuerjudikative „über ein durchgehendes Analogieverbot“ deutliche Schranken und einem „Richterrecht“ damit feste Grenzen, allerdings wesentlich im Verhältnis Bürger–

---

* Erstveröffentlichung in: Deutsches Verwaltungsblatt 1986, S. 705–710.

[1] Literaturübersichten etwa bei *K. Stern,* Staatsrecht der BRD, 2. Aufl. 1984, Bd. 1, S. 800 f.; *V. Krey,* JZ 1978, 428 f.; *W. Leisner,* Die allgemeine Bindung der Finanzverwaltung an die Rechtsprechung — Zur „normgleichen Präjudizienwirkung“ höchstrichterlicher Urteile, Karl-Bräuer-Institut, Heft 48, 1980, S. 41 ff.

[2] Vgl. etwa *Stern* (Fußn. 1); *V. Krey,* JZ 1978, 465 ff. m. Nachw.; siehe auch *A. Meyer-Hayoz,* JZ 1981, 417 ff.

[3] Siehe aus letzter Zeit etwa *K. Tipke* (Hrsg.), Grenzen der Rechtsfortbildung durch Rechtsprechung und Verwaltungsvorschriften im Steuerrecht, 1982, m. Ausführungen insbes. von *Tipke* (S. 1 ff.); *K.H. Friauf* (S. 53 ff.); *L. Woerner,* S. 23 ff.; sowie noch *G. Crezelius,* BB 1984, 1377 ff.; *W. Friedrich,* BB 1979, 1617 ff.; *K. Offerhaus,* BB 1984, 993 ff.

[4] Siehe die Überblicke bei *Woerner, Crezelius* und *Friedrich* (Fußn. 3).

[5] *Offerhaus* (Fußn. 3), S. 993.

Staat: Unvorhersehbare Belastungen dürften vom Richter nicht jurisprudentiell geschaffen werden – letztlich stand dahinter das größere „in dubio pro libertate" –, daher „überhaupt keine belastende Analogie im öffentlichen Recht"[6]. Nunmehr gewinnt jedoch eine Auffassung deutlich an Boden, welche belastende Analogien nicht mehr grundsätzlich für unzulässig hält[7]. Nicht nur die „zweischneidige Lückenausfüllung"[8] durch eine zugleich begünstigende und belastende Lückenschließung könne nicht grundsätzlich abgelehnt, prinzipiell müsse vielmehr bedacht werden, daß das Demokratieprinzip mit seinem Primat des gesetzgeberischen Willens und der Gleichheitssatz durchaus auch belastende Analogien rechtfertigen könnten; auf das Rechtssicherheitsprinzip dürfe sich, jedenfalls erkennbaren Lücken gegenüber, niemand berufen[9]. Der BFH hat sich durch diese Überlegungen beeindrucken lassen und 1984 offen die Schließung von Lücken in Steuergesetzen mit steuerverschärfender Wirkung „unter gewissen Voraussetzungen" für zulässig erklärt — im Grunde nur unter einer Bedingung: Der Sinnzusammenhang des Gesetzes müsse klar dafür sprechen, der Wortsinn könne dann schon deshalb nicht dagegen ins Feld geführt werden, „weil innerhalb des möglichen Wortsinns meistens mehrere Auslegungsmöglichkeiten in Betracht kommen"[10].

Damit wird dies zu einer allgemeineren These, die über das Steuerrecht hinausreicht: Primat des Gesetzessinnes vor dem Gesetzeswortlaut[11], Mißtrauen gegen eine sens clair-Doktrin bei der Wortauslegung, damit aber ist der alte Mittelpunkt der Problematik des „Richterrechts" erreicht. Auch die These vom Analogieverbot, jedenfalls für das öffentliche Recht, damit aber einer „bürger- und freiheitsfreundlichen Sondertheorie des Richterrechts für den Hoheitsbereich", wird dann fragwürdig, wenn so verstandener Sinnauslegung in jedem Falle Vorrang zukommt[12]. Und wenn schon im Steuerrecht der Analogie, damit aber dem „Richterrecht" größerer Raum zu gewähren ist, wo noch immer etwas wie eine „Vermutung für Bürgerfreiheit gegen die

---

[6] So unter Berufung auf *Gerhard Anschütz,* vor allem *Friauf* (Fußn. 2), S. 62 f.

[7] *R. Walz,* Steuergerechtigkeit und Rechtsanwendung, 1980, S. 136 ff.; *M. Tanzer,* StuW 1981, 201 ff.; *Tipke,* Steuerrecht, der in der 8. Aufl. 1981, S. 41 ff., seine frühere Auffassung aufgegeben hat, vgl. auch *Woerner* (Fußn. 3), S. 41 ff.

[8] *H. Beisse,* insbes. in StuW 1981, 1 (9 f.).

[9] *Tipke* (Fußn. 3), S. 10 f.

[10] BFH, BB 1984, 515 (517).

[11] Die von jeher generell befürwortet worden ist, vgl. etwa *V. Krey,* JZ 1978, 361 (366); *Tipke* (Fußn. 3), S. 13.

[12] Wobei es noch nicht einmal erforderlich ist, das Steuerrecht als eine Form des wirtschaftlichen Ausgleiches zu verstehen, es in gewissem Sinne zu „entpublifizieren" und privatrechtliche Vorstellungen einzuführen, wie es dem Ansatz von *Walz* (Fußn. 7) entspricht.

Hoheitsgewalt" im Hintergrund steht — gilt dies nicht „erst recht" bei der Rechtsfortbildung im Privat-, etwa im Wettbewerbsrecht, wo doch ohnehin „des einen Leid des anderen Freud" ist, bleibt hier a fortiori Raum für den Primat der Sinninterpretation, auch wenn sie eine Seite erheblich belastet? Zeigen sich hier die ersten Feuer einer „Götterdämmerung des Gesetzes", eines neuen Richterkönigtums, für die schon so viele Vorläufer genannt wurden[13]?

2. Die Aufgabe des BVerfG — und eine neue Entscheidung zu den Grenzen des Richterrechts

Hier ist das Verfassungsrecht gefordert und das BVerfG — im Steuerrecht, wo seine Judikatur schon im Mittelpunkt der Erörterungen steht[14], aber auch darüber hinaus, für die Bestimmung der *Verfassungsschranken des Richterrechts schlechthin.* Zur Lückenfüllung durch Analogie im Abgabenrecht hat das BVerfG - unter ausdrücklicher Beschränkung auf diesen Rechtsbereich - Bedenken gegen die Schaffung oder Ausweitung der Steuertatbestände erkennen lassen, allerdings in grundsätzlicher und vorsichtiger Form („kann es bereits bedenklich sein")[15], und es hat auf den „Grundsatz der Tatbestandsmäßigkeit als Ausdruck des Rechtsstaatsprinzips im Bereich des Abgabenwesens" hingewiesen, der „fordert, daß steuerbegünstigende Tatbestände so bestimmt sein müssen, daß der Steuerpflichtige die auf ihn entfallende Steuerlast vorausberechnen" kann. Für den übrigen Hoheitsbereich gilt der allgemeine rechtsstaatliche Grundsatz der Vorhersehbarkeit und Berechenbarkeit staatlichen Handelns[16], für die Gesetzesauslegung im übrigen, insbesondere im Privatrecht, jedenfalls das ebenfalls rechtsstaatliche Prinzip der allgemeinen Normklarheit[17]. Ohne daß das Gericht diese Stufen in einem Grundsatzurteil als solche gekennzeichnet oder gar systematisch zusammengeordnet hätte, liegt es nahe, etwas wie eine *Stufentheorie zunehmend engerer Verfassungsschranken* des „Richterrechts" anzunehmen: mindestens für alle Gesetze *Wahrung der Normklarheit;* im Hoheitsbereich Auslegung und Rechtsfortbildung nach (strengerer) Vorhersehbarkeit (in dubio pro libertate); im Abgabenrecht besonders streng zu wahrende *Tatbestandlichkeit* (Wahrung des finanziellen Vertrauens).

---

[13] Beschworen von *V. Krey,* JZ 1978, 428 ff.

[14] So etwa *Offerhaus* (Fußn. 3), S. 995; *Woerner* (Fußn. 3), insbes. S. 25/26.

[15] BVerfGE 13, 318 (328/329).

[16] BVerfGE 59, 104 ff. (114); BVerfGE 25, 269 ff. (290).

[17] BVerfGE 45, 400 ff. (420); BVerfGE 31, 255 ff. (264); BVerfGE 21, 73 ff. (79).

Doch solche Intensitätsstufen – die ohnehin schwer näher zu definieren sein mögen – sind nicht das einzige Wort aus Karlsruhe zu den Verfassungsschranken eines „Richterrechts“. Das zeigt sich insbesondere *in einer neuen Entscheidung*[18], die zwar ebenfalls zum Abgabenrecht ergangen ist, in ihrer Bedeutung jedoch erheblich darüber hinausführt. Es ging darum, ob nach früherem Steuerrecht (§ 34 i.V. mit § 18 EStG a.F.) bei einem Steuerpflichtigen (freiberuflich tätiger Komponist, Pianist, Arrangeur) Nebeneinkünfte aus künstlerischer Tätigkeit nur mit dem damaligen ermäßigten Steuersatz zu versteuern seien, obwohl der Pflichtige keinen sogenannten freien „Katalogberuf“ ausübte, wie sie im seinerzeitigen § 18 Abs. 1 EStG aufgezählt waren (Ärzte, Zahnärzte usw.). Der BFH hatte die Zubilligung der Steuervergünstigung abgelehnt, weil hier die Einkünfte aus atypischen freiberuflichen Tätigkeiten, wie der eines Komponisten, von den Nebeneinkünften des Steuerpflichtigen nicht abgrenzbar seien, wie es jedoch seinerzeit § 34 Abs. 4 EStG a.F. als Voraussetzung für die Gewährung der Steuervergünstigung verlangte. Das BVerfG sieht darin eine Überschreitung der Grenzen richterlicher Rechtsfortbildung, weil „ein Gericht eine Vergünstigung, die der Gesetzgeber nach dem Wortlaut des Gesetzes verschiedenen Personengruppen im Interesse ihrer Gleichbehandlung zugebilligt hat, einer Personengruppe allgemein verweigert, und zwar mit Gründen, die nach dem Gesetz die Verweigerung nur im Einzelfall rechtfertigen“ (LS). Der Gesetzgeber habe nach dem Wortlaut der §§ 34 und 18 EStG a.F. die Vergünstigung nicht nur „Katalogberufen“ zukommen lassen wollen und den Richter angewiesen, die erforderliche Abgrenzungsfrage im *Einzelfall* zu lösen; dies ermächtige das Gericht nicht, allen Nicht-Katalog-Berufsangehörigen die Steuererleichterung vorzuenthalten.

Diese Entscheidung gibt Anlaß, vom BVerfG teilweise schon früher angelegte, nunmehr fortentwickelte Grundlinien einer Lehre von Begriff und Verfassungsschranken des Richterrechts zu verfolgen, welche nicht nur für das Abgabenrecht gilt (im folgenden II). Wie sich zeigen wird, kann hier kein „System“ erwartet werden, gewisse Orientierungspunkte aber sind klar erkennbar. Gerade in einem dogmatisch dicht besetzten, vielleicht bereits übertheoretisierten Bereich ist es Aufgabe und geradezu Chance der Verfassungsgerichtsbarkeit, über all dies nicht einen weiteren – und notwendig dann größeren – verfassungssystematischen Raster zu legen, sondern, in topischem Vorgehen, Richtpunkte zu setzen und damit eine Problementzerrung zu erreichen. Diese Vereinfachung, um den Preis „systematischer Enthaltsamkeit“, wird immer mehr zur großen Aufgabe in einer judikativ übertechnisierten Rechtsordnung. Die praktische Bedeutung der neuen Entscheidung soll

---

[18] BVerfG, Beschluß vom 14.1.1986 – 1 BvR 209/79 und 1 BvR 221/79 –, DStZ 1986, 116/117.

dann noch (im folgenden III) an einem aktuellen Beispiel aus dem *Wettbewerbs-Verfassungsrecht* verdeutlicht werden, wo ein, wie immer verstandenes, Richterrecht rasch zunehmendes Gewicht erlangt und damit verfassungsrechtliche Schrankenziehung erfordert.

II. Verfassungsgerichtliche Akzente zu Begriff und Schranken des Richterrechts

1. Die Normqualität des Richterrechts

Der Begriff „Richterrecht" wird nicht nur laufend in der Lehre[19], er wird auch vom BVerfG verwendet[20]. Lang und eingehend wurde dagegen darüber diskutiert, ob dem Richterrecht Normqualität zukomme[21], wobei neuerdings eine deutliche Tendenz zur Anerkennung der Judikatur als Rechtsquelle festzustellen ist[22]. „Gesetzgebung" i.S. des Grundgesetzes üben die Richter zwar nicht aus[23], doch „Gesetz" und „Norm" müssen nach dem Grundsatz nicht gleichgesetzt werden. Einer ausdrücklichen Verfassungskompetenz zum Normerlaß bedarf die Judikative nicht[24], weil deren Zuständigkeiten im Rahmen der Gewaltenteilung festgelegt sind. Daß dies Normsetzung ausschließe, kann aus dem Begriff der richterlichen Gewalt i.S. der Gewaltenteilung nur im Wege einer petitio principii geschlossen werden, und selbst dann noch könnte richterliche Normsetzung in Grenzen über die Gewaltenverschränkung zwanglos gerechtfertigt werden.

Das BVerfG bekennt sich eindeutig zur Normqualität des fallübergreifenden Richterrechts und unterscheidet dieses von der Verwirklichung des gesetzgeberischen Willens im Einzelfall[25]. Die Normqualität des „generellen Richterrechts" ergibt sich aus dem vom BVerfG immer wieder[26] und auch in seiner neuesten Entscheidung gebrauchten Begriff der schöpferischen richterlichen „Rechtsfortbildung", welche nunmehr als ständige Rechtsprechung bezeichnet wird („stets anerkannt"): Schon begrifflich muß das, was fortgebildet wird, seinem dogmatischen Wesen nach gleichbleiben — also Norm;

---

[19] Für viele *Stern* (Fußn. 2), S. 800.

[20] Siehe etwa BVerfGE 65, 162 (190), und zwar ohne ein distanzierendes Beiwort („sogenannt").

[21] Nachw. bei *Leisner* (Fußn. 1), S. 52 ff.

[22] Siehe Nachw. bei *Leisner* (Fußn. 1), S. 57 ff.

[23] Ausdrücklich BVerfGE 18, 224 (238).

[24] Näher dazu *Leisner* (Fußn. 1), S. 42 f.

[25] BVerfGE 13, 153 (164).

[26] BVerfGE 34, 269 (287 f.); 49, 304 (318), jeweils m.w.N.; 65, 182 (190 f.).

Fortbildung als metabasis eis allo genos (= *nur* Einzelfallentscheidung) vergewaltigt den Wortsinn. Wenn schließlich „nach dem Willen des Gesetzgebers fortzubilden" ist[27], bleibt dieses richterliche Tun eben von normativer Qualität, weil *der Gesetzgeber nur normativ,* nicht in Einzelfällen, *denken darf* (vgl. Art. 19 Abs. 1 GG). Der Richter hat „Ergänzung und Weiterführung des geschriebenen Gesetzes" zu leisten[28]. Normen können nur normativ ergänzt und weitergeführt werden. Konkretisiert schließlich die höchstrichterliche Rechtsprechung „offene" Tatbestände, so müssen „Grundsätze entwikkelt werden, welche die Entscheidung des Einzelfalles *normativ* zu leiten im Stande sind: Das, was das Gesetz offenläßt, ist durch Richterrecht auszufüllen. Diese Aufgabe ist nicht gleichbedeutend mit derjenigen einer unvermittelt einzelfallbezogenen Güter- und Interessenabwägung"[29] (Herv. vom Verf.).

Damit hat Karlsruhe in der Frage „Normqualität des Richterrechts" die Akten geschlossen. Das normübergreifende Richterrecht unterliegt – ebenso wie das Gesetzesrecht – der Normprüfung durch die Verfassungsgerichtsbarkeit.

2. Formen des Richterrechts — Lückenfüllung — Gesetzeskorrektur

Die herkömmliche Dogmatik unterscheidet im Bereich des Richterrechts Auslegung, Lückenfüllung und Gesetzeskorrektur[30]. Das BVerfG hat dies nur teilweise übernommen[31]. Hinsichtlich des Richterrechts spricht es meist einheitlich von „Interpretation und Gesetzesergänzung" oder, häufiger noch, von „Interpretation und Lückenfüllung"[32] und versteht dies offenbar als einen einheitlichen Begriff; in der neuesten Entscheidung[33] ist nur von Gesetzesinterpretation die Rede. Aus der Sicht des BVerfG kommt an sich nur ein einheitlicher Begriff der interpretativen Rechtsfortbildung in Betracht: „Auslegung" wie „Lückenfüllung" sind vom Gericht gleichmäßig, aus der Sicht der Verfassung, zu kontrollieren. Dann wird allerdings doch noch zwischen einer „Auslegung" unterschieden, die im Rahmen des (auslegungsfähigen) Wortlautes bleiben müsse, und einer davon zu trennenden, aber grundsätzlich ebenso zulässigen „Lückenfüllung"[34], wobei diese letztere wohl nicht die einzige Form der Rechtsfortbildung darstellen soll.

---

[27] BVerfGE 34, 269 (288); vgl. auch 49, 304 (318).

[28] BVerfGE 34, 269 (291).

[29] BVerfGE 66, 116 (138).

[30] Vgl. dazu m. Nachw. *V. Krey,* JZ 1978, 361/362, zur Kritik dazu 367.

[31] BVerfGE 3, 225 (242).

[32] BVerfGE 3, 225 (244); 25, 167 (183).

[33] Fußn. 18.

[34] BVerfGE 49, 304 (318, 321).

Für richterliche Gesetzeskorrektur ist nach eindeutigen Aussagen des BVerfG kein Raum: Der Richter hat das Gesetz auszuführen, soweit erforderlich fortzubilden, nie zu korrigieren; dies ist heute eine Grundentscheidung des Verfassungsrechts[35]. „Richterliche Auflehnung gegen das Gesetz“ kann für das BVerfG kein Problem sein. Eine ganz andere Frage ist die Gesetzesfortbildung über den nicht (mehr) auslegungsfähigen Gesetzeswortlaut hinweg — sie ist grundsätzlich legitime richterliche Aufgabe, sei es, daß sie aus der Gesamtsystematik des Gesetzes, aus der Gesamtrechtsordnung oder aus der Verfassung heraus erfolgt; hier wird der gesetzgeberische Wille nicht gebrochen, sondern erfüllt, das BVerfG rechnet dies der Lückenfüllung zu[36].

Damit ergibt sich für das BVerfG doch eine von herkömmlichen Schemata teilweise abweichende Dogmatik: Es gibt nur „Interpretation“ und „Lückenfüllung“, und diese beiden unterscheiden sich lediglich nach dem, was der Wortlaut des Gesetzes (noch) zuläßt. Die Problematik vereinfacht sich also auf die Komplexe „Wortlautauslegung“ – „wortlautüberschreitende Auslegung“ durch Richterrecht; weitere, feinere Differenzierungen ergibt das Verfassungsrecht nicht und kann solche auch nicht berücksichtigen.

Drei Folgerungen sind daraus, auch für die allgemeine Rechtstheorie, zu ziehen: Das normative Richterrecht stellt als solches eine dogmatische Einheit dar, tiefgreifende Unterscheidungen zwischen „Interpretation“ und „Lükkenfüllung“ sind nicht veranlaßt. Wesentlich ist jedoch stets die Schwelle zwischen diesen beiden Komplexen, sie wird durch das markiert, was der Gesetzeswortlaut (noch) zuläßt; diesem kommt also schon nach dem Ansatz des BVerfG erhebliche, das Richterrecht beschränkende Bedeutung zu. Wo schließlich weder Wortlaut noch Lücke dem Richter Raum zur Fortbildung gewähren, ist diese verfassungswidrig.

3. Bedeutung des Wortlauts — sens clair

Der Wortlaut des Gesetzes ist von großer Bedeutung für die Beurteilung der verfassungsrechtlichen Zulässigkeit des Richterrechts. Bisher hatte sich hier das BVerfG allerdings zurückhaltend geäußert: Vom geschriebenen Gesetz dürfe „sich der Richter nur in dem zur Rechtsverwirklichung im konkreten Fall unerläßlichen Maße entfernen“[37]; mit der rechtsfortbildenden Überschreitung des „eindeutigen“ Gesetzeswortlauts im Haftungsrecht[38]

[35] Diese Gesetzesbindung wird vom BVerfG in scharfen Worten betont, vgl. E 34, 269 (286 f.); siehe auch E 13, 153 (164); 13, 318 (329).

[36] Dies ist der Sinn der Entscheidung Bd. 49, 304 (318 f., 321).

[37] BVerfGE 34, 269 (292).

[38] BVerfGE 49, 304 (318).

wurde zwar nicht die Verfassungswidrigkeit des Richterrechts schlechthin begründet, sie führte jedoch zu einer so strengen Prüfung, daß die Rechtsfortbildung hier daran scheiterte. Aus „Wortlaut, Systematik und Sinn" wird auf das Vorliegen einer abschließenden, das Richterrecht verbietenden Regelung geschlossen[39].

Die neueste Entscheidung[40] gibt dem Wortlaut des Gesetzes noch größeres Gewicht: Zweimal wird dort betont, der BFH habe entgegen dem Wortlaut des Gesetzes die Steuererleichterung versagt. Restriktive Interpretation sei zwar möglich, aber nur als „Entscheidung zwischen mehreren möglichen Auslegungen", nicht dann, wenn das Gesetz „ausdrücklich", also doch: nach seinem klaren Wortlaut, ein anderes vorsehe.

Daraus folgt: *Nach dem BVerfG kann es einen klaren Gesetzeswortlaut durchaus geben,* die skeptische Distanz des BFH[41] gegenüber dem doch „meist mehrdeutigen Gesetzeswortlaut" entspricht nicht der Linie von Karlsruhe. Und bei einem solchen klaren Wortlaut ist weder nach höherem Sinne des Gesetzes mehr zu fragen, noch schlagen übergeordnete Gesichtspunkte demgegenüber durch. Hier zeigen sich eine wohltuende Vereinfachung und eine Tendenz, einen (vom Interpreten leicht selbst ins Gesetz zu legenden) „Sinn des Gesetzes" dem Wortlaut gegenüber nicht überzubewerten; dies mahnt zur Vorsicht gegenüber neueren Tendenzen im Steuerrecht (vgl. oben I 1 a.E.).

4. Rechtsanwendungsgleichheit

Richterrecht erschöpft sich nicht in Normsetzung; seine Besonderheit liegt, unter dem Gesichtspunkt der *Gleichheit* (Art. 3 Abs. 1 GG), darin, daß es Normsetzung mit Rechtsanwendung verbindet. Deshalb ist die „Normgestaltungsfreiheit" des Richters mit der des Gesetzgebers nicht vergleichbar; dieser unterliegt hier nur dem bis zur Konturlosigkeit ausgeschliffenen allgemeinen Willkürverbot, der Richter jedoch der strikten Rechtsanwendungsgleichheit, einer „Grundforderung der Rechtsstaatlichkeit", wie der Beschluß von 1986 erneut[42] betont. Die Rechtsprechung des BFH wird – im Ergebnis nur – deshalb kassiert, weil der Richter eine vom Gesetzgeber nicht vorgesehene Differenzierung vorgenommen, generell einer Gruppe freiberuflich Tätiger eine Steuervergünstigung versagt hat.

---

[39] BVerfGE 65, 182 (191).

[40] Fußn. 18.

[41] Fußn. 10.

[42] Vgl. bereits BVerfGE 66, 331 (335/336).

Dagegen läßt sich einwenden, rechtsfortbildendes Richterrecht laufe doch häufig, wenn nicht sogar wesentlich, auf (Unter-)Differenzierungen gegenüber dem allgemeineren Gesetzeswillen hinaus, hier strikte „Rechtsanwendungsgleichheit“ zu verlangen, bedeute ein richterliches Rechtsfortbildungsverbot. So darf das BVerfG nicht verstanden werden. Art. 3 Abs. 1 GG gibt dem Gericht vielmehr in erster Linie die formelle freiheitsrechtliche Grundlage für die Kassation einer richterrechtlichen Differenzierung, welche nicht deshalb verfassungswidrig ist, weil sie „differenziert“, sondern weil sie sich gegen den klaren Gesetzeswortlaut wendet. „Verletzung der Rechtsanwendungsgleichheit“ — das eröffnet dem BVerfG formell die Prüfungsmöglichkeit. Darüber hinaus mag es auch noch von einer gewissen materiellen Bedeutung sein: Im Zweifel dürfte wohl ein Richterrecht, das Fallgruppen einheitlich zusammenfaßt, eher vor dem BVerfG bestehen können als ein solches, welches innerhalb eines nach dem Gesetzeswortlaut einheitlichen Tatbestandes differenzieren will — eine Art von favor des egalisierenden Richterrechts; doch dies können kaum mehr sein als schwer faßbare in-dubio-Nuancierungen.

5. Gesetzliche Einzelfallklausel — Sperre für das normative Richterrecht

Die zentrale Bedeutung des Beschlusses vom Jahre 1986 liegt jedoch in den Aussagen zum Verhältnis „Richterrecht im Einzelfall – normatives Richterrecht“. Richterliche Aufgabe ist es einerseits, „unmittelbar einzelfallbezogene Güter- und Interessenabwägungen“ durchzuführen, zum anderen, das Gesetz normativ fortzubilden; das BVerfG unterscheidet diese beiden Komplexe[43]. „Richterrecht“ kann auch in Einzelfalljudikatur entstehen[44], wenn der Richter den konkreten Streitfall nach der Regel entscheidet, die er selbst (dafür) als Gesetzgeber aufstellen würde (§ 1 Abs. 2 Schweizer ZGB); es wird ihm ja *nicht* das Recht verliehen, die Regel gesetzgeberisch aufzustellen und sie daraufhin anzuwenden.

Dann aber gilt es, diese beiden Erscheinungsformen richterlicher Tätigkeit voneinander abzugrenzen, und hier verweist das BVerfG — auf den Willen des Gesetzgebers: Rechtsfortbildung wurde schon früher nicht zuletzt damit gerechtfertigt, daß der *Gesetzgeber* dem Richter diese Aufgabe gestellt ha-

[43] Fußn. 29.

[44] Wobei dies allerdings letztlich eine terminologische Frage ist. Im Schrifttum wird aber die Formel des Art. 1 Ziff. 2 Schweizer ZGB auch im Zusammenhang mit dem „Richterrecht“ behandelt (dazu Nachw. bei *Leisner,* Fußn. 1, S. 49); wenn von der „faktischen“ oder „praktischen“ Bedeutung dieses Rechtes die Rede ist, wird dabei auch die Einzelfalljudikatur einbezogen, Nachw. bei *Leisner,* a.a.O., S. 44.

be[45]. Der Beschluß von 1986 zieht nun auch, und in scharfer Form, die Folgerung für die „Einzelfall-Klauseln“: Sieht der Gesetzgeber die Berücksichtigung gewisser Gesichtspunkte im Einzelfall ausdrücklich vor, so darf der Richter nicht „dieselben Gesichtspunkte dazu verwenden, um die *generelle* Einschränkung des Anwendungsbereichs des Gesetzes zu begründen“[46]. *Mit anderen Worten: Verweist der Gesetzgeber den Richter auf Einzelfalljudikatur, so darf dieser in solchen Räumen kein normatives Richterrecht setzen,* anderenfalls verletzt er die Rechtsanwendungsgleichheit. Die gesetzliche Einzelfallklausel bedeutet eine Sperre für normatives Richterrecht — im Namen der Verfassung.

Dies ist eine theoretisch und, wie sich zeigen wird, auch praktisch weittragende These. Die Diskussion um das Richterrecht ist bisher noch immer davon ausgegangen, daß normative Rechtsfortbildung vom Gesetzgeber ausdrücklich gestattet werden mag, daß sie aber nicht vom Gesetz selbst blockiert werden kann. Und hat nicht das BVerfG zustimmend zur Kenntnis genommen, daß die Judikative aus der doch ebenfalls primär einzelfallgewendeten bona-fides-Klausel „eine Fülle einzelner Rechtssätze, ja ganzer Rechtsinstitute entwickelt“ hat[47]?

Für Generalklauseln von materiellrechtlichem Gehalt kann diese Sperre des normativen Richterrechts also nicht gelten, wohl aber für solche, die nach ihrem Wortlaut gerade die Einzelfallabwägung fordern, sich in dieser technischen Anweisung erschöpfen und keine weiteren, materiellen Orientierungen geben — so aber lag der ESt-Fall.

Bleiben wird jedenfalls: „Einzelfallklauseln“ sind ernster zu nehmen als bisher, eine Dogmatik ist zu vertiefen, welche sie von den Generalklauseln absetzt, aus denen heraus generelle Rechtsfortbildung erfolgen kann.

6. Grenzen der Praktikabilitätserwägungen

Das Hauptargument des BFH war: Die Abgrenzung sei schwer praktikabel, das Gesetz insoweit also für Gerichte und Steuerverwaltung unvollziehbar. Das BVerfG ist dem entgegengetreten: Praktikabilitätserwägungen könnten „unter Umständen gewichtige Gründe“ sein, aber nur für „die Entscheidung zwischen mehreren möglichen Auslegungen“, nicht gegenüber einem – hier angenommenen – „klaren Wortlaut“ des Gesetzes.

---

[45] So unter Hinw. u.a. auf § 137 GVG BVerfGE 34, 269 (288), darauf beruft sich auch implizit BVerfGE 49, 304 (318).

[46] Herv. vom Verf.; hier ging es um die Abgrenzbarkeit der Einkünfte aus Haupt- und Nebentätigkeit, vgl. dazu auch im folgenden 6.

[47] BVerfGE 3, 225 (243/244).

Praktikabilität und Typisierung[48] haben bisher das BVerfG mit Blick auf die Gestaltungsfreiheit des Gesetzgebers gegenüber der Einzelfallgerechtigkeit beschäftigt. Praktikabilität mag Typisierung bei Massenerscheinungen rechtfertigen[49], nicht selten wurde sie aber für verfassungswidrig erklärt[50], weil die Grenzen zulässiger Schematisierung überschritten waren[51], welche bei „belastender Typisierung" ohnehin enger sind[52]: Härten oder Ungerechtigkeiten dürfen nur eine verhältnismäßig kleine Personenzahl betreffen, der Gleichheitsverstoß darf „nicht sehr intensiv" sein, eine Individualisierung muß „Schwierigkeiten" bringen, insbesondere Verwaltungsaufwand.

Zum umgekehrten Fall – wann der Gesetzgeber nicht zu typisieren braucht, der Richter jedoch typisieren darf – hatte sich das BVerfG, soweit ersichtlich, bisher nur allgemein in seiner Generalklausel-Judikatur geäußert: Zulässigkeit ist anzunehmen, wenn der Gesetzgeber „nicht alles vorhersehen kann"; darüber hinaus wird wohl ein weites „Verweisungsermessen an die richterliche Einzelentscheidung" generell angenommen[53]. Inwieweit der Richter davon wiederum typisierend Gebrauch machen darf, ist jetzt – teilweise – geklärt worden: Auf Praktikabilität soll er sich, „klarem Gesetzeswortlaut" gegenüber, nicht berufen dürfen.

Dies ist ein strenges Wort und ein wichtiges: Die Judikative soll sich ihre Arbeit nicht erleichtern, indem sie sich schematisierend vom Einzelfall entfernt; dazu hat nur der Gesetzgeber das Recht. Gerichtsbarkeit ist und bleibt, nun auch von Verfassungs wegen, heute Einzelfallarbeit, wenn der Richter nicht von den Flügeln gesetzgeberischer Freiheit über die Niederungen der Einzelfallgerechtigkeit hinweggetragen wird.

So ist dieser Beschluß von 1986 auch ein Wort zum Wesen aller Gerichtsbarkeit.

---

[48] Hierzu vor allem für das Steuerrecht grundlegend *J. Isensee,* Die typisierende Verwaltung — Gesetzesvollzug im Massenverfahren am Beispiel der typisierenden Betrachtungsweise des Steuerrechts, Berlin 1976.

[49] Vgl. etwa BVerfGE 43, 1 (11); 51, 115 (122/123) m. RV; 63, 244 (262); 67, 231 (237).

[50] Siehe etwa BVerfGE 31, 119 (130/131); 39, 316 (327, 329); 55, 159 (169); 60, 16 (39, 48 f.); 63, 119 (128); 65, 325 (354/355); 68, 155 (174/175).

[51] Zusammenfassend dargestellt in BVerfGE 63, 119 (128); vgl. auch 65, 325 (354/355) für das Steuerrecht.

[52] BVerfGE 65, 325 (356).

[53] Vgl. neuerdings BVerfGE 67, 329 (347).

III. Wettbewerbs-Richterrecht: ein Anwendungsfall verfassungsrechtlicher Schranken-Grundsätze

1. Die Bedeutung des Wettbewerbs-Richterrechts

Im Wettbewerbsrecht hat die normative Rechtsfortbildung durch die Judikative seit langem besondere Bedeutung erlangt. Das erste Mal wurde hier ein bedeutendes Rechtsgebiet, unter deutlichem Einfluß der Freirechtsbewegung, durch eine Gesetzgebung geregelt, an deren Spitze die Generalklausel des § 1 UWG steht — geradezu eine Aufforderung an die Richter, die Gedanken des Gesetzgebers spezial-normativierend fortzudenken, bringt doch das Gesetz dann noch weitere Bestimmungen von hoher Generalität, welche man als Sub-Generalklauseln bezeichnen könnte (etwa das Irreführungsverbot in § 3 UWG). Die Kommentarliteratur belegt eine richterrechtliche Entwicklung, welche ein dichtes Netz von Einzelnormierungen hervorgebracht hat, bis in „technische Details" hinein. Dies alles ist, verständlicherweise, nicht mit ständigem Blick auf die Verfassung geschehen. Die neuere Rechtsprechung des BVerfG zum Richterrecht gibt jedoch Anlaß zur Prüfung, ob hier immer die verfassungsrechtlichen Schranken gewahrt worden sind. Dafür bietet sich, auch aus aktuellem Anlaß, die Judikatur des BGH zum Wettbewerbsrecht des Selbstbedienungsgroßhandels an[54].

2. Die Rechtsprechung zum Wettbewerbsrecht des Selbstbedienungsgroßhandels

Im Jahre 1969 waren in das UWG die §§ 6a und 6b eingefügt worden. § 6a gewährt Konkurrenten einen Unterlassungsanspruch gegen denjenigen, welcher „im geschäftlichen Verkehr mit dem letzten Verbraucher in Zusammenhang mit dem Verkauf von Waren auf seine Eigenschaft als Großhändler hinweist, es sei denn, daß er überwiegend Wiederverkäufer oder gewerbliche Verbraucher beliefert". Nach § 6b gilt dasselbe gegenüber einem Großhändler, der „an letzte Verbraucher Berechtigungsscheine, Ausweise oder sonstige Bescheinigungen zum Bezug von Waren herausgibt oder gegen Vorlage solcher Bescheinigungen Waren verkauft". Der Sinn des Gesetzes ist klar: Der „Großhändler", der aber in Wahrheit (überwiegend) Einzelhandel betreibt, soll den Einzelhandel nicht dadurch schädigen dürfen, daß er unter Berufung auf Großhandelseigenschaft, vor allem Großhandelspreise, Letztverbraucher anlockt. Der BGH hat daraus[55] eine Judikatur entwickelt, welche

---

[54] Dazu neuerdings *W. Leisner*, Selbstbedienungsgroßhandel und Verfassungsrecht, 1986, in dem der Beschluß des BVerfG von 1986 aber noch nicht behandelt werden konnte.

[55] Und im Zusammenhang mit dem für den Großhandel nicht geltenden Ladenschlußgesetz (§ 1 Abs. 1 Nr. 2) vgl. BGH, GRUR 1966, 323 – Ratio.

geradezu ein *spezielles Wettbewerbsrecht für den sogenannten Selbstbedienungsgroßhandel* bedeutet. Ihm vor allem wurde und wird gerade heute wieder von Vertretern des Einzelhandels vorgeworfen, er bediene in nicht unerheblichem Umfang als Großhändler auch Letztverbraucher; unter Hinweis auf günstige (Großhandels-)Preise und Ladenschlußzeiten werbe er damit laufend Kunden des Einzelhandels ab. Ungenügend seien die Vorkehrungen, welche dort den Einkauf von Letztverbrauchern verhindern oder doch in engsten Grenzen halten sollten (Zutrittsausweise, Ausgangskontrollen). Über diese „Metro-Prozesse" wird seit Monaten in der Presse berichtet.

Nach dem BGH hat der Selbstbedienungsgroßhandel vor allem folgende richterrechtlichen Grundsätze zu beachten[56]:

- Der Selbstbedienungsgroßhandel muß, um dem Vorwurf der Wettbewerbswidrigkeit zu entgehen, sogenannten *„funktionsechten Großhandel"* betreiben, d.h., er darf Verkäufe an Letztverbraucher nur in engen, vom Richterrecht näher normierten Grenzen durchführen.
- Zur Feststellung dieser „Funktionsechtheit" müssen die vom Selbstbedienungsgroßhandel verkauften Artikel *unterschieden werden nach ihrer „Betriebsfremdheit" oder „Betriebsidentität"*, bezogen auf den jeweiligen Großhandels-Kunden, d.h. danach, ob dieser sie seinem Sortiment entsprechend „brauchen" oder in seinem Gewerbe verwenden kann.
- Betriebsfremde Artikel dürfen nur von Großhandelskunden erworben werden, und auch lediglich bis zu einer Grenze von 10% des Gesamtumsatzes der jeweiligen Selbstbedienungsverkaufsstellen („sogenannte *Toleranzgrenze*").
- Die Beachtung dieser Wettbewerbsschranken ist vom Selbstbedienungsgroßhandel durch ein *effektives Kontrollsystem* zu gewährleisten, vor allem eine Eingangs-Identitätskontrolle und eine gewisse Verwendungskontrolle der gekauften Waren. Dadurch ist insbesondere sicherzustellen:
- Ein geschäftlicher *Verkehr mit Letztverbrauchern,* die nicht zugleich Großhandelskunden sind, *darf überhaupt nicht stattfinden.*

---

[56] Siehe insbesondere: BGH, GRUR 1966, 323 – Ratio; BGH, GRUR 1978, 173 – Metro I; BGH, GRUR 1979, 411 – Metro II; bedeutsam in diesem Zusammenhang sind auch noch u.a. BGH, GRUR 1958, 557 – Direktverkäufe; BGH, GRUR 1979, 61 – Schäfer-Shop; BGH, GRUR 1979, 55 – Tierbuch; BGH, WRP 1982, 526 – Flughafenverkaufsstelle. — Aus der Fülle der Literatur vgl. vor allem die grundlegende Abhandlung von *Schricker/Lehmann,* Der Selbstbedienungsgroßhandel, 1976; *W. Nordemann,* BB 1980, 71 ff.; *K. Eierhoff,* BB 1983, 160; *H. Goll,* NJW 1975, 1822; *G. Schricker,* GRUR 1975, 349; *J. Schulze zur Wiesche,* WRP 1975, 636; *H. Weyhenmeyer,* WRP 1975, 484; *K.-H. Fezer,* BB 1976, 705.

Es fragt sich, ob nicht dadurch die vom BVerfG gerade neuerdings betonten Schranken des Richterrechts überschritten sind (vgl. insbes. oben II 3–6).

3. Überschreitung der Schranken des Richterrechts

a) Eine entscheidende Frage ist bereits, ob der BGH bei der Entwicklung dieses Wettbewerbs-Richterrechts den *Wortlaut des Gesetzes* hinreichend beachtet hat. Dieser mag in gewissen Grenzen interpretationsbedürftig sein, so etwa, wenn zu bestimmen ist, was einen „Hinweis" auf die Großhändlereigenschaft darstellt. Eindeutig ist jedoch, daß nach dem Gesetzeswortlaut ein Unterlassungsanspruch nicht in Betracht kommt, wenn ein Selbstbedienungsgroßhändler *überwiegend* Großhandel betreibt, wobei es gleichgültig ist, wer hier beweispflichtig ist. Das Überwiegen ist nach dem Umsatz zu bestimmen[57] und immer dann zu bejahen, wenn „Großhandelsgeschäfte" mehr als die Hälfte des Umsatzes der Verkaufsstelle ausmachen. Gegen diesen klaren Wortlaut verstößt eine Judikatur, welche vom Selbstbedienungsgroßhandel verlangt, daß er mit „reinen Einzelhandelskunden" überhaupt nicht geschäftlich verkehren und Einzelhandelsgeschäfte mit seinen Großhandelskunden (hinsichtlich „betriebsfremder Waren") nur bis zu einer „Toleranzgrenze" von 10% des Umsatzes tätigen dürfe: Das Gesetz erlaubt ja Einzelhandelsumsatz gerade bis zu 49% des Gesamtumsatzes.

b) Die grundsätzliche Forderung nach einer *„funktionsechten Großhandelstätigkeit" verstößt ebenfalls gegen den eindeutigen Wortlaut des Gesetzes.* Dieses kennt nicht nur einen solchen Begriff gar nicht, es schließt ihn eindeutig aus. Wettbewerbsrechtlich unschädlich ist nach dem Wortlaut jede Geschäftstätigkeit, welche einen mindestens 51%igen Umsatz im Großhandelsgeschäft herbeiführt. Der Selbstbedienungsgroßhandel darf also jedenfalls eine Mischfunktion ausüben, will man diesen im Handelsbereich nicht unbedenklichen Begriff schon verwenden. Das Wort „funktionsecht" verliert dann seinen Sinn; wird es, wie wohl in der BGH-Judikatur, i.S. der Funktionsreinheit gebraucht (= grundsätzlich nur Großhandelsgeschäfte), so ist es mit dem klaren Wortlaut des Gesetzes unvereinbar.

c) *Verletzung der Rechtsanwendungsgleichheit* ist notwendige Folge dieser Judikatur. Selbstbedienungsgroßhandel ist eine Kategorie innerhalb des Großhandels. Die §§ 6a und b UWG wollen, nach ihrem eindeutigen Wortlaut, das Wettbewerbsrecht „des Großhandels", also *aller Großhandelsunternehmen* regeln. Lediglich dem Selbstbedienungsgroßhandel werden jedoch

[57] Denkbar, aber kaum sachgerecht wäre allenfalls noch eine Beurteilung nach der Kundenzahl, doch der BGH geht selbst ersichtlich (vgl. die „Toleranzgrenze" von 10%) von einem Umsatzkriterium aus.

die erwähnten Verpflichtungen (Warenunterscheidungen, Toleranzgrenzen, Kontrollpflichten) auferlegt, nicht anderen Großhandelsunternehmen. Selbst wenn man davon ausgehen sollte, daß der Gesetzgeber selbst so hätte differenzieren können — der rechtsfortbildende Richter darf es nicht. Denn die BGH-Rechtsprechung entzieht einem Teil der Normadressaten des UWG die vom Gesetzgeber aber für *alle* Großhandelskunden gleichmäßig eingeräumte Möglichkeit, sich auf „überwiegenden Großhandel" zu berufen und bis zu 49% des Umsatzes Geschäfte mit Letztverbrauchern zu tätigen. Die Rechtslage entspricht insoweit derjenigen, in welcher das BVerfG im Beschluß von 1986 Verfassungswidrigkeit angenommen hat: Die begünstigende Rechtsanwendung wurde dort auf einen Teil der Normadressaten unzulässig verengt, auch hier wird das Gesetz nicht auf sie alle – nämlich auf sämtliche Großhandelsunternehmen – angewendet.

d) Das UWG enthält hier auch eine *„Einzelfallklausel"* insoweit, als in jedem konkreten Fall ein in Anspruch genommenes Großhandelsunternehmen soll nachweisen dürfen, daß angesichts seiner Umsatzverteilung auf Groß- und Einzelhandelsgeschäfte *gerade bei ihm* die Voraussetzungen für eine Verbotsverfügung nicht vorliegen. Die BGH-Judikatur dagegen überspielt diese vom Gesetz gewollte Einzelfallprüfung durch eine normative Kategorienbildung für den Selbstbedienungsgroßhandel, welche hier die Einzelfalluntersuchung zum konkreten Umsatz entweder völlig ausschließt – etwa weil „keine ausreichende Kontrolle durchgeführt wird" – oder sie durch eine andere, vom Gesetzgeber aber nicht vorgesehene (im Hinblick auf die „Toleranzklausel") ersetzt. Damit ist die vom Gesetzgeber gewollte „Sperre des normativen Richterrechts durch Einzelfallklausel" mißachtet.

e) *Praktikabilitätserwägungen* mögen den BGH geleitet haben, in dem Sinn, daß „überwiegender Großhandel" anders als aufgrund dieses Richterrechts schwer feststellbar sei, vor allem, wenn Zutrittsausweise an Unberechtigte weitergegeben würden. Aber abgesehen davon, daß auch nach gegenwärtig praktiziertem Richterrecht eine überzeugende Lösung kaum zu finden sein dürfte, was hier nicht vertieft werden kann — der Gesetzeswortlaut deckt so weitgehende Restriktionen (etwa Kontrollverpflichtungen) nicht, und sie sind überdies auf ein Ziel gerichtet, das ihm nicht entspricht: daß geschäftlicher Verkehr mit „reinen Endverbrauchern" völlig verhindert werden müsse. Und jenseits noch von all dem: Nach dem Beschluß des BVerfG von 1986 können sich eben Praktikabilitätserwägungen gegen den klaren Wortlaut nicht durchsetzen. Wenn dieser sich (anders) überhaupt nicht verwirklichen ließe – was noch zu beweisen wäre –, könnte das Gesetz nicht nachvollzogen, es müßte geändert werden.

So zeigt also dieses Beispiel Anwendbarkeit und praktische Bedeutung der neuesten Rechtsprechung des BVerfG zum Richterrecht. Normatives Richterrecht ist unentbehrlich — Richter-Legislative verbietet das Grundgesetz. Die Gefahr einer solchen ist größer, wenn es zu viele, als wenn es zu wenige Gesetze gibt — daß dieser Teufel dann mit Richter-Gesetzen ausgetrieben werden soll. Die Judikative muß die Gewalt des letzten Wortes bleiben — nicht die des ersten, des Gesetzes.

Die allgemeine Bindung der Finanzverwaltung an die Rechtsprechung*

I. Der Streit um die „Nichtanwendungserlasse" des Bundesfinanzministers

1. Die Nichtanwendungserlasse — eine ständige Praxis

Die Finanzverwaltung ist als Verfahrensbeteiligte an die rechtskräftigen Urteile der Finanzgerichte im entschiedenen Fall gebunden; dies ist unbestritten. Es fragt sich jedoch, ob die Erkenntnisse der Gerichte, insbesondere die höchstrichterliche Rechtsprechung, über den Einzelfall hinaus von der Finanzverwaltung „angewendet", d.h. Steuerentscheidungen in gleichgelagerten Fällen zugrunde gelegt werden *müssen*. Die soweit ersichtlich unbestritten verwendete Terminologie „Anwendung von Urteilen" zeigt schon, daß es hier um normähnliche Bindungswirkung höchstrichterlicher Urteile, insbesondere einer „gefestigten", „ständigen" Rechtsprechung geht.

In der NS-Zeit ergingen keine Anweisungen, einem bestimmten RFH-Urteil allgemein nicht zu folgen. Nach 1949 ging jedoch der Bundesminister der Finanzen zu einer systematischen und ständigen Praxis von „Nichtanwendungserlassen" über: Die Finanzbehörden wurden jeweils angewiesen, ein bestimmtes Urteil des BFH in anderen, gleichgelagerten Fällen nicht zu beachten. Da amtliche Bekanntmachung nicht in allen Fällen erfolgt, läßt sich ein voller Überblick schwer gewinnen. Die bekannte absolute Zahl nicht angewendeter BFH-Urteile ist, gemessen an der Gesamtzahl der Erkenntnisse dieses Gerichts, nicht hoch, weist jedoch insgesamt deutlich steigende Tendenz auf: 1977 wurden etwa viermal soviel Urteile für nicht anwendbar erklärt als in den fünfziger Jahren. Nichtanwendungsanweisungen können übrigens auch „stillschweigend" dadurch erfolgen, daß der Bundesfinanzminister ein Urteil nicht im Bundeszollblatt veröffentlicht.

Die praktische Bedeutung der Nichtanwendungserlasse kann jedoch nicht voll durch Zahlen erfaßt werden. Häufig geht es um besonders bedeutsame kontroverse Fragen, um die Anwendung von „Recht", das auch einer größeren Anzahl anderer Erkenntnisse zugrunde liegt. Für 1976 wurde etwa angenommen, daß bis zu 10% der zuungunsten der Verwaltung ergangenen BFH-Entscheidungen nicht angewendet wurden.

* Erstveröffentlichung in: Deutsche Steuer-Zeitung 1981, S. 375–387.

Der Anteil der zugunsten der Verwaltung ergehenden, von dieser aber nicht angewendeten Entscheidungen dürfte meist unter der Hälfte der insgesamt nicht angewendeten Erkenntnisse liegen.

Der BMF gibt oft keinerlei Begründung für seine Entscheidung; gelegentlich hält er jedoch dem BFH lapidar vor, seine Entscheidung stehe im Widerspruch zum Wortlaut des Gesetzes.

2. Die grundsätzliche Bedeutung der Frage nach der Zulässigkeit der Nichtanwendungserlasse

Werden auch die Gerichtsentscheidungen in der Regel beachtet, wird ihre Anwendung sogar oft durch generelle Anwendungserlasse sichergestellt, so ist diese Praxis der Nichtanwendungserlasse dennoch nicht eine zu vernachlässigende Randerscheinung. Die Bedeutung der Frage liegt vor allem auf *vier* Ebenen, überall ist sie von *grundsätzlichem* Gewicht.

a) Im Steuerrecht führen die Nichtanwendungserlasse dazu, daß die Entscheidungen des BFH in zahllosen gleichgelagerten Fällen gänzlich ohne Wirkung bleiben. Angesichts der weitgehenden Vergleichbarkeit der Steuerfälle in diesen Massenverfahren müssen die betroffenen Bürger die Nichtanwendung einer ihnen günstigen BFH-Rechtsprechung als eklatanten Bruch der Steuergleichheit empfinden. Es wird ihnen die Last langwieriger Prozesse aufgebürdet, angesichts der Überlastung der Finanzgerichte und vor allem des BFH ist es für sie nicht selten unzumutbar, ja abwegig, einen solchen Rechtsstreit zu führen, selbst wenn er sicheren Erfolg verspricht. Sie müssen daher auf ein Recht verzichten, das ihnen mit an Sicherheit grenzender Wahrscheinlichkeit zusteht und empfinden dies als besonders bitter. Die damit erforderlichen weiteren Prozesse erscheinen überdies als zwecklos, ja als eine sinnlose Überlastung der Finanzgerichtsbarkeit. Große und lang dauernde Rechtsunsicherheit ist oft die Folge, unter der auch die Angehörigen steuerberatender Berufe schwer zu leiden haben. Wirtschaftliche Dispositionen auf mittlere oder längere Sicht werden dadurch in vielen Fällen schlechthin unmöglich.

b) Eine größere Dimension der Frage betrifft die *Verwaltung als solche, in all ihren hoheitlichen Erscheinungsformen.* Auch andere Minister könnten, wären die Nichtanwendungserlasse rechtens, ihre Verwaltungen entsprechend anweisen. Soweit ersichtlich, gibt es aber außerhalb der Steuerverwaltung keine Praxis von „Nichtanwendungserlassen“. Dieser Zustand könnte sich jedoch leicht ändern: Wird die Praxis der Nichtanwendungserlasse weitergeführt, so steht zu erwarten, daß die Exekutive ganz allgemein hier ihren „Bereich der Regierung gegenüber der Judikative“ durch Nichtanwendungsanordnungen in vielen Fällen erweitern wird — schon um der Entstehung von Gewohnheitsrecht vorzubeugen. Der Bürger würde dann auf breiter Front mit den heute auf das Steuerrecht beschränkten Problemen konfrontiert; vor allem in Massenverwaltungen und bei Verwaltungsveranstaltungen von existentieller Bedeutung (Sozialverwaltung) könnten sich erhebliche Schwierigkeiten für die Betroffenen ergeben.

Es handelt sich also nicht nur um ein steuerrechtliches, sondern um ein verwaltungsgrundsätzliches Problem.

c) Die Problematik ist auch eine *verfassungsrechtliche,* ja staatsgrundsätzliche: Ist hier nicht die *Einheit der Staatsgewalt und damit der Staatlichkeit bedroht,* weil auf dem Rücken des Bürgers ein Machtkampf zwischen Exekutive und Judikative abläuft? Wird hier nicht der BFH desavouiert, kommt es nicht zu einer wesentlichen Abschwächung des gerichtlichen Schutzes, der eben auf die Klageparteien beschränkt bleibt — in einer Verfassungsordnung, welche den gerichtlichen Rechtsschutz gegen die Hoheitsgewalt lückenlos gewährt (Art. 19 Abs. 4 GG)?

d) Über diese Frage des Steuerrechts und der Bindung der Hoheitsgewalt an Gerichtsurteile hinaus erhebt sich hier die weitere Frage nach der *allgemeinen Bindung aller Rechtsträger an die höchstrichterliche Rechtsprechung.* Es fragt sich, ob eine etwaige Bindung der Steuerverwaltung nicht zur vollen Präjudizienbindung sämtlicher Rechtssubjekte auf allen Gebieten führen muß. Die eigentliche juristische Grundsatzdiskussion zur Bindungswirkung der Urteile ist ja nicht nur im Steuerrecht, sondern vor allem im Zivil-, Prozeß- und Gerichtsverfassungsrecht und in der allgemeinen Rechtslehre geführt worden. Es geht um die Normqualität des „Richterrechts". Der größere Hintergrund dieser Problematik ist also die säkulare Diskussion um die Präjudizienbindung.

Dies letztere hat bisher die Steuerproblematik der Bindungswirkung belastet: Man wich verständlicherweise dem Mammutproblem des „Richterrechts" aus. Dessen Erörterung wiederum wurde oft „rein abstrakt" geführt, jedenfalls kaum mit Bezug auf Hoheitsgewalt und Steuern. In Zukunft muß jedoch stets die engere steuerrechtliche Problematik auf die des Richterrechts erweitert werden, nur dann können steuerrechtliche Lösungen voll überzeugen.

3. Die höchstrichterliche Finanzrechtsprechung zur Nichtanwendung

a) Der Streit ist alt. Der *Reichsfinanzhof* nahm zur Weimarer Zeit ständig echte Rechtsetzungsbefugnis für sich in Anspruch. Im Schrifttum fanden sich zwar grundsätzlich Befürworter der Nichtanwendungspraxis; vor allem Enno Becker aber betonte, die Finanzämter müßten sich nach der Entscheidung des RFH richten[1].

---

[1] Die Entwicklung des Steuerrechts durch die Rechtsprechung, StuW 1926, Sp. 1357 (1361).

b) Nach 1949 zeigt sich eine gewisse *Zurückhaltung des BFH,* in der manche ein Abgehen vom „Rechtssatzsystem“ des RFH sehen wollten: Eine allgemeine Bindung der Verwaltung bestehe nur in den Fällen des § 31 BVerfGG[2]. In den fünfziger Jahren hat der BFH der Steuerverwaltung mehrfach das Recht auf „ihre eigene pflichtgemäße Auslegung des Gesetzes“ zuerkannt[3]. Damit komme es zu einer „gegenseitigen Kontrolle von Rechtsprechung und Verwaltung“[4]. Auch ein Gericht könne eine Vorschrift versehentlich nicht beachten oder offensichtlich falsch anwenden[5]. Ist damit die Frage nicht durch den BFH selbst entschieden? Kann es eine Bindung der Steuerverwaltung geben, wenn das oberste Steuergericht das gegenteilige Prinzip aufstellt? Wäre dann dieses nicht – folgte man der Bindungslehre – gerade bindendes Recht?

c) *Die Frage ist durch die Judikatur des BFH jedoch nicht in diesem Sinne eindeutig geklärt.* Dies könnte gar nicht geschehen; denn wenn die Verwaltung gebunden ist, so *durch* Richterspruch, nicht *kraft* Richterspruchs. Auch eine ständige Rechtsprechung könnte die Bindungswirkung nicht generell aufheben.

Die Judikatur des BFH ist überdies uneinheitlich. Andernorts heißt es wieder, die höchstrichterlichen Entscheidungen wirkten doch über den Einzelfall hinaus; die Ordnung des demokratischen Rechtsstaats erfordere es, daß die Verwaltung der Rechtsauffassung der Gerichte Rechnung trage[6]. Der Verwaltung sei es verboten, „Anordnungen zu erlassen, die mit dem durch die Rechtsprechung ausgelegten Gesetzesrecht nicht vereinbar“ seien[7]. Und in derselben Entscheidung, in der das Abweichungsrecht der Verwaltung anerkannt wird, fährt der BFH fort: „Das Rechtsproblem erschöpft sich aber nicht in dieser Betrachtung. Man wird der Rechtsprechung der oberen Bundesgerichte im demokratischen Rechtsstaat eine über den Einzelfall hinausgehende Bedeutung zumessen müssen.“[8]

Diese Judikatur verkörpere die Einheit des Rechts; bei der Bindung der Verwaltung komme es entscheidend auf die Rechtssicherheit an, welche durch „widerspruchsvolle Auffassungen zwischen Verwaltung und Gerichten

---

[2] BFH BStBl. 1965 III, S. 547, unter Berufung auf BFH BStBl. 1964 III, S. 342; ebenso BFH BStBl. 1968 II, S. 617.

[3] BFH BStBl. 1953 III, S. 102; BFH BStBl. 1953 III, S. 251; BFH BStBl. 1958 III, S. 409.

[4] BFH BStBl. 1953 III, S. 251.

[5] BFH BStBl. 1958 III, S. 412.

[6] BFH BStBl. 1953 III, S. 250.

[7] BFH BStBl. 1957 III, S. 111.

[8] BFH BStBl. 1958 III, S. 409 (412/13).

sowie innerhalb der Gerichte" beeinträchtigt werde. Und schließlich wird — die allgemeine Bindung der Verwaltung ausdrücklich ausgesprochen: „Das Grundgesetz enthält keine Bestimmungen, die abweichende Auffassungen zwischen Verwaltung und Rechtsprechung unterbinden. Der Gesetzgeber war wohl der Ansicht, daß die oberen Bundesgerichte Gesetz und Recht richtig auslegen und die Verwaltung grundsätzlich dieser Rechtsprechung jedenfalls dort folgt, wo es sich um eine ständige Rechtsprechung handelt."

Da Einzelentscheidungen nicht anders behandelt werden können als Übergangsregelungen, für welche dies ausgesprochen wurde, ist die Verwaltung nach Meinung des BFH jedenfalls an seine ständige Rechtsprechung gebunden, weil das Grundgesetz eben „davon ausgegangen" sei.

Insgesamt spricht also die Judikatur des BFH eher für als gegen eine allgemeine Bindung der Verwaltung. Überdies ergingen die Entscheidungen, welche eine Bindung ablehnen, in jenen fünfziger Jahren, in welchen die neuerdings stärkere Betonung der normativen Qualität des Richterrechts gerade erst begann[9]. Die Rechtsprechung des BFH ist also eher im Sinne einer verstärkten Betonung des Richterrechts zu begreifen. Zwar kommt hier jene Unsicherheit zum Ausdruck, welche die Materie noch heute prägt; doch insgesamt ist *das Votum des BFH von vorsichtiger Deutlichkeit:* Bindung der Verwaltung, jedenfalls bei gefestigter Rechtsprechung. Auch der amtierende Präsident des BFH tritt in nuancierter, aber doch deutlicher Form für eine weiterreichende Bedeutung der Judikatur ein[10].

4. Kritik im Schrifttum — Lösungsversuche über „Einigung der Gewalten" und „Zurückhaltung der Exekutive"

a) Die öffentliche Diskussion wurde ausgelöst durch eine Flugschrift *des Bundes der Steuerzahler im August 1955*[11]. Seither wird sie mit erheblichem Aufwand im Schrifttum geführt. Schwerpunkte zeichnen sich Mitte der Fünfziger, Mitte der Sechziger und Ende der Siebziger Jahre ab[12]. In früheren Jahren überwogen eindeutig Äußerungen, welche die Verwaltungsbindung auf den entschiedenen Fall beschränkten, wobei meist allerdings nur sehr allgemein und ohne Vertiefung der Problematik aus dem Wesen der Rechtskraft

---

[9] Vgl. dazu unten III 6 f.

[10] *List,* DStR 1976, S. 654/5; vgl. *ders.,* DStR 1976, S. 483; *ders.,* StKongrRep. 1975, S. 139 (249 f.); siehe übrigens auch schon *Heßdörfer,* StbJB 1956/7, S. 70/1.

[11] *Bund der Steuerzahler,* Die Nichtanwendung von BFH-Urteilen durch die Finanzverwaltung, 1955.

[12] Den besten Überblick gibt die vertiefende Arbeit von *Felix,* Zur Zulässigkeit von Verwaltungsanweisungen über Nichtanwendung von Urteilen des BFH, StuW 1979, S. 65 ff.

argumentiert wurde. Andererseits war und ist die Auffassung verbreitet, Nichtanwendungserlasse seien verwaltungspolitisch höchst unerfreulich, die Verwaltung habe sich daher hier besonders zurückzuhalten.

Einer derartigen „Gewaltenzurückhaltung" stehen jedoch grundsätzliche rechtliche Bedenken entgegen: Wenn sich der Verfassunggeber implizit gegen die allgemeine Bindungswirkung entschieden, wenn der Gesetzgeber sie nicht vorgesehen haben sollte, so liegt hier keine Lücke vor, die von anderen Gewalten ausgefüllt werden könnte. Dann sind eben die Gerichte auf die Einzelfallbeurteilung beschränkt; darin liegt eine *grundsätzliche Entscheidung* von materiell-, ja von verfassungsrechtlichem Rang. Diese darf dann auch nicht durch eine „Zurückhaltung" des BMF unterlaufen werden. Nichtanwendungserlasse werden ja wohl ihre guten Gründe haben, aus der Sicht der Verwaltung jedenfalls. Warum sollte dann nur in „argen Fällen" von der BFH-Rechtsprechung abgewichen werden? Wichtige Kompetenzen einer Gewalt können nicht „generell" oder „grundsätzlich" zugunsten einer anderen aufgegeben werden. Wenn eine Abweichung nicht verboten ist, so steht ja kraft „impliziter" Verfassungsentscheidung stets die *Einzelfallgerechtigkeit* im Vordergrund. Sie darf dann von der Verwaltung nicht beliebig durch „Zurückhaltung" hintangestellt werden, indem man sich eben „in der Regel" der Rechtsprechung anschließt. Die BFH-Judikatur dürfte dann nur wie das Schrifttum behandelt werden: als reines Hilfsmittel zur Rechtsregelfeststellung. Wer aber hat je behauptet, die Gerichte dürften nur mit größter Zurückhaltung von Thesen des Schrifttums abweichen?

Hier gibt es keine halbe Entscheidung: Entweder keine allgemeine Bindung der Verwaltung – dann auch keine Zurückhaltung – oder aber Unzulässigkeit der Nichtanwendungserlasse. Die oft geforderte „Zurückhaltung" ist, dogmatisch gesehen, kein Ausweg. Sie verdeckt schlechtes Exekutivgewissen — oder Unklarheit über die Natur des Richterspruchs. So aber ist es in der Tat seit Jahrzehnten: Man wagt nicht, die Beschränkung der Bindungswirkung auf die Rechtskraft aufzugeben — und erkennt doch, daß es nicht nur realitätsblind, sondern praktisch unmöglich ist, die höchstrichterliche Rechtsprechung etwa nur der Literatur gleichzustellen. Eine „Zurückhaltung" aber wäre nur vertretbar, wenn sie angesichts einer besonderen „Autorität" der obersten Gerichte geboten wäre. „Gerichtsautorität" jedoch, als dogmatisch faßbare Kategorie zwischen Einzelfallbindung und Normqualität der Judikatur, ist uns unbekannt. In der „Zurückhaltungsforderung" an die Exekutive zeigt sich nur die Unsicherheit einer früher herrschenden Lehre, die offensichtlich keinen festen Boden mehr findet.

b) Das „schlechte Abweichungsgewissen der Steuerexekutive" und die Anstrengungen des BFH um Beachtung seiner Rechtsprechung haben schon 1955 zu dem Versuch geführt, im Wege einer *„Übereinkunft" zwischen BMF* *und BFH* Abweichungen auf ein Minimum zu beschränken: Bei wichtigen Rechtsfragen sollte der Beitritt des Bundesfinanzministers herbeigeführt werden, der sich auch mit dem BFH in Verbindung setzen sollte, um in einer strittigen Frage eine erneute Entscheidung herbeizuführen.

Die „Einigung" hat den Konflikt verdeutlicht; beide Seiten bestanden jedoch ersichtlich auf ihrem Standpunkt. Immerhin ist bedeutsam, daß auch der BMF von einer „Anwendung" von Urteilen des BFH oder der daraus abgeleiteten „Rechtssätze" spricht. Hier zeigt sich bereits die Unsicherheit der Exekutive.

Im übrigen bestehen gegen derartige Kontakte zwischen Exekutive und oberstem Gericht Bedenken. Wenn es keine Bindungswirkung gibt, so kann ja die Finanzverwaltung ein neues Verfahren einleiten — es sei denn, sie sei gar nicht beschwert. Was soll ein außerprozessuales „In-Verbindung-treten" bedeuten? Gericht und Verwaltung haben nicht wie Staatsgewalten über die Bindungswirkung von Gerichtsurteilen miteinander zu verhandeln; denn die Verwaltung ist ja Prozeßpartei.

Dieses „Übereinkommen", das noch immer gelten soll, hat die Nichtanwendungserlasse offenbar nicht eindämmen können, obwohl auch neuerdings noch Gespräche zwischen Mitgliedern des BFH und der Finanzverwaltung stattgefunden haben.

c) *Die Schaffung einer Bundesanwaltschaft beim BFH,* die in diesem Zusammenhang gefordert wurde, mag zwar den Informationsfluß zwischen den Gewalten verbessern, es kann damit aber nicht erreicht werden, daß sich die Finanzverwaltung immer an die Urteile des BFH halten muß. „Bedenken" gegen ein BFH-Urteil werden meist auch erst bei vertiefter Prüfung im Ministerium auftreten, eine Bundesanwaltschaft könnte hier kaum etwas entschärfen. Und wenn der Minister zur gerichtsunabhängigen Interpretation berechtigt ist, bleibt er dies stets, ob er seine Auffassungen dem BFH durch eine Bundesanwaltschaft hat vortragen können oder nicht.

Diese und alle im weiteren Sinne „politischen" Lösungsversuche befriedigen also nicht. Es geht um eine Rechtsfrage.

II. Gründe für eine Beschränkung der Bindungswirkung auf den Einzelfall

1. Die Aufgabe und Sachkompetenz der (Finanz-)Verwaltung zu selbständiger Gesetzesauslegung

a) Im Steuerbereich, in der Verwaltung überall, ergänzen sich heute Zweite und Dritte Gewalt: Der Exekutive kommt dabei eine Art von „Anstoß-" oder Initiativgewalt zu, der Judikative das kontrollierende letzte Wort. Setzt dies nicht eine gerichtsunabhängige Exekutive voraus, läßt sich damit nicht die Abweichungsbefugnis rechtfertigen[13]?

Wie immer die Gewaltenteilung verstanden wird — eine „gegenseitige Kontrolle" der beiden Gewalten gibt es nicht, allein das Gericht ist Kontrollinstanz. Demgegenüber ist die Verwaltung nicht „Wahrer des Rechts". Wenn die Verwaltung abweichen darf, gehen vielleicht von ihr „belebende Anstöße" für die gerichtliche Kontrolle aus (vgl. unten 3). Das Argument der „gegenseitigen Kontrolle" der Gewalten aber ist unbehilflich.

b) Die Verwaltung besitzt auch *keine größere Sachkompetenz als die Gerichte;* rechtlich wäre eine solche keinesfalls relevant. Die Kontrolle liegt, unabhängig von aller Sachkompetenz, nach der Verfassung beim Richter. Und wenn der Verwaltung deshalb ein „höherer Sachverstand" zugebilligt werden müßte, weil sie auch allgemeinere Regelungen erlassen dürfe, so wäre die abwegige Folge, daß der Gesetzgeber überhaupt nicht im Steuerrecht tätig werden dürfte, weil er mit Sicherheit die technische Kompetenz der Verwaltung nicht erreicht. Im Gesetzgebungsverfahren genügt es, daß die „sachkundige Verwaltung" gehört wird; dies geschieht auch vor den Schranken der Judikative und muß genügen.

c) Eine *angeblich fehlende „demokratische Legitimation"* der Gerichtsbarkeit steht verwaltungsbindenden Urteilen nicht entgegen. Die Exekutive mag zwar über die parlamentarische Verantwortung enger an das Parlament gebunden sein als die Gerichte, doch diese letzteren sollen die vollziehende Gewalt gerade im Namen des Gesetz gewordenen Willens des Volkssouveräns kontrollieren. Entweder der Richter ist in der Demokratie besonders eng an das Gesetz gebunden — dann hat er es möglichst allgemein gegen alle Gewalten durchzusetzen; oder er steht dem Gesetz doch freier gegenüber — dann spricht dies für die Möglichkeit von Richterrecht. Keinesfalls kann aus einer angeblichen gesteigerten „Parlaments- und damit Gesetzesnähe" der Exekutive auf deren Abweichungsbefugnis von Urteilen des BFH geschlossen werden.

---

[13] So wohl BFHE 57, S. 657.

d) *Praktikabilitätserwägungen* erzwingen Abweichungen nicht. Die Verfassung hat eben „dem weniger praktischen Richter" das letzte Wort gegeben. Wenn sich im Einzelfall die Verwaltung ihm beugen muß, was oft auch größte Praktikabilitätsprobleme aufwirft, warum denn nicht in allen gleichgelagerten Fällen? Wenn der Richter das Gesetz mit allgemeiner Bindungswirkung gegenüber der Verwaltung auslegen darf, ist dies stärker als alle Praktikabilität. Sie kann nicht über dem Gesetz gewordenen Willen des Volkssouveräns stehen. Eine solche Entfesselung der Zweiten Gewalt unter Berufung auf deren eigene Interessen wäre unerträglich. Und überdies bringt die allgemeine Bindung der Verwaltung sogar meist erhebliche Praktikabilitätsvorteile, weshalb ja so oft auch die „Präjudizien" beachtet werden.

e) *Fiskalische Gründe* stehen allgemeiner Bindungswirkung der Urteile nicht im Wege; wenn durch sie die Staatsfinanzen in Gefahr kämen, so ist dies Sache des Gesetzgebers. Steuereinnahmen dürfen nur auf rechtlicher Grundlage erfolgen.

Ergebnis: Aus dem Wesen des Verwaltens und seinen Notwendigkeiten, aus allgemeiner Stellung und Kompetenz der Verwaltung ergibt sich kein Argument gegen die Bindungswirkung der Judikatur.

2. Gewaltenteilung als Argument pro et contra

Die Gewaltenteilung ist häufig pro wie contra eine allgemeine Bindungswirkung bemüht worden, ebenso die „Einheit der Staatsgewalt". In keiner Richtung läßt sich jedoch hieraus etwas ableiten.

a) *Gegen eine Bindung der Verwaltung* wird eingewendet, Gewaltenteilung habe stets vor allem Trennung der Gewalten bedeutet; die allgemein bindenden „Verordnungsurteile" des Absolutismus habe gerade die Gewaltenteilung verhindern sollen. Die Gerichte dürften nicht in die Funktion des Parlaments übergreifen, das hier nicht, wie in Art. 80 GG, auf die Dritte Gewalt delegiert habe. Gewaltenteilung verlange also eine „Kooperation in Spannung" zwischen Exekutive und Judikative, die durch eine allgemeine Bindungswirkung der Urteile gebrochen würde. Dem steht die heute wohl herrschende Lehre entgegen, welche das Wesen der Gewaltenteilung nicht so sehr in strenger Trennung der Kompetenzen als vielmehr in der organisatorischen Unterscheidung ihrer Träger sieht, deren Ergebnisse dann aber wieder zusammengeordnet werden müssen. Sinn der Gewaltenteilung ist vor allem die Gliederung der Gewalt, ein gewisses Gleichgewicht zwischen den Gewalten. Verschränkungen zwischen ihnen sind nicht so sehr Ausnahmen von der Gewaltenteilung, als vielmehr eine Organisationsform derselben, welche sie praktikabel macht; es gibt sie vor allem zwischen Exekutive und Judikative. Der BFH betont dies ebenso[14] wie das BVerfG in ständiger Rechtsprechung[15].

Eine allgemeine Bindungswirkung von Gerichtsurteilen würde also diesem neueren Verständnis der Gewaltenteilung als gleichgewichtige Verschränkung eher entsprechen. Die Übermacht der Exekutive über die nach wie vor politisch weithin „gewichtslose" Judikative würde korrigiert. Eine Bindung an Urteile als solche widerspricht mit Sicherheit nicht der Gewaltenteilung, sie besteht ja jedenfalls im Einzelfall: Normunterworfenheit der Verwaltung ist ebenfalls mit der Gewaltenteilung vereinbar, ja deren wesentlicher Verschränkungsmechanismus, wie die Bindung an die gesetzlichen Normen beweist. Wenn der Richter vergleichbare Normen setzen kann, stehen dem Art. 20, 80 GG nicht entgegen.

b) Umgekehrt wird aber auch die *Bindungswirkung der Urteile aus der Gewaltenteilung abgeleitet:* Da diese die gewalttragenden Instanzen zusammenordne, müsse der Vorrang der Judikative beachtet werden. Ablehnung der Bindungswirkung verletze ihren Kernbereich, weil die obersten Gerichte nicht mehr allgemeine Rechtsgrundsätze entwickeln und so die Rechtseinheit wahren könnten.

Die Argumentation hat Gewicht; doch sie weist auf die konkrete Funktion der „obersten" Gerichte hin, die Einheit des Rechts zu wahren, und nicht so sehr auf das sehr allgemeine Prinzip der Gewaltenteilung. Eine Bindungswirkung könnte heute mit Sicherheit auch abgelehnt werden, ohne daß dadurch die Gewaltenteilung verletzt würde.

c) Ob es einen allgemeinen Verfassungsgrundsatz der *„Gewaltenkooperation"* gibt, mag hier offenbleiben; für die vorliegende Frage könnte aus ihm nichts Entscheidendes abgeleitet werden. Kooperation könnte ja immer nur im Namen bestehender Kompetenzen verlangt werden; neue, selbständige Befugnisse oder Zuständigkeiten lassen sich aus ihr nicht entwickeln. Nur dann könnte eine Bindungswirkung mit Kooperationsverpflichtung begründet werden, wenn es ohne sie zur unerträglichen Gewaltenkonfrontation käme, was sich kaum behaupten läßt, oder wenn die Verfassung einen „Gewaltengegensatz" überhaupt ausschlösse. Sie nimmt jedoch gewisse „Organgegensätze" eindeutig in Kauf.

d) Die *„Einheit der Staatsgewalt"* ist ebenfalls unergiebig — sie verlangt ebensowenig absolute Gewaltentrennung wie unbedingte Gewalteneinheit. Wieweit die Verwaltung dem Richter folgen muß, läßt sich nicht unter Beru-

---

[14] Siehe etwa BFH BStBl. 1960 III, S. 11.

[15] Vgl. etwa BVerfGE 3, S. 225 (247); 7, S. 183 (188).

fung auf diese Formel entscheiden; „Einheit der Staatsgewalt" ist auch dann gewahrt, wenn dem Richter nur im Einzelfall das letzte Wort bleibt.

Ergebnis: Aus dem allgemeinen Verhältnis der Gewalten zueinander ergibt sich nichts für oder gegen eine allgemeine Bindungswirkung der Gerichtsentscheidungen.

3. „Versteinerung der Rechtsprechung" durch allgemeine Bindungswirkung der Urteile?

a) Bindet eine Entscheidung des BFH die Verwaltung in allen gleichgelagerten Fällen, so wird diese einen weiteren Prozeß in vergleichbaren Fragen nicht mehr führen. Kann sich dann eine solche Rechtsprechung überhaupt noch ändern?

Gerade in der verwaltungs- und steuerrechtlichen Diskussion um die Bindungswirkung ist daher Versteinerung, zumindest Sterilisierung der Rechtsprechung befürchtet worden. Legt man das Gewicht auf rechtsfortbildende richterliche Tätigkeit, wird dann nicht gerade diese entscheidend erschwert, weil eben ein wesentlicher Vorteil des Richterrechts, seine Flexibilität, verloren geht? Ist dann aber allgemeine Bindung an die Urteile nicht sogar ein Widerspruch in sich, weil binden soll, was doch ständig im Fluß sein muß? Änderungen auch ständiger höchstrichterlicher Judikatur sind eine bekannte Erscheinung, gerade auch im Steuerrecht. Sie sind dann nicht verfassungswidrig, wenn sie nicht willkürlich die „Bahnen organischer Fortentwicklung der Rechtsprechung" verlassen[16].

b) Das Argument *drohender Versteinerung schlägt jedoch nicht durch.*

- Weit über 90% der BFH-Urteile werden *von der Finanzverwaltung hingenommen und allgemein angewendet.* Dies dürfte nicht geschehen, wäre Versteinerung zu befürchten, der Gerichtsbarkeit müßte viel öfter Gelegenheit zum Überdenken ihrer Entscheidungen gegeben werden. Ist denn eine „solche Versteinerung der Rechtsprechung durch Entscheidung der Exekutive" berechtigt? Wenn ja — ist sie dann so gefährlich, wenn sie in einigen Fällen auch gegen den Willen der Verwaltung eintritt? Wer konsequent gegen Bindungswirkung ist, müßte sich auch gegen Anwendungserlasse wenden.
- Oft ist die BFH-Rechtsprechung Ausübung einer eigenartigen Form von *„Anstoßgewalt":* Gesetz- oder Verordnunggeber nehmen die dort entwickelten Vorstellungen auf und verfestigen sie normativ. Diese „Legalisierung der Rechtsprechung" wird zwar gelegentlich kritisiert, insgesamt aber gebilligt. Wäre „Versteinerung" an sich von Übel, so müß-

[16] BVerfGE 18, S. 224 (240); vgl. auch BVerfG HFR 1965, Nr. 77, S. 96.

te diese Praxis rechtspolitisch mißbilligt werden, weil durch solche Legalisierung der Rechtsprechung „lebendige Ströme der Rechtsentwicklung" unterbrochen würden. Also ist die Versteinerung „an sich" nichts Schlechtes, wenn ein Komplex normierungsreif ist. Dann ist es besser, der Richter fixiert als daß alles im Fluß bleibt — wenn nicht der Normgeber noch eingreift. „Rechtsprechung im Fluß" ist offensichtlich kein Selbstwert in unserer Rechtsordnung.

- Die Verwaltung kann auch die *„Versteinerung" brechen* — als Verordnunggeber oder durch Gesetzesinitiative. Steuergesetze werden so häufig geändert, daß nicht einzusehen ist, warum die Listen der Änderungswünsche der Exekutive an den Gesetzgeber nicht noch um jene wenigen Fälle erweitert werden sollen, in denen man durch gesetzliche Klarstellungen den Widerstand des BFH etwa glaubt brechen zu müssen. Dann wäre systemgerecht die Erste Gewalt der Schiedsrichter. Gesetzgeberische Anstöße der Verwaltung können daher eine erstarrende Judikative in fruchtbarere Kanäle lenken. Daß die Verwaltung eine solche Mühe scheut, ist überhaupt kein Argument; will sie das politische Risiko eines Gesetzgebungsanstoßes vermeiden, so spricht dies erst recht für allgemeine Bindung — wenn der Steuergesetzgeber ihr nicht „gegen den BFH zu Hilfe kommt", legalisiert er ja stillschweigend dessen Position.

- Zu den befürchteten *„Versteinerungen" kommt es ja schon jetzt,* ohne daß man daran, soweit ersichtlich, Anstoß nimmt: Immer dann, wenn eine für den Bürger ungünstige Entscheidung von der Exekutive nicht angewendet wird. Auch diese „Sterilisierung der Judikative" dürfte dann nicht fortgesetzt werden.

- Wäre jede versteinernde Urteilswirkung unzulässig, so müßte auch § 31 BVerfGG verfassungswidrig sein; eine Reihe von Rechtsfragen, etwa bei Organstreitigkeiten, können nach ihm ja auch nicht mehr aufgerollt werden.

- Die Überprüfung und Fortentwicklung einer auch ständigen Rechtsprechung bleibt in allen wichtigen Fällen stets möglich — *wenn sich nämlich die Sach- oder Rechtslage ändert,* wenn eine Rechtsprechung „sich im Licht geläuterter Erkenntnis oder angesichts des Wandels der sozialen, politischen, oder wirtschaftlichen Verhältnisse als nicht haltbar erweist"[17]. Selbst eine wirtschaftliche Änderung[18] würde also einen neuen Prozeß legitimieren, oder aber Gesetzgebungsänderungen bei anderen Steuernormen oder im bürgerlichen Recht.

---

[17] BVerfGE 18, S. 240 (244/5).

[18] So etwa, wenn von Pensionsrückstellungen im Vergleich zu früher erheblich mehr Gebrauch gemacht wird, BFH BB 1964, S. 1244.

Ergebnis: Versteinerungsgefahr besteht bei allgemeiner Bindungswirkung nicht: Überall dort, wo eine Sterilisierung drohen könnte, wäre eine „neue Lage" gegeben, welche die Verwaltung zu neuer Klage berechtigen müßte.

Nur eines verhindert die allgemeine Bindung in der Tat: daß die Verwaltung der Rechtsauffassung des BFH nicht folgen *will;* denn was im Augenblick der Entscheidung hätte geprüft werden können, „ist geprüft worden", so will es die Fiktion der „Entscheidung von Amts wegen". Die Verwaltung *kann sich also nur auf Nova stützen;* dies genügt. Hinter dem Versteinerungsargument steht nur eines: daß das Wort der Dritten Gewalt nicht allgemein entscheiden soll; dies aber — erat demonstrandum.

4. Die Bindungswirkung verfassungsgerichtlicher Entscheidungen — argumentum e contrario?

Die Entscheidungen des BVerfG binden alle Hoheitsgewalt, auch die Finanzverwaltung (§ 31 Abs. 1 BVerfGG). Daraus wird e contrario gefolgert, Urteilen anderer oberster Gerichte könne eine solche Bindungswirkung nicht zukommen.

Sicher kann eine solche nicht durch erweiternde Auslegung des § 31 BVerfGG begründet werden. Doch durch diese Vorschrift sollte Anfang der fünfziger Jahre, als die eigentliche Diskussion darüber erst begann, nicht die grundsätzliche Rechtsfrage des Richterrechts abschließend entschieden werden. § 31 BVerfGG muß übrigens auf einem ganz anderen Hintergrund gesehen werden: In der Weimarer Zeit war es zum Problem geworden, wie die Befolgung von Richtersprüchen der Staatsgerichtsbarkeit zu sichern sei; die Vollstreckung wurde dem volksgewählten Reichspräsidenten überlassen. Das Grundgesetz hat die Befugnisse des BVerfG gegenüber denen des Staatsgerichtshofes erheblich erweitert, die Vollstreckung der Entscheidungen aber nicht dem Staatsoberhaupt anvertraut. Also mußte die Befolgung der Entscheidungen sichergestellt werden, dies geschah durch § 31 Abs. 1 BVerfGG. Der Gehorsam der politischen Instanzen sollte erzwungen werden, deshalb ist dort von „Verfassungsorganen" besonders die Rede, nicht etwa von einer Bindung der „vollziehenden" oder „rechtsprechenden" Gewalt entsprechend Art. 20 GG.

Diese Vorschrift würde also weit überinterpretiert, entnähme man ihr ein entscheidendes Argument gegen allgemeine Bindung an Gerichtsurteile.

Gesamtergebnis zu II: Die vor allem in der steuerrechtlichen Diskussion meist aus dem Wesen der Exekutive vorgebrachten Argumente gegen eine Bindungswirkung überzeugen nicht.

III. Insbesondere: Der Einwand der „beschränkten Rechtskraft" — normgleiches Richterrecht?

1. Das Großproblem Richterrecht

Das zentrale Argument für eine Beschränkung der Bindungswirkung höchstrichterlicher Urteile auf den Einzelfall ergibt sich aus der herkömmlichen Rechtskraftlehre: Die Gerichte entscheiden den Einzelfall und nur ihn; eine allgemeine Verwaltungsbindung würde dagegen eine globale Rechtskrafterstreckung auf die gesamte, jedenfalls aber auf die hoheitlich handelnde Exekutive bedeuten. Derartiges Case Law aber habe der Verfassunggeber von 1949 nicht gewollt. Im Steuerrecht vor allem sah man die größeren Dimensionen einer etwaigen Bindungsthese, befürchtete offenbar, damit eine Lawine ins Rollen zu bringen: Müßte nicht ganz allgemein die „Normsetzung durch die Gerichte", auch im Zivilrecht, die Folge sein? Sollen die Großprobleme „Richterrecht", „Rechtsquelle", „Präjudizienbindung" vom Steuerrecht her aufgerollt und gelöst werden können?

Diese Untersuchung kann sich nicht im einzelnen mit einer der größten Diskussionen der deutschen Rechtswissenschaft auseinandersetzen, die ein schier unübersehbares Schrifttum hervorgebracht hat[19]. Hier können nur die für die Frage „Bindung der Verwaltung" wichtigsten Argumente aus dieser größeren Diskussion behandelt, insbesondere deren Tendenzen für die Lösung konkreter Fragen herangezogen werden. Es wird sich dann zeigen, daß *sie* entscheidbar sind, ohne daß das Problem der Präjudizienbindung allgemein, etwa auch für den Zivilprozeß, gelöst werden müßte.

2. Ausdrückliche Verfassungskompetenz des Richters zu „normgleichen Entscheidungen"

a) Die Frage kann nicht einfach nach positivem Verfassungsrecht entschieden werden; keine Verfassungsnorm gestattet ausdrücklich dem Richter „Normurteile". Dies aber ist nach der Entwicklung des neueren demokratischen Verfassungsrechts auch gar nicht zu erwarten: Die Verfassung grenzt Gewalten voneinander ab, sie definiert sie nicht; ihre Kernbereiche werden nicht durch das Grundgesetz näher bestimmt. „Gesetzgebung", „Verwaltung" sind durch die Verfassung nicht definiert – warum sollte gerade im Falle der Judikative die allgemeine Bindungswirkung ausdrücklich vorgesehen sein –, bei der Rechtskraft im Einzelfall ist dies ja auch nicht der Fall. Das Schweigen der Verfassung bedeutet also nicht Verwerfung der allgemeinen Bin-

---

[19] Siehe Übersichten bei *Knittel,* Zum Problem der Rückwirkung bei einer Änderung der Rechtsprechung, 1965, S. 13/4; *Scholz,* DB 1972, S. 1771 (1776).

dungswirkung. Auch ist nicht anzunehmen, daß hier das Grundgesetz nur habe übernehmen wollen, was 1949 der herrschenden Lehre entsprochen habe. Die Vorstellungen über die Natur des Richterrechts wandeln und entwickeln sich, das Grundgesetz hat dies nicht unterbrechen wollen.

b) Die Verfassung hat sich auch nicht dadurch gegen eine allgemeine Bindungswirkung der Urteile entschieden, daß sie alle *Normentscheidungen in wesentlichen Dingen dem Gesetzgeber* vorbehalten hat. Selbst wenn ein solcher „Primat der Gesetzgebung" dogmatisch voll gesichert wäre, so ginge es hier nur um eine Frage der Gesetzesgebundenheit des Richters, der eben nur „intra", nicht aber „contra" oder auch nur „extra" legem das Recht normativ fortbilden dürfte. Wer übrigens ein Primat der Gesetzgebung auf „wesentliche" Materien beschränken will – und was sind solche? –, hat die normative Wirkung der Urteile schon im Grundsatz bejaht.

Ergebnis: Das geschriebene Verfassungsrecht bringt keine Entscheidung; hier liegt in der Tat eine „offene Verfassung".

3. „Faktische", „praktische" Geltung von Richterrecht?

Oft wird eine „tatsächliche" oder „praktische" Geltung des Richterrechts dessen normativer Bedeutung gegenübergestellt, welche dann regelmäßig abgelehnt wird.

Diese oft nur nebenbei geäußerten und kaum je vertieften Vorstellungen sind wohl nur ein Versuch der Selbstberuhigung — man will nicht an der Rechtswirklichkeit vorübergehen. Dogmatisch sind solche Versuche abzulehnen; sie weichen nur einer klaren Entscheidung aus. Was soll auch eine „faktische Normgeltung" bedeuten? Wenn es nur dies gibt, so herrscht eben nur verbreitete Urteilsobödienz. Sie ist als Rechtstatsache, nicht aber normativ von Bedeutung. Solche Begriffe sollten daher aus der Diskussion verschwinden. Wenn der Richterspruch lediglich „faktisch" gilt, so wäre dies gerade im Steuerrecht höchst bedenklich: Es wäre nur ein Zeichen gesteigerter Kritiklosigkeit und bürokratischer Bequemlichkeit der Staatsorgane, von Müdigkeit des Bürgers beim Kampf um sein Recht. Mit so „billigem Gehorsam" dürfte sich die Verwaltung gar nicht begnügen.

4. Bindung der Verwaltung kraft Gewohnheitsrechts?

a) Würde die höchstrichterliche Judikatur stets oder doch bei ständiger Rechtsprechung zu Gewohnheitsrecht, so wäre die Verwaltung nicht an Richterrecht, sondern an die Normen dieses Gewohnheitsrechts gebunden; das

Problem des Richterrechts wäre umgangen. Herrschend ist jedoch die Auffassung, daß der *Gerichtsgebrauch als solcher noch kein Gewohnheitsrecht hervorbringt,* mag dieses auch häufig, ja in der Regel von Gerichtsentscheidungen ausgehen. Die Gerichte selbst bezeichnen Urteilsinhalte in aller Regel *nicht* als Norminhalte eines Gewohnheitsrechts. Es fehlt hier insbesondere an der opinio necessitatis; und bei der Entstehung von Gewohnheitsrecht hätte die Verwaltung auch ein gewichtiges Wort mitzusprechen.

b) Auch im Falle *ständiger Judikatur* wird überwiegend Gewohnheitsrecht abgelehnt, gerade auch von den Gerichten. Dies bleibt festzuhalten, selbst wenn zugegeben werden muß, daß schwer vorstellbar ist, wie sich heute Gewohnheitsrecht anders als aus solchem Gerichtsgebrauch bilden könnte.

c) Gibt es einen *allgemeinen, ungeschriebenen Rechtssatz, welcher allen Entscheidungen oder doch der ständigen höchstrichterlichen Judikatur eine solche Bedeutung beilegt?* Dann müßten die übrigen Voraussetzungen des Gewohnheitsrechts bei dem einzelnen Richterspruch nicht vorliegen: er erwüchse zu Gesetzeskraft durch einen allgemeinen Gewohnheitsrechtssatz, daß Richterspruch Normen schafft.

Diese Auffassung ist bereits überzeugend widerlegt worden[20]. Gerade die Abweichungspraxis der Verwaltung hätte übrigens die Entstehung eines solchen Gewohnheitsrechts verhindert. Die Gerichte haben sich, soweit ersichtlich, nie darauf berufen.

Ergebnis: Gewohnheitsrecht bringt keine Lösung der Richterrechts-, der Bindungsfragen.

5. Die Mehrdeutigkeit des „Richterrechts" — notwendige Vorklärungen

Im Streit um den Rechtsquellencharakter des Richterrechts herrscht wenig Klarheit. Zumindest drei Problemebenen sind zu unterscheiden, auf denen das Problem „Richterrecht" jeweils mit anderen Vorzeichen auftritt:

a) Darf der Richter im *Einzelfall,* mit Bindung nur für diesen, „Recht setzen", indem er nach der Regel entscheidet, die er selbst als Gesetzgeber aufstellen würde (vgl. Art. 1 Abs. 2 Schweizer ZGB)? Um dieses „Richterrecht im Einzelfall" geht es hier nicht.

b) Unter dem Stichwort „Richterrecht" wird auch die schwierige Frage erörtert, *wie weit sich der Richter vom Gesetz entfernen dürfe.*

---

[20] Von *Ossenbühl,* AöR 92, S. 487 f.

Grundsatz ist im deutschen Recht die strenge Gesetzesunterworfenheit der Judikative. Neuerdings glauben viele, die Gerichtsbarkeit wolle sich aus ihr lösen. Dies ruft verständliche Abneigung gegen jedes „Richterrecht" hervor, das den Gesetzesstaat in Gefahr bringe. Aus solchen Gründen wird dann die Bindungswirkung der Urteile abgelehnt, weil es hier zu „freier Gesetzesfindung" durch den Richter kommen könnte.

Die beiden Fragen scheinen verbunden: Je stärker die Gesetzestreue des Richters ist, desto leichter wird man die allgemeine Bindungswirkung seiner Entscheidung hinnehmen, nicht aber dann, wenn er sich vom Gesetz emanzipiert.

In Wahrheit sind jedoch *beide Probleme streng zu unterscheiden:* In einem Fall geht es um die Bindungswirkung, im anderen um die Gesetzesabhängigkeit und damit den Inhalt eines etwaigen Richterrechts. Beides berührt sich nur insoweit, als man leicht die Sorge vor der Gesetzesfreiheit des Richters gegen die Bindungswirkung der Urteile mobilisieren kann. Wer für diese letztere eintritt, muß daher besondere Gesetzestreue der Judikative fordern.

c) Erst auf einer dritten Ebene beginnt *die eigentliche allgemeine Bindungsproblematik.* Nur auf ihr geht es im folgenden um das Richterrecht. Die normgleiche Bindungswirkung der Urteile richtet sich *an sich* nicht gegen den Gesetzesstaat; wenn der Wille des Gesetzgebers geachtet wird, dann wird vielmehr der Richterspruch zum allgemeinen bindenden Fortdenken des Gesetzes.

Eines aber bleibt: Ohne strenge Gesetzestreue des Richters hat die These von der allgemeinen Bindungskraft seiner Urteile keinerlei Chance.

6. Die Tendenz zur Anerkennung der Normqualität des Richterrechts im Schrifttum

a) Auf allen Rechtsgebieten gibt es zahllose Beispiele für „Richterrecht", vor allem aber im Steuerrecht. Im vorliegenden Zusammenhang spielt es keine Rolle, ob sich dieses Recht contra, praeter oder nur intra legem entwickeln darf. Entscheidend ist immer nur die normative Qualität des Richterrechts, von der im allgemeinen ausgegangen wird.

Folgende Fragen werden vor allem in der Diskussion behandelt: Gibt es eine *bindende Wirkung der Präjudizien?* In welchem Verhältnis steht der *auslegende Richterspruch zum ausgelegten Gesetz* — bilden sie eine volle Einheit, so erhält auch die Gerichtsentscheidung Normqualität. Ist Richterrecht *Rechtsquelle?* Ist dies zu bejahen, so bringt es mehr als Einzelfallgerechtigkeit.

b) Die *bindende Wirkung der Präjudizien* wird zwar im steuerrechtlichen Schrifttum überwiegend abgelehnt, überblickt man jedoch die Diskussion insgesamt, so steht einer gelegentlich immer noch ablehnenden Haltung doch bereits heute eine beachtliche Zahl von Stimmen gegenüber, die sich offen für eine Präjudizienbindung, damit aber für die allgemeine, normgleiche Verbindlichkeit gerichtlicher Entscheidungen aussprechen. Es kann daher nicht mehr von einer herrschenden Lehre gegen die Präjudizienbindung gesprochen werden. In dieser Spaltung der Lehre angesichts einer bedeutsamen Problematik liegt schon ein wichtiges Indiz für eine laufende Entwicklung.

Zahlreich sind auch die Äußerungen derer, die sich *nicht festlegen wollen* oder eine nicht mehr klare „Mittellösung" in der bereits erwähnten „faktischen" Normgeltung oder in der Wertung der Urteile als „Rechtsanzeichen", als „Orientierungen" suchen. All dies sind unklare Begriffe, mit denen die Rechtsanwendung kaum etwas anfangen kann; sie muß ja wissen, ob sie einer Norm unterworfen ist oder nicht. Nach der Legalität (Art. 20 GG) kann es solche Zwischenstufen zwischen Unverbindlichkeit und Normgeltung nicht geben.

Gelegentlich wird auch aus höchstrichterlicher Rechtsprechung eine „Rechtserwartung" abgeleitet, die sich zur „Rechtsvermutung" *verdichten* könne. Aber auch dies ist dogmatisch unklar. Soll hier nur eine Rechtstatsache festgestellt werden, so wird eben die allgemeine Bindung abgelehnt; wenn eine rechtliche Vermutung gegeben sein soll, müßte eigentlich die allgemein-normative Bindung bejaht werden.

Wie dem auch sei — all diese Versuche zeigen die Unsicherheit einer Lehre, die sich deutlich in Richtung auf Anerkennung der Normqualität des Richterrechts bewegt.

c) In welchem Verhältnis steht die *richterliche Entscheidungstätigkeit zum Gesetz?* Bildet sie mit ihm eine Einheit dergestalt, daß sie damit selbst an der Natur und allgemeinen Geltungskraft des Gesetzes teilnimmt?

Aus der „Auslegungsfunktion" der Gerichte allein läßt sich nichts gewinnen. Interpretation ist nicht Rechtsetzung. Betont man allerdings die Einheit der Entscheidung mit dem ausgelegten Gesetz stark, wie dies heute weitgehend geschieht, wenn es „das Gesetz an sich gar nicht geben kann", sondern nur in der vom Richter gewollten Form — dann müßte bei reiner Einzelfallbindung das Gesetz eigentlich „völlig unfaßbar" bleiben. Der Bürger könnte ja mit dem Gesetz als solchem gar nichts beginnen, wenn er es von der Auslegung durch den Richter löste. Diese müßte dann aber auch normativen Charakter tragen, mit dem Gesetz eine normative Einheit bilden. Will man nicht nur elegante theoretische Formeln prägen, so muß die Rechtsprechung *in der Einheit mit dem interpretierten Gesetz selbst zur Norm werden,* in einer Art von „normativer Mitreißung der Judikatur durch das Gesetz in die Höhe der Norm".

d) *Judikatur als Rechtsquelle* — wer dies diskutiert, muß die Frage der allgemeinen Bindung stellen.

Hier ist die Entwicklung besonders deutlich: Die Zahl der Äußerungen, welche den Rechtsquellencharakter der Judikatur bejahen, wächst ständig. Aus diesen rechtstheoretischen Erkenntnissen müssen praktische Folgerungen gezogen werden, vor allem eine: die der allgemeinen, normgleichen Bindungswirkung der Judikatur.

Ergebnis: Die Tendenz zur Anerkennung der Normqualität des Richterrechts ist eindeutig. Die Entwicklung scheint schon so weit fortgeschritten zu sein, daß für Teilbereiche, etwa die Bindung der (Steuer-)Verwaltung, konstruktive neue Lösungen heute als möglich erscheinen. Sie würden nicht mehr an einer ganz herrschenden Lehre abprallen, diese vielmehr – tendenzkonform – weiterentwickeln.

7. Die Funktionen der Rechtsprechung — Lückenfüllung und Einheit des Rechts als Begründung für eine allgemeine Bindungswirkung

Die herkömmlichen Begründungen für ein Richterrecht liefern wichtige Argumente für eine allgemeinere Bindungswirkung der Urteile.

a) Die *Notwendigkeit der Ausfüllung von Gesetzeslücken* ist das stärkste und unbestrittene Argument für ein „Richterrecht". Gesetze sind nicht lückenlos, Lücken können jedoch nur normativ ausgefüllt werden. Anders könnte die fehlende Rechtssicherheit gar nicht geschaffen werden. Wer also richterliche Lückenfüllung wünscht – und dies ist allgemein der Fall – muß allgemeinere Verbindlichkeit der Judikatur fordern.

b) *Unbestimmte Rechtsbegriffe, Generalklauseln* erteilen dem Richter nach überwiegender Auffassung den Auftrag zur Schaffung von Richterrecht. Auch dies kann wiederum nicht in Einzelfallentscheidungen geschehen. Nur auf diese Weise kann ein unbestimmter, aber normativer Begriff – eben normativ – konkretisiert werden. Nimmt man also den Auftrag an den Richter zur Sinnerfüllung unbestimmter Rechtsbegriffe ernst, so kann er nur in allgemeinerer Bindung an seine Urteile erfüllt werden.

c) *Rechtsfortbildung* wird vom Richter erwartet, vor allem auch im Steuerrecht. Wiederum kann dies nicht durch Einzelfallentscheidung geleistet werden. „Das Recht" kann nur normativ fortgebildet werden. Fortbildung und reine Anwendung — das ist begrifflich ein wirklicher Gegensatz. Fortbildung verlangt vor allem Kontinuität. Diese aber kann sich nur auf normative Zustände beziehen; was sollte denn eine reine Einzelfallentscheidung fortentwickeln? Das Wort rechtfertigt sich nur, wenn in der Rechtsfortbildung normative Relevanz liegt — also irgendeine Bindungswirkung der Urteile für Dritte.

Das semantische Eigengewicht des Terminus Rechtsfortbildung zeigt also, daß im Urteil mehr stecken muß als reine Einzelfallentscheidung.

d) Wahrung oder Herstellung der *Einheitlichkeit der Rechtsprechung* wird als Aufgabe und Rechtfertigung des Richterrechts genannt. Eigentliches Ziel aber ist nicht Einheit der Rechtsprechung, sondern Einheit des Rechts, nur sie legitimiert ja auch Einheit der Judikatur. Einheitliche Einzelfallrechtsprechung als solche ist aber nicht nur ohne eigentlichen rechtlichen Nutzen, letztlich ist sie ein Widerspruch in sich. Wer „alles im Fluß lassen" will, warum sollte er erzwingen, daß die Judikative möglichst mit einer Stimme spricht? Wenn die „belebenden Ströme" immer neu und anders zu entscheidender Fälle nicht versiegen sollen, dann gibt es eben keine Rechtseinheit. Wer also Einheitlichkeit der Rechtsprechung verlangt, fordert Einheit des normativen Rechts durch den Richter, normative Bindung der Gerichtsentscheidungen.

e) *Verfassung und Gesetz nötigen zu dieser Einheit der Rechtsprechung,* welche nur durch Richterrecht hergestellt werden kann: Das Grundgesetz verpflichtet zur Errichtung oberster Gerichtshöfe (Art. 95 Abs. 1 GG) in Verfassungsentscheidung für die Einheitlichkeit der Rechtsprechung. Auf dasselbe Ziel weisen die Normen über die Vorlage an die höheren Gerichte hin — § 137 GVG, § 11 Abs. 4 FGO und vergleichbare Vorschriften. Diese Vorlagerechte ergeben zwar als solche nicht unmittelbar auch die ausdrückliche gesetzgeberische Entscheidung für allgemeine Bindungswirkung der (höchstrichterlichen) Urteile, sie ermächtigen die Gerichte ja nur. Doch hinter ihnen steht mehr als ein Bemühen um Vereinheitlichung der Auslegung: Vereinheitlichung der Rechtsprechung hat nur Sinn, wenn *auch das Recht einheitlich werden und bleiben soll;* dies aber läßt sich begrifflich eigentlich nur auf diesem Weg erreichen. Wird er nicht beschritten, was bedeutet dann *für das Recht und seine Einheit* eine noch so lange Präjudizienkette? Das Vorlagerecht zeigt, daß der Gesetzgeber keine Vervielfachung der Prozesse will — auch dies würde am besten durch Bindungswirkung der Urteile erreicht. Was für das Vorlagerecht gilt, trifft auch für die praktisch noch wichtigere Abweichungsrevision zu: Auch hier wieder zeigt sich das Bemühen um eine judikative Konzentration, die nur über allgemeinere Bindung an die Urteile theoretisch letztlich begründbar und praktisch voll zu verwirklichen ist.

Ergebnis: Alle Begründungen, welche für ein Richterrecht vorgebracht, alle Mechanismen, welche zu seiner Sanktion eingesetzt werden, sprechen dafür, diesem Recht auch Normqualität und damit den Urteilen eine über den Einzelfall hinausreichende Bedeutung zuzusprechen.

8. Höchstrichterliche Rechtsprechung und Bindungswirkung der Urteile

Soweit ersichtlich, gibt es keine Entscheidung aus neuerer Zeit, welche die Frage grundsätzlich behandelt und endgültig entschieden hätte. Gelegentlich finden sich Bemerkungen, welche die Bindungswirkung ausdrücklich auf die *Rechtskraft im Einzelfalle* beschränken, meist aber nur obiter dicta[21].

Das *Bundesverfassungsgericht* hat jedoch deutlich betont, daß es Richterrecht mit normativem Charakter gibt[22]. Die Rechtsprechung habe eine Fülle einzelner Rechtssätze, ja ganzer Rechtsinstitute entwickelt. Dies kann nur normativ geschehen. Sie habe einen Rechtszustand hergestellt — er kann wiederum nur durch Setzung und Entwicklung von Normen geschaffen werden. Das BVerfG spricht von dem *„Auftrag der (obersten Gerichte) zur schöpferischen Rechtsfortbildung“*[23]. Ausdrücklich spricht es vom normähnlichen Charakter des Urteils. Dies wird gerade bei der Rechtsprechung des BFH betont, an die sich die „Verwaltungspraxis künftig bei der Behandlung gleichartiger Fälle soll halten können“[24]. Damit werde der Rechtseinheit gedient. Überprüft wird in Karlsruhe auch nicht nur ein einzelnes Urteil, sondern „die Rechtsprechung“[25]. Dies ist nur in einem Sinne möglich: nach ihrem normativen Gehalt.

Auch bei der Behandlung des Richterrechts wird dessen normativer Charakter ganz deutlich[26]: Gesetze bestimmen nur die Grenzen der Bindungswirkung der Urteile, das Richterrecht ist dem Gesetz normativ gleichartig. Die Judikatur muß sich „organisch fortentwickeln“[27]; wäre sie nur eine Kette von Einzelentscheidungen, so wäre dies gar nicht vorstellbar. Und schließlich hat das BVerfG einmal eine vom BFH vertretene Lehre als „inhaltliche Klärung“ der Norm bezeichnet, als eine „Konkretisierung der Tatbestandsmerkmale

---

[21] So etwa BFH BStBl. 1958 III, S. 390 (391); BGHZ 23, S. 184 (189); BVerwG DÖV 1964, S. 380.

[22] Vgl. BVerfGE 3, S. 225 (243/4); 34, S. 269 (271).

[23] BVerfGE 34, S. 269 (287/8).

[24] Vgl. BVerfGE 18, S. 224 (237/8).

[25] BVerfG a.a.O., S. 239/40.

[26] Vgl. BVerfGE 13, S. 318 (328/9); 18, S. 224 (240/1); 21, S. 1 (4); 34, S. 265 (288).

[27] BVerfGE 18, S. 224 (240); 21, S. 1 (4).

durch allgemeine Richtlinien"[28]. Solche Richtlinien aber sind für die Verwaltung verbindlich — warum sollten sie es nicht sein, wenn sie vom Gericht kommen?

Ergebnis: Die Rechtsprechung des BVerfG spricht eindeutig für die Anerkennung der Normqualität und damit der allgemeinen Bindungswirkung des Richterrechts.

9. Die Behandlung der „Änderung der Rechtsprechung" — Bestätigung des Normcharakters der Urteilssätze

Viel ist neuerdings über Bedeutung und Grenzen der Änderung einer „höchstrichterlichen" Rechtsprechung diskutiert worden, insbesondere über die Zulässigkeit ihrer „Rückwirkung" auf abgeschlossene Sachverhalte, vor allem auch im Steuerrecht. Daraus ist bedeutsam hier folgendes:

a) Allein schon die Tatsache, *daß man darüber diskutiert,* zeigt, daß man von der normativen Bedeutung der Urteile ausgeht; andernfalls nämlich könnte von einer „Anwendung der Judikatur auf frühere Sachverhalte" begrifflich gar nicht gesprochen werden.

b) Im Mittelpunkt der Diskussion steht die Frage nach dem *Vertrauen der Gewaltunterworfenen, insbesondere der Steuerbürger, in die bisherige Rechtsprechungslage*[29]. Rechtlich relevantes Vertrauen gibt es aber nur in Rechtslagen, in normgeprägte Situationen, nicht in „reine Tatsachenlagen". Wären solche Urteile für Dritte nichts als Rechtstatsachen, weil eben Einzelfallentscheidungen, so wäre gar nicht verständlich, weshalb sich irgendein Bürger auf eine ständige Rechtsprechung verlassen dürfte. Richterrecht ist also doch mehr als Einzelfallentscheidung, wenn man darauf vertrauen darf.

c) Die Diskussion um die Rückwirkung von Rechtsprechungsänderungen geht überwiegend davon aus, daß für diese *dieselben verfassungsrechtlichen Grundsätze der Rechtsstaatlichkeit gelten wie für rückwirkende Gesetze;* das BVerfG[30] sieht nur einen Unterschied zwischen Gesetz und Judikatur: daß die letztere flexibler sein und sich auf neue Sachverhalte einstellen müsse. Dies aber leugnet auch die These von der Bindungswirkung der Urteile nicht. Implizit wird sie durch die grundsätzliche Gleichbehandlung von Gesetz und Urteil in die Rückwirkungsproblematik gedeckt.

---

[28] BVerfGE 21, S. 1 (4).

[29] Vgl. etwa BFH BStBl. 1964 III, S. 433/4; BAGE 12, S. 278; BVerfGE 18, S. 224 (241).

[30] BVerfGE 18, S. 224 (240/1).

Ergebnis von III: Das früher entscheidende Argument der Beschränkung der Urteilswirkung auf die Parteien wird schon seit geraumer Zeit nicht mehr allgemein anerkannt. Dem Richterrecht wird weithin und zunehmend normativer Charakter zuerkannt. Zwar gibt es noch nicht eine eindeutig herrschende Lehre, doch in zahlreichen „Konsequenzfragen" hat man sich bereits von der früher herrschenden Lehre der reinen Einzelfallentscheidung abgewendet.

Daher ist die Zeit reif, diesen Wandel zumindest dort anzuerkennen, wo seine Verkennung für den Bürger unerträglich wäre: in der Bindung der Verwaltung und vor allem der Steuerverwaltung an die höchstrichterliche Judikatur. Im folgenden sollen noch die besonderen Gründe für eine *Bindung gerade der Verwaltung* genannt werden, während die allgemeine Frage der Verbindlichkeit von Richterrecht offenbleiben mag.

IV. Nicht überzeugende Begründungsversuche einer Bindung der Verwaltung an Gerichtsurteile

Einige Versuche, die allgemeinere Bindungswirkung von Gerichtsurteilen zu begründen, sind schon zurückgewiesen worden, etwa Legitimationsversuche aus der Staatseinheit oder aus Gewohnheitsrecht; sie werden dem Wesen des Richterrechts nicht gerecht. Dasselbe gilt auch für einige weitere, immer wieder anzutreffende Begründungsversuche:

1. Kein Recht der Verwaltungsspitze zur „Anordnung der Nichtbefolgung?"

Gelegentlich wird gefragt, ob die nachgeordneten Dienststellen zur Nichtbeachtung der BFH-Rechtsprechung verpflichtet werden dürfen. Hier liegt jedoch das Problem der Bindungswirkung nicht: Die Finanzämter müssen einem Nichtanwendungserlaß des BMF entsprechen, auch wenn er gegen geltendes Recht, ja gegen die Verfassung verstößt. Das Problem kann man nicht so lösen, daß man dem BMF verbietet, von seinem Weisungsrecht „gegen den BFH" allgemeinen Gebrauch zu machen, unabhängig davon, ob Bindungswirkung besteht oder nicht. Ist sie gegeben, so darf die Verwaltung nicht an der Anwendung gehindert werden; wenn nicht, so macht der Nichtanwendungserlaß vom Weisungsrecht zulässigen Gebrauch.

2. Kein „willkürliches Abweichen" — Begründungspflicht — der „Richter als Autorität"

Neuerdings ist ein interessanter Versuch zur Beschränkung der Nichtanwendungserlasse gemacht worden[31]: Die Verwaltung verstoße gegen das Willkürverbot des Art. 3 GG, wenn sie ohne jede nähere Begründung eine Rechtsprechung des BFH generell verwerfe. Daraus müsse geschlossen werden, daß sie die erforderlichen rechtlichen Überlegungen nicht angestellt habe. Die besondere Stellung der Gerichtsbarkeit verbiete es, ohne nähere Ausführungen über eine sorgfältig begründete ständige Judikatur hinwegzugehen. Hier wird einerseits ein Begründungszwang bei Nichtanwendungserlassen behauptet, andererseits eine „gesteigerte Berücksichtigungspflicht" der Judikatur seitens der Verwaltung, wegen einer besonderen Autorität der Gerichte, eines gesteigerten Erkenntniswertes ihrer Urteile.

a) *Enthält ein Nichtanwendungserlaß überhaupt keine Begründung,* so liegt der Willkürvorwurf ebenso nahe, wie wenn sich die Verwaltung gar nicht um die Fachliteratur kümmert. Doch es wird sich sehr schwer beweisen lassen, daß die erforderlichen Erwägungen nicht angestellt worden sind, und überdies wäre es dem BMF stets ein leichtes, eine kurze Begründung zu geben und damit dem Willkürvorwurf zu entgehen. Der Begründungszwang allein führt also kaum weiter.

b) Obliegt dem BMF eine *„gesteigerte Berücksichtigungspflicht"* der Judikatur des BFH, besteht gegenüber ständiger Rechtsprechung eine „gesteigerte Begründungspflicht", deren Erfüllung sich an der Begründungsintensität der nicht angewendeten Urteile auszurichten hat?

Hier erheben sich Bedenken: Warum muß der BMF den BFH widerlegen, wenn ihn dessen Urteile nicht binden? Genügt es nicht, wenn er auch nur *einen* sachlichen Grund für die Nichtanwendung nennt? Und zu mehr ist die Verwaltung doch nur verpflichtet — wenn es eben eine allgemeine Bindungswirkung der Urteile gibt. Mit einem „Faktum Rechtsprechung" muß sich der BMF nicht eingehend auseinandersetzen; die Bindungsfrage der Präjudizien kann man also so nicht umgehen. Wie sollte auch eine „Argumentationslast" der Verwaltung gegenüber den Gerichten begründet werden? Eine „Autorität der Gerichte" als rechtlich faßbaren Begriff gibt es nicht, ein besonderer „Erkenntniswert ihrer Urteile" bleibt Behauptung, die sich noch weit schwerer begründen läßt als die normative Geltung eines Richterrechts. Lehnt man dessen normative Wirkung ab, so sind Urteile nur Meinungsäußerungen der Richter und stehen dann insoweit dem Schrifttum völlig gleich. Sie überzeugen allenfalls allgemein, sie binden nicht. Ob sie

[31] Von *Felix,* StuW 1979, S. 71 f.

überzeugen, das entscheidet der zu Überzeugende, der BMF. Der Richter wird hier also nur zu einer Art von besonderem „Rechtsexperten", dessen Erkenntnisse gutachtlichen Wert für die Verwaltung haben. Woraus soll sich übrigens diese besondere Expertenqualifikation ergeben? Wer nur überzeugen kann, dessen Geist muß für sich sprechen; was er ist, bleibt gleich.

Natürlich geht dies völlig an der Wirklichkeit vorbei, die sich eben besonders an den Urteilen orientiert. Dies aber beweist nicht einen „gesteigerten Erkenntniswert" der Urteile, sondern ihre allgemeine Bindungswirkung. Im übrigen wäre die hier kritisierte Auffassung auch kaum praktikabel: Die Finanzverwaltung würde immer behaupten, nicht willkürlich gehandelt zu haben und irgendeinen Grund vorbringen. Der Zivilrichter käme in einem Amtshaftungsprozeß in eine äußerst schwierige Lage; er würde kaum je Amtspflichtverletzung bescheinigen können.

3. Bindung der Verwaltung an „das Recht" — die Grundlage der Bindungswirkung von Urteilen?

Die Verwaltung ist, wie die Gerichte, an „Gesetz und Recht" gebunden (Art. 20 Abs. 3 GG). Manche behaupten nun, zu diesem „Recht" gehöre auch das Richterrecht.

Dem steht jedoch das heute wohl *herrschende Verständnis des Begriffs „Recht" in diesem Zusammenhang* entgegen. „Recht" unterscheidet sich nach der herrschenden Lehre nicht dadurch vom Gesetz, daß das letztere von der Legislative, das erstere von den Richtern gesetzt würde. Bindung an „Recht" bedeutet vielmehr, daß die Zweite und Dritte Gewalt nicht dem Wortlaut des Gesetzes allein unterworfen sind, daß dieser vielmehr aus dem Sinn der ganzen verfassungsmäßigen Rechtsordnung heraus ergänzt, vielleicht korrigiert werden muß. Dieses „Recht" ist also eine Art von „ungeschriebenem Recht", wenn auch nicht notwendig überpositives Naturrecht. Mit ihm löst sich unsere Rechtsordnung vom Buchstabenpositivismus des Gesetzes, und in der Tat ist es vor allem der Richter, der dieses Recht zu finden hat. Dennoch ist es nicht schlechthin identisch mit dem Richterrecht: Art. 20 Abs. 3 GG meint nur die *Art der Rechtsinhalte,* welche der Richter aufzufinden hat; die Bindungsfrage seiner Entscheidungen bleibt damit offen. Die richterliche Lückenfüllung mag sich auf Art. 20 Abs. 3 GG berufen; von dort führt ein Weg zur allgemeinen Bindungswirkung, wie bereits gesagt — aber eben nur *über ein gewisses Verständnis des Richterrechts.* Die Bindung der Verwaltung an Gerichtsurteile findet in Art. 20 Abs. 3 keine unmittelbare positiv-rechtliche Stütze.

V. Die Gründe für eine Bindung der Verwaltung an Gerichtsurteile

1. Die Gleichheit vor dem Gesetz

a) *Gleichheitsverletzung durch Nichtanwendungserlasse.* Durch gezielte und systematische Nichtanwendung von BFH-Urteilen kommt es zur Verletzung der Gleichheit der Bürger vor dem Gesetz: Im Steuerfall A war die Steuerschuld in der Höhe X festgestellt, durch rechtskräftige richterliche Entscheidung wird sie sodann auf den Betrag Y festgesetzt. Eine andere Steuererhebung gegenüber dem A ist endgültig und unwiderruflich der Verwaltung versagt. Wenn diese nun im völlig gleichgelagerten Fall B das Urteil gegenüber A nicht beachten muß, so kann sie Steuern bei B in Höhe von X erheben — obwohl dies dem A gegenüber rechtswidrig wäre. A und B stehen also hinsichtlich der steuerrelevanten Sachverhalte völlig gleich, dem A wird jedoch ein anderer Betrag als dem B abverlangt, und zwar endgültig, wenn B dagegen nichts unternimmt. Die Verwaltung behandelt also B völlig anders als A.

Das Ergebnis für den Bürger ist also hier – unabhängig von allen grundsätzlichen Theorien über das Richterrecht – frappierend, schockierend: In ein und demselben Augenblick vielleicht fordert die Steuerverwaltung von einem Pflichtigen etwas ganz anderes als vom anderen, obwohl die Steuerfälle sich haargenau gleichen. Dies kann nicht rechtens sein, deswegen schon sind Nichtanwendungserlasse rechtswidrig.

b) *Die besondere Bedeutung vor dem Gesetz im Steuerrecht.* Im Steuerrecht ist dieses Ergebnis besonders gravierend: Die Gleichheit hat dort eine höhere Bedeutung als sonst irgendwo. Die Gleichheit des Bürgers vor der Abgabengewalt ist die erste und wichtigste Ausprägung der Gleichheit. Zwar ist die große Diskussion um die Steuergleichheit nicht über die Frage der Anwendungsgleichheit, sondern über die *Bindung des Gesetzgebers* an die Gleichheit geführt worden. Die Anwendungsgleichheit ist jedoch so selbstverständlich, daß sie gar nicht mehr besonders betont werden muß. Und wie auch sonst bei der Bindung an Gleichheit ist zunächst die Verwaltung gemeint, sodann erst schreitet man zur Bindung der Gesetzgebung fort. Das BVerfG hat denn auch die Bindung der Verwaltung an die Steuergleichheit stets betont[32].

c) *Einwendung: Berufung auf „ausgeschliffene Gleichheit"?* Der Gleichheitssatz ist in den letzten Jahren überall, vor allem aber im Steuerrecht derart überstrapaziert worden, daß er weithin leerläuft. Dies gilt jedoch nur für die Bindung des Gesetzgebers, nicht für die der Verwaltung. Dennoch ist

---

[32] BVerfGE 21, S. 12 (27); 24, S. 358.

die Scheu verständlich, aus der Gleichheit „schon wieder" eine, sogar noch eine derart massiv wirkende Lösung ableiten zu wollen. Doch dies darf eine gleichheitskonforme Lösung bei den Nichtanwendungserlassen nicht blockieren. Hier geht es, wie dargelegt, um einen eklatanten Gleichheitsbruch seitens der unzweifelhaft und von jeher ganz streng gebundenen Exekutive, nicht seitens des Gesetzgebers. Mag der Gleichheitssatz im Kampf mit der Gesetzgebung stumpfer geworden sein, die Steuerverwaltung muß es rechtfertigen können, wenn sie bei dem einen Bürger mehr Steuern erheben will als beim anderen.

d) *Einwendung: Möglichkeit des Zweiten Prozesses.* Gegen eine Verletzung der Anwendungsgleichheit könnte vorgebracht werden, die beiden Fälle A und B (oben a) seien nicht gleich, der wesentliche Unterschied liege darin, daß im Falle A eben ein rechtskräftiges Urteil gegeben sei, nicht aber im Falle B. Diesem stehe es frei, ein solches zu erstreiten, dann werde auch er behandelt wie A — eben im Namen der Rechtskraft.

Dies überzeugt nicht. Für die Steuergleichheit kommt es nicht auf das Verfahren, sondern nur auf das Ergebnis an, nach diesem aber ist die Belastung in den beiden Fällen ungleich. Die Gleichheit verlangt nicht, daß die Verwaltung jeden Bürger zum „gleichen Prozeß" zwinge, sie fordert nicht eine völlige verfahrensmäßige Gleichbehandlung in allen Einzelheiten, sie will vielmehr, daß nur das Resultat der Gleichheit entspricht. B hat das Recht zu prozessieren, die Verwaltung hat nicht das Recht, jeden Bürger in kostspielige und nutzlose Prozesse zu treiben. Daß so nicht argumentiert werden kann, zeigt sich übrigens bereits im folgenden: Wenn die Anwendungsgleichheit die Verwaltung verpflichtete, jeden Bürger zum Prozeß zu zwingen, so dürfte sie Urteile des BFH überhaupt nicht anwenden, müßte vielmehr in jedem Fall ein rechtskräftiges Urteil verlangen — die Finanzgerichtsbarkeit würde sofort zusammenbrechen.

e) *Einwendung: Bindung der Verwaltung an jedes Gerichtsurteil?* Nimmt man allgemeine Bindungswirkung der Urteile an — ist dann die Verwaltung nicht an *jedes* rechtskräftige Urteil gebunden? Hier ist zu unterscheiden: Bestätigt ein Urteil des Finanzgerichts höchstrichterliche Judikatur, so bindet diese, nicht die des Finanzgerichts. Will das Finanzgericht offen von der Rechtsauffassung des BFH abweichen, so kommt es zur Abweichungsrevision — wieder bleibt die Auffassung des BFH maßgebend. Die Frage nach der Bindung an die Judikatur des Instanzgerichts stellt sich nur, wenn eine Revision nicht eingelegt wird in einem vom BFH noch nicht entschiedenen Fall.

Hier aber ist die *Verfassungsentscheidung des Grundgesetzes zum Gerichtsaufbau* zu berücksichtigen: Nach Art. 95 Abs. 1 muß es zur Wahrung der Rechtseinheit oberste Gerichtshöfe geben. Dann aber können instanzgerichtliche Urteile nicht allgemeine Bindungswirkung entfalten, weil auf diese Weise der verfassungsrechtlich verankerte Gerichtsaufbau funktionsentleert würde — zu einer klärenden, vereinheitlichenden Entscheidung des BFH *könnte* es dann in vielen Fällen nicht mehr kommen. Der Verfassunggeber hat also entschieden, daß sich auf Steuergleichheit nur berufen werden kann, wem gegenüber von einer Rechtsfeststellung seitens eines der obersten Bundesgerichte abgewichen wird.

Hier zeigt sich übrigens eines: Die Bindungswirkung wird, bei der hier gegebenen Begründung, durch die Steuergleichheit ausgelöst; es kann daher sogar offen bleiben, ob sie der BFH-Rechtsprechung als solcher zukommt. Die Verwaltung ist allgemein gebunden, weil die höchstrichterliche Rechtsprechung eine „Kettenreaktion" auf alle gleichliegenden Sachverhalte auslöst, und zwar im Namen der Verfassungsnorm der Steuergleichheit. Diese Kettenreaktion wird aber kraft Verfassungsnorm (Art. 95 Abs. 1 GG) nur durch höchstrichterliche Entscheidung hervorgebracht.

Das Problem liegt insoweit ähnlich dem der „Selbstbindung der Verwaltung" im Ermessensbereich oder der „Selbstbindung des Gesetzgebers" im Verfassungsrecht: Überall kommt die künftige Bindung nicht aus einer „normativen Wirkung" früherer Verwaltungsakte (die es als solche nicht gibt), oder einer „sich selbst bindenden Gesetzgebung", die ebenfalls nicht anzuerkennen ist. Vielmehr ist die Gewaltenpraxis der Tatbestand, an den eine Norm (die Gleichheit) die Rechtsfolge knüpft, daß nunmehr weitere Abweichung nicht zulässig ist. Die Judikatur des BFH in Verbindung mit der Anwendungsgleichheit des Steuerrechts verbietet daher Nichtanwendungserlasse.

Lediglich am Rande sei hier erwähnt, daß diese Begründung einer allgemeineren Bindungswirkung nur gegenüber der hoheitlichen Verwaltung, insbesondere der Steuerverwaltung, möglich ist, daß sie jedoch im Privatrecht nicht durchschlägt: Das Privatrechtssubjekt unterliegt ja gerade nicht der Verpflichtung, jeden Partner so gleich zu behandeln wie den anderen; eben darin liegt seine Privatautonomie. Schon deshalb beziehen sich alle diese Ausführungen nur auf die allgemeine Bindungswirkung von Urteilen gegenüber der Hoheitsgewalt.

2. Keine Rechtssicherheit bei Abweichungserlassen

Der BFH hat die Bindung der Verwaltung an seine Erkenntnisse aus der Rechtssicherheit abgeleitet[33]. Dem ist voll zuzustimmen: Je höher die Steuer-

---

[33] BFH BStBl. 1964 III, S. 548 (549); siehe auch BFH BStBl. 1958 III, S. 409 (412/3).

last ist, um so größer wird die Bedeutung der Rechtssicherheit; durch Nichtanwendung höchstrichterlicher Urteile wird sie weitestgehend aufgehoben. Dies verletzt die Rechtsstaatlichkeit.

a) Daß die *Rechtssicherheit ein besonders hohes Gut* darstellt, ist unbestritten. Im Steuerrecht kommt ihr noch gesteigerte Bedeutung zu. Die Höhe der Steuerbelastung ist entscheidende Kalkulationsgrundlage aller wichtigen Entscheidungen des Bürgers. Die Gesetzesflut sollte Rechtssicherheit schaffen, hat jedoch durch Unübersichtlichkeit neue Rechtsunsicherheit hervorgebracht; hier kann nur die Judikatur helfen, ihre rechtssichernde Aufgabe wird mit jedem erlassenen Gesetz größer.

Ohne die laufende Beachtung der Rechtsprechung, ohne Vertrauen in sie gäbe es heute keinerlei Rechtssicherheit mehr; es würde Verwaltungs- und Steuerwillkür herrschen; die Exekutive selbst könnte die Gesetze kaum mehr vollziehen.

b) Mit Recht ist stets die *verunsichernde Wirkung von Nichtanwendungserlassen* betont worden: sie wird eigentlich von niemandem bezweifelt. Doch Rechtsunsicherheit zeigt sich auf zwei Ebenen:

- *Bei den nicht angewendeten Urteilen* und ihrem „judikativen Einzugsgebiet" wird die klärende Wirkung der Gerichtsentscheidungen beseitigt; wie der Streit zwischen den Gewalten letztlich ausgeht, kann der Bürger nicht absehen, alles bleibt im Fluß.
- Darüber hinaus entsteht ein *ganz allgemeines Klima der Rechtsunsicherheit.* Oft weiß der Bürger gar nichts von den Nichtanwendungserlassen; stets aber muß er nicht nur damit rechnen, daß sich Gesetzgebung oder Judikatur ändern kann — zu all diesen Unsicherheiten kommt eine noch bedeutsamere: *die jederzeitige Möglichkeit eines Ergehens von Nichtanwendungserlassen.* Alles ist in jedem Augenblick in Frage gestellt; wenn die Verwaltung nun nicht mehr „zurückhaltend" ist – und wer zwingt sie dazu? –, so verliert die Judikative überhaupt ihre Rechtssicherheit schaffende Bedeutung. *Dies ist das eigentliche Problem:* Schaffen die Gerichte Rechtssicherheit — oder bestimmt die Exekutive darüber, wie weit sie dies dürfen? Im letzteren Fall würde die Verwaltung zur Herrin über die Rechtssicherheit. Damit sie nicht auf diese Weise aufgehoben werde, muß der Verwaltung das Recht zur Nichtanwendung genommen werden.

c) *Nichtanwendungserlasse schaffen ihrerseits keinerlei Rechtssicherheit.* Die einzige Sicherheit besteht nun darin, daß die betroffenen Bürger wissen, daß auch sie noch prozessieren müssen. Der allgemein verunsichernde Effekt der jederzeitigen Möglichkeit weiterer Nichtanwendungserlasse wird so noch verstärkt.

Absolute Rechtssicherheit gibt es zwar für den Bürger nie; denn auch eine feste höchstrichterliche Judikatur kann sich ändern. Immerhin liegt in ihr aber eine weit größere Rechtssicherheit als in einem Zustand, in dem sich zwei Gewalten widersprechen; um diese Alternative allein aber geht es.

Nichtanwendungserlasse sind häufig reine politische Willensakte; sie ergehen völlig begründungslos. Für den Bürger sind sie gänzlich unvorhersehbar. Der Bürger kann nicht damit rechnen, daß sie in jener sorgfältigen juristischen Abwägung ergehen, welche der Prozedur judikativer Rechtsfortbildung beim BFH entspricht. Der Verwaltung gegenüber muß er immer „auf alles gefaßt" sein, wenn diese stets von der Judikatur abweichen darf.

Vor allem aber ist anerkannt, daß sich höchstrichterliche Rechtsprechung nur aus besonders gewichtigen Gründen ändern darf[34]. Eindeutig bieten also die durch den Richter interpretierten und fortgebildeten Gesetze größere Rechtssicherheit als ein Zustand, in dem zwei Gewalten über die Auslegung streiten. Trotz aller Flexibilität ist die Rechtsprechung ein entscheidener Rechtssicherheitsfaktor. Durch Nichtanwendungserlasse wird er geschwächt.

Ergebnis: Die Rechtssicherheit liefert eine überzeugende Begründung dafür, daß die Hoheits-, insbesondere die Steuerverwaltung nicht von Gerichtsurteilen in anderen, aber gleichgelagerten Fällen abweichen darf.

3. Die „verwaltungsordnende Wirkung" der öffentlich-rechtlichen Gerichtsbarkeit

Seit den Anfängen der Verwaltungsgerichtsbarkeit ist anerkannt, daß die öffentlich-rechtliche Gerichtsbarkeit, also auch die Steuerjudikative, nicht nur die Aufgabe hat, individuelle Bürgerrechte gegen die Hoheitsgewalt durchzusetzen; darüber hinaus erfüllt sie eine zweite Funktion: Disziplinierung, Ordnung der Verwaltung.

Ein gewisser Einfluß der Gerichte auf die Verwaltung ergibt sich auch bei der Annahme reiner Einzelfallbindung. Eine wirkliche Ordnung der Exekutive durch die öffentlich-rechtliche Gerichtsbarkeit setzt aber Bindung der Verwaltung an die Urteile voraus. Hier kann „tatsächliche Befolgung" nicht genügen; rechtlich wird nur geordnet, wenn die Verwaltung zur Beachtung *gezwungen* ist. Gäbe es gar keine allgemeine Bindungswirkung der Urteile auf die Verwaltung, so wäre eine „faktische Befolgung" im gewaltenteilenden Verfassungsstaat sogar höchst bedenklich: Die Verwaltung dürfte sie denn möglicherweise gar nicht allgemein beachten, wenn sie nur dem Gesetz und den Anordnungen der Exekutivspitze gehorchen müßte. Könnte sie aus Zeit-

[34] So sieht es wohl auch das BVerfG, E 18, S. 224 (240).

ersparnis, geistiger Bequemlichkeit und Konformismus, Gerichtsurteile einfach in der Regel „faktisch anwenden", so wäre dies ein Verstoß gegen das Wesen der Exekutive, ein Mißbrauch ihrer Rechte und Pflichten.

Es kann also nicht der Verwaltung überlassen bleiben, wieweit sie sich der ordnenden Einwirkung seitens der öffentlich-rechtlichen Gerichtsbarkeit unterwerfen will. Daraus folgt wieder die allgemeinere Bindungswirkung der Urteile.

Durch die allgemeinere Bindungswirkung der Urteile gegenüber der Verwaltung wird übrigens nicht nur diese durch die öffentlich-rechtliche Gerichtsbarkeit geordnet; letztere erfüllt hier vielmehr auch ihren Hauptzweck: die Sicherung individueller Rechte des Bürgers. Die Verwaltungsordnung durch Gerichtsentscheidung schafft dem Bürger Sicherheit, gleicht den Vorsprung der höchst kompetenten Verwaltung ihm gegenüber aus, zwingt ihn nicht in oft unzumutbar belastende weitere Prozesse, in denen sich nur wieder die Übermacht des Steuerstaats zeigen müßte. So führt auch diese Verwaltungsordnung wieder zum Individualschutz und damit zur Hauptfunktion der Gerichtsbarkeit zurück.

4. Das „allgemeine Verwaltungsrecht" — normativ wirkendes Richterrecht

Bisher wurde die Bindung der Verwaltung an die Urteile auf die Steuergleichheit gestützt, nicht auf eine den Urteilen an sich innewohnende normative Kraft. Entscheidende Gründe sprechen jedoch dafür, daß, jedenfalls gegenüber der Verwaltung, dem Richterrecht an sich schon normative Wirkung zukommt.

Dies letztere wird seit langer Zeit im Verwaltungsrecht angenommen — und zwar mit solcher Eindeutigkeit nur der Hoheitsgewalt gegenüber, was wiederum deren Sonderstellung gegenüber Privatrechtssubjekten unterstreicht: durch die Anerkennung der Normqualität der Grundsätze des allgemeinen Verwaltungsrechts, welche nur durch Richterrecht entwickelt worden sind. Anerkannt ist, daß diese Richtlinien für die Verwaltung an die Stelle der Gesetze treten. Der Geltungsgrund des allgemeinen Verwaltungsrechts liegt auch nicht nur in fundamentalen Verfassungsprinzipien oder anderen Rechtsnormen, vielmehr behandelt die höchstrichterliche Rechtsprechung das von ihr geschaffene Richterrecht in bestimmten Beziehungen wie Gesetzesrecht im herkömmlichen Sinne[35]. Das Richterrecht wird hier also als Norm anerkannt. Die Anerkennung der Normqualität des Allgemeinen Verwaltungs-

---

[35] So *Ossenbühl,* Die Quellen des Verwaltungsrechts, in: Erichsen / Martens, Allg. VerwR, 4. Aufl. 1979, S. 99 (102/3) mit Nachweisen zu Rechtsprechung und Schrifttum.

rechts ist ein Durchbruch in Richtung auf eine normative Präjudizienbindung, die nach ihrer dogmatischen Grundlegung noch über das Gebot der Gleichbehandlung der Gewaltunterworfenen hinausgeht.

5. Amtshaftung bei Abweichung von höchstrichterlicher Judikatur

a) Ein Beamter handelt rechtswidrig (und schuldhaft) im Sinne von §§ 839 BGB, Art. 34 GG, wenn er von einer höchstrichterlichen Entscheidung in einem gleichgelagerten Fall abweicht[36]. Entscheidend ist, ob die Rechtsfrage als „endgültig geklärt angesehen werden kann". Dazu wird meist gefestigte höchstrichterliche Rechtsprechung verlangt, doch läßt der BGH unter Umständen auch schon eine einzige Entscheidung genügen[37].

Aus dieser herrschenden Lehre ergibt sich, daß der Beamte rechtlicher Bindung an die Judikatur unterliegt, andernfalls könnte der Tatbestand der Amtshaftung nicht verwirklicht sein.

b) Die Amtshaftung wird nicht dadurch ausgelöst, daß keine „richtige Gesetzesauslegung" erfolgt, zu der selbstverständlich auch die Judikatur herangezogen werden muß. Vielmehr begründet das Abweichen von der Judikative *als solches* die Amtshaftung. Eindeutig ist hier die Rechtsprechung des BGH, der die Amtspflichtverletzung bejaht, wenn eine Gesetzesauslegung „gegen den klaren, bestimmten und völlig eindeutigen Wortlaut des Gesetzes verstößt *oder* wenn die Auslegung sich in Gegensatz zu einer gefestigten höchstrichterlichen Rechtsprechung stellt" (Hervorhebung vom Verfasser).

c) Das Abweichen von der Judikatur begründet *nicht lediglich das Verschulden* des Amtswalters, etwa in dem Sinne, daß ihm hier nur vorgeworfen werde, er habe die Rechtsprechung nicht gekannt oder nicht berücksichtigt. Vorgehalten wird dem Beamten nicht, er habe die Judikatur nicht berücksichtigt, vorgeworfen wird ihm die Abweichung. Und eine Amtshaftung wird nicht durch mangelnde Sorgfalt bei der Gesetzesauslegung begründet, sondern allein dadurch, daß er abgewichen ist.

---

[36] Vgl. dazu RGZ 59, S. 381 (388); 60, S. 392 (395); 85, S. 64 (72); 107, S. 118 (120); 133, S. 134 (141); 135, S. 110 (116); BGHZ 30, S. 19 (22); BGH MDR 1958, S. 496; BGH VersR 1959, S. 385; BGH VersR 1961, S. 507 (509); BGH NJW 1962, S. 580 (584); BGH NJW 1963, S. 1453 (1454); BGH VersR 1964, S. 195 (196) usw.

[37] BGH NJW 1963, S. 1453 (1454).

6. Bindung der Steuerpflichtigen — Bindungsfreiheit der Verwaltung?

a) Der Steuerpflichtige muß dem Finanzamt wahrheitsgemäß alle Angaben machen, die zur Feststellung seiner Steuerschuld erforderlich sind und dabei von der im Augenblick der Abgabe der Erklärung geltenden Rechtslage ausgehen. Dabei muß er die Steuernormen auslegen und sie auf seinen eigenen Fall anwenden. Kenntnis der veröffentlichten Gesetze und Verordnungen muß dabei von ihm verlangt werden, sonst wäre rechtsstaatliche Besteuerung undurchführbar. Geht der Bürger dabei von unvertretbaren Auffassungen aus – wobei allerdings die im Strafrecht entwickelte „Parallelwertung in der Laiensphäre" eine wesentliche Rolle spielen kann –, so macht er sich wegen Steuerhinterziehung strafbar. Auf eine beliebige, offensichtlich unrichtige Gesetzesauslegung kann er sich dabei nicht berufen, sonst gäbe es kein Steuerstrafrecht mehr. An die Erkundigungslast des Steuerpflichtigen stellt die Rechtsprechung hohe Anforderungen.

b) Die Judikatur geht aber weiter: Sie sieht *in einer Abweichung* von einer bekannten höchstrichterlichen Finanzrechtsprechung seitens des Steuerpflichtigen ein Verhalten, das in der Regel den strafrechtlichen Schuldvorwurf der Steuerhinterziehung begründet[38]: Der Steuerpflichtige hat also von dem Norminhalt auszugehen, welchen die Judikative des BFH vom Steuergesetz gegeben hat. Für ihn ist diese Auslegung Bestandteil der von ihm selbst zu erfassenden und seinen Angaben zugrunde zu legenden Normlagen. Die Unterscheidung zwischen „Gesetz" und „Judikatur" gibt es insoweit für ihn nicht. Der Steuerpflichtige macht sich *ebenso strafbar,* wenn er sich von dem noch nicht höchstrichterlich ausgelegten Wortlaut des Gesetzes ohne guten Grund entfernt, wie wenn er von einer BFH-Auslegung abweicht.

Im Steuerstrafrecht steht also der vom Gesetzgeber erklärte Normwille der vom BFH gegebenen Auslegung des Gesetzes gleich[39]. Andernfalls könnte auch jeder Steuerpflichtige „sein eigener BFH" sein; in vielen Fällen käme eine Strafverfolgung überhaupt nicht mehr in Betracht. Wiederum wird die Abweichung als solche zum Vorwurf gemacht, nicht etwa eine mangelhafte Unterrichtung über die Rechtslage.

c) Der Steuerpflichtige kann nun zwar eine abweichende Auffassung in seiner Steuererklärung vertreten. Dennoch hat die BFH-Rechtsprechung ihm gegenüber bindende Wirkung. Denn der Pflichtige muß ja, um dem Vorwurf der Steuerhinterziehung zu entgehen, nur alles getan haben, damit die Abgabenbelastung festgestellt werden könne. Dem genügt er schon dadurch, daß

---

[38] RGSt 68, S. 234 (286/7).

[39] Vgl. dazu auch OLG Bremen NJW 1960, S. 163 (164).

er auf Abweichung seiner Auffassung von der des BFH hinweist — dann kann das Finanzamt entscheiden, das an die Rechtsprechung gebunden ist. Daß aber der Steuerbürger seine abweichende Meinung verdeutlichen und begründen muß, zeigt, daß an sich die Bindungswirkung besteht. Andernfalls wäre gar nicht verständlich, weshalb er die BFH-Rechtsprechung überhaupt berücksichtigen müßte. Er könnte dann ganz generell seiner Steuererklärung eine „Nichtanwendungserklärung der ihn belastenden BFH-Rechtsprechung" voranstellen.

Die Judikatur hat also doch Bindungswirkungen gegenüber dem Steuerpflichtigen — er muß sie zumindest verdeutlichen und gegen sie polemisieren. Dann aber wäre es unerträglich, wäre die Verwaltung an die Judikatur überhaupt nicht gebunden. Heute aber ist es doch so, daß die Verwaltung ohne jede Begründung von der Judikatur abweicht, was dem Steuerbürger nun aber mit Sicherheit verboten ist. Warum aber sollte er, der Partner des Steuerverhältnisses, grundsätzlich anders behandelt werden als die Verwaltung? Wenn die Verwaltung Nichtanwendungserlasse herausbringen darf, so kann auch der Bürger Nichtanwendungserklärungen allgemeiner Art abgeben, und wenn der BMF sie nicht begründet — warum sollte der Bürger „seine abweichende Auffassung vertreten" müssen, was aber die Rechtsprechung von ihm verlangt? Solange es also unbegründete Nichtanwendungserlasse gibt, kann der Bürger nicht dafür bestraft werden, daß er in seiner Steuererklärung nicht nach der BFH-Rechtsprechung verfährt.

Ergebnis: Das Steuerstrafrecht beweist, daß von der bindenden Wirkung der höchstrichterlichen Judikatur auszugehen ist. Selbst wenn man aber vom Steuerpflichtigen nur Information und Berücksichtigung der BFH-Rechtsprechung verlangen wollte, so wären doch nicht veröffentlichte oder nicht begründete Nichtanwendungserlasse wegen Verletzung der gleichen Gesetzesunterworfenheit von Steuerverwaltung und Steuerbürger unzulässig — oder der Bürger brauchte seinerseits eine „Nichtanwendungsentscheidung" nur noch unbegründet und allgemein kundzutun. Und auch eine solche Verpflichtung obläge ihm nur dann, wenn auch die Finanzverwaltung gehalten wäre, den Bürger bei jeder ihrer Entscheidungen unaufgefordert auf die Nichtanwendungserlasse hinzuweisen. Dies aber ist bisher nicht der Fall.

7. Exkurs: Bindung der Staatsanwaltschaft an die höchstrichterliche Judikatur

Nach der BGH-Rechtsprechung ist die Staatsanwaltschaft an „feste höchstrichterliche Rechtsprechung" gebunden[40]. Selbst der Bürger müsse die Entscheidung des höchsten Gerichts pflichtgemäß beachten[41].

Diese Bindung der Verwaltung an die Judikatur wird mit dem Gleichheitssatz und mit der Bindungswirkung des Richterrechts wegen der Einheit von Gesetz und auslegend-anwendender Judikatur begründet. Die Staatsanwaltschaft ist Teil der vollziehenden Gewalt; was für sie gilt, muß auch für die anderen hoheitlich tätigen Beamten, etwa in der Steuerverwaltung, rechtens sein.

Auch dies widerspricht entscheidend der Nichtbindung der hoheitlich tätigen Exekutive, insbesondere also der Steuerverwaltung, an die höchstrichterlichen Urteile.

VI. Welche Judikatur bindet die Verwaltung?

1. Welchen Aussagen der Urteile kommt allgemeine Bindungswirkung zu?

Gerichtsentscheidungen können die Verwaltung nur binden, soweit sie, bei objektivem Verständnis, Ausdruck eines Bindungswillens der Judikative sind.

a) Soweit eine *besondere Veröffentlichung der Entscheidung* vorgesehen ist, auf welche das erkennende Gericht bestimmenden Einfluß hat, ist von der Vermutung auszugehen, daß es sich dann um bindungsrelevante Urteile handelt. Allgemeine Beachtung unveröffentlichter oder schwer zugänglicher Entscheidungen dagegen kann der Verwaltung sicher nicht zugemutet werden. Die Bindungswirkung entfällt aber nicht schon deshalb, weil bei Urteilen, anders als bei Gesetzen, eine bestimmte Veröffentlichungsform nicht vorgesehen ist. Wenn sogar der Bürger sich in gewissem Umfang über strafgerichtliche Judikatur unterrichten muß, so ist solches auch der Verwaltung in noch weiterem Maße zuzumuten. Zu überlegen wäre sicher, ob nicht die „Amtlichen Sammlungen" dadurch aufgewertet werden sollten, daß bei allen obersten Bundesgerichten die Bindungswirkung auf dort veröffentlichte Entscheidungen beschränkt würde. Größere Schwierigkeiten treten hier aber nicht auf: Die Verwaltung ist an Judikatur gebunden, die sie kannte oder nach Sachlage kennen mußte.

---

[40] BGHSt NJW 1960, S. 2346.

[41] RGSt 62, S. 110 (111).

b) Soweit das Gericht selbst Leitsätze formuliert, ist davon auszugehen, daß sie binden sollen; doch die Bindungswirkung kann *auf die Leitsätze nicht beschränkt werden.* Stets muß die Verwaltung prüfen, was nach der Entscheidung „eigentlich Leitsatz sein müßte" — unter den die Entscheidung tragenden rechtlichen Überlegungen. Die Bindung ist dabei auf den Aussageinhalt beschränkt, ohne den der entschiedene Einzelfall nicht hätte gelöst werden können, wie im Urteil geschehen.

c) *Obiter dicta* als solche haben keine Bindungswirkung gegenüber der Verwaltung. Dies mag im Einzelfall zu schwierigen Interpretationsfragen führen; allgemein muß aber gelten: in dubio pro ratione decidendi, contra obiter dictum.

Ergebnis: Die Bestimmung des Bindungsumfanges einer Entscheidung ist eine Frage der Urteilsexegese, wie sie ständig geleistet wird. Die Bindungswirkung ist auf den Inhalt zu beschränken, der für die Entscheidung erforderlich war.

2. Entscheidungen welcher Instanzen binden die Verwaltung?

Bindungswirkung kommt jedenfalls höchstrichterlicher Judikatur zu. Urteile von Instanzgerichten binden, wie bereits dargelegt, nicht allgemein. Dies ergibt sich aus Art. 95 Abs. 1 GG in Verbindung mit den herkömmlichen Instituten der Vorlage und der Abweichungsrevision.

3. Bindung nur an „feste", „ständige" Rechtsprechung — oder schon an ein Urteil?

Nicht selten wird die allgemeine Bindungswirkung auf feste oder ständige Rechtsprechung beschränkt[42]. Dagegen bestehen jedoch Bedenken: Wie sollte die ständige Judikatur gegen eine Gelegenheitsrechtsprechung abgegrenzt werden, wieviel Urteile müßten dafür verlangt werden, in welchem zeitlichen Abstand sollten sie ergehen, muß die Kette bis in neueste Zeit sich fortsetzen usw.? Darauf gibt es keine befriedigende Antwort. Es käme dann auch zu schwer bestimmbaren Abstufungen in der Bindungswirkung. Die Bindung, welcher die Verwaltung unterliegen soll, muß aber rechtsstaatlich eindeutig bestimmbar sein. Im Hinweis auf „ständige" Rechtsprechung liegt meistens das Eingeständnis einer gewissen Unsicherheit: Man glaubt, Widerständen gegen Präjudizienbindung dadurch begegnen zu können, daß man sie auf ständige Rechtsprechung beschränkt. Damit aber wird der Judikative ein

---

[42] Vgl. etwa die Ausführungen des BFH BStBl. 1958 III, S. 409 (412/13).

schlechter Dienst erwiesen, ein Einwand ist dann kaum zu entkräften: daß man gar nicht definieren kann, was bindet.

Es gibt nur eine Lösung[43]: Bindung entfaltet auch schon ein einziges höchstrichterliches Urteil. Welche Bedeutung kommt dann aber noch der „ständigen Rechtsprechung" zu? Sie hat kein Gewicht für die Bindung als solche, wohl aber bedeutsame Effekte für Exegese und Anwendung der Judikatur: Bei einer ständigen Rechtsprechung kann von widersprüchlichen Urteilen nicht mehr die Rede sein; solange es jedoch solche gibt, kann sich die Verwaltung auf jedes von ihnen berufen. Ständige Rechtsprechung ist auf jeden Fall bindend; das Problem der Abgrenzung der obiter dicta tritt hier praktisch nicht mehr auf. Vereinzelte Entscheidungen binden häufig deshalb nicht, weil sie eben doch nur auf einen höchst speziellen Fall zugeschnitten sind; die ständige Rechtsprechung dagegen ist sicher als allgemeiner bindend gedacht. Bei ständiger Rechtsprechung kann die Verwaltung nicht einwenden, es sei ihr die Kenntnis nicht zuzumuten. Ständige Rechtsprechung hat schließlich einen bedeutsamen rechtssichernden Effekt — die Bestandswahrscheinlichkeit der Judikatur wächst; für den Staatsbürger werden Änderungen weniger wahrscheinlich, sie können nur aus besonders schwerwiegenden Fällen heraus in Betracht kommen.

Ergebnis: Die Verwaltung ist an alle höchstrichterlichen Urteile gebunden, soweit diesen nach ihrer ratio decidendi die Bindungswirkung über den Einzelfall hinaus zukommen kann. Ständige, gefestigte Rechtsprechung hat hier Bedeutung als Präzisierung, oft auch Erstreckung der Bindung auf weitere Fälle. Sie macht ein Abweichen weniger wahrscheinlich und begründet unter anderem eine rechtliche Vermutung dafür, daß die Grundsätze der Judikatur weiterbestehen sollen, eine faktische Vermutung, daß dies der Fall sein wird.

Schlußbemerkung — Sanktionen gegen Nichtanwendungserlasse: Nichtanwendungserlasse sind keine Normen; Normenkontrollklagen versprechen keinen Erfolg.

Eröffnet ist jedoch der Weg der Amtshaftungsklage mit der Begründung, der Steuerbescheid sei rechtswidrig (und vorsätzlich-schuldhaft) erlassen worden. Der den Bescheid erlassende Beamte mag sich dann damit rechtfertigen können, daß er an den Nichtanwendungserlaß gebunden sei. Durch beamtenrechtliche Remonstration geht aber die Verantwortung auf diejenigen über, welche den Nichtanwendungserlaß herausgegeben haben: Sie trifft die Amtshaftung, ihr Verschulden ist eindeutig. Die Judikatur war ihnen ja bekannt oder hätte ihnen bekannt sein müssen. Der Fall ist zu beurteilen, wie wenn sie angeordnet hätten, daß Bürger entgegen den Gesetzen oder ohne gesetzliche Grundlage besteuert werden müssen.

---

[43] So auch der BGH NJW 1963, S. 1453 (1454).

Gegen Nichtanwendungserlasse als solche kann mit Amtshaftungsklage ebenfalls vorgegangen werden, wenn ein Schaden schon entstanden ist, etwa dadurch, daß eine bestimmte Disposition getroffen werden mußte, weil mit der Nichtanwendung mit Sicherheit zu rechnen war. Die Erlasse räumen den Finanzämtern keinerlei Ermessen ein; sie selbst treffen also die eigentliche Entscheidung. In solchen Fällen aber schlägt die Wirkung von Verwaltungsanweisungen unmittelbar nach außen durch; durch ihren Erlaß bereits können Amtspflichten verletzt werden, Amtshaftungsklage gegen die erlassende Stelle unmittelbar ist möglich[44].

Ein einziger erfolgreicher Amtshaftungsprozeß — und die Nichtanwendungserlasse sind Geschichte. Und daß ein solcher Prozeß Erfolg haben kann, sollte hier nachgewiesen werden.

[44] Herrschende Lehre, vgl. *Jaenicke,* VVDStRL 20, S. 135 (141) unter Hinweis auf BGH NJW 1959, S. 1429; BGH NJW 1960, S. 2334; BGH LM § 39 (C) Nr. 52; *Ossenbühl,* Verwaltungsvorschriften und Grundgesetz, 1968, S. 488/9.

Urteilsverfassungsbeschwerde wegen Nichtvorlage bei Abweichung*/**

Das Bundesverfassungsgericht als Garant der „Großen Senate"

I. Die „Abweichungs-Verfassungsbeschwerde" — Problematik und Bedeutung

Bei allen obersten Gerichtshöfen des Bundes sind „Große Senate" geschaffen worden[1]. Will ein Senat von der Entscheidung eines anderen Senats oder des Großen Senats seines Gerichts abweichen, so entscheidet dieser letztere. Durch diese praktisch wichtigste *Kompetenz der Großen Senate soll die Einheitlichkeit der Rechtsprechung* gewahrt, die Beachtung der Gleichheit der Rechtssuchenden seitens der Judikative sichergestellt und die Rechtsfortbildung gefördert werden.

Die Einheitlichkeit der Rechtsprechung der obersten Gerichtshöfe des Bundes wird durch deren *„Gemeinsamen Senat"* gesichert. Auch er muß entscheiden, wenn ein Gerichtshof von der Judikatur eines anderen oder des *Gemeinsamen Senates* abweichen will[2].

Erfolgt eine nach diesen Vorschriften gebotene Vorlage nicht, so steht den Prozeßparteien gegen die Nichtvorlage ein Rechtsmittel nicht zur Verfügung. Sie können jedoch Verfassungsbeschwerde zum BVerfG (Art. 93 I Nr. 4 a GG, §§ 90 ff. BVerfGG) mit der Begründung erheben, sie seien dadurch in ihren Grundrechten verletzt, insbesondere in ihrem *Recht auf den gesetzlichen Richter* (Art. 101 I 2 GG).

Das BVerfG ist also die einzige Instanz, die eine Umgehung der Großen Senate und des *Gemeinsamen Senats*[3] verhindern und damit die *Rechtsgleichheit gegenüber der Gerichtsbarkeit* sichern kann. Bei allem Vertrauen in die Senate der obersten Gerichtshöfe — auch hier ist eine (letzte) Kontrolle

* Erstveröffentlichung in: Neue Juristische Wochenschrift 1989, S. 2446–2450.

** Diese Abhandlung ist aus einer rechtsgutachtlichen Stellungnahme in dem am Ende berichteten Fall entstanden. Zur inhaltlichen Richtigkeit der Entscheidung des BVerfG nimmt sie nicht Stellung. — Vgl. im übrigen BVerfG, NJW 1989, 2464.

[1] § 11 FGO, § 11 VwGO, § 132 GVG, § 45 ArbGG, § 41 SGG.

[2] Bundesgesetz v. 19.6.1968, BGBl. I S. 661.

[3] Im folgenden ist, aus Gründen der Vereinfachung, nur von den Großen Senaten die Rede.

besser: Rechtsfehler lassen sich nie ausschließen; Verfassungsprobleme stehen bei Fachgerichten meist nicht im Vordergrund; die Versuchung, Konflikte mit Kollegen nicht offen auszutragen und ein Verfahren nicht weiter zu komplizieren, ist menschlich verständlich (näher dazu u. IV).

Gerade deshalb aber kommt der *„Abweichungs-Verfassungsbeschwerde" besondere Bedeutung* zu. Nur wenn das BVerfG hier klare, wenn auch allgemeine Kriterien aufstellt, wann die Vorlage erfolgen muß, sind die Prozeßparteien geschützt — und zugleich das BVerfG: Solange dies nicht geschieht, wird das Gericht, zu seiner schon erdrückenden Last, auch noch mit Fragen befaßt werden, die längst hätten von einem Großen Senat geklärt werden können. Gerade dann entsteht die Gefahr, daß die (Abweichungs-)Verfassungsbeschwerde zur Superrevision ausufert. Vor allem die Anwälte bei den obersten Gerichten müssen hier Klarheit gewinnen. Dies ist die These der folgenden Abhandlung.

Darüber hinaus sind vom BVerfG entwickelte „Abweichungskriterien" auch für alle Fälle von Bedeutung, in denen ein Gericht nach seiner Prozeßordnung eine Sache einem anderen Gericht vorzulegen hat, das nur über diese Vorfrage entscheidet[4]. Nicht zuletzt kommt das BVerfG selbst (nach Art. 100 GG) ganz allgemein als Vorfragegericht in Betracht, ebenso nunmehr der EuGH.

Eine neue Entscheidung des BVerfG (vgl. u. V 2) gibt Veranlassung, die bisherige Praxis darzustellen und ihre Problematik aufzuzeigen.

II. Entzug des gesetzlichen Richters durch Nichtvorlage

1. Verletzung des Art. 101 I 2 GG durch die Gerichte

a) „Niemand darf seinem gesetzlichen Richter entzogen werden" — ursprünglich richtete sich dies an die Exekutive; es sollte zunächst die „Unabhängigkeit der Justiz vor sachfremden Eingriffen der Exekutive einschließlich der Justizverwaltung" schützen[5], „Eingriffe Unbefugter in die Rechtspflege verhindern und das Vertrauen der Rechtssuchenden und der Öffentlichkeit in die Unparteilichkeit und Sachlichkeit der Gerichte schützen"[6]. Schon früh hat aber das BVerfG angenommen, daß jemand in diesem seinem Grundrecht auch durch ein Gericht verletzt werden kann, das „seine Zuständigkeit offen-

---

[4] §§ 47 V u. 50 III VwGO, § 39 II 2 SGG, Art. III Abs. 1 S. 1, Halbs. 2, 3. MietRÄG.

[5] BVerfGE 3, 359 (364) = NJW 1954, 593.

[6] BVerfGE 4, 412 (416) = NJW 1956, 545; zur historischen Entwicklung vgl. insb. *Rinck,* NJW 1964, 1651; *Papier,* in: Festschr. BVerfG I, hrsg. v. *Starck,* 1976, S. 455.

bar willkürlich bejaht oder verneint und dadurch eine Verschiebung der gesetzlich vorgesehenen Zuständigkeit im Einzelfall zum Nachteil einer Prozeßpartei bewirkt"[7].

Seither hat das BVerfG daran festgehalten und eine umfangreiche Judikatur dazu entwickelt[8]. Diese ist entschiedener Kritik begegnet[9], die grundsätzliche Zustimmung überwiegt jedoch[10]: Willkür dürfe es auch im Mantel einer Gerichtsentscheidung nie geben.

b) Art. 101 I 2 GG ist nicht als solcher von der Unabänderlichkeitsgarantie umfaßt (Art. 79 III GG), wohl aber insoweit, als er das Prinzip der Rechtsstaatlichkeit und der Gewaltenteilung im Bereich der Gerichtsverfassung verwirklicht[11]; die Bestimmung ist also von besonderer verfassungsrechtlicher Bedeutung. Zwar ist der „Gesetzgeber in erster Linie berufen, die Gerichtsorganisation zu gestalten", aber eben „zur Sicherung dieser Verfassungsbestimmung"[12]. Von Verfassungs wegen müssen „allgemeine Regelungen darüber bestehen, welcher Richter zur Entscheidung im Einzelfall zuständig ist"[13]. Einfaches Gesetzesrecht und „spezifisches Verfassungsrecht" sind hier „auf das engste miteinander verknüpft"[14].

2. Der Große Senat als „gesetzlicher Richter" i.S. von Art. 101 GG

a) *Gesetzlicher Richter* „ist nicht nur das Gericht als organisatorische Einheit oder das erkennende Gericht als Spruchkörper, vor dem verhandelt und von dem die einzelne Sache entschieden wird, sondern auch die zur Entscheidung im Einzelfall berufenen Richter"[15]. Welcher Spruchkörper und

---

[7] BVerfGE 3, 359 (364) = NJW 1954, 593.

[8] S. etwa BVerfGE 9, 213 (215 f.) = NJW 1959, 1075; BVerfGE 13, 132 (143) = NJW 1962, 29; BVerfGE 17, 294 (298 f.) = NJW 1964, 1020; BVerfGE 18, 440 (447 f.) = NJW 1965, 1014; BVerfGE 19, 38 (42 f.) = NJW 1965, 1328; BVerfGE 22, 254 (266) = NJW 1967, 2151; BVerfGE 23, 288 (319 ff.) = NJW 1968, 1667; BVerfGE 29, 166 (172 f.); 29, 198 (207) = NJW 1970, 2155; BVerfGE 31, 145 (169, 171 f.) = NJW 1971, 2122; BVerfGE 42, 237 (241 f.) = NJW 1976, 2128 usw.

[9] Überblick bei *Schlaich,* Das BVerfG, 1985, S. 145 ff.; insb. *Papier* (o. Fußn. 6), S. 456 f.; *Bettermann,* AöR 94 (1969), 274 ff.

[10] So bereits *Arndt,* JZ 1956, 633; vgl. *Schuppert,* AöR 103 (1978), 43 ff.

[11] BVerfGE 4, 412 (416) = NJW 1956, 545.

[12] BVerfGE 6, 45 (52) = NJW 1957, 337.

[13] BVerfGE 21, 139 (145) = NJW 1967, 1123.

[14] *Steinwedel,* „Spezifisches Verfassungsrecht" und „einfaches Recht", 1976, S. 38.

[15] BVerfGE 17, 294 (298/299) = NJW 1964, 1020, unter Hinweis auf BVerfGE 4, 412 (416 f.) = NJW 1956, 543; BVerfGE 9, 223 (226) = NJW 1959, 871.

welcher Richter im Einzelfall zu entscheiden haben, muß sich „möglichst eindeutig aus generellen Vorschriften, nämlich aus der Zuständigkeitsregelung der Prozeßgesetze und dem Geschäftsverteilungsplan des zuständigen Gerichts ableiten lassen"[16].

b) *„Gesetzliche Richter" in diesem Sinne sind auch die Großen Senate als Vorfragengerichte.* Regelmäßig ist die Anrufung bei Abweichung zwingend vorgeschrieben, seit Erlaß der Finanzgerichtsordnung auch beim BFH[17]. Nichtvorlage an Große Senate kann also das Recht des Beschwerdeführers einer Verfassungsbeschwerde aus Art. 101 I 2 GG verletzen, zu dessen Ungunsten die vorlagepflichtige Frage vom nichtvorlegenden Spruchkörper entschieden wird. Dies entspricht gefestigter Judikatur des BVerfG und ist mehrmals bei Entscheidungen des BFH[18] und des BAG[19] ausdrücklich ausgesprochen worden[20].

Andere Nichtvorlagefälle, insbesondere solche an übergeordnete Fachgerichte (etwa zum BGH) haben das BVerfG noch häufiger beschäftigt. Schon 1969 konnte seine Judikatur wie folgt zusammengefaßt werden: „Wenn der Spruchrichter der Hauptsache die Entscheidung des Vorfragenrichters nicht einholt oder abwartet, obwohl ihm das Gesetz das vorschreibt, so verletzt er

[16] BVerfGE 21, 139 (145) = NJW 1967, 1123, unter Hinweis auf BVerfGE 17, 294 (298) = NJW 1964, 1020; BVerfGE 18, 344 (351 f.) = NJW 1965, 1219. S. auch bereits BVerfGE 6, 45 (51) = NJW 1957, 337.

[17] Früher bestand Vorlagepflicht dort nur bei Abweichung von in gewisser Weise veröffentl. Entsch., vgl. dazu *List,* DStR 1983, 471/472; zum geltenden Recht vgl. *Hübschmann/Hepp/Spitaler,* FGO, 1988, § 11 Rdnr. 14; *Gräber,* FGO, 2. Aufl. (1987), § 11 Rdnr. 1; *Ziemer/Birkholz,* FGO, 3. Aufl. (1978), § 11 Rdnr. 18. Zum früheren Rechtszustand s. auch BVerfGE 19, 38 (42 f.) = NJW 1965, 1323.

[18] Vgl. BVerfGE 19, 38 (42, 43) = NJW 1965, 1323, unter Hinweis auf BVerfGE 3, 359 (363) = NJW 1954, 593; BVerfGE 9, 213 (215 f.) = NJW 1959, 1075; BVerfGE 13, 132 (143) = NJW 1962, 29; BVerfGE 18, 440 = NJW 1965, 1014. Diese Verweisungskette ist zwar insoweit mißverständlich, als es in diesen letzten Entscheidungen nicht gerade um Vorlagen zu Großen Senaten eines obersten Bundesgerichts ging. Das BVerfG hat aber die Rechtsprechung des 19. Bandes ausdrücklich in BVerfGE 31, 145 (172) = NJW 1971, 2122, und zwar wiederum gerade für den BFH, bekräftigt.

[19] BVerfGE 35, 386 (397, 398), unter Hinweis auf BVerfGE 31, 55 (56, 57) = NJW 1971, 1212; in diesem Fall war Art. 101 I 2 GG nicht etwa deshalb nicht verletzt, weil dieser Spruchkörper nicht der gesetzliche Richter der Beschwerdeführer gewesen wäre; die Verfassungsbeschwerde war vielmehr deshalb unzulässig, weil das BVerfG davon ausging, die Entscheidung dieses *Großen Senats* sei zwar für den sachentscheidenden Senat bindend gewesen, sie habe aber als solche noch keine *notwendig* den Kläger belastende Rechtswirkung entfaltet.

[20] Bemerkenswert ist übrigens, daß seinerzeit das BVerfG von einem Senatspräsidenten des BFH deshalb kritisiert wurde, weil es von einem allzu weiten Willkürbegriff ausgehe (*Grieger,* BB 1965, 655).

damit die gesetzliche Zuständigkeit des Vorfragenrichters. So insbesondere bei der Verletzung der Vorlagepflicht".[21]

Insbesondere kann der Betroffene auch *durch Unterlassung einer nach Art. 100 GG gebotenen Vorlage* seinem gesetzlichen Richter entzogen werden[22]; hier zeigt sich das Gericht sogar besonders streng[23]. Auch Nichtvorlage an den EuGH kann die Verfassung verletzen[24]. Gerade in diesem Zusammenhang wurde betont, daß sich die Rechte der Beteiligten des Ausgangsverfahrens auch auf das Zwischenverfahren der Vorlage bezögen, „ungeachtet der Rechtsnatur dieses Verfahrens und der seinen Gegenstand bildenden Normen"[25]: Der über die Vorlage entscheidende Große Senat (oder das insoweit „übergeordnete" Gericht) ist der *„gesetzliche Rechtsfragen-Richter"*.

III. Verletzung der Verfassung nur bei „willkürlicher Nichtvorlage" im Abweichungsfall

1. „Abweichende Entscheidung"

Die erste Voraussetzung für den Erfolg einer Abweichungs-Verfassungsbeschwerde[26] ist das Vorliegen einer „Abweichung".

Dieser Begriff ist – wenigstens in den hier bedeutsamen Grund-Konturen – durch die Rechtsprechung der Fachgerichte, insbesondere zur Abweichungsrevision, geklärt; auch für die Großen Senate der obersten Gerichtshöfe bestehen insoweit einheitliche Grundsätze: Um eine *Rechts-, nicht (nur) um*

---

[21] *Bettermann,* AöR 94 (1969), 275, vgl. auch S. 279 m. Nachw. zur Rspr. des BVerfG. *Ganz allgemein bestätigt dies das BVerfG* in E 29, 166 (172), unter Hinweis auf BVerfGE 23, 288 (319 f.) = NJW 1968, 1667.

[22] BVerfGE 64, 1 (12, 13) = NJW 1983, 2766, aufgrund einer st. Rspr. des Gerichts, vgl. BVerfGE 18, 440 (447) = NJW 1965, 1014; BVerfGE 23, 288 (319) = NJW 1968, 1667.

[23] BVerfGE 64, 1 (21) = NJW 1983, 2766.

[24] Dies war lange Zeit offengeblieben: BVerfGE 29, 198 (207) = NJW 1970, 2155; BVerfGE 31, 145 (169) = NJW 1971, 2122, vgl. auch BVerfGE 45, 142 (181) = NJW 1977, 2024. Neuerdings hat das BVerfG die Frage jedoch bejaht, weil auch der EuGH gesetzlicher Richter i.S. von Art. 101 I 2 GG sei (BVerfGE 73, 339 [366, 367] = NJW 1987, 577 = NVwZ 1987, 314 L).

[25] BVerfGE 73, 339 (369) = NJW 1987, 577 = NVwZ 1987, 314 L.

[26] Nach Auffassung des BVerfG selbst kommt es nur „außerordentlich selten" in Betracht (BVerfGE 3, 359 [364] = NJW 1954, 593, „in seltenen Ausnahmefällen", BVerfGE 62, 189 [192] = NJW 1983, 809). Eine Abweichungs-Verfassungsbeschwerde wegen Nichtanrufung des *Großen Senats* ist, soweit ersichtlich, bisher noch nie erfolgt. Doch wurden bereits gerichtliche Erkenntnisse wegen Verletzung des Art. 101 I 2 GG aufgehoben, s. etwa BVerfGE 17, 294 (298 f.) = NJW 1964, 1020; BVerfGE 29, 45 (48 f.).

eine Tatfrage muß es gehen[27]; entscheidungserheblich muß diese Rechtsfrage sein[28], die angefochtene Gerichtsentscheidung muß *darauf beruhen,* es darf sich nicht nur um ein obiter dictum handeln; der Begriff der Abweichung wird[29] weit ausgelegt. Entscheidend für das BVerfG *ist nicht, welche der beiden gerichtlichen Rechtsauffassungen „richtig" ist* – darüber entscheidet gerade das Vorlagegericht, insbesondere der Große Senat – sondern nur, ob sie voneinander abweichen.

2. Die Problematik des Anfrageverfahrens

Bei den obersten Gerichtshöfen des Bundes hat sich, zur Vermeidung von Abweichungen, ein sogenanntes *Anfrageverfahren* praeter legem, als ein richterrechtlich geregeltes Institut entwickelt: Vor möglicher Abweichung wird bei dem anderen Senat angefragt, ob er an seiner Auffassung festhalte[30]. Rechtlich ist dies nicht unbedenklich, weil damit die (einfachgesetzliche) absolute Vorlageverpflichtung umgangen wird. Auch erfolgt diese „Koordination" nicht-öffentlich, die Parteien können sich dazu vor dem anderen Spruchkörper nicht äußern, obwohl ihnen gerade dadurch möglicherweise der gesetzliche Richter im Ergebnis entzogen wird — der Große Senat. Daher sollte das prozeßökonomisch wohl sinnvolle Anfrageverfahren, unter Wahrung der Rechte der Prozeßbeteiligten, als eine Art von „Einbeziehungsverfahren" des anderen Spruchkörpers gesetzlich geregelt werden, unter Wahrung allerdings der Kompetenzen der Großen Senate; diese haben dann immer noch zu entscheiden, wenn der angefragte Senat seine Rechtsprechung aufrechterhält.

3. Die „Willkürschranke" bei der Abweichungs-Verfassungsbeschwerde — willkürlich?

a) Das BVerfG darf durch die Urteilsverfassungsbeschwerde *nicht zu einer Superrevisionsinstanz* werden[31]; es würde dadurch nicht nur überfordert, dies

---

[27] Zur FGO vgl. *Hübschmann/Hepp/Spitaler,* FGO, § 11 Rdnr. 21; *Tipke/Kruse,* AO, 12. Aufl. (1988), § 11 FGO Rdnr. 3; *List,* DStR 1983, 471 (479).

[28] *Gräber* (o. Fußn. 17), Rdnr. 2; *Tipke/Kruse* (o. Fußn. 27), Rdnr. 5; *List* (o. Fußn. 17), DStR 1983, 370, 471, alle m. Nachw. zur Rspr. des BFH; vgl. auch *Hübschmann/Hepp/Spitaler* (o. Fußn. 17), Rdnr. 23.

[29] Mit Nachw. dazu *Hübschmann/Hepp/Spitaler* (o. Fußn. 17), Rdnr. 16a; *List,* DStR 1983, 470 — so also jedenfalls vom BFH.

[30] *Hübschmann/Hepp/Spitaler* (o. Fußn. 17), Rdnr. 18 m. Nachw.

[31] Diese Sorge kommt in der st. Rspr. des Gerichts zum Ausdruck, vgl. etwa BVerfGE

widerspräche seinem Verfassungsauftrag. Die Auslegung einfachen Rechts muß dem Fachrichter vorbehalten bleiben[32]. Dies gilt auch für das im Falle der Abweichungs-Verfassungsbeschwerde bedeutsame Verfahrensrecht: Error in procedendo beim Fachgericht begründet allein die Verfassungsbeschwerde nicht[33]. In ebenso ständiger Rechtsprechung hat sich das BVerfG aber nicht völlig aus der verfassungsrechtlichen Überprüfung der Anwendung von Verfahrensrecht seitens der Fachgerichte zurückgezogen: Es habe nicht Rechtsirrtum zu korrigieren, wohl aber willkürliche Entscheidungen zu kassieren[34].

b) *Diese Willkürschranke ist scharf kritisiert worden* — sie selbst sei willkürlich gezogen[35]. Diese schwerwiegenden Bedenken konnten bisher nie überzeugend ausgeräumt werden, im Gegenteil. Der Willkürbegriff ist inzwischen, nicht zuletzt durch die Gleichheitsrechtsprechung des BVerfG, immer noch weiter ausgeschliffen worden. Wann wird schon den hochspezialisierten Richtern eines obersten Gerichtshofs der Vorwurf der Willkür von Karlsruhe gerade dort gemacht werden, wo sie besonders kundig sind: in der Kenntnis der Judikatur ihres eigenen Gerichts? Vor allem aber – und hier ist *Bettermann* nie widerlegt worden –: Wenn das BVerfG schon den Maßstab des Art. 101 GG hier an fachgerichtliche Entscheidungen anlegt — warum kassiert es sie nur bei Willkür, wo doch sonst Verfassungsverstöße nicht nur bei willkürlichem Handeln der Staatsorgane festgestellt werden? Der Hinweis des Gerichts, es komme „auf den Einzelfall an“[36], ist hier keine Antwort. Es zeigt ein dogmatisches Defizit unseres Verfassungsrechts, daß dieses Problem nicht zu Ende diskutiert wird.

7, 198 (207) = NJW 1958, 257; BVerfGE 18, 85 (92) = NJW 1964, 1715; BVerfGE 21, 209 (216); 22, 93 (98) = NJW 1967, 1507; BVerfGE 30, 173 (196 f.) = NJW 1971, 1645; BVerfGE 49, 304 (314) = NJW 1979, 305; BVerfGE 52, 131 (157) = NJW 1954, 593 usw.

[32] Vgl. *Papier,* in: Festschr. BVerfG I, 1976, S. 456 f.; *Schlaich,* Das BVerfG, 1985, S. 140 f.

[33] St. Rspr. des BVerfG, vgl. etwa BVerfGE 3, 359 (365) = NJW 1954, 593; BVerfGE 14, 56 (73) = NJW 1962, 1611; BVerfGE 29, 45 (48); 29, 198 (207) = NJW 1970, 2155; BVerfGE 54, 94 (97); 57, 170 (197) = NJW 1981, 1943 = NStZ 1981, 357 usw.

[34] So unter Hinweis auf *Adolf Arndt,* ausdrücklich BVerfGE 15, 245 (248); vgl. auch noch BVerfGE 9, 223 (230) = NJW 1959, 871; BVerfGE 13, 132 (144) = NJW 1962, 29; BVerfGE 15, 303 (306) = NJW 1963, 757; BVerfGE 17, 86 (98, 99); 22, 254 (262) = NJW 1967, 2151; BVerfGE 29, 198 (207) = NJW 1970, 2155; BVerfGE 42, 237 (242) = NJW 1976, 2128 usw.

[35] So insb. *Bettermann* (o. Fußn. 9), S. 280 ff.

[36] So etwa BVerfGE 29, 45 (49).

c) *Ergibt die Judikatur des BVerfG nicht doch „Sub-Formeln"*, an denen sich Lehre und Praxis der Nichtvorlage-Verfassungsbeschwerde wegen Abweichung zur Bestimmung der Willkürschwelle orientieren können?

- „Willkür" soll vorliegen, wenn es sich *nur formal um einen richterlichen Akt,* in Wahrheit aber gar nicht mehr um Rechtsanwendung handelt[37]. Dies wird bei einem abweichenden Urteil schon begrifflich nicht in Betracht kommen: Es wendet ja Recht an, nur gerade nicht (oder irrtümlich) die Abweichungs-Verfahrensnorm.
- Willkür bei *fehlendem Bezug auf den gesetzlichen Maßstab*[38]? Das wird aus ähnlichen Gründen ausscheiden. Auch werden oberste Bundesgerichte stets einen solchen Bezug herstellen.
- Die Gerichtsentscheidung ist *„nicht mehr verständlich"*, *„offensichtlich unhaltbar"*[39], *„eindeutig unangemessen"*[40], oder es wird vom Wortlaut einer nicht interpretationsfähigen Norm abgewichen[41] — dies läuft auf eine *Evidenztheorie* hinaus, die mit all den Problemen belastet ist, die eine solche Betrachtungsweise mit sich bringt; wenn nicht näher durch das BVerfG geklärt ist, was denn nun eine „evidente Abweichung" sei, ist die Vorhersehbarkeit der Entscheidung gleich Null.
- *Die Entscheidung läßt sich überhaupt nicht, unter keinem Gesichtspunkt, begründen*[42]. Hier steht nicht die Evidenz, sondern die Schwere der Verletzung des Verfahrensrechts im Vordergrund. Sie ist von solcher Art, daß das Urteil als „rechtlich indiskutabel" erscheint — damit erreicht das BVerfG den Anschluß an seine Willkürjudikatur zu Art. 3 Abs. 1 GG. Diese ständig gebrauchte Formel hat kaum noch Aussagegehalt, sie ist auch aus der Sicht allgemeiner Rechtsgrundsätze schwerlich haltbar: Verfassungsmäßig ist nicht, was sich „irgendwie", sondern nur, was sich überzeugend begründen läßt. Was nützt es dem Bürger, wenn der Fachrichter „irgendwie (gerade noch diskutable) rechtliche Überlegungen anstellt"? Soll es ein „Grundrecht auf diskutable Begründungen" geben?

---

[37] So z.B. BVerfGE 57, 170 (197) = NJW 1981, 1943 = NStZ 1981, 315.

[38] So eine nicht selten gebrauchte Formulierung, vgl. etwa BVerfGE 6, 45 (51) = NJW 1957, 337; BVerfGE 57, 170 (197) = NJW 1981, 1943 = NStZ 1981, 315, aber auch etwa BVerfGE 48, 246 (271) = NJW 1978, 2499.

[39] Zum Beispiel BVerfGE 6, 45 (53) = NJW 1957, 337; BVerfGE 19, 38 (43) = NJW 1965, 1323; BVerfGE 29, 45 (49); 29, 198 (207) = NJW 1976, 2128 usw.; s. auch BVerfGE 57, 170 (197) = NJW 1981, 1943 = NStZ 1981, 315.

[40] BVerfGE 62, 189 (192) = NJW 1983, 209.

[41] BVerfGE 48, 246 (270) = NJW 1978, 2499 — abw. Meinung.

[42] S. BVerfGE 29, 45 (49); 29, 198 (207) = NJW 1976, 2128; BVerfGE 42, 237 (242) = NJW 1976, 2128; BVerfGE 58, 1 (45) = NJW 1982, 507.

- Das angefochtene Urteil ist *aus unsachlichem Grunde* ergangen[43] – dies ist, jedenfalls bei einem obersten Gericht, kaum vorstellbar, wenn es nicht mit einem der vorstehend erwähnten Mängel zusammenfällt – es sei denn, es lägen hier auch *persönlich motivierte unsachliche Gründe* vor. Ist hohen Richtern gegenüber ein solcher Vorwurf überhaupt vorstellbar? Wird damit nicht insbesondere die Nichtvorlage-Verfassungsbeschwerde bei Abweichung nicht nur zum „seltenen Fall"[44], sondern zur „reinen", praktisch völlig unbeachtlichen Theorie?

IV. Die unsachliche Nichtvorlage — der „horror pleni" — Mutmaßung oder Realität?

Die (o. 3c) erwähnten Evidenz- und Fehlerschweretheorien machen Abweichungs-Verfassungsbeschwerden weithin zum Verfassungsroulette; der „unsachliche Grund" allerdings könnte doch eine nicht nur theoretische Erscheinung sein, unter folgender Voraussetzung: Wenn die Richter eines Senats die Divergenz zur Rechtsauffassung ihrer Kollegen desselben Gerichts nicht über das – ebenfalls problematische (vgl. o. III 2) – Anfrageverfahren ausräumen können, so könnten unter Umständen, wie bei jeder rechtlichen Meinungsverschiedenheit, zumindest sachlich begründete Spannungen entstehen. Daß dies auch zu persönlichen Differenzen, ja zu emotionalen Spannungen führen könnte, widerspricht zumindest wohl nicht der Lebenserfahrung von Beamten, Richtern und Wissenschaftlern. Auch hohe Richter sind Menschen – glücklicherweise! – sie stehen daher vielleicht doch auch in der Versuchung, eine Korrektur ihrer Standpunkte durch Große Senate — nicht gerade besonders gern zu sehen. Dies wäre deshalb auch verständlich, weil gerade oberste Richter durch unsere Rechtsordnung ja daran gewöhnt werden, ihr Wort für das letzte, das richtige zu halten. Läßt es sich dann ausschließen, daß, menschlich durchaus verständlich, der horror pleni doch eine gewisse Bedeutung erlangt, von dem *Tipke* schreibt: „Über die Gründe der sprichwörtlichen Angst vor dem Plenum ("horror pleni„) kann man nur Mutmaßungen anstellen"[45]. Mehr soll auch hier nicht gesagt werden.

Eine solche, wenn auch nur mögliche, Gefahr müßte allerdings um so ernster genommen werden, als dabei durchaus nicht nur persönliche Gründe

---

[43] So etwa BVerfGE 29, 166 (173); dies betonen insb. *Marx,* Der gesetzliche Richter im Sinne von Art. 101 I 2 GG, Diss. Köln 1969, S. 85; *Kern,* JZ 1956, 412.

[44] Vgl. o. Fußn. 26.

[45] Vgl. o. Fußn. 17, unter Hinweis auf *Reichel,* Das Recht, 1910, 343 f., und *Hanack,* Der Ausgleich divergierender Entscheidungen in der obersten Gerichtsbarkeit, 1962, S. 2746.

eine gewisse Rolle spielen könnten: Der kollegiale Zusammenhalt in einem Gericht ist ein sachliches Anliegen, das im öffentlichen Interesse liegt. Vor allem aber kompliziert und verlagert die Anrufung Großer Senate die Verfahren immer weiter, was unter Umständen auch nicht im Interesse der Parteien liegt. Und schließlich mag die Hoffnung bestehen, der andere Senat werde sich „eben doch bewegen", wenn erst einmal das abweichende Urteil rechtskräftig sei.

All dies sind an sich diskutable, durchaus sachbezogene Gründe, nur sind sie „unsachlich" im Sinne der Rechtsprechung des BVerfG, weil sie an den Anrufungsnormen der Prozeßgesetze vorbeiführen, ebenso wie mögliche persönliche kollegiale Differenzen. All diese Gründe sind ehrenwert, auf die Richter fällt persönlich kein Schatten – aber auch ehrenwerte Gründe können „unsachlich" sein – gerade auch deshalb gibt es ja die Großen Senate und die letzte Überprüfung durch das BVerfG.

Die Abweichungs-Verfassungsbeschwerde findet hier sicher eine gewisse Legitimation, aber diese ist doch auch wieder problematisch: Der „horror pleni" ist eben doch — letztlich nur eine Mutmaßung, gerade im Einzelfall wird er sich nie beweisen lassen; vor allem aber: Selbst wenn er Realität sein sollte — dies wäre eine so allgemeine, unsubstantiierte „Vermutung gegen die obersten Richter", daß dann bei allen Abweichungsfällen Unsachlichkeit zu unterstellen wäre. Das ist an sich völlig abwegig und würde das Kontrollsystem des BVerfG überdies sprengen: Bei Nichtvorlage wäre nicht in „seltenen Fällen", sondern „im Zweifel" Verfassungswidrigkeit anzunehmen. Das geht nicht an, die Verfassungskontrolle läßt sich nur halten, wenn auch die „unsachlichen Gründe" näher vom BVerfG, wenn auch nur beispielhaft, präzisiert werden. Das wird nicht leicht fallen.

V. Die Aufgabe des BVerfG: Präzisierung der „willkürlichen Abweichung"

1. Entwicklung von „Subformeln" — Schutz für die Bürger, Entlastung für das BVerfG

Muß ein Anwalt seinen Mandanten beraten, ob er gegen ein nach seiner Meinung „abweichendes" Gerichtsurteil Verfassungsbeschwerde erheben soll, so ist er heute in einer schwierigen Lage: Mehr als die (o. III 3c) erwähnten allerallgemeinsten Formeln des BVerfG steht ihm als Anhalt nicht zur Verfügung, sie aber können nicht genügen. Die Einzelfalljudikatur aus Karlsruhe ist im übrigen kaum systematisierbar. Er kann also nur raten, „es eben zu probieren", es koste ja nicht allzuviel. Ist dies der Sinn einer Verfassungsgerichtsbarkeit?

Die Urteilsverfassungsbeschwerde wird nicht fallen, mit ihr wird auch die Abweichungs-Verfassungsbeschwerde überleben, ein „weithin theoretisches Leben fristen". Allgemeine Überlegungen des Grundrechtsschutzes mögen es rechtfertigen, hier auch über den eigenen dogmatischen Schatten zu springen (vgl. o. III 3b). Gerade als Sanktion unberechtigter Nichtvorlage (vgl. o. I) hat die Abweichungs-Verfassungsbeschwerde auch einen guten gerichtsverfassungsrechtlichen Sinn.

Gerade dann aber muß Karlsruhe die Konsequenzen ziehen und die Rechtssicherheit erhöhen: Subformeln sollten in den BVerfG-Entscheidungen entwickelt werden, allgemeine normähnliche Aussagen, welche in der „insbesondere-Form" den Willkürbegriff präzisieren könnten. Hier wäre etwa auf die verfassungsrechtliche Bedeutung der Abweichung von einer *ständigen Rechtsprechung, oder nur von gelegentlichen, vielleicht von einer einmaligen anders begründeten Entscheidung einzugehen, insbesondere sollten aber klare Anforderungen an die Begründung von Gerichtsentscheidungen bei Nichtvorlage gestellt werden.* Denn es ist nicht auszuschließen, daß ein Gericht begründungsarm oder begründungslos über ein Problem hinweggeht, gerade wenn es seinen *Großen Senat* nicht anrufen will.

2. Eine neue Entscheidung des BVerfG zur Nichtvorlage

a) Gerade die Chance zu einer Präzisierung der „willkürlichen Nichtvorlage" im Sinn einer fehlenden Begründung hatte das BVerfG in letzter Zeit: Ein *Senat* des BFH[46] hatte die Verteilung von Werbegeschenken an (potentielle) Kunden umsatzsteuerlich anders behandelt als ein anderer *Senat* vorher die Zurverfügungstellung einer Schwimmanlage, ebenfalls zu werblichen Zwecken[47]. Der erstere Senat bejahte hier einen wesentlichen Bezug zu den mit den Geschenken eingeworbenen Umsätzen, der letztere hatte zuvor einen solchen Bezug zu den Umsätzen verneint, die durch Zurverfügungstellung der Schwimmanlage eingeworben worden waren. Die durch das erstere Urteil Beschwerte hatte Abweichungs-Verfassungsbeschwerde wegen willkürlicher Nichtvorlage erhoben. Sie rügte insbesondere, daß der in ihrem Fall entscheidende *Senat* des BFH die Abweichung zwar gesehen habe, darüber aber mit folgender Bemerkung hinweggegangen sei: „Im Streitfall ist die Lieferung jedes einzelnen Werbeartikels schon nach dessen Beschaffenheit und den Umständen der Weitergabe an Dritte notwendigerweise mit den Umständen verknüpft, für die geworben wird. Im Falle der Überlassung der Schwimmhalle zur Nutzung fehlt es an einer solchen notwendigen Verknüpfung." Sie

[46] BFH, BStBl II 1988, 1015.

[47] BFH, BStBl II 1987, 350.

vermißte hier eine auch nur ansatzweise Begründung der Nichtabweichung. Außerdem rügte sie eine Abweichung von einer Reihe weiterer Urteile desselben anderen *Senats*[48], in denen sie eine ständige Rechtsprechung desselben erblickte.

b) Ein Dreierausschuß des *1. Senats* des BVerfG nahm die Verfassungsbeschwerde wegen mangelnder Erfolgsaussichten nicht zur Entscheidung an[49]. Die entscheidenden Ausführungen des Gerichts lauten: „Denn jedenfalls kann es nicht als verfassungswidrig angesehen werden, wenn der *X. Senat* wegen unterschiedlicher Sachverhalte eine unterschiedliche Entscheidung bei der Anwendung des § 15 II UStG für möglich gehalten und aus diesem Grund eine Divergenz seines Urteils zur Rechtsprechung des *V. Senats* verneint hat. Es ist auch nachvollziehbar, wenn der *X. Senat* des BFH den Zusammenhang zwischen der Leistung des Unternehmers in Form einer unentgeltlichen Zuwendung und den von ihm angestrebten Umsätzen bei der Benutzung einer Schwimmhalle anders als bei der Übergabe von Werbeartikeln an die Kunden einer Bank sieht.“

Ob diese Entscheidung des Dreierausschusses richtig ist, steht hier nicht zur Debatte. Bedenklich ist allein folgendes: Das BVerfG stellt allgemein den Satz auf, es sei verfassungsrechtlich nicht zu beanstanden, wenn ein Gericht unterschiedliche Sachverhalte annehme und deshalb die Vorlage unterlasse — ohne jede Äußerung dazu, *ob dies auch geschehen durfte und unter welchen Voraussetzungen.* Wenn dies aber gar nicht überprüft wird, sind die Akten über die Abweichungs-Verfassungsbeschwerde zu schließen; denn jedes Gericht kann sich mit einer solchen Formel dem Verfassungsrisiko entziehen. Im folgenden Satz wiederholt das BVerfG nur die – ebenfalls unbegründete – Feststellung des angefochtenen Urteils, ohne auch nur einen leisen Ansatz zu einer eigenen Begründung zu bieten.

Das BVerfG hätte hier Kriterien für eine Präzisierung des Willkürbegriffs aufstellen können. Nun wird es wohl solange weiter Abweichungs-Verfassungsbeschwerden zu entscheiden haben, bis es sich dazu entschließt.

Die Verfassungsrichter sind aufs schwerste überlastet. Sie sollten sich jedenfalls von Abweichungs-Verfassungsbeschwerden auf die Instanzen entlasten, die nach dem Gesetz entscheidungsbefugt sind: auf die Großen Senate. Es könnte auf nicht wenige Fälle ausstrahlen und die wichtige Institution des Großen Senats erheblich aufwerten, wenn nur in einigermaßen klar judikativ bestimmten Fällen mit dem Erfolg einer Abweichungs-Verfassungsbeschwerde gerechnet werden könnte.

---

[48] BFH, BStBl II 1985, 538; BStBl II 1987, 688; BStBl II 1987, 754; BStBl II 1988, 90.

[49] Vom 31.3.1989 – 1 BvR 1606/88.

VI. Ausblick: Begründungspflicht und Verfassungsbeschwerde

Die Verfassungsbeschwerde hat das BVerfG an die Grenze seiner Leistungsfähigkeit gebracht. Seine Bemühungen, dennoch stets zu begründen, nicht nur zu entscheiden, haben ihm allgemeine Achtung erworben. Doch wenn schon insbesondere die Urteil-Verfassungsbeschwerde gehalten werden soll, so können begründungslose Wiederholungen angefochtener Urteile oder deren einfache Billigung nicht genügen, eine, wenn auch kurze, eigene Begründung ist unumgänglich; auch Zitatketten können sie nicht ersetzen, nur zu oft liegen die Fälle unterschiedlich.

Die Richter von Karlsruhe haben Vertrauen erworben. Der Gesetzgeber sollte überlegen, ob er ihnen nicht mehr Zeit zum Nachdenken, zur Begründung schaffen muß. Verfassungsentscheidungen im Massenverfahren wären eine juristische Katastrophe. Wollen die Verfassungshüter dies vermeiden, ohne anderweitige Entlastung, so müssen sie immer mehr einem obersten Prinzip untreu werden: Unanfechtbarkeit durch besonders überzeugende Begründung kompensieren. Sie dürfen nicht, langsam aber sicher, gedrängt werden in ein stat pro ratione voluntas.

Verfassungswidrigkeit ausländischer Rechtsnormen*

In der Praxis taucht immer wieder die Frage auf, wie ein Verwaltungsrichter sich zu verhalten hat, wenn in einem Verwaltungsstreitverfahren geltend gemacht wird, eine ausländische Gesetzesnorm, deren Bestand Grundlage eines deutschen Verwaltungsakts ist, sei wegen eines Verstoßes gegen die Verfassung des fremden Staates nichtig. Man denke z.B. an die Verfassungsmäßigkeit von ausländischen Gesetzesnormen bei Enteignungen, in Fragen der Staatsangehörigkeit, der Anerkennung ausländischer akademischer Grade, im Asylverfahren zur Anerkennung als Flüchtling usw. Die deutsche Verwaltungsbehörde wird hier auf Grund von Tatbeständen tätig, für die auch die Rechtsgültigkeit ausländischer Normen von Bedeutung ist.

Der Verwaltungsrichter hat zunächst die ausländische Gesetzesvorschrift auf ihre Vereinbarkeit mit dem inländischen „ordre public" zu untersuchen, d.h. zu prüfen, ob ihre Anwendung nicht gegen die guten Sitten nach deutscher Auffassung oder den Zweck eines deutschen Gesetzes verstößt. Hierbei aber handelt es sich nicht um eine „Normenkontrolle" im verfassungsrechtlichen Sinn: Die fremde Rechtsnorm ist hier nur ein auf Grund der deutschen Verweisungsnorm „rechtlich zu würdigender Sachverhalt".

Im deutschen Prüfungsverfahren der Verfassungsmäßigkeit von Gesetzen könnte wohl die auf das fremde Recht verweisende deutsche Norm für verfassungswidrig erklärt werden. Dies aber ist keine Entscheidung über den oben erwähnten Angriff, der sich gegen das auf Grund eines Satzes des internationalen Verwaltungsrechts (als Recht der Kollisionsnormen) dem deutschen Recht eingegliederte ausländische Recht, nicht aber gegen die verweisende Norm richtet. Wird eine Verweisungsbestimmung des deutschen internationalen Verwaltungsrechts für verfassungswidrig erklärt, so entfällt damit indirekt auch die Anwendbarkeit des fremden Rechts, aber nicht wegen seiner Unvereinbarkeit mit der fremden Verfassung, sondern wegen der Verfassungswidrigkeit der inländischen Verweisungsnorm.

Nun beginnt die Prüfung der Rechtsbeständigkeit der ausländischen Gesetzesnorm. Aus praktischen Gründen empfiehlt es sich, in diese Untersuchung erst einzutreten, wenn die Geltung der verweisenden deutschen Rechtsnorm und die Vereinbarkeit des fremden Rechts mit dem deutschen „ordre public" feststehen.

---

* Erstveröffentlichung in: Bayerische Verwaltungsblätter 1957, S. 108–111.

Der Verwaltungsrichter hat hier die allgemeinen Grundsätze des internationalen Verwaltungsrechts als des Rechts der Kollisionsnormen zu berücksichtigen: Die fremde Norm wird nur insoweit zur Grundlage der deutschen Behördentätigkeit gemacht, als sie Rechtsgültigkeit in dem betreffenden fremden Staat besitzt. Es fragt sich also zunächst, ob nach dem fremden Verfassungsrecht eine „Willensäußerung" des fremden Gesetzgebers überhaupt vorliegt (Prüfung der „äußeren", „formalen" Verfassungsmäßigkeit der ausländischen Rechtsnorm). Diese Frage war von jeher zu beantworten und wirft kein neues Problem auf. Schwieriger wird die Lage durch das Hinzukommen der Prüfung der materiellen Verfassungsmäßigkeiten im Sinne der Ausübung wahrer verfassungsrichterlicher Befugnisse.

Verhältnismäßig einfach ist die Lösung, wenn in dem fremden Staat die Richter – nach der Regel „judex causae, judex exceptionis" – auch zugleich über die Einrede der Verfassungswidrigkeit einer Rechtsnorm zu entscheiden haben, wie dies weitgehend in den USA der Fall ist. Hier kann der Richter der bewährten Regel folgen, das fremde Recht so anzuwenden, als wäre er selbst Richter in dem fremden Land; er kann also die Rechtsnorm, unter Berufung auf ihre Verfassungswidrigkeit nach fremdem Recht, in dem zur Entscheidung stehenden Einzelfall nicht anwenden.

Diese Regel versagt nun aber, wenn in dem fremden Land ein besonderes Verfassungsgericht besteht, das ausschließlich für die Entscheidung von Fragen der materiellen Unvereinbarkeit von Gesetzen mit der Verfassung zuständig ist, wie das z.B. neuerdings in Italien der Fall ist[1].

In dieser Hinsicht sind die Meinungen geteilt. Nach einer in einem bekannten Rechtsstreit neueren Datums von einem römischen Gericht vertretenen Auffassung[2] soll der Richter nicht nur die Existenz des fremden Rechtssatzes feststellen, sondern auch die nach dem fremden Recht geltenden Grundsätze über die Verfassungskontrolle von Gesetzen anwenden.

---

[1] Vgl. Art. 134 ff. it. Verf. sowie die Verfassungsgerichtshofgesetze vom 9.2.1948 und 11.3.1953, *Pergolesi,* Codice costituzionale, S. 481 ff. Die Zuständigkeit ist im wesentlichen wie in Deutschland geregelt. Nach einer achtjährigen Übergangszeit, in der die ordentlichen und Verwaltungsgerichte über Einreden der Verfassungswidrigkeit entschieden, ist nun seit wenigen Wochen das Hohe Gericht in Rom zuständig.

[2] Entscheidung des Tribunale civile di Roma vom 13.9.1954. Rechtsstreit zwischen der Anglo-Iranian Oil Co. und der Gesellschaft S.U.P.O.R.: Die Anglo-Iranian erklärte, das Nationalisierungsdekret der Ölindustrie der persischen Regierung widerspreche der persischen Verfassung. Sie besitze deshalb nach wie vor die Ölkonzession. Das Gericht stellte die Verfassungsmäßigkeit des Dekrets fest.

Diese Auffassung ist unhaltbar[3]. Sie verkennt, daß der Richter grundsätzlich „wie ein ausländischer Richter“ zu handeln hat und daß die Verfassungswidrigkeit *an sich* noch nicht zu dem von Amts wegen zu berücksichtigenden „ordre public“ gehört. Freilich würde es zu einem billigen Ergebnis führen, schwierige und mit politischen Gesichtspunkten belastete Fragen nicht von einem gewöhnlichen Richter, sondern von derjenigen Instanz im Staate entscheiden zu lassen, welche eine dem fremden verfassungsgerichtlichen Organ ähnliche Zusammensetzung, Zuständigkeit und politische Bedeutung aufweist (was bei Österreich, Italien und Deutschland wohl anzunehmen wäre). Abgesehen davon aber, daß dann eine in vielen Fällen gar nicht mehr zu rechtfertigende Analogie zur ausländischen Organisationsform der Verfassungsgerichtsbarkeit einfach angenommen werden müßte und Grenzen schwer und oft nur willkürlich zu ziehen wären, fehlt vor allem dem deutschen Verfassungsrichter die positive Zuständigkeit. Das Grundgesetz spricht bei der Normenkontrolle (Art. 93 Abs. 1 Nr. 2) nur von der Vereinbarkeit von Bundesrecht und Landesrecht mit dem Grundgesetz und auch Art. 100, der zwar von einem „Gesetz“ spricht, gestattet nur, es an der höheren inländischen Rechtsnorm zu messen. Auch mit dem Begriff „Verfassungswidrigkeit“ in der bayer. Verfassung (Art. 92) kann hier nur ein Widerspruch mit der Landesverfassung gemeint sein. Da es sich in all diesen Fällen um erschöpfend aufgezählte Zuständigkeiten eines besonderen höchsten Staatsorgans handelt, könnten diese Vorschriften keinesfalls im Weg einer übrigens höchst gewagten Analogie herangezogen werden.

Nach einer von *Gaetano Morelli*[4] vertretenen Auffassung soll der Richter einfach selbst entscheiden, da „für die inländische Rechtsordnung diejenigen ausländischen Rechtsnormen keinerlei Verbindlichkeit besitzen, welche einem gewissen ausländischen Gericht die Zuständigkeit zusprechen, die Nichtigkeit eines Gesetzes zu erklären; diese Normen ... haben lediglich prozessualen Charakter“.

Dieser Ansicht ist beizustimmen, soweit das ausländische Gericht wirklich nur eine Art von „Spezialgericht“ ist, das Entscheidungen mit Wirkung nur für den Einzelfall trifft. Fast immer aber, wenn ein besonderes Verfassungsgericht besteht, hat dieses in gewissen Fällen die Befugnis, eine Norm mit Wirkung gegenüber jedermann außer Kraft zu setzen. Eine solche Macht kann nun aber – darüber besteht Einigkeit – dem inländischen Richter nicht zukommen, will man nicht zu dem sinnwidrigen Ergebnis gelangen, daß etwa

---

[3] Vgl. die zutreffende Kritik von *Rodolfo De Nova,* Legge straniera e controllo di costituzionalità, Foro Padano, 1955, IV, 1 ff.

[4] Controllo della costituzionalità di norme straniere, Rivista italiana per le Scienze giuridiche 1954, pp. 26–38.

ein Verwaltungsrichter eines bayerischen Verwaltungsgerichts ein Gesetz der italienischen Republik „außer Kraft setzt".

Nun fragt es sich aber, ob in einem solchen Fall der Richter überhaupt nicht mehr tätig werden darf, oder ob er der Zuständigkeit der ausländischen Verfassungsgerichtsbarkeit nicht wenigstens den Teil „herausnehmen" darf, der ihm eine Nichtanwendung auf den Einzelfall gestattet. Letzteres ist die Ansicht von *Morelli*[5] und des bei *de Nova*[6] angegebenen Schrifttums. Man geht, wenn dies auch nicht ausdrücklich gesagt wird, davon aus, daß es „natürliche" richterliche Zuständigkeiten gebe, die in einer im wesentlichen in allen zivilisierten Ländern gleichartigen und damit vergleichbaren Weise geordnet seien: Sie bestehe in der Möglichkeit einer Entscheidung über die Gültigkeit von Gesetzen aus Anlaß der und mit Wirkung für die endgültige Entscheidung eines einzelnen Rechtsfalles. Jede darüber hinausgehende Zuständigkeit könne für sich betrachtet und als selbständiger „Bestandteil" der richterlichen Tätigkeit angesehen werden. Dies sei vor allem der Fall bei der Vernichtung einer Gesetzesnorm mit Wirkung „erga omnes", die dem inländischen Recht nicht als neue Zuständigkeit einverleibt werden könne.

Auch diese Auffassung ist nicht unbedenklich. Man kann wohl nicht davon sprechen, daß der Richter die „natürliche" Aufgabe der Nichtanwendung einer verfassungswidrigen Rechtsnorm auf einen Einzelfall habe, müßte doch dann die „Starrheit" *jeder* Verfassung (d.h. ihr höherer Rang dem gewöhnlichen Gesetzesrecht gegenüber) stets durch eine Kontrolle der Verfassungsmäßigkeit der Gesetze nach amerikanischem Muster geschützt werden. Der Chief Justice Marshall rechtfertigte zwar vor 150 Jahren die Einführung einer Verfassungskontrolle mit diesem Gedanken von der „natürlichen Zuständigkeit" der Richter, trotz des Schweigens des amerikanischen Verfassungsgesetzgebers zu diesem Punkt. Zwei berühmte Beispiele (Frankreich und die Schweiz) zeigen jedoch, daß aus der Starrheit der Verfassung, aus der rechtlichen Verschiedenheit von Gesetzgebungs- und Verfassungsrevisionsbestimmungen, noch keineswegs die Befugnis des Richters abgeleitet werden kann, der Verfassung als dem „stärkeren Recht" ohne weiteres zum Sieg über eine entgegenstehende „gewöhnliche" Gesetzesbestimmung zu verhelfen. Eine derartige Normenkontrolle muß vielmehr, nach dem neuzeitlichen europäischen Verfassungszustand, als „Verfassungsgrundentscheidung" ausdrücklich getroffen werden, und zwar in einer Weise, die Art und Umfang der betreffenden Zuständigkeit möglichst genau festlegt. Es kann deshalb die Tätigkeit des ausländischen Verfassungsrichters nicht in ein „natürliches" Element, das auch der inländische Richter für sich in Anspruch nehmen

[5] a.a.O.

[6] a.a.O., Anm. 8.

könnte, und ein „konstitutiv von der Verfassung geschaffenes (Wirkung erga omnes der Entscheidung)" zerlegt werden. Die Zuständigkeit des fremden Verfassungsgerichts bildet eine Einheit, ein factum sui generis, unnachahmbar im inländischen Recht.

Man kann dies nicht damit erklären, daß es sich hierbei um einen „Vorgang der Rechtsbildung im fremden Recht" handelt, von dem allerdings allgemein feststeht, daß er von dem inländischen Richter einfach anerkannt und in keiner Weise nachgeahmt werden darf. Freilich muß der deutsche Richter die Annullierung eines ausländischen Gesetzes durch das zuständige fremde Verfassungsgericht berücksichtigen. Diese ist daher wirklich eine Art von „nachträglicher Rechtsbildung". Irrig aber wäre es zu behaupten, daß die Verfassungsgerichtsbarkeit zur fremden Gesetzgebung gehört oder, wie z.B. *Battifol*[7] meint, deshalb im Inland nicht ausgeübt werden könne, weil es sich um eine „politische" Initiative handle, um einen „Widerstand gegen den ausländischen Gesetzgeber, der dem inländischen Richter nicht zusteht, weil er diesem ja gar nicht unterworfen ist". Damit würde der gerichtliche Charakter und die juristische Ausrichtung des Normenkontrollverfahrens, welche in den meisten Fällen außer Frage stehen (so besonders in Österreich und Italien), völlig verkannt werden. Richtig ist vielmehr, daß es sich um einen Fall verfassungsrechtlicher „Spezialgerichtlichkeit" handelt, die in Deutschland nicht in derselben Weise besteht, um eine Instanz, die vor allem oberstes Verfassungsorgan des fremden Staates ist und deshalb eine unnachahmliche Entscheidungsgewalt besitzt. Man sieht hier, daß man sich mit den herkömmlichen Unterscheidungen (Rechtsbildung – Rechtsanwendung) im Verfassungsrecht nicht begnügen kann, sondern daß dem besonderen Charakter der Verfassungsgerichtsbarkeit Rechnung getragen werden muß.

Als Ergebnis ist daher festzustellen: Wenn im fremden Staat ein Verfassungsgericht besteht, das die Zuständigkeit zur Annullierung von Gesetzen besitzt, hat der Richter in Deutschland die Einwendung der Verfassungswidrigkeit zurückzuweisen, da keine rechtliche Möglichkeit besteht, das fremde Verfassungsgericht unmittelbar anzurufen. Eine Ausnahme wird man allerdings für den Fall zulassen müssen, daß nach ausländischem Recht neben der verfassungsgerichtlichen Annullierung der bestehenden Norm auch incidenter eine Feststellung der Verfassungswidrigkeit möglich ist. Ist eine Klärung der Frage durch das fremde Verfassungsgericht mit allgemeinverbindlicher Wirkung erfolgt, so muß sich der deutsche Richter an dieses Ergebnis halten. Im Zuge einer engeren europäischen Zusammenarbeit wäre es wünschenswert, wenn durch zwischenstaatliche Vereinbarungen dem Richter der Weg der unmittelbaren Anrufung des fremden Verfassungsgerichts eröffnet würde.

---

[7] Traité élémentaire de Droit international privé, 2 ed. p. 391.

Die hier vertretene Lösung ist auch praktisch die allein mögliche: Freilich ist bis jetzt unseres Wissens kein fremdes Gesetz je vom inländischen Richter für verfassungswidrig erklärt worden. Die bekannten Urteile beschränken sich darauf, die Verfassungsmäßigkeit festzustellen. Es wäre aber sicher ein Verstoß gegen die internationale Courtoisie, wollte ein deutsches Gericht da entscheiden oder überhaupt sich für zuständig erklären, wo im fremden Staat ein besonderes höchstes Gremium für diese Fragen besteht, und sie der Entscheidung selbst der höchsten ordentlichen und Verwaltungsgerichte entzogen sind.

Eine letzte wichtige Frage tritt dann auf, wenn im fremden Staat eine Normenkontrolle überhaupt fehlt. Beruht dies – wie z.B. in England – darauf, daß es überhaupt keine „Kategorie von höheren Verfassungsnormen gibt", so ist die Einrede selbstverständlich als unbegründet zurückzuweisen.

Wie aber ist zu entscheiden, wenn zwar der fremde Staat eine „starre" Verfassung besitzt, diese aber „gewöhnlichen" Gesetzen gegenüber nicht durch eine Normenkontrolle geschützt ist[8]? Einige vertreten hier die Auffassung[9], wenn die Normenkontrolle nur deshalb fehlt, weil aus praktischen Gründen eine positivrechtliche Zuständigkeit nicht gegeben ist, so dürfe der inländische Richter trotzdem eine Prüfung der materiellen Verfassungsmäßigkeit vornehmen. Wenn, wie in Frankreich, das Verbot der Normenkontrolle lediglich einer Vermischung der staatlichen Gewalten vorbeugen oder die Gesetze gegen vorschnelle Anzweiflung im Rechtsstreit schützen soll, dann soll sich der inländische Richter darüber hinwegsetzen dürfen.

Diese Auffassung geht an der Sache vorbei. Es trifft eben, in Frankreich z.B., nicht zu, daß der Richter „an sich" das Recht zur Normenkontrolle besitzt. Es gibt dort keine rechtlich bewehrte Trennung zwischen verfassungsgesetzgebender und gesetzgebender Gewalt und deshalb keine „Normenpyramide" im Verhältnis zwischen Gesetz und Verfassung. Wollte man die Verfassungsmäßigkeit eines französischen Gesetzes nachprüfen, so würde dieses damit nicht mehr als das behandelt werden, was es im Ursprungsland trotz allem ist: als eine souveräne Rechtsnorm. Dies ist die Kehrseite des bereits Dargelegten. Wie dem Bestehen einer Verfassungsgerichtsbarkeit als einem „Element sui generis" in der fremden Verfassung Rechnung zu tragen ist, so bedeutet ihr Fehlen eine normative Strukturveränderung in der fremden Verfassungsordnung, die der inländische Richter zu beachten hat.

Das Ergebnis der Untersuchung ist also: Der Verwaltungsrichter hat vor allem das ausländische Normenkontrollverfahren zu untersuchen; nur wenn

---

[8] Dies ist z.B. der Fall bei schweizerischen Bundesgesetzen und französischen Gesetzesnormen.

[9] So z.B. *Niboyet,* Traité de Droit international privé français, 1944, vol. III. p. 405.

im Ausland der gewöhnliche (Verwaltungs)-Richter als „judex exceptionis" über die Einrede der Verfassungswidrigkeit wie über jede andere entscheidet, kann dies auch der deutsche Richter — dann aber ohne Rücksicht auf die ausländische Rechtsprechung, die keinerlei rechtliche Präzedenzwirkung hat.

Selbst wenn es im Ausland keine besondere Verwaltungsgerichtsbarkeit gibt, wie dies weitgehend in den angelsächsischen Ländern der Fall ist, kann der deutsche Verwaltungsrichter doch ohne Bedenken etwaige Normkontrollbefugnisse des ausländischen ordentlichen Richters für sich in Anspruch nehmen – selbstverständlich immer nur mit Wirkung für den Einzelfall –, da die deutschen Verwaltungsgerichte im wesentlichen dieselbe Stellung besitzen und dieselben Garantien bieten wie die ordentlichen Gerichte. Eine andere Entscheidung würde sie zu Unrecht zu Ausnahmegerichten stempeln.

Sachregister